论上海监狱工作

LUNSHANGHAI JIANYU GONGZUO

第七辑（上）

吴 琦 · 主编

上海社会科学院出版社
SHANGHAI ACADEMY OF SOCIAL SCIENCES PRESS

前　言

上海市监狱学会从成立至今，已经走过了 34 个春秋。34 年来，学会始终秉持“开展监狱理论研究和学术交流”的宗旨，广泛发动监狱民警，积极参与监狱理论研究，取得了一系列的研究成果。从 1995 年起，学会陆续编辑了“论上海监狱工作”系列丛书。到目前为止，出版了 6 辑，共 8 册。这次，我们将近年来（2014—2016 年）的研究成果做了一次梳理，汇编为《论上海监狱工作》（第七辑）。这既是对这套丛书的继承，也是一次发展，与之前编辑出版的 6 辑一脉相承。

从 2014—2016 年，学会每年收到近百篇参评论文，从中评选出优秀奖以上论文共有 170 篇，其中 2014 年 57 篇、2015 年 59 篇、2016 年 54 篇。本辑选录了三年中获得一等奖、二等奖的论文共 42 篇。

本辑分为五个栏目，分别是“监狱运行基本问题研究”“类型化罪犯的矫治探索”“非类型化罪犯的教育管理”“罪犯风险研究与监狱安全防治”和“队伍建设与人力资源开发”。

“监狱运行基本问题研究”栏目中的论文主要侧重监狱运行中的基本问题，如监狱工作中执法与矫正的权重、惩罚与自由的界限、罪犯权利人保护、狱务公开的探索、劳动功能的解析等。

“类型化罪犯的矫治探索”栏目中的“类型化”是在监狱实践工作中遇到比较集中、比较突出的能归于一个类别的罪犯，是相对于不能按类别划分的罪犯而言的。因此，这个栏目所选的论文以某一类型化的罪犯为研究对象，如精神病罪犯、暴力犯、短刑期罪和老病残罪犯等，探索这些类型罪犯的矫治。

“非类型化罪犯的教育管理”栏目所选的论文，主要研究的对象是不以类型归类的罪犯，探索针对他们的教育管理，如罪犯的教育信仰、忏悔教育、认知行为治疗和服刑人员人际关系改善等。

“罪犯风险研究与监狱安全防治”栏目所选的论文，侧重于罪犯风险评估和监狱安全防治，如罪犯自杀风险评估、新收罪犯狱内危险评估、女犯风险评估量表的编制，以及高度戒备监区建设、运作型态、制度体系建设研究等。

"队伍建设与人力资源开发"栏目所选的论文关注监狱警察队伍建设与人力资源开发,如监狱警察职业倦怠研究、监狱警察需求分析、女子监狱警察情绪调节与职业倦怠研究、监狱警察责任追究制度完善,以及监狱警察教育改造职业能力研究等。

本书所收录的论文既有针对监狱普遍规律的基础理论研究,也有针对监狱工作现实问题的应用理论研究,丰富和拓展了监狱理论研究的体系。从所收录的论文内容中可以看出,近些年学会理论研究发展的侧重和轨迹。这些理论研究成果对推动监狱工作的发展具有一定的价值。本书的编辑出版,是对过去研究成果的固化,也是为往后监狱工作的发展提供借鉴。虽然还有很多论文没有收录进本书,但这并不影响它们存在的价值,我们仍然对论文作者的积极参与表示感谢!同时,我们也希望有更多的同志加入到监狱理论研究的行列,促进监狱工作实践与理论研究的良性互动。

值此改革开放40周年之际,我们出版《论上海监狱工作》(第七辑),具有特别的纪念意义。这是对我们过去的总结与献礼,也是对未来的指导与鞭策。我们将牢记监狱学会的宗旨,为监狱工作的发展提供源源不断的理论支持。

上海市监狱管理局党委书记、局长　吴　琦
上 海 市 监 狱 学 会 会 长

2018年12月

目　　录

前言 …………………………………………………………………… 吴　琦(1)

监狱运行基本问题研究

论新媒体时代下监狱"规范执法"与"罪犯矫正"的失衡
…………………………… 上海市提篮桥监狱　王东晟　叶春弟(3)
期待与挑战:对监狱劳动功能的多维解析
——以西方若干劳动理论为视角
…………………………… 上海市提篮桥监狱　王东晟　叶春弟(23)
论监狱的惩罚功能与罪犯自由
…………………………… 上海市新收犯监狱　汪卫东　刘同江(53)
死缓限制减刑罪犯服刑改造问题研究
…………………………………… 上海市提篮桥监狱课题组(70)
罪犯行政申诉权探究
…………………………… 上海市新收犯监狱　汪卫东　刘同江(93)
罪犯刑事申诉权保障的法治考量
…………………………… 上海市新收犯监狱　汪卫东　刘同江(112)
试论狱务公开的层次性
…………………………… 上海市南汇监狱　王　毅　余　飞(128)
减刑假释路径依赖下的监狱应对
…………………………………… 上海市提篮桥监狱　胡　鹏(144)
老病残罪犯监管改造模式的构建
——以上海市某监狱为例
…………………………… 上海市南汇监狱　王　毅　余　飞(160)

良法视域下监狱法治的不足与完善
……………………………… 上海市新收犯监狱　王通亮　孙　伟(180)
QP 监狱信息共享的需求分析与对策研究
……………………… 上海市青浦监狱　谢忠明　许太阳　曹敏欣(198)
管与教冲突:当代监狱工作之省思
……………………………… 上海市青浦监狱　盛祁军　郑龙兵(231)

类型化罪犯的矫治探索

精神病罪犯教育矫治研究
——以某监狱精神病罪犯专管监区为例
…………………………………………… 上海市提篮桥监狱课题组(249)
兵役经历罪犯研究
——应对方式在人格特质与社会适应间的中介效应
…………………………………………… 上海市提篮桥监狱课题组(277)
音乐疗法在情绪型暴力犯中的实践运用
……………………… 上海市提篮桥监狱　齐定安　陈伟民　屈　程(294)
暴力犯分类矫正实证研究
——以某监狱暴力犯实验监区为例
…………………………………………… 上海市提篮桥监狱课题组(324)
短期犯监管改造模式的探索与实践
……………………… 上海市北新泾监狱　杨军民　李玉华　章　聪(353)
老病残罪犯教育评价、需求及自知力实证研究
——兼狱务公开理念下对监狱工作评价机制转型的探索
………………………………………………… 上海市南汇监狱课题组(371)
上海监狱精神病罪犯管理问题研究
…………………………………………… 上海市提篮桥监狱课题组(392)

非类型化罪犯的教育管理

情境体验式罪犯矫治工作初探

……………………………………… 上海市青浦监狱　李海荣(411)

教育生态学视角下的罪犯教育生态体系初探

…………………………… 上海市青浦监狱　王梦南　吴　帆(447)

罪与恶

——狱内服刑人员价值观教育的反思性研究及社会学追问

………………………………… 上海市提篮桥监狱　张　鑫(469)

服刑人员自尊与人际关系改善研究

——萨提亚治疗模式介入与干预实验报告

…………………………… 上海市青浦监狱　徐纪兵　谢尹安(487)

唤起罪犯自我救赎的正能量

——罪犯价值观改造工作初探

……………………………………… 上海市青浦监狱　李海荣(508)

罪犯理性化认知矫治项目探索研究

——归因风格项目实施报告

…………………………… 上海市青浦监狱　徐纪兵　徐胜健(524)

忏悔教育的功能探析

………………………… 上海市新收犯监狱　王通亮　孙　伟(561)

认知行为治疗在女犯群体中的应用

…………………………… 上海市女子监狱　李翠萍　柴晓东(575)

超越功利性

——论罪犯信仰教育

………………………………… 上海市军天湖监狱　黄　龙(601)

罪犯风险研究与监狱安全防治

罪犯自杀风险评估量表的编制

………………………………………… 上海市南汇监狱课题组(633)

高度戒备监区制度体系建设初探
……………………………………… 上海市青浦监狱课题组(660)
新收罪犯狱内危险评估量表的研制
……………………………………… 上海市新收犯监狱课题组(679)
女犯风险评估量表(RASW)的编制
……………………………… 上海市女子监狱　陈建华　姜甜甜(713)
暴力犯分类项目矫正研究
——以T监狱暴力犯分类改造实验监区为例
……………………………………… 上海市提篮桥监狱课题组(762)
狱内罪犯违纪行为风险性因素管理研究
……………………………… 上海市青浦监狱　吴劲松　李海荣(783)
高度戒备监区建设及运作型态构建
……………………………… 上海市青浦监狱　谢忠明　郑龙兵(810)

队伍建设与人力资源开发

论法治视域下监狱民警责任追究制度的完善
……………………………………… 上海市新收犯监狱课题组(833)
监狱人民警察职业倦怠研究
——以上海市H监狱为例
……………………………………… 上海市南汇监狱课题组(847)
女监民警情绪调节自我效能感与职业倦怠的相关研究
……………………………… 上海市女子监狱　柴晓东　孟　瑛(877)
关于监狱民警需求分析及对策的思考
——以上海市R监狱442名民警为例
………………………… 上海市五角场监狱　张建东　申　斌　张　胤(906)
监狱民警教育改造职业能力标准与培训模式的研究
………………………… 上海市司法警官学校　邱　霖　顾建明　徐　迅(924)
监狱基层民警人力资源管理问题研究
——基于能力素质的视角
……………………………………… 上海市提篮桥监狱　胡　鹏(948)

青年监狱干警职业压力、成就动机与职业倦怠的关系研究
…………………………………… 上海市司法警官学校　姚栋元(971)

附录　上海市监狱学会 2014—2016 年度优秀论文获奖名单

2014 年度优秀论文获奖名单 ……………………………………………… (1005)
2015 年度优秀论文获奖名单 ……………………………………………… (1010)
2016 年度优秀论文获奖名单 ……………………………………………… (1015)

监狱运行基本问题研究

论新媒体时代下监狱“规范执法”与“罪犯矫正”的失衡

上海市提篮桥监狱　王东晟　叶春弟

从传统意义上说，监狱是刑罚执行的机关，因此监狱的工作都是执法工作。但是，纯粹的罪犯矫正超越了一般意义上的执法，有着更为复杂、艰深的专业要求。为了叙述方便，本文把监狱的工作分为两个领域：一个是执法领域，一个是矫正领域。执法领域包括监管安全等狱政事务，减刑、假释等司法奖励事务以及监狱行政事务；矫正领域包括纪律规训、教育、感化等内容。两者有明显的区别：执法是强制性的，而矫正项目并不必然要求强制性，如罪犯的心理咨询与矫正要求自然的气氛；执法的依据是明确的法条规范，而矫正项目则因人而异（特别是个别矫正方案），有些矫正项目要在摸索中求证。当然两者并非完全独立，而是存在关联，如纪律规训既属于执法，又具有矫正性；监管安全是执法规范的目标，又是矫正罪犯的前提。“规范执法”与“矫正罪犯”都是监狱工作的内容，按常理，各就各位，本无讨论的必要，然而，新媒体舆论加大了监狱“规范执法”与“罪犯矫正”工作之间的不平衡，给原本不很平衡的天平增加了失衡的砝码。

一、民主与监督：新媒体聚焦下的监狱

（一）公共领域与新媒体舆论

新媒体的概念早在20世纪60年代就已提出。它是相对于传统的报刊、广播、电视等媒体而言，是利用数字技术、网络技术、移动技术，通过互联网、无线通信网、卫星等渠道以及电脑、手机、数字电视机等终端，向用户提供信息和娱乐服务的传播形态和媒体形态。新媒体的发展带来了公众舆论的大发展，数字化产品的普及预示着新媒体时代的到来。新媒体对政府的监督与批判，深深地影响了监狱工作中的“规范执法”与“罪犯矫正”。

公众试图表达民意，在不同的年代与阶段一直存在。它的具体表现方式各

异，它的抽象存在是同质的。德国思想家汉娜・阿伦特（Hannah Arendt）将这种抽象的存在表达为"公共领域"（Public sphere）。这是一个与"私人领域"（Private sphere）相对应的概念。哈贝马斯对"公共领域"作了系统化研究，认为公共领域是一种介于国家和社会之间的公共空间，个体公民聚集其中，共同讨论他们所关注的公共事务，形成某种接近于公众舆论的一致意见，并组织对抗武断的、压迫性的国家与公共权力形式，从而维护总体利益和公共福祉。①

公共领域由公众、舆论和媒介三大要素构成。公共领域的首要构成要素是参与主体，即公众。公共领域是开放的，它对进入公共领域的公众没有身份、阶级、阶层、财产、教育水平等因素要求，公共领域的特质也决定了它不会有这种要求。哈贝马斯认为，"这种社会交往的前提不是社会地位平等，或者说，它根本就不考虑社会地位问题"②，而是"单纯作为人"的平等。公共领域的起源就是言论，因而公共领域就是为了议论问题而存在。公共领域里的议论带有批判性，有理性的批判，也有非理性的批判。"判断公众舆论是否形成的重要标准是公众的意见中是否具有批判意识以及这种批判性的意见在公众意见中所占的比例和地位。"③这种批判性针对的是公共事务，因而是对国家公共权力的监督、规范和约束。公共媒介既是公共舆论的场所，也是公共舆论的手段。开放性是公共媒介的基本要求，公共媒介越开放，公众舆论越容易形成，公共领域越容易产生影响。当今社会，公共媒介已经从固定场所发展到无需固定场所，从现实世界发展到虚拟世界，从传统载体发展到数字载体。

新媒体时代的网络最贴切地满足了公共领域的要求。网络对参与主体，即网民几乎没有身份要求（只有一些简单的操作要求），网民主体最大限度地满足了公共领域对主体不平等性的排斥。据中国互联网信息中心调查，截至 2009 年 6 月 30 日，中国网民达到 3.38 亿人，仅半年时间就增长了 4 000 万人；全国互联网普及率 25.5%，超过世界平均水平。④《2008 年中国互联网舆情分析报告》将网民中关注新闻时事、在网上表达意见的群体概括为"新意见阶层"。"据有关部门对 9 万人的调查，常在网上发表言论的网民，35 岁以下的占 78.8%，

① 朱丽峰：《论网络民意与政府回应》，吉林大学博士学位论文，2010 年。

② ［德］哈贝马斯：《公共领域的结构转型》，曹卫东、王晓珏、刘北城、宋伟杰译，学林出版社 1999 年版，第 41 页。

③ 同上书，第 113 页。

④ 参见祝华新、单学刚、胡江春：《2009 年中国互联网舆情分析报告》，载人民网，http://yuqing.people.com.cn/n/2012/0727/c209170-18615454.html，2014 年 10 月 11 日。

大专以上学历的占79.2%，月收入2 500元以下的占68.6%，在企业工作的占36.9%，这些人是构成‘新意见阶层’的主体”。[①]

从2009年互联网50件热点舆情事件来看，网络舆论涉及面广点多，包括官员失职、突发事件、教育改革、工程质量、司法公正、企业改革、政府行为及环境污染等，舆论的倾向是“同情弱势群体，痛恨社会不公，关注公权力尽责和诚信，维护社会道德底线”[②]，具有极强的批判意识，对公权力的行使尤其如此。网络媒介的最大优势是“所有人对所有人的传播”。《2008年中国互联网舆情分析报告》将这种优势的载体概括为三种：新闻跟帖、网络论坛/BBS、博客/个人空间。[③]有别于传统媒体交流的单向性和交流滞后性，它的开放性在互联网与手机的结合中得到如虎添翼式的发挥。因而，网络的先天性使得其在公共领域“能在极短时间内凝聚共识，发酵情感，诱发行动，影响社会”[④]。

（二）新媒体舆论对监狱“规范执法”的质疑

新媒体时代的舆论通过比对明确的法条规范，容易造成监督监狱执法工作偏失，但是对监狱矫正领域的认知与评价，普通网民不具备足够的基础知识。新媒体舆论对监狱履职的监督首先聚焦在监狱的执法领域。

2009年，我国司法领域受到网络的极大关注。这种网络关注从看守所开始，并慢慢转移到监狱。2009年2月，云南省晋宁县看守所发生“躲猫猫”事件被网络曝光，舆论哗然。“躲猫猫”一词，成为2009年度网络流行语，位居十大流行语第二。[⑤]不幸的是，看守所并没有在网络聚焦下逐渐淡出，而是越陷越深。在这之后，看守所随即发生了一系列被关押人员非正常死亡，并被安上各种匪夷所思的死因，“洗澡死”“床上摔下死”“噩梦死”“睡姿不对死”“发狂死”“抠粉刺死”“激动死”，[⑥]引起网民对公正执法的质疑，矛头直指政府公信力。有了看守所非正常死亡的铺垫，当监狱发生突发事件时，不管事件是正常的还是非正常的，网络民意有了“非正常”的先入为主的意象。看守所关押的是未经审判的犯罪嫌疑人，隶属公安条线。监狱关押的是经过法院审判的罪

---

① 参见祝华新、单学刚、胡江春：《2008年中国互联网舆情分析报告》，载中国网，http://www.china.com.cn/aboutchina/zhuanti/09zgshxs/content_17100922_5.html，2014年11月10日。

②③④⑤ 祝华新、单学刚、胡江春：《2009年中国互联网舆情分析报告》，载人民网，http://yuqing.people.com.cn/n/2012/0727/c209170-18615454.html，2014年10月11日。

⑥ 参见http://baike.baidu.com/view/2218094.html，2014年10月11日。

犯，隶属于司法条线。普通民众对看守所和监狱不作区分，因为都是关押场所，是同质的公权力，所以将他们归为一类。因而，网络民意对看守所的质疑，毫无阻碍地得到了印证。从2009年3月开始，监狱罪犯脱逃事件接连发生。当年10月17日，呼和浩特第二监狱4名罪犯脱逃使“中国监狱第一次领略到什么叫：焦点”，[①]网络民意对监狱的聚焦达到了最高点。2009年50件热点舆情事件网民关注度前10名中，呼和浩特越狱案位列第7名。

由于监狱的封闭性，人们对于监狱的运行状况知之甚少，新媒体舆论也不例外。以批判的眼光来审视监狱，新媒体舆论能触及的是监狱的执法，对于监狱的矫正它还没有足够的能力来加以评判。因此，新媒体舆论对监狱的质疑，实际上是对监狱执法的质疑，而对矫正方案进行理性批判的时代还没到来。

新媒体时代对监狱执法规范的质疑，是传统的对话结构失衡的大爆发。“从某种意义上来说，公共领域一方面是一个提供讨论的具体场所，但是另一方面，也是一种仅存在于人的思想和意识范围内的某种价值理念。”[②]民众有讨论公权力运行的原始欲望，从停留在“思想和意识范围内”到网络这一“具体场所”的实现，对监狱执法的质疑必然来势汹涌。

2009年前后5年，我国监狱罪犯脱逃事件屡见报道，而以2009年为最[③]（见图1）。这是新媒体时代的迅猛发展壮大的一年，“人民网舆情监测室对2009年77件影响力较大的社会热点事件的分析表明，其中由网络爆料而引发公众关注的有23件，约占全部事件的30%”[④]，新媒体网络已成为新闻舆论的独立源头。在这样的社会环境下，一份判决对监狱执法实务产生了导向性的影响。2011年1月5日，呼和浩特第二监狱原监狱长因玩忽职守罪被判处有期徒刑3年，[⑤]这是中华人民共和国成立后监狱长因为失职而受到的最为严厉的惩罚。它向社会表明了政府整顿监狱管理的决心，但它同时向全国的监狱长传达了以“安全为天”的导向信息，这是一把无可奈何的双刃剑。没有人因为矫正

---

① 《中国监狱互联网舆情2009年终回顾》，载铁血网，http://bbs.tiexue.net/post2_4019239_1.html，2014年10月11日。

② 朱丽峰：《论网络民意与政府回应》，吉林大学博士学位论文，2010年。

③ 参见《近年国内部分监狱脱逃事件》，载人民网，http://www.people.com.cn/h/2011/1120/c25408-3874171490.html，2014年10月15日。

④ 祝华新、单学刚、胡江春：《2009年中国互联网舆情分析报告》，载人民网，http://yuqing.people.com.cn/n/2012/0727/c209170-18615454.html，2014年10月15日。

⑤ 参见《呼和浩特第二监狱原监狱长　因玩忽职守罪被判刑3年》，载中国网络电视台网，http://news.cntv.cn/20110107/112276.shtml，2014年10月15日。

效果的不理想而受到严厉的惩罚，监管不安全产生的社会效果远比矫正取得的效果大，执法规范与罪犯矫正的天平再次向前者倾斜。新媒体网络对监狱执法规范的质疑开始影响执法规范的实务。

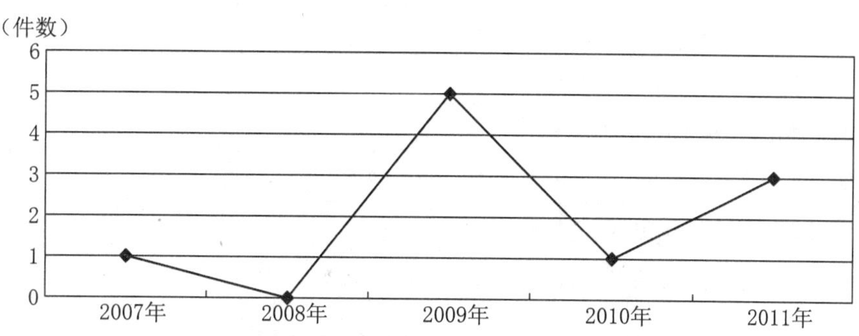

图 1　2009 年前后 5 年我国部分监狱罪犯脱逃事件统计

二、倚重与偏轻：新媒体时代监狱“规范执法”的扩张

新媒体时代的舆论影响波及监狱实务，无形中调整了监狱警察的工作内容与工作时间分配。这里以某监狱为样本进行分析。

（一）监狱警察的工作时间与工作内容

以时间段来划分，监组承包警察的工作内容可分为日常规工作、周常规工作、月常规工作、季度工作、年中工作和年终工作。根据某监狱规章制度和实务，以表格的形式描述监狱警察的工作内容与所需时间，如表 1、表 2、表 3、表 4、表 5、表 6 所示。

表 1　日常规工作

工作内容	所需时间（分钟）
1. 参加监区晨会，听取监区及警务组工作布置	30
2. 巡视三大现场，了解犯情	30
3. 监组罪犯日讲评	30
4. 监组情况日收日检	30
5. 了解当日承包监组罪犯劳动情况，落实劳动工时考核	15
6. 撰写警察工作日志	10

注：每月可支配工作日以 11 天为计，本项工作时间要乘以 11。

表 2　周常规工作

工作内容	所需时间(分钟)
1. 开展计分考评工作,按规定核实罪犯奖扣分、行政奖罚的事实和依据	10
2. 实施罪犯内务卫生的检查和评比工作	10
3. 罪犯来往信件检查、登记、收发工作	30
4. 罪犯违纪处理(即时性,不计入)	0
5. 罪犯奖扣分材料的制作及公示(即时性,不计入)	0
6. 档案查阅及材料归档(即时性,不计入)	0
7. 立管罪犯的教育、录音及材料制作(每两周 1 次,每次 10 分钟,每组以 4 名专控罪犯计)	20
8. 专控罪犯的教育、录音及材料制作(每次 15 分钟,每组以 2 名专控罪犯计)	30
9. 罪犯周记批阅(平均每监组以 20 人计)	30
10. 罪犯大课学习笔记批阅(平均每监组以 20 人计)	20
11. "511"教育日组织罪犯开展学习、教育、讲评活动	180
12. "511"罪犯读书读报活动	180
13. "511"罪犯生检会及会议记录批阅	60
14. 罪犯监组清抄监	60
15. 监区犯情分析会	180
16. 参加警务组工作例会及警务组专业学习	30
17. 组织发放罪犯的剃须刀、指甲钳(在值班日完成)	0
18. 完成承包监组情况周汇报	10
19. 实施罪犯外出就医的现场管理工作(由值班警察完成)	0

注:每月 4 周,本项工作时间要乘以 4。

表 3　月常规工作

工作内容	所需时间(分钟)
1. 开展"耳目"材料及各类狱侦报表的收集、整理、上报工作,对"耳目"进行导向性教育和布置相应的任务,对"耳目"反映材料按"五要素"要求摘录上报	20
2. 开展罪犯计分考评月度结算及公示工作	20

（续表）

工作内容	所需时间(分钟)
3. 参加对罪犯减刑、假释、保外就医的集体讨论(计入晨会)	0
4. 落实罪犯大账管理工作(由警务组专人负责)	0
5. 落实罪犯等级工评定工作，拟定等级工的分配比例和罪犯月劳动报酬	30
6. 填写罪犯个别教育记录本和录音记录本	30
7. 罪犯记功材料制作(平均每月1份计)	45
8. 罪犯表扬材料制作(平均每月1份计)	45
9. 罪犯减刑、假释材料制作(平均每月1份计)	120
10. 罪犯会见单填写、寄发	30
11. 监区罪犯接见日管理及接见录音后复听、评估	20
12. 根据安排，开展罪犯零星会见的上报、现场管理工作及录音复听(即时性，不计入)	0
13. 罪犯重大改造事项记载卡记录	30
14. 罪犯四知道卡片填写	20
15. 刑释罪犯的出监鉴定表、路费、体貌特征表、个人信息、守法守规表制作(每月释放人数不确定，不计入)	0
16. 参加监区狱侦工作会议(由专人负责)	0
17. 警察月度工作小结	10
18. 罪犯会见管理及会见录音复听(即时性，不计入)	0
19. 亲情电话的监听、复听、评估	20

表4　季度工作

工作内容	所需时间(分钟)
1. 组织并参加罪犯计分考评等级评定，制作材料	60
2. 罪犯处遇考评、材料制作	60

表5　年中工作

工作内容	所需时间(分钟)
开展罪犯半年度改造小结评审	60

表6　年终工作

工作内容	所需时间(分钟)
1. 参加罪犯年终评审,罪犯改造积极分子评审,并提意见	120
2. 制作个别教育工作总结、个案分析	120
3. 制作个教能手材料和争创下年度计划	180
3. 撰写年度公务员总结	60
4. 撰写年度科研论文(非全体警察必须完成)	0

综合上述统计,监狱警察每日、每周、每月要完成的工作不少于44项,需要90.6小时。逢季度末的月份(3月、6月、9月、12月)要增加2项工作,当月所需时间为92.6小时;逢半年度(6月)要增加1项工作,当月所需时间为93.6小时;逢年终(12月)要增加最少4项工作,当月所需时间为101.6小时。

监狱警察的工作时间,值班占了很大一部分,它源自监狱监禁的持续性。因此,监狱警察的工作时间不仅是在白天,还包括夜晚。以每6天值1次班来计算,监狱警察一年中有1/6(60天)的时间是在值班中度过的。如果监狱警察值上夜或下夜班①,次日补休1天,那么一年值班和补休占去1/3(120天),这不包括正常的周末、法定节假日和公休。如以60天为一个基本单位来计算,平均值班8天,休息22天,正常工作30天。如以30天来算,不受值班影响的工作日是15天;每个月接见占1个工作日,每个星期警察要参加学习0.5天,犯情分析会0.5天(除去可能遇到补休而缺席1次),这两项平均每30天要参加3次,即3个工作日。以每个工作日工作7小时(扣去中午用餐时间1小时)计算,每30天,监狱警察可支配的时间为77个小时(11天×7小时/天)。77个小时可支配时间与101.6个小时所需要的时间,监狱警察在工作时间上入不敷出。当然,这还不包括应急演练、上级检查、培训、科室和监狱层面的会议及活动、监狱警察生病等所占用的时间。这些不确定性事项,对监狱警察的常规工作造成了很大冲击,精力和时间被分散。"习惯和常规不仅可以帮助人们有效达到目的,而且可以保存稀缺而宝贵的决策时间和注意力。"②这些不确定事项

① 以某监区为例,值班警力配备为6人,值班长1人,值勤班3人,上半夜1人(17:00—次日1:00),下半夜1人(1:00—8:30)。

② [美]小威廉·T.格雷姆、斯蒂芬·J.巴拉:《官僚主义与民主——责任与绩效》,俞沂暄译,复旦大学出版社2007年版,第33页。

同样被纳入目标管理考核体系，所以也是必须完成的事项。由于不确定事项的突发和紧急特点，在每日必须完成的工作事项中被优先执行，对常规工作形成挤兑。

每周工作、每月工作、每季度工作、年中工作、年终工作需平均摊到当月每个工作日中。衡量一个工作日的工作量，不能孤立只看工作手册上显示的某一日工作，也不能把某一工作日抽出来分析，而应该将它放在全年工作的框架下来审视。监狱警察疲于奔命的工作状态，是在进入工作链之后，由于未完成工作的不断积累，预完成工作的循环式出现，而逐渐形成的。

（二）寻求免责空间下的工作量分配

新媒体时代的舆论压力，在一定程度上使监狱警察陷入了“多做多错”的困境，因而在不违反“不作为”的前提下，寻求免责空间。笔者以新警实习为例，以窥监狱工作量分配之一斑。工作的分配不可能绝对公平，但应该让绝大多数人感到大体公平。工作的分配存在一个现象，这种分配不因经历了怎样的改革而得到解决，它潜藏于行政体制运行的暗处。基于熟悉业务的考虑，新招聘的监狱警察开始了对各项业务的学习与掌握，这是最正常不过的业务熟练过程，在雕刻、汽修、石匠等工艺培训上莫不如此，它遵循了由浅入深、熟能生巧的规律，值得肯定。然而，监狱新干警的实习以及他与指导老师之间的关系远比这个复杂。对于新干警的角色应该如何定位呢？首先，假设他是指导老师的助手。助手的第一层含义是学徒，第二层含义减轻被助理者的工作量，使老师有更多的时间和精力去主攻业务。对一个承包监组的警察而言，他的工作内容相对确定，排除偶尔的突发事件，他主攻的业务仍然是自己承包监组的日常管理。我们不能否认有个别优秀的监狱警察在矫正罪犯上有自己的主攻业务，但更多的人从事的是常规工作。

假设新干警是学徒。那么，每一个项目的学习由师傅给予传授、指导，换句话说，他不可以单独完成任何一个项目。新干警的实习期是一年，但实际情况却是 6 个月后，学徒新干警开始单独上岗，独立完成值班、罪犯周记批阅、司法文书制作、谈话教育等承包监组的常规工作。师傅所承包监组的规模相对确定，工作量相对稳定。由于管理人数增加了一倍，人均工作量降低了五成。在师傅和学徒之间，师傅占主导地位，师傅在工作量分配中占主导地位，均匀分配往往难以实现。

助手或者学徒过早地承担了承包监组的常规工作，这至少表明：一年的实习期太长，或者可以缩短到 6 个月；助理或学徒的能力都很强，在很短的时间内就可以掌握矫正罪犯的要领；矫正罪犯的工作比较简单，像工厂里的流水线一般，很容易学会。助理或学徒以对矫正罪犯的崇高理想与热忱奉献的激情承担了主要的或师傅大部分的工作，开始奔波于监管改造的第一线。不久他们便会发现，事情多得应接不暇。如果假设不成立，即一年的实习期不会太长，助理或学徒的能力并没有那么强，矫正罪犯的工作也没那么简单。那么寻求免责便确实存在，工作量分配的不均匀在复杂的环境里以各种各样的名义与方式被演绎。承包监组警察在正常的工作时间里已经无法完成分内的工作，工作量分配得不均匀，使得这种超负荷更是雪上加霜。带着抱怨的心情，面对繁琐的管理事务，正确认识罪犯又从何谈起？寻求免责空间者，既然连常规的工作都试图回避，又怎么会把目光投向认识罪犯的矫正领域。

三、规范与效果:“规范执法”与“罪犯矫正”的失衡

（一）失衡的实质是规范执法产生的理性规约对矫正罪犯主动性的抑制

新媒体时代的舆论压力，使监狱及监狱警察开始思考什么样的执法才能避免被推向舆论的风口浪尖；罪犯也在思考什么样的改造使自己才能获得最大的利益。监狱警察“理性”执法与罪犯“功利”服刑在新媒体舆论的监督下更加凸显。讨论监狱警察的理性执法要借助经济学上的“理性人”假设(hypothesis of rational man)概念。“理性人”假设源起于亚当·斯密的“经济人”假设，是指作为经济决策的主体都是充满理智的，既不会感情用事，也不会盲从，而是精于判断和计算，其行为是理性的。在经济活动中，主体所追求的唯一目标是自身经济利益的最大化。[①]“功利”是基于快乐和痛苦之上的趋利避害的倾向。

新媒体时代的网络民意对执法的监督，推动了法治进步。监狱警察执法规范化，是法治进步的一个重要组成部分。监督是来自外部的力量，它要求对权力进行制约；执法规范是来自内部的要求，以规范权力行使。外部和内部的力量共同指向同一目标——规范权力运行。监狱警察若权力行使不规范，便要承担不利后果。不依法执法的行为要受到追究是毋庸置疑的。这里讨论的规范

---

① 参见 http://baike.baidu.com/view/339947.htm，2014 年 10 月 15 日。

和不规范，是依法前提下监狱警察的各种执法行为，包括两个方面的内容：一是监狱警察与罪犯之间的直接关系，如安排罪犯劳动、对罪犯进行教育；二是监狱警察的警务工作，与罪犯是间接关系，如罪犯亲情电话的复听与评估、工作日志的填写。

执法规范把监狱警察的执法行为与个人利益挂钩，实质是监狱警察权力赋予与责任承担的结合。它最大的优势是对权力滥用进行约束，但同时给矫正罪犯这项工作留下了缺口。监狱警察对罪犯，不仅仅是单向的公权力行使，更多地是矫正上的双向交流。这种双向交流上意义的矫正，除了矫正中的共性，更讲究每个罪犯的个性，因而，规范无法穷极其中的一切行为。规范的约束性，暗则压抑，会令人产生不快，它与矫正所需要的积极作为的开放性特质不相匹配。用规范去调整这一范畴的行为，有如把木桩打入沼泽地，本来试图巩固地面，反而被泥淖吞没。这就好比道德和法律之间的关系，法律规范的是道德的底线；底线以上的道德范畴，假若用法律来调整，无法收到理想的效果。

凭借新媒体的舆论压力和规范本身的局限性，罪犯利用“规范”这一武器，对监狱及监狱警察的执法提出了更高的要求，甚至是无理的要求。通过各种看似合理的方式干扰正常执法，目的在于获得最好的司法奖励与最为有利的改造状态而度过刑期。罪犯功利服刑属于执法领域的问题，矫正及矫正效果是监狱和社会要考虑的问题，从来不是罪犯考虑问题的首要出发点。

由于与个人利益挂钩，监狱警察在执法规范中会考量执法行为可能带来的利弊，这时监狱警察犹如经济决策的主体精于判断和计算，其行为充满理性。规范具有强制性，以及相伴而生的惩罚性，监狱警察的理性执法既受到法律效果和社会效果的影响，又受到个人执法风险的影响。如果把执法的主体分为组织（监狱）和个人（监狱警察）两个层次，执法的风险分为组织风险和个人风险，那么在公权力行使范畴内，监狱警察理性执法把组织风险和个人风险降到最低，以实现法律效果、社会效果以及个人利益的最大化。在矫正领域，调节监狱警察行为的杠杆不是制裁而是激发，不是严控而是引导。制裁性的规范引入矫正领域，并在矫正领域中调节监狱警察矫正罪犯的行为，严重削弱了监狱警察的自主性与积极性。正如对法律的适用，需要法官的自由心证，矫正领域的工作，并非单靠规范的外在约束可调整的，更重要的是监狱警察的内心自觉。矫正领域需要监狱警察积极作为，禁止性规范（包括两个部分：一个是直接禁止，如“如果做了……就要受到惩罚”；另一个是间接禁止，如“如果未做……就要受到惩罚”)与此不相匹配。警察严格遵守禁止性规范仍然是理性的行为,同样把个人风险降到了最低,但对组织(监狱)而言,法律效果和社会效果的实现因为监狱警察的理性行为而受阻。组织(监狱)利益与个人利益沿着相反的方向发展,两者之间是张力,不能形成合力。监狱警察的个人行为越理性,其风险越小,利益越大,而组织要实现的利益则越小,甚至有可能是组织(监狱)利益的最小化。

罪犯的功利服刑,并未把目光聚焦于矫正领域,反而使监狱警察要投入更多的精力去化解执法领域中的矛盾,巩固已取得的成果。规范的局限容易使监狱警察认为,只要严格遵守规范的禁止性规定,个人的执法行为就不会存在风险,因而在罪犯矫正领域,容易演化成对矫正工作的袖手旁观。在公权力行使中被推崇的“理性执法”,在矫正领域中会以“矫正不作为”的形象出现。世人对监狱有什么样的企盼?既追求执法规范,又追求矫正效果,这是一个完美的目标。新媒体时代的舆论对监狱执法领域形成的压力,对监狱的执法有更高的要求,尤其是监管安全,被重复置顶。一个监狱的总能量是相对稳定的,用于执法与矫正的力量也是“拉锯式”地此消彼长。当执法规范要求处于节节上升的时候,矫正的步伐在步步缩小。执法规范与矫正效果无法同时满足,这是新媒体时代监狱产生的一个困境。在这个困境下,监狱开始了难以承受的重负之行。

(二)失衡的土壤是监狱组织管理的弊端

官僚制又称科层制,是指一种对权力职能和职位进行分工和分层并以规则为主体管理的组织体系和管理方式。①它既是一种组织机构,又是一种管理方式。它与不负责任、无所事事的官僚主义含义不同。官僚制具有以下特征:第一,专业化。在官僚制组织中,工作任务是根据工作类型和目的来划分的,有明确的职责;第二,层级制(等级制)。官僚制组织中的职位按等级依次排列,下级服从上级的命令;第三,规则化。官僚制组织由组织规则和章程维持运转,规则和章程是组织成员办事依据。随着社会的发展,官僚制的弊端逐渐显露,主要表现为官僚制压制了人的个性,积极性和创造性受到限制;僵化导致效率低下;下级对上级的唯命是从导致行为与目标偏离,等等。官僚制提出后,在政府和

---

① 参见 http://baike.baidu.com/link?url=oWXztrBdrtmliyg7xJxeybB2stAFzuIxLuwuBd9klS1DJqtudq5uGrYQxBCBPa6j,2014 年 10 月 15 日。

企业实践中得到了广泛的应用。韦伯认为,"官僚制的精确性、稳定性、纪律的严厉程度,以及它的可靠性,无不优越于任何其他形式"①,所以他预言,人类在以后的发展中将普遍采用这种组织形态。政府组织结构中的监狱系统具有官僚制的明显特征,因此,它同时也具有官僚制的弊端。

在监狱官僚制中,它的组织结构呈金字塔结构,层级制使下一层级受制于上一层级;人事任命自上而下使下一层级的领导,受制于上一层级的领导。任命制对官员评判的主观性,使升迁与绩效可以相对分离。戈登·塔洛克认为"政治人"以职务升迁为中心的动机是"在等级制中取得成功、升职的意愿",并非所有的官员都想得到晋升。然而,"等级制中的大部分成员至少都有某种升职的意愿;而在已经成功晋升的较高职位的那些人中,继续升职的意愿会相当强"。②层级制受制于人的特征与官员升迁动机的结合使人们在实现组织目标与取悦领导之间开始权衡。最为理想的下级官员是既能有效实现组织目标,又能讨领导个人喜欢的人。组织目标的有效实现需要学识、毅力、洞察力、时间等元素,这比讨好一个领导难得多。在大多数情况下,理想的"政治人"总是凤毛麟角。因此,庞大的官员队伍中取悦领导成了实现晋升的最佳路径。在这个意义上"人际关系"被评定为官场第一生产力。"当等级制中的某个成员选择了一种最利于他自己职务升迁但对实现组织目标并非最佳的做法时,有两大弊病值得引起注意。首先,不管怎么说,组织目标不能最大程度地实现了;其次,集中在等级制顶层附近的、对组织的'功能'并不特别感兴趣的人增多了。"③

现代监狱被赋予特殊预防和一般预防的功能,它们也是监狱组织的目标。监狱特殊预防目标分为基础目标与终极目标,具有层级结构的特点。规范执法是基础目标,矫正罪犯是终极目标。如前文所述,矫正罪犯的终极目标在价值和实务中具有难以逾越的界线,而且在考评的技术操作上难以衡量。规范执法的基础目标较终极目标易于实现,且易于量化考核。监狱中选择取悦领导来实现晋升的官员,除了投领导个人所好外,还需实现一定的组织目标。如果把矫正罪犯比作监狱组织的进攻性目标,那么监管安全则是防御性目标。在监狱组织的目标结构中(见图 2),最让公众不能容忍的是隔离防范目标无法实现。防御性目标的失败,将触动公众的心理底线。因此,监狱形成了一套以隔离防范

---

① [德]马克斯·韦伯:《经济与社会》(第一卷),阎克文译,上海人民出版社 2009 年版,第 330 页。

② 戈登·塔洛克:《官僚体制的政治》,柏克、郑景胜译,商务印书馆 2012 年版,第 41 页。

③ 同上书,第 29 页。

为中心的监管安全目标体系。取悦领导要实现一定的组织目标就是监管安全的目标。说这是“一定”的组织目标，是因为监管安全是基础目标的内容之一，而隔离防范是监管安全的次级目标，它们在监狱组织整个目标结构中只占一定的比例，而并非全部。这“一定”的组织目标是防御性的，所以只要不发生就是取得实效，就是功，因此，“无过即是功”被奉为经典法则。

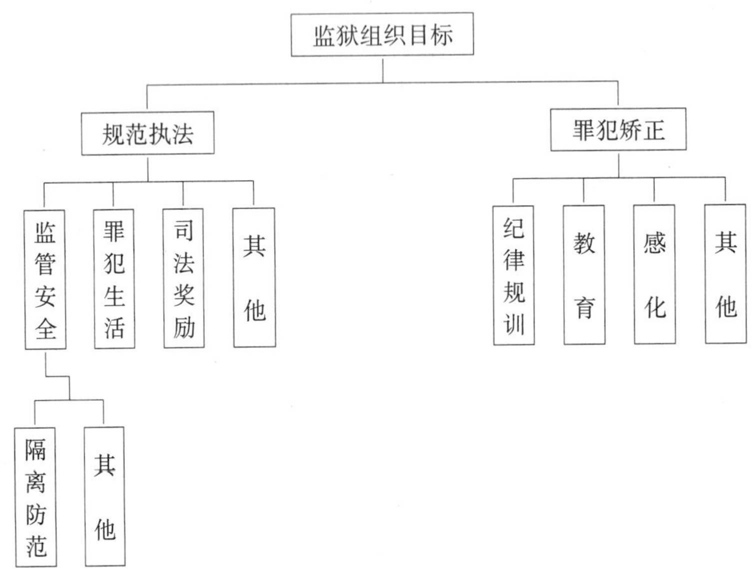

图 2　监狱组织目标层级结构图

监管安全防御性目标失败的社会效果远比矫正罪犯没有取得实效来得严重，所以以监管安全体系为核心的规范执法工作比矫正罪犯更被看重。在新媒体时代，新媒体舆论监督在监狱工作效果与取悦领导之间形成了一种更加快捷的传递方式。新媒体的发展把监狱整体引入了公众视野，监狱工作效果受到新媒体的审视。舆论监督的特性使新媒体无法在专业性较强的“罪犯矫正”领域进行评判，而只是把目光聚焦于监狱的“规范执法”领域。受新媒体监督的影响，公众更易于把目光聚焦于监狱的“规范执法”上，监狱层级制的上一层级更加注重下一层级的“规范执法”工作，下一层级取悦上一层级更加把重心放在领导关心的“规范执法”领域。这样，“规范执法”的组织目标经过层层放大，最终被无限放大，形成了对矫正罪犯工作的压倒性挤兑。

四、责任与绩效:调节“规范执法”与“罪犯矫正”失衡的杠杆

(一) 考核中的“规范执法”与“罪犯矫正”

总体上看,现有对监狱警察的考核标准符合当前监狱警察的工作实际。监狱警察工作内容的比重,使执法规范与罪犯矫正两者之间的比重严重失衡。笔者以某监狱现行的《主管民警承包监组模式评估标准》为范本,分析考评机制的运行过程。这是一种百分制的评估模式,行政事务占 25 分(落实监组承包等);狱政管理占 50 分(重点罪犯管理、三抄、日讲评、罪犯通信查验等);司法文书占 5 分;劳动项目 5 分;教育 15 分(口头和书面个别教育等)(见图 3)。

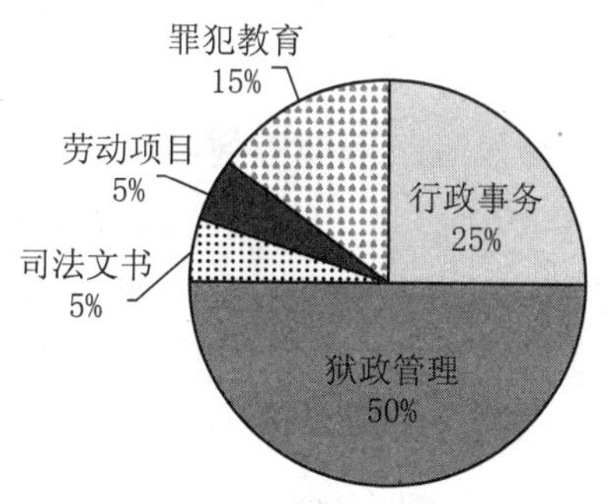

图 3　考核内容百分比

从静态分析可以看出,在整个评估标准中,监狱“执法”的分量以绝对优势,与“矫正”形成鲜明对比。不仅如此,动态的考核中出现的不公,使监狱的“执法规范”与“罪犯矫正”同时面临雪上加霜的困境。考核中的不公正分为两种情况:一是考核作弊。考核组同一天对监区进行考核,发现 A 监区甲岗位的值班警察不在岗,在 B 监区乙岗位也发现了同样的情况。因为 B 监区乙岗位的值班警察与此次考核组某成员有某种特殊关系,最终的考核结果是 A 监区甲岗位的值班警察受到了处理,而 B 监区乙岗位的值班警察不在处理结果名单之列。考核是对警察行为的一种监督,但是它本身缺乏有效监督。二是考核不科学。考核组同一天对监区进行考核,发现 A 监区甲岗位的值班警察不在岗,在 B 监区乙岗位也发现了同样的情况。最终的考核结果是,两位值班警察受到了同样的处理。事实上,甲岗位的值班警察不在岗位是因为受到值班长的调遣,

在办公区域制作司法文书，并在离开岗位时与最近的值班警察进行了交接；乙岗位的警察不在岗位是未按规定提前洗澡（资源是十分珍贵，特别是冬天，最后一个人，可能就没热水，洗澡可以放松一天的疲劳），并未向值班长汇报去处，未与最近岗位警察交接。这种考核的不科学在于它只看结果不问原因。在考核制度里没有关于故意与过失的区别规定，也没有负责与免责的条款。在这样的考核标准下，一个刚从学校毕业的、从不违纪的大学生，可能会因为他某个行为（过失）结果违反规定而难逃处罚；而一个懒散、无拘束的人，会因为特定的关系而免受处罚。

考核的不公使人对考核产生反感，这种反感会延伸到对执法和矫正工作的抵触。这种不公正通过程序正义容易纠偏为正，但对于监狱“执法规范”与“罪犯矫正”结构失衡的调整，即什么是监狱真正的绩效，情况要复杂得多。

（二）绩效与绩效的变化

从管理学的角度看，绩效是组织期望的结果。监狱作为国家刑罚执行机关，被赋予什么样的组织期望呢？以有无特定对象为标准，笔者把监狱的绩效分为外部绩效和内部绩效。外部绩效包括警示世人的威慑效应和公正执法的社会效果；内部绩效包括执法规范（罪犯生活、就医、安全警戒等）与罪犯矫正（道德、法律、技能、文化等综合素质结构的改善）。

绩效的考核也分为否定性和肯定性。

否定性指标是抑制性的，明确清晰，只有“是”与“不是”，没有“一般”“好”“较好”“最好”的梯度延伸。最为明显的安全警戒，只要没发生罪犯脱逃，这一考核指标的绩效就为达标；反之，则不达标。监管安全是监狱绩效考核众多指标中的其中一个，由于监禁的内在要求，使监管安全在监狱工作中占有特殊的地位，也因为这一指标容易考核，在绩效上被逐渐放大，有时甚至喧宾夺主，但它绝对不是监狱工作的全部。执法规范与罪犯矫正的关系有如一个木桶的桶底和桶板，执法规范是桶底，罪犯矫正是桶板，桶板的长短决定木桶的装水量；矫正项目（方案）有如桶板，决定监狱矫正罪犯的整体效果。由此来看，监管安全是“底”，而不是“天”。如果将执法与矫正割裂开来，或者以执法为大，或者以矫正为大，监狱的整体绩效则无从谈起。

肯定性指标是畅行性，鼓励和提倡向最好的目标努力。它的目标由“一般”“较好”“好”向“最好”梯度上升。最为明显的是罪犯矫正，通过劳动、教育改造，罪犯学到了什么技能，学到了什么文化，他的道德、法律、心理、文化等综合素质结构是否得到改善。罪犯矫正项目发展得越好，便会带来更好的矫正效果。

绩效需要由考核来衡量，但监狱的绩效在考核时发生了变化。考核阶段的绩效量化表，有部分内容偏离了监狱工作的实际。但这种考核量化一经确立，反过来影响了监狱工作的内容。这里以一个执法规范和罪犯矫正的事例做比较，即把“一个罪犯3年无监管安全事故”与“用3年时间矫正一个罪犯”进行对比（见表7）。

表7 执法规范与罪犯矫正考核实例对比

	一个罪犯3年无监管安全事故	用3年时间矫正一个罪犯
见效阶段	在狱内	不仅在狱内，延伸到社会上
见效时间	在狱内的特定时间里	不仅在狱内的时间，延续到罪犯释放后，甚至到生命的终结
见效的因素	受狱内软硬件因素（警戒设备、安全管理）影响	不仅受狱内因素影响，还要受社会因素（生活条件、就业等）影响
标　　准	无罪犯脱逃、非正常死亡等事故	不再重新违法、犯罪

执法规范中的考核目标易于实现，考核易于操作，因而也是明确的；罪犯矫正的考核目标不易实现，考核不易操作，考核指标不明确，或者说考核指标不能反映所需。在各种国家机构中，“任务模糊或相互冲突的官僚机构做得比较差”①。影响执法规范的因素相对可控，且因果关系一一对应，功过奖罚容易确定。影响矫正效果的因素相对不可控，不再重新违法、犯罪的影响因素不仅是监狱里的，更是社会的。监狱矫正与服刑人员重新违法犯罪之间的因果关系不是唯一，功过之奖罚如何认定？对于一个官员的政绩评定还要等到三年或五年后，看他在任时矫正过的罪犯的重新违法犯罪率，即拿明天的考核结果作为今天的升迁依据，这种时间颠倒的矛盾，在具体操作上无法实现。

事实上，矫正领域还有许多的项目尚未列入工作内容，因而在绩效考核上无法体现。矫正效果在考核中所占的小比例，并不是说矫正应有的分量很轻。这是由于矫正理论贫乏的局限、矫正效果考核操作的难度、新媒体舆论对规范的要求而造成的对矫正的挤兑。已纳入指标的部分矫正考核由于操作设计得

---

① ［美］小威廉·T.格雷姆、斯蒂芬·J.巴拉：《官僚主义与民主——责任与绩效》，俞沂暄译，复旦大学出版社2007年版，第195页。

不合理，并不能起到激发积极性的作用。正因为片面追求罪犯的文化教育合格率，并将其直接与监狱警察的绩效挂钩，而不是在罪犯的文化教育上加强过程监督，使考试作弊在狱内有了一定的市场。考核指标量化的片面，使考核仅仅停留在文书与账本的肤浅层面上，因而无法通过考核提高矫正效果。这种考核执行的越严格，监狱警察对工作就越没有成就感，乃至产生怨言，并会在工作中迷失方向，积极性逐渐消失，消极因素逐渐抬头。

（三）责任与免责

新媒体时代对政府履职不力的批判，不仅是舆论压力，更是舆论之后的归责。根据后果的严重程度不同，责任从刑事责任、行政责任到民事责任有层次地分布于责任体系。法律、法规和规章规定了相应的责任，由专门机构（机关）来行使追究责任，它是宏观层面的责任，相对而言，也只有少数人会被追究。这里所要讨论的责任是对监狱警察工作规范的问责，它是在宏观框架下的微观责任，与每一个在工作岗位上执法的警察息息相关。微观的责任理不清，责不明，监狱警察容易对工作产生抵触情绪，抱怨组织人文关怀不够，日积月累，将损害整体工作的凝聚力。

监狱警察执法规范责任的追究应当区分故意“作为”与消极“不作为”。故意“作为”，指主观上明知是违反工作规范而积极追求，如值班时擅自脱离岗位；消极“不作为”，指明知是工作义务且有能力实施，却使该项工作处于放任状态。不在工作规范的追责上区分有责与免责，迫使监狱警察在矫正罪犯的工作领域裹足不前，在不存在不作为的前提条件下，“多一事不如少一事”“多做多错，少做少错”成了人们对矫正工作态度的基本解读。不在有责的责任承担上厘清故意“作为”与消极“不作为”，是对不规范行为“一刀切”式的刻板认定。这种对规定本身自我否定的做法淡化了人们内心对规定严肃性的认可。任何一种考核制度，因为执行的人不同，同样的行为会得出不同的结果，需要靠申诉纠错机制来维护它的生命力。显然，区分认定是纠错的基础。

监狱警察行为追责在实践中的认定要依赖正确的督察程序。程序正义是实现执法公正的保障。这个早已成为定论的认识，但在监狱对警察的督察上未能被正确推广：(1)哪个部门才有督察权，是唯一的还是多头的。在实践中，督察部门、警务评估小组、人事部门，或单独、或联合，都有督察权。(2)检查权与处理权是分离的(即一个部门负责检查，另一个部门负责处理)，还是一体的(即检查部门同时也是处理部门)。(3)检查与处理程序是否规范,如是否有当场询问和申辩程序。(4)申诉机制是否科学,申诉部门是否与处理部门分离。对监狱警察执法规范行为的追责,性质上不可与刑事追责相提并论,但都是对某种行为的否定性评价,会让人产生不快。要做到一次让人心服口服的处理,就要有规范的程序,不能因为人手紧缺,而放松了对程序本身的严格要求。

监狱警察的免责主要集中在执法领域、法律层面,《监狱法》《警察法》《公务员法》均未涉及执法免责问题。《国家赔偿法》从国家承担责任的角度,对刑讯逼供与违法使用警戒具承担责任,以及公民自伤、自残行为不承担责任做了规定。既然相关法律未对监狱警察的执法免责做出规定,那么是否可以理解为法无明文规定皆免责呢?新媒体时代的舆论与罪犯亲属对罪犯的自杀向监狱追责,与此不无关系。如果不是,明确的免责规定对鼓励监狱警察的工作的积极性太重要了。

监狱警察的执法免责可以分为两类情况。一类是与罪犯直接相关,包括对罪犯的管理和矫正。以罪犯自杀为例,这是最为吸引媒体眼球,让舆论聚焦监狱的事件。监狱警察甲主管的小组共有罪犯 15 名,甲的工作态度与工作能力处于平均水平线,能按规定履行职责。某天夜里,他小组的罪犯乙自杀了。事后,他受到了责任追究。罪犯自杀的原因十分复杂,心理疾病、人生绝望、愧对亲人、监禁痛苦等,单个或综合的都可能是罪犯自杀的原因。监狱警察甲已经按照工作规范履行了他应该履行的职责,那么追究责任的依据是什么呢?监狱警察甲只是一名普通的警察,没有特殊的预测能力。如果履行规范内的职责,还不足以阻止可控范围内事情的发生,那么,应当研究如何提高规范的标准,而不是研究适用哪款规定,如何对甲进行责任追究。另一类是监狱警察的警务规范。监狱警察乙在值班时,受值班长指派到办公区域完成司法文书制作。督察组临检,发现警察乙值班时脱离岗位。结果对值班长和警察乙进行处理。警察乙是受值班长指派,且履行的行为并非明显违法,不应当承担责任。值班长有临时调配警力的权力。倘若值班长因为执勤岗位空缺而受到处罚,那么在罪犯生病,值班警察送其外出就诊时,执勤岗位同样空缺,是否也要追责呢?制作司法文书时的执勤岗位的空缺与送罪犯外出就诊时的空缺没有本质的区别,共同面临警力空缺,潜在同样的安全警戒风险。世上没有不会出错的工作,哪怕是对飞机飞行有如此高的要求,空难仍无法绝迹。监狱警察执法不可能做到万无一失,出现不利的执法结果,有故意“作为”、消极“不作为”和意外事件的区分。

除此之外，还要看行为的性质与结果的严重性。

监狱警察执法免责制度的建立，将卸下警察的执法包袱；对监狱而言也是一种责任的免除，可以凭此化解新媒体时代的舆论压力，与罪犯及罪犯亲属进行有效沟通。一个低效的规范，它试图对组织成员的行为进行规范，对不规范行为进行追责，结果是它并没有起到纠偏的作用。它虽规范了组织内一小部分明显不当的行为，同时不确切地调整了另一部分行为，影响到了组织成员对规范的认可。这有如一个不均匀的鱼塘，当你把东边围高时，鱼往西边游去；当你把西边围高时，鱼往东边游去，我们为什么不能让鱼在整个鱼塘里生活，以提高产量呢？

新媒体时代，掀起了公众舆论的巨浪，推进了民主，但也带来了暴力。新媒体舆论的开放性与主体平等性给非理性批判留下了缺口，"人们喜欢听到符合自己猜测的证据，而把那些构成挑战的证据过滤掉。我们天生倾向于极端观点，并且喜欢和志同道合的人聚在一起，结果促使彼此变得愈加极端"①。应当借助新媒体的民主之力，将监狱"规范执法"与"罪犯矫正"领域中的责任、免责与绩效公之于众，使监狱在新媒体时代下能走出困境，轻身前行。

---

① 布鲁克斯：《网络真的是民主之福吗？》，载科技中国网，http://www.techcn.com.cn/index.php?edition-view-152770-1，2014年10月15日。

期待与挑战：对监狱劳动功能的多维解析
——以西方若干劳动理论为视角

上海市提篮桥监狱　王东晟　叶春弟

万物皆有裂痕，那是光照进的地方。①

——[加]莱昂纳德·科恩

随着监狱的发展与改革，监狱劳动被赋予了多种功能，监狱劳动功能从单一的劳动力使用向多元化方向发展。西方狱制改革至今，监狱劳动功能在制度设计上得到明确和具体化，并形成了监狱劳动功能的传统目标。那么，监狱劳动功能能否实现预期目标？这是一个值得调查、深思的问题。

西方劳动理论中的不同流派和学者对“劳动”作了不同视角的研究，使人们对“劳动”有了多维且丰富的认识，这为监狱劳动功能的多维分析提供了理论支撑。本文的监狱劳动特指罪犯的劳动，不包含监狱警察等工作人员的劳动。监狱劳动的功能是指监狱通过安排罪犯参加劳动所引起的矫正作用及达到的实际效果。

一、监狱劳动功能的传统目标期待与现状

（一）监狱劳动功能的传统目标期待

对被囚禁的人施以劳作，与囚禁现象有着几乎相同久远的历史。最早对囚禁对象施以劳作，是基于充分使用劳动力的考虑。随着国家机器与社会的发展，尤其是西方狱制改良之后，囚禁中的劳作远远超出了充分使用劳动力的初衷，被赋予了多种期待。

---

① 加拿大现代都市游吟诗人莱昂纳德·科恩(Leonard Cohen)在*Anthem*中的歌词：There is a Crack in Everything，That's How the Light Gets in.

《联合国囚犯待遇最低限度标准规则》认为监狱劳动应足以保持或增进囚犯出狱后诚实谋生的能力。齐林在《犯罪学及刑罚学中》认为狱内劳作有 5 种不同的概念:"(一)用一种业务来缓和监狱生活的厌倦;(二)利用辛劳的工作来抑制罪恶的发生;(三)为了有经济利益的商品出产而使囚犯劳作,可以减轻供养的费用;(四)利用劳作是当作一种改善的工具;(五)利用劳作是当作一种维持监狱纪律的工具。"①吴宗宪教授在《当代西方监狱学》中认为,西方监狱劳动的作用主要是为了培养犯人的劳动技能、劳动习惯和为释放后的重新就业等做准备。②孙雄先生认为,通过劳动,给予罪犯劳动报酬,可以扶助家属生活,也可作为出狱后从事营业的资本,还可增加国库收入。③中华人民共和国成立后,劳动在改造罪犯中的作用特别突出。劳动改造学说认为,狭义劳动改造的作用:第一,树立正确的世界观。犯罪起因于错误的世界观、人生观、价值观,监狱通过组织罪犯劳动,把罪犯置换在一个新的社会存在之中,这就为转化罪犯的犯罪思想,转变其错误的世界观、人生观、价值观奠定了基础。第二,矫正恶习。通过生产劳动,使罪犯知道劳动的艰辛,培养其热爱劳动、珍惜劳动成果的思想和勤俭的作风;监狱的劳动纪律和规章制度,培养罪犯的社会责任感和遵纪守法的习惯;监狱劳动中生产流水线的相互配合,有助于罪犯树立团队合作精神。第三,学习谋生技能。监狱组织罪犯劳动生产、技能培训,使罪犯掌握回归社会后所需要的谋生技能,能够自食其力,重新开始走自己的人生道路。④我国《监狱法》第 2 条规定,监狱对罪犯实行惩罚和改造相结合、教育和劳动相结合的原则,将罪犯改造成为守法公民。

综上所述,监狱劳动功能的期待可以概括为:通过改变"社会存在"来改变罪犯错误的价值观;创造财富、减轻国家负担;矫正好逸恶劳的恶习,培养责任感和团队合作精神;在劳动中习得谋生技能,出狱后能自食其力;通过劳动缓和狱内生活,维持狱内纪律。

(二)监狱劳动功能效果的实证分析

为了证实监狱劳动功能的效果,以及对此有一个感性的认知,笔者对监狱

---

① [美]齐林:《犯罪学及刑罚学》,查良鉴译,中国政法大学出版社 2003 年版,第 450 页。

② 吴宗宪:《当代西方监狱学》,法律出版社 2004 年版,第 757 页。

③ 孙雄:《监狱学》,商务印书馆 2011 年版,第 10—12 页。

④ 辛国恩等:《毛泽东改造罪犯理论研究》,人民出版社 2006 年版,第 310—311 页。

劳动功能现状进行了实证调查与分析。

1. 监狱劳动效果问卷调查基本情况介绍

(1) 问卷调查地点与抽样方案。

问卷调查按照职业分层抽样方式，在上海市范围内展开，从 2012 年 5 月开始，至 2012 年 10 月结束，历时 5 个月。职业分层抽样的第一层抽样分为三类：第一类为罪犯；第二类为监狱警察；第三类为社会大众。

罪犯和监狱警察的调研单位为某省、市的监狱。每个监狱根据随机数表抽取一个监区，分别对 100 名罪犯和 30 名监狱警察做问卷调查。罪犯类问卷共发放 1 200 份，收回实际有效问卷 1 060 份；监狱警察类问卷共发放 300 份，收回实际有效问卷 251 份。社会大众类的问卷调查对象包括某省、市的法官、检察官、律师、刑满释放人员及其他社会大众。其中，法官、检察官 414 份，律师 25 份，刑满释放人员 10 份。其他社会大众采用行业分层抽样，利用某省、市黄页的公司数据，从各行业中抽取 80 个企、事业单位，收回实际有效问卷 671 份。

(2) 问卷调查过程与分析方法。

① 问卷调查过程。罪犯类问卷和监狱警察类问卷，在各监狱的允许下对问卷调查做了周密的安排，以减少人为因素对调查的干扰。社会类问卷则直接向受访者发放问卷。完成调查问卷时间需 20 分钟左右。大部分被调查者能理解问卷的内容；有少部分罪犯因文化程度低等原因，无法完成问卷。为避免解释和说明对被访者的观点产生影响，不安排其他人帮助说明或解释，没有完成的问卷被作为废卷不在统计范围之内。在调查开始前，通过在问卷开宗明示和口头告知两种方式，强调本调查问卷属于匿名调查，受访者回答的内容不会向被调查者所在单位或任何人公布，以确保本次调查的可信度。

② 问卷的分析方法。问卷调查数据采用 SPSS19.0(Statistical Product and Service Solutions)软件包进行处理与分析。

(3) 被访者基本情况。

① 被访者性别分布。总体上，被访者男性比例高于女性比例，分别占 68.7%和 31.3%。在罪犯抽样中，男犯的比例占 83.6%，远远高于女犯的 16.4%。男性监狱警察的比例占 90.5%，高于女性监狱警察的比例 9.5%。而社会大众的性别比例基本均衡，分别占 49.5%和 50.5%。

表 1　被访者性别分布

			性别		合计
			男	女	
被访者	罪犯	计数(频次)	840	165	1 005
		百分比(%)	83.6	16.4	100
	监狱警察	计数(频次)	275	29	304
		百分比(%)	90.5	9.5	100
	社会大众	计数(频次)	554	566	1 120
		百分比(%)	49.5	50.5	100
合　计		计数(频次)	1 669	760	2 429
		百分比(%)	68.7	31.3	100

② 被访者年龄分布。根据问卷填写情况，将被访者年龄分为四个档次，即25岁(含)以下、25—35岁(含)、36—45岁(含)和46岁及以上。从分布上来看，年龄层次覆盖面比较广。总体上，被访者年龄层次以25—35岁(含)为主，占了48.7%，其中罪犯的比例占同类的39.1%、监狱警察的比例占同类的56.9%、社会大众的比例占同类的55.2%。

表 2　被访者年龄分布

			年龄				合计
			25岁(含)以下	25—35岁(含)	36—45岁(含)	46岁以上	
被访者	罪犯	计数(频次)	301	389	185	119	994
		百分比(%)	30.3	39.1	18.6	12	100
	监狱警察	计数(频次)	36	165	39	50	290
		百分比(%)	12.4	56.9	13.4	17.2	100
	社会大众	计数(频次)	199	608	159	135	1 101
		百分比(%)	18.1	55.2	14.4	12.3	100
合计		计数(频次)	536	1 162	383	304	2 385
		百分比(%)	22.5	48.7	16.1	12.7	100

③ 被访者教育程度分布。从分布上看，被访者受教育程度涵盖了学历

的所有阶段。被访者的受教育程度以本科、大专学历为主，占 42.9%。这是因为，本科、大专学历在社会大众和监狱警察中皆为同类最高比例，分别为 61.0%、79.5%。罪犯的情况则不同，在罪犯类中，初中学历为最高比例，占 46.5%；其次是高中（中专）学历，占 22.6%；本科、大专学历仅占 11.7%。

表 3　被访者教育程度分布

受教育程度								合计
			小学及以下	初中	高中（中专）	本科（大专）	硕士研究生及以上	
被访者	罪犯	计数（频次）	182	464	226	117	9	998
		百分比（%）	18.2	46.5	22.6	11.7	0.9	100
	监狱警察	计数（频次）	10	17	22	240	13	302
		百分比（%）	3.3	5.6	7.3	79.5	4.3	100
	社会大众	计数（频次）	3	24	97	679	310	1 113
		百分比（%）	0.3	2.2	8.7	61.0	27.9	100
合计		计数（频次）	195	505	345	1 036	332	2 413
		百分比（%）	8.1	20.9	14.3	42.9	13.8	100

④ 罪犯前科分布。总体上，被访罪犯的前科分布中，无前科类居多，占 81.4%，一次前科的占 12.8%，两次前科的占 3.2%，三次及以上前科的占 2.6%，前科分布呈递减状态。

表 4　罪犯前科分布

这是你第几次入狱				
	频率	百分比（%）	有效百分比（%）	累积百分比（%）
第一次	807	81.4	81.4	81.4
第二次	127	12.8	12.8	94.2
第三次	32	3.2	3.2	97.4
第四次及以上	26	2.6	2.6	100.0
合　计	992	100.0	100.0	

⑤ 罪犯原判刑期分布。根据问卷填写情况，将被访罪犯的刑期分为 5 个档次，即不满 3 年、3 年以上（含）—不满 7 年、7 年以上（含）—不满 15 年、15 年

以上(含)—不满 25 年和 25 年以上(含)。从分布上看,刑期分布跨度较大,涵盖 3 年以下至 25 年以上。从总体上看,被访罪犯的刑期以中、短刑期为主,不满 3 年的占 41.4%, 3 年以上(含)—不满 7 年的占 31.3%, 7 年以上(含)—不满 15 年的占 22.0%,而 15 年以上的长刑期仅占 5.6%。

表 5 罪犯原判刑期分布

你这次被判处的刑期是				
	频率	百分比(%)	有效百分比(%)	累积百分比(%)
不满 3 年	408	41.1	41.1	41.1
3 年以上(含)—不满 7 年	310	31.3	31.3	72.4
7 年以上(含)—不满 15 年	218	22.0	22.0	94.4
15 年以上(含)—不满 25 年	14	1.4	1.4	95.8
25 年以上(含)	42	4.2	4.2	100.0
合 计	992	100.0	100.0	

2. 监狱劳动功能效果问卷调查与数据分析

问卷在监狱劳动功能效果的设计上,量化为对监狱劳动的态度和监狱劳动的作用两个部分。

(1) 对监狱劳动的态度。

对监狱劳动的态度可以分为观念上的态度和现实中的态度。观念上的态度是一种抽象的判断,被调查者可以是在劳动中的罪犯,也可以是其他人。现实中的态度是一种具体的感受,被调查者只能是参加监狱劳动的罪犯。

① 观念上的态度。问卷数据表明,在观念上,罪犯参加劳动是理所当然的,但同时,还要视具体情况而定。根据表 6 可知,59.7%的被访者认为所有的罪犯都应当参加劳动,视情况而定的比例为 32.8%。根据表 7 中的 ϕ 值(0.059)显著性不强可知,在罪犯是否应当参加劳动上,罪犯和监狱警察的看法没有显著差别,两者比例分别为 60.2%和 58.0%。

② 现实中的态度。问卷数据表明,在现实中,大部分罪犯能接受参加劳动,少数罪犯不愿意参加劳动。根据表 8 可知,65.4%的罪犯愿意接受监狱的劳动,持无所谓态度的罪犯占 25.5%,不愿意接受监狱的劳动的比例为 9.1%。

表6　劳动在观念上的态度

你是否认为所有的服刑人员都应当参加劳动改造						合计
			应该	否	看情况，有些人应当参加，有些人不要	
被访者	罪犯	计数（频次）	598	66	329	993
		百分比（%）	60.2	6.6	33.1	100
	监狱警察	计数（频次）	174	31	95	300
		百分比（%）	58	10.3	31.7	100
合计		计数（频次）	772	97	424	1 293
		百分比（%）	59.7	7.5	32.8	100

表7　对称度量

		值	近似值 Sig.
按标量标定	ϕ	0.059	0.105
	Cramer 的 V	0.059	0.105
有效案例中的 N		1 293	

表8　劳动在实际上的态度

你是否愿意接受劳动改造					
		频率	百分比（%）	有效百分比（%）	累积百分比（%）
有效	愿意	653	65.4	65.4	65.4
	不愿意	91	9.1	9.1	74.5
	无所谓，服从安排	255	25.5	25.5	100
	合计	999	100	100	

注：本表数据统计仅针对罪犯问卷。

（2）监狱劳动的作用。

问卷把监狱劳动的作用量化为劳动的底线作用和对劳动习惯的培养作用。监狱劳动的底线作用是指监狱劳动最少可以起到什么作用，是对监狱劳动作用的兜底衡量。劳动习惯培养是指监狱劳动改进罪犯好逸恶劳的习性，增进其自食其力的能力。

① 监狱劳动的底线作用。问卷数据表明，如果监狱劳动作用在其他方面

都不理想，那么它最少还能起到更好地度过刑期的作用。根据表 9 可知，28.1%的访者认为监狱劳动最少可以起到打发时间的作用。根据表 10 中的 ϕ 值显著性可知，罪犯和监狱警察在监狱劳动底线作用的看法上有差异，强度为 0.146，且可以推论到总体。罪犯较多认为监狱劳动最少可以产生思想改造的效果，比例为 27.9%，而监狱警察更多地觉得仅仅是打发时间和解决狱内消费，比例分别为 37.2%和 25.1%。

表 9　监狱劳动的底线作用

服刑人员在监狱里的劳动，最少可以起到什么作用								合计
			解决部分狱内消费问题	避免因为长期不劳作而导致的身体机能衰退	参加劳动可以更好打发时间	会产生思想改造的效果	其他	
被访者	罪犯	计数(频次)	186	223	242	262	25	938
		百分比(%)	19.8	23.8	25.8	27.9	2.7	100
	监狱警察	计数(频次)	60	48	89	36	6	239
		百分比(%)	25.1	20.1	37.2	15.1	2.5	100
合计		计数(频次)	246	271	331	298	31	1 177
		百分比(%)	20.9	23	28.1	25.3	2.6	100

表 10　对称度量

		值	近似值 Sig.
按标量标定	ϕ	0.146	0.000
	Cramer 的 V	0.146	0.000
有效案例中的 N		1 177	

② 对劳动习惯的培养。问卷数据表明，访者在劳动对习惯培养作用上的肯定性评价不足。根据表 11 可知，仅为 21.4%的被访者明确肯定劳动对培养习惯的作用，大多数访者在这一评价上的态度不明确，58.4%的访者认为只是有一定的帮助。罪犯、监狱警察和社会人群在这种不明确的评价上比较一致，比例分别为 50.0%、58.1%和 65.9%。20.2%的访者持否定性态度，认为监狱劳动不能培养罪犯自食其力的劳动习惯。根据表 12 可知，监狱劳动不能培养罪犯劳动习惯是因为劳动起不到这种作用。罪犯、监狱警察、社会人群在这一

看法上几乎一致，比例为56.4%。另外，罪犯对劳动报酬比较看重，25.7%的罪犯的理由是劳动报酬低，以致不能形成足够的积极性。

表11 对劳动习惯的培养

你觉得监狱里的劳动，对培养服刑人员自食其力的劳动习惯是否有作用							合计
			非常有用	有一定作用	几乎没用	完全没用	
被访者	罪犯	计数(频次)	280	491	128	83	982
		百分比(%)	28.5	50	13	8.5	100
	监狱警察	计数(频次)	46	175	63	17	301
		百分比(%)	15.3	58.1	20.9	5.6	100
	社会大众	计数(频次)	186	729	148	43	1 106
		百分比(%)	16.8	65.9	13.4	3.9	100
合计		计数(频次)	512	1 395	339	143	2 389
		百分比(%)	21.4	58.4	14.2	6	100

表12 对劳动习惯培养否定性评价的理由

你认为几乎没用或完全没用的理由							合计
			劳动起不到这种作用	劳动报酬低，没有积极性	不喜欢劳动，所以无从谈起	其他	
被访者	罪犯	计数(频次)	114	52	18	18	202
		百分比(%)	56.4	25.7	8.9	8.9	100
	监狱警察	计数(频次)	40	5	20	7	72
		百分比(%)	55.6	6.9	27.8	9.7	100
	社会大众	计数(频次)	105	26	31	23	185
		百分比(%)	56.8	14.1	16.8	12.4	100
合计		计数(频次)	259	83	69	48	459
		百分比(%)	56.4	18.1	15	10.5	100

对监狱劳动功能效果的实证调查与分析表明，当前监狱劳动功能的效果与监狱劳动功能的传统目标存在偏差，尽管问卷在设计时没有(也不可能)涵盖传统目标的所有要素，但这并不影响本文对监狱劳动效果的认识。劳动功能的现实效果与监狱劳动功能传统目标之间存在偏差是本文多维分析监狱劳动功能的起因。

二、理论解析之维:从马克思"劳动创造了人"的经典学说重新审视劳动改造学说

(一) 劳动改造理论的渊源

劳动改造观点的产生,不是毫无凭据的,它的理论基础可以追溯至达尔文的进化论。19世纪七八十年代,恩格斯在进化论的基础上论述了劳动对于人的意义。他认为,是劳动使类人猿的手、发音器官和脑髓变得自由和成熟。因而,他在《劳动在从猿到人转变过程中的作用》一文中开篇指出,它(劳动)是整个人类生活的第一个基本条件,而且达到这样的程度,以致我们在某种意义上不得不说:劳动创造了人本身。[①]1917年,俄国十月革命取得成功,建立了世界上第一个社会主义国家。马克思主义理论在俄国实践的成功,使其在苏维埃政权建立之后被广泛应用和实践于各个领域。作为国家机器的监狱,当然绝不例外。不久,通过劳动改造罪犯的观点上升为国家意志,转化为法律。1922年的苏俄刑法典规定刑罚的任务之一是以劳动改造实行感化,使违法者适应于共同生活的条件。"在刑事责任的第四阶段——对被判刑人执行刑罚(以及刑法的其他强制方法)过程中,教育活动是通过劳动改造(劳动改造是由执行刑罚的国家机关在公众的参加下组织和安排的),或者是通过社会影响和教育的形式来实现的。"[②]1924年的苏俄劳动改造法典第2条规定:"剥夺自由和不羁押的强制劳动都是为了一般地预防社会上不坚定分子犯罪和防止罪犯再犯新罪,而且必须同劳动改造的影响方法相结合。"继1924年之后,1933年,苏联又通过了第二个《苏俄劳动改造法典》;1969年,苏联最高苏维埃制定了《苏联和各加盟共和国劳动改造立法纲要》,劳动改造理论在实践中得到巩固和加强。

受苏联的影响,新中国确立了劳动改造罪犯的模式。1951年,全国第三次公安会议决议指出,劳动改造是改造罪犯的主要手段,劳动改造罪犯的目的是"三个为了",[③]其理论渊源是马克思列宁主义的认识论和劳动价值论。至此

---

① 《马克思恩格斯全集》(第二十卷),中共中央马克思、恩格斯、列宁、斯大林著作编译局译,人民出版社1971年版,第509页。

② [苏]巴格里-沙赫马托夫:《刑事责任与刑罚》,韦政强等译,法律出版社1984年版,第86页。

③ 辛国恩等:《毛泽东改造罪犯理论研究》,人民出版社2006年版,第30页。

之后，劳动改造在我国的罪犯改造中占据了主导地位，而教育改造至今仍然扮演着配角。这从当前在监狱系统推行的“5＋1＋1”改造模式中的“5 天劳动，1 天教育”中可见一斑。劳动改造罪犯在特定历史时期起到了很大的作用，也受制于当时的物质条件。但是，时至今日，劳动改造的作用及其理论需要理性反思。

（二）劳动改造理论的先天缺陷

劳动改造理论的先天缺陷表现在劳动创造人与劳动改造罪犯在时间条件、内容和衡量标准上的不同。在时间条件上，恩格斯在论述劳动使类人猿的手变得自由时指出它所用去的时间是几十万年。“我们的祖先在从猿转变到人的好几十万年的过程中逐渐学会了使自己的手适应于一些动作。”[①]劳动对类人猿的手产生作用的时间非常久远，远非一个人的生命可以比拟。劳动改造中的劳动作用于罪犯的时间取决于他的刑期，罪犯的刑期短则几个月，长则二三十年或终其一生。劳动改造几十年的时间与恩格斯所讲的几十万年的积累与遗传无法相提并论。从猿到人转变过程中的劳动对应的是一个抽象的群体——类人猿；改造中的劳动对应的是每一个具体的人——罪犯，以抽象的劳动作用，比对具体的劳动效用，这不是同一个层级的对话。

在内容上，恩格斯所指的劳动对类人猿的肌肉、韧带、骨骼产生作用，并得到遗传发展，使类人猿逐渐变为人。“手变得自由了，能够不断地获得新的技巧，而这样获得的较大的灵活性便遗传下来，一代一代地增加着。”[②]“只是由于劳动，引起的骨骼的特别发展由于和日新月异的动作相适应，由于这样所引起的肌肉、韧带以及在更长时间内遗传下来……”[③]劳动创造人中的劳动改变的是人的机能。如今，人之所以为人是因为他的机能与类人猿有了本质的不同，并形成了一种相对稳定的状态。劳动改造中的劳动作用指向的是罪犯习惯的形成与道德的培养，这与恩格斯所指劳动创造人的内容不同。

在衡量标准上，劳动创造人的衡量标准是类人猿转变为人，是对已然状态的求证，而劳动改造罪犯的成效指向罪犯改造的未来，两者衡量标准和方法不

---

① 《马克思恩格斯全集》（第二十卷），中共中央马克思、恩格斯、列宁、斯大林著作编译局译，人民出版社 1971 年版，第 510 页。

② 同上书，第 510—511 页。

③ 同上书，第 511 页。

同。劳动改造罪犯的初衷是试图在劳动中使其树立劳动观点，学会生产技能，养成劳动习惯，“以建立正确的思想观念，形成新的品质”。建立正确的思想观念需要多久，标准是什么。如果正确思想的形成因人而异，那么不同罪犯的标准又是什么，主观恶性还是刑期……因盗窃罪被判有期徒刑3年罪犯的主观恶性与交通肇事罪被判有期徒刑5年罪犯的主观恶性如何比较，这种衡量在技术上难以操作。

三、特征解析之维：从涂尔干“机械团结”理论的视角看监狱劳动的特征与局限

（一）涂尔干的劳动分工与社会团结

涂尔干是法国著名的社会学家，与卡尔·马克思和马克斯·韦伯被称为社会学的三大奠基人。社会秩序是他始终关注的命题，在《社会分工论》中他讨论了社会分工、集体意识、机械团结、有机团结、道德、法律等社会事实，核心议题是劳动分工与社会道德秩序及其之间的关系。

涂尔干认为，劳动分工的最大作用不是功能的分化提高生产率，而是使这些功能的结合彼此更加紧密。以经济收益为例，分工带来了经济收益，但是它超出了纯粹经济利益的范围，构成了社会和道德秩序本身。“有了分工，个人才会摆脱孤立的状态，而形成相互间的联系；有了分工，人们才会同舟共济，而不一意孤行”，进而他指出，“只有分工才能使人们牢固地结合起来形成一种联系，这功能不只是在暂时的互让互助中发挥作用，它的影响范围是很广的”。①

在此基础上，涂尔干把社会团结分为“机械团结”和“有机团结”两种类型。机械团结是以相似性和同质性为基础的团结，“个人不带任何中介地直接系属于社会”。社会由所有成员的共同情感和共同信仰维系。社会成员由压制性的法律进行调整，集体人格吸纳了个人人格，个性被集体性湮没，这种团结越发达，个性丧失就越严重。有机团结是以差异性和异质性为基础的团结，“个人之所以依赖于社会，是因为它依赖于构成社会的各个部分”。社会是由一些特别

---

① [法]涂尔干：《社会分工论》，渠东译，生活·读书·新知三联书店2000年版，第24页。

而又不同的职能通过相互间的确定关系结合而成的。它是社会劳动分工的结果，劳动分工使个体的人格和特征得以表现，使人成为个人，拥有自己的行动范围和人格。①在两种社会团结类型中，有机团结是社会团结的唯一趋向。“劳动分工逐步取代了共同意识曾经扮演过的角色，高等社会的统一完全要靠分工来维持了。”②

（二）监狱劳动的特征与局限

按照涂尔干对社会团结的分类，监狱罪犯群体是一个类似于机械团结的社会。它的成员是罪犯，在身份上具有同质性。这个群体受到外界因素（国家）的强制干预，由强制性规范调整成员中的行为，强制性规范是这个群体的集体意识。在机械团结的背景下，监狱劳动具有人为性、强制性、功利性和报酬性特征，受这些特征的影响，监狱劳动对罪犯团结合作、责任意识、诚信品质、自立信心培养的作用受到局限。

1. 人为性特征与对团结合作的局限

监狱罪犯群体的组合不是劳动分工和市场选择的结果。罪犯甲和罪犯乙在入狱之前是生活在两个不同地域的人，也没有来往，两人毫无联系。甲、乙皆因触犯刑律，被送往同一个监狱服刑，最后被分在同一个监区、同一个监组。在监狱劳动中，甲、乙两人被分在同一条流水线。根据法律和规章制度，同案犯、具有血缘关系的罪犯不可以关押在同一个监区服刑。甲、乙之间的陌生受法律和规章制度的调节，他们只不过是众多罪犯组合中的一种，为了论述而把他们单独列出。甲、乙会因调离或刑满释放而使这种组合发生改变。监狱中的罪犯群体的组合都具有这种人为性和人为的随机性。监狱在劳动中会考虑罪犯的个人特点和爱好进行编排流水线，但是这种“考虑”很脆弱，会因为涉及监管安全而被放弃。因而，仍然不能否认监狱劳动分工的人为性。罪犯群体组合的基础是罪犯之间的相似性，他们是触犯刑律而被判处监禁惩罚的罪犯。这决定了他们的组合是机械的，他们由强制性规范推导而来，又受强制性规范的调节。

从罪犯个人所处的劳动状来看，他从社会自然分工状态到监狱人为分工状

---

① 参见[法]涂尔干：《社会分工论》，渠东译，生活·读书·新知三联书店 2000 年版，第 89—92 页。

② 同上书，第 134 页。

态，再回到社会自然分工状态。在监狱劳动分工状态这环节，它的理想状态是使分工能符合罪犯的个体情况，“在任何情况下，劳动应当同被判刑人的体力和本性相适应，如果某个被判刑人身体虚弱并且什么都不会，只要他付出了最大的努力，就应当给予适当的奖励……”①事实与理想存在差距，在监狱劳动分工中，监狱劳动的组织与安排具有浓厚的狱政管理色彩。监狱劳动的分布以监组为单位设置流水线，在此基础上考虑罪犯的兴趣和特长以确定具体的人员。说考虑是因为在与狱政管理的重要性相比，监狱劳动并不是最为重要的。两个在兴趣和特长上可以成为劳动最佳搭档的罪犯，会因为监狱在狱政管理上的重要考虑而被拆开。这个重要考虑包括交叉感染、人身危险性等。狱政管理上的重要考虑成了劳动中交往与合作精神培养的阻拦。

2. 强制性特征与对责任意识的局限

罪犯群体组合的机械性，决定了罪犯群体是一种机械团结类型的社会。涂尔干认为，不同社会团结类型的法律制裁应当有所区分，机械团结对应的是强制性制裁，有机团结对应恢复性制裁。恢复性制裁的目的是把“已经变得混乱不堪的关系重新恢复到正常状态”，它不一定会给犯人带来痛苦。强制性制裁“是建立在痛苦之上的，或至少要给犯人带来一定的损失。它的目的就是要损害犯人的财产、名誉、生命和自由，或者剥夺犯人所享用的某些事物”②，它通过惩罚来维护秩序。监狱劳动规范是罪犯群体机械团结在规则上的表现形式。

罪犯从社会中被隔离，人为组合的罪犯群体是社会中的一个小社会，它还要受制于与罪犯群体异质的监狱组织的干预。从这个意义上说，罪犯群体不是完全的机械团结组织，而是一种类似于机械团结的组合。它是强制性制裁的结果，因而对劳动带有天然的排斥，而不像有机团结中劳动与个体的融合。这种排斥用恢复性规范来调节，效果不明显，只有通过强制性规范才能维持罪犯与国家之间的平衡，因而，它具有强制性的特征。

罪犯在监狱中的劳动与分工不是市场调节的结果，未加组织的监狱劳动是散乱的、无序的，或者根本无法进行生产。维持监狱劳动的规范，有强制性的规范和组织性的规范之分。强制性的规范并不总是表现出来，经常在起调节作用的是组织性规范。监狱劳动的组织性规范以强制性规范为基础，这是监狱劳动

① [意]龙勃罗梭：《犯罪人论》，黄风译，中国法制出版社 2005 年版，第 362—363 页。

② [法]涂尔干：《社会分工论》，渠东译，生活·读书·新知三联书店 2000 年版，第 32 页。

与社会企业在管理上的不同之处。人在劳动中加深了对劳动的认知，产生了交往、团结、自立、自信，或者相反，产生了对劳动的困惑情绪。正面与负面的认识都是对劳动本身的体会与感受。监狱劳动的强制性规范，使罪犯在认知劳动之前，先认知强制性规范。因为强制性规范在这个机械团结型社会中扮演着如此重要的角色，罪犯对强制性规范的认知明显超出了对监狱劳动本身的认知。强制性规范对罪犯在劳动中的行为产生约束，同时又承担了劳动中的风险。这既约束了罪犯的自立行为，又使罪犯在劳动中责任感受到减损，甚至全无。国家试图通过劳动改变罪犯对责任的认知，进而培养起对法律权利与义务意识，使他在社会中的责任担当意识得到增强。然而，监狱劳动中的强制性规范，解构了责任意识。

3. 功利性特征与对诚信品质的局限

监狱劳动通过劳动规范与罪犯的减刑、假释建立起了联系。劳动规范与计分考评制度的结合，使劳动具有了监狱性质。罪犯对劳动的认知增加了劳动本身之外的含义。这种含义便是功利性。监狱劳动与罪犯司法奖励的联系，给罪犯提供了这样一种明示或暗示：积极参加劳动可能会早日离开监狱。劳动在罪犯的眼里已不仅仅是劳动本身，而是获得司法奖励的媒介。计分考评制度还以监组为单位，对监组的整体劳动情况设置分数。个人分数形成了罪犯对劳动的单个意识，监组分数形成了罪犯对劳动的共同意识，这种共同意识是罪犯群体中简单的共同情感，形成了一种对劳动功利性目标追逐的气氛。这种共同情感一旦形成，反过来又影响群体中的成员对共同情感的维护。在劳动中表现出的怠惰，是对计分考评制度的不满；在劳动中表现出的积极态度，是对计分考评制度的维护，实际上都是劳动功利性的表现。

监狱劳动中的功利性破坏了劳动对罪犯诚信品质的认知。涂尔干认为犯罪是一种触犯了强烈而又明确集体意识的行为，在机械团结的社会，这种行为要受到强制性的制裁。入狱之前，罪犯受到了法院的裁判；入狱之后，罪犯在监狱劳动中又受强制性规范的调整。如前所述，罪犯对监狱劳动存在抵触与排斥。在问卷调查中，虽然罪犯接受监狱劳动的比例高于不接受和视情况而定的比例，但这同时说明了罪犯对劳动的排斥性。监狱劳动的功利性，使罪犯对监狱劳动又表现出了肯定的态度。这是一个非 A 即 B，或者非 B 即 A 的关系，而不是既 A 又 B 的关系。因此，罪犯对监狱劳动，要么是接受，要么是排斥，不可能既排斥又接受。如果是既排斥又接受，那么有一种情形是不真实的。不管哪一种情况是不真实的，这已经对罪犯诚信品质形成了不良影响。“监狱职员对狱内劳动不是欢迎，就是痛恨。欢迎是因为狱内劳动有自给自足的可能，或最少能补偿监狱的部分开支。痛恨是因为从哲理的背景上看，劳动具有潜在的破坏监狱对犯人道德改造目标的破坏力。”①

4. 报酬性特征与对自立信心的局限

劳动创造的财富给人自立的资本，是人自信的基础，也是激发创造性的动力。国家对监狱劳动的干预，限制了劳动给罪犯带来的自立、自信和创造力。这时，国家干预最突出的表现是对劳动利润的分配。国家干预罪犯劳动利润分配的理由是罪犯给国家产生了财政负担。菲利在《犯罪社会学》一书中论述了这种负担：“国家在10年里判处150万名罪犯监禁，为此我们又要同一部分公民负担犯人的食宿费用，而这部分公民既得不到国家的保护，又得不到因犯罪对其所造成的损失的赔偿！而且，这一切都是以永恒报应的名义进行的。”②“犯罪在满足了罪犯的需要之后，又进一步保证了其免费食宿，将负担转移给诚实的公民。”③罪犯劳动能创造一定的财富，有弥补国家财政的作用。罪犯劳动利润与国家拨付给监狱的款项是收支两条线。罪犯劳动利润除了上交国家，还要有一定比例用于罪犯报酬。于是，在劳动利润、国家财政、罪犯劳动报酬三者之间形成了一个比例。罪犯劳动同工同酬难以实现是这个比例失衡的表现，它的实质是罪犯权利与国家权力之间较量的结果。

罪犯在监狱劳动中所得的报酬与付出是不平衡的，这种现象在美国监狱也存在。“今天，这种劳役仍是刑罚的一个固有部分，许多犯人在监狱中从事着劳动，而只拿到象征性的工资。这种工资更多地是保证犯人遵守监狱制度的巧妙办法，而不是对犯人劳动贡献的报酬。”④在我国，虽然《监狱法》第72条规定了罪犯参加劳动，应当按照有关规定给予报酬，但实务中罪犯劳动与报酬之间反差较大，而罪犯的最高报酬与最低报酬差距较小。劳动报酬在调动积极性上的作用不明显，罪犯难以通过劳动付出与收入的感觉来形成对自立的真正认知。以计件来发放工资的工厂尚无法通过物质激励来充分调动员工的积极性，更何

① [美]理查德·霍金斯、杰弗里·P.阿尔珀特：《美国监狱制度——刑罚与正义》，孙晓雳、林遐译，中国人民公安大学出版社1991年版，第57页。

② [意]菲利：《犯罪社会学》，郭建安译，中国人民公安大学出版社2004年版，第284页。

③ 同上书，第287—288页。

④ [美]理查德·霍金斯、杰弗里·P.阿尔珀特：《美国监狱制度——刑罚与正义》，孙晓雳、林遐译，中国人民公安大学出版社1991年版，第13页。

况劳动报酬不对等的情况。没有被激发起来的劳动积极性，又如何产生对劳动的热爱，这进一步限制了罪犯在劳动中的创造性。

四、型塑解析之维：从布洛维共识性劳动理论的视角看罪犯对监狱劳动的认同与迎合

（一）布洛维与共识性劳动理论

共识性劳动理论①是当代西方劳动理论的一支，它以劳工社会学为视角进行研究，其代表人物是麦克·布洛维（Michael Burawoy）。布洛维曾在赞比亚、美国、匈牙利和俄罗斯的多个工厂当过"学术工人"，在此基础上先后完成了 *Manufacturing Consent*（《制造同意》②）、*The Politics of Production*（《生产的政治》）和 *The Radiant Past*（《辉煌的过去》）三部代表性著作，奠定了共识性劳动理论的基础。

布洛维的共识性劳动理论是在批判和发展马克思劳动过程理论的背景下诞生的。他认为资本主义劳动过程的特点，在自由资本主义阶段和垄断资本主义阶段是不同的，在自由资本主义阶段是以强制性劳动为主，而在垄断资本主义阶段是以共识性劳动为主。虽然马克思的劳动过程理论揭示了如何掩饰剩余价值，但是没有揭示资本家是如何赢得剩余价值。"掩饰"和"赢得"是两个概念。赢得剩余价值这种方式比掩饰更加隐蔽和巧妙，而它的内核是如何使工人对劳动具有共识性，他认为"这是资本主义劳动过程的本质"③。

共识性劳动理论的渊源可追溯至安东尼奥·葛兰西（Antonio Gramsic）的文化霸权理论和路易·阿尔都塞（Louis Althusser）的意识形态理论。文化霸权，简言之，就是在暴力手段之外，通过文化领导权上的绝对优势使被统治对象顺从于现状。哲学范畴中的意识形态是对事物的理解、认知及其总和。

---

① 由于有不同的译法，这里采用郭伶俐的观点，用"共识性劳动理论"进行表述。参见郭伶俐：《当代西方劳动理论批判：兼论马克思劳动理论的当代意义》，中国社会科学出版社 2011 年版，第 75 页。

② 布洛维的三本代表性著作，目前只有 *Manufacturing Consent* 有中文译本，中文译本中又分两种：一种是林宗弘等把它译为《制造甘愿》（群学出版有限公司 2005 年版），一种是李荣荣把它译为《制造同意》（商务印书馆 2008 年版）。

③ 郭伶俐：《当代西方劳动理论批判：兼论马克思劳动理论的当代意义》，中国社会科学出版社 2011 年版，第 198 页。

阿尔都塞认为，意识形态是社会形态的一种，与经济形态和政治形态并列。他认为意识形态具有役使性，“在人自觉不自觉的情况下，将个体型塑、召唤为主体，使他屈从、臣服于意识形态，人的一切都无法逃脱意识形态的型塑和浸泡”[①]。

布洛维批判和发展了马克思关于经济基础和上层建筑之间的关系，认为经济基础与上层建筑不可分离[②]，生产与政治是联系在一起的，“任何工作场域都包含经济维度（物品的生产）、政治维度（社会关系的生产）和意识形态维度（对那些关系体验的生产），这三个维度是密不可分的”[③]。布洛维共识性劳动理论中的“共识”“认同”是生产与政治不可分离基础上的产物，是在工厂和车间生产出来的，这种共识，“既包括工人个体对工厂管理理念和管理手段的认同，也包括工人对资本主义生产关系的认同”[④]。

作为一名学术工人，从工作现场入手分析劳动，是他独特的学术视角。“把工人带回分析的中心，从政治和意识形态方面考察生产过程是如何从主观和客观的结合上型塑工人阶级……”[⑤]如前所述，共识性劳动有别于自由资本主义阶段的强制性劳动，它是指通过劳动过程，在生产政治中塑造认同，使工人能自发地参与劳动。在此基础上，他提出了“生产的政治”（politics of production）这一概念认为资本主义生产并不只是孤立的、经济领域的生产产品的劳动过程，同时也渗透着政治和意识形态因素。“劳动过程的政治效果和生产的政治规范工具共同构成了一个工厂独特的工厂政体（factory regime），或生产政体（production regime）。”[⑥]这是布洛维对劳动过程理论的重要贡献。

---

① 郭伶俐：《当代西方劳动理论批判：兼论马克思劳动理论的当代意义》，中国社会科学出版社2011年版，第201页。

② 布洛维认为：“政治和意识形态并不是上层建筑的禁区，而是深深地扎根于经济基础之中……”引自[美]迈克尔·布若威：《制造同意：垄断资本主义劳动过程的变迁》，李荣荣译，商务印书馆2008年版，“叛逆的马克思主义者（代译序）”，第12页。

③ 转引郭伶俐：《当代西方劳动理论批判：兼论马克思劳动理论的当代意义》，中国社会科学出版社2011年版，第196页。

④ 郭伶俐：《当代西方劳动理论批判：兼论马克思劳动理论的当代意义》，中国社会科学出版社2011年版，第193页。

⑤ Michael Burawoy, The Politics of Production: Factory Regimes Under Capitalism and Socialism, London: Verso, 1985, p.8.

⑥ 闻翔、周潇：《西方劳动过程理论与中国经验：一个批判性的述评》，《中国社会科学》2007年第3期。

（二）共识性劳动理论与监狱劳动

1. 共识性理论在监狱劳动中的移植

布洛维的共识性劳动理论是分析资本主义如何赢得剩余价值，本文并不讨论资本主义与工人阶级的关系，而是借鉴布洛维的分析方法，从技术层面运用它。布洛维认为，资本主义劳动过程并非简单的产品生产过程，其中渗透着政治和意识形态因素。这种劳动过程对劳动者的渗透，在监狱劳动中也存在着这种情形。这里的“渗透”，在监狱中的习惯性用语叫作“劳动改造”（这是一个狭义的概念，仅仅是指劳动对罪犯的作用，而不是广义上的劳动改造学说或劳动改造理论）。监狱劳动所渗透的内容包括：通过改变“社会存在”来改变罪犯错误的价值观；矫正好逸恶劳的恶习，培养责任感和团队合作精神；在劳动中习得谋生技能，出狱后能自食其力，等等。监狱劳动的渗透方式是通过劳动及劳动的组织管理，目的是通过这种型塑，使罪犯达到预期的改造目标。为了论述方便，笔者将监狱劳动中的渗透、渗透的内容、方式以及型塑的目标多层含义暂用“监狱劳动意识”这个词组来表示，以区别于布洛维的“生产的政体”的概念。

2. 监狱劳动的强制性与自愿性

根据现行法律，监狱的劳动具有强制性，但这种强制性是相对的强制性，因为还存在罪犯自愿接受监狱劳动的情形。强制性是针对不自愿这种情形而言的。因此，在自愿的情形中，是不存在强制性的，只不过自愿的指向与强制的指向恰巧相同。罪犯劳动的自愿包括罪犯真心悔过，觉得应该通过劳动表达忏悔。

3. “监狱劳动意识”的基础是监禁的痛苦

监禁即是刑罚惩罚，监狱劳动是监禁惩罚的附属物，或者说是在技术上的表现形式。就监狱劳动而言，监禁的痛苦表现为劳动的强制性。这又分为 4 种情形：一是从不喜欢劳动到必须参加劳动，如本身没有职业的罪犯，原本游手好闲、不喜欢劳动，这种强加的劳动是一种痛苦。二是劳动的内容不具有可选择性，罪犯参加监狱劳动，必须服从统一的安排，这就形成了与本意分离的痛苦。例如，监狱的工艺品折叠加工，不是每个罪犯在社会上都从事过工艺品折叠加工，他在这个特定的时间里所从事的与他在社会上的职业相分离。三是时空不可选择，罪犯在监狱劳动的时间和地点是特定的，不可选择。四是罪犯的劳动付出与所获得的报酬不对等。监狱劳动的痛苦是“监狱劳动意识”形成的一个要素。

4. 强制性与组织共识性不冲突

马克思的劳动过程理论阐述了自由资本主义时期的强制劳动。布洛维认为,马克思的强制劳动观点在垄断资本主义时期应得到发展,即以“组织的共识性”来完善单一的“强制劳动”的不足。共识性劳动和强制性劳动及其组合都是劳动的表现方式。组织的共识性与个体的意识或态度是两个不同的概念,不能混淆。布洛维认为,“在劳动过程中,共识基于组织行动,仿佛为工人呈现了真实的选择,却又限制了选择的范围。正是在参与选择中产生了共识”①。

监狱劳动的组织管理,是对其强制性的补充和完善,监狱劳动的组织及其过程、蕴含在监狱劳动中的纪律,都是监狱劳动共识的对象,“只要把强制限制在狭窄的但又是明确的和公认的界限内,它同样可以成为共识的对象”②。

(三)“监狱劳动意识”的形成

1. 通过对监狱劳动的参与形成“监狱劳动意识”

布洛维在论述工人的共识产生时首先把目光聚焦于工厂车间,并把工厂的劳动过程视为“游戏”(game)。“作为游戏的劳动过程”是布洛维在发展马克思关于计件工资制的基础上提出来的。马克思认为,计件工资一方面促进了工人个性的发展,另一方面也促进了工人之间的相互竞争。③布洛维把计件工资制解读为一种游戏,通过对游戏的组织、参与、规则的制定,这个游戏的过程,就是认同产生的过程,“正如玩一个游戏会产生对其规则的同意一样”④。

在监狱的劳动车间内,也存在着罪犯劳动的相互竞争。马克思的“计件制”在监狱的劳动车间是“指标制”。罪犯要完成核定指标,就要在流水线上进行赶工;要超额完成指标,就会形成一种竞争。在流水线赶工之外,罪犯对监狱劳动的组织、流水线的安排、工艺的完善等也积极参与或提出可行的建议。就监狱劳动的这个阶段而言,罪犯对监狱劳动的参与,也就是对监狱劳动及其制度的认可。

2. 通过劳动的规训纪律型塑罪犯的“监狱劳动意识”

布洛维在论述劳动过程对工人意识的型塑时认为,工人认同有三个基础,

---

①② 郭伶俐:《当代西方劳动理论批判:兼论马克思劳动理论的当代意义》,中国社会科学出版社2011年版,第202页。

③ 马克思:《资本论》(第1卷),人民出版社2004年版,第639页。

④ 郭伶俐:《当代西方劳动理论批判:兼论马克思劳动理论的当代意义》,中国社会科学出版社2011年版,第206页。

即赶工游戏、车间的内部管理制度以及工会组织的调和。在此基础上，通过对生产中关系的调整，把工人型塑为个体，而不是一个阶级，进而缓解了矛盾。“在发达资本主义国家，生产的政治以其特有的理性方式，把工人塑造成了受操纵的单个个体，这不仅消解了工人的主体性地位，也消解了工人的有意识反抗。”①

监狱是国家刑罚正义的组织化身，在监狱劳动过程中掌握主导权。监狱与罪犯之间有相对对立的一面，也有相互融合的一面。监狱对罪犯的型塑，在融合的一面中能得到体现，但更难的是在相对对立上的体现。监狱劳动的组织管理、制度安排上，把罪犯单个化每一个个体，隐藏了两者相对对立关系中的刚性，使罪犯趋向于对监狱劳动以及蕴含在劳动过程的纪律、观念的认可。监狱劳动车间不同于社会工厂的车间，它不仅仅是一条条的流水线和对生产的组织管理，它包含了监狱的规训纪律、劳动的道德观念、劳动的市场观念等，形成了监狱劳动特有的对罪犯的型塑，即“监狱劳动意识”的形成。

（四）罪犯对监狱劳动的迎合

虽然布洛维共识性劳动理论成为当代西方劳动理论的一支流派，但其理论的自身缺陷一直遭到学者们的批评。监狱劳动的“生产政治”在贯彻国家意志的同时，也面临困境。这种困境的根源从共识性劳动理论来看，正是理论本身的缺陷。

1. 监狱劳动与社会劳动相比

就监狱劳动对罪犯的型塑而言，同样是劳动，在从事劳动过程中，也存在违纪违规甚至违法犯罪的现象。这与维护生产中关系的稳定是不一致的。任何合法的组织，在劳动中对员工的要求，肯定都是正面的、积极的，这种要求对组织而言是凝聚合力，组织对社会整体而言是在另一个层面上凝聚更大的合力。因此，合法组织对员工的型塑导向也是正面的、积极的。然而，尽管如此，组织的型塑仍然无法确保每个员工都能积极向上，身处各行各业的人们在被组织和社会型塑的同时，也在打破型塑的约束，发生了违纪、违规或是违法犯罪的行为，有些罪犯就是由此而身陷囹圄。

---

① 郭伶俐：《当代西方劳动理论批判：兼论马克思劳动理论的当代意义》，中国社会科学出版社2011年版，第225页。

监狱劳动的认同是“监狱劳动意识”和其他因素共同作用的结果。布洛维虽然没有完全否定外部因素的作用，但他认为“像学校、家庭、国家等外部因素的影响作用只有在劳动过程的转变中才能呈现出来”①。英国著名社会理论家和社会学家安东尼·吉登斯（Anthony Giddens）对此提出了批评，认为应当重视外部环境的型塑作用。布洛维在《生产的政治》中接受了这种批评，修正了自己的观点，认为自己的理论中“忘记了外部力量对生产政治的潜移默化作用”②。

2. 认同监狱劳动与迎合监狱规则

（1）监狱劳动中的认同与迎合。

工人的认同问题是布洛维的共识性劳动理论的重要内容，但这一点也受到了学术界的批评。有学者认为，工人在工厂中的劳动不仅仅是认同，同时也存在不满和抗争。布洛维理论上的片面性，也是监狱劳动实践困境的源头。如果说“不满”和“抗争”这种描述过于激烈，不适合于监狱劳动的语境，那么用“迎合”来描述罪犯对监狱劳动不认同的现象应该是恰当的。认同源自于内心，它建立在自愿的基础上；迎合则不同，既然是迎合，那它本身就不是终极目标，迎合只是实现目标的必经过程（即不如此，则无法实现目标）。因此，它与监狱劳动本身相分离，是认可监狱劳动的一种假象。它的自愿是对于假象的自愿，而不是对监狱劳动本身的自愿。

（2）迎合监狱劳动实质是迎合监狱规则。

人有占有的本能，越是没有的（或是失去），就越想获得。人身自由是社会人的元素之一，失去了人身自由，就是抽离了本能的构成，因此获得人身自由比本能之外的占有更为强烈。罪犯都有早日离开监狱的想法，但又囿于刑罚明确的期限。由于监狱有减刑、假释等刑期变更制度，早日离开监狱的想法可以通过缩短刑期来实现。尽管如此，监狱在罪犯刑期变更上设置了诸多条件，只有达到或者满足这些条件，刑期才有变更的可能，而监狱劳动是这诸多条件的内容之一。在早日离开监狱这个问题上，罪犯处在矛盾之中：既想早日离开监狱，又有刑期变更制度进行约束；既不想参加监狱劳动，又不得不认同监狱劳动的规定。罪犯对监狱劳动的迎合就是这样形成的。

对于不认同监狱劳动的罪犯而言，迎合是一种无奈的选择，但又是一种明

---

① 郭伶俐：《当代西方劳动理论批判：兼论马克思劳动理论的当代意义》，中国社会科学出版社2011年版，第233页。

② 同上书，第231页。

智的选择。对于监狱劳动本身而言，罪犯的迎合表明他参加监狱劳动的动机不纯，与认同监狱劳动的罪犯的动机不一致，与“监狱劳动意识”不相吻合。在这种情形下，罪犯参加监狱劳动其实是迎合一种规则，即监狱在劳动方面的计分考核规则。因此，他看似迎合监狱劳动，其实是迎合监狱劳动规则。

罪犯对监狱劳动的认知和态度是不相同的，有的认同，有的迎合，有的既不认同也不迎合。这一期间，还存在从认同到迎合，或从迎合到认同的转化。所以，在同一个监狱劳动的车间或者同一条流水线，看似相似或整齐划一的操作手法后面，对监狱劳动有着迥然各异的看法。

3. 罪犯对监狱劳动认同和迎合的转化

罪犯对监狱劳动的认同与迎合，也存在转化的情形，原本是认同的，由于外在因素的介入，变为迎合；或者原本是迎合的，由于相反的外在因素的介入，变为认同。克林森在批判布洛维的工人认同观点时认为：“抗争与认同并非绝对对立，两者之间相互渗透、不可分割，抗争之中包含着认同的充分，在工人认同的状况下同样存在着抗争。”①

五、状况解析之维：从凡勃伦“歧视性对比”观点的视角看监狱劳动的消极状况

罪犯在监狱劳动中消极状况的形成有特定的条件。凡勃伦在《有闲阶级论——关于制度的经济研究》一书中论述了劳动中歧视性对比的现象，罪犯在监狱劳动中形成的消极状况也产生于歧视性对比。

（一）罪犯劳动消极状况产生的情形与条件

1. 罪犯劳动状况

在罪犯劳动中存在劳动和不愿意劳动两种情形；而一名罪犯从积极参加劳动到不愿意劳动，或者从不愿意劳动到积极参加劳动，是上述两种情形的变种。从积极参加劳动到不愿意劳动的转化中需要条件，即介入外界因素。外界因素有时起作用，有时不起作用。因此，罪犯的劳动与外界因素交互形成 4 种情形（见表 13）。

---

① 郭伶俐：《当代西方劳动理论批判：兼论马克思劳动理论的当代意义》，中国社会科学出版社 2011 年版，第 234 页。

表 13 罪犯劳动的四种交互情形

入狱之前	外界因素	入狱之后
勤劳	不起作用(不需要矫正)	勤劳
懒惰	不起作用(矫正但无效)	懒惰
勤劳	起作用(外界因素起负面作用)	懒惰
懒惰	起作用(外界因素起正面作用)	勤劳

对罪犯劳动能产生影响的外界因素包括:罪犯自身及家庭的经济条件,当罪犯的狱内消费可以依赖自身或家庭的经济支援时,狱内劳动报酬对他难以形成刺激,积极性降低,反之则积极性提高;监狱政策的变化,当监狱不允许罪犯使用自身或家庭钱款或者降低使用幅度时,狱内劳动报酬对他形成一定的刺激,积极性提高,反之则积极性降低;监狱通过各种形式的教育,传授主流劳动价值观;罪犯群体内的劳动环境,劳动的分配是否公平,劳动报酬的分配是否能体现按劳分配的原则,等等。

外界因素起作用或者不起作用,都是罪犯权衡的结果。权衡的因素包括利益、对劳动的认识、个人秉性。罪犯要综合考虑外界因素在哪种情况下对自己的监禁生活最有利。对劳动的认识是官方的主流劳动价值观与罪犯群体对劳动的认识、个人认识折中的结果。这种权衡还受到个人秉性的影响,有的罪犯并不恶劳,他对一些简单的手工劳动不感兴趣,但他对喜欢和擅长的项目表现出了热情;有的罪犯的确不喜欢劳动,对有利的外界因素也可以视而不见。外界因素和权衡的因素不存在一一对应的关系,既有简单的组合,也有复杂的交互。

在罪犯的 4 种劳动情形中,从“勤劳”到“勤劳”和从“懒惰”到“勤劳”表明罪犯的劳动和劳动观是积极的,或者正在发生积极的变化;从“懒惰”到“懒惰”和从“勤劳”到“懒惰”反映的是罪犯消极的劳动状况,或者正在发生消极的变化。4 种状况并非一成不变,处于某种状况的罪犯,会因外界因素的刺激而发生变化。积极的劳动状况符合监狱对罪犯的预期目标,消极的劳动状况需要干预。因此,这里只讨论罪犯消极的劳动状况。在外界因素中,经济因素是影响罪犯劳动消极状况的重要条件。

2. 罪犯劳动消极状况产生的条件

目前监狱内罪犯消费的经济来源有两部分:一部分是通过自己在狱内劳

动，获得的劳动报酬；另一部分是罪犯家属从狱外给罪犯的狱内消费提供经济支持。罪犯的劳动及劳动报酬与劳动等级挂钩，劳动等级是对劳动娴熟度的反映。监狱通过劳动等级衡量罪犯的劳动与报酬。劳动等级越高，则劳动报酬越大；劳动等级越低，则劳动报酬越低。罪犯的经济来源受监狱政策的影响。当监狱只支持罪犯狱内消费的来源是劳动报酬所得时，由于狱外经济来源中断，罪犯彼此之间没有了贫富差距，狱内劳动及劳动报酬的重要性凸显；当监狱允许狱外的经济支持作为罪犯狱内消费的补充时，由于经济基础的不同，对不同的罪犯而言，劳动报酬的重要性就有不同。

罪犯依赖狱内劳动报酬时，劳动对所有的罪犯都具有了非同寻常的意义。但这并不表示所有的罪犯对任何劳动岗位都乐于接受。在许可的范围内，罪犯总想寻找一个更加适合于自己的岗位，同时要实现劳动报酬的最大化。因此，他在劳动等级上力争上游。岗位和等级是他们竞争和追逐的目标。当罪犯可以不依赖于劳动报酬时，狱内劳动的重要性减弱，这时罪犯寻找适合于自己的岗位，可以不考虑劳动报酬的最大化，而是要使自己的监禁生活更加顺利。这两种情形都产生了负面的影响。第一种情形下，罪犯对劳动岗位与劳动报酬最大化的竞争，实质上是对笨重而又低廉劳役的抛弃；第二种情形，罪犯则更加明确地表示出了对劳动的放弃，对其他罪犯的劳动产生了负面影响。在凡勃伦看来，人们之所以不喜欢参加劳动，是因为人们习惯于把劳动同懦弱或对主子的服从联结在一起。因此，“劳动是屈居下级的标志，是一个有地位、有身份的男子所不屑为的。在这样的传统观念的影响下，人们感到劳动是要降低品格的，这种观念相沿至今，并没有消失。正相反，随着社会文化的演进，这一观念已成为古已有之、无可怀疑的成规，已经得到了公理的支持”①。同时，这部分罪犯借助自己的经济实力可以没有压力地度过监禁生活，强化了远离劳动的观念。

（二）罪犯劳动消极状况的产生

1. 罪犯劳动消极状况产生于“歧视性对比”

在监狱生产劳动中，有生产岗位（业务）与非生产岗位（业务）的区别。生产岗位直接参与产品的加工，在流水线上按照生产工艺完成不同的分工；非生产岗位是生产的程序性保障，具有协调、组织的性质。这种区分不是狱内劳动特

① ［美］凡勃伦：《有闲阶级论》，蔡受百译，商务印书馆 2013 年版，第 31 页。

有，可以追溯到未开化时代，“在业务上日益多样化和专门化，由此形成的分界线就逐渐把生产业务与非生产业务区分了开来”①。凡勃伦的“生产业务”和“非生产业务”是就整个社会而言的，所以他的区分是宏观的。例如，供应生活需要的物质资料劳动属于生产业务，而战争、政治、宗教崇奉和公开欢乐则属于非生产业务。在狱内，这个概念的区分没有这般宏大，而是在劳动范畴内所做的更为具体的区别，但这丝毫不影响对凡勃伦概念的理解与运用。相反，借此我们可以更加清晰地看到它在监狱中的身影。

罪犯劳动消极状况产生的过程是罪犯在劳动中进行歧视性对比的过程。外界因素起负作用的情形，即罪犯由“勤劳”到“懒惰”的变化是歧视性对比的结果。并非所有的罪犯都好逸恶劳。入狱之初，带着愧疚、自责的罪犯表现出了勤劳肯干的态度。然而，这种态度在监狱特定的劳动环境中发生变化。罪犯王某来自农村，在来城市打工之前，是一个勤劳肯干的农民。为了有更高的收入，他到城市里当了一名货车司机。后来，因为销售不符合卫生标准的食品，被判刑入狱。入狱之初，他表现出一个地道而肯干的农民本色，对劳役十分卖力，有时还有额外的表现。但是，随着他对狱内环境的熟悉，特别是目睹了劳动岗位的差异以及在劳动报酬差距的不明显，他对劳动的主动积极逐渐转变为只完成分配的任务。不仅如此，在言语上还有消极的劳动议论。

罪犯王某在劳动态度上发生的变化是歧视性对比的结果。凡勃伦认为，生产和非生产的之间的区别，是业务上的一种歧视性区别。列入非生产一类的业务是可敬的、光荣的、高贵的；而生产的业务，尤其是含有奴性或屈服意味的那些业务，是不值得尊敬的、低贱的、不体面的。②在同一条流水线上，不同的工序所包含劳动的要求不同；在同一个生产现场，直接劳动与协调、组织的劳动有区别。对于相对轻松的岗位和相对体面的劳动，罪犯是向往而争取。反言之，这是恶劳的过程，“生产工作则相对地被认为是可鄙的、丑恶的；在惯常的理解下，拿起生产工具从事操作，是有损于壮健男儿体面的。于是劳动变成了惹人厌恶的业务”③。这里需要对“歧视性”加以说明，凡勃伦所用的“歧视性”并没有抑扬、褒贬的意思。他是在学术意义上加以使用，是用来形容人与人之间的对比的，这种对比的目的是按照人们在审美观念上或道德观念上的相对价值来分等分级，从

---

① [美]凡勃伦：《有闲阶级论》，蔡受百译，商务印书馆2013年版，第5页。

② 同上书，第11页。

③ 同上书，第17页。

而确定心理上的自得程度。歧视性对比是对人们价值的一种评价方式。①

2. 罪犯劳动消极状况产生的实质

那么,罪犯劳动消极状况产生的实质是什么呢?从表面上看,在歧视性对比中,罪犯比较的是岗位的不同、劳动的分工,其实质却是对财富和社会尊敬的渴望。不管是狱外的经济支持,还是狱内的劳动报酬,具有相当经济实力的罪犯是令其他罪犯羡慕的,在狱外经济支持许可幅度上升时,情形尤其如此。这时,他不仅有令人羡慕的消费来源,而且可以不用在劳动上加倍努力。这时,经济条件成了博得尊敬的基础。"如果要在社会上获得声望和相当地位,就必须取得财产、累积财产,财产成了财产所有者享有社会地位和声望的标志,财产享有也成为博得荣誉和社会尊敬,甚至满足自尊心的必要手段。"②

这种羡慕在恰当的时候变成了荣誉和尊敬。在许可的前提下,他可以从事强度相对较弱的劳动。这是在狱内特定环境下保持相对轻松的状况,成了一种令人向往的象征。"在一切文化阶段,一个普通的、正常的人,如果能够有一个'相当过得去的环境',能够免于'躬亲贱役',就会感到安慰,感到一种自尊心。"③而对于状况与此相反的罪犯而言,则感到有损体面。不论在物质生活方面,还是日常生活方面,如果被迫脱离了那个过得去的习惯标准,这时不管他的同辈们对他的遭遇作何感想,同情也罢,蔑视也罢,他总会感到这是有损体面的。④

对不参加劳动的尊崇促进了消极劳动观念的形成。罪犯都希望自己能免于"躬亲贱役",即使参加劳动也希望是非直接的劳动生产。不参加劳动是声望和体面的指标,而从事生产劳动则是服刑状况不理想的标志。因此,在罪犯的劳动改造中,勤劳的习惯并没有获得普遍的接受,歧视性对比在监狱劳动消极状况的形成过程中起到了负面作用。

监狱中,不可能存在凡勃伦所指的具有"有闲阶级"特征的罪犯,"凡勃伦视野中的有闲阶级,不是指那些懒惰或清静无为者,而是指非生产性地消耗时间以证明自己有闲尊荣的那部分群体"⑤。但是,在实际中罪犯却以"有闲阶级"的标准来衡量自己和别人,来看待劳动生产和个人体面。虽然表面上具有共同的特征,但是两者的基础却有天壤之别。

---

① [美]凡勃伦:《有闲阶级论》,蔡受百译,商务印书馆2013年版,第29页。

②⑤ 郭伶俐:《当代西方劳动理论批判:兼论马克思劳动理论的当代意义》,中国社会科学出版社2011年版,第55页。

③④ [美]凡勃伦:《有闲阶级论》,蔡受百译,商务印书馆2013年版,第31页。

六、结语:对监狱劳动功能的展望

(一)对监狱劳动功能多维解析的小结

本文的标题是“期待与挑战:对监狱劳动功能的多维解析”。既然是多维解析,当然就不仅仅是上述论及的四维。由于笔者对西方劳动理论的学习和掌握还不够,对监狱劳动多维解析这个命题还有待拓展,这也是这个命题继续深入思考的方向。

本文对监狱劳动的思考追溯于理论源头,从马克思“劳动创造了人”的经典学说中寻找劳动改造理论的起始,并重新审视劳动改造学说;接着,运用涂尔干在《社会分工论》中关于“机械团结”的论述,从罪犯群体的角度解析监狱劳动的特征;运用布洛维的“共识性劳动”理论,从监狱型塑罪犯的角度解析罪犯对监狱劳动的认同与迎合;运用凡勃伦在《有闲阶级论》中关于“歧视性对比”的论述,从罪犯之间横向比较的角度,解析监狱劳动的消极状况。从静动态角度看,前两种解析是静态解析,后两种解析是动态解析。运用西方经典劳动理论来解析监狱劳动是借助了一双眼睛来看问题,目的是把监狱劳动解析得更为准确、清晰。

(二)对监狱劳动功能发展的思考

我们应当肯定监狱劳动存在的合理性,但是也应当看到超出合理范围的制度设计,使监狱劳动陷入了“盛名之下,其实难副”的窘境。本文对监狱劳动功能的解析,所采用的是逆向手法,这并不是要否定监狱劳动存在的合理性,而是为了在阐述监狱劳动理论和实务的缺失上更为有效和鲜明。这种逆向手法,就是从事物的表面裂痕去探究事物的内里。正如加拿大现代都市游吟诗人莱昂纳德·科恩所言:“万物皆有裂痕,那是光照进的地方。”基于上文对监狱劳动功能的解析,本文对监狱劳动功能的发展思考如下:

1. 在理论上要重新定位监狱劳动的功能

理论是实践的先导,它的影响既全面,又深远。监狱劳动功能在理论上的重新定位,包括正确认识监狱劳动创造财富、监狱劳动对狱内秩序的作用、监狱劳动对罪犯生理机能的维护等,还包括理性定位监狱劳动对罪犯的道德型塑作用、监狱劳动技能培训对罪犯出狱后谋生就业的作用、监狱劳动对罪犯正确认识劳动的转化作用等。理论上的重新定位是监狱劳动功能在新的条件下进行拓展的源头，它的重要性和迫切性不言而喻。

2. 在监狱劳动中创造类似“有机团结”的环境

罪犯群体类似于“机械团结”社会，监狱劳动对罪犯团结合作精神、责任意识、诚信品质和自立信心等方面形成了限制。与“机械团结”社会相对应的是“有机团结”社会，两者社会基础元素的特质正好相反(“机械团结”是以相似性和同质性为基础，“有机团结”是以差异性和异质性为基础)。因此，“有机团结”中的差异性和异质性是减少监狱劳动限制性的应当考虑的基础元素。结合监狱的实际，要在监狱中创造类似于“有机团结”的环境，在具体实践中监狱劳动指标分配、岗位安排和管理中注重罪犯的个体的相对独立性，使罪犯的人格和个体特征在一定范围内得以表现。

3. 在监狱劳动中发挥“外部力量”的作用

布洛维“共识性”理论遭受批判之处，正是修正“共识性”理论之处，也是监狱劳动型塑罪犯能得到拓展之处。①监狱劳动对罪犯型塑的作用，要发挥车间之外的“外部力量”的作用。在“外部力量”中，对罪犯改造功利性的调节是一个关键因素。罪犯对监狱劳动认同的实质是对监狱规则的迎合，迎合的目的是尽可能地缩短刑期，这与“监狱劳动意识”的培养背道而驰。调节改造的功利性就是在“外部力量”中增加型塑的法码，减少培养“监狱劳动意识”的阻力。

4. 削弱罪犯劳动消极状况产生的基础

罪犯劳动消极状况的产生源自“歧视性对比”，其实质是财富和尊敬的渴望。这个实质包含了两个层面的内容，一个是物质层面，一个是精神层面。因此，从物质层面看，应当严格控制狱外经济对罪犯狱内消费的支持，罪犯的狱内开支的来源应是其狱内劳动收入。从精神层看，在罪犯劳动岗位的安排上，要依据罪犯的能力来分配工作，做到尽量公平，使罪犯对劳动岗位的安排能相互认可，既认可自己，也认可对方，以此削弱攀比的基础。

5. 重新理顺国家、监狱警察和罪犯三者之间的关系

从抽象的角度看，国家、监狱警察和罪犯是相互独立的，但在监狱的运行中，三者之间并不是非此即彼的关系。在监狱中，国家代表了刑罚正义，监狱警

---

① 郭伶俐：《当代西方劳动理论批判：兼论马克思劳动理论的当代意义》，中国社会科学出版社2011年版，第231页。

察的工作行为受理性的约束，罪犯的改造受功利性的影响。这三者在监狱运行中有交错性，这里也可以借用物理学中“力”的概念来表示，即三者在用力的指向上是不同一的：国家处于“国家—监狱警察—罪犯”三者的顶端，具有最大优势，可以单方进行意思表示，并最大程度地实现自己的意愿。监狱警察处于“国家—监狱警察—罪犯”三者的中间，要承接自上而下和自下而上两股力量，既要贯彻国家的意图，履行执法职责，矫正罪犯，又要使罪犯的行为符合监狱纪律的要求，不对监狱产生排斥，进而获得升迁或者避免遭受监狱问责。罪犯处于“国家—监狱警察—罪犯”三者的末端，自由意愿的空间最小，但基于功利的考虑，会在改造中进行虚假表示。

“‘生产的政体’概念意味着，生产不仅仅是一个经济学的投入产出问题，微观车间必须同时放在宏观经济和政治条件下才能得到深刻理解，即将工作现场与更大范围的政治经济制度及其变迁连接起来。”①因此，要从正义、理性、功利三个方面入手，以政治、经济制度及其变迁为基础，重新构建国家、监狱警察、罪犯三者在监狱劳动中的关系，这是监狱劳动在管理意义上寻求发展的一个现实途径。

---

① 闻翔、周潇：《西方劳动过程理论与中国经验：一个批判性的述评》，《中国社会科学》2007 年第 3 期。

论监狱的惩罚功能与罪犯自由

上海市新收犯监狱　汪卫东　刘同江

当下，轻缓化已成为整个刑罚体系的发展趋势，监狱作为自由刑执行的重要载体和平台，与残酷的死刑、肉刑等行刑方式相比注入了更多“人道”的因素。但不论刑罚观念如何变革，监狱所固有的“不言而喻”的惩罚性都将如影相随。因为，在一个自由受到推崇、自由属于一切人、每个人都怀着一种“普遍而持久”的情感向往自由的社会里，监狱采用的恰是通过“监禁”的方式剥夺了罪犯的自由，而失去自由对一切人都是同样重要的。①

然而，监狱在发挥其惩罚功能的过程中，一个类似悖论的问题在实践中却极易被忽视，那就是监狱在剥夺罪犯自由的同时又需要保障罪犯在监禁状态下一定程度的自由，尽可能创造一个“自由”的环境以帮助他们重返社会。因为，“刑罚的终极目的是使罪犯顺利回归社会”。②这一点，目前在国际社会已达成了普遍共识，这无疑也是对监狱执行自由刑目的的理性回归。剥夺自由是监狱对罪犯实施惩罚的需要和本质，而保障罪犯的自由正如“保护罪犯权利，最终是为了保护所有人的权利”③。其意义不仅在于实现罪犯重返社会的终极目的，更是为了保障所有人的自由。“为了使更多的人迈向自由，其中包括罪犯”乃是监狱存在的真正价值所在。④

一、问题的由来：惩罚功能弱化论

纵观整个刑罚演变史，作为“文明社会的刑罚方式”，尽管监狱的诞生成为

---

① [法]米歇尔·福柯：《规训与惩罚——监狱的诞生》，刘北成、杨远婴译，生活·读书·新知三联书店出版社2012年版，第260页。

② 李豫黔：《“监狱外的思考，减少监禁性刑罚的适用”——参加国际矫正与监狱协会第15届年会及考察美国监狱的情况综述》，《中国监狱学刊》2013年第6期。

③ 赵运恒：《罪犯权利保障论》，法律出版社2008年版，第25页。

④ 陈士涵：《人格改造论》（增补本上册），学林出版社2012年版，第367页。

刑事司法走向“人道”的一个重要标志，①但其似乎更多仍与黑暗、阴森、野蛮等负面词汇关联在一起，让人唯恐避之不及，其间无不内含着监狱固有的惩罚之意。然时至今日，随着文明、人道、公正、法治等现代刑罚理念的不断确立，监狱却又有些让人捉摸不透了。面对“豪华监狱”的建造、罪犯的“过度医疗”、民警的“妥协执法”等情形，人们不禁要问：这还是监狱吗？监狱的惩罚功能何在？尤其当过分强调罪犯人权保障时，畸形重视之下往往造成了监狱管理缺乏震慑力，部分罪犯对监狱执法没有畏惧感，忽视了监狱的惩罚功能。②对于诸如此类的认识，笔者将其称为“惩罚功能弱化论”。

毋庸置疑，目前随着我国经济的高速发展，尤其在一些发达地区，财政保障到位，“钱”对于监狱来讲已不再是重要问题。此种情形之下，罪犯的生活、医疗等物质性保障水平有了明显提高，监狱的硬件设施大为改观。许多新建的“现代化”监狱如不是因有高墙、电网以及岗哨、武警，外人似乎很难想象这里竟然是“监狱”；与此同时，我国法治化进程正日益加快，文明、公正执法理念日渐深入人心，包括罪犯在内的民众权利意识逐渐提高，再加上受国际人权运动广泛发展的影响，罪犯权利保障问题愈发引起各界的关注，罪犯权利在现代社会已进入一个“权利发展时期”③，罪犯权利的总体保障水平有了显著提升，有的甚至出现了所谓的“畸形重视”。

沈家本先生在《奏实行改良监狱宜注意四事折》中写道：“觇其监狱之实况，可测其国程度之文野；欲知其国文明之程度，视其狱制之良否，可决也。”④不可否认，透视我国监狱发展现状，足可表明我国当前社会的文明态势。但同时根据已经浮出水面的少数狱内重大案件，如黑龙江讷河监狱囚犯猎艳事件⑤、湖南省赤山监狱毒贩狱内遥控贩毒案⑥等着实让人感到震惊。尽管只是少数个案，但对整个监狱执法形象产生极大的负面影响，也在不同程度上折射当今社

---

① [法]米歇尔·福柯著，刘北成、杨远婴译：《规训与惩罚——监狱的诞生》，生活·读书·新知三联书店出版社 2012 年版，第 259 页。

② 刘新凯、李渊、曹海青：《对我国罪犯人权保障机制的反思——以保定地区监狱为例》，《中国监狱学刊》2015 年第 5 期。

③ 汪勇先生将罪犯权利的演进历史划分为三个阶段：无权利时期、权利萌芽时期和权利发展时期。汪勇：《理性对待罪犯权利》，中国检察出版社 2010 年版，第 31—45 页。

④ 刘崇亮：《本体与维度——监狱惩罚机能研究》，中国长安出版社 2012 年版，导论第 1 页。

⑤ 庄庆鸿：《黑龙江讷河监狱“犯人猎艳案”14 名干警被查处》，《中国青年报》2015 年 2 月 14 日。

⑥ 《毒贩狱内遥控贩毒　监区长等 9 人贪污受贿受处罚》，《法制晚报》2015 年 9 月 16 日，http://news.sina.com.cn/s/pa/2015-09-16/doc-ifxhupik6889615.shtml，2016 年 2 月 17 日访问。

会不文明的一面，现代化的高墙之内也并非都是一方净土。随之引发的质疑在于，罪犯在监狱内是接受惩罚还是享受“改造”？通过对一些基层民警、服刑罪犯及社会公众了解发现，尽管群体不同，但对“监狱的惩罚”却有着普遍性的共识，就是“监狱惩罚功能正呈弱化趋势”。基层民警普遍认为，在严格、规范、文明执法要求下，对罪犯的教育手段似乎“只剩下一张嘴了”，对违纪罪犯“不敢打不能骂”，使用警戒具“程序繁琐还可能承担责任”，有时也只能是“睁一只眼闭一只眼，祈求太平”。对于罪犯来说，相当比例的罪犯认为“除了没有自由，监狱其他方面都还不错，警官过去随意打骂的情况少了，能吃得饱、穿得暖，看病还及时”，对监狱的惩罚感受并不是很深。对于社会公众来说，普遍认为，许多刑释人员对监狱似乎并没有太多的畏惧感，尤其是一些“老官司”对于进出监狱已经感到无所谓了，更有的把监狱当成了“养老院”“医疗所”。上述认识似乎也印证了前文的“惩罚功能弱化论”。但监狱的惩罚功能真的是弱化了吗？抑或对监狱惩罚功能认识上出现了偏差？

二、监狱惩罚功能的一般性解读

（一）何谓“惩罚”？

透视监狱发展史，不难发现“监狱从来都是实施惩罚的机构，是与惩罚联系在一起的。监狱是惩罚的产物，监狱和惩罚是天然的一体物，惩罚是监狱质的内在规定物”①。为了能够厘清对监狱惩罚功能本质的认识，对“惩罚”这一基础性概念的考察不可或缺。什么是惩罚？就字面而言，不难理解，正如《辞海》所指：“惩戒处罚”。《北史・稽胡传》：“有犯奸者，随事惩罚。”②从刑罚学角度来说，惩罚是作为一个法律术语存在的。《法学大辞典》对惩罚作如下解释：惩罚是国家机关对违反国家法律、法令及国家机关、企事业单位依照国家法律制定的规章制度的行为人的制裁。惩罚方法大致有四种：(1)刑罚，是最严厉的一种惩罚方法；(2)行政处罚；(3)行政处分；(4)民事处罚。③从上述解释中，可以看出，惩罚是一种惩戒、处罚和制裁，因严厉程度不同，具有一定的等级或层次。

① 刘崇亮：《本体与维度——监狱惩罚机能研究》，中国长安出版社 2012 年版，第 12 页。
② 辞海编辑委员会：《辞海》(第 6 版)，上海辞书出版社 2010 年版，第 234 页。
③ 曾庆敏主编：《法学大辞典》，上海辞书出版社 1998 年版，第 1714 页。

具体到刑事司法领域，刑罚因其可以剥夺人的自由和生命而成为最严厉的惩罚。惩罚一旦实施，其结果必将是给惩罚对象带来痛苦。

（二）监狱功能的多元论

关于监狱的功能，学界论述较多，实践中也经常与监狱的职能、作用、任务等有着类似的表述。由于认识的视角不同，监狱的功能出现了多元论。有学者认为监狱的基本职能在于“惩办和改造犯罪分子”，监狱的基本任务是实施惩罚，改造罪犯，组织生产劳动。①也有人认为，监狱的功能包括惩罚、矫正、整合、导向四个方面。②从职能的角度，有人把监狱的职能概括为专政、惩罚、改造和防范四个方面。③吴宗宪教授则把监狱的功能概况为维护、控制、惩罚、改造、警示。④由上不难看出，尽管对于监狱的功能在表述上不尽相同，但都涉及了惩罚和改造（或矫正），惩罚和改造构成了监狱两大基本功能。此外，由惩罚和改造两大功能延伸出来的还有预防功能，如导向、预防、警示等。关于预防功能，预防主义的代表人物贝卡里亚认为：“刑罚的目的既不是要摧残折磨一个感知者，也不是要消除已犯下的罪行……刑罚的目的仅仅在于阻止罪犯再重新侵犯公民，并规劝其他人不要重蹈覆辙。”⑤其实，监狱的惩罚、改造、预防功能对应的恰是刑罚目的的三大流派，即报应刑、教育刑和预防主义。

（三）惩罚功能定位：是手段还是目的，抑或其他

1994 年，《监狱法》出台，其第 1 条明确规定了立法目的在于“正确执行刑罚，惩罚和改造罪犯，预防和减少犯罪”，同时明确了“惩罚和改造相结合、教育和劳动相结合”的原则。1995 年，国务院在国发〔1995〕4 号文中正式确立了“惩罚与改造相结合，以改造人为宗旨”的监狱工作方针。此后，我国传统监狱学理论关于惩罚和改造的关系更多停留在“惩罚是手段、改造是目的”⑥的论断上，而“改造”与“矫正”相比，则更颇具政治意味，以致有人指出，改造乃是中国语境

---

① 夏宗素主编：《监狱学基础理论》，法律出版社 2001 年版，第 50 页。
② 邵名正主编：《监狱学》，法律出版社 1996 年版，第 35—42 页。
③ 兰洁主编：《监狱学》，中国政法大学出版社 1999 年版，第 45—47 页。
④ 吴宗宪：《监狱学导论》，法律出版社 2012 年版，第 97—101 页。
⑤ ［意］贝卡里亚著，黄风译：《论犯罪与刑罚》，中国大百科全书出版社 1993 年版，第 42 页。
⑥ 刘崇亮：《本体与维度——监狱惩罚机能研究》，中国长安出版社 2012 年版，第 76 页。

下“人为的”以“意识形态”政治权力输进模式。[①]

对监狱惩罚功能进行准确定位是事关监狱行刑方式和发展方向的基础性的刑事哲学问题，也是监狱作为刑罚执行机构存在的价值所在。把惩罚作为一种实现改造目的的手段究竟是否准确？或许因习惯使然，该命题在实践中并没有引起广泛而深入的思考，也就形成了一种默认和定势。笔者认为对于惩罚与改造的关系，应从监狱惩罚功能的本质出发重新进行界定，以使两者准确反映监狱“使罪犯顺利回归社会”的终极目标。

从监狱行刑模式的演变来看，人类一直在孜孜追求一种有效的行刑方式，这种有效性所要实现的是“报应、预防和矫正三种目的的统一”。[②]这里的报应，也就是报应主义所强调的惩罚。与此同时，这样一个事实却毋庸置疑，就是任何一种纯粹强调某一目的的行刑模式均因自身的弊端而最终失败。当民众对于监狱的惩罚学会“血债只能用血来还”时，以恶制恶的报应主义导致的只能是无休止的恶性循环；而主张通过发挥矫正功能以预防犯罪的预防主义，尽管制定了庞杂的监狱制度，但并没能有效阻止重新犯罪的上升，人们对期望值近乎迷信的监狱矫正功能愈加产生了怀疑。于是，以“行刑价值的多元化和行刑方法的专业技术主义”为突出特点的“综合刑”应运而生，[③]该行刑方式强调的其实也就是“惩罚与改造”的“有机结合”。但该种结合的有机性是否就是以惩罚为手段、改造为目的呢？再回到监狱惩罚功能的本质来看，监狱是先有惩罚功能，而后衍生出改造功能的，“改造是监狱在人类文明艰难史演变中嫁接而来的，是(惩罚)本质机能产生出来的主要功能”。[④]惩罚是改造的必要前提和基础，而非改造的手段，诸如狱政管理、劳动、教育、心理矫治等才是改造的手段和方法。当然，就惩罚和预防功能的关系来看，惩罚作为实现预防目的的手段是符合逻辑的。此外，改造是监狱行刑的目的吗？显然不是，前文已述，“刑罚的终极目的是使罪犯顺利回归社会”，也就是实现罪犯的再社会化，改造或矫正只能是作为实现这一目的的手段，而非目的本身。综上，“以惩罚为手段、改造为目的”的传统说法显然存在逻辑上的不当，基于实现罪犯再社会化这一终极目的，“以惩罚为前提、以改造为手段”无疑是监狱惩罚和改造功能定位的本质回归。

---

① 刘崇亮：《本体与维度——监狱惩罚机能研究》，中国长安出版社 2012 年版，导论第 1 页。

② 李瑞生：《中国刑罚改革的权力与人文基础研究》，中国人民公安大学出版社 2011 年版，第 385 页。

③ 张峰、连春亮：《行刑与罪犯矫治社会化研究》，群众出版社 2007 年版，第 58 页。

④ 刘崇亮：《监狱惩罚机能及其限制》，载《中国监狱学刊》2009 年第 6 期。

三、监狱惩罚功能的自由实质

（一）认识自由——一个具有崇高价值的普世性概念

古往今来，自由如同平等、民主、人权、正义等一样，一直为人类孜孜以求和向往。自由及于人类的价值和重要性不言而喻。《共产党宣言》指出："代替那存在着阶级和阶级对立的资产阶级旧社会的，将是这样一个联合体，在那里，每个人的自由发展是一切人的自由发展的条件。"①这样一个社会所要实现的就是通过每个人自由发展从而达到一个自由王国。由于自然和历史的原因，西方人对自由的重视程度和研究成果，明显胜于东方人，不仅在学术上形成了关于自由的话语谱系，而且在社会上形成了崇尚自由的文化传统。②早在古希腊时代，自由就被作为一个崇高的价值理念提出来了，柏拉图认为，"自由就是对至善或真理的追求与认识"。③到了近代，自由逐渐发展成为一个自主性、基础性和本质性的概念，西方社会把自由确定为一项不可剥夺的天赋人权之一。正如1215年英国《自由大宪章》，明确提出了权利和自由的原则；1776年美国在《独立宣言》中明确宣称："人人生而平等，他们都从他们的'造物主'那边被赋予了某些不可转让的权利，其中包括生命权、自由权和追求幸福的权利。"美国著名历史学家艾里克·方纳曾在《美国自由的故事》一书中指出："无论作为个人或还是一个民族，在美国人的自我感觉和意识中，没有任何其他的概念比自由更为至关重要。"④

诚然，在不同语境中，自由的概念或许依然受到这样或那样的诸多限制，但自由本身所固有的普世性价值无法回避，也不容回避。纵观人类史，尽管人生而自由，却又无时不在追求自由，无刻不在为自由而战。可以说，整个人类的历史，就是为了自由而不断斗争的过程。因为，由"自然意义上的自由"到作为权利的"法律意义上的自由"不可能自然实现。人类社会的文明和进步必然体现

---

① 《马克思恩格斯选集》(第1卷)，人民出版社1995年版，第294页。

② 张曙光：《自由之维与自由之累》，《学习与探索》2012年第11期。

③ 转引自赵林：《自由的根据：自主性还是接受性?》，谢文郁：《自由与生存：西方思想史上的自由观追踪》，张秀华、王天民译，上海人民出版社2007年版，代序第2页。

④ 转引自张树义：《旅行的意义：美国社会观察》，中国法制出版社2013年版，序言第2页。

在人的自由的不断扩大和发展。任何人，自然包括罪犯，都有追求自由的权利。自由不仅是人类生存的不可或缺的基本的条件或维度，而且是人之所以为人的“天性”。[①]一个失去自由的人无异于笼中之虎，其境遇可想而知。卢梭曾指出：“一个人抛弃了自由，便贬低了自己的存在，抛弃了生命，便完全消灭了自己的存在。因为任何物质财富都不能抵偿这两种东西，所以无论以任何代价抛弃生命和自由，都是既违反自然同时也违反理性的。”[②]罪犯因犯罪而失去自由，但他同样需要自由，自由对于罪犯更具有特殊的意义。

（二）剥夺自由：监狱惩罚功能的本质所在

监狱作为刑罚执行的载体，其惩罚功能究竟体现在何处？这是本文所要探究的目的之一，也是对“监狱惩罚功能弱化论”的一个剖析。只有明晰了监狱惩罚功能的实质，才能辨别当下监狱的惩罚功能究竟是否在弱化。

围绕“惩罚功能”这一关键词，有学者从刑罚学、政治学、社会学、经济学、建筑学等多维视角对监狱的定义重新进行了界定，从中揭示出监狱惩罚功能的不同内涵。如从刑罚学的角度，把监狱界定为“国家对判处自由刑的罪犯执行惩罚的特定场所，是享有刑罚执行权的一种特定国家机构性质的主体”。从政治学的角度来看，监狱是“国家为了达到政治控制的目的，而对严重危害其统治秩序的对象进行刑罚惩罚的一种国家政治机构”。从建筑学的角度，监狱则是“反映一定惩罚理念和行刑文化的建筑体，是国家追求对罪犯惩罚安全和有效的控制措施的一个建筑与技术的综合体”[③]。综上不难发现，无论从何种视角，监狱总是作为惩罚的载体而存在的，“惩罚罪犯是监狱固有的属性”，[④]也是监狱的本质功能所在。离开惩罚这一前提，监狱的其他话语无从谈起。

尽管上述多维定义均指明了监狱的惩罚属性，但对监狱惩罚的指向，上述概念并没有明确。其实，这又回到了监狱的本质性问题——监狱存在的价值和功能。对此，有学者指出，现代监狱的存在价值和功能体现于监禁与改造（或矫正）两个方面。刑罚的惩罚功能和对于预防犯罪的威慑功能，都包含在监禁这

---

① 张曙光：《自由之维与自由之累》，《学习与探索》2012 年第 11 期。

② [法]卢梭：《论人类不平等的起源和基础》，李常山译，商务印书馆 1982 年版，第 137 页。

③ 刘崇亮：《本体与维度——监狱惩罚机能研究》，中国长安出版社 2012 年版，第 8—25 页。

④ 吴宗宪：《监狱学导论》，法律出版社 2012 年版，第 93 页。

一刑罚方式之中。[①]"监禁"一词不仅包含着剥夺罪犯自由的惩罚功能，还内含着对罪犯在剥夺自由状态下所实施的严格监管。监狱作为刑罚执行机构，执行的是自由刑，其惩罚功能的指向必然是自由，惩罚功能的体现也就在于剥夺罪犯的自由，这也应成为监狱惩罚功能的边界。除了剥夺自由，监狱不应再针对罪犯的犯罪行为本身施加额外的具有惩罚性质的行为。这也正如"自由刑纯化"理论所讲的，"在行刑领域中，严格按照罪刑法定原则行刑，在实现罪犯人权保障的同时，不得掺杂含有额外之报复性质的强制处遇。它具体表现在两个方面：一是自由刑不得含有'生命性''身体刑''肌体刑'的内容，不得损害受刑人的健康，同时也不得含有'财产刑'的意味。二是刑及于罪犯一身，除法律有规定外，自由刑不得含有'株连刑''家族刑'之内容"[②]。所以，从自由的角度，把监狱定义为"通过剥夺自由对罪犯实施刑事惩罚的特殊场所和机构"，更能清晰地表达出监狱惩罚的本质。剥夺自由乃是监狱惩罚功能的本质和根本体现，除此之外的内容均应纳入改造或矫正的范畴。

基于前文的理解，再次回到本文最初的问题，监狱的惩罚功能真的弱化了吗？罪犯从迈入监狱大门的那一刻起，意味着其将因一墙之隔失去人身自由，与此同步的是监狱惩罚功能的正式启动。监狱惩罚功能的实质就在于剥夺罪犯的自由，只要罪犯的自由被剥夺了，监狱的惩罚功能也就实现了，而不存在弱化的问题。所以，笔者认为，"监狱惩罚功能弱化论"乃是对监狱惩罚功能实质认识上的一个误解。不过，这里也反映出一个问题，就是人们对监狱惩罚功能的关注点并不在于剥夺罪犯的自由，更多关注的乃是罪犯在自由被剥夺后受到的惩罚，也就是罪犯在监禁状态下受到的惩罚。包括罪犯在内，人们对于自由价值的认识还没有达到"自由是人的起点"[③]的境界，这或许也是"监狱惩罚功能弱化论"产生的一个重要原因。

（三）监禁：监狱惩罚功能的必然结果

监狱执行自由刑不仅在于通过高墙、电网剥夺罪犯与外界的自由，同时还要在这一封闭而特殊的环境中对罪犯实施严格的管理、教育，从而对罪犯形成

---

① 陈士涵：《人格改造论》（增补本上册），学林出版社 2012 年版，导论第 5 页。

② 张峰、连春亮：《行刑与罪犯矫治社会化研究》，群众出版社 2007 年版，第 53 页。

③ 张曙光：《自由之维与自由之累》，《学习与探索》2012 年第 11 期。

一种监禁。从某种意义上说，监狱文化就是一种监禁文化。[①]可以说，监狱工作的全部都是围绕着监禁并在监禁框架下开展的。从自由的角度来讲，监禁主要包括两个方面：一是剥夺罪犯与外界的人身自由或行动自由；二是限制罪犯在监狱内的自由，剥夺和限制构成了监禁的两大核心要素。

自由是一个内容广泛的术语，它既包括内在思想、意志自由，又包括外在的行为或行动自由。基于个体的人身自由，又可衍生出通信自由、交往自由、衣食住行自由、言论自由、出版自由等。而不论何种自由，都必须以某种行为作为载体，以体现思想自由和行为自由的一致性，“行为或行动的自由才是自由的本质一面”。[②]这里的行为或行动自由，其实就是个体的人身自由。所以，监狱实施惩罚“强调的是行为而不是罪犯个体背后的思想与动机”，而个体的自由“是对任何来讲可以平等地剥夺的东西”，这也就意味着“所有的罪犯可以被平等地对待，不管他们的个人和社会的身份。结果，无论实质性的多大差别，富者与穷者、年轻者与年老者、男性与女性都将在自由被监禁的状态下接受平等的惩罚”[③]。监狱对罪犯实施监禁就是以剥夺罪犯与外界的人身自由为前提的，同时依法剥夺或限制罪犯狱内的自由。

监禁作为罪犯自由被剥夺后所必须承受的自然结果，给罪犯带来的将是身心上的痛苦体验，这种监禁的痛苦也是监狱惩罚功能实现的必然体现。有学者指出，在当今社会，自由刑对罪犯的惩罚主要体现在两个方面：一是剥夺罪犯的人身自由；二是罪犯因失去人身自由而产生的内心痛苦。[④]这里所讲的“内心痛苦”其实也就是监禁的痛苦。尽管监禁的痛苦涉及罪犯的身心等多方面，但更多的则是内心方面的痛苦。关于监禁的痛苦，美国犯罪学家格雷沙姆·赛克斯在《囚犯社会：对一所最高警戒度监狱的研究》中指出，监狱犯人遭受5种剥夺，从而承受物种痛苦：(1)剥夺自由。犯人没有行动自由，必须与家人、亲属、朋友等分离。(2)剥夺物品和服务。社会上的很多人可以使用的物品和服务，犯人无法使用。(3)剥夺异性关系。犯人不能与配偶或异性朋友接触。(4)剥夺自

---

① 陈士涵：《人格改造论》(增补本上册)，学林出版社2012年版，导论第5页。

② 刘崇亮：《本体与维度——监狱惩罚机能研究》，中国长安出版社2012年版，第126页。

③ Roger Matthews, *Doing Time: An Introduction to the Sociology of Imprisonment*, ST. MARTINSPRESS, 1999, p.5.转引自刘崇亮：《本体与维度——监狱惩罚机能研究》，中国长安出版社2012年版，第129页。

④ 金鉴主编：《监狱学总论》，法律出版社1997年版，第46页。

主权。犯人不能自主决定生活中的很多事情。(5)剥夺安全。犯人没有安全感,必须与其他犯人一起生活。[①]吴宗宪教授综合国内外研究情况,进一步拓展了监禁痛苦的范围,将罪犯承受的监禁痛苦归纳为十大类,即:无行动自由;与亲朋分离;与社会隔离;与异性隔离;权利缺损;缺乏安全;自我丧失;隐私丧失;自主丧失;被监禁化。[②]人不仅是自然人,更是有自由需要的群体性社会人。正常而言,把一个人从熟悉的群居环境中隔离出来,必然会产生一定的痛苦。但监禁的痛苦对不同的罪犯来讲,可能会因人而异,正如有的罪犯对失去自由的痛苦体验并不是非常强烈。相对于自由的价值,监禁状态下能够不被随意打骂、能吃饱穿暖、轻松劳动等或许更重要。按照马斯洛的需求理论,从罪犯自身的感受出发,当自由必须被剥夺的情况下,自由的价值可能就要让位于其他更低层次的需求。当然,当他们被投入监狱后,也不会奢望在监狱内能享有更多的自由,至于"再社会化"的问题可能就更加不会考虑。所以,这或许也是罪犯为什么会感受不到监狱惩罚的一个重要因素。

(四) 监狱惩罚功能的异化

监狱之所以能够剥夺罪犯的自由、对罪犯实施惩罚,从权力的视角,其实就是监狱代表国家对罪犯行使刑事惩罚权,这种惩罚权是以国家的绝对强制力为后盾的。所以,刑事惩罚也是最严厉的惩罚。刑事惩罚权的行使,目的在于通过惩罚罪犯的恶行以彰显社会的公平正义。但由于权力自身所具有的强制性、扩张性和极易被滥用等特性,往往会导致权力突破边界而发生异化。具体到刑事惩罚权,主要表现为:一是对不应承受监禁痛苦的非犯罪人实施惩罚;二是对罪犯实施额外附加的惩罚。不论何种情形,其实质上都是严重侵害了公民的私权利。此种情形之下的结果,也不可能实现真正的公平、正义。

一方面,监狱对不应承受监禁痛苦的无辜者实施惩罚,实践中,更多地表现为冤假错案。近年来,随着"佘祥林案""赵作海案""浙江张氏叔侄案""贵州杨明故意杀人案"等一系列重大冤假错案浮出水面,这些"杀人犯们"在监狱内"接受惩罚"10 多年甚至更长,现在突然被宣告无罪,无论最后的国家赔偿数额多少,但失去的宝贵自由却是任凭多少赔偿也是无法弥补的。我们不禁要反问:

---

① Gresham Sykes, *The society of captives: A study of a maximum-security prison*(Princeton, NJ: Princeton University Press, 1958), pp.65—78.

② 吴宗宪:《监狱学导论》,法律出版社 2012 年版,第 281—283 页。

无辜的人被强制贴上“罪犯”的标签投入监狱，而真正的罪犯却逍遥法外，监狱惩罚功能所要追求的正义实现了吗？

当然，这里有一个问题必须澄清，那就是监狱的定位。监狱是国家的刑罚执行机构，监狱是国家整个刑事司法链的最后一环，执行的是法院生效的刑事裁判。基于这一点，监狱对于冤假错案的产生无需承担责任。与此同时，面临的另一个问题，就是监狱对冤假错案的产生不必承担责任，但对于纠正冤假错案或推动纠正冤假错案是否应尽到相应的义务呢？毋庸置疑，答案是肯定的，法律上已有明确规定。从已经曝光的这些冤假错案来看，当事人在监狱内几乎一直都是在申诉、喊冤，但监狱在纠正冤假错案的整个过程中所发挥的作用却并不尽如人意，更多的是停留在被动地转递一些申诉材料。监狱严格执行刑罚，是监狱的天职，但同时帮助纠正可能存在冤假错案的刑罚也应成为监狱义不容辞的责任和义务。因为，监狱执行刑罚的终极价值同样是公平、正义。

另一方面，监狱对罪犯实施额外的惩罚，主要表现为非法剥夺或限制权利，加重义务，同时在日常管理、教育中采取具有惩罚性质的措施。罪犯的人身自由被剥夺后，其相应的权利必然受到剥夺或限制，这是法定的罪犯必须承受的监禁痛苦的一部分。但实践中，监狱往往会借“安全”“改造”等名义，对罪犯施加额外具有惩罚性的措施，如“扎马步、抱头深蹲”式体罚、延长劳动时间、增加劳动强度、强制性“学习”等。从文明、法治的角度来看，这些措施无疑是不人道的。由于受传统刑罚理念的影响，尽管这些非人道的待遇已被明令禁止，但现实中依然有着肥沃的土壤，只不过更具有隐蔽性罢了。

此外，针对罪犯狱内违纪行为，监狱会根据情节严重程度给予相应的惩处。如我国《监狱法》明确规定，对于破坏监管秩序的可以给予“警告、记过或者禁闭”。不过，这里有一个问题，此时监狱采取的警告等措施是本文主题所讲的“监狱惩罚功能”的体现吗？不可否认，这些措施具有惩罚性。但笔者认为，此惩罚非彼惩罚，前者是监狱针对罪犯狱内违纪行为所实施的管理手段，是矫正罪犯违纪行为的需要；而后者针对的则是犯罪行为本身，这是监狱惩罚功能的实质，两者是有区别的，不能混为一谈。

然而实践中，针对违纪行为的惩罚性手段和措施却远非这些。就警戒具的使用而言，包括武器、电警棍、手铐、约束带等，其本身是作为警示性、制止性或保护性器具来使用的，但实际中这些戒具则被“人为地”赋予了更多的“惩罚性”。最简单的实例，电警棍往往成为事后惩罚罪犯的一种工具。实践中，还有一个明显具有惩罚属性的措施，那就是监狱的“严管”。我国法律规定了禁闭期为7—15天，而“严管”这一缺失《监狱法》依据的惩戒措施期限却可以达到两三个月，而且可以重复使用，这有点类似于我国已经废止的“劳动教养制度”。无论是禁闭还是严管，罪犯一人被限制在狭小的空间里，可谓处于“狱中狱”，无疑是最为严厉的狱内惩罚措施。而严管因为使用事由宽泛、审批简单、效果明显，在狱内大为盛行。诚然，“严管”“禁闭”对于惩罚狱内违纪行为具有一定的积极效应；但作为进一步剥夺罪犯狱内自由的惩罚措施，必须依法经严格审批程序，并作为迫不得已的最后惩罚手段来使用。

四、行刑社会化：监狱惩罚功能实现的自由之路

监狱惩罚功能的本质在于剥夺罪犯的自由，而自由却是“人”之所以称之为“人”的逻辑起点。罪犯因犯罪入狱，意味着其社会化过程的严重失败。监狱对罪犯进行惩罚和改造，其实也就是对罪犯社会化失败进行“补救”并促使其再社会化的过程，这也是罪犯由一名非自由人到社会自由人的回归过程，贯穿其间的一个核心要素就是自由，自由成为罪犯再社会化的必要前提和条件。没有自由为基础，罪犯的再社会化终难实现，这无疑也是监狱惩罚功能的失败。

（一）确立行刑社会化理念，正确认识监狱执行刑罚属性和惩罚功能本质

监狱的诞生，从刑罚的历史来看，其进步性是显而易见的。但也正是由于监狱对罪犯自由的剥夺，漫长的监禁环境使得罪犯的人格极易发生退化或萎缩，从而不可避免地形成一种“监狱化”现象。在监狱剥夺自由和罪犯再社会化又需要自由的博弈中，“监狱化”和再社会化形成了一对天然的矛盾。围绕着这一矛盾的破解，行刑社会化的理念应运而生。所谓行刑社会化，是指“现代自由刑以促进罪犯重返社会为目的而开放监禁刑，重视自由刑适用的自由刑发展趋势”。①其强调“罪犯改造中应当充分地融入社会，使罪犯服刑中可能产生的‘监狱人格’最小化”。②作为刑罚理性化的重要成果之一，由于行刑社会化的核心

---

① 翟中东主编：《自由刑变革——行刑社会化框架下的思考》，群众出版社2005年版，第196页。

② 张晶：《深读矫正——现代监狱制度的理论逻辑》，江苏人民出版社2013年版，第151页。

要义在于帮助罪犯重返自由社会，“对于降低惩罚的负效应，推进罪犯人格的再社会化无疑是有效的途径”，[①]顺应了刑罚变革的时代要求，已成为当今人类文明行刑的发展趋势。其实，关于行刑社会化的思想，《联合国囚犯待遇最低限度标准规则》中早已蕴含，即“囚犯的待遇不应侧重把他们排斥于社会之外，而应该注重他们继续成为组成社会的成员”，“囚犯的待遇应当不仅强调其与社会的隔离，而且还应强调其仍为其中的一分子”。[②]

在此背景下，行刑社会化无疑应成为监狱行刑的一个基本理念和指导思想，这也是解决罪犯“监狱化”和再社会化矛盾的必然选择和有效路径。当然，或许有人会担心，行刑社会化是否在弱化监狱的惩罚功能？笔者认为，此种担心并不是没有道理。监狱惩罚功能的本质在于剥夺罪犯与外界的人身自由，同时限制狱内自由，使其处于一种严格的监禁状态；而行刑社会化不仅强调扩大罪犯狱内服刑期间的自由度，还要突破监狱的这一围墙，使罪犯与外界的人身自由处于“限制”而非“剥夺”状态，其实质上是一种开放式的处遇。例如，美国的“自由工资雇佣制”，允许罪犯白日在狱外工作，接受社会企业雇佣，晚间则必须返回监狱报到。[③]还有日本监狱的累进处遇制、意大利监狱的半自由管制、加拿大规定的无陪护暂时离监等都体现出了行刑社会化的精神。从这个角度来看，行刑社会化的结果必然会带来监狱惩罚功能一定程度的弱化。但该种弱化是建立在有利于罪犯顺利回归社会这一终极目的之上的，反映的并非是人类行刑的倒退，其恰恰符合了行刑轻缓化的精神和发展趋势。

（二）将自由价值教育贯穿罪犯服刑始终，发挥监狱惩罚功能的威慑、预防作用

在现代社会，随着社会文明程度的不断提高，自由作为人类最重要、最基本的价值之一愈加凸显珍贵，无论对于个体还是国家，都是如此。尽管中西方自由文化传统存在一定的差异，但自由的价值惠及的民众却是不分国度的。然而就是这样一个普世性的价值，在中国语境中由于受诸如意识形态等因素的影响，传统文化中自由的价值观一直较为缺乏，即便是今日，关于自由的话语在某

① 陈士涵：《人格改造论》（增补本下册），学林出版社 2012 年版，第 518 页。

② 刑罚改革国际编：《〈联合国囚犯待遇最低限度标准规则〉详解》，于南译，法律出版社 1998 年版，第 126 页。

③ 潘华仿主编：《外国监狱史》，社会科学文献出版社 1994 年版，第 201 页。

些情况下依然受到一定的限制，人们的自由观念普遍较为薄弱，人们对于自由价值的重视程度远远滞后于自由的价值本身。具体到自由刑执行领域，以至于人们普遍性地对监狱剥夺罪犯自由这一惩罚功能的本质在认识上出现了偏颇。从马斯洛的需要层次论来看，自由属于精神层面的需求，大多数罪犯的物质条件较差，再加上受教育程度也较低，导致对自由的观念不是很强。即便是在被剥夺自由的情况下，也很少人会从自由的角度去反思犯罪的成本。所以，有了本文开始所讲的"监狱除了没有自由，其他都还不错"的认识，自由价值在有意无意中出现了"让位"。

可以说，没有人会不喜欢自由，包括罪犯。但对于罪犯而言，喜欢自由并不代表其真正理解了自由的崇高价值；相反，罪犯更多只是从趋乐避苦的需要去理解自由的价值，因此也往往会在趋乐避苦的过程中忽视自由乃至抛弃自由。所以，罪犯对自由的认识往往是片面、肤浅、模糊甚至错误的。而事实上，自由作为一个真正的科学意义上的内涵丰富的概念，在大多数罪犯的世界观里其实是并不存在的。真正崇尚自由的，是那些具有道德修养和法治观念的人。"在一个有法律的社会里，自由仅仅是：一个人能够做他应该做的事情，而不被强迫去做他不应该做的事情。自由是做法律所许可的一切事情的权利；如果一个公民能够做法律所禁止的事情，他就不再自由了，因为其他的人同样会有这个权利。"①因为，罪犯首先因犯罪而亵渎和背叛了自由。②

入狱后，罪犯人身自由被剥夺，不论其感受如何，监狱的惩罚功能已经开始启动。在"惩罚与改造相结合，以改造人为宗旨"工作方针的指导下，监狱会根据相关的法律规定对罪犯采取一系列的教育改造措施，包括思想教育、文化教育、职业技术教育、劳动教育、心理健康教育等。从提高罪犯服刑能力、综合素养来讲，这些内容不可谓不重要。但也不难发现，其内容存在着一个重大缺憾，那就是人的自由价值观教育。试想，当罪犯能够从思想深处真正重视自由、理解自由、珍惜自由的时候，他们才会真正体会到监狱的惩罚。而"惩罚能够激活罪犯的良心，具有赎罪作用"，③这对于促使罪犯真诚悔悟、预防重新犯罪无疑具有重要的现实意义，远比灌输式的说教、强制式的命令更具有实际效果。同样，对于大墙外的自由人来说，如果人人都能意识到自由的价值，那么他们也就

---

① [法]孟德斯鸠：《论法的精神》（上册），商务印书馆 1982 年版，第 154 页。

② 陈士涵：《人格改造论》（增补本上册），学林出版社 2012 年版，第 366 页。

③ 陈士涵：《人格改造论》（增补本下册），学林出版社 2012 年版，第 506 页。

理解了监狱惩罚功能的本质，监狱剥夺罪罚自由的惩罚功能对于社会自由人必将产生的积极的威慑、预防作用。鉴于此，开展自由价值教育应成为教育改造罪犯的一项不可或缺的基础性内容，从新收入监开始直至重返自由社会，为罪犯再社会化奠定坚实的思想基础。

（三）在法律范围内最大限度地扩大罪犯服刑期间的自由度，保障罪犯狱内必要的自由权

从自由及于人至高无上价值而言，监狱剥夺罪犯的自由实属“最后的迫不得已的一种手段”，[①]但却又是惩罚罪犯的必需，否则监狱将不再称之为“监狱”。基于行刑社会化的理念和轻缓化的行刑趋势，监狱的惩罚功能不得不适度让位于帮助罪犯顺利回归社会这一终极目的。为此，适度扩大罪犯在服刑期间的自由，应成为实现罪犯再社会化的一个必要内容。罪犯在监狱内的自由无疑处于一种限制而非剥夺的状态，这为罪犯再社会化提供了基础。

我国《监狱法》第 7 条对罪犯权利作了较为原则性规定，即：“罪犯的人格不受侮辱，其人身安全、合法财产和辩护、申诉、控告、检举以及其他未被依法剥夺或者限制的权利不受侵害。”尽管该条并没有明确提到“自由”的问题，但就权利的实质来讲，在一定程度上，享有权利也就意味着享有相应的自由，如罪犯的通信权利，也就是受到一定限制的通信自由。从自由对于罪犯再社会化的作用来看，罪犯在监狱内享有的自由度与罪犯的再社会化程度是成正比的，但这也并非意味着要实现罪犯监狱内的完全自由。最大限度地扩大罪犯服刑期间的自由度必须在法律框架内，以维护监管安全和改造秩序为底线。依法行刑是监狱法治的必然要求和体现，安全和秩序是监狱永恒的基础价值。

扩大罪犯服刑期间的自由度，应立足罪犯作为“人”生存、生活和发展的需要，切实发挥处遇对于罪犯自由度的调节作用，重点保障罪犯在狱内的生存、生活自由以及了解、接触外界社会的自由，如正常休息、劳动、学习、收看时事新闻、阅报、通信、会见、参加文体活动等权利。罪犯狱内自由度的大小与罪犯的处遇等级密切相关，也是成正比的。罪犯的处遇等级越高，其享有的自由度越大。正如处遇等级较高的罪犯，其亲情会见、电话使用时间就越长，狱内消费额

---

① 李豫黔：《“监狱外的思考，减少监禁性刑罚的适用”——参加国际矫正与监狱协会第 15 届年会及考察美国监狱的情况综述》，《中国监狱学刊》2013 年第 6 期。

度也越大，考核计分也越多，由此带来的则是减刑、假释等奖励机会的增多等，这些都是自由度扩大的具体体现；相反，对于狱内违法违纪罪犯，监狱则会降低其处遇等级，限制其一定的自由。对于严重违纪行为，直至可以给予“禁闭”处罚，进一步限制罪犯狱内自由，以体现监狱对狱内违纪行为的惩罚功能。把罪犯狱内处遇划分为不同等级使其享有相应的自由，对于培养罪犯的自由价值观无疑具有重要的激励作用，教育引导罪犯只有踏实改造，才能获得更高等级的处遇，才能享受到更多的狱内自由。在一个法治社会，权利保障的最现实形式就是实现权利的法定化，保障罪犯狱内必要的自由权更是如此。但是从法律层面，不可能对上述权利通过列举的方式一一穷尽。立足我国的实践，在主管全国监狱工作的司法部层面，充分借鉴《联合国囚犯待遇最低限度标准规则》，通过部门规章的形式明确统一罪犯狱内必要的自由权利清单，不失为有益探索。

（四）把握监狱投入度，实现惩罚经济效益和社会效益的最大化

目前，当罪犯普遍对自由的价值重视程度不是很高的情况下，监禁的痛苦似乎更能体现出监狱的惩罚功能，而诸如监狱的硬件设施、生活处遇等监禁环境则是影响监禁痛苦程度的一个重要因素。为此，从法经济学的视角，监狱在行刑过程中必须考虑惩罚的效率价值，体现惩罚的适度性，就是要以最小的经济投入实现惩罚效益的最大化。

“行刑不仅要以自由、正义、人道、人权为指向，而且要以效益为依归。”①这里的效益包括经济效益和社会效益。从经济效益来说，主要涉及监狱的硬件设施建设和罪犯生活、医疗等物质性成本问题。当一个人在社会上温饱都不能得到满足的时候，因犯罪突然被投入到一个“园林式”的“豪华监狱”过着衣食无忧的改造生活，试想在这种情况下，他会过多地感受监狱的惩罚、监禁的痛苦吗？尽管此时监狱因剥夺了他的自由，已经发挥了应有的惩罚功能，但这种惩罚产生不出应有的效益，让罪犯体验不到应有的监禁痛苦。但如果让罪犯在硬件设施极差、吃不饱穿不暖的环境中改造，显然又违背了惩罚的人道尺度。所以，监狱行刑必须把握监狱建设、罪犯生活待遇等物质性方面的经济投入度，体现监狱的惩罚性，这里的“度”也就是当地的社会经济和文化发展水平。监狱的设施、罪犯的生活保障等，应该同当地的社会经济、文化发展水平相适应，而不应

① 曲伶俐等：《现代监狱行刑研究》，山东大学出版社2007年版，第85页。

过度投入，否则必然会在一定程度上削弱监狱的惩罚功能而违背了监狱的本质。从惩罚的社会效益来看，就是通过惩罚，最大可能地实现改造和预防效果，这也是监狱惩罚效益的根本体现。而实现这一效益的前提和基础就是让监狱回归惩罚的本质属性，体现出惩罚的适度性。没有惩罚就没有改造，也不可能实现预防。

诚然，关于监狱的惩罚话题，理论界和实践中还存在着不同的声音。但英国刑罚改革家亚历山大·帕特森提出的“将人们送进监狱就是惩罚，而不是为了惩罚”的观点已成为很多国家在惩罚罪犯问题上的普遍共识。[①]基于“使罪犯顺利回归社会”这一终极目的，准确把握监狱惩罚功能的本质和边界，最大限度地保障罪犯服刑期间的自由权应成为监狱行刑的基本遵循和努力方向。

---

① 于永福、刘劲松：《“监狱如何对罪犯依法监管和有效惩罚”研讨会综述》，《犯罪与改造》2015 年第 9 期。

死缓限制减刑罪犯服刑改造问题研究

上海市提篮桥监狱课题组

伴随《刑法修正案(八)》的出台，监狱出现了一类新的罪犯群体，他们犯罪性质恶劣、危险程度高、刑期漫长，人身危险性大，改造难度高。同时该类罪犯的减刑受到了限制，刑期的普遍延长和减刑幅度的严格收窄，传统的以获得减刑作为罪犯改造的最大驱力以及在此基础上建立的计分考评的“约束力”随之减弱。在该类罪犯群体上，出现了减刑无望、奖扣分无效的局面，这是监狱工作从未面对过的新情况。因此，科学地认识和了解这两类罪犯的服刑特点，进而采取有针对性的管理措施，是当下监狱工作亟须解决的现实问题。同时，随着《刑法修正案(九)》的出台，终身监禁刑的出现，罪犯“牢底坐穿”的时代正式到来。该类罪犯和限制减刑罪犯具有很多相似的服刑特征，加强对限减罪犯的研究，也能为如何应对终身监禁罪犯的管理和教育问题提供参考。

本文以上海监狱局关押的限制减刑男性罪犯为样本，通过对罪犯的问卷调查、个体访谈、档案文献分析等研究方法，以 spss17.0 软件对数据进行统计分析和处理，对限制减刑罪犯的服刑改造问题进行分析，旨在对我们认识和改造该类罪犯提供些许启示。

一、限制减刑罪犯的界定

从 2011 年起，刑事法律进行了较大的调整，《刑法》《刑事诉讼法》和相关减刑假释执行的法规制度发生了较大的变化。《刑法修正案(八)》第 50 条第 2 款规定：“对被判处死刑缓期执行的累犯以及因故意杀人、强奸、抢劫、绑架、放火、爆炸、投放危险物质或者有组织的暴力性犯罪被判处死刑缓期执行的犯罪分子，人民法院根据犯罪情节等情况可以同时决定对其限制减刑。”“限制减刑犯”据此衍生为具有法律属性的特定的监管对象。继而该法第 78 条第 2 款又规定：“限制减刑的死刑缓期执行的犯罪分子，缓期执行期满后依法减为无期徒刑的，不能少于二十五年，缓期执行期满后依法减为二十五年有期徒刑的，不能少于二十年。”从上述规定可以看出，犯罪情节恶劣、社会危害性大、犯罪恶习深、服刑刑期长是该类罪犯最显著的特征。

本文研究的对象，主要针对的是《刑法修正案（八）》中界定的限制减刑罪犯，即被判死刑缓期的限制减刑罪犯。此后，中政委〔2014〕5号文对职务犯罪、破坏金融管理秩序和金融诈骗犯罪、组织（领导、参加、包庇、纵容）黑社会性质组织犯罪等罪犯（简称三类罪犯），要从严把握减刑的起始时间、间隔时间和幅度，在概念上与《刑法修正案（八）》界定的限制减刑概念有所区别，所以未将此类对象囊括其中。

二、本研究的设计和取样

上海市监狱局的限制减刑罪犯主要关押于两所监狱。两所监狱内尝试了两种不同的关押管理模式，一种是将限制减刑罪犯分散关押于一般重刑犯关押的功能性监区中，关押及管理模式上与一般死缓无期徒刑重刑犯没有大的差别，实行相对分散关押管理模式；另一种是将大部分的限制减刑罪犯集中关押在高度警戒监区，进行高戒备的管理，实行集中关押管理模式。

本文选取了两所监狱里的64名死刑缓期限制减刑的罪犯，并随机抽取了处于死缓或无期的非限制减刑的长刑期罪犯66名。通过问卷调查法、个案访谈法和档案分析等方式，对一般重型犯与限制减刑罪犯、不同关押模式下的限制减刑罪犯以及不同类型的限制减刑犯分别进行了对比分析，旨在回答限减犯与一般重刑犯有什么区别，哪种关押模式更有效，限制减刑犯内是否存在类型差异。在此基础上，对目前管理和教育该类群体中存在的问题进行剖析，并提出相应的改造对策和建议。

三、限制减刑罪犯与一般重刑犯的对比分析

（一）限减犯危险度更高，刑期更长

从人口统计学的数据分析，死刑缓期的限制减刑罪犯与一般的死缓重刑犯相比，有两个突出特点：一是暴力犯罪的比率更高。本次调查中故意杀人与抢劫等暴力犯罪占比达81%，其犯罪手段残忍，具有较高的人身危险性；而一般重刑犯45%为涉毒类犯罪。二是死缓考察期普遍延长。服刑1年以下2人，

所占比例为3.2%；1—2年17人，占比为27%；2—3年28人，占比为44.4%；4—5年16人，所占比例为25.4%。可以看出，限制减刑类罪犯服刑年限3年以下占比71.4%，意味着仅有少数限制减刑类罪犯减为无期徒刑。表明限制减刑罪犯的人身危险性更高，刑期更长。

（二）限减犯改造难度大

限制减刑罪犯在3次及以上前科劣迹的百分比显著高于非限制减刑罪犯，说明限制减刑罪犯有更多的前科劣迹次数。前科劣迹作为判断罪犯劣根性、是否再犯罪的指标，说明与一般重刑犯相比、与一般罪犯相比，限制减刑罪犯的恶性和恶习更深，这也将加大此类罪犯的狱内难改性，如表1所示：

表1　前科劣迹比较

前科劣迹次数		是否为限制减刑		
		非限(A)	限制(B)	事后比较
1次	个数 百分比 调整后残差	54 41.5% 1.9	43 33.1% −1.9	
2次	个数 百分比 调整后残差	11 8.5% −0.5	13 10.0% 0.5	
3次	个数 百分比 调整后残差	1 0.8% −2.5	8 6.2% 2.5	B＞A
x^2值 = 6.829*（*P<0.05）				

（三）限制减刑犯的无望感更强

当调查“哪个阶段，对你的冲击最大时”，限制减刑罪犯认为服刑改造阶段对自己的冲击最大的比例显著高于非限制减刑重刑罪犯；而非限制减刑重刑犯认为在判决生效时对自己的冲击最大的比例显著高于限制减刑犯。这说明与一般的重刑犯相比，限减罪犯认为服刑期间对自己冲击最大，判决的影响要小。这也显示，限制减刑罪犯融入监狱生活更慢，更加迷茫，无望感更强，如表2所示：

表 2　影响阶段的比较

哪个阶段冲击最大		是否为限制减刑		
		非限(A)	限制(B)	事后比较
判决生效时	个数 百分比 调整后残差	18 13.8% 3.5	3 2.3% −3.5	A＞B
服刑改造时	个数 百分比 调整后残差	9 6.9% −2.0	18 13.8% 2.0	B＞A
减刑时	个数 百分比 调整后残差	39 30.0% −1.0	43 33.1% 1.0	
x^2值 = 13.88** (** $P<0.01$)				

（四）限减身份给限制减刑罪犯带来了消极影响

1. 限减犯感受到身份带来的影响更大

非限制减刑罪犯认为“影响还好，只是刑期长”的比例显著高于限制减刑罪犯。限制减刑罪犯认为影响很大的比例显著高于非限制减刑罪犯，说明限制减刑罪犯主观感受限制减刑给自己带来的影响更大。

限制减刑罪犯认为自己与非限减罪犯差别很大的比例显著高于非限制减刑罪犯。非限制减刑罪犯认为没什么差别的比例显著高于限制减刑罪犯。这可能说明在我们的管理和教育中，由于对限减罪犯采取了更为严格的管理和控制，限减犯感受限减身份给自己服刑生活带来的巨大差异，如表 3、表 4 所示：

表 3　限制减刑对罪犯影响程度比较

影响程度		是否为限制减刑		
		非限(A)	限制(B)	事后比较
影响很大	个数 百分比 调整后残差	36 27.7% −3.5	53 40.8% 3.5	B＞A

（续表）

影响程度		是否为限制减刑		
		非限(A)	限制(B)	事后比较
还好，只是刑期长	个数 百分比 调整后残差	25 19.2% 3.1	9 6.9% −3.1	A＞B
没什么太大影响	个数 百分比 调整后残差	2.0 2.3% 1.0	2.0 0.8% −1.0	
x^2值 = 12.749*（*P<0.05）				

表 4　对自身身份认知比较

限制减刑与非限制减刑的差别		是否为限制减刑		
		非限(A)	限制(B)	事后比较
很大	个数 百分比 调整后残差	39 30.0% −3.9	57 43.8% 3.9	B＞A
有差别，不明显	个数 百分比 调整后残差	5 3.8% 1.1	2 1.5% −1.1	
没什么差别	个数 百分比 调整后残差	22 16.9% 3.6	5 3.8% −3.6	A＞B
x^2值 = 6.829*（*P<0.05）				

2. 限减犯感受到身份带来的“被歧视感”

在“是否会因为限制减刑而感受到歧视”的“偶尔出现”反应项上，限制减刑的比例显著高于非限制减刑。这说明一部分限制减刑罪犯会因为限制减刑身份而感受到歧视。限制减刑犯更倾向于认为该身份会导致在改造中收到较大的差异对待。限制减刑罪犯给自己贴上了特殊标签，认为和其他非限制减刑罪犯存在不同，这种观念可能会对改造起到消极的暗示，如表 5 表示：

表 5　限制减刑对罪犯心理歧视感比较

是否会因为限制减刑而觉得歧视		是否为限制减刑		
		非限(A)	限制(B)	事后比较
经常出现	个数 百分比 调整后残差	9 6.9% －0.8	12 9.2% 0.8	
偶尔出现	个数 百分比 调整后残差	18 13.8% －2.0	28 21.5% 2.0	B＞A
从未出现	个数 百分比 调整后残差	39 30.0% 2.5	24 18.5% －2.5	A＞B
x^2值 ＝ 6.145* (* P＜0.05)				

（五）限制减刑罪犯犯罪显示出更多的冲动性

犯罪归因反映的是罪犯对自己犯罪原因的认识，它既是犯罪心理的一部分，也与现实的改造态度相联系。它考察罪犯是否能够认识到犯罪行为是可以改变和控制的①。从调查来看，限制减刑罪犯认为犯罪是“一时冲动”的百分比显著高于非限制减刑罪犯。非限制减刑罪犯认为犯罪是“法律意识淡薄”的百分比显著高于限制减刑罪犯。这一方面可能和犯罪类型有关，限制减刑罪犯中六成以上是故意杀人等暴力犯罪；另一方面也说明限制减刑罪犯虽然能认识到犯罪中自身的责任，但更多地归因于“一时冲动”，无助于行为的控制，出现冲动性行为的可能性相比非限减的罪犯要高，如表 6 所示：

表 6　犯罪归因比较

犯罪的自我归因		是否为限制减刑		
		非限(A)	限制(B)	事后比较
一时冲动	个数 百分比 调整后残差	24 18.5% －4.1	46 35.4% 4.1	B＞A

① 陈伟民：《成年男性罪犯服刑心态研究》，《犯罪与改造研究》2009 年第 9 期。

（续表）

犯罪的自我归因		是否为限制减刑		
		非限(A)	限制(B)	事后比较
经济原因	个数 百分比 调整后残差	19 14.6% 1.6	11 8.5% −1.6	
受人蛊惑	个数 百分比 调整后残差	4 3.1% 0.3	3 2.3% −0.3	
法律意识淡薄	个数 百分比 调整后残差	19 14.6% 3.4	4 3.1% −3.4	A＞B
x^2值 = 18.947** (** P<0.01)				

四、限制减刑罪犯不同类型间的对比分析

（一）限制减刑罪犯的类型

科学认识罪犯是科学改造罪犯的前提，而准确把握和认识事物的基础是进行恰当的分类，认识不同类别的区别和联系。限制减刑罪犯作为新兴的概念群体，他们在服刑上有哪些特征？有哪些不同点和相同点？通过对限制减刑罪犯的问卷调查和个体心理访谈、个案分析和对主管民警访谈获取的信息等方式，以法院判决之日起的心理状况为基线，发现限制减刑罪犯在服刑的态度上大体可以分为“劫后余生型”“一心求死型”和“抱屈喊冤型”三种类型：

1. “劫后余生”型

“劫后余生”型主要表现为依法可能被判处死刑，而且在未判决前，做好了等待执行死刑的准备。当被判死缓时，大多数罪犯都有一种劫后余生的喜悦感，感觉自己还能保住一条命，很幸运。此种类型以故意杀人（部分由情感变故引发的犯罪除外）、抢劫、绑架等暴力方式致人死亡的犯罪为主。

2. “一心求死”型

“一心求死”型主要表现为在实施犯罪前就抱定必死的信念，在得知被判处

死缓后反而认为量刑太轻，犯罪后希望自己被判处执行死刑。因此，他们常常置生死于度外，置刑期于思维之外，对生活厌倦，希望用死让自己解脱。他们对刑期看得较淡，对计分考评以及相关处遇的需求不高。此种类型以由感情纠葛引发的故意杀人犯罪为主，犯罪人往往和被害人有很深的情感联系，或为夫妻关系、或为情侣关系，他们希望通过死达到一种“同归于尽”。

3. “抱屈喊冤”型

“抱屈喊冤”型主要表现为认罪不服判，对判决感到不公，认为量刑过重，对判决结果难以接受，感到“委屈”。在改造过程中大部分人态度消极，言辞中经常说自己没希望、没盼头的话，经常会出现言辞和行为上的挑衅，有的甚至出现抗拒改造的违纪行为，其他罪犯“避而远之”。此种类型以涉毒犯罪等被非致人死亡犯罪为主，累犯居多。

（二）不同类型限制减刑罪犯的心理特征

不同类型限制减刑罪犯对判决的态度不同，导致了在服刑过程中出现不同的心理变化。类型间呈现出心理变化的差异：

1. “劫后余生”型心理特征

该类型罪犯大体呈现出两个阶段的心理和行为变化：

（1）兴奋期。沉浸在劫后余生的喜悦感中，行为受劫后余生的兴奋感支配，大部分罪犯这个时间段，都能够认罪服法，遵守监规纪律，听从主管民警管理和教育，表现比较平稳。

（2）波动期。当短暂的兴奋期过后，一改之前的稳定状态，改造表现出现波动。这主要受到两方面的影响：一是漫长刑期引发的无望感；二是由于身份的限制，在计分考评、处遇以及减刑等方面政策上的差异，改变现实的无力感油然而生。这一期间，出现混改造等消极改造行为，甚至出现违规违纪行为。

2. “一心求死”型心理特征

他们在服刑中大体呈现出两个或三个阶段心理和行为变化：

（1）“求死”期。表现为一心求死，在未判决前，已经做好了被判处死刑的准备。有的在判决过程中还会通过取消辩护、态度恶劣或隐瞒一些情节等方式增加被判处死刑的可能性。在被判处死缓后，该类型罪犯反而很难接受这样的判决结果，出现强烈的对抗情绪，有的甚至在看守所出现过自杀行为。

（2）麻木期。大多数表现为沉浸在过去的回忆中。过了第一阶段后，该类型罪犯被迫适应监狱生活，慢慢陷入麻木期，过一天是一天，闲下来会回想起过去感情纠葛的是是非非，纠缠于案情发展的细节，在爱与恨中徘徊。行为上表现为大部分都能够遵守监规纪律，让自己尽量沉浸在监狱的教育和劳动改造中，以此回避过多的情感卷入，就像一部机器在运转，茫无目的，过一天少一天。

(3) 分离期。逐步转入现实，可能出现两种状态：出现希望或进入抑郁态。个别罪犯由于亲情的作用，会燃起一丝希望。如笔者接触的罪犯郁某，在看守所曾出现过自杀行为，后来在家人的不离不弃下，目前通过抄心经的方式让自己平静，同时希望好好改造，早点出去。其余大部分罪犯，会陷入抑郁期，情感的痛楚让该类罪犯做好了放弃一切事情的内部情感准备，无意义感增强，有的出现自杀意念。

3. "抱屈含冤"型心理特征

该类罪犯大体上会呈现以下三个阶段的变化：

(1) 否认期。不能接纳判决结果，感觉到强烈的愤恨和不公，心理上在判决前大部分相对乐观，没有做好承受死缓并且限制减刑的准备，很长一段时间都不愿相信这是真的："怎么会这样呢?""为什么让我遇上了呢?"继而采取回避判刑结果来进行短暂的应对，并伴随敌意、愤怒、妒忌、怨恨等复杂情绪。

(2) 无望期。随着时间的推移，罪犯不可能处于长期否认的阶段，不得不面对这样的现实，感觉刑期遥遥无期，"这辈子完了""能不能活着出去都说不定"等想法滋生，对改造失去希望，"委屈"和"含冤"的感受进一步增强。

(3) "抗争"期。心理学研究表明①，当挫折后，不仅会引起持续的较长时间的消极情绪，如愤怒、焦虑等，而且在个体自我防御机制的作用下，为了自己的利益和自尊，有时会不惜采用攻击行为。挫折也可以表现为"理想和现实的差距"，该类罪犯恰恰认为判决不符合预期，在无望和"委屈"的心理作用下，产生"反正我什么也不要，政府也不能把我怎样"的心态，出现敌意对抗的情绪和行为，不参加劳动或减少劳动量，或者挑衅他犯甚至攻击他犯。用这种敌意或对抗的行为方式宣泄自己的不满。

(三) 不同类型限制减刑罪犯服刑态度的差异

1. 改造状态上的差异

从当前的服刑态度来看，不同类型限制减刑罪犯之间呈现出一定的差异。

---

① 罗大华、何为民：《犯罪心理学》，浙江教育出版社2002年版，第136页。

“劫后余生”型显示出更积极的改造态度，在这一点上与“一心求死”形成了显著差异。这说明，很多“一心求死”型的限制减刑罪犯，在服刑中缺乏改造的目标与动力，在“求死”无门、求生无望的两难状态下生存。而劫后余生型随着服刑的深入，更早出去的愿望更加强烈，显示出比较积极的改造态度。

2. 改造的动力分析

从限制减刑罪犯对“支持改造动力”的调查来看，不同类型限制减刑罪犯在改造动力上呈现很大的差异。“劫后余生”型与“一心求死”型相比，认为支持自己改造的最大动力是获得减刑或好的处遇；“一心求死”型与“抱屈含冤”型更多地认为迫于政府的压力而改造；而在家人一栏上，三者未呈现统计学意义上的显著差异。这说明三类之间相比，劫后余生型对改造的期望较高，而一心求死型改造动力不足，缺乏改造的动力。家人对三种类型限制减刑罪犯的改造，都会起到一定的动力支持作用。如表 7 所示：

表 7　改造动力的比较

当前推动服刑改造的动力		限制减刑的类型		
		劫后余生型	一心求死型	抱屈含冤型
减刑或处遇	个数	7	1	9
	百分比	10.9%	1.6%	14.1%
	调整后残差	3.4	−2.5	−0.2
家人	个数	3	9	25
	百分比	4.7%	14.1%	39.1%
	调整后残差	−1.9	−1.1	2.4
迫于政府压力	个数	0	9	1
	百分比	0	14.1%	1.6%
	调整后残差	−1.5	4.5	−3.1
x^2值 = 30.64** (* P<0.01)				

3. 风险防控重点的差异

从我们对限制减刑罪犯的调查研究来看，不同类型限减罪犯狱内危险度体现出不同的形式：“抱屈含冤”型罪犯对抗的情绪更为直接，攻击性更多指向外部，对现行的刑事政策和民警的管理存在不满和微词。“一心求死”型攻击性更多指向自身，但在自杀缺乏勇气或无法实施的时候，其会寻找具有宿怨的同犯作为攻击的对象，以其达到“同归于尽”的目的。例如，罪犯入监后，断绝与家里的一切联系，表现出对自己求死的强烈动机，向民警打听在死缓期间出现什么状况会被执行死刑，由此给监区造成很大的监管压力。相对而言，“劫后余生”型改造的动力要强一些，服刑适应性要高一些。

五、目前限制减刑罪犯管理关押模式的比较研究

如前所述，上海监狱目前在关押限制减刑罪犯上，主要有两种模式：一是将限制减刑罪犯分散关押于一般重刑犯关押的功能性监区中，关押及管理模式上与一般死缓无期徒刑重刑犯没有大的差别，实行相对分散关押管理模式；二是将大部分限制减刑罪犯集中关押在高度警戒监区，进行高戒备的管理，实行集中关押管理模式。通过调查，两种模式对罪犯的影响上呈现一定的差异。

（一）对限制减刑概念理解程度有差异

对于限制减刑概念的了解，限制减刑罪犯群体中有3.2%表示判决之前就了解，9.5%表示是入监前已了解，76.2%表示入监之后才了解，11.1%表示至今都不太了解。调查显示，集中关押模式下的限制减刑罪犯从警官处获知限制减刑概念的比例显著高于相对分散关押下的限制减刑罪犯。相对分散关押模式下的限制减刑罪犯从同犯处获知限制减刑概念的比例显著高于集中关押模式下的限制减刑罪犯，如表8所示：

表8　限制减刑概念获知渠道比较

获知限制减刑的途径 \ 关押模式		不同的关押模式		
		相对分散(A)	集中(B)	事后比较
新闻媒体	个数 百分比 调整后残差	6 4.6% 1.5	0 0 −1.5	
判决书	个数 百分比 调整后残差	13 10.0% −1.7	9 6.9% 1.7	

（续表）

获知限制减刑的途径 \ 关押模式		不同的关押模式		
		相对分散(A)	集中(B)	事后比较
亲朋好友	个数 百分比 调整后残差	9 6.9% 1.9	0 0 −1.9	
警官	个数 百分比 调整后残差	28 21.5% −3.7	22 16.9% 3.7	B＞A
同犯	个数 百分比 调整后残差	40 30.8% 3.5	3 2.3% −3.5	A＞B
x^2值 $=10.623^*$（ * $P<0.01$）				

调查发现，对限制减刑概念的了解程度和了解途径会对罪犯产生影响，特别是在入监初期，很多限制减刑罪犯将限制减刑理解为不能减刑，夸大了影响，造成了更大的改造压力。这提示我们，一方面警官要加强对限制减刑内涵和政策的了解；另一方面要加强对限制减刑概念和政策的解读，让限制减刑罪犯对自身受到的影响有准确的了解，避免夸大影响，给改造带来负面影响。

1. 在应对方式上有差异

对“面对限制减刑带来的冲击时，你是如何应对的”问题时，集中关押下的限制减刑罪犯在“调节自己，坦然面对”选项上的反应比例显著高于相对分散关押模式下的限制减刑罪犯。显示出在集中关押模式下，限制减刑犯更多采用积极的应对方式。

这可能在集中关押模式下，限制减刑罪犯的处境相同、身份相同，彼此之间的差别不大；而在相对分散关押模式下，和其他罪犯相比，他们大都属于从严管理对象，处遇升级的空间小，即便再努力，获得相关处遇的可能性又很小，积极改造行为获得好的处遇的意义也不大，从而带来心态上的变化，如表 9 所示。

2. 同犯关系有差异

在与同犯的关系上，集中关押模式下认为与同犯关系较好的比例显著高于相对分散关押模式。之所以出现这种现象，可能在集中关押模式下，限制减刑罪犯境遇相同，增强了团体的凝聚力，彼此更可能“惺惺相惜，互诉衷肠”；而在

表 9　应对方式比较

如何应对限制减刑带来的影响 \ 关押模式		不同的关押模式		
		相对分散(A)	集中(B)	事后比较
无能为力,无法接受	个数 百分比 调整后残差	20 31.3% 2.3	13 20.3% −2.3	
调节自己,坦然面对	个数 百分比 调整后残差	10 15.6% −2.3	21 32.8% 2.3	B>A
x^2值 = 5.16*(*$P<0.05$)				

表 10　与同犯间关系比较

与同犯的关系如何 \ 关押模式		不同的关押模式		
		相对分散(A)	集中(B)	事后比较
较好	个数 百分比 调整后残差	4 6.3% −2.0	12 18.8% 2.0	B>A
一般	个数 百分比 调整后残差	24 37.5% 1.4	22 34.4% −1.4	
较差	个数 百分比 调整后残差	2 3.1% 1.5	0 0 −1.5	
x^2值 = 5.860*(*$P<0.05$)				

相对分散关押模式下,限制减刑罪犯由于身份的特殊性,往往成为管理和防范的重点,有些罪犯由于减刑无望,计分无用,改造态度消极,其他罪犯避而远之,致使与同犯之间的关系较为疏离。

3. 警囚关系有差异

对民警的评价反映了警囚关系的质量。调查结果显示,在集中关押模式下的限制减刑罪犯,对民警评价较好的比例显著高于相对分散关押模式;而相对分散关押模式下的限制减刑罪犯对民警评价较差的比例显著高于集中关押模式下的限制减刑罪犯。出现这一现象的原因，可能主要在于限制减刑罪犯重回社会生活遥远而不现实，无望心理严重，在相对分散关押模式下，要完成和他犯一样的改造任务，而减刑和计分对他们“无意义”，处遇上又体现不出差异，改造动机弱化，所以容易滋生消极的改造态度，这势必会造成警囚关系的紧张和冲突，从而对民警的总体评价会偏低。而在集中关押模式下，该类罪犯没有明确的劳动改造任务要求，警囚之间矛盾冲突减少，所以对民警评价相对较高，如表11 所示：

表 11　对民警的评价比较

对民警的评价如何 \ 关押模式		不同的关押模式		
		相对分散(A)	集中(B)	事后比较
较好	个数 百分比 调整后残差	11 17.2% −2.2	22 34.4% 2.2	B＞A
一般	个数 百分比 调整后残差	15 23.4% 1.2	12 18.8% −1.2	
不尽如人意	个数 百分比 调整后残差	4 6.3% 2.2	0 0 −2.2	A＞B
x^2值 = 7.780* (* P<0.05)				

4. 对制度或规范的评价

从对监狱现行制度和规范的评价来看，集中关押模式下认为现行制度和规范较好的比例显著高于相对分散关押模式；而认为监狱现行制度和规范较差的比例，相对分散关押模式又显著高于集中关押模式。

之所以出现这样的现象，究其原因，可能在于对于限制减刑罪犯而言，对获得减刑和奖分的动力不强，但在相对分散关押模式下，要完成和其他罪犯一样的改造任务，甚至由于其特殊身份，成为管控的重点，处遇也受到一定影响，所以对现行制度和规范评价较低。而在集中关押模式下，同犯之间为显示出明显的差异，同时并没有明确的改造任务，以集中关押为主，所以对现行制度和规范评价上相对要高。其核心还是要在调动该类罪犯的改造动机上下功夫，让罪犯在希望中改造，如表 12 所示：

表 12　对监狱制度规范评价比较

监狱现行的制度和规范如何 \ 关押模式		不同的关押模式		
		相对分散(A)	集中(B)	事后比较
较好	个数 百分比 调整后残差	12 9.2% −3.3	13 10.0% 3.3	B＞A
一般	个数 百分比 调整后残差	60 46.2% 1	21 16.2% 0	
较差	个数 百分比 调整后残差	24 18.5% 3.2	0 0 −3.2	A＞B
x^2值 = 17.149** (** $P<0.01$)				

5. 违纪行为上有差异

在违纪行为内容上，集中关押模式下同犯之间争吵的违纪行为显著高于相对关押模式。这说明集中关押模式下具有相同限制减刑身份的同犯间更容易发生矛盾冲突，群体间心理相互影响，发生相互争吵的可能性会增大。对此，应妥善安排好罪犯的活动，避免无所事事引发的纷争。

通过对相对分散模式下罪犯违纪行为的梳理，违纪主要集中在劳动生产和日常生活卫生方面。这可能说明限制减刑罪犯在这种模式下对劳动和管理有一定的抵触情绪，如表 13 所示：

表 13　违纪情况比较

最严重的违纪行为 \ 关押模式		不同的关押模式		
		相对分散(A)	集中(B)	事后比较
和同犯争吵	个数 百分比 调整后残差	3 4.7% −2.4	12 18.8% 2.4	B＞A

（续表）

最严重的违纪行为 \ 关押模式		不同的关押模式		
		相对分散(A)	集中(B)	事后比较
动手打架	个数 百分比 调整后残差	4 6.3% 1.5	1 1.6% −1.5	
不服警官管理	个数 百分比 调整后残差	1 1.6% −0.5	2 3.1% 0.5	
其他	个数 百分比 调整后残差	1 1.6% −0.9	3 4.7% 0.9	
x^2值 = 8.994*（*P<0.05）				

6. 不同关押管理模式下主要需求存在不同

当问及“为了改进监狱的管理，更好地帮助你服刑，如果让你为监狱提一些建议，那么你的建议是什么？”，限制减刑罪犯共做出 9 个方面的回答，共 144 条。其中，对于劳动需求有 27 条要求，主要是减少劳动加班、降低劳动强度、合理安排工种等意见；12 条提出丰富大账品种，提高大账额度的建议；31 条适度改善伙食质量、采用盒装饭菜的建议；医疗方面有 4 条放宽自购药标准的建议；有 35 条对监狱政策提出公开、公正、平等对待的要求；对于劳动报酬有 16 条，希望按规定发放，公开透明；13 条建议增加亲情会见，亲情聚餐；教育方面有 6 条，建议丰富教育形式的多样化，如表 14 所示：

表 14　限制减刑罪犯需求情况比较

需求点	主要内容	反馈条数	所占比例
医疗方面	放宽自购药标准	4	2.78%
教育形式	建议丰富教育形式的多样化	6	4.17%
大账处遇	丰富大账品种，提高大账额度	12	8.33%
亲情需求	增加亲情会见，亲情聚餐	13	9.03%
劳动报酬	希望劳动报酬按规定发放，公开透明	16	11.11%
劳动方面	减少劳动加班，降低劳动强度，合理安排工种	27	18.75%
伙食方面	改善伙食质量，采用盒装饭菜	31	21.53%
政策制度	监狱政策提出公开、公正、平等对待	35	24.31%

相对分散与集中关押模式在需求方面的一个显著差异在于，集中关押模式下的限制减刑罪犯无一条反映改善劳动改造状况，而相对分散关押模式则对劳动改造方面提出了最多的建议。究其原因，在相对分散模式下，限制减刑罪犯要完成和其他非限制减刑罪犯一样的劳动改造任务，而集中关押模式下的限减罪犯则没有劳动改造的指标要求，所以在访谈中有些罪犯表示希望增设劳动项目，调节身心。

马斯洛认为，人类有 5 种基本的需要，即生理需要、安全需要、归属和爱的需要、尊重需要和自我实现的需要。以需要层次理论分析，限制减刑罪犯的需要主要集中生理需要（伙食、大账、医疗、降低劳动强度），占比 51.4%；尊重的需要（政策、处遇）占比 28.5%；归属和爱的需要（增加会见和亲情聚餐），占比 9%；自我实现的需要占比 4%。这说明大部分的限制减刑罪犯的需要主要集中在生理需要和尊重的需要，反映出在刑期长、减刑幅度小的重压态势下迫切希望改善生活和改造环境的意愿。

六、当前限制减刑罪犯改造中存在的问题

（一）管理关押模式与罪犯的危险程度不匹配

相对分散关押模式下的现有硬件条件、关押管理的要求与限减罪犯的高风险不匹配，狱内危险度高的罪犯无法在空间上被有效隔离，不仅容易成为狱内监管安全的潜在威胁，更会牵扯监区过多的警力资源，增加行刑成本。在相对分散关押模式下，由于在同一监管条件下，限制减刑罪犯因为身份的特殊性，存在减刑无望、计分无用等情况，更容易产生自卑和“不平衡感”，从而导致改造态度消极，进而引发一系列心理问题。分散关押模式下限制减刑罪犯普遍的消极改造态度也增加了此类罪犯向其他罪犯传授和浸染负面效应的渠道和可能性，对监区整体犯群产生消极影响，容易形成反改造群体。分散关押模式下，限制减刑罪犯和其他类型罪犯一样，安排的劳动项目的风险性、罪犯何时适合参加劳动等情况都未进行相应的评估，安全风险大。

目前的集中关押，虽然使所关押罪犯类型纯化，便于实施集中管理来强化对犯群的控制，但这种“身份”标签作为集中关押的标准，也可能造成危险性低的罪犯进行了高强度的监管或超长时间的高强度监管，有时反而会适得其反。

由于长期高压管理对此类罪犯心理形成不良影响而增加危险性，同时存在重关押轻教育的问题。单纯的关押并不会带来危险性的自动降低，针对危险性的要素进行有针对性的矫治方面还存在很大不足，罪犯危险性评估的标准不明确，罪犯分流的体系还不够完善。

（二）漫长刑期引发的无望心理

人的行为背后是受动机推动的。经典的动机理论期望价值理论认为人们从事何种行为，取决于觉察到行为导向目标的可能性，以及目标的主观价值。① 而从这个角度来理解，限制减刑罪犯改造动机的强弱，既取决于对能否完成服刑的期望，又取决于积极改造对自身的价值。从这两方面考量，现实情况都不足以激发限制减刑罪犯的改造动机：(1)刑期本身对改造动机的弱化。大多数限制减刑罪犯入监时，对具体限制减刑的概念很模糊，往往会夸大服刑年数，即便能够知晓大体服刑年限，漫长的刑期也让他们觉得自己可能无法走出监狱大门；即便走出监狱大门，认为自己也是一大把年纪，意义和价值已经不大。(2)服刑过程对改造动机的弱化。限制减刑罪犯因为减刑空间的“压缩”，通过积极改造获得计分考评分数获得减刑的潜在价值不大；同时，该类罪犯大都属于从严管理对象，处遇升级的空间小，即便再努力，获得相关处遇的可能性也很小，积极改造行为获得好的处遇的意义也不大。在某种意义上而言，积极改造行为对限制减刑罪犯而言意义和价值不大，由此改造动机就会越来越弱，无望心理加重。前面提到的“一心求死型”罪犯即便受上述两种因素影响较小，但本身生存动机的减弱所带来的这种无望感则更为强烈。传统上我们已经习惯于让罪犯在“希望”中改造，无望则是对我们已有管理和教育方式的最大挑战。

（三）缺乏有效的激励约束机制

现有的监狱管理模式针对一般刑事罪犯建立，监狱的激励约束机制以减刑、假释机制为核心，而对限制减刑类罪犯已经失去了意义。以上海执行的相关文件为参考，该类罪犯的最低执行刑期提高到“二十七年”，减刑的余地很小，计分考评制度的激励作用有限。在计分考评“失灵”、减刑或假释无望的情况下，分级处遇又很难发挥作用，因为通常该类罪犯属于从严管控对象。拿上海

---

① 姜立利：《期望价值理论的研究进展》，《上海教育科研》2003年第2期。

监狱分级处遇管理规定来说，其想要评定为最宽松的 A、B 级处遇，减为有期徒刑后再次获得减刑后方可参加评定。理论上讲，该类罪犯从入监后至少要七年以上的时间才能获得 A、B 级处遇。分级处遇管理作为日常管理罪犯，调动该类罪犯改造积极性的作用已很微弱。总体来看，当前对该类罪犯缺乏有效的激励和约束机制，相应地造成民警在控制、管理和教育该类罪犯时的办法不多，甚至在管理中采用柔化的方式，犯错误时“就低不就高”，能不处理就不处理，担心该类罪犯“搭节目”而带来监管风险，进一步助长了该类罪犯消极改造的心理，同时也增加了向其他罪犯传授和浸染负面效应的渠道和可能性，对监区犯群产生消极影响，进一步加大管理和教育的难度。

（四）劳动改造效能发挥不足

劳动改造是我国对罪犯实施改造的重要手段，监狱法规定每个有劳动能力的罪犯必须参加劳动。但在实践中，该类罪犯入监后，一方面劳动的激励作用不够，部分情况下指标、劳动强度的压力也对该类罪犯的改造造成巨大困扰，很多限制减刑罪犯对劳动心存抵触，劳动被当作惩罚和负担，出现“能不做就不做，能少做就少做”的“打折扣”现象。部分极端的限制减刑类罪犯由于刑期长没有减刑机会，而出现拒绝参加劳动生产或者借机逃避劳动生产情况，另有部分罪犯小病大养或以身体不适为由拒绝参加劳动情况也比较普遍。另一方面限制减刑罪犯和其他新收罪犯一样，安排的劳动项目的风险性、罪犯何时适合参加劳动等情况都未进行相应的评估，安全风险大。而在集中关押模式下，考虑安全性，未设立明确的劳动改造任务，未充分发挥劳动改造在减少罪犯无所事事、安排有规律的生活、带来一定收入和价值感等方面的作用。

七、死刑限制减刑罪犯改造对策与管理模式探索

（一）实施以危险评估与罪犯改造需求相结合的动态管理模式

为破解当前两种限制减刑罪犯关押管理模式中遇到的难题，发挥此类罪犯的主动改造意愿，课题组结合对现有模式的考察，提出了主客观综合选择评估管理模式，即在限制减刑罪犯的管理中，以监狱民警对限制减刑罪犯的危险等级进行客观评估为基础，针对限制减刑罪犯的改造表现、服刑的不同阶段、人身

危险程度等，予以相应的管束，实行相应等级的管理制度，并给予法律、政策允许范围内相应的处遇，充分发挥不同关押管理模式下的约束、调控、矫治、养成、促进、引导、惩戒和激励的作用。同时，在危险评估基础上，在限制减刑罪犯通过主观努力达到一定的标准后，可以结合罪犯的改造需求，以此将管理的主客体结合起来，发挥限制减刑罪犯的主观能动性。根据限制减刑罪犯的服刑与改造特点，我们将对此群体的主客观综合选择评估管理总体上分为三个阶段，即高管理等级中的罪犯若想进入低管理等级阶段，必须由本人主动提出分流申请，并通过定期的综合评估来实现限制减刑罪犯的合理流动。具体而言：一是强制关押隔离期。此阶段以单独关押为主。对经评估危险度较高以及死缓未"摘帽"的限制减刑罪犯实行高度戒备和严格管理的集中关押模式，统一关押于监狱高警戒度监区，在狱内人身自由度、劳动教育、处遇等级等方面的实行最严格的管控措施，以建立新的动力定型，充分发挥管理的震慑、防范作用。二是中期改造考察期。此阶段实施对象为达到强制关押考察期关押年限后，经评估认定危险度降低到一定水平可以不再实施强制严格管理的限制减刑罪犯，分散关押于重刑犯功能监区，在日常管理上可参照一般重刑罪犯管理。同时，为此阶段罪犯提供菜单式矫治项目，允许罪犯根据自己的意愿选择实施相应项目，并将此作为进入下一阶段改造的评估标准之一。三是低度风险分流期。经评估认定狱内危险性较低或消除，日常改造表现稳定的对象，可根据本人意愿主动提出申请分流至监狱常规监区，并在管理严格程度、处遇等级和活动区域上给予进一步的放宽。

（二）建立以累进式处遇为基础的激励和约束机制

以计分考评为基础的、以减刑为核心的激励约束机制对于限制减刑罪犯的作用已不大。在当前的分级处遇制度下，7 年以上的时间才能获得 A、B 级处遇，显然已无法调动罪犯改造积极性，需要我们进行重新设计处遇制度。累进式处遇制度对于限制减刑罪犯能发挥累进处遇激励和约束机制的长效作用，调动罪犯改造积极性。

累进处遇在不同国家和地区稍有不同，但典型的累进处遇一般分为四个阶段：第一阶段为独居监禁，第二阶段为杂居监禁，第三阶段为半自由监禁，第四阶段为假释。独居监禁的对象是初入监的罪犯。独居监禁可以昭示刑罚的威严，体验行刑的痛苦，同时亦可达到自省之目的，避免罪犯间的相互感染。杂居监禁则避免了罪犯独居监禁的孤独之感，可调动其遵守监规的积极性，同时使罪犯参加劳动，以免罪犯无事生非。半自由监禁则是为罪犯进入自由社会架设一条通道，避免投入社会后的不适和震荡。假释则是累进处遇制的最后一级，通过社区矫正实现从“他律”到“自律”的转变，使其逐渐适应社会。累进处遇制是一种动态的处遇方式，具有很大的激励作用。累进处遇不仅体现在处遇上的变化，而且体现在居住地点的变化，即与社会的接触面越来越大。而分级处遇制只是在一些具体的处遇措施如会见、通信、使用钱款等方面的变化，但在居住及和社会的接触方面仍没有太大的变化，因此对罪犯的激励较弱。结合罪犯的改造表现和服刑时间，根据罪犯的现实危险性程度，实施累进处遇制度，将会从根本上发挥处遇制度的激励和约束作用，既能让罪犯在希望中改造，又能成为约束罪犯踏实改造的有效手段。

（三）重塑希望，提升教育改造质量

一是加强对限制减刑政策的解释和解读。由于相当一部分限制减刑罪犯对具体服刑年限都一知半解，在入监初期，往往会夸大限制减刑给自身带来的影响。因此有必要对限制减刑服刑的上下年限予以解释，避免由于盲目猜测而引起不必要恐慌。二是明确重点，开展分类教育。根据心理特征的分类，对于“劫后余生”型罪犯，可以更多地进行服刑指导规划，引导来访者明确改造目标；对于“一心求死”型罪犯，设计生命教育和生存方式的教育内容，提升其生存意念；对于“抱屈含冤”型罪犯，更多地进行法制教育和认罪悔罪教育，促使认罪悔罪，平衡其心态，也可以根据犯罪原因分类进行校正。当前限制减刑罪犯是以故意杀人为主的暴力型罪犯，另一类为涉毒罪犯。前者多在人际冲突中因情绪激发导致暴力行为。因此，暴力犯罪的限制减刑罪犯的预防与矫正应以情绪控制和人际关系的调适为主。而后者涉毒犯罪，多为了获取钱财或吸食毒品，因此对涉毒型限制减刑罪犯加强职业技能培训和物质成瘾戒除，进行毒品危害教育、人生观和价值观教育。三是发挥罪犯主观能动性，开展针对性的矫治项目。在对限制减刑罪犯矫治的项目实施上，由民警来主导实施，充分考虑限制减刑罪犯自己的改造愿望和动力，通过与分级处遇、关押等级的挂钩，为不同犯罪类型的限制减刑罪犯提供菜单式改造项目，让他们根据自身需求，自主选择适合自己的矫治项目，使罪犯对自己的服刑生涯和改造成绩“看得见、算得出”，避免改造的盲目性，对限制减刑罪犯的自主改造起到正向激励作用。四是利用好家

庭资源，建立一个利于其长期坚持行为改变的社会支持网络，提高罪犯长期坚持行为改变的决心。

（四）切实有效发挥劳动改造功能

监狱法规定每个有劳动能力的罪犯必须参加劳动。在减少罪犯无所事事、安排有规律的生活、带来一定收入和价值感等方面，劳动对于限制减刑罪犯同样具有不可替代的作用。但从目前实践来看，还没有充分发挥劳动改造功能。一方面，在相对分散关押模式下，由于处遇、管理和计分考评等方面对限制减刑罪犯缺乏激励作用，导致该类罪犯普遍缺乏劳动积极性。另一方面，在集中关押模式下，该类罪犯并没有明确的劳动改造任务，部分罪犯倒是提出了通过劳动调节身心的诉求，劳动改造功能又发挥不足。因此，监狱应该创新劳动改造的奖励政策，一方面，重视和突出劳动报酬的激励措施，通过增加劳动报酬额度，拓展劳动报酬使用渠道、丰富狱内消费种类等方式来激发限制减刑罪犯主动参加劳动改造的内在驱动力；另一方面，应配合高警戒度监区的建设，实施渐进化设计，对不同危险度、不同年龄、不同服刑阶段的限制减刑犯执行不同的劳役要求与劳役项目。高危险度的罪犯将以行为矫正为主，减少甚至禁止其参加劳动，劳动项目也应选择不涉及工具使用的轻手工劳役为主。其劳动将不再是强制的改造任务，而是释放服刑压力、充实改造生活的重要渠道。高危险度罪犯参加劳动须主动提出申请，经评估审核方能被允许，以此最大限度调动限制减刑罪犯的劳动积极性。同时，在劳动项目危险性评估、劳动准入制度设置、设计适当的劳动报酬制度等方面进行全面研究和考量，以确保对劳动项目进行优化和选择、发挥生产劳动的改造功能、提升限制减刑罪犯在漫长服刑过程中的存在感和价值感，调动劳动改造的积极作用。

（五）构建服刑即生活的监禁文化

著名人类学家莱斯利·怀特认为，人类行为变量是文化变量的函数，而非生物常量的函数。[①]围绕服刑即生存方式和生活方式的文化内核来构建[②]监禁文化，帮助罪犯树立服刑即生存方式和生活方式的文化理念，通过文化理念的

---

① 姚峰等：《刑法修正案（八）对监狱管理工作的挑战与对策》，《宿州学院学报》2011 年第 10 期。

② 周雨臣：《限制减刑罪犯改造探析》，《中国监狱学刊》2012 年第 6 期。

影响、文化活动的构建,使限制减刑罪犯在服刑中体现到自我价值,实现特色人生的精神目标追求。例如,可以通过制度规定赋予这部分罪犯在一定范围内享有自主选择安排生活的权利,监狱引导罪犯做好改造生涯的规划。罪犯改造生涯规划可以分为两部分:一部分是入狱之初的总体规划,另一部分是定期规划。总体规划让限制减刑罪犯能有一个长期的目标,定期规划通过对总体规划的修正而确定一个短期的目标,通过目标导向作用,在尊重罪犯意愿的基础上,充分发挥罪犯参与矫正过程的主体作用。例如,监狱可以为罪犯设置象棋、读书等不同的兴趣小组,文化或技术进修班。在罪犯改造生涯规划中,可以根据自身的兴趣爱好自主选择参与其中的一种或者几种,从而丰富罪犯单调的改造生活,在缓解罪犯思想压力的同时,增加狱内生活的正能量。

罪犯行政申诉权探究

上海市新收犯监狱　汪卫东　刘同江

时下，当“法治作为我们被迫和主动的选择，成为当代中国不可逆转的社会脉动”①时，法治监狱的命题亦随即产生。在此背景下，罪犯这一特殊群体的权利保障问题，越来越引起了社会广泛关注。从罪犯权利由无到有，再到不断发展的轨迹来看，无不反映出监狱法治化的进程。与此同时，一个问题无法回避也不可否认，就是监狱的法治化现状并非尽善尽美，罪犯受到不公正的惩处或其合法权利遭受非法侵犯等情形还时有发生，而“权利从其诞生起就包含着权利救济”。②基于“有权利必有救济”的古老法则，申诉无疑成为罪犯权利救济的重要渠道。而现实中，由于受诸多因素的影响，处于监禁状态之下的罪犯却往往无法有效运用申诉这一法律武器。此处的申诉也就是本文所要探究的行政申诉权，这也是罪犯权利保障理论与实践中少有重视的领域。

正视并切实保障罪犯行政申诉权，不仅是罪犯权利救济的应有之义，也是稳定罪犯改造情绪、维护改造秩序的重要手段，同时也是提升监狱公正执法水平、构建法治监狱的必然要求。

一、罪犯行政申诉权的理论界定

（一）罪犯申诉权的一般性解读

申诉从权利的视角来看，属于法律术语。《法律辞典》指出，所谓申诉，就是“不服某种处分，向法定机关请求重新审查处理的活动或者行为，是对不正确处分予以补救的一项措施。申诉可分为：(1)诉讼中的申诉，主要包括刑事诉讼中的申诉、民事诉讼中的申诉和行政诉讼中的申诉；(2)非诉讼上的申诉，指国家

① 齐延平：《人权与法治》，山东人民出版社2003年版，第118页。
② ［英］洛克著：《政府论》（下篇），叶启芳、瞿菊农译，商务印书馆2005年版，第25页。

机关工作人员、人民群众等对所受的行政处分、纪律处分不服，向法定机关申述理由，请求重新处理”①。《辞海》对于申诉的解释，一是向人诉说情由，二是公民对有关的问题向国家机关申述意见，请求处理的行为，分为诉讼上的申诉和非诉讼上的申诉。②由上不难看出，申诉的基点在于当事人不服某种处分或决定，也就是通常意义上所讲的“冤屈”，其本身既是一种权利，又是一种救济性措施。

作为特殊的公民群体，对于罪犯的申诉权，《刑事诉讼法》在执行部分从监狱对错案和申诉处理的角度对罪犯的申诉权作了规定，即第264条：“监狱和其他执行机关在刑罚执行中，如果认为判决有错误或者罪犯提出申诉，应当转请人民检察院或者原判人民法院处理。”《监狱法》第7条对罪犯享有的权利作了原则性的界定，即“罪犯的人格不受侮辱，其人身安全、合法财产和辩护、申诉、控告、检举以及其他未被依法剥夺或者限制的权利不受侵犯”。《监狱法》第21条则专门阐释了罪犯的申诉权，即“罪犯对生效的判决不服的，可以提出申诉”。基于上述规定，在理论界基本达成的共识，就是认为该种申诉为罪犯的“刑事申诉权”。如陈卫东教授指出：“刑事申诉是当事人及其法定代理人、近亲属对人民法院已经发生法律效力的判决、裁定和人民检察院不起诉的决定不服，依法向人民法院或人民检察院提出重新处理的一种请求。”③吴宗宪教授认为，所谓刑事申诉权，就是指“罪犯在服刑期间因对已经生效的刑事裁判不服而向司法机关提出的撤销或者变更原判刑罚的请求”④的权利。赵运恒认为，刑事申诉权是指“罪犯对已经发生法律效力的判决或裁定，有向人民法院或者人民检察院请求改正或者撤销的权利”。⑤综上，从一般意义上来讲，罪犯的申诉主要针对已经发生法律效力的刑事判决或裁定，也就是刑事申诉权，而不包括本文所探究的行政申诉权。

（二）行政申诉：一个易被忘却的权利

关于罪犯的刑事申诉权，《刑事诉讼法》《监狱法》以及最高人民法院、最高

---

① 中国社会科学院法学研究所法律辞典编委会编：《法律辞典》，法律出版社2003年版，第1247—1248页。

② 辞海编辑委员会编纂：《辞海》（缩印本），上海辞书出版社2010年版，第1658页。

③ 陈卫东：《刑事审判监督程序研究》，法律出版社2001年版，第71页。

④ 吴宗宪：《监狱学导论》，法律出版社2012年版，第340页。

⑤ 赵运恒：《罪犯权利保障论》，法律出版社2008年版，第73页。

人民检察院的司法解释已有明确规定，为保障权利的有效行使提供了法律依据。由此，在刑罚执行过程中，无论是法律规定还是罪犯本人及其近亲属，或是监狱，关注的焦点更多地是罪犯的刑事申诉权，而行政申诉权问题却少有重视。

令人欣慰的是，随着学界对于罪犯权利关注度的不断提升，罪犯行政申诉权的研究已不再是空白。吴宗宪教授在《当代西方监狱学》一书提到了罪犯诉冤的问题。该诉冤就其内涵来讲，类似于本文所探讨的行政申诉。所谓罪犯诉冤是指罪犯代表自己对在矫正机构内使用的某项政策、矫正机构中的某项条件、矫正机构对罪犯采取的某项行动或者发生在矫正机构中的某一事件提出的书面投诉。诉冤不包括对假释决定的投诉。它具有保护性、行政性、高效性、规范性、建设性等特点。①赵运恒先生在对罪犯申诉权分类时指出，一类是前文所讲的刑事申诉权；另一类就是行政申诉权，是指罪犯对监狱给予的纪律处分不服时，有权向监狱或者司法行政机关提出申诉。②汪勇教授在《理性对待罪犯权利》一书中也专门讲到罪犯的行政申诉权，认为罪犯的行政申诉权和西方国家的诉冤具有同样的作用，是指罪犯对监狱内部的条件、实施的行为或事件提出的书面投诉，要求监狱官员或有关机关予以处理的一项权利。③从理论上看，以上论述无疑弥补了罪犯行政申诉权研究的缺失，但这也同时对监狱刑罚执行实践提出了新的挑战，监狱如何才能确保在行使公权力时不致侵犯到罪犯的私权利？否则，罪犯可能就要提出申诉。

在法治社会，以发展人权为核心的权利制度和以拘束公权力为核心的权力制度构成了两大支撑制度。④在此语境下，权利和权力无疑成为最为核心的要素。探究罪犯的行政申诉权问题，也应是紧紧围绕如何通过规范监狱的公权力以实现对罪犯合法权利的保障而展开的。所以，从保障权利和规范权力运行的视角看，所谓行政申诉权，就是罪犯在服刑期间，对监狱所实施的包括但不限于如警告、记过、严管、禁闭、使用警戒具等凡是涉及罪犯合法权利的惩罚性措施、纪律处分、制度性规定等不服或有异议的，可以通过书面方式请求监狱或有关机关处理的权利。

之所以把该申诉权界定为行政申诉权，一个理论前提就是监狱执行刑罚的

---

① 吴宗宪：《当代西方监狱学》，法律出版社 2005 年版，第 487—496 页。

② 赵运恒：《罪犯权利保障论》，法律出版社 2008 年版，第 73 页。

③ 汪勇：《理性对待罪犯权利》，中国检察出版社 2010 年版，第 374 页。

④ 齐延平：《人权与法治》，山东人民出版社 2003 年版，第 220 页。

性质本身属于行政行为，而非司法或其他行为。当然，对于监狱执行刑罚的性质，在理论界还存在一定的分歧。一种观点认为刑事执行权与量刑权一样同属于国家的司法权；一种观点认为刑事执行权不属于司法权，而属于行政权；还有第三种观点则认为行刑权是一种司法权和行政权的统一。①尽管存在争议，但监狱作为行政机关的性质是确定的。正如陈光中教授所指出，执行机关对罪犯进行的监管、教育、组织劳动等，属于司法行政活动。②冯卫国教授也认为，“行刑权在本质上属于行政权的范畴，是由司法权延伸出来的一种特殊的行政权”。③在这里，笔者认为从保障罪犯权利的角度出发，对罪犯可以提起行政申诉的事由应作扩张性界定，即只要是监狱作出的涉及罪犯权利的所有规定及实施的行为罪犯都可以提起申诉。根据《监狱法》的规定，罪犯提起行政申诉的事由主要包括两大类：一是基于刑罚的执行，如收监；对罪犯提出的申诉、控告、检举的处理；监外执行；减刑、假释、释放等环节产生的事由。另一类就是基于日常管理教育产生的事由，如给予禁闭处罚、降低处遇、计分考核扣分、超时劳动等。当然，对于监狱民警实施的某种行为不服的，罪犯同样有权提出申诉。因为，民警代表的并非个人，而是监狱，其行为是职务行为。

（三）行政申诉权的性质

1. 宪法性权利

在现代社会，宪法与部门法之间“母法”与“子法”的关系，作为一个应然的命题，已是不争的事实。我国《监狱法》第 1 条就明确了这种关系，即“根据宪法，制定本法。”《宪法》第 41 条对申诉权作了明确规定，这也是以根本法的形式确认了任何法律都必须保障公民申诉权这一法律事实，否则就是违宪。《监狱法》第 7 条则充分贯彻了保障公民申诉权的这一宪法精神，明确了罪犯的申诉权。所以说，罪犯的行政申诉权是一种宪法性权利。

2. 程序性权利

正义一直是人类孜孜以求的崇高价值和理想。在西方，有句谚语：“正义不仅应得到实现，而且要以人们看得见的方式加以实现”。这种通过看得见的方式来实现的正义也就是“程序正义”。④行政申诉恰恰就是保障罪犯能够通过看

---

①③ 冯卫国：《论刑事执行权的合理配置》，载《法学论坛》2010 年第 1 期。

② 陈光中主编：《刑事诉讼法》（第六版），北京大学出版社、高等教育出版社 2016 年版，第 409 页。

④ 郑红秀：《走向法治：法治话语下的程序正义论》，中国时代经济出版社 2010 年版，第 7 页。

得见的方式来实现正义的程序性权利。这种权利所体现的是“程序的参与性”，即人的主体性原则。人应该作为目的而存在，而不应该作为手段或工具。[①]监狱在对罪犯实施任何一项涉及权利的行为时，必须保障罪犯能够通过申诉这一方式发出自己的声音。

3. 救济性权利

把申诉权作为一项救济性权利，一个前提性的假设就是存在侵权行为的发生，而申诉则是为被侵之权进行“合法斗争”的重要武器。纵观权利和权力的博弈史，不难发现，权利的享有往往是在主张自我生存的过程中不断斗争的结果，这种为权利而进行的斗争也是一个权利人对自己履行的义务。[②]与此同时，权力所具有的天然的扩张性特征尤为明显，“在监狱这个特殊的公权力场域不可能苛求国家公权力与公民个体权利的完全均衡”。[③]所以，为了防止因权力与权利失衡造成不法侵害发生，同时也是作为“权利救济的最后一道防线”，保障罪犯的行政申诉权尤为必要。

4. 监督性权利

权力运行的实践一再证明，不受监督的权力犹如恣意的洪水必将泛滥，如何有效监督规范权力运行已成为一个世界性的难题。在刑罚执行法律关系中，监狱不仅是刑罚权的主体，同时也是被监督的对象。这里的监督不仅包括社会监督、法律监督，还包括罪犯监督。在一定程度上来讲，监狱执法是否规范、公正，罪犯可能更有切身体会，更有发言权。申诉作为监督监狱行刑的方式之一，在促进监狱补救侵权行为的同时，也是倒逼监狱严格规范执法。

二、罪犯行政申诉权保障的法理渊源

当下，我们正处在“一个权利最受关注和尊重的时代，一个权利发展显著的时代”。[④]在这样一个权利的时代，罪犯这一特殊群体的权利伴随着国际人权运动的不断发展以及我国法治化进程的日益加快也得到了越来越多的关注和发

---

① 郑红秀：《走向法治：法治话语下的程序正义论》，中国时代经济出版社 2010 年版，第 23 页。

② [德]耶林：《为权利而斗争》，郑永流译，商务印书馆 2016 年版，第 14 页。

③ 宫本欣主编：《法学家茶座》（第 1 辑），山东人民出版社 2002 年版，第 100 页。

④ 夏勇主编：《走向权利的时代——中国公民权利发展研究》，社会科学文献出版社 2007 年版，绪论第 7 页。

展。行政申诉权作为罪犯申诉权的内容之一，国际性权利公约以及我国的宪法、刑事诉讼法、监狱法等关于申诉权的规定，均为保障罪犯的行政申诉权提供了法律渊源。

（一）以人权为参照系的弱势群体权利

在权利发展史上，具有普适性崇高价值的人权可以说是“多产的权利之母”。①人权成为所有权利的合法性基础，“在全部法律规范中，只有一个规范具有最高效力，这就是宪法中的人权规范。国家的全部权力为人权而存在，法律中的全部规范围绕人权而展开。所有立法，检测其效力高低，最终以人权规范为尺度”。②在当今国际社会，一个国家对待人权的态度已成为衡量该国文明与否、正义与否的基本价值准则和终极尺度。“对一个国家的人权保障体系而言，衡量其健康程度的最直观标准是其对社会弱势群体尤其是对受刑人人权的保障样态，而对受刑人人权的保障不仅可以检测出一国人权保障的水准，还可以检测出一国的人道文明程度。”③监狱也因此成为透视、观察一个国家文明程度、法治状况的重要窗口。面对强大的监管公权力，罪犯的弱势地位显而易见，其权利极易受到非法侵害，而且由于罪犯所处的特殊场域及其特殊身份，更是加剧了权利救济的难度。

探究罪犯的行政申诉权，之所以以人权为参照系并将罪犯纳入“弱势群体”范畴，出发点和归宿就在于罪犯作为“人”的本质。罪犯不仅是“人”，而且是权利不完整、权利极易受到侵害、权利救济困难的人。此种情形下，则更需要强调通过人权来保障罪犯应有权利的特殊价值。人权是一个开放的、面向未来的、能够自我超越、不断发展的概念，以人权为参照系来考察罪犯的行政申诉权才能使其更具有正当性根基并得到更有力的保障。

（二）国际性权利公约关于罪犯申诉权的规定

20 世纪 50 年代以后，国际人权运动得到了广泛开展，罪犯权利问题也引

---

① 夏勇主编:《走向权利的时代——中国公民权利发展研究》，社会科学文献出版社 2007 年版，绪论部分第 5 页。

② 张文显主编:《法理学》，高等教育出版社、北京大学出版社 1999 年版，第 193 页。

③ 齐延平、陈一远:《全国“社会弱势群体权利保护”学术研讨会综述》，载齐延平主编:《社会弱势群体的权利保护》，山东人民出版社 2006 年版，第 397 页。

起了国际社会的高度重视。1955 年在日内瓦举行的第一次联合国防止犯罪和罪犯待遇大会通过了《联合国囚犯待遇最低限度标准规则》(简称《规则》),并于 2015 年在南非开普敦进行了修订。为纪念南非前总统纳尔逊·曼德拉的精神遗产,该规则又被称为《曼德拉规则》。此后,国际机构又相继通过了《公民权利和政治权利公约》(1966 年)等一系列国际性文件,成为联合国人权法规的重要组成部分,得到了国际社会的广泛赞同和支持,为各国刑事立法和司法改革提供了重要的参考依据。

其中,《规则》第 35 条、36 条对罪犯申诉明确了指导原则。第 35 条规定罪犯有获得提出申诉的规定办法等资料的权利,即"囚犯入狱时应发给书面材料,载述有关同类囚犯待遇、监所纪律要求、领取用品和提出申诉的规定办法等规章以及使囚犯明了其权利和义务、适应监所生活的其他必要资料"。第 36 条则对申诉的提出作了具体规定,即"囚犯在每周工作日都应有机会向监所主任或奉命代表主任的官员提出其请求或申诉。监狱检查人员检查监狱时,囚犯也能够向他提出请求或申诉。囚犯应有机会同检查人员或其他官员谈话,监所主任或其他工作人员不得在场。囚犯应能按照规定的渠道,向中央监狱管理处、司法当局或其他适当机构提出请求或申诉,其内容不受检查,但须符合格式。除非请求或申诉显然过于琐碎或毫无根据,应迅速加以处理并予以答复,不得无理拖延"。[①]由上不难看出,此处的申诉不仅包括刑事申诉,同时还包括了本文所讲的行政申诉在内的所有申诉事项,这也成为罪犯申诉权保障的国际遵循。

此外,《欧洲人权公约》第 34 条:"法院需受理任何自然人、法人、非政府组织或个人团体就某一缔约方侵害其依据本公约及其议定书所享有的权利而提出的申诉。"基于该项规定,形成了围绕如何实现和保障个人申诉权的欧洲人权法院个人申诉制度。[②]

(三)国内法关于罪犯申诉权的确认

作为一个主权国家的根本大法,宪法如同人权的定位,是作为"权利之母"而存在的。宪法与权利相伴相随,正如列宁指出的:"宪法就是一张写着人民权

---

① 刑法改革国际编:《〈联合国囚犯待遇最低限度标准规则〉详解》,于南译、郭建安校,法律出版社 1998 年版,第 36—37 页。

② 沈太霞:《人权的守卫者——欧洲人权法院个人申诉制度》,暨南大学出版社 2014 年版,第 20 页。

利的纸。”①罪犯虽是犯罪之人，但依然是国家的公民，当然享有宪法规定的公民权利。具体到罪犯的申诉权，我国《宪法》第 41 条规定：“中华人民共和国公民对于任何国家机关和国家工作人员，有提出批评和建议的权利；对于任何国家机关和国家工作人员的违法失职行为，有向有关国家机关提出申诉、控告或者检举的权利，但是不得捏造或者歪曲事实进行诬告陷害。对于公民的申诉、控告或者检举，有关国家机关必须查清事实，负责处理。任何人不得压制和打击报复。”据此，确立了罪犯申诉权保障的宪法基础，从而解决了罪犯行政申诉权水之源、木之本的问题。

罪犯的申诉权在《刑事诉讼法》和《监狱法》的渊源，前文已经有所阐述。尽管《刑事诉讼法》第 264 条和《监狱法》第 7、第 21 条更多是作为罪犯享有刑事申诉权的直接依据，但这并非表明罪犯不享有行政申诉权或是该申诉权不重要。单就《监狱法》第 7 条关于申诉权的表述而言，其亦并未特指刑事申诉权，而是对包括刑事申诉权、行政申诉权在内的申诉权的统一规定，该条自然可视为行政申诉权的法律渊源。

此外，司法部作为主管全国监狱工作的行政机关，在其一些部门规章制度中，规定了诸如申请复查或复核的权利等，此种规定虽未使用申诉的概念，但其已经蕴含了行政申诉的内容。因此，类似申请复查或复核等权利也是罪犯行政申诉权的渊源，而且是重要的实践基础，如：司法部《监狱提请减刑假释工作程序规定》中，罪犯可以对公示的减刑假释内容提出异议，请求复核；《关于计分考核罪犯的规定》中，罪犯对考核有异议的，可以提出复查和复核的申请。

（四）一个需要澄清的误区——《刑事诉讼法》第 241 条

关于罪犯申诉权在《刑事诉讼法》上的渊源，理论界有不少学者一直认为是《刑事诉讼法》审判监督程序中第 241 条规定，即“当事人及其法定代理人、近亲属，对已经发生法律效力的判决、裁定，可以向人民法院或者人民检察院提出申诉，但是不能停止判决、裁定的执行”。②据此，有学者指出：“所谓申诉，是指当事人及其法定代理人、近亲属对已经发生法律效力的判决、裁定不服，向人民法

---

① 《列宁全集》第 12 卷，人民出版社 1987 年版，第 50 页。

② 该条内容在 2012 年《刑事诉讼法》修订前是第 203 条。

院或人民检察院提出重新审查和处理案件的一种诉讼请求。”①类似的观点长期以来似乎已经形成了共识，但该条究竟是否可以作为罪犯申诉权的渊源呢？笔者对此持有异议，其间涉及刑事程序划分的重大理论问题。

从整个刑事程序来看，大致可以分为立案侦查、审查起诉、审判和执行等阶段。在各个阶段中，罪犯的称谓先由“犯罪嫌疑人”，再到“被告人”，在最后执行阶段才称为“罪犯”。单纯就《刑事诉讼法》第 241 条规定来看，申诉权的主体是当事人及其法定代理人、近亲属，这的确可以作为“当事人”享有申诉权的法定依据。但“当事人”包括哪些人呢？对此，《刑事诉讼法》第 106 条在对法律用语解释时，明确规定“当事人”是指被害人、自诉人、犯罪嫌疑人、被告人、附带民事诉讼的原告人和被告人。据此，一个不争的事实就是“罪犯”显然不包括在第 241 条“当事人”范畴的，“罪犯”乃是刑事判决生效后进入执行阶段的特定称谓。

再回到刑事法律程序的划分这一问题，刑事诉讼和刑事执行两者之间有什么关系？刑事诉讼是否包括执行环节？对此，学界可谓争议颇多。从我国现行《刑事诉讼法》立法体例来看，执行是在审判程序后单独作为一编规定的，但这是否就意味着执行是整个刑事诉讼的一部分呢？汪建成教授曾指出，就刑事司法而言，关注的焦点多聚于刑事诉讼过程中的被追诉者的权利保障，而对刑事诉讼终结后的罪犯的权利保障，则鲜有重视。②由此可以看出，刑事执行是作为刑事诉讼终结后的一个独立程序存在的。而陈光中教授则把执行作为刑事诉讼的最后一个程序，也是使刑罚权得以实现的关键程序。③对此，笔者倾向前者观点，认为执行乃是独立于诉讼的一个程序。当法院判决生效的那一刻起，诉讼程序即告终结，“被告人”也由此成为要承担刑事责任、接受刑罚的“罪犯”。我国目前之所以将执行程序规定在《刑事诉讼法》中，在笔者看来，实属无奈之举，反映的恰是当前刑事立法的一个极大缺憾，就是我国目前尚没有一个“可与刑法、刑事诉讼法鼎足而立”④的统一的刑事执行法典。

---

① 陈光中、徐静村主编：《刑事诉讼法学》，中国政法大学出版社 2001 年版，第 447 页。

② 汪建成：《为了易被忘却的关怀》，载赵运恒：《罪犯权利保障论》，法律出版社 2008 年版，代序第 1 页。

③ 陈光中主编：《刑事诉讼法》，北京大学出版社、高等教育出版社 2016 年版，第 409 页。

④ 徐静村：《〈刑事执行法〉立法刍议》，徐静村主编：《刑事诉讼前沿研究》（第 8 卷），中国检察出版社 2010 年版，第 2 页。

三、现状与冲突：影响行政申诉权保障的因素

从整个人类的权利斗争史来看，只有当权利从应然到达实然成为法定权利后，才使得权利保障成为一种可能，法定权利是“保证权利得以实现的最现实形式”。[①]随着权利观念日渐深入人心，当公民的权利逐步载入宪法并法定化后，罪犯才由此找到了作为人和公民应有的尊严。不可否认，就我国罪犯的行政申诉权来说，尽管行刑实践中已有了类似的规定，但与刑事申诉权相比，其重视和保障程度明显不足。影响和制约行政申诉权保障的因素，主要有以下几个方面。

（一）受重刑主义历史传统的影响，“罪犯权利”的社会土壤较为贫瘠

翻开我国几千年的法典史，由于受法家严刑峻法的深刻影响，在历史传统中，重刑主义持续盛行，“在人们的思想观念中刑罚报应和惩罚属性根深蒂固”，[②]惩罚已经成为一种法律文化。直至今日，“杀人偿命”“杀一儆百”“不杀不足以平民愤”等重刑思想依然存在。由于受重刑主义的“洗礼”，在惩罚罪犯和保障人权两个价值选择中，我国刑事诉讼的目的在很大程度上更倾向于前者。在此背景下，罪犯权利成为尖锐、敏感的话题，关于罪犯权利的研究也一度成为学界的“禁区”。

令人欣慰的是，改革开放后，禁锢罪犯权利的藩篱终被打破，一大批学者把目光投向了高墙电网内这一特殊群体。1979 年《人民日报》发表了一篇《试论我国罪犯在法律上的地位》的文章，对当时的监管改造工作产生了重大冲击和影响。该文认为，从人道主义角度上说，罪犯是人，应该具有人的权利，罪犯的权利必须具体明确规定；同时，罪犯也是公民，所以罪犯除了被剥夺的权利以外，其他的权利也必须保障。[③]当下，权利已成为一个国际性的共同话题，保障罪犯权利业已成为国际社会的普遍共识。然而，历史的影响是深刻而久远的，传统观念的改变也绝非一朝一夕，在实践中培育肥沃的“罪犯权利”土壤依然任

---

① 赵运恒：《罪犯权利保障论》，法律出版社 2008 年版，第 6 页。

② 同上书，第 88 页。

③ 李步云、徐炳：《试论我国罪犯在法律上的地位》，《人民日报》1979 年 10 月 30 日。

重而道远。

(二)受长期“重实体轻程序”正义观的影响,刑罚执行过程中“程序正当”的意识较为缺乏

毋庸置疑,对于任何一项法律行为,人们所希望的结果都是正义的,这也是整个人类一直以来的价值追求,这里的结果正义也就是实体正义。而在实现实体正义的过程中,还有一个容易被忽略的程序正义。在刑事司法实践中,“只求结果不看过程”的情形可谓屡见不鲜。而事实上,在没有程序作为保障的情况下,再加上“宁可冤枉一千,也不错放一个”惩罚犯罪观[①]的推波助澜,换来的结果却往往并非是我们所期盼的正义,“赵作海杀人案”“佘祥林杀妻案”“杜培武杀人案”“浙江张氏叔侄强奸杀人案”等一系列浮出水面的冤假错案无不向我们敲响警钟。

大量的司法实践一再证明,公正的程序比不公正的程序能够产生更为公正的结果。如没有正当程序作保障,即便取得了实体正义,就案件本身来说也不是完全正义的。强调程序正义,不仅在于其是实现实体正义的手段和保障,还在于程序正义具有其独立的价值,那就是“正义的程序能够维护程序参与者的人格尊严,并尊重人的主体性”。[②]在长期的行刑实践中,罪犯更多地是作为被动的接受惩罚的对象,而忽视了其作为主体的参与资格。面对监狱实施的诸多惩罚性措施,不论结果是否得当,监狱从程序上并没有给罪犯过多提出异议或申诉的机会,其背后支撑的还是追求实体正义的惩罚观,由此导致的结果往往是罪犯对处罚结果得不到罪犯在程序上的认同。尤其当罪犯权利受到非法侵害情况下,如再没有申诉这一程序上的救济,罪犯很有可能将成为一颗随时都会影响监管安全的“潜在炸弹”。

(三)监狱执法者的行刑素养和执法能力影响罪犯权利的保障

一部再完美的法律如得不到有效执行,也将是一纸空文,而执行的关键在于执行者。尽管我国现行法律对于罪犯行政申诉权的保障还存在这样或那样的缺憾,但监狱民警作为刑罚的具体执行者,其执法素养和执法能力的高低将

---

① 郑红秀:《走向法治:法治话语下的程序正义论》,中国时代经济出版社 2010 年版,第141 页。

② 同上书,第 63 页。

直接影响到罪犯权利的保障。客观上来讲，近年来，监狱民警队伍素养总体上有了很大的改善，尤其在学历、专业、年龄等方面得到了较大优化，但与法治社会对于权利应有的保障要求来看，队伍在执法素养和执法能力方面依然存在较大差距。

由于受重刑主义、重实体轻程序意识等历史遗留的影响，类似“我是队长，罪犯必须听我的”“我说什么就是什么”“犯罪进来就是接受惩罚的”等想法依然存在，民警关于罪犯的“权利意识”和“主体意识”还较为淡薄；尤其在行政申诉权问题上，或许有为数不少的民警根本就没有意识到罪犯竟然还有这种权利！与此同时，在职业认同方面，由于受环境封闭、工作枯燥、安全压力大、待遇较差、缺乏激励手段等多方面因素的影响，监狱民警的职业认同总体水平不是很高。根据相关研究表明，通过对职业价值、角色价值、职业自尊、行为倾向等因子的分析，监狱警察职业认同量表平均分为 3.702（分值范围为 1—5 分），虽高于中间值 3，但未超过 4，职业认同总体水平处在“一般”和“比较认同”之间。[①]由此直接导致的就是，民警在工作中积极性不高，不作为，也有的出现乱作为，为侵害罪犯权利埋下了伏笔，类似违规使用警戒具、以安全为名随意限制罪犯权利等情形时有发生。

（四）在严格监管的监禁环境中，罪犯自我主体意识弱化导致维权意识萎缩

监狱作为自由刑的执行载体，其本质就在于通过高墙电网剥夺罪犯与外界的自由，同时在封闭环境中，以国家强制力为后盾对罪犯实施严格的监管，从而对罪犯形成一种监禁。在长期的监禁状态下，“监狱化”将不可避免，而过度的监狱化，将使罪犯形成过分服从监狱管理的人格模式，也就是机构化人格。[②]该人格模式的明显特征就是罪犯逐渐失去自我，丧失主体意识，由此导致罪犯的自我维权意识也严重弱化。面对监狱实施的惩处，罪犯很少会去考虑该惩处的合法性、正当性问题，更多地是被动地接受和服从。

一个简单的例子，警棍作为制服性警械，按照规定，只有当发生罪犯打架斗殴、强行冲越警戒区域、以暴力方法抗拒或阻碍民警依法履行职责、袭击民警或

---

① 上海市新收犯监狱课题组：《上海监狱民警职业认同研究》，桂晓民主编：《论上海监狱工作》（第六集），上海社会科学院出版社 2014 年版，第 1377—1395 页。

② 陈士涵：《人格改造论》，学林出版社 2012 年版，第 28 页。

其他人等情况，在警告无效的情形下方可使用。然而，现实中，警棍往往成为事后对罪犯的惩罚性工具，此种情形显然属于违法使用，但罪犯却很少想过民警使用警棍是否合法？自己是否可以申诉？除了罪犯自我维权意识弱化外，还有一种情形导致罪犯不敢申诉，那就是担心因申诉招致更为严厉的惩罚和打击报复。对此，可能更多涉及的还是民警的执法素养问题。对于民警来说，所希望的或许是让罪犯永远都做绝对的服从者；而罪犯一旦提出异议或申诉，作为管理者的民警首先在情感上可能就接受不了，往往会认为罪犯是在挑战自己的执法权威，由此，产生打击报复的心理也就不难理解了。

（五）执法环境的封闭致使整个社会对监狱行刑权的监督不到位

鉴于权力的易扩张性，让权力在阳光下运行，通过实施全方位的监督无疑是防止权力滥用、规范权力运行的必要的有效手段。长期以来，监狱因一堵围墙往往是作为一个封闭的“小社会”而存在的，由此为刑罚权披上了神秘的面纱。在这样一个封闭的环境中，基于安全和保密的需要，社会大众包括罪犯的近亲属很难有机会走进大墙，近距离了解监狱的执法情况。检察机关作为法定的行刑监督机关，在行使监督权的过程中，如果得不到监狱的积极配合，即便存在违法违规行为，也很难发现，对于提出的纠正意见和检察建议也难以落实。

关于监狱行刑权的监督主体，这里有一个问题很容易被忽视，就是罪犯作为受刑人和被管理者是否也是监狱执法的监督主体呢？就行政申诉本身来说，罪犯在维护自己权利的同时也是对监狱的执法进行监督。所以说，罪犯也属于监督的主体，而且罪犯对监狱的执法更为直观。司法部《关于进一步深化狱务公开的意见》（简称《意见》），规定了公开对象为社会大众、罪犯近亲属及罪犯，这其实也是明确了罪犯作为监督主体的地位。《意见》第 7 条规定：“对罪犯公开，除向社会公众和罪犯近亲属公开的内容外，监狱还应当以监区或分监区为单位，向罪犯全面公开监狱执行刑罚和管理过程中的法律依据、程序、结果，以及对结果不服或者有异议的处理方式，但对涉及国家秘密、工作秘密和罪犯个人隐私的信息不得公开。”然而，现实中面临的问题是，就执行刑罚和管理过程中的有些依据，比如警戒具的使用管理、严管禁闭规定等，监狱不敢、不想、不希望公开。深究原因，还是因为执法存在不规范、不严格的地方，担心会成为罪犯提出申诉的“把柄”。俗话讲，“身正不怕影子斜”。对于监狱来说，对罪犯进行“全面公开”是需要底气和勇气的。实践中，这种公开的不全面性或保留性导致罪犯与监狱之间的信息失衡，难以有效行使监督权。

四、构建罪犯行政申诉权保障机制的路径与展望

“评价一国的权利保障状况，不仅要看其宪法和法律从正面赋予公民哪些权利，更要看相关的法律制度中有多少配套的救济途径。”①而行政申诉恰是罪犯狱内权利救济的重要途径。尽管实践中已有了类似行政申诉的规定以及“监狱长信箱”“检察院信箱”等做法，但重视程度和保障力度与法治社会对权利的保障要求相比还存在较大差距。保障罪犯权利是一项复杂的系统工程，尤其面对监狱自我纠错时，没有过硬的执法素养是不可能实现的。由此，保障罪犯行政申诉这一易被忘却的权利，更需在行刑理念上强化监狱对罪犯人权的保障意识，拓宽、畅通权利救济渠道，让罪犯能够更加放心容易地走近救济程序。

（一）顺应法治时代潮流，强化以保障人权为核心的行刑理念，为保障罪犯行政申诉权奠定思想基础

法治作为西方社会文明的产物和结晶，已跨越地域的边界成为整个人类共同的福祉，也已成为我国战略性的选择。进入 21 世纪的中国法治，所表现的制度是民主，所统摄的灵魂是人权。②作为权利之源，在人权的统领下，法治社会形成了一种以权利为本位的权利文化，从而奠定了法治社会的文化基础。权利文化崇尚的是人权文化，而人权则是包括罪犯在内的人人孜孜以求的理想和目标。对于监狱来说，保障罪犯的任何一项权能，都必须将其置于保障罪犯人权这一总体框架内来考量，行政申诉权自然也不例外。在强调“罪犯权利无小事”的背后，更深层次的意义在于“保护罪犯权利，最终是为了保护所有人的权利”。③当保障罪犯人权的意识一旦牢固树立，其他面临的问题也就迎刃而解。无论监狱在出台某项规定或实施某种行为，但凡涉及罪犯权利时，首先必须要从罪犯作为具有主体性资格的“人”的本质去考虑，这是法治社会对监狱执行刑罚的必然要求。尽管法律层面已规定了一定的法定权利，但对于类似《监狱法》第 7 条“其他未被依法剥夺或者限制的权利”的规定，只能从人权的角度溯其

---

① 赵运恒：《罪犯权利保障论》，法律出版社 2008 年版，第 156—157 页。

② 徐显明：《人权研究》（第 1 卷），山东人民出版社 2001 年版，序言第 4 页。

③ 赵运恒：《罪犯权利保障论》，法律出版社 2008 年版，第 25 页。

本意。

人权是动态发展的，罪犯权利的内容也是不断丰富的，而不应减少，尤其是人为地限制。保障罪犯权利除了以人权理念为支撑，赋予罪犯更多的法定权利外，一个至为关键的保障渠道就是规范刑罚权的行使，尤其在深受重惩罚轻保障、重实体轻程序传统行刑理念的影响下，更要厘清监狱惩罚罪犯的边界，保障罪犯应有的程序性权利。不可否认，监狱自诞生就是作为惩罚罪犯的载体，"惩罚罪犯是监狱固有的属性"。[①]关于监狱的惩罚功能，尽管还存有一定的争议，但英国刑罚改革家亚历山大·帕特森提出的"将人们送进监狱就是惩罚，而不是为了惩罚"的观点已成为许多国家在惩罚罪犯问题上的普遍共识。[②]监狱执行的是自由刑，监狱惩罚功能的本质和根本体现就在于剥夺和限制罪犯的自由，针对罪行本身，监狱不应在罪犯入狱后给予更多的惩罚措施。针对罪犯服刑中的违规违纪行为采取一定的惩罚性措施，是基于监管和教育的需要，而不是监狱惩罚功能本身。无论是监狱惩罚功能本身还是对罪犯入狱后采取惩罚性措施，其边界就是罪犯享有的权利，监狱行使刑罚权一旦逾越边界，必将造成侵权。

此外，保障罪犯权利，程序正义也是必须强调的。纵观人类的文明史，不难发现，"人们对程序正义的追求始终是推动社会发展的最直接力量"[③]。在封闭的高墙电网之下，刑罚权无疑具有天然的"优越感"，监狱民警强调的也一直是自己作为"管理者"的绝对权威，而对罪犯作为"被管理者"的要求除了服从还是服从，由此导致罪犯参与涉己程序上的缺失，更何况监狱在对罪犯作出处罚时，既是"裁判者"又是"执行人"，这本身已经严重影响了结果的权威和公信力。让罪犯回归其应有的主体地位，给罪犯作为参与人一个说话的机会，这是程序正义对于监狱的基本要求，这也应成为贯穿监狱所有涉及罪犯权利的程序运作的基本规则。

（二）健全完善罪犯行政申诉立法，保障罪犯申诉告知权，明确申诉程序，为罪犯提供法律依据和途径

在法治社会，权利的法定化是权利能够得到有效保障的最现实形式，法定权利也因此成为保障罪犯权利的最现实的直接依据。透视人权，尽管可以引申出一系列

---

① 吴宗宪：《监狱学导论》，法律出版社 2012 年版，第 93 页。

② 于永福、刘劲松：《"监狱如何对罪犯依法监管和有效惩罚"研讨会综述》，《犯罪与改造》2015 年第 9 期。

③ 齐延平：《人权与法治》，山东人民出版社 2003 年版，第 153 页。

罪犯应有权利，但这些权利仍处于应然状态，只有明确载于法律文本，权利才成为一种实然和可能。由此，保障罪犯的行政申诉权，首先要从立法层面上加以完善。

对于申诉，《宪法》第 41 条从保障所有公民权利的角度已经明确，该申诉自然包括罪犯的行政申诉。至于《刑事诉讼法》是否也应明确罪犯的行政申诉权问题，笔者认为，《刑事诉讼法》主要是针对刑事行为进行的立法，其应规定的就是罪犯的刑事申诉问题，而不应包括行政申诉。尽管该法也专门规定了执行问题，如前文所述，这是我国目前缺失统一的刑事执行法典情况之下的无奈之举；而且，就自由刑的执行，我国已有专门的《监狱法》，其理应成为仅次于《宪法》位阶的规定罪犯行政申诉权的法律。《监狱法》第 7 条关于罪犯申诉权的规定如同《宪法》第 41 条，自然也应是包括行政申诉在内的所有的申诉权。至此，笔者认为，最需要明确规定罪犯行政申诉权的，就是作为主管全国监狱工作的司法行政部门即司法部，应根据《监狱法》加快制定《监狱法实施细则》或收监、提请减刑假释、警戒具使用、生活卫生、劳动生产等单行规定，明确罪犯在监狱执行刑罚和管理教育过程中享有的申诉权。这些规定都是基层实际操作的依据，所以，在这些制度中必须明确罪犯享有申诉的权利以及申诉的受理部门、申诉的程序、申诉结果的处理等，使之具有可操作性。

立法上明确罪犯相应的行政申诉权，为监狱保障罪犯该权利提供了法律依据。但从罪犯自我权利救济的角度来说，只有罪犯知晓这些权利以及权利行使的途径，他们才能知道所享权利以及在哪些环节、针对哪些事由、通过何种途径、向哪些部门可以提出申诉。所以，保障罪犯行政申诉权利的一个前提就是保障罪犯权利的告知权。对此，联合国《规则》第 35 条明确规定了罪犯入监之初享有的告知权，监狱有责任教育和告知罪犯关于他们的权利以及监狱的相关具体规定，这是保证监狱监管改造生活秩序的极为重要的措施。当然，对于一些具体的行政申诉规定，监狱可以监区为单位集中向罪犯进行公开，这也是狱务公开的重要形式。落实狱务公开关于向罪犯"全面公开"的要求，罪犯相关的行政申诉权则必须让罪犯知晓，这是监狱的法定职责和义务。

（三）建立完善独立性的巡视监狱制度，强化申诉受理的保密义务，完善对罪犯权利救济的社会监督机制

"他山之石，可以攻玉"。作为对监狱执行刑罚重要的监督方式，很多国家都建立了由社会独立人士巡视监狱制度，有点类似我国的人大代表、政协委员

视察、检查监狱。如英国，每个监狱都设有一个独立监管委员会，该委员会由社会上 12—20 名业外人士组成，他们来自各行各业，每天至少有一名成员去视察监狱。他们在监狱进出自由，任何犯人都可以要求见委员会的成员并投诉。[①]此外，我国香港地区的监狱巡视制度无疑具有积极的借鉴意义。该巡视制度主要就是通过巡视专员公署或巡视委员会定期视察监狱，听取和解决罪犯对服刑中遇到的不公平待遇、错误处理的申诉和控告。[②]可见，香港特区所实行的巡视制度与内地目前由司法行政部门对监狱开展的巡视是有较大区别的，前者侧重点在于由社会人士调查解决罪犯提出的申诉问题，而后者作为司法行政内部的一种监督形式，其重点更多地是巡查监狱在党风廉政建设、选人用人等方面的情况。

对于监狱的巡视制度，笔者认为，可以由省、自治区、直辖市行政区域为单位，设立专门的巡视委员会或申诉专员，负责调查处理包括罪犯在内的公民的申诉问题；或是对现行的巡视制度作进一步修订，明确司法行政部门对监狱巡视时不仅巡查党风廉政建设、选人用人情况，还负有巡查刑罚执行情况、受理罪犯申诉、保障罪犯权利的职责；或是，在监狱层面，建立专门的诉冤委员会，专门负责巡视监狱、受理罪犯申诉，该机构人员由监狱专门检查人员组成；再就是，引入社会第三方独立人士，如人大代表、政协委员、律师、执法监督员等，成立巡视委员会，专门负责巡视监狱，监督监狱执法，接受罪犯申诉。

无论是通过现行的“监狱长信箱”“检察院信箱”，还是巡视或其他方式，任何一种申诉过程，都涉及一个受理主体对申诉罪犯的保密问题。由于行政申诉主要涉及监狱和民警，有时也可能会让监狱及民警承担不利后果。所以，经常会有一些罪犯因为害怕打击报复而不敢提出申诉。为了防范可能产生的报复，建立保障罪犯提出申诉而不受打击报复的机制是非常必要的。比如，设立专门并不受监控的信箱、专人开启“监狱长信箱”、办理申诉的人有保密的义务等，让罪犯能够放心容易地启动申诉程序。

（四）拓宽行政申诉权司法救济渠道，逐步建立罪犯对监狱行政处罚的复议和诉讼制度

行政申诉既是罪犯狱内权利救济的重要渠道，也是罪犯所享权利的应有内

---

① [英]迈克·奈卫尔：《英国监狱及其组织原则、管理制度和监督体系》，见白泉民：《中外刑罚执行监督及人权保护》，中国检察出版社 2007 年版，第 37 页。

② 赵运恒：《罪犯权利保障论》，法律出版社 2008 年版，第 158—161 页。

容。长期以来,理论界由于对监狱刑罚执行权的性质究竟是行政权还是司法权存在一定的争议,导致在司法实践中,监狱执行刑罚过程发生的行为往往被排除在行政复议和行政诉讼之外。作为犯罪之人,罪犯在服刑期间提出行政复议,这无论是从民警情感还是制度规定上都是不可想象的,更不用说罪犯起诉监狱了! 然而,从公民权利保障的应然层面来看,将罪犯完全排除在对监狱的复议和诉讼之外,是否具有必然的正当性呢? 笔者对此持否定态度。当然,在此也需要强调的是,监狱对罪犯的管理行为毕竟具有特殊性,罪犯对监狱的复议和诉讼只能是针对对其权利产生重大影响的具体行政行为,而且是以穷尽狱内其他救济为前提。

从监狱对罪犯的惩罚来看,除了针对犯罪行为本身给予的剥夺自由惩罚外,针对狱内违规违纪行为所实施的最为严厉的惩罚性措施莫过于警告、记过、禁闭的处罚,该处罚将直接影响罪犯的考核分数、等级处遇以及减刑假释等。监狱对罪犯的奖惩在《监狱法》第 4 章第 6 节专门作了规定,其中第 58 条明确监狱针对罪犯 8 种破坏监管秩序的情形,可以给予警告、记过或者禁闭。在这里,有一个必须厘清的问题,就是该处罚的性质,是否属于“行政处罚”。由于罪犯不具有国家公务人员的主体资格,该处罚显然不属于“行政处分”。具体到行政处罚,我国《行政处罚法》第 8 条对行政处罚的种类作了划分,其中包括“警告”。但是记过和禁闭是否属于行政处罚呢? 本文认为,根据《行政处罚法》第 8 条第 7 款“法律、行政法规规定的其他行政处罚”的兜底性规定,再加上警告、记过、禁闭在处罚的严厉性上依次递进的关系,记过和禁闭也应纳入行政处罚的范畴,这也为罪犯提起行政复议和诉讼提供了理论前提。

作为公民权利救济的重要的行政手段,行政复议从运行程序来看,“不告不理”、被申请人必须提交答辩书、申请人以及第三人的阅卷权等规定使得行政复议程序具有一定的司法性,①可视为准司法性的纠纷解决机制。《行政复议法》第 6 条对申请行政复议的范畴作了界定,其中第一类就是对行政机关作出的警告等行政处罚决定不服的,可以提请行政复议。根据前文关于《监狱法》第 58 条警告、记过、禁闭处罚的阐释,该处罚作为行政处罚的一类,罪犯显然可以提请行政复议。

罪犯深处大墙之内,与监狱这一公权力之间形成了一种特别权力关系。在

---

① 何兵:《现代纠纷的解决机制》,法律出版社 2003 年版,第 250 页。

一个崇尚法治的社会，司法权因其蕴含的永恒的和最高的公正价值，司法最终裁判已成为当前国际社会普遍奉行的原则，“由司法逐步对特别权利关系提供救济已经成为现代行政法治发展的一个明显趋势”。[①]在建设法治监狱的今日，由司法权对监管权力进行司法审查，无疑应成为监狱刑罚执行权重要的外部监督和制约。具体到监狱对罪犯作出的行政处罚是否合法正当，引入中立的行政诉讼制度对于保障罪犯权利则具有现实的终极性价值，其保障的不仅是罪犯的合法权利，也是寻求司法救济的诉讼权。我国《行政诉讼法》第12条关于人民法院受理行政诉讼的范围中，第一类就规定了对行政处罚不服的情形，监狱对罪犯所作出的行政处罚自然也应纳入行政诉讼的范畴。有学者对此也专门提出建议，就是积极借鉴《曼德拉规则》对罪犯诉权方面的保障，“建立罪犯对监狱的诉讼制度，并将其纳入行政诉讼程序中，使罪犯可以对监狱的违法行为予以起诉并获得救济”。[②]

五、结语

纵观整个人类的权利斗争史，权利终将成为人类思想与学术的核心概念，罪犯权利也必将成为我们这个权利时代刑罚执行关注的焦点。在权利与权力的博弈中，尽管保障罪犯权利在实践中还存在情感上的认同等诸多问题，但随着罪犯逐渐回归其应有的主体地位，行政申诉权不应再是被遗忘的角落，这是程序正义对于法治监狱建设的必然要求。当然，在强调保障罪犯行政申诉权的同时，尤其随着罪犯维权意识的不断增强，少数罪犯假借维权之名不服监管或过度维权、滥用申诉权等情形极有可能发生，由此在一定程度上将使监狱面临管理上的困难和被动。对此，将考验着监狱的执法素养和能力。其间蕴含的恰是本文所要强调的重点，就是通过保障罪犯的申诉权，倒逼监狱严格规范执法，提升执法权威和公信力。

---

① 赵运恒：《罪犯权利保障论》，法律出版社2008年版，第163页。

② 司绍寒：《〈曼德拉规则〉与我国监狱法发展——评〈联合国囚犯待遇最低限度标准规则〉的最新修订》，《犯罪与改造研究》2015年第11期。

罪犯刑事申诉权保障的法治考量

上海市新收犯监狱　汪卫东　刘同江

正义从来不会缺席，只会迟到。

——[美]休尼特

每一次公正的判决，都可以为法治信仰增加一块基石；每一次错误的判决，都可能成为松动基石的撬杠。人们不仅追求正义，而且期盼及时到来的正义。

——《迟到的正义》

古今中外，作为"刑事司法领域中难以驱散的幽灵"，①不该发生的冤假错案总是在一次次地被复制，而冤假错案的发生和纠错困难无疑是对社会公平、正义最大的折损。当冤假错案既成现实，申诉权则成为"罪犯"②能够伸张正义的重要法律武器。尽管申诉权作为法定权利已载入诸多法律条文，但实践中，已经浮出水面的"佘祥林案""赵作海案""浙江张氏叔侄案""内蒙古呼格吉勒图案"等一再表明，申诉权的真正实现却是困难重重。

令人欣喜的是，"法治作为我们被迫和主动的选择，已成为当代中国不可逆转的社会脉动"。③法治主张的公正价值与人类的理想追求不谋而合交织在一起，从而推动了法治社会的文明。法治社会强调的公民权利本位，同样应及于罪犯这一特殊的公民群体。罪犯权利的保护程度，折射出一个国家的法治水平和一个社会的文明程度。因为，"保护罪犯权利，最终是为了保护所有人的权利"④。目前，检察院通过行使各项检察职能发现冤假错案，并通过抗诉予以纠

① 何家弘主编：《迟到的正义——影响中国司法的十大冤案》，中国法制出版社2014年版，前言第2页。

② 本文在此之所以对"罪犯"以双引号进行标注，在于他们当中有一些并非真正的犯罪之人。同时需要明确的是，本文所指的"罪犯"仅指在监狱内服刑的罪犯。

③ 齐延平：《人权与法治》，山东人民出版社2003年版，第118页。

④ 赵运恒：《罪犯权利保障论》，法律出版社2008年版，第25页。

正为主要框架的冤假错案纠正机制已初步形成，申诉成为纠正冤假错案机制的重要组成部分。

一、罪犯刑事申诉权的概念界定及法律溯源

（一）何谓申诉

罪犯之所以申诉，逻辑起点在于非公正的冤假错案的存在，其终极目的在于实现法律和社会的公平正义。尽管“有冤必申”的道理人皆熟知，但究竟何谓申诉呢？就其字面含意而言，申的是因不服而产生的“冤屈”，诉的是“要求”或“请求”，这也正如《法律辞典》对于申诉的界定，所谓申诉，就是“不服某种处分，向法定机关请求重新审查处理的活动或者行为，是对不正确处分予以补救的一项措施。申诉可分为：(1)诉讼上的申诉，主要包括刑事诉讼中的申诉、民事诉讼中的申诉和行政诉讼中的申诉；(2)非诉讼上的申诉，指国家机关工作人员、人民群众等对所受的行政处分、纪律处分不服，向法定机关申述理由，请求重新处理”。①《辞海》对于申诉的解释，一是向人诉说情由；二是公民对有关的问题向国家机关申述意见，请求处理的行为，分为诉讼上的申诉和非诉讼上的申诉。②综上，笔者认为，对于申诉的理解，需要把握以下几个要点：(1)申诉的前提必须存在因不服某种处分而产生的“冤”；(2)申诉必须是向负有重新处理职责的法定机关主张；(3)申诉的内容在于陈述理由、诉说冤屈、请求重新处理；(4)申诉的主体必须是受到处分的本人或近亲属，或是与申诉事项有利害关系的相关人。

（二）罪犯刑事申诉权的界定

根据上文，对于申诉的理解，罪犯的申诉权主要就是罪犯向法定机关陈述理由，诉说冤屈，请求重新处理的一种权利。罪犯虽然犯了罪，但其公民的身份没有改变，罪犯依然享有申诉的权利。对于罪犯在监狱内的申诉权，笔者认为，主要包括两个方面，一是罪犯因不服生效的刑事判决或裁定而产生的申诉权，

---

① 中国社会科学院法学研究所法律辞典编委会编：《法律辞典》，法律出版社2003年版，第1247—1248页。

② 辞海编辑委员会编纂：《辞海》（缩印本），上海辞书出版社2010年版，第1658页。

也就是本文所要探讨的刑事申诉权。所谓刑事申诉权，就是指"罪犯在服刑期间因对已经生效的刑事裁判不服而向司法机关提出的撤销或者变更原判刑罚的请求"[①]的权利。另外，根据我国刑事法律的有关规定，对于刑事申诉权的理解应把握以下几点：(1)刑事申诉权是法律赋予罪犯及其法定代理人和近亲属的一项程序上的救济性权利，任何机关和个人不得以任何理由限制该项权利的行使；(2)罪犯刑事申诉的对象必须是已经生效的刑事裁判，申诉的主体是罪犯、罪犯的法定代理人或罪犯的近亲属，监狱对于罪犯申诉有提请处理的义务；(3)申诉的法定受理机关是人民法院和人民检察院；(4)罪犯提出申诉后，在人民法院依法撤销或改判以前，监狱不停止原刑事裁判的执行。另一方面，罪犯在服刑期间对监狱作出的某种行政处分或处罚，如警戒具的使用、处遇的调整等不服，也会产生申诉的问题，笔者称之为行政申诉权。当然，对于此类申诉，无论理论界还是实践中，涉及的并不是很多，不属于本文探讨的内容，在此不多论述。

（三）罪犯刑事申诉权的法律溯源

罪犯权利历经由无到有，再至不断发展的今天，我们不难看出，罪犯权利的发展轨迹是与社会的法治化进程同步而行的。罪犯权利来源于罪犯作为"人"享有的基本人权，这是毋庸置疑的。但罪犯的基本人权只有转化为法定的公民权利，才能在现实中得到切实保障。在一个法治社会，保障罪犯权利，首先就是要让罪犯享有的权利法定化，让保障纳入法治化的轨道。法定权利使得权利实现成为可能，这也是"保证权利得以实现的最现实形式"。[②]罪犯刑事申诉权的保障问题同样如此，否则保障只能是口头上的一种美好宣示。

综观罪犯刑事申诉权保障的理论与实践，其法律渊源主要有国际性权利公约或规则，宪法，刑事诉讼法，监狱法和最高人民法院、最高人民检察院的司法解释等。例如，《联合国囚犯待遇最低限度标准规则》第 36 条对罪犯申诉作了明确规定："囚犯应可按照核定的渠道，向中央监狱管理处、司法当局或其他适当机关提出请求或申诉，内容不受检查，但须符合格式。"我国《宪法》第 41 条规定："对于任何国家机关和国家工作人员的违法失职行为，有向

---

① 吴宗宪：《监狱学导论》，法律出版社 2012 年版，第 340 页。

② 赵运恒：《罪犯权利保障论》，法律出版社 2008 年版，第 6 页。

有关国家机关提出申诉、控告或者检举的权利。”《刑事诉讼法》审判监督程序即第241条规定:“当事人及其法定代理人、近亲属,对已经发生法律效力的判决、裁定,可以向人民法院或者人民检察院提出申诉,但是不能停止判决、裁定的执行。”《监狱法》第21条规定:“罪犯对生效的判决不服的,可以提出申诉。”最高人民法院《关于办理减刑、假释案件具体应用法律若干问题的规定》第1条规定:对罪犯在刑罚执行期间提出申诉的,要依法保护其申诉权利。最高人民检察院修改后的《人民检察院复查刑事申诉案件规定》进一步强化了对罪犯申诉权的保障。

二、刑事申诉权存在的必要性解析

(一)基于“有权利必有救济”的原则——申诉是罪犯权利救济的最后防线

在一个法治社会,权利成为最为核心的概念之一,权利保障也因此成为法治社会构建的重中之重。权利保障的核心在于权利不受非法侵害以及权利遭受侵权时的救济,救济成为权利得以保障和实现的最后一道防线。透视罪犯申诉背后的冤屈,其实质是国家对公民个人权利的侵害。当侵权已经发生,权利救济则尤为必要。权利若得不到救济,不管法律有多么完善也仅是光鲜的公文,权利也仅是美丽的空中楼阁。这也难怪“有权利必有救济,无救济则无权利”会成为亘古不变的真理。所以,“评价一国的权利保障状况,不仅要看其宪法和法律从正面赋予公民哪些权利,更要看相关的法律制度中有多少配套的救济途径”①。

作为一项古老的法则,“有权利必有救济”在西方社会已被作为法治的核心组成部分,体现在诸多个案和法律中。在美国著名的“马伯里诉麦迪逊案”中,负责审理的大法官马歇尔宣称:“公民自由的本质确切无疑地存在于每个人在遭到侵害时能够获得法律保护的权利。政府的首要义务之一就是承担这种保护……合众国政府强调自己遵循法治而非人治。但是如果合众国的法律不能够向某项遭到侵害的既定法律权利提供救济,它就不配拥有‘法治’这样崇高的

① 赵运恒:《罪犯权利保障论》,法律出版社2008年版,第156—157页。

称呼。"强调权利救济，实质上是通过程序上的正当以最终保障实现法律的正义。英国1215年《自由大宪章》第39条的"正当过程"原则，明确了如下内容，即"除依据国法(the law of the land)之外，任何自由民不受监禁人身、侵犯财产、剥夺公民权、流放及其他任何形式的惩罚，也不受公众攻击和驱逐"。而这样一个程序原则，无疑也成为法治体制、社会正义及基本价值的核心。[①]试想未经正当的法律程序，一个公民的生命、自由或财产等权利可以被随意剥夺或限制，这样的社会对于一个自由公民而言是何等的可怕！罪犯申诉权之所以存在，就是对公民权利受到非法侵害时从法律程序上提供救济。没有这种救济，任何一个合法公民随时可能会沦落为一名"罪犯"。

(二)基于"权利保护向弱者倾斜"的原则——罪犯的"弱势"境遇依然难以改变

当"一个国家对待人权的态度成为衡量该国文明与否、正义与否的终极尺度"[②]时，一个国家对于罪犯权利的保护状况，则成为该国文明、民主程度与法治状况的重要指标，监狱也成为透视一个国家文明程度的"窗口"，贯穿其间的是"保护弱者"的原则。一个国家的权利保障程度并不是由那些社会强势集团的保障水平所决定的，而是由处于弱势群体的权利保障水平所决定。[③]对于权利的保护，真正需要的恰是弱者，因为弱者的权利往往容易被忽略而又最容易受到侵害。

当然，把罪犯纳入"弱势群体"的范畴，在现实生活中未必能够完全被理解和接受。即便是在刑罚执行实践中，面对当前罪犯"过度医疗"、过度维权、民警"妥协执法"等情形，监狱民警也很难认同；反过来，可能会有为数不少的民警会讲，"我们才是真正的弱势群体"！笔者在此无意想通过对"弱势群体"概念的界定来解释"为什么要把罪犯称为弱势群体"，只是想澄清一下罪犯的现实境遇。

封闭的监禁环境再加上人治的残留，使得罪犯合法的权利极易受到来自多方面的侵害，而其中监管公权力则是罪犯权利最大的威胁。相对于强大的监管公权力，罪犯的弱势地位是显而易见的。同时，从公民权利实现的角度来看，由于人身自由受到限制，罪犯所享权利的实现远非高墙之外社会自由公民一样便

---

① 季卫东：《法治秩序的建构》，商务印书馆2014年版，第12—13页。

② 齐延平：《人权与法治》，山东人民出版社2003年版，第2—3页。

③ 王彩玲：《保护弱势群体：现代伦理秩序建构的一个重要环节》，《现代哲学》2001年第3期。

利，其往往更多需要借助外力才能实现。尤其像申诉这样救济性的权利，更是如此。试想，在日常平静的生活中，有多少社会大众会想到“罪犯”这一群体呢？受长期诸如“我是队长，你是罪犯，必须听我的”类似观念的影响，又有多少民警会想到罪犯权利问题呢？把罪犯称之为弱者，无论对于普通社会大众还是监狱民警，可能更多地是心理上、情感上接受度的问题。笔者认为，除此之外，更重要的还有弱者背后的权利保护问题。

（三）基于监禁法定的原则——任何人不应承受非法的监禁痛苦

任何一起刑事冤假错案，对于个人及其家人来讲，无疑是灾难性的。这种灾难，一方面来自于公民所背负的“罪犯”这一“恶名”带来的打击；另一方面则源自入狱后承受的监禁痛苦，而这种监禁之痛是社会上自由公民所无法体会的，这可能也是监狱为什么会成为当今警示教育基地的原因之一。

监禁作为罪犯人身自由受到剥夺后的自然结果，也是监禁刑惩罚性的主要体现。综合国内外研究情况，我国学者吴宗宪教授将罪犯承受的监禁痛苦归纳为十大类，即无行动自由，与亲朋分离，与社会隔离，与异性隔离，权利缺损，缺乏安全，自我丧失，隐私丧失，自主丧失，被监禁化。[①]由于监禁而引发或伴随的痛苦可能远非这些，而且，监禁对于罪犯来讲并不仅仅是痛苦，更为严重的还在于影响了他们以后重返社会。

罪刑法定，作为刑事司法的基本原则和法治社会的基本要求，其意味着任何一个人不应承受非法的监禁痛苦。基于监禁的痛苦以及承受监禁痛苦的非法性，罪犯申诉理所当然。因为，任何人都不想被贴上“罪犯”的标签，更不愿承受罪犯身后的“牢狱之灾”。

三、现实困境：罪犯刑事申诉权的真正实现任重而道远

冤假错案既已发生，直面错误、及时予以纠正，应是对当事人、社会和法律最好的交代，这也是刑事司法部门应有的态度。然而，透视已经平反的重大冤假错案，不难发现，纠错却是何等困难！现实中，当事人有冤无处申、有冤不敢申、有冤不能申、有冤不知申的情形比比皆是，这也无不反映出申诉权在当下面

---

① 吴宗宪：《监狱学导论》，法律出版社 2012 年版，第 281—283 页。

临的艰难。

（一）罪犯申诉立法存在明显漏洞，申诉处理义务机关责任追究机制的不健全导致申诉权的实现举步维艰

对于罪犯的申诉权，我国《监狱法》第 21 条作了明确规定："罪犯对生效的判决不服的，可以提出申诉。"然而，作为《监狱法》上位法的《刑事诉讼法》对于罪犯申诉主体的规定却存在明显的漏洞，其第 241 条规定："当事人及其法定代理人、近亲属，对已经发生法律效力的判决、裁定，可以向人民法院或者人民检察院提出申诉，但是不能停止判决、裁定的执行。"第 264 条规定："监狱和其他执行机关在刑罚执行中，如果认为判决有错误或者罪犯提出申诉，应当转请人民检察院或者原判人民法院处理。"显然，我国《刑事诉讼法》赋予了罪犯享有申诉的权利。但《刑事诉讼法》第 106 条在解释"当事人"的含意时却明显没有把"罪犯"涵盖在内。第 106 条规定："当事人"是指被害人、自诉人、犯罪嫌疑人、被告人、附带民事诉讼的原告人和被告人。这一解释，不得不说是《刑事诉讼法》立法和修订时的一个明显漏洞。

尽管法律明确规定了罪犯的申诉权，但申诉绝非罪犯单方的事情。因为，申诉的结果可能启动再审程序，申诉必须通过法定机关最终才能得以实现。根据我国《刑事诉讼法》第 241 条、第 264 条规定以及《监狱法》第 21 条规定："对于罪犯的申诉，人民检察院或者人民法院应当及时处理。"第 24 条规定"监狱在执行刑罚过程中，根据罪犯的申诉，认为判决可能有错误的，应当提请人民检察院或者人民法院处理……"可以看出，人民法院和人民检察院是我国法律明确规定的处理罪犯申诉的两个法定义务主体。此外，我国《监狱法》第 23 条规定，"罪犯的申诉、控告、检举材料，监狱应当及时转递，不得扣压"；第 24 条规定，监狱在执行刑罚过程中，对于罪犯的申诉，主要负有两项义务，一是及时转递罪犯申诉材料，二是向人民检察院或者人民法院"提(转)请处理"。其中"提请处理"不仅是义务，同时也应是监狱的一项权利。

根据权力运行和义务履行的轨迹来看，缺失责任制约的权力必然被滥用，没有责任的义务也终究被抛弃或消极对待。当我们重新审视罪犯申诉权的现行法律规定时，不难发现，对申诉义务机关在不履行法定义务时的责任追究以及申诉受理或处理的时效规定明显存在缺陷，这也使得罪犯申诉在现实中遭遇"申诉有门却无人受理"的尴尬。如法律虽然规定了人民法院和人民检察院处

理罪犯申诉,但两个机关如果就是不处理,又该承担什么样的责任呢?再如根据《监狱法》第 24 条的规定,人民检察院或者人民法院应当自收到监狱提请处理意见书之日起 6 个月内将处理结果通知监狱。如果 6 个月内没有将处理结果通知监狱,监狱又该如何呢?两个部门会有责任需要承担吗?还有就是时效的问题,《监狱法》规定"对于罪犯的申诉,人民检察院或者人民法院应当及时处理";"罪犯的申诉、控告、检举材料,监狱应当及时转递,不得扣压"。这里涉及两个"及时",该如何理解呢?对于上述这些问题,立法显然存在缺失,而且过于笼统,这也为实践中"不作为"埋下了伏笔,否则,在"浙江张氏叔侄案"中就不可能出现"当朱明勇律师在接手张氏叔侄申诉案后,赶到浙江高院,查询申诉进展,竟然发现法院的电脑里根本就没有录入这起申诉案件。也就是在那一天,张高平的兄长、张辉的父亲张高发才知道,他奔波 7 年的申诉一切归零"。[①]而且,从监狱工作实践来看,由监狱主动向人民法院或人民检察院通过《提请处理意见书》的方式提请处理罪犯申诉的少之又少,几乎可以忽略不计,这也就意味着"提请处理"在现实中成了一种虚设。

(二)申诉权行使渠道的不畅通致使正义总是在反复中姗姗来迟

尽管正义不会缺席,但姗姗来迟的正义也无疑会让正义本身大打折扣。罪犯作为身处大墙之内的"弱者",许多法定权利仅凭其个人之力,往往难以实现,申诉权更是如此。对于罪犯的申诉,不同的义务机关既有共识,也有各自的立场或是利益。不论是作为司法机关的人民法院和人民检察院,还是作为刑罚执行机关的监狱,一方面既希望罪犯申诉,能够平反其背负的冤假错案,以实现法律的公平正义;另一方面,现实中可能又并不主张罪犯申诉,背后作怪的则是各自的利益。对于司法机关来说,申诉成功也就意味着刑事司法的侦查、起诉和审判链条的断裂,有人可能要承担冤假错案的责任,司法机关的公正形象和司法权威也会大受影响。对监狱而言,罪犯申诉的同时大多会伴随着"不老实改造""不服管理""不遵守监规"等情形,这与监狱所希望的罪犯"安心踏实改造"和平稳的监管秩序恰恰背道而驰。

基于上述种种心理作祟,再加上法律规定的不到位,往往使罪犯的申诉渠

---

① 《警方派人作伪证造 2 冤案　真凶漏网杀人》,http://news.xinhuanet.com/legal/2013-03/27/c_124507098.htm。

道异常曲折，充满了荆棘。申诉在现实中或“石沉大海、没有回音”，或“反反复复、来回波折”，以至于在江西“李锦莲投毒案”中，申诉竟多达223次。[①]屡次申诉，屡次受挫，此种情形对于罪犯造成的只有无奈和绝望。

（三）“申诉不减刑”在监狱行刑实践中依然存在，严重影响了罪犯申诉权的行使

保障罪犯的申诉权，终极目的在于实现法律的公平正义。尽管罪犯的申诉可能会对正常的监管秩序带来一定的影响，但监狱不应因此限制或是阻碍罪犯申诉权的行使，更不应以此对其进行处罚；反之，更应成为一种义不容辞的责任和义务。罪犯入狱后，能够获得减刑无疑成为最现实、最迫切的目标。根据我国《刑法》和《监狱法》的相关规定，除有重大立功表现应当减刑的情形之外，罪犯可以获得减刑的必要前提就是确有悔改表现或是立功表现。实践中，罪犯能够获得立功表现的机会少之又少，所以，“确有悔改表现”也就成为罪犯获得减刑的关键前提所在。而问题在于，背负冤假错案的罪犯在申诉的过程中，往往拒不认罪、拒不书写认罪服法材料，如“浙江张氏叔侄案”中的张高平，在服刑期间，整天喊冤，不服管教，见到狱警和驻监检察官，也从不喊自己的囚号。监狱管理者劝他遵守纪律，他仍然近乎偏执地坚持“伏法但不认罪，劳动拒不减刑”，他抛给监狱管理干部的一句话是：“我不是犯人，我没犯罪，减什么刑？”[②]诸如张高平类似的表现，在监狱看来，无疑是没有悔改表现，当然也不具备减刑的条件。

对于罪犯服刑期间申诉和减刑的问题，尽管最高人民法院《关于办理减刑、假释案件具体应用法律若干问题的规定》第1条明确规定：对罪犯在刑罚执行期间提出申诉的，要依法保护其申诉权利。对罪犯申诉应当具体情况具体分析，不应当一概认为是不认罪服法。然而，监狱在行刑实践中，还是或多或少地保留了“申诉不减刑”的做法，由此导致的是，罪犯为了能够获得减刑，只能委曲求全，放弃申诉。这也正如“赵作海案”的当事人赵作海就是在无奈中放弃了申诉的希望而获得了减刑。[③]如果不是机缘巧合，放弃申诉权的赵作海或许永远得不到改判的机会，最终只能含冤而死。也有的罪犯为了获得减刑，服刑期间

---

① 《控方改口，法院照判　一桩毒杀案，223次申诉》，http://www.infzm.com/content/96825。

② 何家弘主编：《迟到的正义——影响中国司法的十大冤案》，中国法制出版社2014年版，第218页。

③ 同上书，第203页。

不敢申诉，只能等释放后再行申诉。例如，福建“杀人犯”蔡金森在狱中怕影响减刑一直不敢申诉，在服刑 20 年刑满释放后再请律师申诉。①显然，“申诉不减刑”的做法严重违背了法律保护罪犯申诉权的初衷和精神，结果只能是让罪犯“冤上加冤”。

（四）罪犯刑事申诉权保障机制在法治的曙光中逐步得以形成

盘点近年来纠正的重大冤假错案，这些案件之所以能够得到纠正，可以说，与我国法治化进程的日益加快密不可分。无论是“浙江张氏叔侄案”还是“内蒙古呼格吉勒图案”，无不“体现了法律的公平正义，其意义远远超过了个案本身，直接促进了全国政法机关执法理念的更新和冤案纠错机制的形成，在冤案纠错实践中具有里程碑的意义”。②尽管纠错在现实中还面临着这样或那样的问题和困境，但在法治的曙光中，我们还是看到罪犯刑事申诉权保障机制正逐步得以形成。

作为统管公检法司的中央政法委，在中央政法工作会议上指出，要探索建立刑事案件申诉异地审查制度，确保执法办案每一个环节出现问题，都能及时发现、纠正、问责。人民法院作为审判机关，代表法律的尊严和权威，对于纠正冤假错案起到至为关键的作用。党的十八大以来，23 起重大冤假错案得到纠正。这些冤假错案大多数是由人民法院依法予以纠正的，且大多数是因为“证据不足”，根据“疑案从无”的原则被宣判无罪。③同时，人民法院对于刑事冤假错案申诉立案机制也作了进一步完善，力求使确有错误的案件能够及时顺利进入再审程序。人民检察院作为法律监督机关在纠正冤假错案中发挥的作用也日益凸显。2014 年 11 月 20 日，最高人民检察院发布了新修订的《人民检察院复查刑事申诉案件规定》，对于依法按程序处理刑事申诉案件、强化对申诉权的保障、强化检察机关法律监督和自身监督，具有重要意义。④上述对于保障罪犯

---

① 新浪新闻中心：《男子被控杀人入狱 20 年后获释　称为减刑不敢申诉》，http://news.sina.com.cn/s/2014-09-03/081230787076.shtml。

② 何家弘主编：《迟到的正义——影响中国司法的十大冤案》，中国法制出版社 2014 年版，第 229 页。

③ 《十八大后纠正 23 起原件错案　疑罪从无不再停留纸面》，http://legal.china.com.cn/2014-12/17/content_34341491.htm。

④ 《最高检发布“复查刑事申诉案件”新规》，http://legal.people.com.cn/n/2014/1120/c188502-26063927.html。

刑事申诉权、及时纠正冤假错案必将起到重要的指导和推动作用。

四、完善罪犯刑事申诉权保障机制的思考

保障罪犯刑事申诉权涉及刑事司法的各个环节，是一项复杂而又系统的纠错工程，需要举刑事司法领域的多方之力方能实现。透视现实中申诉艰难背后存在的诸多问题和困境，笔者认为，完善罪犯刑事申诉权保障机制的重点应发挥人民法院、人民检察院、监狱、律师等保障主体的作用，贯穿其间的是法治理念和责任追究。

（一）完善刑事案件申诉受理、立案机制，切实发挥人民法院保障罪犯刑事申诉权的关键主体作用

从整个刑事司法流程来看，侦查、起诉、审判、执行构成了一个完整的链条，而审判环节可谓是承上启下、至为关键的一环。因为，法院的判决将决定着当事人的身份和未来，是重返自由社会还是被投身大墙之内。即便是侦查、起诉阶段存在造成冤假错案的可能，如果法院能够把好最后一关，通过公正的审判同样可以避免冤案的发生。但法院稍有疏忽，随着法槌的落地，冤假错案将不可避免。程序一旦进入执行阶段，纠错将是难上加难。没有人民法院的改判，无论再怎么申诉，“罪犯”终将还是罪犯。在这个意义上来讲，冤假错案既源于法院，也将止于法院。所以，在保障罪犯刑事申诉权方面，人民法院既是首要的义务机关，也是至为关键的保障主体。法院保障罪犯刑事申诉权主要体现在畅通申诉渠道，顺畅申诉受理之门，及时处理申诉，为案件顺利进入再审程序提供可能，这是罪犯通过申诉纠正冤假错案的前提。法院行使司法审判权，代表法律的公平正义，法院的公正之门应是永远为申冤者敞开的。在申诉处理环节，笔者认为，有几个问题需要进一步完善。

第一，坚持“申诉必受理”的原则，对所有申诉案件，法院均应及时受理登记，并在“合理时间”内向申诉人作出书面的是否决定立案再审的答复。对于“合理时间”，建议参照《人民检察院复查刑事申诉案件规定》所规定的“2 个月”的决定期，以便人民法院有较为充裕的时间对申诉进行审查。对于罪犯的申诉答复，有的法院一改通常用信函回复的做法，尝试前往监狱就地开展听证，让罪犯认为的“冤情”一吐为快，对于稳定当事人情绪、审查申诉、保护罪犯申诉权无

疑具有积极的作用。①

第二，必须明确对于申诉案件未及时登记以及未在合理时间内作出书面答复所要承担的法律责任，以有效避免“浙江张氏叔侄案”中张辉的父亲张高发7年申诉却根本没有录入电脑登记的悲剧再次上演。

第三，坚持以“本地审查为主、异地审查为辅”，探索建立申诉案件异地审查制度，以解决申诉长期不答复和地方保护主义的问题。对此，中央政法工作会议已明确提及。中国政法大学刑事司法学院教授、著名刑诉法专家洪道德认为，异地审查对于现有申诉制度是一个重要或者说不可或缺的补充。一旦本地法院开始复查了，但长期不作出答复，这样的案件就可以纳入异地审查的范畴。②异地审查一般由上一级人民法院指令审查，跨省的审查由最高人民法院指令。

（二）以《人民检察院复查刑事申诉案件规定》的颁布为契机，进一步强化人民检察院在刑事申诉案件中的监督属性和纠错功能

人民检察院是我国专门的法律监督机关，同时也是罪犯刑事申诉法定的义务处理机关。在罪犯刑事案件申诉过程中，人民检察院能够通过抗诉直接启动冤假错案的纠正程序，发挥的作用是当事人及其法定代理人、近亲属的申诉所无法比拟的。笔者认为，检察院在保障罪犯刑事申诉权方面应重点加强以下三个方面。

第一，切实肩负起受理罪犯申诉、为罪犯伸张正义的法定职责和使命，同时依法行使好能够直接启动纠错程序的抗诉权。2014年11月20日新颁布的《人民检察院复查刑事申诉案件规定》对于罪犯申诉的管辖、受理、立案、复查、抗诉等程序都作了较为全面、系统的规定，突出了问题意识和纠错意识，贯彻了“切实尊重和保障罪犯申诉权”的基本理念，彰显了坚决纠正司法不公、维护司法权威的精神。该规定作为检察机关复查刑事申诉案件的基本规范，成为罪犯刑事申诉权保障机制重要的有机组成部分。规定仅是书面上的宣告，关键在于落实。

第二，充分发挥驻监检察室的功能，拓展受理罪犯申诉的渠道。人民检察院在各个监狱均设有驻监检察室，其除了监督监狱执行刑罚外，还有一项重要

---

① 《四川省高院首开“监所听证”保护罪犯申诉权》，http://www.legaldaily.com.cn/misc/2007-01/31/content_529744.htm。

② 《中政委：有冤假错案与考核有关》，http://f.10086.cn/info/c/?rid=1-556694&left=true&v=2&tp=me。

的职责就是受理罪犯的申诉、控告和检举。驻监检察官不仅通过检察院信箱受理罪犯申诉，更要经常性地深入罪犯中间，让想申诉的罪犯能够近距离地看到希望；同时建立“凡申诉必面谈”机制，通过与罪犯面对面的形式，详细了解申诉情况，为申诉是否决定立案复查提供更为详尽、直观的资料。在“浙江张氏叔侄案”中，如果没有驻监检察官张飚坚持不懈的努力，该案也不会顺利得以纠正。

第三，强化检察监督。作为专门的法律监督机关，检察院对法院受理刑事申诉情况的监督不应成为现实中的一个盲区。除了加强对自身监督外，强化对罪犯申诉过程中包括法院受理、监狱转递申诉材料等所有环节的监督应成为检察监督的重要内容。

（三）加强监狱对罪犯申诉权的告知和权利行使的引导，完善监狱在罪犯申诉中的“提请处理权”，坚决废除“申诉不减刑”的做法

在执行刑罚的过程中，作为监管公权力一方，监狱的执法理念和做法无疑直接影响着罪犯权利的保障状况。“尽管在监狱这个特殊的公权力场域不可能苛求国家公权力与公民个体权利的完全均衡，但也应当实现监狱惩罚改造权与罪犯基本人权在一定程度和一定范围内的相对均衡。”[①]这种均衡程度反映出一个监狱的法治化水平。在构建法治社会的当下，监狱不再是一座孤岛，依法治监的潮流不容逆转。而“只有保障囚犯权利的社会，才是一个真正意义上的文明社会和法治社会”。[②]在严格执行刑罚的同时切实保障罪犯依法享有的权利，这是法治监狱的应有之义。法治背景下，笔者认为，监狱在保障罪犯刑事申诉权方面，不应仅停留在现行《监狱法》的规定上，更应主动有所作为，发现并切实帮助背负冤假错案的罪犯早日洗刷冤屈，实现真正的公平正义。

1. 以法治精神为引领，贯彻宪法“尊重和保障人权”基本原则

正视罪犯的主体地位，增强包括申诉权在内的罪犯权利保障意识，这是监狱严格、公正执法的现实需要和客观要求。受传统人治思想以及以惩罚为主导的执法理念的影响，再加上对监狱惩罚功能认识的不足和偏差，导致罪犯权利极易受到侵害，得不到应有的保障。保障罪犯刑事申诉权，对于监狱而言，首要的就是转变观念，突破传统思想的束缚，将“权利本位”理念贯穿于执法的始终。

---

① 宫本欣主编：《法学家茶座》，山东人民出版社 2002 年第 1 辑，第 100 页。

② 张晶：《囚犯地位历史演进研究》，《犯罪与改造研究》2013 年第 2 期。

2. 加强罪犯享有申诉权以及权利保障告知，明确专门机构办理罪犯申诉

对于罪犯申诉权的告知义务，《联合国囚犯待遇最低限度标准规则》第35条作了明确规定："囚犯入狱时应发给书面材料，载述有关同类囚犯待遇、监所纪律要求、领取用品和提出申诉的规定办法等规章以及使囚犯明了其权利和义务、适应监所生活的其他必要材料。"罪犯入监后，监狱应通过《权利义务告知书》等书面形式，明确告知罪犯依法享有的申诉权以及如何行使刑事申诉权的有关规定，确保每一名想申诉的罪犯知晓自己的权利。同时，明确由监狱刑罚执行科或法制科等机构专门办理罪犯申诉，专人负责登记、转递罪犯申诉材料。

3. 重视监狱公职律师专业作用的发挥，建立公职律师为申诉罪犯提供"一对一"法律服务机制

目前，许多省市的监狱系统已组建了公职律师团队。监狱公职律师既是监狱民警，又是具有法律专业知识背景且具有法律职业资格的律师，对于解答罪犯刑事裁判中的困惑、帮助罪犯依法行使申诉权无疑具有天然的优势。笔者作为一名公职律师，结合工作中的一些做法，认为监狱有必要建立公职律师为申诉罪犯提供"一对一"法律咨询服务的机制，详细了解罪犯申诉事由，帮助罪犯释疑解惑，分析、研判申诉的可行性，缓解罪犯由于申诉而产生的不良情绪。

4. 主动而为，依法行使"提请处理权"

对于确实存在冤假错案可能且有新的证据材料的申诉，监狱应依法、及时提请人民检察院或人民法院处理，让"提请处理"不再成为保障罪犯申诉的摆设。在监狱"提请处理"罪犯申诉的问题上，也有人提出应直接赋予监狱"提请再审权"，让监狱也成为再审的主体，认为赋予监狱提请再审权是有效纠正错误判决的"最好的办法"。[①]从理论上来讲，赋予监狱提请再审权对于监狱切实保障罪犯申诉权无疑具有实质性的作用，但其间涉及司法权力的重新分配、监狱性质功能的重新定位等，笔者认为该观点需进一步商榷。

5. 坚决废止"申诉一律不减刑"做法，畅通罪犯申诉渠道

实践中，监狱对申诉的罪犯一概认定为不认罪悔罪而不予减刑，显然违背了宪法和法律保护罪犯基本权利的基本原则，也违背了最高人民法院关于办理减刑、假释的规定和精神。对于罪犯的申诉，监狱应作出全面、客观的分析，申诉的罪犯不应被监狱当成抗拒改造、不认罪悔罪的典型在减刑上受到打压或限

---

① 《监狱应有提请再审权》，http://news.sina.com.cn/o/2006-04-02/11058592454s.shtml。

制。对于符合减刑条件的申诉罪犯，监狱应当提出减刑建议。2013年，浙江省公检法司联合出台《关于切实保障服刑人员申诉权利的意见》，要求切实保障服刑人员申诉权利，正确处理申诉与认罪悔罪的关系，并明确了申诉不影响对服刑人员的减刑、假释。①笔者认为，浙江省的做法无疑值得借鉴。

（四）逐步实行律师代理罪犯刑事申诉制度，充分发挥律师在申诉过程中的专业作用，最大限度维护罪犯的合法权益

随着我国法治化进程的加快，律师在依法治国中的作用日益凸显。根据我国《律师法》的规定，律师有权接受委托，代理各类诉讼案件的申诉。当然，这包括刑事案件的申诉。另外，《人民检察院复查刑事申诉案件规定》也明确了"申诉人委托律师代理申诉，且符合上述条件的，应当受理"。在刑事案件申诉过程中，相对于当事人及其法定代理人、近亲属三类法定的申诉主体而言，律师的优势是显而易见的。首先，律师具有丰富的法律知识，能够从专业的角度帮助罪犯甄别申诉的合法性、合理性、有效性和可行性，有效行使代理权；其次，律师作为刑事申诉委托代理人，享有阅卷、调查、收集证据、代理书写申诉状、陈述申诉事由和根据等诉讼权利，能够最大限度地保障罪犯的申诉权，避免罪犯盲目申诉、无效申诉；再次，律师可以利用自己作为第三人的特殊身份，增强罪犯对律师的信任感，对罪犯如何正确刑事申诉权进行宣传引导。对于无理、非法的要求，讲明利害关系和后果，安抚息诉。通过律师作用的发挥，既可以帮助罪犯依法正确申诉、维护罪犯合法权益，实现社会公平正义，又可以减轻监狱因罪犯申诉带来的监管安全压力，有效缓解罪犯不良情绪；同时，还可以降低司法机关因无效申诉而产生的成本。

鉴于律师的专业优势，由律师代理申诉已成为法治社会的发展趋势。对此，党的十八届四中全会《中共中央关于全面推进依法治国若干重大问题的决定》明确提出，"对不服司法机关生效裁判、决定的申诉，逐步实行由律师代理制度"。无疑，这为申诉制度的发展明确了方向，所有不服司法裁判和决定的申诉将由律师代理。那么，这里有一个问题需要进一步探讨，即：该决定所指的律师代理，是自愿委托律师代理还是通过法律的强制性规定必须委托律师代理？

---

① 《浙江高院会同公检司出台意见　切实保障服刑人员申诉权利》，http://www.zjcourt.cn/content/20130418000033/20131223000004.html。

对此，笔者认为，应属于强制性的委托代理，也就是不论是罪犯本人还是其法定代理人或近亲属，只要想申诉，都应当委托律师代理。当然，对于聘不起律师的申诉人，该决定也明确了“纳入法律援助范围”。之所以推行强制律师代理制度，原因在于该项制度“对于避免程序进行时的无谓消耗及充实审理等方面有很大的好处，同时还能大幅提高司法制度的运行效率”。①尤其在刑事案件中，冤假错案之所以发生，往往受当时刑事政策、司法体制、司法理念、工作机制等多种因素的影响和制约，是多种原因交互作用的结果，案情较为复杂、时间跨度较长，再加上罪犯身处监狱、人身自由受到限制、法律知识欠缺、申诉材料残缺不齐，加大了申诉的难度。在此种情形之下，合理、规范、有效的申诉相对较少，往往导致反复申诉、长期申诉却屡诉屡败。在刑事案件申诉中，由专业的律师代理无疑能更好地帮助罪犯行使申诉权，同时也能够提高申诉的效率和质量。强制律师代理作为当事人诉讼模式下一种专业化的制度设计，为西方一些发达国家所推行，以法国和德国为代表，在我国尚属新鲜事物，但却为我国司法审判制度改革提供了借鉴。所以，该决定也是明确在“申诉”阶段“逐步”实行律师代理制度，而非“一刀切式”地在所有诉讼程序中全部实行律师代理。这实际上是一种探索和尝试，也是未来发展的一种趋势。

五、结束语

诚然，冤假错案的防范远胜于救济。但是，我们必须竭尽全力去纠正冤假错案。鉴于申诉在罪犯权利救济、纠正冤假错案以及实现社会公平正义中的价值和作用，重视并切实保障罪犯的刑事申诉权应成为法治社会构建的必然要义。尽管保障罪犯刑事申诉权在现实中依然面临这样或那样的问题和困境，但在法治的曙光中还是迎来了迟到的正义。虽然正义从来不会缺席，但正义也不能总是姗姗来迟！人们不仅追求正义，而且期盼及时到来的正义！

---

① 胡元静：《论我国强制律师代理制度的建立与完善》，http://www.chinacourt.org/article/detail/2013/05/id/961304.shtml。

试论狱务公开的层次性

上海市南汇监狱　王　毅　余　飞

狱务公开不是一个新的话题。20 世纪末 21 世纪初，中国监狱就对狱务公开工作进行了探索和实践，并一直延续至今。今天，我们再次向社会、罪犯家属和罪犯提出深化狱务公开工作，它的意义将是深远的。在信息化社会背景下，狱务公开不但是监狱行刑文明发展的趋势，而且是监狱现代化的必然要求，①也是监狱人权保障的有效手段、行刑社会化的产物，是推进司法体制改革的必然要求，更是监狱清正廉洁的有效反腐剂，全面推进依法治国、依法治监的重要举措。

系统论认为，整体性、关联性、等级结构性、动态平衡性、时序性等是所有系统共同的基本特征。系统是由要素组成的，但要素和系统也是相对的。上一层面的要素也可能是下一层面的系统。正是由于组成系统的诸要素的种种差异和结合方式上的差异，使得系统组织在地位与作用、结构与功能上表现出等级秩序性，形成了具有质的差异的系统等级和多样性的系统。②层次论是系统论的具体化。它所关心的问题是一个层次与另一个层次的基本差别。它的最终目标是提供不同层次间关系的说明。正因为如此，牢牢把握住层次这个关键，对系统科学及其哲学世界观具有重要的方法论意义，或者说系统理论不能仅仅停留在世界观层次上，更要转化为方法论；而整体方法建立的基础，首先是对层次的理解，即对层次性的研究，这是形成新的方法论的基础。③

狱务公开是指监狱机关依法向罪犯及其家属、新闻媒体和社会公众公开与监狱职权相关的不涉及国家秘密、个人隐私、未成年人案件的活动和事项。它是我国依法治国背景下监狱机关实现依法治监、推行司法改革、促进司法公开、提高司法透明度的一项举措。当前之所以深化此项工作，是国家为保障公民的

---

① 党的十八届三中全会提出治理能力现代化，对治理现代化有民主（要求公开）、法治（规则意识）、科学化（科技提升）三个标准。监狱现代化也必须达到这三个标准。

② 陈飞星：《人类——环境系统的层次分析——兼谈社会、经济等概念及关系》，《系统工程理论与实践》2000 年第 12 期。

③ 董春雨、姜璐：《层次性：系统思想与方法的精髓》，《系统辩证学学报》2001 年第 1 期。

知情权和监督权，增强监狱执法工作的透明度和司法运行的公正性而提出的对外公布监狱机关履行职责情况和有关信息的一项司法改革举措。因此，本文想通过层次性这一理念和方法论来剖析狱务公开，即：层次性理论就是以层次关注不同狱务公开对象对狱务信息的不同需求，关注各主体狱务信息利益的矛盾冲突与协调；以层次性理论为指导开展狱务公开工作，科学合理地确定狱务公开的对象、内容、方式手段、时间及其他要求，从而保障狱务公开工作的顺利开展。

一、狱务公开层次性的表现

狱务公开作为行刑社会化的产物，不仅具有显明的层次性特点，而且这些特点直接影响这项工作的深化。因此，对狱务公开的层次性研究尤为重要，主要表现在四个方面。

（一）价值目标

1. 保障公众知情权

知情权是公民的一项基本权利。对此，《世界人权宣言》[①]《公民权利与政治权利国际公约》[②]和《关于推进知情权的亚特兰大宣言与行动计划》（简称《行动计划》）[③]都对知情权作出了明确的规定。尤其是《行动计划》将公民知情权的内容具体化，成为关于知情权的国际标准。我国宪法虽然并未使用“知情权”“参与权”“表达权”“监督权”等概念，但明确规定国家的一切权力属于人民，并在调整国家与公民的关系中明确了人民主权原则和公民参与国家事务、监督国家机关的权利。因此，公民的知情权是狱务公开的法律依据。狱务公开是基于公民知情权而产生的监狱机关信息公开的一项基本义务，[④]是履行国际法承诺和向世界彰显社会主义法治国家保障公民权利的重要途径。

---

① 该宣言第 19 条规定：“人人有权享有主张和发表意见的自由；此项权利包括持有主张而不受干涉的自由，通过任何媒介和不论国界寻求、接受和传递消息和思想的自由。”

② 该公约规定：人人有自由发表意见的权利；此项权利包括寻求、接受和传递各种消息和思想的自由，而不论国界，也不论口头的、书写的、印刷的、采取艺术形式的、或通过他所选择的任何其他媒介。

③ 该计划规定，知情权是人类尊严、平等和公正的和平之基础，是公民参与、良好治理、行政效率、问责制和打击腐败、新闻媒体和新闻调查、人类发展、社会包容及实现其他社会经济和公民政治权利的基础。

④ 司法部副部长赵大程指出，狱务公开就是要把监狱的工作能够公开的事项向罪犯和社会公开。它是我们推行政务公开的一个组成部分。

2. 保障罪犯的合法权利

罪犯虽是判刑入狱之人，但他仍然是人，是国家公民。作为人，就仍然具有人的尊严和人的一般需要，监狱就应保障他作为一个人所必须享有的权利。保障罪犯的合法权利和合法权益是监狱的职责。确立监狱作为狱务公开的义务主体地位，对于罪犯来说，罪犯了解知悉掌握与其自身权利密切相关的狱务信息，有利于保障自身权利。在监狱这一特殊的空间范围内，他们的权利往往受制于监狱机关或者监狱民警，所以罪犯权利的实现或者相当一部分权利的实现就需要借助监狱机关与监狱民警来完成。①行使合法权利，防止合法权益受到侵害，狱务公开势在必行。

3. 监督、制约监狱执法权力

狱务公开的过程就是实现公民、罪犯家属和罪犯知情权的过程。在此过程中，会增大公民参与执法行为的程度，增强对司法权力的监督力度，使监狱机关的行为得到公民的关注和监督，从而有助于减少腐败行为。因此，公开是防止暗箱操作、腐败和推进司法体制改革的根本制度之一。"政法战线要肩扛公正天平、手持正义之剑，以实际行动维护社会公平正义，让人民群众切实感受到公平正义就在身边。"推行"狱务公开"工作是监狱机关对监狱权力监督制约机制的自我完善，是反对司法腐败、体现公平正义的有力武器。

（二）公开对象

狱务公开的对象是享有狱务公开信息知情权的权利主体，主要包括有以下三类。

1. 罪犯

罪犯是监狱刑罚执行的对象，其作为改造主体之一，是最关心狱务公开的权利主体。处于弱势地位，出于对自身权利的保护，其需求就显得愈发强烈和重要。这种知情权需要国家强制力的保护才可以得到充分行使。《监狱法》对罪犯的权利有明确的规定，如第 7 条规定：罪犯的人格不受侮辱，其人身安全、合法财产和辩护、申诉、控告、检举以及其他未被剥夺或者限制的权利不受侵犯。根据"法无禁止即为自由"的法治原则，罪犯对狱务信息的知悉、了解的权利并没有被法律明文剥夺，应该享有知情权。因此，让罪犯知悉、了解狱务信

---

① 冯建仓：《中国监狱服刑人员基本权利研究》，中国检察出版社 2008 年版。

息，也是维护个人利益的法律武器之一。

2. 罪犯亲属

罪犯亲属因其身份的关系，在狱务公开中享有一定的特殊地位。如《监狱法》规定，执行机关应当将罪犯及时收押，并且通知罪犯家属。罪犯亲属作为罪犯改造的重要社会支持力量，监狱要主动引导，并且要“为我所用”。如果他们能支持监狱工作，则罪犯的改造动力将会更加强大。但前提是，他们能了解监狱相关的信息，特别是涉及罪犯切身利益的信息，告知他们，帮助他们如何去帮助其亲人在狱内认真改造，这也正是狱务公开所欲达到的目的之一。

3. 社会公众(含社会组织)

公众是指不特定的社会主体。狱务公开的宗旨就是要让监狱权力在阳光下运行。因此，向公众公开是狱务公开的基本要义所在，公众是狱务公开首要对象。监狱机关越是以开放的姿态面对公众，加大向公众公开的力度、广度和深度，就越能使公众充分了解监狱机关和监狱工作，拉近监狱与公众之间的距离，增强监狱工作的公开性、亲和力和透明度，进而获得公众的信任和支持。

值得一提的是，虽然监狱民警没有被列入狱务公开对象范围，但在一定程度上来说，民警也是狱务公开的对象，因为他们也必须事先了解、掌握相关信息，这样才能更好地推进狱务公开工作。

（三）公开内容

根据监狱工作的性质和具体内容，开展狱务公开工作应该有所侧重和区别，以确定信息公开的程度、对象和范围。据此，笔者认为，整个公开的内容可划分为三个层次。

1. 绝对公开的内容

对于这类狱务信息，监狱机关可以通过各种方式向社会公众、罪犯和其家属公开，不附加任何限制条件。司法部 2001 年《关于在监狱系统推行狱务公开的实施意见》中规定的狱务公开的文件目录，即属于这部分内容，明确了狱务公开的指导思想和原则，进一步细化了公开的主要内容和方式、监督途径、组织领导和工作要求。在本次试点工作中，司法部再次强调了两个方面的公开：一是事关罪犯服刑的有关内容。比如，罪犯的权利义务，他的考核、他的奖惩，以及与罪犯相关的假释、保外就医等，他需要什么样的条件，需要什么样的程序，实行这些考核，他的结果是什么，要进行公开。二是监狱管理工作。监狱怎样进行管理工作，怎样进行教育，如何安排罪犯的生活、劳动等，这些都要公开。这些公开的内容不仅向罪犯公开，同时也要向罪犯的家属和社会公开。

当然，绝对公开的内容显然不应仅仅限于上述监狱职能和执法规范，还有许多内容应该纳入其中，比如经费预算情况、社会热点案件的进展情况、狱务年度工作报告等。

2. 限制公开的内容

限制公开的内容是指对公开的对象、时间、方式等附有附加条件的狱务信息。比如，罪犯的减刑、假释在提请评审过程中，不同的层级（包括罪犯、监区、科室、驻监检察室、委员会、行政办公会）对其展开讨论的具体意见是不能对公开对象进行公开的，但其评审结果是对公开对象进行公开的。由于笔者采用的是广义的狱务公开概念，因此，有些通常意义上被理解为狱务公开例外事项的信息在笔者看来属于限制公开的内容。比如，涉及罪犯个人隐私的事项、罪犯改造的信息通常基于保护罪犯个人隐私权的角度，一般不对社会主动公开，罪犯亲属要通过申请才能进行公开。

3. 禁止公开的内容

禁止公开的内容是指不得向监狱机关以外的任何主体（包括公众、罪犯及其亲属）公开的狱务信息。作为国际公认的一项重要的司法基本原则，公开原则已经呈现出贯穿于整个刑事执行过程的趋势。由此可见，在司法公开得以充分倡扬的时代背景下，在广义的狱务公开的视野下，禁止公开的内容被逐步压缩，在狱务信息中仅占有极小的比例，但仍然以一种独立的样态存在。比如，《司法行政工作中国家秘密及其密级具体范围的规定》中不得公开的事项，属于绝对禁止公开的内容。

（四）公开方式

从狱务公开启动的主体看，可将公开的方式划分为依职权和依申请的两种。①

1. 依职权的狱务公开

依职权的狱务公开又称主动狱务公开，是指监狱机关根据自己的工作职责和权力行使要求主动公开相关狱务信息。主动狱务公开一般在如下两种情形

---

① 狱务公开的方式也可从公开载体的角度进行分类，即传统的和现代的。

下进行：一是出于履行法定义务而主动公开，如监狱机关出于履行对罪犯的告知义务以及其他狱务信息公开要求而主动公开相关信息，应告知申请人获得该狱务信息的方式和途径；二是出于回应公众关切而主动公开，如监狱机关针对社会关注的发生在监狱系统内的重大事件或就其办理的重要案件召开新闻发布会等。

2. 依申请的狱务公开

依申请的狱务公开又叫被动狱务公开，是指监狱机关依据对象人的申请或者是依据社会上的要求而进行的狱务公开。这一类狱务公开是依据有关人员的申请而进行的，具有一定的被动性。比如，罪犯及罪犯亲属可以从第三方专业机构和人士包括司法鉴定机构、罪犯亲属聘请的律师获得帮助，监狱应该提供方便。应向申请人按规定提供其所需狱务信息；申请公开的狱务信息中含有不应当公开的内容，但能够作区分处理的，可公开的部分应向申请人公开。值得注意的是，随着公民权利保障意识的增强和媒体监督力量的加强，罪犯、罪犯亲属、社会公众要求监狱机关公开相关信息的情况将越来越多，监狱应牢固树立起监督者更要接受监督的思想，充分保障他们的合法权益和知情权。

二、狱务公开层次性的价值基础

狱务公开为什么具有层次性的特点？狱务公开的层次性不是人为划分的，而是由公开的价值基础决定的。笔者认为，狱务公开层次性的价值基础主要表现在以下四个方面。

（一）满足多元主体不同利益需要的要求

狱务公开的层次性是由公开对象类别的层次性决定的，狱务公开需要满足多元主体的利益需求。在刑事执行中①，最主要的利益主体包括罪犯及其亲属、公众。具体来看，每一类利益主体还可以划分为更为具体的类别，如：公众包括社会人士、社会组织和受害人。每一类人员，因其身份不同，与刑事执法利害关系的亲疏远近不同，其在知悉狱务信息时间、内容、方式等方面的需求也不尽相同，如罪犯亲属更关心罪犯在改造中具体情况，需求更为迫切和直接。因

① 这里的刑事执行是指狭义上的监狱执法，不包括社区矫正。

此，监狱机关应当根据不同主体对狱务信息需求的差异，分层次地实行狱务信息公开，而不是将所有的狱务信息不加选择地全部公开，这不仅会给监狱机关带来难以承受的负担，且会干扰知情权的实际享有与行使。例如，对社会公众，应当公开监狱的性质、任务、职责权限，监狱人民警察的权利、义务和纪律要求等；对罪犯亲属，除含有向社会公开的内容外，还应当公开罪犯的权利义务，罪犯行政奖惩的条件、程序、结果等。可见，多元主体对狱务信息需求的差异，决定了监狱机关对不同类别的主体应当实行不同内容、不同时间和不同方式的狱务公开。

（二）协调公开所带来的不同主体利益冲突的要求

推行狱务公开需要充分考虑其可能产生的负面影响，即导致不同主体利益的矛盾冲突。狱务信息的内容可能涉及国家秘密、商业秘密、个人隐私，相关信息的公开可能会给上述人员带来伤害；相关信息的不当公开，有时会产生不良的社会影响，并对监狱机关公正执法造成干扰，甚至造成舆论对司法的干预等。例如，狱内罪犯的就医问题，尤其是患有重病的罪犯，从人道的角度出发，监狱机关为了确保他们的生命权，开辟“绿色通道”给他们及时治疗。但对社会普通老百姓来说，他们可能会觉得不公平，产生强烈的对立心理，甚至采取与监狱民警对抗的行为。因此，公众、罪犯及其亲属的狱务信息知情权、狱务工作参与权、狱务工作监督权会与国家秘密、商业秘密、公民隐私保护以及监狱机关公正司法形成矛盾冲突。我们不能无限制地对所有对象步调一致地公开狱务信息，而应协调平衡各种利益关系，针对不同的对象合理确定狱务信息公开的方式、方法、时间、内容和要求。

（三）实现司法公正提升公众对司法认同度的要求

公开是公正的保障，司法工作透明、公开，在阳光下运行，可以有效防止司法腐败与司法不公的发生，使罪犯亲属和罪犯切身感受到司法的公正。监狱工作是司法工作的重要组成部分，狱务公开无疑对监狱工作的公正开展具有保障作用。同时，对社会公众的狱务公开，有助于社会公众（包括检察院、法院）对监狱机关的制约监督，形成权力的制衡。

狱务公开的层次性能够帮助监狱机关在追求公正的过程中做得更加具体、更加有针对性。不同主体对狱务公开的不同需求实际上折射的是不同主体对司法公正关注点的差异。一般来说，公众主要关注有重大社会影响的相关信息，而罪犯及其亲属则更加关注与其自身利益密切相关的信息，即使两者关注的信息发生重叠，两者对具体案件信息的关注点也有差异。相应地，对于罪犯、罪犯亲属和公众而言，狱务公开的内容、时间、方式、要求等均应有所不同。只有关注狱务公开的层次性，才能满足不同主体多样化的利益需求，从而更有针对性地实现司法公正，提升公众对司法的认同度。

（四）提升监狱内部正规化管理水平

狱务公开工作是提升监狱整体工作水平的一个载体和契机。这是因为，此项工作不仅仅是为推进公开而公开，“不是一阵风”，而是今后监狱长期的、永久的工作要求。在深化狱务公开过程中，监狱民警应按照法治程序要求规范执法；按照监狱执法形象要求文明执法，按照法治实体要求准确执法。如果要达到这三个执法要求，监狱必须加强内部正规化管理。因此，针对不同的公开对象，在确定狱务公开的范围时，应充分考虑保障刑事执法活动顺利进行的需要，就必须深入研究狱务公开的层次性，必须关注不同类别主体对狱务信息需求的差异，有针对性地实行不同内容、不同时间和不同方式的狱务公开，做到规范执法、文明执法和准确执法，以达到提升监狱内部正规化管理水平的要求。

三、狱务公开层次性面临的瓶颈解析

党的十八届四中全会决定更印证了监狱狱务公开工作的紧迫性和重要性。然而，目前在推进此项工作中，尤其是落实层次性，仍面临着不少瓶颈，主要表现如下。

（一）思想方面：对狱务公开的认识存在偏差

尽管推进狱务公开工作已有10余年了，但现实中监狱普遍存在着“民可使由之不可使知之”的思想，认为公开了程序和期限，告知了权利和义务，捆住了自己手脚，教会了罪犯维权方法，增加工作难度；公开纪律和禁令，造成民警工作积极性受挫伤；接受监督，一旦家丑外露，有损监狱机关的整体形象；认为狱务公开仅是反腐倡廉、加强党风廉政建设的一项措施，是纪检、监察部门的事；更多人认为狱务公开影响了监狱机关工作，存在多公开多错、少公开少错、不公开不错的思想。由于民警队伍的认识偏差，在深化狱务公开层次性的问题上，监狱容易出现“上头热，中间温，底下冷”的现象；民警在公正执法、文明执法和准确执法过程中，往往与民警执法自信度、准确度有关，有时会出现“漏水效应”现象①；坚持有利的公开，不利的不公开，存在文字公开而实际操作不公开，狱务形式公开而内容不公开，表面公开而实质未公开，对内公开而对外不公开等现象，使狱务公开流于形式。

（二）制度方面：狱务公开法律制度欠完善

狱务公开工作必须依法依规公开，这是前提和基础。纵观我国狱务公开工作开展的历程，可以发现，此项工作的深化在制度层面目前还存在以下问题：一是缺少权威制度性规定。狱务公开的具体范围完全取决于监狱机关单方面的意志，在触及公开时，都是以政策内容为准则，在此框架下则任其发挥。这种公开就是警察权力型公开而非公民利益型公开，这与《政府信息公开条例》的初衷相悖。②二是现有法律规定不给力。例如，对于罪犯狱务信息公开规定的条款大多散见于《刑法》《刑事诉讼法》《监狱法》和司法部的规章之中，尚未形成统一的法律制度体系，少有指导性强的法律依据可以直接采用。由于立法体系不系统，立法目的不一致，内容表述不一，只规定什么信息可以公开，却无兜底性质的不公开条款，导致狱务公开实质上成了“公开是例外，不公开是原则”，与政府信息公开“公开是原则，不公开是例外”的精神背道而驰。三是相关制度操作不规范。尽管司法部对狱务公开有明文要求，但全国各省市对狱务公开工作的落实没有一个统一的执行标准，如：减刑假释的标准不统一，考核的程序性规定不完善，执法随意性较大；在罪犯的劳动报酬、休息权、劳动保障以及通信会见、生活卫生等方面，存在需要完善的地方；③监狱罪犯权利受到侵犯后的救济制度也需要进一步健全完善；而基层监狱更是在执行上打折扣，“我能做到的去做，

---

① 所谓“漏水效应”现象，就是民警在执法过程中，往往给执法行为打上折扣。例如，接见时对待罪犯亲属的态度，犹如对待罪犯一样，采取一种居高临下的姿态，而不是一种平等的态度；在平时工作中，一些民警的法言法语使用不规范，类似罪犯口中的“老大粗”，法律素养有待提高。

② 张晓菲、黎璐玮等：《狱务信息公开实证研究》，《中国司法》第 49 期。

③ 我们在调研过程中发现，罪犯和其亲属提出的一些要求与监狱制度相冲突。外省籍罪犯提出，他们常年接见一般很少，是否可以延长通话时间，如 5 分钟的为 10 分钟，10 分钟的为 20 分钟；又因外省籍罪犯的亲属一般也是离开家乡在其他地方流动打工，故没有固定电话，只有移动电话。但制度规定，只能打固定电话，本来可以联系的却被硬性隔断了。

做不到的就听而不闻”。

或许是因为没有法律明确监狱是狱务公开的义务主体地位，或许因为没有狱务公开制度操作细则，使得监狱在实际工作中怠于公开狱务信息，更谈不上进一步深化狱务公开的层次性了。

（三）内容方面：狱务公开清单未确定

在狱务公开过程中，公开内容的层次性是关键要素之一。内容是否真实、准确、及时、客观，关系到公开对象对狱务公开工作的评价，很大程度决定了狱务公开工作能否实现法律效果、政治效果和社会效果的统一。按照前文提到的绝对公开、限制公开和禁止公开，笔者想到当前“上海自由贸易区”提出的三类清单，监狱狱务公开也应该做到，正面清单、负面清单和保密清单分别是哪些内容。目前，正面清单相对较明确，在司法部下发的意见中有明确规定；关于保密清单，尽管比较扼要，但有规定；但哪些是负面清单，没有明文规定。

当今是信息化时代，狱务公开的负面清单既是最难以把握的，又是最关键的，一旦把握不到位，三大效果就会失去平衡。[①]有名人说过，“如果把监狱建成弱势群体所向往的地方是在鼓励犯罪”。因此，监狱必须认真考虑狱务公开工作可能产生的负面效应。网上有人对某省举办统一的“监狱开放日”活动进行质疑，认为监狱实施“人性化”管理，无疑是一种社会的文明进步，但无论怎么说，监狱毕竟是关押和改造犯人的地方，不是酒吧之类的“休闲场所”，也不是“养老院”，用媒体放大犯人的“幸福”生活细节，不知出于什么目的，是为了向上级和群众展示政绩，还是为了突出和表明监狱的“人性化”管理？[②]因此，这是当前狱务公开内容中最棘手而亟待解决的问题。

（四）方式方面：狱务公开路径不够厚实、不符合实际

一旦狱务公开内容的层次性确定后，怎么来公开呢？这就涉及公开方式或渠道的问题。不同的对象，自然其能获取的公开内容也不同；不同的内容，其能

---

① 在司法部下发狱务公开工作文后，不少监狱工作积极性较高，但是也出现了一些问题，如个别监狱举办监狱开放日活动，后停止了。这是值得我们反思的。

② 如果是前者，那应该显示改造犯人的主要成果才是；倘若是后者，宜多反映思想教育、制度管理方面的特色和经验，大可不必向社会展示罪犯过“世外桃源”生活的图景。

获取的渠道自然会有所区别。以往和当前的狱务公开工作,公开的方式较多地停留在传统手段,如张榜、上墙,民警口头告诉,罪犯写信、咨询等,虽然目前利用信息化载体,开辟了一些公开渠道,如上海监狱使用的“罪犯一卡通”查询系统、监狱门户网站,但因涉及技术、资金和保密等因素,实际运用非常有限。概括起来,公开路径上表现出“少且不畅通,甚至形同虚设”,呈现出公开方式“单向、静止、孤立”的特点,罪犯对获取狱务公开信息的知晓程度不高,更不要提罪犯家属和社会人士了。

在调研过程中,不少罪犯家属,尤其是他们的子女建议,现在是信息化时代,监狱为何不通过现代信息技术手段与他们沟通,非要他们亲自到监狱接见时才能了解相关情况,包括他们急想了解的政策和规定。若碰到没有时间,就“两眼一抹黑”,不知道音信了,心里着急呐(又不能补)。监狱的神秘色彩如何被揭开,我们不能再自以为是了。

(五)机制方面:狱务公开支撑机制不健全

俗话说得好,“万事俱备,只欠东风”。狱务公开的层次,不同的对象,不同的内容,不同的方式,如何理顺它们,并且能常态化、能自转?机制就扮演了这一角色。一是缺乏告知制度。告知规则是使罪犯及其家属的知悉权得以实现的重要途径,而知悉权的实现又是罪犯权利得以实现的重要保障。因此,落实和完善告知制度,应是深化和推进狱务公开必须着重考虑的问题。但是,有的监狱由于缺乏法定制约形式而在实践中未认真履行告知义务,有的履行方式不规范而引起罪犯家属不满。因此,必须进一步完善该制度,明确不履行告知义务的法律责任。二是缺乏考核追究机制。当前,狱务公开工作虽然开展多年,但做得好不好,似乎并没有一个考核标准,结果是监狱做得好的与做得差的几乎没有什么差别,民警不做和做错也不会有什么责任追究,自然影响到基层监狱对此项工作推进的主动性和积极性。即使受侵害者(主要指罪犯及其家属)投诉,一般情况下,相关办案人仅会以“办事拖拉”而受到内部批评,没有其他制裁措施。三是缺乏监督落实机制。对监狱执法的监督面较窄,操作性不强。执法监督员制度没有上升为一项法律制度;执法监督员仅有权力,而缺乏具体落实的制度措施;执法监督员是否真正代表公众利益受到质疑,同样出现监督乏力的问题。同时,监狱罪犯和社会舆论对监狱的执法监督较弱。罪犯虽最了解民警执法情况,也更便于监督,但因自身面临被监管、被改造的身份及压力,故这一方面的监督相对较弱。鉴于因监狱执法的法定刑、独立性、权威性以及相应带来的封闭性，监狱机关与传媒间存在着沟通不畅的“瓶颈”，这在一定程度上也影响了社会及舆论对监狱执法工作的监督。

此外，对狱务公开层次性的理论研究缺乏。狱务公开作为监狱改革的突破性措施，出台时对公开的内容、范围、程度等方面，在理论上并没有充分的研究论证。出台后，参与研究的学者也不多，理论研讨活动少、形式不丰富，没有形成浓厚的理论研究氛围，没有引起理论界的共鸣，现有的研究成果难以满足推进和深化这项工作的实际需要。

四、实现狱务公开层次性的路径选择

狱务公开的层次性理论认为，狱务公开的价值基础、公开对象、公开内容、公开方式与手段不是一元的、静止的、孤立的，而是多元的、动态的、相互联系而影响的，也就是多层次的。因此，只有实现狱务公开层次性，才能达到法律效果、社会效果和政治效果相统一的目的。为实现这一目的，笔者提出以下建议。

（一）树立正确思想，提高民警的法律素养

党的十八届四中全会明确提出依法治国的治国方略，对监狱来说，就是要依法治监。它告诉监狱工作者要信仰法治、坚守法治，做知法、懂法、守法、护法的执法者。

推行狱务公开是实现依法治监的抓手、载体，因此，监狱已经没有任何借口提出搞与不搞的问题，而是必须牢固树立严格依法深化该项工作的思想。事实上，一个社会的整体发展水平不是由社会上层人士的发展水平决定的，而是由最底层人的发展水平决定的。同样，一个国家知情权保障程度也不是由哪些社会强势集体的保障水平所决定的，而是由社会弱势群体的保障水平所决定的，社会弱势群体的知情权保障状况反映了整个社会的知情权保障状况。[①]为此，监狱要克服传统观念，主要是监督，促进规范，重建与社会、罪犯、罪犯家属关系的载体。同时“谁执法谁普法”，向社会普及全民守法、法治意

---

① 赵运恒：《罪犯权利保障论》，法律出版社 2008 年版，第 140 页。

识，教育民众；展示自信，把工作呈现出来。[①]因此，监狱要上下进行动员，加大宣传力度，尽可能消除民警对狱务公开工作存在的误区，引导民警转变传统的执法观念，充分认识狱务公开的意义和必要性，为狱务公开层次性的实现扫清了思想障碍。

提高民警的法律素养，重点是加强对民警的人权意识教育。罪犯由于处于被依法剥夺和限制人身自由的状态，其未被剥夺或限制的权利需要得到保障。将这些法定权利转变为现实的权利，不仅要依靠罪犯本人或委托他人加以实现，更重要的是要借助国家的司法权之一，即监狱的力量协助实现这些权利。我国著名人权专家徐显明提出了“权利推定”原则，即“法律没有规定的权利并不表明受刑人不享有”。[②]要使民警充分认识到，监狱是社会文明的窗口，只有监狱内罪犯的权利得到切实有效的保障，整个社会的民主和法制的进程才会上一个新的台阶。

（二）完善法律地位，确保狱务公开权威性

从长远看，完善我国监狱法律体系，依法治监才是出路。“有法必依”不是口号，一定要落到实处。法制化的缺失，使得狱务公开存在较大的随意性和不确定性。在这种状态下的公开将因缺乏法制的有力保障而处于不稳定状态，公开的政策连续性也将得不到保障。因此，必须通过健全、完善立法，研究《刑法》《刑事诉讼法》《监狱法》等相关内容，方能确保狱务公开的可持续发展和层次性的实现。

在宏观层面，司法部一方面可以借《监狱法》的完善，增加关于狱务公开法定义务的条款；另一方面可以制订狱务公开工作实施纲要，来具体指导全国监狱开展狱务公开工作。特别要指出的是，纲要要在党的十八届四中全会精神的指导下，既要充分借鉴其他行业公开的经验[③]，也要凸显监狱工作特色，还要体现现代性，以此来确立狱务公开工作的权威性。

在中观层面，各省市监狱管理局要制订狱务公开工作实施细则。因地方区域性差别较大，司法部可以把监狱实施细则拟定权授予省司法局，其可以结合

---

① 但因监狱工作有特殊性，不是所有工作都需要展示。

② 徐显明：《“人道”是受刑人人权理念的精神基础》，《学习与探索》2005年第3期。

③ 尤其是现有的《政府信息公开条例》。

实际情况，按照部标准，具体细化落实要求。这样，基层监狱在开展狱务公开工作中，能够有法可依、有章可循。

（三）立足需求和法规，准确把握狱务公开度

狱务公开也应有度，这个度就是法律规定。什么事项应该公开、什么事项不能公开，是需要法律作出规定的，而不是哪个监狱自己就可以决定的。任何监狱无权作出超越法律规定的解释，随意扩大公开事项。因此，全国要有统一的规定，各地不能片面追求创新而违背宪法、刑事诉讼法、监狱法的有关规定。对基层监狱来说，最需确定公开内容的层次性。笔者建议①：一是开展公开对象需求调研。监狱对民警、罪犯、罪犯家属、执法监督员进行座谈、意见建议征询、调研问卷、个别访谈等需求调研工作，得到各个层面所关注的重点。例如，罪犯家属最关心罪犯身心健康状况、司法奖励情况、狱内真实改造情况，最担心罪犯身体状况、狱内表现不佳，与社会脱节；罪犯最关心司法奖励方面政策、生活卫生方面的诉求、狱外的信息等；执法监督员最关心民警公正执法情况和罪犯权益保障情况。需求的掌握为面向不同对象公开的范围和内容侧重打下了良好的基础。二是梳理"三类清单"②。基于"依法公开、及时准确③、接受监督、兼顾保密"的原则，根据调研结果，监狱梳理出"三类清单"，即："正面"清单如实公开。依照规定必须公开的法律、法规、制度和奖罚结果等内容，主动如实向社会、罪犯家属、罪犯公开；"负面"清单慎重公开。法律制度未明确规定应予公开但涉及罪犯权利义务、需要罪犯及其亲属知悉的内容，由监狱提供查询服务或及时告知，做到逐步公开；"保密"清单禁止公开。涉及国家秘密、商业秘密和个人隐私，以及可能妨害正常执法活动或者影响社会稳定的执法信息不公开。

不过，随着法治的进步，只要在法律允许的范围内，还应继续深化狱务公开的内容。对罪犯权利的限制、剥夺是有明确规范的，监狱不能动辄以维护安全的名义、以强化管理的名义、以良好愿望的名义，随意对罪犯惩罚、体罚，侵犯他们的合法权利。④这也是狱务公开深化工作所要落实的。

---

① 建议的内容是提炼上海市南汇监狱在推进试点工作过程中的做法。

② 三类清单与前文提到的绝对公开、限制公开和禁止公开是一致的。

③ 及时，强调的是狱务公开的时效性：什么情况下要公开？热点第一时间要公开，否则造成工作被动。

④ 张晶：《认识服刑人员权利特征的另类角度》，http://zhguodiyijingcha.bokee.com，2008 年 4 月 27 日。

（四）拓展公开渠道，有力提升狱务公开效能

狱务公开载体的丰富性有效保障了狱务信息公开多样化的需求。司法部副部长赵大程强调，要调整、改进狱务公开方式，要从最初的只是张榜、上墙这样一种简单的方式、落后的手段，要向使用更多的现代化的、信息化的手段去推进，能够使我们公开的方式更加便于大家去了解，便于大家去监督。当前，实现狱务公开层次性的渠道除传统的公示公告、狱务公开栏、监狱报、狱内广播、入监指南外，现代的载体有监狱门户网站、新闻发布会、查询平台、监狱接待、开放日、监狱博客、监狱微博等。但不是所有的渠道都可以对公开对象公开，关键要看公开对象需要了解哪些内容。如绝对公开内容（正面清单），罪犯可以通过公示公告、狱务公开栏、监狱报、狱内广播、入监指南和罪犯一卡通平台；罪犯家属只能通过接见时能接触的平台了解，如《狱务公开手册》、监狱接待、电话咨询，而监狱门户网站、新闻发布会、查询平台等现代渠道还是较少的；社会人士要了解的话，最多的还是《狱务公开手册》、监狱门户网站。限制公开（负面清单）的渠道更少，并且出于条件限制，申请人必须提出申请，才能了解。

因此，结合实际，笔者建议：一是畅通双向沟通渠道。除继续依托传统手段外，监狱要开通 24 小时咨询、留言电话，落实监狱领导接待日制度，加强监狱与家属之间的双向沟通；开展“监狱开放日”活动，让社会、罪犯家属感知并理解民警执法权威、罪犯改造生活。二是完善信息化公开渠道。上海监狱利用现有罪犯“一卡通”系统，倒逼民警由被动变主动使用，提高管理效能；通过培训和引导，确保罪犯“人人会使用”，实时查询自身改造情况；在狱内公示和网上公告罪犯减刑、假释、保外就医的结果，使罪犯、罪犯家属和社会人士也能了解这些信息；通过远程视频法庭，加强法院的公开庭审，使执法监督员参与监督。探索借助门户网站、微博、微信等信息化平台向社会公开监狱执法活动。三是发挥会见场所功能。完善功能布局和设施设备，增加 LED 大屏，增设信息查询终端、放置《狱务公开手册》等，便于罪犯家属和社会人士了解监狱执法情况，同时通过会见室的文化建设和环境布局向罪犯家属展示监狱公正执法和民警执法形象。四是健全执法监督渠道。监狱扩大聘请范围，明确相应职责与义务。邀请他们参与会见、列席社会关注度较高的减刑、假释、暂予监外执行案件评审会议，参与旁听开庭审理等执法监督活动。

（五）健全长效机制，实现狱务公开落地生根

对于狱务公开层次性的落实，要把握原则，依法公开，有益公开；模糊地带，谨慎公开，可控公开。这是因为监狱是个功能性社区，有其特殊性和功能性。因此，在保密原则的前提下，笔者建议：一是健全告知机制。仅用口头告知的形式缺乏规范性，告知又难以监督，应当既采取口头告知的形式，又采取书面告知的形式为宜。因为，书面告知的形式可避免随意性，在实际操作中可以规范统一，同时根据告知对象的具体情况，还应当辅以口头告知，以便使每个被告知对象真正了解被告知的内容。二是建立考核追究机制。上级部门要对监狱狱务公开工作进行考核，考核的目的就是引导各级部门从“被动”变为“主动”推进工作；监狱考核此项工作，除发挥引导作用外，最终目的是加强监狱内部正规化管理，提升民警业务素质和执法水平。同时，责任追究办法也要明确，如：北京、江苏、四川等地监狱实行“谁承办谁负责，谁主管谁负责，谁签字谁负责”的执法办案质量终身责任制就是其中一例；对民警严重违反狱务公开的规定，不履行告知义务而影响罪犯权利行使的，应当受到责任追究。三是建立健全狱务听证制度。借鉴国内外相关公开工作的经验和做法，该制度是指监狱在作出处理决定前，为使处理决定公正、合法，广泛听取人大代表、政协委员、执法监督员以及各方利害关系人的意见。听证范围应当涵盖罪犯减刑、假释、加刑、严管、禁闭等。四是健全执法监督工作落实机制。可以学习香港地区太平绅士巡狱制度，通过建立健全定期座谈、释前谈话、质询答复、查处反馈等常态化机制，坚持开展执法监督，为不断提升监狱公正文明执法水平发挥了支持保障作用。五是建立狱务公开评估机制。为达到监狱工作的政治效果、法律效果和社会效果的三统一，狱务公开工作除了要依法依规、积极稳妥开展阶段评估外，专项评估也是非常必要的，并且评估的主体应多元，最好是第三方，这样才能真正有效地实现狱务公开的价值目标。

减刑假释路径依赖下的监狱应对

上海市提篮桥监狱　胡　鹏

路径依赖，描述的是过去的选择对现在和将来产生的影响。它的特定含义是指人类社会中的技术演进或制度变迁均有类似于物理学中的惯性，即一旦进入某一路径就可能对这种路径产生依赖，惯性的力量会使选择不断自我强化，无法轻易改变。路径依赖的概念最早出自生物学界，用来说明偶然性随机因素对物种进化路径的影响；之后美国经济学家 David 将路径依赖引入经济学研究范畴，用来解释技术变迁中的问题①。道格拉斯·诺斯，由于用路径依赖理论成功地阐释了经济制度的演进，于 1993 年获得诺贝尔经济学奖。

多年以来，依靠减刑假释制度，中国监狱取得了非凡的罪犯管理与改造成就。但近年来，随着社会对监狱关注的目光不断聚焦，国家刑事政策的变化，随着刑法修正案的推出，减刑假释对于监狱来说，渐渐变得有些鸡肋的意味，食之无味、弃之可惜。社会舆论从张海减刑式越狱案和韩磊减刑释放后摔婴案中发现了日常不大关注的监狱领域。媒体渲染下的“各类死”也挑逗着公众的神经，监狱莫名成了众矢之的。也正是由此开始引发对“三类人”乃至所有服刑罪犯群体的减刑假释纠偏，引发出监狱执法、狱务公开等问题理论研究和实践的热潮。

一、我国监狱减刑假释路径依赖的情况分析

（一）微观层面上路径依赖因监狱管理罪犯需求而长期存在

“努力改造，早日回归！”不是名人名家的名言，但在监狱，是罪犯与执法者都奉为金科玉律的首要规则。其重点就集中在早日回归的“早日”两字上。此

① DAVID, P.A.Clio and The Economics of QWERTY[J]. American Economic Review, 1985, 75(2):332—337.

"早日",是监狱干警十分明白、罪犯也更为清楚的——减刑或假释,就是获得提前出狱的机会。这种监狱民警与罪犯的关系类似于美国的辩诉交易。辩诉交易是指在刑事被告人就较轻的罪名或者数项指控中的一项或几项作出有罪答辩,以换取检察官的某种让步,通常是在获得较轻的判决或撤销其他指控的情况下,检察官和被告人之间经过协商达成的协议。①辩诉交易也在监狱的这种相互配合中产生,主要还是基于一种实用主义的程序观念,也在很大程度上迎合了提高刑事司法效率与节省管理成本的功利价值观的需要。在中国监狱历史中警囚比远低于发达国家、长期的制度资源供给不足的现实条件下,这种在监狱警察对罪犯管理的微观层面上,以减刑、假释为路径依赖的出现也是无可厚非的。

(二)宏观层面上路径依赖是社会、监狱、罪犯三者博弈关系的产物

减刑、假释路径依赖的产生和今天面临的问题都是社会、监狱、罪犯三者博弈关系的产物。从历史和现状上来看,由于监狱的长期封闭不为社会公众所知,监狱机关一直以自己的方式主导着罪犯刑罚执行的一切,占据最大的话语权。在没有社会关注的情况下,监狱和罪犯的博弈围绕着管理展开,减刑假释(罪犯的角度上为自由的获得与否)成为两者博弈的中心,最终发展为监狱进行罪犯管理所依赖的重要路径。但现实的情况正悄悄发生着改变,社会的关注和民众权利法律意识的提高,将使减刑、假释从紧靠监狱和罪犯的一角向社会的一边靠近,更多地掌控在社会关注的视角之下,由此也出现了"张海案"出现后的一连串的反应。监狱由于长期的路径依赖在此过程中如不正确面对,将处于十分被动的局面。理想的状态是监狱与社会达成共识,按照刑罚的目的实施对罪犯的惩罚与改造,减少刑事犯罪的发生,稳定的状态是位于博弈关系三角的中间平衡位置。

关于路径依赖的程度,Roe将其区分为三个不同的等级:一是低度路径依赖,系指在两种制度之间做出选择。就效率而言,被选中的制度和被舍弃的制度相差无几。二是中度路径依赖。随着环境的变化,更具效率的新制度已经出现,但由于旧制度实施已久,重建新制度的初始成本较高。三是高度路径依赖。

---

① Bryan Garner(Editor in Chief), Black's Law Dictionary(8th ed), West Group, 2004, p.3657.2.

改变现在的路径将获得明显的高效率，但是，这种改变却没有发生，原因通常是公共选择失败或信息传递机制存在缺陷。[①]根据监狱现实的情况加以分析，笔者认为，对于减刑假释的路径依赖，监狱已经处于中高等级，必须有所察觉，加以改善。

二、国内外减刑假释制度执行情况的对比分析

（一）我国减刑假释工作的执行情况

我国现行《刑法》第50、78、81条对减刑假释作了规定，在监狱管理的日常应用中形成了功利性的管理改造手段的倒置。具体来说，对狱内罪犯，从入监伊始，就在教育管理中灌输"争取减刑、早日回归"的思想，以此来引导罪犯遵守监狱管理各项要求，用减刑假释获得自由对罪犯加以规训，特别是在减刑假释相关法律制度不够严谨完善的情况下，更是被有意无意地利用，出现监狱管理中对监狱警察和个体罪犯意识中"确保安全＝减刑假释"的相互关联。

《刑法》第50条："判处死刑缓期执行的，在死刑缓期执行期间，如果没有故意犯罪，二年期满以后，减为无期徒刑；如果确有重大立功表现，二年期满以后，减为二十五年有期徒刑；如果故意犯罪，查证属实的，由最高人民法院核准，执行死刑。"第78条："被判处管制、拘役、有期徒刑、无期徒刑的犯罪分子，在执行期间，如果认真遵守监规，接受教育改造，确有悔改表现的，或者有立功表现的，可以减刑。"第81条："被判处有期徒刑的犯罪分子，执行原判刑期二分之一以上，被判处无期徒刑的犯罪分子，实际执行十三年以上，如果认真遵守监规，接受教育改造，确有悔改表现，没有再犯罪的危险的，可以假释。如果有特殊情况，经最高人民法院核准，可以不受上述执行刑期的限制。"法律虽然进行了规范，但有时语焉不详或情况难以评定，往往呈现如高考一般的"唯分数论"或者"法定事实论"，出现韩磊、张海分别在监狱对减刑假释政策的路径依赖下，根据制度设计采用了读书和立功方法换取减刑达到"越狱"的目的。

许多时候，类似张海通过减刑假释"越狱"的情况，被归因为具体执法警察

---

① ROE, M.J.Chaos and Evolution in Law and Economics[J]. Harvard Law Review, 1996, 109(3):641—668.

的贪赃枉法，但其中制度的漏洞、思想的惯性也是不能逃脱干系的重要原因，尤其是监狱长期以来在给罪犯减刑假释形成了习惯性的路径依赖后，自然不自然地会陷入集体性的无意识。在依法治国、依法治监的今天，外部形势发生巨大变化的情况下，亟待给出相应的一体化解决方案。

（二）国外减刑假释执行情况分析

国外很多国家和地区没有我国意义上的减刑制度，虽然有类似的刑期折减的情况，但监狱在执行过程中更注重假释的适用而对减刑持谨慎态度，权利的控制和制约上较为严密，相应地在实体和程序上的法律制度更加完善，执行更为严格，能够有效避免路径依赖的形成。

美国当今的司法制度中没有中国司法制度中的减刑，只有假释制度。在美国的所谓减刑一般是指在判刑前通过如实供述达成辩诉交易来换取较轻的刑罚。虽然也曾出现过类似我国刑法中的减刑制度——善行折减制度[①]（善时制度）。但由于种种原因，后来逐渐不再应用；而假释是根据罪犯在狱内服刑期表现情况，由专家小组进行评估，如果认为改造良好，不具有再犯罪危险性，假释期满，剩余的刑期便视为已经执行完毕，予以假性释放。

英国的减刑是作为行刑过程中因“改造表现良好”的一种刑期赦免。对服监禁刑的囚犯的劳动和行为表现可作为其减刑的根据，即减去部分监禁刑期，而实际执行刑期不得不少于总刑期的 1/3，终身监禁者的减刑，需要服刑满 20 年才开始考虑。英国减刑的适用条件与我国刑法中的减刑适用条件较相似，重点是监狱对在押罪犯刑罚执行期间表现的奖励，但适用十分严格。

意大利为避免监禁刑的不足之处，相关法律规定了刑罚执行期间适用的替代性措施，减刑是其中的一种。意大利的减刑是一种可撤销的奖励性措施，减刑的目的是再教育，促使其重归社会，参加再教育活动。但如果在减刑后（但仍然是刑罚的存续期间）的刑罚执行过程中，再犯非过失性重罪，则应撤销减刑。

俄罗斯的减刑体系则体现为“易科较轻刑罚”，即罪犯将未服完的部分刑罚改判较轻的刑种。其根据是被判刑人的改造达到了可以在不剥夺自由，而在另

---

① 善行折减制度是早期的减刑制形式，发端于 1817 年纽约州的善时法。该法规定监狱当局可以对表现良好、服刑超过五年的犯人实行减刑，所减刑期总和不得超过原判刑期的四分之一。

一种更轻刑种的服刑条件下可能得到改造的程度，这种可能性取决于被判刑人的表现和他履行义务的态度，以证明他改造过程顺利。

法国的减刑制度与中国的情况更加相似。其法定的减刑有一般减刑与特殊减刑两种形式。一般减刑即普通减刑类似于我国因“确有悔改表现”而获得的减刑。这种减刑是指因罪犯在押期间具有良好的行为表现、超过 3 个月者服刑期间获得的减刑。它和意大利相同，如果罪犯的在减刑之后的服刑期间，有不良行为表现的，可以全部或部分撤销缩减的刑期。此类一般减刑制度适用比例相当大，绝大多数罪犯都能够获得这样的减刑。特殊形式的减刑，是对成功通过学校、大学或职业考试的在押犯人，给予的不同于一般减刑的例外地缩减刑期。还有另外一种形式是对那些稳定就业地点、住处并得到有关组织帮助的罪犯予以减刑的制度(类似于我国的假释)。

对国内外相关情况进行比较，可以发现，虽然减刑假释制度都是常用的刑事司法手段，但国外一般来说在法律制度的制定上比较完善、具体执行机制设计比较科学、监狱社会化程度更高，虽然也存在一定的路径依赖，但没有我国如此严重，也由于监狱管理中内外部制约因素较多，对罪犯实施管理的软硬件条件较好而管理手段多样，就能够有效避免中国监狱如此对减刑假释形成路径依赖的情况发生。

三、我国监狱存在减刑假释路径依赖的原因

诺思认为，路径依赖的形成不仅仅是历史偶然事件或小事件引起的，而更多是由行动者的有限理性以及制度转换的较高的交易成本所引起的，并认为由于经济、政治的交互作用和文化遗产的制约，制度变迁比技术变迁更复杂。①分析监狱存在减刑假释路径依赖的原因，主要有如下方面：

（一）对于减刑假释的制度设计不合理是路径依赖的外部原因

减刑假释制度设计不合理、法律规定不严密是路径依赖的主要外部原因。法律规定中对于立功、重大立功的定义比较模糊，而且在实际工作中运用比例

① NORTHD.C.The Contribution of The New Institutional Economics to an Understanding of the Transition Problem[J]. WIDER Annual Lectures，1997，(1)：1—18.

较少或难以适用。重大立功表现包括阻止他人重大犯罪活动;检举监狱内外重大犯罪活动,经查证属实的;有发明创造或者重大技术革新的;在日常生产、生活中舍己救人的;在抗御自然灾害或者排除重大事故中,有突出表现的;对国家和社会有其他重大贡献的。法律规定下的立功则要求非重大事项,但是,在应当减刑和可以减刑之间,也只有"重大"的一个词的差别,可能结果完全不同。只从字面上说,"重大"通常指作用、意义、影响等大而重要,法律上的重大犯罪指严重损害法益、强烈破坏法律规范的犯罪,表达起来虽然简单,但具体操作上却较难判断。在现今执法责任追究和倒查的形势下,很多狱警有可能会抱着"多做多错"的观念而不作为,所以很少动用此项来建议减刑。这种不确定性一方面降低了法律的尊严,另一方面较少适用或不予适用此项法律,也会对立法的本义产生危害。

相对立功和重大立功,"确有悔改表现"是减刑假释制度中运用较多的一个方面,但"确有悔改表现"6 个字也在现实操作中产生着标准不明显、对罪犯改造表现的区分度不强的问题。虽然在实际工作中,监狱单位将其分解为认罪服法、遵规守纪、学习劳动等几个方面,但仍然有较强的定性分析意味,科学性不足;可能有人会说,很多监狱都建立了量化的计分考核制度或其他评测标准,但这些考评的主要内容还是对罪犯在监狱范围内的评价,和法律规定的"悔改"关联性不强,也正是因为这种原因,"韩磊案"主人公在狱内的多次减刑才为舆论所诟病。

就字面意思来说,"确有悔改表现"和相关的解释并不明确,甚至有些混乱,需要进一步明确其内容。在有关罪犯减刑的法律条文中,关键要素"确有悔改表现"和实际评判的"认真遵守监规,接受教育改造"相互的逻辑关系并不明确。如《刑法》第 78 条中规定确有悔改表现、立功表现、重大立功表现是减刑的前提条件,但此之前的"认真遵守监规,接受教育改造"是否表示对三个前提条件的限制呢?按照这样的分析判断,对于确有悔改表现和立功、重大立功表现的,是不是都需要包含对监规的遵守和对教育改造的接受呢?从法律规定和立法的本意来看,显然不是这样。所以,如果只是要求"确有悔改表现"的,则无需再赘述"认真遵守法律法规及监规,接受教育改造",这样的复合定义只能使标准更加模糊,更加缺乏可操作性。

在假释方面的法律规定中,也有类似上面提到的问题,叠加的难以量化的标准对监狱执行带来了困难。《刑法》第 81 条规定:"被判处有期徒刑的犯罪分子,执行原判刑期二分之一以上,被判处无期徒刑的犯罪分子,实际执行十三年以上，如果认真遵守监规，接受教育改造，确有悔改表现，没有再犯罪的危险的，可以假释。”其中，除了有期徒刑执行原判刑期 1/2 以上、无期徒刑执行 13 年以上两个可以量化容易判断的标准外，其他方面也和减刑的条件一样，比较难以判断，而“没有再犯罪的危险”的限定条件更是需要监狱机关工作人员具有预知未来的“慧眼”。

（二）管理目的、罪犯需求的错位结合是路径依赖发展的关键

在执行罪犯刑罚中，监狱和罪犯的目标的错位结合是减刑假释路径依赖问题发展的关键。正如前文中所述，在历史和现状中，监狱主导者减刑假释制度的执行，基于管理的安全、有序、便利考虑，监狱需要强有力的手段实施对罪犯的管理，与罪犯处遇、教育改造手段相比，减刑假释具有更好的效果和可操作性；而罪犯方面，对自由的需求和渴望是刑罚执行过程中最为重要的因素，除了高风险的越狱外，减刑假释则更为合理合法。所以，监狱与罪犯目标的错位结合刚好带来了路径依赖的形成与长期发展。但由此带来的对刑罚目的的忽视就成了相应问题。减刑假释制度的执行说到底并不是由一个人、一个部门完成的，而不同部门站在各自出发点多少会有不同的解读（或称“倾向”）。监狱部门作为减刑假释制度执行的第一环节，对这项制度的具体执行起到关键的作用。

从监狱来说，法院判决完毕将罪犯安全关入监狱后，管理教育改造罪犯就变成了监狱的主要工作任务，管理好是教育与改造的前提和基础，刑罚执行和教育改造的最终落脚点还是在监狱管理上。面对着为数众多的形形色色的罪犯，监狱部门在长期的工作实践中总结了较为有效的经验，运用最为得心应手的就是监狱工作的“三叉戟”——减刑假释、累进处遇、持续考评。这其中减刑假释更起着提纲挈领的作用，减刑假释也自然成为最重要的管理手段之一（也是外国学者所惊叹的中国监狱能够长治久安的原因之一）。但如果缺乏制度的规范和相应的标准，稍有不慎，作为工具价值的减刑假释就会成为腐败的温床（如张海案）。从另一角度来分析，监狱性质特殊，承担着执法者和管理者的双重任务，执法要求秉承公正落实刑罚目的，而在管理要求一方平安经济有效，集中体现在减刑假释问题上就形成了一个悖论：鱼和熊掌只能取其一。现实中监狱多数选择后者，将减刑假释视为管理的手段，但这样一来有时就会与公正价值相悖，给监狱工作带来危机。

法院对减刑假释有着不同于监狱的立场或目的。法院是减刑假释制度的决定方和主导方，作为法律的代言人和案件的居中裁判人，其应从公允的角度解读法律、执行法意。但现行制度下，法院可能会有很多的羁绊和困难，甚至还有部分地区存在规定减刑假释的比例、对减刑假释下指标、定任务的情况，舆论沸腾时从严办理，为提高案件执行率而对减刑假释案件的附加刑执行情况作出要求等。由于法院中立地位难以保证，必然会因为受外界影响而变换减刑假释的尺度标准。

除了监狱和法院对减刑假释制度总体方向有着影响外，社会群众也对总体制度执行有着潜在而巨大的作用。社会群众对减刑假释制度的作用形式主要体现在大众舆论和媒体关注上。公众情绪中的仇官仇富的情绪在给社会意识以影响的同时，对减刑假释制度的执行也进行着制约。例如，因张海案而引起媒体热炒的"三类人"的减刑假释保外就医问题。2014 年《关于严格规范减刑、假释、暂予监外执行切实防止司法腐败的意见》的出台，使一段时间的部分罪犯的减刑假释几近停滞，这也显示出媒体和群众的力量是巨大的。在这个媒体时代，虽然看起来是社会关注从这个热点出发走向另一个热点，但实质上社会群体在减刑假释问题上也发挥着重要的作用。

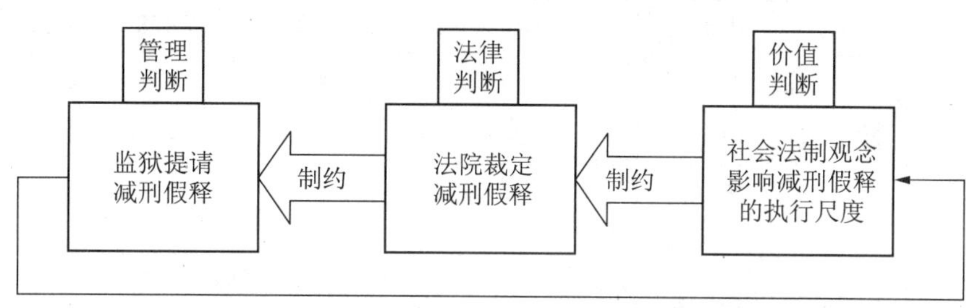

图 1　减刑假释运行流程制约关系示意图

（三）行动者的有限理性是造成路径依赖的深层原因

古典管理学理论对人的看法围绕"经济人"假设展开，认为管理中的人就是以完全追求物质利益为目的而进行经济活动的主体，人都希望以尽可能少的付出，获得最大限度的收获，并为此不择手段。这也称为理性经济人或实利人。在监狱的管理上也存在同样的问题，监狱及其中负责罪犯管理的干警很多时候都是从管理的经济性出发，以最小的管理成本获得最大的管理收益；罪犯的服刑也是从经济人角度出发，能够尽可能地减少刑期，从而减少因犯罪而造成的损失并挽回因监禁而失去的部分机会成本。

由于没有统一的标准，导致减刑假释在各省级单位的适用时存在着显著的差异，实际执行刑期、减刑率等有很大不同，甚至在省级单位内的不同监狱也会有减刑假释的不同尺度要求。这样形成的不同的情况是对刑罚执行过程中的法律公平性的极大破坏。这种不平等损害了刑法的统一性，监狱内也屡屡出现这样的个案：在减刑裁定宣布的当天，由于罪犯心目中减刑的幅度与实际裁定不符而拒绝接受甚至撕毁减刑裁定书。在历史的比较或同类型的比较中，很多罪犯会有心理失衡，觉得“吃亏”、觉得不公平。显然，这样的情况对罪犯的教育矫治是不利的，对刑罚目的的完成也造成了极大的伤害。相关的数据上也明显地体现着这种减刑标准和现实的地域差异，如表1所示。

表1　1997—2001年不同地域罪犯减刑率对比

年份	全国平均减刑率	减刑率前3位的省份、人数及百分数			减刑率后3位的省份、人数及百分数		
1997	21.72%	云　南	22 060	32.53%	辽　宁	9 841	15.44%
		西　藏	809	32.06%	陕　西	5 008	14.86%
		内蒙古	7 223	28.56%	黑龙江	7 458	14.11%
1998	23.18%	西　藏	963	36.27%	河　北	9 851	17.75%
		内蒙古	8 699	35.98%	陕　西	5 445	16.65%
		云　南	24 014	35.79%	辽　宁	7 500	12.26%
1999	24.79%	云　南	25 303	39.45%	陕　西	5 777	18.59%
		西　藏	929	34.12%	河　北	9 667	17.29%
		广　东	37 768	33.34%	辽　宁	9 940	16.65%
2000	24.41%	西　藏	1 114	40.28%	江　西	5 411	17.36%
		云　南	24 488	36.29%	宁　夏	1 129	16.38%
		北　京	5 380	33.96%	青　海	1 527	16.78%
2001	25.39%	云　南	26 499	36.43%	四　川	15 514	16.82%
		广　东	41 355	34.55%	青　海	1 627	13.72%
		天　津	4 626	31.46%	宁　夏	955	13.09%

资料来源：转引自西南政法大学赵亮的博士论文《中国减刑制度研究》。

对于罪犯减刑假释的判断，从 1979 年法定开始实施减刑假释以来，已经经过了 30 多年的历程，但判断的标准始终维持在对罪犯个体的定性分析上，而且是少数的几个监狱执法者的定性分析，从某种意义上来讲，就是“说你行你就行，不行也行”。减刑假释方面除了不断完善的法律规范框架外，对罪犯个体的判断始终在原地徘徊，建立在少数监狱民警个人经验基础上的定性判断难以获得说服力。正如南京大学教授刘林平指出的，定性的研究本身就存在着先天的缺陷：是一种不完全归纳（减刑假释唯分数论，或者“情人眼里出西施”），难以控制更多的变量（是否罪犯真实意愿的表示）、反事实问题（如果不是在监狱中强制条件所限，罪犯能够还是这样的表现吗?）。所以，一方面是没有全国范围的统一标准，另一方面是对罪犯减刑假释的具体评估上完全没有标准。这样的情况在监狱减刑假释制度执行过程中运行了 30 多年，至今还没有出现很大的纰漏，已属监狱的万幸了。

虽然减刑假释制度对监狱有着重要的作用，但在执行过程中却长期存在着问题。随着刑事法律法规的改变、宽严相济刑事政策的进一步落实，监狱内外各种情况发生着深刻的变化。在押服刑人员结构发生变化，“轻轻重重”的政策使短期犯与限制减刑犯呈攀升态势，随之而来的罪犯数量也渐渐增多①；大墙外，法治社会对狱内安全稳定和监狱执法的要求也不断提高，服刑人员和家属正当不正当维权意识带来各种难以化解的信访问题，如此种种，不胜枚举。面对如此纷繁复杂的新情况和新问题，监狱解决问题的关键就在于如何完善、用好这项减刑假释制度，找准问题症结，摆脱对减刑假释的路径依赖，积极尝试与法院等机关相互配合，采取更加合法、合理、合情的方法，确保监狱刑罚执行任务的顺利完成，实现惩罚改造罪犯的目的。

四、需要摆脱路径依赖的必要性

减刑假释是刑事执行方面相当重要的一项制度。狱内罪犯的计分考核、处遇制度、管理要求等很多方面都是围绕减刑假释展开的，减刑假释是监狱管理

① 来自三个方面：一是余刑三个月到一年的罪犯从看守所转移到监狱服刑；二是“宽宽严严”等刑事政策造成限制减刑和取消部分死刑，减慢狱内罪犯的周转，增加了总体关押时间；三是劳教的取消势必会使部分原本的轻违法行为人重新在监狱找到“归依”（回归依靠）。三个方面对监狱关押的罪犯数量将造成很大的冲击。

罪犯的重要抓手，也是中国监狱在超低的警囚比下保持监狱安全的重要因素之一。正如最高人民法院副院长江必新撰文指出的，要充分发挥减刑、假释的激励功能，激励罪犯努力改过自新；充分发挥减刑、假释的调节功能，确保宽严相济刑事政策的落实；充分发挥减刑、假释的回归功能，为罪犯回归社会，实现恢复性司法创造有利的条件；充分发挥减刑、假释的缓和功能，最大限度地减少社会对立面，增强社会和谐；充分发挥减刑、假释降低行刑成本功能，为刑罚执行机关提高监管质量扩大空间。[①]虽然减刑假释制度发挥过十分重大的作用，也有长期存在的重要意义，但及时摆脱监狱减刑假释的路径依赖仍然是摆在我们面前必须加以改变的重要问题。

（一）监狱减刑与检察机关纠偏相应而生

通过对2001年开始历年减刑人数的分析，可以看出减刑在监狱的实际应用情况呈现上升趋势，更多的罪犯获得了减刑，减刑在监狱管理中作用明显的同时也逐步被异化，罪犯减刑假释甚至成了服刑人员认为理所应当的事。在各类调查中都显示，减刑假释都是罪犯服刑中最为关心的事情之一，每年服刑罪犯中的20％—30％都会获得不同幅度的减刑，以至于国家出台减刑假释从严政策和法律的时候，各地监狱都发生了罪犯的不适情况。

表2　2001—2007年历年减刑人数分析

年　度	减刑裁定数量(件)	年　度	减刑裁定数量(件)
2007年	433 033	2003年	330 814
2006年	429 852	2002年	326 625
2005年	390 987	2001年	324 405
2004年	391 484		

资料来源:《中国法律年鉴》编辑部:《中国法律年鉴》,中国法律年鉴社2001—2007年各年所版。

与减刑假释适用数量提升的同时，全国检察机关在对监管机关执行减刑假释保外案件发现的不规范情况数也呈明显的上升趋势。为何有如此结果？为何监管机关会在减假保过程中被检察机关发现如此多的不规范执法行为，且迅猛上升？单从监狱执法者个人方面恐怕难以解释，关键在于制度或机制上的问

① 江必新:《创新理念和制度推动减刑、假释工作科学发展》,《人民法院报》2009年7月29日。

题，即监狱对减刑假释的路径依赖与依法治国的外部环境发生了冲突，造成了相应事件的总体数量提升。

表 3　全国检察机关纠正监管机关减假保案件情况

年份	件数	年份	件数
2012	14 851	2008	5 298
2011	11 872	2007	3 942
2010	10 829	2006	2 846
2009	10 157	2005	2 216

资料来源：《中国法律年鉴》编辑部：《中国法律年鉴》，中国法律年鉴社 2005—2012 年各年所版。

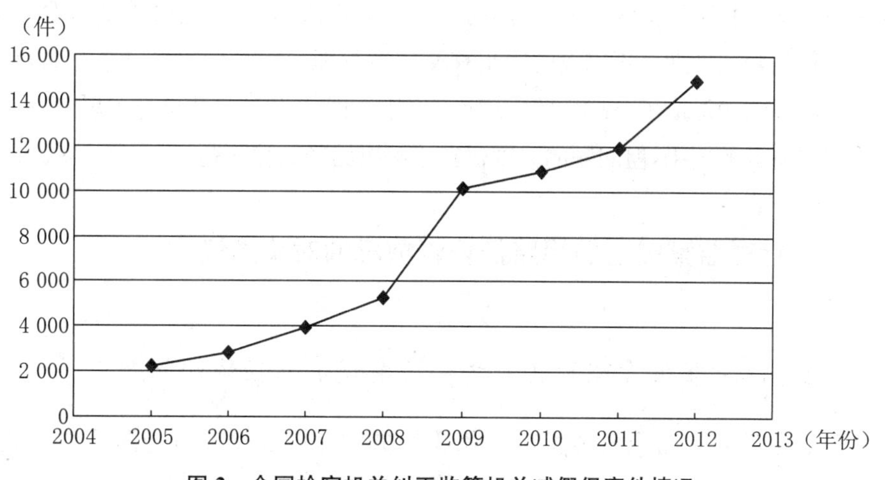

图 2　全国检察机关纠正监管机关减假保案件情况

资料来源：《中国法律年鉴》编辑部：《中国法律年鉴》，中国法律年鉴社 2004—2013 年各年所版。

（二）因罪犯减刑假释导致监狱民警违法违纪的情况较为严重

罪犯减刑假释方面存在的问题正日渐显现，监狱发生因罪犯减刑假释导致民警违法违纪的情况已经屡见不鲜，有的甚至为此受到法律的制裁，锒铛入狱。张海案中数名监狱民警因涉嫌违法被检察机关立案，其中司法行政、监狱系统最多达 11 人。为堵塞漏洞，中央政法委出台《关于规范减刑、假释、暂予监外执行切实防止司法腐败的意见》，强化了执法人员减刑、假释、暂予监外执行各个环节的责任，要求实行“谁承办谁负责、谁主管谁负责、谁签字谁负责”制度，并规定执法司法人员在职责范围内对执法办案质量终身负责，明确了要对减刑、假释、暂予监外执行中的腐败行为从严惩处。对执法司法人员在减刑、假释、暂予监外执行中捏造事实、伪造材料、收受财物或接受吃请的，一律清除出执法司法队伍；徇私舞弊、权钱交易、失职渎职构成犯罪的，一律依法从重追究刑事责任，并且原则上不适用缓刑或免予刑事处罚。①

（三）法律政策的调整使原有路径发生偏离或断裂

2011 年和 2015 年经全国人民代表大会常务委员会审议通过的《刑法修正案（八）》和《刑法修正案（九）》给监狱以重大影响，对于原有的减刑假释路径依赖形成了严重冲击。修正案以法律规定明确了对罪犯的限制减刑和首次将终身监禁概念纳入我国刑法执行领域；同时，《刑事诉讼法》等法律也将原来由看守所代为执行的剩余刑期 1 年以下的罪犯移交监狱管理。所有这些都对原有的减刑假释的路径依赖形成了挑战。监狱理论研究界和实务领域对此进行了思考，也产生了很多有益的成果，但问题的关键仍在于解决路径依赖问题。

五、针对监狱减刑假释路径依赖情况的对策建议

（一）以对罪犯管理的其他措施缓解现有路径依赖问题

路径创造是在路径偏离基础上累积形成的对制度变迁自身路径的突破。这一突破的实现，有赖于变迁主体有意识的主导决策行为。主体通过变迁决策将路径偏离导向制度的创新，全面取代一些不当制度，这是完成从路径偏离上升到路径创造的关键步骤。②

充分认识当今监狱面临减刑假释路径依赖问题的严重性，发挥对罪犯管理教育的其他手段作用，是化解路径依赖的最好办法。监狱在今后的刑罚执行过程中将长期面临刑事执行制度从严从重的外部形势，特别是前述两部刑法修正案出台后，相应地对罪犯的减刑假释政策逐步收紧，促使监狱进一步根据外部变化的情况对罪犯开展及时的教育，使罪犯认清形势，转变以往功利服刑的老

---

① 《羊城晚报》2015 年 5 月 28 日。

② 时晓虹、耿刚德、李怀：《“路径依赖”理论新解》，《经济学家》2014 年第 6 期。

思路;以强化法律规定的各项可行的管理措施加强对罪犯的管理工作,以管理手段填补政策手段的空当期,特别是加强对不同警戒级别罪犯的管控要求,加强硬件设施的更新,做好安全防范,在生活卫生上寻求解决途径,建立分级分类的分级处遇措施,形成新的管理抓手;对监狱管理者特别是监狱基层民警做好政策宣传,促使改变原有的管理思维定式,从认识上摆脱对减刑假释的路径依赖,发挥基层监狱民警的工作能动性,寻找对罪犯实施教育改造和管理的新思路、新方法,做好教育矫治工作,促使对罪犯群体的稳定控制,充分发挥教育改造对狱政管理的积极作用,形成管理教育的合力,实现路径创造,确保监狱安全稳定。

(二) 建立罪犯减刑假释制度执行的科学的量化标准

以监狱之力,进一步梳理监狱办理罪犯减刑假释有关的法律法规,积极与法院、检察院协商完善相关规章制度,落实国家有关的刑事政策及国际罪犯权利公约。在对减刑假释相关法律制度正确把握的基础上,以法律为依据,建立起科学的、衡量罪犯改造情况的关于减刑假释的相关量化的标准。笔者认为,对于罪犯减刑假释的评估要纠正以往唯分数论的片面观点,不是全盘否定分数考核的积极作用,而是需要渐进式地在分数基础上增加相关评判标准,如罪犯人身危险性评估、改造表现评估、再犯风险评估和其他反映心理情况的评估,对相关评估结果进行科学的分析和综合考量,以合理的程序和方法确定罪犯减刑假释相关的尺度,避免平均主义和一概而论。在减刑假释工作实践中要充分发挥监狱干警的能动作用,特别要注重准确、科学的评估方法,强化过程管理和标准化管理,发挥减刑假释制度的最大效用,体现执法公正,完成惩罚改造罪犯的工作任务。在罪犯评估方面,一方面要相信并充分发挥监狱工作者的创造力;一方面可以考虑借鉴国外相应的评估工具,在实践中与相关专家合作,开发研制适用中国文化及环境的罪犯评估工具,确保减刑假释工作执行的科学性,并以此带动监狱管理的科学化、现代化。

(三) 明确减刑假释制度的权责分配,增强合法性和程序性

虽然有学者认为,将减刑假释的决定权划归监狱行使会更有效率并最大限度地提高监管质量。①但笔者认为,从权力制衡角度来说,监狱更应该适当让渡

---

① 马进保:《减刑假释权归属问题研究》,《中国刑事法杂志》2005 年第 1 期。

一部分减刑的建议提请权给第三方社会力量，从而避免监狱完全陷入“兼职裁判与运动员”的尴尬境地，以便客观地对罪犯个体减刑假释的适用进行衡量。监狱作为罪犯减刑假释工作的召集人和初步提起人，在罪犯完成内部有关法律条件和相关评估的基础上，召集第三方评估机构再次开展评估，有条件地从被害人①及一般公民中以随机方式抽取部分志愿人员建立减刑假释审议委员会，与法院一起对罪犯减刑假释进行最终裁决。通过如此的制度设计能够更好地避免监狱独立提请罪犯减刑假释的执法风险，防范腐败的发生；同时，也将罪犯改造工作与社会力量相结合，达到提高罪犯改造质量的目的，在规范的程序控制下，刑罚所追求的一般预防和特殊预防价值也会更充分地发挥，监狱执法的公正性、合法性也有了制度和程序的更好保障。

（四）严格按照法律规定和相关程序开展减刑假释工作

进一步完善减刑假释相关工作制度，明确罪犯减刑假释有关评估、考核、提出程序，开展对全体监狱干警的政策宣传教育，切实防止罪犯减刑假释方面的徇私舞弊、权钱交易等腐败行为，确保司法公正，提高司法公信力。同时，监狱方面要主动搭建平台，积极与社会团体和机构取得联系，拓宽罪犯评估考核渠道，加强对罪犯减刑假释等相关政策和监狱教育矫正工作的宣讲，提高社会公众对监狱和罪犯减刑假释工作的认可度，消除公众的认识误区，形成减刑假释制度执行的良性循环；将监狱减刑假释工作和其他监狱管理工作置于阳光之下，提高监狱工作的公开水平，以公开倒逼监狱工作者提高罪犯管理和矫治的层次，提高公众对监狱工作的认知度，从根本上解决问题。

（五）监狱在减刑假释的制度执行上发挥更多的能动作用

监狱机关在整体的公、检、法、司执法体系中长期处于相对被动的地位，但监狱机关却是司法体系中体现公正的最重要一环和最终体现，犯罪人的绳之以法和改过自新都是以监狱机关为承载体。在如今的信息时代，媒体为追求眼球效应往往针对监狱的问题进行炒作，缺乏话语权的监狱只能被动接受。虽然在相应事件发生后，司法部和最高法院相继进行了规范，但从执行端监狱来说，主

---

① 上海市第二中级人民法院潘庸鲁、章丽斌提出将被害人与加害罪犯匹配地纳入减刑假释的裁定程序中。笔者有不同的观点，认为建议虽好但操作上缺乏可行性，可以变通为在符合要求的成年公民中随机抽取，建立起针对不同个案的一事一议的减刑假释审议委员会。

动作为发挥不足，监管压力难以释放，长期而言对于监狱工作的开展有一定的不利作用。所以，监狱应该更多地发挥能动作用，在法律和制度设定不完善的情况下减少减刑适用而增加假释的适用，在司法部规定的职能范围内发挥社区矫治作用，这与国际上刑罚执行的趋势也是相适应的；同时，会同检察院建立减刑撤销机制[①]，对服刑人员减刑后表现不好的、通过虚假表现获得减刑的情况，由监狱与检察院提出至法院予以撤销减刑，弥补制度设计的不足。

六、结语

监狱减刑假释的路径依赖在外部环境不断变化、实施要求逐步苛严的情况下正发生着严重危机，如何对减刑假释现有的问题进行梳理，勇于自我否定、认清现实情况、超越路径依赖，是我们今后监狱工作中需要严肃而谨慎面对的问题。

党的十八届三中、四中、五中全会以来，国家提出依法治国方略，公民日益提高法治观念和意识，其结果首先反映在对政府机关的工作要求上，这使得政府部门不能再固守窠臼、以不变应万变，更需要在新的法律环境和客观环境下仔细做好研究，寻求科学的工作思路和方法、寻求管理的创新。监狱部门虽然相对封闭但也应该随时代潮流而动，在监狱管理工作上自加压力，做到依法行政、依法行刑、依法治监，切实摆脱原有的路径依赖，寻求监狱工作的新路径、新发展。

① 吴月红：《减刑假释制度中的检察权重构》，《江西社会科学》2014 年第 9 期。

老病残罪犯监管改造模式的构建

——以上海市某监狱为例

上海市南汇监狱　王　毅　余　飞

上海市某监狱是关押老病残罪犯的功能性监狱，成立于2007年，至今已经运行10年。在多年对老病残罪犯的监管改造实践中，该监狱在监狱法治化、公正执法、规范化管理、罪犯矫治、理论研究和民警队伍建设等方面取得了一定的成绩，相应积累了较为丰富的工作经验。在此基础上，笔者力求在理论上进行探索，初步构建起老病残罪犯的监管改造模式。

一、模式构建的目的、意义和方法

（一）构建的目的和意义

所谓模式，是指事物的标准形式，它体现事物的基本结构和功能。老病残犯的监管改造模式，是指老病残犯监狱为了改造罪犯，应当具有怎样的基本结构和功能。某监狱在多年的改造实践中，固然形成了较丰富的工作经验，但尚未形成科学的、系统的模式。

是否形成模式，对老病残罪犯监狱而言，具有哪些作用呢？也就是说，构建模式具有哪些价值和意义？即：模式构建的目的和意义是什么？

第一，模式构建能使繁杂多变的老病残罪犯监管改造工作改变应付和被动的状态，使这项工作的思路和目标清晰明确，不会因老病残罪犯监狱经常发生的意外事故而影响总体工作。因为模式具有结构的稳定性，是在坚持、巩固和发展的情况下形成的，促使事物走向标准化。一旦有了标准，监管改造工作的总体方向就比较明确了。

第二，模式构建能使我们从理论上探索老病残罪犯监狱的工作规律。根据系统论的观点，模式作为一个系统，是一个具有各种内在相互关联、作用的子系统和要素构成的有机整体。在这个系统中，子系统之间、要素之间是互相联系、互相作用、互相制约的。当构建起老病残罪犯监管改造模式后，我们就具备了一种系统论的眼光，更便于准确把握、运用老病残罪犯监管改造工作规律。

第三，构建模式能使老病残罪犯监狱形成发展的蓝图和愿景。笔者认为，目前某监狱的监管改造实践固然比较丰富，但并不能够自然而然地形成模式。所谓构建模式，是“实然”和“应然”的结合。已经形成的工作经验，为我们构建模式提供了“雏形”，但“雏形”并不就是模式，因为模式作为标准化形式，是比较成熟的。所以，构建的过程，不仅是总结已有经验，而且需要在此基础上提出理想化的目标，是实现监狱刑罚执行价值的工具和方法。这样就为老病残罪犯的改造提出了切实可行的发展目标和愿景。

（二）构建的方法

我们采取系统论的方法构建老病残罪犯的监管改造模式。系统，是指由相互作用、相互依赖的若干要素结合起来的具有一定结构和特定功能的稳定而统一的有机整体。系统论，是指把认识对象作为一个系统来分析、认识和考察的方法，它着眼于系统与其中的要素之间、要素与要素之间以及系统与环境之间互相联系、互相作用的关系，对此进行整体的、综合性的、动态的认识和考察。① 运用系统论的方法构建模式，就是指把老病残罪犯监管改造工作作为一个系统来分析、认识和考察，着眼于系统与其中要素之间、要素与要素之间、系统与环境之间的互相联系，互相作用的关系，对此进行整体性、综合性、动态性的分析和研究。在构建模式的过程中，必须准确地运用系统论的基本概念，以此作为构建工具。

1. 系统

首先，应把监狱的整体工作作为一个系统去认识和分析。对于这一点，是没有疑义的。因为作为一所关押和改造老病残罪犯的监狱，它的执法、管理、教育改造、劳动、生活卫生等，已经构成了一个完整的系统，任何监狱都是如此。

2. 子系统

任何系统都是由子系统构成的。这里所说的子系统，是指构成系统的基本部分，即最大的子系统（因为子系统下面还可以再分解出更小的子系统）。例如，人体作为一个系统，是由呼吸系统、神经系统等多个子系统构成的。老病残

---

① 陈士涵：《人格改造论》，学林出版社 2012 年版，第 59 页。

罪犯监狱应该具有哪些子系统，这是模式构建的重心所在，也是模式是否科学的关键。笔者认为，并非任何一项工作都能够成为子系统。例如，劳动改造虽然很重要，却不能成为最大的子系统，它只能是教育矫治系统中的子系统。我们所构建的子系统应具备以下特征：(1)具有整体性，即它体现监狱的整体工作；(2)具有特定的层次性，即它在监狱的系统中处于一定的层次，具有一定的地位和作用；(3)具有动态性，监狱不是孤立的存在，它同社会环境之间是开放的、互动的，作为子系统必须具有这种与社会环境之间的动态性。此外，需要说明的是，子系统之间具有派生的关系，即一个子系统可能派生出另一个子系统。随着子系统的派生，事物的构成日益复杂，同时也日益高级化。

3. 要素

子系统是由要素构成的。所谓要素，是指构成事物的基本因素，必须是直接参与确立系统质的元素，它们在相互作用中产生并保持了系统的结构和特质。要素，其实也是一种系统，只是更小的系统。在构建老病残罪犯监狱的监管改造模式时，如果确定了子系统，那么下一步的任务就是分析特定的子系统里，有哪些基本因素，这些要素的确立承载了老病残罪犯改造的何种特色。本文所构建的要素，主要是根据某监狱的实践经验。

综上所述，我们构建老病残罪犯监狱罪犯改造模式运用的是系统论，基本概念是系统、子系统和要素。

二、模式构建的基本框架

根据某监狱多年对老病残罪犯改造的实践和经验，作为一个系统，老病残罪犯监狱的改造模式可以由以下子系统构成。

（一）刑罚执行系统

刑罚执行系统是指监狱对被交付执行刑罚的罪犯，依照法定职责和程序将生效的刑事裁判所确定的刑罚付诸实施的一系列活动的总称。对老病残罪犯监狱来说，其构成要素是：

1. 特色制度

它是指符合老病残罪犯服刑和改造的制度。某监狱成立之初，其制度几乎是照搬照抄其他监狱的。在运行一个周期后，监狱发现制度存在不适应性，有的制度空白，甚至制度与制度之间发生冲突。为此，监狱坚持制度建设与实际发展相衔接，立改废释并举，努力解决制度结构不完整、内容不配套、程序不严密、可操作性不强等问题，做到监狱管理制度于法有据，确保制度规范立得住、行得通、用得好。例如，为加强对老病残罪犯身体健康情况的掌握，监狱特制定《服刑人员健康档案管理办法》；为规范老病残罪犯的生活卫生工作，监狱首创《监区生活卫生单元化管理实施办法》；等等。这样的制度，监狱称之为特色制度，是上级规定没有或仅仅提到而已，但对某监狱来说，确实非常需要、管用。[①]

2. 狱务公开

监狱在前期工作的基础上，以司法部狱务公开试点工作为契机，以现代行刑特征、上海监狱特点和老病残罪犯监狱特色为出发点，分层调研需求，分类梳理内容；发挥“罪犯一卡通”优势，提升会见室功能，探索狱务公开活动。结合押犯实际，监狱大胆探索在公开方式上从“形态化”向“质态化”转变，由“大而全”综合型向“少而精”专项型公开转变，如：专题通报生活卫生情况，向罪犯近亲属展示防暑降温的应对措施、排药服药的现场管理，彻底打消了他们的顾虑；技术支撑上从“碎片化”向“系统化”转变；执法监督上从“单一化”向“多元化”转变[②]，如邀请执法监督员深入参与病犯个案研讨，走近并教育引导老病残罪犯。

3. 执法证据

随着监狱工作要求的提高和罪犯维权意识的增强，监狱执法工作越来越规范化、标准化。[③]老病残罪犯情况复杂，8 年来，某监狱来信来访共计 1 400 余件，其中涉及老病残罪犯保外求医的占 35％多，信访人员中还存在缠诉闹诉的极端个案；罪犯狱内正常死亡 42 例，如何正确处置死亡事件变为常态但又棘手。因此，如何规范证据收集与保存的程序，如何认定证据是否有证明力以及证明力的大小，从而形成完整的证据链，实现执法公正、保护人权和化解危机，对某监狱来说非常重要。监狱在工作中边摸索边实践，制定了《执法证据工作实施办法》，并将其列入民警应知应会内容；同时加大宣传力度，组织全监民警学习，改变证据意识淡薄的执法习惯，切实提高“靠证据执法”和“用证据说话”

① 制定后向上级部门备案，对推进工作起到很大作用。

② 从“形态化”向“质态化”转变、从“碎片化”向“系统化”转变、从“单一化”向“多元化”转变是指狱务公开工作方式从表面化向实质工作深化，技术支撑从孤立的、单个的向系统要求推进，监督内容从会见监督向减假保、教育转化、个案协商等内容延伸。

③ 2007 年不计算在内。

的能力,以提高执法质量促进执法公正。

4. 生活卫生

作为物化的刑罚执行,按照《联合国囚犯待遇最低限度标准规则》和我国《传染病防治法》《老年人权益保障法》《残疾人保障法》等,老病残罪犯的"住""吃""穿""医"这些需求都有别于一般监狱。考虑到他们的身体,①"住"必须要住得方便,罪犯三大场所的硬件设施要处处显示人文关怀的细节;②"吃"必须要吃得安全,有助于其吸收营养和消化,提高免疫力;③"穿"必须穿得暖和、合适;④"医"必须治疗得及时,而且谨慎。对那些生活无法自理的罪犯,监狱必须安排其他罪犯对他们进行护理,为此上级部门还在某监狱建立了护工培训基地。

(二) 安全防范系统

安全防范系统,是监狱运用人防、物防、技防、联防等手段,为确保监管安全工作所形成的一套技术与措施。对老病残罪犯监狱来说,其构成要素是:

1. 场所警戒机制

鉴于不明确老病残罪犯监狱属于哪类安全等级的场所,为此以应对该类监狱显性和隐性危机为目标,监狱于 2009 年起就不断探索以着力维护监狱场所安全为出发点,充分整合人力资源、物力资源,形成以指挥中心为龙头,以"指挥中心、监区、现场"为三级警戒架构,以人防、物防、技防、联防于一体,符合实战需要、反应灵敏、专业指挥、通信畅通、协调有序的封闭、动态、循环的网格化、全覆盖、全天候的场所警戒机制。例如,半夜一旦罪犯病发需要就诊,指挥中心立即启动夜间急诊流程,确保 5 分钟内把罪犯送到监狱总医院。监狱每周有 2—3 名罪犯到社会医院做血透,从罪犯离开监舍到回到监舍,一路的警戒情况,指挥中心随时可以掌控,并加以指挥。

2. 疾病控制工作

老病残罪犯与普通罪犯的最大区别就在于"老、病、残",正是这个区别,造成了老病残罪犯监狱的工作难度。"难、繁、杂"是某监狱疾病控制工作的特点。

---

① 生活卫生是刑罚执行的有机组成部分,对于老病残罪犯而言,此项工作的地位和作用更为突出。

② 监区有扶手、轮椅、电梯;马桶就有一蹲一坐,洗漱就直接在监舍内。

③ 老年犯吃老年餐,患高血压的吃低盐的菜肴,患糖尿病的吃低糖的菜肴。同时,要给他们多吃一些能补钙的食物,因为老年人或病人的钙本身就流失,一旦摔倒极其容易骨折,会带来不少问题。

④ 冬天,老病残罪犯需要多穿些衣服、戴帽子,床上需要多条垫被。

监狱实际患病的罪犯超过 1 000 人，其中近八成是慢性病、传染病和重症病例，仅患心脑血管疾病、糖尿病、肝硬化、慢性肾病等就有 800 多人。罪犯每年就诊总数超过 15 000 人次，入院治疗 430 多人次，发出病重、病危通知 120 人次以上。为及时了解和控制他们的病情，监狱探索建立了罪犯生理心理预警机制。目前 A 级有 120 余人，B 级 150 人左右，C 级 210 人左右。①据此，监狱不仅把这些列入重控对象，而且采取相应措施及应急预案。同时，罪犯长期服药 850 人左右，涉及 340 种药品，日服用量达到 8 700 多粒。尽管采取集中排药、民警监督服药、使用罪犯“一卡通”系统等方式，但药品管理风险始终存在。

3. 执法风险排查

在监管改造实践中，执法风险表现形式多样，包括暴力袭警、非正常死亡、脱逃等突发性事件。对某监狱来说，老病残罪犯不仅犯情、狱情异常复杂，罪犯普遍刑期长，老年犯多、病犯多，而且前科劣迹占 30%，立管专控对象达 450 多人，再加上一线民警近 70%为青年民警，针对这一风险的突发性和隐蔽性、多样性和有针对性，②监狱安全风险系数极高。为此，监狱始终坚持研究老病残罪犯执法风险规律，建立健全犯情狱情分析研判机制、罪犯自杀风险评估机制③、安全隐患排查机制，并形成可操作简便、运行常态的工具，同时通过培训指引民警遵循具体的操作流程，对潜在风险预测和研判事态的发展变化做到早发现、早应对，防患于未然，使风险排查处于可预测和可防范状态。

对涉及安全隐患的整改问题，监狱用常规的持续改进机制加以落实，在此不再展开。

（三）教育矫治系统

教育矫治系统，是监狱通过一系列教育手段、方式、方法等，把教育内容付诸于罪犯教育改造中的所有活动。对老病残罪犯监狱来说，其构成要素④是：

---

① 这是某监狱在实践中提炼的罪犯生理心理预警机制。其中，A 级是指病情严重，有现实危险；B 级指病情严重，存在潜在危险，但目前相对较稳定；C 级指病情较重但平稳，危险程度较低。

② 在长期的改造与反改造的监管环境下，一些老病残罪犯的目的、动机、手段及诱因可随环境因人、因事、因地而显得诡计多端。他们针对的大多是思想麻痹、缺乏警惕或对犯情、狱情不熟悉的民警，以及利用平时执法能力不强、处事不公的民警做突破口。

③ 罪犯自杀风险评估机制的评估量表目前还在不断修订过程中。

④ 构成要素中包括基础教育，如道德、法律等，因本文侧重体现老病残罪犯特殊要素，故在此不再赘述。

1. 生命教育

老病残罪犯较之健康罪犯群体更具有现实高危性，开展生命教育的目的就是要促进罪犯正确认识生命教育的意义与价值所在，树立起改造的自信心，养成健全的人格，是控制和预防狱内罪犯自杀、自残、自伤及伤害等事件发生的重要措施，更是提高老病残罪犯教育改造质量，尤其是探索教育改造内容的新途径和新方法。监狱成立生命教育课题组，研究设计老病残罪犯生命教育实施方案和大纲，初步形成课题成果。例如，在全监开展生命教育课程（含健康教育和集体教育），组织观看相关电影并探讨生命意义，种植绿化和养育小动物，邀请市癌症俱乐部和残疾人士来监讲座交流，等等，鼓励老病残罪犯尊重生命、爱护生命、珍惜生命，乐观地对待生命，即使在服刑也要体现自身的生命价值。

2. 康复性劳动

老病残罪犯虽然是特殊的群体，但他们还是有劳动能力的。为了不让他们把"监狱当作是养老院、医院"，监狱必须按照"惩罚和改造相结合，教育和劳动相结合"的方针，通过劳动改造的方式对他们进行必要的惩罚和教育。为此，某监狱于 2008 年起就提出并探索康复性劳动。该模式按照自愿参加、引导鼓励和区别对待的原则，引进以"轻松、简单、易学"的劳动项目，以社会生存技能和劳动价值观提高为管理目标，结合康复医学上的作业疗法、恢复训练而开展的劳动矫正管理模式。经调查发现，这一劳动模式得到了 90%以上罪犯的认可，使他们体验到劳动的价值和意义，帮助重塑社会观和人生观。对监狱来说，这一模式也是教育矫正功能的切实体现。①

3. 心理矫治

老病残罪犯不仅面临高墙电网的封闭环境，更要承受年老、疾病、残疾的折磨。调查发现，老年犯的心理表现主要是对老去、疾病以及死亡的恐惧与焦虑；病犯的心理问题普遍相对较为严重，表现为多种心理问题与生理疾病的交互影响并形成恶性循环；残疾犯存在强烈的自卑感以及敏感、多疑，等等。②因此，某监狱借助社会资源，积极探索对老病残罪犯的心理矫治工作。鉴于其心理特点，监狱没有机械地照搬照抄正常罪犯的心理矫治做法，而是在对全体罪犯心理健康评估的基础上，分类对这一特殊群体开展针对性的心理健康教育、心理

---

① 详细内容见《论康复性劳动改造的构建与实践》一文，该文被编入严励、王毅主编的《矫正与康复》，法制出版社 2015 年版，第 204 页。

② 严励、王毅主编：《矫正与康复》，法制出版社 2015 年版，第 152 页。

咨询和心理团训，开展逆商教育，如：开展“生命”“我和你”等为主题的团训，对不愿表达的病犯运用沙盘进行心理咨询，等等。

4. 艺术矫治

它是通过艺术本身的教育矫治功能及规律，结合艺术管理实务，辅助罪犯完成由生存状态、提高生活质量，到实现生命价值的过程。那么，对老病残罪犯来说，哪些艺术能够对他们有吸引力，且能真正实施？经过9年的探索，我们发现，音乐、书法、绘画、舞蹈以及民间非物质文化遗产项目都是不错的内容选项。例如，监狱对精神病犯进行音乐疗法，通过实验发现，参加活动的精神病犯发病率明显降低；用舞蹈来教育女犯，其中由残疾女犯领舞的《怒放的生命》在感动他人的同时，主角通过舞蹈不仅找回了自尊、自信和自强，而且出狱后也找到了工作；监狱近几年引进的上海非物质文化遗产项目，如三林刺绣、编棕龙、海派面塑等，都受到老病残罪犯的欢迎。

（四）民警发展系统

民警发展系统，是指为适应老病残罪犯监管改造的需要，监狱采取一系列举措来促进民警执法质量和水平方面的发展。其构成要素是：

1. 执法专业化

这里的专业化，是指针对老病残罪犯的执法具有特殊性，需要医疗疾病、心理咨询、应急处置方面的专业知识。监狱立足基层、基础、基本功，瞄准依法治监目标要求，以民警业务能力为切入点，突出“缺什么、补什么，弱什么、强什么”的原则，全面推进民警执法能力建设。基于老病残押犯特殊构成，监狱尤其重视民警获得并提升与职业岗位匹配的手语会话、急救医务、死亡处置等实战能力，整理提炼聋哑犯常用手语词汇，编制“监狱手语”教材，并常设病理知识、血压监测、心肺复苏等实训项目。同时，进一步培养矫治师、个别教育能手、青年讲师团、科研骨干，持续加强民警专业拓展，把民警职业发展直指“凸显价值的专业化”。

2. 人文精神培养

人文精神的基本涵义就是尊重人的价值，尊重精神的价值。对老病残罪犯来说，他们更需要监狱民警的人道关爱。实践过程中，监狱对民警倡导“尊重生命、崇尚法律、践行公正、人文矫治”，要求做到“四心”，即细心、耐心、用心、恒心，正确对待罪犯切身利益、正确回应罪犯正当诉求、正确解决罪犯实际问题

(“三个正确对待”)；对罪犯，倡导“尊重秩序、尊重规则、尊重生命”，要求学会“在合作中改造、在自律中改造、在希望中改造”。同时，监狱强调“政治重本色、尽责重本职、立警重本分、管教重本领”，强化“工作即学习、研究”理念，形成了“把大墙内的人改造好，让大墙外的人生活好”的工作价值追求。

3. 执法信息化

监狱为提高老病残罪犯执法的准确性和针对性，以强化执法思想、改善执法质量、提升执法水平为出发点，善用科技强警。坚持“实用、管用、够用”原则，提高信息技术应用水平和应用范围，强化对罪犯全时空监控，健全罪犯信息库、民警职工信息库、监狱管理信息库和决策支持数据库，加大应用系统之间的数据共享和集成整合力度，形成系统完备、科学规范、运行有效、实用管用的监狱信息科技一体运作模式。近几年，监狱深化“制度＋科技”的实践应用，着力在老病残罪犯执法效能提升和一线民警减负上，重点建设以指挥中心为龙头的集管理、预警、防范控制于一体的信息化管理体系。

此外，监狱建立以执法管理为核心的职业保障机制，如在老病残罪犯尤其是传染病犯集中关押的监区，配足隔离防护和消毒设备，经常性开展干警防疫知识培训，定期组织全监民警体检，将职业安全防护做到实处。

（五）生命文化[①]系统

生命文化系统，是指监狱围绕老病残罪犯的生命的价值和生活意义而开展的一系列举措和活动。结合老病残罪犯实际，其构成要素是：

1. 尊重生命

生命权是每一个个人所拥有的具有绝对价值的基本人权。因此，尊重生命，不仅仅只是对他人的、群体的和类型人的生命的尊重，而且也是对与自己的内心世界相关和相互作用着的外部世界的尊重。对老病残罪犯来说，不仅老病残罪犯自身要尊重生命，而且罪犯之间也要相互尊重。同样，对民警而言，改造教育他们的前提就是要尊重他们的生命，从认识、行动和言语等方面不嫌弃他们的生理、心理所带来的各种疾病或情绪等，不侮辱他们的人格，尤其是要保障他们的生命权，这就是最大地对他们的尊重。因为，只有尊重，才能去建立信任

① 关于生命的文化即生命文化，不是以作为自然现象的生命作为研究对象的，而是以人的生命价值和生活意义为研究对象，是以人的生命价值和生活意义的自我实现和自我确证为研究目的的一门学问。见陶青《生命文化论纲》，《江淮论坛》2009 年第 3 期。本段落论述主要借助他的观点生成。

的关系。

2. 关爱生命

生命的存在即生命的产生和发展的一个根本要求，就是必须与自己的外部世界的对象进行物质、信息和能量的交换。这种交换一旦停止，生命也就即刻终结。因此，通过生命文化可以唤起和培养每一个现实的个人在关爱自己生命的同时，也关爱他人的、群体的人的生命，尤其是弱者的生命，并通过关爱弱者生命以提升生命价值和生活意义。①对老病残罪犯而言，它意味着要关爱自我的生命与健康，同时关爱他人，这就是对自己家属的最大回报，也是对政府的最大感恩。对民警而言，它意味着，针对老病残罪犯，监管改造工作更要体现人文精神，对他们实行人道主义，比其他正常监狱罪犯更要关注老病残罪犯的生命、健康和安全，关注他们的精神世界，如培养他们的生活情趣，关心和调适他们的心理健康。

3. 珍惜生命

生命文化研究，就是通过关于人的生命的权利与责任、生与死、事实与价值等个体生命过程的本质规定及其社会的、文化的和历史的价值评判，以激活和启动个体生命的价值意识和实践理性，从而使得有限的个体生命更有价值、平凡的个人生活更有意义、有个性的人生更加自由。②生命，对老病残罪犯来说，既是渴望的，又是害怕的。在这特殊的改造场所内如何度过刑期，不少人的心理是矛盾的，特别是那些患有严重慢性病的犯人。因此，监狱要对老病残罪犯的病情分级分类，通过多种渠道针对性地进行教育引导，即便是躺在床上的，也要给他们以信心，乐观直面死亡，使他们能从内心意识到活着是有价值的、有意义的。

4. 敬畏生命

生命文化研究将文化生命可能具有的能动性、主动性、目的性、创造性等主体的全部特性揭示出来，在一个可能的世界里展现生命文化具有的能动活力和创造潜力，从而为现实的个人在与自己的外部世界的生命互动中提供价值目标和意义源泉，让生命奇迹和快乐生活成为每一个个人努力去做就可以做到的生命常态和生活方式。③为此，监狱应该充分发挥自身和社会力量(包括罪犯家属)，引导老病残罪犯改变消极的人生观，树立正确的生命价值观，从尊重生命、

---

①②③ 陶青:《生命文化论纲》,《江淮论坛》2009 年第 3 期。

关爱生命、珍惜生命提升至敬畏生命，激发他们的改造积极性，让活着的生命质量得到改善。

（六）科研评估系统

科研评估系统，是指监狱充分并善于借助科研这一平台，鼓励和激发民警研究老病残罪犯改造规律，总结反思现有工作，从而促进监狱工作发展的活动。结合老病残罪犯监狱实际，其构成要素是：

1. 理论探索

基于当时没有现成的理论成果和实践经验可以借鉴，某监狱从建监的第一天起，就明确了要充分发挥全体民警的智慧，坚持"人人动手，人人总结"的思路，用科研这一平台来探索老病残罪犯改造规律。9 年来，监狱围绕老病残罪犯改造中碰到的热点和难点问题，组织民警成立课题项目组，从多个角度进行不同程度的研究，并邀请监狱系统的专家和高校老师进行评审，连续召开 8 届老病残罪犯监管改造工作研讨会，并形成个案集和论文集，有 50 多篇研究成果得到发表。有些理论成果，还被转化成实践项目，如生命文化课题，目前不仅作为矫正项目，而且也成为监狱自身战略发展的长远目标之一。

2. 调查研究

"没有调查，就没有发言权"。老病残罪犯大规模集中后，如何科学认识他们、改造他们，成为初建时亟须解决的问题。9 年来，监狱一直采取实证的研究方法，自行设计问卷，先后对老年犯、精神病犯、聋哑犯进行犯罪及改造问题的研究。同时，对老病残罪犯的心理健康、病情情况进行全面的、深入的调查和分析，并建立心理生理健康库。随着研究的深入，近几年，监狱对老病残罪犯的死亡、保外就医、康复性劳动、教育需求、狱务公开等进行调查。此外，对这样一个特殊的监狱，其警力运作如何，也进行跟踪调研。所有的调查研究，都是为了更好地改造老病残罪犯。

3. 评估量表制作

工欲善其事，必先利其器。老病残罪犯集中改造后，监狱碰到了不少问题。考虑到问题解决的权限时，监狱并没有等靠要，而是主动出击，尽自身最大的努力来解决。例如，面对老病残罪犯自杀风险高的情况，监狱在理论研究的基础上，花费 3 年多时间，拟制出罪犯自杀风险评估表，对每一名老病残罪犯进行入监评估，需要的话还可随时评估；结合老病残罪犯监狱的需要，对基层一线民警的胜任力进行了理论构建，并做了相应的权重分布。这些虽然花费时间长，工具制定的要求高，但其效果还是显著的。

三、作为系统的模式：子系统之间的关系与困境的解析

系统论认为，系统与子系统，首先是一种整体和部分、系统和要素之间的关系。高层次作为整体制约着低层次，又具有低层次所不具有的性质；低层次构成高层次，就会受制于高层次，但却也会有自己的一定的独立性。①

（一）子系统构建的合理性

刑罚执行、安全防范、教育矫治、生命文化建设、科研评估、民警发展 6 项工作之所以能够构成老病残罪犯监管改造的模式，是因为：

1. 具有整体性

系统论认为，系统是一个有机整体。一个系统，如果没有整体性，这个系统也就崩溃了，不复存在了。相反，一个系统，如果系统中的要素完全丧失了独立性，那也就变成了铁板一块了，其实系统同样也就不存在了。上述 6 项工作具有整体性，它们都是整体中不可缺少的部分。例如，刑罚执行体现在罪犯服刑的全过程；安全防范也是如此，是监狱所有工作的前提和基础，没有哪一天可以忽视；教育矫治也是全局性的，是监狱工作的中心和亮点；文化建设覆盖整个监狱，是监狱工作的精神支柱，也是监狱一项长期的、系统的探索工程；科研评估涉及监狱工作的方方面面，是功能性监狱发展的软实力标志；民警发展的程度更是关系到监狱工作整体的发展水平。

2. 具有层次性

系统论认为，系统是有序的，具有层次性。这 6 个子系统的组合是有序的，不是随意的。从发展的眼光看，系统的层次性即是系统发展的连续性和阶段性的统一，系统发展的连续性和阶段性的统一就表现为系统的层次性。②

3. 具有开放性

系统论认为，系统是动态的、开放的，而不是封闭的，系统与环境之间是互动的、交换的、不断更新信息的。监狱作为一个系统，与社会之间也是互动

---

①② 参见魏宏森、曾国屏：《试论系统的层次性原理》，《系统辩证学学报》1995 年第 1 期。

的、交换的、不断更新信息的。在互联网时代，尤其如此。社会公众对于监狱工作的关注度之高，前所未有。刑罚执行不是封闭的，例如：狱务公开；安全防范与社会安全息息相关，尤为公众所关注：教育矫治的质量关系到重新犯罪率之高低；同时，行刑社会化也是社会与监狱的互动；生命文化建设直接提升监狱在社会上的形象；科研评估，则体现了监狱工作的科学化程度，是获得社会认可的基本依据；而民警发展，更是在社会面前展现监狱工作的整体风貌和人格形象。

（二）子系统的层次性及互相之间的关系

系统论认为，系统中的子系统与要素都处于一定的层次，都有自己的地位与作用，是互相联系的，而不是偶然的堆积，杂乱的组合。老病残罪犯监管改造模式子系统之间的层次性和互相关系主要是：

1. 刑罚执行系统是最为根本的子系统

其他子系统都是由它所派生的，例如，安全防范系统，是为了保证刑罚执行顺利完成而形成的；教育矫治系统是为了达到刑罚的目的而形成的；其他子系统也是如此，由刑罚执行系统派生的。

2. 安全防范系统是最为基础的子系统

安全是监狱工作的前提。同理，安全系统就是其他子系统的前提，是建立和发展其他子系统的必要条件。

3. 教育矫治系统与生命文化系统是直接相关的子系统，也是模式中最具有创新特色发展的子系统

教育矫治系统是监狱工作的中心，其系统中的生命教育，直接发展出生命文化系统；而后者处于更高的层次上，它不仅体现了老病残罪犯的改造，同时体现了功能性监狱发展的文化战略。

4. 民警发展是具有实体性、总体性、实践性的子系统

因为其余5个子系统，无一例外，都必须体现在民警的执法和改造实践中。离开了民警的实践，任何一个子系统都是空中楼阁。因此，民警发展程度的高低，决定了其他子系统的完善程度。同时，5个子系统都对民警发展提出了不同程度的要求，如：刑罚执行系统提出要公正严格执法，具有法治素养和法治意识；教育矫治系统提出要善于学习思考，总结提炼；等等，从而倒逼民警不得不往这些方向努力。

5. 科研评估系统同样处于较高的层次上

科研是一座监狱文化软实力的体现，是监狱工作经验上升为理论成果的载体，且对其他监狱具有巨大影响力。因此，科研评估系统的建立，不仅对其他五大系统有着推进的作用，是实现监狱工作创新的先导，而且是监狱民警发展的有效途径，是优化监狱管理、宏扬人文精神的动力；更是监狱对于本身各项工作(含 6 个子系统)的科学认识、反思、研究和评价，是提升监狱工作的内涵式发展路径。

(三) 模式构建面临的困境

1. 作为系统，整体性不够协调，发展不够平衡

系统论认为：相同或相类似的事物按一定的秩序和内部联系组合而成的整体就是一个系统。系统是由要素组成的有机统一体，而整体性是系统最基本的特性。上述的刑罚执行、安全防范、教育矫治、生命文化、科研评估、民警发展，这六大要素组成了老病残罪犯监管改造模式。作为一个整体，各个要素既相对独立发展又相互促进，但因受重视程度不一和发展难度的限制，每个要素的功能强弱不同，发展有快有慢，对改造作用呈现出不同的效果。例如，刑罚执行系统，尤其是宽严相济政策，需要监狱严格执行落实；老病残罪犯的安全防范系统，却是在不断遇到棘手问题的过程中伴生和发展的；[①]教育矫治既是监狱的中心工作，但其要求却不太符合老病残罪犯的教育实际需要(康复性劳动除外)，因其催生出来的生命文化，则还处于初期的发展进程中，需要监狱借助各方力量，系统推进；科研评估，则取决于监狱决策部门的思路，需要机制的支撑；而民警发展，则是人力资源引进、培养和管理关注的重点，前五大系统对民警发展系统提出了较高要求，但后者显然不能较好地满足他们的需要。在建监的初期，或许为了安全和监狱秩序的稳定，某些要素的发展的确可以强化，但到了一定阶段后，如果六大要素发展速度差距过大，负面作用则会明显增长。正如木桶原理一样，整体性的失衡必然影响整体的功能，老病残罪犯监管改造模式的效果就会打折扣(见图 1)。

---

① 如老病残罪犯就诊问题、自杀问题、死亡处置问题等，使得监狱不得不把主要精力放在监管安全上。

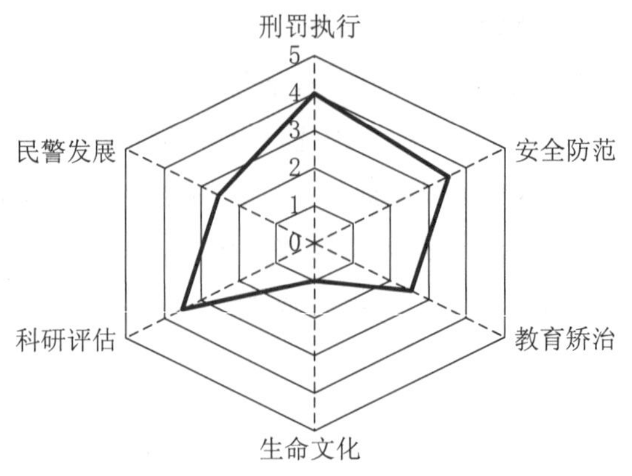

图 1　某监狱老病残罪犯监管改造模式示意图

2. 作为系统，开放性未得到充分体现，开放的力度不大

系统论认为，每一个具体的系统都与其他系统处于相互联系和相互作用之中。任何系统只有开放，与外界保持信息、能量和物质交换，才能趋于有序，保持活力，否则系统不能得到发展，因而系统应具有开放性。系统的开放性特征符合唯物辩证法中的联系观，它要求我们在处理问题时要充分考虑系统与外部各环境和条件之间的关系。根据该原理，老病残罪犯监管改造模式也应置于社会大系统之中，增强开放性，以便使改造的主体、内容和形式得到不断充实和发展。但在现实中，老病残罪犯改造遇到不少问题不能及时解决或难以解决，很多原因都是跟监狱自身系统开放不够紧密相关。除监狱本身是一个相对的系统外，随着时代的进步，我们的观念还是相对滞后，总以为我们自己能“自给自足”。殊不知，老病残罪犯监狱的各项工作除得到上级部门法律政策支持外，更需要社会支持，如刑罚执行系统、安全防范系统落实需要社会相关部门(特别是公检法司、民政、医疗、社会保障部门)配合，教育矫治、生命文化创新需要社会力量的参与和帮助，科研评估和民警发展需要社会专门机构和人士的指导、参与和帮助。只有开放，通过多种平台让社会知道这样一座功能性监狱的价值和作为，或许，社会才会逐渐地接纳支持我们的工作。

3. 作为系统，动态性不足，系统显得比较沉闷，活力不够

系统论认为，任何系统都有一个组建、形成、发展和变化的过程，具有动态的性质。比利时物理学家普利高津(Prigogine)认为，一个远离平衡的开放系统，在外界条件达到一定阈值时，量变可能引起质变，系统通过与外界不间断地交换能量与物质，就可以从原来的无序状态变为一种时间、空间和功能的有序状态，这种非平衡状态下的新的有序结构，就叫作耗散结构，[①]而监狱就是这样的一个耗散结构。原来一个普通监狱中的老病残罪犯，他们可能是“稀有”人员，监狱可以为了他们的稳定改造采取较为“优惠”的条件和环境，而一旦集中在老病残监狱后，这一状态就被打破，原来的个案变成了普遍现象，新的平衡状态形成了。在新的有序的结构中，新的监狱系统仍时刻都在与外界进行着物质、能量与信息的交换，从而从环境中不断吸取负熵，保持系统有序稳定地发展。社会的变化、国家刑事政策的调整、司法体制改革的推进，甚至社会物价的上升，都会影响到老病残罪犯的改造模式。再加上狱内老病残罪犯整体结构的变化、民警队伍的变化、相关政策的变化，尽管整个系统都一直处于运动之中，但还是跟不上外界环境的变化步伐。

四、解决模式构建中困境的主要路径

基于老病残罪犯功能性监狱工作的法律效果、社会效果和政治效果考量，从系统的整体性、开放性和动态性三者平衡发展的角度出发，笔者建议以下解决路径。

（一）立法层面：修改完善《监狱法》，确立老病残罪犯监狱定位

面对老病残罪犯功能性监狱多样性、复杂性和不可预见性的碎片化问题，必须从法律角度出发完善法律，从本源上解决困境，夯实工作法律条件。一是加快高、中、低、半开放型监狱的警戒等级体系建设，尽快实现以罪犯个体风险与服刑场所警戒等级相对应为标准的配置。对老病残罪犯来说，除性别、刑期、健康等标准外，主要应为危险性和改造需要两类。[②]这里的危险性包括人身危险性和自杀危险性。因此在初次健康标准分配的基础上，监狱还应加强对人身危险性的评估，把人身危险性高的罪犯放入严管监区改造，较高的还可以监舍为单位进行再次分配。而改造需要标准，是在评估罪犯犯因性的基础上，结合监狱改造资源与罪犯个体的主观意愿，制定出的不同需要情况。[③]此外，明确其

---

① 周孟璞：《科学技术基础》，四川科技出版社 1986 年版。

② 这里，罪犯分类的标准参考了孙丽娟老师的观点。

③ 在分类过程中，我们既要考虑分类的科学性，同时又要考虑分类的经济性和可操作性；同时，不能过度以“安全”为核心分类要素，既要关注安全与控制，更要兼顾改造效益的最优化。

警力配置、工作要求和评价体系，使基层单位有法可依，至少清楚监狱安全防范要求。二是体现特殊犯群的特殊性。建议将“宽严相济”写入法律法规，并对老病残罪犯单独规定行政奖励、处遇、教育、生活卫生的操作章节，或操作细则，如：明确他们的权利和义务；规定监狱应根据罪犯改造表现、健康状况，制定对应的分级处遇；对他们的伙食标准，有具体的规定，等等。三是明确公检法司在刑罚执行中的分工与合作。事实证明，老病残罪犯改造涉及的工作特多，一旦哪个部门配合不佳，监狱必将付出更多的改造成本，这对整个系统的运行形成障碍。

（二）政策制度层面：加强监社互动，扩大社会支持力度

李斯特曾说，最好的社会政策就是最好的刑事政策。监狱执行刑罚，最终的目的还是让老病残罪犯早日回归社会，做一名守法公民。因此，监狱要增强开放程度，让社会了解和支持老病残罪犯监狱。有发言权的部门是否应该把《传染病防治法》《老年人权益保障法》《残疾人保障法》延伸至监狱，对老人、病人和残疾人的关心是否能融合到监狱的刑罚执行、安全防范、教育改造工作中，这是我们所急迫期待的。由于国家刑事政策的需要，所以监狱刑罚执行工作必须考虑到法律、社会和政治效果。①可使用宽容之义，加强与社会相关部门联动，让他们到社会上去改造，使罪犯本人和监狱都能达到改造效益最大化；如是从严对象，就要严格执法，同时因其身体情况还得保障其该有的健康权和生命权。如何对老病残罪犯进行教育改造，也是监狱的一件头痛大事。教育什么、如何教育、民警能教育吗？社会上的同类群体能享受的待遇，他们真的一点都不能享受吗？监狱非常希望相关部门在制定政策时，不要忘了他们；社会大众能够用一种宽容的心态，关心他们，而不是用一种“有色”眼光来质疑监狱工作。

（三）创新层面：发挥主动性，积极建设老病残罪犯生命文化

文化建设是老病残罪犯监管改造模式中的亮点要素，其对整体系统和其他子系统，特别是教育矫治系统起到促进作用。考虑到文化建设是一项长期的工

---

① 此处的宽严相济只指那些有利于老病残罪犯改造的政策。如按照542号文精神，老病残罪犯减刑可以缩短间隔期（一般为1年6个月）；在满足减刑、假释条件的前提下，老病残罪犯可以优先适用假释。但实践中，不少政策因各种原因，几乎不能执行到位。减刑假释比例不断下降，保外就医难度也在不断上升。

程，监狱可从简单易行再复杂深入的方式推进。首先，成立由监狱一把手负责的专门小组，规划整体的顶层设计方案；教育条线部门成立实施小组，分解项目，落实各项具体工作，其中必须明确生命教育是生命文化建设中的最关键内容。要通过“五大取向”[①]（宗教教育取向[②]、健康教育取向、生涯规划取向、伦理教育取向和死亡教育取向），实现“三大主要目标”（建立积极正向的人生观、内化安身立命的价值观和调和个体的知情意行）。其间，要善借社会资源，建构良好的学习环境，积极充实各类图书，发展生命教育课程方案，加强培训重点师资，融于表演艺术和绘画创作等。其次，发挥两大主体的作用。民警是生命文化建设的主体，必须形成“生命文化意识”，理解和把握什么是“文化”，如何去创造文化。在民警的教育和引导之下，罪犯也可能成为生命文化建设的主体。在生命文化建设中，可鼓励罪犯成立诸如“佛学研读”“瑜伽与冥想”“道教学习”“论语感悟”等组织。最后，高度重视理论研究。建议成立由监狱领导亲自领衔的“生命文化建设研究”课题组。在理论研究的基础上，规划监狱的生命文化建设的步骤，应该对罪犯进行一系列调查研究，进行典型个案积累，适当的时候形成“生命文化建设研究”成果。

（四）执行层面：立足押犯实际，展现人文关怀精神

老病残罪犯监管改造模式的执行，需要每一个系统和要素的配合和支持。构建的六大系统中，物化的刑罚执行、老病残罪犯的生活卫生工作显得既现实又敏感。[③]一旦此子系统处理不好，务必很难去谈其他系统。联合国的行刑规定，政府有责任保证罪犯在监狱中的生存权和良好的健康状况，保障罪犯有益健康的生活和劳动条件，保证对罪犯有效而充足的医疗保健，保证妥善处理罪犯死亡与严重疾病的问题。为此，监狱要坚持系统的灵活性特点，解决老病残罪犯中碰到的一系列生活卫生问题，主动作为，而不是等着罪犯和罪犯家属“上门信访”。监狱务必采取行动，既让有话语权的部门了解和支持老病残罪犯监狱工作，又要在不违法的框架下，大胆创新具体操作细则和提供保护民警职业

---

① 此处的生命教育建议参考了台湾地区矫正机关的做法。

② 监狱可以尝试用宗教教育对老病残罪犯进行教育改造。这在民国时期、当前的台湾地区监狱工作中都取得了不错的效果。

③ 调查发现，除政策外，老病残罪犯及其家属最关心的就是服刑期间能否吃得饱、穿得暖、睡得好、有病能否看等现实的事情。

保障的方式方法，进而破解这类群体改造中出现的棘手且敏感的难题，如：面对罪犯死亡问题，做好执法证据保全工作，也要关心罪犯家属；他们的饮食结构，监狱根据实际情况进行了改良，得到了很好的效果；他们的防暑降温和防寒保暖，监狱除采取常规手段外，允许他们在冬天可以戴帽子，夏天提供免费水果。在监狱看来是正常的事情，但在外面的人看来，似乎不能接受，这可能还需要较长的时间。不过，监狱在强调刑罚的人文关怀理念的同时，要把握好“人文关怀”的度。

（五）队伍科研层面：坚持双轮并举，提升工作内涵式发展

“战略确定了，人是关键因素”。老病残罪犯监管改造模式的构建，最终得由民警去执行和落实，由此民警的主体地位凸显。面对这样特殊的犯群，监狱的警力配置必须坚持系统配置、优化互补、能位匹配和竞争激励的原则进行。例如，警力总数要比普通监狱多5%左右[①]，警力的平均年龄不能与罪犯相差得太远，这是因为当前监狱民警的平均年龄太年轻（37.1岁），与罪犯的平均年龄（50.7岁）相差甚多，在教育沟通上难以实现真正的畅通[②]；专业人才（医学、教育学、心理学、管理学、社会学）配置太低，实际需要数为民警总数的8%—10%。[③]要不断强化民警的专业能力，用科研平台提高民警对老病残罪犯改造规律的研究和创新能力，进一步深化文化育警，把多年来好的工作经验及做法固化为方法，甚至模式，用“科研＋队伍”双轮驱动的模式，切实提高监狱民警对老病残罪犯改造需求的能力，为其他五大系统的提升增加能量，为老病残罪犯监管改造模式的有序运作提供人力和智力的保障，为老病残罪犯功能性监狱的内涵式发展保驾护航。

五、结语

尼尔·弗格森在其鸿篇巨著《文明》中告知我们：“在人类的很多特殊倾向

---

① 根据监狱的职能目标来确定为完成警务工作任务所需要的警力资源的总量和质量。

② 这些都是笔者根据调研结果得出来的。罪犯认为民警太年轻，存在年龄代沟问题，他们很难接受年轻民警的教育方式。

③ 老病残罪犯监狱的专业人才，由于病犯比例高，因此更多的是从人性和管理角度提出需求。如每个监区至少有一个具有医学背景的副监区长，1—2名具有医学背景的主管民警；懂教育学、心理学的更是迫切，毕竟具有心理咨询师资格与具有心理学背景的民警是两个不能对等的群体。

中，有一种是人类在演进过程中，几乎本能地学会了从其过往的经历中汲取经验教训。所以，他们的行为具有适应性，其行为倾向逐渐在变化。我们并不是随意地漫游，而是在道路上行走，而且，当前方的道路分叉（常常会发生这样的情况）时，我们以前的经验就决定了我们会选择的方向。”[①]老病残罪犯监管改造模式的走向，务必包括失败的痛楚和成功的喜悦。它不仅需要系统内各大子系统的支撑和平衡，而且需要系统外环境的优化和渗透。经过努力，或许我们离理想模式的道路会越来越通畅。

① ［英］尼尔·弗格森：《文明》，曾贤明、唐颖华译，中信出版社 2012 年版。

良法视域下监狱法治的不足与完善

上海市新收犯监狱　王通亮　孙　伟

> 法治应当包含两重含义：已成立的法律获得普遍的服从，而大家所服从的法律又应该本身是制定得良好的法律。
>
> ——亚里士多德

依法治国的实质是良法治国①；依法治监是依法治国的重要组成部分，其实质亦应是良法治监。然而实践中，无论是立法层面，还是执法层面，监狱良法状态不足是不容忽视的现实问题。在良法视域下，如何立足监狱实际，寻求完善监狱法治的现实路径，努力实现良法治监的目的，本文试做一探析。

一、何谓良法②

良法也叫善法，通俗地讲就是好的法律、好的制度。那么，到底什么样的法才是良法呢？这就必然涉及良法的判断标准问题。关于良法标准，古今中外的学者进行了大量探索和研究，形成了若干判断标准，各有其正确性的一面。本文试从以下几方面对良法标准③做一阐释。

（一）逻辑理性标准

良法首先要符合逻辑理性，即要求法具备形式上的逻辑合理性，也就是要

---

① 李龙主编：《良法论》，武汉大学出版社 2015 年版，第 3 页。

② 本文"良法"中的法是从法社会学派关于"法是社会控制的规则"的角度来加以理解。凡是对监狱管理、教育、矫治等执法行为具有指导性的，具有一定规范性的文件皆涵盖其中，包括法律、法规、规章、内部制度等相关规定。

③ 良法标准并不是绝对的，而只是个相对的概念。基于一定的良法标准对法律良善与否进行考察是为发现实在法的不足与缺陷，从而进一步促进法律的完善。相对于实在法而言，良法标准必然在某种程度上具有相对的超越性和批评性，这是实在法不断走向完善的一种内在动力，也是研究良法标准的价值所在。

求法本身具有确定性、一致性和无矛盾性的品格。[①]良法的逻辑理性首先要求法律体系的完整性、系统性和统一性。这就要求不同层级的法律规范统一于一个共同的最高效力准则之下，不同层级的规范之间具有一致性和无矛盾性，法律体系能够涵盖调整社会生活中各种行为的法律规范，能够解决现实生活中可能产生的各种法律问题。“作为一种主导性和确定性的行为模式，形式化法律体系必须避免自相矛盾，以达致和谐统一。现代社会要求建立和谐的法律体系。”“在现代国家中，法不仅必须适应于总的经济状况，不仅必须是他的表现，而且还必须是不因那种矛盾而自己推翻自己的内部和谐一致的表现。”[②]

良法的逻辑理性亦要求单独的法律规范自身具有内在的逻辑合理性，即要求公布于世的法律应该具有确定性，一致性和无矛盾性。确定性，是指法律条文的含义应该明确、清晰和具体，不应存在似是而非、模棱两可的文字表述，法律的确定性还要求其一经公布必须在一定的时间范围内保持应有的效力，不能朝令夕改，让人无所适从；一致性，要求不同的法律条文统一于共同的目的；无矛盾性，是指一部法律的条文不应存在着与上位法抵触，与同级其他法律以及自身的其他条文之间相互矛盾的规定。

（二）实践理性标准

实践理性的核心是目的手段的合理关联，探讨、追问和追求思想或者行为的合目的性或可行性。实践理性涉及目的、手段和可能性三个关键要素。[③]良法的实践理性首先要求法律具有良好的立法目的，且该目的具有实现可能性。一部法律如果不具有良好的目的，或者虽具备良好的目的，但是缺乏实现的可行性，不但不符合效率、经济原则，而且会使司法陷入混乱。实践理性要求法律目的与法律手段的一致性，在执法实践中表现为执法目的与执法手段的一致性，使执法手段适合于既定的执法目的，不存在着手段的行使造成理论上或实践上的背离执法目的现实可能性。“尽管对大多数律师和法官来说不熟悉手段目的这个术语，手段目的理性却是比逻辑，这个法律界玩弄得很多的术语，更接近法律事业的中心；或是比类比推理更接近法律事业的中心。”[④]良法的实践理

① 郭颖辉：《从三重理性看良法标准》，《中国政法大学》2006 年第 4 期。

② 王人博、程燎原：《法治论》，山东人民出版社 1989 年版，第 203 页。

③ 郭颖辉：《从三重理性看良法标准》，中国政法大学论文，2006 年。

④ [美]波斯纳：《法理学问题》，苏力译，中国政法大学出版社 2002 年版，第 136 页。

性还要求实现法律目的的法律手段的成本最小化或者是最优化，所要实现的法律利益或法律效益的最大化。实践中，实现法律目的的手段往往存在多种可能性，实践理性以追求成本最小效益最大化的法律手段为理想目标。

（三）价值理性标准

良法的价值理性是指良法所固有的满足价值主体需要的属性，也是指法律基于其属性发挥功能和作用的一种理想状态。[①]良法的价值理性内涵十分丰富，本文仅从以下几个层面加以考量。

1. 良法的价值取向应该符合社会公平正义

价值理性，首先要求法律的价值取向与社会的公平正义观念一致。罗尔斯认为正义对社会制度来说是至关重要的，就像是否符合真理是理论的首要美德那样，正义是社会制度的首要美德。不管一个理论设计得如何精巧和实惠，只要不是真理，就该被推翻。法律制度也如此，不管它安排得如何巧妙和有用，只要不符合正义，就该被取消。[②]公平正义不仅本身是良法的重要乃至最重要的价值形态，而且一直被作为评价现行的实在法律制度的价值标准而存在。因此良法的价值理性不仅要求法律以追求社会的公平正义为重要价值目标，而且要求法律自身应该经受住社会公平正义的批判和检验。因为，一个与社会正义相悖的法律，无论其体系多么完善，内容多么完备，都只能是不义的恶法。[③]

2. 良法的价值取向应与历史的、社会发展特殊阶段的客观性相一致

社会公平、社会福利并非一成不变，而是相对的，是各个利益集团之间相互妥协的结果。因此，对法律的价值理性考量事实上涵盖了卡多佐的“历史的方法”，即法律概念、原则所体现的，“许多不是现在的思想，更多的是昔日的思想；如果与昔日相分离，这些概念的形式和含义就无法理解并且是专断恣意的”。[④]人们在对“应然之法”的追求中不断修订法律，而法律也在这种修订中发展、成长。正因为此，对法律“当”与“不当”的考察应立足于其时、其势，以历史的眼光来进行。良法的价值发展不能脱离历史发展的特殊阶段而超然存在，良法价值

---

① 李龙主编：《良法论》，武汉大学出版社 2015 年版，第 75 页。

② ［美］罗尔斯：《正义论》，转引自张宏生、谷春德：《西方法律思想史》，北京大学出版社 1990 年版，第 469 页。

③ 郭颖辉：《从三重理性看良法标准》，中国政法大学论文，2006 年。

④ ［美］卡多佐：《司法过程的性质》，苏力译，商务印书馆 2002 年版，第 33 页。

应该立足于经济社会文化发展的现实国情，与社会整体发展阶段保持协调一致，脱离现实国情的价值追求和价值发展，必然会产生一系列的消极影响。

3. 良法的价值取向应该具有多元化、层次化并蕴含价值冲突的合理处理机制

良法的目的价值应该具有多元化。秩序、自由、效率和正义等都是良法的重要价值取向，法的目的价值的多元化与法所调整的社会关系的多样性和人的需求的多样性直接联系在一起的。[①]良法的多元化价值应该具有一定的层次性。"法所追求的诸多目标价值是按照一定的位阶排列组合在一起的，当那些低位阶的价值与高位阶的价值发生冲突并不可兼得时，高位阶的价值就会被优先考虑。"[②]因此，在各种价值取向之间产生矛盾时，我们可以确定哪一种价值具有优先性："一般来说，社会的一般价值、群体的特殊价值比个体的个别价值具有更高的位阶。这种位阶的有序性根源于价值目标是一个具有内在统一性的社会意识系统，它为法律推理主体在不同价值发生冲突时确定如何取舍提供了选择标准，也为他人判断这种取舍和选择的'正确性'提供了评价标准。"[③]

（四）程序理性标准

程序理性意味着法的程序规定必须符合正义且应当是公允的、正当的和易懂的，意味着程序中的各主体地位是稳固的、特定的和平等的，也意味着程序方法与手段是必要的、适宜的、公开的。对理性的肯定就意味着立法者和司法者对于那些作为一个自由的独立存在者和作为一个其利益应受保护的存在者的人给予充分的关注和必要的保障——通过程序对各社会主体的诸利益（包括应然权利中的和法定权利中的）予以充分的维护和必要的救济。[④]良法的产生、实施及法律目的的实现都离不开理性化的程序规则保障。所谓程序理性亦可称之为正当程序，很多西方法学家做过关于正当程序的理论阐述，以美国法学家罗尔斯较具有代表性。他在代表作《正义论》中，集中阐述了他以程序正义为重心的社会正义思想，在他看来，程序设计的关键在于程序本身应符合一些正当性或合理性的客观标准。如果过程是好的，则结果也将是令人信服的，而这正

---

①② 张文显：《法理学》，高等教育出版社、北京大学出版社 1999 年版，第 212 页。

③ 张保生：《法律推理的理论与方法》，中国政法大学出版社 2003 年版，第 482 页。

④ 李道军：《法的应然与实然》，山东人民出版社 2001 年版，第 24 页。

是正当程序独立价值核心之所在。①关于良法的程序理性我们主要应该从两方面加以考量，一个方面是指法律的制定和实施应当严格遵循程序规范；另一个方面是指程序规范本身应该具有理性化，即应具有符合现代法律精神的内在价值。

二、监狱良法状态不足的现实表现

良法视域下监狱法治的不足突出地表现为监狱良法状态的不足。无论从法的制定，还是从法律实施的整个过程都能反映监狱良法状态不足的现实问题。具体来说，主要表现在以下几个方面。

（一）逻辑理性方面

逻辑理性方面的良法状态不足体现在：从宏观层面来看，法律体系的不完善；从中观层面来看，《监狱法》的不完善；从微观层面来看，监狱内部制度的不完善。

1. 法律体系的不完善

我国已初步形成了以《宪法》为根本大法，包括《刑法》《刑诉法》《监狱法》以及其他刑事法律规范在内的监狱法律体系。但是，这一体系并不完善，具体表现在：(1)下位法与上位法之间的冲突。如《监狱法》与《宪法》之间的冲突。《监狱法》第47条规定除写给监狱上级机关和司法机关的信件不受检查外，监狱有权检查罪犯的通信；而《宪法》第40条规定只有公安机关或者检察机关有权对公民通信进行检查，两者之间存在着明显的冲突。此外，《监狱法》与《刑法》《刑事诉讼法》彼此之间亦存在着大量冲突的条款。(2)法律体系间缺乏协调性。如《宪法》和《刑法》都对“特赦”做了明确规定，而《监狱法》对“特赦”内容却没有涉及，彼此间缺乏有效的衔接和协调。(3)在某些领域存在立法上的空白。随着社会的快速发展，新情况、新问题层出不穷，加之法律的滞后性和立法技术不足等因素，导致监狱执法实践中时常会遇到无法可依的尴尬境地，如：关于罪犯重大疾病诊治、罪犯聘请律师、外国籍罪犯管理教育、罪犯人权保障、艾滋病罪犯管理教育等方面，都存在着法律依据不足的境况，严重影响监狱法治进程。

2.《监狱法》的不完善

《监狱法》的颁布曾极大地促进了监狱法治进程，但随着时间的推移，《监狱

---

① 李龙主编：《良法论》，武汉大学出版社2015年版，第140页。

法》自身的不足逐渐显现，主要缺陷体现在：(1)从立法技术来看，《监狱法》条款存在立法语言内容模糊、含义不清，章节名称不准确，部分条款原则性过强，缺乏实际执行力等；(2)从立法体系和结构来看，《监狱法》的立法地位有待提高，立法规模过于狭窄，章节结构不够科学，缺乏严密的程序性规定等；(3)从立法内容来看，条款缺少关于法律责任的规定，条款内容存在缺少、遗漏等现象，造成执法实践中时常出现无法可依的境地，部分条款内容不够精细、准确性不强等。

3. 监狱内部制度的不完善

监狱系统存在大量的指导具体执行行为的内部制度，它们的存在有着一定的必要性、合理性，但同时也存在着一些不足之处，主要表现在：内部制度规定不统一，不同单位往往存在着不同的制度规定；内部制度过多、过杂、过乱，缺乏科学性、系统性和协调性；有的制度上位法律依据不足，有的仅仅是决策者个人意志的反映；有的制度的执行甚至可能会侵犯民警、罪犯的权益；有的制度缺乏实际执行力，不具有可行性；有的制度与制度之间，甚至与上位法律法规和政策之间存在抵触，等等。例如，某监狱为防止民警携带违禁品入监，对民警进入二门卫进行搜身的规定；罪犯发生违法、违纪要对主管民警进行处罚的规定；监组一人违纪全体组员都要受到株连惩罚的规定；监狱民警办公桌上不允许摆放与工作无关的物品的规定；罪犯读书要记清读了多少字数等类似的"奇葩"规定，不仅不具有法律上的依据，而且缺乏人性化，违背基本的常识常理，更何谈良善！总之，监狱内部大量的制度规定总体呈现繁杂冗余的特征，严重制约着监狱法治化进程。

(二) 实践理性方面

实践理性方面的良法状态不足，主要体现在执法目标和执法手段的非理性化，以及在某些执法实践中存在着手段与目标相背离的奇特现象。

1. 执法目标的非理性化

法律目标在转化为执法目标及具体工作要求的过程中往往受到制度安排、领导意志、思维习惯、执法者素养等多种因素制约，并非理性化的法律目标一定能够转化为理性化的执法目标以及理性化的工作要求。受制于传统习惯、制度体制尤其是追责机制、上层领导意志及思维方式等多种因素，监狱的某些执法目标及工作要求存在着非理性化的一面。以监狱民警耳熟能详的"四个不发生”即不发生罪犯脱逃、不发生重特大狱内案件、不发生罪犯非正常死亡、不发生重大安全生产事故为例。这种执法目标和工作要求就属于典型的非理化。因为这种目标要求不符合客观规律，违背常理。以“不发生罪犯非正常死亡”为例，如果一个服刑人员万念俱灰，不想活了，我们有什么办法和手段能够控制得了他的思维和行动呢？即便能控制得了一时，也很难保证永远万无一失。民警能做到的只能是尽量杜绝或减少此类事故的发生，但是没人能保证其绝对不发生。其他几个不发生亦是同理。再比如，关于罪犯某些教育目标必须达到多少百分比的相关规定都含有很大的非理性成分，因为监狱不是专业的教育部门，也缺少足够的专业教育人才，我们有什么样的资格和能力来保证达到这么高的指标呢？类似这种非理性的执法目标和工作要求充斥在监狱工作的很多方面。

2. 执法手段的非理性化

执法手段的非理性化是指为实现执法目标而采取的手段与法律价值相背离或者执法手段本身缺乏有效性而无法达致设定的执法目标。例如，为了实现监狱改造秩序的整体稳定性，或者为了追求实现对个体罪犯的驯服的目的，在特殊情况下，为惩罚违规罪犯或打击罪犯反改造气焰，在有关领导或明示或暗示的授权下，对罪犯采取以电击或上铐等为手段的惩罚方式，仍然在有些监狱存在。这种手段的有效性不言自明，而且往往在短期内能够实现立竿见影的震慑效果，但是这种手段仍属于非理性化的执法手段，因为它与保护人权的法律价值理念相悖，所以即使效果再有效也应当予以摒弃。再比如，为了实现安全管理目标，监狱安装了大量的无死角的视频监控设备，这种执法手段从工具理性角度来看的确值得肯定，但是从价值理性角度来看却存在很大问题。它与保护罪犯隐私权存在一定的冲突性。况且，有了视频设备之后，按照工作要求，监狱民警需 24 小时不间断地紧盯电脑屏幕，以实现第一时间发现安全隐患的目的。这种工作方式安排，其合理性和可行性值得进一步商榷，因为人具有自己的生理极限，从这个角度来看，其目标和手段都具有非理性的成分。

3. 手段与目标背离

监狱执法目标具有多元性，如教育改造、公平正义、人权保障等都是监狱应追求的工作目标。但由于历史和环境的原因，我国监狱工作长期以来以监管安全为主线，并形成了特有的安全防范工作模式。[①]在这种特有的安防高压下，形

---

① 李豫黔：《监狱工作改革路径及未来展望》，《监狱学刊》2016 年第 2 期。

成了以安全为首要标准的工作目标导向，并在实际考核中形成了对监管安全目标的一票否决制，及以监管安全结果为导向的追责机制。在这种安全高压下，导致大量监狱工作在实践中出现了目标与手段相背离的奇特现象。也就是说，我们虽然提出了很多看似合理的目标定位，但实际工作中并没有为之辅以有效的工作手段。监狱绝大多数精力都投入到了维护监管安全目标上，因为每个人心里都很清楚，影响监狱及监狱民警切身利益的只有安全稳定这一条，其他所谓的工作目标仅仅是美好愿景罢了，实际工作中做做样子、形式上应付过去即可，并没有为实现教育改造、公平正义、人权保障等非安全目标提供切实有效的工作手段，出现了实际上目标与手段背离的奇特现象。以实现罪犯某方面的教育目标应达到多少百分比的例子来看，当前监狱的资源配置并不具备这样的能力和条件，况且大部分的人力、物力和财力还要投入到与“天”同高的安全目标上去，那么怎么去完成上级确定的教育目标任务呢？只有在形式上或者表面上去完成了，至于罪犯个体到底有没有真正实现预定的教育目标，也鲜有人去关心和过问，考核者与被考核者彼此之间也是心知肚明的。

（三）价值理性方面

价值理性是影响监狱法治的深层次原因。价值理性方面的良法状态不足体现在诸多方面，本文主要阐述以下三方面：

1. 公平正义价值的核心地位凸显不足

监狱作为国家司法体制中的重要一环，理应将公平正义作为监狱执法实践中的核心价值追求，但在执法实践中，存在着公平正义的核心价值地位凸显不足的倾向。首先，作为刑罚执行机关，监狱正确执行刑罚是实现公平正义重要的体现，从这个意义上说，如果监狱执行的是一起冤假错案，则有悖于公平正义。但是由于法律规定的不完善以及权力配置的不尽科学合理，导致监狱在平反冤假错案的过程中所能发挥的作用极其有限，哪怕监狱民警根据自己的理性和良知确信的冤假错案，实践中除了帮助罪犯转递申诉材料外，没有其他任何办法。其次，在执法实践中，存在着安全价值目标对公平正义价值的挤压现象。有些监狱为了追求监管安全，不惜以牺牲公平正义为代价。比如，在执法实践中有时会出现在改造分数相同的前提下，越是老官司、难管理、难改造的罪犯获得减刑、假释的可能性越大的倾向，因为老官司、难管理、难改造的罪犯关押的人数越多，对安全稳定的压力越大，安全风险和隐患越多。因此，只要符合形式上的规定条件，老官司、难管理、难改造的罪犯获得减刑、假释的可能性更大，这在实质上与法律所追求的公平正义是相背离的。

2. 过度的安全秩序价值追求

将以追求安全稳定为目标的秩序价值作为监狱法律的重要价值之一本无可厚非，但是过度地强调以追求绝对安全为目标的安全秩序价值则会产生一系列负面效应。过度地追求安全秩序价值严重影响监狱正义、人权、教育矫治等其他价值目标的有效实现。过度地追求安全秩序价值，以及与之密切相关的以安全目标和安全结果为主要导向的考核机制，并由此在执法实践中衍生出来以安全目标和安全结果为导向的追责机制，造成了监狱系统在实践中将大部分的人力、物力、财力等资源都投入到确保和维护监狱安全稳定的目标上，客观上严重影响了其他价值目标的有效实现。

3. 人权价值追求的两极化倾向

维护罪犯人权是监狱执法的重要价值追求之一，但在实践中，监狱对人权保护出现畸轻畸重的两极化倾向，不利于对罪犯人权的有效维护。一方面监狱对罪犯某些人权保护力度缺乏，另一方面监狱对罪犯某些权利的保护力度过大。对罪犯人权保护力度缺乏体现在：对罪犯申诉权保护力度不够。由于法律规定的不尽完善，以及法律赋予监狱保护罪犯申诉权权能的有限性，导致对罪犯申诉权保护力度不足；对罪犯通信权保护力度不够。由于法律规定得不完善、不详尽，监狱民警处理罪犯信件的随意性较大，导致了事实上对罪犯通信权利保护力度不够；对罪犯的隐私权保护力度不够。很多监狱在罪犯所有活动区域，包括罪犯监舍和厕所内都安装了全方位、无死角的视频监控设备，实际上造成了对罪犯隐私权保护力度不够；等等。与此同时，监狱对罪犯某些权利保护又存在力度过大的倾向。主要体现在对于罪犯生命健康权利的保护上。罪犯享受全部免费的医疗服务，尤其一些得了重病的罪犯，很多监狱会想尽办法帮助罪犯进行必要的医疗，甚至对一些危、急、重症患者还享有“绿色通道”的特殊待遇等。从这个角度来看，监狱对罪犯生命健康权的保护力度过大，某些罪犯事实上享受了超国民待遇。试想，一名患病罪犯因监狱与某些医疗机构签订了内部协议而享有优先的“绿色通道”时，深处相同境地的普通民众，会以怎样心态来看待此事呢？这背后折射的是一种怎样的价值考量，反映的是一种怎样的思维逻辑，又会对社会行为选择起到怎样的引导作用呢？

（四）程序理性方面

程序理性方面的良法状态不足主要表现在：缺乏依程序执法理念、程序规范不完善以及监狱程序规范的价值理性不足等。

1. 缺乏依程序执法理念

依程序执法理念，即监狱执法必须遵循和履行法定时间和空间上的步骤和形式的意识，简单地说就是解决监狱民警在执法过程中应如何来做的理念问题。美国学者罗尔斯在《正义论》中说道："通过程序实现正义是现代法治的基本原则。公正的法治程序是正义的基本要求，而法治取决于一定形式的正当过程。正当过程要通过程序来实现。"可见程序在法治中的地位。在监狱执法过程中往往存在着重结果、轻程序的现象，忽略程序的重要地位。实践中，监狱民警遇到执法困境时，往往首先想到的是领导的要求或上级的命令，而不是程序规范的要求如何；在日常工作考核过程中，也存在着重工作结果或工作成效，而忽视对程序执行的考核力度；尤其在对民警责任追究时，存在着以结果为导向的追责倾向，即便执法程序再规范，只要实际发生了监管安全事故，民警往往也难辞其咎，这就更加重了民警忽视执法程序，而重视执法结果的执法意识和理念。

2. 程序规范不完善

程序规范不完善，是监狱良法状态不足的重要表现之一。从现有的相关规定来看，监狱缺乏系统的、统一的执法程序规范，尤其作为监狱执法基本依据的《监狱法》，缺乏关于执法程序的统一规定，导致很多领域的执法程序处于空白状态。监狱民警的很多日常执法行为完全凭经验，或者依据领导的临时指令，或者依据一些内部规定来进行。现有的监狱执法程序大多散见于法规、规章以及一系列的内部规定之中，不具有统一性，亦缺乏科学性、系统系。不同地区，甚至同一地区的不同监狱之间都存在着不同的执法程序规定。很多监狱的执法程序仅仅是基于对部门工作经验总结的基础上而形成，具有一定的局限性，且仅以内部规定形式出现，没有形成法律规范，是否需严格执行也往往取决于相关领导的个人意志，因而导致一些执法程序缺乏权威性和稳定性。

3. 程序规范的价值理性不足

监狱法治不仅要求监狱具备完备的执法程序规范，而且要求程序规范本身应当符合价值理性要求，即具备公平、正义、效率、人权等现代法治所蕴含的价值追求。程序理性方面的监狱良法状态不足不仅表现为程序规范本身的缺乏，即便已经具备的程序规范也很难达到价值理性的要求，很多程序规范往往是相关领导的要求或命令、实践经验的总结，或者是传统因袭下来的习惯性做法等，离程序法律的价值理性标准还有很大的距离。

三、良法治监的路径选择

完善监狱法治必须以逻辑理性、实践理性、价值理性和程序理性为标准，正视监狱良法状态不足的现实，不断完善法律制度，更新思维理念，坚持价值引领，遵循程序优先等，才能逐步改变现状，最终实现良法治监的目的。

（一）追求监狱法治的逻辑理性

完善监狱法治，必须不断加强立法工作，努力做到科学立法，形成完善的监狱法律体系，填补执法领域空白，努力实现有法可依，且所依之法符合逻辑理性要求的目标。具体来说，要不断构建完善的监狱法律体系，尽快修改完善《监狱法》，加强监狱内部制度建设。

1. 构建完善的监狱法律体系

构建完善的监狱法律体系，应以《立法法》为依据，从三个层面对监狱法律体系来加以完善。

第一个层面为法律层面，包括《宪法》中涉及刑罚执行的相关条款，全国人大及其人大常委会制定的《刑法》《刑事诉讼法》《行政诉讼法》《监狱法》及相关司法解释等。首先，需要对《宪法》相关条款进行必要的修改或做出扩大性解释，以实现下位法与上位法之间的协调一致，进一步促进国家刑事司法体系和刑事司法体制的合理化和科学化。例如，应将《宪法》第135条“人民法院、人民检察院和公安机关办理刑事案件，应当分工负责，互相配合，互相制约，以保证准确有效地执行法律”修改为“人民法院、人民检察院、公安机关和司法行政机关（包括监狱）办理刑事案件，应当分工负责，互相配合，互相制约，以保证准确有效地执行法律”。通过《宪法》修改来提高《监狱法》位阶，改变监狱机关在整个刑事司法体制中处于弱势地位的现状，促进刑罚执法工作的有效开展。又如，可以将《宪法》第40条修改为或扩大解释为：根据国家安全、追查刑事犯罪或维护监禁机构安全的需要，允许公安机关、检察机关或者法律规定的其他机关依照法律规定的程序对通信进行检查,其他任何组织或者个人不得以任何理由侵犯公民的通信自由和通信秘密。①以实现将刑罚执行机关纳入拥有通信检查权的主体之一。其次,需要对《刑法》《刑事诉讼法》《行政诉讼法》等涉及刑罚执行的条款与《监狱法》做出一体化修改,以实现法律体系间的有效衔接和协调一致。

第二个层面为行政法规层面,主要由国务院制定的行政法规和省级地方人大制定的地方性法规构成。根据当前的现实需要,由于现行《监狱法》存在的缺陷和不足,为适应监狱实际工作需要,从行政性法规层面来看,有必要制定一部在全国范围内具有统一执法效力、权威性较强的《监狱法实施条例》,以弥补法律依据不足,填补立法领域上的空白。

第三个层面为部门规章层面,主要包括国务院司法行政主管部门以部长令形式发布的规章,也包括几个部门联合发布的规章。部门规章的特点是较为专业、细化。从规章层面来看,为满足监狱工作实际需要,进一步促进监狱法律体系完善,有必要制定更多的部门规章,同时对已发布的一些部门规章根据需要进行修改和完善。②已发布的需要进一步完善的规章主要包括:《司法行政机关行政赔偿、刑事赔偿办法》《监狱劳动教养人民警察着装管理规定》《监狱教育改造工作规定》《监狱服刑人员行为规范》《监狱和劳动教养机关人民警察违法违纪行为处分规定》(联合发布)等。此外应出台更多部门规章,从多方面对监狱工作进行专业性、权威性、细致性的规定,以完善丰富监狱法律体系。

2. 尽快修改完善《监狱法》

《监狱法》是指导监狱工作最重要的法律依据,在整个监狱法律体系中居于核心地位。《监狱法》良善与否直接决定着良法治监目标能否实现。尽快修改完善《监狱法》,是适应 20 多年来经济社会发展需求,满足日益增强的权利意识,顺应国际行刑发展趋向,改进《监狱法》自身缺陷与不足的客观需要。《监狱法》修改应该从价值追求、结构体系、内容安排、程序规定、责任设定、立法技术等多方面考量,努力呈现出一部价值多元且层次清晰、结构体系合理规范、实体内容全面详实、程序设计科学合理、法律语言清晰明确、权利义务界定准确,具有一定前瞻性,且具有实践执行力的一部优良法律规范。

---

① 吴宗宪:《论监狱法的修改与完善》,《中国社会科学院研究生院学报》2010 年第 1 期。

② 范方平主编:《回顾与展望——监狱法二十年》,中国长安出版社 2014 年版,第 166 页。

3. 加强监狱内部制度建设

监狱内部制度往往直接决定监狱民警的执法行为选择，加强监狱内部制度建设，构建科学合理的监狱制度体系是实现监狱法治的重要方面，尤其在上位法不健全、不完善，甚至存在空白领域的情况下，完善内部制度就具有更加重要的意义。加强内部制度建设首先必须杜绝制度出台的随意性，尽量提高制度制定主体的层次，至少应该由局级部门来根据不同监狱类别，统一制定详尽的、具有执行力的内部制度规定，尽量减少基层单位自行制定内部制度的做法。因为由基层单位出台制度难以保证制度质量，容易出现制度出台的随意性大、规范性差等问题。其次，要切实提高对内部制度建设重要性的认识。监狱工作千头万绪，但各项工作落实最终都归结到制度建设和制度执行两个方面，因此要把制度建设作为一项基础性、常规性、重点性工作常抓不懈。这项工作不应因监狱各部门领导的改变而改变，更不能形成“口头上重视，实际上忽视”的不良风气。再次，出台内部制度要严格遵循程序要求，尤其涉及一些重要制度，应进行必要的调研和论证，发动基层部门积极参与，并充分、广泛地征求意见，确保制度出台的必要性、科学性和可行性。最后，对于现行庞杂的内部制度要定期进行清理，根据其实际运行效果，及时作出修改、废止，确保监狱内部制度合法、合理、高效、可行。

（二）追求监狱法治的实践理性

完善监狱法治，应针对实践理性方面监狱良法状态不足的问题，努力实现监狱执法目标的理性化、执法手段的理性化以及执法手段与执法目标的一致性。

1. 努力实现执法目标的理性化

监狱内二元化的规则体系同时存在，共同指导着监狱执法行为。所谓二元化的规则体系，是指监狱既要遵循刑法、刑诉法、监狱法以及其他规范性文件在内的一整套法律规范要求，同时也要服从上级的决定和命令、本监狱领导的决定和命令以及根据上级的各种要求制定的一系列内部的决定和办法等。要想实现执法目标（实践中主要表现为工作目标和要求）的理性化，应逐渐将二元化的规则体系向一元化的规则体系过渡。即逐渐减少上级或有关领导临时性的、短期性的、政治性的工作目标和要求，将执法目标和工作要求纳入法律调整范畴。也就是说，即便上级或相关领导提出具体的执法目标和工作要求，也应当在法律上找到明确的依据。理性化的执法目标应该从法律目标中去寻找，而不是从某些决策者个人意志或要求中去寻找。应该转变思维理念，敢于打破传统的思维惯性，将一味的政治正确思维向法治思维模式转变，确保监狱执法目标符合客观规律和客观现实，实现执法目标的合法性、合理性和可行性。

2. 努力实现执法手段的理性化

实现监狱执法手段的理性化，一方面要紧紧围绕监狱执法目标设定和选择具有实际效果的执法手段，另一方面必须充分考虑执法手段自身是否符合价值理性。我国《监狱法》明确将“惩罚和改造罪犯”作为监狱工作目标，但是，针对惩罚罪犯，除了限制罪犯人身自由外，当罪犯不服从管理、不接受教育、不按要求参加劳动时，如何有效、合法地惩罚违规、违纪罪犯，仍然是执法实践中面临的现实困境。因此，必须完善法律，赋予监狱民警管理、教育、改造罪犯以有效、可行、且符合价值理性需求的执法手段。以杜绝监狱民警执法实践中因合法手段缺乏而违规动用警戒具等非理性做法。要切实改变为了追求监管安全而不惜一切代价和手段的工作思路和习惯。以视频监控设备的安装和使用为例，这种工作方式和手段确有其合理性的一面，但是站在更高的层次来看，如果仅仅在公共活动区域安装必要的视频监控设备，取消罪犯监舍和厕所内的视频监控设备，更能体现监狱尊重罪犯人权（隐私权）的理念，更加符合人性化的需求，也更能够体现执法手段理性化的一面。

3. 努力实现执法手段与执法目标的一致性

教育改造罪犯是《监狱法》确立的重要的法律目标，而且已经被中央确定为监狱工作的中心任务，为实现教育改造罪犯目标，必须切实转变传统的一切唯安全至上的思想观念，切实调整工作思路和工作方法，为教育改造罪犯提供切实可行的方法手段，改变实践中教育矫治流于形式、流于表面、流于台账化的不良做法和风气。要切实加大对罪犯教育改造的保障力度。积极引进社会资源，丰富教育改造内容和手段。研制矫治罪犯的先进技术，不断开拓创新，推进教育改造科学化、实效化，探索推广循证矫正，创新个别矫治、分类教育、电化教育、管理教育、质量评估、社会帮教等方式方法，把普遍教育和个别化教育结合起来，把传统教育管理手段和现代教育矫治技术结合起来，完善多种类型罪犯的矫治改造方案。[①]此外，针对如何有效实现惩罚罪犯的法律目标，必须加强对

① 李豫黔：《监狱工作改革路径及未来展望》，《监狱学刊》2016 年第 2 期。

罪犯进行分类关押、分类管理的各项工作，针对不同类型的罪犯采取不同的管理教育模式，针对危险度高、反改造意识强、违规违纪频繁的罪犯必须采取有针对性的教育惩戒措施，明确惩戒罪犯的法律依据，为实现惩罚罪犯的法律目标，建立系统化、层次化、易操作的一系列教育惩戒手段和措施，切实改变惩罚罪犯的无法可依，凭经验和习惯执法的不良习惯。

（三）追求监狱法治的价值理性

完善监狱法治，针对价值理性方面良法状态不足的现实，应确立公平正义的核心价值地位，促使安全秩序价值目标回归理性，努力消除罪犯人权价值维护的两极分化。

1. 确立公平正义价值的核心地位

“法律的实现固然需要依靠国家强制力，但最根本的还是在于法律所蕴含的价值，在于法律所体现的公平正义精神。”①法律只有符合公平正义才能得到社会成员的普遍认同和信任，并确立其至高无上的地位。作为国家刑罚执行机关的监狱更应该将公平正义确立为监狱法治最重要的价值追求，无论在立法还是执法实践中，都应将公平正义确立为监狱法治价值的核心地位。在修改完善监狱相关法律时，应该考虑监狱作为刑罚执行机关的特殊地位，赋予监狱机关以更加重要的权能，以发挥监狱在执法实践中平反冤假错案的特殊作用。要通过科学立法，合理界定不同价值位阶的合理层次及发生价值冲突时的合理协调机制，尤其要通过科学、合理设定监狱民警的责任追究机制，来引导监狱民警的执法行为，促使监狱民警在执法行为的价值选择上以追求公平正义价值为首位，以实现公平正义为核心价值追求，而不是以其他价值来取代公平正义价值的核心地位。

2. 安全秩序价值应回归理性

安全秩序价值是重要的法律价值之一，它与公平、正义、人权、自由、平等基本价值一道成为良法必备的价值追求之一，理应成为监狱法治的重要价值追求。但凡事过犹不及，对于安全秩序价值的追求也是如此，追求安全秩序价值必须在理性的范畴之内，超越了理性的范畴追求绝对的安全就会起到相反的作用和效果。Demogue 说，“绝对的安全”“意味着社会永远停滞不前”，绝对的稳

---

① 李龙：《宪法基础理论》，武汉大学出版社 1999 年版，第 101 页。

定性也一样。①我们应树立理性的安全秩序观，摒弃传统的一切唯安全是从，不允许发生任何安全事故的绝对安全观。首先，应该对安全的概念作出科学的解读和界定，分清监狱安全工作目标等级，合理确定符合客观规律的安全工作目标。其次，要构建科学理性的安全工作考核机制和考核体系，尽早修改完善以"安全工作目标一票否决制"为代表的不合理的考评机制。再次，构建完善的民警责任追究机制，改变由于追求绝对的安全目标而衍生的以结果为导向的不合理追责机制，使民警从安全高压下解放出来，才能逐渐改变监狱工作始终以安全为主线的工作模式，逐步推进监狱实践工作向以教育矫治为中心的工作目标迈进。

3. 努力消除罪犯人权价值维护的两极分化

要消除罪犯人权价值维护的两极分化，改变对罪犯人权保护的畸轻畸重的现状，必须通过完善立法对罪犯人权保护的种类、手段和措施等做出清晰明确的界定，在立法层面将追求人权价值作为重要的价值取向给予足够的重视，是实现罪犯人权保护有法可依的基本前提。此外，维护罪犯人权，必须结合中国社会发展的特殊阶段，立足于中国现实国情来统筹考虑，不能为了短期的安全管理目标，或者眼前的因应控制，而给予罪犯超过普通民众的人权待遇。这种做法虽然在短期内有助于实现安全管理目标或教育改造目标，但从长远来看，或者从更高的层面来看，则损害了整个社会的公平正义，给社会持久的安全稳定和监狱的长远发展埋下更大的隐患。

（四）追求监狱法治的程序理性

完善监狱法治，针对程序理性方面监狱良法状态不足的现实，应牢固树立依程序执法的思维理念，加强监狱程序规范建设，并不断追求监狱程序规范的价值理性。

1. 牢固树立依程序执法的理念

依程序执法是监狱法治建设的重要内容，能否有效地树立起依程序执法的理念事关监狱法治建设成败。对于人治传统深厚的监狱而言，要树立起依程序执法的理念，必须从完善监狱执法考核标准和责任追究机制两方面着手。在考

---

① [美]本杰明·N.卡多佐：《法律科学的悖论》，董炯、彭冰译，中国法制出版社 2002 年版，第 8 页。

核方面，必须转变重视考核执法结果，忽视考核执法程序的习惯做法，要加强对执法过程的考核力度，要根据监狱民警执法行为是否符合执法程序、是否能实现执法目标，将监狱考核划分为四种类型：对依程序执法并且实现了执法目标的行为给予积极的正面评价；对于严格依程序执法，但没有达到预期执法目标的行为不应给予否定性评价；对没有严格依程序执法，但却实现了预期执法目标的行为，同样要给予相应的否定性评价；对于没有严格执行程序要求，也没有实现预期执法目标的行为，应给予最严厉的责罚。依据如此的理念和标准，来设计针对日常执法行为的考核机制，必然有助于逐步树立起依程序执法的理念。此外，在民警责任追究机制建设过程中，要转变以结果为导向的追责机制，逐步建立起尽职尽责规范执法的免责机制，以此倒逼监狱民警依程序执法理念的逐步养成。

2. 加强监狱程序规范建设

加强监狱执法程序规范建设，应围绕监狱工作目标，着手加强执法程序规范的立法工作，尽快修改完善《监狱法》，弥补其关于程序规范不够严密、系统的不足，提高监狱程序规范的立法等级，统一监狱执法程序标准，使指导监狱的执法程序规范能够成为科学化、系统化、规范化，并具有实际操作性的执法程序规范体系。在现有的立法条件尚不成熟的情况下，在一定区域范围内，根据监狱功能、特点，在总结实践工作经验的基础上建立起相对统一的执法程序规范，促使监狱执法工作化繁为简，提高执法效率，同时为《监狱法》的修改完善积累实践经验。

3. 追求监狱程序规范的价值理性

实现监狱程序规范的价值理性是监狱法治程序理性的重要方面。我们不能仅仅追求监狱具备一套形式上完备的程序法律规范，而不重视程序法律本身的正当性。在加强监狱程序规范建设的过程中，必须将建设正当的监狱执法程序作为程序法律建设的重要内容。正当的监狱执法程序是监狱程序法律建设的灵魂，对于监狱执法权力而言，正当的监狱程序制度将监狱执法权力的具体实施置于严密、公开的操作轨道，既可以防止监狱执法权的消极无为、怠于行使权力的现象，又可以有效限制监狱执法权力的恣意妄为。正当的监狱程序法律规范，不仅是实体权利义务充分体现的有效手段，同时，也必须反映公平、正义、安全、效率、人权、民主等现代法律价值理念。

四、结语

良法治监是一个宏大的课题，也是监狱法治所追求的美好愿景。要想真正实现这一目标，需要思维理念的更新，体制机制的完善，法律法规及配套规章、制度的健全，执法人员法治素养的提升等综合因素。良法治监的实现是一个漫长而曲折的历程，良法标准的相对性也决定了良法治监的目标本身具有浓厚的理想化色彩，但我们不能因此而停止追求的脚步，因为这种对于理想的追求，本身就是促进监狱法治不断自我更新完善、促进监狱事业不断健康发展的动力源泉。

QP监狱信息共享的需求分析与对策研究

上海市青浦监狱　谢忠明　许太阳　曹敏欣

一、绪论

（一）课题背景

监狱作为国家的刑罚执行机关，担负着执行刑罚、惩罚和改造罪犯、预防和减少犯罪、维护社会稳定的重要职责。在当前日益复杂多变的社会环境和执法环境下，执法水平要不断提升，不能仅仅满足于过去“关得下，跑不了”的基本要求。近年来上海监狱系统创新管理模式逐步实现从三级管理向二级管理模式的过渡，推行现代警务机制，建设动态开放、优质高效、与时俱进、科学规范的警务制度和集约高效的运行模式，实现警务管理的规范化、集约化、信息化。与此同时，信息技术也在飞速地发展变化，物联网、云计算、大数据等新兴技术的出现推动着社会信息化浪潮澎湃前进。新兴技术的出现，同样给监管改造工作提供了更多的思绪和路径。2006年司法部提出《全国监狱信息化建设规划》，确立建设“一个平台、一个标准体系、三个信息资源库、十个应用系统”之后，全国监狱系统开始了轰轰烈烈的信息化工程建设，监狱的安全防控从传统的“人防、物防”向“人防、物防、技防、联防”四防一体发展，以互联互通协作为特征的监狱信息共享模式给提升监狱管理水平提供了平台。上海监狱近年来加快信息化建设步伐，建立指挥中心—分控平台—管控点三级警戒运作构架，集成视频监控、对讲监听、人员定位、网络广播、即时通信、门禁巡更管理、电源管理等功能形成统一的管理平台。然而在监狱信息化进程中往往致力于独立安防管控系统的建设，缺乏各独立安防系统之间的整合与共享，重硬件、轻软件，重防控、轻整合，重建设、轻共享的现象较为普遍，由此产生信息资源搜集不全面，已有信息资源难以共享和利用等问题，信息化管理难以实现突破性进展。同时，在警务管理过程中信息技术运用不够充分，信息资源得不到有效利用，业务流与信息流分割疏离等突出问题极大地影响了现代警务机制的推进。

（二）选题意义

1. 理论意义

在监狱信息化飞速发展的背景下，对于监狱信息化管理的研究日益增多，而以往的研究多侧重于信息技术的运用和监狱信息化基础建设，对于监狱信息共享的研究可谓凤毛麟角。本文通过对国内信息化程度较高的 QP 监狱的研究，提出信息共享不仅是技术流程上的革新，更是一种管理模式的变革，丰富了监狱信息化管理的研究方向和理论内容，建立了信息共享的评测模型，对于其他监狱信息共享的发展也是一种借鉴。

2. 现实意义

由于监狱工作对安全保障的要求、对刑罚执行的要求、对公正执法的要求、对改造效果的要求都在不断提高。在复杂的社会形势和执法环境下，有限的警力资源如何完成各项工作要求，给监狱工作提出了严峻的考验。信息技术的飞速发展给监狱工作提供了解决路径和技术支撑，信息技术的运用使监狱工作步入现代化、科学化、数字化的道路。然而在硬件软件不断完善的信息化过程中，大量的信息资源尚未数字化、丰富的数据资源和信息情报没有被发掘和利用、部门与部门之间相互封闭等问题突出，监狱信息化管理严重滞后于社会信息化建设。因此本选题的主要意义在于，以信息资源整合为基础，构建互联互通共享的信息共享管理模式，实现信息的全面采集，有效整合共享利用各种信息资源，解决监狱信息共享存在的突出问题，实现平安监狱、法制监狱、创新监狱、智慧监狱、文化监狱的发展目标，使监狱能够更好地发挥保障安全、维护稳定、惩治和预防犯罪的重要作用。

（三）国内外相关研究

1. 国内相关研究

监狱作为国家的刑罚执行机关，在信息化浪潮下，监狱职能的实现方式逐渐发生转变，信息技术的运用在监狱管理中处处可见，对于监狱信息化的研究也日益增多。将各类研究进行归纳分类，可以分为四个层面：官方层面、技术层面、理论层面、实践层面。

(1) 官方层面的精神和要求。2006 年司法部出台《全国监狱信息化建设规划》，确立建设“一个平台、一个标准体系、三个信息资源库、十个应用系统”的建设标目标和标准。同年，上海市监狱管理局召开专题会议制定了《上海市监狱管理局“十一五”信息化建设和管理规划》《上海市监狱管理局信息化建设和管理可持续发展行动计划》和《数字化监狱建设标准(2006 版)》，提出了信息化建设和管理“信息采集数字化”“信息传输网络化”“信息管理智能化”“信息分析集约化”“信息培训经常化”的发展目标。2007 年 5 月 29 日，司法部在南京召开全国监狱信息化建设工作会议，提出加快监狱信息化建设，是保障监狱充分履行职能、更好地服务构建社会主义和谐社会的客观要求，是提高监狱管理工作水平、促进执法规范化建设的内在要求，是实施“科技强警”战略、提高监狱人民警察队伍整体素质的重要举措，是促进司法行政系统信息化建设、提高司法行政工作整体水平的有效途径。构建覆盖全国监狱系统的网络互联互通、信息资源共享、标准规范统一、应用功能完备的信息化体系，以提高监狱信息资源综合开发利用水平，形成全员应用、资源共享的信息化工作格局，显著提高监狱执法、安全防范、罪犯改造等工作的信息技术应用能力，为推进司法行政系统信息化建设奠定基础是当前信息化建设的总体目标。①以上从官方的层面认识到信息化是监狱工作转型发展的必由之路，体现了监狱信息化建设的重要性和必要性，并且明确地提出了信息化建设的目标和标准，为监狱信息化的推进发出了最强音。

(2) 技术层面的研究。张晓茹(2008)在对 WEB 技术、网络技术和数据仓库技术的研究基础上。针对当前我国监狱管理存在的问题，设计了一个基于网络的监狱信息集成化系统。它包括一套基于 C/S 的监管改造子系统和一套基于 B/S 的监狱电子政务子系统，实现了对服刑人员的档案管理、计分考核、分级处遇、禁闭、刑罚变动以及监狱日常的电子公文、信息检索、会议安排等工作的信息化处理。通过对数据的整体处理，充分体现了信息集成化的优势。②刘宏涛(2011)、陈凯(2011)提出了物联网在监狱管理工作中的应用方向，认为将物联网技术应用于到监狱信息化建设之中可大幅度提高监狱现有信息化系统智能水平和自动化水平；明显减轻一线干警的重复性和机械性工作，提高他们的工作效率；明显提高监狱的整体安全水平和管理水平。③以上技术层面的研究，为监狱信息共享提供了思路，同时也体现了信息技术在工作应用中的重要

---

① 吴爱英:《2007 年司法部全国监狱信息化工作会议的讲话》。

② 张晓茹:《监狱信息化集成系统的设计与实现》,《河北农业大学学报》2008 年第 5 期。

③ 刘宏涛、陈凯:《运用物联网技术开创监狱信息化新时代》,《中国管理信息化》2011 年第 15 期。

作用。

(3) 理论层面的研究。于爱荣(2009)结合 20 余年监狱工作的经验,吸收现代信息化理论、现代管理学、法学、监狱学等学科理论,编著了《监狱信息化导论》一书。在对监狱信息化建设经验进行分析综合,升华为理性认识的基础上,对监狱信息化的内涵、路径、运用领域、发展走向等进行了系统研究。借鉴我国一些省份现有的监狱应用系统和国外先进技术,通过实证分析,构建监狱信息化应用系统。《监狱信息化导论》也是目前为数不多较为系统、全面、科学地研究监狱信息化的专著。这对监狱信息化的研究起到理论引导作用,同时对监狱信息化建设起到了促进作用。邹立坤(2012)认为监狱信息化建设是时代发展和监管改造工作的需要,监狱信息化建设应该走标准化的道路,提出了监狱信息化的标准应包括监狱管理编码标准、罪犯信息编码标准和警察职工信息编码标准。这一研究,有利于避免信息系统低水平重复,有利于信息的交流和共享,有利于保证系统的开发质量,同时也是调控监狱信息化建设的有力杠杆。为了监狱信息化的顺利建设,必须保证标准化先行。①彭德林(2011)认为监狱信息化是政府信息化的一个子系统,是把现代信息技术与监狱业务工作相结合,控制和集成管理监狱职能的所有信息,实现狱内外信息的共享和利用,以提高监狱工作效率的技术。以上从理论上阐述了监狱信息化与信息共享的意义与目的,并指出了监狱信息化过程中需要注意的关键问题。

(4) 实践层面的研究。屠家穆(2007)结合从事监狱信息化工作的经验,从宏观和微观两个层面系统地阐述和分析监狱信息化的现状、发展趋势与经验,通过国内外监狱信息化状况的比较以及上海女子监狱的实例分析,总结监狱信息化过程中存在的问题并提出了相应的对策。步力阳(2010)认为信息化管理为监狱管理模式创新提供了一个新的视角,通过创建监狱信息化模式和引入信息化管理平台,优化管理资源、改进管理模式、提高管理效率,使监狱工作与信息化更好地融合,更好地确保监狱的监管稳定和信息安全,将有利于进一步推动监狱文明执法的社会形象建设。通过对江苏、上海监狱信息化管理的研究对比,以及对杭州东郊监狱的案例分析,总结了当前监狱信息化管理的优势与不足。以上通过对长三角监狱系统信息化的实证分析,提出了当前存在的问题以及解决的方案,为信息技术在监狱工作中的应用实践提供了重要参考。

---

① 邹立坤:《论监狱信息化建设与标准化研究》,《网络安全技术与应用》2012 年第 2 期。

2. 国外相关情况概述

伴随着信息技术的快速发展，社会信息化的程度不断深化，信息资源的作用越来越大，信息技术在监狱的运用也日益广泛。欧美国家监狱十分重视信息技术的运用，通常配备若干个网络信息计算机中心，每座监房各有1个、监狱总部1个。所有这些计算机中心通过光纤局域网相互连接。每个中心配备有一个服务器，各部门都有不同的网络信息点。在20世纪90年代，欧美监狱开始采用监狱服刑人员数据系统，并且所有的监房已经实现了计算机化管理。进入21世纪后，引入PMS（the prison management system，服刑人员管理系统）。PMS是一个G2G和G2C的电子管理工具，它除了用于透明化和简单化的数据处理之外，还可以用于建立中心数据库，为监狱的所有监房提供资讯帮助。监狱中心数据库包含有关服刑人员的详细情况，如服刑人员种类、犯罪记录、入狱时间、入狱时的详细生理数据、号码、照片、个人详细资料（年龄、住址、家庭成员有关资料等）、医疗详细资料、囚房等。它能够存贮和处理上万名服刑人员的基本数据、几万个指纹、数万张照片的信息，它在向监狱警官提供被羁押服刑人员的犯罪资料方面发挥着关键作用。监狱中心数据库通过网络技术实现数据共享，监狱与警察局、司法和安全部门互联，有助于各界方便地对服刑人员进行管理。①对于司法机构来说，数据共享使得他们能够采用统一的系统化方法管理监狱的服刑人员资料，如服刑人员在监狱内外的活动记录，包括诉讼案件的详细庭审资料。新西兰监狱充分利用罪犯的信息资料（犯罪事实、家庭和文化背景、被害人陈述、恢复性司法程序、身体健康评估、心理健康评估、酒精、毒品、赌博依赖及暴力倾向测试、家庭和社区现状、就业现状及经历、教育现状及经历、经济状况、犯罪前科、悔改意愿、主观恶性评估、犯罪模式和犯罪偏好总结、生活习惯及社交情况与犯罪的关系等）对罪犯的危险度进行科学评估，评估结果的运用对罪犯的管控更加有效。在芬兰监狱的培训中心与各监狱实现信息共享，教学时可实时调取各监狱监控中心画面，进行现场讲解，解决了教学中存在的理论与实践脱节的情况。②由于国外监狱特别是发达国家监狱信息化起步较早、信息化程度较高，形成了较为完善的信息管理系统，关于监狱的研究多集中于司法制度、心理学、罪犯矫治等领域，对于监狱信息共享的研究极少。然而，国

---

① 王戍生、孟宪军：《英国、西班牙监狱的最新发展》，《中国监狱学刊》2003年第2期。

② 上海监狱管理局赴芬兰考察报告。

外监狱通过先进的信息技术，较好地实现了罪犯信息资源的搜集、共享、挖掘，同时将各类信息运用于罪犯的评估，为国内监狱的信息化建设提供了借鉴。

（四）相关概念的界定

伴随着社会信息化的发展，信息技术的渗透融合日益广泛，对于信息化相关的概念也是见仁见智，层出不穷，监狱作为国家的刑罚执行机关也在经历一场信息化的变革。监狱同其他单位部门有许多共性，但由于职能的特殊、对象的特殊，也存在其他诸多特殊性。因此，在研究之前对涉及的一些概念有必要予以界定。

第一，监狱信息化，是指通过有效地利用计算机技术、通信技术、网络技术等现代化技术和设施，结合监狱系统的各项工作，对传统的监狱系统管理机制、组织结构等方面进行改造、优化、重组，把监狱内的各种记录、文字、图像、多媒体等信息通过信息处理、网络通信、生物识别等先进技术进行传输和处理，达到监狱系统内信息采集数字化、信息传输网络化、信息管理智能化、信息分析集约化和信息培训经常化，使监狱更科学、更公正、更安全、更高效地履行监管改造的使命，满足监狱在安全防范、公正执法、改造质量、管理水平等方面的需要，更好地发挥监狱的本质职能。

第二，监狱信息整合，是指依据监狱信息化发展趋势，在一定组织的领导下，实现对监狱内各类信息资源的序洁化、共享化、调化，进而实现信息资源配置最优化、拓宽信息资源应用领域和最大化挖掘信息价值的管理过程。

第三，监狱信息共享，是指监狱信息资源有效整合的基础上，通过终端和网络设备，实现不同层次、不同部门间信息资源的交流与共用，在庞大的信息资源环境下，需要的人在需要的时间能够得到需要的信息，最终实现互联互通共享管理模式的过程。根据信息共享的范围可以分为内部共享和外部共享。本文主要阐述监狱内部的共享。

二、QP 监狱信息化管理概况

（一）QP 监狱信息化管理源起

1946 年第一台电子数字计算机的发明，点燃了当代信息革命的导火索。

1971 年第一个微处理芯片的发明，加速了这场信息革命的进程。[①]就本质而言，当代的信息革命是关于人类信息和知识的生产、储存、传播和利用的一场革命，人类文明也由此揭开了信息化的大幕。20 世纪 90 年代互联网在全球的普及和应用，硬件技术的革新，软件技术的发展，通信技术的持续进步，人类信息的采集、储存、传递和交流超越了传统的时空限制，世界变得触手可及。现代信息技术的发展和信息产生、储存、传递模式创新交相辉映，将人类文明深刻紧密地置入了信息化的时空。在整个社会信息化的大背景下，监狱作为刑罚执行机构也无法置身事外，监狱的安全防控从传统的"人防、物防"向"人防、物防、技防、联防"四防一体发展，监狱的日常管理也朝着信息化、智能化和规范化方向发展。

监狱信息化管理是通过有效地利用计算机技术、通讯技术、网络技术等现代化技术和设施，结合监狱系统的各项工作，对传统的监狱系统管理机制、组织结构等方面进行优化、改造、重组，把监狱内的各种记录、文字、图像、多媒体等信息通过信息处理、网络通信、生物识别等先进技术进行传输和处理，达到监狱系统内信息采集数字化、信息传输网络化、信息管理智能化、信息分析集约化和信息培训经常化，满足监狱在安全防范、公正执法、改造质量、管理水平等方面需要的过程。上海市监狱管理局根据上海市《关于全面推进上海信息化建设决定》以及司法部《全国监狱信息化建设规划》，结合监狱工作需要先后制定了《上海市监狱管理局信息化建设和管理规划》《数字化监狱建设标准》《上海市监狱管理局信息化建设和管理可持续发展行动计划》等文件。QP 监狱作为上海监狱系统的排头兵，在社会信息化的大背景下，按照上级信息化建设和管理的各项部署要求，结合自身管理需要，揭开了 QP 监狱信息化建设和管理的序幕。90 年代后期到现在，从最初利用计算机实施简单文档管理开始，到建立局域内网开展办公自动化，再到建立安防集成平台和信息集成平台，QP 监狱信息化建设与信息化管理在实践中完善，在创新中发展。

（二）QP 监狱信息化管理发展历程

信息技术在发展过程中逐渐渗透各行各业，成为一种不可或缺的重要因素。对于监狱这样一个特殊国家机关而言，信息化起步比较晚、应用范围小、信

---

① 周宏仁：《信息化论》，人民出版社 2008 年版。

息化管理意识淡薄，滞后于整个社会的信息化发展水平。QP监狱成立于1994年，是一所高度戒备的重刑犯监狱。监狱除收押被判处有期徒刑的成年罪犯外，还定点关押外国籍罪犯。QP监狱作为上海监狱系统的排头兵，在设计建造、设施配备在上海乃至全国都处于比较领先的位置。近年来在信息化建设上不论是硬件设施还是软件应用以及管理模式创新都投入了大量人力物力。纵观QP监狱信息化管理从无到有再到发展完善的过程，可以归纳为四个主要阶段：起步阶段、基础设施建设阶段、信息资源整合阶段、信息共享初探阶段。

1. 信息化管理起步阶段

20世纪90年代末年到2006年，是监狱信息化发展的起步阶段。虽然QP监狱的建造设计标准较高，但在建监初期信息化管理对于监狱还是一个十分陌生的名词，信息化基础设施设备微乎其微，对讲机和电话是仅有的信息设备，所有的工作都是通过手工操作来完成的，各类信息资料以纸质记录的形式存在，管理模式还是实行传统的监狱管理模式。90年代末电脑逐步配备到各个部门，开始运用计算机辅助完成一些文字档案的处理，随着局域网的开通，OA办公系统、狱政系统建成使用，办公自动化开始在监狱工作中运用。信息技术在日常办公的运用替代了一部分手工操作，对于罪犯管理的信息化基础建设开始起步，监狱信息化管理迈出了第一步。

2. 基础设施建设阶段

2006—2011年是监狱信息化得到长足发展的重要时期。2006年司法部召开监狱信息化建设专题会议，指出了监狱信息化发展的方向，制定了建设的标准和目标，由此掀起了监狱信息化建设的浪潮。QP监狱根据监狱管理局制定的数字化监狱标准，信息的采集、传输、处理环节的基础设施建设密集进行。监控监听、门禁、报警、定位、通信、存储服务器、传输线路等基础设施以及各类安防系统引入使用。软件开发也取得了巨大的进步，根据业务的需要开发罪犯会见、亲情电话、教育改造、生活卫生等各类的信息管理系统。为了确保信息安全，建立了信息异地容灾备份中心。这是监狱信息化基础建设最为密集、信息化管理发展最为迅速的一个阶段。在这一阶段工作的重心主要在于信息化管理基础设施的建造、独立安防系统和独立信息系统的应用，为监狱信息化管理奠定了坚实的基础。

3. 信息资源整合阶段

经历了密集的基础建设之后，QP监狱信息化管理工作的重点逐步转移到如何更好整合利用现有资源，提高整体效能，进入了应用完善的阶段。随着上海市监狱管理局现代警务机制的推行，提出了建立指挥中心—分控平台—管控点三级警戒运作构架，集成视屏监控、对讲监听、人员定位、网络广播、即时通讯、门禁巡更管理、电源管理等功能形成统一的管理平台。指挥中心、分控平台相继建成使用，在物理空间上整合了各类信息资源，形成了一个信息交汇管理的平台。应用软件的开发也在不断丰富完善。集群效应的发挥促使部门协作势在必行，逐渐认识到信息化管理重要性和必要性。监狱信息化管理不仅是一种技术的运用，更是一种管理模式的创新，信息化管理与监狱工作在应用中提升，在融合中完善。

4. 信息共享起步阶段

监狱信息化管理发展时至今日，经历了最初的起步阶段、基础设施建设阶段和信息资源整合阶段，对于信息技术和设备的运用日益广泛，对于监狱信息化管理的认识不断提高。从无到有、从单一到丰富的监狱信息化发展历程与监狱管理工作的融合变得日益密切而又不可分割。QP 监狱从三级管理到二级管理的转变使监狱工作的分工逐渐细化，对罪犯的管理模式也从传统的“看守型”向“矫治型”转变。不论是监狱的管理层还是基层工作人员结合当前工作的实际，认为不同的条线、部门甚至个人之间的信息共享变得越来越重要。罪犯改造日评估系统的使用，使得监狱民警能够及时共享罪犯的改造动态；指挥中心日通报制度的实行，提高了各类重要信息的知晓时效和范围。信息资源共享逐渐起步。

（三）QP 监狱信息化管理的特点

监狱作为刑罚执行机关与其他国家机关有许多共性，同时也存在众多特殊性。高墙电网的物理封闭环境、工作职责相对单一、对外交流的缺乏，这些因素造成了监狱成为一个相对封闭的机关。同时基于安全与保密的要求，监狱信息化发展在一些技术与设备的运用保持一种较为审慎的态度。监狱信息化管理同当前先进水平还存在很大的差距，因此将 QP 监狱信息化管理情况与国内同行之间比较归纳出以下特点。

1. 领导层面重视，基层参与积极

在 QP 监狱信息化进程中，领导层面发挥了极其重要的引领和推动作用。由监狱主要领导牵头成立信息化领导小组，组建监狱信息化建设团队，在组织、人员、资金上给予充分保障。组织各业务科室和信息技术人员到国内其他监狱参观学习，借鉴国内其他监狱在信息化管理较为突出的技术和方法。同时与信息科技公司进行项目合作，引进了人员定位、光纤微震等较为先进的技术设备。领导层面开阔的思路和先进的理念是QP监狱近年来信息化管理飞速发展的关键因素。

领导层面的引领与推动固然关键，但基层的配合与执行也十分重要。在QP监狱信息化管理的发展过程中，基层工作人员从最初的不屑一顾，向着使用、会用、用好方向发展，对信息化管理的认识不断提高，逐渐形成日常工作不可或缺的部分。基层的工作人员根据实践情况提出反馈，促进信息化管理不断完善，同时根据基层工作的需要，自主开发了如人账、车账登记等信息系统。顶层设计加基层创新，给QP监狱信息化管理快速发展营造了良好的氛围，描绘了美好的前景。

2. 基础设施完备

近年来由监狱领导层面牵头对国内信息化发展水平较好的监狱进行考察学习，借鉴先进经验和技术结合自身情况进行发展建设，对于信息化建设投入了大量的资金，建成了集监控监听、人员定位、自动感知、智能报警功能为一体的安防系统，完成了监狱指挥中心和监区分控平台的建设。指挥中心和分控平台是监狱信息化管理的重要载体，担负着各类信息的汇集、各种指令的下达，以及对监狱进行一个动态实时管控的重要作用。随着安防系统的建立，各类设备产生的数据海量增长，对于传输和储存的要求在不断提高，建造了光纤传输管路和数据存储服务器。对信息资源的采集设备、通信设备、传输线路、储存服务器以及信息化安防设施都进行了较高标准的配备或建设，为信息化管理奠定了良好的基础条件。从当前监狱信息化基础设施配备的综合实力来看，QP监狱已经处于国内较为领先的位置。

3. 管理应用系统丰富

根据司法部《全国监狱信息化建设规划》和《上海市监狱管理局“十一五”信息化建设和管理规划》的要求，先后建成了OA办公自动化系统、狱政管理系统、安全防控系统、人力资源管理系统、后勤保障系统、教育改造系统六大系统及15个子系统。在核心业务管理软件系统构架上率先使用B/S架构，实现了不同地点、不同设备访问和操作。与国内其他监狱相比较，QP监狱率先开发启用了罪犯日评估系统。主管干警通过罪犯日评估系统对自己承包管理的罪犯进行每日评估，评估内容主要包括罪犯每天的行为规范情况、劳动生产情况、身体状况、情绪状况等。通过日评估系统对潜在风险罪犯进行标注，使当日值班人员对标注人员加强关注和管控，防止突发事件发生。集合罪犯爱生网、爱生广播、爱生电视台、《爱生月刊》成立了爱生传媒中心。罪犯爱生网的开通也是QP监狱的一大特色，罪犯通过爱生网可以进行网上购物，查看学习、教育、娱乐等各种多媒体资料，同时通过爱生论坛可以合法地发表自己的各种言论，参与监狱组织的各类网上活动。罪犯爱生网是一个罪犯自由活动的平台，也是一个与罪犯互动沟通的平台。丰富的管理系统为监狱信息化管理的开展提供了软件应用的保障。

4. 高度重视信息安全

信息安全是监狱信息化管理开展的底线和保障，特别对于监狱这样一个特殊的国家机关，对于安全的要求更加严格。安全稳定的运行环境是各类设备系统运行的前提。为了确保信息数据的安全，QP监狱于2006年在全国率先建立信息异地容灾备份中心和数据备份系统，引入网络安全审计系统，网络防火墙系统和入侵检测系统，建成适合于各类信息系统的安全测试平台，每年由专业单位对重要信息系统进行一次安全测评，提高应用软件系统的安全功能。将局域网和外网进行物理隔绝，各类设备的输入输出端口进行加密处理，防止各类病毒危及信息安全。QP监狱形成了一套较完备的信息安全管理和网络运行保障体系。

（四）QP监狱信息化管理的趋势

QP监狱信息化管理经历了从办公自动化到局域网的开通，再到信息资源整合共享，从无到有、从单一到丰富，信息化管理与监狱工作的渗透融合程度越来越高。根据当前QP监狱信息化管理的现状，结合当前整个社会信息化管理发展状况，QP监狱信息化管理呈现以下趋势：

1. 业务流程的数字化程度不断提高

随着监狱信息化管理基础设施的不断完备，个人计算机、录音笔、取证仪等设备的配备，信息数据的采集越来越便捷；与此同时，畅通的网路传输和丰富的应用软件，使得传统业务流程逐渐被数字化手段取代，业务流程的数字化程度越来越高。

2. 数据整合分析的应用日益广泛

在已经来临的大数据时代，在监狱管理中逐渐认识到对数据资源的整合分析的重要性。监狱的日常运行产生了大量的信息数据，这些数据是对监狱工作的记录，同时蕴含着许多价值较高的信息。QP监狱对于数据的整合分析越来越重视，例如开展了视频监控的智能分析项目。

3. 互联互通程度不断提高

互联互通是监狱信息化管理的理想模式，只有互联互通才能更好地发挥各类设备和系统的最大价值，实现信息的增值和管理的高效。在信息化管理基础设施较为完备的情况下，各个独立系统之间、不同部门之间的互联互通，成为QP 监狱信息化管理的重要任务。

4. 条线、部门的协同合作成为常态

在个人有限精力和能力的限制下，分工可使个人有更多精力专心致志于某项工作的钻研。各行业发展的事实证明，社会分工和专业化，无论在广度上还是深度上，都是不断发展的。因此，社会越向前发展，社会分工和专业化越需要深化。对于监狱工作也是如此，推动民警专业发展，既符合个人的微观利益，也符合监狱工作发展的宏观利益。现代警务理念要求警务信息应按照面向实战的要求，在各部门之间快速、准确、大量地流动，使各部门能跨职能协作，从而提高警务效能，适应动态发展变化的工作要求。在分工日益细化的背景下，跨条线、跨部门的协同合作将成为常态。

5. 信息数据成为决策判断的重要依据

由于以往监狱管理信息化程度不高，对信息资源的掌握极其有限，信息不对称现象普遍存在，因此在管理工作中判断决策过多地依赖工作经验，缺乏科学准确的信息依据。随着监狱信息化基础设施的完善，信息资源整合、互联互通程度不断提高，能够广泛深入地掌握大量信息数据，为科学判断决策提供重要依据。

6. 智能化水平不断提高

数字化是信息化的基础条件。纵观整个社会信息化发展的历程，即沿着数字化、自动化、智能化的趋势发展。监狱信息化管理也是沿着社会信息化发展的趋势，在满足“管用、够用”的基础上朝着“好用、易用”方向发展。智能便捷的信息化管理是提高组织绩效的重要途径，在今后的监狱信息化管理中智能化是一个重要的发展方向。

三、信息资源整合：满足 QP 监狱信息共享需求的逻辑前提

信息整合目的就是要实现分布式环境中在正确的时间、以正确的方式，将正确的信息传送给正确的用户。在监狱信息化管理过程中存在着信息数据采

集不充分，部门、条线之间信息封闭，信息系统之间不兼容，业务流程与信息流分割等诸多问题。通过信息资源整合的途径解决以上问题，实现监狱工作在需要的时间获取需要的信息。没有信息的整合就无法实现信息的共享，信息资源整合是满足 QP 监狱信息共享需求的重要逻辑前提。

信息整合源于信息集成，其重要性已被越来越多的人所认识。信息技术的不断飞跃以及应用领域的不断拓展，信息整合在应用范围、视角、目标、层级以及涉及的要素等方面早已超出信息集成的范畴。信息整合是依据信息化发展趋势，在一定组织的领导下，实现对信息资源序洁化、共享化、调化，进而实现信息资源配置最优化、拓宽信息资源应用领域和最大化挖掘信息价值的管理过程。这对于 QP 监狱来说，信息资源整合就是通过信息技术手段和设备，对监狱信息资源进行采集、存储、发掘、应用的过程。

（一）基于数据的整合

数据是构成信息的基本元素，数据的整合是信息资源整合的基础条件。在监狱的日常运行中产生了大量的数据资源。这些数据资源以不同的形式、不同的结构分布于不同的角落。只有将这些数据资源，采用数字化的手段采集、统一存储，才能实现数据资源的完整统一，为信息资源整合提供数据基础。监狱管理工作中一些真实的案例从实用的角度也反映了数据资源整合的重要性和必要性。2007 年 10 月，临近释放的服刑人员肖某向驻监检察院反映监狱警官扣发其服刑期间的信件，导致其无法和家人取得联系，对其身心造成极大伤害，希望监狱能够给予一定的经济补偿。为了确保监管工作的安全稳定，监狱对服刑人员的通信实行较为严格的管控。监狱工作中对于服刑人员的通信情况有一本专门的信件收发登记本，其中记录服刑人员信件的收发时间、通信地址、关系、主要内容、经办人等简要信息。为了查清事件的真实情况，监区安排 3 名干警对该服刑人员入监 3 年来的信件收发情况进行统计，历经两天通过对 50 多本信件收发登记本的翻阅查询核实，确定该服刑人员在服刑期间给家人写过 5 封信，收到过 3 封回信。在事实面前该服刑人员不得不说出向检察院反映该情况的真实目的，主要是其家境贫寒，同家人的关系也较差，只是找个借口希望监狱在其释放时能够给予一定的经济补助。3 名干警两天的辛苦翻阅查询核对不禁引起我们的反思，如果信件收发登记能够通过数字化的手段进行记录，或许一个人两分钟就可以解决这个问题。传统的做法不仅不利于保存查询，甚至可能会造成记录的缺失，对警力也是一种极大的浪费。

1. 信息数据的采集

监狱作为刑罚执行的场所，每年都要关押或释放众多形形色色的服刑人员。不同的罪犯之所以形色各异，乃在于他们每个人的背景各异，隐含的信息各不相同。监狱工作的主业就是对服刑人员的管理，避开罪犯的身份不谈，本质就是对人的管理。对人的工作与事务性工作最大的区别之处就是，事务性工作是标准化一成不变的工作，而对人的工作是因人而异发展变化的。要想管控好各类服刑人员，只有全面透彻地了解他们所包含的各种信息，听其言、观其行、知其想。细节决定成败，监管改造工作更是如此。过去的许多真实案例给了我们太多刻骨铭心的教训，对于细节的忽视造成了数不胜数的重大安全事故。因此，对于服刑人员各种静态、动态信息的采集是监管工作不可或缺的重要组成部分。同样道理，对于警务管理的各种数据信息的采集也是同等地重要，这样才能做到知己知彼，百战不殆。

(1) 静态信息的采集。在信息主导警务的背景下，信息是一切决策和行动的依据。对服刑人员的有效管控是监狱实现安全稳定的基本保障，然而对于形形色色服刑人员有效管控的依据就是其背后所包含的各类信息。在目前的实际工作中，罪犯信息的数字记录内容仅限于姓名、年龄、籍贯、罪行等简略的背景信息以及奖惩记录、计分考评结果、减刑记录等均被认为是较重要的信息。这些信息可以对罪犯有一个初步的认识和评判，但仅仅这些信息对罪犯和科学准确评判还是非常局限的。对涉及罪犯教育改造、劳动生产、生活卫生等一切静态的信息数据通过计算机进行数字化采集，存入罪犯信息数据库。据此，不仅可以对罪犯情况有一个充分的了解，还可以用于罪犯的分类评估。

(2) 动态信息的采集。静态信息是罪犯日常改造生活的一种客观反映，而动态信息是监狱民警在罪犯管理过程中通过不同渠道对罪犯言行举止的感知与判断。例如，在巡视过程中发现某个罪犯情绪异常，或者某个罪犯与他人发生争吵等信息。动态信息没有固定的标准与格式，往往都是一些不易发现的细节，而且稍纵即逝。正是因为这些特点，在日常工作中储存的静态信息多、动态信息少是各个基层部门普遍存在的现象。监管改造工作中起至关重要作用的动态信息是由基层干警在每天的工作中以直观的方式感知获取的。QP 监狱对于罪犯管理采用承包监组与分管条线相结合的模式，由于不同民警分管的条线和区域的不同，造成了各自掌握着自己主管范围内的动态，缺少高效的交流沟通机制，造成各自掌握的信息不能及时地传递分享。信息在从基层向上的传递过程中也存在丢失和不及时的现象,业务指导部门的作用因此受到制约;而更多的日常信息被认为是无关紧要而被忽视、丢弃。动态信息反映罪犯在日常改造生活的真实状态,是罪犯管控工作的最重要依据。动态信息的及时掌握,才能耳聪目明、有的放矢,提高工作的针对性和有效性。利用终端设备对罪犯的动态信息进行记录,根据罪犯番号的唯一性,将不同监狱民警掌握的动态信息进行汇集储存。

2. 信息数据的统一存储

如果要实现需要的人在需要的时间能够找到需要的信息,信息的统一存储是实现这项任务的第一环节。只有将各类信息数据存放在同一个数据库内才能实现信息数据的全面性,方便各类信息的查找。QP 监狱日常工作产生大量的信息数据,有手写的纸质记录、电脑硬盘的文件、数据服务器的储存,这些信息数据以不同的存储形式散落在监狱的各个角落。信息数据的散落破坏了信息资源的完整性,是信息全面采集的巨大障碍。在 QP 监狱信息化进程中,不同阶段所采用的技术各不相同,这就造成了存储、系统、数据类型、数据结构的异构。信息数据的统一存储是信息查找、信息分析的先决条件,是信息资源整合实现的必要环节。随着信息技术的发展,诸如数据仓库、中间件等技术的运用,可以将不同来源、不同格式、不同性质的异构数据在逻辑上或物理上进行有机集中,屏蔽各种信息源的差异,实现异构数据的共知和共享。

(二) 基于业务内容的整合

英国大文豪萧伯纳曾经说过:"假如你有一个金苹果,我也有一个金苹果,而我们彼此交换这些金苹果,那么你和我仍然各有一个金苹果。但是,假如你有一种思想,我也有一种思想,而我们交流这些思想,那么我们每个人都将有两种思想。"这就非常形象地说明了信息的一个重要特征,信息是一种共同财富,它不会因一方所有而造成另一方失去。这个生动的例子充分说明了信息不受守恒定律的限制,是一种可以共享的资源。对于监狱工作中不同条线、不同部门、不同信息系统也是同样的道理,信息资源不会因为整合而缺失,通过整合共享只会发挥更大的价值,形成互利共赢的良好局面。实际工作中,不同条线、不同部门往往从自身的职能和需求出发,以自我为中心将条线部门的信息资源据为己有,互相封闭、互不共享。不同的信息系统之间互不兼容,信息交互困难重重。信息的有效整合,是实现信息共享,提高信息资源利用效率的必备环节。

1. 不同条线的信息整合

根据监狱工作的实际需要，监狱主要分为狱政管理、教育改造、生产管理、安全警戒、后勤保障条线。罪犯每天的改造生活都涉及各个条线，不同的条线根据自身职能的差异在罪犯服刑过程中发挥着不同的作用。然而，各个条线的配合组成了监管改造工作的整体，相辅相成、缺一不可。不同条线之间不仅相互依存，更是相互促进，顺畅的沟通互动、良好的协作配合，更加有利于各项工作的开展。不同条线的信息整合可以有效避免信息不对称现象，减少工作失误，提高工作质量和效率。开放信息资源，建立常态化的信息沟通机制，增强条线之间的协作，有效促进条线间信息整合。

2. 部门之间的信息整合

监狱的部门分类主要分为机关部门和基层部门。机关部门根据职能进行划分，负责罪犯的间接管理；基层部门的职能大同小异，负责罪犯的直接管理。在日常工作中各个部门积累了大量的数据信息，各个部门由于职能的不同，所拥有的数据信息也是特定的。由于所处部门的不同，想要获取各种需要的特定信息数据往往比较困难。部门内部人员由于分工不同，所掌握的信息也各不相同，将各自掌握的信息进行分享不仅可以节约大量的重复劳动，还可以有效地查缺补漏，减少工作失误。机关部门的信息整合有利于罪犯信息的全面掌握；基层部门之间的信息整合，有利于相互学习借鉴，发现规律性的经验信息。

3. 独立信息系统的整合

监狱在信息化建设过程中，对于信息系统的功能较为注重，因此就造成了信息系统的构建以功能为导向，不同阶段采用技术的差异造成了信息系统无法相互兼容和交互。不同的独立信息系统，造成了罪犯信息的分割，如果要查询某个罪犯的信息可能要登录多个不同的系统。不同信息系统互不兼容，数据不能相互调用，对于一些数据统计工作，可以通过电脑快速高效完成却要用人工来完成汇总统计，浪费了大量的时间和精力，同时统计结果的准确度也难以保证。在软件系统的应用上亟待打造一个统一的信息管理系统，以对象为导向，可以调取各个独立系统的信息资源，形成罪犯服刑过程的全景记录。罪犯信息的集中统一管理可以用于罪犯的日常评估，提前发出预警信息，及时发现危险性较高的罪犯。统一的信息系统可以全时空、全方位地了解罪犯信息和状态，让罪犯在监狱管理人员之前变得更加透明，就像罩在头上的一张网，是一种巨大的威慑。依托监狱内网，通过监狱信息门户建设形成信息服务平台，实现统一入口多种访问渠道对组织集成信息、服务的访问，达到信息、知识在价值链内快速流动的目的。

（三）基于应用的整合

数据整合和业务内容整合的目的就是将信息资源有效地运用到实际工作中，提高工作的质量和效率，实现管理工作的规范、科学、高效。伴随着信息化水平的不断提高，监狱工作所产生的数据在急剧膨胀。在不断产生的海量信息中，绝大部分是价值不高的普通信息，甚至包含一些垃圾信息。日常工作中对罪犯信息的了解往往需要查找大量的文件，登录众多的信息系统，耗费巨大的时间、精力，还不一定能获取全面准确的信息数据，因此信息资源的搜索就显得十分必要。在海量信息面前能够及时准确找到所需要的信息，发现高价值的信息数据，如果单纯靠人力去完成，几乎是不可能完成的任务。信息资源的智能分析可以快速高效地完成，通过对海量数据信息的挖掘或许可以带来意想不到的惊喜。业务流和信息流的分割是监狱信息化工作深层次发展的巨大障碍，业务流和信息流的高度融合能够达到交互螺旋上升的效果，也是监狱信息化工作发展的必由之路。

1. 信息资源的搜索

在网络信息时代各类搜索引擎已经成为我们日常生活不可或缺的部分。以往知识信息的获得通过学习、读书看报等，而搜索技术的发展颠覆了过去的模式，搜索引擎通过互联网对海量的数据信息进行智能的查找，可以准确地给出你想要的知识信息。只要你有问题，强大的搜索引擎就可以给出答案。对于监狱工作产生的海量信息，及时准确地找到需要的信息可以节省大量的人力物力，提高工作绩效。信息资源的搜索是信息有效利用的最初级、最基本的要求，也是日常工作最常用、最实用的功能。依托监狱内网，运用搜索技术，建立信息资源的搜索引擎，方便信息的快捷查找。

2. 信息资源的智能分析

信息化发展时至今日，人类已经进入一个大数据的时代。麦肯锡在 2011 年 6 月的一项研究报告中指出，数据已经渗透到每一个行业和业务职能领域，逐渐成为重要的生产因素；而人们对于海量数据的运用将预示着新一波生产率增长和消费者盈余浪潮的到来。①通过对 QP 监狱近 3 年来 202 个影响监管安全的个案分析来看，可以得出以下规律：发案比例，暴力型罪犯＞涉毒罪犯＞财

---

① 郭晓科：《大数据》，清华大学出版社 2013 年版。

产型罪犯＞职务罪犯；发案原因比例，生产劳动＞生活琐事＞家庭变故＞奖励考核；发案时间，上午＞晚上＞中午。通过3年来案例数据的分析，可以得出监狱罪犯违纪案件的潜在规律，同时也给数据分析在监狱工作运用中的一个启示。随着监狱信息化建设的推进，信息技术在监管改造工作的应用越来越广泛，长年累月的工作积累形成了大量的数据信息，这些数据信息是监狱工作的一种记录，同时也蕴含了许多规律性高价值的信息资源。然而，这些宝贵信息资源的发掘分析，找出隐含在海量数据下的各种规律，更好地提高监狱工作的科学化水平和效率，同时又为监管改造工作的创新发展拓宽视野和思路。

3. 信息流与工作流的融合

所有信息数据的来源都是日常工作的记录与积累，各项工作的开展需要各类的信息作为依据和支撑。信息来源于工作，信息也服务于工作。信息流和工作流就像DNA的螺旋结构，两者相辅相成，同生共赢，螺旋上升。将更多的信息资源运用于监管改造工作，可以明显增强安全保障的能力，提高教育改造的质量，提升警务管理的效能。信息流与工作流的有效融合是监管改造工作持续发展的不竭动力，在循环往复的过程中不断产生价值、发现价值、运用价值。

四、QP监狱信息共享的需求现状

信息共享是监狱信息化发展过程中的一项重要任务，不仅是技术上、流程上实现互联互通共享，更是要始终贯穿于工作思路和管理理念之中。信息共享服务于监狱信息化进程，而监狱信息化的发展又服务于监狱基本职能的实现。随着日益复杂多变的执法环境，工作要求的科学化、规范化、集约化程度不断提高，监狱管理实现了从传统到现代的演变。警务管理现代化的需求，只有分工的精细化和专业化才能有效地满足工作要求的不断提升。分工的精细化和专业化对一些专业性工作开展十分有利，但同时对基础工作的开展是一种削弱。基础工作是监狱工作的基础和根本，如果基础工作不扎实，专业化发展犹如无源之水、无本之木。在当前的执法环境下，政法工作的执法要求和执法难度不断加大，跨部门、跨区域的协同合作越来越多，在协作过程中对于信息共享的需求也日益增多。监狱信息共享是在信息资源有效整合的基础上，通过终端和网络设备，实现不同层次、不同部门信息资源的交流与共用，形成互联互通共享的信息化管理模式。监狱信息共享不仅是能够加强基础工作开展、深化监狱专业化工作、促进监狱对外交流的有效途径，而且是当前工作突破瓶颈、实现飞跃发展的有效途径。结合 QP 监狱管理现状，根据信息共享内容、共享对象、共享范围的不同，对 QP 监狱信息共享的需求进行分析。

（一）业务信息系统的共享需求

业务信息系统的共享是指 QP 监狱内部应用的各个业务信息系统之间的信息共享。QP 监狱经历了数年的信息化建设，先后建成了 OA 办公系统、狱政管理系统、安全防控系统、人力资源系统、后勤保障系统以及教育改造系统六大系统以及 15 个子系统。各个业务信息系统的设计都以功能和内容为导向，由此造成了业务信息的分割。各个业务信息系统在运行过程中，都对其他信息系统存在着信息共享的需求。例如，安全防控系统需要视频监控系统、巡更管理系统、门禁管理系统、一卡通系统等的信息数据；狱政管理系统需要罪犯心理测试、教育学习等信息；教育改造系统需要狱政管理系统的罪犯基础信息；等等。系统间的业务数据共享是业务信息系统共享的需求之一，监狱管理人员对于各类信息系统的共享使用同样存在巨大的需求。专业化的分工和职责权限的不同，对监狱民警的信息系统使用权限进行了限制，这就造成了部分涉及日常罪犯管控的基础信息资源对部分民警封闭，如狱政管理系统的条件检索功能、智能监控的查看范围、日评估系统的评估结果等。

（二）罪犯信息的共享需求

监狱内的每名服刑人员一天内可以产生许多信息，行为规范情况、生产劳动任务的完成情况、教育学习情况、就诊信息、通讯信息、狱内流动情况等都是在不断变化的。监狱工作分工不断细化，每个人主管的区域不同，这就造成不同的信息掌握在不同的人手中。服刑人员的每一个信息就像拼图的碎片，只有将各种碎片全部收集拼接在一起才能看到真正的面貌。罪犯的信息可以分为客观情况的记录和主管民警的感知判断，也就是静态信息和动态信息。通过罪犯信息的全面掌握，形成罪犯服刑过程的全景记录，实现全时空、全方位地了解罪犯的服刑状态，使监狱民警更加科学准确地认知罪犯、管理罪犯。通过网络系统超时空掌控罪犯信息，对罪犯来说也是一种极大的威慑。

1. 罪犯静态信息的共享

档案背景信息：主要包括罪犯的罪名、番号、刑期、年龄、家庭地址、犯罪事实、文化程度、家庭关系等背景信息。

狱政信息:包括罪犯的分级处遇、计分考评、司法奖励、会见通信。

生活卫生信息:狱内消费、看病就诊、被服发放。

教育改造信息:“三课”学习、文化教育、技能培训、心理健康、个别矫治、综合治理、社会帮教。

劳动生产信息:等级评定、工时考核、安全教育、劳动技能培训、劳动报酬。

2. 罪犯动态信息的共享

罪犯的动态信息主要来源于管理民警根据罪犯管理过程中发现的细节信息或者是自身掌握情况的主观判断。动态信息具有难以捕捉、稍纵即逝、影响深刻的特点,动态信息的收集也是监狱工作核心之一。动态信息没有固定的格式和标准,根据工作实践归纳为以下几类:个别谈话、言论热点、关注焦点、违规违纪、异常言行、家庭变故等。

(三)警务信息的共享需求

现代警务理念要求警务信息应按照面向实战的要求,在各部门之间快速、准确、大量地流动,使各部门能跨职能协作,从而提高警务效能,适应动态发展变化的工作要求。对于监狱工作也是如此,推动民警专业发展,既符合个人的微观利益,也符合监狱工作发展的宏观利益。在 QP 监狱全面推行现代警务机制的背景下,对共享协作的警务一体化运作管理模式需求不断增强。信息共享颠覆了过去信息资源的封闭和传播的滞后,打破时间和空间的限制,实现互联互通共享,让需要的人在需要的时间能够及时准确地获得所需的信息,充分发挥警务信息资源的价值。这主要从民警动态、业务信息、制度文件三个方面来对警务信息的共享需求进行分析。

1. 民警动态的共享

在监狱这样一个特殊的场所,每天都是一个监管与反监管的过程,可以说是一个没有硝烟的战场。在监管与反监管的博弈中,只有知己知彼,方能百战不殆。当前信息主导警务的背景下,只有对犯情、警情充分、及时、准确地掌握才能有效防范处置各类影响监管安全事件的发生,确保监管场所持续的安全稳定。对罪犯信息的共享是知彼,对民警动态的共享就是知己,因此民警动态的共享也显得尤为重要。依托监狱建立的指挥中心、监区分控平台和民警现场管控点三级警戒架构,将在岗民警分为执勤、值班、备勤三大状态,设立分控平台值班长和值班员。将民警的岗位位置、上岗状态进行充分的动态共享才能让警力跟着警情走，实现联通防控、可视化监督、点击式调度，指挥调度扁平化。

2. 业务信息的共享

社会越向前发展，社会分工和专业化越需要深化。业务信息的共享属于纵向局域的信息共享，是指监狱内部的人员、业务部门、监狱之间，通过不同的方式，相互之间进行的信息交互共享。监狱纵向局域的信息共享是监狱管理工作最为核心也是最为迫切的需求。内部信息资源在个人、系统、部门之间的高效传播、充分共享，能够极大地提高监狱管理的科学规范程度和绩效水平，确保监狱的平稳运行和职能的有效实现。业务分工的不同各个部门所掌握的业务信息各不相同，这些业务信息来自各个业务部门对掌握数据的分析编辑和整合。业务信息是对监狱不同条线工作情况状态的客观反映。例如，狱政部门掌握罪犯的押犯人数、结构，狱情犯情动态，减刑假释等业务信息；生产管理部门掌握罪犯的生产完成情况；后勤保障部门掌握监狱运行的水电使用情况；等等。这些业务信息都是监狱管理过程中判断决策的重要依据，业务信息的共享也是警务信息共享的重要内容。

3. 制度文件的共享

制度文件是监狱各项工作开展的执行标准。监狱工作源远流长，形成了众多的制度性文件，而且随着时间的推移各种新老制度更新交替。对于 QP 监狱来说，涉及监管改造、队伍建设、后勤保障、综合业务的制度文件计有 162 项，这还不包括各个部门制定的指导性文件和特定的工作要求。制度文件数量多、时效繁杂，而且没有统一的归口管理，造成执法工作的参照不明确、不统一，影响执法的公正性和规范性。监狱应将监狱管理的各类制度性文件进行梳理、更新、归类，依托监狱内网实现制度文件的共享。

（四）罪犯对改造信息的共享需求

罪犯作为构成监狱的重要主体，对于涉及自身的管理制度、狱务信息同样存在巨大的共享需求。QP 监狱开通了面向罪犯的局域网络罪犯爱生网，所有罪犯可以在活动室的计算机终端利用自己的番号密码进行登录访问。依托罪犯爱生网这一网络平台，可以对涉及罪犯管理和狱务公开的内容进行共享。对于涉及罪犯管理的制度，在不涉及保密内容的前提下进行公开，提示罪犯什么事情可以做、什么事情不能做、做了有什么后果，对于罪犯日常行为规范的养成也是一种促进。罪犯的计分考评、分级处遇、等级工、工时考核、减刑假释保外就医公示等狱务公开的内容，利用爱生网提供查询服务，这不仅有利于监狱执法的公正透明，而且也利于罪犯对自身改造情况的了解和规划。

五、QP 监狱信息共享的障碍因素

在相对拥有较为完备的基础设施、丰富的应用系统、通畅的传输网络，但总体看，QP 监狱信息共享的发展十分缓慢，滞后于当前的信息化建设。究其原因主要有以下障碍因素。

（一）人员结构和人员素质的障碍

通过对 QP 监狱 480 余名在职人员的年龄结构、学历水平和专业背景进行定量分析，结果如表 1、表 2、表 3 所示：

表 1　QP 监狱在职人员年龄结构表

年龄结构	35 岁以下民警	36—45 岁民警	46—55 岁民警	56 岁以上民警
百分比(%)	40.8	25.4	24.6	9.2

表 2　QP 监狱在职人员学历结构表

学历水平	研究生	本科	大专	中专及以下
百分比(%)	2.8	63.1	27.1	7

表 3　QP 监狱在职人员专业背景结构表

专业背景	法学	理工类	经管类	其他
百分比(%)	60.8	17.9	17.3	4

从表中可以看出，QP 监狱民警的年龄结构相对较好，老中青层次分明、搭配合理，整体学历水平较高，专业背景丰富，但从监狱信息化管理的实际情况来看，存在以下问题：

1. 中老年民警虽然占比不高，但绝对数字较大

多数年龄偏大的干警计算机操作水平有限，信息设备和信息系统的使用不熟练，过度依赖工作经验而对新生事物不屑一顾，形成了操作生疏、疏于学习的惯性。信息的完整性是信息共享实现的必要前提，中老年民警具备丰富的工作经验，在日常的监狱工作中拥有较多的信息资源，但信息设备操作素质相对薄弱；青年民警具备较高的信息操作技能，但对各类信息资源的掌握较少，对信息资源的完整性造成较大影响。

2. QP 监狱专业的信息化管理人员缺乏

整个监狱的设备、系统、网络、服务器、管线等只有 4 名专业的管理人员，仅占监狱工作人员的 0.8%，专业信息技术人员极度缺乏，由此造成监狱信息化管理过程中忙于网络、设备及系统的维护，顾此失彼而无暇拓展信息化管理的创新发展，对互联互通的信息共享模式心有余而力不足。同时，各个部门也缺少具有一定专业技能的技术人才，对出现的问题和故障难以及时解决。

3. 思维理念滞后，对信息共享的认识不足

事物总是处在不断发展变化之中，特别进入信息时代，在信息化浪潮的冲击下，呈现发展快、传播快、影响深刻的特点。信息共享不仅是一种信息技术，更是一种管理理念，它是将技术与管理融为一体，以更好地促进监狱工作的发展。监狱作为刑罚执行机关与其他国家机关有共性，同时也存在许多特殊性。高墙电网的物理封闭环境，职责权限的相对单一，对外交流的缺乏，种种因素造成了监狱成为一个相对封闭的单位。相对封闭的环境使得监狱在与社会发展的联系中总是后知后觉，常年的传统性工作的沿袭，在思维和理念上有固化的趋势。通过对 30 名不同层次、不同年龄监狱工作人员的访谈，基层工作人员对信息共享的建设多数持无所谓的态度；中层干部认为有必要，但没有足够的精力去实施；年轻干警对信息共享较为欢迎，中老年干警认为工作经验是核心，对新的理念有一种不屑一顾甚至抵制情绪。在思维上存在"过去几十年不是走过来了吗，也没什么问题，新事物有什么好"的片面认识。长期形成的工作思维和习惯难以从根本上改变，管理理念难以跟上当前信息化发展速度，在思维和理念上滞后于当前发展的需要。本位主义、各自为政的现象严重，对信息共享的理念认识不足。领导层面虽然逐渐认识到信息共享的必要性，但在信息化管理过程中对信息共享的构建缺乏重视。

（二）规划协调和制度标准的缺失

1. 缺少顶层的规划协调

诸如科技的发展、管理的创新，基层的需求和顶层的引领是必不可少的元素。从以往监狱信息化管理项目建设实践来看，由监狱领导层主导的项目能够较快较好地完成，自上而下的推动模式能够确保执行的高效。任何制度和措施的执行缺少有力的组织保障，推进的速度都会大打折扣。对于 QP 监狱来讲，在经历了相对完备的基础设施建设和丰富的软件开发，信息化的管理严重滞后于信息化的建设，信息共享程度十分低下。虽然监狱成立了专门的信息化领导小组，但其工作的重心主要在于信息化的建设层面。缺乏监狱领导层的规划协调是信息共享缓慢进行的重要原因。监狱信息共享不仅是技术上的改进，也不是哪一个部门单独可以实现，它是一个系统的工程，需要监狱结合信息化和管理现状进行顶层设计、统筹规划、协调实施。

2. 制度标准的缺失

通过对监狱各个条线 162 项规章制度的梳理分类，涉及监狱信息化管理及信息管理的制度仅有 8 项，且这 8 项制度当中主要针对信息化建设标准、设备系统维护和信息安全，对于信息共享很少提及。与此同时，监狱的其他规章制度大多涉及业务流程和业务内容的设置，缺少对业务流程开展过程中产生的信息资源如何处理的规定与标准。制度标准的制定才能确保各项工作的有序开展，制度的刚性是确保各项工作顺利执行的保证。QP 监狱信息化管理的各项制度相对单一匮乏、信息共享没有明确的指导性文件、其他制度文件对于信息资源管理规定的缺失，不能给信息共享实现形成有力的制度支撑。信息共享是一项涉及监狱管理各个方面的系统工程，没有具体的统筹规划、标准规范和制度性的保障，互联互通共享的管理模式就难以实现。

（三）缺乏信息共享的评估与考核

QP 监狱信息化过程中，信息化建设的发展极为迅速，这与制定了详细的建设和评估标准密切相关。评估对管理工作开展情况的评价估量，通过定性、定量等方法对各项目标任务的执行进行客观的分析评价，发现管理过程中的优势与不足，以便管理工作的完善。标准是参照，评估是反馈，对于 QP 监狱信息共享而言，缺乏相应的评估标准，因此也无法客观有效地反映当前 QP 监狱信息共享的真实情况，成为信息共享工作深入常态开展的巨大障碍。

从 2011 年 3 月 QP 监狱从试点运行到全面推行现代警务机制，缩减监狱管理层级，实行扁平化的二级管理模式。在这样的大背景下，将目标管理和绩效考评的方法引入监狱管理工作，促使监狱工作朝着规范化、科学化、集约化方向发展。QP 监狱的目标管理考核从监管改造、队伍建设、后勤保障、综合业务四个方面设定 22 项一级目标、49 项二级目标、102 项三级目标和 194 项落实措施，明确了责任部门、责任人和分管领导。其中有 1 项一级目标、3 项二级目标、6 项三级目标涉及监狱信息化的建设与管理。具体的目标管理内容如表 4。

表 4　QP 监狱信息化建设目标管理考核项目表①

一级目标	二级目标	三级目标	落实措施
信息化建设达标	局项目设施建设达标	信息化建设有规划、有计划，组织领导、人员配备、经费保障有力，建立、完善定期分析、自查自纠、持续改进的机制	成立项目领导小组和实施推进小组，制订项目建设方案，建立项目资料文档
			制订项目建设、维护方案，及时发现并做好项目的自查整改工作
		工作有序规范，严格按照时间节点落实工作要求，实事求是开展工作，创新工作思维和方式；自行开发应用系统，按规定向局信息化领导小组申报和备案	按照项目建设方案，认真组织项目实施，推进有力，按局规定时间节点完成建设
			项目通过局主管部门的验收，建设方和使用方签署移交备忘录。自主开发软件应用向局信息化领导小组申报备案
	安防设施、网络安全、软件系统、科技单警装备管理达标	信息化建设项目立项科学、预算合理；建设方案符合标准，建设程序规范，建设质量、进度管控有力，建设文档齐全完整；建设责任明确，施工安全和廉洁自律有保障	建设方案预算合理，按照制度规范要求进行招标，并组织第三方开展审计和监理。按照项目建设方案，认真组织项目实施，推进有力，按局规定时间节点完成建设
		建立、完善信息化设施设备运维制度和体系，按规定进行保养维护，系统运行良好；年度信息化设施设备运维经费做到专款专用；依照固定资产管理等规定，落实信息化设施设备管理要求；单警装备配备达标、保管措施完备；外包服务管理有力，运维记录清晰	制订每月、每季度、半年对全监网络与信息安全检查执行计划。定期检查信息与网络安全及运行情况，确保系统安全；对对讲机等单警装备及时开展检查、维护
			保障信息化项目的运行维护保养的费用，专款专用；及时对设备进行维护保养和更新；按照局相关标准配备设施设备；依照规范采购外包服务并做好外包服务的评估验收工作
	基础管理达标	保障网络与信息安全的组织架构完整，工作责任明确，人员资质达标；涉密设施设备管理规范，安全防范措施得力，安全自查常态化	成立监狱信息化领导小组，明确工作职责。根据“三定”进行人员岗位设置
			做好监狱信息安全保密工作，每月开展信息安全保密自查工作，落实移动存储设备的管理工作
		网络与信息安全应急预案完备，处置措施健全，年度至少组织一次应急演练	制订网络与信息安全事件专项应急预案；定期开展应急演练

①　见《QP 监狱目标管理考核实施细则》。

上表主要是关于信息化建设项目的管理、信息设备的维护、信息安全的保障，对于信息化管理的标准和考核过于简单笼统，对于信息共享更是只字未提。在监狱信息化管理从信息化建设到信息资源整合共享的发展过程中，这样的考核标准显然不能满足当前的信息化管理需求，阻碍了监狱信息共享的发展。

（四）技术设备与业务流程的障碍

1. 技术设备的障碍

步入信息化时代以后，信息技术以一种超乎想象的速度迅猛发展。在硬件技术上处理器速度、存储容量、传输速度在成数量级增长，在软件技术上更加智能化、多元化、人性化。监狱工作和信息技术的结合开启了监狱信息化的进程，对于监狱工作而言并不需要太多高端前沿的信息技术，但过于落后的技术也不能适应监狱的发展。近年来兴起的物联网、云计算、大数据等新兴技术广泛应用于企业、政府、社会团体等，这些技术的运用为节约成本、科学决策、提高绩效提供了巨大帮助。在监狱信息化进程中这些新兴且普遍认可的技术没能得到重视和应用。在整个信息共享运作中，采集、存储处理、输出等环节使用的技术和设备虽然可以满足基础需求，但仍缺少移动的终端设备，以满足实施动态的信息共享需求。

2. 业务流程的障碍

工作流程就好比一个机体的脉络，只有脉络通畅，机体才能健康生存。职责交叉、权责不明，造成多头管理的现象，不必要的警力消耗过多；众多可以用信息化手段替代的传统流程没有及时更改；在工作流程的安排中对信息资源的利用较少，工作流与信息流不能有效融合；在业务开展和决策中缺乏科学有效的依据；工作流程的设置脱离实际、纷繁复杂，将简单的事情复杂化；部门之间各自为政，缺乏沟通和协作意识，由此极大的削减了制度的执行力，阻碍工作的科学高效开展。作为工作流程记录的监狱台账，反映了监狱工作的痕迹。据粗略统计，监狱涉及罪犯管理的各类纸质、电子台账有 120 多项，这些台账是对管理过程的有效记录，也是对罪犯各类信息的一种记录。台账记录混乱复杂，而且数字化程度低，不同条线、不同部门形成的各类数据资源往往局限在部门内部，甚至是分管不同工作的个人，造成信息资源共享的范围和时效都大打折扣。

六、完善QP监狱信息共享的思路与对策

监狱信息化不断推进的根本目的是提高安全防范能力和惩罚改造质量、节省警力资源、提升工作绩效，而不是通过信息化手段来替代警力。信息技术是监管改造工作顺利开展的有效辅助。监狱信息共享的最终目的就是实现在庞大的信息资源环境下监狱工作人员各取所需，在需要的时间能够得到需要的信息，发挥信息资源的最大价值。监狱三级警戒构架的建设，特别是指挥中心、分控平台，将各类信息资源整合在特定的物理空间内，实现了特定空间的信息资源共享。监狱信息共享的理想模式是，通过前端采集，然后传输到后台存储处理，再根据前端的需求进行输出，实现一个终端加一个账号就是一个指挥中心、就是一个分控平台，打破物理空间的限制，随时随地对掌握的信息进行输入，对想查找的信息进行输出。信息资源的共享可以对罪犯进行科学的评估和预警，有效地指导警务活动的开展，提高工作的预见性和主动性。实现监狱的信息共享，不仅仅是一个技术流程革新的过程，而且是一个涉及人力资源、组织领导、制度保障、评估考核的管理过程。结合QP监狱信息共享的实际情况，通过对需求和障碍因素的分析研究，从需求和障碍因素出发，给出以下完善QP监狱信息共享的思路与对策：

（一）转变思想认识，加强规划协调，提高保障能力

1. 转变思想认识

思想认识是行为的先导，思想上的认同是有效执行的保障。如果在思想认识上不认同，再好的计划也达不到预期的效果。面对当前的工作形势，在思想认识上必须做到与时俱进，充分认识到信息共享对工作的巨大促进，付出自我的劳动成果可以共享更多人的成果。通过广泛的宣传，专项的教育培训是提高认识的有效方法。工作流程设计科学、简洁、便利、可行，可以最大限度提高广大民警对信息共享的共识，积极主动地参与共享流程，形成互利共赢的良好局面。在现行的行政体制下，领导层面的认同和共识是推动监狱信息共享开展的关键性因素。

2. 加强规划协调

从某种意义上讲，监狱信息共享是对监狱传统管理方式的深刻变革，其实

质是运用现代信息技术来构建更适合时代发展的监狱管理模式；同时，监狱信息共享是一项涉及技术、流程、人员、管理的系统工程，如果没有强有力的规划协调，信息共享的实现将困难重重。综观 QP 监狱信息化进程，信息化建设之所以发展迅速与强有力的组织领导保障与规划协调密不可分。对于监狱信息共享来说也是同样的道理，只有强有力的组织保障和规划协调才能促进其快速发展。成立监狱信息共享的项目组，由监狱领导担任负责人，联合各部门条线负责人和监狱信息技术人员，对各个部门条线涉及的信息资源、信息系统、软硬件设施、业务流程进行全面深入的梳理分析，制定监狱信息共享的规划方案，定期召开协调会议，按照信息共享的规划方案分步实施，逐渐推进。

3. 提高保障能力

（1）人力资源保障。虽然我们提倡防控的“四位一体”，即人防、物防、技防和联防，但即使物防和技防的现代化水平再高，信息化扮演的角色只不过是一种辅助手段，其作用不能替代人，最终还是要有人来落实、来执行，人还是起决定性作用的因素。面对丰富的物力资源，不仅不能忽略人力资源的作用，更需要进一步强化民警的责任意识，提高岗位业务能力，建立科学的管理体系，充分驾驭物力资源。在现代警务机制的要求下，人力资源和物力资源的高度整合，两者具有同等重要的地位。

对于信息共享实施的人力资源保障有两个层面，一是专业的技术人员，二是基层执法民警。实现信息共享不能一蹴而就，而是一个庞大的系统工程。计算机、信息通信技术的专业人才是信息共享有效开展的重要保证，专业设备、专业技术的安装使用，系统的日常维护保养等都需要众多的专业性人才来完成。解决专业化人才的需求，首先，可以从系统内部挖掘具有信息技术类背景的监狱民警。在每年的人员招聘中，吸纳具有相关技能的专业技术人才。其次，可以通过购买服务的方式与企业进行合作。许多新兴的技术往往是通过商业领域融入人们的生活，由于企业的逐利本能也促使其走在科技的前沿。现代企业信息管理的先进经验对监狱工作也是一个借鉴。由于历史的原因，众多年纪较大的民警文化水平不高，对于信息技术的认知较为薄弱，计算机操作、软件运用不娴熟。这是全面实现信息共享的一大难点，随着人员的新老交替这方面的影响会逐渐弱化，但现实问题应亟待解决。对技术操作存在障碍的人员进行集中系统的培训，编制统一标准的操作规程和工作流程说明书。发挥新老传帮带的作用，在学习老同志丰富经验的同时，新同志也要对老同志的弱项进行及时补位，扬长补短、互助互利。

（2）制定信息共享制度标准。信息共享制度标准的缺失，造成了信息共享工作没有一个具体的方向和参照。信息资源的管理标准化和规范化是信息资源共享的前提条件。由于各类信息资源的格式、形式的不同，如果没有一个规范的标准，对于信息资源的检索和分析都会带来很大的麻烦。制定监狱信息共享的制度标准，将信息资源的管理标准化和规范化，一是要根据工作需求制定信息数据输入的统一标准；二是在信息系统的设计中设定各类信息数据录入的格式；三是规范各独立信息系统信息数据标准，提高兼容性。制度标准的建设是监狱信息化建设的基础，是实现信息共享的前提，根据监狱管理和执法工作流程，制定监狱信息资源标准，包括信息资源采集、传输、共享、处理等。依据信息资源标准化的基本原理和方法，从监狱信息资源整体统筹规划出发，面向监狱信息化建设内容，针对各信息化过程中涉及的数据，采取统一制定、统一管理的办法，具体有监狱管理编码标准、罪犯信息编码标准、警察职工信息编码标准等。

（二）建立监狱信息共享的评估考核方案

监狱信息共享作为监狱信息化管理的重要环节，在国内监狱系统来看还没有形成具体的标准和评估考核模型。借鉴企业信息化基本指标构成方案和交通科技信息资源共享平台绩效评价方案，结合 QP 监狱的实际状况制定监狱信息共享评估考核方案，设定战略地位、基础建设、应用状况、人力资源和信息安全 5 个一级指标，8 个二级指标和 19 个三级指标，总的权重分数为 100 分，根据不同指标的重要性进行权重的分配。具体的评估方案见表 5。

表 5　QP 监狱信息共享评估

序号	一级指标	二级指标	三级指标	指标解释	指标评测
1	战略地位	信息共享重视程度 10 分	领导重视程度 6 分	反映监狱对信息共享的重视程度和信息共享战略落实情况	领导重视程度高 6 分　领导重视程度中 4 分　领导重视程度低 2 分
			基层重视程度 4 分		基层重视程度高 4 分　基层重视程度中 2 分　基层重视程度低 1 分

（续表）

序号	一级指标	二级指标	三级指标	指标解释	指标评测
2	基础建设	网络 10 分	网络性能水平 5 分	反映信息共享基础设施状况	网络接入带宽＜1M 1 分　1M＜网络接入带宽≤5M 2 分　5M＜网络接入带宽≤10M 3 分　10M＜网络接入带宽≤50M 4 分　网络接入带宽＞50M 5 分
			网络稳定性 5 分		网络软硬件故障发生频率≥20 次/年 1 分　15 次/年≤网络软硬件故障发生频率＜20 次/年 2 分　10 次/年≤网络软硬件故障发生频率＜15 次/年 3 分　5 次/年≤网络软硬件故障发生频率＜10 次/年 4 分　3 次/年≤网络软硬件故障发生频率＜5 次/年 5 分
3		硬件设备 10 分	每百人计算机拥有量 5 分	反映信息共享基础设备状况	设备数量除以员工数量再乘以所占权重
			移动信息终端设备数量 5 分		
4		软件 10 分	软件兼容性 5 分	反映监狱信息应用软件运用状况	操作系统兼容性 1 分　异构数据兼容性 3 分　新旧数据转化 1 分
			软件稳定性 5 分		应用系统软件故障发生频率≥15 次/年 1 分　10 次/年≤应用系统软件故障频率＜15 次/年 2 分　5 次/年≤应用系统软件故障发生频率＜10 次/年 3 分　3 次/年≤应用系统软件故障发生频率＜5 次/年 4 分　1 次/年≤应用系统软件故障发生频率＜3 次/年 5 分
5	应用状况	信息采集的数字化程度 20 分	罪犯信息的采集 12 分	反映监狱有效获取信息资源的能力	狱政管理信息 2 分　教育改造信息 2 分　劳动生产信息 2 分　生活卫生信息 2 分　动态信息 4 分　信息采集覆盖比率乘以权重分数
			警务信息的采集 8 分		民警动态 2 分　业务信息 4 分　制度文件 2 分　信息采集覆盖比率乘以权重分数

（续表）

序号	一级指标	二级指标	三级指标	指标解释	指标评测
6		网络系统应用 20 分	办公自动化系统应用程度 5 分	反映监狱在网络应用基础上办公自动化状况	发文管理、会议管理、信息发布、电子邮件、流程跟踪各占 1 分
			核心业务流程信息化水平 5 分	核心业务流程信息化的深广度	信息化覆盖部分主要业务流程，业务流程自身及业务流程之间的信息流通，1 分　信息化覆盖 80％以上的主要业务流程，并能实现及时充分的数据共享，3 分　主要业务流程全部实现最优控制，5 分
			决策信息化水平 5 分	信息技术对重大决策的支持水平	通过信息资源的开发利用，能为监狱决策提供初步支持 2 分　能开展数据分析处理，对各种决策方案进行优选，为监狱决策提供有力的辅助支持 4 分　采用人工智能专家系统，管理决策智能化 5 分
			监狱门户网站建设水平 5 分	反映监狱信息资源整合状况	服务功能涵盖领域　安全防控 1 分　信息查询 2 分　后勤保障 1 分　交流沟通 1 分
7	人力资源	人力资源指数 15 分	专业信息技术人员数量 6 分	反映监狱实现信息共享的总体人力资源条件	1 人 2 分　2—4 人 3 分　5—8 人 4 分　>8 人 6 分
			员工信息化操作水平 6 分		操作生疏 2 分　可以操作 4 分　熟练操作 6 分
			部门配备兼职信息技术人员 3 分		配备兼职信息技术人员 3 分
8	信息安全	信息安全措施应用 5 分	信息安全制度 2 分	反映监狱信息安全水平	有明确的信息安全制度 2 分
			信息安全应对方措施 3 分		信息备份 1 分　防非法侵入 1 分　防病毒软件 1 分

根据表 5，结合长期的工作实际，粗略地对 QP 监狱信息共享情况进行了评测，得分是 56 分。这说明 QP 监狱信息共享程度较低，同时表明提高信息共享的潜力也是巨大的。在 QP 监狱全面实行目标管理考核这样的利好环境下，将信息共享的评估指标按照相应的权重纳入目标管理考核，用制度标准去推动信息共享的发展，用考核制度去激励信息共享的实现。

（三）技术设备的更新，业务流程的再造

监狱信息共享软硬件的建设给监狱实现信息共享奠定了良好的基础条件，对监狱信息共享认识的不断提高也给为信息共享全面开展营造了良好的氛围。在这项庞大的系统工程中，在技术层面和工作流程设置上还存在一定的障碍，结合监狱信息共享的现实需求给出以下的解决方案：

1. 技术设备的更新

（1）推广使用警务 PDA。监狱信息共享的模式是信息前端采集然后传输到后台存储处理，再根据前端的需求进行输出，最终实现一个终端加一个账号就是一个指挥中心、就是一个分控平台，区别只是权限的不同。警务 PDA 作为一个信息采集和输出的终端是实现信息共享最重要的设备，如果没有它，信息不能及时采集也无法及时获取。通过这个移动终端可以将服刑人员的各类动态、静态信息及时输入信息系统，同时也可以及时调取查阅各种需要的信息资源。通过定位功能也可以实时掌握监狱警力的分布。警务 PDA 具备采集（视频、音频、图片、文字等）功能、通信功能、浏览功能、定位功能等，通过各种软件程序的运用，一个警务 PDA 就是一座移动的指挥中心。通过警务 PDA 还可以实现电子审批、证据的保存、监督考核等一系列的拓展功能。

（2）全面使用无盘工作站。简单地说，就是一个网络中的所有工作站上都不安装硬盘，全部通过网络服务器来启动，这样的网络就是无盘网络，这些工作站统称为无盘工作站。由于无盘工作站上没有磁盘，所以工作上所使用的程序、数据都必须放在网络上的文件服务器中。无盘工作站安全性高、不易中毒、成本低、易于管理、方便维护、前期投入少、使用寿命长，能够避免 PC 机存在的不足，现在已逐渐在多媒体教学、书目查询、阅览室管理、办公系统等中加以运用。无盘工作站的应用非常广泛，是一种非常有优势的技术。无盘工作站的特点很适合监狱的使用环境，无论是在服刑人员的局域网络，还是民警办公的局域网络中应用都有自身巨大的优势，可以有效提高监狱管理规范水平。无盘工作站的安全性高是其特性之一，共享资源丰富、数量庞大、服务面广泛。因此，由同一的服务器管理这些资源的进出、共享、防护，可以有效保障系统的安全可靠性、保密性。通过这个集中管理模式可以获得目前使用的个人电脑缺乏安全保护措施。无盘工作站整机平均无故障时间 MTBF 值可达到 30 年，寿命是普通个人电脑的 3—4 倍。绿色环保、低功耗设计，有效降低了噪声污染和能源消耗，有助于节能减排，使工作系

统绿色化。只要有管理服务器，就可以管理所有的终端。其实，这些终端都是输入输出设备，只有破损的问题，不会有网络层面的故障出现。无盘工作站具有简单易用、功能完善而且易于升级和功能扩展、维护简便、经济性突出、规范性与安全性高等众多优势。对于监狱信息共享来说，由于没有磁盘存储空间，所有的数据都需要存到网络服务器，这就从根本上解决了大量信息数据分割存放的问题。

(3) 运用新兴技术。随着信息技术的飞速发展，物联网、云计算、大数据等新兴技术广泛地应用于企业、政府、社会团体等。这些技术的运用为节约成本、科学决策、提高绩效提供了极大帮助。数据存储和高速无线传输技术的发展都是监狱信息共享实现的技术保证。大数据时代的来临，通过对海量的数据进行智能分析，可以发现人类行为背后所蕴含的规律。谷歌公司通过对用户搜索内容的分析，较卫生部门提前预测了流感的发生。由此也提出了一个设想，即假如能够预测未来 5 分钟。监狱信息化建设深入发展、大量信息采集设备投入使用，监狱工作也逐渐迎来了大数据的时代。通过大数据技术对信息资源进行挖掘分析，不仅可以发现行为背后隐藏的规律，运用这些规律指导日常工作，同时可以对罪犯进行动态的预警，防止各类安防事故的发生。对于监狱工作，假如可以预测未来 5 分钟，许多事故问题就可以解决在萌芽状态，对于安全稳定的贡献将是不可估量的。

2. 业务流程的再造

监狱信息共享的实现是为监狱工作服务的，必须围绕工作业务开展。根据警务信息化的要求，流程的再造是原有流程优化、重组的过程。流程的优化就是在确保效果的同时简化操作，从而实现优化的目的。重组就是根据工作的需要加入新的元素。对于监狱信息共享而言，流程再造就是流程优化和信息化的过程。在业务流程中加入信息化的元素，工作流程的记录就形成了信息流；信息流又运用到业务的开展，业务流与信息流交互融合。以罪犯信件管理为例，现用的流程就是主管民警在信件收发登记本上进行手写登记，如果加入信息化元素，收发信时、输入罪犯番号或姓名、列出常用联系人(姓名、关系、地址等)在列表中单击自动记载收发信记录，同时将狱政数据中调取罪犯的社会关系作为常用联系人，这样登记工作将明显减轻，而且对罪犯的通信情况也进行了数字化的记录，方便以后的查阅。由监狱顶层主导，联合各个部门条线，将不同的条线和部门所涉及的业务流程进行梳理分析，将顶层设计与基层的需求相结合，合并重复流程，简化复杂流程，形成一个高效、实用的工作流程框架，通过建立信息反馈机制，优化、重组业务流程和组织结构，最后达到业务流和信息流的统一和融通，最大限度地发挥信息化和信息共享的价值，实现互联互通共享的管理模式。

管与教冲突：当代监狱工作之省思

上海市青浦监狱　盛祁军　郑龙兵

管教，曾经广泛的作为监狱人民警察的称呼，深刻地体现出监狱人民警察既承担了监狱管理的行政执法任务，也承担了教育转化服刑人员的教育职责。但随着社会的进步，法治理念和教育理念的发展，监狱人民警察所承担的“管”与“教”两种角色之间，却越来越体现出严重的冲突，影响到监狱教育工作的开展。

一、监狱管理和教育的基本内涵

（一）一般意义上的管理和教育的内涵

20 世纪 80 年代以来西方影响最大的管理学教科书的作者罗宾斯认为：我们将管理定义为一个协调工作活动的过程，以便能够有效率和有效果地同别人或通过别人实现组织的目标。[①]20 世纪 60 年代以来对全球影响最大的孔茨版《管理学》认为：“管理涉及在经营组织中创造和保证内部环境，在这个内部环境中，以群体形式组织在一起的个人能有效地工作去达到群体的目标。”[②]给管理下一个广义而又切实可行的定义，可把它看成是这样的一种活动，即它发挥某些职能，以便有效地获取，分配和利用人的努力和物质资源，来实现某个目标。[③]管理就是计划、组织、控制等活动的过程。

以上几种观点具有一定的代表性，总的来说，他们各有真知灼见，也各有不足之处，这些定义都着重从管理的现象来描述管理本身，而未揭示出管理的本质。那么，如何对管理这一概念进行比较全面而一般的概括呢？

让我们对管理活动的一般情况先做一下剖析。我们知道管理是一种行为。

---

① ［美］罗宾斯：《管理学》，中国人民大学出版社 2004 年版。

② ［美］普蒂、韦里奇、孔茨：《管理学精要——亚洲篇》，机械工业出版社 1999 年版。

③ ［美］丹尼尔・A.雷恩：《管理思想的演变》，中国社会科学出版社 1986 年版。

作为行为，首先应当有行为的发出者和承受者，即谁对谁做；其次，还应有行为的目的，即为什么做。因此，形成一种管理活动，首先要有管理主体，即说明由谁来进行管理的问题；其次要有管理客体，即说明管理的对象或管理什么的问题；再次要有管理目的，即说明为何而进行管理的问题。

有了以上三个要素，就存在一些形成管理活动的基本条件。同时，我们还应想到，任何管理活动都不是孤立的活动，它必须要在一定的组织、环境和条件下进行。

以上分析说明，任何一种管理活动都必须由以下四个基本要素构成，即：管理主体，回答由谁管的问题；管理客体，回答管什么的问题；组织目的，回答为何而管的问题；组织环境或条件，回答在什么情况下管的问题（见图 1）。

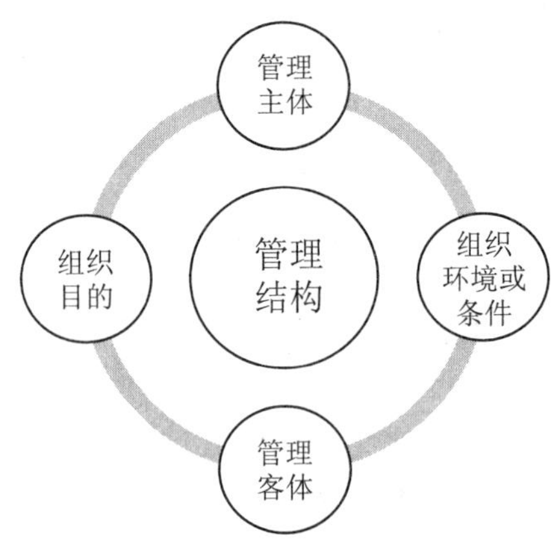

图 1　管理活动的四个基本要素

管理的定义应该反映客观管理活动的一般的、本质的特征，或者说，管理的定义中一定要反映管理的本质，即追求效率。

何为教育？和对管理的解释一样，教育也没有一个统一的定义。不同时代、不同国度，对教育也有其不同的认知。不同历史背景下的教育者，会推崇不同的教育目标与方式。孔子有言："大学之道，在明德，在亲民，在止于至善。"孟子则认为："得天下英才而教育之，乃君子之乐。"鲁迅言明："教育是要立人。"陶行知则觉得教育是依据生活、为了生活的"生活教育"，培养有行动能力、思考能力和创造力的人。美国的杜威说："教育即生活。"英国的斯宾塞说："教育为未来生活之准备。"康德说："人只有通过教育才成为人，除了有教育所形成的东西之外，他什么也不是。”

教育是一项社会性活动。历史时期不同、社会制度不同，人们对教育的理解不同，教育的目的也不一样。在封建制度下，教育的目的之一是让人们接受封建的统治体系；而在现代文明社会，教育追求的是个人的发展和人格的独立。但其中的核心不变的是，教育是传授知识和技能以生存于社会，以培养人格、传授社会经验以立足于社会。教育的本质就是一个人的社会化的过程。同时，教育是一种广泛影响人的品质、培养人的能力的社会活动，其见效往往是多种因素综合作用、潜移默化的，而不是立竿见影的。教育效果难以简单地量化，难以分析。

由此我们比较出管理和教育的区分：管理的目标是以效率和秩序以实现组织目标，教育的目标是以提升和塑造实现人的社会化；管理者与被管理者之间的地位是不对等的，强调服从，教育者和被教育者之间的地位是平等的，强调互动；管理的目标是短期的、可量化的，教育的目标是长远且不容易量化的；管理是一种行政类的工作，而教育是一种创造性的工作(见表 1)。

表 1　管理与教育区别值比

区别值	管　　理	教　　育
目　标	效率和秩序	提升和塑造
地　位	不对等，强调服从	地位是平等的，强调互动
效　果	短期的、可量化	长远的且不容易量化
性　质	行政类的工作	创造性的工作

(二) 监狱语境下的管理和教育的内涵

监狱警察的工作的具体表现就是执法权。监狱是国家的刑罚执行机关，但是，这并不意味着监狱是一种抽象的概念，如果离开了监狱人民警察，抽象的监狱场所是不可能执行国家刑罚的。监狱人民警察是监狱的核心和灵魂，是国家法律赋予监狱的职责的具体行使者，是国家法律赋予监狱的权利和义务的具体享受者和承担者。基于监狱的职能，《监狱法》第 5 条规定：“监狱的人民警察依法管理监狱、执行刑罚、对罪犯进行教育改造等活动，受法律保护。”监狱警察的职权应该包括：首先，是刑罚执行权。这是国家法律赋予监狱及监狱人民警察的最基本、最核心的权力。根据《监狱法》规定，刑罚执行权包括：收监权、不予收监权、身体检查权、人身和物品检查权、申诉、控告、检举的处理权、暂予监外执行审批权、减刑、假释建议权、释放权等。其次，是狱政管理权。它是维护监狱监管改造秩序、正确执行刑罚、有效改造罪犯的基本前提，也是监狱工作中一项日常的基础性工作。这些职权主要包括：分押分管权、警戒权、抓获罪犯权、戒具使用权、武器使用权、信件检查和扣留权、物品批准、检查权、考核权、奖励权、离监探亲批准权、处罚权、狱内侦查权、罪犯的处遇决定权等。最后，是教育改造权。将罪犯改造成为守法公民，是监狱行刑的根本目的，也是监狱人民警察神圣的职责。教育改造权主要包括：思想教育权、文化教育权、职业技术教育权、劳动改造权等。

对服刑人员的管理和教育，都属于监狱警察的职权范围。从大的范畴上，“人民警察依法管理监狱、执行刑罚、对罪犯进行教育改造等活动”都应该属于管理的范畴。对服刑人员进行教育，是监狱警察的权力；接受教育，是服刑人员的义务，应该属于管理的范畴。但我们基于教育的特殊预防的目地，需要把它抽离出来。这里谈的管理和教育的冲突，指的是监狱警察管理监狱活动、执行刑罚等管理职能与教育职能的冲突。

二、监狱管理与教育冲突的表现形式

从现代刑罚目的理论上来看，强调刑罚的目的主要在于预防犯罪，具体表现为特殊预防与一般预防。①这里涉及一般预防与特殊预防的基本含义问题。所谓一般预防，是指国家通过刑法的适用等措施，威慑、儆戒潜在的犯罪者，防止他们走上犯罪道路，从而力争实现阻止犯罪发生的效果；所谓特殊预防，则是指通过对犯罪分子适用刑罚，惩罚改造犯罪分子，预防他们重新犯罪。从这点上讲，监狱民警的管理与教育总的目标应该是一致的，都是为了预防、减少犯罪。

然而，现实中管理与教育目标的统一通常停留在理论层面。“监狱行刑悖论”告诉我们，监狱的监禁刑的隔离监禁手段与实现犯罪人重返社会的目的之间存在根本性冲突。在现代监狱的行刑实践中，这些已经被“异化”了的“主体”，经历监狱中的特殊“规训”，而再次深度异化为“犯罪人”。刑罚在剥夺了犯

---

① 陈兴良：《刑法适用总论》，中国人民大学出版社 2006 年版，第 50 页。

罪人自由的同时，要求犯罪人在监狱中必须按照既定的程式和秩序行为，甚至必须接受特定的价值体系才能被认定为“改造效果良好”。然而“改造良好”的犯罪人回归社会之后，其在监狱中被形塑的“监狱化人格”却成为融入社会的最大障碍。这种“监狱化人格”，是“服刑罪犯在封闭、隔离的刑罚执行条件下，在长期严格、单调、刻板的监禁生活中，通过对罪犯亚文化的学习与接受，对监狱当局制定的正式规则和制度的学习与接受，对监狱普通文化的学习与内化”，逐渐形成依赖性增强、受暗示性增强、思考能力下降、惰性增强等特质。虽然这一效应并不见得如福柯所言，是监狱管理者的主观追求，但从现实来看，“监狱化人格”的确突出表现为个体的主体性意识弱化甚至丧失。任何寻求克服“监狱行刑悖论”的努力，都必须正视这一症结。

那么，作为监禁刑微观层面执行者的监狱警察，对服刑人员进行管理和教育的冲突来源于哪里呢？从前文谈到的管理和教育的区别，结合监狱的实际，笔者认为，监狱人民警察管理和教育的冲突的原因有以下几方面：

冲突之一：管理和教育实施者双重身份之间的冲突

管理者与被管理者之间的关系，与教育者和被教育者之间的关系，有本质的区别。

监狱有监狱的特点，从权力伦理上来讲，监狱是一种特别权力关系单位，执法者和服刑人员之间的地位是不对等的，强调的是服从。而教育，强调的教育者和被教育者是平等的关系，强调的是一种潜移默化的影响。作为监狱的日常管理者，警察和服刑人员是两个对立的角色，在个人立场、利益目标、地位身份角色上存在差别。监狱警察具有法律执行权，执行的垄断性使服刑人员接纳困难性。表现首先是服刑人员改造目的与警察的目标存在冲突。监狱民警的管理，属于执法，有内容标准限制，具有刚性；服刑人员对限制内容则希望减少，能轻意地获得目的的实现，如涉及其利益的减刑、监外执行、分级处遇、希望执法者格外开恩。但监狱民警不能不按法律及政策办事，这种分歧与冲突有可能引发警囚的冲突。况且，目前，监狱民警中还有一种“朴素的正义观”，认为自己对服刑人员的惩罚体现了社会的“公平正义”，甚至自己就代表了公平正义，工作中一味强调服从，对制度随意解读，甚至超出了法律的规定，这必然导致警囚关系的紧张和冲突。近期，津巴多教授著名的“斯坦福监狱实验”被拍摄成电影。斯坦福监狱实验告诉我们，人们在拥有权力后，这种权力感对于自己和他人的影响有多大。同时，这在某种程度上也说明了在团体表现出对权威的遵从后，人们的心理和行为将会受到什么样的影响；而这种法效应，必然动摇教育的根本基础。

冲突之二：管理和教育双重目标之间存在的冲突

管理的目标是秩序和效率，强调的是公平与正义等价值理性，所以更多体现的是共性，其在现实的监狱制度中表现得较为明显；教育的目标是塑造和提升，强调对个性的依赖，因人施教。

监狱警察既是管理者，又是教育者，在有目的的行动中，存在着两个或者两个以上的相反或者相互排斥的动机，必然产生一种矛盾的心态。监狱民警既是刑罚的执行者，需要严格按照法律和制度来规范自己的管理工作，对服刑人员进行考核，刑罚的执行必然带来服刑人员身体上和精神上的痛苦；同时，他也是教育者，需要和服刑人员进行交流互动、倾听，助人自强自立。监狱警察既对服刑人员进行约束，又要做一个助人者，导致的监狱民警内部的角色冲突。根据手表定律，对于一个人不能同时选择两种不同的价值观，否则他的行为将陷于混乱。监狱民警就面临着这样的内部角色冲突（手表定律是指一个人有一只表时，可以知道现在是几点钟，而当他同时拥有两只手表时却无法确定，两只表并不能告诉一个人更准确的时间，反而会使看表的人失去对准确时间的信心）。

任何服刑人员在管理面前都是千人一面。服刑人员在管理面前不需要知道自己的个性表达，即使有改造机能的发挥，改造也必须在管理的规范下才可能充分发挥作用，失去了管理的共性，改造机能也必然会失去一定的机制或作用。而教育建构在这样的认识基础之上，即每个服刑人员的生理、心理、精神、行为、思想意识和人格上都存在着较大的差别，所以才有“千种疾病千种药方”。一方面，管理机能在监狱的实现要求对所有的服刑人员一律平等。例如，对服刑人员的会见自由的限制与剥夺按照管理平等性的原则，其相关规定应当适用于所有的服刑人员，应当不分年龄、性别、刑期长短、人身危险性大小和狱内表现等；另一方面，教育在发挥作用时，应当按照个别化的要求，以最大限度地刺激服刑人员改造的积极性。

冲突之三：管理和教育的效果的时间、空间差异，造成的管教偏废的冲突

管理的效果是短期的，效果易见，考核易行；教育的效果是长期的，效果难以显现。教育是否有效果，已经与监狱警察无关。功利主义理论认为，行为和实践的正确性与错误性只取决于这些行为和实践对受其影响的全体当事人的普遍福利所产生的结果，①它是以行为的目的和效果衡量行为价值的伦理学说。“功利是指任何客体的这么一种性质：由此，它倾向于给利益有关者带来实惠、好处、快乐、利益或幸福(所有这些在此含义相同)，或者倾向于防止利益有关者遭受损害、痛苦、祸患或不幸(这些也含义相同)；如果利益有关者是一般的共同体，那就是共同体的幸福，如果是一个具体的人，那就是这个人的幸福。”②就管理与教育这两项指标，对现实中的监狱而言，管理的衡量指标十分明了，如服刑人员脱逃、非正常死亡、自伤自残、违纪率、生产完成情况……其否定性评价的威力可以震慑监狱系统的各层各级；而服刑人员教育的衡量指标是宏观的，如成功率、改好率……其尚无实质上的否定性评价，因而，基本无不利结果可言。理性的选择必然是倾向于防止遭受损害、痛苦、祸患或不幸，让监狱警察重视管理而忽视教育。正如美国的尤金·米勒教授所指出的：“把安全防范放在首位肯定是没有错的，但当安全防范措施变成一种实质上排斥着监狱管理的其他方面的主要作用时，这座监狱与其说是一种矫正机构，还不如说是一种关人的仓库。”③

这种管理效果与教育效果在时间上的扭曲，必然让监狱民警趋利避害，重管轻教，甚至不惜以对教育的破坏性行为，以追求管理的短期效果。

冲突之四：管理和教育实现方式的不同带来的冲突

管理的实现方式，以强制为主，强调对权威的服从，消除主体意识；教育的实现方式，以启发为主，强调独立的思考和判断，塑造主体意识。

监狱隶属于司法行政部门，是国家的司法行政机关；监狱对服刑人员进行的管理是一种特别的行政管理。监狱“对服刑人员实施惩罚、管理、教育、改造

① [美]彼彻姆：《哲学的伦理学》，商务印书馆1995年版，第12页。
② [英]边沁：《道德与立法原理导论》，商务印书馆2000年版，第58页。
③ 中华人民共和国司法部：《外国监狱资料选编(下册)》，群众出版社1988年版，第190页。

的权力……是一种行政权……”[①]在行政权的众多属性中，其单方性与强制性构成了监狱教育矫正服刑人员的客观障碍。行政权的单方性是指行政职权的行使是行政主体单方意思表示的行为，而非双方行为（行政合同行为除外）。行政主体行使行政职权取决于自身判断，不以相对人的意志为转移。行政权的强制性是指行政职权的行使以国家强制力作保障，具有直接支配他方当事人的强制命令力量，也即可以通过行使行政职权迫使或禁止相对人作出某种行为、实施某些活动。因此，传统的教育矫正在服刑人员是否接受矫正、矫正内容、矫正的方式等方面，是监狱单方面的意思表示，并且带有强制性。西文的“教育”，英文 Education、法文 éducation、德文 Erziehung，均由拉丁语 Educare 而来。拉丁语 E 为出，ducare 为引，合为引出[②]，其意指“教育是要用引导的方法把身心底力量扩张”（Strengthening of the powers of body or mind）。[③]监狱教育矫正的单方性与强制性同教育所强调的把自然人所固有的或潜在的素质，自内而外引发出来原意相离甚远。不管监狱的教育矫正采用何种方式，倘若离开了开展教育的客观规律，那么不管这样的教育工作推行了多久，它仍然停留在原地，只步未进。

冲突之五：管理和教育集一身，造成的工作需要和能力匹配之间的冲突

管理属于简单的行政类工作，教育是一种创造性的高级行为，能力上的不足，导致教育无法达到预期效果甚至无法开展。

目前监狱教育工作仍然是全警皆师，整体素质不高，知识结构不合理，缺乏专业人才，教育者缺乏现代的服刑人员的教育理念，对服刑人员教育的认识不到位，整天忙于保稳定、求效益，客观上已无更多的时间和精力投入到教育工作中，更难以进行知识的更新。而教育工作者，尤其是监狱教育者，面对着已经成年、价值观念已经固定的服刑人员，如果缺少敏锐的观察力、深厚扎实的教育技能、丰富的想象力、清晰的逻辑能力、流畅的表达能力、强大的执行力等教育素质，很难适应监狱教育工作的需要。

---

① 柳忠卫：《论刑事执行权的性质》，《刑法论丛》2007 年第 2 期。

② 蒲蕊：《教育学原理》，武汉大学出版社 2010 年版，第 43 页。

③ 舒新城：《教育通论》，上海世纪出版集团 2011 年版，第 2 页。

综上，监狱警察作为监狱管理工作和教育工作的实际操作者，两种任务集于一身，在目标选择、执行方式和能力匹配等方面都存在着或内在、或外在的冲突，成为影响监狱刑罚执行效果的阻碍因素，影响监狱教育效果的达成。“监狱长久以来被称之为‘退化机构’(vestigial institutions)，甚至相较于人的阑尾更无用处。尤其是长期监禁必须付出巨大的物质与社会成本，实践证明监禁只会造成社会性伤害而不是预防犯罪。”①

三、监狱管理和教育冲突的解围之道

中国当代监狱行刑功能性层次上，惩罚机能是国家、社会和民众所组成的结构系统中所要求监狱所存在的工具主义认识，也是此系统中内化的功能；改造机能是国家、社会和民众所期待的监狱的整体的功能，是此结构系统中的外化功能，两者的功能性冲突在价值系统中不应存在着严重的对立或反向的认识，否则会产生相对的严重后果。一是可能使得行刑功能在社会功能中的需要产生偏向，偏向的风向标要么是惩罚，要么是改造，两者任何的偏向都有可能使得监狱的两个行刑机能所实现的目标都有可能达不到；二是如果两种机能冲突不能有所调谐，那么，两者冲突的最低限度不能达到社会与民众所要的期望，犯罪人、监狱与社会、民众在结构系统中可能会失去整合，即监狱的行刑机制有可能会失去社会与民众的社会性基础的支撑，则监狱的封闭性运行机制重又回到了从前。所以，从根本上说，惩罚的内化需求和改造的外化动力为当代监狱的社会功能需求奠定了深刻的社会性生成基础，两者的高度融合才不会导致监狱行刑的功能性分裂。

陈兴良教授认为，在刑罚执行阶段，必须以罪犯的再犯可能性为主要依据，采取行之有效的改造对策，把之改造成为守法公民为主要任务；在此行刑阶段，体现的是预防目的主义，实践中以罪犯改造表现为主要依据的减刑、假释制度充分体现了预防目的主义。但根据刑法总则的相关规定，对罪犯的减刑和假释都要受到相应的限制，这体现的则是以报应来限制预防，以公正或正义来限制功利。②应当说，陈兴良教授把综合刑论十分恰当地运用到刑罚执行理论中，以

① 陈兴良:《刑法适用总论》，中国人民大学出版社 2006 年版，第 50 页。
② 陈兴良:《刑法哲学》，中国政法大学出版社 2004 年版，第 374—384 页。

刑罚目的论来论证刑罚执行，具有重要的学术意义。但在行刑理论中，监狱的惩罚机能和改造机能的冲突的解决有着自己运行的轨道，它是传统刑罚学理论的延伸。监狱惩罚机能和改造机能的统一性的前提性基础在于两者的目标具有高度统一的可能性。

将监狱管理和教育融合，是现实的需求，是监狱管理和教育冲突的解围之道：

（一）理念的转变

1. 必须承认服刑人员个人主体的存在

从现实来看，“监狱化人格”的确突出表现为个体的主体性意识弱化甚至丧失。任何寻求克服“监狱行刑悖论”的努力，都必须正视这一症结。只有通过制度设计和实践尝试，找到使被行刑人恢复“人格自主”节点，才能从根本上消除“监狱行刑悖论”。“监狱对罪犯应当依法监管，根据改造罪犯的需要，组织罪犯从事生产劳动，对罪犯进行思想教育、文化教育、技术教育。”①具体的实践例子：我们可以对服刑人员实行学分制，提供多种课程让服刑人员进行选择。

2. 教育职能对管理职能的超越

教育职能本质上具有超越管理的特性，监狱失败论的论调，最早并不是由于教育的无效，而是惩罚的失败才引起的变革。教育不像惩罚机能那样具有规范性，规范化的惩罚正如刑罚的法定化那样明显，相比之下关于教育的内容则表现为更加明显的经验化和粗放化。教育的优势就在于可以把一些最为有效的手段集中，包括非正式化的社会资源对犯罪人进行转化，这样就把惩罚的一些本来具有的不可能达到的目的进行有效的补充和扩展。

3. 管理职能对教育职能的规制

管理框定了监狱刑罚执行活动的边界，为对服刑人员的教育活动的提供了秩序。改造的强制性足可以说明这点。“为了改造受刑者，强制是必要的，至于强制，并不意味着不必要的惩罚，惩罚必须和说服、教育相结合，强制是说服、教育的必要前提和条件。”②

在我国的监狱制度中，强制性成为一根主线贯穿改造机能的全过程。“罪

① 《中华人民共和国监狱法》第4条。

② ［日］王云海：《刑务作业的比较研究（中国、美国、日本）》，信山社2001年版，第48—49页。

犯必须严格遵守法律、法规和监规纪律；服从管理，接受教育，参加劳动。”①“有劳动能力的罪犯，必须参加劳动。”②改造机能如果失去了管理机能的这种支撑性的作用，改造就没有了基本的作用点，一些再完美无缺的改造计划与制度都会得不到基本保障。行刑的最为直接的目的是使犯罪人受到物理性的强制，使其难以再犯罪，加上强制的改造，使之转化不愿再犯罪。

4. 要重视非权力者的权力，不能仅依靠于国家行政权力

福柯认为，权力并不源于某个中心，权力是多元的，来自各个地方。虽然他完全无视现实意义上国家权力，在多元权力中特殊的地位和主导作用而走上了另一个极端，但他也确实敏锐地发现了国家权力理论之外，广泛存在于社会各个领域、各个层面的权力。

5. 微观权力

服刑人员在监狱环境中的习得和养成，不仅来源于官方（国家）的价值和规训，也来源于群体中的各种亚文化，甚至管教人员的价值体系、具体监狱的特定物质环境和管理传统都会对犯罪人的改造状况产生影响。非权力者的权力的运用，可以有效地克服管理行政权力的强制性与教育的冲突。这就需要对监狱警察的管理工作，更注重监狱亚文化的掌控和管理者本身的价值体系与教育工作的匹配。

（二）组织的变革

1. 管理和教育的统一管理

目前监狱的组织框架中，管理职能由负责狱务的副监狱长负责，由狱政管理科、刑罚执行科、生活卫生科协助实施。教育职能由负责教育的副监狱长负责，教育科协助实施。管理和教育，依据行政结构，被分割为相互独立的两个部分。管理，更多地体现为自上而下的行政命令体系；教育，更应为源自服刑人员教育改造需要，按教育改造需要提供不同的教育内容。要实现管理和教育的统一，统一的管理机构是必须的。曾经存在的刑务处，作为对管理和教育统一管理的机构，有效地统筹了管理和教育工作。笔者认为，管理和教育要统一，在制度设计上，不宜围绕行政权力展开，造成管理和教育的人为割裂，应围绕服刑人

---

① 《中华人民共和国监狱法》第 7 条。

② 《中华人民共和国监狱法》第 69 条。

员教育改造的需要，来设计组织框架。建议应该恢复刑务部门来统筹管理和教育工作。

2. 管理和教育实施分离

监狱警察应有明确的分工，专业化发展。部分省市的部分监狱已经开展了管与教适度分离试点。云南第二监狱管与教的适度分离试点，取得了一定的经验和成果。他们在监区设立管理警务组、矫正工作室、防暴组和劳动改造组，明确了各业务模块不同的考核方式，完善了各业务模块的沟通协调机制，促进了民警专业化发展，建立了对服刑人员的教育改造质量的评估体系。上海市监狱系统在2012年推行了三级管理向两级管理的监狱变革，取消了行政架构上的中队一级，增设了以业务架构上的警务组，构建狱政管理组、教育改造组、劳动生产组和安全警戒警务组。警务组不是行政机构，而是业务模块。狱政管理警务组主要负责对服刑人员的日常管理和考核，教育改造警务组专注于对服刑人员的教育改造。上海监狱系统在两级管理实践的基础上，更提出了打造监区专业团队的构想，培育基层治理团队、执法管理团队、专业矫治团队、应用研究团队，为基层警察职业发展提供多元路径选择，满足监狱工作的需要。

（三）管理与教育的创新

教育本属于创造性的工作，不能拘泥于形式，“因材施教”“因人施教”，这些道理都需要认真落实。如果从大教育的格局上来讲，刑罚的执行本身就是教育，“刑罚的现实存在就是对行为人自身的谴责和对其行为的否定评价，同时以物理强制作用施加于身，通过生理上可感知的痛苦反作用于行为人的心理，进而使其对自己行为的性质、刑法保护法益的态度、规范约束力、司法机关的立场、自己的价值取向有所鉴别。”①管理也可以纳入教育范畴。管理与教育的创新，只要把握住权利和义务的底线，不违背刑罚的内容和目的，创新应该是鼓励的、允许的。

笔者曾经对监狱的教育工作进行过探索，以统筹的思路审视监狱工作，把整个监狱的管理和教育工作纳入统一的“大教育”格局，把民警和服刑人员的关系以团队的形式来组织，以监狱民警职业伦理和作为弱势群体的服刑人员共同追求的“公平公正”为团队的核心理念，以掌控监狱亚文化为抓手，把监狱的工

---

① 陈兴良：《本体刑法学》，商务印书馆2003年版，第635页。

作统筹为服刑人员再社会化的一个整体，实现管理和教育的和谐统一。从实际效果看，十分理想。警囚冲突有效降低，关系更为和谐，绝大部分服刑人员成为自觉维护监管秩序的力量，制度更少但秩序更好。至于权利和义务，这些属于刑罚内容的部分，当然不能突破。相反，较好的教育效果，较少的或明或暗的抵制，让服刑人员更好地去履行自己狱内的义务，无论是劳动、学习还是遵规守纪，都取得了明显的提高。从对刑满释放人员的跟踪来看，重新违法犯罪率也很低。

但监狱创新的阻力，恰恰来源于监狱内部。监狱民警固有的刻板形象，一味地强调强制力，强调监狱的暴力属性。习惯了警囚的泾渭分明，习惯了警囚间的针锋相对，习惯了警囚之间直接的利益交换，反而不习惯于警囚关系的改善，和谐的警囚关系成了民警与服刑人员之间关系不清。而一个基本的事实就是，对立的警囚关系，恰恰毁灭掉监狱教育工作的根本，使得监狱教育完全达不到预期的效果，甚至适得其反。

所以，笔者在管理为教育提供规制和框架的基础上，管理与教育的创新，以实现管理与教育的和谐统一。当然，这些需要一些前提，涉及执法，不外乎权利和义务的问题。明确了服刑人员的权利和义务，只要我们的教育不突破这个底线，就应当是可试、可行的。司法部开启执法标准化建设，相信将为管理厘清边界，为监狱的教育工作打下良好的基础。

（四）教育工作的驱动力

1. 外部的驱动力，完善对服刑人员教育效果的评估机制

教育改造质量的评价标准如何，是长期以来我国法律界争论的一个问题。有人曾提出以重新犯罪率的高低作为衡量、评价教育改造质量的标准。笔者认为这是不科学的、片面的。因为重新犯罪有各方面的原因，如社会原因、个体原因、行刑和改造工作的原因等，是综合作用的结果，不能简单归结为教育改造工作质量问题。那么什么是教育改造工作质量评价标准？如何建立一个比较科学、合理的教育改造质量评价标准呢？标准是一个普遍而重要的问题，有什么样的标准，就有什么样的质量要求。高标准定有高质量的要求，无标准则无质量要求可言。我国目前还没有制定一个科学合理的教育改造质量评价标准。笔者认为，应利用和发挥现代科学技术，成功地将数学、统计学、信息学、管理学、心理学、犯罪学等学科知识融会于评估过程中，以信息收集、结构性面谈、量表测试和诊断为依托，建构起静态评估与动态评估相结合，以动态评估为主，定量分析与定性判断相结合，以定量分析为主的客观评价服刑人员个体的评估体系。服刑人员改造质量评估是阶段性、动态性、常态性的评估，按照服刑人员的服刑过程分为入监评估、中期评估和出监评估三种。在评估内容上，笔者推崇加拿大著名犯罪学家唐·安德鲁斯和詹姆斯·邦塔的观点，他们通过研究，列举了服刑人员矫正方面15类最希望的转变目标，指出了他认为的矫正优先顺序：(1)转变反社会态度；(2)转变反社会情感；(3)减少与反社会同伴的交往；(4)促进家庭感情与家庭沟通；(5)促进家庭监控和监督等。

2. 内在的驱动力，建设对教育有兴趣、能力与目标匹配的监狱警察队伍

(1) 把好民警入职关，为有源头活水来。

笔者接触过一名已经退休的监狱民警，他给了笔者深刻的印象。在临近退休的年龄，依然对监狱的教育工作充满热情和动力，积极参与新设立的高度戒备管理和教育工作，尤其是在教育工作，带头摸索出一套教育方法。这与一般的临近退休的人，有着明显的区别。到底是什么原因造成了这种区分呢？我总结两点，一是对教育工作有兴趣，二是对教育工作有能力。所以，我们选择从事监狱教育工作的民警，应当着重于兴趣和能力两点，而这两点，都有具有操作性的测试量表可以使用。

监狱民警要对监狱教育工作有兴趣。职业兴趣就是对某种职业的爱好。一个人如果对某种职业感兴趣，就会对这种职业表现出肯定的态度，在工作中能调动整个心理活动的积极性、开拓进取，有助于事业的成功。反之，如果强迫自己从事自己没有兴趣的职业，可以说对精力和才能都是一种浪费。兴趣对一个人的未来职业生涯有着重要影响，可以增强对未来职业生涯的适应性。有研究表明，如果一个人从事自己感兴趣的职业，能发挥其全部才能的80%—90%，并能长时间保持高效率而不感到疲劳；反之，则只能发挥全部才能的20%—30%。对职业兴趣的测试，可以应用斯特朗—坎贝尔职业兴趣调查问卷、库德职业兴趣调查表以及霍兰德职业偏好量表等。

监狱民警要有监狱教育工作有能力。能力有两种含义，一是指个人现在实际的“所能为者”，二是指个人将来“可能为者”。前者指一个人的实际能力，后者则是指一个人的潜在能力。人的职业能力存在着个体的差异，而不同的职业对从业者的素质要求不一样，因此选择职业的时候必须做到能力和需求较好地匹配。如果匹配得好，就能够充分展示自己的才华。笔者这里倾向于能力中所指的第二部分——“可能为者”。毕竟，学习型社会，人的能力和素质会动态变化。我们需要的是目前能完成工作的人，我们需要的是可以通过学习随时都可以完成工作的人。这里我推荐 MTBI 职业测试，对长期的职业倾向更为重要。

(2) 加强民警的法治素养，为固本之策。

大家都说要提高民警的法治素养。但是如何提高，却很模糊。笔者认为，法治素养首先应当是法治的信仰，然后包括法治的思想、法治的思维和法治的方法。监狱民警必须信仰法治、信仰法律，才能遵守法律；必须学会以法治的思想来思考工作，明确工作目标，以实现法律的目标；必须以法治的方法，匡正自己的工作方法，来契合法律的要求。

(3) 提升民警的教育能力，为重中之重。

要有人文主义精神。人文精神是一种普遍的人类自我关怀，表现为对人的尊严、价值，命运的维护、追求和关切，对人类遗留下来的各种精神文化现象的高度珍视，对一种全面发展的理想人格的肯定和塑造；而人文学科是集中表现人文精神的知识教育体系，它关注的是人类价值和精神表现。要有言传身教的品格。教育本身是一种以人影响人、以人带动人、以人提升人的活动。正人先正己，时时做被教育者的表率。

类型化罪犯的矫治探索

精神病罪犯教育矫治研究

——以某监狱精神病罪犯专管监区为例

上海市提篮桥监狱课题组

2011年以来，某监狱开始集中收押精神病罪犯。作为一所拥有百年历史底蕴和罪犯改造历练的监狱碰到了新的问题，因为精神病罪犯有着罪犯、精神病人、服刑人、公民四维合一的特殊属性，给古老的某监狱带来了新的课题。几年间，某监狱精神病罪犯专管监区根据精神病罪犯的特点，从硬件到软件都做了多次的全面调研和持续改进，在此过程中总结了一些经验，也汲取了教训，初步形成了精神病罪犯分级管理的理论与制度框架。自2013年国家《精神卫生法》颁布实施以来，外部和内部环境都发生了变化，精神病罪犯管理不能再沿用过去的做法"一管了之"。因为以往以管为纲的模式在新形势下呈现出些许弊端和不足，不能因应新形势的变化。为此，对精神病罪犯的管理必须及时调整和应对，进一步做好"管理"中"理"的部分，发挥监狱机关教育改造的长处。特别在司法部"教育质量年"活动[①]和上海市监狱管理局推进现代警务机制建设与二级管理后[②]，更需要对精神病罪犯的管理教育开展深入的研究，提高精神病罪犯专管监区的管理效能，提升民警教育矫治罪犯的专业水平，提炼出科学化、规范化、专业化的制度规定，为精神病罪犯的管理提供必要的理论支撑。

一、研究总体情况

（一）研究对象

某监狱精神病罪犯专管监区（简称"专管监区"）现押精神病罪犯110名[③]。

---

① 司法部：《司法部下发监所教育质量年活动实施方案规范罪犯劳教戒毒人员心理矫治工作》，《中国司法》2013年第6期。

② 郑善和：《上海监狱两级管理模式：通向集约高效和专业发展的改革与挑战》，《中国司法》2012年第2期。

③ 本文所述的精神病罪犯的数据统计时间截至2014年12月20日。

其中,2011 年 4 月 11 日,整体接收当时集中关押于南汇监狱的 63 名精神病罪犯。几年间,精神病罪犯的数量持续上升,至今总人数已经翻番,具体情况较之以往发生了很大的变化。

课题组以现关押的 110 名精神病罪犯为研究对象开展相关研究,具体样本的相关情况分析如下①:以罪名来看,故意杀人占 32.7%、抢劫抢夺占 20%、故意伤害 11.8%、强奸 6.4%。上述四项危害人身安全的严重暴力犯罪占 70.9%,其他罪名仅有 29.1%。精神病暴力犯罪要比其他类型严重暴力犯罪的比例要高;原判刑期的均值为 14.18 年。表 1 显示,现在总的刑期分布结构呈现双峰结构,即精神病罪犯所判刑期在轻重两端分布,3 年左右的轻刑期和无期死缓等重刑期罪犯较多(2013 年前,刑期结构与现在有所不同,呈偏重刑期的单峰结构);年龄结构总体呈正态分布,均值为 40.29 岁,30 岁左右的精神病罪犯数量最多,最大年龄 78 岁,最小 20 岁;未婚精神病罪犯占大多数为 62.7%,已婚

表 1 原判罪名

		频率	百分比(%)	有效百分比(%)	累积百分比(%)
有效	故意杀人	36	32.7	32.7	32.7
	抢劫抢夺	22	20.0	20.0	52.7
	故意伤害	13	11.8	11.8	64.5
	强奸	7	6.4	6.4	70.9
	盗窃	7	6.4	6.4	77.3
	贩卖运输毒品	6	5.5	5.5	82.7
	诈骗	6	5.5	5.5	88.2
	放火	3	2.7	2.7	90.9
	职务侵占	2	1.8	1.8	92.7
	寻衅滋事	1	0.9	0.9	93.6
	脱逃盗窃	1	0.9	0.9	94.5
	贪污	1	0.9	0.9	95.5
	集资诈骗	1	0.9	0.9	96.4
	交通肇事	1	0.9	0.9	97.3
	绑架	1	0.9	0.9	98.2
	反革命破坏	1	0.9	0.9	99.1
	以危险方法危害公共安全	1	0.9	0.9	100.0
	合计	110	100.0	100.0	

① 因罪犯流动性特点,本研究对全体在押精神病罪犯展开,而后期进行的量表数据比对,只采用 2014 年 1—12 月在押的罪犯相关数据进行。

仅有 17.3%，从一个侧面反映了精神病罪犯社会支持的不良情况；在精神疾病类型上，以 CCMD-3 为分类标准，精神分裂症占最大的比例为 34.5%，精神发育迟滞16.4%，心境障碍、人格障碍、应激相关障碍各占约 10%；入监前职业中，无业占 36.4%、职工占 26.4%、农民占 30%；文化程度上，文盲占 12.7%、小学文化18.2%，两者总占比为 30.9，初中以上文化程度占 69.1%，可以看出大多数精神病罪犯存在接受教育的可能(见表 1)。

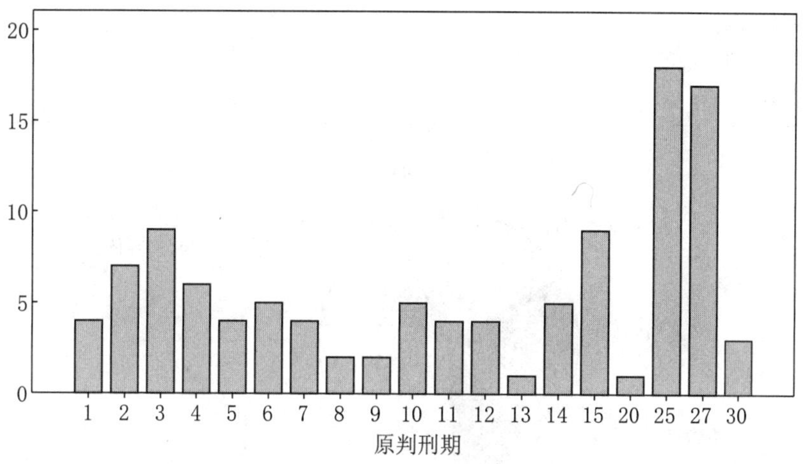

图 1　精神病罪犯原判刑期构成

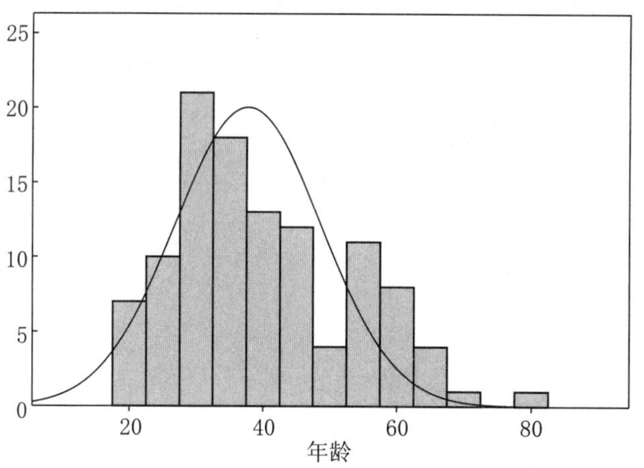

图 2　精神病罪犯年龄构成

表 2　精神病罪犯精神疾病类型构成表

		频率	百分比(%)	有效百分比(%)	累积百分比(%)
有效	器质性精神障碍	8	7.3	7.3	7.3
	精神活性物质所致精神障碍	3	2.7	2.7	10.0
	待分类的精神病性障碍	7	6.4	6.4	16.4
	精神分裂症	38	34.5	34.5	50.9
	心境障碍	11	10.0	10.0	60.9
	应激相关障碍	14	12.7	12.7	73.6
	人格障碍	11	10.0	10.0	83.6
	精神发育迟滞	18	16.4	16.4	100.0
	合计	110	100.0	100.0	

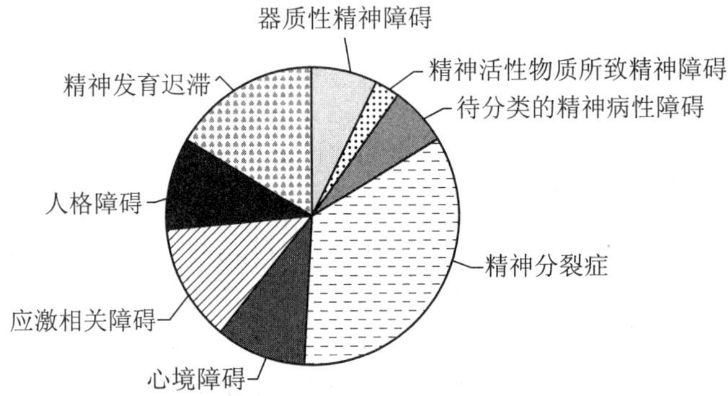

图 3　精神病罪犯精神疾病构成

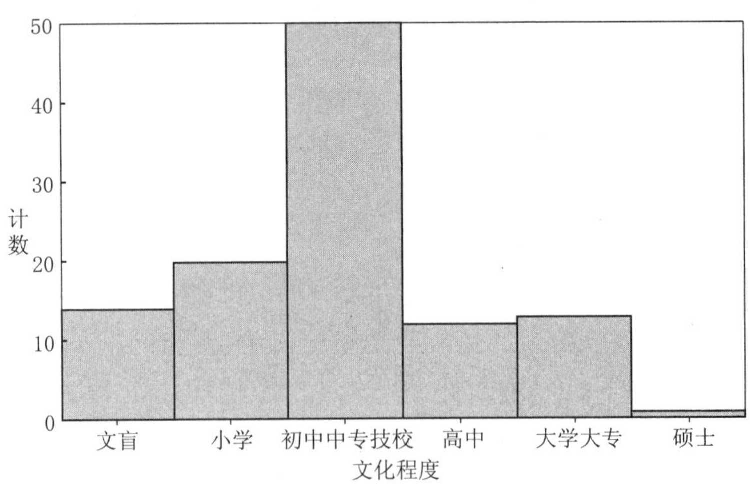

图 4　精神病罪犯文化程度

通过上述数据和管理精神病罪犯的实践发现，精神病罪犯的管理工作与一般正常罪犯存在着极大的差异，比未患精神疾病的罪犯管理要求更高、难度更大。例如，较其他罪犯具有更强烈的冲动性、攻击性、报复性、敢为性、心理变态倾向和犯罪思维模式，更容易发生狱内“三防”安全事故；精神病罪犯的家庭支持较少、社会关系不良；狱内发生自杀、自伤、伤人等违纪情况较多、行为规范较差；未发病情况下个人生理、心理需求较多。总体上给专管监区带来的管理压力很大，仅仅通过效仿精神卫生中心和其他相关机关的医疗管理模式，已经不能很好地应对精神病与罪犯叠加的多重问题。

（二）研究方法

鉴于罪犯管理风险控制的特殊要求和实际操作的科学性、便利性，课题组的借鉴参考了罪犯循证矫正的思路①和大数据思维的方法②，通过对精神病罪犯的教育矫治，在宏观、抽样、个体等方面具体展开，即在精神病罪犯总体对象上作出宏观方向引导，而对随机抽样部分罪犯进行教育矫治效果的实验比对，同时在精神病罪犯个体教育矫治上以多项目组合实施呈现个案效果，宏观、中观、微观三个维度的研究并行开展，最终通过三个层面的数据对比来衡量施行精神病罪犯教育矫治的模式是否有效。

（三）研究时段及步骤

课题组研究以 2014 年 1—12 月为区间，参考威勒和沃克两人的经验驱动型实验（empirically driven experiment）模式进行实验研究。③1 月启动相关研究工作；7 月进行随机抽样建立了 33 名罪犯组成的实验组（由于精神病罪犯的相关因素繁多而复杂，所以课题组根据抽样调查的经验法则确立了 30%的抽样比率，并随机抽取 33 名精神病罪犯作为实验样本组成实验组，其余罪犯全部作为对照组）；12 月进行回顾总结。数据收集上，在 2014 年 1 月采用 SCL-90

---

① 周勇：《循证矫正的理念、方法与价值》，《中国司法》2013 年第 7 期。

② 维克托·尔耶·舍恩伯格在《大数据时代：生活、工作与思维的大变革》中指出，大数据时代最大的转变就是，放弃对因果关系的渴求，而取而代之关注相关关系。也就是说，只要知道“是什么”，而不需要知道“为什么”。维克托认为，大数据的核心就是预测。

③ ［美］威勒（Will，D.）、沃克（Walk，H.A.）：《实验设计原理：社会科学理论验证的一种路径》，杜伟宇、孟琦译，重庆大学出版社 2010 年版，第 32 页。

(症状自评量表)、NOSIE[①]、精神病罪犯管理风险量表[②]三项量表进行前测；6 月在实验组具体教育矫治项目开展前用三项量表进行中测；12 月待教育矫治项目和实验组的矫治实验进行一段时间后开展后测。最终，将前测量数据与二次、三次数据作比较，与其他基础改造、治疗数据一起，查看整体效果；将二次、三次的实验组、对照组数据进行横向比较，考察中观层面上对实验组罪犯的具体有效性；对实验组中部分典型精神病罪犯个体数据进行纵向比较，总结分析教育矫治的个体效用。

（四）研究总体方向的确定

鉴于监狱局推行扁平化管理和精神病罪犯总体数量剧增等，精神病罪犯集中时分监区的建制到今天已经扩展为精神病罪犯专管监区。作为监区一级组织，其具有比较完备的组织架构，是一个类似于企业组织的人财物相对独立的罪犯监管改造单元。为增强对研究(也可以说是具体工作)方向把握的科学性，课题组借鉴企业战略分析的方法对专管监区面临的情况进行了 SWOT 分析(又称态势分析或优劣势分析，SWOT 是四个英文单词的首字母缩写，分别为企业内部的竞争优势 Strengths、劣势 Weakness、外部环境的机会 Opportunity 和威胁 Threats[③])[④]。具体如下：

1. T 威胁

精神病罪犯整体结构发生了变化；

法治要求的变化和公民法治观念的觉醒；

精神病罪犯累犯率、重新犯罪率数据总体较高，造成的社会对监狱改造效能的怀疑；

精神病+罪犯形成了复合问题，面对的各方面矛盾错综复杂；

---

① NOSIE，护士用住院病人观察量表(Nurses' Observation Scale for Inpatient Evaluation NOSIE)，由 Honigteld G 等于 1965 年编制。本量表有 30 项和 80 项两种版本。本文采用 30 项版本进行测量(对其中不符合监狱情景的词语进行适当改动)。

② 精神病罪犯管理风险量表是专管监区 2012 年研制的针对精神病罪犯分级评估和风险测量的简易量表。

③ 肖海林主编:《企业战略管理:理论、要径和工具》，中国人民大学出版社 2013 年版，第 122 页。

④ SWOT 分析，即基于内外部竞争环境和竞争条件下的态势分析，即将与研究对象密切相关的各种主要内部优势、劣势和外部的机会和威胁等，通过调查列举出来，并依照矩阵形式排列，然后用系统分析的思想，把各种因素相互匹配起来加以分析，从中得出一系列相应的结论，而结论通常带有一定的决策性。

法律制度要求下，原有的严格管理措施难以行使，而替代办法尚未建立。

2. O 机会

司法改革的推进，精神卫生法及条例的出台，在法律政策上给予了支持；

监狱出台精神病罪犯专管监区规定，在政策上进行了支持。

3. W 劣势

干警对精神病罪犯开展教育矫治的认识和手段不足，普遍存在以管代教、以医代教的思想；

监狱安全要求对进一步工作开展有所束缚。

4. S 优势

监狱机关在教育矫治罪犯上长期积累了有效的经验和方法；

现有分级管理框架已经建立，总体管理形势尚可，安全压力不大；

专管监区硬件设施不断完善。

通过对 SWOT 四项因素进行分析，并作出量化评估，确定了专管监区目前在精神病罪犯管理中主要面临着外部的威胁，但经过近 4 年的精神病罪犯管理工作，内部优势较之劣势更为明显，因此，根据 SWOT 分析法权衡比较后选择 ST 战略，具体 TOWS 矩阵如表 3 所示：

表 3　具体 TOWS 矩阵

内部能力 ╲ 外部因素	优势(S) 1. 监狱机关在教育矫治罪犯上长期积累了有效的经验和方法 2. 现有分级管理框架已经建立，总体管理形势尚可，安全压力不大 3. 专管监区硬件设施不断完善 4. 医护人员配置到位，年轻干警能力与激情充沛	劣势(W) 1. 干警对精神病罪犯开展教育矫治的认识和手段不足，普遍存在以管代教、以医代教的思想 2. 监狱的安全要求对进一步工作开展有所束缚
机会(O) 1. 司法改革的推进和精神卫生法以及条例的出台在法律政策上给予了支持 2. 监狱出台精神病罪犯专管监区规定，在政策上进行了支持	优势—机会战略 (SO 战略) 增长或发展战略	劣势—机会战略 (WO 战略) 转型战略

（续表）

威胁(T) 1. 精神病罪犯整体结构发生了变化 2. 国家法治要求变化、公民法治观念的觉醒 3. 精神病罪犯重新犯罪会造成的社会对监狱改造效能的怀疑 4. 精神病＋罪犯形成复合问题，面对的各方面矛盾错综复杂 5. 法律制度要求下，原有的严格管理措施难以行使，而替代办法尚未建立	优势—威胁战略 (ST 战略) 多元化战略	劣势—威胁战略 (WT 战略) 防御战略

由矩阵分析确立在总体战略上采取多元化战略，而对于监狱管理部门而言，不可能像企业一样拓宽多元的业务领域。分析一下企业的多元化战略，是讲求将易碎或将碎的鸡蛋放一部分在另外的或更多篮子里，在主营业务没有大的变化的基础上进行其他方面的相关尝试，拓宽思路，寻求机遇①，其思维本质，是要在保持现有成果的基础上以自我创新和突破性变革应对面临的威胁，是一种比较稳健的成长型战略。这是值得我们借鉴的，与监狱的管理要求也比较贴切。因此，课题组以头脑风暴(多层面问卷调查、专家讨论优选)与理论论证结合的形式对多元化战略展开的方向进行了探讨，最终确定在原有分级管理基础上，首先从精神病罪犯的教育矫治方面拓宽“业务”领域，展开精神病罪犯教育矫治方面的研究与实践。从罪犯角度来说，精神病罪犯作为罪犯之一种，纯粹的管理并不能解决所有问题，教育则能弥补不足，促进管理的效果；从精神病患者的治疗角度讲，在药物治疗的基础上，也有开展行为矫治的成功做法；对精神病罪犯来说，所谓的矫治也要从精神病病症和犯罪恶习两个方面进行。

二、对精神病罪犯开展教育矫治的必要性、可行性分析

在大家的观念里，一般都认为精神病人就是整日疯疯癫癫、痴痴傻傻、神神叨叨的样子，但对精神病人有长期了解的都知道，大部分精神病人或者精神病

① 李敬：《多元化战略》，复旦大学出版社 2002 年版，第 2 页。

障碍患者在治疗有效正常的情况下，和精神正常者没有太大的区别，甚至其中部分精神病患者还在某方面显示出比正常人更强的才能，如：有音乐和指挥天分的舟舟是一个精神发育迟滞患者；果粉眼中神一样的人物乔布斯是不折不扣的偏执型人格障碍；诺贝尔奖得主纳什的精神分裂方面的所观所思，还在《美丽心灵》(*A Beautiful Mind*)中被惟妙惟肖地搬上了好莱坞的大银幕。甚至有人说，但凡有大成就的人都是有一些精神病的。在日常的精神病罪犯的管理教育中，我们也发现，不是所有的精神病罪犯在所有时间内都是如一般人所想象的不能像正常人一样进行交流沟通，在药物治疗控制良好的情况下，只有少部分精神病罪犯有些时间里会出现一定精神症状，此时会有完全无法理解正常语言和要求的情况，伴有一般人常看到的幻听、幻视、木僵等典型表现。

（一）教育矫治的必要性分析

鉴于上述情况，在监狱环境下，精神病罪犯更要作为教育矫治的重点。按照过去几年的经验，虽然纯粹靠管理、人盯人防守有一定作用，但仍旧有防不胜防的时候，管理最终起到的是托底的作用，加之之前 SWOT 分析中所提到的威胁态势已经近在眼前，采取有效的措施加以应对还是相当必要的。

1. 精神病罪犯整体结构发生了变化，要求原有的管理更多地向教育倾斜

2013 年《精神卫生法》实施以后，对社会上精神疾病的防治产生了较大的影响，蝴蝶效应的末端反映在监狱机关，其结果也比较明显，那就是《精神卫生法》实施后判决入监的罪犯总体上较前有显著的变化：总的来讲，刑期的均值较短，精神分裂症等重症精神疾病的比例较小，职业构成上有一定职业的比例上升。为进一步进行比较，课题组在上海市公安局安康医院进行了考察，也发现所关押的重大肇事肇祸精神病患者收院治疗的比例发生了明显上升，与监狱内精神病罪犯改变有着相反的趋势。这些都在一定层面说明，因法律变化，法院判决产生的精神病罪犯和以前比较，在整体结构上已经发生重大变化。对监狱精神病罪犯管理的直接影响就是出入监时间变短、轻症精神病患者比例变多、有比较正常自理能力和家庭社会关系的精神病罪犯变多，相应地精神病罪犯的犯罪恶习问题更加突出，精神病罪犯的病情与犯情的杠杆更多向犯情倾斜，总体上造成精神病病犯中可以教育矫治和需要教育矫治的罪犯比以前更多。所以，对精神病罪犯医疗、护理、管理、教育的四种手段也需要更多地从教育上进行倾斜和投入。

2. 法治要求的变化和公民法治观念的觉醒要求我们在管理上有所创新

党的十八届三中全会以来，国家实施依法治国方略，政府部门是法治的关键因素。监狱部门虽然相对封闭，但也应该顺应时代潮流，在监狱管理工作上自加压力，做到依法行政、依法行刑、依法治监。在精神病罪犯工作上要寻求新的思路和方法。在目前情境下按照《监狱法》要求，首先从教育改造罪犯上下功夫[①]，在专管监区的管理工作创新上就要对精神病罪犯开展有效的教育矫治，实现教育矫治精神病罪犯的创新与突破。

3. 精神病罪犯累犯率、重新犯罪率数据总体较高，造成社会对监狱改造效能的怀疑

从对精神病罪犯的分析中可以发现，在有记录的数据中，精神病罪犯中就存在约16.36%的[②]再犯或多次违法犯罪情况，与政府部门或媒体公布的重新犯罪率相比稍高[③]。新闻报道中外省市患精神病的罪犯释放后再次犯罪肇祸的事例不绝于耳。具体考察精神病专管监区，成立至今近4年已经出现"回头客"案例一起、保外就医后收监一起、保外后发生意外事故一起。在几年中释放的近80名精神病罪犯中出现未知的违法违纪、肇事肇祸情况更是难以统计。虽然违法犯罪等情况不是监狱一家能够控制的，但如果相关人有过服刑经历，那么给社会和纳税人带来的直接印象就是"监狱没有改造好"。所以，不能只追求在狱内管好，还要追求"疗效"，也就是说必须对精神病罪犯在狱内安全稳定基础上要讲求教育矫治的效果，尽监狱所能减少精神病罪犯出狱后的重新犯罪。

---

① 《监狱法》第一章第3条明确规定：监狱对罪犯实行惩罚和改造相结合、教育和劳动相结合的原则，将罪犯改造成为守法公民。精神病罪犯虽患有精神疾病也不应有所例外。

② 110名在押精神病罪犯中，有18名有前科劣迹记录，14名罪犯有前科，6名罪犯有两次以上犯罪记录。记录最高的精神病罪犯是一名轻度精神发育迟滞患者，在此次因抢劫罪判刑3年6个月前，共有6次服刑劳教记录。

③ 国务院新闻办公室编写的《中国政府白皮书》(1992年)对中国改造罪犯状况写道：中国是世界上重新犯罪率最低的国家之一，多年来一直保持在6%—8%的水平。记者黄河在题为《重新犯罪率居高不下刑释人员面临制度性歧视》的文中表示：北京师范大学刑事法律科学研究院教授吴忠宪曾于1992—2006年在司法部预防犯罪研究所任职，他表示在20世纪80年代中国重新犯罪率大概维持在7%—8%，21世纪初期上升到了13%—14%。中央司法警官学院刑法学教授翟中东则根据《邵雷同志在全国监狱局长座谈会上的讲话》中提及的2007年第三季度的一组数据推算：如果按照全国在押人员150万人为基数，全国监狱中被判刑2次以上的罪犯达到15.98%。

4. 精神病+罪犯形成复合问题,管理面对的各方面矛盾错综复杂

专管监区面临的问题不同于一般罪犯管理监区,专管监区面对的是精神病+罪犯的复合问题,由此衍生出对精神病罪犯医疗、护理、管理、教育四个方面的问题,整体的管理所面临的矛盾尤其错综复杂。其中,医疗与护理在专业的精神病医疗领域已经有成熟的经验可以借鉴和套用,管理方面经过专管监区几年的摸索也已经形成了初步的分级管理模式,在新的情况下仍旧以管理应对出现的新矛盾、新问题已经捉襟见肘,似乎碰触到了管理的"天花板"①,急切需要拓宽新的思路和方法,改变原有的以一打多、一管了事的局面。故此,从教育矫治方面着手才能应对精神病罪犯的犯罪问题,实现标本兼治,以原有医疗、护理、管理为基础,在根源上解决精神病罪犯狱内管理的多重矛盾。

5. 在法律制度的要求和现实情况下,原有的严格管理措施难以应对,替代办法尚未建立

通过调查精神病罪犯以往的及罪犯档案记载的狱内外安全突发事件,课题组发现,精神病罪犯无论在狱内还是狱外,都属于威胁安全事件的高发群体,容易发生自伤自残、自杀、杀人、伤人袭警、出走越狱等情况。2011 年精神病罪犯集中收押于专管监区后,为确保监狱管理稳定和三防安全,专管监区一直对关押的精神病罪犯采取相对严格的管理和看护,在狱政管理措施上用正常罪犯夹控、限制用物、限定活动区域以及在正常罪犯看护下如厕、吃药活动等方法确保安全。虽然近几年里有一定的成效,但其中也发生了"挂万漏一"、百密一疏的情况,究其原因,一方面在于管理不是万能灵药,不可能对任何情况、任何人都适用;另一方面,严格管理本身就存在一定问题,从管理与被管理的角度看,就像拉弓的人和弓箭一般,长期绷得太紧必然出现弓箭崩断的现象,部分安全事件的发生和严格管理或许有着相关的关系。更加重要的一个原因还在于,监狱相关法律制度和精神卫生法及条例都要求对精神病罪犯的管理不能再沿用过去做法,如果不尽快寻求解决办法,一定会给专管监区未来的工作带来困难。在此,只有参照法律规定许可的警戒度标准实施分级管理,大力开展对精神病罪犯的教育矫治措施,根据情况在管理基础上进行教育矫治,才能形成张弛有度的整体氛围,从而破解管理难题。

(二) 精神病罪犯进行教育矫治的可行性分析

在狱内较为完备的医疗和严密控制的环境内,大部分情况下,精神病罪犯

---

① 王运启:《天花板效应》,《中国医药报》2014 年第 5 期。

在现实改造中都能够做到认罪服法、遵规守纪，按照要求参加各类学习和从事一定程度的生产劳动；但在具体表现上与正常罪犯有所不同，根据不同精神疾病类型，在未发病情况下也有比较显著的性格特征，如：分裂症型精神病罪犯大多性格内向、平时沉默寡言，胆小怕事，喜欢独处，不爱交际，工作被动、生活懒散；人格障碍型精神病罪犯往往性格固执倔强，敏感多疑，喜欢嫉妒或责备别人，常跟其他罪犯和干警发生摩擦，自以为是，不听别人意见；心境障碍型和癔症、应激障碍型精神病罪犯则感情脆弱，易波动，要不不说、说起来没完，且说话没深没浅，想到哪说到哪，做事马虎，常抱有幻想，做出一些出人意料的举动，也有孤僻不合群、胆小多疑、遇事犹豫、做事拘谨、兴趣贫乏等特点。

北京延庆监狱集中管理精神病罪犯较早，主要从治疗预防入手；四川川中监狱、云南永川监狱、浙江金华监狱（筹备）等也都是从医疗管理角度出发辅以管理；安徽白湖监狱采取与精神病医院共建的创新精神病犯治疗管理模式①；湖北江北监狱提出了发现诊断、分类关押、行为管控、综合治疗（包含病理治疗、行为矫治、情感治疗）、康复训练（着重因人而异、因材施教的教育改造）的管理模式②；北京金钟监狱在传染病罪犯中运用艺术矫治取得了一定成效③。但是总体来看，国内精神病罪犯收押的监狱对精神病罪犯采取医疗管理模式的较多，与专管监区收押精神病罪犯初始阶段类似，重点多放在精神病医疗和严格管理上，以防为主，教育矫治功效发挥不足，只是作为精神病罪犯治疗护理的辅助手段来实施，没有进行系统化的思考。

精神病人在社会上肇祸的报道在国内外的媒体上屡见不鲜，但国外对患有精神病的犯罪嫌疑人或罪犯却有着不同的处理方式，大多数国家采取的是治疗模式，即将他们送至精神病医院或监狱体系下的精神病专科医院住院治疗，由监狱关押的也多数采取分散或独居监禁。因此，体系化的集体管理措施需求不高，可借鉴的经验也不多，甚至有国外研究项目认为精神病患者在狱内关押投入太高，而且仅仅只能在短期解决问题，因此提出对精神病罪犯应回归社区，在社会上开展社区治疗矫正项目④。

---

① 《晋中监狱创新精神病犯治疗管理模式》，http://www.mzyfz.com/cms/jianyulaojiao/xinwenbaodao/zhuantibaodao/html/1087/2013-10-12/content-887498.htm，2014 年 11 月 1 日。

② 湖北省江北监狱课题组：《关于精神病犯管理的实践与思考》，《犯罪与改造研究》2014 年第 11 期。

③ 曹利华：《艺术矫治在传染病罪犯心理矫治工作中的实践探析》，《犯罪与改造研究》2013 年第 6 期。

④ Douglas C.McDonald, Ph.D., and Michele Teitelbaum, Ph.D. Managing Mentally Ill Offenders in the Community: Milwaukee's Community Support Program, March 1994.

医院等部门在精神病罪犯的非药物治疗上进行了长期有效地探索。如在精神科护理上，张跃兰等专家在《精神科疾病护理》一书中提出要求重视患者的心理和社会因素的整体护理，从而找出正确的护理问题，制定相应的护理措施，引导患者正确对待疾病，学习适应社会，帮助患者顺利回归社会①。在对公安局安康医院的调查访谈中，笔者也发现，虽然面对的是经法律认定的较重的发病状态下肇事肇祸的精神病患者，安康医院也在医护人员基础上安排了负责教育工作的管教岗位。有专家提出，精神障碍护理的发展趋势主要是指导和帮助精神障碍患者训练和恢复生活能力、社交能力、学习能力，通过康复训练，如生活行为、学习行为、就业行为等康复训练，将精神障碍患者的精神残疾程度降到较低，最大限度地发挥其社会功能。

总的来说，与课题组确定的假设方向一致，对精神病罪犯确有必要也有可能开展针对性的教育矫治工作。但从相关文献资料和实际情况的考察上看，监狱体系中对新时期精神病罪犯的教育矫治问题并没有太多现成的可借鉴的理论或方法，而监狱之外虽然有很多对精神病患者的教育矫治的相关研究，但也存在着以单项矫治项目应对单方面问题的缺陷，用其处理复杂、多维的精神病罪犯问题稍显系统性不够。同时，其他单位和部门的经验，在现时情境下我监狱的精神病罪犯专管监区中是否能够跨越领域使用，也是课题组需要进一步验证和研究的问题。

三、具体实施精神病罪犯教育矫治的方法对策

精神病罪犯这一特别的罪犯群体具有不同于一般罪犯的特点，在四维属性之下，其具有病人病情轻重和类型之分，也有罪犯教育改造的难易程度的不同，还存在着如一般罪犯从入监到出监的心理行为差异②，对精神病罪犯实施教育矫治不宜混同在一般正常罪犯中进行批量化的大课教育，而应该根据精神病罪犯的狱内所处阶段、管理风险级别、精神疾病类型进行细分，再施以不同的教育矫治方法。据此，课题组对实验组的精神病罪犯进行了具体的评估分析，并在此基础上开展了相适应的分级别、分类型、分阶段的“三分”教育矫治。

---

① 张跃兰等主编:《精神科疾病护理》，科学技术文献出版社 2008 年版。

② 龚文进、敖小玲:《服刑人员出狱前焦虑与人格特质的相关研究》，《社会心理科学》2008 年第 24 期。

（一）分级教育矫治

某监狱精神病罪犯专管监区现行的精神病罪犯分级体系是2012年建立并不断完善的一套管理体系。该体系是以罪犯管理风险为出发点，全面考量刑罚、教育、医疗、护理四方面因素的综合系统。分级教育矫治在监区精神病罪犯管理中运用比较早，也比较成熟，但由于《精神卫生法》实施等重大因素的影响，原有的精神病罪犯结构体系发生了一定的变化，之前的四级体系中，处于Ⅱ级管理的精神病罪犯数量膨胀，而Ⅲ级罪犯数量过少，从管理上难于独立成级。因此针对相应情况课题组对原有的四级管理体系进行了修正，结合精神病罪犯教育矫治需求变更为三级管理体系，之前纺锤形结构变为更加稳定的三级金字塔架构（见图5），在此基础上，对应精神病罪犯所处的等级，课题组进行了针对性的教育矫治。

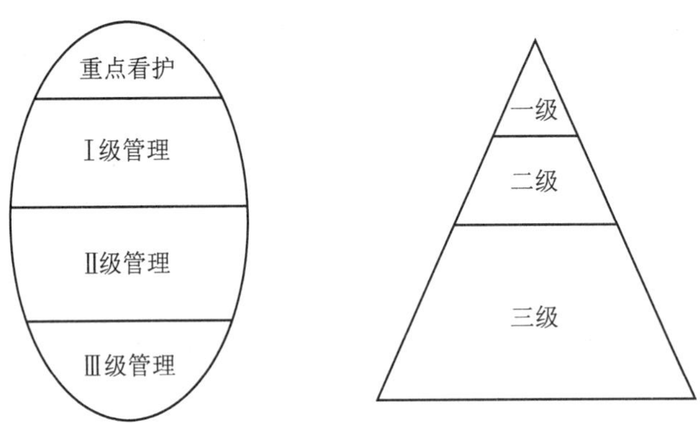

图5　纺锤形结构（左）变为三级金字塔架构（右）

通过利用专管监区已有的精神病罪犯评估分级系统，以管理风险量表实施测量，对现有精神病罪犯级别进行认定，在对不同级别的精神病罪犯中开展针对性的教育矫治。

1. 一级精神病罪犯的教育矫治

对于一级精神病罪犯的教育矫治，干警要注意抓住时机，在罪犯有自知力、头脑较为清醒的情况下实施，内容上主要以安抚、说理为主而不是命令、要求，及时掌握其心理动态及症结做好针对性心理护理疏导，在一定程度上满足其合理要求，使其思想情绪稳定。特别是对新入监的精神病罪犯，在做好观察、看护的基础上，辅以一定的入监常识及规范教育，积极建立罪犯改造外围的社会支持渠道，了解各方材料中没有掌握的情况，配合医生的随访治疗，做出改造状态的观察区分，明确其危险程度、精神病状况，为此后的分类、分段和分级教育奠定基础。由于此级别精神病罪犯自知力状况和病情控制不良，所以教育矫治上主要以稳定控制为主，辅以采取被动式音乐治疗。

2. 二级精神病罪犯的教育矫治

二级精神病罪犯是进行教育矫治的关键，开展教育矫治工作一般集体组织并指定区域参加文化技术学习、劳动生产、娱乐活动，经干警同意由看护人员带领参加各类教育矫治活动，做好看护和动态掌控。处于二级管理范围内的精神病罪犯，干警把握个别教育的重要阶段和有利时机。在个别教育上，要针对精神病罪犯的个性特点，突出认罪服法、遵规守纪教育，强化精神病罪犯认识、发现和控制自身疾病的能力，动之以情，晓之以理，合理运用不同教育方法，循循善诱、正面引导。在教育矫治的开展上，采取多种方式进行，如：对认知偏差的采取认知疗法，对有不良行为和习惯的罪犯采用行为疗法，对心境障碍、人格障碍、应激障碍等则使用罪犯社会疗法（inmate social therapy），其他还有艺术疗法、园艺疗法、运动疗法、森田疗法、松弛反应训练、生物反馈治疗等各种适合的方法，具体内容上可以开展诸如角色扮演、心理剧、音乐治疗、阅读、习字习美、种植花草、饲养宠物、习练瑜伽太极拳等活动。

3. 三级精神病罪犯的教育矫治

对于三级精神病罪犯，往往处于精神病病情稳定期和康复期，没有特殊发病迹象和先兆的情况下与非精神病罪犯相差不大，所以在管理上基本可以视同正常罪犯管理，安排正常罪犯在固定点进行看护。总体上，要求生活自理，生活学习用具除监狱有特殊规定外自行管理，正常参加劳动生产、娱乐活动，根据兴趣需求开展一定的文化学习和技能培训。对经考察适合的精神病罪犯编入正常罪犯序列参加各项教育及矫治活动，使其回复正常的改造环境，也借此树立其重回社会的信心。干警的教育矫治应当以正常罪犯的教育矫治要求和方式进行，对将释放罪犯以回归教育管理为主；对此级别精神病罪犯需着力培养其自理、自控能力，做好精神疾病的治疗，防止复发，开展精神病罪犯对病情的自我发现、自我控制、自我疏导等知识能力的教育培养，开展职业技能教育，使其有一技之长，能自食其力，依托罪犯家属、社会综治机构等对其进行帮教，为服刑期满回归社会做好适应性准备。

（二）分类教育矫治

从精神病罪犯的精神病病情属性上来说，这类罪犯与一般罪犯群体有着很大的区别。不同病种类型的精神病罪犯有着不同的特点，其表现或慵懒、或敏感、或麻木、或暴戾，并且在一定意义上，精神病罪犯即使在未发病状态下，相比正常罪犯其心理行为缺陷也更严重些。虽然从精神病学的角度来看，这些人格方面所表现的问题可能是长期精神疾病造就的，但医疗机构已有的成功的矫治实践也给人以希望。精神病患者的上述方面的问题可以通过非药物的教育矫治手段解决。监狱机关进行教育矫治工作恰恰又是我们的“尺之所长”。所以，根据不同精神疾病类型的特点，对收押的精神病罪犯开展分类型的教育矫治通常会有事半功倍的效果。

参照 CCMD-3 的分类标准，以司法鉴定机构所做的精神病司法鉴定确定的类型，对现有精神病罪犯作出初步分类。考虑教育矫治开展的经济性与便利性，对现有的精神病罪犯进行病情和辅以 SCL-90 量表结果的归类，大致分为以下几种类型。

1. 精神分裂症

精神分裂症是指一种严重的、致残的精神疾病，以脱离现实、不合逻辑的思维、妄想、幻觉以及其他情感、行为或智能障碍为主要特征。这种障碍可以影响到言语、情感、对精神运动行为的感知、人际关系和自我意识。[①]这类的精神病罪犯在药物治疗得当、没有或较少外界应激因素时可以向病情治疗的中期或恢复期发展，罪犯精神病病情有了起色，或精神症状基本消失。在此情况下，干警可以针对相应情况开展适度的教育矫治。教育矫治的重点主要集中在三个方面：一是通过讲解所用药物的副反应和相应处理方法消除其对药物副作用的恐惧心理，确保按照医嘱进行疾病治疗和服药；二是将认罪服法教育和配合治疗结合起来，使其认识到精神疾病控制不良造成其性格或人格改变的严重危害；三是通过教育达到精神分裂症型精神病罪犯做到知病防病，并在较好地控制自身病情和情绪的基础上，革除犯罪恶习。

在提到精神分裂症患者的治疗时，精神医学的专家也指出，尽管药物治疗

---

① [美]Springhouse 工作室主编：《轻松精神病护理》(*Psychiaric Nursing Made Incredibly Easy*)，张本译，北京大学医学出版社 2010 年版，第 139 页。

很重要，然而单纯的药物治疗是不够的。对于大多数患者，药物治疗必须结合下列治疗方法：心理社会治疗和康复治疗、提高依从性训练、职业咨询、心理治疗、适当利用社区资源①。笔者考察在押精神病罪犯中的精神分裂症型罪犯时发现，其中犯故意杀人、故意伤害罪的占绝大多数。所以，在此类罪犯的教育矫治上，主要采取了心理治疗和健康教育为主的教育矫治手段，在具体方法上，开展音乐矫治、书法矫治、艺术折纸等偏静的矫治项目，总体效果较好。

2. 心境障碍

心境障碍也称情感性精神障碍，是指由各种原因引起的以显著而持久的情感或心境改变为主要特征的一种疾病。主要表现为情感高涨或低落或反复交替，伴有相应的认知和行为改变。社会上比较常见的抑郁症就属于此类。心境障碍的多数患者有反复发作倾向，每次发作多可缓解，部分可有残留症状或转为慢性②。心境障碍型罪犯虽然属于精神疾病中相对较轻的疾病类型，但是如果没有得到较好的医疗矫治，其在狱内发生安全事故的可能性却是最高的，每次的抑郁发作、躁狂发作就意味着这种类型的罪犯会经历一次要么伤害自己、要么伤害他人的情绪疾病。药物的使用需要精准掌握，过犹不及都不能阻止抑郁、躁狂情绪的产生，而且药物的稍有不慎就会使原来的抑郁或躁狂患者变成双相情感障碍，抑郁与躁狂交替反复，更是给监管安全带来极大隐患。

在日常的教育矫治中发现，即使在抑郁躁狂未发作状态下，此类型的精神病罪犯也在情绪情感方面表现得更为细腻、对社会现实和环境的适应能力较弱、心理自我调适不良，教育过程中或者一言不发，或者如连珠炮般长时间向干警倾诉各类不满和不平以及“看不惯”等。在具体的教育矫治上，我们采取了一些个体心理矫治的方法，鼓励心境障碍型精神病罪犯正确面对自身情绪和疾病，通过唱歌、艺术折纸、运动疗法（甚至仅仅是简单的集体队列）等动静结合的教育矫治项目开展工作。干警在教育中注意积极倾听和引导，创造比较和谐的集体氛围，对此类精神病罪犯的教育矫治都有较好的帮助。精神科护理和治疗的专家也认为，对一个抑郁症患者来说，积极的结果（OUTCOMES）包括 O（overwhelming）极度悲伤和失落感减少；U（uses）运用解决问题和推理的技巧

① ［美］Springhouse 工作室主编：《轻松精神病护理》（*Psychiaric Nursing Made Incredibly Easy*）张本译，北京大学医学出版社 2010 年版，第 153 页。

② 吴建红、梅红彬、张春娇主编：《现代精神障碍护理学》，科学技术文献出版社 2010 年版，第 121 页。

来应对应激；T(talk)愿意并得体地与他人交谈；C(cognitive)认知歪曲减少或消失；O(overcome)克服躯体上伤害自我的想法；M(maintains)对自己保持积极的态度；E(eats)饮食均衡；S(sleeps)每晚睡 6—8 个小时①。虽然条目比较简单，但却值得我们在精神病罪犯的教育矫治上加以借鉴，同时也需要干警投入相当大的努力才能达到的。

3. 人格障碍

人格障碍，又称变态人格、病态人格、精神病态、人格异常等，人格障碍是指人格特征明显偏离正常，使个体形成了特有的反映个人生活风格和人际关系的行为模式。②虽然没有认知功能的缺损，但由于人格障碍型精神病罪犯具有适应不良的性质，其人格在内容上、外在表现上异常。由于这个原因，常会使自身遭受痛苦或给个人或社会带来不良影响。虽然人格障碍本身尚非病态，多数精神病学家认为只是一种极端偏离正常人的人格范畴的心理障碍③，但在狱内环境下，各类人格障碍的亚型都对监狱的安全和教育改造的实施带来极大的挑战，如反社会人格障碍、冲动型人格障碍、偏执型人格障碍等，尽管在人格障碍的医药治疗上已取得一些进步，但对人格障碍的处理很大程度仍然是根据人格障碍者的不同特点，帮助其寻求减少冲突的空间。

人格障碍型罪犯一般很难与其他罪犯和睦相处，易怒、苛刻、心怀敌意、恐惧或控制欲强，有暴力行为的危险，偏执、自卑，多数罪犯面对应激缺乏有效的应对机制。医学观点认为，治疗人格障碍的目标不在于完全治愈，而是在于着重以心理治疗和教育的方法增进患者的应对技巧，解决短期内存在的问题，培养人际交往技能。④这与我们提出的教育矫治不谋而合。在对这类罪犯实施教育矫治时，我们主要通过深入了解和接触后，与他们建立良好的情感基础和关系，通过教育谈话帮助其认识个性缺陷之所在，施以认知、行为方面的矫治，鼓励他们改变自己的行为模式，并对其出现的积极变化予以鼓励和强化。特别要注意，直接改变人格障碍型精神病罪犯的原有行为和认知模式具有相当困难，一般要避免其直接暴露在诱发不良行为的处境之中，教育矫治顺势而为，逐渐有所

---

① [美]Springhouse 工作室主编：《轻松精神病护理》(*Psychiaric Nursing Made Incredibly Easy*)张本译，北京大学医学出版社 2010 年版，第 191 页。

②③ 张跃兰等主编：《精神科疾病护理》，科学技术文献出版社 2008 年版，第 350 页。

④ [美]Springhouse 工作室主编：《轻松精神病护理》(*Psychiaric Nursing Made Incredibly Easy*)张本译，北京大学医学出版社 2010 年版，第 231 页。

突破。在教育矫治项目的选择上，可主要采取合唱表演、心理团训等集体性的项目来增强社会适应和人际交往能力，辅以书法、折纸，培养较好的情趣和耐心。

4. 精神发育迟滞

精神发育迟滞是个体在发育阶段，在遗传、先天、后天、生物学或社会学、心理方面的不利因素作用下，造成智力发育障碍或受阻，而导致的智力功能明显低于同龄水平同时伴有社会适应困难为主要特征的一种综合征。智商（IQ）低于人群均值2.0标准差（或IQ值小于70）即为智力明显低于平均水平。在医学临床上表现为认知、语言、情感、意志和社会化等方面显著落后于同龄人。在监狱环境下，由于这部分罪犯具有某种犯罪经历，所以在具体衡量上不能仅以智力低下来判断。一般来说，在狱内服刑的精神发育迟缓型精神病罪犯还有一定程度的社会适应能力欠缺和人格缺陷问题，在现实改造中其日常生活基本能够自理，且经过教育培训能够获得一技之长，在他人照顾下能够进行熟练的劳动生产，但也有部分在改造中和日常活动中缺乏主动性和积极性，生活需要他人安排和督促。另外，这类罪犯极易受不良环境影响，接受或学习其他罪犯的不良恶习，甚至被其他人蛊惑、挑唆发生违反监规纪律的情况。

对这类精神病罪犯的教育矫治上，干警要抱有特别的爱心和极大的耐心，循序渐进、由简至繁，逐渐增加教育内容，尽量培养其独立生活的能力，防止不良影响和违纪事件发生，做好生活常识、社会规则、法律常识等方面的宣传教育；对原有的不良行为和违法违纪行为给予正面教育，干警自身以及其他罪犯对其避免歧视。在教育矫治上，加强自我控制力的训练、社会能力培养和职业技能的学习，要求其家属一起进行配合做好不良恶习的行为矫治。①

5. 神经症和应激相关障碍

此两种精神病类型总体上占比不大，在教育矫治类型上有所类似，同时从管理的便利角度出发，课题组将神经症和应激相关障碍划分为一个类型。神经症又称神经官能症或精神神经症，是一组精神障碍的总称，其包括神经衰弱、强迫症、焦虑症、恐怖症、躯体形式障碍等，患者深感痛苦且妨碍心理功能或社会功能，但没有任何可证实的器质性病理基础。应激相关障碍，原称反应性精神障碍或心因

---

① 精神发育迟滞罪犯的家属一般对这类罪犯在狱内的服刑表现得过于关心和超于正常的溺爱。大多数家属担心由于智力不高会在狱内受到欺负和殴打，而精神病罪犯本人又不能很好地向家属表达狱内服刑的真实情况，所以家属常对干警执法产生怀疑和误解，在教育矫治的实施过程中有必要事先对其家属做好沟通，以防止没必要的执法风险。

性精神障碍，指一组主要有心理、社会（环境）因素引起异常心理反应而导致的精神障碍。神经症与应激相关障碍的发病通常都与不良的心理因素有关，不健康的素质和人格特性常构成发病的基础。此类精神病罪犯类型的症状复杂多样，常有焦虑、持续的紧张心情、恐惧、缠人的烦恼、自认毫无意义的胡思乱想、强迫观念等。部分人会有躯体疾病的不适感，但经过临床检查却一般没有所指的疾病。

这类罪犯在精神状态良好的情况下与正常罪犯并无太大异常，一般能适应改造环境，行为和认知基本可以为他人理解和接受，但在不良的情绪和行为作用下会表现出头痛、失眠、记忆力减退、心悸、胸闷、恐怖感、行为举止怪异等症状。对于此类精神病罪犯应以心理矫治为主，通过教育使罪犯逐步了解所患疾病的性质、改变其错误观念、解除或减轻精神因素的影响。[①]在矫治项目的选择上，可采取集体形式的教育矫治项目，如心理剧、心理团训、主动式音乐治疗和书法矫治项目等，用外界氛围影响其主观精神、心理内环境。

6. 其他情况

在收押的精神病罪犯中，有一部分精神病罪犯是基于难以逆转的大脑功能损害造成的器质性精神障碍，也有部分难于归类的精神障碍，和部分自理和接受教育能力较差的罪犯全部归于其他情况型，做个别化的教育矫治处理；另外，对于各类型精神病罪犯中发生的伪装、夸大精神病病情的也归于此类。

器质性精神障碍是由于有明确的病理改变而引起的精神障碍，一般情况下其精神病病情会随躯体病理变化而不断加重。在监狱的环境没有更好的治疗条件情况下，干警需要做好这部分罪犯的教育安抚工作，强化健康护理和照管，及时做好相应记录和送医就诊。

而对于伪装夸大精神疾病的情况，多因罪犯为逃避改造、减轻劳动或寻求保外而故意夸大精神疾病的病情。正如部分学者所言，唯独精神病是脑子里面的疾病，既看不见，又摸不着，全凭自己的表演，容易伪装[②]，针对这种情况，监狱干警一方面在做好精神疾病及治疗方面宣传教育的同时，要做到听其言，更重要的是观其行，明确监狱相关纪律，使其自己认识错误或直接被拆穿。

此类型的精神病罪犯的教育矫治工作主要集中在宣传教育上，包括对于精神疾病、药物治疗、法律制度的等方面的宣传讲解，使其在端正相关认识的基础

---

① 杨萍主编：《心理与精神护理》，人民卫生出版社 2008 年版，第 185 页。

② 曾绪承：《司法精神病学新编》，北京大学出版社 2009 年版，第 190 页。

上开展工作，相关干警可以根据具体情况施以有针对性的个别教育矫治措施。需特别注意对于证据和材料的收集整理，避免执法医疗风险。

（三）分段教育矫治

精神病罪犯虽然患有某种精神疾病，但在监狱拘禁关押的情境下，其心理特征也同样明显，最显著的特征莫过于其从入监到出监的各阶段的心理行为变化。监狱学理论对一般罪犯研究中，也常将罪犯按在狱内服刑所处阶段划分为服刑初期、中期、末期三个部分。精神病罪犯在此也是适用的，各阶段精神病罪犯的教育矫治工作都有其要点，需要针对不同的阶段开展不同的教育矫治。

1. 服刑初期阶段

精神病罪犯服刑初期，是指其投入监狱服刑半年到一年左右的一个阶段（曾有过一定服刑改造经历的精神病罪犯则不在此列，其情况与初次入监的有较大不同，部分罪犯可能只经过数周时间就直接进入服刑中期阶段）。入监初期，精神病罪犯的社会地位和生活环境发生了巨大变化，铁门铁窗的拘禁性环境对正常罪犯的心理会造成深刻的影响，更别说对心理精神状态本已十分脆弱的精神病罪犯了。入监初期的精神病罪犯主要是因为对于监狱环境的不适应产生各种反应，主要表现为对严格的监管纪律、对强制的监护医疗、对自己所处的绝对服从地位等的不适。

教育矫治措施：罪犯服刑初期是一个社会人向监狱人或服刑人转变的开始，罪犯在初次面临监狱环境时形成的认识将对其今后的服刑乃至释放后的生活带来较大的影响，在心理上形成“首因效应”。所以必须在第一时间采取科学、系统而有效的措施开展教育矫治工作，更多地施加正向作用，给以关怀，对其服刑生活提出良好的规划和指导，令其把握服刑的方向。此阶段精神病罪犯主要以消极的心理和不稳定的行为模式为主，在服刑生活、医疗劳动中容易与他犯发生争执或打架，更为严重的是，服刑初期的精神病罪犯也会因为极度消沉而选择自杀、自伤自残来解决现实发生在自己身上的矛盾。因此，对服刑初期应该较中期、末期给予更多的关注。同时，精神病罪犯在入监初期，病情相对还不稳定，往往处于精神疾病的急性发作期或发作间歇期，入监前如没有系统严格的治疗，相应的药物控制还很薄弱，此阶段需要监狱干警抓住时机开展好各项教育及心理疏导工作。要注重规范意识、在刑意识的培养，使服刑初期的精神病罪犯体会到刑罚的严厉性和严肃性，一方面通过严格管理教育的方式革除部分服刑初期精神病罪犯的恶习，晓以利害，令这部分罪犯不敢逾越监狱相关制度的限制；另一方面通过监狱严明的纪律、严格的制度规范、公正的执法所形成的规则体系使服刑初期罪犯培养制度规范下的遵守服从的良好意识，使遵守规则、制度的意识得以保持，为今后教育矫治工作的开展打下基础。

针对服刑初期的焦虑、孤独、苦闷等悲观心理，由主管干警及时做好个别性的强化教育，主要有个别谈话、心理疏导等，指导的重点要放在解决罪犯由于社会地位的变迁而产生的心理不平衡感，鼓励罪犯正视现实，勇敢面对困难，引导他们以减刑、假释等远期目标解决矛盾；从初入监的第一刻起就进行有效的教育谈话，根据事先搜集的资料和实际观察情况，核实有关信息并对未掌握情况作进一步了解，对其自知力有无、认罪悔罪的态度、家庭社会关系情况做细致问询。干警作为家庭、监狱与社会的桥梁身份，帮助精神病罪犯取得和家人的联系并舒缓压力、指明方向，使初入监精神病罪犯对监狱干警产生信任。此阶段主要要在有效的观护基础上开展变化不大、固定场所环境的教育矫治活动，在严密防范突发事件的同时开展具体教育矫治活动，如选择聆听舒缓的音乐、简单的活动或体操、适时的心理疏导等。

2. 服刑中期阶段

精神病罪犯经过半年到一年的改造生活，基本都能适应现有的监狱改造生活，大部分罪犯心理上趋于稳定，除极个别精神病罪犯外，病情都得到有效控制，处于精神疾病的慢性稳定期。其主要心理特征为：有明确的改造目标或行动方向（当然包括好坏两个方面的目标），情绪上比较稳定，处于比较自觉地改造阶段，以积极适应为主，消极适应为次。这个阶段是精神病罪犯改造的关键期、稳定期。大多数精神病罪犯将长期处在此阶段，主要表现为精神症状完全消失或残留有部分阳性症状如幻觉、妄想，或部分阴性症状如思维贫乏、情感淡漠、生活懒散等，个人生活能处理，能正常参加或参加一定的社会活动，需长期服药和参加各种类型的康复治疗。

具体来说，这一阶段的精神病罪犯在心理状态上会发生一些变化，如形成一定的监狱人格，即罪犯在长期服刑生活中所造成的消极适应现象，在部分精神病罪犯中也有可能出现双重人格的变异：一方面屈从。由于长期被强制监管改造，罪犯逐渐掩饰或失去了原有的个性，一切都听命于人，降低自己的身价，谨小慎微、唯唯诺诺，对管教干警和其他犯人百依百顺。另一方面在私底下却对精神病罪犯中的弱者百般欺凌、侮辱，更甚者还私下对管教干警的管理发泄怒气，有较大的抵触情绪。也有部分罪犯会出现矛盾冲突与反复心理，即经过服刑初期的教育改造后，罪犯会有不同程度良性的转化，但这时的转化是不很稳定的，极易受到主客观因素刺激或左右，产生矛盾冲突。而当心理防线被不良思想观念突破后，改造就会出现反复、倒退等现象。这段时间重要的是要下大力气加强教育引导，促使其向良性方面发展，直到其思想基本稳定下来。部分精神病罪犯由于长期的服刑生活也会产生混改造心理。由于改造进入中期，对环境和人都已颇为熟悉了，所以会有不思进取的现象发生，这在长刑期罪犯中尤为明显。他们认为，表现好坏与否跟自己关系不大，何必费尽心思去劳动改造呢？而一部分罪犯则向另一面发展，缺乏主动性，行为上比较死板、机械，无积极主动的表现，很少发表建议和见解，埋头劳动或做自己的事情。

对服刑中期的精神病罪犯来说，干警的空洞说教已经成了老生常谈，单纯的谈话教育往往收效不大，干警要善于发现问题，采用“问题导向”的教育矫治，利用视频监控、音频监听、其他罪犯的反映来立体分析此类精神病罪犯的实际改造情况，针对不良情况实施教育和矫治。利用各种契机改造精神病罪犯、革除精神病罪犯旧有的犯罪心理惯性和对犯罪判刑的侥幸心理，加强其自身的改造自觉性，通过法制、道德等教育、劳动改造，使罪犯认识到自己的罪错，产生改造的愿望，由“要我改”向“我要改”转变。而对那些不思悔改、恶习较深的精神病罪犯，应该考虑对他们采取与其认识和行为表现相应的较为严格的管理措施，在教育矫治上还要在个别谈话上下功夫，真正做到以理服人、以情感人，以纾解其心理防范，及时针对情况实施针对性教育、矫治，以行为疗法、心理团训等不同方式对相应问题给予逐个解决。

3. 服刑末期阶段

精神病罪犯刑释前半年或一年，是服刑的末期阶段。这一时期罪犯心理主要表现为兴奋不安，情绪不稳定且较复杂。有学者认为出监前这段时间为不安定期，是服刑人员容易出现问题的关键时期。①

服刑末期阶段精神病罪犯主要心理表现为强烈的归属心理，一般会表现为很兴奋，往往彻夜难眠，激动不已。此种表现，对一般正常人影响不大，但对于精神障碍患者来说却有着较恶劣的影响，可能会造成原本控制良好的精神疾病

① 龚文进、敖小玲：《服刑人员出监前焦虑与人格特质的相关研究》，《社会心理科学》2008 年第 6 期。

出现复发或加重，部分心境障碍和应激障碍类型的精神病罪犯甚至会因情绪控制原因发生狱内违纪和“三防”安全事故，所以必须对此阶段的精神病罪犯加以密切关注，同时做好教育疏导，对前期矫治效果不良的精神病罪犯继续做好最后的努力，或者进一步强化法制教育和对医生家属的依从性教育，防止释放后发生不良情况。同时，临近释放，精神病罪犯还容易产生自卑忧虑心理。作为曾经的罪犯和被歧视的精神病患者，在狱内的精神病罪犯集中收押的区域内，身旁都是和自身差不多的精神病罪犯，规律性地服刑生活和统一安排，为其提供了一定的自我存在感。担心释放后社会的偏见和可能会遭到的歧视，在邻居朋友面前抬不起头，产生将来回归社会后生存和发展的担忧，也有部分精神病罪犯会有自我放松心理、贪图享受、放松改造，作出违纪行为。

考虑到服刑末期心理的变化主要是围绕回归释放产生的，教育矫治可以采用的方法主要是情景模拟、心理疏导、防范激励、职业教育、社会帮教、家庭关心等，尤其要注意对恶习得以改正的罪犯以鼓励为主，避免其他罪犯的不良心理影响。在有条件的情况下，创造环境使这部分精神病罪犯相对于其他阶段罪犯适度分离，对条件符合的服刑末期精神病罪犯建立较为宽松的关押管理环境，尽力与正常社会生活接轨，加强与社会的联系。强化精神病罪犯释放前政策法律指导、生活学习指导、劳动指导、思想观念指导等，最重要的是建立起精神病罪犯对于自身精神疾病的知病防病和自我健康管理能力，配合医生做好治疗，接受帮教机构和家属的建议意见，最终，使精神病罪犯能够保持健康的心理状态，有充分的信心去面对家庭和社会，适应回归之路，增强自制力，树立重回社会的信心。

对于分级、分类、分段三个层面的判断选择上，笔者认为，因为精神病罪犯的类型因素相对比较稳定、所处阶段的判断也较为容易，且级别的变化多而衡量确定较为困难①，所以在具体选择的优先顺序上分级、分阶段、分类依次递减。但分级、分类、分段的教育矫治又是一个通融、交互，又有所侧重的系统。总的来说，要对三个因素进行通盘考虑、辩证看待。其中，分级教育矫治是监狱实现监管安全的前提；分类是实施类型化教育矫治的重要方面；分段教育矫治则是做好出入监衔接，体现教育矫治效能和监狱改造价值的关键。分级别、分类型、分阶段的教育矫治构成一个立体、动态、全方位的“三分”（简称 CTS 模

① 考虑到监管安全问题，在专管监区现行实践中，具体的精神病罪犯级别配套有对应的管理制度，对精神病罪犯切身利益影响较为明显，具体的评估过程也较为复杂。

式)教育矫治体系。从精神病罪犯的个体角度来看,具体的精神病罪犯所处的分级分类分段(CTS)位置也并不是一成不变的,其状况更类似于一个由三个维度因素构成的交叉、立体的可变结构。在现阶段没有更好的大数据解决方案前,只有依靠经验主义的人力模式进行权衡,也就是在三个维度进行数据测量的基础上,加入直接管理的监狱民警的判断,确定在一定时空条件下个体精神病罪犯的具体位置,进而选择适宜的教育矫治措施,对精神病罪犯开展教育矫治工作。

表 4 实验组教育矫治项目试点情况分析

项目	试点项目罪犯人数	项目开展形式	单次可参与最大数	需要投入人力、物力(单次)	一般性效果	优势	劣势	成本效益指数分析
音乐	30	监区合唱团、教唱歌、个人表演、音乐广播等	无时空人数限制(100)	干警1人及适当设备(30+)	总体效果较好	可参与面广,要求不高	需干警组织及控制	3.3
心理	40	虹口区精卫中心医生心理团训	(40)	心理专业人员1人及演示设备(50+)	对监区精神病罪犯管理效果不太明显,少数精神病罪犯甚至出现异常情况	针对性强,治疗效果强	专业要求高,对部分精神病罪犯有不适应情况	0.8
折纸	5	利用生产用废料和纸品进行艺术折纸	无时空人数限制(100)	可自发进行及少量书籍(5+)	对精神病罪犯个体的情绪稳定有一定作用	容易开展,对精神病罪犯个体的情绪稳定作用强	NONE	20
书法	5	学习和练习毛笔字	(40)	书法教师1人及笔墨纸等(25+)	精神病犯情绪和注意力有了不少改善	容易开展,对精神病犯情绪和注意力改善较有效	需书法专业人士指导	1.6

表 4 概括了不同级别、类型、阶段可以采取的教育矫治项目和措施,但在具体对精神病罪犯实施教育矫治的选择问题上,还必须权衡考虑。在三分模式的具体开展和实施上,还需要结合小组和专业职能科室和部门进行,根据不同精神病罪犯个体需求和总体成本效益选择具体的教育矫治项目。

四、数据验证及效果分析

对精神病罪犯专管区域的总的发病和改造数据情况进行统计分析，如表5、图6所示：

表5 发病和改造情况

时　　点	精神疾病严重发病情况	违纪情况	计分考核扣分	其他逾规情况
2014年1月1日前1年期间	10余人次	5人次	总计10.9分	20余人次
2014年1月1日后1年期间	4人次	1人次	总计1分	6人次

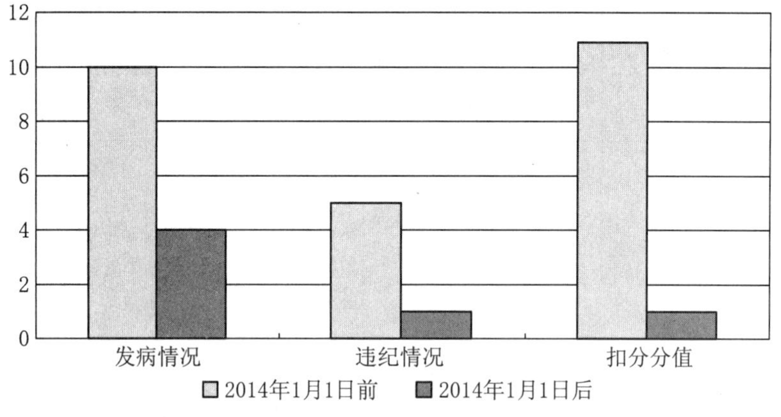

图6 发病和改造情况

由上可以看出，课题组在专管监区精神病罪犯教育矫治研究实验组里，开展教育矫治工作时也带来了整体管理区域的协同效应，精神病罪犯专管区域总的医疗改造情况发生了相当的改观；对课题所设立的实验组和部分未纳入实验组的精神病罪犯开展教育矫治工作后①，整体的精神病罪犯管理区域的其他管理改造宏观数据上也有了相当显著的变化。

通过对实验组精神病罪犯实行分级、分类、分段的教育矫治，2014年7—12月前后进行数据的比对，有如下结果（见表6、表7）：

① 因物理条件和关押环境所限，实验组并没有与对照组实现严格的分离，并且，部分教育矫治项目也允许一定数量的对照组精神病罪犯参与。

表 6　实验组相关数据前后比较

		成对差分					t	df	Sig.（双侧）
					差分的 95%置信区间				
		均值	标准差	均值的标准误	下限	上限			
对 1	实验组中测管理风险—实验组后测管理风险	7.969 70	3.441 34	0.599 06	6.749 45	9.189 94	13.304	32	0.000
对 2	实验组中测 SCL90—实验组后测 SCL90	48.878 79	44.721 89	7.785 08	33.021 10	64.736 48	6.279	32	0.000
对 3	实验组中测看护量表—实验组后测看护量表	28.242 42	16.473 52	2.867 67	22.401 17	34.083 68	9.849	32	0.000

表 7　对照组相关数据前后比较

		成对差分					t	df	Sig.（双侧）
					差分的 95%置信区间				
		均值	标准差	均值的标准误	下限	上限			
对 1	对照组中测管理风险—对照组后测管理风险	0.337 66	1.483 33	0.169 04	0.000 99	0.674 34	1.998	76	0.049
对 2	对照组中测 SCL90—对照组后测 SCL90	−21.974 03	98.785 78	11.257 68	−44.395 65	0.447 60	−1.952	76	0.055
对 3	对照组中测看护量表—对照组后测看护量表	0.233 77	14.081 43	1.604 73	−2.962 33	3.429 86	0.146	76	0.885

从数据可以看出，实验组开展的精神病罪犯教育矫治，在罪犯管理、看护观察的结果、病情及人格状况上都有了显著的变化[Sig.（双侧）<0.05]，而对照组除管理风险项外其他相应数据都没有显著性变化（在数据上解释也可以说明：在精神病罪犯专管监区实施教育矫治和在实验组进行的教育矫治项目在总体上对管理的风险变化产生了一定的协同效应和有益作用）。由此可以看出，对精神病罪犯采取现行的分级分类分段教育矫治符合预定的管理要求，实验总体效果较好。

在个案的体现上也有了一定的可喜成果，如曾经在麦当劳刀捅服务员的精神病罪犯杨某（二级、精神分裂症、中期），通过课题组实施的书法矫治项目等教育矫治措施，总体管理风险和其他情况得以改善，现转为三级管控；精神病犯葛某(二级、人格障碍、末期)通过唱歌、演奏等音乐矫治项目管理风险级别也得到降低;入监后长期卧床并声称自己全身经脉全都浮肿的精神病罪犯贾某(一级,躯体形式障碍并人格障碍,中期),是一个杀害了居委干部的精神病患者,经过音乐、折纸等教育矫治能够正常参加劳动并转为二级管控级别;其他还有许多经过教育矫治在改造表现和病情发生显著变化的案例。由此,从个体层面也可以看出对精神病罪犯实施教育矫治有其积极意义。

从 2014 年实施精神病罪犯教育矫治课题研究以来,在课题人员的密切配合下,按照分级、分类、分段的教育矫治思路开展工作,最终无论是从测试相关数据的分析来看,还是对照精神病罪犯专管监区现实改造的前后情况,都表明:在现有内外部环境下,实施精神病罪犯"三分"教育矫治具有较好的效用,可以进一步推广。

尾声

监狱管理工作面临十分复杂的内外部环境,监狱开展管理工作需要对所处的内外部环境进行仔细分析,在与内外部环境的隐性竞争中取得胜利。打比方说,监管工作就如逆水行舟,内外部环境就是迎面而来的水流,只有增强自身的核心竞争力,才能给逆水之舟装载强劲的引擎,趋避风险,顺利前行。对于某监狱精神病罪犯专管监区来讲,虽然上海市监狱系统内部只此一家从事精神病罪犯集中收押任务,但省际的比较还是存在的。2015 年,是某监狱正式集中收押精神病罪犯的第五个年头,在全社会提倡依法治国、监狱依法治监的总体要求下,作为罪犯管理的基层单位,在执行相关法律制度的基础上,更要仔细进行调查研究,形成我们自己的管理教育改造的"法",依"法"而为,讲求实效,为提高罪犯管理教育改造水平、保一方安宁作出监狱应有的贡献。

兵役经历罪犯研究

——应对方式在人格特质与社会适应间的中介效应

上海市提篮桥监狱课题组

兵役经历罪犯,是狱内罪犯中比较特殊的一个群体。他们有着部队服兵役的光荣岁月,也有复员或转业到地方的经历。随着社会竞争日益激烈,有些人的心理状态和社会适应出现了问题,个别人走上犯罪的极端道路,严重危害了社会的安定。对监狱来说,兵役经历罪犯也是一类特殊的群体,相对于一般罪犯来说,兵役经历罪犯有着比较明显的特点,部分罪犯的犯罪恶习较深、个人能力和组织能力较强、手段极端而不考虑后果。若干年前在河北省保定监狱发生的罪犯开重型机械暴力越狱的事件,正是一个有过兵役经历的罪犯所为,这给我们的监狱管理敲响了警钟。为此,上海市监狱局在出台的罪犯立管专控管理规定中将有过兵役经历的罪犯列为立管对象加以特别关注。如何将兵役经历罪犯管理好改造好,是我们需要关注的问题。

一、兵役经历罪犯相关情况分析

(一)兵役经历罪犯群体有着特殊的总体结构

通过调阅上海监狱管理局 1992 年至今所关押过的兵役经历罪犯共计 1 427名进行数据分析发现:兵役经历罪犯犯罪年龄较轻,其判刑年龄普遍在 20—40 岁,高峰值在 23—34 岁,而且是在退伍 5—10 年的区间,与其兵役经历存在较大相关性。从犯罪类型来说,兵役经历罪犯以财产、暴力型为多,财产型犯罪占50.2%、暴力型犯罪为 35.7,同时罪名中出现抢劫、盗窃、诈骗占比分别为14.4%、17.8%、16%,合计达到 47.8%,说明此类罪犯的经济问题对造成犯罪有重要原因,而相对的涉毒犯罪占少数。

(二)兵役经历罪犯缺乏有效的应对方式

刚入伍的青年军人正处于心理相对成熟的关键期,其认知方式、个性特征和行为模式都将在这一时间得到进一步成熟。但由于军队的特殊性，内部环境相对封闭、管理严格，使得服役军人没有更多的机会参与社会实践活动，使得军人应对方式的进一步发展失去了契机，也使他们能采用的应对方式相对较少。当他们从部队退伍回到社会，来自外界社会文化应激源陡增，面对新工作新环境的适应问题，他们往往压力巨大，无法做出有效应对。从对兵役经历罪犯的犯罪数据分析也可以看出，兵役经历罪犯犯罪情况与一般罪犯有着不同，特别是在犯罪的类型、手段等方面都有着特别的情况，也可能影响到他们的犯罪形式。

（三）兵役经历罪犯退伍复员后的社会保障、就业技能缺乏

现役军人中的士兵及士官大都是初中(高中学历进行参军，在部队服役两年或更长时间)，在人生最美好的时光选择了参军，保卫祖国，但是这几年时光，同龄人可以进行更高层次的学习深造以及工作经验的积累，也可能退伍时别人已经小有所成。在失业率扩大的当下，在情况复杂多变的情况下，退伍军人就业困难程度则变得更大。例如，农村籍的退伍军人回乡后，由于当前农村土地的集约化管理，使得农村富余了大量的劳动力，得不到有效安置的他们往往盲目外流到城市；而不同城镇、城市对退伍军人的安置则存在较大差异，有的安置在效益不佳的企业，有的生活都成问题。这些自认为“走投无路”的退伍军人，一旦无法应对生活中的挫折，就容易一时冲动，突发犯罪。

（四）兵役经历罪犯在复员转业后存在一定的社会适应障碍

很多服役经历人员从部队回到社会，普遍感觉较难适应，一些是由于军地不同的运作模式，使得长时间与社会脱节的军人适应不了。比如，企业工作看重效益、追求经济利益、工作节奏很快、知识更新节奏也很快，这都需要员工有很强的自我学习能力，知识的自我更新能力，而军人由于工作性质的关系，更善于执行命令、执行上级的指示、遵守命令和条例的工作，这就使得他们中的一些人不能适应市场经济的竞争博弈，心里产生强大的反差。这在农村籍的退伍军人身上体现得更为明显。

二、兵役经历罪犯研究的对象和方法

（一）研究对象

选取上海某监狱在押有过兵役经历男性罪犯 136 名，平均（42.2±10.6）岁，由监狱心理健康指导室专业心理咨询民警作为主试，对 136 名罪犯施测并解释被试的疑问，督促被试按时完成测验，以保证测验程序的有效性。发放问卷份 136 份，剔除无效问卷后，共获得有效问卷份 122 份，有效率为 89.7%。

（二）研究方法

采用人格问卷、应对方式问卷、社会适应状况问卷对样本施测。卡特尔 16 种个性因素测验（16PF）：采用美国心理学家 R.B.Cattel 编制的，经华东师大心理系 1989 年重新修订的《卡特尔十六种个性因素量表》，问卷共有 187 题，包括 15 个人格因素和 1 个一般智力因素。

简易应对方式问卷：采用解亚宁（1998）编制的《简易应对方式问卷》。问卷共 20 个条目，采用 0—3 的 4 级评分，包括积极应对和消极应对两个因子，统计每个因子所属条目的平均分。

退伍军人的社会适应状况问卷：采用项红雨、胡文东、文治洪等人编制的《退伍军人社会适应状况问卷》，问卷共有 18 题，包括 5 个因子。在本研究中，各维度与总问卷分数的相关系数在 0.133—0.778，P 值均小于 0.01，说明该问卷的内容效度较好。

统计处理所有数据均采用 SPSS 17.0 统计软件进行分析处理，包括相关分析、回归分析等方法。

（三）对兵役经历罪犯的预调查

对 136 名罪犯实施调查前，首先以调查问卷和访谈形式进行了初步的调查分析，以便形成直观的认识，总体结果如下：

（1）兵役经历罪犯中有多次违法犯罪经历的情况和一般罪犯没有较大差别，其比例达到 20%，较资料统计的一般罪犯重新犯罪情况稍高。监狱现押兵役经历罪犯社会适应性总体较差，其中存在社会适应不良的罪犯达到了 31%（在退伍军人社会适应性量表中，得分等级 4 以上，为社会适应不良）。

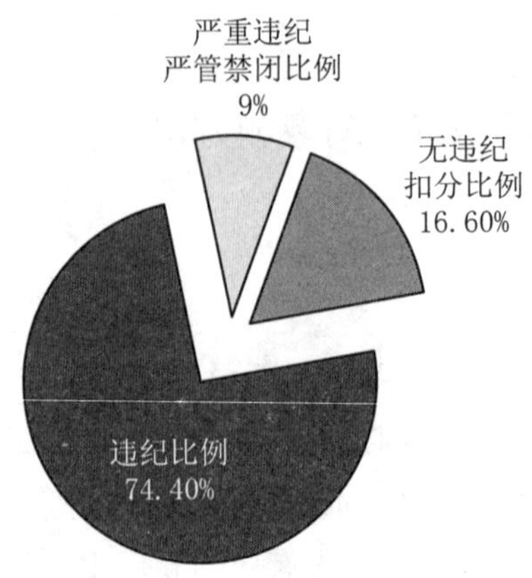

图 1　兵役经历罪犯违纪比例

表 1　退伍军人社会适应性状况

等级	频率	百分比
1	2	2%
2	18	15%
3	38	31%
4	26	21%
5	23	18%
6	8	7%
7	7	6%
总数	122	100%

(2) 在押兵役经历罪犯违纪比例较其他罪犯略低,但其中严重违纪率比较高,达到了 9%。

(3) 在押兵役经历罪犯从事组长犯、监督岗、看护等岗位的较多,达到了18%,说明此类罪犯狱内表现较好,且能靠拢警官,为监狱所用。

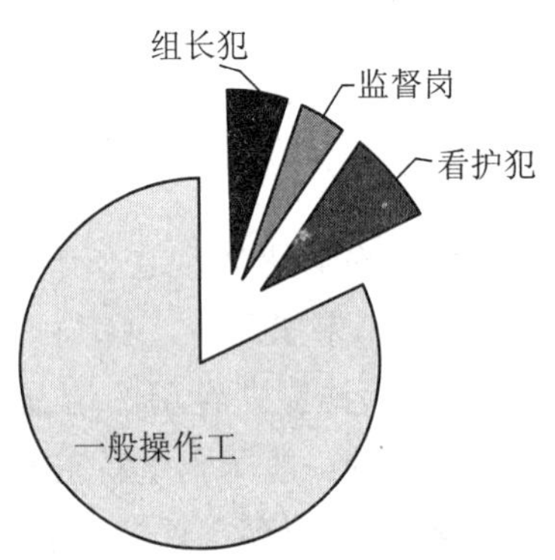

图 2　兵役罪犯劳役岗位情况比例

(4) 兵役经历罪犯在狱内的处遇总体较好，其中 A、B 级罪犯占多数，总的比例达到 45%。

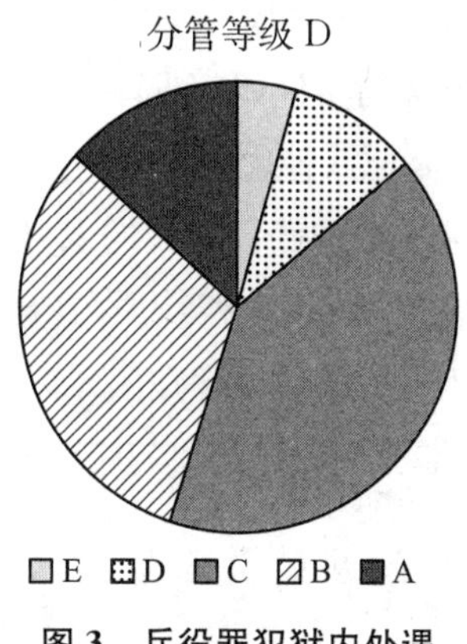

图 3　兵役罪犯狱内处遇

(5) 兵役经历罪犯中团伙犯罪较多，为 56.8%，可能是由于部队服役形成的集体生活经历对犯罪的形式上造成了一定的影响。在狱内有可能形成一定的非正式团体，给监管安全造成危害，需要注意防控。

表 2　团伙犯罪

		频率	百分比(%)	有效百分比(%)	累积百分比(%)
有效	非团伙犯罪	61	44.8	44.8	44.8
	团伙犯罪	75	55.2	55.2	100.0
	合　计	136	100.0	100.0	

(6) 兵役经历罪犯中服役时间 2—3 年的志愿兵较多，原军官较少，所选调查样本在武警和陆、海、空军各兵种都有分布，各兵种间没有显著差别。

三、兵役经历罪犯研究的初步假设

(一) 人格与应对方式的关系假设

人格是构成一个人的思想、情感及行为的特有模式。这个独特模式包含了一个人区别于他人的稳定而统一的心理品质，而应对方式是在应对过程中，继认知评价后所表现出来的具体的应对活动，是影响个体环境适应性和心理健康的重要因素。人格特质论认为，人格特质是每一个个体都有的，但是具体到每一个人身上不同的人格特质会有不同的表现形式，这就形成了人与人之间的差异。特质取向强调个体的应对方式中带有个性倾向性、相对稳定和习惯化了的特质性东西，人们能够通过可测量的人格特质的个体差异来预测个体的应对方式和行为。梁宝勇在《关于应付的一些思考与实证研究Ⅲ》中指出，人格特征决定个人偏爱使用何种应对方式。张义在《驻高原武警边防军人的人格特征、应对方式与心理健康状况的相关性研究》中发现，高原边防武警官兵的人格特征与其在面对应激时所采取的应对方式有着密切的相关。因此，人格特质与应对方式之间存在着紧密的联系。同时，有研究证明，服刑人员人格特质存在偏离，不健全的人格是犯罪的危险因素。因此，我们作出兵役经历罪犯的人格特质与应对方式显著相关的假设。

（二）应对方式与社会适应的关系假设

有学者认为社会适应是个体在与社会环境的交互作用中，通过个体对环境变化的积极应对，主动调节自己的机体和心理状态，接受社会的道德规范和行为规范，努力改变环境，最终达到与社会环境的和谐、平衡状态。Joff(1978)指出："应对方式是个体有意识、有目的的调节行为以适应环境变化的行为。"肖计划指出，应对是个体处于面对应激环境或遭受应激事件时，对环境或事件做出认知评价之后为平衡自身精神状态所采取的措施。从文献的实证来看，社会适应和积极的应对方式呈显著的正相关，与消极应对呈显著负相关。积极应对方式和消极应对方式对社会适应均有显著的预测作用。因为，应对的主要意义在于对应激事件的有效调节。例如，改变对应激事件的认知评价，调节相应的情绪情感反应。事实证明，积极的应对有助于缓解个体在压力情境下的心理应激状态，对提高社会适应能力具有重要意义。因此，我们作出兵役经历罪犯的应对方式与社会适应显著相关的假设。

（三）人格和社会适应性关系假设

社会适应能力作为一种评价性很强的行为模式，是社会文化规范准则的体现，也是个体心理活动的外表特征。良好社会适应行为的形成和不良社会适应行为的回避必然受到人格发展的内在主导和影响。大量的实证研究结果也显示，人格对人们的社会适应行为起着显著的预测作用。Helena R.Slobodskays对俄罗斯青少年人格和社会适应的研究发现，青少年的人格可以解释其自我报告的社会适应行为 11%—25%的变异，对情绪和行为问题变异的解释超过

20%，而且，对父母报告的社会适应性行为的预测更高。在我国，夏凌翔、黄希庭认为良好的人格有利于个体对现实生活问题的解决，其包含个体解决现实问题的能力因素，对社会适应行为的形成有重要的影响。因此，我们作出兵役经历罪犯的人格特质与社会适应显著相关的假设。

本文提出对兵役经历罪犯的总体假设：人格特质、应对方式与社会适应具有理论与实践上的内在相关和联系。个体人格特质不仅对应对方式的选择具有一定的直接预测作用，而且可以通过作用于应对方式进而影响对社会环境的适应能力。基于这一理论假设，本文旨在深化三者之间的关系研究，探讨兵役经历罪犯在这一变量关系上所呈现的特点。

四、兵役经历罪犯研究的验证过程及分析

（一）兵役经历罪犯人格、社会适应、应对方式的相关关系

（1）人格特质和社会适应性的相关关系。对兵役经历罪犯人格特质各维度和社会适应性各维度进行相关分析，结果见表3。

表3 人格特质和社会适应性的相关分析

	部队生活适应状况	家庭成员之间关系	入伍前的学业状况	退伍后的社会适应状况	经济状况	适应性总分
乐群性	0.123	0.232	0.252	0.321	0.322	0.253
智慧性	0.548	0.479	0.633	0.621	0.616	0.629
稳定性	0.514	0.326	0.367	0.510	0.452	0.489
恃强性	−0.172	−0.103	−0.184	−0.176	−0.251	−0.188
兴奋性	−0.287	−0.030	−0.194	−0.221	−0.107	−0.202
有恒性	0.020	0.134	0.050	0.025	−0.039	0.048
敢为性	0.536	0.403	0.377	0.416	0.432	0.494
敏感性	−0.447	−0.264	−0.354	−0.395	−0.318	−0.407
怀疑性	−0.346	−0.379	−0.343	−0.322	−0.308	−0.380
幻想性	0.152	0.196	0.065	0.115	0.082	0.146
世故性	−0.184	−0.048	−0.119	−0.219	−0.128	−0.160
忧虑性	−0.423	−0.497	−0.606	−0.628	−0.700	−0.598

（续表）

	部队生活适应状况	家庭成员之间关系	入伍前的学业状况	退伍后的社会适应状况	经济状况	适应性总分
实验性	0.460	0.731	0.561	0.596	0.605	0.639
独立性	0.344	−0.004	0.299	0.262	0.167	0.249
自律性	0.194	0.224	0.266	0.251	0.288	0.259
紧张性	−0.128	−0.387	−0.192	−0.216	−0.252	−0.250

从表3可以发现，兵役经历罪犯的人格特质部分与社会适应性呈正负相关，其中智慧性、稳定性、敢为性、实验性与适应性总分呈显著正相关，敏感性、怀疑性、忧虑性与适应性总分呈显著负相关。

(2) 人格特质和应对方式的相关关系。对兵役经历罪犯人格特质各维度和应对方式各维度进行相关分析，结果见表4。

表4　人格特质与应对方式的相关分析

	积极应对	消极应对
乐群性	0.215	−0.381
智慧性	0.450	−0.488
稳定性	0.331	−0.367
恃强性	−0.082	0.254
兴奋性	−0.119	0.148
有恒性	0.152	0.11
敢为性	0.483	−0.395
敏感性	−0.265	0.217
怀疑性	−0.469	0.219
幻想性	0.043	0.046
世故性	−0.097	−0.009
忧虑性	−0.473	0.755
实验性	0.605	−0.653
独立性	0.205	−0.131
自律性	0.276	−0.464
紧张性	−0.081	0.196

从表4可以发现兵役经历罪犯的人格特质部分维度与应对方式各维度呈

正负相关，积极应对方式与智慧性、敢为性、实验性呈显著正相关，与怀疑性、敏感性呈显著负相关；消极应对方式与忧虑性呈显著正相关，与乐群性、智慧性、稳定性、敢为性、实验性、自律性呈显著负相关。

(3) 适应性和应对方式的相关关系。对兵役经历罪犯社会适应性各维度和应对方式各维度进行相关分析，结果见表5。

表5　应对方式和社会适应性的相关分析

	积极应对	消极应对
部队生活适应状况	0.733	−0.670
家庭成员之间关系	0.686	−0.704
入伍前的学业状况	0.747	−0.848
退伍后的社会适应状况	0.795	−0.861
经济状况	0.783	−0.883
适应性总分	0.823	−0.849

从表5可以发现，兵役经历罪犯社会适应性量表各维度与积极应对方式及其各维度呈正相关，与消极应对方式及各维度呈负相关。

(二) 兵役经历罪犯人格特质、应对方式与社会适应性的回归分析

(1) 兵役经历罪犯人格特质与总体社会适应性的回归分析。进一步探讨兵役经历罪犯人格特质和社会适应性各因子之间的确切关系，以社会适应性总分作为因变量，以兵役经历人格各个维度作为自变量进行回归分析，结果如表6所示：

表6　人格特质和总体社会适应性的回归分析

因变量	预测变量	Beta	t
总体社会适应性	忧虑性	−0.30	−2.301
	实验性	0.32	2.252

由表6可知，在兵役经历罪犯的诸多人格因子中，仅忧虑性、实验性与其总体社会适应性呈显著相关。其中，忧虑性对总体社会适应性有显著负预测作用，实验性对于总体社会适应性有显著正预测作用。

(2) 兵役经历罪犯人格特质与应对方式的回归分析。进一步探讨兵役经历罪犯人格特质和应对方式各因子之间的确切关系，把积极应对方式与消极应对方式分别作为因变量，以人格特质的各个维度作为自变量进行回归分析，结果如表 7 所示：

表 7 人格特质和应对方式的回归分析

因变量	预测变量	Beta	t
积极应对方式	实验性	0.23	2.148
消极应对方式	智慧性	0.16	2.321
	忧虑性	0.35	3.353
	实验性	−0.24	−2.601

由表 7 可知，在兵役经历罪犯的诸多人格因子中，仅实验性与其积极应对方式呈显著相关，并对其有显著正预测作用；智慧性、忧虑性、实验性与消极应对方式呈显著相关。其中，智慧性、忧虑性对消极应对方式有显著负预测作用，实验性对消极应对方式有显著正预测作用。

(3) 兵役经历罪犯应对方式与总体社会适应性的回归分析。进一步探讨兵役经历罪犯应对方式和总体社会适应性各因子之间的确切关系，以社会适应性总分作为因变量，以应对方式两个维度作为自变量进行回归分析，结果如表 8 所示：

表 8 总体社会适应性和应对方式的回归分析

因变量	预测变量	Beta	t
总体社会适应性	积极应对方式	0.24	2.089
	消极应对方式	−0.38	−2.660

由表 8 可知，兵役经历罪犯的两个维度均与总体社会适应性呈显著相关。其中，积极应对方式对总体社会适应性有显著正预测作用，消极应对方式对总体社会适应性有显著负预测作用。

（三）应对方式的中介效应检验

1. 中介效应概述

中介效应是指变量间的影响关系（X→Y）不是直接的因果链关系，而是通过一个或一个以上变量(M)的间接影响产生的,此时我们称 M 为中介变量,而 X 通过 M 对 Y 产生的间接影响称为中介效应。中介效应是间接效应的一种,模型中在只有一个中介变量的情况下,中介效应等于间接效应;当中介变量不止一个的情况下,中介效应不等于间接效应,此时间接效应可以是部分中介效应的和,或所有中介效应的总和。在心理学研究中,变量间的关系很少是直接的,更常见的是间接影响。许多心理自变量可能要通过中介变量产生对因变量的影响,而这常常被研究者所忽视。

2. 中介效应的检验理论

温忠麟等人认为,如果一个变量与自变量的相关不显著,它就不可能成为中介变量,而且性别、年龄等人口学变量由于不受自变量的影响,而且也就不能成为中介变量,但却可能是调节变量。Baron 和 Kenny(1986)称一个变量要成为中介变量必须满足一下如下条件:首先,自变量与中介变量两者显著相关;中介变量与因变量两者显著相关;自变量与因变量两者相关;中介变量被纳入回归方程后,自变量与因变量相关或者回归系数发生变化。如果自变量与因变量的关系下降或者变得不相关,则是完全中介;如果自变量与因变量的相关系数降低但不等于零的时候则为部分中介。在这样的情况下,就可以证明中介变量在自变量和因变量之间起中介效应。温忠麟的中介效应检测步骤:第一步,检验自立人格对总体适应性的回归系数 c;第二步,依次检验自立人格对应对方式的回归系数 a 以及应对方式因子对总体适应性的回归系数 b;第三步,把应对方式和自立人格引入回归方程之中,求得自立人格对总体适应性的回归系数 C′。同时,温忠麟在文章中提到,中介效应属于间接效应,在简单中介效应中,c 是 X 对 Y 的总效应,ab 是经过中介变量 M 的中介效应,C′是直接效应。a、b、c 存在这样的关系 $c=C'+ab$。

3. 积极应对方式在人格特质与社会适应间的中介作用

中介作用的前提是自变量、中介变量以及因变量之间相关显著,由之前的分析结果我们得知人格特质、积极应对方式以及社会适应两两变量之间都在 0.05水平上显著相关。本研究采用温忠麟 2004 年提出的中介效应检验程序来检验应对方式在人格特质与社会适应之间的中介作用。同时,根据前文的所测结果表明,在检验程序中系数都显著的路径组合有以下三组:实验—积极应对方式—社会适应;忧虑—消极应对方式—社会适应;实验—消极应对方式—社会适应。经回归分析如下:

(1) 兵役经历罪犯人格维度和积极应对方式对总体社会适应性的回归分析。以兵役经历罪犯人格实验性维度、应对方式中的积极应对维度作为自变量,总体社会适应性作为因变量,做逐步回归,结果见表9。

表9　社会适应性对人格特质和应对方式的回归分析

因变量	预测变量	Beta	t
总体社会适应性	实验性 积极应对方式	0.233 0.413	2.356 3.876

对总体社会适应性的回归分析结果显示,实验性、积极应对方式进入该回归方程后,均与因变量总体社会适应性显著相关。

积极应对方式对人格维度、总体适应性的中介效应的检验如表10所示:

表10　积极应对方式在实验性与社会适应间的中介效应依次检验

	标准化回归方程	回归系数检验	
第一步	Y=0.32X	SE=2.61	t=7.85
第二步	M=0.23X	SE=0.05	t=3.65
第三步	Y=0.24M	SE=0.30	t=7.12
	+0.23X	SE=3.2	t=5.72

由于依次检验都显著,因此积极应对方式在人格特质与社会适应性间为部分中介变量。中介效应占总效应之比为:$0.23\times0.24\div0.32\times100\%=17.25\%$。

(2) 兵役经历罪犯人格维度和消极应对方式对总体社会适应性的回归分析。以兵役经历罪犯人格忧虑性维度、应对方式中的消极应对维度作为自变量,总体社会适应性作为因变量,做逐步回归,结果见表11。

表11　社会适应性对人格特质和应对方式的回归分析

因变量	预测变量	Beta	t
总体社会适应性	忧虑性 消极应对方式	−0.213 −0.411	−2.18 −5.45

对总体社会适应性的回归分析结果显示,忧虑性、消极应对方式进入该回归方程后,均与因变量总体社会适应性显著相关。

消极应对方式对人格维度、总体适应性的中介效应的检验如表12所示:

表 12　积极应对方式在忧虑性与社会适应间的中介效应依次检验

	标准化回归方程	回归系数检验	
第一步	Y=－0.3X	SE=2.06	t=－9.90
第二步	M=0.35X	SE=0.04	t=6.88
第三步	Y=－0.38M	SE=3.23	t=－3.55
	+(－0.213)X	SE=2.20	t=－7.12

由于依次检验都显著，因此消极应对方式在人格特质与社会适应性间为部分中介变量。中介效应占总效应之比为：$0.35\times0.38\div0.3\times100\%=44.33\%$。

(3) 以兵役经历罪犯人格实验性维度、应对方式中的消极应对维度作为自变量，总体社会适应性作为因变量，做逐步回归，结果如表 13 所示：

表 13　社会适应性对人格特质和应对方式的回归分析

因变量	预测变量	Beta	t
总体社会适应性	实验性 消极应对方式	0.242 －0.354	2.18 －4.25

对总体社会适应性的回归分析结果显示，实验性、消极应对方式进入该回归方程后，均与因变量总体社会适应性显著相关。

消极应对方式对人格维度、总体适应性的中介效应的检验，如下表 14 所示：

表 14　积极应对方式在忧虑性与社会适应间的中介效应依次检验

	标准化回归方程	回归系数检验	
第一步	Y=0.32X	SE=2.61	t=7.85
第二步	M=－0.24X	SE=0.09	t=－4.88
第三步	Y=－0.38M	SE=1.44	t=－3.55
	+0.242X	SE=2.12	t=5.72

由于依次检验都显著，因此消极应对方式在人格特质与社会适应性间为部分中介变量。中介效应占总效应之比为：$0.24\times0.38\div0.32\times100\%=28.5\%$。

（四）兵役经历罪犯研究的结果分析

1. 兵役经历罪犯人格特质和应对方式的关系分析

研究结果表明，兵役经历人格特质部分维度与应对方式间均存在显著正负相关。其中，积极应对方式与智慧性、敢为性、实验性呈显著正相关，与怀疑性、敏感性呈显著负相关；消极应对方式与忧虑性呈显著正相关，与乐群性、智慧性、稳定性、敢为性、实验性、自律性呈显著负相关。这表明在遇到应激事件时，学习能力强、善于思考的人能够当机立断，较好地面对现实，更愿意接受新事物，易采取积极的应对方式，而思想悲观的人更易选择消极的应对方式。同时，消极应对倾向的人往往不愿意和别人一起工作，聪慧度较低，控制情绪的能力也较差，他们很难接受新的事物，也不太在意别人的意见。我们可以发现，选择积极应对方式的兵役经历罪犯往往具有积极的人格特质，而选择消极应对方式的则通常具有消极的人格特质。分析其原因，当个体在面对应激的时候所采取的手段，往往是由个人内在的稳定的人格因素决定的。根据人格特质理论，可以得知特定的人格特质倾向对应对方式的选择是存在影响的。积极的人格特质会影响个体选择积极应对方式，而消极的人格特质同样影响着个体选择消极应对方式。

2. 兵役经历罪犯人格特质和社会适应性的关系分析

研究结果表明，兵役经历罪犯的人格特质部分与社会适应性呈正负相关，其中智慧性、稳定性、敢为性、实验性与适应性总分呈显著正相关；敏感性、怀疑性、忧虑性与适应性总分呈显著负相关。这说明退伍军人个体的聪慧程度和稳定性越高，其面对和适应现实的能力也就越强，对社会新环境的接受程度也就越高，而高敢为性、高实验性与高适应性则有利于退役军人较快地摆脱军队生活的固有模式，更好地适应千变万化的社会生活。同时，性格敏感、怀疑性高、思想悲观的退伍军人，往往喜欢把所有的问题归于外因，这也导致了他们很难融入新的环境，继而出现一系列的适应性问题。有专家认为，人格是接触紧张时个体所具有的各种适应方式，适应是个体在人格形成过程中与环境形成的一种关系，人格和适应是相互联系的。因此，人格发展得越好的个体，在解决问题方面也越有优势，其适应性也就越强。

3. 兵役经历罪犯应对方式和社会适应性的关系分析

研究结果表明，社会适应性各维度与积极应对呈显著正相关，与消极应对呈显著负相关。这说明兵役经历罪犯所采用的应对方式对其社会适应性有显著的预测作用，也就是说个体倾向于使用积极的应对方式，那么他的社会适应能力越强。当其倾向于使用消极应对方式时，他的适应能力就越弱，也就意味着越不能适应周围的环境。其原因可能是，积极的应对方式能够帮助退伍军人应对生活工作及人际交往中遇到的各种问题，自己解决不了的问题也可以通过求助等渠道得以解决，当生活工作中的应激事件都能得以积极的方式解决时，我们可以认为其社会适应能力是良好的。

4. 积极应对方式在人格特质与社会适应间的中介作用

根据中介效应检测条件，我们找出在检验程序中系数都显著的三组路径组合，即实验性—积极应对方式—社会适应、忧虑性—消极应对方式—社会适应、实验性—消极应对方式—社会适应。

对积极应对方式这一变量在人格特质与社会适应间的中介作用依次做检验，结果表明积极应对方式在人格特质维度实验性和社会适应间起到了部分中介作用，中介效应占总效应之比为17.25％。

对消极应对方式这一变量在人格特质与社会适应间的中介作用依次做检验，结果表明消极应对方式在人格特质维度忧虑性和社会适应间起到了部分中介作用，中介效应占总效应之比为44.33％；消极应对方式在人格特质维度实验性和社会适应间起到了部分中介作用，中介效应占总效应之比为28.5％。

个体的实验性对积极应对方式有显著正预测作用，忧虑性对消极应对方式有显著正预测作用，实验性对消极应对方式有显著负预测作用。同时，高实验个体可以通过积极应对方式间接影响总体社会适应性，高忧虑性、低实验性个体可以通过消极应对方式间接影响总体社会适应性。分析其原因，高实验性的兵役经历罪犯更倾向于采用积极应对方式去适应人际关系、生活、看待环境，从而拥有良好的社会适应性；而高忧虑性、低实验性兵役经历罪犯则易采取消极应对模式，从而产生社会适应问题。因此，想要提高兵役经历罪犯的社会适应能力，既需要培养和发展良好人格，又需要培养其采用积极的应对方式。

五、兵役经历罪犯改造对策

（一）从人格特质、应对方式上开展评估，做到能控能用

在本研究中，部分兵役经历罪犯有着显著的犯罪人格，也有因为固有人格因素形成不良的应对的情况。在实际调查中发现，兵役经历罪犯在狱内呈现两极分化的态势，有较多的人担任监组长、监督岗等特岗犯劳役，比较贴近监狱警察；同时，也有一小部分人是监区重点管控的对象，经常会发生违纪情况。兵役

经历罪犯作为为特殊经历罪犯，属于立管罪犯，是狱内监管改造工作中需要重点防范的个体。部队的正规化军事训练、良好的个体作战能力，使得他们在狱内的潜在危险性要远超普通罪犯。一视同仁地加强管理，对于大部分狱内表现良好的兵役经历罪犯来说，势必会牵涉过多的警力，造成警力资源的浪费。如何有效地对真正影响狱内安全稳定的罪犯个体甄别，是集约警力、提高改造效率的良方。通过调查发现，违纪较多的兵役经历罪犯往往惯于采取消极的应对方式，同时也存在着适应性不良的诸多问题。根据本文的研究结论，通过对兵役经历罪犯人格特质的测试评估，能较好地预测其应对方式倾向和适应性情况。因此，这就需要监狱在对兵役经历罪犯的管理中，做好评估分类，实现区别对待，将积极改造之人能为民警所"用"，真正具有现实危险性的人能为民警所"控"。

（二）以兵役经历罪犯评估分类为基础落实项目化矫治

兵役经历罪犯产生犯罪的原因主要来源于他们运用不恰当的应对方式造成社会适应不良的反应，面对产生的应激事件或者处于应激环境中，兵役经历罪犯比一般罪犯更容易采取极端应对方法。因此，在我们对兵役经历罪犯的矫治过程中，必须在分析此类罪犯共性的基础上，具体分析不同罪犯所具有的特殊性，针对这个特殊性，依据一定的标准对罪犯进行类型化，并开展针对性的项目化矫治措施。根据调查统计和心理测试结果分析，兵役经历罪犯更加倾向于采取一些不成熟的应对方式，而应对方式经过前期的调查分析正是导致此类罪犯适应不良、狱内违纪甚至再次犯罪的重要催化剂。在对此类罪犯的矫治过程中，可以引用项目化的运作方式，对一类兵役经历罪犯进行干预，特别注重在项目矫正上对兵役经历罪犯进行应对方式的矫治，通过培养此类罪犯学会使用问题解决或求助等积极的应对方式，改进不良的应对方式，以提高应对的有效性，促进他们在生活中逐步形成成熟稳定的人格特质和行为方式，确保狱内的安全稳定，同时也为今后刑满释放后适应社会生活、不再犯罪打下基础。

（三）改变不良社会适应，做好兵役经历罪犯的社会衔接和保障

兵役经历罪犯曾经在部队接受党和国家多年教育，虽然这些人因为自身的堕落和外界负面因素的侵蚀而变得人生观扭曲、价值观错位和道德观沦丧，以至于触犯国家法律而锒铛入狱。在个体访谈中也发现大部分兵役经历罪犯内

心深处以曾是一名军人而感到自豪。如此的自豪感会产生积极应对，但有时也是适应不良的原因，在日常教育改造中以军人荣誉感激发此类罪犯改造动力，让其面对现实，从应对方式入手进行改变，进行临近释放培训教育以缓解回归社会的不良适应。同时，做好兵役经历罪犯刑满释放的社会衔接，落实应有的社会保障和救济措施，做好安置就业，依托社会资源对医疗、失业等社会保险对兵役经历罪犯的发展及生活给予保障。对刑满释放兵役经历罪犯做好心理培训、教育培训和职业培训，成立各种退役军人协会、退役军人家庭援助中心、退役军人职业介绍所等社会民间机构，组建退役军人基金，以此向退役军人提供一定的服务和援助。

（四）拓展社会化路径，发挥社会资源的教育矫治作用

身在监狱高墙、电网内的兵役经历罪犯从一名曾经的光荣的军人成为如今的阶下囚，遭受法律惩罚的痛苦使他们在人格特质上较普通罪犯具有更高的忧虑性，同时也会加剧他们出狱后的社会适应性障碍。因此，要进一步拓展深化此类罪犯的矫治工作，还要加强社会互动，充分运用社会资源，逐步建立多层次、全方位的社会帮教体系，如：通过家人和战友来对他们进行亲情帮教，通过狱内和与地方部队的联动来共同实施对兵役经历罪犯的教育矫治。

兵者，国之大事！死生之地，存亡之道，不可不察也。

对于兵役经历罪犯来说，通过研究发现，其人格特质通过应对方式作用在兵役经历罪犯的社会适应能力上，由部队到社会、由社会到监狱、由监狱再次回到社会，环境的变换都需要兵役经历罪犯有良好的应对问题的方式和社会适应能力，否则就有可能再次跌入犯罪的深渊。我们的研究发现了兵役经历罪犯的特点，提出心理行为引导和狱内管理措施为主的监狱对策，得出的结论也可以作为退伍军人进行有针对性的教育和疏导的指导，使退伍军人更快、更好地融入社会，减少极端犯罪情况的发生。

音乐疗法在情绪型暴力犯中的实践运用

上海市提篮桥监狱　齐定安　陈伟民　屈　程

一、概念界定

（一）暴力犯

在各国刑法中，尚无哪一个国家在刑法中系统、集中界定暴力犯罪这一类犯罪，因此，暴力犯并不是一个严格的法律概念。从国外对暴力的界定来看，暴力是指的意在伤害他人或获取事物而实施的破坏性的身体攻击。①暴力可以分为犯罪性暴力(Criminal Violence)和家庭暴力(Domestic Violence 或 Intimate violence)。前者是非法使用武力的行为，包括刑事杀人、伤害、抢劫、强奸以及其他的性侵害；②后者指对共同居住的家庭成员进行的伤害、胁迫和殴打。③国内对暴力犯罪的界定存在两种较有代表性的观点：一是认为暴力犯罪"即为获取某种利益或满足某种欲求而对他人人身采取的暴力侵害行为。表现形式主要有：故意杀人罪、故意伤害罪、强奸罪、抢劫罪以及以暴力为手段的流氓犯罪等"。④二是认为暴力犯罪是"犯罪人使用暴力或者以暴力相胁迫而实施的犯罪。从刑法学的角度看，凡是刑法分则规定的以暴力为特征作为犯罪构成要件的各种犯罪都应该认为是暴力犯罪"。⑤

综上，在研究监狱目前暴力犯押犯结构中，我们将暴力犯界定为以暴力或暴力胁迫手段实施犯罪行为的罪犯，主要针对的是犯罪性暴力。从犯罪类型上看，主要包括故意杀人、伤害、抢劫、强奸、绑架、爆炸、聚众斗殴等罪名。根据国内外

---

① Curt R.Bartol 等：《犯罪心理学》，杨波等译，中国轻工业出版社 2013 年版，第 188 页。

② Ronald Blackburn：《犯罪行为心理学》，吴宗宪等译，中国轻工业出版社 2000 年版，第 181 页。

③ Curt R.Bartol 等：《犯罪心理学》，杨波等译，中国轻工业出版社 2013 年版，第 233 页。

④ 杨春洗、高铭暄、马克昌、余叔通主编：《刑事法学大词书》，南京大学出版社 1990 年版。

⑤ 曹子丹主编：《中国犯罪原因研究综述》，中国政法大学出版社 1993 年版，第 256 页。

犯罪学研究，性犯罪再犯的预测指标似乎不同于暴力的非性犯罪再犯的预测指标。谨慎的做法应该是分别评估性犯罪再犯和非性犯罪再犯的风险。[①]从改造罪犯的角度来看，与其他犯罪相比，性犯罪有着不同的心理和生理机制，通常单独作为一类罪犯来评估分类，因此本研究中探讨的暴力犯分类不涉及性犯罪者。

（二）暴力犯的分类

1. 国内外对暴力犯的分类

从国外研究来看，俄罗斯犯罪学家伊·阿·库德良采夫和赫·阿·帕丁诺夫根据侵犯的性质，将暴力犯划分为思想侵犯性、实用侵犯性、习惯侵犯性、情境—防卫侵犯性、激愤侵犯性、受害侵犯性和职业侵犯性 7 种类型。[②]尤·马·安东年根据暴力犯罪的动机，将暴力犯划分为事关威望刑、自我确认型、财产型、游戏型和过度忧虑型 5 类。采·阿·高伦布建议把心理异常的导致暴力犯罪的犯罪人分为三种类型，即酒精中毒型、人格变态型和智力局限型。[③]

而其他欧美国家在主流的犯罪心理学和犯罪学中，通常从攻击行为的角度对暴力行为进行区分。Feshbach(1964)[④]根据行为者是否有攻击的目标，或者是否从攻击行为中获得了某种报偿，将攻击分为敌意性（或表达性）攻击(hostile or Expressive aggression)和工具性攻击(instrumental aggression)。前者的目的主要为了发泄不良情绪，通常由某种刺激（攻击或挫折）引发的一种唤醒状态。工具性攻击源于竞争或期望获得他人所拥有的物品或地位的愿望，暴力行为往往有特定的目标。Kenneth Dodge[⑤] 提出了反应性攻击和主动性攻击。反应性攻击(reactive aggression)包括愤怒表达、发脾气、报复性的敌对行动，是对所知觉到的威胁或挑衅所做出的一种敌对反应，与因高度唤起状态而导致的控制力缺乏相联系；主动性攻击(Proactive aggression)包括恐吓、支配、强迫等行动，更多地是对受到奖赏的预期所驱使。Barratt 在 1991 年[⑥]，根据情绪是否高度唤起、对行为是否缺乏控制、是否出于本能反应以及是否存在

---

① ［英］霍林：《罪犯评估与治疗必备手册》，中国轻工业出版社 2006 年版，第 40 页。

② ［俄］安东年：《暴力犯罪人的类型》，赵可译，《江西公安专科学校学报》2005 年第 7 期。

③ 同上，第 103—104 页。

④ Curt R.Bartol 等：《犯罪心理学》，杨波等译，中国轻工业出版社 2013 年版，第 187 页。

⑤ 同上书，第 199 页。

⑥ Ernest S.Barratt, Measuring and Predicting Aggression within the Context of a Personality Theory[J], Journal of Neuropsychiatry, 3, 35—39(1991).

心理疾病等因素，将攻击分为冲动性攻击(Impulsive aggression)、预谋性攻击(Premeditated aggression)、处于病理性原因的攻击。而国内目前对暴力犯的分类主要沿袭刑法学上的分类，按照犯罪类型将暴力犯划分为故意杀人、抢劫、故意伤害、聚众斗殴、寻衅滋事、绑架等类型。

2. 立足犯罪原因基础上的四种分类

综观目前对暴力犯的分类，我们认为暴力犯分类需要拓展。罪犯分类更多地是指一种根据犯人的个人需求实行区别对待和执行与这些需求相一致的矫正项目的制度。①罪犯的分类应高度体现为矫正罪犯服务。目前根据犯罪性质和手段来划分暴力犯，无法体现罪犯的需求，无法为矫正暴力犯提供参考。那么对于国内的暴力犯该如何进行分类呢？综合相关研究以及在对暴力犯调查研究的基础上，我们发现暴力犯罪受以下三方面因素影响较大：

一种暴力犯罪在主观意识的作用下发生，暴力犯罪具有明确的目标，通过暴力犯罪获得他人拥有的物品或地位(财物、领地)，我们将其称为工具型暴力犯罪。

另一种暴力犯罪是在外部刺激下的反应，如现实或觉察到的侮辱、身体遭受的攻击，具有很强的情绪爆发性，是对威胁或挑衅所做出的一种敌对反应，我们将其称为表达型暴力犯罪。工具型暴力犯罪又可进一步分为两类：一是暴力犯罪表现出很强的功利性，以掠夺手段为主，目标既包括财产，又包括他人的健康或生命；二是通过暴力支配和控制他人，寻求自我认同或巩固地位。表达型暴力犯罪也可进一步分为情绪型和防御型两类，他们通常都无计划性、被动，由一定刺激或挫折而诱发，其不同之处在于情绪型的暴力犯罪更多地是愤怒的宣泄、报复；而防御型犯罪更多地是为了消除威胁和自我防护。

再一种暴力犯罪行为事前无明显的计划性，通常由一定刺激或挫折诱发，主导的情绪为愤怒，行为往往具有明显的情绪宣泄和报复性，我们将其称为情绪型暴力犯。其基本特征：(1)认知特征：往往存在敌意归因，对他人的言语和行为往往从挑衅或攻击的角度来解读。犯罪时认知狭窄，注意力集中于激情产生的对象。(2)情绪特征：暴力行为往往受愤怒的情绪所触发，愤怒管理和自我控制能力较差，情绪爆发性强。性格外向者多，情绪唤起性强，容易亢奋。服刑过程中，往往存在不良情绪。(3)行为特征：情境在犯罪过程中发挥了较大的作

① [美]萨瑟兰等：《犯罪学原理》，吴宗宪等译，中国人民大学公安出版社2009年版，第561页。

用，受害人往往具有主观过错。突发类通常不会主动攻击他人，一般犯罪人与被害人素昧平生，无前冤后怨，只是由于当场事件的强烈刺激，引起双方对立意向冲突，犯罪人在心理失衡的激情状态下实施的犯罪行为，犯罪事后往往有悔意。蓄发类往往情绪逐渐累积，被害人与罪犯多为情侣或夫妻关系，彼此相识，由于感情不和已积累了较长时间的恩怨和矛盾，但在某一事件的强烈刺激下，如提出分手或离婚等事件，促使积怨瞬间爆发，犯罪人在情绪失控的激情状态下实施的犯罪行为。在服刑过程中容易和他人出现矛盾冲突，出现攻击他人的违纪行为。犯罪人数往往一人。

二、音乐疗法

音乐是一种强有力的感觉刺激形式和多重感觉体验。音乐包含可以听到的声音（听觉刺激）和可以感到的声波振动（触觉刺激）。音乐的结构体验可以长时间地吸引和保持人的注意力，促进人的注意力集中能力发展。不同的音乐可以使人产生不同的生理反应，如心率和脉搏、血压、皮肤电位反应、肌肉电位和运动反应、内分泌和体内活性物质（肾上腺素、去甲肾上腺素、内啡肽、免疫球蛋白）以及脑电波的改变。音乐的节奏可以明显地影响人的行为节奏和生理节奏，如呼吸频率、运动速度节奏和心率。不同的音乐也可以引起不同的情绪反应。同时，音乐也是一种独特的交流形式，对于音乐而言，最重要的交流意义是非语言性。音乐在治疗中的基本功能可分为生理/物理作用、人际/社会作用、心理/情绪作用、审美作用。

音乐治疗是一个系统的干预过程，通过音乐的人际/社会作用、生理/物理作用和心理/情绪作用来达到治疗的目的。在这个过程中，治疗师利用音乐体验的各种形式，以及在治疗过程中发展起来的，作为治疗的动力的治疗关系来帮助被治疗者达到健康的目的。音乐治疗会运用一切与音乐相关的活动形式作为手段，如听、唱、器乐演奏、音乐创作、歌词创作、即兴演奏、舞蹈、美术等。一个健康的个体必须能够成功地与其周围建立起一个正确的人际环境。音乐活动的魅力和愉悦性会吸引人们参与到音乐的社会活动中去，从而改变自我封闭状态。各种不同的音乐活动可以帮助组员的听觉、视觉、运动、语言交流、社会、认知以及共情能力，同时音乐还可以帮助组员学习正确地表达自我情感的能力。

三、研究假设和研究设计

（一）研究假设

本研究将评估和干预的重点放在服刑人员的情绪能力的提升上，包括共情能力和情绪管理能力。共情能力是一种能设身处地体验他人处境，从而达到感受和理解他人情感的能力。在暴力犯罪服刑人员中，因为很难与他人产生共情/移情，无法正确理解自己及他人的情感和思维状态，因此他们也很难与其他个体进行团队合作并从中获得愉悦感及成就感。我们将把注意力集中在共情能力上。随着共情和与自我调节相关的能力变得越来越稳固，躯体上攻击性的倾向一般会在发展进程中不断降低。同时，因为他们对于自己情绪的处理和对他人情感思维的理解基本以暴力解决，也就使得他们没有习得其他用以表达情绪和回应别人情绪思维的行为模式，这也就造成当他们回归社会后，很容易再次感受到挫败感和愤怒感，以至于再次走上犯罪道路。

基于以上理论考量，在确定具体的服刑人员干预群体方面，主要的干预对象是情绪型暴力犯。情绪型暴力犯罪人员主要特征为易激惹、受情绪主导、犯罪时无计划性和目的性、无法控制情绪，并在犯罪之后有悔意，表现出整体情绪调节能力上的一定缺陷，因而相对更适于以改善情绪能力为核心的干预方案。项目的主要目标是帮助服刑人员在活动中体会到积极的情感，改善整体情绪状态，利用团体活动，强化其在团体中与他人的情绪交流，进而进一步提升其共情能力，为他们回归社会创造更为理想的心理条件。

（二）研究设计

1. 对象

本项目，对 127 位暴力犯罪在服刑人员进行自尊量表、人际反应指数量表、认知情绪调节量表和积极与消极情感量表前期测评。自尊量表，评估服刑人员自尊情况；人际反应指数量表，评估服刑人员观点采择、共情关心；认知情绪调节量表，评估服刑人员在面对负性事件时的认知策略；积极与消极情感量表，则评估服刑人员在一段时间内的情感体验及水平。根据前期测评结果，选出 48 名自尊水平表现较低、观点采择和共情反应较弱、较常使用消极情绪调节策略和消极情感体验较多的情绪型暴力犯罪的服刑人员，并把 48 名情绪型暴力犯罪在服刑人员进行随机平均分配至活动组和对照组中。

2. 实施流程

图 1 列出本次项目的整个流程。从前期的项目调研、前期心理测评及访谈、设置活动组和对照组、开展团体干预活动，到后期心理测评和项目评估与总结，严把项目实施步骤，细化项目实施过程。表 1 还列出了本次项目 6 期团体音乐干预活动安排，每次活动实践 3 个小时。每次活动安排从热身、主题活动、放松想象或者绘画活动，都根据项目目的出发，考虑服刑人员现状，每次活动都具有针对性，同时 6 期活动的前后安排都具有连续性。

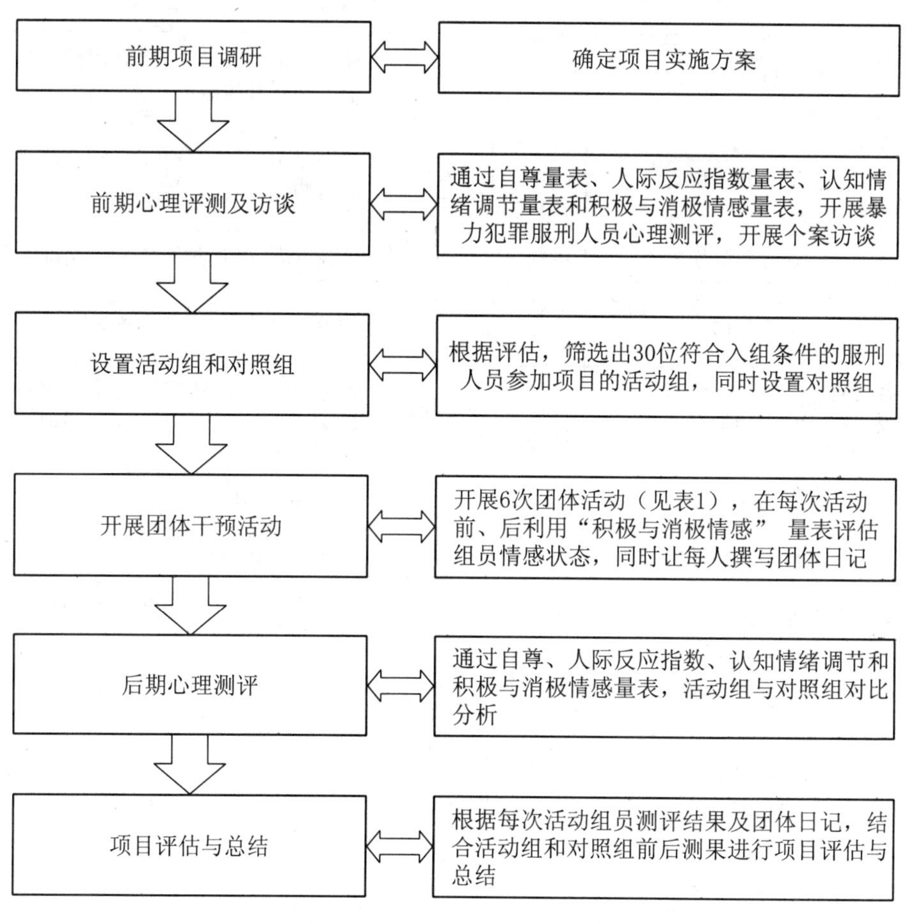

图 1　项目流程图

表 1　6 期团体音乐干预活动安排表

<table>
<tr><th rowspan="2">场次</th><th colspan="2">实际活动安排</th><th rowspan="2">活动目标</th></tr>
<tr><th>活动类型</th><th>具体内容</th></tr>
<tr><td rowspan="4">第一期活动</td><td>1. 破冰</td><td>沙蛋传递</td><td>强化团体成员认识，促进团队沟通</td></tr>
<tr><td>2. 热身</td><td>节奏练习</td><td>评估组员的节奏感、注意力和对指令的反馈</td></tr>
<tr><td>3. 主题活动</td><td>鼓圈</td><td>提高团队合作能力并感受团体合作完成的音乐带来的愉悦感，体验积极的情感过程</td></tr>
<tr><td>4. 音乐放松和想象</td><td></td><td>让组员从一个兴奋的情绪状态回归到平静中，学会情绪调节</td></tr>
<tr><td rowspan="3">第二期活动</td><td>1. 热身</td><td></td><td>联系组员的注意力，提高团队合作能力和对其他组员的关注度</td></tr>
<tr><td>2. 主题活动</td><td>(1) 吟唱
(2) 节奏训练
(3) 非洲音乐</td><td>提高小组团队合作能力，学会团队配合与倾听，提升共情能力</td></tr>
<tr><td>3. 音乐放松想象</td><td>主题：高山</td><td>体验情绪的影响过程，学会情绪调节</td></tr>
<tr><td rowspan="3">第三期活动</td><td>1. 热身活动</td><td>你好
田纳西舞</td><td>调节情绪状态，体验情绪变化</td></tr>
<tr><td>2. 主题活动</td><td>多重感官协调能力训练</td><td>体验身体多种感官给情绪带来的影响，学会调节自身情绪，同时体验积极的情感</td></tr>
<tr><td>3. 音乐绘画</td><td></td><td>学习情感表达</td></tr>
<tr><td rowspan="3">第四期活动</td><td>1. 热身活动</td><td>圣诞老人</td><td>强化团体协作和交流</td></tr>
<tr><td>2. 主题活动</td><td>声势</td><td>体验团体交流过程和团体活动中的情绪变化</td></tr>
<tr><td>3. 音乐放松想象、绘画</td><td>放松时为草地，想象为自由想象</td><td>体验情绪的影响过程，学习不同情感表达方式</td></tr>
<tr><td rowspan="4">第五期活动</td><td>1. 热身活动</td><td>复习第四期活动的主题活动</td><td rowspan="3">体验团体交流过程和团体活动中的情绪变化</td></tr>
<tr><td>2. 主题活动</td><td>声势</td></tr>
<tr><td>3. 传递活动</td><td></td></tr>
<tr><td>4. 音乐放松想象</td><td>主题：大海</td><td>体验情绪的影响过程，学习不同情感表达方式</td></tr>
</table>

（续表）

场次	实际活动安排		活动目标
	活动类型	具体内容	
第六期活动	1. 热身活动	练声	体验声音带来的情感变化节奏和学习情感表达方式
	2. 主题活动	(1) 歌唱 (2) 鼓圈	体验团体交流过程和团体活动中的情绪变化，体会积极的情感
	3. 音乐放松想象、音乐绘画		学习不同情感表达方式

3. 效果评估

项目采用活动组、对照组前后测评估，活动组每期活动前后测评估和团体日记评估三种方式：

活动组、对照组前后测评估：通过自尊量表、人际反应指数量表、认知情绪调节量表和积极与消极情感量表进行活动前和活动后测量，对两个测评结果进行统计分析评估，评估活动组成员在活动后自尊、观点采择、共情关心和情绪调节等方面是否与对照组有差异。

每期活动前后测评估：利用积极与消极情感量表在每期活动前后对活动组成员进行测评，对前后测评结果和 6 期结果进行统计分析评估，评估每期活动结束后，活动组成员的情感体验前后是否不同。

团体日记评估：在 6 期项目活动中，对每期活动后在服刑人员的团队日记进行整理和评估，评估每期活动中服刑人员的情绪变化和团队活动的感受。

4. 评估工具

自尊量表(SES)用以评定个体关于自我价值和自我接纳的总体感受，分值越高，自尊程度越高。量表中第 1、2、4、6、7、8 题为正向记分题，第 3、5、9、10 题为反向记分题。

人际反应指数量表(IRI-C)分成 4 个维度：观点采择、同情关心、想象力、个人痛苦。观点采择(PT)因子是测量认知成分，考察个体理解且同时具有他人在真实生活中的心理或观点的倾向性。分数越高，说明越容易理解和接受他们观点。其中共情关心(EC)因子是测量情感成分，考察个体对他人情感关心、温暖和同情的程度。分数越高，说明情感成分中更容易体察他人，关心和同情他人；想象力(FS)因子是指运用想象去体验创造性作品中的人物思维情感与行为，用于考察被试者对虚构作品中人物情感和行为的卷入程度。分数越高，说明越容易将情感卷入到虚拟作品和人物情景中；个人痛苦（PD）因子用于评估共情的自我倾向的成分，是关于对他人所处困境或压力情境时产生的自我中心式反应。分数越高，说明越容易在压力情境下表现更多的自我中心反应。

认知情绪调节量表包括 9 个分量表：自我责难、接受、沉思、积极重新关注、重新关注计划、积极重新评价、理性分析、灾难化、责难他人。在某个分量表上得分越高，被试就越有可能在面临负性事件时使用这个特定的认知策略。在 9 个认知策略中，自我责难、沉思、灾难化和责难他人为消极的情绪调节策略；而积极重新关注、重新关注计划、积极重新评价、接受和理性的分析为积极的情绪调节策略。每个分量表 4 道题目。在某个分量表上得分越高，被试就越有可能在面临负性事件时使用这个特定的认知策略。朱熊兆等人采用 Cronbach' Sa 测得量表的系数为 0.81，9 个分量表的系数在 0.48（积极分析）到 0.89（积极重新评价）之间。

积极与消极情感量表（PNAS）包含积极情感和消极情感两个维度，各维度得分越高，说明在过去一段时间内体验到越多的相应情感，反之亦然。采用 5 点等级评分，从 1 代表“非常轻微或没有”至 5 代表“极强”，进行积极情感和消极情感 2 维度计分，积极情感包括感兴趣的、兴奋、强烈的、热情的、自豪的、有灵感的、坚决的、专心的、积极活跃的、警觉的；其余为消极情感。

四、研究结果

根据项目设计，活动开始通过自尊量表（SES）、人际反应指数量表（IRI-C）、认知情绪调节量表和积极与消极情感量表（PNAS）筛选出 24 名符合入组条件的情绪型暴力犯罪服刑人员组成团体，同时设置情绪型暴力犯罪服刑人员对照组。在活动结束后，对活动组和参照组成员再次通过自尊量表（SES）、人际反应指数量表（IRI-C）、认知情绪调节量表和积极与消极情感量表（PNAS）进行测量，对比两者差异。

（一）活动组和对照组前后测差异比较

1. 活动组和对照组在各量表上的前后测结果

（1）活动组、对照组在自尊量表和人际反应指数量表的前后测结果。

表 2 列出了活动组和对照组在自尊量表和人际反应指数量表的观点采择、想象力、共情关心和个人痛苦四个因子的前后测平均得分和方差对比情况。

表 2　活动组、对照组在自尊量表和人际反应指数量表各因子前后测结果($\bar{\chi}\pm s$)

	组　别	自尊	观点采择	想象力	共情关心	个人痛苦
前测	活动组	27.67±4.02	14.13±3.54	19.29±3.36	23.08±3.99	12.08±4.09
	对照组	26.04±2.80	13.92±3.71	19.54±2.64	22.71±3.33	12.83±4.10
后测	活动组	28.42±3.72	14.79±2.90	20.74±3.19	23.95±2.74	12.00±4.85
	对照组	25.25±3.33	13.25±4.85	20.67±3.06	23.33±3.58	14.42±4.78

说明：$\bar{\chi}$ 表示活动组或对照组在该项目中某量表得分的平均数，下同；s 表示活动组或对照组在该项目中某量表得分的方差，下同。

(2) 活动组、对照组认知情绪调节量表 9 个分量表前后测结果($\bar{\chi}\pm s$)。

表 3 列出了活动组和对照组在认知情绪调节量表自我责难、接受、沉思、积极重新关注、重新关注计划、积极重新评价、理性分析、灾难化和责难他人 9 个分量表的前后测平均得分和方差对比情况。

表 3　活动组、对照组认知情绪调节量表 9 个分量表前后测结果($\bar{\chi}\pm s$)

	组别	自我责难	接受	沉思	积极重新关注	重新关注计划	积极重新评价	理性分析	灾难化	责难他人
前测	活动组	13.92±2.90	15.13±3.67	11.92±3.54	11.63±3.13	13.38±3.36	13.25±3.21	9.25±2.36	11.00±4.10	9.29±3.71
	对照组	13.67±2.99	15.17±2.35	12.46±3.64	11.96±2.63	13.71±2.79	13.04±3.65	10.42±2.47	12.21±2.23	10.96±3.78
后测	活动组	13.79±2.10	15.21±2.68	13.00±1.76	11.95±2.57	14.05±2.82	14.37±2.22	11.05±1.90	11.74±3.21	9.58±2.57
	对照组	13.92±2.23	15.00±3.91	12.17±3.01	12.33±3.89	13.67±3.45	13.33±4.05	10.33±1.97	12.58±2.71	10.08±2.97

(3) 活动组、对照组认知情绪调节量表消极和积极情绪调节策略因子及积极与消极情感量表前后测结果($\bar{\chi}\pm s$)。表 4 列出的是活动组和对照组在认知情绪调节量表 9 个分量表中属于消极情绪调节策略和积极情绪调节策略的分量表，汇总前后测平均得分和方差对比情况，同时也列出了积极与消极情感量表中积极情感和消极情感的前后测平均得分和方差比对情况。

表 4　活动组、对照组认知情绪调节量表消极和积极情绪调节策略因子及积极与消极情感量表前后测结果($\bar{\chi}\pm s$)

	组别	消极情绪调节策略	积极情绪调节策略	积极情感	消极情感
前测	活动组	46.13±10.73	62.63±12.37	27.96±9.64	24.46±10.24
	对照组	49.29±8.44	64.29±7.44	27.17±8.13	24.79±7.92
后测	活动组	48.11±5.22	66.63±6.41	29.37±9.57	21.89±11.02
	对照组	48.75±6.15	64.67±14.25	28.25±11.47	24.25±5.64

2. 活动组和对照组前测上的差异比较

(1) 活动组和对照组在自尊和人际反应指数量表上的前测差异比较。我们对活动组和对照组在自尊量表和人际反应指数量表的观点采择、想象力、共情关心和个人痛苦 4 个因子进行了独立样本 T 值检验,结果显示活动组和对照组的前测结果较为接近,无显著性差异。

表 5　活动组和对照组在自尊和人际反应指数量表上的前测差异比较($\bar{\chi}\pm s$)

	自尊	观点采择	想象力	共情关心	个人痛苦
活动组	27.67±4.02	14.13±3.54	19.29±3.36	23.08±3.99	12.08±4.09
对照组	26.04±2.80	13.92±3.71	19.54±2.64	22.71±3.33	12.83±4.10
T 值	1.62	0.20	−0.29	0.35	−0.63

说明:T 值表示活动组与对照组在该项目中某量表平均得分的显著性检验值,下同。

(2) 活动组和对照组在认知情绪调节量表上的前测差异比较。我们对活动组和对照组在认知情绪调节量表自我责难、接受、沉思、积极重新关注、重新关注计划、积极重新评价、理性分析、灾难化和责难他人 9 个分量表的前测平均得分和方差情况,进行了独立样本 T 检验,结果显示活动组和对照组的前测结果较为接近,无显著性差异。

表 6　活动组和对照组在认知情绪调节量表上的前测差异比较

	自我责难	接受	沉思	积极重新关注	重新关注计划	积极重新评价	理性分析	灾难化	责难他人
活动组	13.92±2.90	15.13±3.67	11.92±3.54	11.63±3.13	13.38±3.36	13.25±3.21	9.25±2.36	11.00±4.10	9.29±3.71
对照组	13.67±2.99	15.17±2.35	12.46±3.64	11.96±2.63	13.71±2.79	13.04±3.65	10.42±2.47	12.21±2.23	10.96±3.78
T 值	0.29	−0.05	−0.52	−0.40	−0.37	0.21	−1.67	−1.27	−1.54

（3）活动组和对照组在认知情绪调节量表消极和积极情绪调节策略因子及积极与消极情感量表的前测差异比较。表 7 列出的活动组和对照组在认知情绪调节量表 9 个分量表中属于消极情绪调节策略和积极情绪调节策略的分量表汇总前测平均得分和方差情况，同时也列出了积极与消极情感量表中积极情感和消极情感的前测平均得分和方差，还列出了消极情绪调节策略、积极情绪调节策略、积极情感和消极情感的活动组和对照组平均分独立样本差异检验 *T* 值，结果显示在前测上活动组和对照组无显著性差异。

表 7　活动组、对照组认知情绪调节量表消极和积极情绪调节策略因子及积极与消极情感量表前测差异结果（$\bar{\chi}\pm s$）

	消极情绪调节策略	积极情绪调节策略	积极情感	消极情感
活动组	46.13±10.73	62.63±12.37	27.96±9.64	24.46±10.24
对照组	49.29±8.44	64.29±7.44	27.17±8.13	24.79±7.92
T 值	−1.14	−0.57	0.31	−0.13

表 5—表 7 列出了活动组和对照组自尊量表（SES）、人际反应指数量表（IRI-C）、认知情绪调节量表和积极与消极情感量表（PNAS）前测平均数和方差，同时列出了活动组和对照组在 4 个量表及量表因子上的心理学统计（T 检验）差异结果。结果显示，活动组和对照组的前测结果较为接近，无显著性差异，表明本次随机分组是成功的，实验结果不是由于前测的先天差异造成的。

3. 活动组、对照组在各量表上前后测的差值比较分析

（1）活动组和对照组在自尊和人际反应指数量表上的前后测差值比较。活动组和对照组在自尊量表和人际反应指数量表的观点采择、想象力、共情关心和个人痛苦 4 个因子上前后测差值进行了 T 值检验，发现活动组与对照组并未出现显著性差异。

表 8　活动组、对照组自尊量表和人际反应指数量表因子前后测差值差异结果（$\bar{\chi}\pm s$）

	自尊	观点采择	想象力	共情关心	个人痛苦
活动组	−0.92±2.87	−0.67±2.71	1.42±1.88	0.17±4.15	1.33±5.16
对照组	0.00±5.88	0.47±2.97	0.68±4.26	0.42±3.32	0.00±3.07
T 值	−0.50	−1.08	0.56	−0.19	0.91

（2）活动组和对照组在认知情绪调节量表上的前后测差值比较。活动组

和对照组在认知情绪调节量表自我责难、接受、沉思、积极重新关注、重新关注计划、积极重新评价、理性分析、灾难化和责难他人 9 个分量表上进行了 T 值检验，结果显示在理性分析这个因子上活动组与对照组在前后测上呈现出极其显著的差异。

表 9　活动组、对照组认知情绪调节量表 9 个分量表前后测差值差异结果($\bar{\chi}\pm s$)

	自我责难	接受	沉思	积极重新关注	重新关注计划	积极重新评价	理性分析	灾难化	责难他人
活动组	−1.17±3.10	−0.67±3.20	−1.67±4.23	0.58±4.12	−1.08±4.14	−0.08±4.03	−0.67±1.61	−0.58±2.23	−0.25±2.67
对照组	−0.79±3.17	−0.26±4.71	0.74±3.19	−0.26±2.31	−0.11±3.81	0.58±3.02	1.58±1.61	0.21±3.49	0.11±4.12
T 值	−0.33	−0.26	−1.80	0.74	−0.67	−0.52	−3.78**	−0.70	−0.26

说明：** 代表 P<0.01，表示活动组和对照组在该项目中某量表得分存在较强的显著性差异，下同。

显著性差异表示参与比对的数据不是来自同一总体，而是来自具有差异的两个不同总体。这种差异可能是参与比对的数据在实验处理时对实验对象造成了根本性状改变，因而数据会有显著性差异。

(3) 活动组和对照组在认知情绪调节量表消极和积极情绪调节策略因子及积极与消极情感量表的前后测差值比较。我们对活动组和对照组在认知情绪调节量表的消极情绪调节策略和积极情绪调节策略、积极与消极情感进行了 T 检验，结果未显示显著差异。

表 10　活动组、对照组认知情绪调节量表消极和积极情绪调节策略因子，及积极与消极情感量表前后测差值差异结果($\bar{\chi}\pm s$)

	消极情绪调节策略	积极情绪调节策略	积极情感	消极情感
活动组	−3.67±7.63	−1.92±13.92	0.25±9.69	−0.25±7.83
对照组	0.26±9.36	1.53±10.43	−0.74±11.07	−3.32±12.24
T 值	−1.22	−0.79	0.25	0.77

(4) 活动组和对照组前后测的差值平均数的差异百分比。我们对活动组和对照组在各量表上前后测的差值平均数进行了统计，并对之间的差异百分比进行了计算，如图 2 显示。活动组在自尊量表得分变化上高于对照组；在人际反应指数量表中的观点采择因子、共情关心因子的得分上，活动组高于对照组，而个人痛苦因子则低于对照组；在认知情绪调节量表中沉思、理性分析和积极情绪调节策

略方面高于对照组;在理性分析因子项目上,活动组和对照组存在显著性差异;在积极与消极情感量表中活动组的积极情感平均得分高于对照组。

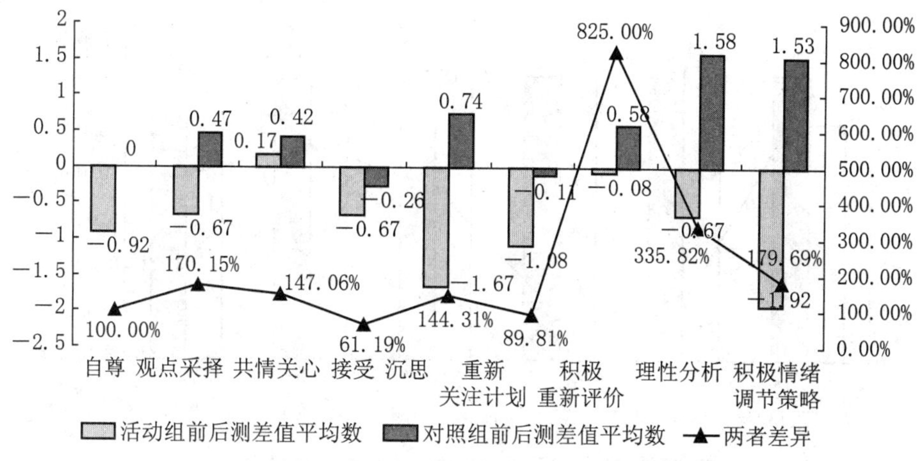

图 2　活动组、对照组前后测差值平均数差异(部分)

(二) 6 期音乐活动结果

为了监控 6 期音乐活动结果,为活动的开展提供数据参考和评估,在每期活动开始前和结束后,利用积极与消极情感量表进行测量观察。

表 11 列出了第 1—6 期活动组积极与消极情感量表的前后测积极情感和消极情感两个方面的平均分数和方差值,同时还列出了积极情感和消极情感前后测差值平均分独立样本差异检验 T 值。

表 11　活动组历次活动积极与消极情感量表前后测差异结果($\bar{\chi}\pm s$)

	类别	第一期活动	第二期活动	第三期活动	第四期活动	第五期活动	第六期活动
积极情感	前测	22.54±10.06	27.96±12.82	28.41±10.84	25.78±9.20	23.39±12.33	23.39±11.95
	后测	27.08±10.38	26.85±11.22	26.96±10.32	28.11±10.49	26.64±11.51	25.79±12.99
T 值		−1.54	0.34	0.50	−0.87	−1.02	−0.72
消极情感	前测	19.63±7.76	15.37±9.63	17.19±9.11	17.56±6.64	16.18±9.51	16.21±9.32
	后测	15.58±7.23	18.59±8.62	17.44±9.99	16.67±7.96	16.79±8.76	12.68±6.49
T 值		1.87	−1.30	−0.10	0.45	−0.25	1.65

图 3 显示的是第 1—6 期活动中积极与消极情感量表的前后测积极情感部分的平均分数及两者的平均得分差异百分比。

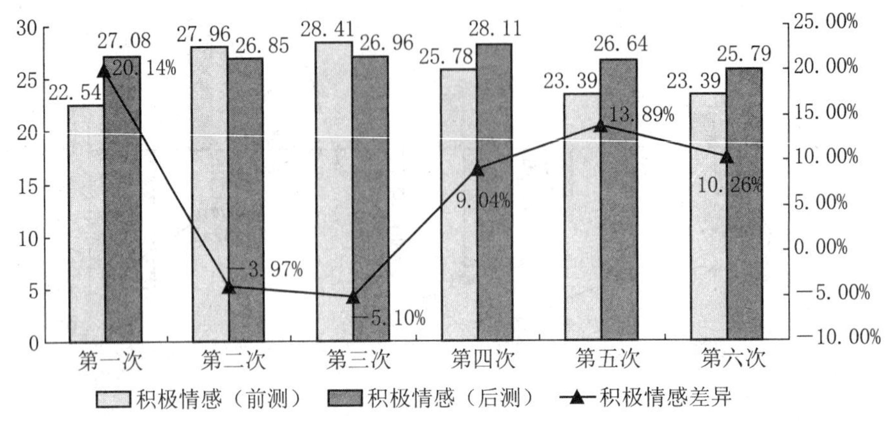

图 3　6 期音乐活动积极情感分布及差异图

图 4 显示的是第 1—6 期活动组积极与消极情感量表的前后测消极情感部分的平均分数及两者的平均得分差异百分比。

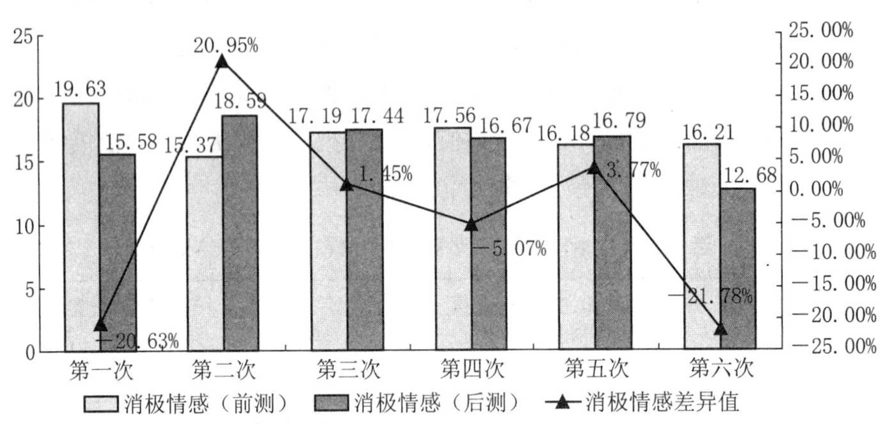

图 4　6 期音乐活动消极情感分布及差异图

从表 11、图 3 和图 4 中可以看出，从第 1—6 期，在服刑人员的积极情感和消极情感测评得分都在变动。积极情感部分第 1 期活动、第 4 期活动、第 5 期活动和第 6 期活动，后测均高于前测部分，第 2 期活动和第 3 期活动低于前测。消极情感部分第 1 期活动、第 4 期活动和第 6 期活动，后测均低于前测，第 2 期活动、第3期活动和第5期活动均高于前测。每次活动积极情感和消极情感前后测的心理学统计(T检验)结果均无显著性差异。

（三）团体日记结果

在服刑人员团队日记中,绝大部分服刑人员能记录自身对本次活动的反馈和影响,以短日记的形式记录团体发生的事情,特别是小组活动中印象最深刻的事情,并记录自身在活动中的表现和感受。在团队日记的情绪打分环节,小组成员记录下自身在活动过程中体验到了自身的哪些情绪,同时将情绪的程度用标识数量标识出来。

1. 团体日记中关于在服刑人员的情感记录

经过6期的团队活动,每位在服刑人员在团体日记中都记录了每次活动中自身的情绪和情感变化,有部分服刑人员通过对活动的内容展现自身的情绪情感状态,有的通过直接的情绪情感描述表现自身的情绪情感状态。其中,通过活动内容展现自身的情绪情感状态有:“我们对这种活动感到高兴,音乐游戏体验中的乐趣、玩的快乐高兴,听音乐放松时感觉不错,我觉得在老师的音乐辅导下很快进入半睡眠状态,心情舒缓了很多,今天活动最开心,希望每天都能这样开心。”“小组游戏时让我情绪放松,暂时忘却了烦恼。”“今天的动作很有趣,它在于团结在音乐的伴奏下,我兴奋了,让我心情舒畅许多。”“我在心理活动中,总觉得在小时候玩游戏,今天在体验中,我想到了我的过去快乐时光和她,有点忧伤。”“今天的活动很愉快,也很放松。”“今天在这画一幅画,感觉到画中人孤独、欢快的过程,开心的互动。”“今天在音乐治疗会上体验中很好、能够在心态上更有所放松、今天玩得很开心,听得舒心,感觉很好,做活动和听音乐,情绪比较放松,感觉非常开心舒畅。”而在直接的情绪情感描述部分,服刑人员通过团队记录下了如下语句:“心烦和累,比以前好多了,使自己的情绪放松了许多。”“今天感到很愉快、太累太压抑,但通过活动有点让人放松、快乐且感觉全身轻松、心里很舒畅,让我心情放松了许多,全身心放松、心情放松了,感觉非常开心舒畅。”

2. 团体日记中关于在服刑人员对自身的观察

团体活动中,在服刑人员体验到了自身情感的变化,同时也通过活动反思自己,服刑人员在团体日记中写道:“在活动中让我感觉到在放松状态下,更能做得圆满,在很短的时间里写出来或画出来的东西,应该是很好地表现了内心的想法。”“我们任何一个人都或多或少有那份对家庭的担忧，使我想起了我在监狱外的生活与家中那份快乐与哀伤”“通过这次音乐活动，我感到自己的心理感觉很好。”“这次的活动刚开始有细微的紧张，然后在活动中得到了快乐，到最后的放松，让我身心感到愉悦”“活动前后落差太大了，不想过去情形，这是两个世界。能够静下心来听从老师的指导，放松自己的压力来享受音乐对自己的心理调节，在整个活动过程中，感觉自己的情绪较上次轻松了很多，更加专心地投入到活动中去。”“心情是愉悦的，很有兴趣参加此类活动，通过音乐来调整自己在改造中的心态，舒缓现在的压力。”“在今天的活动中，让我暂时忘记了自己现在的处境，放松情绪，开心了很多，有种和社会外界近了一点等感觉。”通过这些日记中的词语表述，细心地体验了自身的情感变化。

3. 团队日记中关于团队其他成员的观察

音乐团体活动，要求小组成员们积极的相互配合，通过观察小组其他成员，在6期团体活动日记中，关于团体成员的记录有：“我们小组表现最好的是孙×（为保护团体成员隐私及其权益，涉及团体成员名字以×替代，下同），有点欠缺团队意识。”“今天下午活动的开展，让我感受到大家基本都能够融入进去，去感受音乐给人身心带来的放松，特别是当中有一位年迈的老人，而且又是文盲，他也能很专心地投入，让我在接下来的活动中更加增添了信心。”“今天自己在小组中表现最好的是合唱，整个团体成员逐渐体会到游戏的快乐和对游戏节奏的适应，表现得很开心。”“有的小组成员因为自身条件的原因，跟不上节奏，但一直尽力在学，态度非常认真，大家做动作很高兴，因为很少有机会一起做活动。”“如何与同伴配合、团体的配合不能只靠自己，需要众人一起来努力。”“还是和全体参与活动的人开心做游戏，比较有默契，大家很开心，相互主动配合。”

4. 团体日记中关于自身情绪体验的评价

图5系活动组服刑人员在团体日记中记录描写此次活动中出现情绪体验词汇的频率分布。

图5显示，放松、开心、兴奋、热情等积极词汇出现频率较多，分别占17.70%、16.05%、14.81%和8.64%，占总比例57.20%；消极词汇为心烦和急躁，约占总比例7.41%。

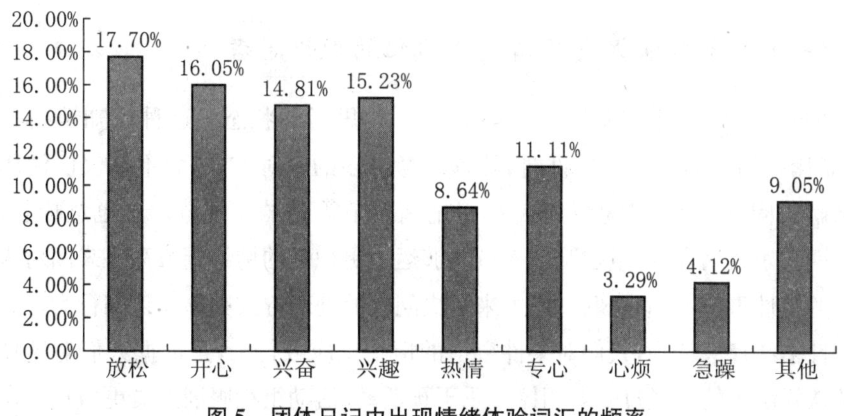

图 5　团体日记中出现情绪体验词汇的频率

团体日记中部分服刑人员也对活动指导老师做出了一定的评价。有的服刑人员写到活动中有些人精神不集中，但经过老师的辅导，人能集中精神；有的提到老师的教学方式比较新颖、易让人接受；有人对老师的钢琴技巧进行了描写，说老师的钢琴弹得很棒、很赞，令我回想中学时的快乐时光；有服刑人员写道："活动印象比较深刻的是老师带领游戏的环节，原本大部分人没有积极性，现在大家都被带动起来。"大家还特别写道："最深刻的是 6 人分成小组参与活动，老师的赞赏印象深刻，老师会鼓励。"在最后的一次团体活动中，大家用"很不舍得"等富有情感的词汇来写自己的结束感言。

五、结果讨论

在 6 期音乐活动中，老师通过破冰、热身和鼓圈主题等音乐活动，结合音乐放松和想象，激发服刑人员的积极情感，降低服刑人员的消极情感。数据显示，通过 6 期音乐团体干预活动，活动组和对照组的前后测差值在沉思方面存在显著性差异。这表明，通过 6 期活动后，活动组和对照组成员在面对负性事件时，运用理性分析这一认知策略方面存在显著性差异。当人们在面对负性事件时，特别是情绪型暴力犯习惯以暴力的方式解决问题，这也表现在对他人情感思维的理解上。通过音乐活动的开展，改变情绪型暴力犯罪服刑人员在面对负性事件时的认知策略，让他们学会用一种非暴力的方式来应对。

（一）音乐疗法促发情绪型暴力犯的理性思考

理性分析即认真、深入地思考，进入一种思考的状态。这种认知策略的调整，能让我们在面对负性事件时，能够思考更多的应对方式，而不是仅仅使用暴力来解决问题。理性分析策略是积极情绪调节策略的一部分。这也意味着，通过 6 期音乐活动，活动组在服刑人员能够运用更积极的情绪调节策略来面对未来发生的负性事件，从而降低以暴力来解决问题的处理方式频率。认知行为疗法中的理性情绪疗法认为，人们对某件事情的情绪反应或行为，是依据人们对这件事情的认知决定的。经过 6 期团体音乐干预活动，活动组在服刑人员更擅长使用沉思这一积极的认知策略，也促使服刑人员在情绪反应和行为上更加积极。

音乐疗法之所以能够促进情绪型暴力犯的理性分析，其原因可能在于：一方面每期音乐活动的安排，都设置有个人表达和团队协作，活动让服刑人员通过乐器的敲击、歌唱或者想象过程去学会表达自身的情绪。通过团队协作学会倾听其他服刑人员利用乐器敲击表达出来的自身情感，同时利用自身的音乐素材回应团队成员，强化团队成员之间的交流。另一方面，设置团体日记环节，让服刑人员进一步反馈项目活动的自身体验，积极关注自身的情绪变化，同时在关注自身之余去观察其他服刑人员，进而对自身表现进行评价。同时，在音乐背景下进行绘画创作，并进行绘画作品观察分析，每一幅绘画作品都表现出每名服刑人员不同的当下情绪体验，将内心的情绪体验通过绘画作品表达出来。每次活动过程中都引发了服刑人员对自身情绪的关注，唤起他们的情绪觉察，提升理解和感知他人情绪的能力，促进情绪型暴力犯的理性分析，增强对自我的控制能力。

（二）音乐疗法唤起了更多积极的情绪体验

积极和消极情感测量结果显示，音乐疗法通过非语言的表现形式，触发了服刑人员大量的情绪情感表达，既有积极情绪体验，也有消极情绪体验，但更多的体验还是积极情绪。6 期音乐活动中，第 4 期活动促使服刑人员的积极情感得到提升，第 2 期积极情感出现下降，第 3 期消极情感得到降低。以上 3 期消极情感得以提高，不同的音乐活动设置，促发了服刑人员不同的情绪体验，使服刑人员对情绪的体验更深刻。

服刑人员团队日记也进一步验证了每期音乐中活动组服刑人员的感受。在描述自身在活动中的情感体验和情感变化时，57.20％的服刑人员记录下较为积极正向的情绪体验,有 7.41%服刑人员记录了负性的情绪体验。积极的情感体验为放松、开心、兴奋和热情,在其他记录中也进一步验证了这个过程。在日记中,很多组员提到心情舒缓了很多,活动很开心,游戏让他们忘却了烦恼,表现得很兴奋,整个过程非常欢快。这些情绪体验的词语描述或者记录,都体现出 6 期音乐团体干预活动,能充分调动服刑人员的情绪情感体验,利用活动设计,去影响服刑人员,调整其情绪状态,同时也能进一步让他们关注自身的情绪变化。有服刑人员写道在活动中自己觉得很烦,有点急躁,不积极,同时也能观察周边其他服刑人员的状态。例如有组员写道:"今天下午活动的开展,让我感受到大家基本都能够融入进去,去感受音乐带给人的身心带来的放松,特别是当中有一位年迈的老人,而且又是文盲,他也能很专心地投入,让我在接下来的活动中更加增添了信心。"情绪型暴力犯犯罪往往是由消极情绪促发,在服刑生活中往往也伴随很多消极情绪,而音乐活动更多地让其体验到积极情绪,将有助于改善情绪控制,维护心理健康。

(三) 音乐疗法效果的个案反馈

通过主管民警观察、个别访谈等形式,对顾某和孙某进行了跟踪。发现音乐疗法在唤起积极情绪、促发积极思维、改善服刑心态方面发挥了积极的作用。

个案一:顾某,43 岁,因情感纠纷故意杀人而被判死刑缓期执行。他在反馈信中写道:"入狱以来,经过政府警官的教育和各类大课学习,自己在改造中的心情有所释放,但面对监狱、家庭和人际关系等种种影响时,仍感到压抑和沉重,似乎被一块石头压着,能够动却放不开,又似乎如一扇有缝隙的门,看得见却推不开,时而迷茫,时而焦虑,总是提不起精神来。对改造中的诸多事情不够主动,甚至产生了较为消极的情绪,面对漫长的刑期,自己不知怎么办。有幸参加了音乐——心灵沟通的桥梁音乐活动,随着课程的深入,音乐丰富了起来,特别是一些活泼有趣的音乐,使我感受到了节奏感和愉悦感,自己在和老师的音乐舞蹈和肢体摆动中,一种兴奋和喜悦在人心中油然而生,确实使自己忘记了烦恼,纾解了心中的症结。在后几期的音乐矫正活动中,田纳西舞、以色列民歌演唱、打击乐器伴奏等互动练习和音乐冥想活动,使自己心中流进了一股甘甜的清泉,照进了一缕温暖的阳光,仿佛使自己回到了无忧无虑的童年时代。我在想,此时才是真正的生活,只有打开心扉,才会接受阳光。通过参加活动,明显感到自己比以前快乐了许多,自己犯了罪,应该有负罪感,但这不能成为你今后人生的包袱。在认罪悔罪的前提下，自己必须对未来有所构想，毕竟生活还得继续下去，不能拘于负担、压力而焦虑和抑郁，但监狱也会滋生美好的东西，只有对未来充满信心，才会正确面对如今的服刑生活。就像音乐一样，7 个音符是多么单调，但只要将它们有机组合起来，就是一种美的表达。我们现在的服刑生活也是比较单调的，但需要我们重新组合的东西太多了，如人的心情、各类知识的输入、对未来的梦想等，只要我们拥有健康阳光的心态，就能谱写出美妙动听的旋律来。”

个案二：孙某，犯故意杀人被判死刑缓期执行。在反馈中写道：“通过参加此期音乐活动，我受益匪浅，充分了解到音乐是一种社会性的非语言交流的艺术形式，可以为参加者提供一个安全快乐的人际交往环境。音乐治疗师通过组织表达各种音乐活动，为我们提供了通过音乐和语言表达宣泄内心情感的机会。在老师的指导下，我们进行了根据美国田纳西乡村舞蹈改编的圈舞动作，对自己的节奏感、愉悦感和肢体协调能力以及人际交往能力有了一定程度的提高，人的内心也阳光了许多，一种积极的情绪在我们中间蔓延开来，在节奏练习中，嗓音练习和身体打击练习使我们充分感受到了一种愉悦的体验，一下子感觉轻松了许多。每一期心理团训的最后，是最美好的时刻，那是放松身心、天马行空的美妙时刻。在轻松音乐的伴奏下，伴随着想象的翅膀，在阳光下静静享受阳光带来的芬芳，浮躁的心逐渐平静下来。每一期活动后，回到日常的改造中，能感受到积极情绪带来的变化，也能够积极地思考一些事情。”

（四）音乐疗法的改善作用可能需要一定的周期

音乐治疗活动的高度参与性和活泼性，引发了活动的服刑人员对自身的情绪体验，同时促进了服刑人员对他人情绪的关注和体验，促使了沉思这一因子的显著性改变，而其他积极认知策略以及共情能力等未达到显著性差异。但从自尊量表统计结果来看，活动组和对照组前后测差值的对比结果，活动组高于对照组 100%；观点采择（认知共情）因子方面，活动组和对照组前后测差值的对比结果，活动组高于对照组 170.15%；而共情关心（情绪共情）因子的对比结果中，活动组平均数也高于对照组平均数 147.06%；在活动组成员应对自身体验的困扰能力（情绪共情）方面，在两组前后对比差值比较中，接受、重新关注计划、积极重新评价和理性分析等积极的情绪调节策略得分方面，活动组高于 61.19%、89.81%、825.00%和 335.82%，这也显示相关认知能力的发展和改善可能是个长期的过程。以往的国内和国际研究发现，暴力型犯罪服刑人员大量的攻击性从儿童早期就发展起来，其深层原因可能是在个体早期时曾遭遇创伤，造成无法很好地理解自己和他人的情感及思维状态，暴力成为唯一能带来安全感的影响他人或解决问题的方式。6 期音乐团体干预活动促使了沉思这一因子的显著性改变，但要彻底改变服刑人员的认知能力，这需要一定的周期。

目前，在国内运用音乐团体活动来对服刑人员进行认知和情绪情感的干预是一个全新的领域。通过 6 期团体音乐干预的活动组和对照组统计结果表明，团体音乐干预活动对服刑人员的沉思有着显著的作用，但对服刑人员整体认知的改变效果不是特别显著。同时我们也能看出，团体音乐干预活动促进了服刑人员之间沟通能力的发展，也进一步引发了服刑人员情绪情感的变化，提高了服刑人员的情绪调节能力，这也启示我们音乐团体活动在提升监狱管理人员对服刑人员情绪调节方面作用的思考，有必要通过培训监狱管理人员的团体音乐活动能力，优化监狱管理人员对服刑人员的管教方式，进而提高管理水平，创建更加安全、稳定和和谐的监狱环境。

附录

1. 测评量表(节选)

一、自尊量表(SES)(节选)

指导语：请您仔细阅读下面的句子，选择最符合您情况的一个选项，答案无正确与错误或好与坏之分，这个量表是用来了解您是怎样看待自己的，而不是您认为您应该怎样。请在相应的数字上画“○”，谢谢您的合作！

	很不符合	不符合	符合	非常符合
1. 我感到我是一个有价值的人，至少与其他人在同一水平上	1	2	3	4
2. 我感到我有许多好的品质	1	2	3	4
3. 归根结底，我倾向于觉得自己是一个失败者	1	2	3	4
9. 我确实时常感到自己毫无用处	1	2	3	4
10. 我时常认为自己一无是处	1	2	3	4

二、人际反应指标量表(IRI-C)(节选)

指导语:请您仔细阅读下面的句子,选择最符合您情况的一个选项,答案无正确与错误或好与坏之分。这个量表是用来了解您是怎样看待自己的,而不是您认为您应该怎样。请在相应的数字上画"○"。

	不恰当	有一点恰当	还算恰当	恰当	很恰当
1. 对那些比我不幸的人,我经常有心软和关怀的感觉	1	2	3	4	5
2. 有时候当其他人有困难或问题时,我并不为他们感到很难过	1	2	3	4	5
3. 的确会投入小说人物中的感情世界	1	2	3	4	5
21. 当我看到有人发生意外而亟须帮助的时候,我紧张得几乎精神崩溃	1	2	3	4	5
22. 在批评别人前,我会试着想象:假如我处在他的情况,我的感受如何	1	2	3	4	5

三、认知情绪调节量表(节选)

指导语:每个人面对负性或不愉快的经历,有自己的反应方式。下面的问题,希望你表明当你经历负性或不高兴的事情时,你最通常的想法。请仔细阅读每一条陈述句,然后在你认为能表明你通常想法的数字上画"○"。

	从不	几乎不	有时	几乎总是	总是
1. 我感到我应该被责备	1	2	3	4	5
2. 我感到我是一个对发生过的事负责任的人	1	2	3	4	5
3. 我想我在这种情况下的错误是我造成的	1	2	3	4	5
35. 我想这些错误是别人造成的	1	2	3	4	5
36. 我感到事情发生的根本原因是在别人身上	1	2	3	4	5

四、积极与消极情感量表(PNAS)(节选)

指导语:请根据您在过去一个月中的感受,在下面相应数字代表的情绪体验强度上画“○”。1 表示完全没有,数字越大表明程度越强烈。

情绪体验	评分					情绪体验	评分				
感兴趣的	1	2	3	4	5	急躁的	1	2	3	4	5
哀伤的	1	2	3	4	5	羞耻的	1	2	3	4	5
自豪的	1	2	3	4	5	警觉的	1	2	3	4	5

再次谢谢您的合作!

2. 6 期音乐活动手记及团体反馈

第 1 期音乐活动手记

一、破冰——沙蛋传递

作为本期系列音乐治疗活动的开场,在服刑人员在情绪方面略显躁动。

服刑人员反馈——5107(服刑番号):

1. 观察较仔细(此活动能进行下去的规律);

2. 总结出的要领愿意与服刑人员分享。

二、热身——节奏练习

此活动通过拍手这一简单动作,评估在服刑人员的节奏感、注意力和对指令的反馈,整体合作提高了活动的完成度。

服刑人员反馈——11670:

1. 有较好的内心节拍;

2. 迫切希望得到肯定及赞扬。

三、主题活动——鼓圈

A. 介绍乐器

B. 成员自行演奏乐器

C. 根据老师引导进行合奏

D. 配合音乐分组演奏

1. 感受到服刑人员很积极,有部分服刑人员有自己的想法及创意,但不太愿意突出自己,即不愿意进行自我展示;

2. 对活动表现出极大的兴趣——从现场及活动手记来看;

3. 有 2 位服刑人员表现出对其他乐器的好奇,并付诸行动,剩余 22 位则一直使用老师指定的乐器。

四、音乐放松和想象

从手记上看,大部分服刑人员印象最深刻或感受最深的环节就是该活动;

老师观察——7599 整个放松想象过程中一直在抖腿,略显不知所措。

五、活动总结

1. 与前期访谈回馈相比,小组配合度及活动参与积极性超出预期;

2. 服刑人员对此期活动整体评价较高。

注:在访谈中明确表达不想参与活动的两位服刑人员,在活动中表现出了一定的配合度及参与度,在活动手记中表达的对于活动的评价不低。

第 2 期音乐活动手记

一、热身

(1) 传递掌声

(2) 传递不同音色改变方向

(3) 声音传递

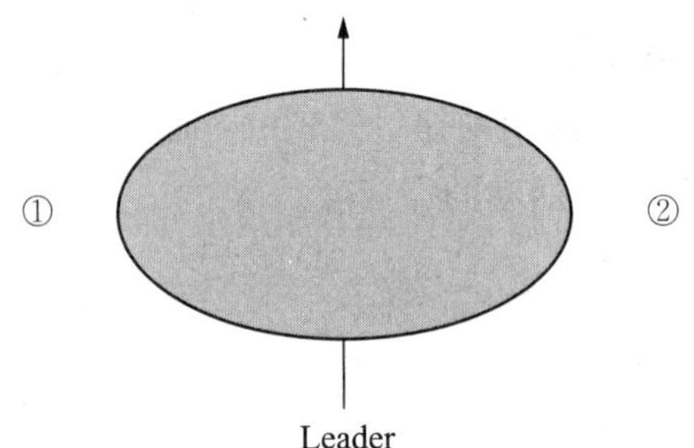

小结:①思维较跳跃,愿意尝试;②与①相比,较保守。

二、主题活动

(1) 吟唱。

(2) 节奏训练——为活动做准备。

(3) 非洲音乐——团体、分组。

小结:服刑人员对于乐器的兴趣度较高;服刑人员愿意参与吟唱这一环节;对于今天活动中的非洲音乐,服刑人员尤感兴趣。

三、音乐放松想象

主题:高山。

小结:较第一期相比,在服刑人员更易进入冥想的状态;新服刑人员在本期活动(他们的第一期)中与小组融合度较低。

四、活动总结

1570:在手记中表现较为消极,自述对活动“无感觉”“无体验”“无收获”。

1342:对现状(即自己现在所处的环境)存在逃避倾向。

11801 对自己 leader 评分为 60,而小组评分为 80。在手记中自述印象或较有收获的部分全部为小组配合部分。

13021 对自己的现状及所处环境存在明显逃避现象,在活动最开始的传声音环节配合度不高。

卞某在本期活动中所有环节都有参与,尤其是吟唱,放松想象环节“抖腿”这一动作频率减少。个人感觉其在小组中感受到的压力减少且慢慢能融入活动中。第一期活动中从面部表情观察其延伸四处飘移无法与 leader 对视且表情略为紧张,本期活动感觉放松很多。

第 3 期音乐活动手记

1. 热身活动——《你好》

通过简单律动为之后活动做铺垫:

A. 在此环节活动中,服刑人员整体投入程度及专注度较高。

B. 在队形发生变化时,服刑人员明显表现得较兴奋。

C. 在即兴传遍动作环节,服刑人员在创造性上边线较刻板(即动作为原地踏步或拍手——这两个动作是 LEADER 之前使用过的)。

5107 在创编环节使用了和之前完全不同的全新的动作;11670 有尝试进行创编,但大体并未脱离 LEADER 使用过的动作元素。

《田纳西舞》

由美国田纳西州乡村舞蹈改变的圆圈舞。

A. 在活动的“身势”部分,大部分服刑人员可以完成(此节奏型有一定难度)。

B. 在模仿部分,服刑人员兴趣度及专注度较高,但完成度较低(难度较高且场地受限)。

C. 有两位服刑人员明确提出无法完成该活动。

D. 虽然完成度低,但对组的两位服刑人员会进行讨论(就此活动)。

2. 主题活动——多重感官协调能力训练

A. 有 4 位服刑人员在第 2 期练习时按要求完成活动(皆为年轻服刑人员)。

B. 在第 5 期练习时,近一半服刑人员可按要求完成活动。

C. 在整个活动的玩程度上,基本达到 LEADER 的要求(在稳定节拍及节奏感上)。

D. 在动作协调方面,大部分服刑人员可以较好完成活动。

3. 关于画及手记

15381,在手记中表示回忆到过去与“她”的快乐时光,在画作中画了一个带女性色彩角色在一片自然风景中,但并无他本人的形象。

40850,在黄色画了一部分山和草地(及番号)后,换了较灰暗阴冷的颜色。

11670,在手记中表达了对家庭的担忧,LEADER 考虑他有愧疚,而在画作中他选择了月亮、嫦娥和玉兔,并写了一段《水调歌头》,也能感觉出思念之情。

14293,在手记中特别提到在绘画过程中他画的女性角色“孤独要死”,之后把“要死”两字又涂改。

14102,在手记中表达了自己在放松想象中情绪波动较大,与画作比较发现他将自己固化在一个框架内,空旷中只有他一个人存在。

6364,在手记中并未提及绘画,但他的画作给我们的印象最为深刻,空白画面中一张长方桌,两段各一把椅子及刀叉、盘子,桌上有花边,桌布中间放着蜡烛,椅子距离较远,烛台为橘色,其中刀叉盘为粉色,桌布、椅子为蓝色。LEADER 李认为整个画面带有情欲气息,却又带着矛盾(烛光晚餐为亲密关系的体现,但在桌椅距离上却又感受到疏远)。

第 4 期音乐活动手记

1. 热身活动——《圣诞老人》

复习上期活动与圣诞老人有关的语言与动作。

做互动。

分两组做有关“音乐问答”。

当老师问到“是否记得上周内容时”,13021 答道“不记得”,之后继续回答“上周活动我没有来”,表情比较不屑,抵触,但在老师看来,是为引起注意。

2. 主题活动——《声势》

讲述除了唱歌之外,我们的身体上也能有许多声音,并让在服刑人员各自进行探索。

按难易程度教授动作，共4组。

跟随音乐，全组服刑人员尝试共同完成动作(有分组，有合作为整体)。

当进行声音探索，大部分服刑人员只能重复老师给的素材，其中5107与11670有自己的创意，整个活动时间较长，1/3的服刑人员表示难度较高，但都在过程中努力跟随，年纪轻的服刑人员比年纪大的服刑人员接受程度要高。

3. 音乐放松想象(绘画)

放松时为草地，想象为自由想象。

总结：这一期的活动，许多服刑人员用了开心、快乐等词语表示了对活动的兴趣，感到能够释放压力，暂时远离消极情绪。

7599没有写。

13021表现出焦虑、抵触以及带有攻击性的语言。

整组人表现出很积极，希望下期参与。

在第3、4期活动中，看个别服刑人员的个性凸显出来，与初期不一样。

4. 绘画

(1) 在绘画中出现人物的数量比第一次要多(1人、2人、3人都出现)。

(2) 出现人物的情景为：童年、家庭、亲人、夫妻。

(3) 少部分画的是与上次一样的内容，以自然景象等。

13021作品：

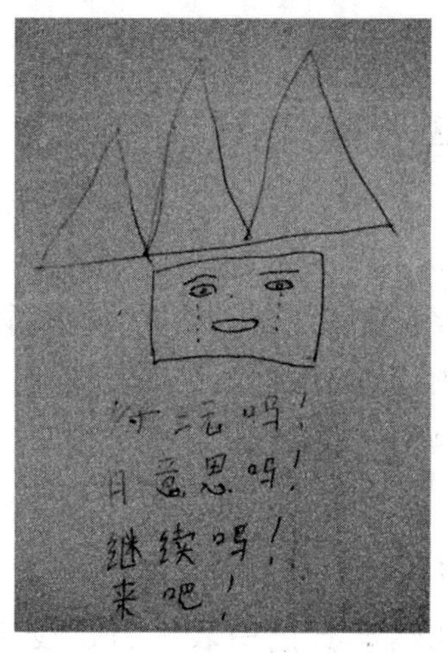

画中表现出他自己的恐惧和焦虑感，同时也希望我们感到恐惧。

语句中带有攻击性，对外界的人的愉悦、快乐不感同身受，表现出不满。

第5期音乐活动手记

1. 热身活动——复习

复习第4期活动的主题活动。

服刑人员整体对动作的完成度较上期活动要高，对于有难度的动作部分(上期无法完成的服刑人员)仍用心努力跟随。

2. 主题活动——(声势)

以不同的音响效果组合，拍手、捻指、拍腿等进行不同组合：

(1) (3)；(5)；(7)；(9)；

(2) (3)＋(5)；(5)＋(3)做2声部；

(3) (9)＋花　老师唱歌以(9)作为声势伴奏；

服刑人员很配合完成，蛮敢于尝试，与上期第一期尝试声势相比，接受速度与完成度都有所提高。

节奏感整体较之前稳定。

小组之间的配合更有默契。

3. 传递活动

部分服刑人员的稳定节拍有所提升，说明服刑人员在音乐技能上有所提高、态度积极。

4. 音乐放松想象

主题：《大海》。

7599没有出现抖腿这一行为。

5. 总结

(1) 14664在活动中出现注意力涣散及困倦。

(2) 13021因病迟到，入组时带有阻抗，活动中间曾向leader提出自己需要休息的请求。在活动中(坐着休息状态)仍用心跟随。与第4期活动完全阻抗、参与度极低的状态相比，有明显改善。

(3) 5107、1342、6364、11801在活动日记中表达出想继续参加此类活动；对活动即将结束的不舍以及对leader的感谢。

(4) 13966、14293在活动日记中表示自己受天气的影响，心情及状态不好。

第6期音乐活动手记

1. 热身活动——“练声”

以“ding、dong、bell”为发声词作为练声，分为3句形成和声结构。

第一期尝试对于嗓音音色做专门的练习，服刑人员愿意进行尝试，并不断根据leader要求修饰自身嗓音。

2. 主题活动

(1) 歌唱。

hey ye ya yi yo 是一首较有动力的歌曲，在本次项目5月份做初次尝试的时候(全监区直播)曾使用过。相隔半年之久，大部分服刑人员对这首曲子尚有印象，较快地能够歌唱此曲。

《以色列船歌》让服刑人员跟着手钟琴的伴奏歌唱。

(2) 鼓圈。这期的乐器以鼓为主，非洲鼓、巴西鼓、东贝克鼓、海洋鼓、小白鼓等，还有一些木质类与金属类乐器。

以探索音乐、节拍传递作为引导，以合奏、分声部、齐奏展开。其中，leader让每个服刑人员当leader，其他人跟随他演奏乐器，模仿节奏。

最后以歌唱与合奏相融合，小组完成作品。

13021因牙疼在活动中参与度整体较低。

5107选择了可以戴在脚上的乐器，很独特，目标性极强地选择了这个乐器并且很喜欢。

大部分对于鼓圈整个活动的满意度和参与度在手记中体现(表达)得较清晰。

3. 音乐放松+音乐想象+音乐绘画

4. 总结

这是此次项目的最后一次活动，大部分服刑人员用语言表达了自己的不舍之情。

活动的很多环节，虽然之前略有涉猎，但投入度及完成度较高。

在手记中，“很谢谢老师”“很不舍”等文句作为这次活动的结束感言。

我们在活动结束后也做了告别，作为此项目的一个句点。

5. 绘画

5200在画作中出现了含苞待放的粉色荷花、粉色荷叶及绽放的荷花一朵，还有五线谱和音符，从音符上可以看出他有一些音乐基础。

25103在画作中画了一个可爱的小婴儿。

7281、15381、6321在画作中都表现出对自由的向往及对家人的思念。

暴力犯分类矫正实证研究

——以某监狱暴力犯实验监区为例

上海市提篮桥监狱课题组

一、暴力犯分类改造的意义

自西周时期，我国关押机构就被分为囹圄、嘉石和圜土三种类型。但是，直到近代监狱改良以后，人们才有意识地进行罪犯分类探究。足可见，罪犯分类是行刑科学化的产物。我国比较正式的暴力犯分类始于20世纪90年代，司法部1991年《对罪犯实施分押、分管、分教的试行意见》，提出了“横向分类、纵向分级、分级处遇、分类施教”的分押分管分教原则（俗称“三分”）。随后，上海市监狱系统将强奸犯、暴力犯分离出来，将暴力犯分为利欲型、性欲型、称霸型、激情型四种类型。①但此后，由于多种原因，罪犯分类工作处于弱化趋势。如今，我们再度进行暴力犯分类改造，主要出于以下原因：

第一，适应社会形势的需要。暴力犯罪社会危害性大，特别我国处在社会转型期，各种社会利益和矛盾相互交错。在这样的大背景下，严重暴力犯罪的危害效应更为剧烈。暴力犯被判入狱后，监管机关运用分类方式对其科学认识与有效管理是非常必要的。

第二，适应刑事政策的需要。《刑法修正案（八）》（简称《刑八》）实施后，提高法定最高刑期、限制减刑等规定直接导致严重暴力罪犯人数增加。某监狱暴力犯占监狱整体押犯比例为34%。笔者从事实证研究的二监区占到了46%，其中22名限制减刑罪犯中暴力犯为20名，占90%的绝对多数。并且，随着《刑八》作用的显现，暴力犯关押比例升高的趋势将会继续增强。在监狱资源有限的情况下，如何探寻暴力犯差别化的管理、矫正手段，暴力犯分类成为必然选择。

---

① 陈士涵：《罪犯分类模式新探》，《监狱学刊》1996年第4期。

第三,适应监管形势的需要。从监管实践来看,非暴力犯违纪以教育学习、生活卫生等一般性违纪为主,而暴力犯违纪更多表现为打架、自伤自残等方式,管理难度大,危险性高。在严重暴力犯罪多发、暴力犯关押比例升高的情况下,如何提高暴力犯管控水平、降低暴力犯狱内危险程度成为罪犯教育矫正的又一重点内容。

第四,满足矫正实践的需要。笔者在暴力犯矫正实践中发现,尽管暴力犯群体被统一冠以"暴力犯罪"的标签,但暴力犯内部并非铁板一块,而是存在着明显的内部分化,如:有的罪犯犯罪恶习深,崇尚暴力,主动实施暴力犯罪;有的罪犯社会行为一贯良好,在受到威胁情境下实施暴力犯罪;还有的罪犯原本没有暴力动机,在激惹情况下情绪失控,导致暴力惨剧发生。暴力的归因不同,施以的矫正方法也不同,只有区分暴力犯内部类型差异,才能施以科学的矫正方法。

第五,探索矫正规律的需要。罪犯分类研究日益受到重视,但也暴露出一些问题,如分类标准不一、体系混乱、基础薄弱。客观地讲,我国目前尚不具备研究全部罪犯分类的条件。因此,选取具有典型性的暴力犯进行分类研究,分析不同类型暴力犯特点及矫正措施,就是先从"小切口"取得突破,然后再以点带面,探索理论、方法上的规律,最终带动罪犯矫正工作的全面提升。

综上,笔者对"暴力犯"进行内部再分类,并进行不同类型暴力犯矫正研究,就是因为暴力犯具有较其他类型罪犯更深的犯罪恶性、更强的社会危害性、更高的狱内危险性、更大的矫正难度;同时,暴力犯犯因性特点暴露得更为明显,可供民警收集掌握的信息更为充分、可资利用的矫正手段更为丰富、能够把握的矫正规律也更为深刻;并且,暴力犯内部存在着类型分化,探寻分类矫正方法将为我们科学认识暴力犯甚至科学认识罪犯提供契机,也为我们探索罪犯的分类矫正提供规律性认识。

二、文献综述

为了更为深入地研究暴力犯分类矫正,课题组对国内外有关暴力犯罪和分类矫正的相关研究进行了梳理。

(一) 暴力犯罪研究

暴力犯罪研究中,产生较早且广泛影响的当属意大利犯罪学家龙勃罗梭。

龙勃罗梭对意大利著名土匪头子维莱拉的头颅进行解剖，发现其头颅枕骨明显异于常人，在对几千名犯人作了人类学调查，并进行了大量的尸体解剖后，他最终在1876年出版的《犯罪人》一书中提出了天生犯罪人理论，认为一些人惯常于犯罪的原因就在于原始人和低等动物的特征在他们身上得到了重新繁衍。天生犯罪人理论一经传播，马上遭到来自各方面的抨击。[①]龙勃罗梭在后期的著作中也修正了自己的观点，从只注重犯罪的遗传等先天因素，转而把犯罪原因扩大到地理环境与社会环境等后天因素的影响。

英国学者坎特在《犯罪的影子：系列杀人犯的心理特征剖析》一书中对杀人犯罪案例进行剖析，通过犯罪人在犯罪现场留下的痕迹，对人格、生活习惯、工作、生活等方面特征的刻画，对于排摸、锁定犯罪人的范围开辟了一条新的道路。另外，坎特的研究方法也很具有借鉴性。在接到一个案子后，他不急于对犯罪人的特征进行描述，而是先查找以往类似犯罪的一些资料，总结出犯罪人的行为规律，然后做出预测，这种科学的态度和经实践验证的方法有很强的推广作用。此外，坎特在论述案例过程中运用了大量有关犯罪学、心理学、犯罪统计、犯罪人分类、犯罪的社会与环境等理论。[②]

斯坦福大学教授菲利普·津巴多教授是1971年著名的"斯坦福监狱实验"的主持人，他在《路西法效应：好人是如何变成恶魔的》一书中详尽记述了那次实验的经过：津巴多教授征集了24名志愿者参与监狱生活的研究，他从24人中随机抽出一半，让他们饰演监狱的看守，余下的一半饰演囚犯。志愿者们被告知，如果被分派去饰演囚犯，他们可能会被剥夺公民权利，并且只能得到最低限度的饮食和医学护理。研究开始时，志愿者相安无事，但随着时间的推移，"囚犯"们逐渐不满起来，撕掉囚服上的编号、拒绝服从命令、取笑看守。看守们采取的反制措施包括强迫囚犯做俯卧撑、脱光他们的衣服、拿走他们的饭菜、关禁闭等，最后局面完全失控，实验在暴力冲突中只持续了6日便被迫终止。[③]

美国凯旋心理咨询中心的专家在《家庭冷暴力与情感失衡》一书中，通过对家庭内部不可忽视的"冷暴力"剖析，使大众了解"冷暴力"到底是什么，具有怎

---

① [意]切萨雷·龙勃罗梭：《犯罪人论》，黄风译，北京大学出版社2011年版。

② [英]坎特：《犯罪的影子：系列杀人犯的心理特征剖析》，吴宗宪译，中国轻工业出版社2003年版。

③ [美]菲利普·津巴多：《路西法效应——好人是如何变成恶魔的》，孙佩妏译，生活·读书·新知三联书店2010年版。

样的产生机理和潜在危害。家庭冷暴力不同于肢体上激烈的暴力行为，更多地是通过暗示威胁、语言攻击、漠视、经济和性方面的控制等多种非直观的方式呈现，达到精神折磨对方的目的。这种方式产生的心理压力不仅会使家庭关系陷于隔阂与不信任，更会使亲密决裂，夫妻形同陌路，家如冰窖，最终幸福的家庭分崩离析；并且，在冷暴力作用中催生的情感失衡容易上升为肢体暴力，在情感失衡作用下，冷暴力向肢体暴力的转换往往是异常剧烈的，甚至导致不可逆转的家破人亡悲剧。冷暴力与情感失衡不能仅从表面处理，只有夫妻间深入沟通，重视倾听，找到对方的心灵密码，问题才能彻底解决。①

除了有关暴力的著作之外，一些学者提出了有关暴力攻击的理论观点，如美国心理学家库恩对"挫折—攻击"理论进行了发展，认为在挫折情况下，人们会做出两种不同的反应：一是坚持。这是一种健康行为，通过坚持可以克服障碍和挫折，使自己的需要得到满足。二是攻击行为。"如果攻击行为能够除掉障碍，那么，它同样是一种正确的反应"，但同时又指出"直接的攻击行为常常具有破坏性，在现代社会中是不允许的"。挫折产生于动机受阻，随着动机的强度、紧迫感或重要性的提高，人的挫折感也会增大，产生暴力行为的可能性也随之增大。②

国内有关暴力犯罪的研究中，方福建在实地走访、考察了解大量第一手资料的基础上写成《血泪之鉴——对 24 起重大刑事案件的犯罪学思考》一书，他通过对吴晶晶被害案、古格银眼被害案、杨佳袭警案、太原警察打死北京警察案、沈阳"1·18"爆炸抢劫运钞车案、郑州"12·9"抢劫银行案等曾经轰动社会的重特大暴力案件的剖析，展现暴力犯罪给被害人和社会造成的巨大危害。在对犯罪心理和犯罪过程进行剖析的同时，也分析了被害人在自身防范中暴露出的不足，并为预防和减少暴力犯罪提出了对策。③

李玫瑾教授是国内犯罪心理学界的权威专家，她在《犯罪心理研究——在犯罪防控中的作用》一书中通过大量案例向人们解答下列问题：实施暴力犯罪的人是怎样的人？他们为什么要实施暴力犯罪？他们实施暴力犯罪是出于什么样的心理？带着这样的疑问，李教授从缺陷人格、反社会人格、犯罪人格等不

---

① ［美］凯旋心理咨询中心：《家庭冷暴力与情感失衡》，外文出版社 2012 年版。

② ［美］库恩：《心理学导论：思想与行为的认识之路（第 9 版）》，郑刚译，中国轻工业出版社 2004 年版。

③ 方福建：《血泪之鉴——对 24 起重大刑事案件的犯罪学思考》，法律出版社 2011 年版。

同的人格心理特征进行犯罪学剖析。特别地，李教授提出了意结类、知结类、情结类三个不同的犯罪心理类型，从心理学角度对犯罪人分类进行实证研究。①

国内有关暴力犯罪研究中，“恶逆变”理论成果颇丰。早在20世纪80年代初，汤啸天教授就指出，在流氓、强奸案件中被害人绝大多数都是女青少年，其中有一部分女青少年被害后呈现“中毒状态”，发生与被害逆向的恶性变化，以受害者和害人者的双重身份出现，这就是女青少年被害后发生的恶逆变。②何敏指出，被害人恶逆变犯罪是指曾经遭受犯罪侵害的被害人，由于其合法权益受到犯罪行为侵犯，在不良心理的支配及其他因素的推动下实施的犯罪行为。影响恶逆变犯罪发生因素较多，包括被害人因为犯罪侵害而遭受各种损失这一直接或间接的诱因，被害人自身存在的情绪意志、气质性格和认知等方面的消极心理因素，以及作用于被害人的不良社会环境因素。③林少菊认为，女性被害人是恶逆变犯罪的高发人群，在女性犯罪人中，犯罪前有被害情节的占很大比例，尤其是在家庭暴力中属于主要被害群体。④另一个容易在恶逆变中产生由被害到施害转化的群体是未成年人，他们在犯罪前几乎没有任何违法犯罪记录，往往是受到各种侵害，在长期忍受精神和肉体痛苦同时，心中的怨恨、绝望不断增长，当忍无可忍时爆发出突然性的暴力犯罪。⑤

笔者对国内外暴力犯罪研究进行梳理后有如下几项发现：第一，暴力犯罪研究运用的学科十分广泛，涵盖了侦查学、心理学、人类学、社会学、统计学等多种学科，说明暴力犯罪现象是复杂的，有关暴力犯的研究也必然涉及诸多综合学科。第二，暴力犯罪研究运用了大量专业技术，如龙勃罗梭对土匪头目等大量个案生理、精神特征的收集和分析；坎特教授收集资料、锁定和排摸罪犯特征的方法；李玫瑾教授“为犯罪心理画像”技术等，这些技术在暴力犯研究中都应当得到借鉴。第三，情绪因素在暴力犯罪中发挥重要作用。美国凯旋心理咨询中心专家在家庭冲突中发现情绪能够导致夫妻间的“冷战”，而“冷战”又能够向暴力伤害转化；库恩发现挫折情绪能够引发严重的暴力行为；李玫瑾认为不良情绪在暴力犯罪中发挥重要作用。第四，暴力犯罪研究逐渐深入，很多传统认

---

① 李玫瑾：《犯罪心理研究——在犯罪防控中的作用》，中国人民公安大学出版社2010年版。

② 汤啸天：《女青少年被害后恶逆变初探》，《青年研究》1984年第11期。

③ 何敏：《被害人恶逆变犯罪探析》，中国政法大学，2007。

④ 林少菊：《浅析女性犯罪人由被害到犯罪的“恶逆变”》，《公安大学学报》2002年第1期。

⑤ 王临平、赵露娜：《防止未成年被害人恶逆变》，《青少年犯罪问题》2001年第3期。

知正在被刷新。不论龙勃罗梭对抢劫、杀人等暴力罪犯较为直观的观察和记录，还是方福建对暴力犯罪的个案描述，都表现了人们对暴力犯罪的传统认知：凶残和冷血。但津巴多教授关于“路西法效应”的研究给人以更多启示：在特定情境下，性格温顺的“好人”能够向野蛮粗暴的“坏人”转化。恶逆变理论也支持津巴多教授的观点：在侵犯情境下，作为被害人的女性和青少年能够向犯罪人转化。因此，我们必须对主动和被动两种不同的暴力罪犯进行区别研究，并采用不同的矫正方法。第五，尽管暴力犯罪的危害十分巨大，但很多学者的研究都向我们证实，调动个人、家庭、社会、刑事政策等各方力量，暴力犯罪是可防可控的，暴力犯是能够成功矫正的。

（二）罪犯分类矫正研究

在国外罪犯分类工作中，分类标准多样，但以危险程度为主，十分重视危险因素和暴力因素的收集研判，如英国依照罪犯危险程度将罪犯警戒等级分为三级、全封闭式、半封闭式、开放式监狱。在狱政管理实践中，罪犯被划分为A、B、C、D 4个类型。A类罪犯指脱逃将给公众和社会带来最严重危险的罪犯；B类指因为严重犯罪而被判处监禁的罪犯，尽管不使用最大防范措施，但罪犯是难以脱逃的；C类罪犯是令人难以相信犯罪，在自由开放条件下能够服满刑期，不具备逃跑能力；D类罪犯是可以相信在开放条件下服满刑期的罪犯。[①]在罪犯管理方面，美国以危险程度划分为3种类型：A暴虐——侵害者型，B柔弱——受害者型，C普通型——既不实施威胁、也不接受侵害。[②]在罪犯分类系统中，美国以两套量表为主，注重分级测量。第一套是初始量表，重视那些与过去的犯罪和在监狱中服刑有关的因素，这些因素包含了以前暴力犯罪的历史等8个项目的分类量表。第二套为后续量表，包含了狱内暴力行为等4项内容。[③]日本的罪犯分类主要包括收容分类和处遇分类两大部分。收容分类是以收容设施内的区划为基准的分类，分类标准是罪犯犯罪倾向程度，共包含了16个级别；处遇分类是以罪犯处遇级别为分类标准，共包含了7个级别。[④]加拿大对罪犯进行入监评估，然后将其分别投入高、中、低戒备等级监狱。韩国、瑞士等国

① 吴宗宪：《当代西方监狱学》，法律出版社2003年版，第223—226页。

② 同上书，第213页。

③ 同上书，第220—222页。

④ 翟中东：《行刑个别化研究》，中国人民公安大学出版社2001年版，第214页。

也都十分重视分级处遇，以罪犯改造表现为标准，将其划分为从高到低的不同层级。[①]总体来看，外国监狱在罪犯分类中十分重视罪犯年龄、犯罪行为、罪名、刑期和逃跑危险程度等指标，这些指标主要考察罪犯的危险等级，着眼点在于监狱安全，并以上述指标为基础进行分类管束和分级处遇。

我国比较正式的罪犯分类始于20世纪90年代。司法部于1991年颁布了《对罪犯实施分押分管分教的试行意见》，提出了“横向分类、纵向分级、分级处遇、分类施教”原则，采用规划定点、新收分流、先进先出、由杂而纯、逐步定型的步骤开展工作。以此原则为指导标准，我国对罪犯实施分类改造的总体构思是“三分”，即分押、分管、分教。随后，上海市监狱系统将强奸犯、暴力犯分离出来，将暴力犯分为利欲型、性欲型、称霸型、激情型四种类型，并依照类型特点进行分类矫正。[②]江苏省未管所将未成年犯划分为过失型、习惯型、攻击型和压抑型四种类型，对每一类未成年犯特征进行概括，进行行为强化和行为养成教育。[③]一般地，我国大多数省份在罪犯分类中落实三个步骤：一是初始分类。该项工作由新犯分流中心完成，包括分类信息调查、分类鉴定，并将新收罪犯分流到相应监狱。二是二次分类。该项工作由各接收新犯的监狱完成，监狱根据新犯分流中心提供的分类调查鉴定材料，按照监狱所设功能监区的设施条件和职能，将罪犯分押到相应监区。三是调整分类。此时的罪犯分类对象是罪犯个体，即根据罪犯服刑期间身体状况、危险程度和改造表现的动态指标，对罪犯作出分类调整。

总体而言，我国罪犯分类矫正工作取得长足进展，在信息收集、新收分流、分管分教中摸索出了一套办法，但仍然存在较为严重的三个问题：第一，罪犯分类标准简单、粗放，缺乏系统性、规范性。[④]分类标准混乱导致无法提取类型特征，难以将分类工作复制和推广。不可否认，分类目的不同，分类的标准就会有所不同，罪犯分类标准和类型不能强求统一，但必须明确分类标准的指导因素，以达到类型系统的完整统一。第二，罪犯分类能够依据一定标准，确定了具体类型，明确了类型特征，但类型特征的主观成分过强，缺乏实证检验，所谓的“特征”难以反映类型的最突出属性。第三，类型特征与矫正项目脱节严重，出现了

① 周倩：《中外罪犯分类的比较研究》，《北京政法职业学院学报》2008年第2期。

② 陈士涵：《罪犯分类模式新探》，《监狱学刊》1996年第4期。

③ 徐肖东、李凤奎：《未成年犯问题行为规训模式研究》，《犯罪与改造研究》2014年第9期。

④ 滕满：《新形势下我国罪犯分类制度的完善》，《中国司法》2011年第4期。

"两张皮"现象。有研究者将这种不足称为"分类标准细化但后续措施趋同",即不同类型罪犯最终被施以不加区别的矫正手段,"使罪犯分类没有后续的、系统的、有针对性的管理教育措施作支撑,难以达到预期目的"。①

罪犯分类的不足应当在暴力犯分类中得到弥补,因此,本研究力争取得如下三点突破:将犯因性因素作为暴力犯分类标准,在系统排查暴力犯犯因性因素过程中科学划分暴力犯类型;在犯因性信息归纳总结的基础上,进行犯因性因素与暴力犯类型的相关性分析,提取每种类型的犯因性特征;将矫正项目与每种类型犯因性特征有效衔接,提高矫正的针对性和有效性,做到对症下药。

三、相关概念界定

(一)暴力犯

暴力犯概念要从暴力及暴力犯罪的角度来加以阐述。犯罪学家梅传强从广义与狭义两个方面界定暴力犯罪:广义的暴力犯罪指使用暴力或以暴力相威胁方法为特征的一切犯罪活动;狭义的暴力犯罪,通常指以暴力或暴力相威胁直接侵犯或危害公民人身权利、民主权利的犯罪,一般包括杀人、伤害、强奸、抢劫等罪名。通常而言,犯罪学采用狭义的暴力犯罪概念。与其相对应,暴力犯主要为涉及故意杀人、伤害、抢劫、绑架、爆炸、聚众斗殴等罪名而被判刑入狱的罪犯。有研究显示,性犯罪再犯的预测指标不同于暴力的非性犯罪再犯的预测指标,谨慎的做法是分别评估性犯罪再犯和非性犯罪再犯的风险。②从改造罪犯的角度来看,性犯罪有着不同于其他暴力犯的心理和生理机制,通常单独作为一类罪犯来评估分类,因此本研究中探讨的暴力犯分类不涉及性犯罪者。有观点认为,抢劫的犯罪客体是财产而非人身,因而不应将其纳入暴力犯罪中。但本研究认为,抢劫不仅是8类严重暴力犯罪之一,而且致人死亡、重伤的抢劫犯罪与故意杀人等暴力犯罪在犯罪预备、犯罪过程等方面有很多相似之处,轰动全国的白宝山、周克华抢劫杀人案就能证明这一点。因此,抢劫犯应当列为暴力犯研究对象。

---

① 姚学强:《罪犯分类存在的问题及分流新体系的构建》,《犯罪与改造研究》2014年第11期。

② [英]霍林:《罪犯评估与治疗必备手册》,中国轻工业出版社2006年版,第40页。

我国刑法有数罪并罚的规定。在本研究中，不论一个罪犯有几个罪名，只要本次因暴力犯罪判处刑罚，收监执行，都是本文界定的暴力犯。为了提高信息收集的可靠性，前科为暴力犯罪而本次为非暴力犯罪的罪犯，不作为本次暴力犯的研究范围。

（二）犯因性因素

吴宗宪在《罪犯改造论——罪犯改造的犯因性差异理论初探》一书中对国内外有关“犯因性”的概念进行了较为全面的梳理，系统地阐述了犯因性差异理论，并用“犯因性互动”“犯因性差异”等理论观点说明犯因性差异理论与罪犯改造的诸多关系。吴宗宪认为，“犯因性”概念具有三个特征：犯因性因素对犯罪心理或犯罪行为起到了推动作用；对犯因性不应区分犯罪根源、犯罪原因、犯罪条件等；犯因性因素包括了心理、生理、社会、自然等各种“主观因素”和“客观因素”，“是一切与犯罪心里的形成和犯罪行为的实施有关的因素”。①最后，吴宗宪用大量篇幅论述了犯因性与改造活动的各种关系，并力图用犯因性理论促进罪犯改造活动的开展。

王牧在《新犯罪学》一书中论述“个体犯罪行为发生的机制”时，讨论了“犯因性个人因素”和“犯因性环境因素”。前者包括心理、行为、生理 3 项因素，后者包括家庭、教育、亚文化、大众传媒、经济状况、执法水平和物质影响等 8 项因素。②

宋行认为，犯因性问题是指具有犯罪原因性质的各种因素。犯因性问题具有客观性、差异性、综合性、层次性和可矫性等特征。在罪犯改造活动中，监狱要实现矫正目标，应以罪犯的生物、生理、心理和社会环境为分析维度，科学认识罪犯的犯因性问题。③

在矫正实践中，江苏有 4 所监狱用循证矫正方法对罪犯犯因性进行评估，将犯因性需求划分为 4 个测量指标：反社会人格、管理情绪能力、人际交往能力和就业能力。《法制日报》将犯因性需求的具体操作实践和效果进行了报道。④

---

① 吴宗宪：《罪犯改造论——罪犯改造的犯因性差异理论初探》，中国人民公安大学出版社 2007 年版。

② 王牧：《新犯罪学》，高等教育出版社 2010 年版，第 101—128 页。

③ 宋行：《罪犯犯因性问题研究》，《中国监狱学刊》2012 年第 3 期。

④ 孙春英：《江苏 54 名高风险犯首试循证矫正》，《法制日报》2013 年 7 月 17 日。

本文犯因性因素概念综合了以上观点，涵盖罪犯生理、心理、家庭、社会、成长、犯罪活动、可改造因素等各个方面，既是促进或推动个人实施犯罪活动的一切因素的总和，又是监狱矫正罪犯时所针对的各项因素。

四、暴力犯犯因性因素排查与类型划分

分类是最为基本的方法论之一，分类的目的在于揭示事物的本质特征及其联系、相互作用的方式、功能及发展状况。分类的前提是对事物内部构成因素进行全面、细致的了解。就暴力犯分类而言，应当对暴力犯犯因性因素予以详尽收集与分析。为了科学确定暴力犯类型，我们对暴力犯的犯因性因素进行了排查。

（一）暴力犯犯因性因素排查

犯因性因素排查主要从 5 个方面进行：一是在犯群中开展动员教育和信息收集工作。我们组织暴力犯书写“我的成长史”“我的犯罪史”“我对法院裁判的认识”和“我的改造状态”“四书”。民警对“四书”信息进行检验、总结，为犯因性因素收集提供参考资料。二是多种途径收集信息。我们通过翻阅档案、查阅狱政信息、个别谈话、日常观察，以及信件、电话、接见等各个方面加强犯因性因素收集，同时为问卷编制提供犯因性因素指标。三是进行结构性信息汇总。民警通过国内外相关文献资料收集、梳理，在工作实践和理论学科两个方面提炼暴力犯犯因性因素，形成“基本人口特征”“犯罪事实”“服刑状况”等 5 个结构性指标和 47 项犯因性因素的信息调查及汇总。四是在心理健康指导室的帮助下，以国际上公认的“风险—需求—反应”原则为基础，综合国内外相关评估工具研究成果，设计“暴力犯风险和改造需求评估表”，涵盖暴力史、暴力态度、反社会、冲动性等 16 个方面的高风险因素。五是通过暴力犯个案排查犯因性因素。以个案为抓手，提升民警收集、分析、研判犯因性因素的能力，并将具有典型性、代表性的个案作为重点剖析对象，通过民警讨论与总结，提高犯因性因素排查覆盖面和准确性。

（二）暴力犯类型划分

在犯因性因素排摸的基础上，通过演绎推理和归纳推理相结合的方法寻找暴力犯类型特征，据此设计暴力犯类型。

1. 暴力犯类型的演绎推理

演绎推理是从一般到个别、从理论预期到经验观察的思维方法，其主要特点是将公理作为演绎的逻辑出发点。[①]在演绎推理过程中，笔者借鉴了犯罪类型和社会行动类型理论。美国哥伦比亚大学斯通教授在其专著《解剖恶魔》中，将暴力行为划分为表达型和工具型两类。表达型暴力主要为发泄不良情绪所致，受外部情境影响明显，暴力实施者的主观参与能力较弱，暴力的计划性不强；工具型暴力主要为达到特定目标而实施，受外部影响较小，暴力实施者的主观参与能力强，暴力的计划性较强。[②]德国社会学家韦伯在《经济与社会》一书中，以行为者的理性程度为标准，提出了社会行为的四种类型划分，即传统习惯行为、情感行为、价值合理性行为和目的合理性行为。[③]我国犯罪学家吴鹏森、郭新华等人依据韦伯社会行为理想类型将犯罪行为划分为功利取向型、价值取向型、情绪冲动型和传统习惯型 4 种类型。[④]上述类型理论为我们进行暴力犯分类的演绎推理提供了帮助。

2. 暴力犯类型的归纳推理

归纳推理是从个别事实中推演出一般原理的逻辑思维方法，其主要特点是对经验事实加工处理，做出带有一般规律性的结论。[⑤]在对暴力犯犯因性因素排摸的基础上，我们发现暴力行为受两种情况影响较大：一种在主观意识的作用下发生，暴力行为具有很强的目的性和计划性，犯罪主观恶意较强，暴力行为具有主动倾向、借助斯通教授的理论，我们将其称为工具型暴力犯罪；另一种暴力犯罪是在外部情境的作用下引发，具有很强的情绪爆发性，犯罪主观恶性较弱，暴力行为的被动倾向明显，我们将其称为表达型暴力犯罪。

工具型暴力犯罪又可分为两类：一类暴力犯表现出很强的功利性，以掠夺手段为主，目标既包括财产，又包括他人的健康或生命；并且，暴力犯罪具有较强的计划性，"两抢一盗"中的抢劫犯罪是典型类型。另一类通过暴力解决争端，或通过暴力寻求自我认同、巩固地位；并且，称霸心理和行为形成较长时间，固化为一定形式的恶习，涉黑犯罪中的团伙头目是此类暴力犯的典型。

---

① 范伟达、范冰：《社会调查研究方法》，复旦大学出版社 2013 年版，第 58 页。

② ［美］斯通：《解剖恶魔》，晏向阳译，译林出版社 2011 年版。

③ ［德］马克斯·韦伯：《经济与社会》，林荣远译，商务印书馆 2004 年版，第 56—57 页。

④ 吴鹏森：《犯罪社会学》，社会科学文献出版社 2008 年版，第 101 页。

⑤ 范伟达、范冰：《社会调查研究方法》，复旦大学出版社 2013 年版，第 60 页。

表达型暴力犯罪也可分为两类：一类暴力犯罪受到外部情境因素的刺激，外部刺激可能对一般人不至引发暴力犯罪的严重后果，但此类暴力犯情绪稳定性差，在神经质、肾上腺素、心跳、血压等生理、心理因素影响下易产生过激的暴力行为；并且，此类暴力行为多在喜、怒、哀、乐等情绪激发下产生，情绪性、情境性、爆发性是其特点，激情杀人是此类暴力犯罪的典型。另一类暴力犯通常较为退缩、被动，但在受到威胁的情况下也会实施暴力行为，暴力犯罪往往由被害人引发或被害人具有一定过错，我们常说的“兔子急了也会咬人”能够比较形象地反映其犯罪状态。

在排查犯因性因素的基础上，通过演绎推理和归纳推理的结合运用，我们推导出暴力犯的四种类型，如表 1 所示：

表 1　暴力犯类型及特征

暴力犯类型的一级划分	工具型暴力		表达型暴力	
特征	暴力行为由主观故意推动，具有较强的目的性和计划性，主动性较强		暴力行为由外部环境激发，具有较强的情绪性、情境性、爆发性，往往具有一定被动性	
暴力犯类型的二级划分	掠夺型	称霸型	情绪型	防御型
特征	暴力掠夺他人财物、健康或生命，暴力犯罪的计划性较强	通过暴力解决争端或树立个人威望	在喜怒哀乐等不良情绪支配下的暴力行为	在威胁、胁迫情境下实施的暴力行为，被害人往往具有一定过错

五、犯因性因素对比分析

在排查暴力犯犯因性因素并明确类型后，我们运用 spss17.0 统计软件对不同类型暴力犯的犯因性因素进行对比分析，就是将犯因性因素与类型结合起来考虑，看看每一种类型具有什么样的犯因性特点，根据每种类型的犯因性特点制定矫正项目，做到有的放矢、对症下药。为此，我们从前期提取的犯因性因素中筛选出人格特质、情绪、离家年龄、前科劣迹、被害人关系、被害人过错、认罪态度、危险程度、违纪情况 9 项最具典型性和区分度的犯因性因素进行类型间的对比分析，结果如下。

（一）人格特质

对四种类型暴力犯的艾森克量表进行统计，结果显示，外向型得分最高的是称霸型，得分 63 分；最低的是防御型，得分 48 分。神经质得分最高的是情绪型暴力犯，为 72 分；最低的是称霸型，为 57 分。精神质得分最高的是掠夺型，为 74 分；得分最低的是情绪型，为 59 分。根据艾森克理论的解释，情绪型在神经质方面得分最高，情绪不稳定；防御型外向得分最低，多表现为安静、内省、退缩、保守和人际交往被动；掠夺型神经质得分最高，以自我为中心，充满攻击性，缺乏同情心和人情味；称霸型具有很强的外向性，神经质的分最低，说明喜欢与人交往且情绪控制能力较强，称霸型暴力犯往往参与群体性暴力犯罪，有的罪犯具有领导和组织能力。

（二）情绪

选取不同类型暴力犯的情绪进行对比，情绪被分为“快乐”“一般”“不快乐”三个等级，并分别被赋值 1、2、3。结果显示，四类暴力犯的不快乐水平由低到高分别是掠夺型、称霸型、情绪型和防御型，并且防御型不快乐水平最高，为 2.24分，与情绪型、掠夺型具有显著性差异。暴力犯罪往往在激烈的人际互动中发生，防御型暴力犯在犯罪过程中具有被动性，如防御型暴力犯张某在受到要挟的情况下将被害人杀死。防御型暴力犯是一种“火山”式的两级表现，或者安静，或者爆发，不良情绪积累后的爆发往往十分惊人。称霸型暴力犯的快乐水平最高，该类罪犯组织能力和人际交往能力较强，情绪稳定，因而快乐水平也最高。四种暴力犯情绪因素的对比情况如表 2、图 1 所示：

表 2　四种暴力犯情绪因素对比

类　型	N	均值	标准差	标准误	均值的 95%置信区间		极小值	极大值
					下限	上限		
情绪型	73	1.89	0.718	0.084	1.72	2.06	1	3
防御型	42	2.24	0.726	0.112	2.01	2.46	1	3
掠夺型	31	1.74	0.682	0.122	1.49	1.99	1	3
称霸型	16	1.88	0.619	0.155	1.55	2.20	1	3
总　数	162	1.95	0.721	0.057	1.84	2.06	1	3

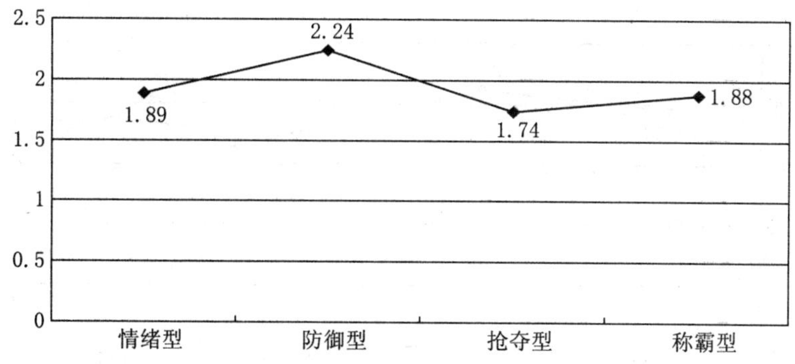

图1　不同类型暴力犯的情绪状态

（三）离家年龄

传统的犯罪学研究认为，离家年龄越小则犯罪恶性越大，少年时期沾染的不良习气能够对人的一生产生严重影响。[①]据此，我们将离家年龄作为评价暴力犯犯罪恶性的指标。四种暴力犯离家年龄由小到大排列为掠夺型、称霸型、情绪型和防御型，对应的平均年龄分别为 17.16 岁、18.81 岁、19.53 岁、21.19 岁。

离家年龄最小的是掠夺型暴力犯，且与其他三种类型暴力犯具有显著性差异（$p < 0.05$）。掠夺型暴力犯离家平均年龄不足 18 岁，从小就混迹社会，文化水平低，缺乏足够的职业技能，通过抢夺获得财物，此类暴力犯的社会化矫正将成为重点。称霸型暴力犯离家年龄也比较低，他们同样过小经历社会生活，如罪犯藏某自幼被叔叔从新疆带至上海，靠做小生意生活，在与新疆籍老乡的交往中不断沾染恶习，组织黑恶势力暴力贩毒。相比之下，情绪型和防御型离家年龄较大，成长经历要好一些，沾染恶习的程度也比较浅。四种暴力犯离家年龄因素的对比情况如表 3、图 2 所示：

表3　四种暴力犯离家年龄因素对比

类　型	N	均值	标准差	标准误	均值的 95%置信区间		极小值	极大值
					下限	上限		
情绪型	73	19.53	1.708	0.200	19.14	19.93	15	25
防御型	42	21.19	1.596	0.246	19.69	20.69	16	26
掠夺型	31	17.16	3.387	0.608	15.92	18.40	10	23
称霸型	16	18.81	1.721	0.430	17.90	19.73	8	22
总　数	162	19.18	2.343	0.184	18.82	19.54	10	26

① ［英］布莱克：《犯罪行为心理学：理论、研究和实践》，吴宗宪译，中国轻工业出版社 2000 年版，第 79 页。

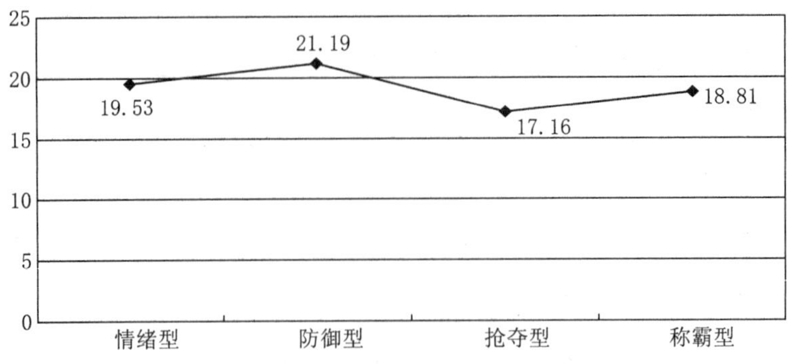

图 2　不同类型暴力犯的离家年龄

（四）前科劣迹

哪种类型暴力犯的前科劣迹最高？为了弄清这个问题，我们对不同类型暴力犯的前科劣迹情况进行对比，在赋值过程中，令前科＝2，劣迹＝1，可以重复计分，前科劣迹越多则分值越高。调查显示，掠夺型暴力犯的前科劣迹最多，分值为1.03；最少的是防御型暴力犯，分值为0.52，且该两种类型具有显著性差异（p＝0.044）。但类型的平均值不能完全代表个体情况，例如情绪型暴力犯的前科劣迹水平位列第三，分值为0.6，但该类型中有一名罪犯叶某有一次前科，三次劣迹，分值为5，属于前科劣迹很高的水平。此外，前科劣迹中包含了非暴力犯罪，且以非暴力犯罪为主，仍以情绪型暴力犯叶某为例，他有三次盗窃、一次赌博的经历。但若以暴力犯前科劣迹作为统计依据则又会因数据过少而失去对比意义。总之，四种暴力犯前科劣迹由多到少排列为：掠夺型、称霸型、情绪型、防御型，且前科劣迹以盗窃、吸毒等非暴力犯罪为主。尽管属于非暴力，但依然能够体现统计意义，因为它体现了不良的生活方式或犯罪经历。四种暴力犯前科劣迹因素的对比情况如表4、图3所示：

表 4　四种暴力犯前科劣迹因素对比

类　型	N	均值	标准差	标准误	均值的95%置信区间		极小值	极大值
					下限	上限		
情绪型	73	0.60	1.024	0.120	0.36	0.84	0	5
防御型	42	0.52	0.833	0.129	0.26	0.78	0	3
掠夺型	31	1.03	1.494	0.268	0.48	1.58	0	7
称霸型	16	0.75	1.238	0.310	0.09	1.41	0	4
总　数	162	0.68	1.113	0.087	0.51	0.85	0	7

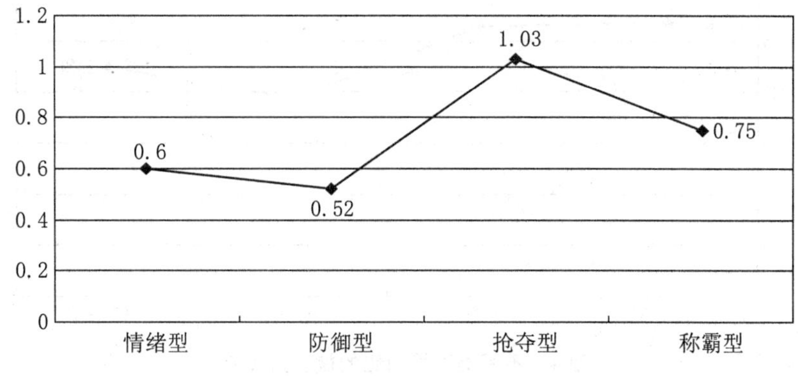

图 3　不同类型暴力犯的前科劣迹

（五）被害人关系

在暴力犯的四种类型中，是否存在着类型与被害人关系之间的显著差异？为了弄清这个问题，我们调查了暴力犯与被害人的关系。将被害人分为“陌生人”“相识”“熟人”“女友”和“亲人”五类，并分别赋值 1、2、3、4、5，关系越是密切则分值越高。将暴力犯与被害人关系由疏远到亲密排列，其顺序依次为掠夺型、称霸型、防御型、情绪型。掠夺型分值最低，为 1.94，说明该类暴力犯针对的被害人以陌生人为主；情绪型分值最高，为 2.68，防御型次之，为 2.64，说明该两类暴力犯罪多在关系亲密人之间发生，且掠夺型与情绪型、防御型具有显著性差异（$p < 0.05$）。关系越是密切，越是容易在人际关系中产生积怨或纠纷。监狱环境狭小、人员密集，防止人际冲突等违纪行为是该项调查的目的所在。四种暴力犯被害人关系因素的对比情况如表 5、图 4 所示：

表 5　四种暴力犯被害人关系因素对比

类　型	N	均值	标准差	标准误	均值的 95% 置信区间		极小值	极大值
					下限	上限		
情绪型	73	2.68	1.322	0.155	2.38	2.99	1	5
防御型	42	2.64	1.265	0.195	2.25	3.04	1	5
掠夺型	31	1.94	1.263	0.227	1.47	2.40	1	5
称霸型	16	2.25	1.528	0.382	1.44	3.06	1	5
总　数	162	2.49	1.339	0.105	2.28	2.70	1	5

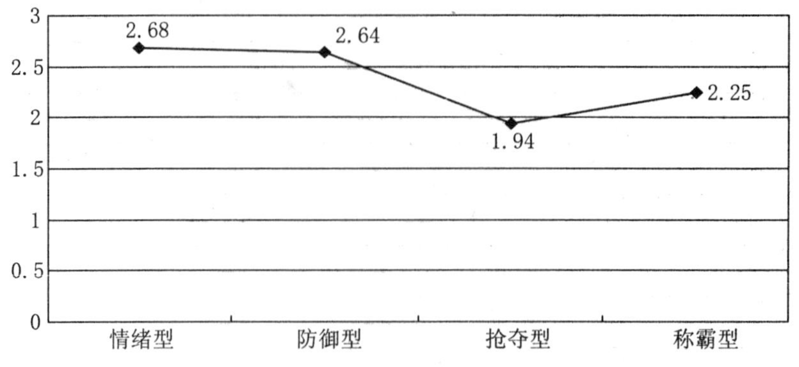

图 4　不同类型暴力犯的被害人关系

（六）被害人过错

被害人过错是犯罪学的重要研究内容，特别在暴力犯罪中，犯罪人与被害人构成一种互动关系，暴力行为的发生、发展、结果通常是在犯罪人与被害人共同作用下完成的。①将被害人过错分为“无过错”“部分过错”“重大过错”三个等级，并分别赋值 1、2、3。调查显示，被害人过错由大到小依次为：防御型、情绪型、称霸型、掠夺型，且防御型与掠夺型、称霸型有显著性差异。暴力犯过错与被害人过错呈负相关关系，因此，四种暴力犯的过错由大到小依次为：掠夺型、称霸型、情绪型、防御型。暴力犯过错意味着两点：一是掠夺型、称霸型犯罪恶性强于情绪型、防御型；二是情绪型、防御型在认罪悔罪过程中可能遇到诸多问题，特别是某些防御型暴力犯，他们的暴力行为甚至是在受到被害人威胁的情况下实施的，当他们被判处重刑后，认罪悔罪存在的问题更多。四种暴力犯被害人过错因素的对比情况如表 6、图 5 所示：

表 6　四种暴力犯被害人过错因素对比

类　型	N	均值	标准差	标准误	均值的 95%置信区间		极小值	极大值
					下限	上限		
情绪型	73	2.15	0.811	0.095	1.96	2.34	1	3
防御型	42	2.43	0.801	0.124	2.18	2.68	1	3
掠夺型	31	1.26	0.445	0.080	1.09	1.42	1	2
称霸型	16	1.63	0.806	0.202	1.20	2.05	1	3
总　数	162	2.00	0.856	0.067	1.87	2.13	1	3

① 郭建安：《犯罪被害人学》，北京大学出版社 1997 年版。

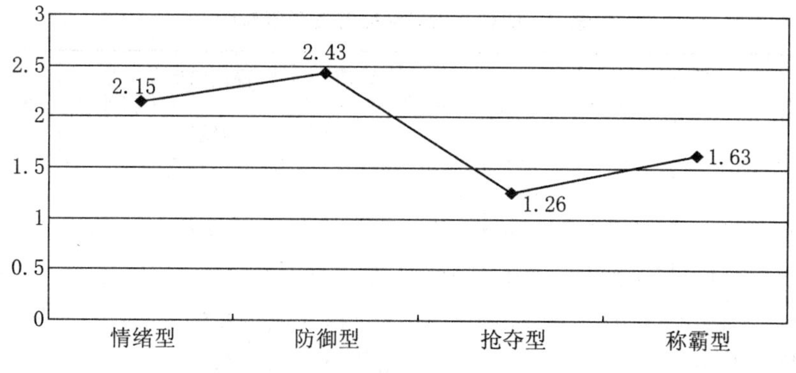

图5　不同类型暴力犯的被害人过错

（七）认罪态度

在暴力犯的四种类型中，是否存在着类型与认罪悔罪之间的显著差异？每一种暴力犯在认罪悔罪中存在怎样的特点？为了弄清这些问题，我们调查了暴力犯对法院判决的态度：包括完全认同、大部分认同、一般、大部分不认同、完全不认同5个选项，并被分别赋值1、2、3、4、5，分数越高，认罪态度越差。结果显示，暴力犯四种类型中，认罪态度最差的是防御型，分值为2.67；认罪态度最好的是掠夺型，分值为1.71；称霸型和情绪型分别为2.00和1.95。

利用LSD检验方法对暴力犯进行两两类型之间认罪悔罪程度检验，当显著性水平为0.05时，防御型暴力犯与其他3种暴力犯具有显著性差异（$p<0.05$），说明防御型暴力犯的认罪悔罪态度最差。结合前文"被害人过错"内容来看，被害人过错和认罪态度具有负相关关系，即被害人过错较大时，暴力犯认罪态度就比较差，甚至有暴力犯会认为自己的犯罪是被害人和法官共同陷害所致，将自己的犯罪归罪于社会。例如，暴力犯秦某认为是被害人"找上门来"才导致的命案，自己只是正当防卫，对法院判决有异议。

称霸型暴力犯认罪态度并不乐观，该类暴力犯通常多人共同实施犯罪，或不直接实施暴力行为，犯罪责任被分散，因而认罪悔罪意识比较低。情绪型暴力犯认罪态度较好，该部分暴力犯大多由于一时冲动犯罪，但冷静下来后会认识到自身罪错。掠夺型暴力犯认罪态度最好，该类暴力犯往往人赃俱获，犯罪事实清楚。四种暴力犯认罪态度因素的对比情况如表7、图6所示：

表 7　四种暴力犯认罪态度因素对比

类　型	N	均值	标准差	标准误	均值的 95%置信区间		极小值	极大值
					下限	上限		
情绪型	73	1.95	0.984	0.115	1.72	2.17	1	5
防御型	42	2.67	1.162	0.179	2.30	3.03	1	5
掠夺型	31	1.71	1.101	0.198	1.31	2.11	1	4
称霸型	16	2.00	1.265	0.316	1.33	2.67	1	4
总　数	162	2.09	1.130	0.089	1.92	2.27	1	5

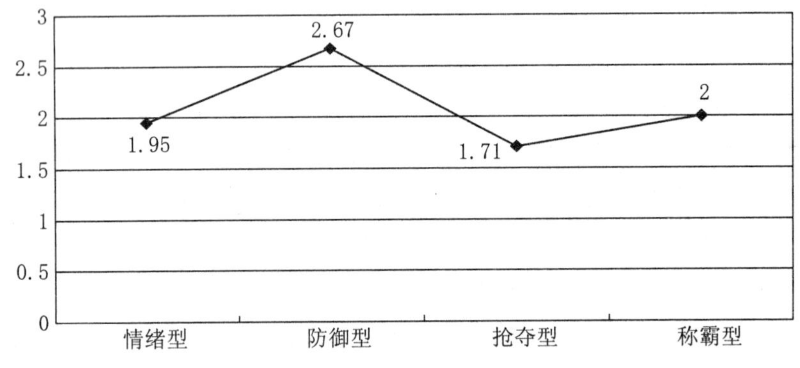

图 6　四种类型暴力犯的认罪态度

（八）危险程度

在暴力犯的四种类型中，明确不同类型暴力犯的危险程度，将有助于我们将工作重点置于危险程度高的类型。为此，我们在对暴力犯进行“暴力犯风险和改造需求”评估的基础上，又对四种类型暴力犯危险程度进行对比分析。如前文所述，本文所指的“危险程度”由 16 项调查指标的 56 个犯因性因素构成，既包含了狱内危险，也包括刑满释放后的再犯可能性。

结果显示，掠夺型危险程度最高，分值为 14.23；位列第二的是情绪型，分值为 13.36；位列第三的是称霸型，分值为 13.25；防御型危险程度最低，为 8.98。并且，掠夺型、情绪型和称霸型的危险程度分数十分接近，分差在 1 分之内。为了掌握不同类型暴力犯危险程度是否具有显著性差异，我们对四种类型暴力犯进行多重比较检验。在 LSD 方法下，防御型与称霸型具有显著性差异（p＝0.011）；情绪型、掠夺型、称霸型不具有显著性差异（p＝0.929）。

掠夺型危险程度最高，主要在于该类暴力犯主观故意和暴力行为都比较明显；情绪型暴力犯危险程度位列第二，该类暴力犯中限制减刑罪犯较多，刑期、犯罪手段等指标明显突出；称霸型暴力犯危险程度位列第三，该类罪犯往往涉案人数较多，犯罪故意明显；防御型暴力犯的危险程度最低，这与我们的主观判断一致，说明防御型暴力犯的暴力恶性、前科劣迹、暴力行为等 16 项指标普遍较低。四种暴力犯危险程度因素的对比情况如表 8、图 7 所示：

表 8　四种暴力犯危险程度因素对比

类　型	N	均值	标准差	标准误	均值的 95％置信区间		极小值	极大值
					下限	上限		
情绪型	73	14.23	6.049	0.708	11.94	14.77	3	30
防御型	42	8.98	4.507	0.696	7.57	10.38	2	22
掠夺型	31	13.25	6.179	1.110	11.96	16.49	5	25
称霸型	16	13.36	5.260	1.315	10.45	16.05	8	24
总　数	162	12.38	5.951	0.468	11.45	13.30	2	30

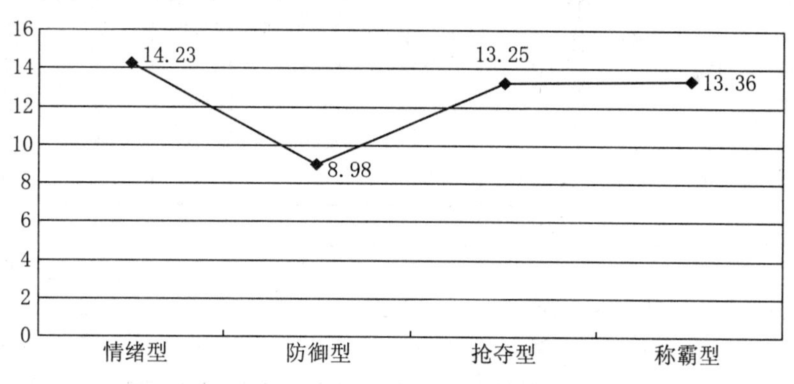

图 7　四种类型暴力犯的危险程度

（九）违纪情况

暴力犯四种类型中，每种类型的违纪情况怎样？带着这个问题，我们对 2013—2014 年暴力犯违纪情况进行统计分析。结果显示，两年中暴力犯违纪共计 59 人次，其中情绪型最多，为 31 人次；防御型位列第二，为 12 人次；掠夺型位列第三，为 10 人次；称霸型最少，为 6 人次。四种类型暴力犯在违纪方面表现出的违纪次数与暴力犯人数呈正比关系。即某类型暴力犯人数多，则违纪人数多；相反，该类型暴力犯人数少，则违纪人数也少。

我们将暴力犯违纪分为两类，一类是生活卫生、劳动等一般性违纪；另一类是争吵、打架等人际冲突违纪，该类违纪往往扰乱监管秩序，引发较为严重的狱内安全问题。暴力犯罪“以人的身体为主要侵害对象”，从人身攻击性角度而言，暴力犯罪与狱内人际冲突违纪具有同质性。了解人际冲突违纪有助于我们对暴力再犯可能性的认识。暴力犯的教育矫正及安全防控应当将重点置于人际冲突违纪。情绪型暴力犯人际冲突的违纪比例为 35.5%；掠夺型暴力犯为 26.3%，称霸型和防御型分别为 21.5% 和 16.7%。

此外，不同类型暴力犯人际冲突的违纪人次和危险性程度呈正相关，说明危险性高的暴力犯在人际冲突违纪方面也较为突出。四种暴力犯违纪对比情况如表 9、图 8 所示：

表 9　四种暴力犯违纪情况对比

类　型	N	均值	标准差	标准误	均值的 95% 置信区间		极小值	极大值
					下限	上限		
情绪型	31	14.77	7.588	1.363	11.99	17.56	3	30
防御型	12	8.42	3.423	0.988	6.24	10.59	4	15
掠夺型	10	19.70	4.473	1.415	16.50	22.90	10	24
称霸型	6	13.33	5.279	2.155	7.79	18.87	8	22
总　数	59	14.17	7.064	0.920	12.33	16.01	3	30

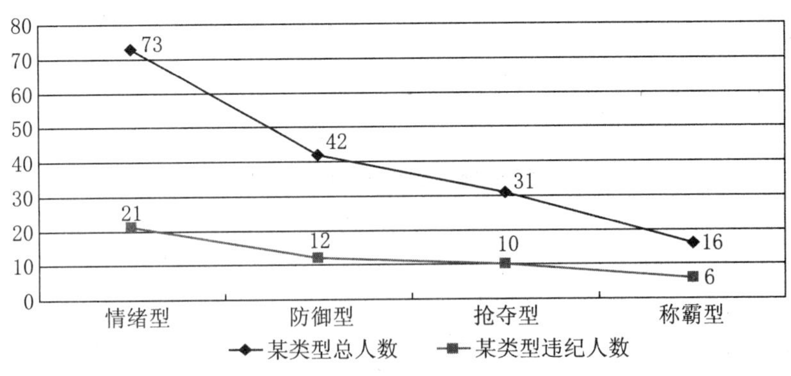

图 8　四种暴力犯违纪情况

六、不同类型暴力犯犯因性特点及改造有利因素

对不同类型暴力犯的犯因性因素进行排查，就是为了发现、提取每一类暴力犯的犯因性特点，引导有限的监狱资源投入到最需要矫正的“靶目标”上。

（一）不同类型暴力犯的犯因性特点

1. 情绪型暴力犯犯因性特点

情绪型暴力犯神经质水平最高，具有很强的情绪不稳定性，对各种刺激的反应过于激烈。在四种类型的暴力犯中与被害人密切程度最高，说明被害人以亲人或熟人为主；危险程度最高，说明狱内危险性和再犯率的综合水平最高；狱内违纪总人数最多，且违纪比例最高，总体违纪水平较高。

2. 防御型暴力犯犯因性特点

防御型暴力犯内外向水平最低，人际交往的被动性明显，易于产生孤独、自闭、谨慎等表现。该类暴力犯神经质得分较高，说明防御型对小的挫折有较强的情绪反应，容易兴奋、愤怒或抑郁。该类暴力犯的情绪状况同样令人担忧。在四种暴力犯类型中与被害人密切程度较高，仅次于情绪型，说明被害人以熟人为主。犯罪工具的准备及使用程度较高，位列第二，仅次于称霸型，说明尽管具有一定被动性，但还是能够准备及使用犯罪工具，这也加强了暴力犯罪的严重后果。由于被害人具有一定过错，所以认罪悔罪态度最差，应该加强这方面的重点教育。

3. 掠夺型暴力犯犯因性特点

掠夺型暴力犯精神质得分最高，易以自我为中心，充满攻击性，缺乏同情心和人情味。离家年龄在四类暴力犯中是最小的，前科劣迹最多；接受调查的暴力犯中，前科劣迹最多的有三次前科，一次劣迹，正属于该类型暴力犯，但前科劣迹大多不属于暴力犯罪，这些特征说明该类暴力犯的成长经历最为不良。被害人过错最低，说明暴力犯罪的实施大多是主动实施；危险程度较高，尽管位列第三，但与情绪型和称霸型差距不大，没有显著性差异。违纪人数位列第三，但由于该类型暴力犯人数原本就不是很多，其人际冲突的违纪比例位列第二，违纪程度还是比较高的。

4. 称霸型暴力犯犯因性特点

称霸型暴力犯离家平均年龄较低，前科劣迹较多，属于第二位，仅次于掠夺

型暴力犯，说明该类暴力犯具有不良的成长经历；被害人过错较低，犯罪工具的准备最为充分，说明其暴力犯罪主动实施的成分很大，主观恶性较深；认罪悔罪态度较差，位列第二，仅次于防御型；危险程度较高，位列第二。

（二）四种暴力犯的改造有利因素

我们在犯因性特点对比过程中发现：每一类暴力犯不仅存在着导致犯罪的犯因性因素，还存在着各自不同的改造有利因素。

1. 情绪型暴力犯的改造有利因素

情绪型暴力犯认罪态度较好，位列第二，仅次于掠夺型；前科劣迹较少，位列第二，仅次于防御型暴力犯。被害人过错较为明显，说明其暴力犯罪实施过程中被害人具有一定过错，是在一定情境下被激惹而被动实施犯罪的。犯罪工具的准备及使用程度最低，说明其犯罪大多是在没有准备的激情状态下实施，犯罪故意不明显，犯罪恶性不深。

2. 防御型暴力犯的改造有利因素

防御型暴力犯离家平均年龄最高，前科劣迹最少，说明成长经历较好。被害人过错明显，说明该类型暴力犯罪多在被动的状况下实施，犯罪恶性不深，但也引发认罪悔罪态度差。危险程度最低，说明狱内危险性和再犯率的综合水平最低；尽管违纪总人数位列第二，但这与该类暴力犯人数较多有关，总体违纪比例并不高，人际冲突的违纪比例最低。

3. 掠夺型暴力犯的改造有利因素

掠夺型暴力犯的情绪状况在四种暴力犯中处于最好水平；犯罪过程中往往人赃俱获，因此认罪态度最好。

4. 称霸型暴力犯的改造有利因素

称霸型暴力犯具有很强的外向性，喜欢与人交往，神经质得分最低，说明情绪的控制能力较强，情绪状况在四种暴力犯中处于较好水平。由于该类暴力犯总人数最低，违纪总人数也最低，人际冲突违纪的比例较低。

七、以犯因性特点为基础的矫正实践

我们提取每一类暴力犯的犯因性特点及改造有利因素，就是为了制定更具针对性的矫正对策。

（一）依据暴力犯犯因性特点开展小班化教育

我们根据不同类型暴力犯犯因性特点制定小班化矫正方案，做到对症下药，因人施教。例如，情绪型和防御型暴力犯神经质水平比较高，情绪反应激烈。所不同的是，情绪型人际交往冲突违纪水平高，主要为通过暴力方式发泄不良情绪；防御型暴力犯则是人际交往被动，有时在退缩的过程中情绪突然爆发。针对这种情况，我们寓教于乐，定期为这两类暴力犯安排一段时间的康乐球游戏和"80分"扑克牌比赛活动，鼓励他们在群体活动中增强人际交往感受能力，提高情绪调节能力。我们还为这两类暴力犯安排心理知识讲座，并进行肌肉放松训练和书法培训，以达到调节身心的目的。针对该两类暴力犯与被害人关系较为密切，很多被害人是熟人甚至亲人的情况，我们在该两类暴力犯中重点开展现身说法教育，使他们认识到暴力行为的危害性。

与情绪型的最大不同是，防御型暴力犯的被害人往往具有一定过错，这就导致防御型暴力犯较多强调被害人责任，认罪悔罪不彻底。为此，我们对防御型暴力犯重点加强防卫过当等法律知识讲解，对暴力犯与被害人在犯罪过程中的相互关系、责任分担、危害结果等进行剖析，加强防御型暴力犯对法院判决的认识，提高认罪悔罪意识。

称霸型和掠夺型暴力犯离家年龄都比较小，前科劣迹多，从小成长经历不良，犯罪恶习较深；该两类暴力犯主动实施犯罪的水平也很高。针对这些特点，我们为这两类暴力犯着重进行文化和法律教育、劳动技能训练以及正当的社会职业技能培训，力图通过正当职业技能消除不良谋生手段。但是，监狱当前开展的职业技能培训形式单一，职业门槛较低，收入也较低，未能充分调动罪犯参与积极性。罪犯职业培训属于监狱综合治理，需要统筹考虑的部门和环节很多，但已向监狱提出建议，加强对恶习较深暴力犯有针对性的职业培训规划。

称霸型暴力犯的突出特点是具有一定的组织号召能力，喜欢支配他人，出头意识强，我们在思想引导、行为管控的基础上加强施害与被害的角色转换教育，使该类暴力犯认识到自身称霸意识和强迫行为的危害后果。对于该类暴力犯指使、教唆他犯狱内违纪的行为，我们采取了更为严厉的打击力度。

（二）依据暴力犯犯因性特点开展团体心理咨询

暴力犯罪"以人的身体为主要侵害对象"，多在人际冲突中发生。①因此，暴

① 康树华：《犯罪学通论》，北京大学出版社1992年版，第293页。

力犯罪的预防与矫正应以人际关系的调适为主。团体心理咨询使成员“在共同的活动中彼此进行交往及相互作用，并由此产生一系列诸如人际关系、暗示、模仿、气氛、感染、社会知觉等社会心理现象……尝试改变行为、学习新的行为方式、改善人际关系，促进成员成长”。①我们利用团体心理咨询针对性强、矫正效率高、特别适用类型化矫正的特点，根据情绪型情绪调控能力差、防御型人际交往被动、情绪型和掠夺型人际冲突水平高、称霸型暴力支配他人意识强等特点开展团体心理咨询矫正活动，增强各种类型的矫正有效性。总之，团体心理咨询应对四种类型暴力犯有不同侧重，如表 10 所示：

表 10　团体心理咨询对不同类型暴力犯的矫正侧重

暴力犯类型	掠夺型暴力犯	称霸型暴力犯	情绪型暴力犯	防御型暴力犯
团体心理咨询的矫正侧重	通过角色转换体验被害感受，增强惩罚必然性的认识	通过角色转换重塑认知，放大错误认知，从麻木的恶习中清醒，形成新习惯	修复心理创伤，掌握情绪调节方法，增强行为控制能力	学习正常交往的感受和行动技能，消除紧张、退缩等不良情绪

（三）依据暴力犯犯因性特点开展音乐矫正项目

我们在暴力犯专家组、心理健康指导室和高校老师指导下开展全体暴力犯心理问卷测评，目的在于了解暴力犯在心理健康、情绪调节、自我认知等方面的基本信息。后来又进行结构性访谈，为参加活动暴力犯的筛选提供依据。音乐矫正活动每周进行一次，目前已进行了 6 次，活动中既有心理健康知识普及、音乐放松、音乐体验，也有音乐活动后的交流和相关指导。通过音乐矫正活动，暴力犯的情绪调节能力、自我放松能力、共情共感能力得到加强。音乐矫正活动结束后，我们还将进行后测，发现暴力犯活动前后的各项数据对比情况，为调整音乐矫正活动提供依据。

在音乐矫正活动中，我们同样注重音乐矫正项目与不同类型暴力犯犯因性特点的衔接。情绪型暴力犯情绪易激惹、违纪水平最高，我们教授该类暴力犯情绪、肌肉放松知识，加入更多舒缓音乐体验和音乐放松内容，并伴随打击乐节奏进行情绪调节。防御型暴力犯人际交往被动，孤独、自闭、谨慎倾向明显，我

① 傅安球：《心理咨询师培训教程(第二版)》，华东师范大学出版社 2013 年版，第 154 页。

们加入了根据美国田纳西州乡村舞蹈改编的圈舞动作，目的是提高该类暴力犯节奏感、愉悦感、肢体协调能力及人际交往能力。

（四）监区文化建设助推暴力犯分类矫正

开展监区文化建设，对暴力犯心理矫治、行为养成有着积极作用。我们以文化监区建设为平台，促进暴力犯分类矫正工作，具体表现在如下三个方面。

1. 提升暴力犯文化素养

较之其他类型服刑人员，暴力犯年纪轻、文化水平低。特别地，掠夺型和称霸型暴力犯恶习深，成长不良，一般的教育方法难以达到良好效果。丰富多彩的文化教育能够净化暴力犯心灵，使其在潜移默化的文化熏染中接受主流价值观，培养健康向上的精神状态，形塑良性行为。

2. 疏导暴力犯不良心理

暴力犯具有主观恶性重、犯罪手段残忍、刑期长等特点。例如，监区 22 名限制减刑服刑人员中有 20 名是暴力犯，占到了 90%。这些特点导致他们悲观、孤独、焦躁、厌世等不良心理突出，并极易引发暴狱、袭警、脱逃、行凶、死伤自残等严重安全事件。丰富多彩的精神文化活动，能更好地充实他们紧张的改造情绪，释放因囚禁而积聚的负性能量，既有利于减轻因刑罚造成的不良心理，也有利于维护监管秩序。

3. 增强暴力犯矫正的针对性

不同类型暴力犯在犯因性因素调查中表现出很大差异性，应当避免“一刀切”的教育方法，增强矫正的针对性和有效性。为此，我们根据不同类型暴力犯犯因性特点，将其置于特定的监区文化板块中，体现因人施教。例如，针对情绪型暴力犯易激惹特点，开展书法、雕刻活动，增强其情绪控制能力；针对防御型暴力犯人际交往被动特点，开展乒乓球、毽球、棋牌等活动，使其在人际互动游戏中增强交往体验，提高人际交往能力；针对掠夺型和称霸型文化水平低、恶习深的特点，开展文化讲座和读书活动。当然，依据犯因性特点开展的类型化矫正是相对的，还应根据暴力犯个体的具体情况和个人兴趣有所选择。

八、相关讨论

本文的研究重点在于提取不同类型暴力犯犯因性特点，并将其作为矫正重点，使矫正项目与犯因性特点相衔接，提高矫正针对性。暴力犯分类矫正是一项系统性工作，在这个过程中，仍然存在很多需要关注的工作内容。

（一）类型特点与个体差异

暴力犯分类矫正不同于以往全体罪犯参与的“大课”式教育，也不同于以单个罪犯为对象的个别矫正，而是处于两者之间的中间层次，既提高了矫正效率，又增加了矫正项目的针对性。但类型群体与单一罪犯是有差距的，我们在分类矫正中不能忽视“千人千面”的个体差异。例如，在认罪态度这一犯因性因素中，掠夺型暴力犯认罪态度整体好于其他三类，但对于个体仍需要逐一排查。暴力犯范某因为抢劫罪入狱服刑，人赃俱获，但范某却不承认自己的抢劫罪行，认为被害人欠债不还，自己只是“拿回”本因属于自己的钱款而已。对于这种情况，范某就应当与认罪态度差的防御型暴力犯一同参加认罪悔罪教育。这种个体与群体相脱离的情况应当引起民警注意。

（二）统计数据背后的真实因素

本研究采用社会统计方法排查不同类型暴力犯的犯因性特点，减少了民警主观因素，加强了量化研究，得到了解释性较强的统计数据。但我们不能简单从统计数据推导类型的犯因性特点，而应加强个案分析，通过个案分析还原统计数据背后的真实原因。例如，当我们将类型特点与个案进行综合分析后，发现称霸型暴力犯整体违纪水平较低，但这是否表示称霸型暴力犯较少违纪呢？我们加强该称霸型暴力犯的个案研究，发现该类暴力犯影响、操控他犯的能力较强，往往在幕后指使他犯违纪而自己避免直接冲突，这就降低了该类暴力犯的违纪率。如称霸型暴力犯藏某没有违纪记录，但民警在调查罪犯张某和顾某的打架违纪中发现藏某是幕后唆使者，对张顾两犯的违纪有推动作用。再如，称霸型暴力犯陈某没有违纪表现，但挑唆小组罪犯矛盾冲突。这些情况说明，在对暴力犯的犯因性特点进行解释、寻找矫正重点的过程中，需要将定量与定性方法相结合，挖掘数据背后的真实因素；同时，还应增强个案收集，增补类型研究的不足。

（三）危险程度与类型特点相结合的分押模式

在风险等级评定中，全体暴力犯低度风险 38 人，占 25%；中度风险 73 人，占48%；高度风险40人，占27%。我们在分押模式中树立三点原则：一是在每一种类型中确定高中低不同危险等级的层级，注意危险层级的搭配；二是在每种层级中考虑4种类型暴力犯的犯因性特点、比例和实际人数，进行同类关押或交叉关押；三是依据不同类型暴力犯的特点确立监管改造重点，实现分押的差异性。

从实验性、安全性的角度出发，先在73名中度危险性暴力犯名单中选取28名暴力犯进行尝试性分押。分押过程中注意以下几个方面：一是情绪型违纪水平高，防御型与称霸型性格与行为方式差异明显。因此，最不宜于关押的类型是情绪型与情绪型、防御型与称霸型、称霸型与称霸型。排除该3种关押模式外，还有7种可关押模式，提篮桥监狱每两人关押进入同一监房，7种模式就是14名暴力犯、28名暴力犯可以构成两组7种模式的关押。二是充分利用暴力犯类型的有利因素进行搭配关押。情绪型暴力犯神经质得分较高，情绪不稳定，违纪水平高；防御型内向水平最高，人际交往具有被动性，违纪水平低，易将情绪型和防御型关押一处。掠夺型情绪调控能力和认罪悔罪态度较好；而情绪型情绪调节能力较差，防御型认罪态度较差，易将掠夺型和情绪型、防御型交叉关押。三是出于安全防控和便于观察的目的，我们将情绪型、称霸型暴力犯置于靠近封门的监房关押，遇到突发事件时，民警便于及时处理。四是提篮桥监狱监房狭小，一般只能容纳2名罪犯，但罪犯小组有15—20人。为了便于体现关押效果，可以尝试以小组为单位的关押模式，即不考虑一个监房的关押搭配，而是设计每个罪犯小组中暴力犯的关押模式。五是对于7种类型可以进行同类或交叉关押，进行跟踪观察、记录，发现新的证据后调整关押模式。暴力犯分押的7种模式如表11所示：

表11　暴力犯分押模式

情绪型—防御型	情绪型—掠夺型	情绪型—称霸型
防御型—防御型	防御型—掠夺型	
掠夺型—掠夺型	掠夺型—称霸型	

（四）等级评估与分级处遇相结合的分管模式

等级评估与分级处遇相结合，就是要制定不同级别的行为管理和纪律规定，实行不同的行为准则和考核办法。分管模式具体由三个级别构成：第一级是高度风险暴力犯，包括评估危险性较高的暴力犯，严重违纪和具有危险倾向暴力犯等。第二级是中度风险暴力犯，包括评估危险性中等的暴力犯，改造表现稳定、服从管理教育、不具有现实危险性的暴力犯等。第三级是低度风险暴力犯，包括评估危险性较低的暴力犯，具有主动靠拢政府、积极汇报思想动态、积极劳动等暴力犯。我们以危险性评估为基础，每个层级内部再划分出Ⅰ级和Ⅱ级，这样就构成6个管理层级。

狱政管理警务组全程参与三个层级暴力犯的计分考评和分级处遇等工作，施以不同层级的行为准则和管理办法，体现出狱政管理的差异性。三种等级的管理方式逐步宽松，每一种管理等级内，暴力犯只有在从Ⅰ级过渡到Ⅱ级之后，才能进入较为宽松的等级。

暴力犯三个管理层级是从“风险和改造需求”作出的总体性危险评估，评估应当伴随暴力犯的改造实际表现变动。因此，我们将严重的人际冲突违纪和“三防”违纪作为高度风险的条件；将轻微人际冲突和劳动、卫生等违纪作为降级条件。每一种管理级别对应相应的处遇，如特岗犯除了满足监狱相关规定外，只能在宽管级别中筛选。

短期犯监管改造模式的探索与实践

上海市北新泾监狱　杨军民　李玉华　章　聪

回顾刑罚发展史，从刑罚酷烈度看，人类刑罚发展的趋向是从重刑到轻刑；从内容看，人类社会的刑罚是从封闭走向开放；从自由刑发展的片段看，刑罚的发展趋向是从剥夺自由刑高高在上到限制自由刑悄然而起，剥夺自由刑日益开放。①短期犯是特定历史时期内我国刑罚发展的必然产物，是我国司法体制改革，尤其是刑法体系调整以后，给监狱工作带来的新情况。由于社区矫正在我国尚处于起步阶段，发展还不成熟，短期犯集中关押在监狱的现状还将持续一定时期。短期犯交由监狱执行刑罚，对以中长刑期罪犯为样本形成的罪犯管理和教育模式带来较大的冲击。为做好短期犯管理和教育工作，必须科学认识短期犯。在当前的监狱法律体系框架内，根据短期犯的特点制定行之有效的管理和教育措施，在推动短期自由刑改革的同时，夯实监管安全基础，提高短期犯监管改造质量，提升监狱行刑工作效率。

一、短期犯概念

学者根据本国的政治、经济、文化、社会心理与法律制度等具体情况对短期自由刑的最高期限提出自己的见解，可谓见仁见智。国际社会对于“短期”的争论，其焦点集中在要对受刑人产生积极的作用。有一点可以肯定，即前人们通常以弊害为基准来讨论短刑期罪犯，当前的新动向是以处遇效果为基准来研究此问题。

（一）国外对短刑期罪犯的定义

自 1872 年召开第一次国际监狱会议以来，理论界对于自由刑“短期”的考虑，通常是基于多长刑期的弊害，以及多长刑期对受刑者的改善、教育不起作用为基准的，即在多长刑期以下对受刑者的改善、教育不起作用，就被认为

---

① 翟中东主编：《自由刑变革》，群众出版社 2005 年版，第 190 页。

是“短期”。[①]国外学者争论的焦点，通常是短期自由刑的利弊，以及短期自由刑至少应该有多长时间才能确保实现矫正效果。例如，加罗在1885年国际刑法及监狱会议上认为4个月以下的自由刑有废止的必要[②]；在1950年于海牙召开的第12次国际刑法及监狱会议上，法国代表加南特将短期自由刑定义为1年以下的自由刑，“在3个月内不能对一个人进行再教育，不能教会他一门职业技术。教会一门职业技术的期间，正是决定拘禁的短期的基准。而教会一门职业技术的必要期间，至少是1年”。[③]日本的正木亮博士根据日本的现行法令《行刑累进处遇令》，认为6个月以内的刑期得不到刑罚效果，因此通常在服刑人的处遇记录上记载的，至少需要6个月的刑期。

（二）国内对短刑期罪犯的定义情况

在我国刑法学界，对于短期自由刑期限的界定通常以3年为标准。在陈兴良主编的《刑种通论》一书中，把短期自由刑理解为3年以下比较合适，3年通常是我国轻罪与重罪、轻刑与重刑的界限。[④]陈志军也认为我国应将短期自由刑之“短期”界定为3年以下，从我国刑法典中对与有期自由刑有关的法定刑幅度之上限与下限的具体规定来看，3年有期徒刑是轻刑和重刑的一个重要界限。[⑤]

综观我国的法律体系，短期犯这个称呼既不是法理学界的说法，也没有在任何法律法规中明确出现过，只是司法实务当中存在的一个说法，尤其是监管场所的工作人员比较熟知。因此，短期犯应当遵循刑事诉讼法标准，根据服刑人员在监狱的实际服刑时间为标准进行定义，即：短期犯是指被判处有期徒刑的罪犯，入监时的剩余刑期在3个月以上1年以下的罪犯。

二、短期犯关押情况的现状

（一）短期犯的成因

1.《刑事诉讼法》修订是主要原因

2013年1月1日修订后的《刑事诉讼法》正式实施，明文规定“被判处有

---

① 张明楷：《外国刑法纲要》，清华大学出版社1999年版，第379页。

② 张甘妹：《刑事政策学》，三民书局1977年印行，第274页。

③ ［日］藤本哲也：《刑事政策概论》，青林书院1984年版，第139页。

④ 陈兴良：《刑种通论》，人民法院出版社1993年版，第188页。

⑤ 高铭暄、赵秉志主编：《刑法论丛》（第6卷），法律出版社2002年版，第414页。

期徒刑的罪犯，在被交付执行刑罚前，剩余刑期在三个月以下的，由看守所代为执行。”①看守所代为执行刑罚的期限从原先的1年以下缩短为现在的3个月以下，直接造成了刑期在3个月至1年的罪犯大量进入监狱执行刑罚。

2.《刑法修正案(八)》产生的影响

《刑法修正案（八）》的实施，充分体现了刑罚轻缓化的发展趋势，一些侵财类的犯罪，如侵占罪、盗窃罪等，在量刑时都有所减少。同时，修订后的刑法也降低了部分违法行为的入罪标准，如生产有毒有害食品、制售假药、拒不支付劳动者报酬、酗酒驾车、飙车等，这些都使监狱短期犯的数量有所增加。

3. 劳动教养取消产生的影响

2013年12月28日，全国人大常委会通过了废止劳教制度的决定，一部分原先应被依法执行劳动教养的人员，以短刑期罪犯的形式进入监狱服刑，使监狱短期犯的数量上升。

（二）短期犯的结构

自2013年1月1日修订后的《刑事诉讼法》正式实施以来，截至2015年7月1日，30个月内上海市某监狱共收押剩余刑期1年以下的罪犯3 487人，均为成年男性罪犯。②

1. 原判刑期情况

短期犯中，原判刑期的平均数为11.9个月。其中，原判刑期在1年以下(含一年)的罪犯有2 353名，占总数的67.5%；原判刑期1年以上的罪犯有1 134名，占32.5%；原判刑期3年以上的罪犯有4人，原判刑期最长的罪犯刑期为5年。

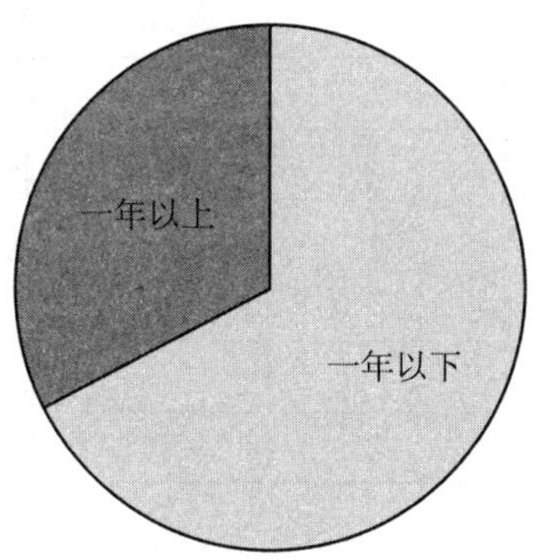

图1 短期犯原判刑期分布情况

① 《刑事诉讼法》第253条。

② 数据来源：某监狱狱政信息。

2. 案由情况

短期犯中,按照案由分,排名前 10 位的分别是:(1)盗窃罪,1 246 名,占 35.7%;(2)寻衅滋事罪,630 名,占 18.1%;(3)贩卖毒品罪,277 名,占 7.9%;(4)故意伤害罪,214 名,占 6.1%;(5)诈骗罪,105 名,占 3%;(6)开设赌场罪,95 名,占 2.7%;(7)聚众斗殴罪,85 名,占 2.4%;(8)非法拘禁罪,81 名,占 2.3%;(9)信用卡诈骗罪,65 名,占 1.9%;(10)敲诈勒索罪,64 名,占 1.8%。

短期犯中,案由都为单一罪名,没有数罪并罚的情况。

3. 年龄情况

短期犯入监时的平均年龄为 33.6 岁。具体见表 1。

表 1　短期犯年龄

年龄	人数	年龄	人数	年龄	人数
18	10	33	133	48	33
19	41	34	92	49	37
20	85	35	104	50	41
21	104	36	108	51	43
22	140	37	85	52	48
23	128	38	78	53	37
24	163	39	76	54	31
25	204	40	65	55	33
26	182	41	66	56	23
27	154	42	77	57	21
28	172	43	85	58	23
29	136	44	73	59	19
30	128	45	71	60	9
31	116	46	55	60 以上	2
32	120	47	41		

从短期犯年龄分布情况来看,短期犯主要集中在 20—35 岁。25 岁以前,短期犯数量随年龄的增加急剧上升;36 岁以后,则随年龄的增加呈逐步减少的趋势。

4. 地域分布情况

短期犯中,来自上海本地的罪犯人数最多,达 817 名,占总数的 23.43%,除此之外有安徽、江苏、河南、四川、贵州、重庆，分别排名 2—7 位，且明显高于其他省份的短期犯人数。其中，安徽籍 675 名，占 19.36%；江苏籍 322 名，占 9.23%；河南籍 264 名，占 7.57%；四川籍 167 名，占 4.79%；贵州籍 130 名，占 3.73%；重庆籍 105 名，占 3.01%。

此外，新疆籍短期犯的数量也有 53 名，占 1.52%，且呈现逐渐上升趋势。同时，值得注意的是，与上海地域位置相近的浙江省，短期犯数量仅 40 人，仅占总人数的 1.15%。

5. 前科劣迹情况

短期犯中，有前科劣迹的 1 710 人，占总数的 49.04%；前科劣迹总次数 4 361次，人均 1.25 次。其中，前科劣迹次数最多的达到 15 次，有 3 次以上前科劣迹的达 619 人，占 17.75%。

表 2　短期犯前科劣迹情况

	人数	有前科劣迹的人数	比率	前科劣迹总次数	人均前科劣迹次数
平均数	3 487	1 710	49.04%	4 361	1.25
上海籍	817	578	70.75%	1 901	2.33
外省籍	2 670	1 132	42.39%	2 460	0.92
盗窃犯	1 197	814	68%	2 388	1.99
寻衅滋事	630	225	35.71%	435	0.69
涉毒犯罪	374	295	78.88%	844	2.26

从地域分布情况来看，上海籍短期犯前科劣迹人数的比率，以及人均前科劣迹次数都明显高出外省籍短期犯。

从案由的罪名来看，位列短期犯数量前两位的盗窃和寻衅滋事犯罪呈现明显的差异，盗窃罪犯的前科劣迹比率几乎是寻衅滋事罪犯的 2 倍，人均前科劣迹次数更是高达近 3 倍。但是前科劣迹情况的峰值则出现在涉毒犯罪的罪犯中，其前科劣迹比率达到 78.88%，人均前科劣迹次数也高达 2.26 次。

6. 涉及毒品情况

短期犯中，标注为吸食毒品的有 648 名，占总数的 18.58%。其中，涉及毒品犯罪的短期犯自己吸毒的比例较高，均数为 82.3%，而这中间容留他人吸毒罪为 95.8%、非法持有毒品罪为 85.4%、贩毒罪为 79.4%。

涉毒犯的分布情况。从地域分布情况来看，上海籍涉毒犯达 265 名，达 70.9%，占据涉毒犯的绝大多数。外省籍涉毒犯中，安徽、江苏、新疆分列前三位。

（三）短期犯的改造特点

通过对 800 名短期犯和 200 名中长刑期罪犯开展问卷调查，回收有效问卷 942 份（短期犯 759 份、中长刑期罪犯 183 份），以及对 150 名短期犯和 50 名中长刑期罪犯开展的深度访谈，对短期犯的改造特点进行归纳分析。

1. 短期犯的周转率特点

由于短期犯的刑期平均数为 11.9 个月，在监狱实际服刑的时间仅 8 个月左右，因此使监狱床位的周转率迅速上升。以某监狱为例，监狱的设计容量为 1 912个床位，2013 年开始收押短期犯后，近 3 年监狱每年新收押的罪犯分别为 1 546 人、1 961 人、1 205 人，①年床位周转率分别达到 80.85%、102.6%、63.2%，而 2013 年前 3 年的年床位周转率分别为 50.8%、45.9%、42.2%，增长率几乎达到 100%。同期，监狱年释放人数也增长了近 100%。

表 3　短期犯周转率

年　　份	2010	2011	2012	2013	2014	2015
设计容量	1 912 人					
新收人数	972	879	806	1 546	1 961	1 777
比　　率	50.8%	45.9%	42.2%	80.85%	102.6%	92.6%
释放人数	1 083	851	738	1 506	1 834	1 832
比　　率	56.6%	44.5%	38.6%	78.8%	95.9%	95.4%

2. 短期犯的恶性程度

短期犯的恶性程度可以概括成一句话：客观危害不大，主观恶性不小。试点 A 监区在册罪犯 283 名，其中短期犯 157 名，短期犯与其他罪犯比例接近 1∶1。2015 年轻微违纪和较严重违纪中，短期犯占比分别为 66%和 52.6%。试点 B 监区以关押短期犯为主，2015 年轻微违纪中，短期累惯犯与短期初偶犯违纪占比分别为 65%和 35%，但在较严重违纪方面，短期初偶犯比例明显偏

① 2013 年实际从 3 月份开始收押短期犯。

高，占比达到 60%。

3. 三类罪犯特点突出

短期犯虽然罪名繁多，但是其中有两类罪犯人数特别众多，几乎达到总数的 2/3，且表现出明显的特点，应引起重视。第一类是盗窃犯罪的短期犯；第二类是寻衅滋事为主的滋扰类犯罪的短期犯。同时，特定罪名初偶犯[①]的特点也较为鲜明，值得关注。

(1) 盗窃类犯罪。盗窃犯共有 1 246 名，占总数的 35.73%，平均年龄 33.04 岁，68%的盗窃犯有前科劣迹，人均前科劣迹次数为 1.99 次。

(2) 滋扰类犯罪。滋扰类犯罪主要包括寻衅滋事、故意伤害、聚众斗殴、非法拘禁和敲诈勒索等，共有 1 074 名，占总数的 30.8%，平均年龄 29.72 岁；35.01%的滋扰类罪犯有前科劣迹，人均前科劣迹次数为 0.67 次。

(3) 特定罪名的初偶犯。这类罪犯主要包括交通肇事罪等特定罪名的罪犯。这类罪犯的前科劣迹次数为 0 次，吸毒情况仅 1 例，而且在被捕前绝大多数有正当的职业，家庭情况也较为稳定。

4. 短期犯的改造需求

通过对 1 000 名罪犯的调查发现，短期犯的改造需求与短刑期罪犯之间的改造需求存在一定的差异，罪犯对物质奖励、精神奖励[②]、行政奖励[③]和司法奖励[④]的需求都是一致的。但在前后排名的顺序上存在差别，而且短期犯的需求更趋表面化。

(1) 奖励周期。改造需求问卷中，67.5%的短期犯认为目前的奖励周期较长，而这一数据在中长刑期罪犯中只占 25.5%。同时，短期犯对于奖励周期的看法中，12.3%希望日奖励(即刻兑现)、26.1%希望周奖励、29.5%希望旬奖励、21.9%希望半月奖励，仅 10.2%的短期犯希望维持现状。不难看出，绝大部分短期犯希望能够缩短目前以月度(季度)为单位的奖励兑现周期。

---

① 特定罪名初偶犯，是根据统计分析得出，如：交通肇事罪、过失致人重伤罪、过失致人死亡罪、重大责任事故罪、污染环境罪、编造虚假恐怖信息罪、变造国家机关证件罪、盗掘古墓葬罪、盗窃国家机关证件罪、非国家工作人员受贿罪、职务侵占罪、挪用资金罪、购买假币罪、伪造国家机关印章罪、伪造有价票证罪、走私普通货物罪、妨害信用卡管理罪、销售伪劣产品罪、销售有毒、有害食品罪、故意毁坏财物罪等犯罪的初偶犯。

② 精神奖励，是指罪犯希望得到民警的公开表扬和肯定。

③ 行政奖励，是指监狱给予罪犯的表扬、记功、各种荣誉称号等。

④ 司法奖励，是指减刑、假释，包括减刑、假释的基础工作计分考评。

(2) 物质奖励。短期犯对物质奖励的需求较为明显。将物质奖励作为首选的高达74.2%,中长刑期罪犯为34.2%。罪犯对于物质奖励的需求,不同类型的罪犯表现出不同的需求,总体与罪犯的家庭背景相关,家庭条件有限的罪犯更希望得到生活物品和学习用品。

(3) 精神奖励。罪犯对于精神奖励的需求也占到一定的比例,尤其是短期犯中的初偶犯,将精神奖励作为第一需求的达到12.1%。他们更希望民警能在公开场合予以肯定和表扬,而中长刑期罪犯更容易受群体的影响,特别是监组正能量没有形成之前,长刑期罪犯对于罪犯群体对其的看法甚于民警对其看法。

(4) 行政奖励。无论长短刑期的罪犯,对于行政奖励的需求较低,均不超过5%。新版计分考评实施以后,表扬、记功都需要一定时间的积累,但是短期犯受到刑期的限制,很难达到相应的积分条件,因此对行政奖励的需求表现不明显。

(5) 司法奖励。短期犯对司法奖励的需求远不如中长刑期罪犯,但是仍然有一定的需求,虽然作为第一选项的仅8.8%,但是第二选项却高达22.1%,两项合计约占三分之一,而且有司法奖励需求的几乎全是初犯和偶犯。

(四) 短期犯改造的难点及原因分析

随着押犯结构的变化,监狱现行的管理模式受到了挑战。数量急剧增加的短期犯,使原本已稳固的管理秩序遇到了严峻的考验,甚至直接威胁到最基本的监管安全。与此同时,在教育改造、劳动生产、日常管理、奖惩等过程中,现有管理教育模式与短期犯也出现了诸多不适应。

1. 短期犯改造难点

(1) 分类关押方面:短期犯分类方法单一,缺乏专业分类机构,往往只是根据罪犯的年龄、罪名、身体健康等进行二次分类。与国外相比,缺少独立的罪犯分类评估委员会。

(2) 教育改造方面:从时间上看,实际刑期难以满足现行的新收、出监教育的要求,其结果是课时大幅压缩。从效果上看,由于内容删减严重,缺乏针对性,无法系统性开展教育,导致教育效果甚微。

(3) 劳动生产管理方面:劳动态度差、劳动技能差、劳动纪律差、劳动产量低是共性特点,严重影响了监区正常的生产秩序。

(4) 日常管理方面:短期犯行为散漫,管理难度大是监狱管理中不争的事实。具体表现为:认罪服法意识淡化,混刑度日思想严重;行为散漫,对规章制度反感和漠视;"执法妥协"现象屡禁不止,投机改造行为经常出现;对待监狱的管理教育,采取敷衍应付的软对抗或者公开对抗;行为冲动,自律性差,公然出现违规抗改行为。

(5) 减刑方面:监狱针对短期犯减刑的考核机制不够完善。罪犯的未决羁押期和集训教育期使短期犯的减刑考察期限被压缩,没有足够时间获取累积分,减刑程序又过于繁复环节众多,耗时较长。2013—2014 年,某监狱在押刑期少于一年的短期犯占在押总人数的 50%左右,但短期犯获得减刑的比例仅占减刑总人数的 10%不到,而总体减刑人数占收押罪犯总数的 40%左右。

2. 原因分析

通过对短期犯典型案例的分析,并结合日常管理工作发现的问题,将短期犯改造的难点归结为客观和主观两方面。

(1) 客观方面:一是监狱法律执行细则不完善,制度不健全。监狱的各项管理制度大多是针对中长刑期罪犯制定的,其显著特点就是时间的积累,例如分级处遇、计分考评等基本制度中评估周期较长,这与短期犯实际服刑期较短之间存在较大差异。二是短期犯周转速度快。承包监组民警始终处于不断接触新犯人的应急状态,难以在有效时间内掌握犯情,致使其工作量和工作难度大幅上升。

(2) 主观方面:监狱层,缺少对短期犯直接管理的经验。短期犯作为新的情况、新的问题,并没有引起足够的重视。监狱普遍采用混关的方式,对他们的改造要求不高,同时各类"好处"也相对较少。民警层,存在轻视思想和畏难情绪,片面认为短期犯的危害小、恶习浅,狱内服刑时间短,安全隐患小,管理上缺乏有效手段,教育上缺乏时间保障。罪犯自身,初偶犯因为不能正确认识服刑对家庭、工作以及今后人生道路造成的影响,在改造中容易出现情绪低落、改造无方向的现象;"多进宫"短期犯,经常挑衅民警的管理和执法,既有表象上的直接对抗管教,也有向民警谈条件的隐形对抗;其余短期犯则更多地表现出麻木,对服刑改造抱着无所谓的态度。

三、建立短期犯监管改造模式的设想

自《刑事诉讼法》修订实施和劳动教养制度废止以来，面对余刑一年以下短期犯激增、押犯结构变化带来的一系列挑战和压力。上海监狱主动顺应刑事法律政策调整，预先研判、试点先行、稳步推进，选择两家监狱开展短期犯监区试点工作，并出台了《关于加强短期犯管理工作的意见》和《关于做好短期犯教育改造工作的意见》，取得了一定的成效，但大多为碎片化的，还不完整，距离形成工作机制还有很大的差距。笔者认为，对短期犯的改造工作，应秉持“崇尚法治、严格执法、务实创新、追求实效”的工作思路，也就是要在法律规章的框架内，根据短期犯的特点，结合监狱工作的实践经验，制定覆盖服刑全过程的管理和教育办法，形成持续发展、行之有效的监管改造模式。

（一）建立再分类、再分押的短期犯分流模式

短期犯群体有着自身鲜明的个性特点，不宜与中长期罪犯集中关押，而短期犯根据不同的主观恶性程度，又有着差异明显的外在表现特点。因此，分流到各个监区的罪犯需要进一步进行再分类，将短期犯中的初偶犯、累惯犯、劣根性较强的罪犯分层剥离开来，分别进行差别化管理和教育管控是有一定必要性的。

1. 再分类

(1) 分类的维度。对短期犯进行分类应从两个维度出发：第一个维度从管理角度出发，主要体现出监狱惩罚的功能；第二个维度从教育角度出发，主要体现出监狱改造的功能。

但是，从实际罪犯管理看，两个维度具有高度的相关性，即：需要严格管理累惯犯，其获得的教育资源也相对较少；而可以采取宽松管理的初偶犯，则应获得更多的教育资源。因此，可以通过设计一个量表即可对其短期犯进行科学分类。

(2) 分类方式。经研究，对短期犯可以初步分为三类：无法改造的①；需要改造的；不需要改造的。这样的分类方式主要是基于目前监狱可以对短期犯采

---

① 无法改造，是指在较短的刑期内，根据评估其改好可能性较低的罪犯。

取的不同管理和教育策略为基础的：对无法改造的罪犯，采取严格的管理措施，以教训替代教育；对需要改造的罪犯，采取一般的管理措施，并将教育资源最大限度集中于这类罪犯；对不需要改造的罪犯，采取相对隔离的管理，以避免发生交叉感染，并对其进行发展性的教育。

(3) 分类操作。根据短期犯的上述三种分类方式，把短期犯的分类操作分为两部分，一是基础部分，二是校正部分，将两部分的得分相加，得出每名短期犯的分类基本分，即 F＝F(1)＋F(2)，并根据划分标准将短期犯归类。

基础部分的得分 F(1)，是以前科劣迹情况为主要参数的得分，F(1) ＝ $\sum X \times N$。$\sum X$ 就是过去各次服刑年限的总和，N 就是过去服刑次数的总和，然后将两项的乘积作为短期犯的基础部分得分。例如一名有过三次前科的罪犯，即使每次服刑只有一年，根据公式(1＋1＋1)×3＝9，也就是说他和一名一次服刑，且刑期 9 年的罪犯得分是一样的。这个公式能有效将累惯犯的分值拉高，体现刑罚对累惯犯的打击。

校正部分的得分 F(2)，是一些重要参数的校正得分，主要是对十个方面的阳性指标的累积增补，其中每个方面 1 分，有一项阳性指标就得 1 分。十个项目分别是：(1)不认罪的；(2)不履行财产附加刑的[①]；(3)没有稳定且正当收入来源的；(4)文化水平初中以下的；(5)受到过各类行政处罚的；(6)家庭关系不好的；(7)团伙犯罪的；(8)团伙犯罪的主犯；(9)多次作案的；(10)其他需要增加的项目[②]。

划分标准分为三个等级：第一等级是得分 2 分及以下的，即不需要改造的罪犯(定为 A 类罪犯)，可采取从宽的制度管理；第二等级是得分 3—9 分的，即需要改造的罪犯(定为 B 类罪犯)，可分至一般监区进行普通管理；第三等级是得分超过 10 分的(含 10 分)，即无法改造的罪犯(定为 C 类罪犯)，属于从严管理对象。

2. 再分押

(1) 短期犯与中长刑期累惯罪犯相对分开关押。首先，不同刑期罪犯分开

---

① 根据统计，83.2%的短期犯罚金在 5 000 元以下，48.9%的短期犯罚金在 2 000 元以下，由此可见短期犯的罚金普遍较低。

② 其他需要增加的项目，是指根据每个罪犯另行增加的项目，特别需要指出的是其他项目需要进行详细的说明，由监狱评估小组决定是否加分。

关押,有利于防止短期犯被感染腐蚀。总体上看,短期犯年龄偏小,而中长刑期累惯罪犯以中壮年为主;短期犯主观恶性较中长刑期累惯罪犯主观恶性较浅。将短期犯与中长刑期累惯罪犯混合关押,双方因恶习深浅、罪行轻重、刑期长短等反差容易产生心理排斥,特别是混合关押容易导致短期犯被中长刑期累惯罪犯拉拢利用,甚至同化,使其恶习加重变深。

(2) 建立梯度监区。通过设定不同的监区来实现针对不同程度短刑犯不同惩处力度的目标。初步可以建立严管监区(建议考虑新收监区)、普管监区和宽管监区,设立科学的评价标准和处遇标准,建立界限清晰且相对灵活的流动机制,以实现"好有好的结果,坏有坏的下场"。

(3) 短期犯与中长期初偶犯占比。考虑到监组管理中存在的一些实际情况,如特定岗位罪犯的比例、狱侦工作需要等因素,纯短期犯集中关押并不符合实际工作需求,因此可采用以短期犯为主、兼收中长期初偶犯的模式。以某监狱为例,一个监区三层楼面,设计关押罪犯量为300名,平均每个监组10人,共30个监组,根据特定岗位罪犯使用标准、狱侦工作要求和生产习艺需要,监组长、医务犯、劳动质检犯等所需罪犯则应以中长期初偶犯为主,与短期犯的比例可设置为3∶7。

(二) 构造"产学业"一体化的劳动改造模式

短期犯的劳动改造与长刑期罪犯的劳动改造存在巨大的差异。劳动除了作为长刑期罪犯的一种矫治手段外,更是罪犯中长刑期重要的时间填充剂。而短期犯服刑时间相对不长,与填充时间、产生经济效益相比较,劳动矫治更应该体现出对短期犯重新返回社会产生积极作用,因此监狱在选择短期犯劳动矫治项目时应该将"优选生产项目、技能培训学习、回归社会就业"作为引入项目的标准,形成"产学业"一体化模式。"产学业"一体化模式下,企业能够紧密与监狱合作实现其经济利益,提前有把握地获得潜在的劳动者;培训学校能够为罪犯提供其感兴趣的和有利于就业的培训项目,发挥其应有作用并能取得罪犯的认同,通过市就业促进中心还可以根据罪犯学习掌握和劳动情况提供就业指导和就业推荐;罪犯能够通过技能培训和狱内劳动技能完成改造任务,提高劳动效率,并获得较好的就业预期,更加自觉地投入劳动改造,提高改造的积极性,立足生存,出狱后能够稳定就业,被社会接受容纳,从而减少重新违法犯罪几率,减少社会不和谐因素,实现社会、企业、培训学校、监狱和罪犯的五方共赢局面，构建了一条完整短期犯劳动改造链，形成工作的良性循环。

（三）形成评估为主、有的放矢的分类教育改造模式

针对短期犯的教育改造方式，应该以惩罚教育为先，在管控好短期犯的行为纪律后，再开展以评估为主导的分类教育模式。因此，短期犯教育应从以下几个方面入手：

1. 入监教育

增强“惩罚教育”的意识观念，加强对新收短期犯中累惯犯的惩罚教育。通过队列整训、犯罪危害性教育、重体力劳动训练等手段强化罪犯身份意识；明确新收教育重点，将习艺场所一日操作规范、行为规范养成、学习习惯养成、安全教育、监狱制度学习、荣耻感教育作为入监教育核心内容，编写统一教材；开展分类教育，A、B 类主要开展监狱生活习惯养成、短期犯减刑法规政策、初偶犯的心理健康教育、初偶犯的监狱人际关系调试等，C、D、E、F 类主要开展累惯犯的心理健康教育、累惯犯的人际关系调试等。

2. 在刑教育

针对短期犯的在刑教育，应以增强角色意识、树立正确是非观、培养行为规范等为主。引入价值观、行为礼仪教育等，通过读书活动、服刑人员小讲坛、小品舞台剧等活动形式丰富的教育内容，充分调动短期犯的主观能动性；加强行为礼仪教育，强化遇到警官要喊“警官好”，路遇警官要及时避让，接受教育之后要谢谢警官等行为规范。参照国外成熟的“互帮会”模式，在民警有意识的引导下，采用服刑人员自行组织、代表发言、集体总结的聚会形式，让服刑人员陈述犯罪事实，分析犯罪原因，反省改造得失。

3. 出监教育

注重培养服刑人员对社会的认同感和家庭的责任感，将其作为一种在刑教育中价值观教育的延伸。短期犯一般不存在离开社会过久对社会情况陌生的问题，因此不宜采用“模拟应聘”“拥有一技之长”等常规出监教育模式，可以改为邀请成功转化的服刑人员回监区进行现身说法，让这些即将释放的短期犯感受到一种真实的悔过是什么样的。同时，不能再将集体教育的形式作为主流，而应当针对短期犯进行出监教育的个别教育，分析个体犯可能回到社会后继续

产生的问题，就地解决。

（四）实行差异管理、从严管理的日常管理模式

为更好地解决短期犯自我约束欠缺、在刑意识薄弱的特点，将短期犯整个改造时间分成两个阶段：短期犯新收管理阶段和短期犯常规管理阶段。

1. 短期犯新收管理阶段

对于所有短期犯，监狱都应该按照“差异管理、从严管理”的原则对其进行新收管控。“差异管理”就是依据短期犯刑期来决定新收阶段的管理时间。一般情况下，刑期为 6 个月以下的短期犯新收阶段为两周，刑期为 6 个月以上的短期犯新收阶段为 1 个月。“从严管理”就是通过队列整训、静坐思考、面壁反省、大课讲评等手段对短期犯进行严格的管理控制，强化短期犯形成“一切行动听指挥，劳动生产是奖励”的改造思路。同时，应明确短期犯只有通过考核才可以脱离“短期犯新收入监”管理模式，进入常规管理阶段。

短期犯新收管理模式具体包括：加强队列训练，采用“三四三二”①队列整训法提高短期犯纪律意识；加大车间劳动现场管控力度，采用面壁反省方式来惩戒失范短期犯，改变他们行为随意性；加强行为规范学习，采用静坐思考、组织学习、抄写规章制度等方式，提高其遵规守纪意识；加大处遇管控力度，采用控制大账及营养菜发放等方式限制失范短期犯的处遇，提高短期犯进取心。

通过新收阶段的严格管理和考核，短期犯中劣性较强、行为散漫的罪犯基本可以梳理出来。对于这部分罪犯，一方面应继续开展新收管理模式，另一方面也便于监狱通过集体会诊等方式对其开展矫治工作。

2. 短期犯常规管理阶段

通过新收考核后的短期犯将转入常规管理阶段。在这一阶段，短期犯将进行参加劳动生产、教育学习等，但是也应该体现出“差异管理”和“从严管理”的准则。

常规阶段中的差异管理更多地体现在管理力度上来。一方面，可以通过制定不同的管理措施，来实现针对不同短期犯以不同的管理力度的目标。对需要严格管理的对象采取严格的“他律”措施；对不需要严格管理的对象则采取相对

---

① “三四三二”队列整训：每天上下午、前三天四小时、后三天两小时的队列整训活动。

宽松的“自律”措施。比如，对累惯犯的监组管理可以实行严格的隔离措施，将监房门始终处于关闭状态，以限制其活动空间，而对处于A类罪犯(比如，初偶犯)，则可以在特定时间段内扩大自律罪犯的活动空间。同时，在亲情电话、会见、通信，甚至洗澡、理发等方面都可以采取形式不同的区别对待，以体现差异化的管理措施。另一方面，对短期犯也要严格落实适当的惩戒，充分考虑短期犯的主观恶性和其他因素，时刻警醒短期犯，使得刑罚的威慑力得以彰显。此外，在日常管理阶段还需要加大对短期犯不良行为甚至违法行为的调查力度，不能放纵其恣意行为，这也体现了司法的权威性。同时，在惩戒的过程中，要保持制度的人性化和合理化，尊重和保障罪犯的基本人权。

(五) 探索科学合理、严格规范的短期犯激励模式

科学合理的处遇制度和减刑制度，不仅能够极大地调动罪犯改造积极性，提高矫治效果，对于保持短期犯群体改造秩序，维护监狱安全稳定也起到了非常重要的作用。因此，监狱需要积极探索科学合理、严格规范的短期犯激励模式。

1. 累进制处遇制度

累进制处遇是在分类关押的前提下，更进一步地强调对不同罪犯给予不同的待遇，将短期犯管理设置为不同的级别，结合日常改造表现动态设置级别，并给予相应的待遇。其目的是为了充分体现区别对待的政策，有效发挥管理的引导和激励作用。

累进制处遇的标准，应符合人的心理特点，采取标准逐步提高的累进方式，即：等级越低，级别晋升的难度越小；等级越高，晋升的标准也越高。最低的处遇等级，可以在短期犯入监以后，只要通过新收考核就可以获得一个基础等级，使其能享受到相对较高的处遇。但必须强调的是，处遇等级的下调则是一票否决性的，只要出现违纪行为即下调处遇等级，即轻微违纪下调一等、一般违纪下调数等、严重违纪下调至最低等级。

累进制处遇的形式，应倾向于给短期犯更多许可，也就是通常所说的代币。过去，监狱对罪犯的奖励都是具体的东西，罪犯本身没有选择的自主权，例如，对劳动表现好的罪犯都是在统一的时间内获得相同的实物奖励，但罪犯的喜欢并不统一，粗放的管理模式也在一定程度上影响了罪犯改造的积极性。如果对短期犯仍然采用这样的管理方式，这种影响的作用将被放大。而许可形式的奖

励就是，短期犯达到某个处遇等级，他有某些方面的许可权，由罪犯自己决定是否使用这种许可权。通俗讲，根据罪犯劳动改造表现，其获得加餐资格后，可以自由支配加餐的具体时间，也就是说许可权是可以累积的。但是，必须指出，这种许可只能本人行使，不可以转交给其他罪犯行使。

2. 短期犯减刑制度

首先，在法律上并未剥夺短期犯减刑的资格，短期犯与其他罪犯一样，符合条件就享有减刑的权利。其次，相对于犯罪危害大、犯罪恶性程度高的中长刑期罪犯而言，短期犯更应该获得减刑的奖励。但是，要科学地设计短期犯减刑的相关制度，尤其是结合实际工作的情况系统设计短期犯减刑的门槛条件、间隔期、减刑幅度等。

在减刑条件上，监狱在工作中应转变惯性思维，结合最高人民法院《关于办理减刑、假释案件具体应用法律若干问题的规定》中的“对短刑犯可以酌情考虑减刑”，综合罪犯的现实改造表现，对偶犯和初犯以及交通肇事罪等主观恶性不大的罪犯，在积极履行民事赔偿和缴纳罚金的基础上，可以适当放宽减刑条件，提高其减刑比例，一方面可鼓励罪犯积极改造，另一方有利于缓解监狱的收押压力和监管压力。

在减刑形式上，根据目前执行过程中总结的经验，对于剩余刑期在一年以下的短期犯，可以采用“放假”的形式对其进行奖励。具体方式可以通过“累积假期”制度来操作，也就是在短期犯进入监狱以后，通过对其认罪态度和改造的具体情况进行综合考核，对于符合各项条件和表现良好者，可以每月累积奖励放假 1—2 天，当短期犯刑期届满前一个月，根据累积假期制度，具体计算其应当放假的天数，可以实现提前释放。通过这种机制，可以在很大程度上调动不同剩余刑期的短期犯改造的积极性，也可以起到一种激励作用。

在减刑程序上，建立适用于短期犯减刑的简化减刑程序。在提请阶段，简化短期犯减刑呈报过程中内部审批环节，缩短办案周期；同时，加强监狱、检察机关和法院的衔接，加快各部门审查监督的速度，适时推行短期犯个案报送方式。在审理阶段，缩短短期犯减刑案件审理时间，探索建立短期犯减刑专审机制。

四、结语

一个国家对待世界上“最坏”、最穷途末路的那批人的态度，最能说明这个国家对待人的态度。监狱履行对短期犯的教育改造这一职能的过程，也是检验一个国家是否能够切实做到保障人权的试金石。近年来，上海监狱加大了对短期犯的研究，逐步将短期犯监管改造的相关规定上升到符合法律规定的监管制度层面，并结合短期犯自身特点和司法实践进行管理方法和教育模式上的创新，完善减刑制度，逐步建设成系统、完备、有效的中国特色短期犯执行模式。

附录

短期犯的考核模式

以新收、日常两种管理模式并存为前提，考虑建立一种考核模式，使其适应两种管理模式的相互转换，同时还能够合理有效地对短期犯进行评估，这里暂且称之为“潮汐考核”。具体如图所示：

日常模式
新收模式

图 2　模式图

“潮汐考核”的理念是根据现有的考核手段，建立一个新的分段考核分数，日常考核在此基础上加减分数，当超过一定分数后则改变管理模式，反之亦然。

1. 短期犯的考核内容

(1) 队列 20%。基本队列、进出工队列、队列纪律、口号等。

(2) 行为 25%。礼仪礼貌、计分考评和各类规范涉及的行为等。

(3) 文化 20%。学习纪律、笔记记录、材料书写、歌曲学习等。

(4) 卫生 10%。内务卫生、包干卫生等。

(5) 劳动 25%。生产指标、6S 管理、质量管理、劳动态度等。

具体考核内容见表：

短期犯改造表现考核表

罪犯番号：			姓名：		
项目	队列	行为	文化	卫生	劳动
内容	基本队列、进出工队列、队列纪律、口号等	礼仪礼貌、计分考评和各类规范涉及的行为等	学习纪律、笔记记录、材料书写、歌曲学习等	内务卫生、包干卫生等	生产指标、6S管理、质量管理、劳动态度等。
分值	20	25	20	10	25
评分					
考核人					
总计					
考核意见：					
监区领导：					
考核日期：					

2. 短期犯的考核标准

短期犯新收入监，基础分为零分，通过一系列训练考核，给予评分，当分数累计到达 60 分之后，转入日常管理模式。在日常管理模式中若出现考核内容中的扣分条款情形，则进行扣分，当分数低于 40 分之后，转入新收入监管理模式，需要再次进行评估达到 60 分才可转入日常模式。在日常管理模式下，考核的内容仍为这几方面，每次出现的加、扣分累计，每名罪犯此时的基础分不同，这会形成不同的扣分存量。对于新收期间表现较好的短期犯，监狱可给予一定的宽容度；侥幸过关的则需要时刻警惕，但是若出现较重违纪及以上的情形，则直接回到新收入监模式。

老病残罪犯教育评价、需求及自知力实证研究

——兼狱务公开理念下对监狱工作评价机制转型的探索

上海市南汇监狱课题组

监狱对罪犯应当依法监管，根据改造罪犯的需要，组织罪犯从事生产劳动，对罪犯进行思想教育、文化教育，技术教育。监狱对罪犯开展教育，一方面是国家监狱法律法规的要求，另一方面也是有效管理罪犯、提升罪犯改造质量的需求。伴随社会发展和监狱工作的不断进步，以及狱务公开背景下社会对监狱工作的要求不断提升，监狱对罪犯的教育应更趋规范性、科学性和有效性。作为一所集中关押老病残罪犯的功能型监狱，由于老病残罪犯生理上的特殊性，其心理上也与普通罪犯有所差异。因此，系统、实证研究老病残罪犯的教育相关工作显得尤为重要。

受到狱务公开理念的影响，我们认为有必要及时调整工作评价机制，即改变过去主要由上级评价的模式，而应更加重视罪犯、罪犯家属、社会三个层面对我们工作效果的评价。我们应辩证地看待罪犯和罪犯家属两个层面的评价，一方面肯定其合理需求与合理诉求，将此视为显性需求；另一方面则要坚持监狱改造罪犯的目标，即将罪犯为达到刑释后能融入社会、减少重新犯罪可能性但未意识到的需求视为隐性需求。我们希望以此为范本，探索在狱务公开理念下，以问卷为主要形式、以个案访谈为辅助形式，建立一种综合评价罪犯显性需求与隐性需求达成情况的评价机制，并以若干年为一个周期对监狱各监管改造条线工作进行普遍性的实证研究。

本研究为保证结果的真实性，设计调查问卷针对三个方面的内容进行调查，经过数理统计得出内在相关性，以期为决策提供理论和数据支撑。

教育评价。教育评价是对教育活动满足老病残罪犯需要的程度作出判断的活动，是对教育活动现实的或潜在的价值作出判断，以期达到监狱教育工作价值增值的过程。

教育需求。教育项目是罪犯需求、监狱需要和社会需求的统一。教育需求

是老病残罪犯对获得某种教育活动的愿望，包括对现有教育项目的扩展性需求和对未开展教育项目的潜在性需求。

教育自知力。自知力又称内省力，属于医学上的概念。它是指病人对其自身精神状态的认识能力，即能否判断自己有病及精神状态是否正常，能否正确分析和识辨并指出自己既往和现在的表现与体验，哪些属于病态。本文使用的罪犯教育自知力（以下简称教育自知力或自知力），是指罪犯对犯罪的归因方式是否准确，以及能否正确看待自己的犯罪原因与自己在狱内所需要参与的教育之间的联系。

一、设计问卷、调查对象及分析工具的说明

设计问卷。为使调查问卷能全面涵盖罪犯教育评价、教育需求以及教育自知力的范畴。问卷设计按“民警个案访谈（科室及监区）—罪犯个案访谈—设计初稿—抽样试测—修改问卷—征询意见（专家及领导）—形成终稿”的程序进行。

调查对象。因调查问卷对调查对象的文化程度和认知能力有一定要求，故调查仅选择初中及以上文化程度的罪犯进行。截至 2015 年 9 月 23 日，某监狱共有在押罪犯 1 549 人。其中，初中以下文化程度（不含初中）共 311 人，另有 153 人因其他原因不参加问卷测试（新收入监不满 1 月、住院、长期卧床、因残疾丧失书写能力等）。因此，共有 1 085 人参加问卷调查。经过问卷调查后，共筛选出无效问卷 42 份（漏答率超过 30%），获得有效问卷 1 043 份，废卷率为 3.87%。除此之外，我们还对部分经常聘用刑释人员的企业、单位和政府中介部门进行了访谈调查。

分析工具。对于问卷数据，采用 EXCEL2007 以及 IBM SPSS Statistics 19 进行统计分析。

二、结果与分析

（一）基本情况

所有问卷调查对象中，按性别划分，男性占比 79.9%，女性 20.1%。按年龄

段划分①，自报30周岁及以下占比14.1%，30—44周岁26.4%，合计中青年罪犯40.5%，45—59周岁(中年罪犯)36.3%，60—74周岁(老年罪犯)22.3%；按文化程度划分，自报文盲或小学占比10.9%②，初中46.8%，高中、中专、技校22.1%，大专、本科及以上19.3%；按户口所在地划分，自报上海市城镇占比54%，上海市农村3.9%，外省市城镇14.7%，外省市农村26.8%；按捕前社会地位划分③，自报属于国家及社会管理者占比4.6%，经理人员6.9%，私营企业主13%，专业技术人员6.6%，办事人员3.2%，个体工商户10.1%，商业服务业员工4%，产业工人4.6%，农业劳动者9.8%，城乡无业失业半失业者24.7%，退休11.7%；按婚姻状况划分，自报已婚占比50%，未婚21.9%，离婚23.7%，丧偶3.7%；按老病残种类划分，自报正常犯占比31.3%，老年犯24.9%，病犯27%，残疾犯12.3%，同时属于多种类型的老病残2.8%。

（二）教育评价

1. 常规性教育的评价

此部分主要是罪犯从过程以及收获两个角度，对监狱常规性开展的教育活动进行评价(均值越高则评价越低，下文同)。

表1 各类教育项目教育过程罪犯评价

	N	均值	标准差
技　能	526	1.680 6	0.647 84
文　化	442	1.669 7	0.620 46
道　德	905	1.663 4	0.628 00
兴趣小组	256	1.662 1	0.648 70
新　收	982	1.641 8	0.655 73
核心价值观	823	1.572 3	0.583 06
普　法	904	1.569 7	0.598 64
社会帮教	257	1.548 6	0.611 23
出　监	396	1.539 1	0.615 11
互助教育	889	1.514 1	0.561 60

① 依据联合国世界卫生组织最新的年龄划分标准。

② 调查问卷划定名单以判决书为准，所有参与问卷调查罪犯在判决书中的文化程度均已达到初中或以上。

③ 依据中国社会科学院《当代中国社会阶层研究》的划分标准。

（续表）

	N	均值	标准差
心理健康	938	1.469 1	0.591 30
生检会	876	1.440 6	0.553 34
亲情帮教	471	1.428 9	0.593 17
监狱讲评	971	1.394 4	0.537 20
监区讲评	979	1.307 5	0.487 53
有效的 N(列表状态)	85		

表 2　各类教育项目教育收获罪犯评价

	N	均值	标准差
文　化	462	1.676 7	0.653 54
社会帮教	293	1.665 3	0.649 85
核心价值观	802	1.631 8	0.626 74
互助教育	899	1.600 7	0.616 80
道　德	904	1.584 1	0.639 78
新　收	981	1.576 5	0.645 33
兴趣小组	287	1.568 8	0.604 25
技　能	552	1.537 8	0.615 81
生检会	825	1.523 6	0.590 98
心理健康	945	1.522 4	0.597 56
出　监	377	1.475 5	0.572 11
亲情帮教	481	1.467 8	0.615 34
普　法	877	1.421 9	0.563 24
监狱讲评	967	1.400 2	0.540 42
监区讲评	976	1.342 2	0.518 08
有效的 N(列表状态)	108		

从表 1、表 2 可以看出，在教育过程中，从形式新颖性、多样性以及内容的丰富性、实用性等方面，罪犯印象较好的是监区讲评、监狱讲评以及亲情帮教活动；印象较差的是技能教育、文化教育以及道德教育。在教育结果上，罪犯感觉较有收获的是监区讲评、监狱讲评以及普法教育；较没有收获的是文化教育、社会帮教以及核心价值观教育。

罪犯对普法教育的效果评价较好，可能是因为部分罪犯在法律知识层面存在较大的空缺，因违反法律而丧失自由的罪犯本身也会比其他社会民众有更大的法律知识诉求；但普法教育的过程排名相比之下并不靠前，可能是因为目前我们的普法教育大部分的课时用于观看监狱局指定的教育视频，形式上互动性较差，内容上更新滞后。相比之下，同样采取以观看指定教育视频为主要形式开展的道德教育在过程与收获排名中均较靠后。道德教育与核心价值观教育均相对较为靠后的排名，说明我们在此类价值体系教育的内容和形式上仍需深入探索。相比之下，同为“三课”的心理健康教育，因课程内容实用性较强，同时监区已有较多民警接受过此类培训，民警知识储备充足，教育效果较好，因此排名相对靠前。

监区讲评与监狱讲评在过程与收获排名中都获得了靠前的名次。其原因可能是：讲评的形式互动性较强；进行监狱、监区讲评的民警，通常具有较好的表述能力①；讲评的内容较为结合当前实际情况，或指向当前热点问题。

罪犯对文化教育的过程及收获的评价名次均靠后。这可能是由于监狱开展文化教育过程中，对于低阶段的文化教育（扫盲、小学等）采用罪犯教师授课的方式，其教学能力和经验都无法达到要求；而对于高阶段的文化教育（普通中专、大专等），外聘教师的课时较短，以罪犯的前置文化水平不足以通过短期授课达到学习效果。

技能教育的过程排名较靠后，这可能是因为目前监狱教学场地有限，部分开展过的技能教育内容（如汽车修理或零配件销售等）无法较好地模拟真实情况。同时，技能教育的收获排名仍然靠中，暗示罪犯仍然对此类教育有着较大需求。

罪犯对社会帮教收获的排名较靠后，且明显低于该项目在过程中的排名，可能是因为社会帮教过程中（包括法律咨询和社区综合治理等），一对一面谈的形式比较能够得到罪犯的认同，罪犯的疑问也能够得到充分的回答。但目前社会帮教工作中，监狱方面仍没有获得足够的主导权，部分综合治理部门只求完成任务指标的现象不时发生，罪犯很多需要社会帮教解决的实际问题并没有获得足够重视和解决。相比之下，亲情帮教则在两个排名中均明显高于社会帮教，这也侧面验证了上述假设。

① 监狱讲评通常由监狱主要领导或管教条线负责人进行，监区讲评通常由监区领导进行。

对比新收教育与出监教育可以发现，在两个排名中出监教育均高于新收教育。这可能是由于：在教育组织上，新收教育由新收监区开展、力量相对单薄，而出监教育由教育改造科统一组织开展；在教育形式上，新收教育主要安排观看监区及科室民警的授课录像，而出监教育的形式更为多样，包括授课、交流、宣誓等。

生活检讨会的过程排名较高，说明罪犯对于自我批评结合互相批评的形式较为认同；而收获排名靠中，可能是因为此类教育形式如要取得较好效果，对民警的组织、引导能力需求较高，目前部分民警仍尚未达到要求。

2. 老病残犯评价差异性

我们以是否为老病残罪犯为自变量，对上述数据进行分析。

表 3　老病残罪犯对于教育过程评价的差异

		N	均值	标准差
技能	正常犯	236	1.572 0	0.589 90
	老病残犯	290	1.769 0	0.679 71
	总数	526	1.680 6	0.647 84
新收	正常犯	308	1.470 8	0.584 09
	老病残犯	674	1.574 8	0.628 28
	总数	982	1.539 1	0.615 11
出监	正常犯	163	1.489 4	0.600 08
	老病残犯	233	1.582 8	0.616 80
	总数	396	1.548 6	0.611 23
兴趣小组	正常犯	79	1.711 9	0.632 03
	老病残犯	177	1.637 2	0.625 22
	总数	256	1.663 4	0.628 00
社会帮教	正常犯	84	1.702 4	0.690 38
	老病残犯	173	1.616 2	0.640 54
	总数	257	1.641 8	0.655 73

从表 3 可以看出，老病残罪犯对于兴趣小组活动、社会帮教活动的评价要高于正常罪犯；对新收教育、出监教育、技能教育的评价要低于正常罪犯。这可能是由于监狱、监区在组织兴趣小组活动及社会帮教活动等总体名额有限的活动时，会倾向于照顾老病残罪犯，故其评价较高；开展新收教育时强调一视同仁，新收教育内容缺乏针对性，故其评价较低；老病残罪犯对于出监教育以及技

能教育的需求与正常犯有所区别，监狱的相关教育措施尚没有充分考虑到老病残罪犯的特殊需求，故其评价较低。

3. 对监狱特色教育内容的评价

作为一所集中关押老病残罪犯的监狱，我们通过实践探索，逐步总结出了一系列有针对性、有特色的教育内容。本次问卷主要选择了生命教育、健康教育以及环境教育进行调查。

表 4　老病残罪犯对于特色教育评价的差异

		N	均值	标准差	标准误
生命教育	正常犯	205	2.185 4	0.910 06	0.063 56
	老病残犯	496	2.266 1	0.834 69	0.037 48
	总数	701	2.242 5	0.857 55	0.032 39
健康教育	正常犯	312	1.993 6	0.852 44	0.048 26
	老病残犯	642	2.063 9	0.919 86	0.036 30
	总数	954	2.040 9	0.898 53	0.029 09
环境教育	正常犯	313	1.792 3	0.868 80	0.049 11
	老病残犯	650	1.746 2	0.862 79	0.033 84
	总数	963	1.761 2	0.864 56	0.027 86

从表 4 可以看出，罪犯对于监狱特色教育评价有所差异。通过换算①并对比表 1 可知，罪犯对于环境教育的评价相当于基础教育中第 2 名位置，健康教育相当于基础教育中第 6 名位置，生命教育相当于基础教育中第 11 名位置。是否为老病残罪犯并没有产生评价上的显著差异。

虽然这三类教育的受众面均是全体罪犯，但只有 67.2%的罪犯给生命教育打分，远低于健康教育与环境教育 90%以上的评价数。另外一组数据表明，仅有 4.5%的罪犯表示非常熟悉生命教育，16%的罪犯表示较为熟悉，41.4%和 18.4%的罪犯选择了知道一些和不是很熟悉，19.7%的罪犯表示第一次听说生命教育。这也可能是因为监区在实践操作过程中，将监狱生命教育的理念融入其他教育内容中，导致罪犯对生命教育的概念知晓度不高。相比之下，健康教育与监区环境教育更加直观，更能得到罪犯好评。

---

① 基础教育采用三分量表，而特色教育采用五分量表，因此换算标准为除以 2 再加上 0.5。

（三）教育需求

1. 对于授课民警的需求

表 5　罪犯需求民警年龄与实际民警年龄的成对样本检验

	成对差分					t	df	Sig.（双侧）
	均值	标准差	均值的标准误	差分的 95%置信区间				
				下限	上限			
对 1　需求的民警年龄——实际的民警年龄	0.410	0.828	0.026	0.358	0.462	15.468	975	0.000

从表 5 可以看出，对比罪犯希望开展教育的民警和实际开展教育的民警，其年龄上有显著的差异。（罪犯估测）实际开展教育的民警的年龄平均为 33.1 岁，而罪犯希望开展教育的民警的年龄平均为 37.2 岁。这一方面体现了我监年轻化的教育工作民警队伍现状，另一方面也可能说明了年轻民警的教育能力及经验离罪犯的期望还有所差距。

表 6　老病残罪犯对于民警年龄需求的差异

		平方和	df	均方	F	显著性
需求的民警年龄	组间	5.194	1	5.194	9.200	0.002
	组内	558.899	990	0.565		
	总数	564.093	991			
实际的民警年龄	组间	0.036	1	0.036	0.105	0.745
	组内	335.536	989	0.339		
	总数	335.572	990			

从表 6 可以看出，对于希望开展教育的民警年龄，是否老病残罪犯之间有着显著差异。以数据估测，正常犯所希望开展教育的民警的年龄平均为 36.1 岁，而老病残犯所希望开展教育的民警的年龄平均为 37.7 岁。

2. 对于教育内容的总体需求

从表 7 可以看出，罪犯中最感兴趣的教育内容是健康类（保健养生等），第二是时事类（政策形势等），第三是法律法规类，这三类的选择数占总数的一半以上，而第一类比第三类多出一倍以上。可以看出，罪犯对教育内容的需求高度集中。同时可以发现，老病残犯相比正常犯更重视健康教育、时事教育以及法律法规教育，这可能是因为这三类教育与老病残罪犯的切身利益更加紧密。

表 7　老病残罪犯对于感兴趣的教育内容的差异

			感兴趣的教育内容									
			健康类	时事类	投资类	文化类	法条类	价值观	艺术类	宗教类	心理类	计算机
老病残种类	正常犯	计数	193	123	72	99	77	44	94	27	81	42
		%	22.7%	14.4%	8.5%	11.6%	9.0%	5.2%	11.0%	3.2%	9.5%	4.9%
	老病残犯	计数	471	336	67	150	263	130	122	39	152	44
		%	26.6%	18.9%	3.8%	8.5%	14.8%	7.3%	6.9%	2.2%	8.6%	2.5%
合计		计数	664	459	139	249	340	174	216	66	233	86
		%	25.3%	17.5%	5.3%	9.5%	12.9%	6.6%	8.2%	2.5%	8.9%	3.3%

3. 对于社会资源的需求

表 8　老病残罪犯对于社会资源需求的差异

			社会资源种类					
			外院医生	心理咨询	技能培训	地区帮教	律师咨询	兴趣小组
老病残类型	正常犯	计数	101	109	184	80	83	93
		%	15.5%	16.8%	28.3%	12.3%	12.8%	14.3%
	老病残犯	计数	258	161	178	218	197	141
		%	22.4%	14.0%	15.4%	18.9%	17.1%	12.2%
合计		计数	359	270	362	298	280	234
		%	19.9%	15.0%	20.1%	16.5%	15.5%	13.0%

从表 8 可以看出，从总体来看，罪犯对各类社会资源的需求相差不大，排名第一比排名最后的仅超过不足 50%。然而不同类型罪犯对于社会资源的需求有较大差异，正常犯对“外聘老师进行技能培训”给予非常集中的关注，而老病残罪犯则更多关注“外院医生坐堂咨询”“地区协会帮教”（各区县综治部门、妇联、残联、老年协会等）以及“律师进行法律咨询”。这种区别也可能是源自各自不同的诉求。

4. 对于新收教育的需求

表 9　老病残罪犯对于新收教育需求的差异

			新收课程的需求				
			行为规范	坦白教育	安全教育	减假政策	心理健康
老病残种类	正常犯	计数	144	37	40	135	83
		%	32.8%	8.4%	9.1%	30.8%	18.9%
	老病残犯	计数	390	31	61	270	205
		%	40.8%	3.2%	6.4%	28.2%	21.4%
合计		计数	534	68	101	405	288
		%	38.3%	4.9%	7.2%	29.0%	20.6%

表 10　老病残罪犯对于新收教育信息来源的差异

			新收教育信息来源				
			监区统一教育	主管民警教育	与监组长交流	与其他罪犯交流	手册、书籍
老病残分类	正常犯	计数	112	128	31	25	122
		%	26.8%	30.6%	7.4%	6.0%	29.2%
	老病残犯	计数	281	324	61	50	235
		%	29.5%	34.1%	6.4%	5.3%	24.7%
合计		计数	393	452	92	75	357
		%	28.7%	33.0%	6.7%	5.5%	26.1%

从表 9、表 10 可以看出，罪犯在新收阶段较为关心的是行为规范教育、减刑假释政策教育以及心理健康教育，而对坦白教育以及安全教育较少关心。教育信息来源为主管民警教育、监区统一教育以及《服刑指南》等书籍与手册。这可能说明目前我们在新收教育过程中，监区统一教育的授课内容还不能很好地覆盖罪犯完整的服刑过程。

从分类来看，老病残罪犯相比正常犯更为关心行为规范教育，这可能是因为老病残犯希望了解到自己是否能在行为规范上享受特殊的待遇。同时，可能是因为文化程度上的劣势，或者新收教育材料仍不能很好地包含老病残罪犯的特殊性内容，因此老病残犯在通过文字材料获取新收知识方面占比较少。

5. 对于心理辅导的需求

表 11　老病残罪犯对于心理辅导的差异

			心理辅导需求				
			入监适应问题	人际关系问题	家庭关系问题	出监心理调适	不需要心理辅导
老病残分类	正常犯	计数	109	87	55	49	28
		%	33.2%	26.5%	16.8%	14.9%	8.5%
	老病残犯	计数	239	213	108	95	52
		%	33.8%	30.3%	15.3%	13.4%	7.4%
合计		计数	348	300	163	144	80
		%	33.6%	28.9%	15.7%	13.9%	7.7%

表 12　老病残罪犯对于参加心理辅导方式的差异

			参加心理辅导的方式			
			主动申请	协商后共同申请	为我申请愿意参加	为我申请不愿参加
老病残分类	正常犯	计数	60	32	65	4
		%	37.3%	19.9%	40.4%	2.5%
	老病残犯	计数	141	46	173	16
		%	37.5%	12.2%	46.0%	4.3%
合计		计数	201	78	238	20
		%	37.4%	14.5%	44.3%	3.7%

从表 11、表 12 可以发现，罪犯最常见的心理辅导需求是解决刚入监时的心理不适应以及服刑初期常见的人际关系等问题。而服刑中期常见的家庭关系等问题以及出监前期的心理调适问题较少进行心理咨询。这表明目前罪犯心理咨询工作仍主要聚焦于罪犯服刑的前期与中前期。有 37.4%的罪犯曾主动申请心理咨询，仅有 3.7%的罪犯即使在主管民警为其申请到心理咨询后仍不愿意参加。这表明罪犯对参与心理辅导总体呈积极态度。同时，对比表 11、表 12 的数据，有 48%的罪犯没有主动申请心理辅导，但参与辅导后仅有 9%的罪犯认为辅导是没有必要的。这种态度的转变可能表明心理辅导工作对罪犯

的有效性，以及部分罪犯虽然有心理辅导需求但羞于启齿的状态。

另外，从分类数据可以看到，老病残罪犯总体心理辅导需求相类似，但人际关系问题明显多于正常犯，这可能表明老病残犯更难以融入监管改造的人际关系中。同时，老病残犯参与心理辅导也相比正常犯更为被动。这种被动的态度可能暗示了有更多的老病残犯还存在着未被及时解决的心理问题。

6. 对于技能教育的需求

表 13　老病残罪犯对于技能教育需求的差异

			技能教育需求				合计
			实践操作	常用技能	证书技能	劳动技能	
老病残分类	正常犯	计数	124	132	65	12	333
		%	37.2%	39.6%	19.5%	3.6%	100.0%
	老病残犯	计数	183	216	70	40	509
		%	36.0%	42.4%	13.8%	7.9%	100.0%
合计		计数	307	348	135	52	842
		%	36.5%	41.3%	16.0%	6.2%	100.0%

通过表 13 可知，罪犯对于技能教育需求主要集中在常用技能类（如计算机操作、公文写作等）以及实践操作类（如护工、美甲、烹饪等），证书技能类（动漫设计、电工等）以及劳动技能类（小区保洁、保安等）需求较少。这可能反映罪犯希望通过技能教育，在出监后能够寻找到一份中等劳动强度以及中等技术含量的工作。

对比分类数据可以发现，老病残罪犯的总体技能需求为人均 0.71 次，远低于正常犯人均 1.03 次。这表明了老病残罪犯对于技能教育的需求程度不高，可能是因为部分老病残罪犯出监后就业意愿不高或者自认为无法通过技能教育获得满意的工作。从子项目来看，老病残罪犯在证书技能类上的需求百分比明显小于正常犯，在劳动技能类上明显大于正常犯。这也表明了老病残犯对出监后就业的低期望值。

7. 对于出监教育的需求

通过表 14 可知，罪犯在出监教育中最关心的三类问题分别是“医保、养老金等政策”“就业信息”以及“出监后相关手续办理流程”。从分类来看，正常犯更关心的是就业类，而老病残犯则明显更关心保障政策类。

表 14　老病残罪犯对于出监教育需求的差异

			出监教育需求						
			就业信息	形势信息	医保政策	业务办理	智能设备	释后手续	保障政策
老病残分类	正常犯	计数	161	51	55	20	53	105	2
		%	36.0%	11.4%	12.3%	4.5%	11.9%	23.5%	0.4%
	老病残犯	计数	164	97	319	31	76	187	121
		%	16.5%	9.7%	32.1%	3.1%	7.6%	18.8%	12.2%
合计		计数	325	148	374	51	129	292	123
		%	22.5%	10.3%	25.9%	3.5%	8.9%	20.2%	8.5%

8. 对于兴趣小组的需求

表 15　老病残罪犯对于兴趣小组需求的差异

			兴趣小组需求					合计
			表演	艺术创作	健身	技术兼顾	学习	
老病残分类	正常犯	计数	28	79	102	67	98	374
		%	7.5%	21.1%	27.3%	17.9%	26.2%	100.0%
	老病残犯	计数	45	132	184	59	192	612
		%	7.4%	21.6%	30.1%	9.6%	31.4%	100.0%
合计		计数	73	211	286	126	290	986
		%	7.4%	21.4%	29.0%	12.8%	29.4%	100.0%

通过表 15 可知，罪犯最希望参加的兴趣小组是“读书、读报、英语等学习类”“太极拳、广场舞等健身类”以及“书法、书画等艺术创作类”，总计 986 次的需求量，对比之前仅有 256 次的评价人数，说明目前监狱的兴趣小组仍不能满足大部分罪犯的需求。从分类来看，正常犯在“刺绣、纸艺等兴趣与技术兼顾类”中的需求明显高于老病残罪犯的比例。这可能说明部分正常犯希望能够通过兴趣小组习得一技之长；而老病残犯则在健身类以及学习类中占有较高比例。

9. 对于健康教育的需求

从表 16 可知，在各类健康教育需求的形式中，“民警大课教育”“外请老师授课”“发放养生保健类报刊、书籍和手册”“观看养生保健类电视节目”以及“外请医学专家进行咨询(医疗方案、病情等)”所占比例差距不大,而“由其他具有医疗背景的服刑人员进行交流”则明显需求量较小。同时,正常犯与老病残罪犯的需求较为相似。这说明在某监狱正常犯也有不可忽视的健康教育需求,而即使老病残罪犯,根据文化程度不同、身体状况不同,也会有差异性的健康教育需求。

表 16　老病残罪犯对于健康教育需求的差异

			健康教育需求					
			民警授课	老师授课	报刊书籍	电视节目	罪犯交流	专家咨询
老病残分类	正常犯	计数	119	161	133	186	39	90
		%	16.3%	22.1%	18.3%	25.5%	5.4%	12.4%
	老病残犯	计数	231	268	258	353	51	198
		%	17.0%	19.7%	19.0%	26.0%	3.8%	14.6%
合计		计数	350	429	391	539	90	288
		%	16.8%	20.6%	18.7%	25.8%	4.3%	13.8%

(四) 教育自知力

1. 教育自知力在就业愿景方面的体现

我们调查了罪犯对于出监后就业的计划,并对部分刑释人员就业相关机构与较多吸纳刑释人员就业的企业和中介机构进行走访调查,将两个数据进行对比,以了解罪犯出监后的预期是否符合现实情况,从侧面了解罪犯教育自知力情况。如罪犯自知力越高,则其能更加清醒地认识到自身的缺陷,积极配合参加狱内相应教育,并以符合社会现实的情况实施出监后的就业计划。

我们发现,罪犯出监后的首选就业计划中,占比最大的是“自己创业”(66.8%)。老病残犯选择“自己创业”的比例略低于正常犯(64.1%),但这种选择仍然超过其他选项之和。这可能暗示了某罪犯群体中对于创业的盲目乐观情绪。而根据我监狱对口浦东新区刑释人员的就业状况统计①,所有刑释人员就业岗位中,属于个体就业的不足 25%。这反映了罪犯对自主创业的愿望与现实中个体就业成功可能性低的反差。

① 《浦东新区五年内刑释解教人员就业状况及对策》,2014 年。

对于是否愿意从事“四保”类型的岗位(即保洁、保绿、保序、保安),只有不到一半的罪犯对此类工作持积极态度(43.5%)。其中,接近一半的正常犯表示了明确的否定情绪(41.1%),而老病残罪犯对此类岗位的态度较之正常犯略为积极(30.7%)。而现实情况是,据相关中介机构反馈①,对于刑释人员通常优先推荐“四保”岗位。

我们还发现,罪犯对于自身就业不利因素的认知与社会机构的排名有较大差异。总体来看,罪犯往往过于强调客观的不利因素,例如正常犯多选择“服刑记录”(41.9%)与“缺少就业技能”(22.2%),而老病残罪犯多选择“年龄”(28.4%)与“疾病伤残等身体状况”(24.8%)。但企业和社会机构根据刑释售货员就业情况,认为最严重影响其就业的因素是“缺少吃苦耐劳精神”。这在罪犯的认知中没有得到重视(2.8%)。

2. 教育自知力与犯因性分析

根据常见的犯罪原因以及美国心理学家伯纳德·韦纳(B.Weiner, 1974)的归因理论设计的犯罪原因调查,所有罪犯对自己犯罪的原因进行了分解。我们发现,罪犯对犯罪行为归因最常见的四类自我归因是“自控能力差,难以抵御外界的诱惑(8)”“不懂法,法律知识缺乏(6)”“交友不慎(12)”以及“缺乏谋生技能(10)”,合计占到总选择的70.9%。最不常见的四类是“情绪易冲动、比较暴躁(1)”“适应能力差(2)”“缺乏同情心(3)”以及“心胸狭窄,缺乏宽容(4)”,合计仅占总选择的6.4%。两组数据中,差异较为显著的是有10.6%的老病残罪犯将犯罪归因为缺乏谋生技能,相比之下明显多于正常犯的3%。

根据此类不记名调查,我们发现目前罪犯对犯罪行为的归因仍然存在着某种共同点。依据韦纳的归因理论进行分类,从控制点角度,罪犯倾向于将犯罪行为归因为外在因素而非内在因素;从稳定性角度,罪犯倾向于将犯罪行为归因为不稳定因素而非稳定因素;从可控性角度,罪犯倾向于将犯罪行为归因为不可控因素而非可控因素。这种主观倾向性是与客观实际不相符的。

三、分析与讨论

(一) 以老病残进行分类的局限性

必须说明的是,尽管在现有研究基础上,老病残罪犯通常被视为一大类整

① 浦东新区人力资源和社会保障局及部分街道相关部门。

体，与正常犯的概念相对比进行研究。但通过数据分析发现，老病残罪犯也有着较大的组内差异。就以教育需求为例，老年组的罪犯对技能教育的需求明显少于其他老病残罪犯，病犯组对健康教育的需求明显多于其他老病残罪犯，残疾犯组则更关心监狱是否能帮助其寻找到力所能及的工作。这种组内差异有时甚至超过了老病残罪犯与正常犯之间的组间差异，波峰与波谷相叠加造成了部分老病残罪犯的数据与正常犯数据间无法体现差异性。

（二）老病残罪犯教育差异性的产生原因

通过对于教育评价、教育需求以及教育自知力的调查分析，我们发现，老病残罪犯作为一类群体，其与正常犯在对狱内教育的各方面态度都有着一定的差异。这种差异性可能是其入监前因素导致，即其部分思维、认知方式在入监服刑前即已经与社会常模有所差异，这种差异在入监后仍被部分保留；也可能由入监后因素导致，即由于其生理、心理的特殊状况，导致其在狱内服刑过程中，与正常犯随接受相同的管理与教育，但产生了不同的效果。

因此，我们更应该以动态的视角来看待老病残罪犯的差异性的教育评价与需求。一方面，应根据静态的年龄、文化程度、社会支持系统、人生经历以及潜在的思维模式、学习模式、认知模式等因素，对常规教育内容和形式进行系统性调整。另一方面，应更重视老病残罪犯的入监教育，即通过科学的方式，使老病残罪犯能够尽快顺利地度过入监初期的不适应期，在生理、心理上，成为一个“恰如其分”的服刑期罪犯。老病残罪犯由于生理与心理的特殊性，相比正常犯而言需要花费更加多的精力才能融入改造氛围，这其中包括适应狱内的作息及饮食规律、管理模式、与其他罪犯开展人际交往的范式以及不同民警的管理教育方式等。

（三）基于罪犯教育评价与需求的分析

根据罪犯教育评价与需求数据分析结果，结合老病残罪犯特点，本研究认为应从以下几点出发以达到罪犯教育“提质增效”的目的。

1. 注重民警教育能力建设

在现阶段，大量的罪犯教育工作仍然需要依靠监狱民警来承担。我们认为，在提升民警教育工作能力方面，可以通过以下途径实现：

(1) 加大民警专业知识储备，尤其是老病残罪犯重点关注的内容，主管民警均应有基本的掌握，以应对老病残罪犯对教育的差异性要求。监狱方面可梳理相关知识点及“Q&A”等供民警学习，而大课教育的授课民警应在知识积累上更为丰富，并应不断补充最新的前沿领域知识。

（2）通过授课技巧培训、公开课示范等方式提升民警授课技巧。监狱方面可组织研究、整理对于老病残罪犯授课的要点和技巧，帮助民警提高能力，增强罪犯教育的渗透率和转化率。

（3）扩大监狱（及监区）讲评、生活检讨会等的教育优势地位，对于罪犯重点关注的问题和热点问题，及时组织监狱（及监区）讲评进行说明，善于召开生活检讨会的民警应总结、固化经验并加以推广。

（4）关注监狱（及监区）讲师团建设，针对性地吸纳部分有授课意愿、有经验、有能力的资深民警加入讲师团，提升青年民警授课能力。

2. 注重罪犯教育的实际需求

一方面在教育内容上要更加关注老病残罪犯的实际需求，在各类授课内容时注意结合老病残罪犯的实际情况进行举例说明，便于其理解和具体运用，同时强调授课内容特别是法规类知识的时效性，根据相关政策变化及时进行调整；另一方面在教育形式上要更加切合老病残罪犯的实际情况，充分考虑老病残罪犯的认知特点和低文化程度倾向，注重互动交流和教学沟通，避免单纯灌输式和视频播放等，并在授课过程中有意识地进行针对性提问，以了解罪犯掌握的情况，同时增强老病残罪犯的教育参与感。

3. 注重罪犯教育的科学性

老病残罪犯教育有其特殊性，在教育中要研究规律，建议在有条件的课程中开展分类教育。首先，根据罪犯不同需求合理配置资源和师资，并加入针对性授课知识点，以小班化教学的形式开展，以此增强罪犯教育的有效性和参与性；而即使暂时无法开展小班化授课的课程，也应科学、合理安排总课时以及每节课课时，充分考虑老病残罪犯的理解、接受能力，每节课课时安排不宜过长，总课时不宜过少，以提升授课效果。监狱方面可结合各监区师资力量和押犯特点进行合理调配，为部分讲师团民警设计跨监区授课的方式，并将部分课程划归监狱统一安排。其次，要强化罪犯教育的主动介入意识，老病残罪犯对教育的需求受身心特点影响，往往隐蔽性强、主诉性差，民警应在充分掌握个体以及群体特点的基础上，主动开展针对性教育或为其申请针对性教育。

4. 注重特色教育的探索力度

监狱特色教育在老病残罪犯自信心提升、价值观培养以及身心健康保健等方面起到积极作用。就调查结果而言，特色教育工作在广度和深度上应该持续探索。监狱应紧贴老病残罪犯的身心特点和群体需求，在现有特色教育项目的基础上扩大特色教育的外延，有针对性地充实现有特色教育内容；在个别项目上应加大教育的力度和影响力，采取更为显性、更为直接的教育方法，避免出现工作开展之后，罪犯仍不知所云的状况。

（四）基于罪犯教育自知力的分析

1. 犯罪归因方面，对自身犯罪的原因存在自利性偏差，可能导致对教育的需求出现偏差

虽然确实有部分罪犯的犯罪原因是外因性的、偶发性的以及不可控制性的，但根据现实情况，就总体而言，大多数罪犯的犯罪原因都是内因性的、持续性的以及可控的。从认知心理学角度，我们认可这种自利性的偏差是普遍存在的，但是这种偏差却非常不利于罪犯正确认识自己的犯罪原因，导致无法正确认识自身的认知方式、情感、意识、行为等方面的缺陷。特别是老病残罪犯，由于其生理方面的相对弱势，更容易产生“社会不公”的想法，以及正是由于自身的老病残等原因，缺乏谋生技能和手段，才导致了犯罪行为的发生，使其这种认知偏差较正常犯而言更为严重。由于本次问卷属于不记名性质，才有部分罪犯愿意表达自身真实的犯罪归因，但我们需要考虑到仍有部分罪犯的掩饰性更强，因此本研究的数据仍然可能是优于实际情况的。因此，鉴于这种认知偏差的存在，我们认为监狱在此类问题上的教育工作还有待进一步加强。

（1）加强主管民警层面的认罪悔罪教育。通过个案访谈发现，罪犯在此类问题上的真实想法可能会通过与他犯交流或者与主管民警深入谈话时流露。因此，主管民警在对承包监组内静态条件重新犯罪可能性高的罪犯，应通过同监舍罪犯侧面了解或进行深入的个别谈话后，结合其犯罪事实、成长经历等因素，判断其认罪悔罪程度。同时，即使当罪犯表露出了犯罪归因偏差，也不宜即时否定，而应通过认知行为理论、举例、辩论等纠正其不合理认知。当经过多次教育均无效时，建议转移监区或由监狱心理咨询师进行干预。

（2）加强认罪悔罪评估体系建设。通过个案访谈发现，目前认罪悔罪评估的成效仍偏重依靠监区级评估的力量。一方面，主管民警出于考虑监组稳定，

缺乏开展主管民警级评估的积极性；另一方面，监狱级评估力量相对有限，无法大面积覆盖；同时，监区级评估力量又缺乏系统培训，往往依靠极个别的骨干力量开展，其也尚未达到专职的程度。因此，我们建议一方面应强化认罪悔罪教育在监狱教育体系中的地位，通过更加形式多样、内容丰富、互动性强的教育活动来帮助罪犯深刻认罪；另一方面加强对认罪悔罪评估三级（认罪级）与四级（初步认罪级）的甄别力度。特别是对于老病残罪犯，由于其计分考评压力相对较低，"混改造"的想法较为普遍，更应对其严格把握认罪悔罪评估三级的标准，从制度上防止主管民警以"息事宁人"的心态给予其认罪的评估结果。

2. 就业愿景方面，对自身的就业缺陷及就业期望存在偏差，可能导致对教育的需求出现偏差

根据外部数据，有相当多的重新犯罪的罪犯在两次服刑之间都有过短暂的工作经历。显然，对他们来说，重新犯罪快速获利的暂时诱惑战胜了遵纪守法勤劳致富的长久展望，监狱方面之前的教育效果在社会浪淘泥沙俱下的冲击下不复存在。我们不能否认目前中国社会的价值观存在一定偏差，但我们仍要反思，为什么我们没有替正在服刑的罪犯建立起一个牢固的心理"大坝"？

通过数据发现，多数罪犯有着出监后守法生活的计划，但这种计划往往是过于乐观的。相比于社会常模，更多的罪犯有着创业的想法或计划。这一方面是由于客观上社会对于刑释人员存在歧视的现象，使其较难寻找到合适的工作岗位；另一方面也可能是因为罪犯群体中性格普遍外向、冲动，不愿受到约束，使其较难适应一般劳务加工性岗位（这也可能恰恰是导致其本次犯罪的原因），因此自己独立创业对其来说是较有诱惑力的想法。而从技术教育、出监教育以及罪犯自费购买书籍的情况中，也可以发现部分罪犯较关心创业相关的信息。但是，事实上根据数据，缺乏恒心、毅力以及创业客观条件支持的刑释人员，创业往往是较难以成功的。

关于就业愿景的数据是对于自身就业不利因素的认知。我们发现这其中也存在着前文所述的自利性偏差，即罪犯往往认为客观因素会较大程度影响自己刑释后的就业，而事实上，影响较为显著的其实是主观因素。很多罪犯无法正视自己好逸恶劳、不愿吃苦耐劳的性格缺陷，可能导致其刑释后就业遇到障碍后，不能很好地反思自身的原因。

关于是否愿意从事"四保"工作（即保洁、保绿、保序、保安）。之所以选择此类工作进行单独设计提问，是因为根据就业中介部门的反馈信息，此类工作岗位是门槛较低，同时也是就业竞争较低的岗位，适合刑释人员特别是老病残刑释人员长期从事或至少作为过渡性的工作。调查发现，罪犯对于此类工作的抵触程度是较大的。老病残罪犯对于“四保”的抵触心理略低于正常犯，但考虑到老病残犯从事其他工作难度更大，因此，这种程度的差异仍然不能让人满意。

通过以上数据分析，我们可以得出结论，即罪犯对于理想工作的预期、对于保障性工作的态度以及对于自身不利因素的忽视，均可能在很大程度上影响罪犯在出监后回归社会的实际效果。因此我们认为，监狱在此类问题上的教育工作还有待进一步深化。

（1）加强技能和出监教育适用性。现阶段的技能教育，至少在监狱局政策制定的层面，老病残罪犯是较被忽视的群体。一方面是因为历史上老病残罪犯从未如此之多，也从未如此集中关押；另一方面则是老病残罪犯本身较难以找到合适的技能教育项目。但作为集中关押老病残罪犯的功能性监狱，我们在引进项目时就应优先考虑低技术含量、低就业竞争、低或中等劳动强度的适合老病残罪犯从事的技能培训项目，以符合他们的就业意愿、就业能力和就业可能性，一方面结合他们的需求提供教育内容，另一方面通过“打预防针”的方式，使他们对社会严峻就业形势有清醒而全面的认识，使罪犯在刑释后的过渡期内更理性地处理就业问题。

（2）加强劳动的教育性功能。即应强化在劳动生产中体现对罪犯的教育，特别是关于劳动精神的教育。对罪犯实行监禁刑的根本目的不仅在于惩罚，更重要的是把踏实改造、重返社会作为终极目标。同样地，要求罪犯劳动也不只是惩罚，改造、重返社会才是终极目标。据此，应更注重在劳动中改造罪犯的价值观、改变罪犯对于劳动的态度。对于集中关押的老病残罪犯，应从制度设计层面，融入劳动的教育理念，设定科学、统一的劳动制度标准，根据统一标准因人而异、因病而异地调整劳动时间、劳动强度。同时，通过外在强化与内在强化协同作用，培养罪犯的劳动观念，即一方面运用行为主义的理论，以分阶段设定目标、正面强化和变比率强化为主、注重强化时效性、强化信息反馈的理念，合理设置劳动与劳动报酬及各类处遇（司法奖励、行政奖励、生活奖励等）之间的关系；更重要的是通过劳动后的口头奖励、精神奖励，以及帮助罪犯内省等方式，使罪犯在劳动中由于获得成功的满足而增强劳动的成功感与自信心，从而增强劳动的内在动机。

四、结论

此次实证研究，表明我监罪犯教育相关的显性需求得到了基本满足，老病残罪犯的差异性教育需求得到了部分满足，但罪犯的隐性教育需求，即监狱教育改造罪犯的目标的完成情况仍有待进一步加强；也表明显性需求结合隐性需求的评价模式基本达到了设计目的，较为全面、客观地展现了监狱教育工作开展的效果，也为将来推广、运用这种在狱务公开理念下产生的新评价模式对其他监管改造条线开展评价提供了较好的参照。

上海监狱精神病罪犯管理问题研究

上海市提篮桥监狱课题组

目前上海市监狱管理局收押的精神病罪犯为 234 人，占上海押犯量的 1%，但随着精神病罪犯收押数量的不断增多和狱内发现的罹患精神病罪犯数量的增长，现有的关押条件和模式已经出现了一定的问题，特别是随着《精神卫生法》和《上海市精神卫生条例》的相继修订，对原来的监狱精神病罪犯的管理带来了挑战，新形势下精神病罪犯的相关管理问题需要进一步研究和解决。

一、精神病罪犯管理研究的必要性

（一）提升精神病罪犯管理执法公正性的需要

对精神病罪犯管理进行研究，进一步规范精神病罪犯管理的各项制度和流程，有利于提高监狱系统狱政管理水平，有利于提高监狱系统的执法水平，提升精神病罪犯管理执法公正性。

（二）推进上海监狱管理内涵式发展的需要

对精神病罪犯管理进行研究，可通过对监狱管理环节要素的重新设定，促进监狱执法资源合理配置，利用有限的资源以不断满足罪犯精神病管理工作不断发展的需要，提高资源使用效率，达到最优化管理效能。

（三）推动监狱精神病罪犯管理科学的需要

对精神病罪犯管理进行研究，体现"以人为本"核心理念价值，推动监狱精神病罪犯管理理念及措施的科学发展，对构建和谐社会、维护社会的安全稳定有着非常重要的作用。

二、精神病罪犯管理目前面临的形势变化

随着社会法治化进程的加快，监狱的执法工作面临着许多新情况、新问题，特别是精神病罪犯管理方面，随着社会法治环境的变化、新的刑事司法制度的出台和修正，精神病罪犯的“精神病＋罪犯”的治疗管理复合问题更加凸显，带来新的问题及挑战，需要我们对上海监狱精神病罪犯的收押、治疗、教育、矫治等相关管理环节进一步探讨，对精神病罪犯管理目前面临的形势变化必须进行深入的分析研判。

（一）监狱管理及执法环境发生了较大变革

党的十八届三中、四中全会以来，国家提出依法治国方略，政府部门是法治的关键因素，公民的法治观念和意识更加增强，在对政府机关的工作要求上，需要在新的法律环境和客观环境下寻求好的工作思路和方法，客观考察分析管理执法环境的变化，深入开展依法行刑、依法行政、依法治监。精神病罪犯可能有丧失辨认或者控制自己行为的能力、无完全行为能力的情况，以及在服刑改造中由于环境因素变化继而罹患精神类疾病的罪犯可能不断增加的情况，必须在诊断治疗和康复上规范，做好狱务公开，以公正执法、文明执法应对精神病罪犯家属可能的误解。

（二）精神病罪犯概念界定及相关法律规范变化

本文的精神病罪犯概念是指在服刑期间（包括保外就医和暂于监外执行期间）精神病发作的罪犯，而不管其精神疾病是在服刑期间罹患还是在服刑之前罹患的。如果是罪犯在服刑之前曾经患过精神疾病，但是已经治愈或是在服刑期间未发作，我们就不称为精神病罪犯。广义的精神病罪犯即精神障碍罪犯，包括精神分裂症、情感性精神病、偏执型精神病、人格障碍、神经症、脑器质性疾病等。狭义的精神病罪犯即重性精神病罪犯，包括精神分裂症、情感性精神病和偏执型精神病。本文所表述精神病罪犯多为广义精神病罪犯，同时在管理实践中会根据监管实际情况进行分类。

精神病罪犯有着罪犯、精神病人的复合特殊属性，因此，精神病罪犯的管理与执法工作牵涉到刑事、监狱、卫生等多部法律法规。上海监狱在精神病罪犯

管理上从2011年起开展了深入的研究与实践，但随着多部法律法规的出台和修正，对精神病罪犯管理的硬件和软件方面都需要进行全面的调研和持续的改进，特别是《上海市精神卫生条例》实施以来，精神病罪犯管理的一般模式在新形势下呈现了弊端和不足。上海市监狱管理局推进现代警务机制建设与二级管理后，[①]更需要对精神病罪犯的管理开展深入研究，提高精神病罪犯管理的效能。同时，相关法律对狱内医疗执法也提出了较高的要求，在精神病罪犯工作上要寻求新的思路和方法，提炼出科学化、规范化、专业化的制度规定，为精神病罪犯的管理提供必要的理论支撑。

（三）精神病罪犯管理中存在的问题

精神病罪犯的管理工作与一般正常罪犯存在着极大的不同，较其他罪犯具有更强烈的冲动性、攻击性、报复性、敢为性、心理变态倾向和犯罪思维模式，更容易发生狱内“三防”安全事故；精神病罪犯的家庭支持较少、社会关系不良；狱内发生自杀、自伤、伤人等违纪情况较多，行为规范较差；未发病情况下个人生理、心理需求较多。以现有的一般罪犯管理模式，难以应对精神病与罪犯叠加的多重问题。局系统内，虽然获得心理咨询证书的干警达到了一定比例，但是，专业的精神科医务民警十分缺乏，且负责精神病罪犯的民警熟悉、了解精神病学及精神科护理知识相对较少。目前，35岁以下的青年民警超过半数，虽然文化素质和学历较高，但实际参加监狱工作时间较短，罪犯管理经验缺乏，对精神病罪犯管理的相关工作更是存在不足。

（四）精神病罪犯疾病预防与诊疗康复存在的问题

《精神卫生法》规定：“监狱、强制隔离戒毒所等场所应当采取措施，保证患有精神障碍的服刑人员、强制隔离戒毒人员等获得治疗。”但该法并没有针对精神障碍罪犯采取哪些措施来保障治疗和康复做出相应的规定。监狱作为国家刑罚执行机关，无法替代精神卫生机构来开展专业的精神病治疗，将精神病罪犯在狱内进行医疗等相关问题也在法律上存在障碍。法律规定“当精神障碍患者在医疗机构内发生或者将要发生伤害自身、危害他人安全、扰乱医疗秩序的

---

① 郑善和：《上海监狱管理局两级管理模式：通向集约高效和专业发展的改革与挑战》，《中国司法》2012年第2期。

行为，医疗机构及其医务人员在没有其他可替代措施的情况下，可以实施约束、隔离等保护性医疗措施。”但监狱卫生机构又面临医疗与执法的双重身份，约束与防护措施实施较为困难。同时，《精神卫生法》明确规定，收诊精神障碍患者必须满足法定条件：“1.有与从事的精神障碍诊断、治疗相适应的精神科执业医师、护士；2.有满足开展精神障碍诊断、治疗需要的设施和设备；3.有完善的精神障碍诊断、治疗管理制度和质量监控制度。从事精神障碍诊断、治疗的专科医疗机构还应当配备从事心理治疗的人员。”在现有条件下，监狱系统难以为精神障碍罪犯的治疗和康复提供必要的保障。

（五）精神病罪犯教育改造存在的问题

患精神病的罪犯释放后再次犯罪肇祸的事例时有所见。上海监狱，精神病罪犯释放后也存在再次犯罪的情况，现押精神病罪犯中再犯或多次违法犯罪的精神病罪犯约占16.36%。虽然犯罪违法等不是监狱一家能够控制的，但如果相关人有过服刑经历，那么给社会和纳税人带来的直接印象就是“监狱没有改造好”，民众对监狱改造效能就会产生怀疑。因此，对精神病罪犯，除了管理医疗外，对恢复“自知力”的也必须讲求教育改造，尽监狱所能减少精神病罪犯出狱后的重新犯罪。

三、上海监狱精神病罪犯调查情况

（一）调查研究对象

（1）所有入组样本为2016年4月30日前在押的精神病罪犯。

（2）所有入组罪犯确诊病例均符合国际疾病分类及诊断标准（ICD-10）中精神障碍诊断标准。由临床医师诊断或司法鉴定为精神分裂症、心境障碍、偏执性精神病、使用精神活性物质的致精神和行为障碍、精神发育迟滞，脑疾病、损害和功能紊乱所致的人格和行为障碍等。

（3）排除标准。排除影响监管行为的其他心理行为及因素。

（二）方式方法

（1）问卷调查。对上海监狱管理局关押的精神病罪犯以《国家重性精神疾病基本数据采集表》为基础设计问卷开展问卷调查，主要对上海市各监狱内精神病犯的一般情况、服药、管理状态等情况进行调查，由专业负责人员填写，对调查数据进行量化的统计分析。

（2）实地访谈、参观考察。对上海精神病罪犯收押的提篮桥监狱、女子监狱、青浦监狱、新收犯监狱、南汇监狱进行调查，组织课题人员到广东省惠州监狱、女子监狱学习考察，对精神病罪犯管理、医疗等工作情况有了更加深入的了解和认识。

（3）查阅文献。查阅相关论文、书籍、杂志等，参照国家及地方相关精神病方面的法律法规，参考系统内各级部门精神病相关规定制度，并对这些资料进行收集、整理、分析、综合，为课题研究提供理论参考。

（三）精神病罪犯总体调查情况

1. 精神病罪犯数量增长快

上海监狱管理局精神病罪犯现主要关押于提篮桥监狱为 136 人，从 2011 年 4 月 11 日时整体接收当时集中关押于南汇监狱的 63 名精神病罪犯，几年间集中关押的精神病罪犯的数量持续上升，至今总人数已经翻番。与一般罪犯数量增长不明显甚至减少的情况不同，精神病罪犯总体数量增长较快，精神病人犯罪情况较前有了较大的变化，狱内罪犯精神病患病情况有所上升；上海监狱管理局 2011 年在押精神病罪犯人数为 150 人，2016 年在押精神病罪犯人数为 234 人。

2. 精神病罪犯中所患精神病类型多、重性精神障碍多

上海市监狱精神病罪犯涵盖了精神障碍类疾病的全部类型，患病程度较深，且主要以重性精神障碍为主，占 92.31%（详见表 1）。虽然精神病罪犯在现实改造中都能够做到认罪服法、遵规守纪、按照要求参加各类学习和从事一定程度的生产劳动，但具体表现上也与正常罪犯有所不同，在未发病情况下也有比较显著的性格特征，如：分裂症型精神病罪犯大多性格内向，平时沉默寡言，胆小怕事，喜欢独处，不爱交际，工作被动，生活懒散；人格障碍型精神病罪犯往往性格固执倔强，敏感多疑，喜欢嫉妒或责备别人，常跟其他罪犯和干警发生摩擦，自以为是，不听别人意见；心境障碍型和癔症、应激障碍型精神病罪犯则感情脆弱易波动，要么不说，说起来没完，想到哪说到哪，做事马虎，常抱有幻想，做出一些出人意料的举动，也有孤僻不合群、胆小多疑、遇事犹豫、做事拘谨、兴趣贫乏等特点。

表 1　上海市各监狱精神病罪犯疾病类型

精神病类型		人数	百分比
诊断	精神分裂症	78	33.33%
	精神活性物质所致精神障碍	17	7.26%
	心境障碍	58	24.79%
	精神发育迟滞	13	5.56%
	器质性精神障碍	7	2.99%
	人格障碍	16	6.84%
	神经症	8	3.42%
	癔症	2	0.85%
	应激相关精神障碍	9	3.85%
	精神行为障碍	17	7.26%
	诊断不明	8	3.42%
	偏执型精神病	1	0.43%

3. 狱内罹患精神病的罪犯逐步增多

本次调查中，精神病罪犯初次发病在狱外的居多，狱内发病约占 30%，但入监初期并没有进行司法鉴定确证，给日常管理带来很多问题。从调查的各监狱精神病罪犯狱内发病率统计数据来看，狱内初次发病率在逐步增加(详见表 2)。

表 2　上海市各监狱精神病罪犯狱内外情况汇总

		人数	百分比
初次发病	狱内	70	29.91%
	狱外	164	70.09%

4. 精神病罪犯犯群总体情况不良

表 3 中可见，精神病罪犯年龄在 30—60 岁，存在为数不少的高龄精神病罪犯，家庭支持系统不良，未婚、离异的占多数，捕前无业、小学至初中文化的居多。同时，精神病罪犯中，外省市户籍占比较多，并有 8 名外国籍精神病犯，这对罪犯的日常管理也产生了较大的困难。此类精神病罪犯也会对管理人员和管理环境产生更多的不适应。

表 3　上海市各监狱精神病罪犯一般情况汇总

		人数	百分比
性别	总数	234	
	男	180	76.92%
	女	54	23.08%
年龄	<30 岁	38	16.24%
	30—60 岁	172	73.50%
	>60 岁	24	10.26%
婚姻	未婚	115	49.15%
	已婚	61	26.07%
	离异	44	18.80%
	丧偶	12	5.13%
	不详	2	0.85%
户籍	本市	99	42.30%
	外市	127	54.27%
	外籍	8	3.42%
民族	汉	204	87.18%
	其他	30	12.82%
职业	在职	23	9.80%
	退休	9	3.85%
	无业	127	54.27%
	其他	75	32.05%
文化	文盲	24	10.26%
	<小学	21	8.97%
	小学—初中	130	55.56%
	高中	51	21.79%
	>大学	8	3.42%

5. 合并躯体疾病的精神病罪犯较多

精神病罪犯由于长期服用精神类药物，造成肝肾功能损害，部分精神科药物还对脑部功能有着不良作用，许多精神病罪犯存在着服药后的锥体外系副反应等，同时精神病罪犯中合并有躯体疾病的比例高，占 30.77%（详见表 4）。以提篮桥监狱为例，精神病罪犯合并肝炎 5 人、合并肺结核 4 人、合并其他慢性疾病 54 人，长期卧床休息、隔离管理和生活不能完全自理 8 人，2011 年 4 月至今监狱医院出具病重、病危计 12 人次。与此相对应的是，监狱医疗资源匮乏，有躯体疾病的只有送到监狱总医院治疗；有些慢性病无法根治的，监狱总医院会在病情治疗基本稳定后就立即送回监狱，给监狱的治疗护理和救治带来较多困难，且容易发生猝死情况，给监狱改造及监狱安全方面带来隐患。

表 4　上海市各监狱精神病罪犯合并躯体疾病情况汇总

		人数	百分比
躯体疾病	有	72	30.77%
	无	162	69.23%

6. 暴力犯罪及狱内暴力倾向多

现上海监狱收押的 234 名精神病罪犯，仅从罪名方面看：故意杀人、故意伤害、抢劫等暴力犯罪有 141 人，占比 60.26%；非暴力犯罪 93 人，占比 39.74%。在日常管理中还发现精神病罪犯群体较一般罪犯有更多的暴力倾向，常发生打架违纪和其他伤人、自伤、自杀等冲动性暴力行为。在对精神病罪犯的违纪情况统计中也发现，精神病罪犯的年违纪比例长期在 10%左右，较一般罪犯违纪率高。以某监狱为例，自精神病罪犯专管监区成立以来，对精神病罪犯有记载的违纪情况进行统计，发现精神病罪犯涉及严管 19 人次、警告 4 人次、防范隔离 23 人次、使用约束带 34 人次（其中部分违纪情况考虑其为精神病犯给予处罚）。2010 年 1 月至今曾违纪扣分达 40 人次，每月平均 1.6 人次。虽然在某监狱精神病罪犯专管监区，近年管理医疗上都有所加强，但精神病罪犯的违纪比例仍然保持在高位，为年均 10.2%。具体分析，精神病罪犯因病情、长期服用精神病药物、自控力不足等原因往往体现出行为规范意识差、做事不计后果等特点，服刑期间有着较高的违纪率是不出所料的，同时因病情及其他多种因素发生自杀、自伤及伤人情况较多，对监管安全有着相当的威胁（详见表 5、表 6）。

表 5　上海市某监狱精神病罪犯以往违纪情况统计表

	严管	警告	防范隔离	使用约束带	扣分	总数
次数	19	4	23	34	40	120

表 6　上海市某监狱专管监区精神病罪犯三年违纪情况数据

精神病罪犯三年违纪情况数据分析	年度	2014 年	2015 年	2016 年	总数	年人均违纪比率均值
	违纪次数	19	4	23	46	10.2%

四、具体问题分析

（一）关押管理模式缺乏规范

精神病罪犯因“精神病＋罪犯”的情况形成复合问题，管理面对的各方面矛盾错综复杂。精神病罪犯管理面临的问题不同于一般罪犯，其面临着医疗、护理、管理、教育等多方面，整体的管理所面临的矛盾尤其错综复杂。新的形势又带来新的问题，仅上海监狱内，不同监狱的精神病罪犯的管理模式就有很多不同。表 7 中，64.95%的精神病罪犯在提篮桥监狱精神病专管监区集中治疗、管理、康复，其余 35.05%精神病罪犯以分散在各监狱监区为主。具体的管理方式也各不相同，大多数安排了正常罪犯专人看护，也有以严管代治疗的情况，各监狱的管理者根据个人判断对于精神病罪犯采取了集中管理、严管队管理、分散管理等模式，管教、看护和监管方式的差距都比较大，分级护理难以落实，也没有相关的统一规范制度，各具体关押部门管理的规范性不足。

表 7　上海市各监狱精神病罪犯关押情况汇总

关押模式	人数	百分比
集中	152	64.95%
分散在各监区	82	35.05%

（二）减刑假释保外就医执行困难

减刑假释方面，精神病罪犯面临着较多的困难。根据上海市高级人民法院《关于患有精神疾病罪犯减刑工作的若干意见（试行）》规定，患有精神疾病罪犯符合条件，但有暴力倾向、属于攻击冲动型的，原判犯罪属于暴力型犯罪的，出狱后无法妥善落实监护措施、没有继续接受治疗条件的，其他有继续危害社会可能的，在减刑起始条件、间隔时间、减刑幅度上，较之同等条件的其他罪犯，要从严掌握。

精神病罪犯保外就医阻力较大。现阶段精神病罪犯保外就医阻力主要来自三方面：家属接收、地方接纳、社会舆论。很多精神病罪犯家属无力承担病犯保外后的医疗费用和监护精力，且很多病犯有攻击家人的历史，病犯家属往往不愿接收；精神病罪犯回归社会会给当地带来很多不稳定因素，会消耗很多人力、财力对其进行监管，所以地方大多不愿意接纳；加之过往媒体对保外精神病罪犯再犯罪的报道，而且很多都是恶性案件，加强了社会对精神病罪犯保外的抗拒心理。

由表 8 可知，5 年以下的罪犯 131 例，占总在押人数的 55.98%；5—10 年刑期罪犯 42 例，占总在押人数 17.95%；10 年以上刑期的罪犯 61 例，占总在押人数的 26.07%。其中，获得减刑的精神病罪犯仅为 27 例，占比 11.54%；未减刑的 207 例，占比 88.46%。

表 8　上海市各监狱精神病罪犯犯情等情况汇总

		人数	百分比
案由	暴力犯罪	141	60.26%
	非暴力犯罪	93	39.74%
剩余刑期	<5 年	131	55.98%
	5—10 年	42	17.95%
	>10 年	61	26.07%
减刑情况	有	27	11.54%
	无	207	88.46%

（三）诊疗条件缺乏及经费保障不足

上海监狱较重视精神病罪犯管理控制，较早实施了精神病集中关押，并于 2011 年精神病罪犯专管监区，依靠自身力量，配备精神科医生，并和区精神卫生中心对接，中心派精神科专家定期来监狱会诊，监区承担精神病罪犯全部的教育、管理，只有躯体疾病较重时精神病犯才转监狱总医院住院治疗，但日常医疗管理中也面临着种种人员经费难以保障的情况。而其他分散关押的监狱，无精神病专业人员，只能依靠精神卫生中心专家定期会诊的方式解决精神病罪犯治疗、随访问题（见表 9）。一旦精神病罪犯发生病情波动，在就诊、护理、康复方面都难以按照精神病患者诊疗相关卫生要求实施。在监狱执法工作日益规范化的今天，精神病罪犯由于长期服药造成身体状况不良、可能会发生猝死等意外情况，需定期监测血常规，肝肾功能，血糖，血脂，电解质，心电图，胸片等，大多数监狱也都无法完全做到。由表 10 可知，精神病罪犯的定期体检工作以半年一次占比 59.40%，其他占比 37.61%，间隔周期较长，与社会精神病医院定期体检周期相比，相差甚远。尤其对于服用特殊精神科药物，需要定期随访心电图、血常规等，在日常医疗工作中存在很大不足。

总体来看，监狱部门实施精神病罪犯诊疗、护理、康复的软硬件设施相比社会精神卫生中心还存在很大差距。

表 9　上海市各监狱精神病罪犯诊疗模式情况汇总

诊疗模式	人数	百分比
卫生所门诊	13	5.56%
监区巡诊	74	31.62%
社会医院会诊	41	17.52%
以上多种模式组合	106	45.30%

表 10　上海市各监狱精神病罪犯定期体检情况汇总

体检频次	人数	百分比
1 月 1 次	1	0.43%
3 月 1 次	6	2.56%
6 月 1 次	139	59.40%
其他	88	37.61%

（四）药物采购使用流程存在障碍

精神科相关药物日常采购、使用、管理都有很高的要求，同时必须由精神科医师才能开具。本次调研过程中，各监狱精神病罪犯规律性服药情况占 82.91%（见表 11），监狱内卫生所大多不具有相关资质，但精神病罪犯需要长期服药治疗是一定的，各监狱对精神药物的采购、配送、管理上均存在困难，且监狱总医院精神科药物种类不齐全，影响病犯药物治疗及长期供给。

表 11　上海市各监狱精神病罪犯服药情况汇总

		人数	百分比
服药	规律服药	194	82.91%
	间断服药	2	0.85%
	不服药	38	16.24%

（五）总体医疗负担重，占用监狱大量资金及人力资源

《精神卫生法》规定："精神障碍患者的医疗费用按照国家有关社会保险的规定由基本医疗保险基金支付。县级人民政府应当按照国家有关规定对家庭经济困难的严重精神障碍患者参加基本医疗保险给予资助。精神障碍患者通过基本医疗保险支付医疗费用后仍有困难，或者不能通过基本医疗保险支付医疗费用的，民政部门应当优先给予医疗救助。"精神疾病已成为我国严重的公共卫生和社会问题，在监狱中更加成为日常管理中的重要问题，但重性精神疾病患者的救治和监管仅依靠监狱系统有限的医疗管理条件远远不够，需要政府将这一群体的救治纳入国家公共卫生投资的视野。①相对于国家医疗保障体制的不断变革、健全、完善，监狱系统的医疗保障体制发展则显得相对滞后。②然而现实中对于精神病罪犯而言，现行的《刑法修正案（九）》中明确规定在监狱服刑的罪犯不能参加基本医疗保险，所以《精神卫生法》规定的医疗支出将无法用医疗保险基金支付。③从调查来看，精神病罪犯的医疗费用支出是长期的，总的医疗负担相当庞大。以提篮桥监狱为例，由表 12 可见，与上海市监狱管理局法定人均药品 32 元/月相比，2015 年、2016 年精神病罪犯月人均药费均远远高于普通疾病病犯。精神科药品费用较贵，目前监狱局基本药物治疗经费已不能满足实际需要。国家有 686 种基本精神病药物免费服药政策，上海各区县精神卫生中心对于本区县的精神病病人免费服药政策已落实到位，针对该项政策，重点对于上海户籍的精神病罪犯能否适用此政策？对于外省市精神病罪犯，是否适用也需要进一步探讨。

① 陈泽伟：《化解精神病患肇事之痛》，新华网电子版，2010.5.29，http://news.xinhuanet.com/legal/2010-05/30/c_12158363_3.htm。

② 任世刚：《浅析改善监狱医疗工作的思考》，《航空航天医药》2010 年第 6 期。

③ 叶姗：《精神病患者住院期间发生意外事件的法律责任分析》，《中国神经精神疾病》2001 年第 5 期。

表 12 上海市某监狱精神病罪犯、普通疾病病犯药品费用情况汇总表

	2015 年药费(元)	人均药费(元/月)	2016 年药费(元)	人均药费(元/月)
精神病罪犯	298 867.22	177.90	422 632.34	234.79
正常病犯	956 892.77	34.67	1 139 052.73	41.27
监狱法定药费			32	32

注:以上数据不包括 2015 年、2016 年某监狱病犯在监狱总医院住院期间的药品费用。

(六) 精神病罪犯医疗及管理所需人才匮乏

除提篮桥监狱外,其余各监狱卫生所无精神科医护人员及无精神科执业范围,没有诊疗资质,即使上海市监狱局下设专门性的提篮桥监狱精神病专管监区,目前为止仍没有一名精神科专科护士,没有一名康复治疗师。虽然部分监狱卫生所已和社会精神卫生中心联合会诊,如区属精神卫生中心、市属精神卫生中心等,但是会诊一次周期长,费用贵。其间,一旦精神病罪犯出现病情波动或反复,卫生所诊疗及监区警力配合都较困难,执法风险很大。精神病罪犯伴有躯体疾病的,如精神科疾病及躯体疾病同时需要诊治,各卫生所医护人员及民警更是棘手,尤其是从事管教的民警或者负责诊治的卫生所医务民警,风险高、压力大、工作量大。他们大多没有精神医学背景,没有进行系统专业的培训,又缺乏相应的激励,会出现不愿管、不敢管的现象,从事精神病罪犯教育管理的意愿低,积极性不高。

五、进一步化解问题的相关对策与建议

(一) 对现有制度进行梳理完善

精神病罪犯管理涉及的法律规范,变化较大,较多,有必要对现行监狱制度进行适当的修正和完善,以形成适应监狱机关的精神病罪犯管理、医疗、改造的相关制度。

严格贯彻执行精神病患者医疗及病残罪犯管理相关制度规范。根据法律、法规、制度要求,提高相应的配套和保障,严格执行精神疾病预防、诊断、治疗、康复法律制度要求,积极保护精神病罪犯的各项合法权益,体现新时期“以人为

本”的执法理念和宽严相济的刑事政策，践行依法治国、依法治监制度要求。

研究制定精神病罪犯管理的机制流程，对精神病罪犯管理进行深入探索，规范精神病罪犯管理的各项制度和操作流程，推动上海监狱系统执法管理的科学性、公正性和内涵式发展，适应现代警务机制建设规范化要求，为规范精神病罪犯管理行为，提高精神病管理改造质量，合法规范、保护精神病罪犯医疗、管理人员权利以制度保障。

（二）建立规范的精神疾病罪犯鉴定与收监流程

做好鉴别，对没有精神疾病的罪犯和伪病、诈病的罪犯必须防止利用制度漏洞混入精神病罪犯管理体系。进一步完善精神疾病司法鉴定制度、规范鉴定机构。规范鉴定内容，包括具体精神类型、刑事责任能力认定、服刑能力认定，对过程性诊断包括初步诊断必须注明重新鉴定的场所、时间、鉴定人员。特别对入监前的罪犯是否有服刑能力在第一时间作出判断，在刑事判决生效后，根据鉴定结论决定监狱收押或者保外就医的处置。对于服刑中的罪犯需要进行司法鉴定的，在充分告知相关利害关系人的基础上，确立统一的机构进行鉴定。

推进精神病罪犯保外就医工作，对无服刑能力的精神病罪犯积极实施保外就医，做好与相关医疗机构的对接，积极实施治疗，病情稳定之后才予以收监执行刑罚，同时也要联系政府综治、司法相关部门，克服精神病罪犯当地接纳阻力和社会舆论压力，加大狱务公开和精神病罪犯管理的正面宣传引导力度，主动帮助家属联系保外就医后可协作收治住院的精神卫生中心，减轻公众由于对监狱工作的不了解而带来的不信任心理，充分发挥社会各界力量，共同参与精神病罪犯管理。

（三）实行集中关押、分级管理、“医”“管”结合模式

根据上海市监狱局客观情况，可实行集中关押，分级管理，“医”“管”结合模式。定性重性精神病发病期病犯为一级，逐步处于恢复期病犯为二级，风险性较低病犯为三级，进行全面分级管理。

1. 总医院主导模式

发挥监狱总医院对重性精神病罪犯的诊疗康复分流作用。以监狱总医院为主导，依托其硬件、医资力量等优势，开设精神科门诊以及精神科住院病房，承担全局罪犯精神障碍的预防、筛查、监控工作，负担发病期、危险期精神病罪

犯的医学诊断、临床治疗、护理与康复，并对各监狱负责罪犯精神卫生防治工作的非精神科医生、护士等进行业务培训等工作。对于新收入监已被鉴定的精神病罪犯以及疑似精神病罪犯，总医院直接对接，把需要及时治疗的确诊重性精神病罪犯直接收入医院治疗管理。待罪犯病情稳定后，由总医院对其情况进行评定分流。

2. 专管监区主导模式

扩容精神病罪犯专管监区，将更多精神病罪犯纳入集中关押体系。将大部分精神病罪犯集中关押管理，发挥专管监区优势，集中力量创造管理康复所需的硬件软件条件，加强硬件建设，配备医疗用具，把普通押犯区改造成康复病房，实施分级管理。由监狱卫生所和监区分别负责医疗和日常管理工作，配备掌握精神病学及护理相关知识民警开展承包管理，日常做好精神科医生在监区巡诊，对突发病情做好管控和治疗，防止一般干警处理专业问题可能发生的执法风险。针对康复良好的精神病罪犯，借助监狱已经形成较为成熟的心理健康中心平台优势，结合罪犯恢复情况，安排其进行认知、劳动、艺术等多元化矫治手段。

部分精神病类个体罪犯根据具体情况实行分散关押。对其他特殊情况不宜统一集中关押或较少药物治疗的精神病罪犯则分散于其他监所或监区关押，做好重点管理和个别化矫治工作；对康复情况良好、总体危险性不大的部分精神病罪犯也可以调入一般监区服刑，提高其对一般环境的适应能力，重点加强教育改造工作，实施类型化的教育矫治工作，做好出入监衔接，体现教育效能和监狱改造价值。

（四）夯实精神病罪犯服药管理，建立病情告知制度

服药对精神病罪犯的治疗、康复起着举足轻重的作用，对精神类药品管理必须实行“专柜、专人、专册”制度，即精神类药品实行专门药柜存放，由专门民警医生管理，使用专门簿册登记。罪犯服用精神类药品实行“定时、定点、点量”制度，即精神罪犯服药必须规定时间、规定地点、定量服药。且罪犯服用精神类药品的监督和记录工作由值班民警亲自完成，做到“发药到手、见药入口、咽下张口、检查再走”。

建立病情告知制度，体现公开行政原则，规避执法风险。监狱在罪犯罹患精神疾病需要治疗时需第一时间通知家属，制定相应病情告知书，理清病犯及

家人的权利义务关系，取得家属信任与配合；如联系不到罪犯家属，可以寻求户籍所在地司法所配合，请其协助通知家属。

（五）积极推进精神病罪犯减刑、保外就医工作

精神病犯的减刑、保外工作主要是为了解决病犯“出”的问题，从以人为本的角度出发，同时为了降低押犯风险，这项工作深入的意义十分重大。减刑工作，根据沪高法〔2014〕322 号文件指导精神，我们能为病犯做的只能是提高其服刑能力司法鉴定的效率。实践中，司法鉴定材料有效期为 3 个月，有时候一套程序走到法院，时效已过；再打报告或者再鉴定，会耽误病犯的减刑时间，错过一次减刑机会。通过先期协调法院、安排鉴定机构，提高材料报送、流转效率，是保障病犯顺利减刑的有效办法。

保外就医作为目前精神病罪犯提前回归社会的最有效方式，需要与各方面有效疏通，排除阻力，保障病犯合法权益，提前接轨社会。面对家属接受阻力，要着重打“亲情牌”；及时沟通病犯的恢复情况，消除家属担心的信息不对称风险；提前建立相互间的亲情连接，打消家属认为监狱转移责任的念想。

面对当地接纳阻力，可以参照上海公安的管理模式，与偏远的专业私立精神病院达成合作（上海公安在金山区与钱圩精神病院达成合作）。此做法的好处在于：(1)在法律关系上，监狱作为介绍人，家属接受病犯后与精神病签订委托协议。(2)病犯在保外后治疗能及时跟进，家属能经常进行看望。(3)患病犯人不在当地，不需要当地牵涉精力进行监管。

面对社会舆论压力，平时可以借助狱务公开平台，大力宣传精神病罪犯的康复过程以及积极改造事例，在展示良好监狱改造成果的同时，以期获得更多的社会了解和支持，也能充分发挥社会各界参与对精神病罪犯的管理和帮助中来。

（六）统一药品采购及落实精神病罪犯医疗经费保障

结合国家医疗保障制度和监狱工作实际，对不同监所精神科药物的采购可由监狱总医院或一家有资质的监狱卫生所进行统一精神科药物采购，其他有需要的监狱卫生所按需申报、按期领取药物，确保精神病罪犯药品长期供给，以控制病罪犯药品费用的总体预算及支出。同时，积极与市精神中心、市卫生局、市残联等部门积极磋商，争取国家 686 种免费服药政策惠及监狱内上海市户籍精

神病罪犯，由此可适当降低精神病罪犯药品总体费用。监狱在采用其他有效诊疗方式降低精神病罪犯医疗负担的同时，可将精神病罪犯的医疗保障与社会医疗保障体系对接，争取社会机构和专业人员支持，监狱在精神病罪犯医疗经费方面做好制度和经济上的有效支撑。

（七）进一步强化精神病罪犯定期体检制度

对于精神病罪犯定期体检问题，迄今各监狱没有统一的标准。从各监狱对于精神病罪犯常规检查，如血常规、肝肾功能、血糖、血脂、电解质、心电图等，跨度大，周期长。尤其对于长期服用一些特殊的抗精神病药物的，需定期复查相应指标。各监狱可根据目前体检情况增加 1—2 次体检，或者由监狱管理局统一规定，提高长期服药的精神病罪犯一年定期体检的频次。

（八）加强队伍建设、强化激励机制

进一步加大精神科专业人才和精神病罪犯管理队伍的建设。相比社会精神卫生中心，医患人员比例低，监狱精神科医生及护士严重不足，甚至低于相关法规的基本要求，所以有必要加大精神科专业医务人员（医生、护士、心理康复治疗师）的招录和精神病罪犯专业管理人员的培养，对于从事管教精神病罪犯的民警，定期开展精神科相应的专业知识培训，对现有心理咨询或心理治疗师资格证书的民警组成心理咨询团队，定期为精神病罪犯进行心理、康复治疗，进一步稳定精神病罪犯病情。

提高负责精神病罪犯管教民警及医务民警的保障及奖励措施。精神病罪犯是随时可能喷发的“火山”，专业医务人员和专管干警承受着更大的工作压力，日常管理中也接收了太多负能量。要做到张弛有度，从优待警，才能激发医务人员和民警源源不断的动力。我们应组织民警定期外出进修、学习、考察，在开拓眼界的同时调节工作情绪。同时，增加对专管民警及医务民警的奖励，比如对相应民警定期体检、疗休养、提前晋升、增加特殊补贴等，提高其工作激情。

非类型化罪犯的教育管理

情境体验式罪犯矫治工作初探

上海市青浦监狱　李海荣

一、问题提出

随着罪犯个人主义思想的渗透，罪犯自我为中心的意识开始蔓延，功利改造思想盛行，警囚关系较为疏远；民警在教育活动开展的组织手段上比较重理性而轻感性，习惯于强制性灌输和课堂教育、集体讲评等传统教育方式，忽略了对罪犯潜移默化的熏陶、启迪、感染和沟通；民警在教育矫治的内容上习惯于传统的三课教育，缺乏对罪犯内心情感世界的关注，忽略了对罪犯认罪悔罪、守法向善等积极情感的培育，忽略了对罪犯敬畏心、羞耻感、感恩心等健康情感品质的培养；罪犯面对服刑改造现实感到悲观失望、孤独无助，渴望民警和家人的情感关爱，许多民警忽视了罪犯的改造需求，不能为罪犯指点迷津，激发他们的改造热情，激发重新生活的勇气；民警缺少与罪犯内心深处的沟通交流，没有唤醒罪犯内心深处的自尊感、良知感、羞耻感、感恩心等，引发其情感上的共鸣。

上述这些问题和现象的存在，在一定程度上影响和弱化了教育改造质量的提高。近几年来，某监狱积极探索开展罪犯价值观改造，紧紧围绕"改造什么""怎么改造""改造效果如何评价"等关键问题，关注罪犯改造需求，科学运用现代信息技术手段，激发罪犯自我改造的内生动力，拉近民警与罪犯之间的心理距离，推广案例式、互动性培训方法，争取在矫治方式和矫治内容上有所突破。从 2015 年上半年起，某监狱开始开展罪犯情景体验式矫治的实践和探索。

罪犯情境体验式矫治活动，拓展了监狱教育活动形式，活跃了教育改造氛围，丰富了教育改造内容，服务罪犯教育改造需求，提升了教育改造成效：监狱教育活动变得有声有色、有血有肉、有情有景，能够让罪犯触景生情、知错生悔、自我转变；教育方式开始活跃起来，监狱对罪犯的教育活动一改过去"填鸭式"说教灌输，开始体现了罪犯自愿参与改造的积极性；教育内容开始丰富起来，从罪犯价值观矫治、服刑实践指导、影视矫治、认罪悔罪评估、传统优秀文化教育，到个别化矫治实施、矫治项目开展，监狱教育此起彼伏，有条不紊；教育形式开始生动起来，有民警大课教育、民警监组讲评，有皮影、希望读书小组活动、影视矫治、“违纪面面观”访谈等，民警与罪犯不再是简单的教与学关系，更多地是教与导的关系；警囚关系开始和谐起来，因为有了共同的矫治目标与愿景，民警与罪犯之间减少了对立和抗拒，更多的是理解接纳、支持和配合；教育成效开始显现出来，目标明确了，方向一致了，罪犯积极改造的意愿和动力发挥了作用，监狱罪犯的不良风气得到整肃，“讲道德、塑新风、扬正气、走新路”积极向上的改造氛围初步形成，罪犯的个人意识得到转变，集体意识得到强化，罪犯的责任感和悔罪意识得到提升。

二、情境体验式矫治内涵

（一）情境体验式矫治是以情感调节为手段，唤醒罪犯情感体验的一种矫治方法

从心理学角度来看，体验是一种情感，是“一个人对愿望、要求的感受”。体验又是一种特殊的活动，即主动体验过程，是主体内在的历时性的知、情、意、行的亲历、体认与验证多方面交织的复杂过程。同时，体验还是意义的建构和价值生成的过程。因此，可以认为，体验式矫治是指在罪犯教育矫治过程中，民警为了达到既定的改造目的，从矫治罪犯需要出发，引入、创造或创设与矫治内容相适应的具体场景或氛围，以引起罪犯的情感体验，帮助罪犯迅速而正确地理解相关矫治内容，促进他们的心理机能全面和谐发展的一种教学方法。

1. 罪犯矫治需要罪犯的情感参与

《心理学大辞典》指出：“情感是人对客观事物是否满足自己的需要而产生的态度体验。”①情绪心理学研究表明：个体的情感对认知活动至少有动力、强化、调节三方面的功能。“体验的出发点是情感，主体总是从自己的命运与遭遇，从内心的全部情感的积累和先在的感受出发去体验和揭示生命的意蕴；而体验的最后归结点也是情感，体验的结果常常是一种新的更深刻的把握生命活

---

① 转引自丁证霖等编译：《当代西方教学模式》，山西教育出版社 1991 年版，第 133 页。

动的情感的生成。"[①]情感体验是一种以身体去"体会"，用"心"去"验"的活动。把"情感"和"体验"放在一起，是指个体的身心与世界交往并生成"感受""情感""领悟"等的活动。这种情感体验不是对当前刺激物、当前情境的瞬时、单一的体验，而是个体用自主的、全身心的经验参与的一种全方位、全历程、全情境的整体性体验。

情感是一种特殊且高级的心理现象，是人们对客观存在的事物是否符合自己的需要、观点和愿望所产生的一种态度体验。我们在认识任何事物的时候都会伴随着一定的情感，情感可谓无处不在、无时不在。情感和教育两者之间的关系是鱼水关系，相互依存；同样，教育的过程需要情感的表达，需要爱和关心。

体验式矫治中的情感是指体验主体对体验对象产生的态度体验，它更关注的是罪犯在教育矫治过程中的情感体验与获得，以及对罪犯改造态度和行为的影响作用。首先，民警对罪犯的矫治需要罪犯的情感参与，情感在民警与罪犯之间建立良好教育矫治关系中起到重要作用，只有相互关爱、相互尊重、相互信任才能建立起良好的矫治关系，同时也只有建立在良好情感基础上的矫治关系才是深刻的、持久的；其次，罪犯的改变和成长需要具有良好的情感认识和情感体验，这是由"人是有情感的动物"之基本属性决定的。罪犯所形成的情感体验主要有两种类型：一类是源于罪犯自身内部的情感爆发，主要是通过罪犯的反思、内省、自悟等实现的，是罪犯个体内部机能活动而产生的情感体验，可称为内源性情感体验。就内源性情感体验而言，它是一种自发状态，是罪犯以反思、内省、自悟等方式所进行的主动建构，可能是对罪犯过去已有情感状态的重新组合，也可能是对未来构想和期待的或积极或消极的判断。另一类是源于外部情感的传递或感染，或者是经过罪犯感同身受式地理解和领悟后，转化、内化成为以"我有"的方式而存在的（外源性）情感经验，或者是当罪犯与外部环境相互关联、彼此作用时所形成的外源性情感体验。就外源性情感体验而言，民警需要充分利用教育改造内容中融入的"他有"方式所存在的情感冲突，即罪犯在面临某一问题或事件时，在情感方面所表现出的矛盾状态，或喜或悲，或哀或乐，或喜悲哀乐交加。[②]

---

① 童庆炳：《现代心理美学》，中国社会科学出版社 1993 年版，第 51 页。

② 参阅李森：《现代教学论纲要》，北京人民教育出版社 2005 年版，第 246 页。

2. 罪犯矫治必须以罪犯的情感体验为出发点和落脚点

《现代汉语词典》中,"体验"是指"通过实践来认识周围的事物;亲身经历"①。我们可以从哲学、心理学、美学等不同的领域对体验的丰富内涵进行理解。

从哲学领域来看,体验是生命存在和认识的一种方式,它扎根于主体的精神世界里。②体验是生命存在的方式,只要人活着,人就会有所感受与体验,体验着生命的存在。体验也是人类认识事物的方式,人们通常在亲身经历某些事的过程当中获得一定的认识和情感。

从心理学范畴来看,体验主要是指"心理体验",人在对事物有了真实的感受与深入的理解的基础上产生相应情感并生成意义,使其情感、认识得到提高和升华,从而获得新的人生感悟、生命意义和价值。体验"是一种由众多心理要素进行参与的心理活动,其与个体的情感、态度、想象、理解、感受等心理功能是密不可分的"。③

从美学角度来解释,体验更多指审美体验。体验是观者在欣赏和享受美的时候所产生的较深层的、活灵活现的、令人迷醉的且难以言喻的一种特殊的心理感受,它可能伴随着紧张、强烈的内部活动、丰富活跃的思维或令人欢快的情感。④

从教育学领域来说,有学者认为,体验是一种以图景转换为主的图景思维活动,是体验者头脑中发生的生活阅历、场景以及勾勒未来蓝图的关系与结构的转换活动。⑤有学者认为,体验是一种立足于主体精神世界,立足于人与自然、社会的有机统一的价值取向,会建构意义、澄明存在、生成价值,是主体对客观世界的一种理解和超越。⑥

所以,体验就是个体亲身经历、自主验证周围事件,并对外界信息产生自主意识的过程,是活动过程和活动的结果的结合,也是个体由"身体体验"到"心理体验"的过程,两者缺一不可。

"体验"作为一种教育模式可以最早追溯到古希腊哲学家苏格拉底的教学

---

① 丁声树、吕叔湘主编:《现代汉语词典》,商务印书馆 2003 年版,第 1241 页。

② 朱小曼:《情感教育论纲》,南京出版社 1993 年版,第 150 页。

③ 辛继湘:《体验教学研究》,西南师范大学硕士论文,2003 年。

④ 王一川:《审美体验论》,百花文艺出版社 1997 年版,第 25 页。

⑤ 刘惊铎:《道德体验论》,人民教育出版社 2003 年版,第 60—61 页。

⑥ 张华:《体验课程论——一种整体主义的课程观》,《教育理论与实践》1999 年第 11 期。

方式。他对弟子采取情景教育和发问而不是灌输式的教育方式，这就是“体验式”教育的雏形。20 世纪下半叶，美国凯斯西楚大学知名教授、教育家大卫·库伯出版了《体验学习：让体验成为学习发展的源泉》一书，[①]提出了体验学习圈理论，把体验学习阐述为一个体验的循环过程，包括具体体验、反思观察、抽象概括、行动实践，且这一过程是螺旋上升的，注重学生在体验过程中获得认知。教育家、思想家陶行知在杜威的实用主义教育主张的基础上，结合当时中国的教育实际，提出了“生活即教育、社会即学校，教学做合一”的观点，认为学生要在生活实践中进行体验，在社会实践中进行学习，要在实践体验的过程中培养学生的创造能力和实践能力。

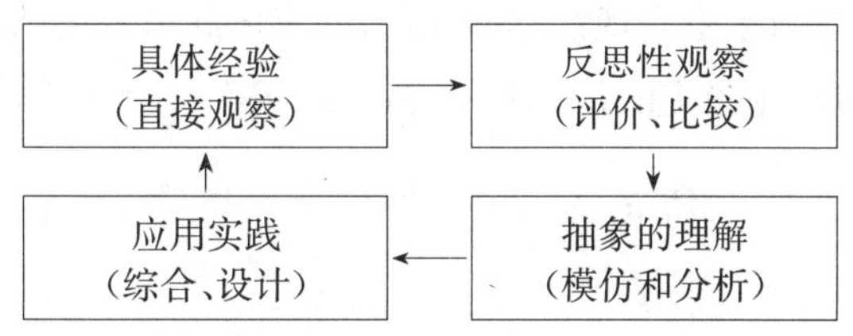

图 1　库伯的体验式学习

“体验式”教育模式是指在教育过程中为了达到既定的教育目的，从教育需要出发，引入、创造或创设与教育内容相适应的具体场景或氛围，以引起教育对象的情感体验，帮助教育对象迅速而正确地理解教育内容，促进他们的心理机能全面和谐发展的一种教育方法。“体验式”教育可分三个层次来理解：第一，“体验”是个体亲身的、主动参与的一种“生存方式”，需要个体的感官、肢体进行全方位参与的；第二，在“体验”过程中，头脑时刻处于运作过程之中，强调将“客体的认识纳入主体身心之中”，从而对事物进行反思；第三，“体验”与“情感”是不可分离的，兴趣、情绪等都是教育对象学习过程中重要的情感因素，缺少情感的滋润，教育对象便无法在学习过程中体会到学习的快乐，离开情感参与的体验亦不能称为真正的“体验”。因此，体验是一种目标，也是一种认知学习方式，是教育者和教育对象之间身体、思维、情感共同参与进行教育活动，获得情感共鸣与交流的过程。

---

①　库伯：《体验学习——让体验成为学习和发展的源泉》，王灿明等译，华东师范大学出版社 2008 年版，第 24 页。

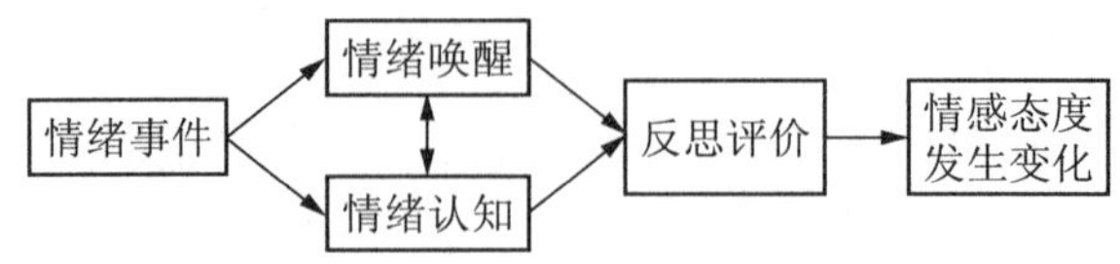

图 2　情境体验式矫治心理作用示意图

因此，体验式矫治是民警运用具体生动的矫治情景和矫治活动，通过精心设计精彩的矫治形式来吸引罪犯，激发和调动罪犯的情感、情绪，并积极引领罪犯进行情感的体验，使罪犯生成更加丰富的情感。

民警通过体验式矫治能够促使罪犯通过切身的、直接的活动来面对事物，产生一些相应的情绪反应，并将事物表象或知识融入到罪犯的情感当中，以情入理、寓教于乐，帮助罪犯实现情感的迁移，并将由此形成的认识内化到主体身心之中，从而共同构建罪犯的认知和能力体系，进而促进罪犯情感健康发展。

（二）情境体验式矫治是以情境创设为媒介，依托矫治情境展开的一种矫治方法

所谓情境，《辞海》诠释："情境是指一个人在进行某种行动时，所处的特定背景。包括机体本身和外界环境有关因素。"①从词面上理解，"情境"包括"情"与"境"。"情"既具有"感情""情绪""意志"等主观意义，也存在"情况""实情"等客观意义；"境"则有"疆界""边界"等物理意义的定义概念，又有"地方""区域"等物理意义的空间概念。②

不同学科对"情境"亦有不同阐释。在心理学领域，对情境的研究存在一个从刺激，到背景，再到知识的过程。行为主义心理学将情境阐述为引起个体行为的客观刺激，认知心理学则重视个体对情境的认识与体验，将情境定义为"个体学习发生的背景以及个体学习的重要内容"。③从心理学的视角来看，"情境"有一定社会学意义和生物学意义的具体环境，对人有直接刺激作用，是具体的社会环境或具体的自然环境情境。从生态学的视角来看，"情境"是各种因素所存在的场所。在社会学领域，学者认为情境是个体行为和文化结合的可供观察分析的共同体，社会情境一般包括现实中的环境、想象中的环境、象征性的环

① 辞海编组委员会编：《辞海》，上海辞书出版社 1989 年版。

② 姜大源：《职业教育：情景与情境辨》，《中国职业技术教育》2008 年第 25 期。

③ 高文：《情境认知中情境与内容的作用》，《外国教育资料》1997 年第 4 期。

境。在人类学领域，强调的“情境”是一个真实的个体学习行为发生的社会网络以及活动系统，人类学家将“个体与情境看作学生学习系统中的重要要素，注重个体与情境的相互建构”。在美学领域，“情境”是指艺术作品中所描述的环境、景色事物与其产生的情感所融合而形成的一致的艺术境地，“情境”与“情景”是相通的，其“源于生活，却又超越现实”。①

人们常常认为情境与情景是同一个意思，但实际上两者之间存在着较大的差别，虽然两者既包含着“感情”“情趣”的主观指向，也包含着“情况、实情”的客观指向。从时空概念上，情景通常指“情形、景象、场景”，即事物呈现出来的样子和状况，是以景为基础，又以景为媒介来激起情感、激发兴趣的，包含“感情和情感”之意；而情境一般指“情况，境地”，包含着主观的“情”和客观的“境”以及由“情”萌生的主观的“境”之意。从形式上看，情景往往来自现实生活的一个实景片段、一个背景素材，是对某一场景、景物的描述，如风景、景物、景致等，是可以游离于主体而存在的；而情境既可以来源于现实，也可以来源于建构，是由客观存在的多种环境、景物，与主体面对这些环境、景物所产生的情感乃至于其所处的氛围相互融合而存在的。从内涵来看，情景是“某一特定时间和空间中的具体情形”，常常指背景及其产生条件，具有相对稳定的静态性；情境则是“某一段时间和空间许多具体情形的概括，往往既指背景及其产生条件，又指起因及其发展经过，且总是处于运动状态之中，具有明显的动态过程性”。因此，情景是一种客体对主体产生刺激的现象，更多强调视觉、艺术和心理色彩与效果，具有让人“触景生情”的功能。而情境不仅包括所处的多种客观环境与氛围，而且强调由此升华所形成的主观认识与理解，具有使人“身临其境”的感觉。“情境”所指的时空范围比“情景”大，也包含更多的情形。因此，情景服务于情境，而情境依赖于情景，也意味着情境包容情景，“境”中有“景”。

国内外学者比较重视情境教学的作用。捷克著名教育家夸美纽斯在《大教学论》一书中写道：“一切知识都是从感官的感知开始的。”②美国著名教育家杜威认为，在思维的开始阶段，必须有实际的经验情境，主张“教育即生活”和“学校即社会”。他在《我们怎样思维》一书中进一步提出，创设各种情境有利于引起人们的好奇心，引导人们进一步去反省思维。苏联著名的教育家苏霍姆林斯

---

① 张广斌：《情境与情境理解方式研究：多学科视角》，《山东师范大学学报（人文社会科学版）》2008 年第 5 期。

② 夸美纽斯：《大教学论》，教育科学出版社 1997 年版，第 97 页。

基也多次提到自然情境对孩子们的潜移默化的影响和教育作用，让孩子们在轻松欢快的氛围中感悟自然之美，在体验中学习知识，发挥学生的想象力，逐渐提升审美能力和审美情趣。教育学家李吉林老师经过多年实践概括出情境教学的特点，即“形真”“情切”“意远”“理蕴”，归纳出生活展现情境、实物演示情境、图画再现情境、音乐渲染情境、表演体会情境、语言描绘情境等方式，主张设置情境不仅要坚持诱发主动性、强化感受性、着眼创造性的原则，同时要坚持渗透教育性、贯穿实践性的原则。①

情境体验的最大价值在于激发学生的情感，学生通过情境体验，从而在学习过程中能够被充分的激发，得到学生的动力与源泉，这是情境体验教学的真谛所在。将“情境”放置在教学领域之中，“情境”便是“情”与“境”的融合。教学中的“情”指师生积极参与教学活动而产生的心理的、精神的要素，教学中的“境”则是指在教学中能够激发师生心理的、精神的要素的外部刺激，如图片、实验、语言、游戏及文化习俗等。在情境中进行学习、体验，可以使得学习者进一步理解原有的知识结构，并从中学习到新的知识，从而赋予新知识以某种意义。

就罪犯改造而言，矫治“情景”往往先于罪犯这个改造主体而存在，且独立于罪犯而存在，民警更多时候需借助“外生”的“景”来激发罪犯的改造兴趣，使其产生积极有效的改造行为。而矫治“情境”不仅借助外生的“情景”，同时强调罪犯自身产生的改造认识和理解，促使罪犯形成内在的改造动机，产生自主的改造行为，具有“外界影响”和“内部激励”共存的特征。“情景”矫治，强调物化的或创设的“景”对罪犯的情感激励，通过罪犯对情景的“触景生情”而引发冲动，形成积极改造的态势，更多表现出情景对罪犯改造行为的导向特征。而“情境”矫治更强调物化的或仿真的“境”，对罪犯改造的动机激励，是外界环境因素和罪犯自身情感因素的有效融合。它不仅包括对罪犯改造的行为导向，同时包括对罪犯改造的动机形成，帮助罪犯形成自觉改造的态势。②

情境是在教育过程中所创设的“有情之境”，是一种人为化的适于罪犯改造需要的典型环境。情境不同于一般的“情景”，它具有一定的深度和广度。情景矫治是情境矫治的初级阶段，情境矫治包含着情景矫治。情境矫治往往通过最初相对简单的“手把手”情景矫治入手，逐步进入相对复杂的“放开手”情境矫

---

① 濮江、张玲、谢顺碧等：《中国情境教育实验研究述评》，《教育与教学研究》2012年第6期。

② 姜大源：《职业教育：情景与情境辩》，《中国职业技术教育》2008年第9期。

治，从而完成罪犯从经验性改造到策略性改造的发展过程，帮助罪犯在矫治情境中实现知识和能力的迁移，使情境矫治做到“形真”“情切”“意远”“理寓其中”。

我们这里所指的罪犯情境体验式矫治就是广义上的体验式矫治，平时所讲的情景矫治则是狭义上的情境矫治。

（三）情境体验式矫治是强调民警创设情境和罪犯主体体验相结合并共同作用的矫治方法

在中国传统文化之中，以孔子为代表儒家文化注重体悟人生和人的境界，一定意义上就是一种情境体验式教学。孔子比较强调反思、体验的作用，其在《论语·礼仁》中提出自我修养的基本方法是“学、思、行”，主张“见贤思齐焉，见不贤而内自省焉”，经常根据教学内容采取实地参观、谈话、讨论、讲授、问答等方式，给学生创设良好的教学情境体验。这与情境体验式教学提出的让学生入情入境，充分地感知和体验知识也是相一致的，对学生产生一种潜移默化的作用，即所谓“随风潜入夜，润物细无声”的效果。

“教学方法是为完成教学任务而采用的方法，包括教师教的方法和学生学的方法，是教师引导学生掌握知识技能、获得身心发展而共同活动的方法”。[①] 体验式教育以罪犯为主体，强调罪犯自身的感受和体验，使罪犯获得直接感知，并实现认知内化，培养罪犯的价值判断能力，将认知外化为道德行为，使受教育者做到知行统一。而情境化教育目的是激发罪犯体验的兴趣，调动其参与的积极性，通过民警有目的、有计划、有组织的系列体验活动，激发罪犯尝试、探究、交流的欲望，使其感到教育矫治寓教于乐、寓景于情，增强了教育的针对性和实效性。

在罪犯教育改造过程中，民警以一定的理论为指导，有目的地引入或创设矫治情境，激发罪犯情感，并对罪犯的改造进行教育和引导，让罪犯亲自去感知、领悟思想认识和行为表现，并在实践中得到证实，从而生成为真正自由独立、知情合一、实践创新的“完整的人”的矫治模式。一方面，以罪犯的自我体验为主要教育方式，充分尊重和发展罪犯的主体地位，让罪犯在特定的情境中进行主体体验，唤醒罪犯的情感，引发罪犯的情感体验，从而达到情感的交流与感

---

① 王道俊等：《教育学》，人民教育出版社 2006 年版，第 242 页。

悟；另一方面，带动罪犯在改造情境中入情入境，亲历体验，以情感调节为手段，通过创设一定的真实事件或问题情境，帮助罪犯认知与情感的统一；再一方面，把民警的教育与罪犯的矫治有机结合起来，把两者放在同等重要的位置，在教育改造过程中更加强调民警创设情境和罪犯主体体验两个因素，并且主张把两者完美的结合在一起。情境体验式矫治是以“情境教学”和“体验教学”教学理论为基础，“让学习者在体验中引发生命感动，在情境中触发价值判断，从而把理论知识的价值维度纳入主体的情感、态度和价值之中”。[①]从民警构建良好的教育矫治情境入手，以罪犯的体验和反思、感悟为依据，把认知和情感相融合、体验和感悟相统一，强调民警与罪犯之间的思想、态度和价值观念的交流和沟通，是一种动态发展着的教与学相统一的交互影响和交互活动的过程。民警在教育矫治中强调情境创设和情感体验两个因素，把民警的情境设置和罪犯主体体验两者统一起来，通过创设一定的生动具体的矫治情境，有目的地把罪犯置于直接经验和专心反思中，让罪犯充分参与到改造中进行感悟，丰富罪犯的体验，在体验中通过联系自己的生活实际学会避免消极的情感因素和充分利用积极的情感因素，通过情感体验生成知识，并转化为自己的行动，最终达成增长知识、发展技能和澄清价值的目的。所以我们可以这样认为，情境体验式矫治是民警对罪犯的一种教育改造方法和手段，以罪犯改造生活实践活动为主要载体，将罪犯各种改造信息融合于具体教育改造活动之中，民警在开展教育改造活动中有目的地引入或创设具有一定情感色彩的、以形象为主体的生动具体场景，通过适当引导和适度干预激发罪犯个体产生内在需要和情感共鸣，帮助罪犯更好理解教育改造内容，从而在改造中由被动改造转为主动探索，达成转变思想、矫治行为和改变认识态度的教育改造目的。

情境体验式矫治强调回归罪犯主体和回归罪犯现实改造生活。民警通过有目的地引入或者创设一定的生动具体的情境，以罪犯的主体体验为通路、以情感为起点、以情境为媒介，引发罪犯主动地对情境进行体验。

从罪犯的改造形式看，罪犯矫治要求创建适合罪犯体验的情境，使罪犯矫治事半功倍。通过创设实际的或模拟的矫治情境，将改造内容转化为具体的体验活动，让罪犯亲历整个活动过程，充分彰显罪犯的改造主体性，激发罪犯自主、自觉改造的热情，培养罪犯合作改造、反思改造的精神，使罪犯在亲身体验

---

① 金梦兰：《情景体验式教学对青少年道德教育的功能》，《思想政治课教学》2012 年第 7 期。

中掌握技能、发展能力、产生情感。

从罪犯的改造过程看,罪犯矫治关注改造与情感的整合。《心理学大辞典》指出:“情感是人对客观事物是否满足自己的需要而产生的态度体验。”①“体验的出发点是情感,主体总是从自己的命运与遭遇,从内心的全部情感的积累和先在的感受出发去体验和揭示生命的意蕴;而体验的最后归结点也是情感,体验的结果常常是一种新的更深刻的把握生命活动的情感的生成。”②传统的教育比较注重对学习者理性知识的注入,很少有情感或是感受的元素。但是体验式教育更强调个体认识的过程,要求学习者在操作和亲历中获得认识,要求将自己感受融入认知过程。

从罪犯的改造结果看,罪犯矫治可以导致人的情感、态度和价值观的转变。罪犯的教育矫治除了知识技能、方法过程上的目标之外,还有情感、态度和价值观的发展目标。这一目标的达成无法通过管教民警的口头传授完成的,必须调动罪犯的主观能动性,通过罪犯的自我加工才能得以实现。我们可以把对罪犯的教育矫治大致分为以下 4 个步骤:首先,在感知环节中,罪犯通过民警创设的矫治情境,或者通过实验、活动、观测等不同形式感知学习对象,表现出注意,引起兴趣,表示认同或愿意接受。其次,在体验环节中,罪犯在民警帮助下,通过直觉的、想象的或伦理的方式产生直接或间接的情感体验。再次,在感悟环节中,罪犯对改造内容或改造目标做出价值判断,形成相应的价值倾向,对符合自己内心道德规范的人和事产生好感和仰慕之情,进而产生积极的态度,对不符合自己内心道德规范的人和事产生反感和厌恶之情,进而形成消极的态度。在这一阶段,罪犯开始由外部的情感体验发展至内部的情感态度的确立。最后,在内化环节中,罪犯接受某种价值观念、偏爱某种价值观念并将这种价值观概念化,构成自己内在的价值体系,并将其外化为自己自觉的改造行为。

在情境体验式矫治过程中,我们强调罪犯的个体性参与,强调在改造过程中罪犯情感的融入,更强调罪犯要构建知识的个体意义。因此,通过情境体验式矫治我们最终希望能够促进罪犯情感、态度和价值观的转变,进一步促进罪犯的全面发展,从而更好地达成“塑造新人”的矫治目标。

---

① 转引自丁证霖等编译:《当代西方教学模式》,山西教育出版社 1991 年版,第 133 页。

② 童庆炳:《现代心理美学》,中国社会科学出版社 1993 年版,第 51 页。

三、情境体验式矫治的理论依据及其作用原理

(一)情境体验式矫治的理论依据

1. 马克思主义认识论,是情境体验式矫治的哲学理论依据

马克思主义认识论(即辩证唯物主义认识论)是一种革命的、能动的反映论。在马克思主义认识论理论体系中,认为认识的最终目的是进行实践,由感性认识到理性认识是人们认识事物过程中的一种升华,遵循了由具体到抽象的认识发展规律。马克思主义认识论还提出认识的过程是由实践到认识再到实践这样一个循环往复的过程。对照感性认识和理性认识,结合人类的认识形成过程,源于自身的感觉经验形成人们最初的直观认识,在感性认识的基础上形成后期的理性认识。同时又指出,感性认识是认识的初级阶段,是人们在实践的基础上,感觉器官对事物的现象、外部联系和各个方面的认识,具有具体性、直接性、生动性等特点,其反映的内容是事物的现象。理性认识将事物的本质规律作为认识对象,是人们对事物的内在联系和本质规律的深刻认识,具有抽象性、间接性、普遍性等特点。

这种认识论告诉我们,罪犯的教育矫治过程也是罪犯的一种认识活动,也是从感性到理性,由具体到抽象的过程。在罪犯改造过程中,民警有意识创设了有利于罪犯改造的各种矫治情境,把罪犯置身于这种特定情境之中,不仅能够促进罪犯认知心理的发展,而且能够激发罪犯的情感活动,激发罪犯的改造热情和改造兴趣,充分发挥罪犯的改造主观能动性,引导罪犯把改造转变为自己的自觉活动。

2. 杜威的"做中学"教学论和大卫·库伯的"体验学习圈"理论,是情境体验式矫治的教育学理论依据

"体验学习"或"体验式学习"起源于著名教育家杜威的"经验学习"。"经验"是杜威教育哲学的核心,在杜威的思想里,人类的一切教育都是生活,我们的生活和经验就是最好的教育和学习,教育的本质就是"经验的改造或重新组织"。杜威认为,传统教育失败的根本原因是未能在教育教学过程中给学生设置引起思维的直接经验的情境。在他的"从做中学"教学理论中,明确强调了活动是学习的基础,要想达到有效的学习,就必须将理论知识与实践活动进行有

效的结合。杜威还强调学习者对经验的反思，主张必须有一个实际的经验情景，作为思维阶段的开始，他提出了“从做中学”这个基本原则，主张教学过程应该就是“做”的过程。

美国大卫·库伯的《体验学习——让体验成为学习和发展的源泉》在吸收了杜威、皮亚杰等的教育思想和最新研究成果的基础上，提出自己独特的“体验式学习循环模式”，创造性的提出了具体体验、反思观察、抽象概括和行动应用四阶段体验学习圈模型，这也是体验学习圈理论的核心内容。库伯认为学习是“通过经验转化创建知识的过程。知识来源于经验的获得和转化过程的综合”，从具体体验、反思观察、抽象概括到行动应用，学习者从感知者、观察者变为思考者，再转变为实践者，学习者角色的转变反映出体验学习本身要经历非常本性的解决紧张与冲突的过程。在体验循环过程中，学习者既要感知又要思考，既有反思还要行动。这样，具体体验与抽象概括、反思观察与行动应用便形成了对立矛盾的关系，而学习者正是在解决冲突的过程中，产生了有意义的学习。

根据这一界定，所谓体验式学习的过程一般是指个体在亲身经历过程中，通过反复观察、感受、实践、探究，对认知、情感、行为和认识的内省体察，心灵感悟，最终认识某些可以言说或者未必能够言说（意会）的事物，掌握知识和技能，发展能力，养成某些行为习惯，形成某些观念、情感、态度乃至心理品格的过程。

3. 建构主义学习理论和情境认知理论，是情境体验式矫治的心理学理论依据

有关的心理学研究表明，人类的发展过程也就是从“认知—实践—再认知—再实践”的反复主动构建的过程。最先提出构建主义理论的心理学家让·皮亚杰提出，要想获得知识并不是单纯地依靠教师来传授，学生也可以通过教师的引导在相应的情景下，借助对应的教学材料，通过意义构建的方式来获得知识。建构主义学习理论认为，知识是在主客体相互作用的活动之中建构起来的，学习并不是被动地接受、机械地记忆，而是学习者在原有知识经验的基础上与外界环境相互作用，通过新旧知识经验间反复、双向的互动来建构知识的新意义的过程。学习过程既有对原有经验的改造和重组，也有对新信息的意义的建构。

以莱夫为代表的学者在20世纪90年代提出了“情境认知学习理论”，强调学习者通过“合法的边缘性参与”，去获得“意义与身份的建构”，主张学生亲身参与到学习情境之中，在情境中进行知识的学习与知识的实践。对于情景认知理论来讲，它主要是通过情感和认知的相互作用而形成的，情感对认知能力的影响至关重要，同样，认知能力对情感的影响也非常显著。首先，根据情境认知学习理论的知识观，即知识是日常情境中的知识，知识在日常情境中习得的，知识的学习从头到尾都是在日常情境中发生的，包括知识的选择、知识的学习、知识的应用等过程。其次，"实践共同体"的观点强调了活动在个体与共同体的关系中的重要性，及共同体对于合法的个体实践活动的重要性。同时，合作也是情境学习的重要要素之一。第三，情境认知学习的要素是情境创设的重要依据。创设的情境应该具备叙事性、合作性、引导性、反思性、实践性等特点，通过创设合作性问题解决、多重角色扮演等形式的情境，让学生在情境活动中养成合作意识、培养合作精神，养成了反思的习惯，提高反思能力。

罪犯改造是一个积极主动的意义建构过程。罪犯的改造不是罪犯一个被动的接受过程，而是在已有知识经验的基础上主动构建的过程。建构主义理论认为：强调罪犯是学习的主体，有效的学习要从罪犯的经验出发，从解决实际问题出发，只有这样，罪犯才能产生学习的动力；民警不只是单向传递知识，其作用在于为罪犯提供丰富的学习情境，帮助和指导罪犯建构自己的经验，并且引导罪犯从直接经验中学习。

4. 人本主义的学习理论，是情境体验式矫治的社会学理论依据

按照美国当代人本主义心理学家罗杰斯的看法，人是作为一个完整的人格而成长的，人的存在是认知与情意的统一，单纯着眼于智力活动是不能使人格获得健全成长的。我们的教育不仅要达至头脑的高度，更要达致心灵的深度。因而，在认知学习的过程中，必须把心智教育同情感教育结合起来，而情感教育显然更需要一种渗透式的、更为开放也更具互动性的教学模式。

人本主义学习理论认为，改造的主体是罪犯，改造的目标是促进罪犯的全面发展，使罪犯成为能够适应环境的、具有创造性和独特个性的自由人，成为既用情感的方式也用认知的方式行事的情知合一的完全人。体验是一种以人为主体的活动，如情感体验、审美体验、过程体验等都离不开体验主体的参与。改造包含了民警的教育和罪犯的改造，而体验式矫治是以罪犯体验为重点的矫治，是通过体验来达到矫治目的的行为，因此体验式矫治的主体就是罪犯，是"以人为本"的教育。

人本主义还告诉我们，对罪犯的教育改造就应当重视罪犯的主体地位和其内在的精神世界、自我实现的天生潜能、内心的体验世界，在罪犯改造中也需要融入个体的情感态度，重视罪犯思想认识、价值观等内在培养和改造；主张民警对罪犯的改造需要为罪犯提供各种矫治资源，创建良好的改造氛围，让罪犯自由地学习，使罪犯的潜能得以自我实现，从而促进罪犯“自我”的形成和发展。

（二）情境体验式矫治的作用原理

1. 构成要素

情境体验式矫治作为一种罪犯矫治方法，具有一般矫治方法所具有的一些基本要素，如民警、罪犯、矫治目标、矫治内容、矫治技术、日常管理、改造评估、矫治环境等。然而，在情境体验式矫治的各要素中，最为核心的要素有民警、罪犯、矫治内容和矫治环境；四者之间是一种相互关联彼此影响的交互关系。这些关系当中，至少存在着这样几对关系，即：民警与罪犯的关系、民警与矫治内容的关系、民警与矫治环境的关系、矫治内容与罪犯的关系、矫治环境与罪犯的关系以及矫治内容与矫治环境的关系。其中，民警和罪犯之间的矫治关系是教育改造活动中最为主要的关系，其他一切关系的发生都是为了促进民警和罪犯之间的关系能更好地发生，因此属于次要关系。

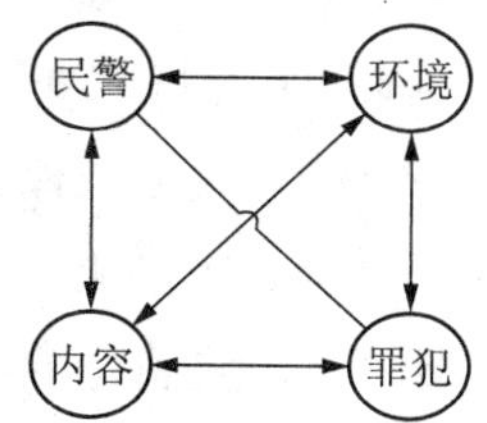

图 3　情境体验式矫治核心构成要素关系图

2. 生成机理

为了实现矫治目标，民警和罪犯有必要借助一定的教育改造条件进行有效的矫治活动。在情境体验式矫治过程中，必须以“情境”为基础、以“体验”为突破、以“价值”为升华，将情境矫治和体验矫治相结合，才能在罪犯矫治过程中真正理解情境矫治的真谛所在。

我们可以把情境体验式矫治的开展用一个以目的（动力）、条件、规则（方法路径）构成的三维结构关系图比较形象地表现出来。

（1）以民警与罪犯之间矫治关系为内容的条件维。在情境体验式矫治各要素中，最为核心的是民警与罪犯之间的关系问题，民警、罪犯和矫治内容等在情感、态度和价值观所形成的情境关系中都存在互动性，这就需要民警和罪犯之间建立和形成较为默契配合和多层次交流的关系。情境体验式矫治就是要搭建民警与罪犯之间交流与沟通的桥梁，建立一种改造上的“对话”关系，确立一种协作、参与的矫治方式。

在情境体验式矫治的实施过程中，民警必须把引入和创设情境与引导罪犯主体体验有机结合起来，把民警的“教”与罪犯的“矫”放在同等的位置上，既要发挥情境化矫治的作用，又要激发体验式矫治的意义，最终起到 1＋1＞2 的作用。

(2) 以“矫治情境”和“情感体验”为内容的实现路径。情境体验式矫治作为一种矫治方法，将情境矫治和体验矫治相结合，以情境创设为媒介，以情感为起点，以体验为通路，以矫治为目标。

以“矫治情境”为基础。在实际的改造实践中，罪犯的情感因素是制约情境体验式矫治的首要因素，罪犯有意识的体验不会凭空产生，而是产生于一定的情境中，其情感的唤起、情感的激发和真情实感的流露都需要借助一定的矫治情境。如果没有罪犯积极的情感投入，没有来自罪犯内心深处的情感激发，那么情境体验式矫治在改造实践中也就无法正常开展起来。民警应该把创设情境作为开展体验式矫治的手段，强化了人与环境的相互影响，让罪犯在矫治情境中激发情感，调动罪犯的参与热情，积极主动地参与亲身体验。

以“情感体验”为突破。情境体验式矫治认为，设置情境只是一个感知的初步过程，在这个感知的基础上，罪犯才能进行体验，由感知、内化、超越组成的过程就形成了体验，认识激起感情，引导想象，从而形成自己的态度。同时，情境体验式矫治是以激活罪犯的内在情感为基本的立足点，缩短了罪犯与民警、矫治内容和矫治环境之间的距离，还必须以罪犯的主体体验作为主要通路，始终以情境体验为矫治手段，贯穿整个改造过程中，确保罪犯在罪犯改造中的主体地位，强调罪犯在情境体验的基础上感悟、内化、交流和升华。

(3) 以矫治目标为内容的动力。矫治目标是推动情境体验式矫治得以发生的根本力量，为情境体验式矫治的持续运行提供动力支持。

罪犯矫治从本质上来说是一种特殊的价值观教育活动，罪犯的价值观则来自教育改造活动的整体影响。矫治目标是矫治目的的具体形式，矫治目的可说是一切教育改造活动之所以发生的根本追求。价值是罪犯情感唤醒后重新建构而成的有关情感、思维、道德的模型，作为教育的核心目的来说是帮助和促使罪犯重新塑造情感、态度和价值观念，所以情境体验式矫治最终的落脚点都应该放在价值理念的升华上来。

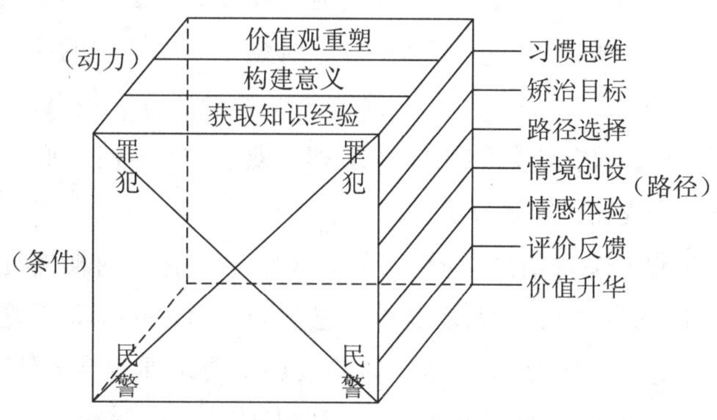

图 4　情境体验式矫治作用机理三维结构图

（三）情境体验式矫治的功能特点

根据库伯的体验式学习内涵，罪犯情境体验式矫治就是在罪犯改造过程中，民警以一定的理论为指导，有目的地引入或创设矫治情境，激发罪犯情感，并引导罪犯直接参与设定的情景活动，通过事前准备、事中参与、事后评价，让罪犯亲自去感知、领悟知识，并在实践中得到证实，从而成为真正情知合一、参与体验、实践创新的教学模式。

1. 情境体验式矫治的主要功能

与传统教育矫治相比，情境体验式矫治能够较好地克服或消除日常教育改造中存在的突出问题，如：矫治方法上强调知识灌输，忽略罪犯的改造主体地位，民警和罪犯之间缺乏有效的双向互动，罪犯不能有效开展自主性改造；矫治过程中没有形成良好的矫治关系，民警与罪犯之间缺乏情感认同，民警忽视罪犯内在矫治需求，民警与罪犯没有确立共同矫治目标和计划，双方无论在改造状态还是情感状态上都没有形成共鸣和感受，导致教育矫治成为一种机械的灌输过程，从而失去了精神的投入和体验；矫治内容上强调教材，往往从工作需要和自我理解出发，存在一种理想化的教育倾向，忽视罪犯的改造生活实际和内在情感需求，造成教育存在较严重的形式主义、教条主义。

而情境体验式矫治以“罪犯、情境和体验”为核心，寓教育内容于具体形象的情境之中，潜移默化，进一步发挥培育、陶冶、启迪和建构功能。

（1）培育罪犯的积极情感，激发罪犯的改造主体意识。罪犯矫治的根本出发点、落脚点就是促进罪犯的转变和发展。罪犯是改造的主体，在情境体验式矫治过程中具有非常重要的主体地位，也是这种矫治方法能够有效运用的关键所在。民警在组织开展教育改造活动时，必须充分考虑罪犯的认知特点和内在需求，通过民警创设必要的矫治情境，使罪犯亲身经历并凭借自己的情感、需求去感受和体验，有效激发罪犯的主体作用和主观能动性，使他们对社会生活事件形成自身特有的感悟、理解和意义。

（2）陶冶罪犯的美好情感，净化人的心灵。早在春秋时期的孔子就把关于情境教学的陶冶功能总结为“无言以教”“里仁为美”；南朝学者颜之推进一步指明了它“陶情冶性”的作用意义。情境体验式矫治要求罪犯情境体验中的感悟、反思、升华等过程，就像一个过滤器一样，及时剔除罪犯情感中的消极因素，保留其中的积极成分，使其情感、态度和价值观念得到进一步净化和升华。

（3）启迪罪犯的美好情感，促使罪犯充分情感体验。民警在教育矫治罪犯过程中必定会伴随着一定的情感。情境体验式矫治要求民警在组织、运用情境矫治时蕴含对罪犯的关爱和期盼之心，运用各种创设情境来吸引罪犯、启发罪犯，调动罪犯的内心情感进行情感体验，引导和帮助罪犯不断丰富自己的情感。

（4）帮助罪犯实现情感迁移，构建积极健康意义。民警在矫治过程中随时关注罪犯的情感变化，适时开展引导和调节具体的矫治活动，通过情境体验把各种知识、态度和价值观念融入到罪犯的情感当中，寓教于乐，以情入理，从而帮助罪犯完成情感的迁移，重新构建积极健康的情感、态度和价值观念。

2. 情境体验式矫治的基本特点

情境体验式矫治是基于“情境矫治”和“体验矫治”两个核心理念，糅合了建构主义学习理论、主体教育思想、启发式教学等先进教学思想而提出来的教育矫治方法。

（1）预设目的，把落脚点放在罪犯的真实情感上。“晓之以理、动之以情”是教育改造的基本方法和手段，罪犯矫治过程是罪犯情意过程和认知过程的统一，也是个人与情境互动的历程。民警通过有意识地创设情境，就是要让罪犯在不知不觉当中感受情景体验，在情感、精神和行为方式上逐步产生变化，为罪犯的教育转化提供一个契机。民警根据罪犯教育矫治目的及具体矫治需要，有计划地应用特定矫治场景或有目的地创设一定的矫治情境，使罪犯置身于特定的改造环境中，如临其境、如闻其声、如见其人，激发罪犯有情感地主动参与改造活动，引导罪犯主动自觉地投入自身改造。

(2) 主体参与，民警主导是基本的作用方式。情境体验式矫治也是严格遵循罪犯的身心发展和心理认知规律，强调罪犯的主体参与性，强调罪犯对教育改造活动情境的参与和融合，突出罪犯的具体改造实践，罪犯不再是被动的教育矫治接受者，而是从行为和情感上直接参与到教育改造活动中来，通过自身的体验和亲历来建构情感、态度和价值观念。民警发挥主导作用，关注罪犯对改造活动的体验、领悟和反省，促使罪犯包含着情感去感知、领悟，并通过改造实践去反思、提升，发挥其改造的主动性和自觉性，正确引导罪犯开展改造活动，最终帮助罪犯完成思想认识、情感态度和价值观的改造。

(3) 情感体验，激发罪犯改造的兴趣与需求。“以身体之，以心验之”，具体化、形象化有助于罪犯感性认识的形成，运用针对罪犯有目的性创设的矫治情境、激发罪犯真实情感体验感受调动罪犯改造主体参与、强化罪犯价值观念矫治的感知力是情境体验式矫治的主要特点。鲜明形象的情境能强化罪犯感知的真实，真实的情感能调动罪犯参与改造实践活动的主动性，民警创设的情境只有通过展示鲜明具体的形象，才可以收到预设的矫治效果。民警必须创造条件尽量使每个罪犯都能有所“体验”，了解罪犯内心的真实感受、情绪、情感，有针对性地培育、激发罪犯身上的积极情感，削弱和改变罪犯原有的消极情感，巩固、深化、升华罪犯的积极健康情感，并促使罪犯从思想认识向道德行为转变。

(4) 因人而异，制定个性化矫治目标。一方面罪犯个体情况存在差异性，每一个罪犯的个体情况、存在问题各不相同，不同罪犯其改造目标和矫治需求也有所不同；另一方面不同罪犯认知能力和思维模式各不相同，兴趣爱好不同，对事物的理解也不同，所以对同一种矫治情境的体验感受也会不同。因此，民警应针对不同罪犯创设或应用不同的矫治情境，针对不同罪犯的个体情况及其矫治需求追求不同层次的矫治目标，制定个性化的矫治方案和过程。

(5) 情感迁移，重新构建罪犯情感、态度和价值观念。罪犯的情感发生变化，行为方式也随之发生变化。矫治“情境”不仅借助外生的“情景”，同时强调罪犯自身产生的改造认识和理解，促使罪犯形成内在的改造动机，产生自主的改造行为，使罪犯的认知、行为产生变化。民警必须为罪犯的改造提供必要的指导，搭建好“脚手架”，民警应该正确扮演好“导游”“教练”的角色，为罪犯的改造指点迷津和导正方向，有效组织实施，督促罪犯并给予激励指导。

四、情境体验式矫治的基本操作

（一）狱内矫治情境的创设原则

大教育家夸美纽斯提出了直观教学，力图让学生在情境中进行学习；第斯多惠提出教育者要使教学引人入胜，在情境中教人“发现”真理；杜威强调必须创设情境以引起学生动机、利用情境实施教学和进行评价，最终促进知识的学习。保加利亚医学博士洛扎洛夫创设了“暗示教学法”，充分利用环境的暗示信息，通过音乐、短剧、游戏等各种暗示手段促进个体有意识与无意识功能的统一，使个体理智与情感相融合，最终促进学生在愉快的氛围中自然而然地进行学习。到了 20 世纪七八十年代，布朗等人在专著《情境认知和学习文化》中系统地论述了“情境认知与学习理论”，提出知识只有在情境中才具有意义，同时必须在情境中应用与发展知识，“情境”“合作”“对话”“建构意义”是学习环境的四大要素。

所谓情境创设，是指民警在教育改造罪犯的过程中，根据矫治目标及其需要，有意识地准备一定的矫治情境。此情境是民警根据罪犯改造的实际情形创设的，比较符合罪犯的改造需要，能够有效激发罪犯的改造兴趣及动力，使罪犯在个人兴趣及内在需求驱动下充分感悟，最终达到自觉改造的目的。

开展情境创设的目的，在于促使民警创设矫治情境教育改造罪犯，使罪犯能够提高在各种矫治情境中发现问题、认识问题和解决问题的能力。所以，民警创设狱内矫治情境的原则主要包括主体性、启发性、生活性、感染性、拓展性、多样性等。

1. 主体性

狱内矫治情境是民警与罪犯相互合作的结果，即是民警主导创设，且又指向罪犯“体验”的情境，民警设计情境、引导罪犯进入情境、组织罪犯在情境中进行教育矫治活动。在情境矫治中，教育矫治是围绕罪犯而展开的，情境的创设是为了引起罪犯的矫治兴趣和内在需求，唤起罪犯情绪情感，最终促进罪犯体验。罪犯既是进行情境创设的对象，也是创设情境的参与者。

2. 启发性

改造很多时候并不是罪犯的积极行为，更多的是罪犯的一种被动行为。民警开展情境设计的目的是呈现问题，引导罪犯发现、认识自己存在的问题，通过设置罪犯认知行为的失衡、造成罪犯心理上的质疑，唤起罪犯的改造信心和矫治需求，提供罪犯分析问题的思路方向，激发罪犯的积极改造行为，帮助罪犯在寻求自身解决问题的过程中增加认识，构建知识和能力。

3. 生活性

矫治情境可以是真实的，也可以是模拟、还原的，甚至是想象的，但民警创设的矫治情境必须与罪犯改造的现实生活、实际感受有关。为了让罪犯有目的、有意义地投入改造，民警应从罪犯本身的现实改造生活出发，以罪犯的改造实际为源泉，贴近罪犯改造生活和认知基础，让罪犯尽可能在创设情境中找到自己现实改造的“原型”，引导罪犯从中得到体验、反思和感悟。

4. 感染性

情感是体验的出发点，也是体验的最后归结。通过创设富有情感特征的情境、渲染狱内改造氛围，让罪犯在心灵深处形成强烈的共鸣和震撼，从罪犯已有知识经验出发，从内心积累的情感和感受出发，对自己的情感、态度和价值观念进行体验、反思和升华，进一步激发自身内在的情绪、情感，从而获取更为深刻、更切合自身的情感体验。

5. 拓展性

心理学研究表明，人认识事物的过程是一个由易到难、从简单到复杂的循序渐进过程。民警在创设矫治情境时应确保罪犯意识思维的连贯性，既着手解决罪犯眼前面临的问题，又着眼帮助罪犯处理好接下来可能需要解决的问题；既要根据罪犯改造实际情况，又要结合罪犯矫治目标和发展方向；既要根据罪犯的认知特点、改造规律运用组合、铺垫等方法设计问题情境，又要设计必要的悬念激发罪犯兴趣、引发罪犯思考探究，增强罪犯的改造成就感和自信心，从而自觉地把民警的教育矫治延伸到自己的改造生活中。

6. 多样性

罪犯的个体情况是各不相同的，同一个情境对不同罪犯起到的矫治作用也是各不相同的。这就要民警必须创设丰富多样的矫治情境，否则很难赢得罪犯的兴趣、接受。民警应根据不同的罪犯个体、不同矫治目标、不同矫治内容、不同矫治手段及不同矫治过程选择和组织不同的矫治情境，以强化对罪犯矫治的针对性，同时也更好适应罪犯的不断变化和矫治需要，更好激发罪犯的改造兴趣。

（二）狱内矫治情境的基本分类

情境是“人活动其中并能对人引起情感变化的具体的自然环境或具体的社会环境”，其中包括客观情境，又包括虚拟情境。[①]情境类型根据矫治中形成情境主体（形象）的不同，分为直接情境和间接情境两类；根据教育效能可分为说明情境、实验情境、体验情境、道德两难情境、体谅情境、后果情境和冲突情境；根据其真实程度可分为实际情境、虚拟情境和想象情境；根据情境创设的目标可分为心理情境、认知情境、思维情境等；根据情境创设的策略可分为问题情境，想象情境，推理情境等；[②]根据情境构成要素可分为实物情境、图像情境、动作情境、语言情境、生活情境和问题情境等。

同样，狱内针对罪犯矫治的创设情境也可以分成不同类型，但结合狱内教育矫治罪犯的内容和目标，根据矫治情境的创设条件及其表现形式，我们可以把狱内矫治情境大致分为生活情境、执法情境、教育情境、问题或冲突情境、关系情境和文化情境六大类。

1. 生活情境

民警以罪犯日常改造为背景，以罪犯改造生活为素材，运用真实罪犯改造场景或创设模拟改造生活的情境，让罪犯在生动、具体、现实的情境中感受体验民警的教育矫治，让罪犯触景生情，激发罪犯的主动思维和积极心理，从而引导罪犯在现实情境中发现、思考和解决自己改造中存在的问题。狱内常见生活情境包括罪犯学习、劳动、生活娱乐等日常改造生活场景。

2. 执法情境

以民警在教育改造罪犯过程中的具体执法为背景，通过运用或构建能够反映民警执法管理理念、日常执法行为及其执法管理过程的具体、现实场景，组织罪犯参与其中，由罪犯担任不同的角色，并对民警的执法行为及其执行效能开展体验、评议，从而加深罪犯对监狱民警改造性质、任务、内容及其要求的理解，引导罪犯在民警的主导下积极参与监狱开展的各项教育矫治活动，共同完成预设的矫治目标和任务。狱内常见执法情境包括民警三大现场管理、民警对罪犯的违纪处置、罪犯新收释放、法院对罪犯的司法奖惩宣判、狱务公开等。

---

① 杨光岐：《新课程条件下的 CMC 师生互动教学模式探析》，《河南大学学报（哲社版）》2003 年第 6 期。

② 乔翠兰：《物理教学情境创设研究》，华中师范大学硕士毕业论文，2003 年。

3. 教育情境

教育学家杜威认为，情境是“有意识的教育，就是特别选择的环境，这种选择所根据的材料和方法都特别能朝着令人满意的方向来促进生长”。[①]教育情境是民警人为创设的、对开展教育改造活动发生作用的精神氛围和物质条件的总和。教育情境渗透于罪犯教育改造过程中的各个环节，与民警、罪犯、教育内容、矫治手段等要求紧密关联，是教育改造目标的具体体系，并随着教育目标、教育内容的变化而变化，影响到民警矫治方法的选择，影响罪犯的思想和行为，也影响着民警教育改造活动的进程、效果及矫治方法的具体运用。狱内常见教育情境包括民警召开罪犯教育大会、民警教育讲评、民警对罪犯课堂授课、民警针对罪犯个体存在问题开展个别教育谈心等。

4. 问题或冲突情境

现代教学理论认为，“从本质上讲，感知不是学习产生的根本原因，产生学习的根本原因是问题”。问题能够诱发人们的求知欲，问题同样能够激发罪犯的矫治需求和探究欲望。思维总是在一定问题情境中产生，思维活动就是不断地发现和解决问题的过程。

问题情境的核心是呈现罪犯改造中的各种新问题，让它与罪犯原有的知识、思维相冲突，产生认知失衡，从而产生思维动机。民警在矫治过程中创设问题情境，一方面根据罪犯认知特点和思维规律，以罪犯比较容易接受的方式提出问题，强调通过问题来促使罪犯明确改造目标和要求；另一方面设置罪犯自身的“冲突和失衡”，以符合罪犯“最近发展区”的方式，把问题当作是激发罪犯改造动力、维持罪犯改造意愿的源泉。同时，也是把罪犯的思维带入到设计情境中，把帮助和引导罪犯认识问题、发现问题、分析问题和解决问题作为改造的过程和内容，让罪犯由“被动接受”转变为“主动参与”，全身心投入自身改造当中。狱内常见问题情境包括罪犯与民警之间发生矛盾冲突、罪犯之间发生矛盾冲突、罪犯与家属之间发生矛盾冲突影响其正常改造的、罪犯因为社会生活事件影响其正常改造的、罪犯在改造过程中遇到两难选择而影响正常改造的。

5. 关系情境

狱内人际关系对民警的教育矫治、罪犯的教育改造产生影响。为有效达成矫治目标，在教育改造过程中民警与罪犯通过创设或模拟的矫治情境影响、建

---

① 杜威：《我们怎样思维——经验与教育》，人民教育出版社 1991 年版。

立或改善彼此之间的相互关系，以人际关系为基础构建一种民警主导、罪犯主体，民警创设、罪犯参与的狱内矫治关系，把以往罪犯一个人改造转变为相互协作改造，如和谐健康、积极向上、互帮互助的囚囚关系，相互尊重、彼此信任的警囚关系等，有效促进各项教育改造活动的有效开展，为教育实效的取得打好基础。狱内常见关系情境包括罪犯与民警之间的沟通交流、罪犯与罪犯之间的沟通交流与日常相处、罪犯与家人亲友之间的关系相处、民警与罪犯家属之间的关系相处，还包括罪犯的会见、亲情电话、书信往来等。

6. 文化情境

文化情境是存在于人的周围并影响人的活动的各种精神文化条件的总和，是由社会文化环境和一系列文化事件与事象及其日常生活场景构成的。狱内文化情境则是指民警在组织罪犯实施开展刑罚执行、教育改造过程中所依托的文化环境、条件及其特征，如精神文化、物质文化、人文文化等。特定的文化情境对人的生活产生全方位的浸润，进而影响人们的审美感知和价值判断，最终内化为人的审美能力和评判标准。狱内常见的文化情境包括监狱建筑、监管制度、罪犯生活环境及其布置、民警公正执法情况、积极健康向上的改造氛围营造、狱内监禁文化建设、罪犯劳动组织管理等。

（三）矫治情境的创设路径

情境的创设，许多人提出过方法和策略，其中最具有影响力的是李吉林提出的六大策略。李吉林老师提出以“美”为突破口、以“情”为纽带、以“思”为核心、以“练”为手段、以周围世界为源泉的教学情境操作模式，要以生活呈现情境、要以实物演示情境，以图片再现情境、以音乐渲染情境、以表演感受情境、以语言书写情境。①华东师范大学余文森教授则提出了自己的看法，他强调用实物进行情境创设、用图像进行情境创设、根据动作进行情境创设、通过言语进行情境创设、利用新旧知识关系矛盾进行情境创设、利用背景进行情境创设、通过问题进行情境创设。

情境体验式矫治是以加深罪犯内心情感体验、培养积极改造态度为主要目标的体验式矫治，是以矫治情景引入和创设为介质，对罪犯情感、态度、价值观教育为最基本和有效的矫治方式。在罪犯改造过程中，主要通过情境模拟或情

---

① 李吉林：《李吉林与青年教师系列谈小学语文情境教学》，江苏教育出版社1996年版，第75页。

境重现方式进行，而影响罪犯改造成效最重要、最关键的情绪唤醒事件，即民警如何有效唤醒罪犯内在积极改造的情绪和态度。

而根据狱内教育改造活动开展的实际情况及其现实需要，个人认为狱内矫治情境的创设路径主要包括生活展现、角色体验、语言描述、问题或矛盾处置、多媒体再现及环境营造等方法路径。

1. 生活展现

陶行知先生说："教育只有通过生活才能产生作用并真正成为教育。"民警根据教育改造计划，充分利用罪犯现实改造生活这个情境源泉，确定教育改造活动的矫治主题，针对性选择具体改造情境，把罪犯重新带入特定的现实改造生活场景。民警按照预先设计的指导语引导罪犯关注这些情境，用心加以认识观察、体验感受，通过唤醒罪犯内在的自我意识，激活罪犯思维活动中的积极性和自觉性。民警抓住罪犯日常改造生活中的某一个点、某一个具体场景、某一个教育主题，让罪犯去观察、感知，引导罪犯深入观察、内心体验、理性思考，从而帮助罪犯从感性认识上升到理性认识的思考，逐步培育和转变罪犯的情感、态度和价值观念。如：

> 民警和帮教老师带着与自己早已恩断义绝、不相往来近20年，自己在身患重病时时期盼的父母、哥哥，从几百里路外的老家来到监狱探望自己时，罪犯陈某猛地跪倒在地，面对家人和民警大声痛哭……
>
> 正准备吃饭时，民警端着一碗生日面，上面还放着一个鸡蛋，来到罪犯吴某面前。"今天可是你的20岁生日啊，小寿星，生日快乐！"从小到大从未过过生日的吴某根本没有想到警官会记得他的生日，同时还亲手送上生日面和祝福，他哭了……

2. 角色体验

民警为了满足罪犯的好奇心理，强化罪犯的内心体验，让罪犯在创设好的矫治情境中进入或扮演角色，强化罪犯亲身经历这个过程，让他们带着自己的认识去理解、去体验特定的矫治场景，加深内心的感受；然后组织罪犯在亲身体验的基础上开展讨论、分析、交流等活动，引导罪犯把教育内容迅速形成表象并加深理解，帮助罪犯完成自身情感与价值观的统一过程。

民警围绕某一矫治项目或矫正主题创设正在发生、发展中的模拟情景，让罪犯充当模拟情景活动中的某个特定角色，并用该角色应有的思想、态度、情感、行为、语言等来处理现实改造情景中的问题，不仅有助于罪犯理解不同角色的价值观、思维方式、态度立场等，而且有助于罪犯对相关抽象知识的理解变得显性化、感性化。如：

监狱组织开展"罪犯罪行控诉活动"，组织监狱罪犯召开"罪行控诉大会"，让罪犯进行现身说法，请被害人、罪犯家属来队对罪犯及其犯罪行为进行控诉，请社会人士、罪犯妻儿开展亲情帮教和规劝，组织监狱罪犯清算人身自由账、经济损失账、亲情伤害账、身体健康账、人生前途账"五笔账"，要求罪犯向被害人、自己亲人进行忏悔……

被害人控诉，让罪犯直观感受自己的犯罪行为给受害人带来的痛苦和损失；父母、妻子、儿女、兄弟的深情规劝，让罪犯真切感受到对不起亲人，对不起自己；亲人控诉，让罪犯看到因为自己的犯罪造成父母病故、家破人亡、妻离子散、儿女失学等惨痛教训，强化自己对家人的愧疚、对犯罪的悔恨；当罪犯遇到父母病故却无人照顾、家里遇到突发状况却无能为力、自己病痛却不能正常生活等情形时，罪犯内心深感愧疚；清算犯罪危害账，让罪犯深刻体会自己的犯罪给国家、社会、家庭个人及被害人带来的危害和损失，强化犯罪害人害己。"罪犯罪行控诉活动"加深罪犯认罪悔罪，进一步激发和调动了罪犯的内在改造动力。

3. 语言描述

语言描述法是狱内矫治情境营造最直接、最经济的方法，也是狱内民警讲评教育、课堂授课营造教育情境最常用的一种方法。民警利用召开罪犯教育大会、开展教育讲评、个别谈心、集体课堂授课等形式，通过创设狱内语言情境引导罪犯边听边看、边看边想，让罪犯将自己的观察、体验与自己的思考、与认知改变结合起来；也可以通过组织罪犯开展现身说法、学习讨论、演讲辩论等手段，要求罪犯将观察活动与思维活动有效地结合起来，理解、接受民警的教育，从而更好地把民警对罪犯的教育内容演变到民警直观教育手段之中。如：

监狱定期举办"改造聊聊吧""罪犯违纪面面观"专题教育活动。民警选择监狱罪犯日常改造中存在的各种改造失范行为，如浪费粮食、争吵打架、随意躺床铺等情景，把这些罪犯违纪视频剪辑制作后播放给监狱罪犯观看，安排违纪罪犯进行现身说法，组织监狱罪犯看身边事、谈身边人，赞好人好事、批违纪违规、议关注热点，让好人正气抬头、让歪风邪气受批，从而强化罪犯遵规守纪的意识，让违纪者无处容身，促进落后者进步。

监狱通过征文和演讲比赛等形式，针对目前少数罪犯群体存在的“看到违纪视而不见”，“看到制止他人违纪的行为冷嘲热讽”等不正常现象，就“如何看待他人违纪”和“应该怎么评价制止违纪”这两个大是大非话题开展积极的讨论，教育引导监狱罪犯应该以正确态度去制止违纪，从而达到营造积极向上的改造氛围。监狱还引导罪犯做好“善行日记”，明白“勿以善小而不为，勿以恶小而为之”的真正含义，鼓励罪犯形成改恶从善的思想认识和行为习惯，积极弘扬监狱正能量、创建和谐氛围。

监狱结合罪犯价值观改造活动，在罪犯中开展“改造中那些触动服刑人员心灵的话语”征集活动，让罪犯把认为对自己人生影响或感触最深的一句话提出来，把对服刑改造影响、感受最深的“赠言劝言戒言”进行汇总，分成“名人箴言、民警教诲、亲人叮嘱、帮教寄语、思悔感悟”5 个方面组织服刑人员学习讨论，相互借鉴、相互帮助、相互督促，引导服刑人员进一步从个人人生观、价值观角度进行深度自我认识、自我反省、自我探索、自我转变，让罪犯明白做人的道理，知道亲人对自己的殷切期望，让罪犯对自己的认知、行为有了警醒，更让罪犯对生命的意义和人生的价值有了重新认识，从而达到服刑人员价值观矫治的辅助教育目的。

4. 问题或矛盾处置

从罪犯改造实际出发，根据教育改造要求对罪犯提出有思考价值的问题或悬念，抓住罪犯面临的改造问题、矛盾冲突、两难选择等特定情形对其及时启发引导，把罪犯原有的生活经验与现实改造紧密联系起来，引导罪犯按照监狱改造要求、民警教育内容从不同角度对情境内容进行分析、判断、比较，激发罪犯的改造兴趣和内心渴望，激发罪犯的发散性思维，把民警的教育内容及要求转变为需要罪犯去探究的问题，让罪犯自己去寻找解决问题或矛盾冲突的方法途径，把传统意义上的民警教育矫治转变为罪犯自我探寻的过程。如：

月度改造讲评会上，监狱播放了近期发生在本周内 3 号监、4 号监的两件罪犯因琐事争吵的视频。3日上午，3号监罪犯张某与王某因为张某不小心把水洒在王某床上而发生争执，监房里其他罪犯不仅不上前劝阻，有的甚至上前拉偏架，导致发生打架斗殴，造成严重后果；而7日晚上，4号监两罪犯因为开玩笑发生口角，在两人即将发生肢体冲突时，其他罪犯及时上前劝阻，最终使两人握手言和。同样一件事，不同人不同态度不同结局，让观看的罪犯议论纷纷……

监狱利用讲座形式，针对监狱罪犯中普遍存在、比较关注的一些倾向性改造问题定期开展集中指导，如"怎么唤醒自己内心的美好品德""认罪悔罪与赎罪""遵规守纪""怎么让自己在希望中改造""怎么在改造中改变自己""怎么正确认识改恶从善""怎么重建自己的改造价值观""服刑改造，实现我们自己的人生变形""选择最适合自己的改造道路，就是改造价值观的自我体现"等内容，不仅及时解决了监狱罪犯改造中的思想困惑，而且对罪犯的实际改造提供了思路和指导。

5. 多媒体再现

用多媒体手段创设逼真形象的罪犯矫治环境、动静结合的矫治景象、生动活泼的矫治氛围，能够使民警创设的矫治情境更加生动、形象和易于理解。民警对多媒体视频的使用让罪犯身临其境，激发罪犯的矫治兴趣，在观看中获得虚拟性生活体验，在对真善美的欣赏中接受正确的道德观，树立正确的价值观、人生观和世界观。如：

监狱近年来坚持组织罪犯收看中央电视台举办的年度"十大感动中国人物颁奖晚会"，引导罪犯培养、树立正确的价值观，认识自身存在的不足及犯罪原因，产生积极改造的意愿。日常改造中，组织监狱罪犯开展"寻找身边的真善美"主题教育活动，寻找和发现罪犯改造中存在的"真、善、美"，激发引导监狱罪犯的正能量，帮助寻找自己潜在的"善念"，激发罪犯向善、求善的心理，鼓励罪犯树立正确价值观，养成良好的思维模式和行为习惯。通过找到"身边的真善美"的活动，监狱组织罪犯评选自己身边的改造榜样和典型，让他们用自己的语言、自己的经历、自己的心声来讲述自己的改造历程和心得体会，罪犯觉得真，觉得信；更是让罪犯通过重新认识自己、看到自己身边的事例认识和感受到自己还有善良的东西，自己人性没有泯灭、自己还是有前途的，从而看到希望、前途，重新树立信心。监狱还举办“改造小故事，人生大转变”演讲活动，弘扬罪犯当中的正气，营造积极向上的改造氛围，让“真善美”的价值观深入人心，以道德的力量传递正能量，用道德的阳光呼唤真善美，向服刑人员弘扬真善美、传播正能量，引导服刑人员感恩向善，促进服刑人员思想改造。

监狱坚持每天组织罪犯观看中央电视台的《新闻联播》节目、安排外省籍罪犯观看地方台的新闻节目，让监狱罪犯能够及时了解掌握社会形势发展及家乡家人的生活环境变化，以便使罪犯保持与社会信息的不脱节，又能缓解罪犯思亲念家心理，安心在狱内服刑改造。2016 年入夏后，全国各地普遍发生洪涝灾害、高温等恶劣气候，监狱及时组织罪犯观看相关电视新闻，召开教育大会进行专题教育，安排罪犯拨打亲情电话、写信回去关心家里情况，让罪犯主动问候父母、老婆、孩子。罪犯们及时得到了家人平安的消息，迅速消除了内心的担心和顾虑，对监狱的组织安排很是感动，纷纷表示要“牢记家人嘱托，牢记民警教育，积极投入改造，争取早日回归社会，回到亲人身边”。

监狱组织开展“影视大家看”，安排了加快认罪悔罪、认识犯罪危害性、找回失去人性、珍惜家庭亲情、感恩社会亲人等影视矫治单元，按照个别化矫治要求对监狱罪犯实施集体矫治和分类矫治，帮助监狱罪犯在犯罪认识、改造态度、行为习惯、价值观念等方面产生变化，感染和改变罪犯的认知和态度，引导和帮助罪犯对影视作品所表现的各种社会环境、自然环境、人物形象、人文和科学精神作出正确的判断和评价，养成正确的审美态度，健康高尚的审美情感，追求高雅影视艺术的审美情趣，逐步形成积极向上的审美观念。在审美体验的过程中，培养辨别真善美的能力和爱国主义精神，培养关注家庭和社会的责任意识、道德品质，进一步激发积极改造的态度，促进罪犯健全人格的形成。

6. 环境营造

狱内矫治环境包括民警与罪犯双方活动所依托的客观的物理环境、监狱在教育管理活动中建立起来的精神环境和改造氛围，如监容监貌、监管改造设施、狱内人际关系、治监理念、环境风格、行为规范等。加强监狱、监狱改造环境营造，创建积极向上的监禁文化，美化狱内环境，营造良好改造氛围，使罪犯在良好的自然环境和人文环境中受到潜移默化的教育、影响，从而促进罪犯的积极改造。如：

监狱以“服刑人员应具备怎样的价值观”为题，引导监狱罪犯结合社会主义核心价值观内容、社会主义荣辱观要求以及“服刑人员改造规范”，形成监狱服刑人员服刑改造的核心价值观，重塑真善美的价值观，弘扬监内改造正气。组织开展辩论赛，就罪犯中普遍存在的几种错误价值观进行正反两方辩论，使服刑人员深刻认识这些价值观的错误性，逐步认识和接受正确的价值观。把积极改造的要求、认罪悔罪赎罪的认识与社会主义核心价值观相结合，重塑真善美的价值观，让真善美“看得见、摸得着”，传播人间真善美，弘扬监内改造正气。

监狱在罪犯中提倡“监狱是我家，维护稳定靠大家”的服刑改造理念，以监组为单位开展“家庭情景管理”模式，即每一个监组就是一个虚拟的“家庭”、每一个罪犯就是“家庭一分子”，让一些“改积分子”或改造表现较好且有能力去帮助他犯的罪犯与落后、困难罪犯结成帮教对子，签订“一帮一”结对子协议，协助民警帮助转化后进罪犯。

监狱还在监房每个罪犯的床头布置了一块“三自三言”提示牌，在罪犯中提倡“自尊、自省、自警”，要求罪犯在每天的改造中始终牢记“帮教进言、家属劝言、个人的改造诺言”活动，从重新树立罪犯的自尊为出发点，充分尊重罪犯的人格，让他们每天对照干警、社会帮助者的教导、家人的规劝和自己的诺言，对自己每天的一言一行、一举一动对照监规队纪、罪犯服刑行为规范认真反省，自我反思、自我约束；对自己身上存在的不足或问题，自我警示，自觉改进，不断提高。

（四）情境体验式矫治的操作模式

对罪犯的教育矫治并不是简单通过民警的教育传授所能完成的，而是罪犯在一定的情境条件下，借助监狱、民警、家庭人员、社会力量、其他罪犯等资源或力量的帮助，通过意义建构的方式而获得，即通过新经验和原有知识经验的双向的相互作用，来充实和改造自己的知识经验，从而完成改造旧自我、重塑新自我的主动建构过程。在狱内，罪犯情境体验式矫治主要由民警与罪犯组成一种矫治共同体，围绕共同矫治目标，共同按照矫治方案及其计划落实开展，彼此沟通交流，最终促进矫治目标的实现。

借鉴许多专家学者的观点，我们认为，情境体验式矫治的基本操作过程应大致包括“创设情境”与“发现”、“融入情境”与“感知”、“体验情境”与“感悟”、“深化情境”与“升华”四个主要阶段，并且在每个阶段中，都包含了具体的矫治行为和阶段目的。其中，“创设情境”阶段，引发罪犯对具体矫治情境的向往，引发罪犯自主体验；“融入情境”阶段，调动罪犯的积极性，使罪犯能够主动地参与教育矫治过程中，民警与罪犯之间一起互动体验、反馈；“体验情境”阶段，通过罪犯的亲身经历获得内心情感体验冲动，帮助罪犯进行反思、感悟，民警对罪犯由此产生的想法和感悟及时进行启发诱导，作出即时评价；“深化情境”阶段，通过对相关材料进行分析、归纳，民警对罪犯的体验感悟进行拓展延伸，让罪犯在潜移默化中真正获得内心感动，进而实现从感性到理性的升华，最终朝情感、态度和价值观转变而发展。

在罪犯情境体验式矫治的操作过程中，民警创设和应用情境，引发罪犯内心感悟，利用并促进罪犯产生情感共鸣，引导罪犯学会反思总结，促进罪犯将获得的情感体验迁移到日常改造和价值观矫治当中，最终达到教育转化的目标要求。罪犯情境体验式矫治包括民警设计指导、罪犯参与体验两个方面，具体包括问题导入、情境创设、观察体验、反思感悟、情感唤醒、实践升华等环节。

1. 问题导入

每一个罪犯的个体情况不同，不同罪犯改造的反应性表现必然不同。造成罪犯改造表现不同的改造问题和根本原因不同、改造环境条件不同，或许与矫正民警有关，或许与罪犯个人有关，或许与民警开展矫正有关，这些罪犯改造问题势必造成罪犯改造行为在“表现、性质、程度”上的差异性。而民警对罪犯的教育矫治不仅要治“表”，更要治“理”、治“根”，民警要全面掌握犯情，通过调查、分析，了解掌握罪犯或某一罪犯主要存在的改造问题及其现状，分析罪犯存在的问题原因，掌握罪犯的改造需求，选择与当前罪犯密切相关的真实性事件或问题作为教育转化的中心内容，针对罪犯的具体情况研究确定具体的矫治目标。

2. 情境创设

民警可以引入真实的改造场景，也可以是专门针对改造内容而创设的场景，但无论哪种场景，都必须与民警的矫治目标和矫治内容相适应，否则体验式矫治就会流于形式。民警要有意识、有目的、有计划地选择、设计、构建适合于矫治目的、矫治内容、矫治手段的情境活动和环境氛围。(1)从罪犯改造生活实践中设置情境。利用符合罪犯的“好奇”心理，来调动罪犯参与矫治活动的积极性。(2)从经典故事、改造案例中设置情境。根据矫治内容和需要，选择与罪犯联系紧密的故事片段或改造个案，既能有效地吸引罪犯的注意力，又容易激发罪犯探究和讨论的兴趣。(3)利用视频、音像或时事热点等设置情境，容易渲染矫治气氛，更能引起罪犯共鸣。

3. 观察体验

在激发罪犯兴趣的基础上，组织罪犯参与情境活动。活动开始前，民警首先要明确讨论或表演活动的任务和目标，引导罪犯围绕特定主题、中心开展活动。民警应紧紧围绕矫治目标和矫治内容引导罪犯深切体验设定的改造场景，鼓励罪犯将自己融入改造场景之中，将自己“代入”角色，强化罪犯的替代性体验，同时要针对罪犯个性情况引导罪犯尽可能突破自我，让罪犯对自己内心有更深层次的了解和突破。

4. 反思感悟

民警引导罪犯按照艾勒和吉利斯的“4C”①反思模式就自己之前对改造情境学习观察的经验或体会进行概括、归纳与提升，让罪犯对“经历了什么”“它意味着什么”“为什么会这样”“换种方式会怎样”等问题相互交流，各自表达自己的体验和感受。也可以让每一罪犯在小组、监狱范围内开展交流分享活动，民警应引导罪犯在相互交流分享、争辩讨论中寻找真相和辨别是非，补充和完善自己的认识和态度。

5. 情感唤醒

民警按正确观点对罪犯的体验感悟进行全面、客观、准确的评价，针对罪犯对设定改造情境的内心感受和想法及时开展教育引导工作，施加必要的、针对性的“刺激”，引导罪犯开展关联性的联想，唤醒罪犯原有的经验，唤醒深层次的内心体验，从而有效调动罪犯积极改造的情感和态度。

---

① 4C指：(1)连续(Continuous)反思：在直接经验进行之前、之中、之后连续进行反思，回顾并概括出自己从经验中获得的知识；(2)关联(Connected)反思：把直接经验与学习目标关联起来，特别是把具体经验与课堂学习的抽象概念联系起来；(3)挑战性(Challenging)反思：以一种更为宽泛、新颖、批判性的方式审视自己的经验，提出某些理论假设并对其进行检验；(4)情境化(Contextualized)反思：思考自己的经验情境与实际应用情境之间是否存在有意义的联系。

6. 实践升华

鼓励罪犯根据自己的内心感悟，结合民警的教育启发，在改造过程中对自己新的认知、新行为、新态度进行实践、评价和改进，使罪犯对自己的改造产生新的体验，循环往复，不断把自己各种对改造的体验、感悟和经验“迁移”到新的改造之中，使自己的情感、态度和价值观念发生转变，从而促使罪犯不断自我完善和进步。

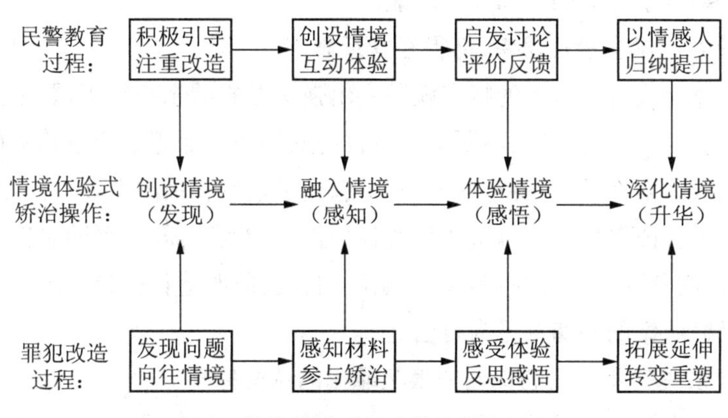

图 5 情境体验式矫治基本操作过程

五、情境体验式矫治的发展方向

我们在教育改造罪犯过程中积极探索情境体验式矫治，目的在于坚持罪犯改造主体意识，关注罪犯狱内改造需求，激发他们积极向上的情感体验，唤起内心积极感情，促使其自我转化，完成由假丑恶向真善美品质的转化，最终达成价值观矫治的目的。

（一）情境体验式矫治对教育改造带来的意义

1. 尊重罪犯改造主体地位，激发了罪犯自尊心

罪犯长期得不到尊重，但内心非常渴望被尊重。虽然他们是我们的教育矫治对象，但还是应该尊重他们的人格。因为他们也是一个有生命、有情感的社会个体，激发其内在的自信心，让他们振奋精神，从自暴自弃的阴影中走出来。情境体验式矫治强调罪犯亲身经历、亲自尝试，它需要罪犯对自我有一定认知，在不断地认识自己、突破自我中来找到真正适合自己的改造方法，让罪犯在不断的体验中完成自己的目标。

2. 让罪犯深切感受到民警寄于改过自新的期待，激发罪犯的改造自信心

期待是激发罪犯改造自信心的重要动力。“自信是使一个人得以征服它可以征服的东西。”让罪犯在遇到困难挫折的时候，充满信心和勇气。因为民警尊重罪犯主体，对罪犯充满期待，相信他们自身有积极向上、向善的愿望，通过民警殷切期待的传递，使罪犯能够正确看待自己，克服自卑心理，树立自信心，推动罪犯调动自己身上的一切动力潜能。

3. 让罪犯学会换位思考，懂得经常反思

情境体验式矫治最大的特点就是突出强调罪犯的亲身经历，罪犯在亲自体验中能够不断地进行反思、不断地丰富自身的经历。罪犯改造中其实存在着许多内在积极因素，但因为各种原因，罪犯忽视了这些积极因素，对自己的改造变得不在乎了。民警就是要尊重罪犯的各种正当的改造需求，帮助罪犯重新体会感悟自己“向善求变”的内在需求，开始明白自己的改造目标、动力究竟是什么，体会到民警所做的一切都是为自己好。

4. 要求民警用自己的真诚去唤起罪犯的认同感

罪犯只有从内心感受到民警对自己的真诚情感，对民警产生信任感，才愿意和民警开展深入的沟通交流。

5. 能够让罪犯感受到改造收获的快乐，有意识地参与到日常改造中来

情境体验式矫治的重点在于让每一个罪犯都能参与到改造中来，要求罪犯自己动手动脑，通过自己的努力来取得成功，自己在参与中获得进步，在收获中成长。

（二）情景体验式矫治存在问题与不足

(1) 民警所引入或创设的情境与罪犯改造缺乏交互作用的过程，干警对罪犯的改造要求与罪犯个体的实际情况有效结合起来不够；干警开展的有些教育改造活动没有能真正触动罪犯的心灵深处，罪犯没有真正动情，因而没有达到预期的矫治效果。

(2) 民警所创设的情境缺乏艺术性，或过于隐晦，或过于直白，有时仅仅为了满足于对罪犯的感官刺激或视觉需要而盲目设置，没有给罪犯留下一定的思考和想象空间，开展情境体验式矫治的方法缺乏启发性。

(3) 民警比较注重形式上矫治情境的创设，没有做到矫治目标的拓展和延伸,忽视了对罪犯情感、态度的陶冶,在罪犯矫治过程中强调矫治情境的设置与情感意识向积极改造行为、正确价值观培育没有建立起必要的联系。

(4) 许多民警虽然知道罪犯参加情境体验式矫治的重要性,但在实际操作或应用中还是会以个人工作需要为出发点,既不考虑罪犯的兴趣和他们的个体需要,也不考虑罪犯个体之间存在的种种差异,强制性要求罪犯参与,从而挫伤了罪犯的改造积极性,更给罪犯的情感迁移造成阻碍。

(5) 改造根植于情境之中,罪犯只有与自己有关的真实生活环境相互作用才能发挥情境矫治的功能。但许多民警还缺乏在罪犯日常改造生活中发现、组织、创设及应用特定改造环境的意识和能力,常常让一些好机会、好素材稍纵即逝,白白浪费。

(6) 一部分民警还缺乏在教育改造过程中引入和创设矫治情境的能力,有的没有掌握好情境体验式矫治的操作方法步骤,有的在实际运用中不能很好把握情境创设要求或罪犯体验的程度,有的不能帮助罪犯把自己的个体生活经历与实际情感体验有机结合起来达成共鸣,从而使矫治效果难以得到保证。

(7) 体验式教学对干警教学能力和教学条件的要求比较高,需要花费的备课时间也比较多;体验式教学是一种开放的教学,虽然可以采用相应的教学实践样式进行操作,但干警难以把握罪犯的体验程度,这些都增加了教学难度。

(三) 情境体验式矫治的今后发展方向

第一,罪犯矫治体验所引入或需要创设的各种改造情境应进行系统思考和设计,争取形成系统化、系列化。民警应根据罪犯个别化矫治的要求,根据罪犯矫治目标、矫治项目、罪犯个体矫治需求,系统设计包括罪犯改造行为规范、遵规守纪、认罪悔罪、教育感化、影响熏陶等内容和要求的各种改造情境,既可以针对个人,也可以针对群体,既抓住人、物、事件、过程、结果,又抓住罪犯的喜怒哀乐愁,抓住罪犯最关心的人、最关心的事、最伤心难过的事、最感动的事,围绕促进罪犯知法、懂法和守法,围绕帮助罪犯改恶向善,围绕罪犯亲情需求,围绕社会热点和罪犯关注问题,以最大限度满足教育改造罪犯的需要,更好发挥整体矫治的效果。

第二,进一步拓展情境体验式矫治的内容、形式,使之更加形象生动,对罪犯富有吸引力。紧扣罪犯改造、生活和学习狱内生活情境,真实反映罪犯矫治需求,充分运用视频录像等现代信息技术,多视角、全方位再现罪犯的真实改造生活、学习生活及家庭生活情境，做到“情景交融”，更好激发罪犯内心对各种改造情境的共鸣，强化罪犯各种代入式体验，从而增强民警对罪犯情感的唤醒作用，让罪犯进一步加深认识自我、改变自我、发展自我。

第三，提升民警的实际操作和运用能力，更好发挥民警的“导师”作用。情境体验式矫治中，民警由过去的指挥命令者变为罪犯改造的参与者主导者和协作者，民警的作用不仅体现在知识的传授和管理的组织上，而且体现在根据罪犯改造的实际状况开展各种矫治项目和矫治活动方案的设计上，这对民警的教育矫治能力提出了更高的要求。一方面民警要在针对性创设高质量的、罪犯有共鸣性的矫治情境上下功夫，另一方面民警要引导罪犯“触景生情”、唤醒罪犯内心真实思想上下功夫。最关键的是，要求民警能够通过“以身作则”“言传身教”，把教育改造的目标和诉求分解在情境体验式矫治项目之中，将全体罪犯的内心渴望及压抑的情感充分调动起来，用善念来催化自我的蜕变，用亲情的呼唤来唤醒罪犯内在的良知，指导罪犯朝积极、健康、高效的改造目标前进。

第四，开展服刑指导，鼓励罪犯积极开展改造实践探索活动。罪犯是改造的主体，民警要善于激发和引导罪犯改造的主体性和自觉性。要通过开展罪犯服刑指导、组织拓展训练、进行改造实践探索等形式，善于把罪犯感受到的感悟转化、内化为促使罪犯积极改造的动力，引导罪犯自己发现问题、自己寻找解决问题的对策，有效解决自己面临的问题。

第五，坚持沟通互动，建立一种积极的矫治关系。确立共同矫治目标，增强民警与罪犯之间的互动沟通，减少彼此矛盾对立。民警要在情境体验式矫治的内容、方式、时机把握等方面做好文章，既丰富、活跃教育矫治的形式和内容，又抓住罪犯内心，及时促其内心感化。

教育生态学视角下的罪犯教育生态体系初探

上海市青浦监狱 王梦南 吴 帆

我们应该如何理解各类罪犯教育项目间的关系？例如，罪犯远程电教课程、普法知识讲座及罪犯队列操演，就外部因素而言，这些教育项目是独立的、自成体系的，但这是否就意味着这些教育项目间不存在相互作用？我们又应该如何理解不同层面的罪犯教育活动的冲突协调问题？例如，监区举行的教育讲评大会与心理健康指导中心开展的心理团训之间，是否存在优先级？教育资源分配又是如何完成的？

在当今"大教育"格局下，忽视各类罪犯教育项目间的内在联系，把某一种罪犯教育手段、方法或措施视为单一行为体，不去考察教育结构因素对罪犯教育最终效能的可能影响，显然是无益的。事实上，许多有识之士早已注意到各类罪犯教育项目间互动性的存在，并认识到这是一种有效的增益可能。只是就现状而言，虽然实践中我们经常有意或无意契合一些良性互动，但就这些互动提出明确的理论的却并不多见。有鉴于此，本文的目的就是将结构因素引入罪犯教育体系，并尝试提出这样一种理论，重点是构建一种关于罪犯教育项目间相互联系、相互影响，进而形成一个有机整体的形态模型，即罪犯教育生态体系，而这一模型的支撑，则是教育生态学理论。

一、是否契合？教育生态学与罪犯教育的内在逻辑分析

（一）教育生态学理论述评

1. 何谓教育生态学

教育生态学这一概念是美国教育学家克雷明（Lawrence Arthur Cremin）于 1976 年在其所著《公共教育》（*Public Education*）中明确提出的。克雷明尝试跨学科的研究方法，创造性地将生态学方法运用于教育研究，并最终形成了教育生态学理论。相较于 1868 年即有明确定义的生态学而言，教育生态学显

然是门年轻的学科，而直到20世纪末21世纪初，国内才有少量介绍教育生态学理论的文章出现。①

生态学的核心概念是生态系统，即一种由有机生物体组成的有边界、有范围、有层次的系统，不同层级间相互依存、互为因果，并且各层级都可以和周围环境组成一个更大的系统，成为较高层级系统的组成部分。克雷明则将各类教育项目视为有机体，其中涉及的层级或结构也视为一个生态系统，并运用生态学的系统观和联系观，对此系统中各种教育层级或结构之间的相互关系，乃至与整个社会间的关系进行分析。在克雷明看来，将生态学方法运用于教育研究是有益的，教育生态学理论"是不同的教育影响和教育机构之间及其与整个社会之间的相互关系的理论"。②

2. 教育生态学理论的提出背景

20世纪四五十年代开始，美国社会经历了一场翻天覆地的教育革命，如高等教育扩招、义务教育普及率提高、技术教育精细化发展乃至学校泛政治化，等等，而这一过程中学校教育暴露出许多新的问题，如教育质量下降、教学内容不相适应、授课老师能力不足等情况日益严重，这也引发了民众的广泛批评，并由此导致美国教育界展开了一场激烈的争论。保守派认为问题出现正是因为学校教育过多地向外延伸了，导致学校的工作性质发生了变化；解决问题的根本在于回归传统，学校仅仅需要致力于教授文化知识，关注于学历、文凭等正规教育的价值，而不应该在其他非正规、偶然性的教育上浪费精力。而激进派则坚持真正该受到批判的恰恰就是教育传统，正是因为学校教育不能及时适应社会发展，做到与越来越广泛的社会教育良好对接，方才导致问题的出现；学校教育不仅不应该收缩，反而应该更进一步发展。同时激进派还认为，公众之所以如此激烈地批评学校教育，其实是因为他们对学校教育寄予了过多的期望，寄希望学校解决所有的教育问题。"事实上学校不是作为一种独特的社会机构，而是作为一种为社会服务的机构而起作用的"③，现在对学校的要求显然过分了。

这场争论正体现了当时教育领域面临的两难境地：一方面是社会的发展，

---

① 范国睿：《美英教育生态学综述》，《四川教育学报》1995年第2期。这是国内较早介绍教育生态学思想的文章之一。

② 范国睿：《教育生态学》，人民教育出版社2000年版，第21—22页。

③ [美]理查德·范思科德、理查德·克拉夫特、约翰·哈斯：《美国教育基础——社会展望》，北京师范大学外国教育研究所译，教育科学出版社1984年版，第32页。

要求学校教育必须稳步扩张和延伸，成为社会教育体系的有机组成部分；另一方面学校教育越往外扩张和延伸，由于社会多元化所导致的不适应问题也越发严重。正是在这样的背景下，克雷明认为，“除非对基础理论进行变革，否则没有办法可以化解这个两难问题”[①]，于是他走了一条新的路线，将生态学理论运用于教育研究，教育生态学理论也因而诞生。

（二）历史总是相类似的

1. 相似的境遇

如同当年美国教育领域的两难境地，监狱系统如今也同样面临着类似的窘境。一方面是社会发展对罪犯教育工作提出了更高要求，逼迫监狱不断追求向前、向后延伸，拓展自身的教育领域，从封闭式教育机构越来越向社会化教育机构转变；另一方面罪犯教育在社会多元化价值逼迫下，罪犯改造质量下降、原有结构趋向不合理、教育者能力不匹配等问题也越来越凸显，最终由于重犯率持续高峻，受到社会公众的抨击。

在这样的局面前，罪犯教育工作者，尤其是监狱民警群体的认知也开始出现了两极分化。在强调安全首位意识的过程中，出现了一些保守的声音，认为监狱的核心本质就是执行刑罚，在监狱安全压力大如山的当下，监狱民警应该将主要精力放在监狱安全管理方面，即使是罪犯教育，也应该为确保狱内安全而服务。甚至有极端的论调认为，犯罪是社会原因，社会化教育都解决不了犯罪的问题，奢求监狱来解决，显然对监狱的期望过高了。相对应的，也有相当部分人认为，要提高罪犯教育质量，罪犯管理与教育工作应予以剥离，或尝试推进全面的罪犯社会化教育，或推进监狱民警职责分离，实现看守型与矫正型民警的双向发展。

另外有一件值得庆幸的事，与当年的美国教育领域略有不同，目前监狱系统还没有得到最后的也是最致命的那次评价。在 20 世纪 70 年代，美国总统科学顾问委员会、凯特灵基金会和联邦教育部各自资助了 3 个学校教育研究项目，而这 3 个项目最终出具的研究报告无一例外都将矛头指向了当时的学校系统，将其描述成为存在严重问题的教育机构。[②]同样的情况也发生在美国罪犯

① *Public Education* by L · A · Cremin, Basic Books, Inc. Publishers, New York, 1976, p.52.

② 杜成宪、邓明言：《教育史学》，人民教育出版社 2004 年版，第 375 页。

矫正领域，这就是大名鼎鼎的“马丁森炸弹”。[①]需要特别指出的是，我们往往简单地将其理解为马丁森等人认为罪犯是无法矫正的，而事实上，马丁森在之后的研究中明确修正，其提出的“矫正无效论”并不是说罪犯是无法矫正的，而是指当时采取的矫正手段对罪犯而言是失效的。换句话说，马丁森并不认为对罪犯进行矫正没有意义，而是对当时监狱采取的矫正手段的科学性提出了质疑。与这段历史相比，我们的监狱系统似乎就欠缺这最后的“补刀”了，也许它不会发生，谁又能确定呢？

2. 相似的追求

首先，克雷明在其教育生态学理论中赋予了“教育”新的定义。其于 1970 年在《美国教育：殖民地时期的历程(1607—1783)》一书中提出：“我把教育看作一个审慎的、系统的和通过不断努力去得出或唤起知识、态度、价值、技能和情感的过程。”对照其观点我们发现，这与当前监狱系统提倡的“大教育”观本质上是相通的。这一定义明确了罪犯教育并不单纯地指向为监狱民警对罪犯开展的灌输式教育，其既可能发生在监狱民警与罪犯间，也可能发生在社会人员与罪犯间，甚至也包括罪犯的自我教育。同时，这一定义也限定了，罪犯教育必须是有目标和计划的主动性过程，不排除在无意识的过程有时也能出现好的效果，但那不能称之为教育。例如，大多数新收罪犯在入监初期会下意识地避免可能的越轨行为，这显然不属于罪犯教育的范畴。

其次，相互作用论是教育生态学理论的基础之一。克雷明希望通过利用教育结构间的相互联系和相互影响来促进学校教育的进步以摆脱当时的两难境地，从而适应社会不断的变革。同样地，随着监狱各类设施条件的逐步完备，当前罪犯教育领域想在硬件条件上实现创新突破的难度已经相当之大，因此“内涵式发展”正成为今后的主要突破方向。从结构因素上挖潜，无疑是一个值得期待的可能，也必然是“内涵式发展”的重要组成部分。

最后，教育生态学理论还试图帮助公众明晰一个认知误区。一直以来，个体表现总是与学校教育简单挂钩。学习成绩好一定是学校教得好，老师有水平；反过来，也一定就是学校或老师的问题。监狱系统同样面临这个问题，我们

---

① “马丁森炸弹”：美国学者罗伯特·马丁森在 1974 年发表《有什么效果？关于监狱改革的问题与答案》，而后出版了《矫正治疗的实效》一书，宣称罪犯矫正并无效果，由此引发一场关于矫正的大辩论。

甚至已经习惯于被罪犯个体所绑架，也经常听到类似“一人生病，全家吃药”的感叹。教育生态学理论强调不能孤立地用个体表现作为教育机构作用表现的评价标准。单就这一点而论，与监狱迫切希望的思考方式是趋同的。

（三）以教育生态学理论指导罪犯教育的有益性

1. 更全面的考量

教育必须从整体上加以考察，它不仅贯穿人的整个一生，而且必须关注所有发生教育的情境和机构。在教育生态学理论指导下，监狱系统在制定相关教育方针政策时，更容易注意到各个教育情境及教育结构的存在，有助于更为全面的考虑教育，不仅仅关注于罪犯狱内教育，也注重教育的延伸和拓展。这并不是意味着监狱在制定政策时必须涉及罪犯可能的每个教育情境，实际上罪犯入狱前及出狱后的教育问题监狱根本就难以干预，但至少能帮助我们在决策时将这些情形的影响考虑进去，从而明智地了解需要通过哪方面的努力才能更好地达成目标。

2. 结构性的设计

首先，教育资源分配和教育实效的关系。毫不讳言地说，以往我们的教育资源分配带有明显的行政色彩，最重要的教育实效反而不是决定因素，“出成绩”的重要性要远远大于其他任何一方面。而根据教育生态来确定资源的配比度，至少我们需要什么样的教育结果，以及什么样的付出最容易收获这一结果会更加清晰。

其次，教育项目的安排上，不应该孤立地开展，而是注重各类教育项目的联系。如果没有这种意识，体系的放大效应是难以形成的。如罪犯在道德常识课上了解了一些有益的知识，其实在民警的个别教育或罪犯学习网络中都有类似的知识，但由于没有有效地将三者串联起来，我们只能期待罪犯有这样的主动意识去融会贯通，否则就只能看着泰斗的内容白白流失。

最后，教育评估方面。无论是阶段性的教育评估还是项目化的教育评估，都需要考虑其他阶段或其他项目的影响，从而有效避免将问题简单化或片面化的倾向。至少，类似将罪犯阶段性违纪率作为行为规范整治活动的唯一评估标准这样的粗放型评估手段是不适宜如今的。

3. 有利于合作

不可否认的事实，即罪犯教育领域中社会力量的参与是不可忽视的。虽然现阶段社会力量的参与热情和支持力度只是在低位运行，但总体上呈上升趋势。仅以上海监狱系统近两年为例，无论是引入非物质文化遗产，还是深入开展艺术矫治，抑或是推进法律援助进大墙等，这一系列教育项目的开展，没有社会支撑显然是不可能完成的。这一过程中必然涉及监狱系统与各类社会组织或个体的联系互动。这些社会组织或个体进入罪犯教育结构体系后，并非一定能够和谐一致，也存在矛盾冲突的可能，有时就如芭蕾舞动作配置京剧唱腔这样有违和感。例如，罪犯家庭和罪犯所在社区可能都关注罪犯的再犯问题，但前者更多地会尝试通过羞耻感来达成目标，而后者可能更倾向于监督权的使用。于是，监狱在各种社会力量之间寻求一种平衡之道就显得非常重要了。一方面避免对立，以尽可能地形成一种完美的相互合作关系；另一方面可以保证在价值多元的基础上，坚持监狱的独立属性，毕竟监狱虽然在不断向社会化教育机构靠拢，但执法的本质属性不能被抛弃。

二、以教育生态学为视角，罪犯教育生态不同层级问题的表征分析

教育生态学按研究对象分为三个层级，即系统生态、群体生态、个体生态，其中既包括各层级的结构，也包括结构与环境的联系。同理，当前罪犯教育体系亦可据此予以剖析。

（一）系统层面的结构性缺陷

提到系统结构，我们最熟悉莫过于学校教育体系，由幼儿园到小学、中学再到大学，乃至硕士、博士，形成从简单到复杂、低级到高级的阶梯式结构。罪犯教育体系似乎也有类似的阶梯式结构，最常见的划分方式是三段式，即入监、常押、出监三个阶段，如此划分必然有其科学性，然而在实践中，有些问题也是不容我们忽视的。

1. 监狱执法本质带来的先天不足

教育生态群体的迁入、迁出是教育生态体系基本的动态规律，并且无论出或是入都是群体主动适应教育环境的行为。学校教育体系同样如此，用一个通俗的比喻，学校教育体系就像一场开放式的马拉松，不会有强制跑完全程的要求，学校根据个体情况作出不同的安排，有人跑全程，有人跑半程，学校会出具

对应的学历证明。甚至个体也有相对独立的自主权，可以随时中止甚至重新加入。根本的衡量标准是能不能适应当前的教育环境。罪犯教育系统则不然，罪犯的法律本质决定了其参加教育的强制性。我们无法考虑罪犯的适应性，事实上我们也几乎不会去考虑罪犯个体的完成能力或者主观意愿，更不用说允许罪犯放弃某一阶段的教育。也正因此，罪犯在教育体系中的不适性及低效性表现相对突出。

同时，这还进一步引申出教育生态的平衡问题。对于教育生态系统而言，某一生态层级从来就不会脱离其他层级而单独存现。仍以学校教育体系为例，学校教育体系不可能覆盖所有的教育生态群体，学校教育环境也不可能十全十美，总有无法适应学校教育环境的种群，最终他们会被家庭教育、社会成人教育以及自我学习等层级所吸纳。罪犯教育体系有类似的层级调整机制吗？显然没有。不能适应罪犯教育环境的失败种群在哪里？答案是，他们大多数时候都将滞留在监狱内，不断接受重复的教育过程，然后这种状况持续到出狱；或许经过一段时间他们再次以罪犯的身份回流，于是历史再一次重复。

典型例证：罪犯魏某，1981 年 2 月 2 日出生，籍贯上海市，文化程度为职高。魏某 1999 年 7 月因盗窃被上海市劳动教养处处以劳教 2 年。解除劳教后不到 1 年，2002 年 5 月再次因盗窃被判处有期徒刑 4 年，在上海市某监狱服刑，于 2005 年 9 月出狱。2006 年 2 月再次入狱，这次是强制猥亵妇女，被判处有期徒刑 1 年 6 个月。2008 年 12 月，出狱仅仅 4 个月后，魏某仍然因为盗窃，被判处有期徒刑 11 年，故地重游再次来到上海市某监狱。截至本文成稿，离该犯出狱之日还有 73 天，面对出狱后的生活如何会否再次入狱等问题，魏某的回答是："这个讲不清""或许不会"。与之对应的是，魏某在这两次服刑中参加了几乎一模一样的教育学习项目且均顺利通过考试，于是他拿到了两套几乎一模一样的证书。显然，对于魏某而言，监狱的相关教育内容对其没有太多意义，仅仅能打发一些无聊的时光，反正"每一次这些都必须过一遍"。魏某会不会有拿第三套证书的机会，谁也说不清，毕竟他才 36 岁且身体健康，时光尚可期。

2. 结构设计有失僵化

正如人存在生物节律一般，教育生态体系也存在教育节律。如学校教育体系中设定 0—6 岁为学龄前，以及小学学制 6 年、初中学制 3 年等，都是教育节律运作机制的体现，是建立在瑞士心理学家皮亚杰(Jean Piaget)提出的认知发展理论基础上的。①反观罪犯教育体系，各教育阶段的划分是否契合罪犯教育节律？教育内容项目配置是否科学？答案显然并不乐观。

即使除去特殊性质监狱不谈，常规监狱罪犯的个体差异性仍然是一个绕不开的话题。宏观方面，主要问题是罪犯教育阶段设置与教育项目要求之间的矛盾。在常押阶段，一名刑期短的罪犯需要在1年多的时间内完成普法、道德、心理健康教育并参加考试，还要拿到文凭和技能等级证书，这名罪犯“亚历山大”；而另一名刑期长的罪犯在同样的要求下，他的“空窗期”显然又多了点。

此外，与常押期跨度大相对应的是近乎固定的入监、出监阶段，这也有待商榷。以出监为例，监禁型人格的化解是出监面临的难题之一，虽然不能将监禁型人格的严重程度与刑期长短画等号，但两者间确实存在着正相关关系，无视这种差距将出监阶段限定在3个月之内，真的合适么？而在微观方面，无论是年龄、文化程度等表见差异，还是认知状况、心理状况等内质差异，注定了不同罪犯对教育的适应性的天然不同。而关于罪犯教育过程中，“小学生”与“大学生”同教同学同考，这一点已经广受诟病了。

典型例证：罪犯张某，1994年6月7日出生，籍贯安徽萧县，文化程度小学2年级，因抢劫被判处有期徒刑3年6个月，刑期为2013年6月29日至2016年12月28日，于2014年1月20日投入上海市某监狱服刑。根据规定，狱内服刑在2年6个月以上的应当获得小学毕业证书，张某于2014年9月开始接受2年的小学课程教育，小学第一个学期结束时，由于张某余刑已不足两年，于是张某又被安排参加普法、道德、心理健康教育等多项学习内容，另外张某还必须在当年获得一个职业技能等级证书，毕竟“2016年的证书来不及考了”。这些项目张某必须全部考试通过，“有一门不合格就会被扣1分，而且会累加”，这将直接影响张某的计分考评等级，进而影响张某可能的减刑机会。于是张某在2015年的任务是小学课程400课时、普法160课时、道德60课时、心理健康50课时、技术教育80课时，课时总数为750课时，更糟糕的是普法、道德、心理及技术教育的全部课程都安排在教育日白天，而小学课程有100个课时安排在教育日晚上，换句话说，在教育日张某的平均课时数约为9个课时，而且这9个课时经常与监区的其他教育活动相冲突，甚至本身有可能还存在交叉。再加上这

① 根据皮亚杰的认知发展理论，0至2岁为感知运动阶段，2岁至6、7岁为前运算阶段，6、7岁至11、12岁为具体运算阶段，11、12岁以后为形式运算阶段。

些学习项目对于小学尚未毕业的张某来说难度都不低。结果可想而知，每到教育日，张某的内心都是崩溃的。庆幸的是，到最后张某所有课时全部完成了，所有考试也都高分通过了。要问如何做到？张某的回应："你懂的。"

归根结底，对于罪犯结构而言，教育背景的差异性、生活环境的差异性、性格特质的差异性始终存在，罪犯教育结构的同一性问题却完全无视了这些差异性。

3. 评估体系不完善

教育评估是构成罪犯教育体系的重要组成部分，单就这一块论，我们其实是有缺失的。严格意义而言，我们并非不对罪犯教育情况进行评估，我们有重新犯罪预测、罪犯改好率评估等多种评估手段；我们也培养了相当数量的评估人员，我们甚至已经尝试设立了专业的评估机构。但是与其他教育体系进行对比会发现，现有的罪犯教育评估并不完善，缺失的恰恰是最为权威的一环。

社会如何对个体的教育水平进行评价？答案是通过专业且权威的考评系统。一个人的教育水平和技能等级由其所获得的文凭或者证书来确定。这种方式也已经为社会公众所广泛接受，例如招工要看文凭、升职称要考证书等。反观罪犯教育考评系统，不客气地说，监狱已经习惯于借用其他考评系统来证明自己的工作成效，到处都充斥着类似的宣传，如罪犯努力自学文化取得文凭、罪犯刻苦练习通过技能考级、罪犯积极研究完成发明创造，等等。连罪犯改过自新，也往往要通过突出罪犯出狱后见义勇为或者获得先进称号等来体现。这些事实的背后恰恰反映了罪犯教育考评系统专业性不足及社会认同缺乏这一尴尬的事实，这也是导致罪犯教育评估质量不高的主要原因。我们能提供一个为社会所广泛接受的证书来证明我们对罪犯教育的成效么？很遗憾，作为监狱方，目前我们仅仅能提供给罪犯一个释放证明，并且我们也明知，即使现在我们给了罪犯一本"改好证"，也没有什么意义。

（二）群体层面的生态位失序

在这一层面，教育生态系统又可再次细分为种群和群落两个大类，移植到罪犯教育体系，则种群可对应为根据教育内容划分的道德、普法、心理等各类罪犯教育项目，而群落则对应为根据教育机构划分的各监所。正如我们熟知的"大鱼吃小鱼，小鱼吃虾米"，不同生物群体在生态体系中都有其特定的生态定位和功能关系，这就是所谓的"生态位"。罪犯教育生态体系同样如此。以教育生态理论分析，罪犯教育体系无论是根据种群还是群落划分，在教育生态位方面都存在一个共性问题。

1. 错位现象突出

首先，我们尝试根据种群划分，在教育资源恒定的基础上，衡量一个教育种群的生态阈值有两个固定公式[①]。第一个是 S=P/N(即生态位强度=实际教育人数/应教育人数)，第二个是 P=N/A(即生态位宽度=应教育人数/总人数)。这两个数值越高，意味着该教育项目和其他项目发生教育生态位冲突的几率越大，冲突的结果就是再平衡，最终这两个数值会达到一个均衡值，生态位也就形成了。然而比照罪犯教育体系，我们可以发现一个令人震惊的现象：大多数罪犯教育项目的 S 值与 P 值几乎都接近 100%这一理论上的最大值，满池塘都是大鱼，却没有小虾米。这显然是违背教育生态学基本规律的，换句话说，许多教育项目的生态位都发生了错位，相互重叠但却相安无事。这一诡异局面的形成只能归功于外力作用。事实也是如此。这些教育项目都有强大的行政力量作为支撑，以制度的形式被强制推行开来，维持这样的局面的代价是单位效率的降低与资源投入的增加。

其次，根据群落划分。类似的问题也出现了，这就是各监狱在罪犯教育方面的同质化倾向。这一问题其实也与罪犯再分类有所关联。现状就是目前我们只有较为粗浅的功能性监狱分类，如新收犯监狱、出监监狱、老病残监狱等，基于罪犯危险等级的分类尚在探索中，更遑论基于罪犯矫正等级的再次分类了。而罪犯教育同质化一方面造成各监狱在同一教育生态位上资源重复浪费，另一方面又导致差异化教育得不到保障。另外也必须指出，当前监狱工作的热点之一——标准化建设与罪犯教育生态位合理化并不存在冲突，因为标准化不等于同质化，更不代表要把所有监狱变成一个样式。

2. 相互作用弱化

这是生态位错位的恶果演化。无论是种群还是群落，在生态体系中都长久存在着协同进化机制。各个群体之间本应存在着群体动力，通过共生、利群、合作等关系，群体之间交叉渗透，协同进化，促进整体发展。在实践中，我们也证实了这些相互作用的可能，并建立了一些逻辑组合。例如我们发现，对于暴力倾向的罪犯，单纯对其开展情绪疏导的心理团训课程，或组织书法、绘画等技艺

---

① 范国睿：《教育生态学》，人民教育出版社 2000 年版，第 76 页。

练习，都只能暂时性缓解其某一方面症状，且有较大的反复性。但是当我们将两者结合，效率则大为提升(见表1)。

表1 项目组合前与组合后的罪犯EPQ对比

		Mean	Std.Deviation	T	Sig.2-tailed
Pair 1	P1-P2	2.039	0.29	2.288	0.038*
Pair 2	E1-E2	2.987	−6.74	−0.112	0.913
Pair 3	N1-N2	2.313	0.37	2.306	0.037*
Pair 4	L1-L2	2.433	−2.55	1.096	0.292

唯一遗憾的是，这只是一个实验项目，我们也相信，一定有更多的有益组合尚未被挖掘出来，但鉴于大多数教育项目生态位错位，找到协同进化的组合的难度显然要高得多。同样，不仅仅是项目与项目间，各监狱之间亦然。

(三) 个体层面的人为割裂

关于罪犯个体教育存在的问题，相关论述可谓汗牛充栋，在此无需一一列举。然而站在教育生态学的视角，在这一层面有一个最值得探究的问题，那就是罪犯养成教育与学成教育的人为割裂问题。

1. 养成与学成的概念辨析

就生态学而言，生物的生存能力体现为两个方面：一为环境适应；二为生存技能。①前者是自然选择的结果，更类似于被动的适应，如北极熊能抵御零下50度的严寒；而后者更类似于主动进化，如为了更好地进食，食蚁兽的舌头长达60厘米，每分钟可伸缩一两百次。站在教育生态学角度，也存在类似的概念，对个体的教育，可体现为养成教育与学成教育两个方面。养成教育的研究其实可以追溯到我国古代，如孟子有言“苟得其养，无物不长，苟失其养，无物不消”②。养成教育注重的是习惯的养成，是遵循个体自我的内在规律而开展的培养和启蒙；而学成教育注重的是知识的习得，如果说养成教育是“习以养性”，那么学成教育就是“学以悟道”，是通过理论学习明辨是非。养成与学成，两者相辅相成，不可或缺。

---

① 冯江、高玮、盛连喜主编：《动物生态学》，科学出版社2005年版，第79页。

② 见《孟子·告子上》。

2. 养成与学成在罪犯教育过程中的割裂

在罪犯教育的过程中，养成与学成并未达成事实上的统一，恰恰相反，两者被人为割裂了，并且是从行政层面开始的。罪犯养成教育，着重于罪犯行为习惯的养成，而这在监狱内，更多地被界定为狱政管理；罪犯学成教育，着重于理论知识学习，属于教育改造的范畴，两者被分别纳入“管”与“教”两个条线。

监狱的“管”与“教”，一直是个不能回避的话题。首先，工作目标的不相一致。就法律本质而言，管理和教育的总目标都是“预防犯罪，保护社会”，但在实际执行中，狱政管理的主要任务是执行刑罚，维持监管改造的秩序，而教育改造的任务是罪犯的再社会化，前者致于内而后者致于外，相互的评价标准也不同。其次，关系的定位，“管理者与被管理者”“教育者与被教育者”之间的关系有本质区别，前者是不对等关系而后者是平等关系。最后，罪犯对两者的认知不同。管理是刑罚执行的保障，刑罚必然给罪犯带来痛苦；而教育是对罪犯的一种提升，最终会给罪犯带来愉悦。

典型例证：罪犯董某，1991 年 1 月 1 日出生，户籍黑龙江省七台河市，文化程度小学，因故意伤害被判处有期徒刑 6 年 6 个月，刑期为 2014 年 2 月 11 日至 2020 年 8 月 10 日，于 2014 年 9 月 22 日投入上海市某监狱。董某自小为家人抛弃，长期在外流浪，形成了十分孤僻的性格，且社会交往能力极为缺乏。这导致董某入狱后，一直无法有效适应监狱生活，与民警、同犯多次发生矛盾冲突，屡次受到严管禁闭处罚，而在被处罚的过程中董某性格更进一步扭曲，反而表示自己本来就不喜欢与他人打交道，不喜欢参加集体活动，关在单人监舍反而感觉更好，甚至在回到监区后不惜自伤自残以追求再次被严管。对于董某，就“管”而言，由于董某的危险言行，为了降低其狱内风险，理当按照其要求对其进行单独关押；就“教”而言，董某的人际交往能力缺失是一个极大的问题，将造成其出狱后很难融入正常社会，因此若从改善其社交能力的角度出发，将其单独关押是绝对不合适的。最终，民警顾及监管安全压力的影响，将董某关押于单人监舍。

在当前“管、教”分离甚至冲突的状况下，罪犯的养成与学成教育活动往往是各自为战，很难形成高效的整体效应。当然也有特例，例如监区文化。监区文化是目前可知养成与学成结合得较好的一种教育形式，但监区文化的发展在当前社会环境下并不适宜增幅过大，更多的还是作为一种有效补充。

（四）体系与当前教育环境的不适应

教育生态系统相比较其他教育体系，最大的差别体现在以教育为中心的基础上，更注重对教育起制约和调控作用的多元教育环境的影响。在罪犯教育方面，结合当前教育环境，我们发现社会教育资源是罪犯教育最大的短板。如此认定的具体缘由是在监狱发展中，监狱作为社会机器的补充，必须要有体现存在的价值及其功能，其内部要有严密、科学的教育体系，社会教育资源是监狱教育能力的强有力补充。然而现实恰恰相反，社会教育资源之于罪犯教育，既难以挑起大梁，也少见画龙点睛。

1. 教育资源繁多，但有效资源匮乏

近几十年来，我国的经济发展取得了举世瞩目的成就，社会教育资源也呈现海量增加，尤其是进入网络时代以后，各类社会教育资源的类型、完备程度及总存量都呈井喷姿态。然而，虽然社会教育资源日益丰富，但在监狱方面，“教育资源匮乏”的声音却从未消减。匮乏体现在两个方面：一是社会教育资源的调用量在罪犯教育中的比重值一贯偏低。以某监狱为例，2015 年度罪犯教育成本投入比重中监狱资源与社会资源的比重分别为 93.4％与 6.6％，而过去近十年来，监狱在罪犯教育方面的投入总值增加了 73.4％，而社会资源仅增加了 9.13％。二是社会教育资源提供面比较狭隘，主要仍然集中在文化、技能培训等方面，罪犯教育在形势政策等其他方面的需求仍难以得到满足。

2. 教育资源陈旧、更新缓慢，无效资源过多

在当今社会形势下，知识的更新换代速度越来越快，然而查询监狱引入的社会资源经常会发现，大多数教育资源已经过时，失去了使用价值。我们在其他省市监狱调研中发现，有监狱在为罪犯开设家电、电脑维修课程时，使用的教学设施还是 20 世纪的产品，对罪犯而言这样的技能已经完全没有学习价值。另外，在很多监狱的学习网上提供的课程资料，自发布之后就再也没有进行过任何内容上的增减或维护，属于典型的一次性建设现象。

3. 教育资源异构，缺乏有效定位

监狱需要社会教育资源来满足对罪犯的教育需求，但如何从海量的社会教育资源中寻获自己所需、能为自己所用的教育资源则成为一大难题。目前寻找社会资源的方式主要有两种：一是主动邀请。监狱分析自身需要，根据教育内容来查找对应资源，并进行联系引进；二是守株待兔。当其他部门或组织对监狱有需求时，乘机进行资源互换或共享。第一种方式由于牵扯到资源结构或组织架构，容易发生资格不对等或者成本偏高等问题；第二种方式过于被动，针对性和及时性都很成问题。

三、罪犯教育生态体系的构建设想

我们试图以教育生态学理论为指导，从资源可持续发展利用的角度出发，通过对现有罪犯教育系统的重构来解决目前存在的问题，以进一步提高教育效率，更好地为罪犯改造服务。

（一）罪犯教育生态体系的组成结构

1. 罪犯教育生态体系的主体

罪犯教育生态体系的构建是一个多方力量参与的过程，从整个生态体系的运作流程来看，其主体包括资源产出者、设计开发者、教育管理者、教育使用者四大主体部分。

(1) 资源产出者。罪犯教育生态体系的教育资源产出与现有罪犯教育资源产出的最大区别在于，现有罪犯教育资源产出来自一线民警和教育条线各级管理部门，他们出于罪犯教育活动的实施需要而收集各类教育资源，这些教育资源的生态位是由产出者的行政层级来确定的。而在罪犯教育生态体系中，教育资源的产出是多方人员和机构的结合，既包括一线民警和教育条线各级管理部门，也包括矫治师、社会专家等专业人员，还包括社会性质的教育机构甚至教育使用者。任何与罪犯教育资源产生关系的人员和机构都可能成为罪犯教育资源的产出主体，他们能对现有的教育资源提出改进意见，为教育资源的生态位确定提供支持和帮助。

(2) 设计开发者。这是由具备教育项目开发能力的人员组成的专业机构，根据资源产出者提供的资源信息和改进意见对产出的各类教育资源进一步优化。这一机构不属于行政层级，其组成人员也不局限于教育条线。罪犯教育项目的开发是基于罪犯教育内容，由相关专业人员共同协作的过程，在开发中既涉及内容的科学性与教育性，又涉及项目实施的技术性与可行性，而目前教育项目的开发过多地依赖教育管理者，往往忽视教育资源本身的属性，缺乏规范的开发过程。这也是我们将设计开发者在罪犯教育生态体系中设为独立主体的缘由所在。

(3) 教育管理者。即矫治民警和教育条线各级管理部门，作为教育活动的实施和管理者，相较过去，他们的职责得到了纯化。

(4) 教育使用者。毫无疑问，教育的使用者是罪犯，但并不是所有罪犯都是教育使用者，而是本身有教育需求并愿意对教育实施过程进行评价与反馈的罪犯群体。他们的评价是选取教育资源的标准之一，他们的信息反馈影响着罪犯教育生态体系的运作流程。这一方面凸显了罪犯在教育活动中的主体地位；另一方面则明确只有纳入教育生态流程的罪犯才是使用者，其他没有教育需求或者评价能力的罪犯可能更多地仅仅是参与学习(见图1)。

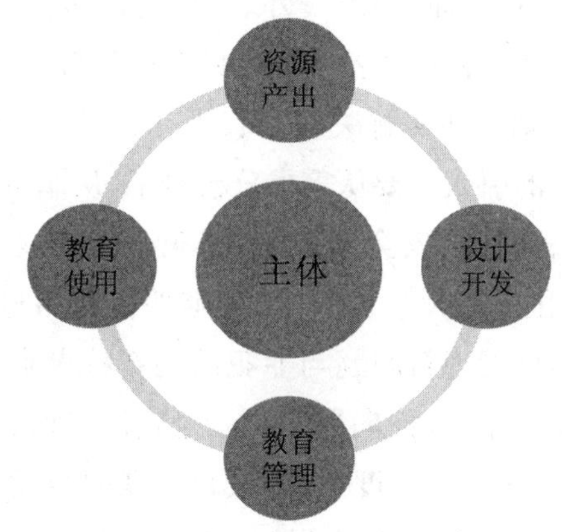

图1　罪犯教育生态体系主体

2. 罪犯教育生态体系的运作流程

整个运作过程包括需求分析、设计开发及实施应用三个阶段。

(1) 需求分析。需求分析是罪犯教育生态体系的起点，通过需求分析可以了解罪犯尤其是罪犯中的教育使用者的教育需求，还可以通过需求分析，整合教育资源，避免教育低效和重复建设。需求分析的结果，直接影响罪犯教育生态体系的运作策略、模式选择及教育的具体表现形式。只有做好需求分析工作，才能了解罪犯的学习状态，提供符合需求的教育资源，促进资源利用，提高效率。

(2) 设计开发。设计开放包括结构设计和资源提取两个方面，首先根据需求分析的结果确定教育内容，完成项目设计；随后在教育资源库中进行优选，甚至可能需要对原有教育资源进行浓缩、扩展或重新表述。设计开发，直接影响着罪犯在教育过程中的体验及教育资源核心价值的发挥。

(3) 实施应用。即将设计好的教育项目提供给罪犯,以针对性的教育内容、序化的教育结构、适宜的教育形式而呈现,并及时获得评价反馈提供给设计开发者,进而影响下一次流程的进行。

3. 罪犯教育生态体系的运作节点

在需求分析阶段,着重于调查分析罪犯"一头一尾、一内一外"。头为罪犯新收结构调查、尾为罪犯出监结构调查,内为狱内改造状态分析、外为回归生存状态分析。"一头一尾"的调查相对较为固定,且多为短期型工作,重在效率性。在监狱管理局层面,可以依托新收犯监狱、出监监狱开展;在监狱层面,则主要由新收中心与出监队承担。而"一内一外"分析是长期型工作,重在准确性,需要得到罪犯社会支持系统、社区矫治部门等的协同配合。

在设计开发阶段,则要切实解决好"入、化、比"三个问题:一是教育资源的引入,尤其是社会资源的引入。要从需求分析着手,从罪犯犯因性问题切入,从教育为监狱安全服务、为社会安全服务、为罪犯全面发展服务三个需要出发。二是资源引入后的优化。在社会发展中,监狱要及时跟进,围绕社会法治、文化、生活、建设,针对监狱管理新问题与罪犯结构新特点来优化教育资源,产出的资源要面向社会、面向监狱、面向罪犯。三是资源与监狱承受力的比照。根据教育生态学的耐度定律与最适度原则,教育发展的数量、规模和速度要在社会经济的承受范围之内,对周围教育环境的各个生态因子都有自己适应范围的上限和下限,因此实用、适用、管用、能用是设计开发的重要原则。

在实施应用阶段,以"人、事、物"为三大抓手,在人的方面,除了对教育管理者及教育使用者的进一步规范外,作为教育生态体系,群体动力关系是绝对不可忽视的。与生物群聚性一样,在教育生态过程中也有各式各样的社会群聚性,即正式群体、半正式群体、非正式群体与参照群体。根据阿里氏原则,无论哪一种教育群体都会有自己最适当的群聚度,这些群体的群聚程度影响到群体的动态。因此在这一方面,要更多关注教育密度对教育活动和效能发挥的影响。在事的方面,应该特别注意教育项目的多维镶嵌性。教育的规范环境中包括文化、科技、语言文学、伦理道德、哲学、民主与法制、风气习俗、宗教、艺术、体育等,在教育生态体系中,没有所谓的单一项目,所有的教育项目之间形成一个良好的循环机制。在物的方面,主要是教育资源的集散问题,教育生态学存在富集与降衰率。一般而言,资源富集率越高,系统的发展水平也越高,但资源集中过多也会造成浪费，降衰亦是如此。因此要从需求分析和设计开发阶段实行顶层设计，在应用阶段实现教育资源科学配置。

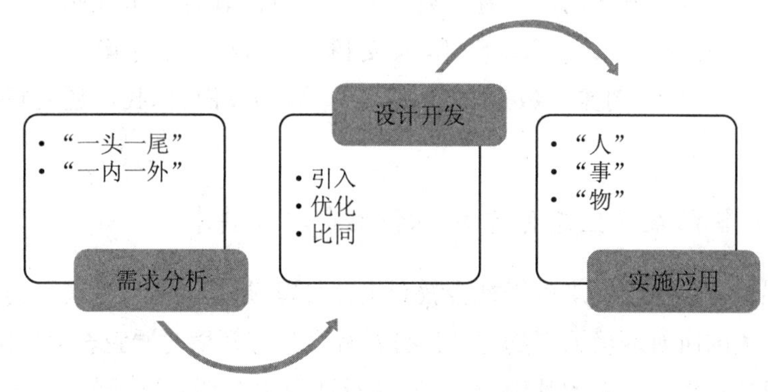

图 2　罪犯教育生态体系运作流程及节点

（二）罪犯教育生态体系应遵循的原则

1. 动态性原则

优胜劣汰是自然界的生存法则，生物进化与种群演替是生态系统的基本规律。教育生态同样如此。罪犯教育生态体系的建立也是一个动态平衡的过程，罪犯教育资源库应当及时进行清理，不切实际、丧失使用价值的资源及时剔除；开发有误差、不科学甚至是错误的应当及时纠正；仍有使用价值的也应当适应发展，及时更新；单一的形式也可以多样化以满足日益增长的教育需求。受教育的罪犯也是同理，教育项目也应当根据罪犯的个体发展及时调整。

2. 系统性原则

"牵一发，动全身"。一种教育生态行为的产生受到全局性的多因素影响，教育生态体系中各要素相互影响、相互作用，这也是整体效应的体现。教育生态体系中开发者、管理者、使用者是一个平衡系统，体系的建设与开发也是一个复杂、系统的工程。正如美国 20 世纪 70 年代提出的生计教育观(Career Education)，即为从教育的整体效应着眼而提出的教育工程，目的是以全局性的措施来改变教育与劳动脱节的弊端。就这个意义而言，我们也必须注重系统的整体性，例如在处置目前的"管与教"的冲突方面，亦当如此。

3. 标准化原则

罪犯教育生态体系同时也是一个标准化体系，应遵循统一的罪犯教育技术标准，这样有利于资源交流与共享，便于教育项目跨平台使用，从而提高教育资源的组织性与可利用性，降低教育成本。在这方面，监狱系统显然是欠缺的。比罪犯教育年轻得多的网络教育，早在2012年就由教育部牵头制定了中国网络教育技术标准体系（CELTS）作为支撑，如《教育资源建设技术规范》（CELTS-41）、《学习对象元数据》（CELTS-3）等，相较而言，我们还有很长的路要走。

（三）罪犯教育生态体系的社会生态环境要求

罪犯教育生态环境隶属于社会教育生态环境，是社会教育生态环境中与罪犯教育有关的所有环境因素的总和。分析社会生态环境对罪犯教育的影响，是研究罪犯教育生态体系的基础之一，通过对社会生态环境因子的分析，探究各种社会生态环境与罪犯教育的相互关系及作用机制，从影响罪犯教育的各类环境的相互联系中，综合研究罪犯教育的发展规律，这也是我们的主要发展方向。

1. 罪犯教育生态的政治环境

社会形势对罪犯教育的影响是正反两方面的，既可能促进罪犯教育的发展，又可能限制罪犯教育的发展，这在罪犯教育史上不乏先例。在不同时期，人们总是站在不同的立场上，用不同的世界观看问题，因此罪犯教育在不同历史时期无论是在路线、方针、政策，还是教育观、方法论都有所不同，均反映了特定时期的利益立场。在当前阶段，罪犯教育同样应遵循客观规律。在当前监狱管理中面临着三个不可回避的问题：自身安全稳定的需要，罪犯教育必须为监狱安全稳定服务；社会安全稳定的需要，罪犯教育必须为社会安全稳定服务；罪犯全面发展的需要，罪犯教育必须为罪犯顺利回归社会生存发展、成才服务。正是这三个问题，决定了罪犯教育资源的配置和使用。

2. 罪犯教育生态的经济环境

经济因素对罪犯教育的作用及相互影响，不仅从物质、资源的投入等方面反映经济对罪犯教育的制约，而且在监狱发展中，监狱作为社会机器的补充，罪犯教育作为经济和社会发展的有益补充，必须要有体现存在的价值及其功能。在经济方面的表现形式就是通过对罪犯的成功教育，避免社会的损失，促进经济的发展。从经济角度看罪犯教育，罪犯教育的一切制度和设施，必须纳入整个社会教育体系中，而罪犯教育的改革及发展，也必须纳入国家层面的发展计划中，这都是为了适应经济和社会发展的需求。

3. 罪犯教育生态的社交环境

作为罪犯社会支持系统的重中之重，家庭是罪犯狱内的心理寄托及出狱后的生活中心。家庭既是给予罪犯早期教育的苗圃，也是对罪犯实施再教育的温床，它奠定了罪犯回归社会的基础。大多数时候，罪犯教育离不开罪犯家庭的支持和帮助，罪犯能否重新顺利融入社会，与家庭调节密切相关。另外，还有罪犯的行为习得圈，就像宗教山头，我们不通过积极的、正面的引导来占领山头，那些消极的、负面的东西自然会去占领。

图 3　罪犯教育生态体系环境因素

（四）罪犯教育生态体系建立的现实途径

1. 罪犯教育结构的重组

（1）切合罪犯教育节律，做到更为科学的结构设计。所有的教育体系都应当切合被教育对象的自身节律。考虑罪犯自身的多样性，为每一名罪犯都独立设计一套教育方案才是最科学的，这就是个别化矫治，也是罪犯教育的终极目标。不得不说，虽然我们已经尝试推行了个别化矫治手册，但这依然是粗浅的，有待完善。要知道即使在相对成熟的学校教育体系，受师资所限，因材施教、因人施教仍然是一种美好而尚未达成的目标。对于目前的监狱系统，需要完成的前置工作仍有不少。

首先，罪犯的再分类。我们正处于探索监狱警戒等级分级阶段，而在监狱警戒等级分级基础之上，罪犯矫正等级分级目前还完全是空白。要通过科学的评估手段，将罪犯按矫正等级进行分类，不同矫正等级的罪犯，其教育阶段的设定也相应不同。以入监教育为例，目前的做法是根据罪犯刑期不同，分别参加 2 周/2 月的新收入监教育。而在高度戒备监区建设试点中我们发现，对限制减刑甚至终身监禁类的罪犯而言，常规的入监教育往往并不足以让这类罪犯适应监狱生活，大多数这类罪犯往往要经过 6 个月乃至 1 年以上的时间，才能调整好心态，适应正常的改造环境。

其次，罪犯矫正的专业化。我们一直在积极有效的探索之路上，如正在推行的推行矫治师、主管民警评级等制度，这是人的专业化，下一个有效步骤或许是机构的专业化，如矫正委员会的设立。相对于行政层面的组织架构变动，以非行政组织形式出现的各级矫正委员会也许更为适合。其一方面能有效规避“管与教”的行政冲突，更好地调和罪犯养成与学成间的相互统一；另一方面能够独立承担罪犯教育的需求调查及设计开发等，纯化罪犯教育管理层级，避免教育设计中的利己行为。

(2) 树立真正的“大鱼”精神，建立专业而权威的考评体系。在生态系统中，处于食物链顶端的大鱼从来都不是靠数量取胜的。如前所述，罪犯教育考评系统存在专业性不足及社会认同缺乏的弊端，换句话说，我们没有“大鱼”。当务之急，是将重心落于罪犯教育质量评估和重新犯罪预测能力上，并争取得到权威认证和取得实际效用，从而提升我们考评的公众信任度。这方面我们与一些西方国家存在很大差距，如：在美国，矫正评估报告是罪犯由高戒备监狱转往低戒备监狱的重要依据；在加拿大，对罪犯的矫正评估报告受法庭认可，效力等同于法院判决；在新西兰，曾是性犯罪者要进入一些特殊场合，需要拿到矫正官的评估报告，并经法庭认证；在日本，刑释人员申请入住中途之家的前提条件，也需要矫正官的签字确认。试想这个场景，一名刑释人员拿到的释放证明，上面同时有司法部认可的考评成绩，罪犯根据考评成绩的不同，可以在求学、就业、社会救济等方面获得不同的社会资质，同时罪犯考评成绩也是监狱工作的考评依据；另外，当罪犯重新犯罪时，也可以启动对监狱的逆考评，如此既能提高罪犯教育的有效性，也有助于改善社会将重新犯罪归责于监狱的窘境。

2. 罪犯教育资源的内延与外展

从知识管理的角度而言，以往的罪犯教育主要围绕课件、素材、课程等静态范畴开展工作，几乎没有人尝试过将关联性、目的性相一致的离散资料进行系统的组织、分析和整理。这样开发出的罪犯教育资料多以提供基本信息为主，处于无序混乱的状态，未能建立信息之间、知识之间、信息与知识之间的关联。应当从此着手，尽早建立起罪犯教育资源的大数据库，使教育资源的获取、组织、管理、共享、创新等有序化。

另外，对已形成的教育资源进行再生、拓展，同样能够完善罪犯教育体系，对于进一步吸纳社会教育资源具有积极意义。假设目前的监狱已获得的社会教育资源为显性的话，那么由这些显性资源所关联的隐形社会资源应该与显性资源成数量级差别。事实上，我们因高危罪犯的心理问题向华东师范大学心理健康中心求助，对方指派了一名心理医师来监与我们合作，在合作的同时，我们也向中心的老师和学生进行了一些简单调查，接受调查的 53 人中有 47 人表示愿意无偿来监帮助开展相关咨询。而这些隐形的资源，事实上之前一直都被我们所忽略。

3. 罪犯教育项目的重组

随着社会的发展，社会教育资源呈现爆发式增长，同时各学科之间也不断地分化融合、相互渗透，不同教育活动间的相互促进或相互转化也越来越复杂。总体而言，罪犯教育活动也需要不断更新、重组，而各类教育活动之间是否切合、是否能够重组，主要体现在三个方面：

首先，罪犯教育目标的统一。教育目标不等同于教育目的，目的是罪犯教育活动的根本出发点和最终归宿。我们的教育目的都是矫正罪犯恶习，使罪犯成为守法公民。而教育目标则是教育具体实施方向，是我们对罪犯在教育活动中行为变化的预期，如我们希望提高罪犯心理调节能力或守矩意识等。当教育目标一致时，教育活动的组合往往也是有益的。但需要注意的是，教育目标一致下的有益教育活动组合并不是固定组合，因为在不同阶段、不同对象的教育活动，其教育目标有可能会发生变化，此时我们就必须及时对组合予以更新。例如，新收入监阶段组织罪犯队列操，教育目标可能是培养守矩意识；但常规监区组织队列操，其教育目标又可能是培养集体荣誉感。

其次，罪犯教育内容的统一。教育内容包括给罪犯传授的知识和技能，也包括灌输的思想观念或价值去向，还可能包括培养的习惯和行为。教育内容是根据教育目标来确定的，两者为同比强化关系。当教育目标一致时，教育内容也可趋向于一致；当教育目标不一致时，教育内容也因适当调整为不一致，否则就容易发生生态位冲突。

最后，罪犯教育资源的统一。万不能将教育资源的统一理解为教育资源来源一致。所谓教育资源的统一，是指罪犯教育资源的时效性一致。在罪犯教育生态体系中，教育资源的取得有多种途径，可能来自监狱民警，也可能来自社会团体，甚至来自罪犯家属，但我们应该时刻明确，罪犯教育的目的是使罪犯再社会化，而不是使罪犯更脱离社会。换句话说，罪犯教育资源的更新应当与社会发展同步。同步既不是落后，也不是超前，让罪犯学习20世纪90年代的电脑维修技术是无效教育，让罪犯学打高尔夫球，教育效率也高不到哪去。

4. 罪犯教育取向增权

这是从罪犯个体角度出发的。巴巴拉·所罗门在1976年出版的《黑人增权：受压迫社区中的社会工作》提出了增权的概念，旨在从环境着手，减少基于污名群体成员的负面评价而形成的无力感。而社会工作取向增权既符合弗洛伊德有关个人潜意识冲突的释放学说，也符合存在主义倡导的个人自由权。罪犯教育作为社会工作的一种形态，也同样可以进行类似尝试。

我们必须承认，罪犯个体在罪犯教育中的无力感长期存在，这根源在于监狱环境的压迫，阻碍了罪犯个体在罪犯教育中的主观能力发挥。但是我们也必须看到，阻碍罪犯个体能力发挥的环境障碍是可以改善的；罪犯个体的权能也可以通过警囚之间、罪犯之间的不断互动而增加、衍生。

具体来说，我们应该积极实现持续提升罪犯教育的公正合理性，并且充分保护和激发罪犯个体的自决能力，促进罪犯个体的自我实现，正如那句口号"在希望中改造"那般。罪犯教育的价值取向应着重于使罪犯了解自己是改变自己的主要媒介；应着重于使罪犯了解有价值的知识和技能是可以分享和运用的；应着重于使罪犯认识到民警及其他教育者只是帮助其解决问题，他们自己才是主体；应着重于使罪犯明确过往的无力感是可以改变的。换句话说，即发展罪犯个体的权力感和自我效能感，并强调与他人协作相互影响。

正如莎士比亚所言，"一千个人眼中有一千个哈姆雷特"。站在不同的角度，所获得的往往是不同的体验，教育生态学也只是一千个哈姆雷特中的一个，但无论如何，我们也是在尽力试图给出一个新的可能，或许也能成为一种启发。唯此，本文才有意义。

罪与恶

——狱内服刑人员价值观教育的反思性研究及社会学追问

上海市提篮桥监狱　张　鑫

洞见或透识隐藏于深处的棘手问题是艰难的，因为如果是把握这一棘手问题的表层，它就会维持原状，仍然得不到解决。因此，必须把它“连根拔起”，使它彻底地暴露出来，这就要求我们开始以一种新的方式来思考。

——英国哲学家路得维希·维特根斯坦

不管人们是否意识到，每个人在日常生活中都在进行了价值判断与选择，以满足人们的各种主观需求。进一步说，价值观是自人类生活产生以来就贯穿人类始终的一个重要问题。它是人类文明的重要内容，是人区别于动物的重要标志。监狱服刑人员大都因为价值观发生了偏离而触犯了法律，因而研究他们的价值观教育情况也就是研究监禁的社会发展状况，研究服刑人员的发展状况也是探讨人类的价值观异化、发展和变化的状况。

一、问题的提出及研究的视角

美国社会科学家怀特认为，科学研究与意识形态的区别在于应然与实然问题，即科学理论关注的是社会现象和事实到底是怎样，而意识形态则关注的是经验世界应当是怎样。[①]从科学理论研究的视野出发，笔者发现一些监狱现象需要进行进一步思考和讨论。

（一）监狱现象引出的思考

S省(市)从2011年不断“深化以认罪悔罪为重点的思想教育”[②]，强化认罪

---

① ［美］乔纳森·特纳：《社会学理论的结构》，邱泽奇等译，华夏出版社2001年版。

② 《监狱法》第4条规定，对服刑人员主要教育内容是思想教育、文化教育和技术教育。思想教育在教育改造中占主导(郭万牛、仲伟伟、杨蓉，2008)，或者说思想教育为改造的核心，是我国改(转下页)

悔罪教育在改造考核中的比重。在汲取全国其他监狱开展认罪悔罪教育经验的基础上，从 2013 年开始全面实行认罪悔罪评估制度和“四个一”认罪悔罪系列教育活动[①]，强化价值观改造在教育改造中的核心地位[②]。认罪悔罪评估制度作为一项制度创新，其工作方法得到了司法部的肯定，并在全国监狱工作会议上进行了经验介绍。该制度主要通过面估的形式，从五个方面，即对犯罪事实的认识、对法院判决的认识、对犯罪原因的认识、对犯罪危害的认识以及悔罪行为表现等，把服刑人员认罪悔罪程度依次分为不认罪、初步认罪、认罪、悔罪和深刻悔罪 5 个等级，并与服刑人员的司法行政奖励、计分考评以及分级处遇等挂钩，从而实现“将罪犯改造成为适应社会、远离犯罪、自食其力的守法公民”的制度设计目标。S 省推行认罪悔罪评估制度的一个认识逻辑是，“如果罪犯对自己的犯罪事实不能正确认识，对犯罪的危害性认识不清，不能认罪，也就根本谈不上悔罪，也就意味着缺少了改好的思想认识基础，其将来还有可能再次犯罪，对社会，集体或他人造成损害，对构建和谐社会造成破坏”[③]。该项评估制度不仅在民警和服刑人员中引起了巨大的反响，在全国也产生了一定的影响，其完备的一套制度设计也获得了司法部的认可。仔细分析，其制度设计的初衷和将要达到的目标没有任何问题，也符合当前公、检、法等机关对监狱功能的期待。但是也有部分民警和服刑人员提出疑问，认罪悔罪评估制度是否存在让服刑人员“变相强迫认罪”的风险？近年来，各种冤假错案断续在媒体披露。据统计，从党的十八大至 2014 年年底，通过媒体报道被纠正的重大冤假错案共有 23 起，平均每个月 1 起，而且案情都比较重大。

刑事司法有一个美丽的传说，那就是“既不冤枉一个好人，也不放纵一个坏人”。但是，在任何一个国家的刑事司法制度下面，这都是做不到的。有学者在

（接上页）造制度与西方矫正制度的区别所在（冯宇，2007），也就是说教育改造中的文化技术教育都要以思想教育为中心。有学者指出，价值观与思想是相互融合的，价值观评定思想，思想是价值观的由来（袁贵仁，2013），可以推导出价值观教育与思想教育的内容在某种程度上也是相互融合的，思想教育的内容成为转变价值观的源泉。因而，以“认罪悔罪为重点的思想教育”也可以说成“以认罪悔罪为重点的价值观教育”。文中出现的思想教育、价值观教育、认罪悔罪、教育改造四者的关系都可以从这里推导出。

① 即改造承诺活动、深挖犯罪根源教育活动、亲人规劝教育活动、罪行控诉活动。这是规定动作，各监狱可以在此基础上增加相关教育活动。比如某监狱就开展了“以认罪悔罪教育为核心的价值观教育活动方案”，包括 6 项教育内容。

② 上海市监狱管理局《关于印发〈上海市监狱管理局教育质量年活动实施方案〉的通知》，沪司狱〔2013〕4 号。

③ 上海市监狱管理局认罪悔罪评估课题组编写：《罪犯认罪悔罪评估民警指导手册》，2013 年。

对中国冤假错案研究的基础上得出结论，中国的冤假错案的频繁发生不是执法人员或司法人员个人的问题，而是刑事司法制度的问题。[①]在当前中国刑事司法正处于不断完善的改革期，以认罪悔罪教育为重点的价值观教育改造模式和奖惩机制，是否存在损害服刑人员权益的风险呢？

（二）理论思考引出的问题

中华人民共和国成立以来，在对监禁社会中的特殊人群价值观教育方式上始终存在两种理念：一种始终占主导的理念，即“罪”的理念，这种理念认为法院的判决都是正确的，进入监狱的人都是有罪的人，对他们首要的教育就是认罪悔罪教育，也只有真正认罪悔罪，才能为政府所认可、社会所接纳。这种理念的产生由于司法系统的弱势和公检法的相对强势而得到强化，公检法司的相互制约机制由于刑罚执行系统的弱势而成为公检法的附庸：监狱增加了教育转化那些认为法院判决有问题的服刑人员的职能，而《监狱法》赋予的监狱对服刑人员申诉提请权往往由于意识或体制的原因常常被束之高阁。另一种是“恶”的理念，认为不管进入监禁社会的人是否有罪，都是服刑人员，都必须接受监狱的管理和教育，根据其在狱内的表现，设置矫正项目，祛除与罪相关的不良行为或恶，塑造健康人格。这种改造理念来源与西方人性中的原罪说。《约翰福音》中说：“审判他人者……审判他自己。让他因此认识自我，并在他所见之余犯他人的罪孽中洗涤他自己。让无罪者先拿石头打他。”中国学者梁治平指出：“因为就所有人都犯有罪是自明之理这一点而言，没有人清白无罪……因此，倘若被告所犯的罪原是可宽恕的罪，那么判其有罪的法官即犯有罪过。”[②]这种原罪理论来源与西方宗教的忏悔情结，对西方政治、法律影响深远。新中国监狱，尤其是20世纪80年代以来大规模移植和学习西方监狱制度的来讲，难免受到西方此种理念的熏陶。

两种理念的教育方式从不同的角度去看，都有其存在的理由和价值。问题是，从教育改造的效果和现代人权理论的视角看，哪种理念的价值观教育更有成效、更有价值、更贴合社会大众和服刑人员的利益？

（三）为什么提出这些问题

笔者始终认为，学术研究与思想政治宣传、法律的注释性研究不同，他应秉

---

① 何家弘主编：《迟到的正义：影响中国司法的十大冤案》，中国法制出版社2014年版。

② 梁治平：《法意与人情》，中国法制出版社2004年版，第245页。

持科学的精神、具备批判的意识、运用科学的方法去发现问题，提供洞见，增长见识。综观监狱学界的研究和工作实际，我们往往会发现一些差强人意的事情，一些研究只是论证一些并不一定正确的判断，推动的工作并不符合监狱工作的实际，从而造成中国监狱理论和实践工作往往容易出现“蛋炒饭，饭炒蛋”现象（一名从事监狱工作40年的监狱领导者语），理论的突破和工作的创新往往使目标始终无法达到，从事监狱理论研究的人数和质量大幅下降。服刑人员价值观教育的研究也具备这类特征，除了价值观教育概念和定义不明确、不统一、不系统之外，根据领导的意图来决定价值观教育的内容、方式、途径的现象还是不同程度地存在，真正理论性研究更是少之又少。

（四）用什么分析工具剖析问题

我们看待问题、开展研究都有一套思维和逻辑，学术语言叫方法论。运用不同的方法论去研究问题、看待事物其推演的逻辑可能是不同的，运用不同方法论的原因各有不同。笔者始终认为方法论与研究事物之间存在一种“亲和力”，与美国社会学家米尔斯所说的“社会学的想象力”具有一定的切合性。本文采用了反思性的研究方法，它有两个基本特征：谨慎的解释和反思。前者是指研究者对所有经验资料的参考、借用，都是解释的结果，解释在研究中的作用被提高到显要的位置。这就要求人们要最大程度地考虑到理论上的设定，语言与理解的重要性。反思则要求把“内向”注意力转向研究者个体，相关的研究团体，作为整体的社团，知识与文化传统，研究语境中的语言与叙述的核心重要性与性质问题。在经验研究的语境中，反思可以界定为对解释的解释，以及对某人自己对经验材料的解释开展批判性的自我探究。①在本文中笔者在保持学术批评性的前提下对价值观教育的内涵、演变等进行反思，以期从理论原点出发，结合工作实际来探求问题的本质。

二、服刑人员价值观教育的概念界定及理论追溯

（一）价值观的概念和理论研究

对“什么是好的、公平的、合法的”或者“什么是坏的、不公平的、非法的”价

---

① ［美］马茨·艾尔维森、卡伊·舍尔德贝里：《质性研究的理论视角：一种反省性的方法论》，陈仁仁译，重庆大学出版社2009年版，第6—7页。

值判断、价值观念的研究一直是哲学和社会科学的核心主题。笔者研读文献后认为西方对价值观的研究上遵循三种路径：

第一种认为价值观是幻觉，简称"幻觉说"，经典代表是西方哲学家尼采。尼采认为，价值观主要就是个人幻觉：我相信"什么是好的"，我确定我是因为"什么"确实是好的，所以我才有这样的判断，他对价值现代意义的确立具有巨大影响。其中，"幻觉说"又可细化为两种：一是可归纳为"幻觉心理说"，代表人物为弗洛伊德等心理学家。他们认为信念就是"理性化"。我相信"什么是好的"，因为我的这种信念符合我自己的心理倾向。弗洛伊德等心理学家的论述强化了尼采的影响力，持有各种价值观念的社会主体所认同的规范信念，其根源主要在于这些信念所能产生的心理效果，或者说主要根植于对这些心理效果的无意识的期盼。尼采等提出的价值理念主要是把价值观的来源归因于价值观的心理功能。二是称为"幻觉社会学说"，代表人物为马克思。他在尼采之前就提出了一种价值观的功能理论。他与尼采一样，也认为价值观不过是一种幻觉，"人们持有各种价值理念，因为人们（无意识地）期待某种效果"。对于马克思而言，这些效果更多地属于社会学效果，而非心理学效果。我因为我相信什么是好的，因为什么确实是好的，不过实际上我这个信念的原因在于什么符合我的阶级利益。

第二种研究路径为"理性选择说"，代表人物为德国社会学家韦伯。他的价值论同尼采的价值论之间大相径庭。韦伯认为理性在道德生活和历史上具有重要作用，当有人认为"什么是好的"时，他有很好的理由这么想，他这么想是因为他有这些理由。韦伯举例说，当罗马的公务员们受到了密特拉教的强烈吸引时，他们有很好的理由更倾向于这种宗教而非古老的罗马多神教。人类的信仰，无论是规定性的还是描述性的，都应当被视为"可以理解的"。

第三种研究路径可称为"集体意识说"，代表人物为法国社会学家涂尔干。他认为虽然价值观是因社会而异的，但是价值观不能被认为就是幻觉。价值观之所以因社会而异，是因为在产生价值观的情境、认知资源、信息量，以及其他很多因素上面存在着差异。但是，价值观远不是所谓隐蔽的社会力量投射在人们心灵中所产生的幻觉。涂尔干认为，我们通常会在开始时把某些事物视作真实，因为我们身边人人都如此认为，但是到了第二阶段，我们就需要知道这些信念实际上并非为真。某个人在第一阶段把某个信念当作真理，这是因为集体意识的存在，到了第二阶段，这个信念成为集体的信念，这是因为它是一个真理。①

从上面的分析路径分析中我们会产生这样一种印象：价值观和价值判断的众多研究路径是高度异质性的。有些认为是幻觉的，有些认为是社会存在，有些是理性的，有些是无理性的，有些把价值观当作集体意识的产物，有的把价值观当作情绪因素的结果，有些认为价值观产生是出于利己的动机，有的认为价值观来自社会对个人的制约，等等。如果我们摈弃理论的抽象化，回归真正的社会现实，价值判断的状况可能是多样的。如果价值判断符合我的心理倾向或者阶级利益，那么我的价值判断可能就会受到这种兴趣或者利益的影响。但是，假如价值判断与我的个人利益、我所处的集体利益无关，那么这些因素可能就不是我价值判断的原因。可能的情况是，价值观在大部分情况下由"利己行动者"和亚当·斯密所提出的"中立旁观者"对问题的认识混合决定。当然，应当仔细考虑的事实是，在很多主题上，我们既可以是"中立旁观者"，也可以同时是"利己行动者"，我们要保证我们不会被自己的偏见所左右。

价值观是属于哲学世界观层次的观念，从不同的立场出发会得出不同的价值观定义。国内学界对价值观一般分为狭义价值观和广义价值观（陈章龙、周莉，2004；张兴国、史娜，2012）。广义的"价值观"，相当于哲学基础理论中"价值论"，是指与自然观、历史观等相类似的、以价值为特定对象的理论学说系统。上面分析的西方三种研究路径就可以归为这个类别。狭义的价值观主要指存在于人类头脑中的主观意识和观念取向。②有的学者把价值观与价值观念等同，认为"价值观念，简称价值观，是人们心目中关于一切价值的信念、信仰、理想和标准的总称"③。从个体角度来看，价值观是个体心中的信念系统，是个人人生观中的重要内容，在人们实践活动中发挥着行为导向、情感激发和评价标准的作用，制约着个人实践活动的各个方面；从社会层面来讲，价值观是社会文化体系的核心，是人们在处理价值关系时所持的立场、观点和态度的总和，标示着社会集体对什么是对的、什么是错的规范性判断，渗透于社会的政治、经济、道德和文化领域，以及个人生活的方方面面。

因而，价值观不是幻觉，他是个体在一定社会情境中的理性抉择，是社会群

① ［法］雷蒙·布东：《价值观溯源：信念的哲学与社会学追问》，邵志军译，江苏教育出版社 2014 年版。

② 张兴国、史娜：《当代中国社会转型与价值观嬗变》，中国社会科学出版社 2012 年版。

③ 李德顺：《谈谈当前的价值观念变革》，《前线》1993 年第 8 期。

体文化影响和个体内在秉性的混合体。价值观念的异化既有生物遗传学方面的因素，也有个体心理、社会群体以及互动情景等综合作用的结果。监狱服刑人员的价值观教育也就是营造良好的服刑人员的社会互动情景，转变其错误的个体认知，重塑其对社会、他人以及个人人生的正确取向，从而为其顺利回归社会、做一个守法公民、不再犯罪打好基础。①

（二）服刑人员价值观教育内涵的发展演变

对监狱内服刑人员进行价值观教育一直是主流教育改造理念的重要内容。2003 年司法部根据监狱法的要求颁发 79 号令，即《监狱教育改造工作规定》，强调和规范了思想教育的内涵，包括认罪悔罪教育、法律常识教育、公民道德教育、劳动常识教育和时事政治教育。他是价值观教育概念的元概念，为后面服刑人员价值观教育的深化和发展奠定了认识基础。2007 年司法部在《教育改造罪犯纲要》（司发通〔2007〕46 号）中明确指出："要对罪犯进行世界观、人生观、价值观的教育，使罪犯科学认识世界，明确人生目的，反思人生教训，端正人生态度，引导罪犯树立正确的世界观、人生观、价值观，正确对待人生道路上的失败与挫折。"只是该文件把价值观教育放在公民道德教育的范畴之内进行强调，教育改造的目标是确保服刑人员在服刑期间做到"守法守规"，价值观教育内涵和外延比较狭窄。这与监狱法规定的达到"改造人"的宗旨和社会期待的减少重新违法犯罪率的要求还存在一定的差距。2013 年，一些省市为贯彻落实司法部监狱局开展的"教育改造质量年"活动，明确提出了"突出价值观改造，引领教育改造工作"的目标，认为"罪犯价值观改造体现了教育工作的核心与本质，要切实将罪犯价值观改造贯穿于教育改造工作的全过程"②，价值观教育第一次在狱内服刑人员教育改造中被提到首要位置，并始终贯穿于教育改造的全过程。笔者认为，服刑人员的价值观教育应置于监狱工作的中心，它是监狱法

---

① 笔者比较赞同德国刑法学家李斯特的说法："矫正可以矫正的罪犯，不能矫正的不使为害。"监狱的在刑人始终有一部分不需要任何教育，出狱后也不会再次犯罪；有部分人再怎么教育，回归社会后有非常大的可能还是会重新犯罪。只有集中资源教育那些可以教育的人，才能达到监狱教育的最大成效。同时，笔者认为，即使有部分在刑人在狱内已经教育好，回归社会后由于遇到一些诱发情景还会再次犯罪。笔者不是教育转化的"虚无主义者"，但是，坚持认为教育转化在刑人需要客观看待它的效用，既不能夸大它的作用，致使监狱工作者不能承受其"重"，也要激励监狱工作者要努力工作，实现民众对监狱教育工作的"社会期待"。

② 上海市监狱管理局《关于印发〈上海市监狱管理局教育质量年活动实施方案〉的通知》，沪司狱〔2013〕4 号。

中规定的监狱“改造人”宗旨的核心要素。转变了服刑人员的价值观，也就实现“改造人”的目的。因为世界观、人生观、价值观，是主体思想意识最高层次上的“三观”，它们是人们认识和实践活动的系统总结与理论提炼，又反过来参与和指导人们的认识与实践。价值观内在蕴含着价值，一旦形成和确立，就作为个体的一个主观条件或内在因素对人的具体活动发挥引导和定向作用。人们对某种世界观和人生观的选择，也必然是经过比较和评估，并赋予它一定价值意义的，所以世界观、人生观的形成也必须以主体的价值参与为前提。①因而，价值观转变了，世界观、人生观也随之发生了变化。“三观”变化了，人的思维和行为模式也就发生了变化。人的知、情、意、行发生变化了，“改造”的目标也就实现了。因为那些“身陷囹圄”的人往往是由于在认识上割裂了人生观和价值观的联系，或者受到错误的人生观的误导，从而在价值问题上，尤其是在人生价值问题上，陷入误区，从而走上犯罪的道路。

三、反思与探究：服刑人员有罪？服刑人员有恶？

梳理1949年以来我国监狱教育改造的发展历史可以发现，对服刑人员的价值观教育转化理念始终在从服刑人员有罪和服刑人员有恶之间来回摇摆。

新中国监狱建立初期，对日本战犯和国共内战战俘的改造秉承服刑人员既是恶人也是罪人的理念，他们既对人民犯了罪、又对国家做了恶，他们认识到了并改正了，便实现了教育转化的目标。解决了战争犯和政治罪后，监狱工作不断推进法制化建设，日趋加强对服刑人员的认罪悔罪教育，不管是教育改造的目标还是减刑假释的提请，务必要“认罪伏法”②，并把价值观教育作为教育改造的核心，明确地在官方文件中提出，并在一些省市开始探索和实践服刑人员的“认罪悔罪评估”，把认罪悔罪评估作为价值观教育的重点并以制度的形式加强规范和实行。根据认罪悔罪评估的结果与服刑人员的计分考评、等级处遇等直接挂钩（当然，认罪悔罪评估结果肯定与服刑人员的减刑假释挂钩），从而把以认罪悔罪为重点的价值观教育放到监狱教育改造前所未有的地位。从理论上讲，进入监狱服刑的，其大部分都是有罪的。这没有任何问题，其实现了大部

---

① 陈章龙、周莉：《价值观研究》，南京师范大学出版社2004年版，第8—9页。

② 2013年后，开始转变为“认罪悔罪”。

分人的正义。但是,从前文第一部分列出的现象来看,由于司法建设的不完善,确实存在一些冤假错案,而以所谓认罪悔罪为核心的减刑假释标准和教育改造目标在效果上也存在很多需要进一步思考的问题,关键是对照当今人权理念和国家、社会的要求,要让人民群众在每个案件中感受到的公平、正义,实现每个人的正义,这种以认罪悔罪为重点的价值观教育思路就值得商榷了。

客观来看,我国司法体制建设有个逐步完善的过程,在犯罪行为的侦查、起诉、审判过程中,仍有一些不足。作为案件查处,是事发后通过一定的方法对案发情况的再现,难以客观全面反映犯罪的真实过程,客观上难以完整准确地反映案发所有的情况,在一些情节上有些差异是不可避免的。还由于法律规定不可能面面俱到,法官存在一定的自由裁量权,不同地区的法官素质也参差不齐,导致一些类似的犯罪行为和犯罪情节在不同的法院审判的结果存在一定的差异等。尤其是当前我国正处于转型社会发展时期①,农业社会、工业社会、后工业社会立体压缩在同一时空,法律制度的不匹配、寻租现象的存在等必然对侦查、起诉、审判产生影响,而那些审判阶段的贪污、腐败现象更是对司法公正造成很大的负面影响。

在这样一个法律制度建设日益完善的司法环境下,过分强调以认罪悔罪为重点的价值观教育更是值得警惕。司法的正义应是落实到每个人身上的正义,一个人的不正义也可以折射出整个司法的不公正。一个人被送到监狱里服刑,如果不认罪,无外乎几种情形:一种确实是冤假错案,如佘祥林案、念斌案、呼格吉勒图案、陈满案等;一种是对法律规定不清楚,或者对具体细节的认定有出入,比如犯罪事实认定上、罪名认定上等;一种是老官司,恶习深,明知道有罪,也不愿认罪,就"喜欢和政府搞",以便在服刑人员和民警中获得"身价";一种是心理上的自我防御机制,不愿意面对事实,或者逃避事实等,比如杀妻、乱伦等方面的罪行等;一种是由于对客观的认识偏差,产生情绪性抵触,如与他人比较认为刑期判得长了,与社会上有的人的行为相比自己是小事,认为有人故意作对捉弄的,认为被害人过错在先等。如果不加区别地一概认为不认罪就是对抗政府、对抗管教,可能会使监狱工作者处于社会舆论的风口浪尖,更深的影响是使监狱民警受到人性的拷问。

近年来,我国在服刑人员权利保障制度的建设上取得了较大的进步,初步

---

① 徐家林:《社会转型论——兼论中国近现代社会转型》,上海人民出版社 2011 年版,第 9 页。

形成了以行政内救济为主的权利保障制度，它包括行政内救济和刑事赔偿两种主要方式。尤其是行政内救济，其内容在《监狱法》和司法部制定的部门规章都有体现。如《监狱法》第7条第1款规定："罪犯的人格不受侮辱，其人身安全、合法财产和辩护、申诉、控告、检举以及其他未被依法剥夺或者限制的权利不受侵犯"等。但是，服刑人员的权利真正受到侵害，如何实现司法救济呢？目前在实务中主要有违宪审查和行政诉讼两种途径。国外主要是通过违宪审查的途径予以实现。我国能否对此加以借鉴，为服刑人员建立相类似的司法救济制度？从现有的法律资源和目前的法律制度构成来看，这一设想目前实行起来难度较大，虽然我国已经建立了现阶段的违宪审查制度，但这一制度目前还存在着审查主体不明确、审查范围狭窄、缺乏程序保障等弊端。①

而以认罪悔罪为重点的价值观教育效果如何呢？学者高翔在对重新犯罪者的调查研究证明，导致刑满释放人员重新犯罪的原因是多方面的：一部分释放人员回归社会存有极强的补偿心理，想把失去的一切弥补回来；有些认为第一次犯罪被抓只是一时失手，心存侥幸，而再次实施犯罪行为。在对再次犯罪的罪犯进行问卷调查时，他们都找各种借口进行搪塞，一方面表明他们内心的矛盾，自己不想触犯法律，但又无能为力，自我控制能力非常弱。②事实上，自我控制能力弱等缺陷正是人格方面存在一些问题，而矫正人性中的弱点或者"恶"正是以人性之"恶"为思想前提的价值观教育的核心要义。

被著名中国监狱学者吴宗宪称为"新中国成立后除了毛泽东改造思想之外第一部具有自身理论体系的著作"的《人格改造论》正是认识到这方面的缺陷和问题，从而在国内第一次系统提出了对服刑人员进行"人格改造"的理论和体系，并在基层监狱进行了一些探索和实践。著者陈士涵从多学科角度出发，对服刑人员教育改造提出"五部人格结构"改造的理论构想，即生理系统、动力系统、自我意识系统、道德良心系统和心理特征系统。③笔者认为，此一理论构想的核心应是教育转化服刑人员价值观。他认为监狱的宗旨应该是正确认识服刑人员的恶，或者说"人格缺陷"，并采用科学的方式加以矫正，其理论思考的出发点应该是转变以认罪悔罪为重点的教育改造模式，注重以人性的恶或者说人格缺陷为核心的价值观教育方式，从而实现监狱的改造宗旨。笔者赞同陈士涵的说法，并认为《人格改造论》一

---

① 周叶中主编：《宪法》，高等教育出版社2005年版，第423页。

② 高翔：《透视重新犯罪者，思考监狱矫正工作》，《中国监狱学刊》2012年第1期。

③ 陈士涵：《人格改造论》(上册)，学林出版社2012年版，第70页。

书改变了传统的教育改造模式,是以人性的恶或人格缺陷为核心价值观教育模式的经典著作,代表了当前国内服刑人员教育改造方式的一种思潮或者方向。

四、解析与追问:价值观教育的实践困境

从理论探索反观教育实践,当前监狱在价值观教育的方面还是存在很多误区和不适应的地方,与当今教育改造理论的发展还存在很多不匹配的地方。“毛之不存,皮将焉附?”价值观教育就是监狱教育改造的“皮”,教育改造的理念、时间安排、课程设置以及教育改造模式等就是教育改造的“毛”,这个“毛”到底如何呢?

(一) 教育主体的地位没有得到重视

以认罪悔罪为重点的价值观教育强调服刑人员是“罪人”,必须认罪才能享受一般服刑人员所拥有的权利和待遇,因而,对其展开的教育体现了强制性、单向说教性和弱化教育主体的能动性。从基层监狱的教育实践中就可以看出这种思路引导下的实践,比如某省多所监狱连续多年开展以认罪悔罪为核心的价值观主题教育,设立忏悔日、定期撰写认罪悔罪书、召开罪行控诉会、观看“忏悔录”、编写并授课认罪悔罪系列教育等,始终让服刑人员时时刻刻认识到“你是一个罪犯,这里是监狱,你是来这里吃官司”的。明确服刑人员的身份意识、促使服刑人员遵守监规纪律本身没有错,但是,把这方面的教育作为监狱教育主题、核心,并且每年都如此开展,效果如何呢?根据某省 2015 年对服刑人员价值观教育问卷调查(调查人数 720 人),90%的服刑人员不喜欢监狱开展的认罪悔罪教育。①而以人性恶或人格有缺陷为基础的价值观教育,其认为服刑人员就是人格有缺陷或人性中有恶的“人”,他们只是比社会上没有进入监狱的人的人性之恶更加严重或者无法控制而触犯了法律。在日常实践中比较重视教育主体能动性的调动,在日常管教中始终贯彻与服刑人员在人格上平等的教育理念。人本思想是改造服刑人员的底线,只有肯定服刑人员的主体地位,才能为开展教育改

---

① 服刑人员不喜欢天天让他们认罪悔罪,从心理学角度分析可以理解,没有人喜欢天天承认自己的错误;监狱从管理的角度出发加强服刑人员的身份意识也有自己的逻辑,你不喜欢正好说明我加强教育的重要性。问题是,一个不喜欢的内容你强加给他会有什么结果呢?要不就是直接决绝参与,要不就是表面赞同、内心不接受。这也可能就是在狱内由于“表现良好”而获得多次减刑,出狱后不久就摔婴的“韩磊案”发生的一个重要原因吧。

造工作奠定基础；如果不把服刑人员当人看，改造工作就失去了原本意义①。

（二）教育时间的安排上存在问题

自从2009年司法部规定各监狱实行“511”教育管理模式以来，各省市都对司法部的要求进行了进一步的细化和明确。某省市规定“511”教育日全体服刑人员课堂化教学达到6个课时（一个课时一般为45分钟）以上，教学内容为全局统一规定的普法、公民道德、心理健康、文化技术教育、读书活动、讲评教育（每两周一次）、生检会以及阶段性教育内容（比如时事政治教育、认罪悔罪教育）等，留给基层监狱专门开展价值观教育的时间少之又少；基层监狱自主开展的教育更是“见缝插针”，关键是当前的考核体系也不鼓励自主行为，强调“全局一盘棋”，完成局任务的考核靠前，但是也没有相关奖励措施，致使一些“不要事情”的单位每年放着服刑人员早已看过几篇的普法、心理健康、公民道德教育等视频资料，试想如此的教育效果服刑人员如何能够满意？我们试对某一基层监狱的“511”教育日内容安排可以看出当前教育时间上的紧凑。

表1　某监狱“511”教育日的教育安排内容

<table>
<tr><th>时　间</th><th>内　　容</th><th>民警配置</th><th>学习课时</th></tr>
<tr><td>7:00—7:30</td><td>收听广播</td><td rowspan="3">值班警力配置，一个楼面一个民警</td><td rowspan="7">达到全部服刑人员6个课时的课堂化教学目标</td></tr>
<tr><td>7:30—8:30</td><td>读书（读诗）</td></tr>
<tr><td>8:30—9:00</td><td>唱歌</td></tr>
<tr><td>9:15—11:00</td><td>部分参加文化、技术培训；部分参加595培训；部分参加心理团训；部分参加局规定的以认罪悔罪为核心的主题教育活动、时事政治教育等</td><td>学习现场警力配置，每个学习小组一个民警</td></tr>
<tr><td>11:00—13:30</td><td>午餐、整理学习笔记、记载周记</td><td>值班警力配置为一个楼面一个民警</td></tr>
<tr><td>13:30—15:00</td><td>监区自主教育（辅助教育、讲评教育以及监区文化活动等）</td><td rowspan="2">学习现场警力配置，每个学习小组一个民警</td></tr>
<tr><td>15:00—15:45</td><td>生活检讨会</td></tr>
<tr><td>15:50—16:00</td><td>收封点名</td><td></td><td></td></tr>
</table>

① 张健：《新时期改造罪犯的理念更新》，《安徽监狱》2005年第1期。

（三）教育中心离散、教育内容的设置不成系统

教育内容乍看起来丰富多彩，有普法、公民道德、心理健康、时事政治教育、文化技术教育、监区文化等，但是仔细一看缺乏主线，就是这么多的教育内容要达到的目的是什么？通过什么教育主题把所有的教育内容凝聚起来达到这个目标？深入一看缺乏针对性，一个省市至少有 20 多个监狱，不同监狱关押服刑人员的类型不同、刑期不同、性别不同、年龄不同、恶习不同等，统一的教育内容如何满足不同服刑人员的教育需求？丰富的教育手段如何集中资源矫正服刑人员的行为和思想恶习？教育的效果到底如何，通过什么来评价和评估？这些都是当前中国监狱在教育改造中普遍存在的问题，亟须在理论和实践中进行厘清和明确。

五、建构和重构：教育主体的回归和教育模式的创新

实现对服刑人员的改造是一个系统工程，对于监狱这所特殊学校来讲，作用不可替代。如何实现"改造人"的监狱工作宗旨，不仅需要转变理念、更新模式，还需要引用一些科学的手段和方式，全面、统筹、系统推进，向着实现改造好的目标努力。

（一）重塑以价值观教育为核心的改造模式，协调好各类教育内容的关系

1. 明确价值观教育的主旨要义

公检法司各司其职、相互制约应是我国法治建设的应有之义。我国《刑事诉讼法》第 264 条规定，监狱和其他执行机关在刑罚执行中，如果认为判决有错误或者罪犯提出申诉，应当提请人民检察院或者原判人民法院处理；《监狱法》第 21 条明确规定，罪犯对生效的判决不服的，可以提出申诉。也就是说，监狱与公、检、法等部门是各司其职、相互制约的关系，而不是代替其他部门强制要求服刑人员一定要认罪悔罪，换用"浙江张氏叔侄冤案"中张高平的说法，可以"伏法但不认罪"。[①]由于传统公检法的强势和司法系统的弱势，在设计服刑人

① 何家弘主编：《迟到的正义：影响中国司法的十大冤案》，中国法制出版社 2014 年版，第 218 页。

员利益相关制度制定方面没有话语权，认罪悔罪教育（包括收缴服刑人员的罚金刑）等始终成为监狱教育改造的主要内容，淡化了更改服刑人员犯罪恶性、人格缺陷等人性恶方面的价值观念的教育与转化，致使教育效果不甚理想。因而，树立以人性恶为前提的价值观改造的理念就成为当前改造工作的必然。

2. 更新教育改造理念

把服刑人员改造成为“新人”是监狱工作的根本宗旨和终极目标。所谓“新人”，就是脱胎换骨，摆脱了原有的犯罪思想和行为方式，树立起新的道德品质和守法意识，养成新的、符合社会规范的行为习惯，成为遵守法律和社会道德的人。一个人在社会中怎样定位自己，走什么路、做什么人、实施什么行为，归根到底是由他的思想支配的，是由他的人生观、价值观决定的。所以，改造服刑人员不触及思想，不转变人生观、价值观就抓不住要害，而将改造的主攻方向指向犯罪的思想与恶习，指向扭曲的人生观、价值观则是治本之举。[①]问题是，以价值观教育为核心的教育改造模式中，价值观与普法、公民道德、心理健康、文化技术教育等考核内容是什么关系呢？这个问题不厘清，价值观教育的全面推进就会出现思想混乱和实践困境。作为司法部和监狱管理局考核基层监狱的指标“595”[②]，概括起来就是服刑人员的知识和技能，那么，处理好监狱服刑人员教育内容的关系主要就是处理好价值观教育与知识和技能教育的关系。对服刑人员进行知识和技能方面的教育和培训是现代监狱的文明标志之一。而从世界各国监狱知识教育的范围来看，其所囊括的内容还是比较广泛的，包括法律、道德、文化教育，职业技术教育、社会生活教育等。从这个角度来看，知识教育与价值观教育是监狱教育改造服刑人员的两大教育内容，两者是什么关系呢？笔者赞同学者陈士涵的观点，知识是价值观的基础，但它不能直接代替价值观。知识是客观的，价值观则是主观的，客观的知识可能转化为主观的价值观，也可能不转化为主观的价值观。宗教学家掌握了丰富的宗教知识，但他们未必接受宗教的价值观；历史学家们掌握了相同的历史知识，但他们对历史现象的看法不尽相同。同样，在监狱里即使教育相同的教育内容，服刑人员的价值观未必相同。[③]只有当充分发挥在刑的主体作用，让他们认识到自身存在的

---

① 张健：《新时期改造罪犯的理念更新》，《安徽监狱》2005 年第 1 期。

② “595”主要包括普法、公民道德、心理健康、文盲扫盲率、守法守规，是基层监狱最主要的教育内容，也占据了基层监狱教育时间中最大的比例。

③ 陈士涵：《人格改造论》（上册），学林出版社 2012 年版，第 334—335 页。

“恶”或人格方面的缺陷，把监狱针对性的知识教育转化为内在的向善的动力，知识教育才能起到转变服刑人员价值观的作用，而大力提倡以“恶”为前提的价值观教育处于监狱教育改造核心地位的意义也正在于此。

转变服刑人员的考核设计方式。当前很多省市的监狱都以“三课”教育即政治教育、文化教育和职业技术教育[①]的成绩作为服刑人员教育改造的量化考核指标，以服刑人员认罪悔罪状况作为行政司法奖励的前提，而把改造最重要的因素——价值观的转变束之高阁。而以认罪悔罪为核心的考核体系发展最典型的代表就是以认罪悔罪评估为前提的服刑人员考核体系系统。认罪悔罪被评估为一级或二级的（深刻悔罪，悔罪）的可评为计分考核 B 级或 A 级，三级、四级（认罪，初步认罪）的可评为计分考核 D 级或 C 级，五级（不认罪）的被评为 E 级或 D 级，以此为基础对服刑人员给予相关奖分、处遇等。而要实现对服刑人员认罪悔罪表现的评估，必须给予服刑人员认罪悔罪的表现，因而，监狱实施以认罪悔罪为主要内容的系列教育，从而基本实现“以认罪悔罪为重点的价值观教育”的工作目标。这种教育状况应该是当前全国很多监狱存在的现状，只是有的监狱开展的程度力度大些、有的监狱力度小些，有的监狱运用行政工作主动推动、有的监狱无意识操作。以认罪悔罪为前提或主要内容来转变服刑人员价值观念的思路属于中国监狱普遍状况这一结论是站得住脚的。而以这种教育思路产生的效果也是有目共睹的，无论是监狱内受教育群体的接受度还是出监后刑释人员的再违法犯罪的现象都对这种教育效果提出了疑问，因为这种考核方式无法避免服刑人员投机改造、没有深入到服刑人员的思想深处的制度漏洞。如何完善这种教育思路和考核方式？笔者认为，应把以人性之恶为前提的价值观评估放到重要位置加以考量和设计，而把认罪悔罪教育和评估放到它原有的位置。以人性恶为前提的价值观教育必须将教育与评价结合起来。因为价值观不同于知识，它是认识主体对自己需要相关的事物（包括人自身）的重要性和意义的看法和评价，以价值观教育为目的的评价可以渗透监狱的一切活动中。监狱工作者有计划、有目的地将科学的、主流的价值观运用于对各种事物的评价中，从而实现教育与评价的有机结合，通过评价可以促使服刑人员逐渐理解和掌握新的价值观，逐渐学会运用新的价值观去认识和评价事物（包括人自身），由此逐渐成为评价主体，从而推动服刑人员成为改造的主体，实现

---

① 杨殿升：《论对罪犯的教育改造》，《中外法学》1994 年第 4 期（总第 34 期）。

服刑人员真正的内在价值观念的转变。①

（二）强化分层分类教育实践，明确以循证矫正实践为指导思路的价值观教育路径

对服刑人员进行分层分类教育是现代监狱的基本特征之一。从我国服刑人员分层分类教育实践来看，自 20 世纪 80 年代上海市白茅岭监狱开展分类改造的实践工作，以及 1991 年司法部印发《对罪犯实施分押、分管、分教的试行意见》之后，虽然国内一些省市监狱断续进行一些实践和探索，总体来看我国的服刑人员分层分类教育基本是沿袭传统思路和做法。在理论探索和实践运作层面与世界发达国家相比都处于比较低级的层次，或者说处于“传统的静态模式之中”②。这种静态模式比较注重宏观的、共性的效果，它在计划经济社会背景中是比较有效的，但是它与市场经济注重个性、差异的要求格格不入。因而，亟须转变当前粗放式的教育改造模式，树立以循证矫正实践为主体的教育路径，是当前国际行刑趋势的必然要求。

循证矫正是循证实践方法在矫正领域的运用。在矫正领域，循证矫正实践是指实践者根据具体的实践情境，检索并选择与实践情境相关的最佳研究证据，再结合实践者的个体经验，针对实践服务对象的具体特点，进行旨在提高矫正有效性的矫正实践。③这就需要我们转变以往大一统的以认罪悔罪为重点的教育改造模式，根据服刑人员在狱内的表现与其“罪”的关联进行实证分析、研判，根据服刑人员“恶习”的不同进行分层分类（有学者认为分类、矫正是融为一体的④），设计具有矫正内容、矫正量与矫正程序的矫正模块对服刑人员进行矫正，⑤从而转变服刑人员的错误思维，帮助服刑人员树立正确的价值观念。

实行以恶为前提的价值观循证矫正实践，需要加强对犯罪者犯因素的分析。犯因素“是一切与犯罪心里的形成和犯罪行为的实施有关的因素”⑥，监狱

---

① 陈士涵：《人格改造论》（上册），学林出版社 2012 年版，第 343 页。

② 张金桑、于广胜主编：《中国监狱现代分类制度理论与实践研究》，金城出版社 2001 年版，第 16 页。

③ 《美国循证矫正实践的概念及基本特征》，《犯罪与改造研究》2012 年第 6 期。

④ 孙晓雳：《美国矫正体系中的罪犯分类》，中国人民公安大学出版社 1992 年版。

⑤ 翟中东：《矫正的变迁》，中国人民公安大学出版社 2013 年版，第 272 页。

⑥ 吴宗宪：《罪犯改造论——罪犯改造的犯因性差异理论初探》，中国人民公安大学出版社 2007 年版。

要实现矫正目标，应以服刑人员的生物、生理、心理和社会环境为分析维度，科学认识服刑人员的犯因性问题。[①]根据服刑人员恶习的不同，比如因好逸恶劳、好吃懒惰而实施相关犯罪的服刑人员，可根据其意愿、刑期等设计针对性的矫正项目，消除其不劳而获的思想，教会他们社会谋生的技能，从而达到塑造"守法公民"的教育改造目标。

（三）合理调整教育考核方式，系统化推进价值观教育

考核的目的是引导被考核者按照设计者的思路开展相关活动。当前考核已成为全国各监狱内部管理的一种重要手段，如何确定正确的考核方式对推进监狱服刑人员价值观教育具有重要影响。

正如前文所言，当前一些省市监狱在推进教育改造的方式上是存在一定问题的。从考核的角度讲，最大的问题是扼杀了基层监狱的自主性。这也是现代科层管理的一个悖论。强调非人格化、效率、统一、命令、服从，必然以牺牲被管理者情感、自主、创新等为代价。体现在基层监狱价值观教育方面，就是基层监狱无法根据自身押犯结构实际开展有针对性的教育，在考核指挥棒的引导下，为了监狱的考核成绩，紧跟统一的、无差异化的工作要求，进行教材统一、内容一致的灌输性教育。由于没有自主性，系统化教育更是无从谈起。

系统化、项目化推进价值观教育模式，需要充分发挥教育、劳动、管理三手段的作用，统筹协调好 1 天教育与 5 天劳动和 1 天休息的关系，充分发挥好 1 天的价值观念教育的作用，在 7 天的表现中进行不断修正和评估；在教育对象上进行分层分类，分析犯罪成因中的思想恶习，制定具有模块化、程式化、可操作性、循证性、剂量化、个别化、对象性等特点的矫正项目，持续而系统地矫正服刑人员错误价值观念，树立正确的主流价值观念；在教育内容上牢固树立转变人性恶的价值观教育理念，普法、心理健康、文化技术教育、监区文化等的开展都以转变服刑人员的错误价值观念的项目化个案矫治为核心，从而真正实现改造人的教育宗旨。

六、进一步思考的问题

西方著名哲学家尼采说："当你凝视深渊时，深渊也在凝视你。"同样，管理

---

① 宋行：《罪犯犯因性问题研究》，《中国监狱学刊》2012 年第 3 期。

教育服刑人员如果始终纠缠在认罪、犯人这些旧有的概念中，可能我们的监狱、监狱工作者也会在罪恶的迷障中失去与阳光下的自由灵魂对话的机会。树立矫正服刑人员思想之恶的价值观教育思路，就是在重新厘清正确看待服刑人员这个传统命题的基础上如何重新认识监狱、如何正确认识监狱工作者。真理不言自明，矫正服刑人员的价值理念、拯救他们的灵魂，就是在拯救人性中的恶、拯救我们自身。

欣闻一些省市正在探索和实践价值观教育方式和方法，重新审视传统的不适应当前司法环境的改造手段，并明确了未来发展的方向。在割裂传统、自主实践、学习借鉴基础上逐步发展完善的中国监狱制度，始终在“摸着石头走路”的实践中不断完善和发展。相信地方省市的监狱教育改造工作实践为推动中国监狱改造理念的提升和改造实践的积累会作出应有的贡献，为实现每个人的公平、正义的人类理想奠定实践经验。

服刑人员自尊与人际关系改善研究

——萨提亚治疗模式介入与干预实验报告

上海市青浦监狱　徐纪兵　谢尹安

服刑人员心理健康状况令人堪忧。自尊和人际关系作为影响服刑人员心理健康的重要因素，越来越被重视和关注。萨提亚治疗模式是提高个人自尊和改善人际关系的有效工具。由此，本研究运用萨提亚治疗模式在改善服刑人员自尊和人际关系方面进行了一次应用性探索，试图寻找一种新的有效的服刑人员心理辅导方法，以帮助服刑人员挖掘自我内在资源，提高其自尊、改善人际关系、提高心理健康水平，以自信、坚定、平衡的心态面对改造生活。

一、问题提出

（一）研究背景

服刑人员作为社会中的特殊人群，是心理问题高发的群体。刘居祥、张安民等（2002）主编的《罪犯心理矫治专论》书中统计，我国服刑人员中约有70%的心理健康水平明显低于常人指标；入监两年以上的服刑人员所具有的偏执和敌对心理明显高于新收犯；服刑人员中有心理变态倾向的人数约占全体在押犯人数的25%—30%。对男性服刑人员的心理健康状况调查研究发现，SCL＞90的总分、阳性项目数以及躯体化、抑郁、焦虑、人际关系因子、偏执和精神病性等症状因子得分，明显高于成年常模，说明男性服刑人员的心理健康状况存在严重的问题（徐春光，2001；张春菊等，2007；徐春燕、邱鸿钟，2007；张斌等，2009）①。

影响服刑人员心理健康的因素有很多，自尊和人际关系是其中的重要因素之一。自尊（Self-esteem，也译为自我价值感）是自我的一个重要方面，它对个

① 张春菊：《成年男性服刑人员心理健康状况研究》，《中国健康教育》2008年第24期。

人的认知、情绪和行为具有一种弥漫性的影响，也影响着个体的身心健康。国内外的研究表明，自尊与心理健康有明显的相关。[①]如 Branden 认为自尊对主观幸福感和心理健康起到关键的作用。Watson 的研究发现自尊与负性情感呈强的负相关。黄希庭和钟慧(2003)的研究发现服刑人员的自我价值感越高，心理健康状况就越好。范蔚(2000)的研究也认为服刑人员适度的自我价值感是其心理健康的前提条件。大量的研究也证明，自尊与服刑人员心理健康水平有着明显的相关性，自尊程度高的服刑人员，其心理症状得分较低，即心理健康水平较高；自尊程度低的服刑人员，心理症状得分较高，即心理健康水平较低(唐烈琼，2006；陈建文，2004)。国内钱铭怡、肖广兰(1998)的研究发现，对于服刑人员，只有获得了高水平的自尊才得以因自尊而自重，因自重而自励，进而形成健康的心理特征。以上已有的研究可以证明，高水平的自尊是心理健康的实质内容。

人际关系的好坏不仅仅是一个人的心理健康水平、适应能力的综合体现，而且在很大程度上影响一个人的生活质量(吕敬，2004)[②]。李全彩(2012)曾通过心理咨询和书面调查的方式，对服刑人员的心理障碍与心理疾病的形成原因进行探讨，发现服刑人员人际关系现状对服刑人员的心理健康有显著的影响，服刑人员人际关系的困扰是其心理障碍与心理疾病最重要的起因之一。因此，从提高服刑人员自尊、改善服刑人员人际关系的角度，来改善服刑人员心理健康已成为一个值得研究和探索的重要课题。

萨提亚治疗模式是以维琴尼亚·萨提亚女士的名字命名的，有其独立的理论与技术的心理治疗方法。萨提亚(Virginia Satir，1916—1988)是举世知名的心理治疗师和家庭治疗师，也是美国家庭治疗发展史上最重要人物之一。她是第一代的家庭治疗师，从 20 世纪 50 年代起已居于家庭治疗领域的领导地位，被视为家庭治疗的先驱(Goldenberg，1985)。萨提亚最早提出在人际关系及治疗关系中“人人平等，人皆有价值”。她所建立的心理治疗方法，最大的特点是着重于提高个人的自尊、改善人际沟通，治疗的最终目标是个人达到“身心整合，内外一致”。由于她的治疗方法有很多地方与传统治疗方式迥异，故被称

---

① 马前锋：《自尊研究的进展与意义》，《心理科学》2002 年第 25 期。

② 吴九君、郑日昌：《监狱服刑人员情绪管理团体辅导研究》，《中国健康心理学杂志》2008 年第 16 期。

为萨提亚治疗模式(The Satir Model)(Banmen, 1976; Satir et.al, 1991)①。

任何治疗模式都有其基本假设。萨提亚治疗模式是以人本主义的理念为基础,即萨提亚相信每个人都拥有其内在资源与选择,而且每个人都有能力改变。治疗师所做的便是帮助人们找到其智慧盒——他们的价值感、希望、自我接纳、充满能量及负责任和选择的能力。提高自尊、改善人际关系、达到身心内外和谐一致是萨提亚治疗模式的目标所在,也是贯穿其中的核心内容。萨提亚治疗模式运用家庭重塑、面貌舞会、沟通雕塑、家庭图、冥想等心理技术来实现这一目标。②

萨提亚治疗模式作为一个提高个人自尊和改善人际关系的有效工具,在国外已经被广泛应用,并在全世界10多个国家成立了萨提亚治疗中心。但这一优秀的治疗模式在我国国内只是在近几年被引进,并以举办工作坊的形式被大家认同。而国内的相关研究文献十分少见,尤其是在服刑人员中的应用更是一个空白。

针对此种现状,本研究试图用萨提亚治疗模式在改善服刑人员自尊和人际关系方面进行一次应用性探索,以求寻找到一种新的有效的服刑人员心理辅导方法,以帮助服刑人员挖掘自我内在资源,提高自尊、改善人际关系、增强心理健康水平,以自信坚定、平衡的心态面对监管改造生活。

(二) 研究目的与意义

(1) 探索服刑人员心理辅导的新的有效方法,促进服刑人员心理咨询工作的开展。在服刑人员心理健康教育备受重视的今天,服刑人员心理咨询工作任重而道远,心理咨询工作者也在不断地学习和实践中发现了不少行之有效的治疗方法。而本研究试图对萨提亚治疗模式对改善服刑人员自尊和人际关系的有效性进行探索和研究,以寻找到一种服刑人员心理辅导的新方法、好方法,通达服刑人员心理咨询途径,促进服刑人员心理健康教育的开展。

(2) 丰富萨提亚治疗模式在国内的研究文献,对萨提亚治疗模式在服刑人员咨询中的实践应用进行探索,为后续的相关研究提供资料和证据。萨提亚治

---

① 维琴尼亚·萨提亚:《家庭如何塑造人》,吴就君译,台湾地区张老师出版社1994年版。

② 维琴尼亚·萨提亚等:《萨提亚的家族治疗模式》,林沈明莹等译,台湾地区张老师出版社1998年版。

疗模式在国内实践性的应用和推广正在进行中，但相关的研究文献十分少见，在服刑人员咨询中的应用更是个空白。本研究对萨提亚治疗模式在服刑人员咨询中的应用进行探索，填补了这个空白，丰富了相关的研究文献和资料，并为今后进一步的相关研究提供了参考资料。

(3) 丰富服刑人员自尊和人际关系的干预性研究，促进服刑人员心理健康水平的发展。国内外对于服刑人员自尊和人际关系的研究成果颇为丰富，但相应的干预性研究并不多。本研究对萨提亚治疗模式干预的效果进行研究，丰富这一领域的成果，促进服刑人员心理健康水平的发展。

二、研究设计

(一) 研究方法

本研究采用实验和质性研究相结合的方法，运用萨提亚治疗模式对服刑人员的自尊和人际关系进行团体干预，并对干预效果进行分析、讨论、总结。

1. 被试

本研究对150名服刑人员运用自尊量表、人际关系综合诊断量表进行前期测评，并根据前期测评结果及访谈，选出32名自尊水平表现较低、人际交往能力差且愿意参加团体干预活动的服刑人员，将这32名服刑人员随机平均分配至实验组和对照组中。

2. 实验设计

本研究的实验设计采用实验组与对照组前后测设计，后测还包括3个月后的追踪后测(见表1)。

表1　实验设计

	人数	前测	团体干预	后测	3个月后测
实验组	16	实施前测	实施干预	实施后测	实施后测
控制组	16	实施前测	无干预	实施后测	无后测

3. 实施过程

2015年5—6月初进行被试的筛选、确定；6月初对实验组与对照组被试实施前测；6—8月对实验组被试实施团体干预，共有8次活动，每周一次，每次约

3 小时。对照组无干预。2015 年 8 月对实验组与对照组进行后测，并对部分小组成员进行每人约一小时的访谈。2015 年 11 月对实验组的服刑人员进行 3 个月后的追踪后测。

4. 评估效果

本研究是采用量表评估、过程评估和追踪评估相结合，定性和定量相结合的方法对研究效果进行评估。

（1）量表评估工具：

① 自尊量表（The Self-Esteem Scale，SES）。该量表由 Rosenberg 于 1965 年编制，最初的目的是测量青少年整体的自我价值感，现在作为自尊的单维测验已经广泛应用，且已成为评价其他新测验的校标（汪向东等，1999）。SES 由 10 个条目组成，受试者直接报告这些描述是否符合他们自己，分四级记分。1＝不符合，2＝较符合，3＝符合，4＝非常符合。信度：Cronbacha 系数为 0.88（Fleming 等，1984 年）；2 周后的重测相关系数为 0.85（Siber & Tippett，1965 年）。效度：平行效度，Lorr 及 Wunderlich（1986）报告 SES 得分与信心的相关系数为 0.65，合群性的相关系数为 0.39。但也有研究指出，该量表有一定的局限性，如易受社会期望的影响。且该量表与自信有关的项目超过一半，即量表建立的理论依据中，有将自尊概念等同于自信概念的倾向。①

② 人际关系综合诊断量表。本研究采用郑日昌的《人际关系综合诊断量表》。该量表是一份人际关系行为困扰的诊断量表，共 28 道题，每道题作"是""否"回答。回答"是"得 1 分，"否"得 0 分。

③ 团体活动效果评估表。根据李辉（2002）、曹丽丽（2006）等人的团体活动后测问卷，取其客观题目改编而成。该问卷共 10 个题目，都以 10 分表示最满意情况，请实验组成员自评他们在团体活动后的情况。

④ 团体活动满意度问卷。参考曹丽丽（2006）的团体活动满意度问卷改编而成，以了解参与活动的成员对活动设计、实施的满意程度。樊富珉（2005）认为自行设计的问卷虽然不一定科学化，但它的好处在于能了解成员的想法和感受，能搜集到一些宝贵的第一手资料②。

（2）质的研究。与量的研究相比，质的研究是探索性的、开放性的，能够对

---

① 杨烨、王登峰、Rosenberg：《自尊量表因素结构的再验证》，《中国心理卫生杂志》2007 年第 27 期。

② 樊富珉：《团体心理咨询》，高等教育出版社 2005 年版，第 4—6 页。

事件的复杂性和过程性进行长期、深入、细致的考察,能够发现变量间的新关系,并试图回答“为什么”的问题。质的研究能够弥补量的研究的不足,尤其在心理咨询的效果评估方面,质的研究具有不可替代的作用。本项目把代表性案例的报告和分析、部分成员的半结构化访谈以及成员的个人书面反馈资料作为质的研究的内容,评估此次团体咨询的效果,探索本次团体活动的疗效因子。

(3) 过程研究。近年来,心理咨询效果研究更加关注咨询过程的变量因素是如何导致咨询效果产生的。通过对实际咨询过程的观察,了解整个咨询过程中发生的变化,可以有效地探索影响咨询效果的因素。所以本项目把对活动过程的观察、归纳以及成员的书面反馈和访谈结果等内容,作为质的研究的辅助部分,帮助探索本次团体活动的疗效因子。

5. 数据处理

本研究数据使用 SPSS11.5 统计软件包进行统计处理。

(二) 团体活动前的准备工作

1. 团体带领者的准备

团体带领者(group leader)是指在团体运作过程中负责带领和指引团体走向的人。尽管不同流派、不同目标的团体心理辅导对咨询师的要求有所不同,但从总体看,咨询师在团体心理辅导中始终起着组织与指导的核心作用。团体带领者是团体心理辅导的关键因素,其素质、能力、经验、训练等直接成为团体心理辅导的主要影响因素。

艾鲍(Appell, 1963)曾指出,在团体辅导过程中,咨询师能带进咨询关系中最有意义的资源就是他自己。林孟平(2005)也指出,在整个团体辅导过程中最重要的并不是一个人的学位、资历、理论和技术上的纯熟,而是咨询师本身的修养。[①]所以,团体心理辅导的成功与否,与带领者的身心状态、个人素质与专业能力密切相关。除此之外,团体活动开始前,周详的思考和计划,也是十分关键的因素。

2. 团体活动场地的选择

团体心理辅导要求较大的活动空间,保证场地安静、舒适、光线充足。考虑到本团体的规模和性质,团体心理辅导的地点设置在监狱心理咨询中心的心理

① 林孟平:《小组辅导与心理治疗》,上海教育出版社 2005 年版。

剧场，面积约 30 平方米，环境较好。活动室内配置可移动的椅子，每次开始前将椅子围成圆形，以保证每一位成员彼此之间都可能有目光交流，且方便移动。

（三）团体活动方案的设计依据

1. 理论依据

（1）萨提亚治疗模式理论。萨提亚治疗模式中以人为本的治疗理念及相关治疗技术，为团体方案的设计提供了直接的理论依据。萨提亚治疗模式的主要观点有以下两点：

一是个体在原生家庭中形成行为、情感、思维模式，并对自己的一生产生巨大的影响。萨提亚模式认为个体是活在环境、关系中的，一个症状的出现，和个体与他人、环境的互动有很大的关系。其中，个体在原生家庭中经验到的各种关系，以及处理各种关系时使用的各种应付方式，对其一生影响最为重大。我们与父母的关系被我们内化到心里，然后，我们会在与爱人、孩子、朋友、上司、下属等各种关系中，重演与父母的关系。

由此，萨提亚创造出家庭图谱、影响圈，以协助人们了解自己在家庭或整个人际关系圈中与他人的关系模式，以及主要采取的应对方式(即沟通姿态)。萨提亚还创造了“雕塑”技术，可以呈现人们的心理症状背后是受到怎样的关系所影响，并进一步改善这些沟通不良的关系，以改善人们的心理状态。

二是人是正面生命力的表现。当个体在高自我价值的情境中，这种正面的生命动力，可以把功能不良的应对方式转化为高层次的自我照顾。

所谓生命力，是指我们在整个生命过程中，在身体上、情绪上及灵性上的积极动力。我们与生俱来就拥有生命力，具备独特性和自我价值。而我们从婴儿至长大成人的过程，为了生存，为了符合父母寄托到我们身上的要求、期望，为了得到他人的肯定；我们渐渐地、不自觉地，把家庭规条作为衡量价值的尺度，以重要他人的标准作为自己的标准，以应对姿态作为求生存的基本方式，以外在的财富、名望、权力等作为自己安全感的寄托。这样就无形中降低了我们的自我价值，并不断阻碍我们成为自己想要成为的人。

萨提亚把建立在高自我价值基础之上，达到自我、他人和情境三者和谐互动的一种行动、生活的方式，称为“一致性”。具有这种沟通模式的人，其言语表现出一种内在的觉察，表情流露和言语一致，内心和谐平衡，自我价值感高。

萨提亚指出“转化”的概念与方法，把讨好、指责、超理智、打岔的应对方式，转化成“一致性”的行为方式；把“别人说应该要”转化成“我想要”；把“别人说应该是这样子的”转化成“依情况来说是这样子的”；把过时的“家庭规条”转化为灵活的“生活指引”。由此，萨提亚创造了家庭重塑、面貌舞会等治疗技术，以帮助个体挖掘并整合内在资源，从而改善自尊和人际关系。①

本研究运用萨提亚治疗模式中的沟通姿态、家庭图谱、家庭重塑和面貌舞会等治疗技术，以改善服刑人员的自尊和人际关系。

(2) 群体动力学理论。群体动力学理论强调群体是一个动力整体，其中任何一个部分的变化都必将引起另一部分的变化。这种群体成员之间的相互依存关系，是勒温群体动力学的核心。群体动力学的研究成果，不仅为团体辅导提供了理论依据，而且为团体辅导过程中团体气氛的创设、群体凝聚力的培养、带领者作用的发挥等提供了应用性指导。

(3) 团体咨询及心理咨询理论。由于本研究的干预采用的是团体咨询的方式，团体动力理论、团体发展阶段以及团体咨询的技术等都是本研究的理论基础。此次团体活动主要运用萨提亚治疗模式对服刑人员的自尊和人际关系进行干预，还运用热身游戏、布置家庭作业等方法以获得最佳的咨询效果。此外，心理咨询的基本原则、方法、技术都可以应用于团体咨询中。

关于团体心理辅导的过程，亚隆(Yalom, 2015)指出，由于每个小组的成员性格不同，互动因此有异，因而每个团体心理辅导小组都会经历不同的发展。②本研究主要结合柯里(1982)提出的团体四阶段理论，即初期阶段、转换阶段、工作阶段与结束阶段，对团体动力进行把握。

2. 现实依据

(1) 服刑人员心理健康辅导的现状。随着对服刑人员心理健康越来越重视，服刑人员心理健康辅导工作也更深入地开展起来。团体辅导以感染力强、效率高、影响广泛、效果容易巩固等优势(樊富泯，2005)③，在监狱内尝试运用于各种主题的活动，都收到不错的效果，但以某一种治疗方法进行团体辅导的有效性还不明确。因此，本研究结合服刑人员心理健康辅导的现状，开拓性地尝试运用萨提亚治疗模式带领改善服刑人员自尊和人际关系的成长性，以期为服刑人员心理健康辅导的发展增添有价值的资料。

---

① 维琴尼亚·萨提亚：《家庭如何塑造人》，吴就君译，台湾地区张老师出版社 1994 年版。

② Irvin D. Yalom：《团体心理治疗理论与实践》，李鸣译，中国轻工业出版社 2015 年版。

③ 樊富珉：《团体心理咨询》，高等教育出版社 2005 年版，第 4—6 页。

（2）参考专业人员的意见。本论文活动方案的设计征求过萨提亚治疗模式专业培训老师的意见，在实践领域里从事多年团体活动带领的老师和同事也就活动方案给予了很多建设性意见。

3. 团体活动方案

根据理论与现实依据，并参照国内外研究成果，设计出在萨提亚治疗模式指导下的、以改善服刑人员自尊和人际关系为目标的人际关系团体活动方案，具体见表2。

表2　基于萨提亚模式的服刑人员人际关系团体活动方案

阶段	次数/名称	活动目标	活动内容	家庭作业
建设暖身阶段	第一次 相识快乐	1. 初次相识 2. 建立契约 3. 感受游戏乐趣，增加团体吸引力 4. 澄清团体期望 5. 形成团体目标	1. 热身游戏 2. 微笑握手 3. 替身介绍 4. 分享团体期望 5. 共建契约	写感受与体会
	第二次 信任挑战	1. 加深了解，使成员之间彼此熟悉 2. 加强成员间信任 3. 了解萨提亚治疗模式 4. 画家庭图谱	1. 热身游戏 2. 信任之旅 3. 介绍萨提亚治疗模式 4. 讲解家庭图谱	1. 写感受和体会 2. 画家庭图谱
自我认识阶段	第三次 沟通姿态	1. 了解萨提亚的四种沟通姿态 2. 体验四种沟通姿态的感受 3. 认识自己和家人常用的沟通姿态 4. 确定下次家庭雕塑的主角	1. 热身游戏 2. 用身体姿态来表达快乐 3. 讲解萨提亚治疗模式四种沟通姿态 4. 建构故事，运用四种沟通姿态进行现场雕塑 5. 分享用四种沟通姿态进行现场雕塑时的体验和感受 6. 家庭图谱答疑 7. 确定下次家庭雕塑的主角	写感受和体会
	第四次 家庭雕塑	进行家庭雕塑，帮助主角了解自己与家庭的关系，从而更好地了解自己	1. 作业：家庭图谱的小组分享 2. 萨提亚冥想 3. 根据主角的家庭图谱进行家庭雕塑 4. 分享家庭雕塑的感受和情绪	写感受和体会

（续表）

阶段	次数/名称	活动目标	活动内容	家庭作业
自我探索、自我整合阶段	第五次 家庭探索	1. 通过游戏测试小组凝聚力，为更深入地自我探索作准备 2. 通过分享家庭难忘故事，探索家庭关系	1. 上周家庭雕塑情况分享 2. 社会计量测试团体动力 3. 分享难忘故事，探索家庭关系 4. 小组分享 5. 选出下次活动的主角	写感受和体会
	第六次 面貌舞会	1. 通过面貌舞会，挖掘和整合主角的内在资源，帮助其提高自尊和自信 2. 帮助其他成员在角色扮演中认识自己	1. 热身游戏：雕塑家 2. 面貌舞会 3. 小组分享 4. 选出下次活动的主角	写感受和体会
	第七次 资源雕塑	1. 对主角进行家庭雕塑、资源雕塑，帮助其认识与家庭的关系，释放压力 2. 帮助其他成员在角色扮演中认识自己	1. 热身游戏：猜变化 2. 萨提亚冥想 3. 家庭雕塑、资源雕塑 4. 小组分享	写感受和体会
结束	第八次 总结收获	1. 回顾总结 2. 互赠祝福	1. 回顾录像，分享感受 2. 天气预报 3. 真情告白 4. 互赠“礼物” 5. 告别	

三、研究结果

（一）自尊和人际关系综合诊断量表结果

对实验组与对照组前测得分进行差异性检验，结果发现（见表3）：实验组与对照组在自尊和人际关系量表上的得分无显著性差异。由此，可以把两组被试看作是同质的，活动干预前两组被试的自尊水平和人际关系状况无显著差异。

表 3　实验组、对照组自尊和人际关系量表平均数的差异检验(前测)

	组别	N	M	df	t	p
自尊	实验组	16	2.96	15	0.32	0.67
	对照组	16	2.92	15		
人际关系	实验组	16	0.45	15	1.57	0.33
	对照组	16	0.37	15		

实验组、对照组进行的前后测差异性检验的结果(见表 4、表 5)显示:实验组被试在自尊量表前测与后测得分上有显著性差异($p<0.05$),在人际关系上有极其显著差异($p<0.01$)。可以看到,实验组后测得分显著高于前测,而对照组前后测得分在自尊和人际关系上均无显著性差异($p>0.1$),排除了自然成长的作用。

表 4　实验组描述性统计及前后测差异检验

	组别	N	M	df	t	p
自尊	前测	16	2.96±0.35	15	−2.37*	0.02
	后测	16	3.16±0.27	15		
人际关系	前测	16	0.45±0.15	15	2.99**	0.008
	后测	16	0.27±0.17	15		

注:* 表示 $p<0.05$,** 表示 $p<0.01$,*** 表示 $p<0.001$。下同。

表 5　对照组描述性统计及前后测差异检验

	组别	N	M	df	t	p
自尊	前测	16	2.92±0.34	15	0.18	0.87
	后测	16	2.88±0.35	15		
人际关系	前测	16	0.37±0.18	15	−1.35	0.53
	后测	16	0.41±0.16	15		

实验组前测与 3 个月后追踪后测的差异检验结果(见表 6)表明:实验组被试前测与 3 个月后追踪后测得分在自尊和人际关系上均有极其显著性差异($p<0.001$),而且差异度较 3 个月前的后测增加了。

此外,对实验组与对照组后测分数进行差异性检验(见表 7)发现,被试的自尊和人际关系得分均有显著性差异($p<0.05$),实验组被试得分优于对照组。

表 6　实验组描述性统计及前后测差异检验(3 个月后测)

	组别	N	M	df	t	p
自尊	前测	16	2.96±0.35	15	−2.83**	0.007
	3 个月后测	16	3.31±0.26	15		
人际关系	前测	16	0.45±0.15	15	5.08***	0.000
	3 个月后测	16	0.21±0.08	15		

表 7　实验组、对照组自尊和人际关系量表平均数的差异检验(后测)

	组别	N	M	df	t	p
自尊	实验组	16	3.16±0.27	15	2.38**	0.02
	对照组	16	2.88±0.35	15		
人际关系	实验组	16	0.27±0.17	15	2.15**	0.04
	对照组	16	0.41±0.16	15		

综合以上结果，在自尊量表和人际关系量表上的差异性检验表明：萨提亚治疗模式对提高服刑人员的自尊水平、改善服刑人员人际交往能力是有效的。

（二）团体活动效果评估结果

实验组被试对团体活动的主观评价结果（见表 8）如下：从对改善自尊和人际关系的效果来看，在参加团体活动后有 75.5%的成员认为此次团体活动帮助非常大，62.5%的成员认为在认识自我和家庭方面对自己有很大帮助，对于改善个人的人际交往能力也有很大帮助（62.5%），并且提高了自信心和自尊感（69.5%）。从对团体的感受度方面来看，有 86.75%的成员非常喜欢这个团体，认为团体的凝聚力非常强（66.5%）。

从团体活动实施效果来看，82.5%的成员非常喜欢活动的内容和形式，很好地达成了每次的活动目标（非常好 62.5%，比较好 37.5%），对自己的生活状态有较大影响和改变（非常大 20.75%，比较大 75%）。此外，参加此次活动的成员大多数是第一次参加这样的团体活动，62.5%的成员表示以后肯定会继续参加类似的活动，也表明他们对这次团体活动有较高的满意度。

表 8　团体活动效果评估表

题　目	选项	结果(%)
1. 你是否喜欢参加这个团体	A. 非常喜欢	86.75
	B. 比较喜欢	13.25
	C. 不喜欢	0
2. 这个团体的凝聚力如何	A. 非常强	66.5
	B. 比较强	33.5
	C. 不强	0
3. 通过参加这个团体,对于你全面深入地了解、认识自我和家庭	A. 有很大帮助	62.5
	B. 有一些帮助	37.5
	C. 没有帮助	0
4. 这次团体活动对于你了解自己的沟通模式,改善人际交往能力	A. 有很大帮助	62.5
	B. 有一些帮助	37.5
	C. 没有帮助	0
5. 参加这个团体活动后,你的自信心和自尊感	A. 有很大提高	69.5
	B. 有一些提高	30.5
	C. 没有提高	0
6. 你对这个团体活动的内容和形式	A. 非常喜欢	82.5
	B. 比较喜欢	17.5
	C. 不喜欢	0
7. 团体活动目标的达成程度	A. 非常好	62.5
	B. 比较好	37.5
	C. 不好	0
8. 参加这个团体活动对你的帮助	A. 非常大	68.75
	B. 比较大	31.25
	C. 不大	0
9. 团体影响或改变了你的生活态度和状态的程度	A. 非常大	20.75
	B. 比较大	75.0
	C. 没有	4.25
10. 如果再次开展类似的团体活动你愿意参加吗?	A. 肯定参加	62.5
	B. 很想参加	37.5
	C. 不想参加	0

（三）团体活动满意度问卷结果

从表 9 可以看出，实验组被试对团体干预中设计的活动评价较高，对 8 次活动觉得很好与非常好的成员达到 80%以上，其中对第 3、7、8 次活动的评价的满意度均达到了 100%。

表 9　团体活动满意度问卷结果

活动顺序	满意度评价(%)				
	A 非常好	B 很好	C 一般	D 不好	E 差
第 1 次活动	43.75	50.00	6.25	0	0
第 2 次活动	68.75	25.00	6.25	0	0
第 3 次活动	50.00	50.00	0	0	0
第 4 次活动	56.25	31.25	6.25	6.25	0
第 5 次活动	56.25	37.50	6.25	0	0
第 6 次活动	50.00	31.25	18.25	0	0
第 7 次活动	87.50	12.50	0	0	0
第 8 次活动	68.75	31.25	0	0	0

（四）质性研究以及过程研究结果

本研究综合了成员访谈和书面反馈材料，对团体活动进行了观察归纳，结果发现：大多数团体活动都成功地达到了预设的目标。团体成员在活动过程中积极参与、真诚开放，反映在此次团体活动中收获很大；同时整个团体表现出团结、互助、真诚、信任的氛围。由于篇幅限制，在此仅摘录其中的部分内容。（说明：对于成员的访谈及书面反馈内容以楷体字体出现，下同。）

(1) 建设暖身阶段设计了相识快乐和挑战信任两次活动，使团体成员从相识到熟悉、信任，逐渐形成开放、真诚、信任的氛围，为之后的家庭雕塑和面貌舞会奠定基础。

在第一次活动中，我们要用微笑向每个人打招呼，还要用肢体语言打招呼。过去我以为只有用语言才能表现友好。很多时候我见了同犯都是面无表情地说话，即使心里火热的，但是给人的感觉可能是我这个人比较冷漠吧。参加了这个活动，我觉得首先学到的是微笑地面对生活，学会不只用语言和人交流，也可以用表情、用手势表现自己心中的想法，我觉得交流真的是很奇妙的，当我微笑的时候，也看到别人的微笑，感受到同犯的友善。我对生活微笑，相信生活也会对我微笑的。

上次的挑战信任活动中，我学会去相信别人。我知道有些时候，自己是那么无助，我想自己不必那么小心翼翼，并不一定会受到伤害，有些人是可以信赖的。同时我也喜欢上帮助别人的感觉。希望得到别人的信赖。对人的信赖，在改造中真的改变了自己。

(2) 自我认识阶段设计了沟通姿态和家庭雕塑这两个活动，让成员先学习什么是萨提亚治疗模式的四种沟通姿态，如何画家庭图谱。在奠定了成员的知识基础后，小组领导者带领大家进行了一次完整的家庭雕塑，使成员开始关注家庭对自己的影响和重要性，并感受到家庭雕塑的魅力。

昨天的活动很有意思，画家庭关系图谱非常有意义。看起来那么纷乱复杂的家庭关系，在自己的笔下逐渐清晰起来，看看自己和身边亲人的关系，忽然觉得找到了自己的位置，那么清晰。也许需要跟家庭里每个人坦诚沟通。

(3) 自我探索、自我整合阶段设计了家庭探索、面貌舞会、资源雕塑 3 项活动，先通过故事分享活动对成员的家庭关系进行更深入探索，然后使用面貌舞会来帮助主角转化、整合内在资源，最后进行了一个涉及主角更深层问题的家庭雕塑和资源雕塑，使成员对自我和对家庭的认识有了一个最深的了解。

家庭雕塑的主角分享说：

参加这个团体给了我很大收获。通过这么多次的活动我慢慢地学会了融入集体，懂得了真情待人会得到真情回报，懂得了关心他人。特别是我的家庭雕塑，使我有勇气在这么多人面前说出我的家庭，面对我的家人。家庭雕塑给了我勇气，让我说出了我想对家人说的话，让我找回了归属感，让我拉近了和家人的感情，让我觉得我和团体的每一个成员一样是有个家的。一下子收到这么多组员的关心，也使我受宠若惊。是团体给了我勇气和力量去面对过去、摆脱自卑。

(4) 结束阶段，是和所有成员一起回顾活动过程、分享感受、总结收获，在一片感激和祝福中画上圆满的句号。

心存感激，去感受吧……心中永远都要充满希望！感谢团体，感谢大家的真诚和勇气，感谢团体每一个成员，感谢老师，你们让我体验了那么多，希望大家都能通过自己的努力，生活在自己想要的生活中。

在总结成员在团体中的具体收获方面，有的成员表示很热爱团体的氛围和凝聚力：

活动已经进行六次了，这么多次，觉得每次都有深深的感动，因为每一个人的真诚和信任。每次的相聚，都是一个心与心的交流，让我忘记了以前或今天的疲劳和痛苦，我们的默契也越来越多，彼此了解，彼此感动，彼此加油。真的非常喜欢这个团体。

参加这个团体，从来没有这样放下顾虑在别人面前展现过自己，也从未如此去了解别人，真的觉得很幸运，能认识大家，能和每一个团体成员相识，这对我来说真的很重要，心里深深感谢每一个人，谢谢，非常感谢！

有的成员觉得增进了对自我和家庭的认识，尤其了解了自己的沟通模式：

在我过去的生活中，我一般是指责别人的，要不就逃避，从来没有意识到自己这样做会给家庭带来什么，从来都是父母对我迁就。这样的自己，真的像只小老鼠，有时虽然会发火，但是其实只是不会处理沟通，根本于事无补。我想今天自己能意识到这一点，至少是一个起点，以后我会试着去理解别人，去想解决问题的办法，不再逃避。在家庭之外，我和别人交流的时候总是讨好别人，我现在也改变一些了，敢于表达自己真实的想法。这样的感觉真的不错，也觉得自己更有尊严些。

有的成员觉得自己改变了很多：

这些活动不仅让我知道了如何与别人打交道，还更加了解自己了，比如自己的胆怯、自卑，而且我开始有勇气去改变自己了。我也渐渐喜欢上自己，觉得自己并不比别人差，很多时候还满聪明的。在相信自己的时候，真的觉得自己特别有精神，每天都鼓足了勇气，不管前面有怎样的事情，怎样的压力，我都觉得自己一定能处理，一定能做好。希望团体活动的结束不是终点，而是一个新的起点。

有的成员总结自己在整个过程中的收获，说：

这个活动的意义已经有点超出我的预期。从中感受到的东西无法用言语表达，团体活动对我的影响可能会更多、更深远。

团体活动这两个月的历程，我完成了一次蜕变。我一直以为自己是一个感情麻木的人，但在这里，我被真诚感动了，我的心一次次被震撼了，泪水在我的眼眶中打转，才发现原来我也是有感情的。

我觉得自己比以前乐观、自信了些，人际关系方面能主动自然，能有点理解、关心自己和别人了，对自我的认识也清晰了些，还使我学习到了如何有效地与父母交流和沟通，这些都是我在团体中最宝贵的收获。

四、讨论

（一）萨提亚治疗模式对改善服刑人员自尊和人际关系有效性的探讨

本研究数据结果显示，经过 8 次团体活动，参与团体的服刑人员在自尊和人际关系的得分均显著提高。在自尊量表和人际关系诊断量表的数据表明，实验组与对照组前测的量表得分平均数检验均无显著性差异，而两个月后，即实验组被试接受 8 次的团体辅导活动后，后测分数在自尊和人际关系上的得分均明显高于前测（$p<0.01$）；对照组自尊和人际关系的前测与后测分数无差异。同时，对实验组与对照组进行的后测分数检验结果显示，两组被试的自尊和人际关系均有显著性差异（$p<0.01$）。而团体结束 3 个月后，对实验组的追踪调查结果显示：实验组被试前测与 3 个月后的追踪后测得分在自尊和人际关系上均有极其显著性差异（$p<0.001$），而且差异度较 3 个月前的后测增加了。以上

结果说明，参加团体的服刑人员，其自尊和人际关系在干预后有了显著改善，此次团体活动干预是有效的。

团体活动效果评估表的结果也显示：实验组服刑人员认为，团体活动能够帮助他们提高自尊和自信、改善人际交往能力，能够有效促进对自我及家庭的了解。团体活动满意度的调查结果显示，80％以上的实验组服刑人员认为活动进行得“非常好”或“很好”，对其中 3 次活动评价的满意度都达到了 100％。实验组服刑人员对 8 次团体活动的组织与实施有很高的评价。

从对团体活动的过程评估以及书面反馈、成员访谈结果来看，团体活动取得了良好的效果与评价。团体成员还自发地在监狱内部网络上开辟了一块公共空间，进行交流沟通、资源共享。在成员的访谈和书面反馈材料中，所有参与团体咨询的成员均提到在团体团结、互助、真诚、信任的气氛中感受到了更多的支持和关心。成员们也愿意真诚开放地去探索自己、认识家庭，不仅在家庭雕塑中认识到了自己的沟通模式，学会更好地处理与家人、同犯、干警的人际关系；而且通过面貌舞会开始挖掘自己的内在资源，提高自尊和自信。

以上主客观结果都表明，萨提亚治疗模式的理念和技术运用于团体中能够有效地改善服刑人员的自尊水平和人际关系能力。本研究结果显示，在服刑人员人际关系团体中运用萨提亚治疗模式，能够提高其自尊和自信水平，改善人际沟通能力，提高服刑人员的心理素质水平，从而促进服刑人员的心理健康发展。

（二）萨提亚治疗模式疗效因子的探讨

从研究结果来看，萨提亚治疗模式是改善服刑人员自尊和人际关系的有效手段。结合成员在团体中的表现、成员的访谈反馈及团体治疗的发展规律，萨提亚治疗模式之所以产生效用的疗效因子有以下几项。

1. 团体凝聚力

团体凝聚力是萨提亚治疗中的重要因素之一。凝聚力是指使团体成员留在团体中的所有力量的综合(Cartwright Zander, 1962)，即一个团体对其成员的吸引力(Frank, 1957)。它使成员们在团体中感觉温暖、舒心，有归属感和价值感，并感到被其他成员无条件地接受和支持。萨提亚治疗模式的工作需要在一个温暖安全、真诚开放的团体中进行，这样才能使成员们打开心扉，放下防御，在咨询师的带领下走入原生家庭，回顾成长历程，面对过去很多快乐或痛苦的情境，从而对当下的状态有所改变和帮助。

本研究很重视团体凝聚力的培养。在团体中，首先共同制定团体契约，建立团体规则；团队建设阶段，设计了有趣的游戏，帮助大家加深了解，建立信任；咨询师以真诚、乐观、包容、开放的态度为榜样，带动了团体气氛；运用萨提亚治疗技术时也遵循由浅入深的规律，使团体逐渐进入工作阶段。团体成员们的齐心协力使萨提亚模式得以有效地进行。16 位团体成员在 8 次活动中无一退出，成员每次活动后的书面反馈都体现了对团体的信任，所以这些都是本团体凝聚力的见证。

2. 原生家庭的重视

个体成长离不开家庭，我们最早是在家庭中学习、认识到这个世界。父母教导我们对这个世界的看法，同时也教导我们行为的规则（Satir, 1989），所以当我们长大以后，是在不知不觉中带着从家庭中学习到的一切来面对这个世界的。原生家庭对个体的重要影响显而易见。萨提亚治疗模式就是重视这一点，通过团体成员间的人际互动，把沟通姿态、家庭规条等外显化，对原生家庭进行重新雕塑，从而对早期的家庭冲突进行探索和挑战，寻求有助于个体的、对个体和家庭的新认识、新发现、新关系和新行为，以提高个体的自尊水平。

本研究贯彻萨提亚的治疗理念，在团体凝聚力日渐增强的情况下，开展了以主角为主体的个案探索，循序渐进地运用萨提亚治疗技术进行了两次家庭重塑、一次面貌舞会。团体活动后主客观的评估结果，均说明了萨提亚治疗模式的有效性。

3. 人际学习

本研究目标是通过萨提亚治疗模式来改善服刑人员的自尊与人际关系。研究表明，自尊的建构过程是以评价为基础的，而这些评价由他人的态度反照映射而来（Grunebaum Solomon, 1987）。团体不仅是一个社会的缩影，使成员的适应不良性行为清晰地展现出来，而且它还是一个实验室，可以十分清楚地显示出行为的意义和动力（Yalom, 1995）。萨提亚治疗模式就是利用团体互动，利用人类共同的情感，通过冥想、雕塑姿态、角色扮演、分享等环节，在互相关注、认可和鼓励中认识到自我价值，提高自尊水平，也在团体这个小社会和实验室中相互模仿学习，认识并实践着沟通，改善了人际关系能力。

4. 宣泄

宣泄是人际互动的一部分，对团体治疗过程极为重要（Yalom, 1973）。而获益大的成员普遍重视宣泄，同时还有某种认知上的学习。萨提亚治疗模式就是给团体成员提供一个安全包容的宣泄平台，用身体姿态把家庭关系或内心世界外显化，既允许以表情、声音、行动等进行强烈的情绪表达，又在内心冲突转化后给予认知行为的指导。整个过程在一个温暖、包容的环境中循序渐进地完成，而不是突兀或者强迫的，这时的宣泄就成为一个重要的疗效因子。

萨提亚治疗模式的疗效因子可能还有很多，本研究主要关注疗效研究，对萨提亚治疗模式的疗效因子的研究将是进一步研究的方向和思路。

五、结论

（一）本研究的主要结论

(1) 运用萨提亚治疗模式能有效改善服刑人员的自尊和人际关系。

(2) 萨提亚治疗模式具有人本理念、形式灵活，有很强的实践性，适合运用于服刑人员团体，在监狱心理健康教育工作中可以借鉴、应用和推广。

(3) 本研究设计的成长性团体活动方案切实可行，可以作为改善服刑人员自尊和人际关系的干预方案进行使用。

（二）本研究的创新和局限

(1) 创新之处。把国际公认的一种心理治疗技术——萨提亚治疗模式应用于服刑人员成长团体中，这无论是在萨提亚治疗模式在国内的应用方面，还是在服刑人员团体辅导方面，都是首创性的尝试。

在改善服刑人员自尊和人际关系方面，根据服刑人员的特点，结合萨提亚模式的治疗技术，从个体与家庭成员关系的角度进行挖掘和探索，以帮助服刑人员完成更为深刻的自我成长，为以后此类研究的继续推广提供宝贵的资料。

(2) 局限之处。一是研究的范围有待扩展。此实证研究仅限于服刑人员团体，研究对象只有 30 多人，故研究对象较片面和单一，样本也不够大；二是缺乏萨提亚治疗模式与其他改善服刑人员自尊和人际关系的干预方法的横向比较；三是虽然很多成员想做主角，以处理自己的问题，但由于时间有限（一共 8 次，每次 3 小时），无法对团体中的每个成员进行个案处理。而对成为主角的成员的问题也无法进行更深入的解决，更多地是起到了启发和引导的作用；四是效果评估体系，尤其是长期效果的追踪研究有待进一步完善。本研究在效果评估方面进行了多方位的尝试，采用自尊和人际关系量表、团体活动效果评估、过程研究、成员的反馈访谈、3 个月后的追踪后测等方式，但是评价指标依然相对贫乏，且缺乏他人观察评价的客观指标。今后的研究还需要在这方面进一步探讨。

附录：项目测评量表

一、自尊量表(SES)(节选)

指导语：请您仔细阅读下面的句子，选择最符合您情况的一个选项，答案无正确与错误或好与坏之分，这个量表是用来了解您是怎样看待自己的，而不是您认为您应该怎样。请在相应的数字上画"○"，谢谢您的合作！

	很不符合	不符合	符合	非常符合
1. 我感到我是一个有价值的人，至少与其他人在同一水平上	1	2	3	4
2. 我感到我有许多好的品质	1	2	3	4
3. 归根结底，我倾向于觉得自己是一个失败者	1	2	3	4
9. 我确实时常感到自己毫无用处	1	2	3	4
10. 我时常认为自己一无是处	1	2	3	4

二、人际关系综合诊断量表(节选)

指导语：请您仔细阅读下面的句子，选择最符合您情况的一个选项，答案无正确与错误或好与坏之分，这个量表是用来了解您是怎样看待自己的，而不是您认为您应该怎样。请在相应的数字上画"○"。

	不恰当	有一点恰当	还算恰当	恰当	很恰当
1. 关于自己的烦恼我有口难言	1	2	3	4	5
5. 对连续不断的会谈我感到困难	1	2	3	4	5
9. 与一大群朋友在一起，我常感到孤寂或失落	1	2	3	4	5
15. 我总是尽力使别人赏识自己	1	2	3	4	5
17. 我时常避免表达自己的感受	1	2	3	4	5

唤起罪犯自我救赎的正能量

——罪犯价值观改造工作初探

上海市青浦监狱　李海荣

孟建柱在全国监狱工作会议上特别强调："坚持把教育改造罪犯作为中心任务，不断提高监狱教育管理工作科学化水平。"上海监狱基于问题、需求和发展导向，确立了"提升监狱管理能级，坚定走内涵式发展道路"，提出要在管理上注重发挥监管的秩序规范、惩罚规训约束，以及劳动的惩戒改造功能，强化罪犯在刑意识和行为养成，促进认罪悔罪赎罪；教育上加强罪犯思想改造、价值观教育，促其回归社会成为守法公民，发挥监狱的社会功能和价值。监狱局党委书记钟杰在谈到教育改造工作时指出，监狱工作中心任务就是改造人，核心是改造服刑人员的思想。罪犯思想的"总开关"出了问题，他们才会走到社会和人民的对立面，而价值观教育则是罪犯思想改造的关键和核心。

一、罪犯价值观改造的理念确立

要实现改造罪犯的目标，必须确立合理的改造内容。毛泽东认为"世界观的转变是一个根本的转变"，一个人实施什么行为，归根结底是由他的思想决定的，是由他的世界观、人生观、价值观决定的。罪犯的犯罪行为是受犯罪思想支配的，因此，改造罪犯，必须以思想改造为主要内容，思想转变了，行为才能改变，从社会的破坏者变成无害于社会和人民的"新人"。因此，我们要在服刑改造过程中，采取惩罚和教育改造等措施，引导和督促罪犯消除不良思想，放弃旧有的价值观和行为方式，重新认同社会的主流价值，重新树立社会主导价值和行为规范。

（一）问题

当前，罪犯价值观矫治，或者说思想改造还存在许多不相适应的地方，主要体现在以下几个方面：

(1) 教育方式单一性。教育方式上虽然强调个别化矫治，但在实际操作上许多民警的教育方法仍显得有些单一，不能较好调动罪犯的积极参与，如：有的片面突出民警的教育主导地位，导致一些民警不按教育规律办事，而是凭自己主观愿望、个人经验及好恶去实施教育改造，忽视罪犯的改造主体地位；有的偏重于课堂式集体教育，喜欢采用强制、灌输式教育为主，简单地对罪犯开展相关教育内容；有的更多停留在传统的“说、教”上，对罪犯喜闻乐见的影视、信息技术等教育方式采用不多，不能提高罪犯对教育的接受度。

(2) 教育内容笼统性。教育内容上虽然注重针对性和有效性，但在具体设计和落实过程中，或脱离罪犯思想实际，显得有些笼统、浅显和简单；或过分偏重于理论，与现实中罪犯所关心的问题脱节，联系罪犯改造实际不够，使得教育工作缺少感召力和说服力；或没有与社会形势发展紧密挂钩，缺乏与时俱进的意识，使罪犯对民警的教育不感兴趣。

(3) 教育过程形式化。教育过程中虽然鼓励开展项目化管理，但在方案设计和管理过程中缺乏科学、系统的安排，往往缺乏深层次的挖掘，很容易走向形式化，从而导致教育设计与教育效果的失衡，无法起到应有的教育效果，也就难以从使罪犯价值观得到真正的改造。

(4) 教育评价表象化。教育效果评价上虽然追求理想化状态，但缺乏对教育矫治难度的认识，存在重行为表现轻思想本质的现象。有的民警只关注罪犯的行为表象，忽视教育所起到的效果；有的民警却过分夸大教育的作用，认为教育能够解决所有问题，忽视了价值观改造是对人根本性教育的实质；有的在教育改造罪犯实践中，只关注民警作出的评价，忽略相关专业人员的评价，更不注意罪犯本人的评价，影响或挫伤了罪犯的参与积极性。

(5) 教育主体忽视性。教育主体上虽然一再强调强化罪犯主体地位，但在实施过程中却往往会忽视罪犯自我矫治的主体性。罪犯教育改造的核心是转化罪犯思想，而改造的关键在于罪犯主体意识的自觉与增强。忽视罪犯的改造主体性地位，民警就不能有效引导罪犯把社会规范和监狱对其的改造要求转化为自身内部需要的动力，就不能使罪犯主动地、自觉地破除原有的犯罪心理和其他消极心理因素，建立新的守法心理和积极心理因素，就不能使罪犯在言论和行动上表现出符合社会规范和监狱机关的改造要求。

（二）理念

罪犯要树立正确的价值观，首先要使罪犯明辨是非，能够分辨什么是善，什么是恶，具备辨别善恶、是非、美丑的能力，做到不受邪恶事物的诱惑，自觉地趋善避恶，保持自觉纯洁高尚的人格品质。所以，对罪犯开展价值观改造，就是要让罪犯明确和追求抑恶扬善，通过服刑改造做到发扬光大美好善良的事物来抑制丑陋邪恶的事物，逐步培养和树立正确的荣辱观、是非观、善恶观，做到不见利忘义、不损公肥私、不损人利己、不弄虚作假、不违法乱纪等，不仅能够根据自己的价值观来判断善恶，弘扬善、抑制恶，坚持做到自省、自律，时刻提醒和要求自己"多做好事、多做善事，少做坏事、不做坏事"。

要有效解决当前罪犯价值观改造中存在的这些问题或不足，我们应牢固树立以下理念：

一是罪犯当前存在的各种改造问题都是事出有因的，民警对此应该表现出基本的"真诚、理解和接受"。在矫治过程中应帮助罪犯自我学习、自我发现、自我否定、自我改变，在罪犯原有的情况下积极开展重新塑造、构建活动。

二是罪犯是矫治的主体，罪犯改造的最大敌人就是昨日的自己。民警不是矫治活动及结果的决定者，而是矫治活动的参与者、组织者、合作者、引导者，应在罪犯矫治中积极主动而为，激发罪犯的改造兴趣和意愿，把矫正工作目标与罪犯矫治需求有效融合起来。

三是每个罪犯身上都存在着或多或少正向积极、改变自己现状的心理和个性品质，民警应该认识和发现罪犯改变问题现状的积极因素和改变自己的潜在能力。这是最核心、最本质的要素。民警在矫治过程中应积极给予关注这种力量和潜能，及时作出积极评价，帮助罪犯认识和改变原有认知结构、行为模式中的不合理、不规范，从而学习和养成合理、规范的新的认知结构、行为模式。

四是罪犯的矫治是其重新学习和养成认知结构和行为模式的渐进过程。通过对原来错误认知和行为模式的剖析、判断，建立正确认知和行为习惯的构建模式，民警应该寻找和确定矫治的联结点，创设罪犯改造的各种狱内情境和可能条件，以点带面、由此及彼，以善制恶，不断强化罪犯转变过程中内容和程度的积累，强化罪犯认知和行为之间的"知行合一"，帮助罪犯改正原有的错误认识和行为陋习，学习和养成积极、合理的认知结构和行为模式，从而达到弃旧图新、改恶从善的矫治目标。

五是建构的过程由思想认识到形成自己新的选择、决定和价值判断来作为对认知或行为新的标准或要求。民警不直接教授罪犯应该怎么做、必须怎么做，而是帮助罪犯、启发罪犯、引导罪犯，让罪犯去自我发现、自我学习、自我改变。矫治的过程是罪犯重新获得基本感觉和内部经验的过程，罪犯开始形成新的自我，开始用自己对认知或行为新的标准或要求来选择、决定和价值判断。

二、罪犯价值观改造的方法原则

人的积极情绪可以拓展和持续建构个体持久的认知资源，拓展个体注意和认知的广度，通过动机、兴趣、环境适应力、思维和行动倾向等中介变量，从而影响个体的行为方式。积极心理能够促进和强化个体对环境的适应能力，帮助个体抵消和减少各种消极心理的负面影响，改善和提高个体的自我调控能力，帮助个体对认知和行为作出正确的权衡和抉择，形成积极主动的行为倾向等。积极心理学认为，“不管处于什么状态，只要是一个人，就必然存在着积极力量，我们只要开启他的心扉来唤醒他积极的力量和品质，就可以制止他的疯狂和错乱，就可以让他学会理智和善良……”积极心理学的目的是通过挖掘困境中的个体的自身力量，弄清它们的形成途径，并通过恰当的干预，让个体能认识和运用来自个体内部系统的塑造能力，除去自身的心理或行为上的问题，同时培养和形成良好的心理品质和行为模式。

罪犯积极心理即指罪犯个体或群体存在的正向的、主动的、外显的或潜在的心理或个性品质等。罪犯是人，统一存在或潜在着各种积极心理，但不少罪犯往往受到家庭、学校、自身等各种条件的制约，造成他们不能正确认识和运用自身的积极心理。监狱既然是改造人的场所，对罪犯的改造，从一定程度上讲，正是要帮助罪犯开发蕴藏着的正能量，使其通过潜能的挖掘与释放，能够更好地适应出狱后的社会生活，成为守法公民。

罪犯价值观改造的“积极建构”模式，即积极心理、积极动机、积极改造、积极评价、积极意义，其基本原则如下：

（一）罪犯可以被改造原则

坚持“绝大多数罪犯是可以被改造的”的观点，即便是没有可改性的罪犯身上也会存在自身的积极面。充分认识罪犯身上存在或潜在着各种积极心理或积极因素，能够发现、鼓励和利用罪犯身上的“闪光点”来解决罪犯改造中存在的问题和矛盾，或维持罪犯现状、不再向更坏的方向发展。

（二）以民警为主导、以罪犯为主体的原则

坚持“罪犯是改造的主体”，要充分利用罪犯自身存在或潜在的积极心理来帮助罪犯认识自身存在的问题、产生自我改变的积极意愿，相信自己改变的信心和能力，让罪犯从接受改造逐步走向自觉改造，从他律到自律，做到自我认知、自我否定、自我探究、自我改变、自我发展。

（三）教育感化原则

“让罪犯在希望中改造”，以“情感”为主线在民警与罪犯之间建立积极和谐的教育矫治关系，对罪犯的改造抱有期待和要求，让罪犯对自己看到希望、产生期盼，激发和引导罪犯积极改造的自我需求，采取由浅入深、由表及里、由点到面、由此及彼的循序渐进方法，不断肯定和鼓励罪犯所取得的每一点成绩进步，让罪犯在改造中感受收获和成功，帮助罪犯培养、树立改造的信心和决心，促使罪犯的情感、意志及其个性品质得到完善和提高。

（四）循序渐进，允许出现反复原则

坚持“前途是光明的，道路是曲折的”的观点，坚信罪犯的改造或转变是一个渐变的过程，要引导罪犯坚定改造信心和目标，用发展的眼光来看待自己的改造，既自我否定，又自我发展，能够深挖犯罪根源，纠正错误的认知和行为模式，不断向养成守法心理和守法行为模式而努力。

（五）个别化矫治原则

开展“个别化矫治”，通过对个体罪犯差异性问题的深刻解构，找准问题症结，选好最佳矫治项目和最优矫正方法手段，通过分类教育、个案矫治来帮助和引导罪犯认识和培养正确的认知和行为模式，重新塑造积极的人生目标、情感意志及个性品质。

（六）价值观核心原则

“重塑新人”，以价值观改造为核心，强化罪犯改造意识，积极构建守法心理和行为模式。通过对罪犯的教育矫治，不断增强罪犯的服刑意识、身份意识和规范意识，使其正确认识自身、正确对待他人、正确看待社会，做到认罪悔罪、知

法懂法、遵法守法，转变认知、自我纠偏，学会生存、学会处世，培养和形成新的道德情操、理想信念、价值追求和知识技能，真正成为有益于社会、融入社会的“新人”。

三、罪犯价值观改造的体系建构

建构，是指一个知识体系的建立，强调这个系统、体系的内部过程，注重技术、结构、材料及表现形式等，通过一系列反应动作构建调节行为的内部心理结构，是一个全过程的综合反映。它既包括对旧知识体系的解剖、分析过程，找出存在的错误或不合理的地方，又注重在新的认识基础上建立起一种新的、较为合理、积极的体系。建构主义认为，知识不是通过教师传授得到的，而是在一定的情境即社会文化背景下，借助其他人的帮助即通过人际间的协作活动而实现的意义建构过程；建构主义学习理论认为学习环境必须包含“创设学习情境”“建立有效协作”“过程沟通交流”和“根据自身经验开展意义建构”这四大要素或四大属性。其核心概括起来，就是：以学习者为中心，强调学习者对知识的主动探索、主动发现和对所学知识意义的主动建构。

罪犯积极建构的过程由思想认识到形成自己新的选择、决定和价值判断来作为对认知或行为新的标准或要求。民警不直接教授罪犯应该怎么做、必须怎么做，而是帮助罪犯、启发罪犯、引导罪犯，让罪犯去自我发现、自我学习、自我改变。矫治的过程是罪犯重新获得基本感觉和内部经验的过程，罪犯开始形成新的自我，开始用自己对认知或行为新的标准或要求来选择、决定和价值判断。

积极建构的教育模式，目的在于对罪犯的教育过程中，能够抓住罪犯存在的突出或主要问题，制定现实可行的教育转化目标，发挥罪犯的改造主体地位及作用。民警帮助引导罪犯在自身改造中积极探索、自律改造，深入发现罪犯内在的积极改造心理，在罪犯改造和转变中加以不断鼓励引导，确保罪犯改造的有效性，努力达成解决现实问题，完善重塑罪犯健康积极人格的最终目标。

所以，罪犯价值观改造中的积极建构，是指民警运用评估、测量、谈心教育等方法手段，帮助罪犯认识自身改造中存在的突出或主要问题，发现和挖掘罪犯改变或完善自我的积极心理，以此对其开展个别化矫治活动，并通过由知到行、由点到面、由表及里、由此及彼的自我改造、自我探究、自我突破、自我塑造过程，以达到罪犯认知和行为上的明显转变及人格心理上的优化发展，帮助罪犯重新认识生命的意义，重新塑造自己的人生价值观。从某种角度讲，积极建构是罪犯改造的意义建构过程，罪犯的改造也是在其原有认识和经验的基础上吸收知识的。只有通过创设特定情境对原有行为进行重复，才能帮助罪犯充分认识自己在认知行为上存在的问题，有效寻找出解决这些问题的方法，从而使自己能够跨越人生道路上的鸿沟，完善自己的人格品质，养成积极人生意义，促进自己的全面发展。

在建构主义改造环境下，民警将帮助罪犯树立起信心和希望，充分调动其潜能，着眼于寻找解决罪犯矛盾冲突和苦恼解决的积极策略，通过关注和致力于罪犯的日常改造生活，开展针对性的教育矫治和强化训练，培养和影响罪犯对狱内改造环境及社会环境的体验与反应。民警的作用将不仅仅局限于将对罪犯进行强制性的教育灌输和严格管束，更在于激发罪犯自身的改造信心、改造兴趣和改造动机，通过创设符合教育矫治内容要求的狱内管教情境，积极促成民警与罪犯之间的相互配合和协作，使罪犯将教育矫治内容所反映的事物和自己已知的事物与认知结构相联系，积极主动地建构自己新的、正确的认知结构和行为习惯。

价值观改造过程中，民警应坚持“罪犯是改造的主体”，在全面深入和准确把握罪犯存在问题的基础上，帮助罪犯认识和发现自身存在的“积极心理”“闪光点”，培养和确立他们的改造愿景，鼓励他们树立改造信心和决心，带着对自己和未来的美好希望，用自己的力量来认识自我、改造自我、战胜自我、重塑自我。在具体操作中，民警必须抓住“认识发现、共同愿景、自主探究、自我改变、积极重塑”5 个环节，引导罪犯积极改造行为，争取罪犯自我积极转变，培养罪犯积极人格品质，帮助和引导罪犯开展人生的“自我救赎”。

（一）认识发现

民警在科学认识罪犯的前提基础下，构建民警与罪犯之间积极正向的矫正关系，帮助罪犯认识到自身改造中存在的突出或核心问题，发现自身存在的、潜在的各种积极心理，发现、肯定罪犯身上存在的“闪光点”，建立积极矫正关系，这是“积极建构”的准备阶段。

1. 构建关系

与罪犯彼此尊重和信任，建立起一种积极、互动的教育转化关系，帮助罪犯加快适合监狱改造环境和相关要求，鼓励罪犯培养和树立改造信心，为开展教育转化活动奠定基础。

2. 审视自我

在初步构建民警与罪犯之间良好矫正关系的基础上，引导罪犯对自己进行“自我认识”活动，让罪犯进一步认识自己的犯罪原因、服刑改造态度、个人改造需求、个人改造目标等。

3. 自我确定

民警帮助罪犯进一步认识当前或今后影响或可能影响自己改造的各种因素，了解和把握自身改造中存在的突出和核心问题及其原因，认识和发现自己身上存在的、潜在的各种积极、主动、正向的改造力量或品质。

（二）共同愿景

民警要对罪犯抱有积极的期望和要求，激发罪犯改造动机，善于“唤醒”罪犯身上的各种积极因素，按建构主义理论中“最邻近发展区”要求制定相应的改造计划和目标措施，并成为民警与罪犯的共同愿景。激发改造动机，“让罪犯在希望中改造”，始终是“积极建构”的前提、基础。

1. 确定问题

选择与当前罪犯密切相关的真实性事件或问题作为教育转化的中心内容。民警要全面掌握犯情，分析顽危罪犯存在的问题原因，分析教育转化存在的有利因素和不利因素，挖掘罪犯可能存在的积极心理，掌握罪犯的改造需求。

2. 科学认识罪犯

相互协商，全面梳理，科学认识罪犯，寻找教育转化顽危罪犯的各种突破口。民警要引导罪犯建立改变自己的积极意愿，不直接告诉罪犯该如何去解决自己面临的问题，而是向罪犯提供解决该问题的有关思路或建议。

3. 制定个别化矫治方案

形成共识，明确改造目标，制定符合罪犯个体情况、改造需求的个别化矫治方案及具体矫治措施。

4. 树立信心

鼓励罪犯“相信自己的能力、相信自己的付出一定会有收获”，要让罪犯树立信心和决心，相信民警和他们的家人在期待着自己的转变，期待着自己的成功。

（三）自主探究

实施“以问题为中心”或“以矫正项目为中心”的矫治模式。民警按照与罪犯共同制定的个别化矫治方案，为罪犯改造创造各方面的条件和机会，鼓励罪犯积极开展改造探索和实践，通过自身的感悟、实践和体验来寻找解决自己问题最适合、最有效的方法路径，用自己的信念、力量、毅力改变过去错误的认知和行为模式，培养和树立正确的认知和行为模式，达成自己既定的改造目标。民警在这个过程中要有针对性地开展服刑改造指导，对罪犯的实际改造效果及时作出评估反馈，引导罪犯举一反三、触类旁通，提高罪犯自我改造、自我转变的能力。“罪犯是改造的主体”，让罪犯认识和学会掌握自己的命运是“积极建构”的根本路径。

1. 独立探索，培养罪犯自主改造的能力

民警应充分发挥罪犯在改造中的主体性，鼓励支持罪犯按照矫治目标、矫治计划，针对自身的改造问题深挖问题根源、认识以往错误、寻找解决方法，培养正确的认知和行为方式。

2. 积极指导

民警在罪犯独立探索过程中要善于启发引导，让罪犯明确开展自我探究的目的意义，使其按照既定的矫治项目、矫治方法措施、矫治目标去实践操作，鼓励罪犯自我学习、自我探索，寻求正确、合理的认知和行为习惯。民警还要及时肯定罪犯改造中取得的成绩和进步，让罪犯在自我转变中感受成功的喜悦，产生成就感，从而把民警对自己的积极期望和要求转化为对自我的改造要求，养成自律改造的习惯。

3. 情境训练，强化正确改造行为及应对方式

为了使罪犯的教育转化能在与现实情况基本一致或相类似的情境中发生或形成，民警应针对罪犯存在问题的犯因性因素创设特定的改造情境，对罪犯加强认知和行为模式的训练，帮助罪犯沿着正确的认知和行为模式进步和发展。

4. 寻求支持，建立必需的社会支持系统

罪犯在改造中经常遇到一些自身所不能解决的困难或问题，如家庭婚姻问题、社会就业、身心健康等，此时民警应该帮助罪犯构建各种必要的改造支持系统，主动帮助或鼓励罪犯积极寻找解决自身问题的有效途径或积极力量。

（四）自我改变

民警应坚持鼓励和帮助罪犯，努力唤醒罪犯内在的积极力量，促使罪犯通过自我探究、互助改造、环境影响等方式，培养和发展自身积极力量，抵消和战胜内在的消极因素，对自己过去错误的认知行为模式有进一步的转变，有效解决原有的改造问题，并逐步培养和形成积极、正确地认知行为模式。否定自己、改变自己，与旧我决裂，“自我救赎”是“积极建构”的基本要求。

1. 自我反思

承认罪犯存在问题的客观性，倾听罪犯对此的理解看法及相关依据，引导罪犯开展反思，寻找导致问题产生和出现的根本原因。

2. 纠正偏差

帮助罪犯认识原有认知和行为的不合理，找出罪犯错误的核心概念并积极加以改正；同时创设相关情境，针对性开展强化训练，促进罪犯良好认知和行为模式的形成。

3. 积极评价

民警对罪犯改造的整个过程要积极关注，及时肯定所取得的成绩，积极鼓励正确面对所遇到的改造困难或问题，激发罪犯改变自己、提升自己的信心和勇气。

4. 自我提升、自我突破

民警应帮助罪犯认识和发现自身接受和投入改造所带来的积极意义，即改造不仅仅是在于个人兴趣、现实功利，而是对自己的生存、成长和发展具有现实作用和意义。民警在肯定罪犯改造进步和转化成果的同时，应帮助罪犯在现有转变的基础上做到融会贯通、触类旁通、拾遗补漏，促进罪犯有更全面、更进一步的转变。

（五）积极重塑

经过评估，在确认罪犯犯因性问题得以初步解决的基础上，民警鼓励和引导罪犯对自己提出更高改造要求，努力形成守法心理和守法行为习惯，完善提升优良个人品格，重新塑造正确的世界观、人生观和价值观，为其回归社会后做一个社会合格公民而做好准备。走新路、做新人，重塑自我，让人格在改造中升华，是“积极建构”的目标和追求。

1. 效果评价

民警与罪犯一起对自己前期的改造进行效果评估，确认罪犯原有的改造问题有没有得到有效解决，评估既定的个别化矫治目标是否完成；同时，要组织罪犯对前期改造的经验得失进行自我总结回顾，总结经验、寻找不足，帮助和促使罪犯站上更高一个改造高度，并开始构建一个新的平衡。

2. 自律改造

民警鼓励罪犯积极开展自律改造的探索，指导罪犯逐步建立正确的认知行为习惯，帮助罪犯重新树立积极的人生态度，从而以一种积极人生心态步入社会。

3. 强化守法

民警应对罪犯开展再犯风险评估，针对罪犯可能存在的再犯风险因素及其他可能影响罪犯守法养成的因素进行强化矫治、行为训练，从而培养罪犯正确的自我意识，逐步树立守法意识和守法行为习惯。

4. 引导向善

构建积极人生意义，让罪犯在自我转变、守法养成过程中的收获，上升到自我满足、价值体现的高度，要鼓励罪犯培养树立积极、健康的世界观、人生观和价值观，追求积极的人生目标，为回归社会后做一个合格社会公民做好必要的准备。

四、罪犯价值观改造的实践路径

监区自2015年初起在罪犯中组织开展“弃恶扬善、积极建构”罪犯价值观项目矫治工作，先后组织了“怎么正确认识改恶从善”“怎么唤醒自己内心的美好品德”和“怎么认罪悔罪与赎罪”“怎么在改造中改变自己”“寻找我们身边的真善美”等指导讲座，开展了“找回逝去的善良”“送人玫瑰，手有余香”助人为乐活动、“迟到的忏悔”“感动自己，感动大家”“给自己的人生轨迹画个像”等改造实践指导活动，组织罪犯就“个人改造目标或愿景是什么”“哪些错误或落后的价值观影响或导致自己走上违法犯罪道路”等问题开展大讨论，并开展“我的改变在哪儿”“看谁进步大，看谁改造好”“寻找我们身边的真善美”及“改变，加油”心理团训等活动，使罪犯懂得改造中也有“真善美”。

（一）让罪犯深刻认识自身价值观究竟错在哪里

坚持做好罪犯认罪悔罪评估工作，组织召开罪行控诉大会，加深罪犯对犯罪违法性、犯罪危害性的认识，算一算、晒一晒罪犯的犯罪危害账、犯罪成本账和改造账单，帮助罪犯进一步端正或厘清自己错误或片面的改造认识和态度，强化服刑改造意识。开设“以案说法”教育课程，运用案例分析形式进行普法教育，帮助罪犯养成学法、懂法、守法的思维模式和行为习惯。组织开展“影视大家看”矫治活动，组织罪犯观看《唐山大地震》《倾城》《年度感动中国十大人物颁奖晚会》等富有教育意义的影视作品，组织罪犯开展“寻找自己的善根”活动，让罪犯认识到“人性向善”，引导他们重新认识自我，寻找自己曾经拥有的优良品德，寻找自己潜在的“善”，激发服刑人员的向善、求善心理，积极忏悔自己的罪恶、重新塑造美好价值观。组织开展“我们身边的真善美”“送人玫瑰，手有余香”等活动，从罪犯犯罪内因上找到突破口，鼓励罪犯从自己身上、从身边的同犯身上找“善心、善行”，帮助罪犯认识和发现自身存在各种有利于改造的积极因素，也有真善美的一面，坚信自己是可以转变的，促使罪犯养成善念、践行善行，从而解决罪犯改造的源动力问题。组织罪犯开展“日行一善”活动，使罪犯懂得“勿以善小而不为，勿以恶小而为之”“少行一恶就是向善一步”的道理，要求罪犯根据自己实际制定“善行积累行动计划”，鼓励罪犯从现在开始，从自己做起、从小事做起，争取多做善事，不做恶事，逐步形成改恶向善的思想认识和行为习惯。

（二）让罪犯充分认识在改造中自己应该怎么办

监区开设了每月一期的“怎么看，怎么办”服刑指导系列讲座，对罪犯的日常改造行为开展实践指导，为罪犯在不同改造时期可能遇到的一些问题或困惑提供正确的解决思路和方法。组织罪犯“悔罪中前行，希望中改造”征文和演讲比赛，鼓励罪犯重新鼓起勇气、寻找迷失的自我。组织罪犯制定个人改造规划，与社会帮教老师、家人签订改造承诺书，与自己孩子开展“看谁表现好，看谁进步快”竞赛等活动，促使罪犯进一步树立改造主体意识，明确自己的改造目标。坚持做好每天的晨读晚训，让罪犯用“晨读”迎接崭新的一天，以“晚训”来省思每天的得失。开展“昨日之日不可留，今日之日需奋起”活动，要求罪犯重读判决书，重写违法犯罪史、个人成长史、服刑改造史“三史”材料，以“昨天的我、今天的我、将来的我”为时间轴，展开自我对比、反思和规划，深挖犯罪思想根源，反思自己今后人生道路，鼓励罪犯珍视当下，勇于改过，为明天的我而努力改造。

（三）让罪犯放下思想包袱，在希望中积极投入改造

鼓励罪犯“我的改造，我做主”，制定个人改造目标和改造措施，定期对自己

的改造情况进行自我评价。组织开展“心语心愿，我的改造承诺”活动，让罪犯把亲人嘱托和自己改造承诺张贴于自己的床头，对自己日常改造起到监督、检查和促进的作用。开展“感恩”教育，让罪犯懂得爱自己、爱家人、爱社会，学会对社会感恩、对家人愧疚、对自己负责。开设“朱子家训”“节日文化与服刑改造”讲座，每月两讲，将罪犯价值观矫治与优秀传统文化教育相结合，教育罪犯树立正确的家庭观、幸福观、善恶观、责任观等价值观思想。组织罪犯“唱积极改造，表回归心声”，开展《追寻生命的意义》等书籍的读书活动，邀请上海市百老讲师团王仁华、侍冬梅、施柏麟等老师坚持进大墙对罪犯开展帮教工作，鼓励罪犯“接受现实、面对困境、放下包袱、积极改造”，“通过拓展自己人生的宽度来弥补因服刑改造缺失的人生长度”“牢记责任、放下包袱，在逆境中奋进”，逐步树立“爱国家、爱社会、爱家庭、爱自己”的改造价值观。

（四）让罪犯在改造中“知行合一”，培养树立积极向上的改造价值观

组织罪犯学习《改造规》《弟子规》，制作了48幅反映《改造规》内容的PPT动漫，使罪犯能加深理解，做到入眼、入耳、入心。根据罪犯对“真善美”的理解和标准，设置“勤俭节约”“诚实守信”“辛勤劳动”“努力学习”“互帮互助”“团结友爱”“珍惜集体”“进步突出”“积极改造”等奖项；在罪犯改造生活中发现和挖掘各类体现真善美的典型人物和典型事例，开展“身边人讲身边事、身边人讲自己事、身边事教身边人”活动；通过罪犯谈感悟、诵经典、促躬行，使罪犯认清自己在价值观上的问题或错误，将真善美等道德理念内化于心，外化于行，成为真善美等道德理念的传播者、实践者和受益者，认识到改造是有意义、有价值的，从“被改造”到“想改造、要改造、会改造”。组织开展讲自律自爱、讲文明礼貌、讲尊重宽容、讲爱心乐助、讲敬重尊长、讲爱护环境、讲勤劳勤俭、讲求知致新、讲意诚心正、讲秩序规则的“十讲”活动，把罪犯改造价值观的相关内容和要求固化为具体的积极思维模式和行为习惯，引导罪犯从他律走上自律，从被动改造走上自觉改造。开展“明辨向善知荣辱”活动，以“服刑人员应具备怎样的价值观”为题，针对罪犯中普遍存在的“哥们义气”“人不为己、天诛地灭”“人为财死，鸟为食亡”等多种错误价值观进行正反两方的辩论，让每一名罪犯对照核心价值观做一次德行“体检”，使罪犯深刻认识这些价值观的错误性，逐步认识和接受正确的价值观，并转化并向上的动力。开展“重建罪犯改造价值观”活动，

通过大学习、大讨论，最终形成了包括“认罪悔罪，不知罪不改；遵规守纪，不违规违纪；明理修身，不自私自利；笃实勤劳，不好逸恶劳；助人自助，不欺善助恶；整洁卫生，不破坏环境；文明礼貌，不说脏粗话；勤俭节约，不铺张浪费；积极向上，不逃避学习；热爱集体，不破坏和谐；自律自强，不消极改造”等内容的监区罪犯改造价值观，监区还把罪犯改造价值观内容制作成漫画展板进行循环宣传，强化罪犯对此的理解和接受。

从监区近九年“积极建构”活动实践看，监区罪犯价值观改造取得了预期的积极效果：监区罪犯善恶是非评判能力得到加强，使罪犯对“什么是真善美，什么是正确的价值观”有了一定的评判能力；净化了监区改造氛围，“从改造中来，到改造中去”，以契合罪犯改造和生活实际的事例典型为引导，注重正面的导向作用，强调知行合一，使价值观落地；监区改造秩序持续保持稳定，罪犯严重违纪基本消除，监区罪犯的不良风气得到整肃，初步形成“讲道德、塑新风、扬正气、走新路”的积极改造氛围，罪犯的个人意识得到转变，集体意识得到强化，罪犯的责任感和悔罪意识得到提升，价值观的改造作用和指导作用初步显现。监区大多数罪犯能认识到自己原有价值观的问题，也意识到正确的劳动观和改造观对于自己生活和改造的积极意义，多数罪犯表达了重塑价值观和积极履行家庭责任、社会责任的意愿，在认罪悔罪、劳动生产、教育学习、遵规守纪、内务卫生等方面表现积极，罪犯改造主动性有所提升。监区还通过罪犯自评、监组互评推荐，从罪犯推荐出的 28 个事例遴选了死缓罪犯黄某积极悔改争取新生、罪犯李某“知耻而后勇”学会担当开始对家人负责、罪犯耿某在帮助病犯的同时也让自己得到改变、北大毕业生盛某重新树立改造信心积极参与服装厂“ERP”建设、罪犯胡某牢记家人嘱托积极改造 5 个典型事例，在监区罪犯中起到了较好的典型示范作用。

五、罪犯价值观改造的体悟感思

从罪犯价值观改造过程中，“积极建构”模式因为能够关注罪犯需求、突出罪犯改造主体、激发罪犯积极心理及采用个案管理形式实施罪犯改造实践指导，操作过程中做到充分尊重罪犯、教育感化罪犯、肯定鼓励罪犯、培养塑造罪犯，所以能够发挥出较为积极的教育感化作用，培养和营造了监区积极向上的改造氛围，有效地教育转化了一些顽危罪犯及问题罪犯。笔者认为，这种“积极建构”罪犯价值观改造模式对监区教育转化工作带来一系列的影响和变化。

（一）教育矫治的情境化

我们可以根据对罪犯的矫治需要及矫治目标积极创设各种狱内改造情境，赋予各种特定的狱内改造生活情景，以教育转化罪犯的影响或转化功能，通过特定场景蕴含的“情感”、民警对罪犯教育转化的“情意”、罪犯内心积极求变的“心情”，为罪犯的教育转化有意识创设一种场合，使其在一种人为的环境关怀中，感受民警对自己的鼓励和希望，体验自己努力改造的成功和喜悦，强化改造的实践和训练，产生积极改变自我的需求和现实行动，激发参与改造的自觉性，促进罪犯能力、情感、意志和品质的完善和发展。

（二）教育矫治的个案化

必须遵循教育转化规律，关注罪犯个体差异性，坚持推进“一人一案一策”个别化矫治措施，寻找最适合、最有效的矫治方法和手段。教育转化过程中，我们不能简单地开展一些谈话教育，而应系统性、目标化，有计划、有目的、有侧重地进行。坚持做到循序渐进，通过先易后难、由点到面、由表及里、由此及彼等方法突出教育转化的可操作性和可行性。

（三）教育矫治的项目化

必须全面、深入、准确地掌握犯情，既要找准罪犯存在的改造问题、改造需求，又要发现罪犯内在积极心理，激发罪犯的积极改造意愿，从而有针对性地制定个别化矫治方案及矫治措施，确保罪犯的监管安全性和教育可塑性。要做深做细罪犯评估工作，让罪犯在希望中改造，找准罪犯的需要，合情合理合法满足这种需要，使罪犯感到自己被重视，自己的改造有前途，产生对新生活的希望，而不是消极混刑、自暴自弃，从而形成内在的、自觉的改造动力，实现改造效益的最大化。同时，我们承认和强调罪犯改造是有条件的，并不是对所有的罪犯“给出路”“给希望”，只有在罪犯能认罪悔罪、改造秩序良好的前提下，我们才能给罪犯希望；相反，如果罪犯不认罪悔罪、破坏改造，不仅不给希望，还要给予必要的惩罚。

（四）教育矫治的意义化

必须把罪犯价值观矫治贯穿始终，强化改造实践指导，让罪犯在教育转化过程中做到思想认识转变与行为习惯矫正相结合，追求知行合一。通过对罪犯错误认知和行为模式的矫正，逐步培养罪犯的守法心理和守法行为，并帮助罪犯培养树立正确的监狱“三观”，培养积极的人生“三观”。

（五）教育矫治的人文化

要注意营造狱内积极改造的氛围和环境，努力做到“风正气顺人和”，既有利于罪犯个体自身积极因素的激发和作用，又有利于环境氛围对罪犯个体改造的影响和塑造。

当然，这种“积极建构”教育转化模式在理论上略显粗糙和不成熟，在操作上可能存在不尽科学的地方，如：“积极建构”模式是不是适用于所有的罪犯，会不会因为操作不当而助长少数罪犯的消极改造或抗拒改造心理；如何消除可能带来的罪犯功利改造的思想，杜绝民警在管理教育罪犯中可能出现的一味求稳定、故意回避突出问题矛头等现象；民警如何通过启发、引导等手段来有效激发罪犯的改造主体性作用，促进罪犯自我改造；如何建立科学评价机制来检验、评价罪犯的改造成效，有效促进罪犯新认识、新态度、新行为的确立；如何借助狱内改造情境等手段，把民警的矫治目标与罪犯的改造需求有效地结合起来，让罪犯的改造变得“生活化”“学习化”，使罪犯对枯燥、逆反的改造感到有“乐趣”，进而乐于接受；如何使民警对罪犯的教育活动更富于意义，让罪犯在改造中获得成长，收获价值等。这些问题还有待于今后在罪犯价值观改造工作中不断完善和提高。

罪犯理性化认知矫治项目探索研究

——归因风格项目实施报告

上海市青浦监狱　徐纪兵　徐胜健

认知行为治疗(简称 CBT)得到越来越多的认可,在效果的检验上取得了广泛的支持。适用的多样性成为心理矫治理论上的重要参考。认知理性化矫治项目的出现正是基于该理论的流行,旨在促进服刑人员认知行为上的改变,通过聚集于罪犯风险评估的结果,开发相应的项目。本研究以归因风格为切入点,通过对服刑人员归因风格的干预,从而改变其行为、情绪,数据对比上取得了显著的效果,并利用个案的自我报告,为之后的项目实施提供经验的积累。

一、研究背景与意义

(一) 研究背景

当今刑罚理念的变化,已经转向了行刑个别化,对犯罪人择以科学的矫正方法,着力于对罪犯的具体情况予以合理化的处理,遏制其再犯能力,改变其犯罪人格。刑罚形势的变化要求监狱要转变思路,实现教育改造上的针对性,通过多样化的工作来实现行刑个别化。

社会上对于再犯的个案越来越关注,类似的恶性案件给司法体系带来空前的压力,使得监狱更加注意改造质量的研究,在提高改造质量上提出更高的要求。结合当前的工作,评估体系中风险需求评估工作的开展,体现我们对社会关注的回应,在评估中发现罪犯的需求,寻找合适的路径去满足,从而降低他们的再犯风险,进而减轻对于社会的压力,成为监狱未来重要的工作之一。

(二) 研究的意义

一是探索适合国内监狱的矫正项目,让矫正项目更具操作性,为矫治工作提供更多的方法。矫正项目的开发与运用成为重要的课题,虽然有国外司法领域先进的经验作为支撑，但是运用到中国本土，我们还面临着许多问题与挑战，通过认知的研究为矫正项目提供更多的思路。

二是增加对于归因风格的研究，归因风格对于服刑人员改造的影响进行实证探索。归因风格的存在，影响着我们日常的言行，对于服刑人员更不例外，利用项目化的实施，改变服刑人员对于归因的预期，对不良归因的干预，从而增加服刑人员改造的适应性。

二、课题研究综述

（一）矫正项目的综述

矫正项目是指向罪犯提供的、专门用来提供罪犯矫正和回归社会后成为守法公民的系统化、程序化、规范化的干预项目。

基于科学方法的矫正项目已经在西方司法领域有了长足的进步，在矫正的有效性方面积累了丰富的经验。例如，加拿大矫正局经过近 20 年的发展和修订，已经逐步形成了涉及文化知识、职业技术、药物滥用、暴力行为、生活技能等多方面的内容的一系列的矫正项目。当罪犯入监后，矫正官员便为其制定专门的矫正方案，而矫正方案的重要内容就是根据罪犯的犯罪经历、性格特点和需求、刑期长短等为其选择适当的矫正项目。研究与实践表明，这对于罪犯矫正具有显著的积极作用。这些矫正项目被美国、英国等国所采用或借鉴，在国际矫正界享有较高的声誉和较大的影响力。

矫正项目的开发与使用已经在我国部分监狱试点。借鉴境外的先进经验，结合中国传统的罪犯教育矫正方法，对开展矫正项目正在进行着有益的尝试，为中国监狱采用更为科学化、标准化的方法提供了更多的可能性。

（二）归因研究的综述

归因，顾名思义是指原因归属，即将行为和事件的结果归属于某种原因。通俗地讲，归因就是指寻找结果的原因，通过感知、思维、推理等内部信息加工过程而确定造成该结果的原因的认知活动。

1. 归因理论

归因理论是关于归因的观点、学说和模型，是指人们如何解释自己或他人的行为以及这种解释如何影响他们情绪、动机和行为的心理学理论。目前有两个领域:一是归因认知过程论,主要是人们如何进行归因?受什么样的因素影响?重点研究归因过程的机制。二是归因效果论,主要研究归因风格差异会引起人们情绪、动机和行为的哪些变化?对归因效果的研究拓宽了其广阔的应用前景。

2. 归因风格

归因风格是一个人具有的独特的归因方式以及由此产生的特有的归因倾向。归因风格按照不同的维度可以分为内部和内部的、稳定和不稳定的、普遍和特殊的三种。归因风格表现形式多种多样,一个人的一切人格特征都可以通过他们的归因方式折射出来。

一个人的归因风格可能是他的现实生活的真实写照,又可能是特定的归因偏向导致其偏离现实生活。通常我们针对归因风格中相对稳定的部分研究,并进行相应干预,达到我们的目的。

3. 归因风格训练研究

归因理论与日常生活有着紧密的联系,对于现实生活有重要的指导作用。Lewis 和 Daltroy(1990)就提出了归因理念对心理健康的重要作用,改善不恰当的归因,形成恰当的归因,改变归因的焦点,形成个人归因的特征。正是鉴于归因理论的指导作用,归因训练在归因研究中变得十分活跃。归因训练,是指通过一定的训练方法,对归因风格进行相应的干预,使人们掌握某种归因的技能,形成比较积极、合理的归因方式。其基本的原则是:归因的变化能引起动机的变化,动机的变化对行为产生直接的影响,改变了的行为又会形成新的归因,如此往复,最终达到行为改变的目的。

归因风格训练的方法有很多,常用的方法有以下几种:(1)团体训练法,通过团体的形式开展,在心理学专家或受训的专业带领者的引导下,通过团体的形式,让参与者发现自己归因的特点,利用多种形式的技术,如角色扮演、集体讨论等,让参与者了解归因方式对其生活的影响,从源头上改变其归因的认知方式。(2)强化矫正法,运用学习和强化原理,在归因训练中,对个体所以做出的积极、合理归因给予强化,促使其形成科学的归因方式。(3)观察学习法,让个体观看归因训练的影片,利用个体对归因行为的解释,对归因方式进行训练。

4. 归因与心理健康的关系研究

不良的归因模式与抑郁、攻击性、人际关系不良和动机不足的习得性无助密切相关。负性归因模式中与抑郁有关的类型，主要是对负性内在的、稳定的和全面的归因以及对正向事件的外在的、不稳定的和局部的归因。国外的早期研究就有许多涉及归因方式与心理健康的关系，如 Peterson 等指出，由于低自尊和抑郁高度相关，与一般人相比，情绪低落或抑郁的人倾向于将消极事件的结果归于内在的、个人的和必然的原因，而将积极的事件归于外在的、特殊的原因。日本的研究者 Shin ji Sakamoto 和 Masah iko Kambara(1998)对日本研究生所做的调查发现，不管是正性的事件还是负性的事件，采用消极的归因方式进行归因的人更容易感到压抑。

张学军研究了大学生归因方式与心理健康等的关系，大学生在对负性事件归因的内在性和外在性的维度、整体和局部维度的可控、不可控维度上得分越高，即越是感到原因是内在的、整体的、不可控的，那么心理健康水平的得分越低，就越容易出现心理障碍。而且，大学生所体验到的某一负性事件原因的不可控程度的大小，可以较准确地预测其心理健康状况。

从国内外研究可以看出，采取消极的归因方式的人更容易出现心理问题，从而影响到日常的生活和工作，采取积极的归因方式能够更好地应对各种问题，出现心理问题的情况概率较低。

（三）团体认知行为疗法

团体疗法的出现早于认知行为疗法。团体疗法拥有很长的历史，起源于精神病的心理动力学模式，更多体现经验性的团体。这与认知行为疗法提倡的科学实践相反，团体的有效性证据并不明确。

团体认知行为疗法除了具有团体疗法的优点以外，还具有认知行为疗法上特异性的因素：

(1) 治疗师能够通过团体中成员实际的例子来解释想法、情绪之间的关系，更容易被成员理解和接受。团体成员能很容易地辨认出他人的歪曲信念，从而促进他对于自己的认知模式的认识和评价。

(2) 认知行为疗法使用指导性发现的方法挑战成员的不合理观念。在个体治疗中这种做法会有困难，但在团体中这种方法的效果不会受到明显影响，团体成员存在的问题肯定有重叠部分，虽然有时候集中讨论的是某个成员的问题，其他人也会从中受益。

(3) 团体治疗的目标清晰、明确，具有可观测性和可把握性，且辅导的目标不只限于在团体结束时，成员对特定情境的应对行为与想法有所改变，同时也重视在团体外与团体结束后的情境都能持续保持这些效果。

(4) 认知行为团体辅导采用的是一种短期治疗的方式，以问题为导向、关注现在、限定治疗目标，这都使得在短期的团体辅导中获得预期疗效成为可能。

三、研究方法与方法设计

(一) 研究对象

本次研究从 100 名服刑人员中进行初步的筛选，根据测试量表的结果，最后选择 24 名服刑人员为被试，并将这 24 名被试随机分为实验组和对照组，各 12 名。

(二) 研究程序

研究程序分为实验前测试、归因干预训练和实验后测试三个阶段。

第一阶段：实验前测试。对两个组进行实验前测试，24 人分别进行 BECK 抑郁自评问卷(BDI)和一般自我效能感量表(GSES)。

第二阶段：干预阶段。实验组进行归因风格干预训练，干预材料为编写的归因风格矫正项目，对实验组进行为期 10 次的干预，通过团体认知行为的方式进行。

对照组不进行任何训练。

第三阶段：实验后测试。训练结束后一周，实验组和对照组均参与测试，再次施测 BECK 抑郁自评问卷(BDI)和一般自我效能感量表(GSES)。

(三) 研究工具

本次项目研究工具通过定量与定性的方式，用数据统计的方式和自我陈述的方式来实现对整个项目的评估。

1. 量表评估工具

(1) BECK 抑郁自评问卷(BDI)。Beck 将抑郁表述为 21 个“症状—态度类别”，通过对症状的自评，来判断抑郁的程度。每一分数只有一种描述，而 21 个类别的每类都分四级评分，总分范围为 0—63。内部一致性：奇、偶数分半信度系数为 0.86(Spearman-Brown 相关系数为 0.93)。重测一致性:该量表在数周内重测的稳定系数通常为 0.70—0.80。

(2) 一般自我效能感量表(GSES)。一般自我效能感量表(General Self-Efficacy Scale, GSES),共 10 个项目,涉及个体遇到挫折或困难时的自信心。比如"遇到困难时,我总是能找到解决问题的办法"。GSES 采用李克特 4 点量表形式,各项目均为 1—4 评分。根据研究报告,在不同文化(国家)的多次测定中,GSES 的内部一致性系数在 0.75—0.91,一直有良好的信度和效度(汇聚效度和区分效度)。

2. 定性的研究

定性研究是研究者用来定义问题或处理问题的途径。具体目的是深入研究对象的具体特征或行为,进一步探讨其产生的原因。如果说定量研究解决"是什么"的问题,那么定性研究解决的就是"为什么"的问题。将个体在整个项目中的表现变化的过程,真实地呈现出来,发现他们变化后面的原因。

(四) 归因风格矫正项目

归因风格矫正项目作为因变量,干预实验组整个的归因风格,探索矫正项目的有效性与科学性。项目设计为 10 次的活动,活动将以认知行为团体形式进行,主要把归因风格作为认知行为改变的关键,通过构建合理化的归因来创造良好的心境。矫正项目活动方案简介如表 1 所示。

表 1　以归因风格为主认知行为团体矫正方案

次数/名称	活动内容	家庭作业
活动开始访谈	● 介绍项目的基本情况 ● 团体需要注意事项 ● 回答所有的问题并表达关注	书写团体期待
第一次 归因项目介绍	● 介绍团体成员 ● 整个项目具体的流程 ● 归因风格的基本知识 ● 制定团体承诺书	团体感受和对归因的认识
第二次 团体凝聚力	● 回顾家庭作业 ● 团体成员深入的了解(利用小游戏) ● 让活动与归因结合	团体感受 归因的故事

（续表）

次数/名称	活动内容	家庭作业
第三次 归因风格 识别	● 回顾家庭作业 ● 归因风格的测试 ● 个体对归因风格的觉知	团体感受 归因风格的形成原因自我分析
第四次 归因风格 形成	● 回顾家庭作业 ● 了解归因风格形成的原因 ● 重点对形成原因进行探索 ● 团体共同分享对原因的理解	团体感受 从归因的角度来书写个人成长经历
第五次 归因风格 影响	● 回顾家庭作业 ● 归因对于情绪的影响 ● 团体讨论同一情景下个体如何归因 ● 呈现不同归因的结果	团体感受
第六次 归因风格 影响	● 回顾家庭作业 ● 介绍关于归因的理论 ● 团体中成员从认知的角度，发现归因的问题	团体感受
第七次 归因训练	● 回顾家庭作业 ● 介绍归因训练的作用 ● 改变习得性无助的方法 ● 认知上对于归因的认识	团体感受 归因重构后的事件
第八次 归因训练	● 回顾家庭作业 ● 自我效能感的训练 ● 团体中讨论归因中的问题	团体感受
第九次 结束	● 回顾家庭作业 ● 分享团体中的收获 ● 讨论如何强化团体中的收获 ● 后期团体的干预计划	

（五）数据统计工具

本研究中所有数据由 SPSS18.0 统计软件处理。

四、研究结果

（一）数据分析结果

实验组与对照组的分组应该体现随机原则，并且在人员的组成上保持有同质性，在同质性的基础上，经过矫正项目的干预后，数据的差异性会更有说服力，具体情况如表 2 所示。

表 2　实验组与对照组量表前测得分

	组　别	N	M	df	t	p
抑郁	实验组	12	10.25	11	0.68	0.48
	对照组	12	10.78	11		
自我效能感	实验组	12	5.40	11	0.94	0.37
	对照组	12	5.74	11		

对实验组和对照组进行差异性检验，结果如表 2：在抑郁和自我效能感的得分上，实验组和对照组并没有显著性的差异，接受零假设，认定两组被试来自同一样本，并没有差异。

经过矫正项目的干预后，对实验组和对照组进行再次的测验，结果进行数据检验，具体结果如表 3、表 4、表 5 所示。

表 3　实验组前后测结果数据分析结果

	组　别	N	M	df	t	p
抑郁	前测	12	10.25±0.35	11	3.01*	0.01
	后测	12	7.74±0.45	11		
自我效能感	前测	12	5.40±0.34	11	4.14**	0.008
	后测	12	8.98±0.29	11		

注：* 表示 $p<0.05$，** 表示 $p<0.01$，*** 表示 $p<0.001$。下同。

表 4　对照组前后测结果数据分析结果

	组　别	N	M	df	t	p
抑郁	前测	12	10.78±0.27	11	0.87	0.4
	后测	12	11±0.35	11		
自我效能感	前测	12	5.74±0.54	11	1.3	0.2
	后测	12	6.55±0.47	11		

表 5　实验组与对照组后测结果数据分析结果

	组　别	N	M	df	t	p
抑郁	实验组	12	7.74±0.45	11	2.5*	0.04
	对照组	12	11±0.35	11		
自我效能感	实验组	12	8.98±0.29	11	2.78*	0.018
	对照组	12	6.55±0.47	11		

实验组和对照组数据结果显示：实验组在经过实验处理、干预后在抑郁得分上有显著性差异（p＜0.05），在自我效能感得分上有显著性的差异（p＜0.05）。从数据的结果上可以看到，实验组干预后的结果显著性高于前测。而对照组的数据结果，显示在没有进行任何干预的情况下，并没有出现显著性差异。由表5可知，实验组与对照组后测结果发现，在抑郁和自我效能感的得分上存在着显著性的差异，说明两组取样并不是来自一个群体。

综上所述，通过归因风格项目矫正后，通过抑郁和自我效能感量表测量结果的显著性分析表明：归因风格的矫正项目对于缓解服刑人员抑郁的情绪、提升服刑人员的自我效能感有显著的效果。

（二）团体活动效果评估效果

实验组被试对团体活动的评价（见表6）如下：从对改善抑郁情况和自我效能感的效果来看，在参加团体活动后有73.5％的成员认为此次团体活动帮助非常大，62.5％的成员认为在认识自我归因风格上对自己有很大帮助。

从对团体的接受度上来看，有86.5％的成员非常喜欢这个团体，认为团体的凝聚力非常强（60.5％）。从团体活动实施效果来看，86.5％的成员非常喜欢活动的内容和形式，很好地达成了每次的活动目标（非常好72.5％，比较好27.5％）。在团体中的成员都有自己不同的收获，尤其是在归因风格上的自我认识，让成员们都期待能有下一次的团体活动，团体的期待程度达到了80％。

表6　团体活动效果评估表

题　　目	选项	结果(％)
1. 你是否喜欢参加这个团体	A. 非常喜欢	83.75
	B. 比较喜欢	16.25
	C. 不喜欢	0
2. 这个团体的凝聚力如何	A. 非常强	60.5
	B. 比较强	39.5
	C. 不强	0
3. 参加这个团体，对你了解自己的归因风格	A. 有很大帮助	62.5
	B. 有一些帮助	37.5
	C. 没有帮助	0
4. 这次活动对于你了解归因的问题，改变归因问题	A. 有很大帮助	58
	B. 有一些帮助	42
	C. 没有帮助	0

（续表）

题　　目	选项	结果(%)
5. 参加这个团体活动后，你的情绪和自信心	A. 有很大提高	73.5
	B. 有一些提高	26.5
	C. 没有提高	0
6. 你对这个团体活动的内容和形式	A. 非常喜欢	86.5
	B. 比较喜欢	13.5
	C. 不喜欢	0
7. 团体活动目标的达成程度	A. 非常好	72.5
	B. 比较好	27.5
	C. 不好	0
8. 参加这个团体活动对你的帮助	A. 非常大	60.0
	B. 比较大	35.5
	C. 不大	4.5
9. 团体影响或改变了对归因的看法	A. 非常大	30.0
	B. 比较大	60.0
	C. 没有	10.0
10. 如果再次开展类似的团体活动你愿意参加吗？	A. 肯定参加	80.0
	B. 很想参加	20.0
	C. 不想参加	0

（三）定性研究结果

在项目的开展过程中，定性的研究一直在进行中，通过服刑人员的家庭作业项目的开展过程中带领者的体验、服刑人员所在监区的反馈中，收集了大量的原始资料，将其中一部分摘录出来，反映整个项目的效果。

1. 团体成员的反馈

成员在描写他们参与归因风格的收获与感受，具体内容摘录如下。

某成员：

每次参加团体活动后，内心总有些变化，尤其是对周围生活的态度，慢慢尝试着用更多的角度来解释，这么长的刑期，真正需要面对的还是我们自己，还是需要改变自己。人生有太多因素存在着，有先天的，有后天的，有努力达到的，有些还有运气的成分。其实抛开这些归根结底都是一个人所想的，每个人想法不同，注定导致了结果也不同。

某成员：

团体是关于如何进行归因的活动，关于归因其实我们每个人都在经历着类似的活动，比如今天我们讨论的话题，羡慕和嫉妒在服刑期间会一直存在，过去我会很有想法，有感觉到不公平。经过几次对于归因的讨论，回想自己的成长经历，想想成功与失败的过往，自己经常会陷入不良的情绪里，但是看到他们的成功，我现在会把他们的小成就归因为他们的努力，我努力其实也可以达到，日常改造中，换成这样的思考方式，我也会把成败看得更坦然。

某成员：

我认为人与人之间的差距多种多样，有些人认命，有些人会面对其中的差距，通过自己的努力，拼搏去弥补不足。像我们这些有罪之人，要清楚地认识自己的罪行所带来的伤害。如果还是要用命运这样的言语来当借口，就是不正确的归因，正确的方法应该是认识到自己因为犯了错，所以会承受失去自由的日子。

2. 监区民警反馈

在项目进行中，针对个别服刑人员的表现，对监区负责民警进行了专门的回访，询问其在日常改造中有没有特别的变化。

民警 A 反馈：

对于这个归因的团体矫正项目，监区对于该名罪犯并没有太大的希望，只是希望让他能够在不同的环境中感受一下。该犯一直情绪比较低落，人际关系比较紧张，不知道如何和他人交往。经过这段时间活动，感觉他的情绪有很大的转变，在监组里与同犯有了更多的交流，监组里犯人也反映该犯近期变化较大，没有那么较真了。

民警B反馈：

这名罪犯在监组里一直比较沉默，在他的周记里表达自己目前的压抑状态。该犯在各个方面比较自卑，觉得自己什么都不好，有点自暴自弃的感觉。最近一段时间，他在周记里表达自己在团体里感受，以前他一直都会把自己的失败归为自己能力不足，但是在团体中，他在别人身上看到不一样的自己，觉得还是有许多可取之处，失败更多可能是还没有正确认识自己，没有努力争取。近期，他也在监区组织的活动中，参加了歌唱比赛，得到了一致的好评。

3. 带领者体验

带领者A反馈：

作为一名带领者，见证整个团体的开始与结束，最大的感触就是团体中每个成员的转变。本次项目的目标是通过认知行为疗法来看归因风格作用，在活动中，团体共同回顾了归因风格形成，深刻地体会归因风格影响到日常的方方面面。例如，自我贬低的人把所有原因归为自己，忽视了长处；有些人将所有原因归为外部，看不到自己的缺点。在团体交流中，能够认识到问题的存在，慢慢发现自己在归因上的盲目性，不断在团体中调整归因方式。归因方式其实并没有对与错，偏向那一边过多都会有问题，因此合理的归因方式更多地是灵活性与现实性的结合。

五、分析与结论

（一）分析与讨论

1. 归因风格矫正项目效果检验分析

研究数据表明，经过矫正项目的干预，参与团体的服刑人员在抑郁和自我效能感上的得分有显著性变化。前测结果显示，实验组与对照组的选取上并没有显著性差异，说明两组被试来自同一群体。经过3个月的归因风格干预，再次对实验组与对照组进行测试，实验组在抑郁和自我效能感的分数上有明显的变化，达到了显著性水平。实验组与对照组的检验数据显示，两组被试有显著性差异。以上的数据分析结果说明，本矫正项目实施是有效的。

在团体活动效果评估表的数据也表明：实验组的被试认为，此次团体的活动让他们能够认识到自己归因风格形成，以及对他们的影响。促使他们调整归因方式，采用更合理的认知方式来面对改造中的问题，情绪方面得到了改善，自我评估上有较多的改进。

在定性研究结果上，通过三个方面的渠道，即成员的自我报告、主管民警的反馈、带领者的体验。从文字表述上，能够看出该矫正项目对于实验组成员有明显的影响，成员们在支持性的氛围中，表达自己、探索自己，讨论归因对他们的影响，并在改造中尝试用新的归因方式。

以上定量和定性的结果表明，归因风格矫正项目能够对归因风格的干预达到服刑人员抑郁和自我效能感的显著改变。

2. 矫正项目实施的思索

矫正项目是专门用来实现罪犯某个具体矫正目标的系统化、程序化、规范化、可操作性的干预措施或课程，具有科学性、专业性、多学科性、规范性、整合性和开放性等特征。一个有效的矫正项目，无论是对象的选择、内容设计，还是基础原理、干预方式等都应该从客观实际出发，不能脱离服刑人员的实际需求，比如：归因风格的矫正项目，在设计时就应该考虑服刑人员中存在着哪些归因上的问题，这些归因问题有什么现实表现？与他们的改造有什么关联？对他们以后不再重新犯罪起什么作用？这些都要在项目中体现出来，在干预中引导罪犯思考类似的问题。

3. 服刑人员归因风格现状思考

归因风格矫正项目实施过程中，归因风格从理论到实践有更多的体会，参与矫正项目的成员大多持有消极的归因方式，在归因风格形成讨论中，父母对于成员影响占了很大比重，社会性学习比如直接模仿和从父母的反馈中得来。受到虐待，尤其是情感上的虐待也是归因方式形成的原因之一。消极的归因方式进而影响了成员日常的生活，情绪、自尊、社会交往、亲密关系上都会受到消极归因方式的影响。

4. 归因风格与认知行为疗法

认知行为疗法已经得到越来越多的认可，归因风格的训练属于认知行为疗法，但是临床上，归因方式并没有像认知歪曲一样得到心理工作者的足够重视。

归因方式是一个相对稳定而又可以变化的特质，这一特点保证它的可测量性和可控制性，通过归因训练能够实现对归因方式的干预，具有重要的现实意义。

（二）研究结论

经过研究分析与讨论，归因风格的矫正项目实施结论如下：

第一，以归因风格为基础的认知行为团体，对服刑人员的抑郁和自我效能感有显著性的改变，能为参与的服刑人员带来积极的变化。从研究的结果来看，认知行为疗法能够有效地改善服刑人员的心理健康水平，提高他们的适应能力，同时认知行为疗法的针对性较强，能够从不同层面上响应服刑人员的需要，效率较高。

第二，矫正项目作为新兴的矫正形式，因其科学性、规范性、专业性，从而比一般的教育项目有更好的矫正效果，为监狱教育改造工作提供了多一种的选择。

第三，服刑人员在归因方式上的问题在一定程度上导致了服刑改造中的适应问题，同时也是回归社会重新犯罪重要的因素。因此，在归因训练上还有很多领域需要我们去探索。

此次研究取得一点成果，但是从更深远的角度来看，依然存在着许多亟待解决的问题：一是此次矫正项目的被试人数过少，在一定程度上会对项目效果有影响，在项目的效度与信度水平上都还需要进一步的研究；二是归因风格具有相对的稳定性，单凭几个月的时间，能否真正改变他们的归因风格，还需要时间的检验；三是矫正项目的效果评估问题，或是改造质量的评估问题，一直是此类矫正项目所无法回避的。尽管有定量的分析、有定性的研究，但是在监禁环境下，干扰的因素、无关的变量太多，真正有效与否，在我们心中还会打一个问号，同时这也是督促我们不断改进矫正方法的动力。

附录一：××监狱归因训练矫治项目方案

一、概述

归因风格是积极心理学研究的重要领域。归因风格是指个体在过去经验和当前期望的基础上，对不同的事件或行为以一种相似或习惯性的方式做出的原因推理的倾向性。归因风格是个体人格特征的重要表现形式之一，具有较大的个体差异；归因风格的差异导致了个体在对待问题上着眼点的不同，从而体现了明显的行为差异，进而影响到个体的心理健康水平。归因理论已被广泛应用于教育、医疗、管理等各个领域，针对再犯风险较高的服刑人员提供归因训练，已经有成熟的实践经验。

（一）适用对象

主要针对在服刑改造中有归因方面问题，或者在犯因性因素明显存在归因不当的服刑人员。

（二）工作原理

本矫正项目主要从两个方面入手：一是认知行为疗法的基本理论，通过行为表现背后认知上的问题来发现问题；二是归因理论的学习，让服刑人员不断接触与归因有关的理论，结合自身的经历，发现自我归因上的问题。

二、实务操作

（一）人员的选择

1. 人员选择的原则

✓ 通过监狱局再犯风险评估调查表达到中度以上危险等级的服刑人员，并且在与归因相关的因子上得分较高，如早期社会化问题、家庭婚姻、同伴交往、人格特点等因子。

✓ 文化水平达到初中，能够完成文字的书写。

✓ 身体健康，能够坚持完成长期的项目。

2. 人员选择的方法

✓ 根据监区评估员风险评估的结果进行初步筛选，将中度以上的服刑人员纳入初始名单中。

✓ 将初始名单中分数按相关因子排列，根据影响归因的重要因子（早期社会化问题、家庭婚姻、同伴交往、人格特点、犯罪助长），确定人员名单。

✓ 进行结构化访谈，重点关注服刑人员的归因风格的问题。访谈重点了解对象关于自我归因的看法。访谈的内容重点如下：

- 在你的成长过程中，你觉得有什么时候自己很成功？如果有，详细地讲述；如果没有，为什么觉得自己不成功？（重点关注个体如何解释自己的成功与失败，从而判断归因风格）
- 你觉得一个人能够控制自己的人生吗？
- 对于此次犯罪，你能够客观地分析一下吗？（具体了解个体将犯罪的原因归为客观与主观）。
- 当你的人生陷入低谷时，你是否觉得自己没有想象中那么优秀？

✓ 结合监区民警意见、了解他犯的反映等信息，最后确定项目的人选。

3. 排除的原则

在人员的选择上，根据项目的需求排除那些不合适的人选，避免他们的存在对项目进行产生负面的影响。

➢ 正经历着急性生活危机的服刑人员，他们更适合个体的危机干预，如自杀、严重的抑郁。

➢ 个体言语不多，缺乏必要的心理领悟性的个体。

➢ 有严重精神问题、具有严重暴力倾向、行为很难预测和控制、有多次暴力违纪行为的个体。

表 1　人员信息表

<table>
<tr><td>姓名</td><td></td><td>年龄</td><td></td><td>罪名</td><td></td><td>学历</td><td></td><td>刑期</td><td></td></tr>
<tr><td colspan="3">风险评估分数及等级</td><td colspan="2"></td><td></td><td>身体状况</td><td></td><td></td><td></td></tr>
<tr><td colspan="3">风险评估因子</td><td colspan="2">分数</td><td></td><td colspan="2">现实改造表现</td><td colspan="2">评估①</td></tr>
<tr><td colspan="3">早期社会化问题</td><td colspan="2"></td><td></td><td colspan="2">人际关系</td><td colspan="2"></td></tr>
<tr><td colspan="3">家庭婚姻</td><td colspan="2"></td><td></td><td colspan="2">遵规守纪</td><td colspan="2"></td></tr>
<tr><td colspan="3">同伴交往</td><td colspan="2"></td><td></td><td colspan="2">劳动表现</td><td colspan="2"></td></tr>
<tr><td colspan="3">犯罪助长</td><td colspan="2"></td><td></td><td colspan="2">思想偏执</td><td colspan="2"></td></tr>
<tr><td colspan="3">行为模式</td><td colspan="2"></td><td></td><td colspan="2"></td><td colspan="2"></td></tr>
<tr><td colspan="3">人格特点</td><td colspan="2"></td><td></td><td colspan="2"></td><td colspan="2"></td></tr>
<tr><td colspan="3">综合评估结果②</td><td colspan="7"></td></tr>
</table>

注：①评估具体操作为日常表现，0＝表现好，1＝表现一般，2＝表现差。②综合评估结果有否排除的问题出现，确定是否适合参加项目矫治。

（二）课程一：归因项目的介绍

1. 课程的内容

让服刑人员对项目各个方面有更多的认识，具体从几个方面来讲：

✓ 归因风格的介绍、意义。

✓ 项目整个流程简介。

2. 课程的注意事项

活动的第一次要让服刑人员对项目与归因风格有全面的了解，让服刑人员能够将心中对于项目的问题都得到充分的解答，提高服刑人员参与的积极性。

3. 课程一的流程

➢ 此次活动将以围坐的形式，所有人围成一圈。

➢ 带领者的自我介绍：

大家好，我是×××，这次归因为主题的活动将由我来主持，在接下来的一段时间，将由我和大家一起探索归因风格是如何在我们生活中发挥作用的。

（每次的解释后都要给服刑人员提问的时间，充分表达自己的意见。）

➢ 下面我为大家介绍一下归因风格是什么？（此处可以通过讨论的方式形成归因的认识）

在大家的观念里，什么是归因？我们在什么地方会用到归因？能不能举个关于归因的例子？（鼓励服刑人员讨论，让他们能够表达出对于归因的认识）

（对服刑人员的讨论给予积极的肯定）

➢ 对服刑人员的讨论进行一定的总结，并给出一个正式的关于归因的解释。

前面大家进行了具体的讨论，每个人都对归因有了自己的认识，那么归因是什么呢？归因是指人们对他人或自己的行为结果进行分析，指出其性质或其原因的过程，它在我们日常的生活中普通存在，是十分重要的认知现象。可以说归因无处不在。当具体到目前我们现在的环境，每个人首先会考虑的问题：我为什么会犯罪？是外界环境的原因，还是自身的原因，或者是其他原因？我相信每个人的答案是不一样的。

➢ 服刑人员可能心中还会存在着疑惑，我们为什么要学习归因呢？

听了关于归因的介绍，可能有服刑人员心中会想，学习归因的意义是什么？我觉得有两个方面的原因：第一，每个人都有一个固定的归因风格，这是一种习惯性的倾向，让我们面对外界的时候用某种模式来应对。如果这倾向性出现了偏差，会对现实环境产生曲解，无法正确地理解外界。第二，归因风格的存在与我们情绪体验、行为息息相关。乐观型归因风格与悲观型的归因风格最后的行为方式是相反的。至于什么是乐观与悲观的区别，我们将在后面的活动中，有更详细的体验。

➢ 对归因进行初步的解释后，下一步将对项目整个流程进行说明。

此次整个的项目将进行 9 次，每次 1.5 个小时，我们将会在固定的时间、固定的场所内进行，要求每个人都能够准时参加，每次活动的形式不会固定不变。

➢ 在项目的过程中，保密与安全的氛围相当重要，在这样的环境中，我们可以更开放地讨论问题。因此要强调保密原则，但考虑到监狱的特殊环境，要有特殊的非保密事件。

以后的很长一段时间里，我们都会在固定的时间见面，可以说我们是一个团体，团体是为大家而成立的，希望每个人能够放开自己，勇敢地表达自己的感受，虽然这些行为会带来风险，但是风险与收获是呈正比的。同时，我要强调保密的原则，团体发生的事情都留在团体里，任何人都不能泄露出去，这是每个人必须要承诺的。但是，当发生涉及生命危险、危及他人或监狱安全的事情时，保密原则就不适用了。

（此处要重点与服刑人员讨论关于勇敢表达自己感受及保密的问题，如可以询问服刑人员怎么看待表达自己，如何保证不会泄露别人的隐私）

➢ 最后的一步是共同签团体承诺书。

表 2　团体承诺书

归因团体承诺书

欢迎你参加本团体！为了保障我们每个小组成员的权益，也为了保证我们小组顺利进行，我们共同达成了以下契约，请详阅后签名：

保密。小组成员全体须遵守团体保密约定，不得泄露其他成员之身份、资料与分享内容等。在团体里的所有事情都请留在团体里。

在场。准时到场，整场时间都待在那里。

安全。小组成员不做伤害自己或他人的言行举止，保证彼此的身心安全；若小组成员有威胁自己或他人的人身安全的情况发生，会采取危机干预，并报备监狱和监区。

尊重。尊重团体里每个人，看到别人的努力。

真诚。表达内心所想，不必有太多的顾忌。

改变。跳出自己舒适的区域，尝试新的变化。

我们的团体目标是：体验、探索、相伴、成长！

团体成员签名：

团体带领者签名：

(三) 课程二:团体成员的熟悉

1. 课程目标

成员之间的联系程度会影响到整个项目的进行,应提供足够的时间和机会让成员进一步互相了解,营造积极的团体氛围,成为课程二的重要的目标。

2. 课程注意事项

此次课程是服刑人员真正开始互动的阶段,服刑人员会存在如何坦露的焦虑。力求通过简单的活动,让服刑人员能够放松下来。活动进行中要注意从两个方面来引导服刑人员的思路:一个是对团体的理解,也就是对于其他参与服刑人员的理解;二是对于参与者本人自身的反思。最后,通过反思与分享,让参与者能够从归因的角度来看待今天的过程。

3. 课程二的流程

➢ 团体准备就绪,准时开始

开场语:经历上一次的介绍,相信大家对于整个项目有了初步的了解,也都在期待着我们活动的进行。今天的活动是互相熟悉的过程,达到了解其他人、了解自己的目的,并且时刻要与归因的主题结合起来。

➢ 第一个活动,我的铭牌

活动简介:为每个成员制作铭牌。在活动开始的时候,每个人发一张铭牌,确保成员不能拿到自己的铭牌;确认完毕后,开始寻找自己的铭牌,当找到拿自己铭牌的成员时,询问他,你感兴趣的3个问题;等每个人拿到自己铭牌后,大家回到自己的位置。然后,从某个位置开始,成员开始介绍拿到自己的铭牌的另外一个人。等所有的人被介绍到,活动结束。

➢ 活动的分享

活动已经结束了,相信大家对在座的其他人有了更多的了解,我想听一下大家对于活动的一些感受,有谁愿意与大家分享自己的感受?

第一次的分享环节,可能会出现无人主动分享的情况,此时要通过前期了解的成员的特点,选择主动性比较强的个体,并要让所有人都有机会发言。

➢ 引导活动与归因结合在一起

前面大家各自分享了活动的体会，在活动中，许多人都会在脑海里出现关于归因的念头，比如说，当被问到3个问题的时候，个体会想为什么他会问我这样的问题，从而会产生一系列的想法，并且会有情绪的变化。大家可以回想活动的过程，你在哪个时刻产生了类似的思想过程。有谁愿意与我们大家讲一下。

此处要尽量让服刑人员在把归因的与日常的生活结合在一起。

➢ 第二个活动：同心协力

活动简介：这是一个很有意思的游戏，可以调动参与者的兴趣，并且能让他们从游戏中体会友谊和协作的乐趣。同时，可以让每个人从团体和个体的角度来看到自己所处的位置和任用，并且会反思成功与失败的原因。

游戏规则和程序：

1. 将学员分成几个小组，每组在5人以上为佳。
2. 每组先派出两名学员，背靠背坐在地上。
3. 两人双臂相互交叉，合力使双方一同站起。
4. 以此类推，每组每次增加一人，如果尝试失败需再来一次，直到成功才可再加一人。
5. 带领者在旁观看，选出人数最多且用时最少的一组为优胜。

➢ 活动分享

看来大家对这个游戏很投入，都在为团队的胜利付出努力，每个人都会有不同的感受，我想听听大家的想法？

活动分享可以从以下几个角度来导入：

✓ 你能仅靠一个人的力量就完成起立的动作吗？

✓ 如果参加游戏的队员能够保持动作协调一致，这个任务是不是更容易完成？为什么？

✓ 你们是否想过用一些办法来保证队员之间动作协调一致？

➢ 与归因有关的话题讨论

只要涉及成功与失败的问题，每个人都会有自己的判断，就如刚才的游戏。当你成功了，你是如何看待成功的？成功是运气还是实力？成功是与你有关，还是与你无关？当你失败了，有没有觉得是自己或别人的错？这个游戏你想到什么？

➢ 结束语

经过我们讨论，每个人会在归因这个问题上有了更多的考虑，无论是你如何去思考别人的动机，还是如何面对成功与失败？都时刻在表现出你的归因风格。你对自己的归因有更清楚的认识了吗？给大家留下一个作业，下一次活动，每个人带一个和自己归因有关的故事在这个团体里与大家分享。期待我们下一次的相遇！

（四）课程三：归因风格的识别

1. 课程目标

不同因素的作用下，形成了个体不同的风格，归因风格是个性当中重要的倾向性之一，让每个人深入了解自己的风格特点，才能更好地看到归因对于日常改造的影响，以及如何纠正错误归因，树立正确的归因方式。

2. 课程注意事项

此次课程重点放在了解个体自身的归因风格。由于归因属于倾向性的特点，将结合自我表述和问卷的方式来实现课程的目的。在活动中，要让服刑人员积极表达自己归因的方式，引导个体能够发现之前没有注意的细节，同时要让参与活动服刑人员认识到其他人归因风格的不同，从归因风格上来实现对于他人行为的理解。

3. 课程三的流程

➢ 活动开场

如：大家好，这是我们第 4 次活动，相信大家已经有了更进一步的熟悉。最近一段时间里有没有什么想要与大家分享的事情，或你想在这里说的心情。请大家聊一聊吧。

每次活动开场，最好以近期的情况开场，服刑人员最近的改造情况，有什么需要大家一起分享的，创造良好的活动氛围。

➢ 作业回顾

上次活动,给大家留下了关于自我归因的作业,要求大家每个人说说自己归因的事情。好了,下面的时间交给你们,听听大家的归因的故事。

保证每个人都能把自己关于归因的故事都表达出来,让他们在表达中对于归因有更多的体会。在交流中要有适当的引导,如如何对待失败、如何对待别人的言论?同时要让其他人分享对于故事的感受。

➢ 我的归因风格是什么?

大家已经充分表达了自己故事,也听到其他人对你的反馈,我想很多人会想知道自己的归因风格是什么?想得到一个确定的答案!那我们就通过量表的形式来测试一下,看看结果是不是和你想象的一样?

➢ 问卷测试

下面是关于归因风格的量表,每个人根据自己的第一感觉来完成,然后我们来看看最后的结果是什么?

➢ 测试结果解释

大家所做的量表是关于内归因和外归因的测试,主要是通过一些问题看看你是把成败或结果归为内部原因还是外部原因。内部的原因是指个人相信自己对结果负有责任,即相信个人的行、性格、才能等是个人经历的决定因素;外部原因是指个人所得结果是由外部原因决定的,如运气、社会关系、他人或其他因素。

➢ 结果讨论

相信大家已经知道自己的结果,当看到最后结果你有什么感想,和你想象是一样的吗?是选择内归因还是外归因?不同的选择会有不同的行为结果和情绪体验。 下次课程中,我们要弄清楚为什么我们会形成现在的归因风格?

（五）课程四：归因风格的形成

1. 课程目标

每个人的归因各不相同，了解归因形成的原因，让个体知道为什么会存在着这样的不同，能够更真实地认清自己的问题所在。正是我们不同的成长轨迹，才会让我们变成不同的个体。

2. 课程注意事项

本次活动的主要目的是通过对于原因的探索来了解每个人成长的过去，重点要让每个参与者都能思考几个重要的因素。要深入讨论每个话题，不要浮在表面，让每个人都能把几个原因深入地讨论下去。

3. 课程四的流程

➢ 开场

我们的课程已经进行了有一段时间了，我相信大家肯定有了各自不同的体会，那么最近大家有什么想要分享的东西？或者最近发生什么事情让你感受很多，想要与大家一起讨论的？

➢ 引入正题

大家都已经知道归因的风格，但是我们的归因风格是如何形成的？是什么因素让我们成为现在的自己。下面我们通过一个小小的案例来看看吧。

案例一

儿子：妈妈，我今天考试成绩出来了，还是不及格。 妈妈：你啊，和你爸爸一样，就是笨，真是没救了，脑子不好使，妈以后也不指望你考试能有多好了！你这辈子估计就这样了！

案例二

儿子：妈妈，我今天考试成绩出来，还是不及格。 妈妈：你现在心里肯定不高兴吧，我看到你已经为这个考试准备了好长时间，你努力了就好，下次继续努力，妈妈不会把结果看得太重的。

➢ 讨论与分享

当大家听这两个对话后，会有什么样的感想？你的父母是什么样的类型，当你面对失败的时候，他们是怎样对待你的？

让每个服刑人员讨论这个话题，尽量让他们表达自己的看法。

➢ 总结

父母教养方式对个体归因式有重要的影响。有的家庭对子女娇生惯养，容易使孩子形成自私自利的归因风格，总将好的结果归于自己，而将坏的结果归于外部因素。有的家庭对子女的期望和要求往往超出了他们的能力，当孩子失败时总是斥责他们，久而久之就会使他们形成自责的归因风格。研究认为，父母的归因风格，尤其是母亲的归因风格与其子女的归因风格有一定的相关性。

案例三

A：老师，为什么我怎么努力还是没有达到目标呢？
B：同学，老师知道你的目标是什么，你现在的水平与目标的差距是有点大，但是你有没有看到经过你的努力，差距正在变小，进步并不是一蹴而就的，是一点点累积而成的。

案例四

A：老师，我感觉班里其他的同学老是在针对我？我好像并没有做错什么？
B：你有没有问过其他人，他们是怎么样评价你的？你觉得他们针对你，是根据什么得出来的结论啊？

➢ 总结

学校是一个人成长的重要场所，学校环境、同辈群体尤其是教师对学生归因风格的形成有重要的影响作用。教师的教育方式，特别是反馈方式对儿童的归因风格影响极大。老师经常性的表扬对儿童乐观型归因风格有重要影响。
家庭、学校都会对你的归因方式有重要的影响，那么除了这些，你觉得还有什么因素对归因的形成有重要的作用。

引导服刑人员从自身的经历，如心理的创伤、生活的环境等展开讨论，使讨论更全面深入。

➢ 结束语

今天我们通过案例和讨论，对于归因的形成有了更全面的认识，每个人可能都会对照自己的生活，来反思自己为什么成为现在的自己。知道真实的自己，对于未来的生活会有更多的益处。今天给大家留下一份作业，就是书写自己的成长经历，主要是以归因的视角构成。在下一次课程里我们将一起分享，同时还要讨论归因风格是如何影响我们的情绪的。

（六）课程五：归因风格的影响(1)

1. 课程目标

本次课程主要是通过对原因的选择来探讨归因对情绪的影响。思想不同，行为就不同，相伴的情绪也就不同。让参与者明白，当我选择一种归因方式时，带来的结果也就不一样。

2. 课程的注意事项

本次活动要让大家能够对于归因的认识达到一致，即什么样的选择会有什么样的情绪。带领者要掌握好其中的逻辑关系，引导参与者得到正确的答案，还要对于各种情绪的后果有清晰的认识。

3. 课程五的流程

➢ 开场

今天我们又见面了。最近有没有发生什么事情，需要在这个团体里一起分享的？同时大家对于归因有没有新感悟啊，都可以在这里一起讨论。

➢ 作业分享

上次给大家留下了一份作业，即归因的个人简历。今天每个人可以向我们分享自己的简历。好了，现在开始了。

此次活动主要以分享为主。通过自我表露来看到每个人的成长经历，同时作为倾听者能够更多联结在一起，要让每个人充分表达自己。

➢ 归因与情绪

相信大家通过前面的活动，已经知道每种归因的背后肯定有不同的情绪反应，今天我们将一起来逐个分析一下。

表 3　成功时归因的情绪反应（发给每个参与者）

原　　因	情绪反应
能　　力	
一时努力	
持久努力	
个　　性	
他人的努力	
运　　气	

表 4　成功时归因的情绪反应（参考答案）

原　　因	情绪反应
能　　力	自信
一时努力	激动
持久努力	放松、轻松自在、镇定
个　　性	提高自尊感
他人的努力	感激
运　　气	惊讶

表 5　失败时归因的情绪反应（每个参与者讨论）

原　　因	情绪反应
能　　力	
一时努力	
持久努力	
个　　性	
他人的努力	
运　　气	

表 6 失败时归因的情绪反应(参考答案)

原　因	情绪反应
能　力	无信心
一时努力	内疚,自责
持久努力	挫败
个　性	无奈
他人的努力	气愤怨恨
运　气	惊讶

➢ 结束语

今天我们主要是有两个方面的任务:一是对于简历的分享,相信大家都会对自己和他人有更多的了解,或许会有更多的感同身受;二是我们对于情绪的讨论,知道每种选择都有不同的情绪反应。这给我们一种启示:如果我们选择了更合理的原因时,我们可以更从容地面对生活与改造。

(七) 课程六:归因风格的影响(2)

1. 课程目标

此次课程将重点介绍关于归因的理论,归因的 3 个维度与 4 个行为责任,结合三维度归因模式,重点讨论每种行为下所产生的影响。

2. 课程注意事项

本次活动所要介绍的理论相对复杂,需要带领者能够详细介绍,让每个参与者都能明白,并能够掌握其中的细节。

3. 课程流程

➢ 开场

上次活动我们已经了解到不同的归因带来不同的情绪体验。现实世界比我们想象得还要复杂,如何用理论来解释外部世界?今天活动开场,我们照例进行分享,有谁愿意在这里说说自己最近的事情?

➢ 理论导入

一个人把他(她)成功或失败归因于什么,这会影响到他(她)对今后行为的认识,若把失败归因于稳定的原因如能力不足,则当失败时一般不会再去争取胜利;若认为失败是不稳定原因造成的,如认为是自己努力不够,则将倾向于通过再努力,以求成功。

心理学家认为:能力、努力、任务难度和运气是人们在解释成功或失败时知觉到的四种主要原因,并将这四种主要原因分成控制点、稳定性、可控性三个维度。根据控制点维度,可将原因分成内部和外部;根据稳定性维度,可将原因分为稳定和不稳定;根据可控性维度,又可将原因分为可控的和不可控。

➢ 控制点的讨论

表 7　控制点

控制点	举例
内部	
外部	

➢ 稳定性维度

表 8　稳定性维度

稳定性维度	举例
稳定	
不稳定	

➢ 可控性维度

表 9　可控性维度

可控性维度	举例
可控	
不可控	

➢ 综合性归因分析

表 10 综合分析维度

归因类别	成败归因向度					
	因素来源		可控性		稳定性	
	内	外	可控	不可控	稳定	不稳定
能力	√			√	√	
努力	√		√			√
任务难度		√		√		√
运气		√		√		√
其他如毅力、方法						

➢ 总结

心理学家告诉我们:个人将成功归因于能力和努力等内部因素时,他会感到骄傲、满意、信心十足,动力增强;而将成功归因于任务容易和运气好等外部原因时,产生的满意感则较少,下次就不一定努力。相反,如果一个人将失败归因于缺乏能力或努力,则会产生羞愧和内疚,从而激发内在的动力;而将失败归因于任务太难或运气不好时,产生的羞愧则较少,也不会再去努力争取成功。而归因于努力比归因于能力差时,无论对成功或失败均会产生更强烈的情绪体验。将失败归因于内部、稳定、不可控(能力)因素时是最大的阻碍。每个人的能力结构是不同的,我们在某一方面的能力不足以代表我们的全部,重要的是要善于寻求自己的优势能力。

➢ 结束语

作为一名服刑人员,在日常的改造中,肯定有自己不同的归因方式。经过这么多的学习与讨论,相信每个人对自己的归因方式有了比较全面的了解,有些人会发现自己的归因方式确实存在着问题。如何去修正自己的归因方式,将是我们后面要努力的方向。

（八）课程七：归因训练(1)

1. 课程目标

归因训练，就是通过一定的训练程序，使人们掌握某种归因技能，形成比较积极的归因风格。因为正确的归因方式对于提高心理健康水平有重要作用。

2. 课程注意事项

归因训练的重点需通过练习与巩固才能实现。因此，要让服刑人员真正了解训练目的，利用不同的手段，习得新的归因方式。

3. 课程的流程

➢ 开场

和过去一样，我们还是要通过分享上周发生的事情来让团体的氛围变得积极生动起来。今天有谁主动说一下自己的心情。

➢ 案例

A 的母亲早亡，父亲对他不管不问，每天只知道赌博。A 经常无人照料，觉得自己是个多余的人。在学校里，虽然自己很努力，还是成绩不好，最后因为家庭原因而辍学。打工期间多次被辞退，A 感觉很糟糕，觉得没有什么希望存在，最后走上了犯罪道路。

➢ 讨论

上面的案例中，我们可以通过以下几个角度讨论： ● 是什么让 A 走上的犯罪道路？ ● A 的归因方式是什么？ ● 如果让你来帮助 A，你如何改变他的归因方式？

➢ 导入主题

大家讨论了这么多，可以看到你们已经掌握了归因理论。今天我们要讲一个重要的概念，就是习得性无助现象。上面的案例 A 的问题很好体现了习得性无助。

➢ 如何改变习得性无助

习得性无助是指个人经历了失败和挫折后，在面临问题时产生的无能为力的心理状态和行为。处于习得性无助状态的人常常把失败的原因归结于个人无法控制的内、外条件，往往过低估计自己的能力，自认为多么努力也是徒劳的。A因为成长经历的原因，一直没有体验过成功的喜悦，在他的内心里，一直觉得自己很失败，无法从这样的阴影中走出来，他对于未来，还是会觉得自己会失败。大家认为如何才能改变习得性无助的行为呢？

➢ 总结

通过一定的训练方法，改变对失败的归因，变内部的、稳定的、普遍的归因为外部的、可变的、特殊的归因，就有可能摆脱习得性无助状态，重建自信，取得成功。该模式训练的主要目标是将成功的好运气归因改变为能力和努力等内部归因，将失败的低能力归因改变为不够努力归因。

➢ 结束语

短短的时间并不能改变习得性无助的状态，但是当我们发现自己身上有类似问题的时候，我们要能够反思，将归因的思想运用到日常的改造中，增加对于生活的可控性，增加自己的改造动力，并一直坚持下去。

(九) 课程八：归因训练(2)

1. 课程目标

本次课程将继续进行归因训练，借助典型案例，引入自我效能感的概念；通过对自我效能感的训练达到归因的转变，从而达到心理健康。

2. 课程注意事项

归因的变化能够引起动机的变化，从而最终引起行为上的变化，改变了的行为又会强化新归因，如此循环，从而达到改变行为的目的。因此在训练中，要强调行为上的养成与维持，不能半途而废。

3. 课程流程

➢ 开场

上一次活动，我们一起讲了通过习得性无助来改变归因的方法，今天我们将继续新归因的训练，给大家提供更多的选择。
我想听听大家，有没有关于改变归因的好的方法？

➢ 案例

B因为身高的原因，经常受到别人的嘲笑，虽然心中很委屈，并没有太多的行为表现，他觉得时间长了肯定会好起来。步入社会以后，因为身高的原因，B感受到了更多的压力，工作并没有那么好找，好不容易找到工作，工作中还是有人拿他的身高开玩笑。有一次，他忍无可忍，动手打伤了别人，因此而入狱。在服刑期间，情绪比较压抑，对于身高的问题无法释怀，感觉到如果自己不是身高的问题，就不会自卑，就不会落到现在这个地步。

➢ 讨论

上面的案例中，我们可以通过以下几个角度讨论：
- 是什么让B走上了犯罪道路？
- B的归因方式是什么？
- 如果让你来帮助B，你如何改变他的归因方式？

➢ 引入主题

大家对于B的情况分析了很多，结合我们的开场，要讨论的话题是关于自我效能感的问题。什么是自我效能感？其实就是一个人关于自己能做什么以及能做得如何的感觉。通俗一点说，就是自信的程度。在这个案例里，我们看到B其实并不自信，因为身高问题，他把自己目前的结果都归因到身高这个他并不能控制的因素上，过得确实很痛苦。

➢ 如何提高自我效能感

> 心理学家发现，在一定条件下，自我效能感能够发生变化，进而影响行为的变化。因而，自我效能感能够帮助我们预测和改善人类的行为。就归因而言，若把成功归因于能力而非运气或他人帮助时，更能强化自我效能；反之，若把成功归因于刻苦、努力，而能力的作用微乎其微，则不会强化自我效能。案例中B过多地将归因放在了无法控制的因素上，反而忽略了自己能力，弱化了自我的效能感。

➢ 总结

> 此课程重点在于促使个体形成"我能做到"的高自我效能感。具体而言，引导个体将成功的努力、运气、他人帮助等归因转变为能力归因，将失败的能力归因转变为努力归因。

➢ 结束语

> 今天我们通过一个案例，让大家看到了归因其实是可以通过自我的调节而改变的。当有了一个改变时，其他相应会改变，就像"蝴蝶效应"一样，小小的改变，可能会带来大大的收获。但是这样的转变又不是一蹴而就的，需要不断有成功来激励自己，就如改造中，会有行政和司法的奖励，这些应该成为某种能力的体现。

（十）课程九：项目结束

1. 课程目标

项目结束的最后一次活动，收集服刑人员关于课程的收获，以及通过量表来客观评价活动的成果。

2. 课程注意事项

重点放在让参与者表达自己的收获，如对于自己的认识、对于归因的看法，以及如何面对以后改造中的挫折，等等。

3. 课程流程

➢ 开场

> 今天是我们活动的最后一次，并没有固定的结构，主要是通过与大家的沟通，了解在这么多天的活动中，大家收获了什么、有什么样的改变，还要希望大家再进行一次问卷的测试。

表 11　活动效果评估表

题　目	选　项
1. 你是否喜欢参加这个团体	A. 非常喜欢
	B. 比较喜欢
	C. 不喜欢
2. 这个团体的凝聚力如何	A. 非常强
	B. 比较强
	C. 不强
3. 参加这个团体,对你了解自己的归因风格	A. 有很大帮助
	B. 有一些帮助
	C. 没有帮助
4. 这次活动对于你了解归因的问题,改变归因问题	A. 有很大帮助
	B. 有一些帮助
	C. 没有帮助
5. 参加这个团体活动后,你的情绪和自信心	A. 有很大提高
	B. 有一些提高
	C. 没有提高
6. 你对这个团体活动的内容和形式	A. 非常喜欢
	B. 比较喜欢
	C. 不喜欢
7. 团体活动目标的达成程度	A. 非常好
	B. 比较好
	C. 不好
8. 参加这个团体活动对你的帮助	A. 非常大
	B. 比较大
	C. 不大
9. 团体影响或改变了对归因的看法	A. 非常大
	B. 比较大
	C. 没有
10. 如果再次开展类似的团体活动你愿意参加吗	A. 肯定参加
	B. 很想参加
	C. 不想参加

➢ 结束

我们的项目今天正式结束了，非常感谢大家的配合与真诚的付出，我也看到了大家的收获与勇气。希望大家能够带着收获，在改造路上越来越好。

附录二：问卷(一)

姓名________ 番号________年龄________

这个问卷由许多组项目组成，请仔细看每组项目，然后在每组内选择最适合你现在情况(最近一段时间)的一项描述。

一、

1. 我不感到忧郁
2. 我感到忧郁或沮丧
3. 我整天忧郁，无法摆脱
4. 我十分忧郁，已经忍受不住了

二、

1. 我对未来并不悲观失望
2. 我感到前途不太乐观
3. 我感到我对前途不抱希望
4. 我感到今后毫无希望，不可能有所好转

三、

1. 我并无失败的感觉
2. 我觉得和大多数人相比我是失败的
3. 回顾我的一生，我觉得那是一连串的失败
4. 我觉得我是个彻底失败的人

四、

1. 我并不觉得有什么不满意
2. 我觉得我不能像平时那样享受生活
3. 任何事情都不能使我感到满意一些
4. 我对所有的事情都不满意

五、

1. 我没有特殊的内疚感

2. 我有时感到内疚或觉得自己没价值

3. 我感到非常内疚

4. 我觉得自己非常坏,一钱不值

六、

1. 我没有对自己感到失望

2. 我对自己感到失望

3. 我讨厌自己

4. 我憎恨自己

七、

1. 我没有要伤害自己的想法

2. 我感到还是死掉的好

3. 我考虑过自杀

4. 如果有机会,我还会杀了自己

八、

1. 我没失去与他人交往的兴趣

2. 和平时相比,我和他人交往的兴趣有所减退

3. 我已失去大部分与人交往的兴趣,我对他们没有感情

4. 我对他人全无兴趣,也完全不理睬别人

九、

1. 我能像平时一样做出决断

2. 我尝试避免做决定

3. 对我而言,做出决断十分困难

4. 我无法做出任何决断

十、

1. 我觉得我的形象一点也不比过去糟

2. 我担心我看起来老了,不吸引人了

3. 我觉得我的外表肯定变了,变得不具吸引力了

4. 我感到我的形象丑陋且讨人厌

十一、

1. 我能像平时那样工作

2. 我做事时,要花额外的努力才能开始

3. 我必须努力强迫自己，我方能干事

4. 我完全不能做事情

十二、

1. 和以往相比，我并不容易疲倦

2. 我比过去容易觉得疲乏

3. 我做任何事都感到疲乏

4. 我太易疲乏了，不能干任何事

十三、

1. 我的胃口不比过去差

2. 我的胃口没有过去那样好

3. 现在我的胃口比过去差多了

4. 我一点食欲都没有

附录三：问卷(2)

番号________　姓名________　监区________

以下 10 个句子是关于你平时对你自己的一般看法。请你根据你的实际情况(实际感受)，在右面合适的□上打“√”。答案没有对错之分，对每一个句子无须多考虑。

1. 如果我尽力去做的话，我总是能够解决问题的　□ □ □ □
2. 即使别人反对我，我仍有办法取得我所要的　□ □ □ □
3. 对我来说，坚持理想和达成目标是轻而易举的　□ □ □ □
4. 我自信能有效地应付任何突如其来的事情　□ □ □ □
5. 以我的才智，我定能应付意料之外的情况　□ □ □ □
6. 如果我付出必要的努力，我一定能解决大多数的难题　□ □ □ □
7. 我能冷静地面对困难，因为我相信自己处理问题的能力　□ □ □ □
8. 面对一个难题时，我通常能找到几个解决方法　□ □ □ □
9. 有麻烦的时候，我通常能想到一些应付的方法　□ □ □ □
10. 无论什么事在我身上发生，我都能应付自如　□ □ □ □

忏悔教育的功能探析

上海市新收犯监狱　王通亮　孙　伟

只有经过忏悔，人才有所进步。

——托尔斯泰

不断加强对服刑人员进行教育矫正，将其改造成为守法公民是现代行刑理念下的必然要求，是刑罚执行的重要价值目标，也是法律赋予监狱的一项重要职责和使命。忏悔教育是教育矫正服刑人员的重要手段之一，如何有效发挥忏悔教育的功能，促进矫正目标的真正实现，本文试做一探析。

一、忏悔教育的思想渊源

忏悔教育有着丰富的思想渊源，无论是中国传统儒家文化、佛教思想，还是西方思想文化都蕴含着丰富的忏悔教育思想和理念。本文试从以下三方面对忏悔教育的思想渊源进行简要的阐述。

（一）传统儒家文化中的忏悔思想

"禹汤罪己"的典故蕴藏着中国文化最早的忏悔意识。①《论语》中，孔子有"暴虎冯河，死而无悔者，吾不与也"（《论语·述而》）、"吾未能见其过而内自讼也"（《论语·公冶长》）、"内省不疚，夫何忧何惧"（《论语·颜渊》）、"见贤思齐，见不贤而内自省也"（《论语·里仁》）等言论，其中蕴含着对忏悔意识的肯定。"内省"是儒家构建以"仁"为核心的一整套价值观念体系的重要意

① 据古籍记载，禹登帝位后，有次看见犯罪之人，遂伤心地哭起来，左右问其故，曰："尧舜之时，民皆用尧舜之心为心，而予为君，百姓各以其心为心，是以痛之。"《尚书·商书·汤诏》卷七载：商灭夏后，汤布告天下，安抚民心，史称《汤诏》。汤深刻检讨了自己的过错，曰："罪当朕躬，弗敢自赦，惟简在上帝之心，其尔万方有罪在予一人，予一人有罪无以尔万方。"以上关于禹汤积极从自身反省过错的事迹，历史上称为"禹汤罪己"，并成为历史典故流传至今。

识。曾子曰："吾日三省吾身；为人谋而不忠乎？与朋友交而不信乎？传不习乎？"

《论语·学而》，通过内省来认识和把握"仁"，主张人与人、人与社会的和谐一致，让一切或潜在的对立因素，全部都消融在心理的平衡之中，消融在积极"入世"的达观之中。[①]儒家提出"内省"的思想主张，就是要求对自己的思想及行为有无过错进行深刻反思，其指向反省者自己的内心深处，并不对外公开，通过对自身的不断反省来达到不断提高自我修养和能力，以实现"内圣"的目的，进而再去影响或引领周围的人，也就是实现"外王"的目的。所以说"内省"的方法是实现儒家提出的"内圣外王"的思想主张的重要手段。这种"内省"的主张和形式，就包含着强烈的忏悔意识。

（二）佛教的忏悔思想

佛教蕴含着极其丰富的忏悔思想，忏悔本身也是佛教重要的修持手段。佛教忏悔有着显著不同于其他宗教的理论蕴涵和实践意义。它不仅是基于人类共同生活的道德自律，也提供人们用以伏灭罪业与对治烦恼的方法，是求证解脱之道和探索生命实相的重要途径，是从凡夫到成佛的生命进化的实践法门。佛教东传中土后，浅深不一的大小乘忏悔思想与林林总总的忏悔方法亦随之植入，与中华传统文化和悔过思想交融。在长期磨合中，各宗派以所尊崇经典为所依，制作了大量以忏悔为主题的仪文，建立起富有中土特色的忏悔行法。中国化佛教的忏悔法门种类繁多，有"五法"忏悔、念佛忏悔、讽诵忏悔、实相忏悔、忏悔运心等多种形式。[②]按照佛教的观点一个人来到世上就是业力使然，正所谓爱不重不生娑婆。《华严经》云："假使百千劫，所做业不亡，因缘会遇时，果报还自受。"一个佛教徒忏悔消业，是修行路上的必修功课。按照佛教的三世因果理论，一个人到底造了多少业，本人不能确定，所以忏悔的时候都是忏悔总业。[③]佛教思想十分注重因果报应，即昨日之因造成今日之果，今日之果也必然成为明日之因。人只有通过忏悔修行方可消业解罪，并走向成佛之道。所谓"放下屠刀，立地成佛"，即蕴含着深深的忏悔之意。

---

① 刘培培：《论中国古代文学中的忏悔意识》，山东师范大学论文，2012年。

② 刘亚明：《中国汉传佛教忏悔思想研究》，《四川大学》2005年第3期。

③ 陈进、费小兵：《佛教与基督教忏悔思想之比较研究》，《宗教学研究》2015年第1期。

（三）西方思想文化中的忏悔思想

《圣经》作为一部影响全世界的宗教经典，其中的"原罪"的教义是导致西方思想文化中的忏悔思想产生的重要原因。[①]正如《圣经》所说，因为世人都犯了罪，亏缺了上帝的荣耀，而要恢复到原善只有靠基督的救赎，人本身无能为力，而要得到上帝的恩典就必须悔改和认罪，也就是必须通过忏悔的形式进行认罪和赎罪。

深受基督教忏悔思想的影响，西方思想文化中的忏悔意识极强，以闻名于世的三大《忏悔录》为鲜明的代表。奥古斯丁的《忏悔录》的原动力就是"忏悔"，即在"承认"之意义上的"忏悔"；更具体地说，这种"忏悔"乃是面向作为"你"之上帝的承认。奥古斯丁在《忏悔录》中的心灵"忏悔"，间接地塑造着西方人的特质。[②]卢梭的《忏悔录》，开篇引用古罗马讽刺诗人波尔斯的一句拉丁文短诗，"发身肺腑，深入肌肤"，强烈地表现卢梭暴露自己灵魂的雄心。篇首便用真诚的文字来显露自己的内心世界："我在从事一项前无古人、后无来者的事业。我要把一个人的真实面目全部地展示在世人面前：这个人就是我。"这是大无畏的世界宣言，毫无半点迟疑与犹豫，何等坦诚，何等自豪！[③]卢梭的《忏悔录》以"讲真话"的方式，给人心灵以巨大的震撼，在欧洲乃至全世界都产生了广泛的影响，被托尔斯泰称为"18 世纪全世界的良心"。托尔斯泰深刻认识到俄罗斯社会的黑暗。他也感受到自己作为贵族地主阶层的"罪恶"，在心灵深处展开抑恶扬善的斗争，由自我反省到自我忏悔、自我谴责。托尔斯泰旗帜鲜明地向世界宣称："只有经过忏悔，人才有所进步。"[④]他在《忏悔录》中强调"道德上的自我完善"，主张人人都应当忏悔，去恶从善，认为这是解救社会苦难的灵丹妙药。[⑤]托尔斯泰的《忏悔录》也在世界范围内产生了广泛的社会影响，被后人称为"19 世纪全世界的良心"。

---

① 原罪的教义是基督教重要的基础教义。基督教清楚地告诉人们，"原罪"是由始祖亚当传下来的。自亚当以后，人一出生就带有"原罪"。圣经并没有"原罪"的明确定义，据称它是公元 2 世纪的古罗马神学家图尔德良最先提出的，并被奥古斯丁加以发挥和充实。"原罪"被基督教认为是人思想和行为上犯罪的根源，是各种罪恶滋生的根，会把人引向罪恶的深渊，又是使人难以自拔的原因。

② 曹健峰：《面向"你"的承认：奥古斯丁〈忏悔录〉研究》，《南京大学学报》2014 年第 5 期。

③ 卢梭：《忏悔录》，陈筱卿译，中国书籍出版社 2005 年版，第 3 页。

④ 列夫·托尔斯泰：《列夫·托尔斯泰文集》（第 17 卷），人民文学出版社 1989 年版，第 60 页。

⑤ 祥耘、陈思和：《忏悔意识在世界的传播及其对中国的辐射》，《学术界》2010 年第 3 期。

二、忏悔教育的含义及意义

（一）忏悔教育的含义

1. 何为忏悔

要理解忏悔教育的含义，首先要弄清忏悔的准确内涵。汉语“忏悔”一词，是佛经翻译中汉语与梵文对应结合的产物。其构词和定义的发明与使用应该专属于汉语世界。依据常识，“忏”是梵文 Ksamayati（叉摩或忏摩）之音译的略写，“悔”是它的意译，合称“忏悔”。汉语“忏悔”实则大体包容梵文“忏摩”（请忍）和“阿钵底提舍那”Apattidea（说罪）两种词义。[①]时至今日，忏悔一词在时间和空间的交错下，经过各种文化的洗礼，其含义已经早已超越了宗教的语境范畴，而成为日常生活中的惯常用语。所谓“忏悔”，是指主体在内心反思自己过往言、行，或者审视自己的灵魂深处时，所进行的自我谴责与自我否定，或将这种谴责和否定彻底暴露给外界或他人，主动接受外在的批判与谴责，以求得谅解或同情，从而使自身在精神上得到解脱，并尽早地实现摆脱旧我、重塑新生、脱离黑暗、走向光明的过程。“忏悔”的本质是一种以逆向形式体现的自我真诚。它通过主体对自身过错的坦白和剖析，弃恶而扬善，从而超越自我，以期达到至善至美的理想境界，体现了人希望自我超越的潜在的渴望和欲求。[②]它是一种以负向型方式体现的道德真诚，通过忏悔，最终唤起良知的觉醒，迷失人性的复苏，见证的是道德律令的真切认同，并在这一意义上使人的尊严得以维护和捍卫。托尔斯泰认为人只有经过忏悔，才能有所进步。从这个意义上说，人人需要忏悔，而作为犯了大错、走向犯罪深渊的服刑人员更加需要忏悔。

2. 何为忏悔教育

忏悔教育，顾名思义就是通过忏悔的形式来实现教育人的目的。忏悔是要靠忏悔者本人亲自来进行的，但是“忏悔”意识不是与生俱来的，作为个体的人并非天然地一定具备忏悔意识和忏悔能力。尤其是作为服刑人员往往品行恶劣，有的甚至道德低下、良知泯灭，想要他们自动通过忏悔来实现矫正的目的是

---

①② 刘培培：《中国古代文学中的忏悔意识》，山东师范大学论文，2012 年。

很难的。良心在各种不同的个人身上的灵敏性与易感性各有不同，有的人大些，有的人小些，等而下之，以致有的人丧尽了天良。不高尚的人不能做忏悔，因为他之内的人性连对付卑鄙动机的力量都不足。可见忏悔因人而异，并受到个体自身文化背景、宗教信仰、生活及成长环境等综合因素的影响。要想通过忏悔的形式来教化人、感化人进而实现矫正人、重塑人的目的，必须通过忏悔意识的培养、忏悔条件的创造、忏悔环境的营建、忏悔行为的引导等外在因素的促进作用。因而，我们可以将本文中的忏悔教育的概念界定为通过忏悔意识的培养、忏悔条件的创造、忏悔环境的营建、忏悔行为的引导等外在因素作用，帮助、引导、促进服刑人员自觉通过忏悔来实现自我完善、自我超越，并不断提高人生境界，最终实现弃恶扬善，走向新生的一种行为过程。忏悔教育注重外在忏悔条件的构建，但最终指向还是在于促进、启发服刑人员主观能动性的积极发挥，通过服刑人员忏悔意识的提升、忏悔行为的积极践行，来促进自我意识的觉醒、道德良知的复苏和人格品质的提升。

忏悔教育是罪犯思想教育的一种特殊形式，[①]即强调通过忏悔的形式对罪犯进行思想转变，两者的价值取向是一致的，都立足于改变服刑人员的主观思想，不断提升服刑人员的人生境界，促使其真诚悔悟，最终成为一名守法之人。认罪悔罪教育是忏悔教育的重要内容之一，[②]但忏悔教育并不仅仅局限于认罪悔罪教育，它既包括与服刑人员犯罪行为、犯罪危害及犯罪原因相关的认罪悔罪教育，也包括针对除犯罪以外的其他言行，甚至包括灵魂深处的一切不良思想等进行的真诚忏悔。总体而言，相比认罪悔罪教育而言，忏悔教育的内容更加丰富，外延更加广泛，形式更加多样。

（二）忏悔教育的意义

1. 有助于促进服刑人员认罪悔罪

忏悔教育是帮助、引导、促进服刑人员通过忏悔进行自我完善、自我救赎的

---

① “罪犯思想教育是指监狱在刑罚执行的过程中，对狱内在押罪犯依法开展的，以一定的思想观念、政治观点、法律规范、道德规范等为内容，将其转化为罪犯个体的思想、政治法律意识和道德品质的一种有组织、有计划的教育影响活动。”（贾洛川：《罪犯教育学》，广西师范大学出版社 2008 年版，第 10 页）

② 认罪悔罪教育是指监狱为促使服刑人员自觉承认犯罪行为，充分认清犯罪行为的社会危害，并深刻反省导致犯罪行为发生的原因，从而促使其自觉接受教育改造，痛改前非，避免以后再次发生犯罪行为所采取的一系列教育活动。

过程。忏悔应该是真诚的自我显露形式，是真挚诚恳、发自肺腑地坦白过错，以求得彻底改过的一种行为过程。服刑人员要做到真诚忏悔，首先必须真实地面对自我，面对自己过往一切的丑恶与阴暗、一切的缺点与过错、一切的虚伪与欺诈等，必须彻底地反观自己内心，或者向外在的自己信赖的人或者虚拟的指向（包括各种宗教中的神明）来坦白真实的自我，通过这种形式来实现自己灵魂的解脱和自我的超越。如果通过忏悔教育能够促使服刑人员去完成这样真诚的忏悔，那么实现服刑人员的认罪悔罪就是情理之必然。

2. 有助于服刑人员平稳度过漫长的刑期

服刑人员因犯罪在监狱接受惩罚和改造，这是一个痛苦而漫长的煎熬过程，尤其对于刑期较长的服刑人员更是如此。面对身心受到高墙电网的阻隔而无法实现自由的现实困境，如何有效降低服刑的痛苦体验，获得心灵上的抚慰，寻求精神上的解脱，唯有通过忏悔教育才能实现。弗洛伊德认为，人格是由“本我”“自我”和“超我”这三大系统构成的。“本我”反映着人的一切自然欲望，遵循着坚定不移的“快乐原则”；“自我”则是在“本我”产生的欲望要求和满足这种要求的行为之间插入趋于理性的思维活动，其遵循着现实的利害原则；而“超我”则是道德化了的那部分“自我”，其遵循着理性化的道德原则。根据弗洛伊德的理论分析，“本我”是人的快乐之源，同样也是人的痛苦之根。人之所以痛苦，是由于“自我”无法有效地趋利避害来满足本我的欲望要求，而又不能够提升到“超我”的高尚境界来有效地驯服“本我”的欲望本能，所以人就会异常痛苦。人忏悔的过程，就是完善自我，提升超我，并克制本我的过程。忏悔教育其实质就是帮助服刑人员通过忏悔进行“自我”的完善，“超我”境界的提升，从而实现对“本我”的有效克制的过程。这一过程本身有助于帮助服刑人员克服身心的痛苦，从而平稳地度过漫长的服刑生活。

3. 有助于服刑人员积极投身于劳动改造

忏悔教育致力于通过服刑人员忏悔意识的养成、忏悔行为的践行，来促进服刑人员通过忏悔进一步更深刻地认识自我，洞见真我，从而更加清楚地认识到自己的罪恶本质和过错根源。通过忏悔教育必然在服刑人员的内心深处产生一种强烈的懊悔意识和悔过意识。人一旦产生这种“悔”的意识，必然会把这种内在的悔过意识外化于外在的悔过行为，以通过悔过行为来弥补自身过错，得到外界谅解，实现寻求心理平衡和自我身心解脱的目的。服刑人员深处监狱高墙之内，积极投身于劳动改造中就是其进行悔过行为的良好形式之一。因此，忏悔教育必然有助于促进服刑人员积极投身于劳动改造。

4. 有助于维护改造秩序的和谐稳定

忏悔教育乃是通过忏悔意识的培养、忏悔条件的创造、忏悔环境的营建、忏悔行为的引导等来帮助服刑人员通过忏悔方式进行自我完善、自我成长的过程。因此，忏悔教育一旦付诸实施，并持续深入地开展下去，必然会在监区，乃至整个监狱营造出浓厚的忏悔氛围和忏悔环境。只要这种氛围和环境一旦形成，有助于抚慰服刑人员不安的心情和焦躁的情绪，从而会明显降低发生纷争的可能性。即便服刑人员之间发生了矛盾纠纷，只要双方能够通过忏悔的方式首先从自身查找原因，自觉知错、认错、改错，有利于矛盾纠纷的顺利解决，必然有助于维护改造秩序的和谐稳定。

5. 有助于重塑服刑人员人生观、价值观

扭曲的人生观和价值观是导致绝大多数服刑人员走向犯罪的根本原因。扭曲的人生观、价值观的产生源于服刑人员的错误的认知，或者说是儒家所讲的"无明"所致，人由于受到肉体的局限、认知的局限或者外物的局限（主要是不良的社会环境或社会风气），导致人处于"无明"的状态。人在"无明"状态下，导致错误的认知，形成扭曲的人生观和价值观。扭曲的人生观、价值观支配着人不断犯错，并最终走向犯罪道路。要想矫正服刑人员，必须重塑服刑人员人生观、价值观。这一重塑的过程，需要破旧，更需要立新。忏悔教育促使服刑人员通过忏悔来实现自我完善、自我提升，这一忏悔过程就是破旧立新的过程。服刑人员通过忏悔不断地悔过自新，不断地加强学习，不断地提高认知，才能走出"无明"的状态，从而摆脱扭曲的人生观、价值观的支配，走向"光明"，并在"光明"的指引下重塑人生观、价值观，实现走向新生的矫正目标。对于服刑人员而言，忏悔自新如吃饭睡觉一样重要，只有不断忏悔自新，才能真正摆脱认知局限，与扭曲的人生观、价值观彻底决裂，从而走出迷茫和困惑，洞见真理，逐渐形成正确的人生观和价值。

三、忏悔教育存在问题

以上海监狱为例，忏悔教育开展得并不充分。通过对实践中忏悔教育开展情况的考察，可以发现存在以下问题。

（一）教育形式的碎片化

监狱虽然意识到忏悔教育的重要性，但对忏悔教育的形式和内容没有进行系统性的研究和开发，仅仅在以新收教育为主业的新收犯监狱和个别常押犯监狱有专门的以认罪悔罪为主要内容的忏悔教育课堂，其他常押监狱缺少专门的课堂形式的忏悔教育。关于忏悔教育的开展大多分散在道德、法律、形势政策等其他教育过程中或民警对服刑人员的个别谈话教育过程中。忏悔教育形式，总体呈碎片化，缺乏系统性的忏悔教育形式。

（二）教育内容的空泛化

实践中，忏悔教育往往以认罪悔罪教育形式开展。监狱层面通常注重强调对服刑人员进行承认犯罪事实、服从法院判决、认清犯罪危害、深挖犯罪根源、悔恨犯罪行为等方面来开展忏悔教育。监狱民警个体开展的忏悔教育通常取决于个人看法和主观认识，有的重点强调服刑人员必须认罪悔罪，否则会造成对其自身改造不利的后果；有的重点强调认罪悔罪就是要积极投身改造中去等政策宣讲式的教育。忏悔教育内容总体呈现较为空泛化，因此，看似绝对正确的教育内容，因为缺乏细致的贴近生活实际的忏悔教育内容，无法深入到服刑人员的内心之中，无法触及服刑人员的灵魂深处，起到的教育效果往往并不十分明显。

（三）教育目的的功利化

国家法律和最高法院的司法解释明确要求，罪犯获得减刑假释的前提必须是认罪悔罪。所以在实践中，民警在忏悔教育中往往单纯地强调了认罪悔罪与减刑假释等司法奖励之间的关系。这种带有明显功利性的教育内容往往会起到立竿见影的效果，大多数服刑人员为了获得减刑、假释等司法奖励，也会自然地呈现真诚忏悔的表面形态，至于服刑人员的认罪悔罪是出于真心实意，还是为了改造的现实需要，往往难以判断，也无人关心。这种忏悔教育的目的带有明显的功利性。

（四）服刑人员认罪悔罪书的同质化

服刑人员的认罪悔罪书是忏悔教育成果的集中反映，实践中判断服刑人员是否认罪悔罪的一个重要标准也是看其是否有书写认罪悔罪书。可是仔细研究服刑人员的认罪悔罪书，会发现其书写的认罪悔罪书具有同质化倾向，即不同年龄、不同学历、不同罪名、不同地区的各种服刑人员书写的认罪悔罪书内容基本上大同小异，类似于八股文的格式，除了服刑人员的基本信息不同外，后面认罪悔罪内容都是基本相同的格式和套路，毫无个性化可言，也很难据此判断其认罪悔罪的诚意。书写认罪悔罪书已经成为实践中上报减刑假释等司法奖励必经的一个形式化要件，其形式价值已经远远大于其实质内容。

（五）注重外在强行灌输，缺乏内在的启发教育

实践中，对服刑人员的忏悔教育往往以认罪悔罪教育的形式进行强行的思想灌输形式开展，而往往忽视服刑人员的个体的真实感受及个体犯罪原因的准确分析和细致的把握，从而难以提出针对个体实际需求的内在启发教育。而这一点正是忏悔教育所应重视的很重要的一个方面，也就是加强对服刑人员的个体启发，注重发挥服刑人员的主观能动性，实现矫正者与接受矫正的服刑人员之间的多向互动，从而真正实现把忏悔教育从传统的注重强行灌输式的思想教育形式向注重服刑人员主体作用发挥的思想教育矫正的主体间性模式转变。①

四、如何有效发挥忏悔教育的功能作用

有效发挥忏悔教育的功能作用，必须立足于化解忏悔教育实践中存在的问题，积极进行忏悔启蒙教育，培养服刑人员忏悔意识；积极营造忏悔环境，引导服刑人员践行忏悔行为；并积极借鉴宗教忏悔的真诚性，发挥宗教文化矫正服刑人员的作用。

（一）积极进行忏悔启蒙教育，培养服刑人员忏悔意识

忏悔意识并不是与生俱来的，需要环境的熏陶和后天的培养，尤其对于服刑人员，更需要通过忏悔启蒙教育来培养其忏悔意识。

---

① 所谓思想教育矫正的主体间性模式即注重矫正者与服刑人员的平等地位；注重矫正者与服刑人员之间的多向互动；注重服刑人员个体主观能动性的积极发挥。参见薛惠：《服刑人员思想矫正研究》，《华东师范大学学报》2013 年第 7 期。

1. 开设忏悔教育课堂进行忏悔启蒙教育

监狱可以通过开发忏悔教育课程，开设忏悔教育课堂来完成对服刑人员的忏悔启蒙教育，逐渐培养服刑人员的忏悔意识，引导服刑人员的忏悔行为。尤其对于以新收教育为主业的新收犯监狱，更有必要开发好忏悔教育的第一堂课，要把忏悔教育作为新收教育的重要内容之一，通过忏悔教育课堂让每一名新收服刑人员都能够学习到有关忏悔的一些基本常识，在新收服刑人员的脑海里埋下忏悔意识的种子，促使其在今后服刑改造中逐步建立起忏悔意识，积极践行忏悔行为。

忏悔教育课堂的课程内容要结合服刑人员生活实际，列举生动案例，注重课程内容的丰富性和生动性，提升课程内容的实用性和有效性，避免内容空泛化。要围绕忏悔思想渊源、忏悔内涵、忏悔目的和意义忏悔形式和手段，将忏悔精神融入改造生活中的各个方面；积极开发忏悔课堂的教育内容，编纂忏悔教育教材，形成有系统、有层次，既有一定思想内涵和理论水平，又实用、管用的忏悔课堂教育体系。

忏悔课堂可以由文化素质较高、具有丰富矫正经验的监狱民警来授课，也可以聘请社会上的专业人士，或者宗教界的人士来参与授课。要采用多样的形式把忏悔教育课堂开发好，切实发挥忏悔教育课堂的忏悔启蒙作用。

2. 通过个别化矫治进行忏悔启蒙教育

在个别化矫治过程中融入忏悔教育，通过个别化矫治来进行忏悔启蒙教育。在个别化矫治过程中，针对服刑人员的实际状况，深入分析其犯罪原因、思想状态，结合服刑人员的自身接受能力和领悟能力，针对服刑人员思想中存在的实际问题和改造生活中遇到的各种问题，从日常改造生活中的点滴入手，适时地向服刑人员灌输忏悔思想，注重启发其忏悔意识、引导其忏悔行为。将忏悔教育融入个别化矫治的各个环节和各个阶段，真正实现通过个别化矫治来进行忏悔意识的启蒙。

（二）积极营造忏悔环境，引导服刑人员践行忏悔行为

对服刑人员进行忏悔教育，不是一次两次的教育行为，也不是一时的运动式的教育活动，忏悔教育应该成为服刑改造生活的常态。服刑人员的改造生活本质上就是一个忏悔的过程。因此，忏悔教育需要时时刻刻进行，要把忏悔教育融入服刑改造生活的方方面面。为此，必须积极营造有利于进行忏悔的环

境，引导服刑人员在服刑生活中践行忏悔行为。

1. 新收服刑人员的公开忏悔

从新收入监开始，必须把忏悔教育作为入监教育的重要内容之一。除了积极开发培养服刑人员忏悔意识的课堂教育外，还必须引导新收入监服刑人员公开进行忏悔行为。这种忏悔行为必须在公开的、庄重的、严肃的场合下进行，要有一定的仪式感，对其忏悔的形式和内容要设计规范的标准要求。忏悔的态度必须严肃、认真、诚恳；忏悔的形式尽量以口头脱稿的方式进行，最好不要拿着写好的稿子去读；忏悔的内容必须围绕自身的过错进行，这种过错包括但不限于犯罪行为，其中可以围绕过错所造成的危害和过错产生的原因进行分析阐述；最后要表明自己悔恨的态度，并对自己今后的改造及将来回归社会后的打算做出表态。对于公开忏悔的服刑人员，应由专职民警根据相应的客观标准，对照其公开忏悔的实际表现，结合入监后的改造状态，对忏悔行为进行评估考核。评估考核成绩与服刑人员的改造成绩直接关联，合格的服刑人员才可以顺利通过新收集训，不合格的应留级继续参加新收教育。其中，评估考核标准的设定应以该服刑人员忏悔行为是否真诚，作为核心的判断标准，并要努力实现评估考核标准的客观化，尽量将考核评估标准量化为具体指标，以便民警实际操作执行。

2. 拟上报减刑假释服刑人员的公开忏悔

按照国家法律规定，服刑人员在改造期间“确有悔改表现的”，才可以减刑、假释。最高法院《关于办理减刑、假释案件具体应用法律若干问题的规定》第2条规定：“确有悔改表现，是指同时具备以下四个方面情形：认罪悔罪；认真遵守法律法规及监规；积极参加思想、文化、职业技术教育；积极参加劳动、努力完成劳动任务。”据此，服刑人员认罪悔罪是衡量其是否有悔改表现的重要依据，是关系到罪犯能否减刑、假释的重要标准之一。因此，作为刑罚执法机关在上报罪犯减刑、假释时，对服刑人员的认罪悔罪态度需重点审查，严格把握。可在实践中，往往依据一份认罪悔罪书就认定其确有悔改表现了，这种做法有失偏颇，难以准确辨别其认罪悔罪的真伪及认罪悔罪的程度。为了提高对服刑人员认罪悔罪认定的准确性，有必要要求每一名拟上报减刑假释的服刑人员进行公开的以认罪悔罪为主要内容的忏悔仪式。通过公开忏悔，由监狱专职评估民警或者聘请第三方专业人士来评估其认罪悔罪的真实性。对于评估不合格的服刑人员不得上报减刑假释。这种评估也和新收忏悔评估一样，也必须以真诚为核心标准，并应该设计出相应规范、客观的判断标准。如此的忏悔形式，必然会大大提高服刑人员的认罪悔罪意识，增强其对忏悔教育的重视程度。当然，这种形式也不是尽善尽美的，不排除有些服刑人员善于伪装或善于表演的可能性，但即便如此，也无法否认这种公开忏悔形式的价值所在。哪怕服刑人员通过表演的形式打动了评估人员，这种能够打动他人的表演本身也必须以真诚为前提。何况，这种公开忏悔只是判断服刑人员是否真诚认罪悔罪的一个重要形式，而不是唯一的形式。除此，我们还要结合服刑人员的其他改造表现来进行综合考察。

3. 日常改造生活中的忏悔行为

忏悔教育应成为服刑人员改造生活的常态，必须将忏悔行为融入改造生活的方方面面，这就必然要求加强对服刑人员日常改造生活中的忏悔行为的引导。在日常改造中的重要时间节点、重要场合等，可以适时引导服刑人员进行多样化的忏悔行为。

引导服刑人员在每日重要的时间节点进行忏悔行为，如劳动开工前忏悔、就餐前忏悔、睡觉前忏悔等。日常忏悔行为可以在警官的统一组织下进行，也可以在劳役犯带领下进行或由服刑人员自发进行。忏悔的内容和形式可以进一步研究和探索，一旦成形，应该由监狱统一作出规定和要求。比如，劳动工厂前，忏悔的内容可以是“犯罪可耻，劳动光荣，我要用汗水洗涮我罪恶的灵魂，我保证积极参加劳动、遵守劳动纪律，完成劳动任务”；就餐前，忏悔的内容可以是“我是犯罪之人，我要珍惜国家免费提供给我的一餐一食，我要用实际行动，积极投入改造，早日回归社会，报答国家和亲人的养育之恩”等；睡前的忏悔内容可以适当灵活的方式进行，很多监狱每天都有收封后的讲评，今后可以将忏悔内容融入其中，可以是监组成员之间相互忏悔自新，也可以重点针对违规违纪的服刑人员进行忏悔教育，或者在睡前 10 分钟以静坐反省的形式进行忏悔。总之，内容形式可以不拘一格，但必须严肃、认真、实用、可行。

每月可以设定一天为忏悔日，每年的重要节假日，也可以组织隆重的忏悔仪式，开展多样化的忏悔形式。编写忏悔歌曲，组织服刑人员在忏悔日或重要场合歌唱旋律优美的忏悔歌曲，能够收到很好的教育效果，服刑人员会在潜移默化中受到启迪和感染。可以引导服刑人员每日书写忏悔日记，反省自己一天改造中有无不当或错误的言行，或忏悔自己在过往的人生经历中、改造中不愿与外人透露的一些思想或言行等。忏悔日记是自己写给自己的语言，是自己与自己的对话，或者上升到哲学的高度，是本我与自我、超我之间的交流与对话。通过忏悔日记的形式来进行忏悔反省，长期坚持下去，有利于调节人的身心，净化人的心灵，对提高人的思想境界、提升人的道德水平都会起到良好的效果。古今中外很多成功人士都是通过忏悔日记的形式来不断反省自身，并取得了很高的人生成就。

总之，我们可以不断地探索、挖掘忏悔的方法和形式，为服刑人员积极忏悔创造良好的外在条件，营造良好的忏悔环境。

（三）积极借鉴宗教忏悔仪式，发挥宗教文化矫正服刑人员的作用

世界上的主要宗教，如基督教、佛教和伊斯兰教都十分注重通过忏悔仪式来实现对信徒的教诲作用，并且创造了源远流长的忏悔文化和忏悔仪式，宗教忏悔仪式有其独特的教化作用。比如基督教认为，一个人只要通过忏悔的形式，能够鼓起勇气诚心地把自己做过的坏事说出来，那么在这一刹那，所有的过错都可以得到赦免，这与佛教中所言的“放下屠刀，立地成佛”，殊途同归。宗教强调人活在世界上不可能没有过失，但是真心忏悔，借着信仰，可以得到重新出发的机会，这就是宗教让人深深向往的地方。宗教之所以能够对信徒有极大的吸引力，其仪式的别致占有很大成分。因此，借鉴宗教的忏悔仪式，发挥宗教文化矫正服刑人员的积极作用，在新时期具有一定的现实意义。

我国随着经济的飞速发展，人们的物质生活水平提高了，但是一些人的精神生活空虚了，拜金主义，享乐主义盛行。导致这一局面的原因有多方面，但宗教信仰的缺乏，宗教文化教诲的缺失无疑是其中一个很重要的方面。这也是导致很多人无法无天、无所畏惧，最终走上违法犯罪道路的重要原因之一。在这种现实情况下，通过借鉴宗教忏悔仪式，发挥宗教文化矫正服刑人员的作用，引导服刑人员选择树立宗教信仰，培养服刑人员的宗教情怀，对于促进服刑人员弃恶从善，避免重新犯罪必然会起到一定的抑制作用。因为宗教忏悔是以良心的存在为基础的，同时忏悔的过程又是良心复苏的过程。而宗教的忏悔文化具有一定的道德制约力，能使真正虔诚的信徒通过忏悔的礼仪培育良心，改过自新，避恶从善。

对于某些特殊类型的罪犯，借鉴宗教忏悔仪式，发挥宗教文化的矫正作用，会收到相当好的矫正效果。中国有着庞大的信仰宗教群体，对于这类服刑人员

或者与之相关的家庭成员进行宗教忏悔教育，尤其对于信仰宗教的少数民族罪犯、对于具有宗教信仰的港澳台地区罪犯以及外国籍罪犯等，通过宗教忏悔仪式，发挥宗教文化的教诲作用，必定会收到较好的教育效果。此外，随着刑事法律和刑事政策的调整变化，尤其是随着《刑法修正案（八）》的出台而出现的限制减刑犯，随着《刑法修正案（九）》的出台而必将出现的终身监禁犯，如何对这类服刑人员开展有效的教育矫正工作，是我们必须面对的现实问题。对于此类服刑人员，依靠传统的减刑假释等激励手段作用不大，必须不断探索新的方法和新的手段。其中，通过借鉴宗教忏悔仪式，发挥宗教文化对这类特殊类型罪犯的教育矫正作用，会起到意想不到的良好效果，会给他们的服刑生活带来新的希望，哪怕这个希望是虚拟的、飘渺的、超验的、无法证实的，但只要人的心中有了这个希望，心灵深处就会得到安慰，灵魂自然会得到慰藉，人生境界自然会在自我忏悔中慢慢得到升华和提高，这一切，都会将有利于监狱的教育管理工作。

五、结语

忏悔教育是矫正人、重塑人的重要手段，尤其对于品行不端、违法犯罪的服刑人员进行忏悔教育更有其特殊的功能和作用。在矫正的视域下，积极探索忏悔教育的新方法、新手段，培养服刑人员忏悔意识、营造忏悔环境、引导忏悔行为，对于促进服刑人员真诚忏悔、弃恶扬善、走向新生必定会起到极大的促进作用。但是，如何将监狱强行推行的忏悔行为转化为服刑人员内在的行动自觉，避免忏悔行为流于形式，以及如何借鉴宗教文化的有益资源为我所用，积极探索适合我国现实国情的宗教忏悔形式，仍需要我们进一步深入研究。限于文章篇幅和个人研究能力，本文仅做初步探析，希望能够起到抛砖引玉的作用。

认知行为治疗在女犯群体中的应用

上海市女子监狱　李翠萍　柴晓东

一、问题的提出

随着社会的发展和转型,女性犯罪呈现增长趋势。从1973年至今,美国女性罪犯的人数以825%的速度激增,远远超越了男犯的增长速度。[①]就我国而言,从我国经济体制转型深入推进以来,女性犯罪的基数在大幅激增。2000年年底至2006年,全国在押女犯人数净增3.9万,平均每年增加15%。[②]在女犯数量增加的同时,表现出的各种心理方面的问题也愈加严重。据某监狱统计,2012年监狱患有心理障碍(已确诊)的女犯一共才14人,到2015年已增长到53人,短短3年间的心理障碍的女犯增长近4倍之多;2016年已达到60人,占监狱女犯总量的3.8%,其中患有抑郁症女犯34人,占问题女犯的半数以上。[③]因此,就监狱而言,对女犯的心理问题的识别和干预变得愈来愈重要,需要探索引进新的方法或技术来解决目前在监管改造实践中面临的诸多困境。

(一) 监狱在女犯安全管理中面临的困境

心理问题女犯的不断增多,不但增加了暴力行凶、自杀、自伤等狱内安全事件的发生概率,也给民警在日常管理中的识别和防控带来一定的难度。

1. 由心理问题引发的自杀、自伤风险防控难

心理问题女犯的不断增多,最大的影响是直接导致女犯暴力行凶、自杀、自伤自残等狱内安全事件的发生。以抑郁症为例,研究显示:自杀是抑郁症最危险的症状之一,抑郁症患者的自杀率比一般人群高20倍,抑郁症的患者中有10%—15%死于自杀。罪犯属于自杀的人群,监狱中罪犯的自杀死亡率是社区

---

① Coalition for Women Prisoners. Proposals for Reform. Retrieved October 2, 2007.

② 解玉敏:《犯罪学教程》,中国物价出版社2000年版,第300—307页。

③ 基于统计黑数,实际上心理障碍的女犯数字远远大于此。

中的2倍。[①]而相较于男犯而言，女犯由于自身的生理特点与自身所处的特殊环境的压力，更加容易出现心理障碍和心理疾病，女性出现抑郁症、焦虑症的比例是男性的2倍。因此，对于关押女犯监狱来说，对心理问题女犯自杀、自伤、自残风险的防控意义无需赘言。

2. 对认知偏差导致情绪、行为反复的风险防控难

心理问题的形成并非一朝一夕，容易出现反复。由于心理障碍和心理疾病的产生和形成与个体的成长经历、认知能力相关，即使对严重心理问题的女犯进行安全防控暂时可以阻止其自杀或自伤行为，其认知结构并未发生彻底改变，如果后续不采取积极的危机干预或持续心理治疗，上述行为仍会反复，给狱内的安全防控增加了难度。

3. 对心理疾病隐蔽性的识别难度高

由于心理问题的"隐蔽性"和鉴别的"专业性"，给监狱民警日常管理中的识别和干预带来一定的难度。诸如抑郁、焦虑、人格障碍等心理问题，虽然有一定的诊断标准和识别方法，但是对于目前国内的监狱系统来说，专业人员匮乏，民警在日常管理中对女犯心理问题的评估难免出现偏差，从而影响对心理问题女犯的干预。心理问题女犯如果得不到有效的干预，其犯因性需要没有得到有效消除，回归社会后导致再次犯罪的可能性增加，对于女犯释放后给社会带来的风险也在不断上升。

（二）监狱在矫治女犯实践过程中面临的困境

1. 女性重新犯罪率不断上升对改造效率提出挑战

关于女犯重新犯罪全国尚无权威机构发布数据，但以上海市为例，可以看出近年来女性重新犯罪也在不断"水涨船高"。[②]

表1 上海籍罪犯重新违法犯罪统计(2002—2014年)

年份	2002	2003	2004	2005	2006	2007	2009	2010	2011	2012	2013	2014
男犯再犯率	5.70%	6.10%	5.60%	7.80%	6.80%	6.30%	6.16%	2.80%	4.29%	8.16%	7.09%	8.97%
女犯再犯率	2.80%	2.90%	2.00%	3.30%	3.20%	2.90%	2.38%	1.61%	3.47%	1.09%	2.20%	3.55%

① 吴宗宪：《当代西方监狱学》，法律出版社2005年版，第371页。

② 来自上海市综治办提供的数据。

从表1中可以看出，女犯的重新犯罪[①]率与男犯的发展趋势基本上是同速的。从2010年开始，女犯和男犯的重新犯罪率开始递增(2012年除外)，2011年，女犯和男犯的重新犯罪率最为接近；2012年之后，女犯的重新犯罪率递增迅猛，呈直线式上升，到了2014年，女犯的重新犯罪率已经超过3.5%，为历史最高点。由于重新犯罪是监狱刑罚功能实现中的主要指标，因此，女犯重新犯罪率的上升，是对监狱矫治效果的严厉考量，也是监狱在如何科学矫治女犯中面临的难题。

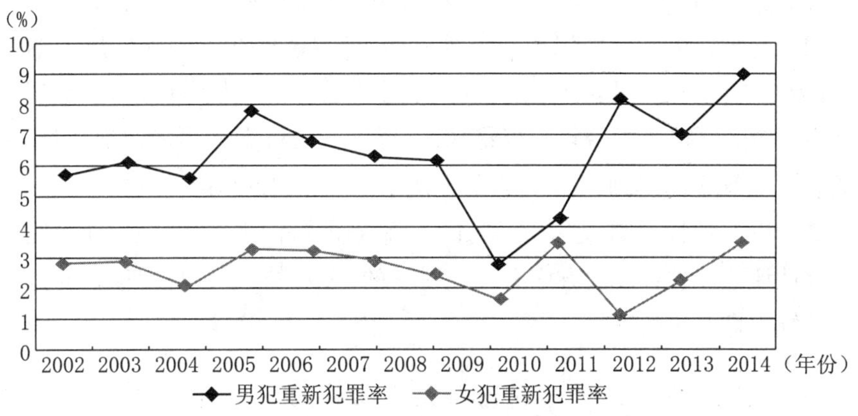

图1　上海监狱罪犯重新犯罪率

2. 监狱传统教育方法难以复制推广

纵观我国的监狱矫正史，无论从新中国成立后成功改造日本战犯和国民党战犯，还是20世纪80年代对罪犯进行“分押、分管、分教”刑罚个别化理念的推进，都取得了里程碑式的成就。然而，从我国监狱对罪犯的评估和矫治实际来看，目前采取的“三课”教育、个别教育、劳动改造等传统教育改造方式虽然积累了很多宝贵的经验，但因其自身存在的主观性、不可测量性等缺点，仅凭经验的积累难以有效地复制、推广。换句话说，经验丰富的管教民警所依赖的“直觉”的可信度比新民警要好得多，这种直觉只存在于经验层面，不具有可复制性，这无疑给新民警带来了困难和压力，只能付出更多的时间严防死守。因此，由于传统的教育方法无法传递、推广，也只能流于感性的、主观的经验层面，无法归

① 重新犯罪是指两次以上判处拘役以上徒刑的案件，不包括劳教、拘留等行政处罚。

纳、总结、上升至理论层面，这也是我国目前涉及罪犯改造的学科一直止步不前的原因之一。

3. 对传统的教育矫治缺乏统一的衡量标准

如前所述，由于传统教育依赖民警的“直觉”经验进行传递，这种“直觉”在信息传递过程中容易导致假阳性和假阴性判断。这种判断失真造成的结果有两：前者是浪费了大量的警力在不必要的罪犯身上；后者是直接导致了狱内风险的上升。具体而言，由于对问题女犯缺乏客观的衡量标准，在进行评估时缺乏统一的尺度，造成对女犯的矫治措施产生偏差；同时，由于心理问题女犯的增多、女犯重新犯罪率的上升等问题给监狱管理带来的风险，而监管实践中民警缺乏相关的心理学方法来识别和干预这些风险，即使在正确评估风险的情况下，矫治方式和矫治工具的使用又受制于监狱特殊的环境。因此，上述现实迫切需要一个既可以为民警较为容易掌握、可操作的科学方法来识别风险，又符合监禁环境条件，对女犯矫治有效的方法来消除狱内的风险。

基于以上种种原因，监狱需要引入一种新的矫治理念和方法，使得在女犯的危险性评估及教育矫治方面有一套科学的、客观的、可以复制推广的方法以弥补传统教育方法的不足。

（三）监狱在女犯矫治理论研究中面临的困境

1. 女犯本身的理论研究极度缺乏

综观国内外文献资料，在很长时间内，女犯研究都未受到犯罪学、社会学、心理学等相关领域的重视，相关学科只把性别看作一个控制变量而非影响行为变化的自变量，假设以男性为研究对象的犯罪理论及获得的研究结论对女犯有相同的解释效力。由于女性不仅在生理特征上与男性存在差异，更在社会化过程中形成不同的心理社会特征，而这些不同特征必然会造成女性犯罪在行为模式、女犯改造特征上与男性存在显著区别。这种不把性别作为一个对行为具有解释力的因素、不以女性与男性犯罪的差异为基础开展研究，不仅会造成女性犯罪与女犯矫治实证研究的极度缺乏，也会致使监狱在使用基于男犯的评估工具和矫治方法应用于女犯中产生适应不良的问题，无法真正服务于监狱的矫治实践。

2. 国内对认知行为疗法的认识与应用尚在起步阶段

认知行为疗法作为心理治疗的新理论、新方法，它产生于 20 世纪 60 年代，在 70 年代获得承认并确立自己的地位，80 年代初到 80 年代中后期获得稳步发展，将关注的焦点放在了认知控制以及改变认知失调方面（Howells，2010）。从 80 年代后期到现在，认知行为疗法有了新发展，将关注的焦点转移至语境问题上，其首要的治疗目标在于认知离解和认知接纳（Shonin et al. 2013）。认知行为疗法也有各自不同的分支，总的来说，有代表性的埃利斯的理性情绪疗法、贝克的认知行为疗法、梅钦鲍姆的自我指导疗法、马尔兹比的理性行为疗法、戈德纳和列奥蒂的结构心理疗法以及韦斯勒的认知评价疗法等。[①]本课题研究主要遵循贝克的认知行为疗法，简称 CBT。

CBT 以矫正功能不良性自动思维或功能失调性认知图式为方向，其理论假设是：个体的认知活动影响并制约个体的行为，个体的认知活动是能够加以控制和调整的，因而可以通过运用改变个体认知的方法来改变个体的行为。它的治疗特点：

（1）把治疗的重点集中于患者当前所遇到的问题上，分析和寻找目前所处的环境、所遇到的事件以及自身因素与心理疾患的关系。认知治疗并不排斥对患者成长史的全面了解，因为患者信念系统的形成与成长史有着密切的关联，但治疗师一定要把握一个现实的目标，这就是患者当下的问题或障碍。

（2）认知治疗的目标由医患双方共同设定，治疗的目标鲜明、具体、现实可行，它的疗效结果也很实在，能评估、可检验。治疗目标虽然可以确定，但也可以在治疗过程中略作修订，这种修订需要根据患者在治疗中的进展和遇到的特殊情况由治疗师随机把握。

（3）认知治疗属于短程治疗，一般在 3 个月左右。随着认知治疗的不断发展，它的适应证的不断拓展，治疗的时间也随之有所延长，所以，治疗师在操作认知治疗的实践中不能拘泥于“短程治疗”，而是应该根据患者的疾病情况、个人特点、治疗的实际进程来决定治疗的整个过程。但是，短程治疗仍是认知治疗的一大特色，治疗师应该充分用好这一特色，在最短的时间内，为患者获得最佳的治疗效果。

（4）认知治疗是一个具有严格结构的心理治疗，其结构规范、严谨、周全、细腻，整个认知治疗的进程、时间以及步骤都具有清晰的内容安排。当治疗的结构被具体化后，无论是治疗师还是患者，都会逐渐熟识这一结构框架，并主动

① 汪新建：《西方心理治疗范式的转换及其整合》，天津人民出版社 2003 年版。

地根据这一结构循序渐进地将认知治疗按部就班地不断深入，直指目标。

(5) 医患关系是认知治疗的本，没有这个坚实的基础就不可能有整个顺畅的治疗过程，也不能产生既定的疗效。在整个认知治疗过程中，医患关系的信任与和谐是双方共同努力、始终需要保养和维护的。认知治疗理论认为，良好的治疗性医患关系本身具有一定的治疗功能，是推动和维系改变患者曲解认知的重要桥梁。

从目前可搜索到的文献资料来看，国内对认知行为疗法的认识尚需进一步深化，对认知行为疗法的应用研究还局限在精神病的康复、神经系统疾病的康复、儿童认知行为发育异常的康复等临床医学领域。

3. 认知行为疗法在中国女犯中应用研究尚为空白

国外矫治理论的发展和司法实践已经证实，采用认知行为疗法降低重新犯罪是目前最有效的方法。一方面，从国际矫治历史的发展脉络来看，自 20 世纪 80 年代以来不断增长的犯罪率尤其是重新犯罪率的递增，西方国家对罪犯的矫治开始走向低谷。1986 年，美国国会制定了《全面犯罪控制法》并宣称，19 世纪以来的矫治模式被事实证明是错误的，其不再为刑事司法机关所遵循；到了 90 年代，"矫治"理论开始复活。然而，新的矫治基本上否定了传统的、建立在心理动力学基础上的矫治。Andrews 于 1990 年使用多元分析方法表明，心理动力学基础上的矫正措施确实没有功效，反而促进累犯。①与此同时，国际司法实践中已经有许多的元分析表明，基于认知行为的治疗方法在治疗犯罪人方面是最有前途的（Andrew 等人，1990；Izzo & Ross，1990；Lipsey，1995；Lösel，1995）。1998 年，立顿（Lipton）及其同事在对犯罪人超过 900 项的治疗研究的基础上，通过元分析检验表明，借助于认知行为疗法似乎比基于其他模式的疗法更有效。2002 年，皮尔森等人对 69 个研究项目进行元分析发现，认知行为疗法对罪犯再犯的矫正效果比行为疗法好很多。他们建议罪犯矫正项目应该把认知行为疗法作为其主要组成部分。可以看出，国外矫治理论对认知行为疗法的研究已经有几十年的历史，到目前为止已经有了较为可观的研究成果并已经在监狱系统内推广运用。

与之相比，国内对认知行为疗法在监狱矫治中的应用研究则刚刚起步，被

① Andrews, D.A., & Bonta, J., & Hoge, R.D. (1990). Classification for Effective Rehabilitation. Criminal Justice and Behavior, 17, pp.19—52.

国际所认可的、对罪犯矫治最有效的矫治方法是否适用于中国女犯尚无定论。因此，在我国女犯中探索应用认知行为疗法不但是监狱工作的现实需要，也是矫治理论发展的必然结果。

综上所述，鉴于实践和理论两个方面的考虑，将“认知行为治疗在女犯中的应用”作为我们的研究课题，假设“认知行为治疗对于女犯心理健康提升、提升狱内改造表现有帮助”并进行验证，不妨是对女犯进行有效矫治的一种尝试。

二、研究方法与过程设计

（一）研究被试

1. 样本的初步筛选

从监狱内抽取120名女犯作为初步筛选对象。

纳入标准为：50周岁以下年龄；初中及以上文化程度；有一定心理问题。

排除标准为：精神分裂发病期、反社会人格、偏执人格、邪教类女犯，不愿意配合测量及矫治的女犯。

2. 样本的确定

对上述120名初选女犯用SCL-90、SDS、SAS、BDI、EPQ等工具进行测量普查，同时围绕女犯的心理问题、解决方式、是否愿意参加CBT治疗等内容进行结合结构式访谈，从中再筛选出60名有心理问题的女犯。

3. 样本的构成

从60名样本的女犯中，除去即将刑释出监的人员，最终确定了52名女犯作为样本。

由于目前大多数对CBT治疗过程和机制的考察使用的是相关分析方法。当一个变量(M)被认为是一个重要机制，于是在某一特定时间测量M，并计算其与结果(O)的相关性。然而这一方法受相关分析中两个常见问题的影响：因果方向的模棱两可，以及第三变量导致M和O的可能性。前者很好解决，如果M先于O被测量到，那么就可以排除O导致M的可能性；要想解决第三变量的因果关系问题，就需要随机分配实验组和对照组。

因此，鉴于在样本筛选过程中随机分配实验组和对照组对相关分析的重要性，我们将52个样本在SCL-90量表的9个因子上进行差异检验，并根据检验结果随机分配实验组和对照组(见表 2)。

表 2　实验组和对照组在 SCL-90 量表 9 个因子差异检验(前测)

	躯体化	强迫	人际关系	抑郁	焦虑	敌对	恐怖	偏执	精神病性
$\bar{x}^0$	2.192	2.354	2.291	2.492	2.296	2.019	1.637	2.153	2.054
$\bar{y}^0$	2.054	2.162	2.047	2.119	1.996	2.038	1.550	1.961	1.939
$\bar{x}^0-\bar{y}^0$	0.138	0.192	0.244	0.373	0.3	−0.019	0.087	0.192	0.115
p	0.555	0.386	0.299	0.161	0.211	0.944	0.650	0.440	0.564

注:$\bar{x}^0$ 为实验组样本均值,$\bar{y}^0$ 为对照组样本均值。

由表 2 可以看出,实验组和对照组在 SCL-90 量表的 9 个因子前测均值差异检验 $p>0.05$,表明没有显著差异,故可以认定初始分组是随机分组。

在随机分组的情况下,我们将实验组(26 人)与对照组(26)人进行基本情况的比较,尽量做到平行匹配,使得两组女犯的基本情况在统计上相当,唯一的变量就是:实验组接受了 CBT,对照组没有(见表 3)。

表 3　样本基本情况一览表

类别		实验组		对照组	
		人数(人)	百分比(%)	人数(人)	百分比(%)
年龄	青年	1	3.8	2	7.7
	成年早期	17	65.4	17	65.4
	中年	8	30.8	7	26.9
文化	初中以下	10	38.5	8	30.8
	高中	8	30.8	7	26.9
	大专以上	8	30.8	11	42.3
案由	诈骗	6	23.1	6	23.1
	毒品	9	34.6	6	23.1
	暴力	4	15.4	9	34.6
	淫欲	2	7.7	1	3.8
	盗窃	1	3.8	0	0
	经济	1	3.8	2	7.7
	其他	3	11.5	2	7.7

（续表）

类别		实验组		对照组	
		人数(人)	百分比(%)	人数(人)	百分比(%)
刑期	3年以下	4	15.4	0	0
	3—5年	4	15.4	3	11.5
	5—10年	9	34.6	8	30.8
	10年以上	4	15.4	10	38.5
	无期	1	3.8	4	15.4
	死缓	4	15.4	1	3.8
婚姻	已婚	7	26.9	11	42.3
	未婚	7	26.9	8	30.8
	离异	10	38.5	7	26.9
	丧偶	2	7.7	0	0
户籍	本市	15	57.7	20	76.9
	外地	11	42.3	6	23.1

（二）研究方法

（1）文献法

搜索国内外关于CBT矫治罪犯的相关资料和信息，形成理论框架和文献综述。

（2）心理测量法

采用SCL-90分别对实验组女犯进行CBT治疗前、后两次心理测试。

（3）问卷调查法

采用自编问卷，依据罪犯改造质量中最为关键的要素自行拟定而成，包括认知归因、自我评价、学习兴趣状况、人际适应状况、劳动指标完成状况、狱内违纪状况等10个维度；采用女犯自测和民警他评两种方式进行，采用10分制评分方式，“1”代表情况最好，“10”代表情况最差。该问卷不但能够测量被试对象的心理健康状况，还能综合评定研究对象的改造表现。

（4）统计法

对调查所得到的原始数据初步编码之后，主要采用描述统计和方差分析，采用 SPSS11.3 对数据进行分析。

（三）课题设计

鉴于监管场所的特殊性和我国监狱管理体制与西方国家的差异性，对女犯采用 CBT 进行矫治的人员如果由社会人士担任会带来诸多不便。因此，本课题设计让民警担任矫治人员，过程如下：

第一阶段：前期调研，论证可行性。

第二阶段：由 CBT 治疗专家对民警进行为期 12 周的认知治疗理论培训。

第三阶段：专家对民警进行 CBT 示范性实际操作培训，共 12 次，每周 1 次。专家现场演示如何对一名有心理问题的女犯进行 CBT 治疗，每次演示结束后，专家和民警进行专题讨论。

第四阶段：由民警对实验组女犯进行一对一的 CBT 治疗，并由专家对民警进行同步督导，每周 1 次，共 12 次，个案可以根据实际情况自行调整治疗时间的长度。

第五阶段：结束 CBT 治疗，对数据做统计分析，撰写矫治个案和课题报告。

三、研究结果与分析

（一）SCL-90 各因子统计分析

1. 实验组与对照组 SCL-90 量表各因子前测差异检验

见表 2，经过统计分析可以得出两组女犯是随机分组，且在 SCL-90 量表的指标上基本上是平行匹配的。因此，在被试的筛选和分组上符合统计学上的随机标准。

2. 实验组在 SCL-90 量表各因子前后测差异检验

经过 5 个月的认知治疗后，实验组女犯在 SCL-90 量表 9 个因子上的得分有所变化。由表 4 可以看出，实验组后测与前测相比分数降低。也就是说，在 SCL-90 量表各因子上有所改善，其中：除“人际关系”和“偏执”两因子上变化不显著外，在“敌对”因子上有显著改善（ $p < 0.05$），在强迫、焦虑、恐怖和精神病性症状上呈强显著改善（ $p < 0.01$），在“躯体化”“抑郁”两个因子上呈极其显著改善（ $p < 0.001$）。

表 4 实验组在 SCL-90 量表 9 个因子前后测差异检验

	躯体化	强迫	人际关系	抑郁	焦虑	敌对	恐怖	偏执	精神病性
$\bar{\chi}$	−0.539	−0.381	−0.275	−0.595	−0.458	−0.257	−0.280	−0.249	−0.323
T 值	−4.418	−2.709	−1.658	−4.155	−3.394	−2.213	−3.056	−1.656	−2.620
p	0.000***	0.006**	0.055	0.000***	0.001**	0.018*	0.003**	0.055	0.007**

注：*** 代表 $p < 0.001$，表示该因子得分存在极其显著性差异；** 代表 $p < 0.01$，表示存在较强显著性差异；* 代表 $p < 0.05$，表示存在显著性差异。下同。

3. 对照组在 SCL-90 量表各因子前后测差异检验

对照组女犯未接受认知治疗，经过 5 个月后，她们在 SCL-90 量表 9 个因子上的得分也有所变化，通过对其差异性检验，结果见表 5。

可以看出，对照组后测与前测相比，除躯体化略有下降外，其余分数均升高，也就是说在 SCL-90 量表因子上有所恶化，其中，“人际关系”和“偏执”两因子上为显著恶化（$p < 0.05$），在“恐怖”因子上呈较强显著恶化（$p < 0.01$）。

表 5 对照组在 SCL-90 量表 9 个因子前后测差异检验

	躯体化	强迫	人际关系	抑郁	焦虑	敌对	恐怖	偏执	精神病性
$\bar{y}$	−0.012	0.042	0.215	0.088	0.131	0.059	0.275	0.214	0.100
T 值	−0.108	0.542	1.81	0.709	1.031	0.350	2.705	2.075	0.742
p	0.457	0.296	0.041*	0.243	0.156	0.365	0.006**	0.024*	0.233

4. 实验组与对照组在 SCL-90 各因子前后变化的差异检验

实验组与对照组在初始分组时没有显著差异，经过 5 个月后，实验组在 SCL-90 各因子上都有改善，而对照组则除“躯体化”外，其余因子均有恶化。为了检验实验、对照组前后变化的差异性，我们对其进行差异检验。

由表 6 可知，实验组与对照组相比，在各 SCL-90 量表各因子上得分下降得更多，意味着症状改善得更为明显。除了“敌对”因子上，实验组相比对照组改善不显著外，其余因子均有显著改善，其中实验组在“强迫”“人际关系”“偏执”和“精神病性”4 个因子上的变化较对照组显著（$p < 0.05$），在“躯体化”、“抑郁”和“焦虑”因子上有强显著性的变化（$p < 0.01$），在“恐怖”因子上的变化极其显著（$p < 0.001$）。

表 6　实验组和对照组在 SCL-90 量表 9 个因子的前后测差值差异性比较

	躯体化	强迫	人际关系	抑郁	焦虑	敌对	恐怖	偏执	精神病性
$x-y$ 均值	−0.527	−0.423	−0.490	−0.683	−0.589	−0.315	−0.555	−0.462	−0.423
T 值	−3.196	−2.244	−2.128	−3.719	−2.975	−1.438	−4.190	−4.402	−2.028
p	0.002**	0.011*	0.022*	0.001**	0.003**	0.081	0.000***	0.012*	0.027*

综上，由上述统计结果可以得出：

第一，接受 CBT 之后，女犯在“偏执”和“人际关系”上的改善不显著；在“强迫”“焦虑”“恐怖”和“精神病症状”上的改善显著；而在“躯体化”“抑郁”上的改善极其显著。

第二，没有接受 CBT 干预的女犯，在出现心理问题的情况下，如果不进行适当的干预，其心理问题会加剧：表现在“人际关系”和“偏执”上的显著恶化，以及在“恐怖”因子上的强显著恶化。

第三，接受 CBT 的女犯相比较于没有接受 CBT 的女犯变化是显著的，除了“敌对”以外，其他因子都有显著变化。其中，“躯体化”“抑郁”和“焦虑”变化强显著；而“恐怖”因子变化极其显著。

第四，值得关注的是，虽然实验组在接受 CBT 以后，“偏执”和“人际关系”两因子没有显著改善，但由于对照组呈恶化趋势，因此与对照组比较下来，变化还是显著的。

上述结果证实：经过 CBT 干预之后，被试的心理问题都得到了一定程度的改善。

（二）服刑改造综合评定表统计分析（自评）

1. 实验组与对照组服刑改造综合自评问卷各因子前测差异检验

由表 7 可以看出，实验组和对照组在服刑改造自评问卷的 10 个因子前测均值差异检验 $p>0.05$，表明没有显著差异，故可以认定初始分组是随机分组。

表 7　实验组和对照组服刑改造自评问卷 10 个因子前测差异检验

	情绪问题	自我评价	认知归因	警囚关系	囚囚关系	环境适应	监规纪律	劳动指标	亲情关系	学习兴趣
$\bar{x}^0$	5.770	5.150	5.080	4.000	4.850	5.230	3.920	3.690	3.850	3.920
$\bar{y}^0$	5.500	5.350	4.900	4.000	4.550	4.550	4.100	3.800	4.100	3.650
$\bar{x}^0-\bar{y}^0$	0.270	−0.200	0.180	0.000	0.300	0.680	−0.180	−0.110	−0.250	0.270
p	0.726	0.797	0.808	1.000	0.675	0.349	0.778	0.892	0.757	0.696

注：$\bar{x}^0$ 为实验组样本均值，$\bar{y}^0$ 为对照组样本均值。

2. 实验组在服刑改造自评问卷各因子前后测差异检验

经过 5 个月的认知治疗后，实验组女犯在服刑改造自评问卷 10 个因子上的得分有所变化，通过配对差异性检验，结果见表 8。可以看出，实验组后测与前测相比分数降低十分明显。其中，在“亲情关系”方面显著改善（$p < 0.05$）；在“劳动指标”方面有强显著改善（$p < 0.01$）；其余 8 个因子存在极其显著改善（$p < 0.001$）。

表 8　实验组在服刑改造自评问卷 10 个因子前后测差异检验

	情绪问题	自我评价	认知归因	警囚关系	囚囚关系	环境适应	监规计分	劳动指标	亲情关系	学习兴趣
$\bar{\chi}$	−4.111	−3.611	−4.111	−1.444	−2.556	−3.389	−1.389	−1.111	−1.611	−1.667
T 值	−5.998	−5.666	−6.083	−4.305	−5.047	−5.862	−5.395	−3.688	−2.872	−5.000
p	0.000***	0.000***	0.000***	0.000***	0.000***	0.000***	0.000***	0.002**	0.011*	0.000***

注：*** 代表 $p < 0.001$，表示该因子得分存在极其的显著性差异，** 代表 $p < 0.01$，表示存在较强的显著性差异，* 代表 $p < 0.05$，表示存在显著性差异。下同。

3. 对照组在服刑改造自评问卷各因子前后测差异检验

对照组女犯未接受认知治疗，经过 5 个月后，她们在服刑改造自评问卷 10 个因子上的得分也有所变化，通过配对差异性检验，结果见表 9。可以看出，对照组后测与前测相比，在 10 个因子方面分数也有所降低，其中：“警囚关系”和“学习兴趣”两个方面变化显著（$p < 0.05$），其余 8 个因子的改善均没有达到统计学上的显著差异。

表 9　对照组在服刑改造自评问卷 10 个因子前后测差异检验

	情绪问题	自我评价	认知归因	警囚关系	囚囚关系	环境适应	监规计分	劳动指标	亲情关系	学习兴趣
$\bar{y}$	−0.182	−0.136	−0.227	−0.318	−0.045	−0.273	−0.227	−0.091	−0.227	−0.273
T 值	−0.640	−0.826	−1.555	−2.628	−0.295	−2.027	−2.017	−1.000	−2.017	−2.324
p	0.529	0.418	0.135	0.016*	0.771	0.056	0.057	0.329	0.057	0.030*

4. 实验组与对照组在服刑改造自评问卷各因子前后变化的差异检验

实验组与对照组在初始分组时除“环境适应”方面外，均没有显著差异，而经过 5 个月的认知治疗后，实验组在服刑改造自评问卷 10 个因子上都存在极其显著改善；而对照组在“警囚关系”和“学习兴趣”两个方面存在显著改善，其余因子虽有所改善，但是没有达到统计学上的显著差异。为了进一步检验实验组、对照组前后变化的差异性，我们对其进行差异检验，结果见表 10。

表 10　实验组和对照组在服刑改造自评问卷 10 个因子的前后测差值差异性比较

	情绪问题	自我评价	认知归因	警囚关系	囚囚关系	环境适应	监规计分	劳动指标	亲情关系	学习兴趣
$x-y$ 均值	−3.929	−3.475	−3.884	−1.126	−2.510	−3.116	−1.162	−1.020	−1.384	−1.394
T值	−5.296	−5.278	−5.617	−3.158	−4.743	−5.250	−4.134	−3.242	−2.419	−3.944
p	0.000***	0.000***	0.000***	0.005**	0.000***	0.000***	0.000***	0.004**	0.026*	0.001**

注：x 为实验组前后测差值，y 为对照组前后测差值。

由表 10 可以看出：实验组与对照组相比在服刑改造自评问卷 10 个因子上得分下降得更多，意味着实验组较之对照组症状改善的更为明显。其中，在“情绪问题”“自我评价”“认知归因”“囚囚关系”“环境适应”“监规计分”6 个因子的改善极其显著（$p < 0.001$），在“警囚关系”“劳动指标”“学习兴趣”3 个因子上的改善强显著（$p < 0.01$），在“亲情关系”因子的改善显著（$p < 0.05$）。

综上所述，可以得出以下结论：

第一，接受 CBT 之后，女犯自认为在“亲情关系”方面改善显著；在“劳动产量”方面的改善强显著；而在“情绪问题”“自我评价”“认知归因”和“囚囚关系”方面的改善极其显著。

第二，没有接受 CBT 干预的女犯，一段时间之后，自认为在“警囚关系”和“学习兴趣”方面改善显著，其他方面不明显。

第三，接受 CBT 干预的女犯自认为相比没有接受 CBT 的女犯变化是显著的，表现在“亲情关系”方面改善显著；在“劳动指标”“警囚关系”“学习兴趣”上改善较强显著；而在其余 6 个因子方面的改善极其显著。

（三）服刑改造综合评定表统计分析（他评）

1. 实验组和对照组服刑改造他评问卷 10 个因子前测差异检验

由表 11 可以看出，实验组和对照组在服刑改造自评问卷的 10 个因子前测均值差异检验 $p > 0.05$，表明没有显著差异，故从他评角度可以认定初始分组是随机分组。

表 11　实验组和对照组服刑改造他评问卷 10 个因子前测差异检验

	情绪问题	自我评价	认知归因	警囚关系	囚囚关系	环境适应	监规计分	劳动指标	亲情关系	学习兴趣
$\bar{x}^0$	6.150	5.230	5.380	4.000	4.850	5.310	4.150	3.850	3.850	4.150
$\bar{y}^0$	4.800	4.900	4.450	3.800	4.400	3.950	3.450	3.450	3.900	4.000
$\bar{x}^0-\bar{y}^0$	1.350	0.330	0.930	0.200	0.450	1.360	0.700	0.400	−0.050	0.150
p	0.105	0.670	0.248	0.763	0.550	0.056	0.212	0.546	0.942	0.794

注：$\bar{x}^0$ 为实验组样本均值，$\bar{y}^0$ 为对照组样本均值。

2. 实验组在服刑改造他评问卷 10 个因子前后测差异检验

由表 12 可以看出，从民警他评角度看，前后测相比改善十分明显：其中“情绪问题”“自我评价”“认知归因”“囚囚关系”“环境适应”“监规计分”“学习兴趣”7 个因子改善极其显著（$p<0.001$），在“警囚关系”“劳动指标”和“亲情关系”3 个因子上改善强显著（$p<0.01$）。

表 12　实验组在服刑改造他评问卷 10 个因子前后测差异检验

	情绪问题	自我评价	认知归因	警囚关系	囚囚关系	环境适应	监规计分	劳动指标	亲情关系	学习兴趣
$\bar{\chi}$	−3.944	−3.194	−3.639	−1.778	−3.111	−3.500	−1.389	−1.222	−1.722	−1.667
T值	−6.381	−6.150	−6.949	−3.978	−5.242	−6.910	−6.022	−3.963	−3.560	−5.154
p	0.000***	0.000***	0.000***	0.001**	0.000***	0.000***	0.000***	0.001**	0.002**	0.000***

3. 对照组在服刑改造他评问卷 10 个因子前后测差异检验

对照组女犯未接受认知治疗，经过 5 个月后，干警对其服刑改造他评问卷 10 个因子上的得分也有所变化，通过对其配对差异性检验，结果见表 13。可以看出，对照组后测与前测相比，在“囚囚关系”和“亲情关系”方面存在比较强显著改善，在“环境适应”、“监规计分”和“学习兴趣”方面存在显著改善，其余 5 个因子均未达到统计学上的显著差异。

表 13　对照组在服刑改造他评问卷 10 个因子前后测差异检验

	情绪问题	自我评价	认知归因	警囚关系	囚囚关系	环境适应	监规纪律	劳动指标	亲情关系	学习兴趣
$\bar{y}$	0.000	−0.136	0.045	−0.136	−0.500	−0.318	−0.182	−0.227	−0.318	−0.182
T值	0.000	−0.680	0.224	−1.368	−3.487	−2.628	−2.160	−2.017	−3.130	−2.160
p	1.000	0.504	0.825	0.186	0.002**	0.016*	0.042*	0.057	0.005**	0.042*

4. 实验组和对照组在服刑改造他评问卷 10 个因子的后测差值差异性比较

为了进一步检验实验组、对照组前后变化的差异性，我们对试验组和对照组在服刑改造他评问卷的 10 个因子进行后测差异检验比较，结果见表 14。可知，实验组与对照组相比在服刑改造他评问卷 10 个因子上得分均下降得更多，意味着症状改善更为明显。其中“情绪问题”“自我评价”“认知归因”“囚囚关系”“环境适应”“监规计分”“学习兴趣”7 个方面改善极其显著（$p < 0.001$），“警囚关系”和“劳动”方指标面的改善强显著（$p < 0.01$），“亲情关系”方面的改善显著（$p < 0.05$）。

表 14　实验组和对照组在服刑改造他评问卷 10 个因子的前后测差值差异性比较

	情绪问题	自我评价	认知归因	警囚关系	囚囚关系	环境适应	监规纪律	劳动指标	亲情关系	学习兴趣
$x-y$ 均值	−3.944	−3.058	−3.684	−1.641	−2.611	−3.182	−1.207	−0.995	−1.404	−1.485
T 值	−5.843	−5.492	−6.562	−3.585	−4.277	−6.110	−4.916	−3.030	−2.840	−4.444
p	0.000***	0.000***	0.000***	0.002**	0.000***	0.000***	0.000***	0.006**	0.011*	0.000***

综上所述，可以得出：

第一，接受 CBT 干预之后，民警认为女犯在“警囚关系”“劳动指标”“亲情关系”方面改善比较显著；女犯在其余 7 个方面的改善极其显著。

第二，没有接受 CBT 干预的女犯，一段时间改造之后，民警认为她们在“环境适应”“监规计分”和“学习兴趣”方面改善显著；在“亲情关系”和“囚囚关系”方面的改善较为显著；其他方面不明显。

第三，民警认为，接受 CBT 干预的女犯相比较于没有接受 CBT 干预的女犯变化是显著的，表现在“亲情关系”方面改善显著；在“劳动指标”“警囚关系”方面改善较为显著；其他方面改善极其显著。

综上，结合自评和他评评定表的结果，可以认为两者的数据统计结果基本一致，这就证实：经过 CBT 干预之后，被试女犯的其他心理健康指标和改造表现有显著提升。

四、课题结论与讨论

（一）课题结论

通过 SCL-90 和自编的女犯综合改造评定表的统计结果，可以证实我们的理论假设：即相比其他传统的矫治方法，CBT 干预对于改善女犯心理健康水平，降低狱内安全风险；稳定改造秩序，提升改造表现；改变认知归因，提升环境能力等方面有效，CBT 干预可以适用于中国女犯的改造实践。

1. CBT 可以通过有效干预女犯心理问题，消除狱内安全风险

（1）CBT 干预可以明显降低女犯的抑郁、焦虑情绪，降低自杀、自伤自残的风险。如前文所述，女犯中焦虑抑郁的发病率很高，且有病程长、复发高、治愈难等特点，女犯中环境的不适应、人际关系的紧张、劳动欠产、思家心切等都会伴有抑郁、焦虑等发生。可以说，抑郁、焦虑已经覆盖女犯改造的各个方面，是发病最高、最普遍的神经症。有研究显示："自杀在神经症和人格障碍中较常见，在自杀精神病中更为常见。单独列出自杀的精神因素更多考虑的是针对精神出现障碍的人。"①从监狱安全角度来说，抑郁、焦虑等病症也是导致女犯自杀自伤等事故发生的重要因素。从 CBT 干预的发展历程来看，它最早就是从治疗抑郁开始的，也是对单相抑郁、焦虑最有效的治疗方法。而通过前文的数据说明，仅采用传统教育、未经过 CBT 治疗的女犯，在"焦虑""偏执""恐怖"等心理问题上进一步恶化，如果不加以干预，心理问题的日积月累终会由量变到质变最终爆发，导致自杀、自伤自残等事件的发生，对监管改造秩序必然造成严重后果。经过 CBT 治疗的女犯无论在 SCL-90，还是自编的改造综合问卷的数据都证实：女犯的焦虑、抑郁等心理问题和情绪问题都有显著改善；也进一步说明 CBT 对于心理问题女犯的干预有效果，能降低自杀风险，确保监管安全。

（2）从研究结果来看，CBT 干预可以有针对性地改善女犯生存状态，稳定狱内改造秩序，满足不同女犯的心理问题需求。这是由 CBT 干预鲜明务实、治疗目标具体的特点决定的：首先，CBT 治疗比较注重人的主观能动性，治疗目标一般都由治疗双方共同设定，在对女犯的治疗中，比较注重女犯的改造需求，特别关注女犯当下的问题与障碍，可以根据不同女犯的不同需求状况有针对性地解决不同层次的心理问题，一定程度上弥补了传统教育中大课教育缺乏个性需求的不足。其次，CBT 的治疗疗程较为灵活，短期内就能取得疗效，短期解决浅层心理问题，长期解决核心心理问题，这也比较符合监狱不同长短刑期女犯的心理需求，故比较受女犯的欢迎和接受，也为女犯认知的改变提供了先决条件。

---

① 宋胜尊：《罪犯心理评估——理论 · 方法 · 工具》，群众出版社 2005 年版，第 283 页。

（3）CBT 干预对于提升女犯心理健康水平的疗效稳定，不易复发。这种效果是同药物治疗以及其他心理治疗进行比较对照的结果。CBT 治疗之所以能获得稳定的疗效，是因为它是标本兼治的治疗。在最初的治疗阶段，治疗的重点在于建立良好的治疗性关系和缓解患者当前所表现的明显症状；随着治疗的深入推进，重点就转向探索和挖掘患者潜在的心理机制，破解她们的负性假设、规则以及核心信念，从根本上铲除构成心理问题的根源。[①]课题组的矫治民警在对女犯进 CBT 治疗过程每一个阶段，都有一个阶段性目标，当目标达成后，都会给女犯带来良性体验，这也增强了女犯持续完成治疗的信心，这也从根本上预防了问题女犯心理危机的爆发。

2. CBT 可以帮助监狱稳定改造秩序，提高改造质量

（1）女犯通过 CBT 的治疗可以改善狱内人际关系，降低违纪率。女犯在狱内的人际关系包括两方面：一是与民警的关系。由于这种关系是管理与被管理的关系，呈现不对等性，因此一旦警囚关系出现问题，不仅会影响女犯的情绪，造成女犯抑郁、焦虑等心理问题，而且会影响女犯对民警整体执法的看法以及对司法机关的态度，甚至会造成女犯“不服管”“抗拒改造”等现象的产生，带来较为恶劣的影响。二是与同犯的关系。虽然这种关系是对等的，但是由于女犯之间朝夕相处，所处的空间很局促，一旦出现问题，既不能逃避现实，更无法解除监禁的束缚，女犯就会感到无助，丧失安全感，不仅会引发心理问题的产生，同时也会导致狱内争吵甚至打架斗殴、拉帮结派等违纪现象的出现，严重影响监管改造秩序。因此，良好的狱内人际关系也是女犯顺利改造的重要保证。在认知治疗过程中，帮助女犯处理好人际关系是治疗的重要目标之一，通过综合改造自评和他评问卷数据也证明，通过 CBT 治疗实验组女犯有效改善警囚关系、囚囚关系、监规纪律，这将有利于女犯在狱内改造秩序的稳定。

（2）女犯可以通过 CBT 治疗提升自我评价，提高改造成绩。女犯在服刑过程中自卑感的形成，一方面与她的成长经历有关，另一方面与改造服刑的环境有关。自卑是女犯服刑中存在的一种很普遍的心理问题，如果不能好好处理，不仅可能发展演变成更为严重的心理疾病，而且也会影响女犯的改造信心和改造成绩。我们在实施课题过程中发现，除去文化程度低、劳动能力受限等客观因素以外，造成女犯劳动欠产、学习指标无法完成的主要原因在于女犯对

---

① 陈福国：《实用认知心理治疗学》，上海人民出版社 2012 年版，第 21 页。

劳动、学习的认识存在偏差，其中有相当一部分女犯的自我评价过低。民警通过 CBT 治疗，指出了她们在改造中对改造目标上的负性自动想法，对她们的核心信念提出质疑，从而帮助她们纠正不合理的认知，替代合理的认知。课题的数据证明：采用 CBT 治疗后，女犯的“劳动指标”“学习兴趣”等改造因子的分数均有显著提高，CBT 干预可以帮助女犯有效地树立改造自信，提高改造成绩。

3. CBT 干预可以帮助女犯更好地适应社会，降低重新犯罪率

关于 CBT 干预可以有效降低重新犯罪，这已经为国外的矫治理论和司法实践所证实。从循证矫正的角度来看，国外关于 CBT 干预可以降低再犯的结论是基于对大样本的 RCT（即随机对照实验）数据进行元分析（meta-analysis）①得出的，在证据力上属于最佳证据。从目前国内的研究实际来看，虽然我们对 CBT 干预应用于监狱矫治刚刚起步，短时期内无法积累大量的样本数据，但是通过此次课题的小样本实验发现，CBT 干预可以帮助女犯在认知归因、环境适应、减少自卑、树立自信等方面得到有效改善，从而更好地适应社会，降低女犯的部分犯因性需要，为降低重新犯罪率提供有力依据。理由在于：

（1）CBT 干预可以通过改变女犯的认知归因来降低再犯。通过国内外的权威研究我们可以得出：罪犯的不合理认知、犯罪思维与犯罪密切相关。国外的大多数犯罪学家认为，犯罪人的犯罪心理和行为反应多与他们的认知偏差和不合理信念密切相关，尤其是那些屡次再犯的罪犯在认知和思维方面有问题，他们思考问题时缺少逻辑性，拥有非常有限的解决问题和为人处事的能力。例如，犯罪学家 Gray Zajec 指出：罪犯的犯因性需要是导致其重新犯罪的因素，包括反社会的态度和信念、犯罪性思维、反社会关系网、自控能力差等方面，其中反社会的信念表现为“对犯罪当然化、对犯罪不以为然、否定责任、自以为了不起和对他人有敌意”。②Walters 建构出罪犯的 8 种犯罪思维，分别为：自我安慰（mollification）、切除斩断（cutoff）、特权化（entitlement）、权力倾向（power orientation）、虚情假意（sentimentality）、过分乐观（super optimism）、认知怠惰

---

① 元分析是对众多现有实证文献的再次统计，通过对相关文献中的统计指标利用相应的统计公式，进行再一次的统计分析，由此可以根据获得的统计显著性等来分析两个变量间真实的相关关系。

② Zajec, G. (2004). Understanding Implementing Correctional Options That work: Principles of Effective Intervention. Camp Hill: Pennsylvania Department of Corrections.

(cognitive indolence)和半途而废(discontinuity)。[①]对女犯而言,上述 8 种犯罪思维中的“虚情假意”与女犯再犯行为之间具有中等程度的显著相关;而“权力倾向”“切除斩断”“特权化”和“半途而废”对于预测女犯在狱中的违纪行为具有很好的预测力。国内研究也发现罪犯的犯罪行为与他们的不合理认知有密切相关。又例如,根据孙丽娟对上海市监狱随机抽取 687 名罪犯进行问卷调查,以及抽取有经验民警 30 人开展访谈的结果发现:罪犯在监狱服刑期间常见的不合理认知主要有:“社会上违法乱纪的人多了,为什么不都惩罚”(以偏概全)、“我之所以有今天,都是因为交友不善造成的”(自我安慰)、“我觉得这个世界太不公平”(绝对化思维)、“这个世界上钱最重要”;等等。[②]值得一提的是,犯罪认知和思维对犯罪人的再犯行为具有一定的预测作用,它是预测再犯的八大主要风险因素之一。

上述文献资料很充分详实地证实了认知归因与再犯之间的关系。我们在课题实施过程中将“认知归因”作为衡量 CBT 干预对女犯矫治效果很重要的一个指标,同时也发现,接受 CBT 治疗的实验组女犯在“认知归因”维度上存在极其显著的差异。这也证明:CBT 干预对于转变问题女犯的认知归因、改变反社会思维具有显著的作用。CBT 干预可以通过提高女犯的环境适应能力来降低再犯。目前的国际矫治理论认为:由于罪犯在监禁状态下不可避免地受监狱亚文化、监狱人格的影响,如果对罪犯的干预和矫治不针对其犯因性需要,不但会使原先的抑郁、焦虑等心理健康问题恶化,而且由于狱内的交叉感染使得罪犯原来的犯罪思维和反社会态度更加固化,产生新的不合理认知。同时,罪犯在回归后更缺乏适应社会的能力,重新社会化愈加困难,反而会“怀念”在监狱服刑的生活,从而增加重新犯罪的可能性。1998 年 10 月至 2000 年 3 月,中央司法警官学院的章恩友教授等人从河北、河南、山东等监狱随机对重新犯罪的男犯和女犯以及未重新犯罪的对照组进行“Y-G 性格测验”,结果发现:再犯罪者属于不稳定消极型性格(E 型),非再犯者属于稳定消极型性格(C 型)。相比之下,再犯组情绪不稳定,具有一定的抑郁心境和心理压力,神经过敏症状明显,社会适应性较差,具有一定的主观性和明显的非合作性及攻击倾向。这就从另

---

① Walters G D. The Criminal Lifestyle: Patterns of serious criminal conduct [M]. Newbury Park, Calif: Sage Publications, 1990.

② 孙丽娟:《罪犯不合理认知研究》,《中国监狱学刊》2015 年第 3 期。

一角度说明抑郁、焦虑等神经症状、环境适应、人际关系等问题与重新犯罪之间的关系。

在监狱内将 CBT 干预作为一种矫治方法主要基于:CBT 干预作为一种专业性、规范性、结构性很强的方法,它通过解读犯罪危害的行为和功能失调的思维模式,改变罪犯的不合理认知,帮助罪犯尝试、学习、形成适应社会的行为习惯,提高社会交往技能来消除其犯因性需要,最后达到不再重犯的目的。课题通过实验组与对照组的比较也证实了:CBT 干预对于改善女犯的"环境适应"能力具有显著作用,而没有接受 CBT 治疗的对照组女犯没有出现这样的变化。这就说明,通过提升女犯的"环境适应"能力来降低重犯,也是 CBT 降低重犯的重要依据。

(2) CBT 通过提升女犯的自尊、降低自卑感来降低女犯再犯。需要特别指出的是,女犯较之男犯相比最典型的特征是逆变倾向。由于女性的自尊感较之男性强烈而脆弱,初次犯罪以后,刑事责任的追究意味着对行为人不良人格的最严厉的社会谴责,来自社会、家庭的压力远远超过男性,刑事制裁之下女性自尊感的丧失远比男性甚,这就在相当程度上动摇了女性改恶从善、追求新生的原动力。因此,恢复女性的人格自尊、提升女性的自信对于女犯的矫治尤为重要,这也是女犯矫治与男犯的不同之处。就恢复自尊、提升自信而言,本课题的数据已经证实:CBT 干预能够有效提升女犯的自我评价,帮助减少自卑感、改善人际关系。由此可以看出,相较于男犯而言,CBT 干预更加符合女犯的矫治需要。

(二) 课题讨论

1. 关于 CBT 干预在中国监狱的适用问题

由于 CBT 干预作为一种心理治疗方法来自西方国家,而且最初应用于临床医学。也许有人会担心,将 CBT 干预用于中国女犯的矫治实践是否会产生"水土不服"的问题;同时,由于在监狱内使用 CBT 干预的治疗师都是民警,是否会造成身份角色的不同而影响 CBT 的疗效等问题。通过课题实践,我们认为这种担心是不必要的,理由在于:

(1) 我国监狱具备采用 CBT 矫治的条件,CBT 的方法技术也符合中国改造罪犯的实际。因为"认知"与"思想"有着诸多相似或交融之处——"认知"。"认知"是指一个人对一件事或某对象的认知和看法,对自己的看法、对他人的看法、对环境的认识和对事的见解等;而“思想”即理性认识,亦称“观念”。西方认知论犯罪观认为,犯罪者的犯罪心理和行为反应与他们的认知偏差和不合理信念密切相关,矫正犯罪者理应从认知矫正入手;而我国的传统教育改造罪犯的方法就是以思想改造为首要,我国监狱在罪犯的思想改造方面积累了大量经验,收获了较多成果。因此,中国监狱具备适用 CBT 干预的现实土壤,中国罪犯的传统教育在理念上也与 CBT 干预也有诸多相似之处。从这个角度而言,将认知行为疗法引入中国的监管改造,既弥补了传统教育的不足,也是对传统教育的升华和创新。

(2) 民警完全可以胜任 CBT 矫治员的工作。由于无论 CBT 干预在监狱适用是作为改善女犯心理问题的手段还是作为矫治女犯犯因性需要的方法,都是以女犯作为主体来开展,因此是否自愿参加、是否能保持良好的咨访关系,对 CBT 的矫治效果都会产生决定性影响。基于以上考虑,一方面,本课题在筛选被试对象时将是否愿意参加作为一项重要指标,排除不愿意参加的对象,这样就保证了女犯能够自愿参加整个治疗过程。另一方面,课题组在筛选矫治民警时也会慎重考虑,选择有心理学专业资质、管教经验丰富、较受女犯信任的民警作为矫治师,在矫治初始阶段建立良好的咨访关系。事实证明,课题组使用 SCL-90 和自编的改造综合评定表测量 CBT 对女犯改造表现的影响结果时出现差异:使用 SCL-90 测量实验组的女犯在实施 CBT 矫治干预后在“人际关系”的因子上并没有出现显著改善;而使用自编的改造综合评定表(包括自评和他评)测量实验组的女犯在实施 CBT 矫治干预后在“警囚关系”“囚囚关系”及“亲情关系”等都有较大程度地改善。

我们认为,出现这一结果是由于被试女犯和他评民警在使用 CBT 矫治过程中积极互动,形成了良好的咨访关系和治疗关系,使得民警与女犯之间对“人际关系”的主观感受大于实际,造成了改造综合评定表的评分高于 SCL-90 的评分结果。这也符合心理学上的“霍桑效应”现象:即当自己受到他人尤其对自己有影响力的人的关注或注视时,他的学习和交往的效率就会明显增加,也会提升自己的能力。民警作为矫治员在实施 CBT 影响女犯认知行为的过程中,女犯会认为自己受到了民警的关注和指导,自己的改造也得到了肯定,双方形成了良好的关系,因此女犯自我感觉“警囚关系”得到改善;同时,由于被试女犯在 CBT 实施过程中的信任与配合,较少出现阻抗,使得民警在矫治过程中也改变了对女犯的态度,在他评时也会认为“警囚关系”得到了改善。因此,只要注重矫治民警的筛选、矫治双方的搭配、做好过程控制和结果反馈，民警完全可以胜任 CBT 的矫治工作。

2. CBT 干预能否适用所有女犯的问题

根据目前国外对 CBT 矫治罪犯的最新研究结果发现，矫治应当针对高度危险和中度危险的罪犯，对于低度危险的罪犯，矫治不仅不能降低重新犯罪率，而且会提升重新犯罪率。例如，根据 Lowenkamp 与 Latessa 对近 800 个研究报告进行两次统计分析表明：85%的矫治干预项目适用于高危险的罪犯时被发现可以降低累犯率的 11%；而适用于包括低度危险的罪犯时，干预项目只能降低累犯比率 2%。显然，矫治干预对低度危险罪犯的适用效果很差。①

为何 CBT 干预适用于低危险度的罪犯会增加重新犯罪率？国外学者认为理由有三：其一，对低危险度的罪犯实施同样的矫治干预意味着低危险度的罪犯与高危险度的罪犯有了全面、广泛接触的机会，高危险度罪犯的反社会态度与犯罪思维要影响到低危险度罪犯；其二，在同样的监禁条件下，低危险度罪犯容易被高危险度罪犯侵害；其三，矫治的目的是强化其有利于社会的一面，如适应社会的态度、合理的认知、积极的生活态度，然而将低危险罪犯与高危险罪犯放在一起矫治，上述因素会受到不同程度的破坏。②

因此，在监狱内适用 CBT 矫治女犯要遵循"危险原则"，即只对危险性突出的女犯适用 CBT，通过认知重建、反社会思维与行为的替代，降低犯因性需要，降低危险。

五、小结

（一）课题的贡献

1. 本课题研究填补了女犯研究的空白

综观以往文献，在监狱这一特定环境中 CBT 干预在降低重新犯罪率以及物质依赖方面已经取得了一定的成效。多年来，大部分临床治疗的对象及效果研究多专注于男犯群体，对女犯作为独立样本的研究尚为空白，我们对 CBT 干预在女犯群体中的应用研究正好填补了这项空白。基于这种设想，我们的课题

---

①② 翟中东：《国际视域下的重新犯罪防治政策》，北京大学出版社 2010 年版，第 235、236 页。

从着手组织、策划、准备、前期调研、组织民警培训到专家督导、个案实施，取得了预期的效果。研究不但证实了CBT干预在降低女犯抑郁、焦虑等心理问题有明显效果之外，还证实了CBT干预能显著改善女犯服刑状态，提升教育改造质量，降低狱内风险。因此，这项基于女犯的应用研究具有首创性、前瞻性和挑战性。

2. 本课题研究突破了监狱传统教育凸显的教育瓶颈

如前所述，由于传统教育方式自身存在的主观性、不可测量性等缺点，无法科学客观地评估罪犯的矫治效果，在矫治实践中存在诸多弊端。而将CBT干预作为一种新的科学矫治方法具有结构性、可测量性、可复制性，它弥补了传统教育方法的不足，拓宽了传统教育的思路和方法，对于女犯矫治方法的创新、矫治效果的提升以及矫治工作的发展都起到了重大的推动作用。

3. 本课题研究是对循证矫正实践的一次有益尝试

循证矫正是近二三十年来在欧美发达国家普遍采用的一整套以实证研究、数据采集、数学建模为主要特征的行之有效的矫治方法。[①]根据目前国际上通用的循证实践中对证据选用的等级水平表上可以看到，最佳证据一般是来源于大量的RCT（即随机对照实验）数据，其统计方法主要涉及元分析（荟萃分析）或系统综述等。由于CBT干预的目标和内容是动态、非理性的思维模式，是可以观察到的，它不涉及人的无意识动机（无意识往往是精神分析疗法和其他有关疗法的治疗对象），所以更客观、更清晰，具有循证、数据化、客观、目标具体化、短程化、操作化等特点。这些特点与循证矫正的遵循最佳证据、过程互动、高效、可复制共享性等特点是不谋而合的。因此，在监狱内使用CBT干预也是符合国际行刑趋势的必然选择。

4. 本课题研究促进了民警队伍的专业化发展

实践证明，一方面，CBT干预的核心特征之一是结构化，即具有较为严格的治疗程序及时间安排，每次治疗都设立合理的、可操作性的治疗目标，可以直接评估。因此，它的大部分咨询和个案管理工作可以由受过系统培训的非临床工作者进行。这既切合了目前国内大多数监狱很少配备临床心理学家或专业社会工作者的实际，又使更多有相关专业背景和接受规范专业培训的民警能够从事认知治疗进行矫治女犯的实际工作，推动了民警向“矫治型”“专家型”方向

---

① 姜金兵主编：《循证矫正研究》，中国长安出版社2013年版，第233页。

发展，为监狱民警的科学分类和专业化发展奠定良好的基础。另一方面，CBT干预不同于分析性疗法的主观推导形式，它既可以采用个别治疗的方式进行，也可以采用集体疗法的方式进行，无论哪种形式都可以指导女犯改变她们的思维模式，使她们进行更加适应的行为活动，以此帮助女犯解决心理行为问题。因此，它较好解决了目前女犯监狱矫治需求过量与矫治资源不足的矛盾，实现了警力资源的优化。

（二）课题的不足与未来的展望

1. 课题的不足

由于认知治疗在女犯中的应用研究资料稀缺，无经验可循，其中难免有一些不足和需要改进的地方，例如：课题设计要进一步基于“风险—需求—回应(RNR)原则”，将其与女犯风险等级和矫治需求相挂钩，样本需要进一步扩大，对女犯的综合改造评价表需要更加科学设计，在课题的实施过程中对影响结果的相关变量需要严格控制，在督导民警采用CBT矫治个案过程中需要更加严格遵守规定的程序操作，等等，都需要在今后的研究中不断完善。

2. 未来的研究方向

(1) 下一步需要对CBT干预的效果作更长期的追踪、拓展研究。由于CBT的治疗效果并非仅在治疗的后期发生，其实它从治疗的早期就开始逐渐积累(Ilardi & Craighead, 1994; Tang & DeRubeis, 1999b)。到目前为止，我们的课题主要追踪CBT在治疗结束后的数月内预防复发的情况，今后必须更仔细地记录CBT干预的长期疗效，可以用来估计CBT的复燃(中期)和复发预防(长期)的效果。

(2) 下一步需要结合再犯风险评估/需求/进行有针对性的矫治。鉴于CBT干预在降低罪犯重新犯罪率方面的有效性，因此，作为监狱来说，不仅要将CBT干预作为一种长期的矫治项目进行运用，而且要纳入女犯再犯风险的管理体系中。对于评估出高风险的女犯，根据其犯因性需要合理设计矫治项目，将符合CBT矫治方法的女犯进行分类，有针对性地矫治。同时，在矫治前后还要进行科学地评估，以保证矫治的必要性和科学性，形成“风险—需求—回应”的罪犯风险评估和风险管理的科学体系。此外，在设计矫治项目之前，还要总结出不合理犯因性需求的女犯类型，将CBT干预作为矫治项目进行再分类，对不同类型需求的女犯进行针对性的认知行为矫治，真正实现个别化矫治的目的。

(3) 下一步需要扩充更多的样本、积累更多的典型个案。根据目前国际通用的循证规则[①]，最好的证据是源自良好设计的随机对照临床试验获得的证据(I级)，而来自临床经验、描述性研究或专家意见的证据是低级别的证据(III级)。因此，从循证矫正的角度而言，CBT干预矫治女犯的效果要想不断取得肯定和认可，必须不断扩充样本，在大样本的基础上进行严格的、随机的对照实验，同时也要不断积累更多、更具有典型意义的个案，以提高CBT循证的证据力，同时也可以培养更多具有专业技能的CBT矫治专家型的民警，为监狱科研工作水平的提升和民警队伍的专业化发展奠定坚实的基础。

我们相信，随着我们的不懈努力，CBT干预在女犯中的应用会成为女犯改造中的一个重要里程碑，在提高女犯教育改造质量、降低狱内改造风险、减少重新犯罪率上作出应有的贡献。

---

① 美国预防医学工作组(U.S. Preventive Services Task Force)的分级方法，可以用于评价治疗或筛查的证据质量。

超越功利性

——论罪犯信仰教育

上海市军天湖监狱　黄　龙

一、功利性罪犯改造与信仰教育的迷失

“教育须有信仰，没有信仰就不成其为教育，而只是教学的技术而已。”①信仰是教育的应有之义，两者有着内在的关联；信仰是教育的天然要素，体现着教育的本质意义和最高价值。如果教育中缺乏信仰因素，那么这种教育方式将难以深入教育对象的心灵，不能对其产生持久的影响。

教育在罪犯改造工作中占据重要的地位。《监狱教育改造工作规定》第2条规定教育改造工作不仅是改造罪犯的基本手段之一，而且贯穿于监狱工作的全过程。可以说监狱的罪犯改造工作时刻渗透着教育的因素。信仰是发挥教育功能的重要因素，要充分发挥教育在罪犯改造工作中的作用，离不开信仰教育的开展。甚至可以说，信仰教育不仅是教育的核心所在，也与整个罪犯改造工作具有紧密的关联。监狱通过对罪犯进行信仰教育有助于转变罪犯的思想观念，使得罪犯改造工作发挥持久的影响，进而提高罪犯改造的质量。

反观我国当前的罪犯改造工作，不难发现，由于功利性因素的渗透和影响，逐渐淡化了教育中的精神价值，改造工作缺乏对罪犯的内心关照，出现信仰教育迷失的局面。功利性罪犯改造容易导致罪犯的外在行为与内在思想相脱节，无法实现对罪犯的“本质改造”。笔者将罪犯改造工作中存在的功利性因素加以梳理和归纳，从功利性的角度剖析当前罪犯改造工作存在的问题。

（一）功利性罪犯改造的含义及实践表现

功利性罪犯改造，是指监狱在罪犯改造工作中注重可见的或可预期的改造

① [德]雅思贝尔斯：《什么是教育》，邹进译，生活·读书·新知三联书店1991年版，第44页。

效果，倾向于使用便于操作的改造方式，而较少通过影响罪犯内心的方式实现对罪犯的“本质改造”。这种改造方式具有如下特征：专注于量化方法，注重对罪犯行为的规制，关注指标考核等。具体表现为注重改造质量评价标准的可观测性，价值追求上注重实用性，在教育内容上的精神内涵缺失性。其核心是罪犯改造思想内涵的缺失，忽视对罪犯进行精神方面的教育。

1. 监管改造倾向于行为约束

分类关押、分类管理（分级处遇）、分类教育是我国监狱在长期实践中探索出来的行之有效的罪犯监管改造模式，然而制度落实的依据是罪犯的外在行为表现，对罪犯内心影响不够。“监狱对罪犯管理之所以具有改造功能，是因为它包含着激励机制，可以通过建立奖惩考核制度、分级管理、分级处遇、减刑、假释等制度来调动罪犯的改造积极性”，这些制度的落实“大都以罪犯在狱中的改造表现作为衡量的尺度”，即通过监规纪律约束罪犯的日常行为。然而，无论是罪犯的处遇制度还是日常行为规范制度都是行为主义理论的具体表现，而行为主义心理学关注的重点是行为表现而非内心世界。罪犯通过良好的行为表现获得较高的处遇，监狱管理者通过处遇制度实现对罪犯的行为控制，然而在这一过程中更多体现出的是罪犯行为的功利性，强化了罪犯行为的外部动机。因此，“这种管理的成果往往是肤浅的，难以持久的”，“内部动机的实现必须依靠教育”，①教育的精神内涵必须得到重视。

2. 罪犯改造偏重于量化方法

当前以心理测量技术为代表的量化方法广泛运用于监狱工作中，成为监狱罪犯改造的重要手段，其目的是要克服监狱长期以来以经验主导去认识罪犯所带来的局限性或弊端，将潜在的和现实的高危险的罪犯准确识别出来，提高罪犯评估的科学性、准确性。需要指出的是，量化方法应当有其使用范围，它能够适用于人的生物性，可将人的生理活动进行量化，帮助识别和治疗罪犯面临的一些心理问题。但是由于受技术限制，当前量化方法难以准确测量人深层次的思想活动，“相对于思想性和社会性而言，单纯的定量方法就存在使用上的局限性”。②由此不难解释当前实务工作中存在的“对罪犯危险性和改造评定上的避重就轻现象”，为了便于操作，实践中“监狱更注重的是罪犯的外在行为表现，对

---

① 王恒勤：《对提高罪犯教育改造质量的再认识》，《犯罪与改造研究》2003年第6期。

② 何为民、罗大华、马皑：《犯罪心理学研究中运用量化方法引起的理论思考》，《辽宁警专学报》2006年第4期。

罪犯的思想改造质量不能实现准确全面地评定”。①基于此，有学者提出“今后的科学心理学在研究方法选择上，自应调整以往偏重客观、量化及控制实验等狭隘的（自然）科学方法取向”。②量化方法所难以触及的深层次精神领域，是罪犯思想教育的关键所在，它属于终极关怀的范畴，对于“终极关怀只能用信仰来承载”。③

3. 刑罚执行及罪犯奖惩过多依赖于形式考核

我国《监狱法》第29条规定，被判处无期徒刑、有期徒刑的罪犯，在服刑期间确有悔改或者立功表现的，根据监狱考核的结果，可以减刑。有下列重大立功表现之一的，应当减刑。《监狱法》中明确规定了5种重大立功表现：阻止他人重大犯罪活动的；检举监狱内外重大犯罪活动，经查证属实的；有发明创造或者重大技术革新的；在日常生产生活中舍己救人的；在抗御自然灾害或者排除重大事故中，有突出表现的。可见，假释、减刑制度的实施有赖于罪犯的日常表现，并依此计分。实务部门的工作人员指出“对罪犯的考核、奖励评定主要集中在生产劳动、生活卫生、集体活动等外在行为的量化评定上”，由于难以量化罪犯的内在思想，“考核分数不得不集中于较易量化的方面，如劳动定额的完成和日常行为的评定”。这种要求导致实践中对于关涉罪犯本质改造的“思想改造的考核被虚化”。④罪犯在功利动机的驱使之下必然呈现良好的行为，甚至是伪装行为，罪犯内心的真实状态被隐藏，刑罚执行制度及罪犯考核机制难以影响罪犯内心，罪犯改造的质量难以保障。2009年江苏省监狱管理局课题组“对江苏省监狱关押的二次以上犯罪的罪犯抽样调查显示，61%的罪犯在第一次服刑期间被减刑，65%的罪犯减刑幅度在1—2年”。这说明，“在当前的监狱工作中，对罪犯改造的评价与罪犯改造的实际存在不一致性，也说明罪犯改造质量的标准需要科学设定”，其中重点提到了计分考核问题。⑤笔者认为，对罪犯的考核标准忽视罪犯内心，停留在形式层面，没有触及罪犯思想这一实质层面，这是产生上述结果的关键所在。

---

① 邱广武、戴祥：《法功利性改造向本质改造的回归》，《河南司法警官职业学院学报》2008年第3期。

② 张春兴：《论心理学发展的困境与出路》，《心理科学》，2002年第5期。

③ 肖川：《建基于信仰的教育》，《青年教师》，2006年第9期。

④ 邱广武、戴祥法：《功利性改造向本质改造的回归》，《河南司法警官职业学院学报》2008年第3期。

⑤ 江苏监狱管理局课题组：《“首要标准”若干问题研究》，《犯罪与改造研究》2009年第6期。

4. 改造实践中思想教育乏力

目前罪犯思想教育的方法不多且深度不够。根据《监狱教育改造工作规定》，思想教育的内容为认罪悔罪教育、法律常识教育、公民道德教育、劳动常识教育、时事政治教育5个方面。其中，对罪犯法律和劳动方面的教育属于常识教育。根据《监狱教育改造罪犯工作目标考评办法》第5条，认罪悔罪是指承认犯罪事实，认清犯罪危害，对自己的罪行表示悔恨(实际工作中主要通过写悔过书的形式来考量)，服从法院判决，不无理缠诉。因此，认罪悔罪教育的实践主要是落实在罪犯的外在行为上。公民道德教育也主要是常识教育。“政治教育也可称之为政治常识教育”，①其目的是教育引导罪犯认识国家经济社会发展、社会和谐稳定的大好形势，增强罪犯改造的信心。可见罪犯思想教育整体上处于认知或行为层面，在转变罪犯思想方面难以发挥深刻持久的影响。此外，实际工作中人们往往忽视思想教育，将重点放在文化教育和职业技能教育上，使罪犯日后出狱成为对社会有用的人。然而，文化知识教育仅仅注重知识的符号价值，对于知识的意义鲜有涉及。而“专门技术的训练将人制造成最有用的工具，而不是造成一个‘人’”。②罪犯教育中本质因素的失落，结果是罪犯虽然名义上接受了“教育”，但却没有受到真正的教育。罪犯改造没有真正发挥教育的作用，难以保证罪犯改造的效果。

5. 教育改造工作指标式的考核

根据司法部的《监狱教育改造罪犯工作目标考评办法》及《监狱教育改造罪犯工作目标考评评分标准》等，指标完成状况是评定监狱罪犯改造工作的重要依据。考核的具体项目包括法律常识合格率、道德常识合格率、脱盲率、职业技术技能证书获得率等9个方面，其项目设置的重点多集中在容易量化或便于操作的外显方面。由于罪犯思想改造难以准确量化和把握，在实践中关注度不高，这对实务工作造成了一定的影响。实务部门的专家认为当前“罪犯改造方式只图形式、不切实际”，并进一步指出“指标完成在数字里，做法和经验介绍在教材里，是当前监狱功利性改造的真实写照”。③

---

① 杨殿升、张金桑主编:《中国特色监狱制度研究》,法律出版社1999年版,第188页。

② [德]雅思贝尔斯:《什么是教育》,邹进译,生活·读书·新知三联书店1991年版,第50页。

③ 邱广武、戴祥法:《功利性改造向本质改造的回归》,《河南司法警官职业学院学报》2008年第3期。

（二）功利性罪犯改造的由来

功利性的罪犯改造虽然是一种现象，但是从根本上来讲，其背后是一种功利的思想。这种思想不仅受到当前监狱工作现实情况的影响，也与社会的政治和经济环境有关。对于功利性罪犯改造的原因可从5个方面进行分析，涉及宏观和微观两个指向，亦即监狱工作的内部环境与外部环境。

1. 教育中社会本位理念的渗透

贯穿于我国经济社会发展之中的理念主要是社会本位。这一理念同样渗透到教育领域之中，深刻地影响着我国的教育理论研究和教育实践工作。所谓社会本位，就是教育服务于国家和社会的现实需要，教育对象的主体性退居次要地位。根据《中国大百科全书》的解释，教育的含义区分为广义和狭义两种。狭义的教育定位为"教育者根据一定社会（或阶级）的要求"，将教育对象"培养成为一定社会（或阶级）所需要的人的活动"。[①]与此相关，教育学者在论述道德教育的危机时认为中国的德育研究"似乎是由社会实体依据自身需要'决定'的，道德教育的内容是什么，德育应发挥什么样的功能，往往缺乏一种认识上的相对稳定性"。并进一步揭示了问题的根本"在于把德育甚至教育视为社会控制的工具"。[②]这不仅是德育问题，也是教育的整体问题，作为一种特殊类型的教育，罪犯教育也不能例外。

由此可知，在社会本位观念影响之下，教育的功用在于培养社会发展所需要的人，人成为社会发展的工具，教育中的精神内涵为社会所忽视。与此相伴的是罪犯教育的实用功能被放大，教育中精神内涵的缺失使罪犯教育具有功利性色彩。

2. 市场经济中商品化观念冲击

20世纪70年代末，市场经济体制逐步在我国确立。这种经济发展方式无疑促进了社会的转型，而处于时代之中的教育，也受到市场经济的深刻影响。市场经济既为教育发展注入活力，同时也淡化了教育中的精神内涵。

随着市场经济的发展，商品意识全面渗透社会生活之中，一切存在都在交换中实现价值。理想、信仰等种种精神存在由于寻觅不到等价物，而被视为没

---

① 《中国大百科全书》（教育卷），中国大百科全书出版社1985年版，第1页。

② 檀传宝：《德育美学观》，山西教育出版社2002年版，第9页。

有价值，甚至被视为虚幻无用的存在。“而人们在市场意识的鼓动下，把这些本质上无法找到等价物的精神存在（包括道德、爱情、理想、信仰和尊严等）与某些具体的实在物等价（如钱财地位）。”[①]受此影响，精神存在丧失了应有的价值而沦为一种工具。教育的精神价值无法衡量，在市场交易中难以寻找到等价物，因而逐渐被边缘化。理想、信念、信仰这些关注内心、无法“外化”“物化”“量化”的东西就遭到了忽视。

3. 实证主义思想的盛行

实证主义强调研究的客观性、确证性、可操作性、科学性，排斥形而上学。实证方法只是人们认识问题和研究问题的一种方法和角度，然而当前人们却倾向于相信能够被测量、看得见的东西，认为只有被实实在在证实的东西才是有价值的，忽视抽象的存在。实证主义无疑有其合理性，但过分强调实证，在监狱中就会导致“重外显”“重量化”“重可操作性”，忽视人内心的多样性，因而是必须警惕的。我们必须清醒地认识到，实证的方法并不能涵盖一切领域，不能奉为评价一切事物的标准，在罪犯教育改造中我们要防止出现唯科学主义的倾向。

4. 实践中监狱安全至上的思想

尽管监狱工作的方针强调“以改造人为宗旨”，但在监狱实际工作中却存在这样的认识——“看守住一个犯人，比改造好 10 个犯人更重要”。保证监狱安全不出问题是“上级管理部门衡量监狱工作好坏的主要依据”。[②]监狱工作者的神经紧绷在监狱安全方面，安全是监狱工作的雷区，监狱对安全问题零容忍。“教育为先”，但“安全为天”。[③]因而，将过多的精力和资源投入到监狱安全防范任务中，疏于罪犯教育改造。

5. 监狱安全管理中的唯科技主义倾向

监狱安全管理的实现需要“疏堵结合”。人防、物防、技防属于堵的层面，而且三者之中人防最为关键，物防和技防只有通过人才能发挥其价值。但是当前实际工作中越来越重视物防和技防，依赖高墙电网、监控探头、门禁设施等，这

---

① 孙彩平：《教育的伦理精神》，山西教育出版社 2003 年版，第 11 页。

② 邱广武、戴祥法：《功利性改造向本质改造的回归》，《河南司法警官职业学院学报》2008 年第 3 期。

③ “安全为天，教育为先”，这是笔者在某监狱办公楼会议室内看到的一幅领导题词的内容。这两句话某种程度上反映了当前监狱工作的价值取向。

容易走向见物不见人的误区。近年来监狱安全事件频发，内蒙古呼和浩特二监以及黑龙江讷河监狱事件无不警示我们，单纯的防范无法解决根本问题。如何做好罪犯的思想疏导工作，从罪犯思想上消除安全隐患，信仰教育是可以尝试的路径。目前，监狱已经开始认识到罪犯信仰教育对于打造"平安监狱"①的现实意义。

（三）功利性罪犯改造之弊呼唤信仰教育

体现国家本位、监狱本位理念的功利性罪犯改造，既有现实的积极意义，也存在不容忽视的弊端。其积极作用在于满足了国家的政治需要和监狱安全管理的需要，同时也提高了监狱罪犯改造工作的科技化水平和监狱安全防范能力；但是功利性罪犯改造存在很大的缺陷——忽视教育中的精神价值，难以对罪犯的内心产生深刻影响。信仰教育的迷失不利于监狱转化罪犯的不良思想观念，罪犯改造工作在一定程度上停留在表象层面，这不利于监狱实现对罪犯的有效改造。

我们知道，人不仅有对现实世界的执着与追求（这是人功利性的一面），人更有对意义世界的追寻和向往。实现精神的体悟与满足是人的本能追求，这也是人与动物的根本区别所在，它集中体现了人的本质，为人们提供不可或缺的精神家园。而信仰的价值就在于给人安身立命的精神寄托，使人心有归属，内心安定；使人内心充实不易被物质所左右，不被外境所转；使人信心坚固，即使身处逆境，依然从容不迫，无有恐怖和畏惧；信仰使人心如明镜，为人提供前行的指南，使人在前行的道路上不致迷茫。

从宏观的罪犯改造工作全局来看，罪犯信仰教育在转变罪犯思想观念、实现改造罪犯目标过程中的重要性不容忽视。曾有学者撰文指出："一方面，监狱教育改造罪犯工作科学化，是监狱发展的一个必然趋势，应当给予充分的肯定与支持。但是另一方面，教育改造罪犯仅仅依靠科学还是不够的，还需要把科学与信仰有机地结合，这样才能真正有效地教育改造好罪犯。"②因此，应当在改造工作中，发挥信仰的作用，通过信仰或以信仰的名义开展罪犯改造工作，使罪犯改造工作真正影响罪犯内心，实现将罪犯改造成守法公民的监狱工作

---

① 牟九安：《略论监狱利用宗教的积极因素改造信教罪犯》，《犯罪与改造研究》2007 年第 3 期。

② 王平：《监狱行刑需要妥善处理的几个关系》，《河南社会科学》2010 年第 4 期。

目标。

从现实角度来看，对于罪犯信仰教育缺失的问题也同样引起了实务部门的关注，“罪犯思想教育中面临的困境正是信仰教育的弱化甚至缺位导致罪犯思想道德‘知’和‘行’的脱节、‘知’和‘信’的断裂，使得对罪犯的思想教育改造始终停留在抽象空间的认知和说教层面，不能抵达罪犯的心灵深处形成坚定的内心信念。”①而包含知、情、意三要素的罪犯信仰教育恰恰可以解决这个问题，因此，我们要开展罪犯信仰教育，将罪犯改造工作向更深层次推进。

二、罪犯信仰教育概述

（一）信仰与罪犯信仰教育

我们要在罪犯改造工作中融入信仰教育，开展罪犯信仰教育，需要先明确信仰及罪犯信仰教育的含义。李玫瑾教授认为信仰与信念不同，两者区别在于，信念的建立以自身实践证实为基础，信仰是人对于高不可及或远不可及的超现实力量的坚信不疑。②笔者认为信仰虽然属于人们的精神活动，超越性是其本质属性，但是也应当从人性的角度出发，考虑到人性不仅有超越性的一面，还有着对现实的需求。因此，信仰具有现实性和超越性两个特性，而其本质属性为超越性。此外，信仰不等同于宗教信仰，对于信仰应当从广义的角度来加以理解。笔者是基于上述认识来研究信仰的具体含义。

人们通常从哲学范畴来认识和理解信仰的内涵。例如，有学者认为信仰问题：“就是通常所说的世界观、人生观、价值观问题，理想、信念问题。世界的本质是什么，是物质的还是精神的？生命从何而来，怎样面对死亡？人怎样活着才有意义，奉献还是索取？怎样才有价值，是奋斗还是享受？”③研究思想教育的学者认为：“信仰是一种精神现象，是人们知（认知）、情（情感）、意（意志）的统一体，理性因素和非理性因素的统一体。”进而指出：“那些为主体所认知却欠缺

---

① 陈育生：《宗教信仰在罪犯改造中的作用》，《犯罪与改造研究》2013 年第 4 期。

② 李玫瑾：《犯罪心理研究——在犯罪防控中的作用》，中国人民公安大学出版社 2010 年版，第 42 页。

③ 王平：《监狱行刑需要妥善处理的几个关系》，《河南社会科学》2010 年第 4 期。

主体激情的思想理论，只能算作是主体的知识，而不能认为是主体的信仰。”①研究德育的学者认为信仰不同于世界观、人生观、理想等。将信仰与后者区分，认为“从心理结构上看，世界观、人生观、理想等虽然可以理解为知情意的统一，但它们是以‘观’为特色的，认知成分是第一位的。而信仰则以‘信’‘仰’为特色，前者表示了知情意的整合，后者则表明了更多的情、意成分”。此外，该学者还指出“信仰往往具有更为终极也更为整合的内容”，主张“理论上用信仰教育去统整世界观、人生观”。②总之，“信仰的问题十分复杂，基于不同的立场和视角完全可能对其给予不同的理解”。③

在吸收借鉴前人对信仰理解的基础上，笔者认为信仰是人们对于某种超越现实的事物的深信不疑，并以之为人生的行为准则和终极追求，是个体内心与行为的统一。判断信仰正确与否的关键在于信仰对象或内容是否合理，即是否符合主流价值观念，人们能否依靠理性活动来初步了解它，能否通过情感体验认同它，能否通过长期的正确努力实现它。信仰属于人们精神世界的活动，是人们对生命意义的追寻，核心是精神的体悟和满足。对于精神世界的认识不能全凭抽象的认知，单纯的认知无法完成罪犯信仰教育的任务。因为对信仰的认知并不能代表相信它，也不足以促使罪犯产生奉行的意愿和实际的行动，信仰教育作用的产生还需要罪犯切身的情感体验和意志，这一点要求信仰还应当具有实践性或现实性。信仰的前提虽然是对事物的认知，但却有必要从情感的角度切入，最终关注的是人的心灵。所以说，信仰教育更注重发挥情感的作用，情感是行为表现的内在动力，是发挥信仰价值和作用的关键所在。

根据上述理解，罪犯信仰教育是指在罪犯改造过程中，融入信仰因素，利用各种优异的信仰资源教育改造罪犯。信仰资源是指有助于减少罪犯功利追求，激发其精神需求，关注并追寻生命意义，帮助其达到身心和谐的教育理念、内容、方法。具体来说，信仰教育就是在罪犯改造过程中，通过利用各种有益的信仰资源（如教育方法、精神理念等）作用于罪犯的心灵，使得信仰的力量渗透到罪犯思想深处，起到激发罪犯精神需求的作用，使罪犯减少对物欲的依赖，关注生命的意义，追求内心的体悟与满足，最终达到转变或消除罪犯不良思想观念

---

① 王树林、曾建、戴木才、邱向军：《论面向新世纪的信仰教育》，《江西师范大学学报》2001 年第 1 期。

② 檀传宝：《信仰教育与道德教育》，教育科学出版社 1999 年版，第 13 页。

③ 吾淳：《理解信仰问题的主要视角》，《世界宗教研究》2007 年第 2 期。

的效果，建立符合人类社会价值追求的信仰的效果。调整身心、提升精神层次是信仰教育的价值追求。可以说，信仰教育是触动心灵的教育，情感、心灵是信仰教育的着力点。

（二）罪犯信仰教育的作用过程

虽然信仰教育突出情感的作用，但是其构成还包含着认知与意志，信仰包含知、情、意三要素，是三者内在关联的一种心理机制。这种心理机制的运行产生了内在信奉意志和外在自觉行为的效果。蔡元培先生在论述道德教育时说："人之成德也，必先有识别善恶之力，是智之作用也。既识别之矣，而无所好恶于其间，则必无实行之期，是情之作用又不可少也。既识别其为善而笃好之矣，而或犹豫畏葸，不敢决行，则德又无自而成，则意之作用又大有造于德者也。故：智、情、意三者，无一而可偏废也。"①

上述观点虽然是在阐述道德教育，但是其中涉及了教育中的共性问题。因此，笔者借鉴此观点，并进行新的阐发，用之于罪犯信仰教育。

蔡元培先生所说的"智"可以理解为对善恶的认知，"情"指的是情感喜好，"意"指行为的勇气或魄力。道德行为的产生过程首先有对善恶的正确认识，其次有抑恶扬善的心理取向，最后有勇于为之的魄力。这与信仰教育的关键区别在于"情"的不同。信仰教育中的"情"指的是情感体验，是在信仰实践中产生的，而不是先此存在的。笔者基于上述认识来阐述信仰教育的过程。

知即为认知，是人们对信仰内容的认识与理解，但是有了对信仰的认知并不代表必然会有相应的行为。例如，一个人有了正确的道德信仰，对诸如善恶、公私、美丑等有了正确的认识，但是依然会有相反的行为。卢梭创作出影响后世的教育学经典之作《爱弥儿》，但是在现实生活中他的行为却放荡不羁和不负责任。为何一个有正确道德认知的人，却没有做出符合道德的行为？究其原因，从对道德信仰的认知到尊重和奉行道德行为之间还有着个人的情感体验，这种切身的情感体验对信仰的认知起到内化的作用。

情感体验是信仰生成过程的关键所在，它是人们在信仰实践中内心是否满足的切身感受，它对人们的认识起到或正强化或负强化的作用，是由认知过渡到意志的关键环节。当人们把信仰付诸实践，在与环境的交互作用过程中不仅

---

① 高平叔编：《蔡元培全集》第2卷，中华书局1984年版，第253页。

获得外界认可而且产生内心愉悦时，自我满足的感受便会自然升起，这种满足的体验将会推动认识上升为意志。反之，如果在践行的过程中内外受挫，人们将会丧失奉行的意愿。这正如亚里士多德所指出的："仅当一个人节制快乐并且以这样做为快乐时，他才是节制的。相反，他以这样做为痛苦时，他就是放纵的。"①因此，可以说信仰作用的关键在于人们所经历的信仰实践以及所带来的情感体验。当人们的认知和正面的情感体验达到意志层面时，信仰便会生成，由此在个体的内心产生强制力量，自律就此形成。

（三）罪犯信仰教育与相关罪犯改造手段的区分

1. 罪犯信仰教育与宗教信仰教育

近年来，在我国部分监狱中出现了利用宗教信仰改造信教罪犯的实践，加之信仰往往被人们等同于宗教信仰，且两者都是采用影响人们内心的方式，故而有必要将两者加以区分。

宗教中所谈的信仰排斥人的理性，认为"感受到上帝的乃是人心，而非理智。而这就是信仰：上帝是人心可感受的，而非理智可感受的"。②因此，对于宗教信仰者来说，如果一个命题可以确证为真，那么此时信仰将会成为知识。由此可知，宗教上所谈的信仰与科学理性有着严格界分，两者是并行的两条线。更有学者直接指出，信仰的基本特点"就是承认有神灵的存在"，并且认为对于这种存在"既不是感性所能领悟的，也不是理性所能理解的"，感性和理性这两者都"不足以解释我们面对的事实"。在宗教的世界里，信仰"就是体验既不能由感觉领悟，也不能由理性领悟的存在"。③

总之，宗教信仰与人的理性相分离，同时也不顾个人的感性认识，认为人的理性认知不能解决信仰问题。"哲学研究永远不能够造成、取代，或者甚至鼓励信仰的决定，没有人是凭借哲学讨论皈依信仰的。"④

我们认为罪犯信仰教育可以借鉴宗教中的某些有益资源，或宗教教育的某些方法，但是两者存在根本的区别。首先，罪犯信仰教育以知、情、意为构成要

---

① ［古希腊］亚里士多德：《尼各马可伦理学》，廖申白译，商务印书馆2003年版，第39页。

② ［法］帕斯卡尔：《思想录》，何兆武译，商务印书馆1997年版，第130页。

③ ［英］麦克斯·缪勒：《宗教起源与发展》，金泽译，上海人民出版社1989年版，第14页。

④ ［波兰］柯拉柯夫斯基著宗教：《如果没有上帝》，杨德友译，生活·读书·新知三联书店1997年版，第197页。

素，宗教信仰在很大程度上否认人的理性认知，而认知恰恰是罪犯信仰教育的前提。其次，罪犯信仰教育是以影响罪犯心灵的方式，让罪犯获得内心真实的情感体验，并以这种真实的实践感受为根据，使得人们认同并接受信仰教育的内容，最终达到改造罪犯的目标，并非直接要人接受某种信仰。而宗教信仰是在既无理性认识，也缺少个体切身体验的条件下，通过某种难以言说的虚幻体验使人接受宗教信仰，其核心就是相信，而缺乏信的根据。宗教信仰教育意在使人相信某种宗教教义或学说，将宗教教义渗透到人的思想和行为中，使信仰者终生奉行，把整个生命历程当作修行的过程。此外，宗教教育往往与科学教育相排斥，因此需要对其加以甄别。

2. 罪犯信仰教育与认知行为疗法

认知行为疗法的理论依托于人本主义心理学和信息加工理论，基本原理是人的认知过程影响人的情感和行为，认为困扰人的不是事情本身，而是对事情的看法，主张从人的认知入手，矫正错误的认知观念，实现矫正人的目标。[①]认知行为疗法的核心在于矫正认知观念，重在运用现代心理学方法识别出错误的认知，进而树立正确的认知观念。

认知行为疗法与罪犯信仰教育存在三个不同点。第一，"情"的含义不同。认知行为疗法中的"情"指感情，它是人对客观事物所抱的态度，这是预先存在的心理状态，具体包括情绪和情感。情感是情绪的本质，具有持久性；情绪是情感的外在表现，易于变化。而信仰教育中的"情"则是指情感体验，是信仰教育的一个阶段，它是在个体行为与外部环境的交互作用中产生的。外部评价和内心真实感受是产生情感体验的源泉。第二，解决的问题不同。认知行为疗法主要用于短期治疗，注重解决个体当前面对的心理问题。信仰教育虽然具有改变罪犯不良认知观念的作用，但这不是其主要目标，其最大的功能和价值在于净化罪犯心灵，提升罪犯精神层次，这个过程具有长期性。第三，侧重点不同。认知行为疗法侧重于"知"的方面，注重从认知观念入手矫治罪犯不合理的思想观念。而信仰教育注重情感的作用，从情感体验入手，达到提升精神层次的目的。

3. 罪犯信仰教育与感化教育

早在民国时期，感化一词就出现在监狱学著作中。民国著名监狱学者孙雄就指出，感化教育是指："不用刑罚，而采用教育方法，使之在精神上或状态上于

---

① 汪新建：《从外控到内控——论认知行为疗法的形成》，《自然辩证法通讯》2001年第2期。

相当时期内受感化，改变而为善良有为之青年也。”[①]感化教育与信仰教育在关注罪犯内心感受方面是相通的，两者都关注罪犯情感的变化。不同之处在于，感化教育的实践具有长期性，是以量变达到质变，同时感化教育的实践需要监狱工作人员长期与罪犯密切接触，以身作则，对监狱工作人员的人格魅力要求较高，否则难以使罪犯信服。因此，可以这样认为，感化教育是以监狱及其工作人员的正能量去感染罪犯，激发罪犯内心良善的一面，以此去除罪犯身上的负能量，以达到激扬清波、涤荡瑕秽的效果。

两者的区别在于，感化教育重情而信仰教育重信。信的实质是对某种主张、主义、观点、目标的追求深信不疑，并伴随着情感、意志、行为。而感化重在以情感人，重在激发人心善的一面。此外，信仰教育注重通过使罪犯践行信仰，获得正面的体验和收获，来发挥罪犯情感的作用，激发罪犯的主观能动性。罪犯通过内心情感的选择，接受信仰的内容，使信仰内化于心灵。信仰的种子植根于罪犯内心深处，进而在罪犯日后的思维活动和行为选择的过程中发生作用。

4. 信仰的属性与罪犯信仰教育的目标

信仰具有二重属性，即现实性（实践性）和超越性。现实性是指实践方法、制度等可见的、可操作的方面。超越性是指个体所追求的精神境界或状态，是信仰教育的目标。超越性体现了信仰教育“对人生中最高的价值目标和人生最高意义的关注与关怀”，[②]意在使人明白“人为何生”，旨在提高人的精神生活质量，属于人类“情感精神文化”的范畴。[③]超越性的功能和价值在于将人生引向意义的追寻，而追寻人生的意义是为了在人的思想中营造一种精神境界，“人可以在其中‘心安理得’地活下去”，这种精神境界是人们安身立命的根本，[④]它体现了信仰教育对个体的终极关怀。

根据超越性存在阶段的不同，信仰教育的目标又可分为终极目标与现期目标。

罪犯信仰教育的终极目标，可以从内外两个层面来认识，即思想境界和行为表现。罪犯信仰教育所要达到的精神境界为“内在自足”。这种状态之下，人

---

① 孙雄：《监狱学》，商务印书馆 2011 年版，第 196 页。

②③ 于伟：《终极关怀性教育与现代人“单向度”性精神危机的拯救》，《东北师范大学学报》2001 年第 1 期。

④ 冯友兰：《中国哲学史新编》（第 1 册），人民出版社 1992 年版，第 27—28 页。

能够专注精神的体悟与满足，将外部影响降到最低，达到身心和谐，时常保持内心的安宁，做到随遇而安，与人为善，不怨天尤人。根据终极目标的要求，信仰教育要使罪犯相信个人可以通过借助信仰资源，逐步做到降低对物欲和情感等外在因素的依赖，最终在某种程度上获得精神自由，达到“内在自足”的精神境界。“内在自足”的状态是信仰教育终极目标在精神层面的体现，也是信仰根本属性（超越性）的最终实现。“随遇而安”是终极目标在个体外在行为方面的表现，即使身处逆境也能做到不怨天尤人。在某种程度上，儒家的先圣颜回达到了内在自足的境界，孔子曾称赞其“一箪食，一瓢饮，在陋巷，人不堪其忧，回也不改其乐。贤哉！回也”。在现实中侵犯人身和财产是最为常见的犯罪类型，引发的原因往往是罪犯过度执着于物欲或情感，受到外在因素的影响，从而选择了向外侵害他人来获得满足的方式。“内在自足”意味着获得快乐与满足不向外求，将外界对自身的不良影响降到最低限度，从而获得内心的超脱与自在。“随遇而安”使人们安居当下，做到不侵犯他人。

罪犯信仰教育的现期目标。虽然“内在自足”是信仰超越性的最终体现，但是超越性的实现是存在阶段性的，对此可以借助庄子的话语来理解。虽然个体最终能够达到“内在自足”的精神境界，可以大鹏展翅遨游青天，但是在最初的阶段依然要借助外在条件，无法真正摆脱情欲、名利的困扰，这时处于“有待”的状态，需要继续实现对自我的超越。当我们“否定客观世界的外在独立性，使之成为‘我’的自身的内在环节”，达到“思想、精神同天地万物浑然一体”时，我们便“从自然的必然性束缚中解放出来，进入到自身的王国”。①此时，超越性的功能和价值才真正得以实现。因此，具体而言，超越性可以分为“有待”与“无待”两个阶段或层次，“无待”即为“内在自足”的状态，而“有待”是信仰教育的现期目标。罪犯信仰教育的现期目标就是实现这样的状态：罪犯虽然有物质、情感等需求，但是开始追寻人生的意义，注重精神层次的提升。

由于信仰教育的目标有高低之分，所以监狱在开展罪犯信仰教育的过程中要根据罪犯的不同层次而设定不同的目标，进而采取不同的措施。对于初偶犯、过失犯，以及认罪态度较好、已经具备较好思想道德修养的罪犯，应当突出终极性目标；而对于顽危犯等层次不高的罪犯则要注重信仰教育的现期目标，逐步引导其走向终极目标。

---

① 杨寿堪：《旨在提高人之精神境界——也论“哲学何为”》，《社会科学辑刊》1997 年第 6 期。

5. 罪犯信仰教育的内容与核心

根据个体所信仰对象的不同，信仰存在不同的内容或类型，例如政治信仰、法律信仰、道德信仰及人生信仰等。信仰的属性也依信仰内容的差异而有不同的表现或侧重，例如：政治信仰和法律信仰更多体现了信仰的现实性，人生信仰超越性色彩更浓，而道德信仰兼顾了信仰的现实性与超越性。但是无论何种信仰类型都"围绕'人'的问题而展开并为了解决'人'的问题"。①笔者仅就与罪犯改造关系密切的信仰类型展开论述。

政治信仰："政治信仰是在政治系统运行过程中，对社会价值分配的权威的合法性的信仰"，它是从政治的角度来研究信仰问题，其研究的目的是服务于政治，具体包括"政党、政府、领袖、意识形态和政治制度 5 个层面内容"。由于"政治信仰就是要在政治社会中形成对政治系统的合法性的认同和信奉"，②因此合法性是政治信仰的关键。可以说政治信仰的内容是对政党合法性、政府合法性、领袖合法性、意识形态合法性、政治制度合法性等由低到高 5 个方面的信仰。现实中发生的恐怖犯罪活动以及一些极端暴力事件往往涉及政治信仰问题，对于执政党的否定、对国家制度的不合理认识以及意识形态领域的偏差都是犯罪行为产生的隐患。监狱教育改造此类罪犯，如果不能消除其错误的政治信仰，那么改造效果则难以保证。因此，政治教育不能停留在说教的层面，需要深入到信仰层面。

法律信仰：法律信仰是内心与行为两方面的有机统一。"一是主体以坚定的法律信念为前提并在其支配下把法律规则作为其行为准则；二是主体在法律规则严格支配下的活动。"③法律信仰的形成过程也是主体与法律交互作用的过程。具体来说，首先，法律需要能够赢得主体的认可，这要求法律必须是"良法"。其次，主体在遵守法律规范的过程中获得了国家或社会的认可，产生正向的情感体验，从而加深对于法律的认同感，最终使守法观念深入内心，形成法律信仰。具有法律信仰的人所表现出的行为具有自觉性，这与外在的强制行为有本质的区分。现实中发生的犯罪行为往往不是人们缺乏法律知识，而是缺乏对法律的信服与敬畏。因此，监狱对罪犯的法制教育不仅要注重法律知识的讲解，还要尽可能通过发挥罪犯情感来深化罪犯对法律的认知与尊重，朝着法律

① 魏长领：《人生信仰与道德信仰》，《吉首大学学报》2009 年第 5 期。

② 王宏强：《政治信仰：概念、结构和过程》，《学术探索》2006 年第 3 期。

③ 谢晖：《法律信仰概念及其意义探析》，《宁夏大学学报（社会科学版）》1996 年第 3 期。

信仰的方向努力。

道德信仰:道德信仰的内容包罗万象。贺麟先生对于何为道德信仰进行了通俗的解释。他认为:“对人生和人性的信仰,相信人生之有意义,相信人性之善;对于良心或道德法律的信仰,相信道德法律的效准、权威和尊严。又如相信德福终可合一,相信善人终可战胜恶人,相信公理必能战胜强权等,均属道德信仰。”①可以说道德信仰的对象是“善心”与“善行”,通过利他行为表现出来。需要指出的是,这种利他行为是基于主体对“善”的信奉而自觉表现出来的,不同于功利性的利他行为,两者的境界层次不同。监狱对罪犯进行的道德教育不仅要关注行为表现,还应当注重其内心的改变,以道德信仰的形成为罪犯道德教育的最终目标。

人生信仰:“人生信仰就是对人生价值理想或人生最高价值的确认,其确认的认识论基础无论是经验的还是先验的,都来自于对人生重大问题的体悟和思考。”从上述含义可知,人生信仰的形成过程中不仅有思考更有体悟,依然是信仰三要素(知、情、意)的统一。具体而言,人生信仰所涉及的重大问题可分为三个层次:即:对人性、人的本质的看法,回答“人是什么”的问题;对人生价值和人生意义的看法,回答“人为了什么”的问题;对人生态度、人生道路的选择与坚守,则解答了“人应如何”的问题。可以说三者之间层层影响,“‘人是什么’是基础,‘人为了什么’是核心,‘人应如何’是归宿”。②

研究人生信仰对于监狱工作具有现实意义,对罪犯进行人生信仰教育可以预防监狱内发生的自杀、自伤等安全事件。“人生信仰可以帮助个体珍惜身体。人生信仰对个体珍惜身体的帮助,主要是通过提供爱惜的理由,或帮助其确立珍惜身体的意识。”③例如《孝经》中说道:“身体发肤,受之父母,不敢毁伤,孝之始也。立身行道,扬名于后世,以显父母,孝之终也。夫孝,始于事亲,中于事君,终于立身。”可以说这是从人生信仰的角度论述身体意义的经典例证。监狱预防自杀、自伤等安全事件完全可以从人生信仰教育方面着手,而不必执着于“严防死守”,因为后者并未真正作用于罪犯内心。

罪犯信仰教育的具体内容非常广泛,开展罪犯信仰教育必须把握其核心部分。如何确定信仰教育的核心内容?要考虑到信仰的二重属性及信仰教育的

---

① 贺麟:《文化与人生》,商务印书馆 1998 年版,第 92 页。

② 魏长领:《人生信仰与道德信仰》,《吉首大学学报》2009 年第 5 期。

③ 檀传宝:《论人生信仰的生命意义与生命教育》,《天津师范大学学报》2009 年第 2 期。

最终目标——“内在自足”，即信仰教育的内容既要有现实性，又要有超越性。此外，还要能够帮助罪犯达到内在自足的精神境界。

基于上述两个标准，笔者认为，道德信仰教育是罪犯信仰教育的核心所在。

首先，道德信仰教育可以兼顾信仰的现实性和超越性。道德在生活中存在两种状态，一种为道德主体的品质，即德性；另一种为道德主体的行为，即道德生活或道德实践。①其中“德性既可以理解为人的精神性和生物性的综合，又可理解为基于生物性求索精神性人格的中介环节”，而“道德生活是物质生活到精神家园的中介”。②可以说道德信仰较好地兼顾了信仰的现实性与超越性，是开展罪犯信仰教育的关键内容。

其次，道德信仰教育有利于个体“内在自足”状态的实现。“内在自足”是个体摆脱外在束缚而达到的精神自由境界，其实现的基础是逐步降低对外在因素的依赖。道德的核心精神是利他，个体在利他的同时内心得到滋养，善念得以树立。因此，利他的过程无疑有助于个体摆脱自私自利，进而降低对外界的依赖和执着。

三、罪犯信仰教育的可行性分析

（一）罪犯信仰教育对罪犯改造的价值

1. 信仰教育是罪犯教育改造的归宿

在当前的罪犯教育改造工作中，文化教育和职业技能教育占据主导地位，罪犯思想教育在实践中难以深入人心，罪犯信仰教育更是无从体现。这种罪犯教育改造方式偏重教育内容的现实价值，而忽视了教育的终极关怀；重视罪犯认知的发展，而忽视罪犯情感、态度和价值观。在普通教育领域“科学主义知识观使教育课程完全沉溺于功利主义的陷阱之中，使教育所培养的人的‘工具理性’膨胀，价值理性和个体情感亏空”。③这种种问题都在向我们警示信仰教育不容忽视。从个体的角度来看，人区别于动物的根本在于人天生有着精神的寄托与追求。人在精神层面的价值追求表现为信仰，信仰是一种精神存在，“它是

①② 檀传宝：《信仰教育与道德教育》，教育科学出版社1999年版，第18、第9页。

③ 牛正兰：《知识教育与信仰危机》，《兰州大学学报（社会科学版）》2007年第2期。

人的精神、生命和行为的终极依据，其核心意义是指人对人生最重要的价值追求”。[①]信仰教育对于受教育者所具有的终极意义不言而喻。有学者认为，教育可以分为“实用教育”“全人教育”“幸福教育”“信仰教育”由低到高4个层次，[②]信仰教育位于最高层。因此，无论是从受教育者的角度还是从教育事业本身来看，都可以得出这样的认识：对罪犯进行信仰教育是罪犯教育的终极使命。

2. 信仰教育能够在罪犯内心形成对照的力量

“人，只能自己改变自己，并以自身的改变来唤醒他人。但在这一过程中如有丝毫的强迫之感，那效果就丧失殆尽。”[③]这在一定程度上说明罪犯改造需要充分发挥罪犯的自主性，而非单一的对罪犯进行强制。罪犯如何实现由他律向自律的转变，信仰教育无疑是重要途径。因为“信仰往往展现为人内在对自我要求的定力。”[④]一个有信仰的人，其内心会有一个对照的力量，并能够为之负责和奋斗。罪犯在信仰的感召下才能自律、自主、自觉，才能成为一个发挥主观能动性的人。信仰教育可以使罪犯在内心形成自我约束的力量，这种效果的产生将会减少罪犯改造工作中的外部控制与约束。因此，当罪犯改造中信仰教育迷失时，罪犯便没有了精神依托和人生追求，那么在罪犯改造工作中就需要寻找种种方法来激起罪犯的敬畏、维持罪犯的自觉，其主要表现为监规纪律、处遇制度。这种方式所起到的作用更多地是扬汤止沸，难以保证罪犯改造的有效性。

3. 信仰教育能够提升道德教育的有效性

道德教育作为罪犯思想教育的重要组成部分，目前其实践方式是“在罪犯中大力倡导公民基本道德规范，提高他们是与非、善与恶、美与丑的能力，特别是养成‘爱国’‘守法’‘明礼’的基本道德”。[⑤]这种道德教育的方式是通过制度规范的要求来约束人们的行为，因此具有较强的“刚性力”，这与发挥罪犯的主动性相比具有“消极性”。道德教育在很大程度上停留在抽象的认知层面。道德的最低限度是法律，而道德的最高层次与信仰相通。“作为一种个人信仰体现出来的道德价值”会“通过信仰提升一个人的道德自律境界来表现自我行为

---

① 许成功：《教育是一种信仰的建构》，《江苏教育研究》2010年第11期。

② 姜晶、殷学明：《教育境界层次论——从实用教育到信仰教育》，《教学与管理》2013年第9期。

③ [德]雅贝尔斯：《什么是教育》，邹进译，生活·读书·新知三联书店1991年版，第26页。

④ 赵勇：《教育可以影响未来——基于教育信仰的思考与实践》，《山东教育》2010年第11期。

⑤ 王恒勤：《对提高罪犯教育改造质量的再认识》，《犯罪与改造研究》2003年第6期。

的道德自觉”。较之前种道德教育方式而言，这种方式具有“柔性的精神力量”，①它通过罪犯的情感体验，使罪犯对道德教育建立起坚定的认同，从而坚持自律，罪犯道德教育的有效性自然得到提高。这正如罗素所说：“如果我乐意被赞扬，不喜欢被谴责，我邻人的道德情感就有着同刑法一样的效果。”②

（二）罪犯改造工作的现实需要

目前监狱中存在以8+1类罪犯为代表的特殊群体。这些罪犯往往什么也不信，缺乏敬畏，无所顾忌，什么坏事都敢干。在服刑期间这类罪犯利己思想严重，精神追求低俗，主观恶性较强，思想顽固不化，由于刑期长，他们消极改造思想浓厚。面对这种情况，不少监狱民警对罪犯的管教还是停留在严苛的律条、认罪服法的说教以及强制的唯命是从上。而实践证明，上述做法对他们的作用十分有限。信仰教育不仅可以对此类罪犯从思想根源上进行改造，还可以帮助他们在心灵上有所归属，度过漫长刑期。俗话说，浇树浇根，帮人帮心，对罪犯改造的关键是要在帮心上下功夫。对于如何帮心，如何重建罪犯的精神家园，信仰教育是一个可以尝试的路径。此外，当前形势下，有不少信教罪犯以及参与邪教被判入狱的服刑人员。监狱民警对有关信仰方面的知识储备不足，面对上述人员则缺乏有效的应对措施。因此，开展罪犯信仰教育是罪犯改造工作现实的需要。

（三）可供罪犯信仰教育借鉴的资源丰富

可供罪犯信仰教育借鉴的资源比较广泛，哲学、心理学、德育、传统文化等领域都有涉及信仰教育的资源，吸收这些领域的有益资源，不仅可以丰富罪犯信仰教育的理论，还能够指导信仰教育的实践。

“哲学旨在帮助人们解决人生最根本的问题，找到安身立命之‘地’，提高人的精神境界”；“哲学作为提高精神世界的功能，是别的学科无法取代的。”③提高人的精神境界不仅是哲学的指归，还是哲学的功能，从这一点来说哲学与信仰教育的追求具有一致性。心理学领域有认知行为疗法，通过认知行为疗法可

① 俞世伟：《信仰机理中的道德价值探析》，《道德与文明》2013年第2期。

② ［英］罗素：《伦理学和政治学中的人类社会》，肖巍译，中国社会科学出版社1990年版，第73页。

③ 杨寿堪：《旨在提高人之精神境界——也论“哲学何为”》，《社会科学辑刊》1997年第6期。

以解决罪犯的心理认知问题，树立正确的认知观念，提高认知能力。认知是信仰教育的前提，信仰教育的初期阶段可以利用认知心理学的方法帮助罪犯正确认知信仰内容。道德教育的本质是超越性，其要旨在于使人掌握“人们的行为可能是怎样的？应该是怎样的？道德的理想是什么？”“它是按照某种超越于现实的道德理想去塑造与培养人，使人去追求理想的精神境界与行为方式”“它晓人以生活的意义，终极的目标，使人得以从各种物质主义的误区中解脱出来”。[①]德育的本质、目标皆与信仰教育有相通之处，因此开展罪犯信仰教育有大量的德育资源可供借鉴。

（四）罪犯信仰教育在罪犯改造中的成功实践

目前在国内外一些监狱已经出现通过利用信仰资源成功教育改造罪犯的实践活动。有的监狱是通过信仰教育引导罪犯关注人生的意义，满足罪犯精神需求，从而帮助罪犯度过难熬的监狱生活；有的监狱则是通过信仰教育触动罪犯心灵，从而使罪犯真心悔过，以实现改造罪犯的目标。

案例一:英格兰监狱禅修实践

英国《每日电讯报》2009 年报道，近 10 年来，佛教成为英格兰监狱发展速度最快的宗教，信教人数是过去的 8 倍，最受罪犯欢迎。据英国官方数据显示，在 1997 年，受英格兰和威尔士监狱中的佛教徒只有 226 人，但到 2008 年 6 月份，这个数字增加了 669%。监狱中大部分人都是在认罪后改信佛教的。之所以选择佛教的原因在于佛教注重禅修，可以帮助他们度过牢狱生活，安居当下，摆脱物质追求，这会避免他们出狱后再度犯罪。[②]

案例二:宁夏女子监狱伊斯兰文化教育

自 2004 年开始，宁夏女子监狱与银川市兴庆区阿拉伯语职业培训学校建立了持久的联合帮教关系，由对方专门对回族女犯进行爱国爱教教育，进行面对面的心灵交流。建立联合帮教关系之后，监狱罪犯教育改造工作出现了惊人的成效。自女监 2001 年 5 月成立至今，虽然回族女犯一直占押犯约 45%左右，但二次犯罪的越来越少，2009 年仅占 2.1%，远远低于狱内平均 6.7%的二次犯罪率。这是在伊斯兰文化地区利用宗教资源成功改造罪犯的范例。

---

① 鲁洁:《道德教育:一种超越》,《中国教育学刊》1994 年第 6 期。

② 见陈育生:《宗教信仰在罪犯改造中的作用》,《犯罪与改造研究》2013 年第 4 期。

英格兰监狱的禅修实践取得成功的原因在于充分发挥了信仰的超越性作用，通过禅修实践引导罪犯追寻生命意义，逐步摆脱物质追求，营造精神家园。宁夏女子监狱改造罪犯成功的关键在于注重与罪犯心灵的交流，使得改造工作真正影响到了罪犯心灵，转变了罪犯的思想。上述实践证明，通过信仰资源教育改造罪犯不仅可行，而且会对监狱罪犯改造工作产生积极而持久的影响。需要明确的是，罪犯信仰教育是通过借鉴信仰资源，融入信仰因素教育改造罪犯，而非进行宗教信仰教育。因此，尽管目前学界和实务领域对于是否应当开展宗教信仰教育还存在普遍争议，但是这无碍于借鉴宗教中的有益资源教育改造罪犯，我们借鉴的是具体的教育方法和积极的"宗教精神"。①禅修实践、心灵的交流等本身是一种调节身心的方法，可以借鉴此类信仰资源用来改造罪犯。

四、罪犯信仰教育的实施构想

（一）信仰教育实施的保障

1. 纳入罪犯教育学研究范畴

教育改造虽然在监狱实践几十年，取得了丰硕的成果，但是罪犯教育学作为一门学科的发展依然不甚成熟和完备，必须借助相关学科的理论成果来发展和完善自身。有学者指出，罪犯教育学的研究应"依靠教育学理论资源，纳入作为一级学科的教育学体系当中"。②有鉴于此，属于罪犯教育学研究范畴的罪犯信仰教育，也唯有纳入罪犯教育学的研究视野，才能获得理论支撑和学术认可，其长远发展方能有保障。

2. 在规范性文件中明确规定

在 2015 年全国监狱工作会议上，孟建柱指出，要聘请爱国宗教人士来共同做好对罪犯的教育管理工作。这一提法为今后监狱罪犯教育改造工作提供了新思路。由于这些讲话并未见诸相关的规范性文件之中，其效力是有限的。当前指导监狱工作的主要法律法规之中，也并未提及罪犯信仰方面的内容。笔者

---

① 王雪峰、高畅：《我国监狱是否需要"宗教"——从监狱文化建设视角看监狱中的宗教问题》，《安徽警官职业学院学报》2015 年第 4 期。宗教精神具体化为以下几个方面：(1)对生命终极意义的探究精神；(2)忏悔意识和宽容精神；(3)关爱精神；(4)对现实和功利主义（唯利主义）的超越精神。

② 王雪峰、李为忠、高海平、李晨光：《罪犯教育理论专题研究》，法律出版社 2014 年版，第 7 页。

认为信仰教育是罪犯思想教育中的重要内容，在规范性文件中得以明确后，其价值和作用才能充分发挥。此外，在实践中信仰往往被等同于宗教信仰而被刻意回避，因此有必要通过规范性文件加以明确规定。

3. 与社会院校建立合作关系

监狱开展罪犯信仰教育需要研究信仰方面问题的专家，但是监狱内缺少这样的教育专家。对此，可以通过联合帮教的形式与社会相关院校建立合作关系，利用社会教育资源开展罪犯信仰教育。可以合作的院校包括大学、科研机构，也可以是一些特殊的院校如佛学院等。聘请的专家需要精通理论与实践，既能够向罪犯讲解相关的信仰教育理论问题，也要能够传授具体的实践方法，后者更为关键。

（二）信仰教育的实施原则

信仰内容的选择应具有多样性，以扩展信仰资源的选择范围；在信仰教育的方式上，应当采取启发的方式，调动罪犯的自主性，让罪犯在教育的过程中获得自我感悟；在信仰教育的具体内容上，应当注重其可操作性，不能仅仅停留在理解的层面，更要通过践行来获得信心。

1. 罪犯信仰教育层次设计应具有多样性

信仰教育具有不同层次的目标，所以监狱在开展罪犯信仰教育的过程中要根据罪犯的不同层次而采取不同的措施。对于初偶犯以及认罪态度较好、已经具备较好思想道德修养的罪犯，应当注重实现信仰教育的终极目标；而对于顽危犯等层次不高的罪犯则要注重信仰教育的现期目标，逐步引导其走向终极目标。与此相应，信仰教育内容也需多元化，凡有利于转变罪犯不良思想观念的信仰内容皆可尝试，以扩大信仰教育适用范围，提高其有效程度。同时，认识到罪犯信仰教育不仅要站在国家的立场，也要站在罪犯个人情感的角度，加强对罪犯的终极关怀，以增强罪犯教育改造效果的持久性。

2. 罪犯信仰教育应当尊重罪犯的主体性

以往监狱在改造罪犯的过程中习惯于把罪犯当作改造的客体，惩罚罪犯的思想根深蒂固，认为罪犯“只不过是法官在其背上贴上一个刑法条文的活标本”[①]，没有认识到“监狱行刑对社会的价值归根结底是通过对人即罪犯的作用

---

① ［意］菲力：《实证派犯罪学》，郭建安译，中国政法大学出版社 1987 年版。

实现的，监狱行刑只有作用于罪犯才能作用于社会”，[①]因而没有注重激发罪犯在改造过程中的主体性。信仰教育的重要价值在于使罪犯内心形成对照的力量，这种内心的强制力量是罪犯所能够尊重和信服的，它使得罪犯在没有外部管控的状态下依然能够自律，表现出自觉的行为。这种效果的产生以启发教育为前提，因此信仰教育要以罪犯为主体，发挥其主体性、能动性，循循善诱、因势利导，而非强制和灌输。

3. 罪犯信仰教育的内容应当具有实践性

实践性是信仰现实性的要求。信仰教育的关键在于罪犯本人在信仰实践过程中所获得的切身的情感体验，在罪犯正面的情感体验中信仰得以内化，最终使罪犯产生奉行的意愿。信仰作用机理的三要素（知、情、意）也是在实践中达到统一的。因此，在对罪犯进行信仰教育的过程中，教育的内容不能停留在说教层面上，罪犯信仰教育的内容必须得到落实，使罪犯在实践中获得真实的情感体验。教育的内容能够在罪犯服刑期间得到践行，使罪犯在践行的过程中有所收获。这样的信仰教育才能够被罪犯所接受和信服，这样的信仰教育方能有效。

（三）罪犯信仰教育的实施要点

1. 合理定位教育内容是信仰教育的前提

如何定位信仰教育的内容，是开展罪犯信仰教育的前提。首先，内容不能宽泛，否则开展信仰教育可操作性不强，效果也难以保证，需要把握信仰的核心部分。其次，信仰教育的内容还需符合监狱实际情况。基于上述要求，信仰教育应当以道德信仰为重点。道德信仰是信仰教育的核心内容。此外，当前指导监狱教育改造工作的法律规范如《监狱法》《监狱教育改造工作工作规定》《教育改造罪犯纲要》《监狱教育改造罪犯工作目标考评办法》等都有关于罪犯道德教育的规定。道德教育有日常行为规范、道德原则及信仰价值追求三个级态，[②]目前罪犯道德教育更多地是处在行为规范和道德原则这两个层面。因此，道德信仰教育不仅符合监狱法律规范有开展的现实基础，而且能够提升罪犯道德教育的层次。监狱开展信仰教育应以道德信仰为重点，进而确定具体的内容。

---

① 贾洛川：《试论监狱行刑的伦理精神》，《河北法学》2011 年第 10 期。

② 檀传宝：《信仰教育与道德教育》，教育科学出版社 1999 年版，第 9 页。

道德信仰的内容包罗万象。贺麟先生对于何为道德信仰进行了通俗的解释。他认为:“对人生和人性的信仰,相信人生之有意义,相信人性之善;对于良心或道德法律的信仰,相信道德法律的效准、权威和尊严。又如相信德福终可合一,相信善人终可战胜恶人,相信公理必能战胜强权等,均属道德信仰。”①道德信仰的内容如此丰富,应当如何着手。笔者以为,道德信仰虽然理论丰富、内容众多,但还是要从监狱工作实际出发,如果对其全盘吸收不仅不利于实践操作,更无现实必要。所以,可从道德信仰教育的关键因素和目标这个角度来考虑其具体内容。

道德信仰教育的目标分为内外两个方面。内部要使罪犯形成奉行道德行为的意愿,外部则要营造使罪犯不敢失德的环境。使罪犯形成奉行意愿的关键在于树立道德权威,营造外部环境的重点在于公正的制度。如何树立道德权威,使罪犯生起对道德的敬畏之心,因果教育是重要的途径。要使罪犯坚信“善有善报,恶有恶报”,坚信刑罚的确定性,犯罪必然受到刑事处罚。

道德信仰在罪犯信仰教育中处于核心地位,但在此我们必须申明,信仰教育的内容绝不仅仅是道德信仰,还有更高层面的信仰,还有更广泛和更深刻的内涵。

2. 奉行人本主义精神是信仰教育的基础

如何追寻人生的意义,提高人的精神境界?如何达到内在自足的精神状态?关键在于我们在信仰教育的实践中要摆脱“工具性教育哲学”的束缚,以“主体性教育哲学”为指导,奉行人本主义精神,尊重人的价值,从罪犯个体出发来培植和滋养罪犯心灵,引导其追寻生命的意义,探究人为何而生,最终达到精神解放的境界。在注重人本主义精神、尊重人的价值方面,宗教中的一些做法值得借鉴。例如,佛陀教育首先肯定众生平等、人人皆有佛性,所谓佛性即为觉悟宇宙人生的真谛,这便是在尊重人的价值。虽然佛陀教化众生有 8.4 万种方法,但这些方法的目的都在于将人生引向意义的追寻,都以引导人们破迷开悟、明了人生真谛为指归。因此,突出信仰的超越性就不能简单地从社会需要出发,预先为个体设定诸多的发展目标,强调教育的实用价值而忽视其育人的精神,要更多关注个体的价值。

3. 借鉴文化中的信仰资源是信仰教育的源泉

罪犯信仰教育的具体落实需要借鉴相关的文化资源。由于传统文化符合

---

① 贺麟:《文化与人生》,商务印书馆 1998 年版,第 92 页。

中国人的心理需求，同时其中蕴含着无比丰富的信仰资源，加之时下传统文化日渐复兴，监狱也兴起了文化热，传统文化大量走入监狱罪犯改造工作中。因此，可以通过挖掘传统文化中的信仰资源来开展罪犯信仰教育。

儒家文化注重修身治国平天下的政治理想，强调个人的道德修养，“自天子以至于庶人，壹拾皆以修身为本”。儒家文化中有一系列的修身方法，“格物致知”意指淡化物欲树立正确认知；“非淡泊无以明志，非宁静无以致远”阐明了淡泊名利保持内心宁静对于境界提升的重要作用。道家追求“清静无为”“清心寡欲”。佛家文化更是体大精微，其内容可以总结为“戒”“定”“慧”三种学问，通过持戒来规范言行，逐步减少对物欲情感的依赖，进而达到内心清净的“定”的状态，在“定”境中人的智慧得到开发，精神境界得到提升。凡此种种，不一而足。这些文化中都包含着超然物外的思想，可供借鉴。

在此我们还应当明确一点，即儒、释、道三家虽然包含宗教文化的成分，但是并非不可借鉴。首先，罪犯信仰教育是吸收其积极的“宗教精神”和有益的实践方法等资源，而不是吸收具体的宗教教义。其次，我们对于宗教的理解不能局限在迷信与否的讨论，更要深入到本质中去认识它，认识到“隐藏在这些古老而流布在今天的宗教现象后面的是人的基本需求：需要保护和帮助，慰抚和鼓励，对人的存在及世界的解释”。①再次，从监狱罪犯教育改造的角度来看，“如果我们承认科学活动有教育改造罪犯的因素，那么同样应该承认宗教活动也存在教育改造罪犯的因素”。②“宗教精神”可以赋予人生终极价值，对道德能够起到聚合和圣化的作用，给人生带来无限的希望。因此，宗教文化可以提升罪犯信仰教育的高度，其积极意义不容忽视。最后，宗教文化应在监狱文化建设中也占有一席之地。“按照构建社会主义和谐社会的理念，监狱文化就是要发扬中华民族传统的优秀文化，批判地继承和发展包括宗教文化在内的中华民族传统文化中的积极有益成分。”③可见实务部门也在探究宗教文化中的有益资源对于罪犯改造的积极意义。

4. 以因果律为切入点是信仰教育的关键

信仰作用机理的关键在于正向情感体验，即罪犯在践行信仰教育的内容时，得到了积极的评价与认可，获得了与信仰一致的情感体验。这是罪犯坚信

---

① 秦家懿、孔汉思：《中国宗教与基督教》，生活·读书·新知三联书店 1997 年版，第 40 页。

② 贾洛川：《开发宗教有益资源教育改造罪犯》，《河北法学》2013 年第 10 期。

③ 陈育生：《宗教信仰在罪犯改造中的作用》，《犯罪与改造研究》2013 年第 4 期。

信仰教育内容的前提，落实信仰教育是前因，获得满意评价是后果。可见信仰教育“在很大程度上就是对惩恶扬善福德一致律的坚定信任和依赖”，由此推出罪犯丧失对因果律的信心实为信仰危机的关键所在。因果教育使罪犯坚信恶行必然受到惩罚，善行必然获得善的回报。有鉴于此，信仰教育的开展需要建立在罪犯对因果律坚信的基础上，将因果思想融入罪犯信仰教育的全过程。

因果教育是儒、释、道三家的根基与精华所在。佛教有经、律、论三藏，其典籍可谓浩如烟海，但是佛陀教育的基础是三世因果教育，由三世因果衍生出六道轮回思想，佛家以此来劝导世人向善。道家的经典之作《太上感应篇》开篇即宣示“祸福无门，惟人自招，善恶之报，如影随形”，这依然是在阐述善恶因果的思想。儒家的经典《易经》中提到“积善之家，必有余庆，积不善之家，必有余殃”。明确阐述了积德行善与将来所遇到的祸福之间的因果关联。由此可见，因果律不仅是儒、释、道三家的精华，同时也是三家的共识，其在传统文化中的地位和价值是毋庸置疑的，这也为罪犯因果教育的开展提供了可供汲取的资源。

虽然因果教育是儒、释、道的根基与精华，但是世殊时异，我们需要重新对其所倡导的因果思想进行思考，挖掘其中符合当下主流的内容，或者予以变通。这样才能古为今用，发挥实效。

儒、释、道所倡导的因果思想，皆与自然科学以及唯物主义存在出入，因此有必要加以甄别。具体来说，佛家认为因果可以影响人的前世、今生及来生，“欲知前世因，今生受者是，欲知来世果，今生做者是”。一个人当前所处的境地是前世行为的结果，而今生的种种行为又成为其来世所受果报的前因。儒家的因果律与佛教有所区别，认为个人的行为会影响到家族的兴衰及后代子孙的祸福，这种因果是单向的且是向后延续的。此外，其影响不局限于个人，还扩展到家族成员。道家的因果观念类似于佛教，但较之于佛家而言，其因果观念更加玄秘。

通过具体分析发现，儒、释、道的因果观念尽管有不合时宜之处，但是因果思想的精髓都在于劝善止恶。从这个角度来看，其思想无疑与监狱教育改造罪犯的宗旨相一致，因而可以借鉴。在具体的内容方面以儒家的因果教育为主，以佛家和道家思想为辅，剔除佛家和道家中的唯心成分。同时，结合刑法中的因果关系，围绕个人的行为对于自身与家庭的影响来展开，将犯罪和监狱服刑的关系融入儒家的因果教育思想，强化罪犯的情感体验。

在明确因果教育的方向和重点之后，便可以着手准备相应的资料。由于对三教的因果思想采取保留原则，因而，需要对三教经典的借鉴加以甄别，其中节选三教的经典是可取之策，同时对于其含义进行符合主流思想的解释。

教材的数量不宜过多，多则效果不集中，影响力分散。而且教材是节选，因而数量多会使罪犯产生碎片化的感觉，影响教育效果。因此虽然是节选，依然要注重节选内容的系统性。

5. 融入信、愿、行的方法是信仰教育的重要手段

借助于传统文化中的信仰资源开展罪犯信仰教育，最好的方式就是借鉴其本身的教学方法，将其与信仰的作用机理结合起来。儒、释、道三家之中，佛家的教学方法最具借鉴意义。

信、愿、行为是佛教中一个重要的教学方法。佛家认为修行的成就以信心为起始，由信心产生修行的意愿，意愿的形成促使修行实践的落实，修行的成果最终会印证所信和所愿的内容。用佛家经典中的话来说就是“非信不足以启愿，非愿不足以导行，非持名妙行不足以满所愿而证所信”。因此信、愿、行三者是内在统一、相互促进的，三者的共同作用坚定了信徒的信仰。这种方法在很大程度上与罪犯信仰的生成机理暗合，与罪犯信仰三要素（知、情、意）相通，这种共性为两者的结合提供了基础。

佛家中的“信”是教育人们的第一步，是使人们在认识上接受教育的内容，其目的是令人初步接受，这与罪犯信仰教育中的“知”相似。不同之处在于，在认知的内容上，佛家教育中的三世因果思想不在罪犯信仰教育的认知之列，可以说两者的出发点不同，这也构成了两者的根本区分。

“愿”是指对信仰对象向往的心理状态，是个体将信的内容付诸实践的动机，这比单纯的“信”又更深一层，这种愿力具有促成人们修行实践的现实意义，而单纯的信并不能保证修行的落实。从这个意义上说“愿”的产生便预示着“行”的到来。这种“愿”类似于罪犯信仰教育中的“意”，但是存在次序上的差别。“意”在罪犯信仰的作用过程中处于第三个阶段，即在理性认知和情感体验之后而产生。

情感体验的产生以个体行为与环境的交互作用为基础，但是如何促使个体行为的产生，可以借鉴佛家中的“愿”，佛家在此方面有自己的一套方法。

综上所述，罪犯信仰教育的核心虽然是“情”，但是情感体验的产生确实需要以“行”为根基。但是“行”的重要性在罪犯信仰教育的过程中没有明显体现出来，并且如何促成罪犯“行”的产生也需要借鉴佛家的方法。从这个角度看，借鉴佛家“信”“愿”“行”教学方法具有现实意义。具体来说，就是在情感体验阶段，融入佛家的“愿”与“行”，这样信仰教育的具体过程可以表述为：“知”—“愿”—“行”—“情”—“意”，即初步认知，在激发行动的愿望、付诸行动、产生情感体验、深化认知的同时产生为奉行信仰的意志。

6. 营造公正的制度环境是信仰教育的必要条件

罪犯信仰教育的核心是情感体验，正向的情感体验是连“知”和“意”的桥梁，罪犯通过正向的情感体验而产生相应的信仰。正向的情感体验即罪犯在践行信仰内容过程中，不仅为社会制度或周围环境所认可，而且内心也获得充实、愉悦，获得了精神满足的体验。此时，罪犯的信仰认知与情感体验相符。因此，罪犯的情感体验受到外在环境的影响，外在环境制度的公正与否对罪犯正向情感体验的产生起到促进或阻碍的作用。这也体现出合理的信仰所应当具备的属性，即“真理之真”与“价值之实”。“真理之真为信仰者提供该信仰的真实可靠性的论据和验证，而价值之实却为信仰者提供社会德福一致的公正公平现实与运行机理。”①

信仰的核心是情感体验，而产生正向情感体验的基础之一是公正的制度。因此，公正的制度是罪犯合理信仰形成的必要条件。从这个意义上可以说，“制度公正优先于个体至善”，②合理的信仰只有在公平公正的社会环境中才有成长的土壤。如果社会的发展现状是“高尚是高尚者的墓志铭，卑劣是卑劣者的通行证”，③那么信仰也注定只是少数人的奢侈品，而不会被社会主流所认可。从这个角度来看当今社会的种种不良行为，我们会发现有些行为未必是人们的道德滑坡，背后或许存在制度的缺陷。

监狱的管理制度特别是其中对罪犯的奖惩制度，应当与信仰教育相衔接。作为罪犯践行信仰内容的制度保障，奖是对罪犯符合信仰教育行为的肯定，这种肯定不能局限于现实的奖励，更要注重提升罪犯的情感体验，激发罪犯的精神需求，使罪犯获得精神满足。这样方能符合信仰教育初衷，否则容易陷入功利主义的泥淖。罚，同样注重罪犯的内心体验，不仅是对罪犯现实利益的剥夺与限制，更加关注精神上的惩罚，使罪犯感觉到羞愧，进而确立对信仰的认同。这种与信仰教育相衔接的赏罚机制，不仅是监狱制度运行的有效保障，同时其营造出的良好的制度氛围，也是罪犯由他律走向自律的必要条件。

---

① 俞世伟：《信仰机理中的道德价值探析》，《道德与文明》2013年第2期。

② [美]罗尔斯：《正义论》，何怀宏等译，中国社会科学出版社1988年版，第50页。

③ 高兆明：《制度公正轮——变革时期道德失范研究》，上海文艺出版社2001年版，第162页。

五、结语

美国心理学家吉利根曾提出一种具有世界和时代意义的“理论假说”，他认为人类社会一直存在着公正取向和关怀取向两种不同的伦理道德观，前者以客观性、逻辑性、理性为特征，后者则具有较多的主观色彩和非理性成分。[①]功利性罪犯改造注重“外铄”，忽视促使罪犯内省的精神成分，因而公正取向意味较浓。较之于罪犯信仰教育，功利性罪犯改造是监狱工作的基础，对风险的管理、控制、防范是其突出特征，这也彰显了其功能和价值追求。但是功利性罪犯改造在如何净化罪犯心灵、升华罪犯精神境界、促使罪犯思想发生根本转变方面作用有限，需要进一步完善。信仰教育关注罪犯的情感、心灵，追求对罪犯的终极关怀，为罪犯营造人生不可或缺的精神家园。

本文运用文献研究法、综合分析法，从功利性视角出发，论述了罪犯改造工作中的功利性问题，针对功利性罪犯改造“轻内心”的不足提出信仰教育。在此需要明确的是，虽然功利性罪犯改造存在不足，需要完善，但正如前文所说，这种“重外显”的改造思路在实践中有其积极的作用，它有利于保障监狱安全，为监狱罪犯改造工作提供明确的标准。罪犯改造需要“看得见的手”与“看不见的手”并用，功利性改造是“看得见的手”，信仰教育通过作用于罪犯思想使罪犯自省、自律，发挥着“看不见的手”的作用。因此，单纯的“重外显”或“重内心”都不全面，需要将两者结合起来，罪犯信仰教育是对当前监狱罪犯改造工作的有益补充。较之于提供一套具体的可操作的罪犯改造方案而言，或许本文的价值更多地是在于为丰富和完善我国当前罪犯改造工作提供一个新的、可供参考的思路和方式。

由于罪犯信仰教育不仅涉及人们精神领域的深水区，而且关涉到诸多理论研究和现实问题。因此，仅就一篇论文而言不可能对其进行全面、深入的研究。本文依然存在诸多尚未解决的问题，需要进一步研究。如何将信仰教育的相关资源与当前监狱罪犯改造工作的实际及罪犯改造理论相结合，研究罪犯信仰教育对罪犯改造的价值及如何实施等问题，对于丰富我国罪犯改造理论和提高罪犯改造的质量都具有重要的意义。

---

① 檀传宝：《德育美学观》，山西教育出版社 2002 年版，第 7—8 页。

论上海监狱工作

LUNSHANGHAI JIANYU GONGZUO

第七辑（下）

吴 琦 · 主编

上海社会科学院出版社
SHANGHAI ACADEMY OF SOCIAL SCIENCES PRESS

罪犯风险研究与监狱安全防治

罪犯自杀风险评估量表的编制

上海市南汇监狱课题组

一、研究背景

（一）前期的研究基础

21世纪以来，自杀逐渐成为危害生命的重大社会问题，已是我国人群第5大死因及15—34岁青壮年人群的首要死因。研究表明，罪犯属于自杀高危人群，监狱中犯人的自杀死亡率是社区中正常死亡率的2倍，①预防罪犯自杀是监狱的一项重要工作职责。诚如乔治·米诺瓦所说，自杀干预中存在的最主要的瓶颈，不是如何补救，而是如何进行诊断和评估。②因此，对罪犯自杀行为的预防的工作重点在于科学评估罪犯自杀风险。

2012年，课题组着手开始研究罪犯自杀风险评估，在2年里，对全国4个省市29所监狱进行走访调查，收集信息。在专家指导下，将信息分类筛选，对其中关键数据进行统计分析，并对各有效因子进行赋值，初步建立了罪犯自杀风险评估体系。但因样本过小，导致部分统计结果的信效度无法达到检验标准。同时，虽然罪犯自杀风险评估体系初步建立，但各个因素的项目仍没有细分，且无相匹配的问卷题设，导致无法实际应用于罪犯自杀风险评估。为此，在前期各项研究的基础上，我们进一步深化了罪犯自杀风险评估项目，旨在编制出一个科学、简便、实用的罪犯自杀风险评估量表。

（二）研究的理论支持

要编制一个性能良好的测验量表必须有坚实的理论基础。本研究的理论

---

① 吴宗宪：《当代西方监狱学》，法律出版社2005年版，第112页。

② 张春妹：《狱内罪犯自杀危险性的评估研究初探》，《中国监狱学刊》2009年第6期。

假设来自著名心理学家班杜拉。他关于“三元交互作用的人类动因”理论[①]，说明了自我在人类动因中的地位和作用。“三元交互作用论”把人的个体因素、外在环境与行为三者之间看成是互相独立、相互作用又互相决定的关系。在这三者之间的每两个因素之间都是相互影响、相互决定的，三者共同构成了人类动因的互动系统(见图1)。

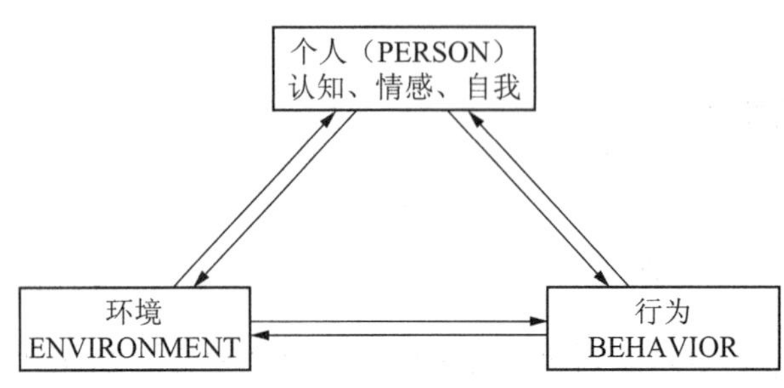

图1　个体因素外在环绕行为间的关系

我们借鉴该理论思路，认为不同的年龄、刑期、性格等基本情况会导致罪犯不同程度的自杀倾向性；家庭变故、狱内处罚等突发性情景事件则会催化罪犯自杀意念的形成；同时在两者的共同作用下则会出现自杀行为的现实行为。据此，我们提出了预测罪犯自杀行为的三大类风险因素指标，即稳定性因素、情景性因素和现实性因素。稳定性因素包括人口统计学因素、犯罪类型、刑期等；情景性因素包括刑罚因素、改造因素、家庭因素和身心因素；现实性因素包括行为与情绪变化、自杀意念、自杀计划与准备。基于上述三大类因素，开始着手编制罪犯自杀风险评估量表。

（三）量表的编制原则

(1) 量表性质。由于受采集样本数据限制，本量表的编制从某监狱在押罪犯实际情况出发，初步探讨罪犯自杀风险评估的可能性。

(2) 量表内容。罪犯自杀风险评估量表的编制，是要将导致罪犯不同程度自杀倾向性因素、催化罪犯自杀意念形成因素等纳入量表中，并在科学论证下，对各种因素进行修正。

---

① Albert Bandura:《新课程实施背景下教师专业发展需要研究》,《教书育人》2012 年第 33 期。

(3) 测题表述。本研究中,罪犯自杀风险评估量表的各个测题的主体是“你”,由民警评估小组向罪犯询问。测题中包括罪犯自身状况、在改造生活中各种可能发生的情境,让罪犯判断自己是否符合。民警评估小组经监狱心理健康指导中心统一培训。

(4) 量表形式。本研究旨在探讨罪犯自杀风险,而罪犯自杀意念是一种主观信念。鉴于罪犯有较强的自我保护意识,测量过程需要有民警来鉴别,由经过培训的民警组成小组(一般为 3 人)来对罪犯进行面询,这一形式相对适合于罪犯自杀风险的测量。

(5) 测量对象。本研究旨在编制一个适合测量罪犯自杀风险的量表。受条件所限,本次研究以上海市某监狱在押罪犯为研究主体。

(6) 测题格式。项目组起初在研究中采用 1—5 分的等级,但在测量中,发现有显著数量的罪犯选取中间值;然后经专家组指导、项目组讨论,决定采用两分法,为“是”和“否”两个选项。

需要指出的是,以上原则是针对罪犯自杀风险这一特殊测量对象的,量表编制时还需遵循编制心理量表的一般性原则。

二、量表编制

(一) 罪犯自杀风险评估量表第一稿的形成

在确立的编制原则指导下,在预备研究的基础上,项目组从自杀风险评估量表的初步框架出发,结合对民警和罪犯问卷调查结果,本研究对所有因素进行了频次分析、权重分析等描述性统计分析,删除了部分项目,编制了《某监狱罪犯服刑状况评估表(第一稿)》,进行小范围试测,总共包含 35 个测题,采用的是两分量表法。整体样本共 55 人,其中:男性 45 人,占 81.8%;女性 10 人,约占 18.2%。共计发放 55 份问卷,回收 55 份问卷,有效率 100%。本次测试主要检验测题语句表述的准确性和操作的可行性。

(二) 罪犯自杀风险评估量表第二稿的形成及测量情况

1. 罪犯自杀风险评估量表第二稿的形成

在专家意见的基础上,项目组对参与《某监狱罪犯服刑状况评估表(第一稿)》测试的民警和罪犯进行了访谈,并根据访谈结果对一些语句表述不清、语意不明的测题加以剔除或修改,同时围绕自杀核心项目对测题进行了调整。经过讨论,调整后为29个子项,形成《某监狱罪犯服刑状况评估表(第二稿)》。

2. 罪犯自杀风险评估量表第二稿在全监范围内测量情况

问卷调整后,项目组开展了大范围测量,共计1 449名罪犯,发放1 449份,回收有效问卷1 391份,有效率约96%。其中,男性1 166人,占83.8%;女性225人,约占16.2%。

表1 男女犯测试结果差异检验

	男性(1 166)	女性(225)	P值
均值	2.53	2.60	0.012

如表1所示,P<0.05,男女罪犯的测试结果比较存在显著差异。因此,我们认为男女罪犯的量表应分类设计。

表2 女犯测试结果KMO检验

KMO	球形度检验	df	P值
0.557	2 365.102	200	0.12

如表2所示,KMO值为0.557,并且P>0.01,通过了显著性水平为0.01的巴特利球型检验,说明女犯测试结果不适合进行因子分析,这可能是因为女性样本量过小的原因。因此在征求专家意见后,量表因子分析剔除了女犯有效问卷225份,仅对1 166份男性罪犯测试结果进行统计分析。

(三)罪犯自杀风险评估量表第三稿的形成、测试及结果分析

1. 罪犯自杀风险评估量表第三稿的形成

(1)自杀史与其他各子项相关性分析。罪犯自杀评估量表的目的在于筛选有自杀倾向的小部分罪犯,而自杀史是一个非常好的指标量,因此我们认为自杀评估量表中各子项统计结果应该与“自杀史”一项统计结果有显著相关。为此,我们将量表各子项与“自杀史”一项做了相关性分析,统计结果如表3所示:

表 3　自杀史与其他各项目相关性分析

题号	自杀史 & 各项目	相关性	显著性(双侧)
Z1	Z1 单身与否	0.039	0.179
Z2	Z2 人际关系	0.071	0.015
Z3	Z3 失眠严重	0.014	0.632
Z4	Z4 食欲变化	0.086	0.003
Z5	Z5 人格冲动	0.092	0.002
Z6	Z6 人格偏执	0.165	0
Z7	Z7 边缘性人格	0.165	0
Z8	Z8 精神疾病	0.045	0.124
Z9	Z9 生理疾病	0.067	0.023
Z10	Z10 绝望感	0.143	0
Z11	Z11 痛苦感强烈	0.129	0
Z12	Z12 没有活动愿望	0.047	0.112
Z13	Z13 反复哭泣	0.05	0.087
Z14	Z14 情绪不稳	0.179	0
Z15	Z15 自我评价低	0.154	0
Z16	Z16 孤僻	0.216	0
Z17	Z17 言行反常	0.041	0.164
Z18	Z18 表情淡漠	0.187	0
Z19	Z19 言语减少	0.228	0
Z20	Z20 消极悲观	0.241	0
Z21	Z21 内疚羞愧	0.071	0.015
Z22	Z22 焦虑抑郁	0.231	0
Z24	Z24 自杀话题	0.231	0
Z25	Z25 异常赠送	−0.005	0.859
Z26	Z26 告别嘱托	0.163	0
Z27	Z27 异常整理	0.163	0
Z28	Z28 书写遗书	0.35	0
Z29	Z29 自杀工具	0.406	0

如表 3 所示,第 1、3、8、12、13、17 及 25 题的相关显著性 $P>0.05$,说明其与自杀史项无显著相关。

(2) 各子项与立管专控结果相关性分析。2012 年,上海监狱开始实行"立管专控[①]"制度,其在防范罪犯违纪,确保监狱安全方面发挥了重大作用。我们认为,自杀评估量表得分与"立管专控"类罪犯得分结果也应该存在一定程度的相关。同时因统计需要,项目组对专控、立管和一般罪犯分别进行了赋值,经项目组成员集体讨论,并向专家征求意见后,对专控罪犯赋值 1 分,立管罪犯赋值 0.5 分,其余罪犯赋值 0 分。

表 4　立管专控与其他各项目相关性分析

题号	立管专控 & 各项目	相关性	显著性(双侧)
Z1	Z1 单身与否	0.031	0.3
Z2	Z2 人际关系	0.096	0.001
Z3	Z3 失眠严重	0.058	0.051
Z4	Z4 食欲变化	0.048	0.104
Z5	Z5 人格冲动	0.112	0
Z6	Z6 人格偏执	0.188	0
Z7	Z7 边缘性人格	0.115	0
Z8	Z8 精神疾病	0.027	0.357
Z9	Z9 生理疾病	0.102	0.001
Z10	Z10 绝望感	0.113	0
Z11	Z11 痛苦感强烈	0.071	0.016
Z12	Z12 没有活动愿望	0.078	0.008
Z13	Z13 反复哭泣	0.02	0.507
Z14	Z14 情绪不稳	0.103	0.001
Z15	Z15 自我评价低	0.101	0.001
Z16	Z16 孤僻	0.099	0.001
Z17	Z17 言行反常	0.067	0.023
Z18	Z18 表情淡漠	0.106	0

① 立管专控:上海监狱局实行的一种对罪犯实施分级分类管理的制度。

（续表）

题号	立管专控 & 各项目	相关性	显著性(双侧)
Z19	Z19 言语减少	0.096	0.001
Z20	Z20 消极悲观	0.188	0
Z21	Z21 内疚羞愧	−0.034	0.255
Z22	Z22 焦虑抑郁	0.084	0.004
Z23	Z23 自杀史	0.122	0
Z24	Z24 自杀话题	0.014	0.647
Z25	Z25 异常赠送	0.035	0.241
Z26	Z26 告别嘱托	0.06	0.043
Z27	Z27 异常整理	0.01	0.746
Z28	Z28 书写遗书	0.067	0.024
Z29	Z29 自杀工具	0.022	0.458

如表 4 所示，第 1、3、4、8、13、21、24、25、27、29 题的相关显著性 $P > 0.05$，说明其与立管专控结果无显著相关。

(3) 子项调整。我们把罪犯自杀风险评估量表得分情况与上述两项做了相关性分析，通过上述分析结果可以发现，第 1、3、8、13、25 题与“自杀史”和“立管专控”均无显著相关。项目组根据统计结果组织召开了专题座谈会，对删除上述子项征求意见。最终，在专家指导下，我们删除了原有的第 1、3、8、13 题；由于第 25 题直指罪犯自杀行为本身，对其予以保留，最终形成了《罪犯自杀风险评估量表(第三稿)》。

2. 罪犯自杀风险评估量表第三稿的测试及结果分析

(1) 自杀评估量表总分与各子项得分相关性分析(见表 5)。

表 5　总分与其他各子项相关性分析

题号	总分 & 各项目	相关性	显著性(双侧)
Z2	Z2 人际关系	0.429	0
Z4	Z4 食欲变化	0.322	0
Z5	Z5 人格冲动	0.435	0
Z6	Z6 人格偏执	0.519	0

（续表）

题号	总分 & 各项目	相关性	显著性(双侧)
Z7	Z7 边缘性人格	0.441	0
Z9	Z9 生理疾病	0.345	0
Z10	Z10 绝望感	0.446	0
Z11	Z11 痛苦感强烈	0.492	0
Z12	Z12 没有活动愿望	0.443	0
Z14	Z14 情绪不稳	0.527	0
Z15	Z15 自我评价低	0.408	0
Z16	Z16 孤僻	0.518	0
Z17	Z17 言行反常	0.316	0
Z18	Z18 表情淡漠	0.5	0
Z19	Z19 言语减少	0.471	0
Z20	Z20 消极悲观	0.573	0
Z21	Z21 内疚羞愧	0.333	0
Z22	Z22 焦虑抑郁	0.433	0
Z23	Z23 自杀史	0.373	0
Z24	Z24 自杀话题	0.16	0
Z25	Z25 异常赠送	0.153	0
Z26	Z26 告别嘱托	0.189	0
Z27	Z27 异常整理	0.117	0
Z28	Z28 书写遗书	0.204	0
Z29	Z29 自杀工具	0.177	0

由表 5 所示，修改后自杀评估量表各子项结果与量表总得分的相关显著性 $P<0.01$，表明存在显著相关；而前 18 道题目与自杀风险评估量表的相关系数均达到 0.3 分以上；后面 7 道题目相关系数虽然未到达 0.3 分以上，但鉴于样本总数目达到 1 166，且 $P<0.01$，因此我们认为后 7 题与量表总得分在0.01的水平上也能够达到显著相关。

(2) 自杀评估量表的平均数与标准差(见表 6)。

表 6　各子项得分均值和标准差描述性统计

题号	项目	均值	标准差
Z2	Z2 人际关系	0.1	0.305
Z4	Z4 食欲变化	0.04	0.189
Z5	Z5 人格冲动	0.17	0.376
Z6	Z6 人格偏执	0.1	0.303
Z7	Z7 边缘性人格	0.05	0.216
Z9	Z9 生理疾病	0.36	0.479
Z10	Z10 绝望感	0.04	0.205
Z11	Z11 痛苦感强烈	0.14	0.349
Z12	Z12 没有活动愿望	0.11	0.31
Z14	Z14 情绪不稳	0.06	0.286
Z15	Z15 自我评价低	0.11	0.316
Z16	Z16 孤僻	0.08	0.275
Z17	Z17 言行反常	0.02	0.123
Z18	Z18 表情淡漠	0.05	0.224
Z19	Z19 言语减少	0.06	0.241
Z20	Z20 消极悲观	0.07	0.253
Z21	Z21 内疚羞愧	0.25	0.434
Z22	Z22 焦虑抑郁	0.04	0.191
Z23	Z23 自杀史	0.02	0.123
Z24	Z24 自杀话题	0	0.058
Z25	Z25 异常赠送	0	0.041
Z26	Z26 告别嘱托	0	0.041
Z27	Z27 异常整理	0	0.041
Z28	Z28 书写遗书	0	0.058
Z29	Z29 自杀工具	0	0.051

如表 6 所示，每个测题的通俗性水平[①]处于 0—0.36，在心理学上称为地板效应[②]。从表面上看，自杀风险评估量表的有效性值不高，但编制量表的初衷在于筛选出有自杀风险的罪犯，而从实践中可以知道，这部分罪犯只是占在押罪犯的极小部分，因此我们认为较高的通俗性水平在监狱这个特殊的环境下并非毫无意义。

(3) 信度系数：

① 内部一致性系数。内部一致性系数主要反映测验内部题目之间的信度关系，考察测验的各个题目是否测量了相同的内容或特质。[③]内部一致性信度可以从两个方面进行评价，即 Cronbach α 系数分析和综合信度 ρ_c 系数分析。学术界普遍使用内部一致性系数(Cronbach α)检验量表的内部一致性信度。[④] Hair, Anderson, Taehan, et al. (1988)指出，内部一致性系数大于 0.7 表明量表的可靠性较高；在探索性研究中，内部一致性系数可以小于 0.7，但应大于 0.6，表明量表是有效的[⑤]。

表 7　可靠性统计量

Cronbach α	基于标准化项 α 值	项数
0.735	0.771	25

如表 7 所示，量表各潜变量的 Cronbach α 系数为 0.735，超过了 0.7 的可接受水平，表明量表具有较高的可靠性。

② 重测信度。重测信度(test—retest reliability)，又称稳定性系数，用于判断测量是否具有时间一致性。计算方法是采用重测法，即使用同一测验，在同样条件下对同一组受测者前后施测两次，求两次得分间的相关系数，最适宜的时距一般是 2—4 周，间隔时间最好不超过 6 个月。本研究两次测量时间间隔 4 周，即为 1 个月，重测数量为总数量的 10%，约 120 份。

---

① 通俗性水平：相当于能力测试中的难度系数，计算方法为每题的平均数除以该题的最大值。这里采用的是两分法，最大值为 1。

② 地板效应：是指反应指标的量程不够大，而造成反应停留在指标量表的最低端，从而使指标的有效性遭受损失。

③ 顾海根：《学校心理测量学》，广西教育出版社 2003 年版，第 86 页。

④ 安胜利等：《三个内部一致性信度评价指标的比较》，《数理医药学杂志》2002 年第 1 期。

⑤ 刘海英：《高管层报酬契约构成与标准——基于问卷调查的研究》，《山东大学学报(哲学社会科学版)》2011 年第 3 期。

表 8　重测总分显著性差异检验

	第一次总分(1 166)	第二次总分(120)	P 值
均值	2.53	2.60	0.795

如表 8 所示，两次测量总分显著性差异系数 P > 0.01，表明两次总分无显著差异，证明该量表测量结果稳定，可反应测量者的真实情况。

(4) 效度分析。效度(Validity)即有效性，是指测量工具或手段能够准确测出所需测量的事物的程度。效度所测量到的结果反映所想要考察内容的程度，测量结果与要考察的内容越吻合，则效度越高；反之，则效度越低。效度分为三种类型：校标效度、内容效度和构想效度。①

① 校标效度又叫实证效度，是以测验分数和校标之间的相关系数来表示的一种效度指标。效标，就是检验测验有效性的一种参照标准。

其一，自杀风险评估量表与自杀史相关性分析(见表 9)。

表 9　自杀评估分和自杀史相关性分析

总分 & 自杀史	相关性	P 显著性(双侧)
	0.373	0

如表 9 所示，自杀风险评估量表与自杀史相关系数为 0.373，P < 0.01，在 0.01 的水平上显著相关，表明两者之间显著相关。

其二，自杀风险评估量表与立管专控得分相关性(如表 10)。

表 10　自杀评估分和立管专控得分相关性分析

总分 & 自杀史	相关性	P 显著性(双侧)
	0.211	0

如表 10 所示，自杀风险评估量表与立管专控得分相关系数为 0.211，在 0.01的水平上显著相关，表明两者之间存在相关性。

② 构想效度。构念(construst)、是理论上的、无形的品质或者特质②。心理测验中的构念效度(construst Validity)就是指测验在多大程度上能够测量

① 顾海根：《学校心理测量学》，广西教育出版社 2003 年版，第 86 页。

② Robert J.Gregory：《心理测量历史、原理及应用》，机械工业出版社 2004 年版，第 119 页。

复杂的、多方面的与理论紧密相联的心理特征。[①]确定结构效度有三种方法，而相当多文献在进行效度分析时，占用主要篇幅介绍量表的因素结构。[②]

其一，检验 KMO 值。KMO 统计量是取值在 0—1。当所有变量间的简单相关系数平方和远远大于偏相关系数平方和时，KMO 值接近 1。KMO 值越接近 1，意味着变量间的相关性越强，原有变量越适合作因子分析。常用的 KMO 度量标准：0.9 以上表示非常适合；0.8 表示适合；0.7 表示一般；0.6 表示不太适合；0.5 以下表示极不适合(见表11)。[③]

表 11　KMO 和球形度检验

KMO	球形度检验	df	P 值
0.747	5 048.428	300	0

如表 11 所示，KMO 值为 0.747，并且 P ＜ 0.01，通过了显著性水平为0.01 的巴特利球型检验，说明问卷调查的数据非常适合进行因子分析。

其二，累计方差贡献率。方差贡献率是指单个公共因子引起的变异占总变异的比例，说明此公共因子对因变量的影响力大小；累计方差贡献率是所有公共因子引起的变异占总变异比例，说明所有公共因子对因变量的合计影响力(见表 12)。

表 12　方差贡献率

成分	初始特征值			提取平方和			旋转平方和		
	合计	方差的(%)	累积(%)	合计	方差的(%)	累积(%)	合计	方差的(%)	累积(%)
Z2	4.143	16.694	16.694	4.143	16.694	16.694	2.617	10.468	10.468
Z4	1.968	7.872	24.566	1.968	7.872	24.566	2.296	9.183	19.651
Z5	1.667	6.669	31.235	1.667	6.669	31.235	1.997	7.988	27.639
Z6	1.517	6.07	37.305	1.517	6.07	37.305	1.664	6.656	34.295
Z7	1.177	4.71	42.014	1.177	4.71	42.014	1.522	6.09	40.385
Z9	1.147	4.59	46.604	1.147	4.59	46.604	1.419	5.676	46.06
Z10	1.118	4.472	51.076	1.118	4.472	51.076	1.177	4.707	50.767
Z11	1.003	4.012	55.088	1.003	4.012	55.088	1.08	4.321	55.088
Z12	0.971	3.886	58.974						

① Robert J.Gregory:《心理测量历史、原理及应用》，机械工业出版社 2004 年版，第 156 页。

② 张伯华等:《心理测量与咨询案例》，山东人民出版社 2001 年版，第 201 页。

③ 同上书，第 221 页。

（续表）

成分	初始特征值			提取平方和			旋转平方和		
	合计	方差的（%）	累积（%）	合计	方差的（%）	累积（%）	合计	方差的（%）	累积（%）
Z14	0.948	3.791	62.765						
Z15	0.864	3.455	66.22						
Z16	0.854	3.414	69.634						
Z17	0.827	3.306	72.941						
Z18	0.776	3.103	76.043						
Z19	0.697	2.787	78.83						
Z20	0.67	2.68	81.51						
Z21	0.639	2.556	84.066						
Z22	0.621	2.482	86.548						
Z23	0.584	2.335	88.883						
Z24	0.576	2.302	91.185						
Z25	0.539	2.158	93.343						
Z26	0.514	2.055	95.399						
Z27	0.491	1.965	97.363						
Z28	0.342	1.368	98.732						
Z29	0.317	1.268	100						

如表 12 所示，总共抓取了 8 个公共因子，累计方差率为 55.088。

其三，提取公共因子（见表 13）。

表 13　旋转成分矩阵

	成分							
	1	2	3	4	5	6	7	8
Z20	0.668	0.104	0.162			0.12		0.126
Z22	0.61			0.207		0.15		
Z10	0.569					0.218		
Z18	0.553	0.164			0.354			
Z17	0.439	0.246	0.106			−0.216	0.178	
Z15	0.406	0.103	0.153	−0.161			0.144	0.179
Z14	0.401	0.391	0.117	0.223	0.201			−0.247
Z6	0.123	0.728			0.127			
Z2	0.124	0.688	0.107			−0.103		
Z5		0.64		0.185	−0.211	0.265	0.126	−0.117

（续表）

	成分							
	1	2	3	4	5	6	7	8
Z7		0.583			0.417		0.116	0.132
Z16	0.326	0.427		−0.171	0.386			
Z29			0.774		−0.1			
Z26	0.134		0.72		−0.109		−0.196	−0.113
Z28			0.669	0.247	0.381			
Z23	0.201		0.523		0.269		0.453	0.141
Z27			0.131	0.829	0.2			
Z25	0.196			0.81	−0.131			
Z19	0.429		0.143		0.567			−0.229
Z4				0.157	0.534	0.37		0.143
Z21						0.745		
Z11	0.305		0.107			0.683		
Z24	0.119						0.827	
Z12	0.298	0.232			0.19		−0.361	0.305
Z9	0.106							0.848

如表13所示，根据因素负荷高于0.35的原则，①选取各公共因子：第1个公共因子为第20、22、10、18、17、15、14题；第2个公共因子为第6、2、5、7、16题；第3个公共因子为第29、26、28、23题；第4个公共因子为第27、25题；第5个公共因子为第19、4题；第6个公共因子为第21、11题；第7个公共因子为第24、12题；第8个公共因子为第9题。

（四）罪犯自杀风险评估量表第四稿的形成、测试及结果分析

1. 罪犯自杀风险评估量表第四稿的形成

在编制自杀风险评估量表的过程中，在专家指导建议的基础上，项目组进行了讨论，并听取了监狱领导、监区中层干部和主管民警的意见，最终对29个子项进行了重新赋值，其中：1—22题赋值1分；23—27题赋值2分；28、29题

① 张伯华等：《心理测量与咨询案例》，山东人民出版社2001年版，第256页。

则设为否定性指标，不计入下一轮的统计分析，形成了《罪犯自杀风险评估量表（第四稿）》。

2. 罪犯自杀风险评估量表第四稿的测试及结果分析

（1）信度系数。

表 14 可靠性统计量

Cronbach α	基于标准化项 α 值	项数
0.740	0.765	23

经过测算，量表内部一致性系数达到 0.740，在 0.6—0.8，较为理想。

（2）效度系数：

① 校标效度：

其一，自杀风险评估量表与自杀史相关性（见表 15）。

表 15 自杀评估分和自杀史相关性分析

总分 & 自杀史	相关性	P 显著性（双侧）
	0.397	0

如表 15 所示，相关系数为 0.397，在 0.01 的水平上显著相关，与第三稿相比有了明显提高。

其二，自杀风险评估量表与立管专控相关性（见表 16）。

表 16 自杀评估分和立管专控得分相关性分析

总分 & 自杀史	相关性	P 显著性（双侧）
	0.215	0

如表 16 所示，自杀风险评估量表与立管专控相关系数为 0.215，在 0.01 的水平上显著相关，与第三稿相比有了明显提高。

② 构想效度。

其一，检验 KMO 值（见表 17）。

表 17 KMO 和球形度检验

KMO	球形度检验	df	P 值
0.792	3 972.360	253	0

如表 17 所示,KMO 值为 0.792,df 值为 253,在 0.01 的水平上显著,比较适合进行因子分析。

由于第 28、29 道题目作为否定性指标,因此在统计时并未将该两道题目纳入。

表 18　方差贡献率

成分	初始特征值			提取平方和			旋转平方和		
	合计	方差的(%)	累积(%)	合计	方差的(%)	累积(%)	合计	方差的(%)	累积(%)
Z2	4.063	17.664	17.664	4.063	17.664	17.664	2.849	12.385	12.385
Z4	1.78	7.741	25.405	1.78	7.741	25.405	2.315	10.064	22.449
Z5	1.501	6.524	31.929	1.501	6.524	31.929	1.619	7.041	29.49
Z6	1.22	5.304	37.233	1.22	5.304	37.233	1.408	6.121	35.611
Z7	1.139	4.953	42.187	1.139	4.953	42.187	1.356	5.894	41.505
Z9	1.124	4.887	47.074	1.124	4.887	47.074	1.244	5.408	46.913
Z10	1.041	4.526	51.6	1.041	4.526	51.6	1.078	4.687	51.6
Z11	0.997	4.337	55.936						
Z12	0.951	4.134	60.07						
Z14	0.892	3.878	63.948						
Z15	0.844	3.67	67.618						
Z16	0.818	3.556	71.174						
Z17	0.8	3.476	74.65						
Z18	0.771	3.354	78.004						
Z19	0.685	2.98	80.984						
Z20	0.645	2.804	83.789						
Z21	0.605	2.629	86.418						
Z22	0.584	2.539	88.956						
Z23	0.583	2.536	91.495						
Z24	0.554	2.41	93.902						
Z25	0.521	2.265	96.167						
Z26	0.491	2.137	98.304						
Z27	0.39	1.696	100						

如表 18 所示,累积方差率为 0.516,总共提取了 7 个公共因子。

其二,提取公共因子。

表 19　旋转成分矩阵

	成分						
	1	2	3	4	5	6	7
Z20	0.678	0.121	0.103	0.164			
Z18	0.583	0.174			0.245		
Z22	0.569		0.235	0.129	0.143		
Z19	0.556				0.253	0.273	
Z10	0.545			0.281			−0.197
Z14	0.452	0.383	0.229			0.141	−0.126
Z15	0.423	0.134	−0.142	0.131			0.114
Z6	0.128	0.729			0.149		
Z2	0.124	0.691					
Z5		0.63	0.19	0.316	−0.18		−0.133
Z7		0.591			0.37	0.182	
Z16	0.36	0.432	−0.162	−0.112	0.356		0.174
Z25	0.102		0.831			−0.118	
Z27			0.815		0.124	0.121	0.129
Z21				0.719	0.142		
Z11	0.3			0.693			
Z4			0.124	0.29	0.564	0.172	
Z9					0.443	−0.175	
Z12	0.295	0.224			0.382	−0.357	
Z24						0.757	−0.147
Z23	0.331	0.115				0.526	0.451
Z26	0.295	0.121				−0.118	0.604
Z17	0.407	0.229		−0.13	−0.399	0.11	0.56

如表 19 所示，第 1 个公共因子为第 20、18、22、19、10、14、15 题；第 2 个公共因子为第 6、2、5、7、16 题；第 3 个公共因子为第 25、27 题；第 4 个公共因子为第 21、11 题；第 5 个公共因子为第 4、9、12 题；第 6 个公共因子为第 24、23 题；第 7 个公共因子为第 26、17 题。

表 20 公共因子命名

序号	公共因子	题号	内　　容	备注
1	消极化	20	消极悲观	
		18	表情淡漠	
		22	严重的焦虑抑郁	
		19	言语减少	
		10	绝望感	
		14	情绪不稳定	
		15	自我评价低	
2	边缘化	6	人格偏执	
		2	人际关系不良	
		5	人格冲动	
		7	边缘性人格	
		16	孤僻	
3	异常行为	25	异常赠送物品	
		27	异常收拾整理物品	
4	异常内观	21	内疚感、羞愧感严重	
		11	痛苦感强烈	
5	躯体化	4	食欲明显变化	
		9	重大疾病与慢性疾病	
		12	没有活动愿望	
6	自杀主题	24	讨论自杀话题	
		23	自杀史	
7	异常言语	26	告别嘱托	
		17	言行反常	

如表 20 所示，我们对 7 个公共因子进行了语义归纳：依次为消极化（7 个）、边缘化（5 个）、异常行为（2 个）、异常内观（2 个）、躯体化（3 个）、自杀主题（2 个）、异常言语（2 个）。

（3）警戒分值设定。

表 21　统计指标

	N	全距	极小值	极大值	均值	标准差
有效评估总分	1 166	18	0	18	1.94	2.807

如表 21 所示，各子项的份均值 1.94，标准差 2.807。

依据正态分布，以 1 个标准差为单位，来计算临界值。

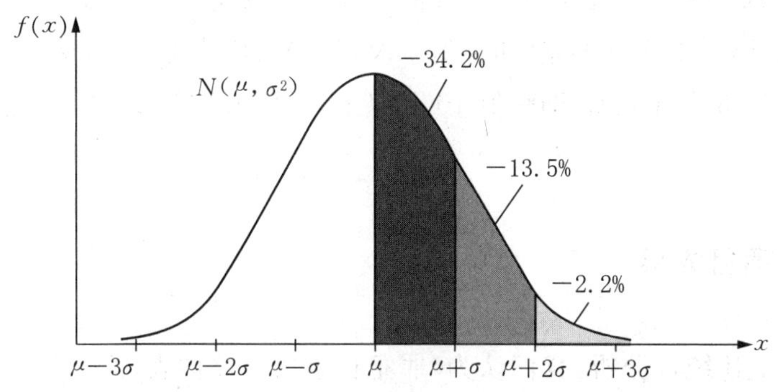

图 2　正态分布示意图

资料来源：H.G.Seashore："Methods of expressing test scores"，The Psychological Corporation Test Service Bulletin，1955(48)，pp.29—31.

在正态分布中，随着与平均水平的偏离程度的增大，事件发生的概率先是缓慢下降，后是比较急剧的下降，最后是渐渐趋于零的一种统计规律。①将它用于对罪犯测量的统计上，就是说心理水平中等的人居多，水平特别高和特别差的人都比较少。由于我们所要筛选的是量表得分高的罪犯，即自杀风险概率较高的罪犯，因此只需要选取超出右边一定数值的罪犯得分即可。

图 2 是一个正态分布图，整个曲线下的面积为 1，左右对称，各占总面积的 50%。如图所示，右边第一个标准差对应的面积(此点向左全部面积)约占总面积的 84.2%；右边第二个标准差(此点向左全部面积)对应的面积约 97.7%；右边第三个标准差(此点向左全部面积)对应的面积约 99.9%。相应地，根据人群正态分布理论，将警戒分临界点设置在"均值+2 个标准差"和"均值+3 个标准差"。

① 涂润生：《人口数据的正态分布给我们的启示》，《湖北师范学院学报》2010 年第 1 期。

表 22　标准差衡量表

项目	均值	1 个标准差	2 个标准差	3 个标准差
分值	1.94	4.75	7.16	9.57
取整分	1.94	5	7	10
个数		130	62	23
比例		11.15%	5.32%	1.97%

如表 22 所示，1 个标准差（即整值 5 及以上）对应人数为 130 人，占总人数比例为 11.15%；2 个标准差（即整值 7 及以上）对应人数为 62 人，占总人数比例为 5.32%；3 个标准差（即整值 10 及以上）对应人数为 23 人，占总人数比例为 1.97%。

三、项目成果

经过上述统计分析，我们认为《罪犯自杀风险评估表（第四稿）》符合统计学指标，能够科学、客观、真实地反映被试的自杀风险程度。罪犯自杀风险评估工作表包含以下 3 项内容：(1)警戒分值。红色警戒指标：总分 10 分（含）以上，或第 24、25 题为"是"；黄色警戒指标：总分 7 分（含）以上，10 分（不含）以下。(2)罪犯自杀风险评估表（附录一）；(3)罪犯自杀风险评估表使用指导书（附录二）。

四、问题与展望

尽管我们初步形成了罪犯自杀风险评估表及其使用指导书，但在探索过程中，结合评估表的要求，也发现其中存在的问题，需要在下一步工作中继续完善。

(1) 样本单一，推广性有待进一步提高。本次测量的 1 166 名有效被试中，绝大部分是老病残罪犯，使得样本过于单一，虽然在统计分析中，各项指标均能符合统计学标准要求，但是若将此量表推广至正常犯监狱时，可能会出现信效度的偏差。同时，由于本次样本中女性被试测量结果的内部一致性较低，因此将该部分数据进行了隔离操作。为了扩大量表样本范围，项目组将前往正常犯监狱、女子监狱和未成年犯监狱等监管场所，使用《罪犯自杀风险评估表（试行）》进行测量，以期通过更大范围的测试，检验量表的信效度，并通过对量表的修改，进一步提升量表的科学性和有效性。

（2）题量不足，结构化有待进一步提高。由于项目组是初次编制罪犯自杀风险评估量表，因此在测题设计上力求简便、明了、不重复，由此导致题量较小。从公共因子的提取情况来看，公共因子最多包含7题，最少包含2题，题量差异较大。从结构化程度来看，需进一步扩充题量。按照常规量表设计，一般心理量表中均有若干测谎题，[①]以确保测量结果的可靠性。为此，项目组在进一步深入研究评估量表信效度的同时将在题量上进行一定的扩充，一是增加若干测谎题，二是通过调研增加能够并入七大公共因子的其他不同类型题目。

（3）评估传统，信息化有待进一步提高。本次设计的量表和结果记录均采用纸质形式，使得结果的使用较为不便，且不方便修改，无法实时反映罪犯情况。我们设想将自杀风险评估作为一个独立模块植入监狱一卡通系统，评估小组通过手持终端对罪犯进行评估，结果实时传输至中央控制服务器，并反映给重要犯情提示区，使自杀风险程度较高的罪犯始终处于高度防控状态，确保监管安全。

附录一：罪犯服刑状况评估表（试行）

题号	内　　容	选项一（是）	选项二（否）	赋值
1	消极悲观			1
2	表情淡漠			1
3	严重的焦虑抑郁			1
4	言语减少			1
5	绝望感			1
6	情绪不稳定			1
7	自我评价低			1
8	人格偏执			1

① 测谎题是指与量表中其他部分测题目相同，但是语义表述不同的题目。通过两者测量结果的对比，检验测量结果的可靠性。

（续表）

题号	内　　容	选项一(是)	选项二(否)	赋值
9	人际关系不良			1
10	人格冲动			1
11	边缘性人格			1
12	孤僻			1
13	异常赠送物品			1
14	异常收拾整理物品			2
15	内疚感羞愧感严重			2
16	痛苦感强烈			1
17	食欲明显变化			1
18	重大疾病与慢性疾病			1
19	没有活动愿望			1
20	讨论自杀话题			2
21	自杀史			2
22	告别嘱托			2
23	言行反常			1
24	书写遗书			否定性指标
25	收集、制作自杀相关工具			否定性指标
		累计	累计	总计

附录二:罪犯自杀风险评估工作指导书

为保证罪犯自杀风险评估工作的科学性和有效性,课题项目组在心理测量专家的指导下,编制了罪犯自杀风险评估工作指导书。详述如下:

一、被试

监狱在押罪犯(精神病犯除外)。

二、评估人员

由罪犯主管民警和专业评估人员组成的,不少于 3 人的评估小组。

三、评估方式

1. 面谈。

2. 侧面了解(主管民警叙述,监组长、夹控犯汇报情况)。

3. 档案记载。

四、评估子项目说明

(一) 简要说明

1. 每小题有两个选项:是,否。评估员应根据测试者的客观情况结合自己的主观经验进行判断。

2. 所有题目除第21题外都是依据罪犯近3个月的情况来判定。

3. 每小题的评判必须严格按照本指导书的标准进行。

4. 否定性指标,是指符合其中一项内容即选择"是"。

5. 分离性指标,是指符合其中的3项及以上才选择"是"。

(二) 项目评判标准

【第1题】消极悲观　　& 分离性指标

1. 认为自己的理想无法实现。

2. 觉得前途迷茫,放弃自身努力。

3. 认为自己无论做什么都不会获得成功。

4. 曾连续遭受挫折。

5. 认为没有什么事情可以让自己快乐起来。

【第2题】表情淡漠　　& 分离性指标

1. 对周围的刺激缺乏感觉。

2. 情感反应低,面无表情。

3. 对周围事物缺乏兴趣。

4. 注意力不集中。

5. 常常发呆。

【第3题】严重的焦虑、抑郁　　* 否定性指标

SAS、SDS量表得分达到焦虑、抑郁诊断标准的。

【第4题】言语减少　　* 分离性指标

1. 与他人交谈次数、时间与以往比有所减少。

2. 生检会集体活动中发言次数、时间与以往比有所减少。

3. 个别教育时,话语与以往比有所减少。

4. 周记记载量与以往比有所减少。

【第 5 题】绝望感 & 分离性指标

1. 整天无精打采。
2. 对身边的事物提不起兴趣。
3. 对任何事物都抱着灰心的心态。
4. 感觉遇事无人能帮助自己。
5. 感觉生活在折磨自己。
6. 对出狱后生活不敢想象。

【第 6 题】情绪不稳定 & 分离性指标

1. 患得患失,常犹豫不决。
2. 对拒绝和批评非常敏感。
3. 评价事物不客观。
4. 常有不安全感。
5. 情绪浮动较大,例如时而高兴、时而悲伤,起伏不定。

【第 7 题】自我评价低 & 分离性指标

1. 认为自己处处不如别人。
2. 认为自己能力差,无法胜任工作任务。
3. 不愿通过主观努力改变现状。
4. 遇事总是依赖别人的帮助。
5. 不愿与人竞争。

【第 8 题】人格偏执 & 分离性指标

1. 对挫折与拒绝过分敏感。
2. 长时间记仇。
3. 猜疑,把他人无意的行为误解为敌意。
4. 顽固地维护个人利益。
5. 自信心过强而自感能力非凡。

【第 9 题】人际关系不良 & 分离性指标

1. 与同犯有争吵或者打架的经历。
2. 与亲人联系较少。
3. 与主管民警关系紧张(阳奉阴违,顶撞民警等)。
4. 经常有意无意会侵害他人利益。

5. 与他犯交流较少。

【第 10 题】人格冲动　　　　　　　　& 分离性指标

1. 情绪急躁易怒。
2. 好争吵，对后果缺乏清醒认识。
3. 行动反复无常，没有计划性。
4. 不能坚持任何没有即刻奖励的行动。
5. 有伤害自己、伤害他人的行为。

【第 11 题】边缘性人格　　　　　　　& 分离性指标

1. 不稳定的人际关系。
2. 经常发脾气，情绪不稳定，转换无常。
3. 难以忍受孤独。
4. 长期的厌烦。
5. 疑惑自己的身份。

【第 12 题】孤僻　　　　　　　　　　& 分离性指标

1. 独来独往。
2. 对他人怀有厌烦、戒备和鄙视的心理。
3. 不关心与己无关的事情。
4. 与人交往缺乏热情。

【第 13 题】异常赠送物品　　　　　　& 分离性指标

1. 将自己绝大部分的私人物品赠送给关系较好的同犯。
2. 赠送后有反常的话语。
3. 给不熟悉的同犯赠送物品。
4. 赠送物品时，感情悲伤。

【第 14 题】异常收拾、整理物品　　　& 分离性指标

1. 比平时更细致地整理物品。
2. 清洗平时不洗的衣服，且洗衣时间较长。
3. 把个人物品箱整体进行清洗。
4. 洗脸或者洗澡时间 2 倍于平时以上。

【第 15 题】内疚感/羞愧感严重　　　　& 分离性指标

1. 常常责怪自己。
2. 认为自己伤害了他人。

3. 认为自己是罪人。

4. 莫名烦躁。

5. 认为自己没有能够完成应尽的责任。

【第 16 题】痛苦感强烈

痛苦主要是指心理上的痛苦感，让被试者从 1—10 选择一个数字模拟自己的痛苦感，选择 1—5 的选“否”，否则选“是”。

【第 17 题】食欲明显变化　　　　　　＊否定性指标：

饭量超过或者少于平时的 50%，则选择“是”，否则选“否”。

【第 18 题】重大疾病与慢性疾病　　　＊否定性指标

1. 癌症。

2. 脑中风。

3. 肾脏衰竭。

4. 心脏病。

5. 痛苦感较强的疾病。

6. 档案记载的认定为病犯。

7. 其他严重危及生命的疾病。

【第 19 题】没有活动愿望　　　　　　& 分离性指标

1. 很少参加集体活动。

2. 监组讨论发言较少。

3. 参与集体活动时精神不集中。

4. 对其他正在进行的活动不感兴趣。

【第 20 题】谈论自杀相关话题　　　　＊否定性指标

主动发起谈论过自杀的话题(主要从同犯、夹控犯中获得信息)。

【第 21 题】自杀史　　　　　　　　　＊否定性指标

1. 档案中有自杀记载的。

2. 了解到有自杀史的。

【第 22 题】告别嘱托　　　　　　　　& 分离性指标

1. 余刑 6 个月以上，却向同犯道再见。

2. 在接见、电话或书信中向亲属嘱托重要事情。

3. 向关系好的同犯托付一些重要的事情。

4. 向主管民警告别，并要求帮助解决一些问题。

【第 23 题】言行反常　　　　　　　　＊否定性指标

与其一贯行为言语举止反差较大(主要通过平时观察和同犯的调查反馈)。

【第 24 题】书写遗书　　　　　　　　＊否定性指标

发现该犯写的遗书(主要通过抄身抄监、夹控犯等手段调查)。

【第 25 题】收集、制作自杀相关工具　＊否定性指标

1. 收集、制作用以自杀的尖锐物品。

2. 收集、编制用以自杀的绳索。

3. 收集、制作用以自杀的有毒物品。

4. 收集、制作其他用作自杀的工具和物品。

五、注意事项

1. 针对第 13、14、20、21、22、24、25 题内容较为敏感,评估员应尽量避免使用面谈的方式进行判断。

2. 如果评估员意见产生分歧,可由第三方(监区领导、自杀风险项目组等)来进行辨别。

3. 评估员还需标注罪犯的老、病、残情况。

高度戒备监区制度体系建设初探

上海市青浦监狱课题组

我不过像一个在海边玩耍的孩子，不时为发现比寻常更为美丽的一块卵石或一片贝壳而沾沾自喜，至于展现在我面前的浩瀚的真理海洋，却全然没有发现。

——牛　顿

受社会外部环境变化的驱动，特别是由于刑事法律政策的调整及修订，对于监狱而言，设立高度戒备监区俨然成为一种不可逆的大趋势。事实上，这也确实是监狱应对日趋严峻的行刑困境的必然之举。在这一背景下，上海市青浦监狱于 2011 年年底开始对高度戒备监区建设这一课题予以立项研究，并在课题研究成果的支撑下，对监狱原严管队、新收集训中心进行改、扩建。2013 年 10 月，伴随着青浦监狱高度戒备监区正式落成并启用，也标志着青浦监狱高度危险罪犯（以下简称高危罪犯）管理模式的探索之路正式步入实践环节。

一、制度建设：高度戒备监区建设的首要任务

（一）制度缺失是当前最大的困惑和难点

在多数人的认知中，高度戒备监区是吸收、借鉴西方国家相关经验的产物。事实上“高度戒备”这一名称本身也是舶来品。在这之前，我们更多地看到的是严管监区、高危犯监区等称呼，也有高戒备度、高警戒度、高度警戒等翻译名称。无论选择什么名称，其核心都是对罪犯依危险程度划分，将其中危险度高的罪犯予以集中关押矫正，从而提高监狱管理效能的一种方法。由此涉及罪犯分类问题，高度戒备监区的确立便成为“三分”工作的延续和深化。就本质而言，无论是作为一种新事物被引入现行框架，还是在借鉴的基础上对现有框架予以改造，高度戒备监区的管理模式对监狱原有管理模式都是一种触及基础的变革。

在某些层面，这种变革甚至是颠覆性的，意味着现行的监狱制度直接套入高度戒备监区，即“穿旧鞋走新路”，必然导致各式各样的问题出现。

然而大多数时候，所谓的制度是受制于现实的，特别是对于新事物而言，更是如此。高度戒备监区作为新事物的一员，自然也不例外。目前，涉及高度戒备监区的相应制度规范均有一定滞后性，并且层级越是向上，制度支持的滞后性也越发显著。

首先，高度戒备监区建设标准的问题。高度戒备监区应该造成什么样？设施设备方面又有什么具体要求？现有的制度选择是《监狱建设标准》，另一个选择是尚未正式行文的司法部《高危监区建设标准》。这显然是远远不够的，而沿用过去“严管队”的建设思路也并不可行。如前所述，高度戒备监区和“严管队”的定位完全是不同的，一个典型的例证：“严管队”几乎不需要考虑罪犯的劳动，而高度戒备监区则必须考虑如何组织高危罪犯劳动的问题，这就必然涉及相应的劳动场所的设置。这也是那些“摸着石头过河”的监狱的苦恼之一，既缺乏一个现成的模型，又找不到相应的制度支撑。

其次，高危罪犯管理规范的问题。高度戒备监区的高警戒度如何体现？硬件设施是一方面，管理运作又是另一方面。因为安全考虑上的管理从严与因为惩罚考虑上的管理从严完全是两个概念，两者之间如何区分？如何让高危罪犯明确哪些管理措施是因为安全考虑才施加于其的？靠民警的主观判断显然是不可够的，更缺乏必要的说服力。必须有一个制度文件的支持，将之予以规范，这也是避免由于自由裁量权造成的警囚矛盾扩大化的最好方式之一。

再次，高危罪犯矫正的问题。由于矫正的目的性不同，必然对矫正项目的选择方面会有不同的考量结果。常规监区对罪犯的矫正目标是守法公民，因此道德、普法、技术等矫正项目正是围绕这一目的而实施展开的，然而这些项目并不一定就契合高危罪犯的矫正需要。另外，出于安全性考虑，在高度戒备监区，许多常规的教育矫正项目由于器材、工具等要求的限制，并不适合于其中开展，这是需要考虑从结构上予以调整。在这些方面，目前都缺乏必要的制度支撑。此外，还有对高危罪犯的矫正评价体系，也可以说是完全缺失的。

最后，还有高危罪犯的危机管理问题。在监狱层面我们事实上已经形成了一套较为科学的应急管理流程，但在监区层面，我们仍然缺乏类似的机制。这也符合逻辑，毕竟对于常规监区而言，危机干预或处置并不是常态化工作。但在高度戒备监区则不然，如果每次都在危机显现时再来确定指挥人员和应急处置人员，可能一方面不能有效达成专业化的目的，另一方面也很可能有损监区的正常运转。因此，在高度戒备监区设立常态化的危机干预力量是非常有必要的，这也需要必要的制度支撑。

（二）高度戒备监区制度体系建设的价值所在

1. 新旧模式的冲突问题亟待解决

这一问题的核心实质是管理理念的冲突。一言以蔽之，民警和罪犯对“严管”模式的传统认知与高危罪犯管理模式的不适应问题。过去的“严管”的核心思想是惩罚，换句话说，“严管”作为监狱对违纪罪犯予以严厉打击的重要手段之一，针对的是越轨行为已经发生的实然对象，其中的管理措施几乎都围绕一个“严”字展开。高度戒备监区则不然，其是以罪犯越轨行为发生的可能性为依据的，核心思想是预防与控制，针对的既可能是出现越轨行为的实然对象，也可能是尚未出现越轨行为的或然对象。而高度戒备监区的管理模式，在安全警戒方面无疑是必须从严保障的，但在不涉及安全时，如某些罪犯处遇方面则应该体现出宽严相济才更为合理。

传统“严管”模式与高度戒备监区管理模式间的差异性，正是对罪刑法定原则的有力贯彻与体现。惩罚对应的是越轨行为，也只能施加于越轨行为出现以后，若一味追求所谓的惩罚性管理，不加区分地将惩罚性管理施加于无越轨行为的罪犯身上，只会导致民警逻辑失范，落入非正义陷阱。当面对罪犯可能的质疑时，“因为你将来会违纪”或“你违纪的可能性太高了”显然不能作为合理答复。

遗憾的是，传统的力量是强大的，“严格、封闭的高度戒备监区就是个惩罚场所”，对于那些习惯于传统“严管”模式的民警抑或是罪犯而言，这一观念大有市场。当处于这样的理念主导时，高度戒备监区内警囚矛盾不断、对抗与冲突屡见不鲜也就不足为奇了。因此，通过制度建设以达成观念的转变是第一位的，这一理念冲突不优先解决，高度戒备监区造得再漂亮，其本质也不过依然是一个“新严管队”而已。

2. 职能需求变更的迫切要求

将高危罪犯关押于高度戒备监区是为了集中行刑资源，这一点毋庸置疑，但这并不足够，还需要进一步回答一个问题：安全还是矫正？换句话说，高度戒备监区的定位如何？就监狱而言，其终极使命是将罪犯改造成为守法公民，因此安全是前提，矫正是本职。然而，高度戒备监区的特点或许决定了其职能需求的不尽相同。

一方面，高度戒备监区本身就已经集中了监狱大部分的安全压力，需要更多的行刑资源关注安全方面；另一方面，根据个体发展三要素说，封闭的管理模式下，矫正的效果天性就是受到弱化的，[①]与常规监区相比，投入产出比具有相当大的差距性。因此，从行刑效益论的角度来看，以安全为高度戒备监区的主要职能追求是合理并科学的。当然，以安全为主要职能，并不是说高度戒备监区就不要矫正了，更不能简单地与“关得下、守得住、跑不了”画等号。事实上，矫正对于高度戒备监区而言是不可或缺的。只不过与常规监区相比，两者的目的性不一。常规监区矫正目标是守法公民，针对的是罪犯的重新犯罪率；而高度戒备监区的矫正目标是狱内安全，针对的是罪犯的危险性。

职能需求变更还进一步提出管理细化的要求。就常规监区而言，大多数时候，一名罪犯被关押于某个监区，并没有更多的特殊意义，调换一个楼面或者一个监组，并不会对该罪犯造成更多的困扰。因为其服刑利益的取得，主要体现在其计分等级及处遇等级方面，并通过相关计分考评及分级处遇制度予以保障，我们也经常通过这些调动其改造的积极性。而与常规监区相比，现行的计分考评与分级处遇制度在高度戒备监区的作用被大大弱化了。一方面是激励手段的失效，对许多高危罪犯而言，行政奖励或司法奖励对其已经丧失了意义；另一方面是出于安全上的考虑，一些待遇本来就无从享受，谈不上体现待遇差别。在这样的情况下，我们若要调动罪犯需求，需要从结构上予以调整，考虑使用更为实际的调动手段，放风时间的长短、楼层的变动甚至是房间内物品的增减等，都可以作为管理范式的一部分。

3. 社会形势变化及监狱改革创新的需要

《刑法修正案（八）》的出台是高度戒备监区建设的催化剂。在其带来的监狱押犯量持续增长、重型犯显著增加、监管安全压力不断累积的新常态局面下，我们不得不积极调整旧有的关押模式，探索以警戒等级为划分的罪犯分类关押模式。然后是《刑法修正案（九）》，又为我们带来了终身监禁的职务类罪犯。可以预见的是，这一定不是终点，随着社会形势的不断变化，新的罪犯类别必然会

---

① 个体发展三要素说：遗传是个体发展的生物前提，为个体的发展提供了可能性；环境对人的发展起决定作用；教育作为一种特殊的环境对人的发展具有主导作用。

不断涌现。这些对高度戒备监区而言既是挑战，又是机遇。随着监狱各类设施条件的逐步完备，当前想在硬件条件上实现创新突破的难度已经相当之大，因此“内涵式发展”正成为今后的主要突破方向。从结构因素上挖潜，建立起科学、高效的制度体系，无疑是一个值得期待的可能，也必然是“内涵式发展”的重要组成部分。

二、高度戒备监区执法体系建设

高度戒备监区与过去的“严管队”的最大区别，就是不再单纯以“惩罚”为主要职能，而是针对危险度高的罪犯，发挥预防、惩戒、转化为一体的综合职能，从而有效消除狱内风险因素，达成提升监狱安全管理能级的最终目的。

（一）核心目标：“降低狱内风险，提升安全能级”

1. 高度戒备监区的职能定位

首先，是中转站，也是终点站。如前所述，不管是过去的“严管队”还是新收集训中心，都是单纯的中转站。“严管队”对那些出现越轨行为的罪犯进行惩罚或控制，以时限届满或行为消除为调出依据。这也是有些罪犯将进“严管队”看作“镀金”的原因所在，因为除非极端情况外，罪犯最终都会回到原来监区。新收集训中心更是直接为分流而服务的。而高度戒备监区则不然，其是以危险度为前提，罪犯风险消除方可调出，并不规定时限，这也意味着，有些罪犯如果危险度不能有效降低，将长期羁押于高度戒备监区。

其次，“管教一体化”。罪犯在册与否只是一个小变动，但体现的却是本质上的变化。通俗而言，过去“严管队”收押的罪犯是“别人家孩子”，“严管队”的民警只需要关注罪犯羁押期间的表现，因此重管理轻教育在所难免。而高度戒备监区收押的罪犯是“自己家的孩子”，高度戒备监区必须立足于整个监狱，既要关注本监区管理秩序，又要考虑高危罪犯对监狱的风险压力，因此必须围绕如何消除罪犯危险因素，切实做到管教并重。

2. 高危罪犯的范围界定

我们通常所称的“高危罪犯”其实并不是个精确定义。目前根据押犯类型的不同，高度戒备监区相应划分为新收集训区、禁闭隔离区、高戒备区三个区域。只有关押于高戒备区的罪犯，才是真正意义上的“高危罪犯”。

首先，新收集训区。其定位为监狱的分流中心。基于监狱安全能级上的主要贡献是其预防功能。较过去而言，新收集训的常规内容依然予以保留，而由于新收罪犯的危险度参差不齐，去芜存菁也成为新收集训的重要任务之一。对新收罪犯及时予以评估，符合常规监区改造要求的分流下去，不合要求的高危罪犯转入高戒备区，从而有效降低监狱安全风险。

其次，禁闭隔离区。其定位为监狱的惩戒中心。这一区域是本次体系调整中涉及面最少的，因为作为监狱的固有职能，惩戒方面的相关制度最为成熟，实践经验也最为丰富。唯一值得一提的就是，与过去的"严管队"相比，剥离了"严管"属性后，惩戒才真正获得了法理上的支持。

最后，高戒备区。这里是监狱的管控中心。这一功能区域的核心职能是控制和转化，所有经过评估并审批为高度危险的罪犯均关押于此。而罪犯的来源主要有 3 个途径：监狱新收罪犯；因违纪被处以禁闭或被防范隔离的罪犯；其他监区申请，经监狱审批同意认为需要调入高度戒备监区服刑的罪犯。

（二）执法原则及要求

1. 公正执法是民警的行为准则

首先，体现为民警直接管理模式。高危罪犯的日常管理教育，要尽可能地丢掉"拐棍"，落实民警直接管理。一方面不易造成不同犯群之间矛盾激化，另一方面在制度执行和措施落实上更为精准和高效。但不要"拐棍"并不是说就不需要配备特岗犯，而是特岗犯的定位转变。与常规监区偏重管理的特岗犯不同，针对高危罪犯的特岗犯并不需要过多的管理意识，更多的是体现为情况犯、服务犯方面。

其次，体现为业务能力的高要求。既然是高危罪犯，意味着发生破坏监狱安全行为的几率大，对监管安全的威胁程度高。有些问题放在常规监区可能是小问题，但高危罪犯集中后就容易转变为大问题。若民警的业务能力不精，发现问题的能力不足，对各类异常警惕性不高，不能及时发现、排查隐患，结果无疑是灾难性的。

再次，体现为职业素养的高要求。高度戒备监区目前处于制度支撑滞后的状态，"无法可依"是一种事实上的可能。而民警无论是吃不透法律精神、用不好"法言法语"，还是习惯于粗放式、歧视性管理和教育，都更容易激化警囚矛盾，制造警囚冲突。

最后，严格的执法裁量权。监狱制度本身就涵盖了一定的执法裁量权，更何况人情式管理对许多民警而言是一种常见的执法行为习惯。部分高危罪犯在羁押过程中也一定会尝试与民警建立“人情关系”。短期内这样的执法习惯有一定的有利性，但就长期管理而言，弊远大于利。因此，管理民警要坚决杜绝随意性执法，可以讲“人道”，但绝不能讲“人情”。

2. 警力结构和民警专业化

目前监区民警计划编制 45 人，其中高戒备区管理民警 20 人，确保警囚比在 1∶4 以上。设监区领导 4 人：监区长 1 人，教导员 1 人，副监区长 2 人。警务组设置上与常规监区安全警戒组、狱政管理组、教育改造组、劳动改造组的设置有所不同，高度戒备监区根据管理需要，取消教育改造组和劳动改造组，增设教育劳动组和评估鉴定组。

安全警戒组：掌握高危罪犯的动静态信息，落实针对性防范措施；负责现场管控、巡查放风，突发事件的前期处置；负责监区监管设施、消防设施、警戒具的管理和维护。

狱政管理组：掌握罪犯的基本信息，负责罪犯的收押管理、行为规范、生活卫生、违纪处置，狱侦和犯情分析；罪犯的减刑、假释、保外就医；计分考评、分级管理、分级处遇、违纪处置、证据保全等工作。

教育劳动组：负责监区文化建设，罪犯文化技术教育，高危罪犯个别化矫治方案的落实，新收罪犯教育集训落实，罪犯习艺组织等工作。

评估鉴定组：负责高危罪犯的危险度等级评估，制定针对性防范措施和矫治方案；新收罪犯的危险和需求评估，完善“一人一册一案”。

警力结构上要求突出专业化，35 岁以下民警不少于 50%，高戒备区主管民警一般需具有 2 年以上一线监管改造工作经历。目前在岗 31 人中，有 5 人具有国家二级心理咨询师资格、2 人为国家三级心理咨询师；2 人具有教育学背景，并取得教师资格证；7 人为法律专业、2 人为管理学专业、1 人为艺术类专业。

（三）应急保障机制

1. 应急预案方面

除了在监狱九大应急预案的基础上建立针对监区整体的九大应急预案外，高度戒备监区还根据监区实际情况制定了各类专项应急预案，涵盖禁闭隔离区突发事件处置、新收罪犯应急处理及高危罪犯危机事件干预等。监区专门成立6人的应急处突小分队，加强预案演练，提高突发事件的处置能力。

为保障突发事件处置需要，在常规单警装备之外，高度戒备监区设有专门的装备库，配备防毒面具、抓捕叉、抓捕枪、防暴盾等非常规性警用装备，另外为增强警戒力量，值班期间，监狱防暴队在高度戒备监区备勤。

2. 后勤保障方面

监狱明确高度戒备监区较其他常规监区有更高的优先级，尤其是涉及安全方面。

首先，设施设备日检制。高度戒备监区对设施设备实行每日检查，监区分控平台将检查结果报监狱备案。所有故障问题，相关职能科室须当日回应。除门禁、监控、监听等重要设施必须实行即报即修外，如高度戒备监区认定涉及安全隐患的问题，也可报监狱即报即修。

其次，高危罪犯就医。在监狱医务所每周巡诊的基础上，医务所值班医生要对高度戒备监区上报的重点病患进行每日巡诊。高危罪犯突发疾病时，也优先实行医生出诊制。

最后，生卫物品直供。出于安全性的考虑，高度戒备监区罪犯日常生活用品中有相当部分是定制物品，如专用囚服、专用餐具、专用储物箱等。在物资发放方面，高度戒备监区实行计划单列，相关职能科室予以优先保障。

三、高危罪犯关押体系建设

（一）封闭关押原则

不能将封闭关押原则单纯地理解为将高危罪犯限制在某一区域，更不能与“闷关”画等号。所谓封闭关押，更多地指向为高危罪犯的行动状态，分为绝对封闭和相对封闭。

绝对封闭是禁止状态，需要极苛刻程序方可变更。既有通过空间方式隔绝的，如：高危罪犯非特殊情形，不得离开高度戒备监区；高危罪犯不得使用非高危通道，不得进入非高危区域等；也有通过警戒或管理方式隔绝的，如：高危罪犯不得与其他罪犯共同就诊、学习或会见；监舍内除指定专用物品外，其他如笔、热水瓶等不得进入监舍等。

相对封闭是待许可状态。在日常活动中，通过区域划分的方式，划定活动区、限制区及禁止区，将高危罪犯的行动区域予以相对固定，高危罪犯需要跨区域时，都必须履行报告或请示程序。以高危罪犯洗澡活动为例，洗澡的行动轨迹为监舍→储藏室→洗漱间→晾晒间→监舍，其中监舍为活动区，进出监舍需进行报告；储藏室为禁止区，高危罪犯不得进入，而是在门口等待指定特岗犯代为拿取换洗衣物；洗漱间和晾晒间为限制区，未安排洗澡或晾晒衣物的高危罪犯不得进入。根据活动安排的不同，区域的划分也有可能不同，如非活动时间段，高危罪犯不得离开监舍，此时除监舍为活动区域外，其他区域均为禁止区。

（二）格局规划

1. 物理格局

高度戒备监区主体建筑分为南北两个区域。南区一楼为多功能大室，二楼关押新收罪犯，三楼关押监区特岗犯，四楼为民警办公区域。北区一楼为禁闭隔离区，二、三、四楼为高戒备区。高戒备区为环形设计，中间为天井，各楼层间安装有隔离网，楼顶为钢化玻璃覆盖，并安装自动遮阳棚，既可充分采光又可防止高空索降进入。监区分控平台及各楼层管控点设于南北区之间，保证民警的监控面，又方便民警快速向两个区域驰援。

2. 监舍结构

禁闭隔离区为12间单人监舍，南北侧各6间，中间为巡视通道。南北监舍之间设置有遮蔽墙，每个监舍配独立放风间，使禁闭隔离罪犯处于相对隔绝状态。高戒备区总押犯规模为80人，监舍分为8人间、4人间和单人间。其中，二楼为4个8人间，三楼为8个4人间，四楼为4个单人间和3个4人间。另外，高戒备区每个楼面均设置有放风场、晾晒间和储藏室。

（三）区域控制

1. 空间隔断

由于广泛实行空间分割隔断管理，多数民警对高度戒备监区的第一印象就是“门特别多”，无论是监区入口的AB门，还是民警区与罪犯区的隔离门，抑或是禁闭区域、新收区域、高戒备区域等通道门，甚至还包括谈话室、抢救室、审讯室等，均安装电子门禁系统，并附带自动锁闭装置。通过单元化网格管理，在压缩罪犯活动空间的同时，也最大限度地压缩了罪犯危险行为的实施空间。

2. 实时监控

技术手段是确保全区域控制实现的重要保证。183 个可变焦高清摄像头，确保整个监区全方位可视无死角；罪犯监舍内均安装有监仓对讲系统，实时监听、对话可一键完成；通过建筑墙体上镶嵌的人员定位装置，以及罪犯随身佩带的定位标识，监区分控平台、监狱指挥中心能随时掌控罪犯的一举一动。

3. 设施定置和设备管理

高戒备区域及禁闭隔离区域监舍采用极简设计，除必要的床铺、桌椅及盥洗设施外不安装其他设施，且均为全钢定制，并予以固定。特别在一些细节设计上，力求杜绝罪犯利用设施设备漏洞的可能。例如，灯具均为无架内嵌式，安装位置保证罪犯徒手无法触及，并且线路全部使用 36 伏安全电压；窗户玻璃均进行钢化处理，同时也遵循监狱传统，使用半开闭设计；高戒备区监舍内安装的盥洗台镜子，就是采用延展性较好的不锈钢镜面，并且用铆钉固定于墙面之上，使罪犯丧失敲碎或卸下镜子实施危险行为的可能。

四、高危罪犯管理体系建设

（一）差异管理原则

差异管理本质上是承认差异、认识差异、利用差异的过程。高危罪犯由于危险程度、危险因素、适应能力等诸多因子的不同而呈现不同特点，如何减少这些差异带来的不适，充分利用差异带来的互补增值效应，是高度戒备监区进行有效管理的重要依托。

排在首位的一定是安全差异，所谓“安全为天”。依罪犯危险等级的不同施以不同等级的管理措施，在安全和矫正资源的配比上达成有效平衡，无论在逻辑上还是形式上都是再正确不过的。事实上，高危罪犯的危险等级，也是对高危罪犯实施差异管理的基石之一。

随后是处遇差异。如前所述，出于安全上的考量，高危罪犯并不能完全遵照监狱现有分级处遇制度中的规定予以执行。我们需要在日常管理对高危罪犯一应待遇进一步细化，形成高危罪犯特有的处遇制度，包括但不限于作息安排、物品使用、劳动待遇等。

（二）高危罪犯管理工作流程

收押高危罪犯后，我们坚持实事求是，把握客观规律，对原试点方案中的缺漏及时予以调整修订，根据实际需要逐步完善了整体工作流程，形成了收押、管教、分流三段式工作流程，具体流程如图 1 所示：

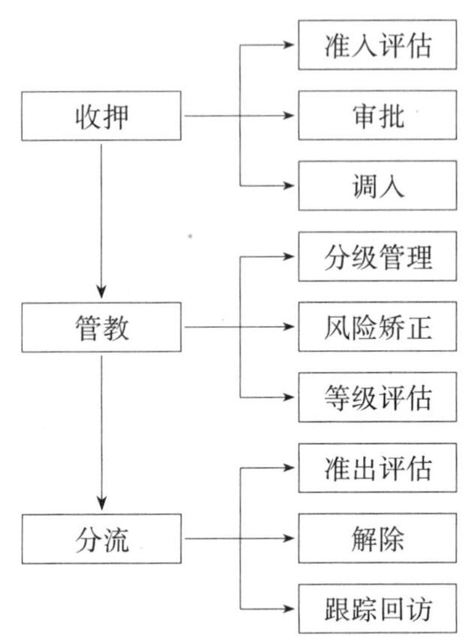

图 1　高危罪犯管理工作流程

1. 收押程序的进一步规范

收押高危罪犯，必须首先经高危准入评估，达到高危标准的，报监狱评审小组审批，审批通过后，方可调入。高危罪犯调入时，除抄身物检、档案交接等常规流程外，当日还需完成三项特有流程：一是听取高戒备区民警宣读事项告知书；二是接受高危专管民警和心理健康指导中心民警访谈；三是由医务所指定民警对其进行体检。

2. 管教过程的进一步规范

收押完成后，对高危罪犯按照所评估的对应等级实行分类关押。其中，高危一级罪犯实行单独关押；对于有严重暴力倾向或有自伤自残自杀可能的，经监狱相关部门审批后，可以单独关押在保护性监舍；高危二级罪犯每 3—4 人集中关押；高危三级罪犯每 3—8 人集中关押。

计分考评和分级处遇方面，高危罪犯保留其原有计分等级及处遇等级，也依然遵照监狱原有制度要求进行相应等级调整。但在高戒备区期间实行高危专属管理方式，按高危等级执行相应管理细则，在活动空间、通信情况、劳动报酬、罪犯奖惩以及日常作息等与常规监区均有所区别。教育管理和劳动管理方面亦如此。

3. 分流过程的进一步规范

与收押类似，高危罪犯要分流至常规监区，也需经过准出评估，并经监狱评审小组审批为非高危后方可分流。分流到常规监区服刑的，设立为期 3 个月的跟踪考察期。考察期内评估不达标的，经监狱审批后可以调回高度戒备监区服刑。

（三）高危罪犯评估工作模块

高度戒备监区收押的是高危罪犯。但什么是高危罪犯？这其实是个令人困扰的问题。由这个问题又能衍生出很多其他问题，但归根结底，是由于罪犯危险度认定标准的不确定性所导致。由于尚无官方定论，也缺乏一个足够权威的声音，因此这一块目前依然属于见仁见智的状态。但至少大方向已趋向同一，即寻获一套科学的评估工具，这无疑是当务之急。当然，除了工具，一些其他争议也依然存在。

在目前的实践中，高危罪犯评估工作实行“三不”原则，即不评估不收押、不评估不调级、不评估不分流。相关评估结果是高危罪犯管理的重要考量标准，贯穿高危罪犯管理工作的始终。

1. 评估工作的相关流程

高危罪犯评估包括高危准入评估、高危等级调整评估、高危准出评估。

准入评估对象为新收入监罪犯、禁闭隔离罪犯以及其他监狱认为需要评估的罪犯。其中新收入监的罪犯在新收集训第 2 周起进行评估；禁闭、隔离的罪犯在解除禁闭、隔离当日进行评估。评估结果分为高危和非高危两种，其中高危罪犯按照危险度等级由高到低分为高危一级、高危二级、高危三级。

高危等级调整评估对象为经过准入评估确认为高危的罪犯，其中高危三级罪犯每月评估 1 次；高危二级罪犯每 2 个月评估 1 次；高危一级罪犯每季度评估 1 次。危险等级的评估一般逐级升降，但高危三级的罪犯经评估可以直接升为高危一级。

准出评估对象为调入满 6 个月且最近一次等级调整评估结果为非高危的

高危三级罪犯。准出评估每季度进行一次，对符合条件的高危罪犯采取答辩方式进行评估。高危三级罪犯经评估分流到常押监区服刑的，设立为期 3 个月的跟踪考察期。考察期内评估不达标的，经监狱审批后可以调回高度戒备监区服刑。

2. 评估工具的选择和使用

目前采用的评估工具有罪犯风险与需求评估、罪犯危险度评估、罪犯危险行为倾向性评估、罪犯改造适应性评估等，实行多种评估工具组合的方式应对不同的评估需求。

高危准入评估使用罪犯风险与需求评估、罪犯危险度评估、罪犯危险行为倾向性评估；高危等级调整评估使用罪犯危险行为倾向性评估；高危准出评估使用罪犯危险行为倾向性评估和罪犯改造适应性评估。评估人员将对应的评估结果进行汇总后，经集体评议得出最终结果。

3. 评估的组织架构和职责

（1）监狱高危评审小组。分管副监狱长任组长，狱政管理科科长任副组长。成员由教育改造科科长、心理健康指导室主任、狱政管理科副科长、矫治师组成。负责复核、审批、检查、监督监狱、监区高危评估小组的工作，对评估项目、评估程序进行修改完善等。

（2）监狱高危评估小组。狱政管理科科长任组长，高度戒备监区监区长任副组长，成员由高度戒备监区副监区长、教育改造科科长、心理健康指导室主任组成。负责对高危罪犯准出进行复核评估，提出意见上报监狱审批。

（3）监区高危评估小组。高度戒备监区监区长任组长，高度戒备监区副监区长任副组长，成员由高度戒备监区警长、监狱心理健康指导室民警、狱政管理科民警、卫生所民警组成。负责评估工作的具体实施，对罪犯进行准入及高度危险等级调整评估，提出高危等级意见上报监狱高危评估小组。

（四）高危罪犯日常管理模块

1. 物品管理子模块

建立完善高危罪犯物品管理细则，对储藏室、洗漱间等明确管理要求，对学习用品、餐具、洗漱用品等物品实行每日清点。一方面执行严格的物品定置管理制度，另一方面尽可能降低风险，坚决落实监房零留置，实行物品编号定点、专人专用、用时监督、用后即收的管理制度，如：高危罪犯日常使用的学习用笔，为专门采购的短笔，每支笔均有编号，对应固定使用对象，由民警定点保管。罪犯用笔需向民警申请，由民警发放，且只能在学习区使用，不能带入监舍，使用过程中民警全程监督，用后检查并及时收回；监舍内留置物品，不同级别的高危罪犯间有所不同，以高危三级为例，为储物盒1只、塑料饮水杯1个。其中，储物盒应当按监舍、床位编号使用，摆放于写字台抽屉内右侧，有编号的一面朝外；储物盒内可放置物品为：草纸、餐巾纸、内裤、袜子、报告纸、工具书各一以及少许个人书信（照片）等；塑料饮水杯应当标有番号、姓名，统一置放于写字台右上角。

2. 动态考核子模块

贯彻民警直接管理的原则，采用团队协作的管理方式，通过多对多、细分工的责任划分，对高危罪犯实行日检查、周考核、月评比制度。考核内容涵盖遵规守纪、内务卫生、教育效果、劳动表现等方面。考核结果直接与高危罪犯的相关处遇挂钩，不同考核等次的高危罪犯在日常娱乐、活动空间以及可消费额度方面区别对待，同时专管民警也会定期将罪犯考核成绩进行汇总，作为高危等级升降评估的重要依据参数之一。例如，在日检查中一名高危三级罪犯由于某项不合格被扣分，作为日检查结果的兑现，这名罪犯当日的对应处遇如棋牌活动可能会被取消；同时，民警每周会对过去一周的日检查结果进行一次汇总考核，若这名罪犯在周考核中又不达标，那么作为周考核的结果兑现，这名罪犯下一周的活动安排也将被调整，行为规范整训时间可能相应增加，而娱乐活动时间会相应减少；再进而，若该罪犯在月度评比中成绩仍不理想，那么将进一步影响其下月的活动安排以及月消费额度，并且最终可能被升为高危二级罪犯。

3. 现场管理子模块

高危罪犯现场管理也有所不同，主要体现在民警值班时间段警力相对薄弱的时候，如：罪犯在监舍外时，民警在管控点以视频监控为主；罪犯在监舍内，民警加强现场巡视的方式，即“罪犯在外我在内，罪犯在内我在外”的管理方式，减少警力薄弱时间段高危罪犯与民警直接面对的可能；对高危罪犯零星流动的管理，制定并执行高危罪犯零星流动时必须2名以上民警押解，高危一级、二级罪犯出监舍即上铐，高危三级罪犯出监区即上铐的管理措施。

4. 作息与活动安排子模块

作息方面，高危罪犯实行区别化的作息制度，不同高危等级罪犯实行不同的作息安排，并且作息的调整需同时报指挥中心和狱政管理科备案。

与常规监区相比，高危罪犯的每日作息有三个显著不同：一是点名与开收封错时，早晨先点名再开封，晚间先收封再点名；二是高危罪犯日常放风，以制度形式予以保障，不同危险度罪犯错开放风，民警现场监督执勤，降低放风过程中的危险系数；三是寝具的发放和回收，由于寝具归属于随用随发物品，执行收封前发放、开封前回收的制度，在作息安排中必须予以规范。

在活动安排方面，受前述管理模式所限，高危罪犯活动安排也时常在相对固定与不固定间切换，即非工作时段作息活动安排相对固定，而工作时段实行每周安排，在实际操作中，也就出现了高危罪犯日作息安排表及周活动安排表。

5. 高危罪犯处遇管理子模块

高危罪犯的计分考评等级仍与监狱现行计分考评制度相配套适应，但处遇方面则实行高危罪犯专属处遇制度，不与高危罪犯计分等级挂钩。在此之前，高危罪犯由于受计分考评制度的限制，其最高的处遇等级只能达到三级，并且其中有相当部分处遇由于高度戒备监区管理模式的特殊性而无法实现。

在目前的试点实践中，高危罪犯处遇共分甲乙丙丁四个等级。甲为最高，丁为最低。高危罪犯的处遇逐月升降，在月消费额度、日常活动安排、放风时间以及伙食补贴等方面拉开差距，保证每个等级的处遇都是高危罪犯可以切实享受的。另外，处遇等级与高危罪犯危险等级不完全关联，尽可能做到高危罪犯安全上严格控制与处遇上非歧视性的有效统一。

五、高危罪犯矫正体系建设

（一）科学认识高危罪犯

根据动机理论，人的行为是内在需求在外部刺激下产生的。那么，要避免或消除人的某种行为，就可以在化解内在需求和杜绝外部刺激上着手。我们的目标是降低罪犯狱内风险，针对的就是罪犯的狱内危险行为。遵循动机理论，高度戒备监区的矫正任务也因此得以明确，那就是降低罪犯危险行为倾向（内在需求）和增强罪犯改造适应性（外部刺激）两方面。

1. 科学认识罪犯是基本前提

毛泽东指出："一个正确的认识，往往需要经过由物质到精神，由精神到物质，即由实践到认识，由认识到实践这样多次的反复，才能够完成。"罪犯的身体状况、心理状态、劳动技能、文化程度、社交技能甚至重新犯罪的可能性，这些都可能成为罪犯狱内风险的源头问题，而对于不同的罪犯而言，同样的外部刺激可能也意味着不同的风险。发现问题一定是解决问题的前置条件，要达成降低罪犯危险行为倾向与增强罪犯改造适应性这两项任务。认识和了解高危罪犯一定是基本前提，并且认识得越深越透，后续的工作也越有针对性。

2. 几个具体问题的考量

科学认识高危罪犯虽然是共识问题，但落实到具体工作中时，还有几个问题要解决。

首先，个体与群体的关系。每一个高危罪犯都有着独立的个体问题，但高危罪犯群体中又存在着共性问题。个体与个体间必然存在差异，但差异间又必然存在联系。群体的共性因其是事物中共同的、内在的、本质的东西，它比个体的个性深刻；个体的个性因其差异性、多样性，它比群体的共性生动、丰富。因此，我们需要为高危罪犯建立个案开展研究，但又不能将单独的个体割裂开来。

其次，目标的实现路径。要降低罪犯危险行为倾向，首先应明确罪犯有哪些危险行为倾向；要增强罪犯改造适应性，也必须了解罪犯改造适应性体现在哪些方面。在此基础上，我们才能进一步深入研究。于是，方法和手段对我们的重要性也再次得到了确认，并且显然可以得知，企望通过某一单一工具就能“包打天下”无疑是一种单纯的奢望。精确地说，我们需要的是一个体系，它应包含一种评估方法，能够发现罪犯的具体危险行为倾向；还应包含一种评估方法，能够预测到罪犯是否能够很好地融入后续改造生活。我们需要必要的矫正手段，能够改善罪犯的人格缺陷；同样也需要一些矫正手段，用以修正罪犯的不当行为。

最后，资源的调用。我们必须贯彻一个思想，即高危罪犯不仅仅是高度戒备监区的高危罪犯，更是监狱的高危罪犯。高危罪犯集中关押矫正是一个全新的课题。这对高度戒备监区民警相应的工作业务能力提出更高的要求，同时需要得到狱政管理、刑罚执行、生活卫生、教育改造等职能科室指导和支持，甚至需要其他监区的通力协作。在某种意义上，若不能得到全监狱对高度戒备监区的鼎力支持，高危罪犯的矫正就难以取得成效。

3. 短期目标与长期规划的有益结合

我们倾向于既关注短期目标，同时也要关注于长期目标。从实践中来看，杜绝外部刺激可以在短期内达成效果，但更多的是治标；而改善内在需求是一个长期而艰苦的过程，但却是治本之策。两者是外在驱动力的强制和内在驱动力培养的关系。我们既可以通过服从、习惯的养成和守纪意识的建立来尽快提高高危罪犯的改造适应性，也需要通过培养高危罪犯思辨能力和修正高危罪犯自身缺陷来降低其危险行为倾向。诚如康德所述："要想把一些无教养低劣的心灵引入'道德的善'的轨道中，某种预备的指引是必须的，或以展望于自己的利益而吸引他，或以利益丧失的恐惧来儆戒他，但是当这种机械的工作、这种引导线索，已产生某种效果时，我们即必须把纯粹的道德动力引至心灵之前，此纯粹的道德动力，不只是因为它是唯一的能为一种品格的基础者，也因为它教导一个人能去感到自己的尊严。"正是基于此种逻辑，在高危罪犯的矫正方案设计上要实现短期目标与长期规划并重，或语之：我们教授他们知识却不限于知识的理论，而立足于科学的思辨；我们教授他们规则却不限于规则的条文，而立足于逻辑的精神。

（二）以项目型矫正为重点，坚持个案管理和课程项目开发

在对高危罪犯的教育内容开发上，我们遵循循证矫治的原则，在识别问题的基础上，寻求最优的矫治方案。以高危罪犯的矫正需求为中心，构建教育组织形式，设计教育框架，开展教育活动，形成体系化的课程项目，并在对高危罪犯个案管理的基础上，从课程库中进行针对性的课程项目选择，以最简便的组织方式，争取最佳的效果，达到提高矫正效率的目的。这即是项目型矫正。

1. "一人一案一策"是前提

以准确认识罪犯为根本，为每名高危罪犯建立个案专档。资料来源一方面是通过对高危罪犯家属的走访，对其成长环境、居住地进行调查，对其社会关系网络、个人成长经历和周围人群对其的评价等信息全面收集；另一方面通过对其判决书、心理测量结果、危险性评估报告等调查数据的基础分析，结合个人经验判断，集体会诊，对其犯罪因子、狱内不稳定因素、积极性因素和消极性因素进行确认。

在前期工作的基础上，制定个别化矫治方案；根据矫治方案的实施步骤，对矫治效果进行评估；结案，对个案实施的效果进行总体评估，纳入监区个案矫治库。最终形成高危罪犯专档，包含其判决书、心理测量结果、危险性评估报告、调查报告、问题分析、矫治方案，以及服刑期间接受帮教、心理咨询的记录，乃至社会支持系统的修复完善等，是罪犯在高度戒备监区服刑期间全部的教育

记录。

2. 以需求为导向的个案管理

如前所述，高危罪犯的矫正需求有二：一是人身危险因素；二是改造适应能力。我们以矫正需求为导向，在对高危罪犯个案的管理过程中，不断进行归纳提炼，形成高危罪犯矫正需求体系，如：人身危险因素又可再分为性格缺陷、情绪控制不良、极度自我中心等；改造适应能力再分为人际调试能力差、认知错误、行为偏差、认罪悔罪意识差等。继而将不同需求类别的个案进行二次分类，形成了标准化的管理程序。

3. 针对性开发课程项目

根据高危罪犯的矫治需求，开发项目化的教育课程。一是在职能科室的指导下，将社会、监狱和监区的教育资源集约，尽可能扩大选择面；二是对现有教育资源进行安全性和效用性评估，筛选出可适用于高度戒备监区的课程；三是对相关课程进行项目整合，综合运用课堂教育、分组讨论、现身说法、时事点评以及团训等手段，丰富教育形式。

目前已形成包括生命教育课程、认知教育课程、情绪管理课程、认罪悔罪课程、人际关系调整课程、家庭教育课程以及高危罪犯权利和义务课程等 7 个课程项目。根据高危罪犯的不同需要，分别参与不同的课程项目。

4. 以分级式劳动为特色，向悔罪性与习艺性倾斜

我们试行劳动分级制，将高危罪犯劳动项目划分为三级，探索高危罪犯劳动准入资格评估。高危罪犯只有获得相应的劳动资格，方可从事相对应等级的劳动。

(1) 三级式劳动的区分。其中，三级劳动是以效益性为追求的规模型生产劳动。常规监区组织的劳动大多属于此类。这级劳动由于经常涉及监狱对外承接、专有劳动场所的设置以及工具设备等问题，其准入要求也最高；二级劳动是以习艺性为追求的项目型矫正劳动，如监狱现有的竹刻、顾绣等劳动项目。这类劳动一般不追求经济效益，反而要耗费多种资源，包括资金、人力、原材料以及师资等。由于经常也涉及场地和工具等问题，其准入要求次之；一级劳动是以悔罪性为追求的个体型公益劳动，大到环境卫生，小到清洗餐具都属于此类。

(2) 高危罪犯劳动的准入。以确保监管安全为基本原则，要求高危罪犯参与的劳动项目以手工艺为主，劳动项目原则上不得涉及工具及器械类，确有涉及的，对劳动工序进行分割，实行分段式、分块式操作，由其他监区完成涉及工具器械类的工序。

以一般性标准与排除性标准相结合，使符合准入条件的有劳动能力的高危罪犯必须参加相应级别劳动。所谓一般性标准，即符合准入要求的高危罪犯自动获得与其危险等级对应的劳动资格，表现优异的高危二级罪犯可以申请三级劳动资格。排除性标准为高危一级的罪犯最高只能参与一级劳动，另外在特殊情形下，民警可以降低甚至取消高危罪犯劳动资格。

六、结语

由于高度戒备监区是一项新事物，相应的制度规范有一定的滞后性。在没有模式可循、经验可学的前提下，监狱在收押高危罪犯前首先进行前期预估工作，组织课题组定期开展研讨，坚持在法律框架内创新思路和举措，形成涵盖日常管理、教育矫治、危险评估、应急处置等内容的试点方案。

在规范工作流程的基础上，我们坚持不盲目成文，而是成熟一项落实一项，对切实完善的管理措施再以制度形式予以固定。2014 年《上海市青浦监狱高危罪犯管理规定（试行）》《上海市青浦监狱高危罪犯评估工作管理办法（试行）》在监狱长办公会上通过，正式成文。2015 年向监狱提交《上海市青浦监狱高危罪犯物品管理规定（草案）》，等待进一步审议修订。另有《高危罪犯日常管理细则》《高危罪犯评估工作细则》《高危罪犯教育矫治规定》等 7 项实施细则，虽已落实到位，但我们依然希望进一步修订完善。

新收罪犯狱内危险评估量表的研制

上海市新收犯监狱课题组

一、前言

（一）研究背景

社会的高速发展，离不开社会的稳定，因此预防犯罪很重要。而监狱作为关押服刑人员的场所，可以说是危险人群的聚集地，一旦发生狱内犯罪，其性质极为恶劣，并对社会安全造成极大威胁，因此对监狱的安全防范系统提出了更高的要求。尽管经过60多年特别是改革开放以来40年的发展，我国的监狱管理制度的改革和发展已经取得了令人瞩目的进步。据统计（王林，2005），从1994—2004年，中国监狱安全防范水平明显提高，罪犯脱逃率下降96.7%，狱内发案率下降了83.3%，重特大案件下降了91%，取得了很大的成绩。但是从2004年下半年以来，全国监狱系统连续出了几起恶性案件，造成数名监狱民警和武警牺牲，后果严重，影响恶劣。而近期又连续发生几起狱内恶性事件，如广东北江监狱的重刑犯搭人梯爬电网越狱事件、黑龙江省哈尔滨市3名嫌犯杀警越狱事件。这些都表明狱内恶性事件还在对我们的监狱安全以及社会安全造成着威胁，如何加强监狱安全管理、预防罪犯狱内恶性事件的发生是当前值得思考和研究的课题。

在国际视野下看防治重新犯罪的政策，我国的确与发达国家相比还存在一定的差距。这些差距可能来自硬件设施、管理理念和监狱所拥有的社会资源等方面。监狱既要防止在押人员越狱脱逃，又要保护在押人员的人身安全，避免在押人员自杀或受到牢头狱霸的虐待而死亡，同时又要保护值班干警的人身安全，这些特殊的职责对如何分配有限的监管资源，从而达到最优的监狱安全防范体系是一大挑战。在西方国家，根据罪犯危险状况组织司法资源，既可以降低司法成本，又可以提高司法效能，是被越来越多的人接受的理念，而围绕这一理念所展开的实践就是“危险管理”。危险管理的核心是将危险低的罪犯放到监管资源消耗较小的监区或社区进行监控与矫正，而将危险度高的罪犯放到监控配备较强的监区，使其不能危害社会和监狱的安全。此时，危险评估就显得尤为重要，评估的范围、准确程度直接影响危险控制的成效。因此，推行危险控制的国家、地区都非常重视危险评估。虽然在我国目前还没有推行危险评估制度，但也存在危险评估问题，如对罪犯进行分级管理时，就需要先对罪犯进行危险评估，确定危险程度，然后进行分类关押。因此，为了适应监狱分级管理的需要，研制一套适合我国监狱管理现状的危险评估工具成为目前较紧迫的工作。

近年来，随着监狱管理的国际化交流的增多，我国监狱管理人员也到一些监狱管理体系较完善的国家，如加拿大、美国、英国等进行学习与交流，也曾试图引进一些先进的危险评估工具，如青浦监狱引进了加拿大的分类改造与个案管理量表。但是考虑到司法体制的差异，和我国与发达国家在监狱管理上所拥有社会支持资源方面的差距，很多监狱管理人员和心理专家都在呼吁要在借鉴国外先进理论和现有的危险评估系统的基础上，研制更加符合我国监狱管理现状的危险评估量表。

（二）研究的目的

本研究旨在研制一套用于对新收罪犯狱内危险度进行评估的量表。在罪犯危险评估研究领域中，鉴于国内与国外的发展还存在一定的差异，我们在借鉴国外先进理论和工具的基础之上，还要考虑国内的实际情况以及文化差异。通过学习和总结国内外危险评估量表，我们发现一些情况，如对罪犯狱内危险性的综合评估工具较少，大多采用他评的方式，评估内容采用动态因素和静态因素结合，且大多集中在外部行为表现，评估材料的来源比较广泛等。这些无疑有一定的合理性，也是值得本研究借鉴的，但是考虑到国内现有的资源与发展水平，本研究在借鉴这些合理性成分的基础之上，并参考其他相关研究成果，试图从评估方法和评估内容上进行适当的补充，如：采用自评与他评相结合、外部行为与内在人格相结合、历史与现状相结合的方式，编制一个能够综合评估罪犯狱内自杀自残、脱逃、暴力等危险性的评估量表；在研究量表中，他评部分的计分方式与以往的量表有所不同，主要体现在同一项目的不同选项上不是等级计分，而是按照权重的不同进行赋值，目的是为了能够增加量表的区分度；此外，对量表的结果解释方面不仅要划分不同的危险性等级，还要能够提示具体的危险倾向，如高度危险的罪犯在自杀、脱逃、暴力等方面表现出高度危险。

（三）研究意义

首先，罪犯狱内危险度评估量表的结果能为后期的个案干预和矫治提供参考。本研究依据国内外相关的罪犯危险评估理论和研究成果等编写项目，组成问卷，并用心理测量学的指标进行测量学的验证，能够比较全面地评估罪犯狱内危险的程度与倾向，为科学认识罪犯提供依据。

其次，量表评估结果为新收罪犯的分流提供科学依据。新收犯监狱肩负着对新收罪犯适应监狱生活、行为习惯的训练和新罪犯心理、行为状态的评估任务，而罪犯狱内危险性评估是其中很重要的环节，通过罪犯狱内危险性评估可以将不同风险程度的罪犯初步区分，并依据评估结果分流到不同警戒度的监狱或监区，便于分类改造。

再次，量表评估结果为监狱的安全管理提供技术依据。监狱的安全管理是对罪犯实行刑罚惩罚和改造的基础，而罪犯在狱内的改造则因环境、刑期、性格、心理等因素的影响，可能发生影响监管安全的事件，通过罪犯狱内危险性评估可以有效掌握危险倾向，并提前采取防范性的控制和管理措施，有利于保障监狱的安全。

二、文献综述

（一）罪犯危险度评估概述

1. 罪犯危险评估的发展史

罪犯危险评估的要求最早产生于龙勃罗梭时代。龙勃罗梭的天生犯罪人理论认为："少数人的犯罪行为是不能改变的，他们对社会的危险性是一直存在的，对他们只能使用终身监禁。"（Lombroso，1912）。由此评估与鉴定出这些天生犯罪人就很重要。然而龙勃罗梭只是提出了这样一个理论需求，在对天生犯罪人危险评估的实践探索方面并没有多大的进展。时至今日，大家公认，罪犯危险评估的突破源于危险评估工具的使用。根据有关资料，罪犯危险性的评估在美国最早由 Ernest W. Burgess 于 1928 年对假释成败的预测。其为了对伊利诺伊州的 3 000 名接受假释的罪犯重新犯罪的可能性进行预测而设计的假释成功预测表，该表于 1972 年发展成“重要因素量表”(The Salient Factor Score)，并被美国假释委员会使用至今(Hoffman, 1994)。随后出现大量的罪犯危险评估工具，主要用于评估罪犯出狱后重新犯罪的可能性。加拿大的 Andrews 等研究者(Andrews, D.A., Bonta, J. & Wormith, J.S., 2006)对当代西方国家的罪犯危险评估工具进行总结，并划分为 4 个时代：

第一个时代罪犯危险评估工具大量实践于 20 世纪 50—70 年代，主要源于专业人员的非结构化判断，准确性不高。

第二个时代罪犯危险评估工具产生于 70—80 年代，虽然准确率有所提高，但是所使用的预测因子多是不变的，很少有反映罪犯矫正需要的信息。

第三个时代罪犯危险评估工具产生于 90 年代，不仅反映危险评估，而且反映罪犯矫正需要。

第四个时代评估工具目前已见雏形，不仅关注罪犯危险评估、矫正需要评估，而且与个案管理相联结，在评估基础上向管理人员提供干预的结构性计划。

正是因为危险评估理论与实践两方面的发展，也推动了新刑法学的产生与发展。新刑法学主张通过对罪犯进行危险评估，掌握罪犯的危险等级，有选择地剥夺罪犯的犯罪能力，这样既能达到有效控制犯罪，确保社会安全的目的，又能降低犯罪控制成本(Feeley, M.M. & Simon, J. 1992)。随着新刑法学主张被越来越多的人接受，危险评估已成为刑事司法中非常重要的概念，同时也是在对罪犯狱内监管与矫治，以及促进罪犯重返社会、维护社会安全过程中不能回避的问题。

2. 危险评估的基本概念

中国监狱的罪犯危险评估最早被称为“敌情分析”，后来改为“狱内动态”，再改为“犯情分析”，即通过摸底排队，了解全部罪犯的有关动态，从而对监狱内所监管的罪犯危险性进行分析(段晓东，2005)。

翟中东认为危险评估(Risk Assessment)就是通过一定技术对罪犯重新犯罪或者实施其他犯罪的可能进行预测，从而为控制这些危险提供依据。危险评估有两大环节(翟中东，2010)：环节一，筛选预测因子。预测因子是用以预测罪犯重新犯罪可能的因素，能否被确定为预测因子决定于特定因素与重新犯罪或者违法有无关系，如果某种因素与罪犯重新犯罪有关系，便可以将该因素确定为预测因子，并用此因素帮助推测罪犯能否具有重新犯罪的可能。但是关于何种因素应当被确定为预测因子，观点还不尽一致。一般认为，危险评估的预测因子包括犯罪性需要、犯罪史/反社会史、年龄/性别/种族、家庭因素、知识情况、个人情绪因素、就业情况等。预测因子有静态与动态之分。静态因子包括：年龄、犯罪史(反社会行为)、家庭因素，犯罪情况等、动态因子包括：反社会人格、同情心、犯罪性需要、人际关系、滥用毒品，等等。环节二，确定预测因子的权重，即对重新犯罪的影响力度打出分值。重新犯罪预测因子在重新犯罪预测中重要性不尽一致，有的比较重要。一般认为，犯罪性需要、犯罪史或者反社会史、认罪态度、刑期、家庭因素等比较重要，有的因素对重新犯罪的影响要弱一些，如罪犯的人际关系、罪犯的恶习等。重要因素的权重值要高一些，非重要因素权重值低一些。

在定量性的危险评估中，总量表的分值高低表示危险的大小。在多数危险评估量表中，分值越高，表示罪犯重新犯罪危险越大，分值越低，表示罪犯重新犯罪危险越小。当然，危险评估分数段的分值确定并非随意，而是根据重新犯罪的情况确定的。同时，由于预测因子的权重值设定有一定的假定性，因此，其通常会根据验证状态进行一定的修订。

3. 罪犯危险评估的对象

危险评估的对象是罪犯可能引起各种危险。这些危险一般可分为重返社会后重新犯罪的危险，狱内实施暴力和脱逃的危险，以及社区监禁中失控、实施违法犯罪和对公众实施暴力或性侵害行为的危险这三类危险。具体到不同的国家或者独立司法区，危险评估的对象有所不同，大部分国家或者独立司法区所确定的危险评估对象就是重返社会后的重新犯罪，而极少数国家或者独立司法区所确立的危险评估对象不仅包括重新犯罪，而且包括狱内的暴力脱逃等危险。例如，英格兰与威尔士的罪犯危险评估系统不仅评估罪犯重返社会重新犯罪的可能性，还包括对罪犯狱内可能实施的暴力和脱逃的评估。可见，已有的罪犯危险评估相关研究成果中，对罪犯重新犯罪的评估与研究已趋成熟，而对狱内危险的评估则涉及较少，值得探索。本研究中的罪犯狱内危险性评估的是指通过评估量表对监禁罪犯狱内实施危险的可能性以及危险倾向的预测与分析。

（二）罪犯危险评估的研究和实践

1. 国外研究和实践

通过上述文献分析，本课题组对监禁罪犯的危险评估工具进行了梳理，具体情况见表 1。

表 1　罪犯监禁中的危险评估工具

量　　表	评估目标	预测因子
特拉华州监狱的危险评估表	预防罪犯脱逃、实施暴力	脱逃史、暴力史
科罗拉多危险统计表	对暴力罪犯的危险评估	所犯重罪的情况、脱逃史、违纪情况
爱达荷州矫正局罪犯分类分值表	对罪犯按狱内危险等级进行分类关押	犯罪类型、刑期、过去的犯罪记录、脱逃史、场所内的危险性行为
阿拉巴马州罪犯再分类中危险评估表	对服刑期间的罪犯进行再分类	以前的暴力攻击史、设施内实施暴力记录、脱逃史、违纪情况、现在的监禁情况、犯重罪情况
夏威夷罪犯再分类工具	对服刑期间的罪犯进行再分类	设施内使用暴力情况、犯罪的严重性、犯罪史、余刑、脱逃史、违纪情况、毒品与酒精依赖情况、早释资格等
英格兰与威尔士的罪犯危险评估系统(OASys)	评估罪犯重新犯罪的危险、伤害他人的危险、自伤与自杀的危险、脱逃的危险	现行犯罪、犯罪史、态度、住宿、家庭或婚姻关系、所受教育与训练情况、就业情况、理财能力与收入、生活方式与外在联系、酗酒和使用毒品、情感或心理问题、相互之间的行为、思维形式

资料来源:翟中东:《国际视野下的重新犯罪防治政策》。

通过整理可以发现,针对监禁罪犯狱内危险的评估,预测因子主要有罪犯的犯罪经历,包括犯罪类型、犯罪次数、刑期、犯罪的严重程度等;罪犯的脱逃史,包括脱逃次数以及脱逃时是否造成人员伤亡等情况;罪犯的暴力攻击史,主要针对罪犯设施内使用暴力攻击他人的次数与频率;罪犯的违纪情况,主要有违纪的次数、违纪的严重程度等;最后是毒品和酒精依赖情况和心理健康状态。可见在对罪犯狱内危险评估中,将罪犯的犯罪经历、脱逃史、暴力史、设施内的违纪情况以及物质依赖和心理健康状况等作为预测因子是受到广泛认可的。当然,通过对这些量表的比较,也不难发现,相对其他量表,被认为是当代最先进危险评估工具的英格兰与威尔士危险评估系统的评估内容是最全面的。它不仅评估了罪犯重新犯罪的危险,同时也测量出罪犯在狱内伤害他人的危险、自伤与自杀的危险和脱逃的危险。本课题组也认为,罪犯狱内危险中除了暴力危险、脱逃危险,还包括自杀自残的危险,并且自杀危险的评估同样是罪犯狱内危险评估的重要部分。因此，在上述预测因子的基础上，应该对罪犯的自杀自残史以及社会支持系统进行评估。这在英格兰与威尔士危险评估系统中也有所体现。

2. 国内研究和实践

相对于国外对罪犯危险性的评估研究的多样性，国内的相关研究则起步较晚。我国在监狱管理方面的发展相对于国外而言，比较滞后，如缺少相应的社会机构的支持，所以无法引进国外的一些先进的罪犯危险评估量表用来实践和研究，这也使得大多研究只能停留在理论分析层面。2003—2004年，学者黄兴瑞等人对浙江省500名在押少年犯和500名在校中学生进行调查，制作出包含42项因子的少年初犯可能预测量表（黄兴瑞，2004）。

后来有研究者将评估对象转向刑释人员，如上海政法大学邬庆祥教授（2005）对上海市1994—1999年所释放的全部约1.5万名上海籍刑释人员进行了详细调查，从中筛选出与重新犯罪有显著相关关系的因素编制成《刑释人员个体人身危险性测评量表》，用多元回归分析方法预测刑释人员在获释后2年内的重新犯罪情况，经检验，其准确率为92%。2011年，孔一和黄兴瑞等人以浙江省5所监狱中的311名刑释后又再次入狱的罪犯为研究对象，选取了51项相关因素，并量化后按同一标准确定为再犯预测因子，经过标准化数据转换之后，制订出用于评估刑释人员再犯可能性的结构化量表（RRIA）（孔一、黄兴瑞，2011）。

而针对成年监禁犯的风险评估量表最早的是于爱荣等（2008）编制的罪犯危险程度测试量表，虽然将危险评估分为6大类25项，但是这一评估主要集中在对罪犯“历史的”档案式的排查，而忽略了罪犯的现状，具有一定的局限性。

以上这些量表的评估内容都集中在对罪犯刑释后再犯的危险性上，而对罪犯的狱内危险性则很少考虑。

曹建路等人（2013）的成年服刑人员人身危险性评估体系的建构研究中，以江苏某重刑犯监狱的服刑人员为研究对象，从影响罪犯人身危险性的静态因素和动态因素两个角度对服刑人员狱内危险性进行了评估，其中服刑人员人身危险性动态因素包括反社会意识、社会支持状况、监禁适应状况、神经质倾向4个维度，共17个项目。而静态因素是对服刑人员“历史”的考察，包括生活环境、就业情况、酗酒吸毒史、犯罪状态、犯罪归因等。

总结上述国内外量表，我们会发现大多数量表的测评材料都集中在外部行为上，如犯罪历史、狱内表现等，可见罪犯的外部行为表现对罪犯危险性具有一定的预测作用，应该作为评估中的一个重要方面，这是值得借鉴的。但是不难发现这些量表对罪犯内在人格的考察不是很多，而很多研究表明罪犯某些病态人格（如反社会人格）以及严重的心理疾病（如抑郁、精神分裂等）对罪犯危险性有一定的影响作用，故我们应该将罪犯的内在人格纳入危险性评估体系，进行综合考察。同时，已有量表的评估方法多采用他评的方式，虽然这使得监狱管理部门在对罪犯这一特殊人群的测评上拥有了决定权，即罪犯的危险性高低由测评者说了算。这的确可以避免因罪犯的自我美化而产生较大的测量误差，而在一定程度上保证了评估结果的准确性。但是从心理测量学的角度上来看，如果将自评与他评相结合，会使测评结果更加全面客观，而如何将自评与他评的评分与结果解释进行整合是一个值得思考的难题。

3. 心理测试在罪犯评估中的应用

在罪犯狱内危险评估的理论研究中，很多研究者都注意到心理健康状况、人格特质与罪犯的再犯危险关系密切。例如，常向晖和秦涛等人（2014）在探讨新入监罪犯危险性评估体系的构建时，就指出心理状况和人格特征是对罪犯内在危险特质的考察，并认为心理状况中对罪犯危险性产生显著影响的精神疾病主要有精神分裂症、抑郁与躁狂等。在人格特质方面，由于不同的人格分类标准，对与罪犯危险性有关的人格特征有着不同的描述。以精神病学为基础的人格分类理论认为，反社会人格是与人身危险性最为相关的一种人格类型，其主要特点是缺乏道德和反社会性；而其他人格特质理论中并不存在一种人格类型能囊括所有的危险性因素，不存在危险性的单独分类，但一些特质类型却与人身危险性存在一定的相关，如稳定性、攻击性、冲动性、自律性、紧张性等人格特质，代表了个体人格的不同维度。无论哪一维度过于极端都会产生不良的影响，其中一些维度特定方向的极端性则预示着人身危险性，而这一理论分析与实证研究的结果有异曲同工之处。

有研究者调查发现，罪犯精神病患者自杀行为发生率为 5.60%，与社会精神病患者的自杀行为发生率 5.87%相接近，并指出自杀行为多由精神症状支配所致，抑郁症、精神分裂症、人格障碍等是自杀行为发生的重要原因之一（陶旭东，储井山，2011）。也有研究者进一步将人格障碍与犯罪行为之间的关系进行一系列的实证研究。胡赤怡等人对重新违法犯罪人员的人格特征进行了调查研究，并得出偏执、反社会和边缘型人格障碍可能是导致重新违法犯罪现象的重要人格特征的结论(胡赤怡,杨彤,吴哨兵,2001)。其中,反社会人格障碍是常见的人格障碍之一,反社会人格障碍者普遍不遵守社会规则、经常违法违纪,尤其是比普通人更容易出现暴力行为。在罪犯这一特殊群体中,反社会人格障碍的发生率在30%—40%。许燕等人对罪犯反社会人格障碍的调查研究中发现,反社会人格障碍阳性检出率为32.8%,并且累犯的反社会人格障碍的发生率显著高于初犯(蒋奖,许燕,2007)。另外,边缘型人格障碍罪犯通常对改造生活中发生的负面生活事件敏感过度,他们对情感的控制以及忍受挫折的能力极低,总是希望得到即刻的满足和肯定,从而频繁地实施一些不计后果的冲动性行为,情感爆发时时常对他犯进行暴力攻击,有冲动性的药物滥用、贪食、偷窃等行为,而冲动性的自残自伤、自杀行为占边缘型人格障碍患者的48%—65%(刘胜利,2013)。这些都表明边缘型人格障碍罪犯极易产生自杀意念以及发生自我毁灭的行为,严重威胁着监狱改造秩序的安全稳定。此外,还有马粉兰采用中国罪犯个性分测验(COPA-PI)量表对重新犯罪与初次犯罪人员的人格特征的对比研究发现,重新犯罪的罪犯在冲动性维度上、情绪稳定性维度上与初犯存在显著差异,即累犯的冲动性更强,而情绪稳定性更差(马粉兰,2009)。

目前常用于罪犯评估的人格量表有明尼苏达多相人格测验和艾森克人格问卷。其中,哈撒韦和莫纳切斯合作1953年出版了《利用明尼苏达多相人格测验分析和预测少年犯罪》一书,开创了利用明尼苏达多相人格测验预测犯罪行为的先河。他们认为,明尼苏达多相人格测验中一些分量表的分数,特别是精神病态分量表(Pd)的分数,可以预测少年犯罪(吴宗宪,2004)。此后,许多人应用明尼苏达多相人格测验测量罪犯的人格,如:顾玉甫(1987)采用MMPI对罪犯人格进行的研究发现,罪犯在疑病(Hs)、精神病态(Pd)、妄想狂(Pa)、精神分裂症(Sc)量表上的测验分数显著超过正常人群,反映出明显的人格障碍性特征;詹芝山等(1993)在大样本情况下应用MMPI对罪犯的研究获得了类似的结果。有人指出,明尼苏达多相人格测验是在犯罪研究领域应用最广泛的心理测验方法(Larry J.Siegel, 1995)。可见MMPI相对于其他量表在罪犯人格评估方面运用得比较多,其中的题项表面效度和内容效度都较好。因此,笔者拟在自评部分人格量表中,根据量表所设置的维度,借鉴MMPI中相应分量表中的相关项目。

艾森克人格问卷也被广泛用于对女性罪犯、累犯和少年犯等罪犯群体的研究(吴宗宪,2004)。由于本研究中考虑到要对罪犯的神经质方面进行测查,故借鉴 EPQ 的神经质分量表中的部分项目。

(三) 罪犯狱内危险影响因素的相关研究

1. 罪犯自杀危险性的影响因素

罪犯自杀行为是指罪犯故意结束自己生命的行为。而自残可能代表自杀未遂,也可能是为了实现其他功能,如解除紧张或寻求刺激。有研究者指出,自残也存在于边缘型人格障碍的标准中(Ronald Blackburn, 1993)。吴宗宪等人(2004)将服刑人员自杀行为的原因主要归为两个方面,即社会与环境因素和个人因素。其中,社会与环境因素主要包括:

(1) 服刑期间重大服刑生活事件的冲击。在监狱服刑期间,服刑人员的社会支持资源急剧减少,个人的心理变得更加脆弱,应付挫折的能力严重下降,因此,在此期间发生的重大服刑生活事件,很有可能引起服刑人员的自杀行为。例如,遭受到不公正或者过分严厉的处罚、被管教人员严重误解、遭受其他服刑人员的虐待而得不到合理的处理等。本课题组通过访谈,也了解到司法行政奖励与监狱执法的公正性、突然的劳动岗位变化、与狱友或民警的关系紧张等都会对罪犯的心理和情绪起到较大的影响。

(2) 家庭变故引起的无助绝望心理的作用。在监狱服刑期间,服刑人员的社会交往急剧减少,人际关系被压缩到最狭窄的范围,此时,家庭人际关系的重要性不断增强,成为他们最重要的社会支持资源。在这种情况下,如果家庭中发生一些变故,可能会对服刑人员产生强烈的消极影响,但他们又无力解决,因而可能诱发自杀行为。例如,配偶提出离婚、幼年子女无人抚养、家庭主要成员失业或去世、家庭成员与其断绝关系等都有可能诱发服刑人员的自杀行为。因此,本课题组认为家庭支持系统的现状可以作为评估罪犯自杀危险性的一个重要指标。

(3) 疾病长期得不到有效治疗。服刑人员如果有重大疾病,特别是有严重病痛的疾病如癌症、恶性肿瘤等,如果得不到有效治疗的话,很有可能会使他们产生严重的无助感和绝望情绪,诱发他们产生自杀行为。

在个人因素方面,主要体现在一些心理因素和特征。从我国监狱中进行自杀行为的服刑人员的情况来看,进行自杀行为的服刑人员往往具有心理脆弱、易受暗示、内向孤寂、思维偏执、性格倔强、情绪冲动、敌意和病态心理等特征。

病态心理如抑郁症、精神分裂、人格障碍、反应性精神病、妄想、幻觉等，其中抑郁症和精神分裂症更有可能诱发服刑人员产生自杀行为。鉴于此，本研究在自评部分的人格问卷中设置了相关分量表，如偏执型人格分量表、边缘型人格分量表和抑郁量表等，对上述因素进行评估。

除了理论上分析罪犯自杀的原因以外，还有一些研究者从实证研究的角度也对罪犯自杀危险性评估进行了研究，如山东省监狱系统2000年编制《服刑人员自杀倾向量表》，该量表共68题，分为5个维度，包括：神经质，反映个体情绪的稳定性、焦虑和抑郁等；精神症状，反映个体的恐怖、对人际关系的敏感性以及强迫症状等；改造环境，反映警犯关系、服刑人员之间的关系以及服刑人员的劳动状况等；自杀态度，反映个体对自杀和死亡的态度；家庭支持，反映家庭在罪犯心目中的支持力量大小（翟中东，2010）。从该量表的维度划分上来看，一部分印证了上述理论分析中的影响因素，如家庭支持、改造环境等，另一方面也进行了补充与细化，如神经质维度、精神症状、自杀态度等。鉴于此，本研究在自评部分的人格量表中，将神经质维度加入进去，而精神症状则主要选取了一些重大精神疾病的典型症状进行筛查，自杀态度则在抑郁分量表的题项中会有所体现。

除了上述可能引发罪犯自杀的因素以外，我们也不可忽视罪犯的自杀征兆，如情绪与行为异常、言语异常和健康异常等。我们通过监狱方面提供的内部资料显示，上海市南汇监狱王毅和陈雪娜等人对罪犯自杀风险评估体系的初探研究中，就将这些自杀征兆归为现实性因素来对78名自杀罪犯进行实证分析。

2. 罪犯脱逃危险性的影响因素

服刑人员的脱逃行为是指服刑人员故意摆脱监狱控制的行为。根据服刑人员脱逃行为的动机特点，大体上可以将他们的脱逃行为划分为下列类型（吴宗宪，2004）：

（1）适应不良型。这是指由于不能适应监狱生活条件而进行脱逃行为的情况，特别是那些在社会上过惯了散漫放纵生活的人来说，监狱清苦的物质生活和对个人行为的严格要求，更使他们难以忍受，因而可能试图脱逃以摆脱监狱的控制。但是本课题组考虑到罪犯进入监狱都会有一段时间的适应困难，如果编制相关的适应量表，会很难有较大的区分度，故换个角度，试图从一些会严重影响长期适应监狱生活因素进行考虑，如是否有物质滥用和成瘾现象等。

(2) 绝望冒险型。这是指在过长刑期导致的悲观绝望心理下冒险进行脱逃行为的情况。本课题组认为其实不光是长刑期会使人产生悲观绝望的感受，其他一些心理疾病和重大生理疾病也会如此。

(3) 报复社会型。这是指为了对别人和社会进行报复而进行脱逃行为的情况。这类罪犯不论脱逃是否成功，对监管人员和社会的安全都构成了一定的威胁，因此在评估中应该重点筛查。

(4) 思念亲人型。这是指为了帮助和探视亲人而进行脱逃行为的情况。这一般发生在罪犯家中发生重大变故的情况下，如重要亲人的离世、婚姻关系的破裂等。

(5) 利用机会型。这是指利用便利机会进行脱逃行为的情况，可能罪犯一开始没有制定明确的脱逃计划，但是在偶然情况下，遇到适合脱逃的机会，就趁机脱逃，特别是那些“三假罪犯”，即假姓名、假身份和假地址的罪犯，这些罪犯来历不明，身份复杂，常有余罪待查的情况，时刻在寻找机会脱逃。

针对以上这些罪犯脱逃类型，本课题组打算从刑期、反社会人格、家庭支持系统现状与是否有脱逃史和计划脱逃的行为与言论等方面进行编题，以对罪犯狱内脱逃危险性程度进行评估。

在实证研究方面，曾有研究者设计了一个关于“你所知道的关于脱逃的主要原因有哪些?”用于罪犯的调查研究，从调查结果来看，监狱内的人际关系、家庭居丧、婚变和监狱生活清苦等都在调查中占据较高的比率。2000 年，山东省监狱系统组织人员编制《服刑人员脱逃倾向量表》，该量表共 70 个项目，6 个维度，(翟中东，2010)分别为：

(1) 服刑体验，主要反映服刑人员对监狱劳动强度的认识、对监狱生活环境的适应和对刑期以及干警管教公正性的认识；

(2) 紧张多疑，主要反映服刑人员多疑、心绪不宁的行为表现；

(3) 人际冲突，主要是关于服刑人员与其他罪犯或干警的关系与冲突；

(4) 外部诱因，主要反映服刑人员对家人的牵挂和对外面自由生活的向往；

(5) 胆大恃强，主要反映服刑人员个性特点方面，胆大、自信心强；

(6) 冲动性，主要反映服刑人员冲动性的个性特点。

由以上不难看出，在维度和影响因素方面有很大部分印证了理论上的分析，当然也有一些补充与细化。在本研究中，本课题组也对上述因素进行了考虑，只是在分类上有所改变，如将紧张多疑、冲动性、胆大恃强等因素从人格方面进行了考察，即神经质、冲动型人格等。

3. 罪犯暴力危险性的影响因素

罪犯暴力危险性是指罪犯通过暴力手段实施危险行为的可能。宋胜尊(2005)提到对暴力危险性的一般评估方法中有一种叫危险因素的筛选，主要从以下几方面选择：人格因素，如人口统计学变量和人格变量；历史因素，如过去的暴力史和心理障碍；背景因素，如社会支持与社会网络系统；临床因素，如诊断和详细症状等。由于本研究是面向所有罪犯，希望能够尽可能地将会影响罪犯暴力危险性的因素都考虑在内，因此在编写用于评估暴力危险性的题项时，会参考上述因素。

在实证研究上，国外编制的罪犯暴力危险性测评工具有很多（翟中东，2010），如暴力危险性评估指南（VRAG）、暴力危险评估方案（HCR-20）。通过对这些量表的评估内容进行分析总结，评估因素中相同的部分主要有：以往的暴力史、家庭与婚姻关系、物质滥用、人格障碍、精神疾病的阳性症状等。可见，部分因素与国内研究者的观点一致，而人格障碍和精神疾病的阳性症状则比较值得关注，并且人格变态者比非人格变态者具有更稳定的暴力倾向。对于那些人格变态者来说，他们本身缺乏很多正常人所拥有的能够抑制反社会情绪或者抑制犯罪的因素，比如同情、亲密的感情纽带、害怕惩罚和内疚等，而且他们大多冲动、自我控制能力差，所有这一切都有可能促使他们发生反社会行为或犯罪。而具体有哪些人格异常和精神病症状会加大罪犯实施暴力的风险，则是一个值得关注的问题。

在《加拿大罪犯风险评估与管理》一书中，对未来暴力的预测因素除了谈到过去的暴力史、物品滥用等因素之外，对人格异常和精神疾病因素有了更详细的阐述。他们认为精神疾病患者的暴力风险是正常人的3倍，在监狱人口中反社会人格异常的盛行比例高达50%—70%，是罪犯再犯的预测标志，尤其是暴力再犯；急性精神病症状中则主要是躁狂、抑郁、妄想和幻觉。参考这些因素，本课题组在量表的自评部分人格量表中将人格异常和躁狂、抑郁、妄想等急性精神病症状纳入评估范畴之中。

三、罪犯狱内危险评估量表的编制

（一）量表总体构想和维度确定

本研究旨在编制一套能够评估罪犯狱内发生危险事件（自杀自残、暴力恶性事件、脱逃）的可能性，且具有良好信效度的量表。由于罪犯属于特殊人群，对这类特殊人群的心理测量既要考虑测量结果的准确性，又要考虑测量的可操作性，这几乎是个两难的问题，因为量表中涵盖的预测因子越多，量表的准确性就越高，而这无疑会降低量表的可操作性。因此在本研究中，为了能够尽可能地保证量表的准确性与提高可操作性，故在问卷量表的维度确定与项目编制上，借鉴了目前国内外的一些较优秀的评估工具，同时也深入到监狱教育改造科与心理咨询中心进行访谈调研。

在他评量表中，文献研究结果表明，罪犯的犯罪经历、暴力史、脱逃史、自杀自残史以及设施内违纪情况等都是已有的罪犯狱内危险评估工具所共同的预测因子。因此，本研究根据研究目的，对上述预测因子进行归类与补充，初步形成了 4 个维度，分别是罪犯的犯罪经历、狱内表现、物质依赖和社会支持系统。

在自评量表中，通过对已有文献的梳理，本研究将可能会影响到罪犯狱内危险的人格特征和部分严重心理疾病作为预测因素，并为了提高量表的效度，增加一个说谎维度。

在文献查阅的基础上大致确定了量表的维度。为了进一步确定量表维度设置的合理性与可操作性，研究者多次深入到监狱与监狱管理系统中多年从事心理测量与咨询的民警以及拥有多年教育改造经验的民警、专家等进行访谈，最后确定的罪犯狱内危险评估量表的自评分量表与他评分量表中的维度分布（见表 2）。

表 2　罪犯狱内危险评估量表的维度

罪犯狱内危险性评估量表				
自评量表	反社会人格 抑郁 说谎	偏执型人格 躁狂	冲动型人格 神经质	边缘型人格 精神病性症状
他评量表	犯罪经历	狱内表现	物质依赖	社会支持系统

他评量表的维度介绍：

维度一：犯罪经历，主要包括犯罪类型、参与程度、与被害人关系、刑期长短、犯罪手段、暴力、脱逃和自杀经历、与狱内危险相关的特殊技能，如开锁、攀爬、驾驶等。

维度二：狱内表现，由 4 个部分组成，一是罪犯在狱内的改造情况，如认罪态度、改造态度等。二是犯罪线索，主要包括自杀线索和脱逃线索。自杀线索有行为情绪异常、劳动改造异常等；脱逃线索如有脱逃言论、打探周边环境、私藏违禁物品、蓄意摆脱监管等。三是有无已诊断的心理疾病，主要是精神分裂症、焦虑症、抑郁和躁狂。四是狱内感受，主要是指罪犯对狱内司法行政奖惩的主观感受。

维度三：物质依赖，主要对罪犯是否有吸毒史以及酒精依赖的评估。

维度四：社会支持系统，分为两部分，主要是亲属关系和狱内关系，其中：亲属关系的好坏很有可能会影响到罪犯狱内改造的表现；而狱内则主要是狱友关系以及与监管人员的关系，狱内关系的好坏很可能是罪犯在狱内的应激源。

（二）研究步骤

（1）在借鉴国外先进的危险评估理论的基础之上，参考已有的国内外罪犯危险评估工具，同时结合我国监狱管理的发展现状，并吸收监狱一线民警的实践经验，确立罪犯狱内危险评估量表的结构维度。

（2）确立好结构维度之后，根据文献资料和一线民警提供的资料，收集项目，研制罪犯狱内危险评估量表自评量表与他评量表的初稿。

（3）对新收犯监狱的罪犯进行罪犯危险性评估自评量表的预测，预测后进行项目分析，在修改项目之后进行再测，然后进行信度和效度的检验，并形成自评部分的正式量表。

（4）形成罪犯危险评估自评量表的常模，并根据常模分布，划定危险等级。

（5）将初步确定的他评量表项目按照权重分析进行选项赋值，并提出自评量表与他评量表合理整合的构想。

（6）将罪犯危险评估的自评部分正式量表用于实证调查，检验其对高度危险罪犯的检测率，以及量表各维度在年龄、学历等人口学变量上的分布特点。

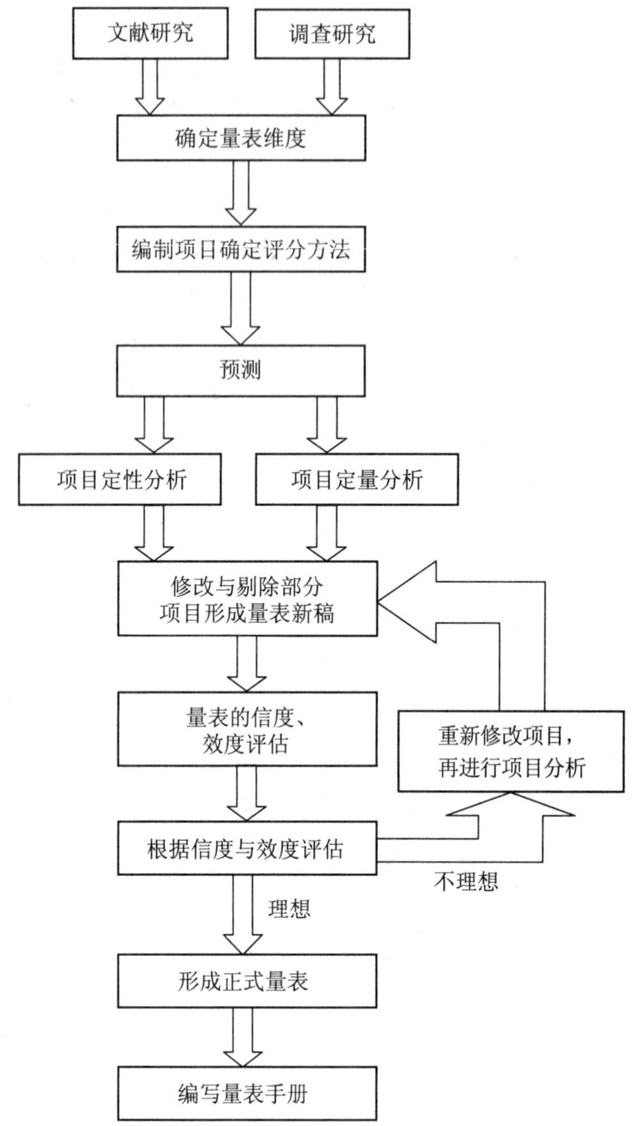

图1　罪犯狱内人身危险性评估量表编制技术路线图

（三）研究方法

1. 量表项目收集与编制

量表项目主要来源于三个方面：一是根据对监狱民警的访谈结果以及监狱方面提供的资料形成的有关条目；二是借鉴或改编自国内外人格量表中部分合

适条目；三是根据测量目的及维度，初步编写了部分条目。

关于借鉴的条目，主要是在自评分量表中。鉴于 MMPI 和 EPQ 在罪犯人格评定方面的诸多实践研究，展示了其项目良好的内容效度，故本研究在相应的维度方面借鉴了部分条目。由于我们的测评目的是筛查而非诊断，即筛选出非常可能具有该异常人格或心理疾病的罪犯，一旦罪犯同时出现多个典型症状，我们会安排后续的临床诊断来进一步确定，因此项目借鉴的主要原则是抽取那些能够描述主要特征和典型症状，并较符合狱内罪犯实际情况的项目。

关于自编的条目，在自评分量表中，除了借鉴的条目外，还根据 CCMD-3 和 DSM-Ⅳ的诊断标准，自编了部分条目来反映各维度的典型症状。而在他评分量表中，所有条目均为自编，其中一部分是对访谈结果和历史资料的分析与提炼而形成的，另一部分是根据测量目的和维度初步编制而成的。

在自评量表中，借鉴项目为 74 题，而自编项目为 41 题，借鉴项目占自评量表题项的 64%，在整个罪犯狱内危险评估量表中，借鉴项目 74 题，自编项目 87 题，故借鉴的项目占总量表的 46%。

表 3　量表项目分布

量　表	维　度	项目数
自评量表(9 个维度)	反社会人格	14
	偏执型人格	13
	冲动型人格	15
	边缘型人格	11
	抑郁	10
	躁狂	10
	神经质	15
	精神病性症状	12
	说谎量表	15
他评量表(4 个维度)	犯罪经历	18
	狱内表现	18
	物质依赖	2
	社会支持系统	8

对项目进行整理形成量表初稿后，邀请心理测量专家和 10 名心理学研究生对每个条目内容进行评定。评定的主要内容为该条目能否反映该维度的典型症状或该预测因子的预测作用，每个项目文字表达是否清晰易懂，是否存在

歧义或重复提问等不当之处，根据意见对项目进行调整或修改，最后形成了包含 115 道题的自评量表和 46 道题的他评量表。

2. 研究被试

被试从某监狱分 3 次随机抽取。第一次抽取了 230 名被试进行施测，回收 230 份问卷，其中 3 份无效，最终获得有效问卷 227 份，有效率为 98.70%。第二次抽取 1 000 名被试进行测试，最后回收 1 000 份，其中有效问卷 976 份，有效率为 97.60%。第三次抽取 100 名被试进行测试，有效被试 98 名，有效率为 98%。

3. 量表的计分与结果解释

自评量表采用的是迫选方式，故为 0，1 计分，分别计算各维度得分，计算各维度平均分与标准差，作为危险度评估的依据。说谎量表得分过高，则该自评量表无效。对自评量表各维度得分给予危险度评估：反社会人格、偏执性人格、冲动性人格、躁狂、神经质等维度评估的是恶性、逃脱的危险度。以上 5 方面数据先各自评估危险度，然后整合。边缘性人格、抑郁和精神病性症状等维度评估的是自杀危险度。以上 3 个方面先各自评估危险度，然后整合。上述危险度评级也分为高度危险（***）、中度危险（**）和低度危险（*）三级。

他评量表中先根据文献资料中对预测因子权重的分析，按照权重的不同，给每个选项赋值，每一部分都按暴力、逃脱和自杀分别记分，最后将各部分暴力、逃脱和自杀的分数相加，然后计算平均分与标准差，以此作为危险度评估依据。一些特殊重点项目(赋值为 10 分的项目)得分可直接确定高危险度。对每个罪犯给出暴力、脱逃和自杀三项危险度评级：高度危险（***）、中度危险（**）和低度危险（*）。

4. 测验程序

(1) 自评量表。自评量表属于纸笔测验，施测时采用群体施测方法，被试为监禁中的罪犯。在测试前，由主试向所有被试说明测验目的以及测验过程，并强调该测验的结果仅用于科学研究，与司法奖励和改造无关。考虑到被试中有些人属于文盲，故安排测试助理一对一地帮助读题。

(2) 他评分量表。该测验应由监区民警完成，主要是根据罪犯档案以及个别访谈的形式对罪犯的相关情况进行评估。因此在施测前，需要对评分民警根据评分手册进行集体培训，使每个评分者了解量表的结构以及评分方法。

5. 统计方法

本研究中采用 SPSS17.0 对数据进行描述性统计、相关分析和探索性因素分析，使用 Liser8.8 对数据进行验证性因素分析。

（四）分析结果

1. 自评量表的项目分析

（1）项目通俗性。与能力测验中的难度水平相对应，在人格测验中也具有通俗性水平指标。本量表采用 0，1 计分，量表的通俗性水平可以用以下公式计算 P=R/N，其中 P 为项目通俗性、R 为答对该项目的人数、N 为参加测验的总人数。量表各项目的通俗性水平及通俗性分布情况见表 4、表 5。

表 4　自评量表项目难度

项目	通俗性	项目	通俗性	项目	通俗性	项目	通俗性	项目	通俗性	项目	通俗性
1	0.32	21	0.20	41	0.23	61	0.56	81	0.23	101	0.41
2	0.56	22	0.22	42	0.49	62	0.73	82	0.47	102	0.37
3	0.56	23	0.19	43	0.34	63	0.44	83	0.32	103	0.23
4	0.12	24	0.46	44	0.28	64	0.43	84	0.17	104	0.49
5	0.48	25	0.51	45	0.36	65	0.38	85	0.38	105	0.55
6	0.65	26	0.52	46	0.62	66	0.24	86	0.63	106	0.48
7	0.70	27	0.66	47	0.59	67	0.25	87	0.57	107	0.26
8	0.71	28	0.68	48	0.76	68	0.54	88	0.35	108	0.35
9	0.40	29	0.15	49	0.34	69	0.11	89	0.41	109	0.62
10	0.13	30	0.73	50	0.57	70	0.62	90	0.75	110	0.30
11	0.63	31	0.51	51	0.54	71	0.53	91	0.14	111	0.63
12	0.45	32	0.30	52	0.21	72	0.44	92	0.17	112	0.17
13	0.54	33	0.71	53	0.52	73	0.39	93	0.27	113	0.60
14	0.34	34	0.62	54	0.24	74	0.63	94	0.38	114	0.66
15	0.31	35	0.19	55	0.12	75	0.25	95	0.29	115	0.66
16	0.32	36	0.39	56	0.61	76	0.30	96	0.35		
17	0.58	37	0.40	57	0.21	77	0.33	97	0.37		
18	0.62	38	0.64	58	0.49	78	0.36	98	0.47		
19	0.19	39	0.17	59	0.36	79	0.25	99	0.23		
20	0.22	40	0.11	60	0.45	80	0.35	100	0.34		

表 5　量表项目通俗性水平分布情况

通俗性(P)	项目数(N)
0.30 以下	32
0.30—0.70	76
0.70 以上	7

由表 4、表 5 中可以看出，115 个项目的通俗性水平在 0.11—0.76，通俗性水平均值为 0.41。一般认为，项目的通俗性水平在 0.3—0.7 较为合适，整个量表的平均难度系数最好在 0.5 左右，可见量表的通俗性水平良好。

(2) 项目区分度，也叫鉴别力，是指项目对被试实际水平的区分程度。项目区分度是评价项目质量和筛选项目的主要指标，也是影响测验效度的重要因素。大规模的或标准化的测验项目区分度估计一般使用相关法，即通过计算项目得分与测验总分之间的相关系数来估计项目区分度的方法。本研究中由于自评量表的总分是无意义的，故不能将各维度的分值直接相加得总分，因此项目的区分度用项目得分与所属维度得分的相关来计算，具体结果见表 6。

表 6　试测阶段自评量表项目区分度

项目	区分度	项目	区分度	项目	区分度	项目	区分度	项目	区分度	项目	区分度
1	−0.01	21	0.41**	41	0.51**	61	0.43**	81	0.58**	101	0.53**
2	0.44**	22	0.55**	42	0.47**	62	0.37**	82	0.43**	102	0.50**
3	0.56**	23	0.47**	43	0.56**	63	0.54**	83	0.59**	103	0.58**
4	0.33**	24	0.65**	44	0.61**	64	0.70**	84	0.47**	104	0.34**
5	0.54**	25	0.12**	45	0.66**	65	0.47**	85	0.45**	105	0.39**
6	0.12**	26	0.54**	46	0.64**	66	0.49**	86	0.60**	106	0.53**
7	0.45**	27	0.47**	47	0.16*	67	0.48**	87	0.44**	107	0.28**
8	0.53**	28	0.48**	48	0.50**	68	0.45**	88	0.44**	108	0.54**
9	0.50**	29	0.63**	49	0.51**	69	0.49**	89	0.58**	109	0.43**
10	0.57**	30	0.62**	50	0.17**	70	0.70**	90	0.64**	110	0.47**
11	0.50**	31	0.51**	51	0.43**	71	0.55**	91	0.53**	111	0.19**
12	0.56**	32	0.38**	52	0.64**	72	0.64**	92	0.54**	112	0.59**
13	0.56**	33	0.49**	53	0.50**	73	0.48**	93	0.39**	113	0.66**
14	0.63**	34	0.61**	54	0.55**	74	0.62**	94	0.55**	114	0.53**
15	0.57**	35	0.15**	55	0.65**	75	0.39**	95	0.55**	115	0.37**
16	0.62**	36	0.62**	56	0.65**	76	0.41**	96	0.35**		
17	0.63**	37	0.48**	57	0.56**	77	0.30**	97	0.46**		
18	0.55**	38	0.49**	58	0.65**	78	0.59**	98	0.08		
19	0.64**	39	0.53**	59	0.59**	79	0.59**	99	0.47**		
20	0.43**	40	0.63**	60	0.60**	80	0.58**	100	0.60**		

注：* 在 0.05 水平上（双侧）显著相关，** 在 0.01 水平上（双侧）显著相关。下同。

在正式测试后，对这 107 题进行的项目分析中，结果表明有 3 个项目的区分度小于 0.3，分别是第 1 题，区分度为−0.08；第 47 题，区分度为 0.20；第 40 题，区分度为 0.11。根据测量学要求以及测验的实际情况，决定删除第 1 题，对第 47 题进行修改后保留，对第 40 题暂时保留。具体情况见表 7。

表 7　正式测试阶段项目区分度

维度	项目	区分度	项目	区分度	项目	区分度	项目	区分度
反社会人格	1	−0.08*	11	0.49**	21	0.44**	31	0.48**
	41	0.50**	51	0.49**	61	0.42**	69	0.53**
	77	0.53**	85	0.45**	91	0.39**	97	0.45**
	102	0.32**						
偏执型人格	2	0.50**	12	0.55**	22	0.47**	32	0.43**
	42	0.51**	52	0.58**	62	0.39**	70	0.62**
	78	0.62**	86	0.58**	92	0.50**	98	0.61**
	103	0.53**						
冲动型人格	3	0.56**	13	0.64**	23	0.53**	33	0.47**
	43	0.58**	53	0.44**	63	0.57**	71	0.45**
	79	0.44**	87	0.66**	93	0.36**	99	0.45**
	104	0.67**						
边缘型人格	4	0.30**	14	0.64**	24	0.65**	34	0.58**
	44	0.57**	54	0.50**	64	0.71**	72	0.59**
	80	0.66**	88	0.52**	94	0.47**		
抑郁	6	0.58**	16	0.55**	26	0.58**	36	0.66**
	46	0.61**	56	0.422**	65	0.36**	73	0.49**
	81	0.52**						
躁狂	7	0.43**	17	0.58**	27	0.51**	37	0.47**
	47	0.20**	57	0.52**	66	0.50**	74	0.54**
	82	0.46**						
神经质	8	0.58**	18	0.56**	28	0.51**	38	0.50**
	48	0.45**	58	0.65**	67	0.47**	75	0.64**
	83	0.62**	89	0.60**	95	0.60**	100	0.44**
	105	0.56**	106	0.65**	107	0.50**		
精神病性症状	9	0.51**	19	0.63**	29	0.60**	39	0.58**
	49	0.54**	59	0.58**	68	0.52**	76	0.60**
	84	0.47**	90	0.56**	96	0.50**	101	0.55**
说谎	5	0.51**	10	0.53**	15	0.43**	20	0.40**
	25	0.57**	30	0.56**	35	0.63**	40	0.11**
	45	0.58**	50	0.45**	55	0.63**	60	0.41**

2. 信度分析

信度作为测验一致性的指标，在实际使用时，可根据测验分数的误差来源，从不同角度估计信度的大小。常用的信度有重测信度、同质信度和评分者信度。本研究中的自评量表采用同质信度和重测信度来估计该量表的信度。

（1）同质信度。同质信度又叫内部一致性系数，是估计测验内部跨测题的一致性指标。同质信度有多种自评量表的内部一致性系数为 0.934。这一同质性系数是比较高的，说明自评量表测量的是高度同质的特质。具体结果见表 8。

表 8　自评量表各维度及自评总量表的内部一致性系数

维　　度	α 系数(n=976)
反社会人格分量表(13)	0.605
偏执型人格分量表(13)	0.786
冲动型人格分量表(13)	0.782
边缘型人格分量表(11)	0.794
抑郁分量表(9)	0.685
躁狂分量表(9)	0.550
神经质分量表(15)	0.839
精神病性分量表(12)	0.787
说谎分量表(12)	0.713
自评量表(107)	0.934

（2）重测信度。重测信度也叫稳定系数，是估计测验跨时间一致性的指标。它是用同一种测验，对同一组被试先后施测两次，然后根据被试两次测验分数计算其相关系数，该相关系数即为重测信度系数。

本研究的自评量表在间隔量表正式测验半个月后，随机选取 130 名被试进行重测，根据两次测验项目得分计算其皮尔逊积差相关系数作为重测信度系数。分析结果如表 9 所示，自评总量表的重测信度系数为 0.87，各维度的重测信度系数在 0.64—0.80。

表 9　自评量表重测信度(N=130)

维　　度	重测信度系数	维度	重测信度系数
反社会人格	0.74**	躁狂	0.68**
偏执型人格	0.76**	神经质	0.80**
冲动型人格	0.75**	精神病性症状	0.79**
边缘型人格	0.80**	说谎	0.64**
抑　　郁	0.71**	总分	0.87**

3. 效度分析

效度是指测验有效地测量到其所要测量的目标的程度，因此效度是衡量测验准确性的指标。本研究从内容效度和结构效度两方面来验证量表的效度。

（1）自评量表的内容效度。自评量表是根据罪犯危险评估的理论知识，借鉴相关罪犯狱内危险评估和人格测验的研究成果，形成罪犯危险评估自评量表的结构维度。在此基础上，根据 CCMD-3 和 DSM-Ⅳ的诊断标准所编制的部分项目，经过了专家评定和初步测评，最后形成初测问卷，因此测题的代表性和恰当性都有保障。

（2）量表的结构效度。由于本研究中自评量表的项目数较多，故先进行降维，采用探索性因素分析，将每个维度上的项目聚合成因子，从而达到降维的目的，最后将属于同一因子的项目分相加的得分为该维度的观测变量分数。

表 10　各维度探索性因素分析

维　度	KMO	df	Bartlett 球型度检(sig)	抽取因子数	累积解释率
反社会人格	0.59	36	0.00	4	51.31%
偏执型人格	0.63	66	0.00	5	52.35%
冲动型人格	0.65	78	0.00	5	52.02%
边缘型人格	0.59	45	0.00	4	53.16%
抑　郁	0.61	36	0.00	4	57.49%
躁　狂	0.55	36	0.00	4	53.12%
神经质	0.75	91	0.00	5	52.25%
精神病性	0.56	66	0.00	5	53.55%
说　谎	0.81	66	0.00	4	50.62%

从表 10 中可以得出 9 个维度共抽取的 40 个因子，将这 40 个因子作为各维度的观测变量，参与验证性因素分析。

按照量表的理论维度建构了 1 阶 9 因素模型，9 个维度包含的变量数分别为 4 个、5 个、5 个、4 个、4 个、4 个、5 个、5 个和 4 个。先用 SPSS 计算出各维度的相关矩阵，然后用 LISLEL8.7 建构模型和理论模型进行对比，如果与理论模型拟合良好，则模型成立；如果模型拟合指数不好，则要对模型进行修改。

应用验证性因素分析评价模型的适合性时，主要考虑以下检验指标：其一，卡方值的检验，一般用 χ^2/df 作为替代性检验指数。χ^2/df 越接近 1，表示数据的相关矩阵 S 与模型再生矩阵 E 的相似程度越高。一般认为 $\chi^2/df < 5$，模型

与数据的拟合性较好。其二，拟合指数，常用的拟合指数有拟合优度指数，GFI、AGFI 两个指数使用较多，该指数越高，模型拟合越好。另外，近似误差均方根 RMSEA 也是检验模型与数据拟合程度的指标，且 RESEA 近似误差指数越小越好，一般小于 0.1 则表示拟合性好，而其他几个拟合指标越接近 1，表示越好，一般大于 0.8，表示拟合较好。

在本研究中，验证性因素分析结果表明，原模型的 $\chi^2/df < 5$，RESEA 的值为 0.064，小于 0.08，其他拟合指数分别为 0.87、0.88、0.82，均大于 0.8，说明模型拟合较好。但是在 T 检验中，观测变量 F4(t＝－1.15)和 I4(t＝－1.00)的 T 值均小于 2，故考虑删除 F4 和 I4，即躁狂量维度的第 47 题，以及说谎维度中的第 40 题，由于这两题在区分度分析中也有提及，故后续会进行修改保留。修改模型后，各拟合指数的变化不大，依旧符合测量学指标，说明建构的理论模型可以接受，具体拟合指数见表 11，所有观测变量在各维度上负荷的标准化解见表 12。

表 11　修正前后的模型拟合指数比较

模型	χ^2	df	χ^2/df	RMSEA	NNFI	CFI	GFI	注
MA	2 118.59	704	3.01	0.064	0.87	0.88	0.82	原模型
MB	2 027.46	629	3.22	0.068	0.86	0.88	0.82	删除 F4、I4

表 12　量表模型验证性因素分析完全标准化解因素负荷系数(LAMBDA-X)

变量	反社会型人格	偏执型人格	冲动型人格	边缘型人格	抑郁	躁狂	神经质	精神病性症状	说谎
A1	0.47								
A2	0.23								
A3	0.13								
A4	0.18								
B1		0.69							
B2		0.44							
B3		0.67							
B4		0.26							
B5		0.38							

（续表）

变量	反社会型人格	偏执型人格	冲动型人格	边缘型人格	抑郁	躁狂	神经质	精神病性症状	说谎
C1			0.44						
C2			0.45						
C3			0.33						
C4			0.58						
C5			0.49						
D1				0.51					
D2				0.31					
D3				0.49					
D4				0.42					
E1					0.30				
E2					0.20				
E3					0.82				
E4					0.18				
F1						0.34			
F2						0.39			
F3						0.55			
G1							0.11		
G2							−0.43		
G3							−0.38		
G4							−0.60		
G5							−0.56		
H1								0.41	
H2								0.57	
H3								0.49	
H4								0.46	
H5								0.53	
I1									0.29
I2									−0.52
I3									−0.40

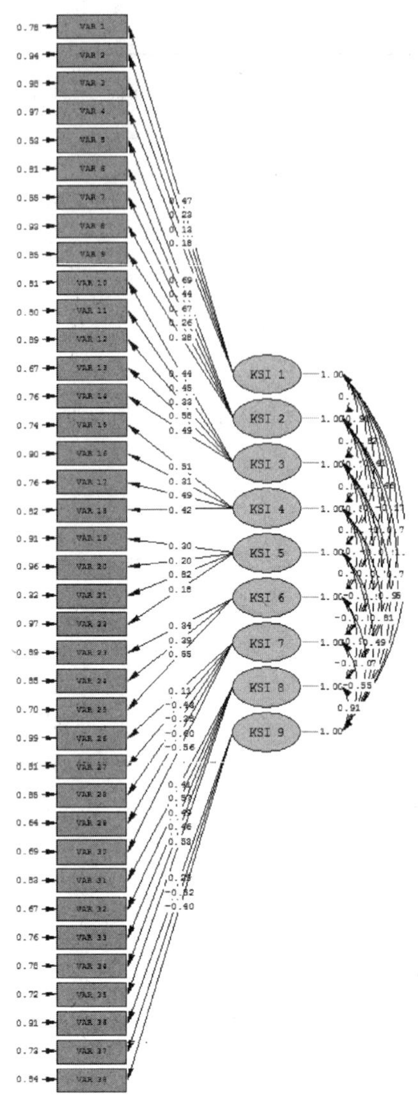

图 2　自评量表验证性因素分析路径图

4. 自评量表的修改

原定自评量表共有 115 题。在试测中，将项目分析不符合测量学标准的 8 题删除，形成修改版自评问卷用于正式测验。在正式测验中，再次对 107 题进行项目分析，发现 3 题的区分度小于 0.3，结合量表情况删除 1 题，修改 2 题后保留；而在对各维度进行探索性因素分析时，发现有 5 题的共同度太低，会降低该维度的累积解释率，故考虑删除。因此，最后形成的正式量表共 101 题。

5. 自评量表危险等级的划分

罪犯狱内危险评估量表的目的是为了能够测量与评定每个罪犯的危险等级,好的危险评估量表既能够高效地评估出高度危险的罪犯,又能避免将大部分罪犯归为高度危险等级,而浪费司法资源。因此本研究中,将罪犯狱内危险分为3个等级,并以每个维度得分的平均数和标准差为依据,根据心理健康的统计学标准,一般认为偏离均值超过一个半或两个标准差以上才是不正常的,且偏离程度越大越不正常。同时,参考监狱管理民警的实践经验,将高度危险罪犯的人数控制在3%—4%的范围内较合理。因此,通过常模的分布情况,将高度危险的界限划在平均数以上两个标准差处,同理得出每个维度的危险各等级分界线,见表13。

表13　自评量表各维度危险等级分数线

维　　度	Mean	SD	高度危险线(M+2SD)	中度危险分数段	低度危险分数段(M+0.5SD)
反社会人格	4.27	2.22	≥9分	6—8分	0—5分
偏执型人格	4.37	3.05	≥11分	6—10分	0—5分
冲动型人格	6.20	3.22	≥13分	6—8分	0—7分
边缘型人格	3.29	2.55	≥9分	5—8分	0—4分
抑　郁	3.67	2.15	≥8分	5—7分	0—4分
躁　狂	4.18	1.95	≥9分	6—8分	0—5分
神经质	7.77	3.81	≥14分	10—13分	0—9分
精神病性	3.74	2.91	≥10分	6—10分	0—5分
说谎量表	4.51	2.65	≥11分		

6. 罪犯狱内危险评估自评量表与他评量表的整合构想

关于两个量表评估结果的整合,他评量表与自评量表在暴力、逃脱方面评估等级整合的原则以他评量表为主,自评量表为支持。在自杀方面的危险度评估中,要注重自评量表的结果,具体情况如下:

若他评量表在暴力、脱逃上评为高度危险,自评量表无论为高度危险、中度危险,还是低度危险,最终都评为高度危险(***);

若他评量表在暴力、脱逃上评为中度危险,自评量表不管评为高度、中度或低度危险,最终都评为中度危险(**);

若他评量表在暴力、脱逃上评为低度危险,自评量表评为高度危险,则最终评为中度危险(**)。自评量表评为中度或低度危险,则最终评为低度危险(*);

若他评量表在自杀上评为高度危险,自评量表不管评为高度、中度或低度危险,最终都评为高度危险(***);

若他评量表在自杀上评为中度或低度危险,自评量表评为高度危险,则最终评为高度危险（***）；

若他评量表在自杀上评为中度危险，自评量表评为中度或低度危险，则最终评为中度危险（**）；

若他评量表在自杀上评为低度危险，自评量表评为中度危险，则最终评为中度危险（**），若自评量表为低度危险，则最终评为低度危险（*）。

具体评定方法，见表 14。

表 14 罪犯危险评估自评量表与他评量表整合方法

	他评	自评	综合
恶性	***	***	***
	***	**	***
	***	*	***
	**	***	**
	**	**	**
	**	*	**
	*	***	**
	*	**	*
	*	*	*
脱逃	***	***	***
	***	**	***
	***	*	***
	**	***	**
	**	**	**
	**	*	**
	*	***	**
	*	**	*
	*	*	*
自杀	***	***	***
	***	**	***
	***	*	**
	**	***	***
	**	**	**
	**	*	**
	*	***	**
	*	**	**
	*	*	*

注：表中 * 为低度危险，** 为中度危险，*** 为高度危险。

四、分析与讨论

(一)《罪犯狱内危险评估量表》的编制

1. 量表维度的确定

(1) 自评量表。本研究借鉴罪犯危险评估的相关理论,在前人对病态人格、心理疾病与罪犯危险评估的相关理论研究与实践研究的基础之上,依据罪犯在人格和心理疾病测量与评估中的实际情况,选取了一些对罪犯狱内的自杀、暴力或脱逃危险有预测作用的部分病态人格和心理疾病作为量表的维度,经过对心理学专家和罪犯心理评估与咨询的工作者的访谈结果,初步确定了自评量表的 8 个维度,分别为反社会人格维度、偏执型人格维度、冲动型人格维度、边缘型人格维度、抑郁维度、躁狂维度、神经质维度和精神病性症状维度。同时,为了提高量表的效度,增加了说谎分量表,以保证量表测量结果的有效性。

(2) 他评量表。他评量表主要借鉴了目前已有的罪犯危险评估工具的理论框架,并参考一线民警在罪犯危险管理方面的经验,依据本研究的目的进行补充调整后,最终确定了他评量表的 4 个维度,分别为犯罪经历维度、狱内表现维度、物质依赖维度和社会支持系统维度。

2. 自评量表的项目分析

自评量表的项目分析主要分为项目通俗性分析和项目区分度分析两部分。

(1) 项目通俗性分析。在试测阶段,该量表共有 115 个项目,项目通俗性结果表明,66%的项目的通俗性在 0.3—0.7,而只有 6%的题目的通俗性在 0.7 以上,0.3 以下的题目占 28%。由于本研究的最终目的是筛选出高度危险的罪犯,因此会有部分项目中,选“是”的人数偏少,导致这部分项目的“通过率”较低,也就是通俗性水平较低。而所有项目通俗性水平的均值为 0.41。一般认为,整个量表的平均难度系数最好在 0.5 左右,由此可见量表的通俗性水平良好。在正式施测阶段,我们对修改后的 107 个项目的通俗性水平再次进行统计分析,结果表明 107 个项目的通俗性水平均值为 0.42,分布情况与上述结果相差不大。

(2) 项目区分度分析。在试测阶段,对 115 个项目的区分度进行分析。由于该量表的总分不是维度分的直接相加，故所有项目相加的总分是没有意义的，因此采用项目与维度得分之间的相关系数作为该项目的区分度。统计结果表明，有 8 道题的区分度小于 0.2，按照测量学要求，应直接删除。这 8 个项目分别来自反社会人格维度 1 题、冲动型人格维度 2 题、说谎维度 3 题、抑郁维度和躁狂维度各 1 题。同时，第 107 题的区分度为 0.28，可以考虑进行修改后保留。该题为借鉴题，即“我有时会无缘无故地甚至在不愉快的时候也会觉得非常快乐”。通过对被试和民警的访谈发现，罪犯的文化水平普遍集中在初中，当题目为否定句或语句较长时，他们往往存在一定的理解困难，因此将该题目改为“我有时会无缘无故地觉得非常快乐”。

在正式测试阶段，对修改和调整后的 107 个项目的区分度进行分析，结果表明有 3 个项目的区分度小于 0.3，分别是属于反社会人格维度中第 1 题，区分度为－0.075，应删除；属于躁狂维度的第 47 题，区分度为 0.2，考虑到躁狂维度的题目数量较少，故对第 47 题进行修改而非删除。第 47 题为反向计分题，考虑到被试的理解能力，故将该题调整为肯定句，原题为“我从来没有为寻求刺激而去做危险的事”，修改为“我经常为寻求刺激而去做危险的事”。还有属于说谎维度的第 40 题，区分度为 0.11，考虑到说谎量表与测量内容相关性不大，并且说谎维度的题目数量仅为 12 题，因此暂时保留该题。

3. 自评量表信效度分析

在正式施测阶段，本研究通过同质性信度和重测信度对自评量表的信度指标进行了考察，结果表明，各维度的内部一致性系数在 0.550—0.839，自评量表的内部一致性系数为 0.934；各维度的重测信度在 0.64—0.80，自评总量表的重测信度为 0.87，说明该量表的信度较为可靠。在验证性因素分析验证结构效度时，由于该量表的题项多达 107 题，如果将所有题项作为观测变量进入验证性因素分析会出现溢值的情况，因此先在各维度通过探索性因素分析进行降维。在对各维度进行探索性因素分析时，一般认为累积解释率小于 50%，则不适合做探索性因素分析，故将反社会人格维度中共同度为 0.24 的第 77 题、共同度为 0.14 的第 85 题，偏执型人格维度中共同度为 0.48 的第 62 题，边缘型人格维度中共同度为 0.34 的第 72 题，以及神经质维度中共同度为 0.37 的第 48 题进行删除，使得各维度的累积解释率在 50%以上。降维后得到 40 个因子作为观测变量进入验证性因素分析。

验证性因素分析结果显示，$\chi^2/df < 5$，RMSEA 小于 0.08，其他拟合指数均大于 0.8，说明模型拟合较好，但是在 T 检验中，观测变量 F4（t＝－1.15）和

I4(t=－1.00)的 T 值均小于 2,故考虑在模型中删除 F4 和 I4,即躁狂量维度的第 47 题,以及说谎维度中的第 40 题,修改模型后,各拟合指数的变化不大,依旧符合测量学指标,说明建构的理论模型可以接受。其中,躁狂量表的第 47 题以及说谎量表的第 40 题在前面的区分度分析中就存在一定的问题,并已经进行修改,因此在最后的量表中会使用修改过后的题目。这样就形成了最终版的自评量表,共 101 题,其中反社会人格维度 10 题、偏执型人格维度 12 题、冲动型人格维度 13 题、边缘型人格维度 10 题、抑郁维度 9 题、躁狂维度 9 题、神经质维度 14 题、精神病性症状维度 12 题、说谎维度 12 题。

4. 量表危险等级的划分

(1) 自评量表。本研究中将罪犯狱内危险划分为三个等级,即高度危险、中度危险和低度危险。在自评量表中依据各维度得分的平均数与标准差进行分数线的确定,根据统计学原理,在平均数 2 个标准差以上为极端数据,正态分布下只有 1.3%,而将目前所得的 976 名被试数据作为暂时常模,等到以后大量使用,即样本量超过 2 000 时再调整常模。从暂时常模中可以发现,被试各维度的得分超过平均数以上 2 个标准差的人数均在总人数的 5%以下,比较符合理论推测,故将各维度平均分以上 2 个标准差设置为高度危险,平均数以上0.5个标准差到 2 个标准差之间设置为中度危险,各维度得分若低于平均数以上0.5个标准差则为低度危险。由此可得出各维度危险等级的分数取值范围,其中,神经质维度由于大部分被试的得分都集中在中高分段,使得该维度的平均数较高,并导致平均数以上 2 个标准差的分数为 15.39,已超过该维度的最高得分 15 分。因此,将该维度的高度危险与中度危险的分界线调整为 15 分,即等于 15 分为高度危险,在 10—14 分的为中度危险。

(2) 他评量表。他评量表与自评量表相对应也划分为 3 个危险等级,分别为高度危险、中度危险和低度危险,并根据后续实证研究中形成的常模数据进行各危险等级分数线的确定。与自评量表不同的是,他评量表中具有一些特殊项目,这些项目上的得分可直接确定被试的危险等级,而不需看最后得分。这些项目在问卷中带 * 号,且分数设置为 10 分,主要是有过某些危险行为经历的题项,如曾经有过脱逃、自杀等行为。

(二) 罪犯狱内危险评估实证研究

通过用罪犯狱内危险评估的自评量表对罪犯进行调查分析发现,从维度上看，罪犯大部分处于低度危险状态，在各维度上的低度危险人数占总人数比例均在60%以上；各维度上检出的高度危险的人数占总人数的比例均控制在7%以内。从自评量表最后综合的结果上来看，高度危险的罪犯在自杀危险、暴力危险和脱逃危险上均有体现，并非集中在某一种危险上，这与我们的假设和测评目的相符合。

自评量表各维度在被试年龄和学历等人口学变量上的描述统计分析结果表明，大部分罪犯年龄集中在31—40岁，且大多为初中学历，而具有这些人口学特征的被试容易冲动，法律知识不够充足，属于社会生存压力较大的群体，这些都可能催生狱内实施危险行为，因此应该重点关注，并在各阶段均实施危险评估。同时，自评量表各维度在被试年龄和学历等人口学变量上的差异分析结果显示，在神经质维度上，不同学历水平存在显著差异，且多重比较结果显示，小学及以下学历的被试显著高于高中及以上学历的被试。神经质也叫情绪不稳定性，神经质得分高的人，说明情绪处于不稳定状态，比一般人更容易经历可能遇到的焦虑、愤怒、内疚和抑郁这样的情绪，应对环境未知结果压力较差，这可能与其知识储备有关。高中及以上学历的被试对法律常识比较了解，对出狱后回归社会生活也更有信心，因此在情绪状态上能够更好地调控自己。在抑郁维度和精神病性症状维度上，不同年龄区间的被试存在显著差异，多重检验结果表明，在41—50岁的被试在抑郁维度的得分显著高于30岁以下和31—40岁的被试；而31—40岁的被试在精神病性症状维度上的得分显著低于30岁以下和41—50岁区间的被试。有研究表明，男性40岁后抑郁症状趋向上升（郑维廉，胡寄南，杨治良等人，1995），40岁以后的男性大多已组建了家庭，对待错误的思考也更成熟，同时在这个年龄进入监狱，等于抛弃家庭、抛弃事业，很可能会丧失对重返社会生活的信心，并产生强烈的愧疚感，面对监狱的严格管理，如果情绪得不到疏泄与引导，很可能产生抑郁情绪甚至抑郁症。本研究中的精神病性症状主要是幻觉与妄想等。这些也是精神分裂症的典型症状，而精神分裂症大多起病于青壮年。有研究者表明，男性精神分裂症的发病年龄多在30岁之前（杨兰，2009），同时还有研究表明，男性精神分裂症的年龄分布呈双峰分布（中数分别为24.4岁、36.6岁和61.5岁），男性在15—25岁发病率迅速增加，之后随年龄增加逐渐下降至一个较低的水平。这些都在一定程度上与本研究中的年龄对精神病性症状的影响结果相符合。

五、结论与展望

（一）研究结论

第一，自编的新收罪犯狱内危险评估自评量表符合心理学量表的标准化编制程序，经过项目难度、区分度、内部一致性信度、重测信度、内容效度和结构效度等指标的验证，证明该量表的信效度较好，可以用于后续的实践研究。

第二，新收罪犯狱内危险评估量表由自评量表和他评量表两部分组成，其中自评量表有9个维度，分别为反社会人格（10题）、偏执型人格（12题）、冲动型人格（13题）、边缘型人格（10题）、抑郁（9题）、躁狂（9题）、神经质（15题）、精神病性症状（12题）、说谎（12题），共计101题；他评量表有4个维度，分别为犯罪经历（18题）、狱内表现（18题）、物质依赖（2题）、社会支持（8题），共46题。

第三，将新收罪犯狱内危险划分为三个等级，即高度危险、中度危险和低度危险，并根据暂时常模确定了自评量表各维度的危险等级分数线。

第四，新收罪犯狱内危险评估自评量表的抑郁维度和精神病性症状维度在不同年龄区间存在显著差异，表现为41—50岁的被试在抑郁维度的得分显著高于30岁以下和31—40岁的被试；而31—40岁的被试在精神病性症状维度上的得分显著低于30岁以下和41—50岁的被试；同时神经质维度在不同学历上也存在显著差异，表现为小学及以下学历显著高于高中及以上学历。

（二）研究的创新与不足

1. 研究的创新之处

（1）在评估方法上采用自评与他评相结合的方式，使得评估更科学合理；

（2）在评估材料上兼顾罪犯的外部行为与内在人格，结合罪犯的历史与现状，使得评估材料更全面；

（3）在结果解释上，不仅能够区分罪犯狱内危险性等级（高度危险、中度危险、低度危险），还能明确具体的危险倾向（如自杀危险或脱逃危险或攻击危险），为后期的个别化矫治提供依据。

2. 研究的不足与展望

本文努力在理论和实践的基础上设计一套科学的适合我国监狱管理具体

情况的罪犯狱内危险评估量表，并详细阐明评估工作的实施方法和应注意的问题，然而，由于研究者能力的局限性，以及研究中被试的特殊性，使得该研究还存在一些不足之处，需要后续的研究加以补充和修正。

首先，新收罪犯狱内危险评估量表还有待进一步完善。在自评量表中，主要是常模方面。由于监狱的规模以及罪犯流动性，本研究选取了正式测试阶段的 976 名被试数据作为暂时常模。这要在后续的应用研究中，当样本量达到 2 000时，再修订常模；在他评量表中，采用的是分值测评方法，每一测评项目分值的设定及其权重，都需要通过一定量样本的统计分析来科学设定。由于有关部门对服刑人员的资料予以保密，加上研究时间的局限性，本研究采用经验法对项目的分值进行设定，而没有进行抽样调查。本研究一直期待今后能够在有关部门的协助下对上海市新收罪犯做一次科学的抽样调查，通过测评与实际结果的对照分析，从而增减项目以及修改项目的权重；除此之外，他评量表的项目还需得到进一步的验证与分析。由于他评量表的操作者为监狱民警，这在很大程度上影响了研究的进程，使得他评量表在本研究中只是形成了初稿，关于他评量表的项目分析和信效度分析还需在后续的研究中加以检验并修改。

其次，在新收罪犯狱内危险评估量表的最终整合方面，由于他评量表没有得到验证，因此在整合方面，本研究只是提出了理论构想，是否符合实际情况并达到预想的效果，还需在后续实践研究中加以验证。

最后，在对新收罪犯狱内危险度的影响因素方面，本研究仅仅对学历、年龄等人口学变量进行了研究，而对刑期长短、犯罪类型等变量没有进行深入探讨，这也是在后续研究中加以补充的。

女犯风险评估量表(RASW)的编制

上海市女子监狱　陈建华　姜甜甜

一、问题的提出

(一) 研究背景

1. 监狱在降低重新犯罪问题上面临的压力

预防和控制重新犯罪作为世界各国社会治安综合治理中的重要一环,历来是政府部门高度重视的一项工作重点。实证研究发现,“少数人实施多数犯罪”。据统计,大约50%的犯罪案件是由5%—6%的罪犯多次所为。英国剑桥大学犯罪研究所的法林顿教授认为:“犯罪人的犯罪行为与其过去经历密切相关,具有违法犯罪经历的人容易再违法犯罪。”①因此,国外学者普遍认为,如果能够“标定”出犯罪危险性大的罪犯,并对他们加以监管控制,全社会的犯罪将会得到有效控制,而且犯罪控制成本将明显降低,社会安全程度将得到极大提高。

就我国而言,自1991年起,全国的重新犯罪开始趋于严重化态势:“1990年、1993年、1996年、1998年重新犯罪人员占当年入狱罪犯总数的比重分别为13.7%、18.06%、21.3%、26.58%,1998年与1990年相比增加了12.88个百分点。”②同时,“刑释者成为系列恶性案件、大要案和有组织犯罪的主要肇事者”。③重新犯罪从某种程度上暴露了犯罪的重复出现和扩大,也给刑事司法体系尤其是监狱部门追求预防和减少犯罪目标以无情的直面。虽然我们不能将

---

① Farrington, D.P., “Human Development and Criminal Careers”, In S. Caffrey & G. Mundy (Eds.), Crime, Deviance and Society. Dartford: Greenwich University Press, 1996, pp.95—136.转引自翟中东:《矫正的变迁》,中国人民公安大学出版社2013年版,第216—220页。

② 王志强:《九十年代刑释人员重新犯罪状况及原因实证考察》,《中国监狱学者文集》,2003年,第73—74页。

③ 李玫瑾:《犯罪心理研究在犯罪防控中的作用》,中国人民公安大学出版社2010年版,第2页。

日益严峻的重新犯罪问题完全归咎于监狱和监禁刑本身，但是监狱在降低再犯问题上的巨大压力——重新犯罪在一定程度上暴露了刑事司法体系以及社会控制机制的弊端。重新犯罪相对于犯罪之特殊性在于："已受惩罚和改造的犯罪人，再次报复了社会。"我们必须审视惩罚和改造本身，要么承认改造不能；要么承认刑事司法系统和社会支持系统在导致重新犯罪问题上存在弊端。同时，重新犯罪的出现在一定程度上缩小和明确了我们审视的范围，它是可以让社会治安综合治理系统看清自身弊病的"镜子"。而监狱作为改造罪犯的主要部门、罪犯刑释之前的最后一道关口，无疑要审视自身的改造质量。

因此，从近年来押犯形势的复杂化和监狱职能的不断变革来看，用科学的方法预测罪犯的再犯风险，准确把握罪犯的行为规律，科学评估罪犯认知过程、态度改变的方法已成为我国监狱当前的重要任务。

2. 女性重新犯罪不断增长的现实

如果说重新犯罪的整体发展呈增长态势，那么从犯罪的内部来看，女性犯罪的相对比例增加更为迅速，是监狱人口中增长最为迅速的一个群体（豪威尔斯，2000）。从1973年至今，美国女性罪犯的人数以825%的速度激增，远远超越了男犯的增长速度。①就我国而言，从我国经济转型深入推进近以来，女性犯罪的基数在大幅激增。2000—2006年，全国在押女犯人数净增3.9万，平均每年增加15%。②关于女犯重新犯罪的相关调查数据，虽然全国尚无权威机构发布的数据，但以上海市为例可以看出近年来女性重新犯罪也在不断"水涨船高"。③

从图1中可以看出，女犯的重新犯罪率与男犯的发展趋势基本上是相同的④。从2010年开始，女犯和男犯的重新犯罪率开始递增（2012年除外），2011年，女犯和男犯的重新犯罪率最为接近。尤其是2012年之后，女犯的重新犯罪率递增迅猛，呈直线式上升，到了2014年，女犯的重新犯罪率已经超过3.5%，为历史最高水平。由于重新犯罪是监狱刑罚功能实现中的主要指标。因此，女犯重新犯罪率的上升，是对监狱矫治效果的严厉考量，也是监狱在如何科学矫治女犯中面临的难题。

---

① Coalition for Women Prisoners. Proposals for Reform. Retrieved October 2, 2007.

② 解玉敏：《犯罪学教程》，中国物价出版社2000年版，第300—307页。

③ 相关数据来自上海市综治办提供的数据。

④ 重新犯罪指的是两次以上判处拘役以上徒刑的案件，不包括劳教、拘留等行政处罚。

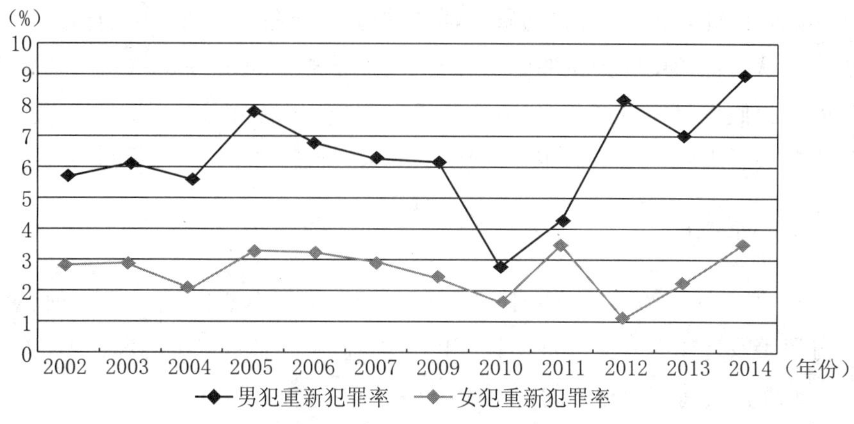

图1　上海男、女犯重新犯罪率

由于目前国际上使用的大多数的罪犯风险分类工具起初只采用男性罪犯作为样本，然后才将其又应用至女性罪犯群体中。虽然这些工具在日常的矫正实践中把男女性区分开来，但是很少有专门研究女犯样本的分类工具；也鲜有研究把女性罪犯作为对象，探讨性别的发展规律。同时，西方国家开发的风险评估工具应用于我国也会产生“水土不服”问题。因此，女犯监狱迫切需要独立开发一种完全适用于女犯的、也适合中国本土国情的风险评估工具。

3. 女犯再犯理论研究的匮乏状况

综观国内外文献资料，在犯罪学、监狱学等社会人文学科的研究领域中，对女犯的研究历来没有进入主流视野，女性重新犯罪研究更是处于犯罪学研究的边缘地带。传统观点总是认为：无论从一般预防还是特殊预防来说，女犯的再犯研究根本无济于解决不断高发的重新犯罪问题，女犯的再犯也不能反映整个社会重新犯罪的发展趋势。因此在很长时间内，相关学科只把性别看作一个控制变量而非影响行为变化的自变量。假设以男性为研究对象的犯罪理论及获得的研究结论对女犯难道有相同的解释效力？

然而，我们必须看到：女犯群体不仅有不同于男性的生理学方面的差异，更在社会化过程中形成不同的心理社会特征，而这些不同特征必然会造成女性犯罪行为模式、女犯的改造特征与男性的显著区别。如果不把性别作为一个对行为具有解释力的因素、不以女性与男性犯罪的差异为基础开展研究，不仅会造成女性犯罪与女犯矫治实证研究的极度缺乏，也会使监狱在使用基于男犯的评估工具和矫治方法应用于女犯中产生适应不良的问题，无法真正服务于监狱的矫治实践。因此，对女犯再犯的研究，必定摒弃传统犯罪学研究中的男性因素，将更多地从女性角度解读犯罪。从社会学、犯罪学、心理学等学科角度来研究，我们的理论假设可能更加关注“情感”“性”“受害—加害模式”“家庭”等关键词作为再犯因子来验证女犯再犯独立性的学科基础。

（二）研究目的

2015 年 4 月—2016 年 11 月，上海市女子监狱课题组通过查找文献、对监狱部分民警及近千名女犯开展访谈与问卷调查，主要解决以下问题：

（1）查找女性重新犯罪的预测因子；

（2）编制女犯风险评估量表，并完成自评量表与他评量表的整合；

（3）建立上海市再犯风险评估的女犯常模，制定女犯的风险等级标准。

（三）研究意义

按照目前国内学者对“风险评估”研究，认为风险评估的基本价值是“标定风险——标定犯罪人的危险程度，为风险控制奠定事实上、逻辑上与科学上的基础，从而为维护社会安全提供保障，为重返社会政策的实施提供保障，为推行矫正项目提供保障”。[①]在国外，风险评估为侦查、起诉、量刑、执行和社区监督整个刑事司法阶段的活动提供指导依据。在我国，由于“大司法”的体系尚未建立，对罪犯的风险评估工作主要由监狱来开展。因此，我们的课题关注它对监狱行刑、矫治的实践价值以及对相关学科研究的理论价值。

从监狱的行刑实践角度而言，开展女犯风险评估的研究具有以下意义：

1. 风险评估是实现女犯科学分类、降低狱内安全隐患的基础

首先，本研究为新收入监女犯的分流提供科学依据。女犯新收入监的最主要任务就是监狱规则的适应和行为习惯的训练，了解女犯的基本信息、心理状况和行为状态，评估女犯的危险程度并予以关注，其中风险评估是最重要的环节之一。通过风险评估可以将不同风险程度的女犯初步区分，并依据评估结果分流到不同警戒度的监区，实施不同监控等级的管理，更便于分类改造。其次，本研究为监狱的安全管理提供依据。在女犯的中期服刑阶段，风险评估工具也可以帮助监狱对女犯在中期服刑阶段实施动态的评估，以判断女犯的风险是否

① 翟中东：《国际视域下的重新犯罪防治政策》，北京大学出版社 2010 年版，第 122 页。

得到上升或降低，并提前采取防范性的控制和管理措施，使危险性高的女犯得到有效的预先控制，避免狱内脱逃、自杀、自伤自残、暴力伤害等事件的发生，维护监狱正常的管理秩序。

2. 风险评估为实施分类矫治和个案管理提供依据

对女犯进行风险评估，能够有效地将低风险的女犯与高风险的女犯区分开，并将女犯矫治等级与女犯再犯风险程度相匹配，使矫治注重于较高风险的女犯。根据女犯风险施行分类矫治，减少交叉感染，有效解决监管改造高负荷、低效率问题。同时，评估工具可以反映女犯的犯因性需求，并在矫治中将其作为矫治目标，针对不同的犯因性需求对其实施相应的矫治项目，提供具有实证效度的个别化矫治建议或方案，并评估矫治的效果，最终形成个案管理库。

3. 风险评估是降低重新犯罪的有效前提

在监狱行刑阶段，风险评估可以为监狱正确适用降低再犯的矫治方式提供科学依据，为监狱或帮教机构实施促进女犯重返社会的措施提供保障。国外通过几十年的风险管理研究，目前公认遵循“风险/需求/回应”（RNR）原则是对罪犯实施矫正降低再犯的最有效的途径，即：风险越大，干预力度越大，反之越小；矫正内容和方式应该针对罪犯的犯因性需要，否则矫正无效。因此，对监狱来说，判断女犯的风险高低、明确女犯的犯因性需要、确立女犯的矫正目标和方法，是降低女犯再犯风险的核心，风险评估工具也为监狱整合整个女犯的风险管理过程提供科学的指南。

4. 风险评估可以实现警力资源的优化和民警的专业化发展

在国际视野下看防治重新犯罪的政策，我国的确与发达国家相比还存在一定的差距。这些差距可能来自监狱的硬件设施、管理理念和监狱所拥有的社会资源等方面。监狱既要防止罪犯脱逃、越狱，又要防止罪犯自杀、自伤自残；此外，民警还承担着执法、日常管理、教育矫治等任务……民警没有实现科学分类，是造成目前警力紧张、工作量大的原因之一。同时，现在有些决策层面仍旧坚持人海战术观念，单纯地认为只有增加警力才能够保障监管安全，认为再先进的机械设备都有漏洞，只有人是最有效、最安全的。殊不知，在实际工作中，当每名民警担负着越来越多的工作负担的情况下，受警力限制，工作质量在逐步下降。身心疲惫使得民警产生了“职业倦怠”，他们的警力无法有效集中，进而丧失了工作的主动性和积极性，到头来达不到应有的要求。

因此，根据罪犯的危险程度进行风险等级分类，按照高、中、低风险等级划分不同警戒度的监狱，或者在同一监狱内设置不同警戒度的监区，根据罪犯风险等级的不同设置不同的防范等级和相应的警力，这样可以减少民警无效或低效的工作量，实现警力资源的优化。由于女犯在狱内安全风险和再犯风险方面远远低于男犯监狱，因此，在女犯监狱实施风险等级分类对警力的释放更具有优势，也更加有利于实现监狱民警的专业化发展。

5. 从学科的发展角度而言，风险评估还具有以下理论意义

西方犯罪学研究和实践经历了研究原因到分析风险再到项目干预的过程，而我国的犯罪学、监狱学等学科研究目前仍然停留在讨论原因的滞后时代。以"重新犯罪"研究为例，除了对"重新犯罪"的定义不统一导致了比较研究的不科学以及对重新犯罪现象的原因分析缺乏系统、科学的理论基础外，最值得诟病的就是对降低再犯提出的对策不具有科学性、可操作性（如有人曾提出"减刑撤销制度"的构想，将减刑假释的建议、撤销权全部收归监狱）。再犯风险评估是以量表为评估工具，量表的编制过程就是用定量研究的方法将一定规模的罪犯各方面表现、经历作详细调查后，用科学的统计技术分析研究找出致使罪犯再次犯罪的致罪因子并予以评估与矫治。这种研究方法不再将犯罪原因限定于某特定方面，而作为由各方多种要因组合的"原因复合体"（Causal Complex），使犯罪学的方法论经历了思辨、实证，走向了精算、计量之路。因此，有学者认为："再犯风险评估的研究对反思刑罚和犯罪控制政策提供了一种路径，为研究范式转化中的中国犯罪学展示了新的可能。"①简言之，再犯风险评估量表的功能不仅仅是对犯罪人的再犯可能性进行简单分类，在刑罚适用和执行中"当重则重，当轻则轻"，而是要进一步分析犯罪人的高致罪因素，进行干预和矫正，这正是"刑罚个别化"的前提和基础。更进一步，利用此类研究所获得的关于再犯原因的可靠知识，为家庭、学校、单位、司法机关、社会组织等社会化机构提供预防犯罪和早期干预的忠告和建议，推动具体干预项目的设计和实施，"犯罪预防"也将告别纸上谈兵时代，真正与实践挂钩。

基于以上原因，我们将"女犯风险评估量表（RASW）的编制"作为近两年的重点课题，以此来不断探索和解决女犯风险等级的分类问题，针对女犯的犯因性需要进行矫治的问题以及为释前女犯的预测再犯风险提供科学依据。

---

① 孔一、黄兴瑞：《刑释人员再犯风险评估量表（RRAI）研究》，《中国刑事法杂志》2011年第10期。

二、文献综述

（一）罪犯风险评估研究概述

1. 罪犯风险评估发展史

西方的罪犯风险评估经历了从主观到客观、从预测取向到矫正取向的发展过程。对犯罪人进行风险评估的思想早在龙勃罗梭时代就已经出现，他提出的“面相法”开创了对犯罪人风险评估的先河。渐渐地，人们转向从人的心理角度、社会角度评估犯罪人的风险，有关罪犯风险评估的研究不断取得重要进展。美国学者贝卡隆（K.B.Bucklen）认为，西方的罪犯风险评估经历了四个阶段的发展①：

（1）第一代：临床评估。在20世纪前半期的大部分时间里，对罪犯风险的评估工作一般都是由心理学家、心理医生来进行，其评估方式是非结构性的。一般认为，这种评估的结果会随着评估者所受的训练、生活背景和经验而变化，容易出现误差和偏差。

（2）第二代：统计预测。美国学者在20世纪30年代根据社会学及概率论原理收集预测因子，以计量方式进行再犯预测。美国伯吉斯（Burgess）教授早在1928年就投入到再犯预测研究，并首创了再犯预测量表——美国威斯康星危险评价工具（WRAI）。伯吉斯对伊利诺伊州3个矫正机构所假释的3 000名罪犯进行释后研究，选出21个预测因子，并将每个因子赋值，根据数值大小制成假释成败关联表。量表法测定再犯危险大小是法律技术使用上的一个重大突破，使人格第一次能够以“量”的形式表现出来。由于项目的选择完全依据统计结果，所以称为精算评估。由于这种方法的量化特征，依据这种方法所选择的预测因素基本上都是便于量化的静态因素，如年龄、性别、民族、之前的犯罪史等。比较有代表性的精算工具包括暴力风险评估指引（Violence risk appraisal guide，VRAG）、重犯总体统计信息（the General statistical information for recidivism，GSIR）、静态99（the Static 99）等。②

---

① Bucklen，K.B.，“Approach to Inmate Risk Assessment”. Research in Review，2001，4，pp.2—7.

② 陈伟民：《对我国再犯预测的思考》，《中国监狱学刊》2010年第3期。

第二代精算式风险评估工具显著提高了预测的准确性，能够有效地将低风险的罪犯与高风险的罪犯区分开，并且数据采集非常方便，所以应用非常广泛。但是，第二代精算评估方法有两个重大缺陷：其一，为预测而预测。由于预测依赖的是静态因素，从而不能评估随着时间和环境的变化而罪犯再犯可能性的变化，也不能评估矫正的成效。其二，使用这些工具所得到的结果不能告诉评估者被测者需要矫治的问题是什么、治疗可能发展的效果、再犯原因及矫治的顽固程度、罪犯当前的功能等。

(3) 第三代：动态评估。在 20 世纪 70 年代末期和 80 年代初期，人们认识到了第二代风险评估的局限性，并开始开发包括动态风险因素的评估工具(Bonta & Wormith，2007)①。第三代工具的发展主要增加了动态风险因素，如物质滥用、人际冲突和反社会态度等因素。由于动态风险因素又称为“犯因性需求”，第三代风险评估工具被认为是“风险/需求评估”方法。

第三代风险评估工具对于罪犯情况的改变相当敏感，并能向矫正人员提供信息，使他们知道在采取干预措施时，应该针对哪些需求，并能就这些动态的风险因素直接进行干预和指导，成功地处理这些动态的风险因素将有助于降低重新犯罪风险(Bonta，2001)。从效度上看，虽然第三代工具并没有显著增加评估效度，但是，评估目的却发生了重要变化，即从单纯预测取向发展为矫正服务的取向。动态风险因素为矫正提供信息，并且能够评估矫正的成效，即矫正后罪犯再犯风险水平的变化。

(4) 第四代：系统的和全面的罪犯风险评估。为了完善罪犯风险评估量表，近些年发展出第四代风险评估方法。这个新的风险评估方法引入了系统性的干预和监测，将风险/需求状况与个案管理议定书联系起来，个案管理议定书需要矫正方案、进步记录等，并在制定个案管理策略过程中考虑性别、文化和种族因素(Andrews，Bonta & Wormith，2006)。

第四代工具的核心已经不在预测，而在系统性的评估和指导矫正(陈伟民，2010)。第四代工具有以下特点：一是多次施测，从罪犯接触司法系统开始，一直持续到离开；二是以干预和矫正为核心，致力于全面评估个体罪犯需要矫正且可以矫正的区域，并提供具有实证效度的个别化矫正建议或方案；三是能够

① Andrews，D.A.，Bonta，J. & Wormith，J.S.，“The Recent Past and Near Future of Risk and/or Need Assessment”，Crime and Delinquency，2006，52，pp.7—27.

在司法环境中评估矫正的进展。

2. 相关术语定义

(1) 风险评估(Risk Assessment)。风险评估,也有学者翻译为"危险评估",是"通过一定技术对罪犯重新犯罪或者实施其他犯罪的可能进行预测,从而为控制这些危险提供根据"①。风险评估的对象是各种风险,具体包括:重新犯罪的风险,狱内实施暴力、脱逃的风险,社区监禁中失控的风险,社区监督中实施违法犯罪、对公众实施暴力、实施性侵害行为的风险。由于具体到不同的国家,风险评估的对象不同,我国监狱实务部门所关注的"风险评估"应当包括:重新犯罪的风险和狱内实施暴力、脱逃的风险。

(2) 风险/需求/响应(RNR)模式。该模式由加拿大学者 Andrews 与 Bonta 教授提出,从 20 世纪 80 年代开始发展,到 90 年正式成型,该方法已经在世界各地越来越成功地应用于评估和改造罪犯。就如它的名称所显示的,这个模式以三个原则为基础:一是风险原则:是谁需要受到强度较大的处遇。风险性较高的罪犯需要受到强度较高的干预或社区跟踪;相反,风险性低的罪犯极少或不受干预。二是需求原则:罪犯的犯因性需求是干预的适当目标。经验数据表明,把与犯罪行为无关的普通心理因素作为目标,无益于降低再犯率。三是响应原则:对于处遇模式和类型的选择。以罪犯有效的处遇模式是以行为为基础的,其中包括认知行为疗法、社会学习、模仿和强化反犯罪的态度以及自我管理。

(3) 犯因性需求(Criminogenic Needs)。又称犯因性需要、犯罪性需要,指可以通过干预改变罪犯的动态性的危险性因素,这些因素与罪犯的犯罪相关。犯因性需求包括反社会态度、支持各种犯罪特殊类型的态度、社会信息处理缺陷、生活方式问题、反社会同伴、物品滥用、性罪犯、性变态等。②

(二) 风险评估研究现状

1. 国外风险评估的理论与实践研究

通过文献分析,不难发现西方国家对罪犯危险性评估的研究起源较早,并已经发展得相对成熟,比较著名的有加拿大的罪犯等级目录(LSI-R)、英国的

---

① 翟中东:《国际视域下的重新犯罪防治政策》,北京大学出版社 2010 年版,第 122 页。

② 杨诚、王平主编:《罪犯风险评估与管理:加拿大刑事司法的视角》,知识产权出版社 2009 年版,第 19 页。

罪犯危险评估系统(OASYS),此外还有罪犯群体定罪量表(OGRS)、爱荷华罪犯危险性评估表等。我们参考了翟中东教授《国际视野下的重新犯罪防治政策》、张甘妹教授《再犯预测之研究》等专著,对风险评估领域比较著名的国外量表进行了整理汇总(见表1)。

表1　国外罪犯风险管理量表汇总

量表名称	预测因子
服务级别目录(LSI-R)	犯罪史、教育或就业、财产、家庭、住宿、娱乐、交往、酒精/毒品、情感问题/私密问题、态度
历史因素评估工具(HCR-20)	历史变量、诊断变量、危险管理要素:现行犯罪、犯罪史、态度、住所、家庭或婚姻关系、接受教育与训练、就业、财产来源/经济状况、生活方式与外在联系、酗酒、毒品、情感或心理问题、相互之间的行为、思维形式
重新犯罪信息统计量表(SIR-R1)	现行犯罪、入狱时年龄、以前被监禁、撤销假释或者剥权、脱逃、安全等级、成年后第一次被定罪时年龄、以前因攻击行为被定罪、入狱时的婚姻、上次犯罪后的危险间隔期、上次入狱依赖性因素、加重刑罚情况的数量、以前性犯罪的数量、因违反监督规定被定罪、逮捕时的就业
美国罪犯危险评估(非暴力)	性别、年龄、婚姻、是否单独犯罪、犯罪时就业情况、全部其他罪行所处刑罚、是否在过去12个月被捕或被拘禁、犯罪史、是否曾因使用毒品被定过重罪、是否成年后被监禁、是否未成年时被监禁
威斯康星危险评估工具(WRA)	现罪前5年是否被捕过、成年前被监禁的次数、以前因撤销保护观察、假释而被监禁的次数、最近12个月连续就业情况、以前被判重罪情况、因第一次犯重罪而被捕的年龄、被执行刑罚时的年龄、酒精、毒品、交友、犯罪的严重情况、社会态度
人格诊断量表(PCL-R)	表面有魅力、自我、自大、需要刺激改变无聊的生活、病态性撒谎、欺骗、缺乏悔改之心、肤浅的感情体验、冷酷/缺乏同情心、寄生的生活方式、控制能力差、滥交(性)、早年就存在行为问题、缺乏长期目标、冲动、行为不负责、接受自己的行为责任失败、有很多短期的婚姻关系、未成年不轨行为突出、假释被撤销、犯罪种类多

通过对这些量表的比较发现，相对其他量表，LSI-R 量表具有良好的信度和效度，它也具有一个完整的个案管理系统，适用性广，可供心理学家、社会工作者、精神病医生、犯罪学家、青年工作者、缓刑和假释官，以及监狱个案管理人员使用。而被认为是当代最先进危险评估工具的英格兰与威尔士危险评估系统（OASYS）的评估内容是最全面的，它不仅评估了罪犯重新犯罪的危险，同时也测量罪犯在狱内伤害他人的危险、自伤与自杀的危险和脱逃的危险，甚至有学者认为它的准确性比理论上的评估工具如 LSL-R 要有效（Howard，2006）。

2. 国内关于风险评估的研究

在我国较早进行再犯危险评估工作当属台湾地区学者张甘妹教授。在 1965 年时张甘妹教授就连同韩忠谟、周冶平教授对曾经跟踪调查 5 年的假释者进行了比较研究，制作出了 6 因子与 8 因子再犯预测表。20 年后，张甘妹教授又再次开展再犯调查，筛选出犯罪经历、家庭经历、社会经历等 7 项调查因子共 66 个项目，再次编制成再犯预测量表。此外，台湾中正大学犯罪防治系教授林明杰在罪犯风险评估领域也做出了杰出贡献，特别是性犯罪风险评估领域，建立了具有本土化的性犯罪危险评估量表（TSOSRAS-2005），在性犯罪以及家庭暴力犯罪的防治领域取得了较好反响。

我国针对罪犯风险评估的研究较晚，目前还处在起步阶段：首先，缺少再犯风险的理论基础。再犯风险理论是建立在近代学派对古典学派的行为理论进行批判和发展基础之上的，而我国刑法理论主要舶来于苏联刑法理论，所以，我国没有再犯风险的历史沉淀和生长土壤。我国对现代风险评估与风险管理的知识知之甚少，现有的风险评估与管理的理论与实践基本源于工作需要，是监管工作人员根据工作需要探索出来的，具有一定的实践性。反映实践的需求，但是缺乏理论性，没有进行设计、没有进行评估，基本停留在经验层面。

随着西方风险管理理论巨大影响，国内也有越来越多的专家学者、司法实务界人士逐渐对再犯危险评估方式产生兴趣并着手研究。例如，2008 年，刘邦惠教授通过大规模的数据收集，分析各类因素对再犯的影响，编制了《劳教人员危险性预测量表》，经验证具有较好的效度，同时对劳动教养人员分类矫治进行了深入的研究。另外刘邦惠教授修订了 Hare 精神病态量表（PCL-R），PCL-R 中文版适合在中国男性罪犯中应用，研究发现在 PCL-R 得分上惯犯和累犯要明显高于初犯。

近些年来，监狱实务部门也逐渐参与到罪犯风险评估领域研究中。例如，上海市监狱管理局再犯预测量表研究课题组(1999)以刑释3年内曾经狱内服刑者的违法行为为效标,运用回归分析的方法,建立了一个12个因素的再犯预测量表;江苏省监狱管理局对罪犯的矫正质量评估制定了多套量表,包括XRX量表(心理、认知和行为量表)、WXRX(对文盲适用的心理、认知和行为的量表)、RW(罪犯人身危险性简评表)、XT(刑罚体验简评表)、CX(对即将出狱者重新犯罪可能的简评表),将罪犯风险因子选定为6大类25项;此外,目前国内比较有影响力的实证研究是浙江警察学院的黄兴瑞教授及其课题组2011年开展的"再犯预测研究",拣选出12项预测因子,分别制成判刑前、入狱前、服刑中和释放前4种再犯预测量表。我们也进行了相关的整理(见表2)。

表2　国内罪犯风险管理量表汇总

量表名称	预测因子
刑释人员再犯预测量表(上海)	性别、年龄、犯罪种类、前科、捕前职业、婚姻情况、文化程度、判前刑罚、服刑时间、改造表现、居住地区、就业安置情况、帮教情况、家庭经济情况、吸毒情况、剥夺政治权利的情况、现行犯罪、收押年龄、以前判刑次数、附条件释放的撤销、逃跑、警戒程度分级、第一次成年判决时的年龄、以前因伤害被判决、收押时的婚姻情况、刑期长度、以前对性犯罪的判决、以前对非法闯入并入室的判决、逮捕时的就业情况
罪犯改造需求量表(江苏,CNAS)	家庭婚姻、就业、社会交往和适应、成瘾行为问题、认知情感、态度
刑释人员再犯风险评估量表(浙江,RRAI)	早年不良行为、不良行为模式、犯罪时职业、对被害人的态度、第一次逮捕年龄、罪名、前科次数、刑期、服刑期间是否学到就业技能、释放前的管理级别、出狱时年龄、出狱时婚姻

有学者认为,判断一个量表是否可以作为预测工具有6个标准:预测的有效性;反映真实;预测系统应当是动态的,而不是一成不变的;应当具有实践价值;不能是好观念的替代品,应当可以操作;预测工具应当既有定性的一面,也具有定量的一面。①用这样的标准来看,国内理论实务界开发的上述再犯风险量表给研究与实践提供了良好的借鉴,但是也存在一些问题:

第一,量表重复使用有其弊端。风险评估需要对被评估者多次测量,用已

① Gendreau, P., Goggin, C., & Little, T.(1996). Predicting Adult Offender Recidivism: What Works. User Report No 1996-07. Ottawa: Department of the Solicitor General Canda.

测量过的量表对被评估者再次使用，会使被评估者产生填写惯性，评估人员获得的数据类似，影响结果的客观真实性。另外，重复使用量表还会使被测量者故意规避问题，被测结果的真实性无法保证。

第二，静态的评估方式难以对合动态的人格。量表一旦形成，在一定时期内内容一般不会改变，而现实情况是不断变化的，预测因子的赋值也应符合不断变化的实际情况，故静态的量表如何去匹配动态人格成为危险评估量表一大问题。

3. 关于女犯风险评估的研究

如前所述，对女犯的研究极度缺乏，在很长时间内，女性犯罪都未受到犯罪学、社会学、心理学等相关领域的重视。美国犯罪学家柯恩调查 1986—1990 年国际犯罪学期刊中有影响力的犯罪学家，仅有两位学者研究与女性犯罪有关的问题（Cohn，1994）。而据 Sheridan（1997）发现，1990—1996 年间，有关女性犯罪的研究仅有 174 篇。

而在风险评估领域，目前为止有资料考证的国外最早的研究是格吕克夫妇 1934 年对 500 名女犯开展研究，从 285 个因子中选定 15 个再犯因子，再以其中最重要的 5 个因子作为女犯的再犯预测。此研究为目前对于女性犯罪者所做的唯一的预测研究。（S. and E. Glueck，500 Delinquent Women，1934）

随着风险评估研究的兴起，现在也有的研究专门关注于将男犯预测工具用于女犯身上的准确性：加拿大学者 Kelley Blanchette 和 Kelly N. Taylor 于 2007 年选取了加拿大联邦的女性犯罪案件档案样本，作了两项研究：研究 1，采用了 285 个连续的安全级别（offender security level/OSL），对女性罪犯进行风险评估，以此来构建女性安全性重新分类量表（SRSW）。研究 2，通过分析 2000 年 7 月—2003 年 6 月所有联邦女性的安全级别（OSL）以测试 SRSW 的有效性和可靠性。结果表明 SRSW 对于加拿大联邦政府进行女犯安全分类是一个可靠和有效的工具（Kelley Blanchette and Kelly N.Taylor，2007）。

此外，美国学者 Michael D.Reisig，Kristy Holtfreter 与 Merry Morash 通过判决前调查报告（PSI）、官员调查和记录以及 235 名来自俄勒冈州和明尼苏达州社区监督下的女性罪犯的访谈数据，来评估 LSI-R 的预测精确性。结果显示：LSI-R 并不适用于所有类型的女犯，它可以用来预测因经济动机而犯罪的女性是否会再次犯罪，但是，在其他类型犯罪，尤其是毒品犯罪、受害—加害类犯罪中，LSI-R 的准确性存在误差。

4. 思考与结论

（1）就风险原则而言，相比于男性罪犯的风险研究，女性罪犯的风险研究是罕见的，以男性为导向的风险评估方法降低了在女犯中运用的可靠性和有效性。因此，风险原则需要特定的性别定义，其测量方法和焦点方向需要单独开发一套适用于女犯的风险评估工具。

（2）对于需要原则，鉴于在女性犯罪关联因素和复杂性因素方面所做研究的缺失性，即使通过彻底的个体评估，要想做到正确评估女性犯因性和非犯因性需求还是很难的。此外，尽管解决那些导致女性犯罪的因素很重要（即犯因性需求），研究同样表明非犯因性需求（例如性/身体虐待；受供养的子女）在治疗女性罪犯方面所具有的额外的重要性，因为这些是女性犯罪原因的核心。

（3）响应原则引出了一个问题——女犯应该被视为与男犯相同还是不同？国际研究表明，男性和女性罪犯所具有的问题的前提条件是不一样的。为得到更有效的响应，矫治方案的内容必须因此而调整，以适应和满足妇女的不同需求，因此实际的治疗过程也可能需要修改。

（4）综合国内外研究发现，女犯在以下几个关键因素上异于男犯：童年的心理创伤（尤其是遭遇强奸、猥亵等经历）；家庭暴力；与家庭保持较少的联系；职业教育机会；自我伤害的经历；不良的心理状况，包括抑郁、PTSD（创伤后应激障碍）、BPD（边缘人格障碍）；抚养子女产生的经济压力；情感中的放纵；等等，这些都是女犯独特的矫治需要。女犯的风险/需求评估中应该更加关注女犯多样化的需要，而这些需求往往在以男犯为主的矫正方案中被人们所忽视。

三、研究方法

（一）研究设计

1. 研究思路

本研究先采用文献研究与调查研究来搜集资料，从而对所需编制量表的维度以及项目进行确定。文献研究主要是搜索国内外关于女犯重新犯罪原因的研究及关于风险评估因子的研究，为量表因子及维度的确定提供理论依据；调查研究则是通过向监狱有经验的干警及再犯女犯进行访谈，找出引起女犯重新犯罪的主要因素，保证编制的量表既与国际接轨，又符合中国女犯监狱改造的实际。

在量表因子与维度确定后，根据收集的资料确定项目编制问卷，并确定评分方法。在进行了3次专家论证以后，确定了问卷采取自评和他评两种方式进行。在试测阶段抽取罪犯的代表性样本进行项目区分度、项目语言的通俗性、准确性分析，根据分析结果修改项目，形成量表的第二稿。然后用第二稿量表对罪犯正式施测。在正式施测阶段根据测验结果，对量表的信度、效度进行检验。如果信度、效度理想，形成正式量表，进一步接受实践检验；如果信度、效度不理想，需要重新修订项目，再进行项目分析，和信度、效度检验，直至理想为止。最后编写量表手册。量表手册内容包括量表编制目的、使用对象、量表编制的依据、量表实施的方法、记分和解释方法、量表使用的注意事项等。

2. 研究内容

（1）在借鉴国外先进的风险评估理论的基础之上，参考已有的国内外罪犯风险评估工具；同时用实证的方法抽取部分再犯女犯开展开放式访谈，对再犯女犯与初犯女犯组进行MMPI的对照测试分析，找出致使女犯再犯的重要因子；结合我国监狱管理的发展现状，吸收专家及监狱一线民警的实践经验确立女犯风险评估量表的结构维度。

（2）确立好结构维度之后，根据文献资料以及根据民警、女犯提供的资料，收集项目，研制女犯风险评估自评量表与他评量表的初稿，并提交专家审议、讨论、通过。

（3）随机抽取100名女犯进行自评量表的预测，同时针对上述100名女犯开展民警他评量表的预测，形成自评和他评部分的正式量表。

（4）用随机分层取样的方式抽取一定数量的女犯进行正式施测，然后进行信度和效度的检验，并形成自评和他评部分的正式量表。

（5）形成女犯风险评估自评和他评量表的常模，并根据常模分布，划定危险等级。

（6）将初步确定的自评和他评量表进行赋分，并提出自评量表与他评量表合理整合的构想，制定女犯风险评估总量表的等级标准。

（二）样本构成

在某监狱采取分层抽样的方式抽取了680名女犯开展了820人次的自评

和他评（有部分女犯不止 1 次评估），样本的基本情况见表 3：

表 3　正式施测服刑人员基本情况表

		是否有前科				表格维度汇总	
		初犯		重犯			
		人数	%	人数	%	人数	%
婚姻状况	未婚	126	18.53%	19	2.79%	145	21.32%
	已婚	253	37.21%	53	7.79%	306	45.00%
	离异	162	23.82%	44	6.47%	206	30.29%
	丧偶	19	2.79%	4	0.59%	23	3.38%
文化程度	小学及以下	79	11.62%	26	3.82%	105	15.44%
	初中	211	31.03%	57	8.38%	268	39.41%
	中专	64	9.41%	5	0.74%	69	10.15%
	高中	101	14.85%	25	3.68%	126	18.53%
	大专	58	8.53%	7	1.03%	65	9.56%
	大学及以上	47	6.91%	0	0.00%	47	6.91%
年龄阶段	青年（30 岁以下）	77	11.32%	9	1.32%	86	12.65%
	中年初期（30—39 岁）	183	26.91%	25	3.68%	208	30.59%
	中年中期（40—49 岁）	160	23.53%	46	6.76%	206	30.29%
	中年后期（≥50 岁）	140	20.59%	40	5.88%	180	26.47%
刑　　期	2 年以下	26	3.82%	14	2.06%	40	5.88%
	2—5 年	127	18.68%	34	5.00%	161	23.68%
	5—7 年	107	15.74%	13	1.91%	120	17.65%
	7—10 年	76	11.18%	23	3.38%	99	14.56%
	10 年及以上	168	24.71%	31	4.56%	199	29.26%
	无期死缓	56	8.24%	5	0.74%	61	8.97%
犯罪类型	盗窃类	16	2.35%	9	1.32%	25	3.68%
	诈骗类	162	23.82%	23	3.38%	185	27.21%
	涉毒类	154	22.65%	68	10.00%	222	32.65%
	暴力类	69	10.15%	2	0.29%	71	10.44%
	职务类	44	6.47%	1	0.15%	45	6.62%
	经济类	45	6.62%	6	0.88%	51	7.50%
	赌博类	12	1.76%	4	0.59%	16	2.35%
	涉淫类	42	6.18%	4	0.59%	46	6.76%
	其他	16	2.35%	3	0.44%	19	2.79%
表格维度汇总	Table Total	560	82.35%	120	17.65%	680	100.00%

（三）研究方法

（1）文献法。搜索国内外关于罪犯风险评估及女犯重新犯罪方面的相关研究和量表，寻找女犯重新犯罪因子，形成理论框架和文献综述。

（2）心理测量法。使用 MMPI 量表对监狱内 100 名再犯女犯与 100 名初犯女犯进行测试对照，寻找再犯与初犯在人格上的差异因子。

（3）问卷调查法。首先，在试测阶段，在上海市女子监狱内随机选取 106 名女犯开展问卷试测（初犯组与再犯组各 53 人），通过试测对问卷题目的难易度、文字的表述等进行修改；其次，正式施测阶段，在本监狱内通过随机分层抽样的方式选取 680 名女犯作为样本，其中初犯组女犯 560 名、再犯组女犯 120 名，并对上述女犯开展了 820 人次（部分女犯开展了不止一次）的问卷调查。截至 2016 年 8 月底，共发放问卷 820 份，其中回收自评问卷 820 份，其中有效问卷 684 份，有效回收率 83.4%；回收他评问卷 820 份，其中有效问卷 819 份，有效回收率为 99.9%。最后，在正式施测阶段，从样本中抽取 30 名女犯开展了间隔半个月的问卷重测信度检验。

（4）访谈法。首先，在筛选再犯因子阶段选取了 100 名再犯女犯开展开放式访谈，从女犯的访谈经历中提取对再犯有影响的因子编入问卷中待验证；其次，在试测阶段选取了 100 名女犯开展他评者信度访谈检验；最后，在正式施测阶段对上述样本中的 675 名女犯开展他评访谈调查。

（5）统计法。本研究中采用 SPSS17.0 对数据进行描述性统计、相关分析和探索性因素分析，使用 Liser8.8 对数据进行验证性因素分析。

四、女犯风险评估量表的编制与测验

（一）风险因子的假设

在风险评估量表的编制过程中，预测因子的筛选是最基本、最重要的环节之一，直接关系到评估的成败。关于哪些因素应当被确定为预测因子，观点并不一致，不同用途的量表确定的预测因子并不相同。也可以说，基于男性罪犯的预测因子并不一定适用于女犯。此外，由于量表中涵盖的预测因子越多，量表的准确性就越高，而这无疑会降低量表的可操作性，这几乎是个两难的问题。因此，女犯再犯的因子的筛选是一项极其艰难、重要而又谨慎的工作,必须依赖更多的途径、寻找出更多的信息、经历更多的演绎和论证方可完成。为了能够尽可能地保证量表的准确性与提高可操作性,故通过以下 4 种途径确定了女犯再犯的风险因子与维度。

1. 文献查阅

如前文所述,通过大量的国内外文献资料的查找,发现以下因子在国外的著名的 7 个量表中出现的次数最多,我们对它们按照出现的频率次数从高到低进行排列:

表 4　国外量表中预测因子的排序

预测因子	出现次数	百分比(%)
犯罪史(包括犯罪经历与受刑经历)	6	85.7
毒品滥用	5	71.4
就业情况	5	71.4
态度	4	57.1
现行犯罪情况	4	57.1
家庭或婚姻关系	4	57.1
心理/精神问题	3	42.9
社会交往情况	3	42.9
经济状况	3	42.9

上述因子是国外相关量表中出现频率较高的因子,也说明这些因子是引发再犯的重要因素。我们通过理论演绎将这些因子假设成女犯再犯的预测因子放入问卷中编制,留待检验。

2. 与一线民警、再犯女犯的开放式访谈

在综合 LSI-R、OASYS、HCR-20、SCL-90 等经典风险评估工具的基础上形成了上述 8 个风险因子。然上述因子是以男性罪犯为主要样本而得,女性罪犯的再犯风险评估是否有其特有的规律? 在前人研究为基础上,我们以“女犯再犯的预测因子中有不同于男性的部分”为理论假设,在监狱内采用随机分层抽样的方法抽取 100 名再犯以及对部分有经验的一线民警开展访谈。

在访谈中,再犯女犯与民警都涉及了上述因子对犯罪的影响。除此之外,我们在访谈中发现:

(1)“成年前的受害经历”为相当数量的女犯所共有,且男犯不具有这一特征。在我们访谈的 100 名再犯中,至少有 10 人表示在童年时期遭受过以下的心理或身体上的创伤。

① 家庭暴力。这是占比例最大的一种生理和心理创伤。家庭暴力中绝大部分是父亲为施暴者，原因归纳起来主要有“重男轻女、对母亲不满的转嫁、对母亲的家庭暴力的延伸、父亲酗酒和赌博”等方面。父亲的家庭暴力行为造成了女犯早年对家庭的绝望，无法获得安全感；对异性的厌恶；对家庭依恋的断裂；甚至部分女犯早年离家出走，在外结识不良团体，从小就开始从事吸烟、逃学、打架、偷盗等越轨行为。

② 性侵。在访谈中，有 8 名女犯明确表示童年时期遭受过性侵。性侵对象有生父、继父、同学、同学哥哥、远房叔叔等自己熟悉的人。童年遭受性侵的经历对女犯心理发展造成巨大的创伤。这种创伤可能会造成两种倾向——对他人或者对自己的愤怒与仇恨，导致的结果就是容易自暴自弃，丧失羞耻感，过早接触不良文化的侵害。

③ 童年遭受冷落、忽视或不公正对待。童年生活由于父母的缺失或父母的忽视，对孩子的成长是一种冷暴力，也属于一种心理创伤。在访谈中，我们发现：有一半以上比例的女犯在成长过程中缺少父母亲的积极关注。

同时，前文文献综述也表明，国外女犯的风险评估也专注于女犯的受害人经历、自我伤害经历等因素对犯罪的影响，这也从另一角度印证了我们的假设。

(2) “犯罪亚文化”因素。这是对访谈涉毒再犯女犯中得出的结论。由于涉毒类犯罪占所有女犯再犯比例的 60.2%，是女犯中最多类型的重新犯罪，对涉毒再犯的访谈从一定程度上可以代表大部分再犯者的心态。通过对涉毒再犯女犯的访谈发现，毒品成瘾确实是造成犯罪的一个重要因素，然而，随着新型毒品的泛滥，受“吸毒”亚文化的影响是造成吸毒女犯一而再、再而三重蹈覆辙的真正原因。从她们第一次接触毒品到成为“瘾君子”的过程中，她们实际上被带入一个“吸毒圈”。一个主要成员吸毒的小群体，新加入的成员会通过一对一的模仿，逐渐学会新型毒品吸食的技能和方法，导致吸毒行为快速蔓延。在这个过程中，群体成员对毒品的态度也会逐渐改变，从恐惧、刺激到习以为常，最终使吸毒成为根深蒂固的嗜好。此时，被亚文化群体共享的价值、观念和行为都“中了毒”，这也会对个体形成文化压力。这种亚文化对吸毒者产生如下影响：

① 实现文化认同。从对再犯组访谈资料的分析来看，新型毒品亚文化的崇尚个性张扬、叛逆家庭与社会、追求人生享乐的价值观，“前卫、时尚、狂欢、刺激”等高峰体验的观念被肯定、认同甚至扩大。

② 亚文化氛围渲染。在访谈中，一位受访者告诉我们：“像冰毒、摇头丸这

种东西，如果你不听到音乐、不去那个场合还好，也不会太想，但是如果经常出入这样的娱乐场所，在那个气氛下听到那种音乐，人就会特别想 high。”特殊的音乐节奏、疯狂的舞蹈、酒精、闪烁的灯光，均会激起个体对吸食新型毒品（摇头丸、K 粉）的参与和冲动，这也是涉毒犯刑释后容易再犯的重要原因。

③ 学习模仿。使用新型毒品是一种经由后天的学习模仿所习得的行为。在一个成员互动频繁、价值意识相同且凝聚力强的亚文化群体中，成员无论在态度、观念还是行为上均可能以他人为参照体系，认识、判断和选择事物，并有意或无意地效仿同伴行为。

④ 文化压力。在青年吸毒亚文化群体中，存在一套被群体所共享的价值、观念和行为，这就对个体形成一种文化压力。在这种亚文化群体的压力下，个体只有服从并强化共享的价值观念，才能赢得群体的承认和肯定。

另外，在访谈中发现，再犯组女犯有较高的文身比例，尤其是涉毒犯女犯文身比例占所有涉毒再犯的一半以上。无独有偶，台湾学者张甘妹在调查再犯过程中也发现了“文身”对再犯的影响。我们认为，与吸毒亚文化相比，文身也是越轨亚文化的重要标签，“吸毒亚文化”与“文身”都可以归入犯罪亚文化中。

因此，除了上述因子以外，我们将“受害经历”与“犯罪亚文化”作为女犯独有的因子放入问卷中编制，留待查验。

3. 初犯组与再犯组 MMPI 测试对照

通过访谈发现，绝大部分再犯女犯具有一定的反社会态度：认为社会不公平，靠不合理手段致富已经成为社会的潜规则。而通过对 100 名再犯组与 100 名初犯组的女犯进行 MMPI 测试对比也发现，在 Si、Re、St 等维度，再犯组与初犯组存在显著差异：

（1）再犯组对社会性接触和社会责任有显著退缩和逃避倾向；

（2）评估一个人愿意对自己行为负责任和社会团体尽义务的程度，再犯组极其显著低于初犯组；

（3）再犯组对社会地位的看法上显著高于初犯组；

（4）MMPI 测试显示在 Mf-5 维度，即内省与自责，再犯组极其显著低于初犯组。也就是说，再犯女犯具有一定的反社会人格，同时在问题归因方面存在逃避或转嫁的倾向；

（5）在“家庭关系”方面，在 Pd1 和 FAM 维度，再犯组显著高于初犯组：家庭不和，再犯组显著高于初犯组；家庭问题，再犯组显著高于初犯组。

上述 MMPI 测试的对比显示了再犯组在“态度”(反社会性/认知归因)、“家庭关系”(配偶/亲子)方面与初犯组有显著差异。因此,我们也将这一结论放入相应的因子与维度中,留待查验。

4. 典型个案

除了上述三种方式以外,我们选取了监狱近 10 年来较为典型的案例,尤其是再犯的案例进行分析、演绎,试图筛选出其他的预测因子。我们发现:女犯的再犯除了上述因素外,情感因素对女性的犯罪/重新犯罪有较大影响,在犯罪中所占比例较大。在随后的讨论与专家论证过程中,认为“情感关系”可以放入“婚恋/家庭”因子中作为一个重要的维度,不单独作为预测因子进行验证。

综上,通过上述 4 种途径,我们确定了女犯风险评估的预测因子,并通过理论演绎、专家讨论验证形成了女犯风险评估的问卷初稿。

(二) 问卷的编制

1. 确定风险因子及维度

通过文献查找、访谈整理、MMPI 测试对照、典型个案启发,同时经过理论演绎和专家论证,形成了女犯再犯风险量表的初步框架(见表 5):

表 5　RASW 量表的预测因子

女犯风险评估量表(RASW)	
自评量表	家庭/情感关系;教育/就业;居住;成瘾性问题;同伴交往;兴趣爱好;经济状况/消费习惯
他评量表	现行犯罪;犯罪史;亲犯罪态度;人格问题;受害经历;犯罪亚文化

(1) 现行犯罪:主要包括犯罪类型、刑期、与前罪的间隔期、与前罪的关联性、是否团伙犯罪、与主犯的关系、是否被暴力胁迫以及是否有性的因素。

(2) 犯罪史:主要包括未成年前被定罪的个数、第一次犯罪时的年龄、曾经因违法/越轨行为受到处罚的次数、曾经被判刑的刑期等。

(3) 亲犯罪态度:主要包括对自己的犯罪的态度、对社会规范、被害人、社会犯罪现象的态度、对重犯社会的态度与信心。

(4) 居住:主要包括住宿环境是否有犯罪风险、是否与家人同住、是否经常变更住址等维度。

(5) 家庭/情感关系:主要包括家庭/情感的亲密度、家庭成员/恋爱对象的犯罪情况、原生家庭关系、抚养形式、性关系情况等维度。

(6) 教育/就业：主要包括受教育情况、在学校是否有不良记录、就业情况以及职业中的人际关系等维度。

(7) 经济状况/消费习惯：主要包括入狱前的经济状况、经济来源、消费习惯以及解决经济不良情况的方式等。

(8) 成瘾性：主要包括毒品成瘾、对毒品的态度以及酗酒、赌博、网络成瘾问题。

(9) 人格问题：主要包括人格障碍、一般人格中与犯罪相关的人格方面。

(10) 社会交往：主要包括交友情况、交友圈是否与违法犯罪有关、交往中的愤怒管理情况。

(11) 兴趣爱好：主要包括对闲暇时间的安排、休闲方式、是否与家人一起等。

(12) 受害经历：主要包括成年前的家庭暴力、性侵以及其他方式的伤害情况。

(13) 犯罪亚文化：主要包括文身、亚文化隐语等。

2. 确定项目

在确定预测因子及维度的基础上，通过三次的专家讨论及修改，我们根据维度确定了问卷的题目：

表 6 RASW 量表的项目分布

量表	因 子	项目数
女犯再犯风险评估量表(RASW)	家庭/情感关系	21
	教育/就业	26
	居住	6
	成瘾性问题	5
	同伴交往	5
	兴趣爱好	6
	经济状况/消费习惯	5
	现行犯罪	9
	犯罪史	9
	犯罪态度	10
	人格问题	10
	受害经历	5
	犯罪亚文化	3
合计	13	116

对项目进行整理形成量表初稿后，有请心理测量专家、监狱学专家以及有经验的民警对每个条目内容进行评定，评定的主要内容为该条目能否反映该维

度的或该预测因子的预测作用，每个项目文字表达是否清晰易懂，是否存在歧义或重复提问等不当之处，根据意见对项目进行调整或修改，最后形成了包含 13 个因子 116 道题的量表。

（三）量表的测验

1. 对量表测验方式的思考

我们在梳理国内外量表时发现：大多数量表的测评都采用了他评的方式，参加测评的人员多数是从事监狱工作的心理学、犯罪学专家，对罪犯的风险评估工作积累了大量的经验。从我国目前的实际情况来看，风险评估量表完全采取他评或自评的方式均不妥当，理由如下：

(1) 由于目前国情的差异使得我们并不具备完全他评的条件。具体而言，由于我国目前的刑事司法体系尚未“一体化”，罪犯从立案侦查到审判执行的信息资料并没有实现“数据共享”——这是与加拿大、美国等国家的大司法体系有差异的地方。由于罪犯档案资料中提供的信息有限，许多罪犯入监评估的信息资料还需要监狱民警重新收集，而罪犯的犯罪史、家庭情况、交往情况等重要信息只能通过入监“问一答”式的谈话来完成，上述重要信息的可信度与准确度有待商榷。此外，从我国目前监狱民警所拥有的专业知识和经验上看，是不足以完全胜任风险评估这项工作的。如果将罪犯的评估工作完全交由民警来完成，将会产生一定的偏差。

(2) 涉及罪犯的性生活、情感经历、成长史等隐私的信息不能完全通过他评的方式来完成。如前所述，对罪犯外部行为的评估如犯罪史、现行犯罪行为的评估较为客观，可以通过阅档来完成；而涉及罪犯成长史、婚恋情况、性生活等隐私的信息只能通过罪犯的表述（口头或书面）来采集，这方面的信息不可避免地会融入罪犯自己的价值观及主观性评价。无论采取罪犯自我报告的形式，还是民警的访谈式他评，获取的信息内容都是来自罪犯本人，在信息的真实性、准确性上都会产生误差。然而，罪犯的自我美化也不可避免，如果全部采取罪犯自评的方式也无法减少误差的产生。因此，从心理测量学的角度上来看，只有将自评与他评相结合，才会使测评结果更加全面客观。

(3) 涉及罪犯的人格问题、心理问题的判断属于专业性较强的评估范围，采取他评的方式更为客观。很多研究表明罪犯某些病态人格（如反社会人格、偏执型人格）以及严重的心理疾病（如抑郁、精神分裂等）对再犯有一定的影响，如何对这些人格作准确的判断是考核一名评估员是否称职的基本条件之一。一名合格的评估员不仅要具备丰富的管教经验，同时要熟悉掌握心理学领域的知识，对常见的心理疾病具有准确评估、判断的能力。此外，罪犯心理及人格层面的评估也需要通过心理测试的分析，综合心理分析报告得出的结论更为客观准确。

由于临床评估的操作难度较大，且评估的准确度易受评估者经验的影响，故在使用中不如统计方法受青睐。本研究将采取统计方法与自我评估问卷预测方式相结合、将自评与他评工作相结合，采取相互检验、相互补充、多渠道获得信息的方式来印证测评信息的真实性，可以在可操作的范围内最大程度地保障量表的信度。因此，将涉及罪犯隐私、成长史、家庭婚恋等信息采取自评的方式进行测验，将涉及罪犯犯罪史、现行犯罪、人格特征、亲犯罪态度等需要通过阅档、观察、心理评估等专业判断的信息采取他评的方式进行访谈。同时，在女犯的自评量表中将会融入一定数量的测谎题。如果在自评测验中发现测谎分数高于常模，则将此个案重点关注，在他评时对自评信息重新进行验证，这样就保证了自评信息的真实性。由是，就形成了包括 71 道题的自评量表和 45 道题的他评量表(详见附件 1、附件 2)。

2. 量表的计分

自评量表和他评量表均采用 0，1 计分，每题权重均为 1 分，自评量表分别计算各维度得分，计算各维度平均分与标准差，作为自评量表危险度评估的依据。如果自评量表中的说谎量表得分过高，则该自评量表无效。他评量表中的题目分两种情形：一种答案为“是”或“否”，答“是”计 1 分，答“否”计 0 分。另一种为 5 级评分题，答案“完全不符合”“有一些不符合”“一般”“有一些符合”“完全符合”，每个级别分别计 0.2 分，即“0”“0.2”“0.4”“0.6”“0.8”“1.0”分。最后计算各因子维度得分，计算各维度平均分与标准差，作为他评量表危险度的依据。

3. 测验程序

(1) 自评量表。自评量表系纸笔测验，施测时采用群体施测的方法，被试为取样女犯。在测试前，由主试向所有被试说明测验目的以及测验过程，并强调该测验的结果仅用于科学研究，与司法奖励和改造无关。考虑到被试中有些人属于文盲，故安排测试助理一对一的帮助读题。

(2) 他评量表。该测验由评估民警完成，在测验前尽可能运用多种方法收集罪犯相关信息，例如查阅档案、罪犯狱政信息系统等相关内容，测验主要以访谈方式完成。访谈结束后根据需要对该被试的主观民警、同犯进行访谈验证信息。测评结果根据前期的罪犯信息以及访谈内容进行综合性评估。由于他评工作是一项专业性较强、需要统一评估标准的工作，因此在施测前，需要制作评估指导手册，同时对评估民警进行集体培训，使每个评分者了解量表的结构、评分方法、评估标准。

4. 统计方法

本研究中采用 SPSS17.0 对数据进行描述性统计、相关分析和探索性因素分析，使用 Liser8.8 对数据进行验证性因素分析。

五、量表的分析与整合

（一）量表的项目分析

1. 自评量表的项目分析

（1）项目通俗性。与能力测验中的难度水平相对应，在非能力测验中称为项目通俗性水平指标，本问卷采用 0，1 计分。量表的通俗性水平可以用以下公式计算 P=R/N。其中，P 为项目通俗性，R 为答对该项目的人数，N 为参加测验的总人数。量表各项目的通俗性水平及通俗性分布情况见表 7、表 8。

表 7　自评问卷项目通俗性

项目	通俗性	项目	通俗性	项目	通俗性	项目	通俗性
1	0.23	21	0.08	41	0.21	60	0.19
2	0.05	22	0.15	42	0.13	61	0.6
3	0.03	23	0.52	43	0.24	62	0.07
4	0.04	24	0.2	44	0.25	63	0.11
5	0.03	25	0.04	45	0.01	64a	0.22
6	0.18	26	0.32	46	0.13	64b	0.22
7	0.19	27	0.03	47	0.46	64c	0.24
8	0.23	28	0.03	48	0.1	65	0.65
9	0.13	29	0.2	49	0.31	66	0.35
10	0.31	30	0.16	50	0.36	67	0.04
11	0.18	31	0.08	51	0.21	68	0.34
12	0.19	32	0.08	52	0.54	69	0.15
13	0.12	33	0.07	53	0.22	70	0.19
14	0.02	34	0.11	54	0.13	71	0.41
15	0.05	35	0.02	55	0.3		
16	0.07	36	0.39	56	0.21		
17	0.08	37	0.19	57	0.16		
18	0.05	38	0.07	57a	0.157		
19	0.01	39	0.04	58	0.21		
20	0.02	40	0.39	59	0.29		

表 8　自评问卷项目通俗性水平分布情况

通俗性(P)	项目数(N)
0.30 以下	59
0.30—0.70	15

由表 7、表 8 可以看出，自评量表 71 个项目的通俗性水平在 0.01—0.65，通俗性水平均值为 0.19。一般认为，项目的通俗性水平在 0.3—0.7 较为合适，整个问卷的平均难度系数最好在 0.5 左右。本问卷中等难度项目占 20%，难题项目占 80%，整体偏难。

(2) 项目区分度。项目区分度也叫鉴别力，是指项目对被试实际水平的区分程度。项目区分度是评价项目质量和筛选项目的主要指标，也是影响测验效度的重要因素。大规模的或标准化的测验项目区分度估计一般使用相关法，即通过计算项目得分与测验总分之间的相关系数来估计项目区分度。具体结果见表 9。

表 9　自评问卷项目区分度

项目	区分度	项目	区分度	项目	区分度	项目	区分度
1	0.168	21	0.169	41	0.12	60	0.369
2	0.086	22	0.244	42	0.116	61	0.136
3	0.156	23	0.333	43	0.174	62	0.068
4	0.216	24	0.371	44	0.059	63	0.398
5	0.263	25	0.142	45	0.228	64a	0.543
6	0.116	26	0.462	46	0.4	64b	0.246
7	0.251	27	0.194	47	0.501	64c	0.25
8	0.19	28	0.189	48	0.237	65	0.417
9	0.226	29	0.468	49	0.459	66	0.532
10	0.486	30	0.379	50	0.456	67	0.328
11	0.422	31	0.221	51	0.46	68	0.459
12	0.34	32	0.23	52	0.164	69	0.401
13	0.074	33	0.264	53	0.428	70	0.191
14	0.178	34	0.343	54	0.351	71	0.461
15	0.349	35	0.009	55	0.528		
16	0.332	36	0.346	56	0.315		
17	0.229	37	0.303	57	0.3		
18	0.19	38	0.19	57a	0.494		
19	0.242	39	0.041	58	0.413		
20	0.101	40	0.499	59	0.442		

结果表明，有 34 个项目的区分度小于 0.25，其原因可能是样本同质度较高。本次评估对象基本为同一监狱的服刑中期女犯，导致题目区分度过低。由于本量表今后的评估对象会更加多元，因此建议这些题目保留。

2. 他评量表的项目分析

(1) 项目通俗性(见表 10)。

表 10　他评问卷项目通俗性

项目	通俗性	项目	通俗性	项目	通俗性	项目	通俗性	项目	通俗性	项目	通俗性
1	0.04	9	0.02	17	0.01	25	0.11	33	0.02	41	0.01
2	0.33	10	0.28	18	0.15	26	0.08	34	0.28	42	0.03
3	0.28	11	0.27	19	0.05	27	0.14	35	0.12	43	0.12
4	0.07	12	0.97	20	0.11	28	0.23	36	0.26	44	0.1
5	0.36	13	0.08	21	0.01	29	0.1	37	0.15	45	0.14
6	0.12	14	0.01	22	0.3	30	0.06	38	0.06		
7	0.11	15	0	23	0.25	31	0.06	39	0.02		
8	0.06	16	0.04	24	0.03	32	0.05	40	0.01		

表 11　他评问卷项目通俗性水平分布情况

通俗性(P)	项目数(N)
0.30 以下	41
0.30—0.70	3
0.70 以上	1

由表 10、表 11 可以看出，45 个项目的通俗性水平在 0—0.97，通俗性水平均值为 0.14，一般认为，项目的通俗性水平在 0.3—0.7 较为合适，整个量表的平均难度系数最好在 0.5 左右，可见他评量表的通俗性水平不高。

(2) 项目区分度(见表 12)。

表 12　试测阶段他评量表项目区分度

项目	区分度	项目	区分度	项目	区分度	项目	区分度	项目	区分度	项目	区分度
1	0.102	9	0.081	17	0.201	25	0.205	33	0.129	41	0.022
2	0.188	10	0.423	18	0.072	26	0.329	34	0.3	42	0.161
3	0.038	11	0.045	19	0.396	27	0.314	35	0.255	43	0.246
4	0.073	12	0	20	0.261	28	0.31	36	0.428	44	0.233
5	0.163	13	0.377	21	0.373	29	0.291	37	0.224	45	0.224
6	0.06	14	0.198	22	0.096	30	0.37	38	0.28		
7	0.01	15	0.119	23	0.45	31	0.229	39	0.181		
8	0.127	16	0	24	0.49	32	0.2	40	0.021		

对这 45 题进行的项目分析中,结果表明有 29 题区分度低于 0.25,区分度不理想。根据测量学要求以及测验的实际情况,决定暂不删除题目,暂时保留。

(二)量表的信度分析

信度作为测验一致性的指标,在实际使用时,可根据测验分数的误差来源,从不同角度估计信度的大小。常用的信度有重测信度、同质信度和评分者信度。

1. 自评量表的信度分析

本研究中的自评问卷采用重测信度和同质信度两种角度来估计该问卷的信度。

(1) 重测信度。重测信度也称稳定系数,是估计测验跨时间一致性的指标,是一组被试在不同时间用同一测验测量两次(两次测验间隔一段时距),测得测验分数的相关系数。该相关系数即为重测信度系数。

本研究的自评问卷在间隔问卷正式测验两周后,随机选取 30 名女犯进行重测,根据两次测验项目得分计算其皮尔逊积差相关系数作为重测信度系数(表 13)。自评总问卷的重测信度系数为 0.841, $p<0.001$,为极其显著,说明该问卷重测信度较高。

表 13 自评问卷重测信度

		AA 初	AA 重
AA 初	Pearson 相关性	1	0.841**
	显著性(双侧)		0
	N	30	30
AA 重	Pearson 相关性	0.841**	1
	显著性(双侧)	0	
	N	30	30

注:在 0.01 水平(双侧)上显著相关。AA 初为初测,AA 重为重测。

(2) 同质信度。同质信度又称内在一致性信度,是反映测验内部跨项目一致性的指标。同质信度有多种估计方法,本研究中采用的是 α 系数。分析结果表明,自评量表的内部一致性系数 7 个因子中除因子 1 和因子 7 的 α 系数低于 0.5 外,其他各因子 α 系数都高于 0.5。整个量表的 α 系数为 0.843,说明自评问卷的同质信度较高,具体结果见表 14:

表 14　自评问卷各维度及自评总问卷的内部一致性系数

维　　度	α 系数(n=684)	维　　度	α 系数(n=684)
家庭/情感关系(21)	0.384	同伴交往(5)	0.514
教育/就业(26)	0.636	兴趣爱好(6)	0.708
居住(入狱前)(6)	0.619	经济状况/消费习惯(5)	0.357
成瘾性问题(5)	0.622	自评问卷(74)	0.843

2. 他评量表的信度分析

本研究中的他评量表采用评分者信度和同质信度两种角度来估计该量表的信度。

(1) 评分者信度。评分者信度是由多个评分者给一组测验结果评分，所得各个分数之间的一致性。由评估小组中两位成员分别对随机抽选的 20 名被试进行评估。分析结果表明，评分者信度为 0.754，$p<0.001$，较理想，说明评分一致性较高。具体结果见表 15。

表 15　他评量表评分者信度

		BB1	BB2
BB1	Pearson 相关性	1	0.754**
	显著性(双侧)		0
	N	20	20
BB2	Pearson 相关性	0.754**	1
	显著性(双侧)	0	
	N	20	20

注：在 0.01 水平(双侧)上显著相关。BB1 为第一位评分者，BB2 为第二位评分者。

(2) 同质信度。同质信度又叫内部一致性系数，是估计测验内部跨测题的一致性指标。同质信度有多种估计方法，本研究中采用克伦巴赫的 α 系数法。分析结果表明，他评量表总测验 α=0.400，说明他评问卷的同质信度不高，但可以接受。具体结果见表 16。

如表 16，所有的因子中因子 1 的 α 系数值最低，说明测量的不是同一类型的内容。由于因子 1 为现行犯罪部分，涉及犯罪类型、刑期等内容，由于被试的犯罪类型、刑期的不同，因此不同的犯罪类型、不同的刑期是合理的。

表 16　他评量表各维度及他评总量表的内部一致性系数

因子	α 系数(n=819)	项目数
1	−0.725	9
2	0.687	9
3	0.317	10
4	0.217	10
5	0.448	5
6	0.454	3
总测验	0.400	49

(三) 量表的效度分析

效度是指测验有效地测量到其所要测量的目标的程度,因此效度是衡量测验准确性的指标。

1. 自评量表的效度分析

本研究自评量表从校标效度和结构效度两方面来验证问卷的效度。

(1) 效标效度。通过对初犯组与再犯组各因子及总分的 T 检验可以看出,自评量表初犯与再犯的总分有极其显著差异,再犯总分极其显著高于初犯,自评量表具有较高的效标效度。初犯与再犯在各因子上得分都有显著差异,再犯得分显著高于初犯得分。

表 17　初犯组与再犯组罪犯各维度平均数比较

	初犯组(n=511)		再犯组(n=133)		t
	M	SD	M	SD	
AA	25.300 1	8.364 63	31.635 8	9.032 00	−7.652***
AA1	5.557 8	2.379 92	6.472 6	1.920 18	−4.099***
AA2	13.631 3	3.502 01	14.647 9	3.921 47	−2.907**
AA3	1.519 0	1.423 65	2.712 3	1.698 99	−7.448***
AA4	0.798 0	1.185 45	1.531 1	1.222 92	−6.312***
AA5	1.175 4	1.117 42	2.089 5	1.218 80	−7.835***
AA6	1.572 1	1.545 98	2.716 9	1.691 94	−7.457***
AA7	1.046 6	1.003 80	1.465 4	1.141 06	−3.861***

注:AA 为自评问卷总分,AA1—AA7 分别为 7 个因子总分。** 在 0.01 水平(双侧)上显著相关,*** 在 0.001 水平(双侧)上显著相关。

（2）结构效度。

① 各因子与总分之间的相关。自评量表总分和各个因子分之间的Pearson相关系数如表18所示，各因子分与总分之间都呈显著正相关，各因子之间都为正相关，与以往的研究多为中等程度的正相关结果相同。各因子与总分的相关高于各因子间的相关，说明该量表有较好的结构效度。

表18　自评问卷各因子与总分之间的相关性

	AA	AA1	AA2	AA3	AA4	AA5	AA6	AA7
AA	1							
AA1	0.654**	1						
AA2	0.738**	0.255**	1					
AA3	0.684**	0.348**	0.372**	1				
AA4	0.730**	0.384**	0.360**	0.481**	1			
AA5	0.661**	0.378**	0.312**	0.465**	0.516**	1		
AA6	0.756**	0.418**	0.339**	0.477**	0.742**	0.548**	1	
AA7	0.634**	0.385**	0.343**	0.385**	0.435**	0.371**	0.517**	1

注：AA为自评问卷总分，AA1—AA7分别为7个因子总分。** 在0.01水平（双侧）上显著相关。

② 自评量表因素分析。首先进行KMO和Bartlett检验，KMO值越大，表示变量间共同因素越多，越适合进行因素分析，取样足够度的Kaiser-Meyer-Olkin度量，结果为0.858>0.5，数据适合做因素分析。Bartlett的球形度检验结果，卡方值为1401.143，$p<0.001$，极其显著，也表明数据适合进行因素分析。

表19　自评量表因素分析

成分	初始特征值			旋转平方和载入[a]
	合计	方差的(%)	累积(%)	合计
1	5.002	31.264	31.264	4.736
2	1.601	10.008	41.272	2.917
3	1.158	7.237	48.509	2.068
4	1.050	6.563	55.073	1.105
5	1.000	6.250	61.322	1.240
6	0.883	5.516	66.839	
7	0.809	5.059	71.897	
8	0.711	4.446	76.344	

（续表）

成分	初始特征值			旋转平方和载入[a]
	合计	方差的(%)	累积(%)	合计
9	0.673	4.204	80.548	
10	0.606	3.789	84.337	
11	0.553	3.454	87.791	
12	0.502	3.136	90.927	
13	0.440	2.750	93.677	
14	0.385	2.406	96.083	
15	0.365	2.283	98.366	
16	0.261	1.634	100.000	

由表 19 可以看出，因素分析结果得到 5 个因子，其解释率为 61.322%。根据对应题目对 5 个因子分别命名为：家庭与同伴关系、教育与就业、居住环境、成瘾问题、兴趣爱好。这与问卷结构基本相同，说明问卷结构效度较好。

2. 他评量表的效度分析

本研究从内容效度和结构效度两方面来验证量表的效度。

(1) 效标效度。通过对初犯组与再犯组各因子及总分的 T 检验可以看出，他评量表初犯与再犯的总分有极其显著差异，再犯总分极其显著高于初犯。测验具有较高的效标效度。各因子除因子 4 临界显著外，其他因子初犯与再犯总分都有显著差异，再犯得分极其显著高于初犯得分。

表 20　初犯组与再犯组罪犯各维度平均数比较

	初犯组(n=628)		再犯组(n=167)		t
	M	SD	M	SD	
BB	4.495 4	3.986 72	8.719 7	4.695 10	−10.651***
BB1	1.363 0	0.894 21	1.575 0	0.680 08	−2.853**
BB2	0.150 2	0.491 45	2.644 9	0.879 08	−35.238***
BB3	1.245 8	2.637 27	2.035 9	3.787 89	−2.537*
BB4	1.368 5	1.957 48	1.667 6	1.311 26	−1.866
BB5	0.086 5	0.351 41	0.191 8	0.548 05	−2.356*
BB6	0.281 4	0.608 78	0.604 5	0.776 76	−4.983***
BB7	1.046 6	1.003 80	1.465 4	1.141 06	−3.861***

注：BB 为他评问卷总分，BB1—BB6 分别为 6 个因子总分。* 在 0.05 水平(双侧)上显著相关，** 在 0.01 水平(双侧)上显著相关，*** 在 0.001 水平(双侧)上显著相关。

(2) 结构效度。

① 各因子与总分之间的相关。量表总分和各个因子分之间的 Pearson 相关系数如下表所示,各因子与总分的相关高于各因子间的相关,说明量表有较好的结构效度。

表 21　他评量表各因子与总分之间的相关性

	BB	BB1	BB2	BB3	BB4	BB5	BB6
BB	1						
BB1	0.337**	1					
BB2	0.439**	0.107**	1				
BB3	0.785**	0.102**	0.124**	1			
BB4	0.575**	0.061	0.077*	0.160**	1		
BB5	0.298**	0.113**	0.097**	0.089*	0.193**	1	
BB6	0.300**	0.110**	0.243**	0.038	0.072*	0.162**	1

注:BB 为他评问卷总分,BB1—BB6 分别为 6 个因子总分。* 在 0.05 水平(双侧)上显著相关,** 在 0.01 水平(双侧)上显著相关。

② 他评量表因素分析。首先进行 Kaiser-Meyer-Olkin 和 Bartlett 检验。KMO 值越大,作因素分析的效果越好。此次测验数据 KMO 为 0.615,大于 0.5,表明数据适合做因素分析。Bartlett 的球形度检验结果值为 1 026.456, $p<0.001$,极其显著,表明数据适合进行因素分析。

表 22　他评问卷因素分析

成分	特征值	贡献度	累积贡献度
1	2.621	16.380	16.380
2	1.669	10.431	26.811
3	1.363	8.518	35.329
4	1.333	8.333	43.663
5	1.103	6.891	50.554
6	1.049	6.558	57.111
7	0.977	6.108	63.220
8	0.943	5.894	69.114
9	0.875	5.468	74.582
10	0.794	4.965	79.547
11	0.713	4.458	84.005
12	0.688	4.303	88.307
13	0.664	4.150	92.457
14	0.504	3.153	95.610
15	0.470	2.940	98.550
16	0.232	1.450	100.000

因素分析结果他评量表可提取 6 个因子,解释率为 57.11%。根据各因子对应的题目,这 6 个因子可分别命名为:现行犯罪、犯罪史、认罪态度、人格问题、受害经历、犯罪亚文化。这与问卷原结构一致,说明他评问卷有较好的结构效度。

(四) 量表的风险等级划分

女犯再犯风险评估的目的是为了能够筛选测量与评定每名女犯的再犯风险等级。好的风险评估量表既能够高效的评估出高风险的女犯,又能避免将大部分女犯归为高风险等级而浪费司法资源。本研究中,将女犯再犯风险分为 4 个等级:低度风险、中度风险、高度风险、极端风险。

1. 自评量表的等级划分

根据心理健康的统计学标准,一般认为偏离均值超过一个半或两个标准差以上才是不正常的,且偏离程度越大越不正常,同时参考监狱管理民警的实践经验,将罪犯再犯风险分为 4 个等级,得出每个维度的风险各等级分界线。将总分 11—29 分的评估为低度风险(68.1%);总分 30—40 分,评估为中度风险(24.9%);总分 41—48 分评估为高度风险(4.5%);总分 49—69 分为极端风险(2.5%)(见表 23)。

表 23　自评量表的常模

	N	Min	Max	M	SD
AA	684	11.00	69.00	26.51	8.72
有效的 N (列表状态)	684				

2. 他评量表的等级划分

本研究中,以每个维度得分的平均数和标准差为依据(根据心理健康的统计学标准,一般认为偏离均值超过一个半以上才是不正常的,且偏离程度越大越不正常),同时参考监狱管理民警的实践经验,将罪犯再犯风险分为 4 个等级,得出每个维度的风险各等级分界线:0—6 分,低度风险(67.3%);7—11 分,中度风险(25.1%);12—14 分,高度风险(5.3%);15—59 分,极端风险(2.3%)。

表 24　他评问卷常模表

	N	Min	Max	M	SD
AA	819	0.00	58.26	5.34	4.43
有效的 N（列表状态）	819				

（五）女犯风险评估自评量表与他评量表的整合

1. 整合的原则

虽然自评量表与他评量表评价的对象都是女犯的再犯风险，但是由于评价的形式不同，评分标准也有差异，因此不能将两个分量表的结果简单地相加，而是将其科学地整合。虽然如何整合量表并没有确切的理论作为依据，然而，应当明确的一点是：女犯风险评估量表的使用应当受"风险管理"价值取向的指导。在实践中"风险管理"的理念核心是：将风险低的罪犯放到社会上，节省国家的司法资源；将风险高的罪犯留置监狱，使其不能危害社会。就监狱而言，在风险管理中主要针对高风险的罪犯进行评估、管理、矫治，首要的工作就是标识出高风险的罪犯并处以相应处遇。目前可以搜索到的先例是：加拿大矫正局1994年编制的"监禁评定量表(CRS)"就是由两个独立内容的分量表组成的：一个是包含5个条目的机构内处遇子量表；另一个是包含7个条目的警戒风险子量表。随着任何一个子量表的分数上升，罪犯就受到较高警戒级别的安置。这种"就高不就低"的处置原则就是基于对社会公众、罪犯安全保护的需要。这个量表最终的结果按照最低、中度和最高三个级别划分，是罪犯入监初次分类的标准并证明是有效的。①

因此，根据风险管理的核心理念，监狱对女犯的初次分类应当根据"就高不就低"的原则进行整合量表，以保证不遗漏高风险的女犯。

2. 具体的整合方法

根据"就高不就低"的原则整合量表，则任意一个分量表显示为高度风险，则整个量表显示为高度风险；只有两个分量表都显示为低度风险，整个量表才显示为低度风险。具体而言：

① 杨诚、王平：《罪犯风险评估与管理：加拿大刑事司法的视角》，知识产权出版社2009年版，第19—20页。

（1）只有两个分量表都评估为低度风险，整合结果才为低度风险。

（2）两个分量表中如果风险程度不同，则整合结果以风险较高的分量表为依据。

（3）两个分量表都评估为中度、高度或极端风险，则整合结果为中度、高度或极端风险。

表 25　罪犯再犯风险评估自评问卷与他评问卷整合方法

他评	自评	综合
*	*	*
*	**	**
*	***	***
*	****	****
**	*	**
**	**	**
**	***	***
**	****	****
***	*	***
***	**	***
***	***	***
***	****	****
****	*	****
****	**	****
****	***	****
****	****	****

注：* 为低度风险，** 为中度风险，*** 为高度风险，**** 为极端风险。

六、小结

（一）课题的结论

第一，自编的女犯风险评估量表符合心理学量表的标准化编制程序，经过项目难度、区分度、内部一致性信度、重测信度、内容效度和结构效度等指标的验证，证明该量表的信效度较好，可以用于后续的实践研究。其中，自评量表的项目难度、区分度部分不理想，待样本进一步扩大后再进行题目的删减工作。

第二，女犯风险评估量表由自评量表和他评量表两部分组成，其中：自评量表有 7 个因子维度，分别为家庭/情感关系（16 题）、教育/就业（26 题）、居住（6 题）、成瘾性问题（5 题）、同伴交往（5 题）、兴趣爱好（6 题）、经济状况/消费习惯（4 题），共 71 题；他评量表有 6 个因子维度，分别为现行犯罪（9 题）、犯罪史（9 题）、亲犯罪态度（10 题）、人格问题（9 题）、受害经历（5 题）、犯罪亚文化（3 题），共 45 题。

第三，评估量表将女犯再犯风险划分为 4 个等级，即极端危险、高度危险、中度危险和低度危险，并根据目前暂时常模确定了自评量表、他评量表的危险等级分数线。

（二）本研究的创新性

本研究为国内首个基于女犯样本编制的、适用于女犯的风险评估工具，也突破了历来将基于男犯样本的评估量表用于女犯身上的常规做法，使得性别作为一个独立的变量在风险评估领域有了不同的差异。同时，编制出的量表在以下方面具有独创性：

1. 再犯因子的独特性

通过多途径寻找确定了女犯特有的再犯因子——受害经历、犯罪亚文化。通过对量表数据的统计发现：这两个因子具有较高的信度、效度。这也说明本研究基于对女性研究的视角对“情感”“性”“伤害”等方面的关注是合理的，提出的“在再犯风险方面女犯有着不同于男犯的犯因性需求”的理论假设也是正确的。

2. 量表评估方式上的独特性

在量表的评估方法上采用自评与他评相结合的方式，使得评估更科学合理。在量表的评估中避免使用单一的测量方式，采用女犯自我报告评估、民警访谈评估、档案查阅、其他相关知情人的访谈等多种方式搜集信息，同时在自评量表中加入测谎指标，帮助评估员更加方便地对自评量表的真实性进行判断，保证评估工作的科学有效性。

3. 量表整合方式上的独特性

本研究将风险评估量表采取分量表计分、整合总量表的方式虽然也有个别的评估工具作为参照先例，但还是与大多数评估工具不同。鉴于自评和他评量表都具有一定的局限性，因此将两种量表进行整合更加科学。同时，“就高不就低”的整合原则采取的是“谨慎、安全”的态度，保证了所有高风险的女犯都得到了标识，不会发生遗漏，在具体实践中也便于操作。

（三）课题的不足之处

本文努力在理论和实践的基础上设计一套科学的、适合我国女犯监狱管理具体情况的女犯风险评估量表，并详细阐明评估工作的实施方法和应注意的问题，然而，由于研究者能力的局限性，以及研究中被试的特殊性，使得该研究中还存在一些不足之处，需要后续的研究加以补充和修正。

1. 量表有待进一步完善

首先，自评量表的难度较高，个别题目的表述需要进一步调整，使得表述更为简洁，女犯更容易理解。其次，对自评量表中项目区分度较低的题目没有进行删减。再次，他评量表的项目目前只是形成了初稿，还需要进一步验证与分析。

2. 未对量表中的各因子赋予权重

由于量表中的各因子对再犯的影响力大小不同，因此理论上应当对各因子赋予不同的权重系数。然而，由于量表的题目未进行删减，量表中部分因子的同质信度并不高，赋权又是一项极其重要、谨慎的工作，因此，本研究暂时未对各因子赋予不同的权重，在后续的研究中将会重点关注因子赋权问题。

3. 量表的整合是否科学有待验证

在量表的最终整合方面，本研究只是提出了理论构想，是否符合实际情况并达到预想效果，还需在后续实践研究中加以验证。

（四）未来的展望

1. 进一步扩大样本

由于本研究的取样范围仅限于上海市监狱女犯，样本量也不足以说明全国监狱女犯整体情况。因此，需要后续选取其他省市的女犯进一步扩大样本，再修订常模，形成全国监狱女犯常模。

2. 作追踪研究

在后期的研究中，要积极加强与上海市各社区联系，从各社区中抽取一定样本的释放女犯开展追踪调查。检验 RASW 对被试释放女犯分别在 1 年内、3

年内、5 年内的再犯预测情况，并做好调查记录。

3. 进一步修订量表

首先，在后续的研究中，会根据扩大的样本、修订的常模情况进一步开展项目、信度与效度检验，根据检验情况进一步修订题目。其次，在上述基础上对不同因子进行权重赋值，邀请专家对如何赋权进行论证、审议，形成科学的权重系数。最后，进一步整合量表，形成风险/需求量表，为后续的矫治项目奠定基础。

4. 对女犯再犯影响因素作进一步的深入研究

在修订量表的基础上，进一步调查监狱内女犯显著的再犯风险水平，探究女犯再犯风险评估量表各因子维度在人口学变量如学历、年龄、婚姻状况、刑期、犯罪类型等指标上的分布特点，并进行统计学比较。对变化较为显著的变量作进一步深入的理论探讨，并形成课题研究的其他成果。

附录一：RASW 自评量表

你好！

为了深入了解女性服刑人员的状况和需求，为了你们将来能够更好地适应社会生活，上海市女子监狱课题组拟在全监范围内开展专项调研。本次调查获得的信息仅用于研究报告，你的任何回答都不会对你产生不利影响。你无须填写自己的姓名，我们也会为你的信息保密。

请按照每道题目后的要求，在所列选项中选出最符合你想法的答案（在选项前的“□”上打“√”）；或者在横线上填写相应的数字或文字。如果有个别问题你实在不愿意回答，可以不回答。

你的回答对我们的课题研究具有重要的意义，也会为你更好地回归社会提供帮助。

谢谢你的参与和支持！

【填写说明】

1. 问卷中一些题目以“是”或“否”作答，一些题目则按“1—5”的标准作答。

2. 请根据你的实际情况如实填写，如遇到不清楚的地方，可以举手询问。

（以下内容由调查员填写，请你从题目“1”开始填答）

问卷编号：______________________

调查地点：____________

调查时间：____年____月____日____时

一、以下1—64题为单选题。如果部分题目中你无下列情况的，可以不回答。

	非常好	比较好	一般	比较差	非常差
1. 我的婚姻或恋爱关系：	(01)□	(02)□	(03)□	(04)□	(05)□
2. 小时候我与父母的关系状况：	(01)□	(02)□	(03)□	(04)□	(05)□
3. 我与子女的关系状况：(若无子女，可不回答)	(01)□	(02)□	(03)□	(04)□	(05)□
4. 现在我与家庭成员的关系状况：	(01)□	(02)□	(03)□	(04)□	(05)□
5. 入狱前我与其他亲属关系状况：(若无其他亲属，可不回答)	(01)□	(02)□	(03)□	(04)□	(05)□

6. 我现在不满35岁并且未婚。

(01) □ 是　　(02) □ 否

7. 小时候我的父母关系状况差或离异。

(01) □ 是　　(02) □ 否

8. 小时候我不与父母一起生活。

(01) □ 是　　(02) □ 否

9. 我的家里有人曾有强制戒毒/劳动教养/拘留/判刑等经历。

(01) □ 是　　(02) □ 否

10. 我交往的男朋友或女朋友中曾有违法犯罪经历。

(01) □ 是　　(02) □ 否

11. 我18岁之前就已经有性生活。

(01) □ 是　　(02) □ 否

12. 我第一次发生性关系的时候年龄为：

(01) □ 14周岁以下　　(02) □ 14—18周岁　　(03) □ 18周岁以上

13. 我第一次发生性关系是自愿的。

(01) □ 是　　(02) □ 否

14. 我是同性恋。

(01) □ 是　　　　(02) □ 否

15. 我经常更换我的男朋友(有性关系)。

(01) □ 是　　　　(02) □ 否

16. 我曾经同时有多个男朋友(有性关系)。

(01) □ 是　　　　(02) □ 否

17. 我小时候曾遭受过家庭暴力。

(01) □ 是　　　　(02) □ 否

18. 我曾经遭受过强奸(包括猥亵)。

(01) □ 是　　　　(02) □ 否

19. 我小时候曾被拐卖过。

(01) □ 是　　　　(02) □ 否

20. 我曾经遭受过绑架。

(01) □ 是　　　　(02) □ 否

21. 我小时候曾遭受过其他身体或精神上的伤害。

(01) □ 是　　　　(02) □ 否

上一题如果选(01),请注明是什么样的伤害:____________________

	非常好	比较好	一般	比较差	非常差
22. 我在学校期间学习成绩状况:	(01)□	(02)□	(03)□	(04)□	(05)□

23. 我的文化程度为初中或以下水平。

(01) □ 是　　　　(02) □ 否

24. 我在上学期间曾被留级、主动辍学或长期逃课。

(01) □ 是　　　　(02) □ 否

25. 我在上学期间曾受到过处分、停学或除名。

(01) □ 是　　　　(02) □ 否

26. 我对学习没有兴趣。

(01) □ 是　　　　(02) □ 否

27. 我在学校期间经常受到同学的打骂或嘲讽。

(01) □ 是　　　　(02) □ 否

28. 我在学校期间经常受到老师的打骂或嘲讽。

(01) □ 是　　　　(02) □ 否

29. 我经常失业或者我从未工作过。

(01) □ 是　　　　(02) □ 否

30. 一个工作岗位我从未干满一年。

(01) □ 是　　　　(02) □ 否

31. 我在工作期间与同事之间有过矛盾或关系紧张。

(01) □ 是　　　　(02) □ 否

32. 我在工作期间与上级或领导有过矛盾或关系紧张。

(01) □ 是　　　　(02) □ 否

33. 我工作的地方经常会发生一些违法犯罪案件。

(01) □ 是　　　　(02) □ 否

34. 我曾经在色情行业中工作过。

(01) □ 是　　　　(02) □ 否

35. 我有一些如开锁、攀爬、武术、野外生存等技能。

(01) □ 是　　　　(02) □ 否

36. 我没有接受过职业技能培训。

(01) □ 是　　　　(02) □ 否

37. 我 18 岁之前就离开老家在外地打工。

(01) □ 是　　　　(02) □ 否

38. 我 18 岁之前就随父母离开老家去外地打工。

(01) □ 是　　　　(02) □ 否

39. 我的身体有伤残,也很难找工作。

(01) □ 是　　　　(02) □ 否

40. 我现在没有什么技能能够帮助我找到工作。

(01) □ 是　　　　(02) □ 否

41. 目前我对回归社会后没有工作的打算。

(01) □ 是　　　　(02) □ 否　　　　(03) □ 不知道

42. 我重返社会后不想再工作。

(01) □ 是　　　　(02) □ 否　　　　(03) □ 不知道

43. 重返社会后我家里人不能帮助我找工作。

(01) □ 是　　　　(02) □ 否　　　　(03) □ 不知道

44. 重返社会后我可能会一个人生活。

(01) □ 是　　　　(02) □ 否　　　　(03) □ 不知道

45. 我觉得自己重返社会后可能会重新犯罪。

(01) □ 是　　(02) □ 否　　(03) □ 不知道

	非常好	比较好	一般	比较差	非常差	不知道
46. 我重返社会后依靠自己挣钱生活的能力：	(01)□	(02)□	(03)□	(04)□	(05)□	(06) □
47. 我重返社会后的社保情况：	(01)□	(02)□	(03)□	(04)□	(05)□	(06) □

48. 我以前居住的小区或片区周围经常发生违法犯罪现象。

(01) □ 是　　(02) □ 否

49. 我以前居住的小区或片区周围有吸毒人员。

(01) □ 是　　(02) □ 否

50. 我以前不与家人一起住。

(01) □ 是　　(02) □ 否

51. 我以前没有稳定的居所。

(01) □ 是　　(02) □ 否

52. 我现在人户分离(指户口所在地与居住地不是同一个地方)。

(01) □ 是　　(02) □ 否

53. 我经常换地方住,已经超过 3 次。(数量:________)

(01) □ 是　　(02) □ 否

54. 我曾经酗酒。

(01) □ 是　　(02) □ 否

55a. 我曾经吸毒。

(01) □ 是　　(02) □ 否

55b. 上一题如果选(01),请详细写明所使用的毒品种类:________________

56. 我曾经赌博有瘾。

(01) □ 是　　(02) □ 否

57. 我曾经有网瘾。

(01) □ 是　　(02) □ 否

57a. 我的家庭成员或交往异性中存在上述成瘾性问题。

(01) □ 是　　(02) □ 否

57b. 上一题如果选(01),请具体说明存在成瘾问题的家庭成员或交往异

性与你的关系：________

58. 我曾经违法犯罪的朋友多于3人。

(01) □ 是　　　　　　　　　　(02) □ 否

59. 我的好朋友中有人有过违法犯罪记录。

(01) □ 是　　　　　　　　　　(02) □ 否

60. 我的朋友(包括老乡)曾经唆使过我犯罪或者为我犯罪提供过帮助。

(01) □ 是　　　　　　　　　　(02) □ 否

61. 我在社会上遇到困难需要用钱或者需要人帮忙时，我会自己想办法，不会求其他人。

(01) □ 是　　　　　　　　　　(02) □ 否

	非常好	比较好	一般	比较差	非常差
62. 我认为自己的社交能力：	(01)□	(02)□	(03)□	(04)□	(05)□

63. 我在入狱前经常参加一些违法活动。

(01) □ 是　　　　　　　　　　(02) □ 否

64a. 我在入狱前经常靠吸毒打发空闲时间。

(01) □ 是　　　　　　　　　　(02) □ 否

64b. 我在入狱前经常靠打牌或打麻将打发空闲时间。

(01) □ 是　　　　　　　　　　(02) □ 否

64c. 我在入狱前经常靠上网打发空闲时间。

(01) □ 是　　　　　　　　　　(02) □ 否

65. 我以前很少花时间陪我的家人。

(01) □ 是　　　　　　　　　　(02) □ 否

66. 我曾经经常在外面玩到很晚也不回家。

(01) □ 是　　　　　　　　　　(02) □ 否

67. 我曾经经常觉得钱不够用。

(01) □ 是　　　　　　　　　　(02) □ 否

68. 我曾经的经济来源主要靠非法收入所得。

(01) □ 是　　　　　　　　　　(02) □ 否

69. 我小时候父母没有稳定收入。

(01) □ 是　　　　　　　　　　(02) □ 否

70. 我在入狱前的个人消费多用于：

(01) □ 家庭正常生活、医疗等日常支出

(02) □ 购买奢侈品、高档餐厅酒吧等消费支出

(03) □ 赌博、购买毒品等消费支出

附录二:RASW 他评量表

调查员：________________ 问卷编号：________________

调查地点：__________

调查时间：____年____月____日____时

一、现行犯罪

□是□否　1. 此次犯罪类型为盗窃。

□是□否　2. 此次犯罪类型为涉毒类。

□是□否　3. 此次犯罪类型为诈骗类。

□是□否　4. 此次犯罪类型为伤害类。

□是□否　5. 此次犯罪刑期为 5 年及以下刑期。

□是□否　6. 此次犯罪是团伙犯罪主犯。

□是□否　7. 此次有 2 项及以上罪名。(数量：　)

□是□否　8. 此次犯罪有性的因素。

□是□否　9. 待识别的犯罪身份,选择“是”须符合以下至少一项,并勾选以下所符合的答案。a. 假姓名、假地址、假身份、假经历。b. 自用名、曾用名

二、犯罪史

□是□否　10. 此前有前科劣迹。(　/　)

□是□否　11. 未成年就有前科或劣迹。(　/　)

□是□否　12. 曾因定罪而被处监禁。

□是□否　13. 曾有异地改造(包括劳教、戒毒、拘役等)经历。

□是□否　14. 曾在监禁机构内受到过如警告、记过、禁闭等处罚。

□是□否　15. 曾在监禁场所内再次犯罪。

□是□否　16. 曾在缓刑或假释期间再次犯罪。

□是□否　17. 初次犯罪时年龄未满 18 周岁。

上一题如果选“是”，则初次犯罪年龄：____________

□是□否　　18. 曾经服刑的刑期以 5 年及以下为主。

三、亲犯罪态度

在社会环境期间：

	完全符合	有一点符合	一般	有一点不符合	完全不符合
19. 仇恨社会：	(01)□	(02)□	(03)□	(04)□	(05)□
20. 对社会规范感到厌烦：	(01)□	(02)□	(03)□	(04)□	(05)□
21. 因身体伤残而仇视社会：	(01)□	(02)□	(03)□	(04)□	(05)□

在监禁机构期间：

	完全符合	有一点符合	一般	有一点不符合	完全不符合
22. 对自己的犯罪有借口：	(01)□	(02)□	(03)□	(04)□	(05)□
23. 对被害方无内疚或负罪感：	(01)□	(02)□	(03)□	(04)□	(05)□
24. 对监管改造的态度差：	(01)□	(02)□	(03)□	(04)□	(05)□
25. 对法院/检察/公安机关怨视。	(01)□	(02)□	(03)□	(04)□	(05)□
26. 对自己的家人无愧疚感。	(01)□	(02)□	(03)□	(04)□	(05)□
27. 对重返社会没有信心。	(01)□	(02)□	(03)□	(04)□	(05)□

□是□否　　28. 重返社会后难以落实安置帮教。

四、人格问题

对人格障碍的判断：

□是□否　　29. 对反社会型人格的判断，下列选项符合以下至少一项，则选择“是”。

a. 行为违背社会规范，经常违法乱纪；以自我为中心，冷漠无情。

b. 18 岁以前就出现品行问题(反复说谎、违反校规、逃学、斗殴、偷窃等)。

□是□否　　30. 对冲动型人格的判断，以情感爆发和明显的冲动行为作为主要表现，并至少符合以下 3 项，选择“是”。

a. 易与他人发生争吵和冲突，特别在冲动行为受阻或受到批评时；

b. 有突发的愤怒和暴力倾向，对导致的冲动行为不能自控；

c. 对事物的计划和预见能力明显受损；

d. 不能坚持任何没有即刻奖励的行为；

e. 不稳定的和反复无常的心境；

f. 自我形象、目的，及内在偏好（包括性欲望）的紊乱和不确定；

g. 容易产生人际关系的紧张或不稳定，时常导致情感危机；

h. 经常出现自杀、自伤行为。

□是□否　31. 对偏执性人格的判断，以猜疑和偏执为特点，并至少有下列3项的，勾选“是”。

a. 对挫折和遭遇过度敏感；

b. 对侮辱和伤害不能宽容，长期耿耿于怀；

c. 多疑，容易将别人的中性或友好行为误解为敌意或轻视；

d. 明显超过实际情况所需的好斗，对个人权利执意追求；

e. 易有病理性嫉妒，过分怀疑恋人有新欢或伴侣不忠，但不是妄想；

f. 过分自负和自我中心的倾向，总感觉受压制、被迫害，甚至上告、上访，不达目的不肯罢休；

g. 具有将其周围或外界事件解释为“阴谋”等的非现实性优势观念，因此过分警惕和抱有敌意。

□是□否　32. 对习惯性冲动控制障碍的判断，下列3项中有一项符合的，选择“是”。

a. 盗窃癖　　b. 病态性赌博　　c. 纵火癖

□是□否　33. 对躁狂症的判断，以情绪高涨或易激惹为主要特征，且症状持续至少一周，在心境高扬期，至少符合以下选项中的3项，勾选“是”：

a. 言语比平时显著增多；

b. 联想加快，或观念飘忽，或自感言语跟不上思维活动的速度；

c. 注意力不集中，或者随境转移；

d. 自我评价过高，可达妄想程度；

e. 自我感觉良好，如感头脑特别灵活，或身体特别健康，或精力特别充沛；

f. 睡眠的需要减少，且不感疲乏；

g. 活动增多，或精神运动性兴奋；

h. 行为轻率或追求享乐，不顾后果，或具有冒险性；

i. 性欲明显亢进。

一般人格特点的判断：

□是□否　34. 下列人格特点，选择"是"须符合以下至少一项，勾选所符合的答案。

a. 内省与自责感极低；

b. 社会责任感极低；

c. 极端自私；

d. 极端贪婪；

e. 自控力极差；

f. 同理心极差；

g. 极端自卑；

h. 性心理异常。

	完全符合	有一点符合	一般	有一点不符合	完全不符合
35. 人际交往中容易被激惹，出现愤怒情绪：	(01)□	(02)□	(03)□	(04)□	(05)□
36. 很容易受他人影响和指使：	(01)□	(02)□	(03)□	(04)□	(05)□

□是□否　37. 曾经有心理咨询、心理治疗经历。

37a. 上一题如果选"是"，则写出心理咨询的次数________。

□是□否　37b. 上一题如果选"是"，则目前心理问题已解决。

五、受害经历

□是□否　38. 成年前曾遭受过家庭暴力。

□是□否　39. 成年前曾遭受过性侵(包括猥亵)。

□是□否　40. 成年前曾遭受过拐卖。

□是□否　41. 成年前曾遭受过绑架。

□是□否　42. 成年前曾遭受过其他伤害，请注明：__________

六、犯罪亚文化

□是□否　43. 有过文身，

43a. 上一题如果选“是”，则文身图案：__________

□是□否　44. 在亚文化群体中有绰号。

44a. 上一题如果选“是”，则绰号为：__________

□是□否　45. 在亚文化群体中使用“隐语”或“暗语”。

45a. 上一题如果选“是”，则暗语为：__________

（访谈调查到此结束）

暴力犯分类项目矫正研究
——以T监狱暴力犯分类改造实验监区为例

上海市提篮桥监狱课题组

20世纪70年代，当“马丁森炸弹”被抛出后，矫正的有效性成为矫正人员必须面对的难题。在对传统罪犯矫正方法进行反思的过程中，美国、加拿大等国家将矫正项目作为罪犯矫正的基本实践模式。我国的罪犯矫正实践中，矫正项目逐渐受到重视，相关研究随之展开，如周勇在《初议矫正项目》一文中指出，矫正项目“是教育改造罪犯比较先进的一种新型手段和有效载体”。[①]翟中东认为：“项目矫正是对服刑人员进行矫正的新形势。与传统的矫正相比，项目矫正的突出特点是使用了具有矫正内容、矫正量与矫正程序的矫正模块对服刑人员进行矫正。”[②]矫正实践工作中，山东任城监狱对暴力犯开展了认知行为、团体活动、儒家文化等矫正项目，并取得了一定效果。

但罪犯项目矫正工作仍存在一些问题，最为突出的是缺乏针对性和有效性，没有将罪犯的“病因”和矫正项目的“药方”结合起来，导致监狱矫正资源的浪费。本文以暴力犯分类改造前期工作为基础，尝试建立一套具有操作性的暴力犯分类项目矫正模式，努力达到暴力犯犯因性特征与矫正项目的有效衔接，提高分类项目矫正的有效性。

一、实施暴力犯分类项目矫正的必要性

（一）能够满足暴力犯分类矫正需求

暴力犯分类矫正的特点是收集犯因性因素，并在提炼类型特征的基础上开展针对“靶目标”的矫正活动，这样就为提高矫正有效性创造了可能。我们针对

---

① 周勇、张灵：《初论矫正项目》，《河南司法警官学院学报》2009年第4期。

② 翟中东：《矫正的变迁》，中国人民公安大学出版社2013年版，第273—275页。

不同类型暴力犯实施特定的矫正项目，就是将暴力犯矫正活动具体化、差异化，既避免大课教育缺乏针对性的不足，又弥补个别教育缺乏标准化的弊端。

（二）符合暴力犯分类矫正的阶段性特征

开展暴力犯分类项目矫正需要具备一定的基础和条件。为此，我们开展了大量的前期基础性工作：一是全面收集、排摸犯因性因素，提炼类型特征，将暴力犯划分为掠夺型、称霸型、情绪型和防御型 4 种类型；二是在明确类型后，对暴力犯进行暴力危险等级评估；三是开展暴力犯分类关押、分类管理、分级处遇和分期矫正。暴力犯分类矫正是一项系统性工作，当类型划分、危险等级评定和分押、分管、分级、分期等工作有序开展之后，实施分类项目矫正的时机已经成熟，暴力犯分类矫正工作可以进入到实践性、操作性很强的项目矫正阶段。

二、暴力犯分类项目矫正的实施原则

翟中东认为项目矫正具有模块化、程式性、可操作性、循证性、计量化、个别化和对象性 7 项原则。①在注重这些原则的同时，暴力犯分类项目矫正根据自身特点，还需要具备以下 4 项原则：

（一）类型化原则

暴力犯分类项目矫正是以暴力犯分类为基础的。在为某种类型的暴力犯选择矫正项目时，必须认识到不同类型的暴力犯与某些矫正项目具有较好的匹配度。因此，暴力犯分类项目矫正强调两个差异和一个匹配：第一个差异是注重不同类型暴力犯的差异性；第二个差异是指注重不同矫正项目的差异性；匹配则注重不同类型暴力犯和不同矫正项目之间的匹配适宜性，从而体现矫正项目的针对性，即对不同类型的暴力犯施以不同的矫正项目。

（二）犯因性原则

科学的矫正项目应当是有所选择并有特定指向性的。实施暴力犯类型化

---

① 参见吴宗宪：《罪犯改造论——罪犯改造的犯因性差异理论初探》，中国人民公安大学出版社 2007 年版。

的矫正项目，其标准就是某种类型的犯因性特征。吴宗宪指出，犯因性因素“是一切与犯罪心理的形成和犯罪行为的实施有关的因素”。[①]从罪犯矫正角度来看，犯因性因素不仅是促进或推动犯罪分子实施犯罪活动的因素，同时又是监狱矫正罪犯时所应针对的靶目标。在选择和设计矫正项目时，通过干预犯因性特征达到矫正暴力思维和暴力行为的效果。

（三）标准化原则

标准化原则体现了科学研究的范式思维。我们开展暴力犯分类项目矫正，就是希望能够为今后从事相似工作的民警提供一种可以参考的“视野和框架”，即所谓范式，[②]只是从基层工作的角度，我们更愿意将其称为标准化。暴力犯分类项目矫正是一项实践性、操作性很强的工作，要在实践中贯彻、推广，并能够经受有效性检验，这就需要实现标准化运行。暴力犯分类项目矫正要在犯因性评估、类型划分以及矫正项目的选择、实施、评价等环节制定操作规范。标准化能够使矫正项目摆脱民警个人因素的束缚——即便民警在工作经验、能力、兴趣等方面存在差异，只要能够依照标准化步骤有条不紊地操作，就能够最大化地实现分类项目矫正的设计目标。

（四）类型化与个别化相结合原则

暴力犯分类项目矫正的实施，其特点是某类型暴力犯的矫正项目一经确定，其操作就在高度结构化的过程中进行，不再决定于民警个人的能力和经验，这就使矫正项目具备了可复制、易推广、效率高的优点。但在实施分类矫正的同时，还必须加强矫正的个别化。民警对暴力犯个体服刑表现、思想动态等犯因性因素的收集，不仅为类型特征进行了有益补充，又为个别矫正提供了依据；民警将暴力犯个体表现情况进行专档造册，分析研究，本身也是对暴力犯研究样本的充实，能够帮助分类项目矫正的完善。矫正项目在实施过程中，民警应当在类型中关注罪犯个体的差异性，并将分类矫正与个别化矫正相结合。

---

① 吴宗宪：《罪犯改造论——罪犯改造的犯因性差异理论初探》，中国人民公安大学出版社 2007 年版。

② [美]托马斯·库恩：《科学革命的结构》，金吾伦译，北京大学出版社 2012 年版。

三、暴力犯分类项目矫正需要评估——犯因性特征提取

暴力犯具有 4 种不同类型，每种类型有各自的犯因性特征；矫正项目种类繁多，每种矫正项目也有自身的矫正针对性。那么，如何将暴力犯类型与矫正项目有效衔接，做到对症下药呢？翟中东认为："循证矫正的核心是矫正项目，基础是循证，循证矫正的基本实践表现就是：在循证基础上构建'矫正项目'。"[①]为此，我们对 4 种暴力犯的分类项目矫正需要进行评估，并以矫正需要为基础构建矫正项目，提高矫正的有效性。

翟中东同时指出："矫正需要评估是矫正项目的前提，如果将矫正项目比作'药'，矫正需要评估便是医生的诊断……矫正项目中的矫正需要，就是犯因性需要，它涉及服刑人员犯罪原因方面的内容。"[②]犯因性因素排查可以从如下几个方面进行：一是从翻阅档案、查阅狱政信息、个别谈话，以及信件、电话、接见等多种途径收集信息；二是以"风险—需求—反应"原则为基础，综合国内外相关评估工具的研究成果，设计《暴力犯风险和改造需求评估表》，掌握量化数据；三是进行结构性信息汇总，通过相关文献资料收集、梳理，在工作实践和理论学科两个方面提炼暴力犯犯因性因素，形成"基本人口特征""心理特征""成长经历""犯罪事实""服刑状况"5 个板块、16 项犯因性因素、27 个施测指标的信息调查及汇总。四是通过个案排查犯因性因素，将具有典型性个案作为重点剖析对象，掌握类型特点。表 1 为我们排查的暴力犯犯因性因素结构指标。

表 1　暴力犯犯因性因素结构指标

基本人口特征	年龄、文化、户籍、经济收入、法律教育状况、身体健康状况等
个性心理特征、价值观和态度	气质、人格、自我认同、被害评价、社会满意度、社会公平感等
成长经历	家庭成员关系、家庭支持、亲属劣迹、邻里关系、初次离家年龄、初次犯罪年龄、不良嗜好、前科劣迹、经济来源、经济支出、心理状态等
犯罪过程	罪名、与被害人关系、犯罪原因、心理状态、犯罪工具、暴力程度、犯罪后反应、被害人过错、被害人抵抗、同案犯、时间、场所、自首等
服刑状况	上诉、认罪、悔罪、赎罪、需要、情绪、信心、监规、违纪、狱内人际关系、家人支持等

① 翟中东：《矫正的变迁》，中国人民公安大学出版社 2013 年版，第 272 页。

② 同上书，第 274 页。

（一）情绪型暴力犯犯因性特征

情绪型暴力犯在喜、怒、哀、乐等情绪激发下实施暴力犯罪行为，情绪性、情境性、爆发性是其特点。从个案情况来看，该类暴力犯情感能力较为迟钝、对人冷漠，难以与他人建立良好的情感纽带，动辄以武力解决纠纷；还有一些暴力犯情绪调解能力差，情绪较多表现为消极状态，当他们长期处于消极且不能自已时，引发人际冲突或暴力行为的可能性就很高。

1. 神经质

经验性的观点是否能够在调查中得到印证？我们对不同类型暴力犯的人格特质进行调查。艾森克量表统计结果显示：神经质方面，得分最高的是情绪型暴力犯，为 72 分；称霸型得分最低，为 57 分。根据艾森克理论的解释，情绪型暴力犯神经质水平最高，具有很强的情绪不稳定性，对各种刺激的反应过于激烈。

2. 情绪的面向

李玫瑾认为，情绪是可以观察的心理现象，可以表现为正向的情绪还是负向的情绪，是积极的还是消极的；然后可以观察情绪处于何种程度，属于轻度、中度，还是重度；并且情绪能够直接通过神经活动、表情、肢体动作表现出来。① 当恶性消极情绪不断积聚并爆发，就导致暴力犯罪。为此，我们在问卷中提问："在社会时，你的情绪状态是怎样的？"选项分为"不快乐""一般""快乐"3 个等级，并分别被赋值 3、2、1。情绪的面向具有稳定性，因此，这个问题相当于调查了暴力犯在服刑期间的情绪状态。调查结果显示，情绪由消极到积极的排列次序依次为：情绪型 2.23、防御型 2.19、掠夺型 2.07 和称霸型 2.03，情绪型暴力犯的情绪表现最为消极。

3. 情感纠葛

我们在调查中还有一项意外发现，即暴力犯与被害人关系存在两种明显的差异：一种是暴力犯与被害人关系熟悉或亲密，另一种是疏远或陌生。于是，我们将被害人划分为亲人、女友、熟人、相识、陌生 5 个层级，对应的分值分别为 5、4、3、2、1，分值越高，关系越是亲密。调查显示，暴力犯与被害人关系由亲

---

① 李玫瑾：《犯罪心理研究——在犯罪防控中的作用》，中国人民公安大学出版社 2010 年版，第 40 页。

密到疏远排序依次为情绪型、防御型、称霸型和掠夺型，且情绪型和称霸型、掠夺型具有显著性差异($p<0.05$)。暴力犯与被害人关系越亲密，就越容易卷入深层次的情感纠葛，剪不断理还乱，最终引发暴力血案；相反，关系越是疏远，因财物引发的纠纷、矛盾就越明显，情感因素则减少很多。4 种暴力犯的情感纠葛对比情况如表 2 所示：

表 2　四种暴力犯情感纠葛水平

类　型	N	均值	标准差	标准误	均值的 95%置信区间		极小值	极大值
					下限	上限		
情绪型	73	3.13	0.811	0.095	2.36	2.54	1	5
防御型	42	2.83	0.701	0.124	2.18	2.88	1	5
掠夺型	31	2.76	0.545	0.080	1.39	1.62	1	5
称霸型	16	2.63	0.606	0.202	1.50	2.45	1	5
总　数	162	2.81	0.756	0.067	2.07	2.53	1	5

（二）防御型暴力犯犯因性特征评估

霍妮在对精神病症的研究中对人际交往方式进行了 3 种分类，其中一种人际交往倾向于“避开人的活动”，霍妮将其称为“分离型”，这种人认为回避他人会减少冲突。[①]我们在调查中发现，防御型暴力犯在人际交往中通常较为退缩、被动，但在受到威胁的情况下也会实施暴力行为。在防御型暴力犯罪中，暴力犯罪往往由被害人引发或被害人具有一定过错，我们常说的“兔子急了也会咬人”，能够比较形象地反映防御型暴力犯的犯罪状态。

1. 认罪态度

被害人过错是犯罪学的重要研究内容，特别在暴力犯罪中，犯罪人与被害人构成一种互动关系，暴力行为通常是在犯罪人与被害人共同作用下完成的。[②]防御型暴力犯中被害人或多或少都具有一定过错。那么，被害人过错对暴力犯认罪态度产生怎样的影响？为了摸清暴力犯的认罪态度，在问卷中设计了问题：“你对本次法院判决的态度怎样？”答案包括 5 个选项：完全认同、大部分认同、一般、大部分不认同，完全不认同。5 个选项被分别赋值 1、2、3、4、

① 傅安球：《心理咨询师培训教程》，华东师范大学出版社 2013 年版。

② 郭建安：《犯罪被害人学》，北京大学出版社 1997 年版。

5。调查显示，认罪态度由好到差排列依次为掠夺型、称霸型、情绪型、防御型，而且防御型与其他 3 种类型暴力犯均有显著性差异（p＜0.05）。4 种暴力犯的认罪态度对比情况如表 3 所示：

表 3　四种暴力犯认罪态度对比

类　型	N	均值	标准差	标准误	均值的 95%置信区间		极小值	极大值
					下限	上限		
情绪型	73	3.15	2.049	0.708	1.17	2.37	1	5
防御型	42	3.43	3.507	1.196	1.68	2.68	1	5
掠夺型	31	2.26	3.179	0.110	2.19	3.32	1	5
称霸型	16	2.63	2.260	0.315	2.10	3.01	1	5
总　数	162	2.00	5.951	0.468	1.89	2.75	1	5

2. 狱内人际关系

从防御型暴力犯罪个案分析情况来看，人际冲突对暴力行为的发生、发展起到了很大的推动作用；并且，在人际冲突中，一部分暴力犯虽然实施了暴力犯罪行为，但他们是在受到被害人挑衅、胁迫的情况下被动实施的。他们在日常改造生活中的人际交往常常存在一些问题，个别防御型暴力犯甚至受到困扰，屡屡与他人发生矛盾纠纷。为此，我们对暴力犯狱内人际关系进行调查，发现防御型暴力犯的人际交往能力得分最低，为 12.5 分；掠夺型 15.3 分；情绪型 16.7分；称霸型得分最高，18.1 分。

（三）掠夺型暴力犯犯因性特征评估

掠夺型暴力犯罪表现出很强的功利性，以掠夺手段为主，目标既包括财产，又包括健康或生命，很多是在抢夺财产的过程中转而施害他人人身，“两抢一盗”中的抢劫、抢夺犯罪是典型表现。

1. 学历教育

掠夺型暴力犯较为突出的犯因性特征是文化水平低，在 4 种类型的暴力犯中接受学历教育最差，而情绪型暴力犯则处于最好的一类。掠夺型暴力犯中，未完成九年义务教育的占 23.7%，情绪型暴力犯的这一比例是 12.6%；掠夺型暴力犯高中以上学历占 9.2%，情绪型暴力犯的这一比例则占到了 15.5%。为了考察 4 类暴力犯的学历教育差异情况，我们令文盲＝1，小学＝2，初中＝3，高中＝4，大专及以上＝5，进行等距赋值。暴力犯学历总体均值 M＝3.09，4 种暴力犯学历教育水平由低到高排列为掠夺型 3.01、称霸型 3.06、防御型 3.12、情绪型 3.14。掠夺型学历教育处于 4 种暴力犯中最低水平。

2. 前科劣迹

哪种类型暴力犯的前科劣迹水平最高？为此，我们对不同类型暴力犯的前科劣迹情况进行对比，在赋值过程中，令前科＝2，劣迹＝1，可以重复计分，前科劣迹越多则分值越高。调查显示掠夺型暴力犯的前科劣迹最多，分值为 1.03；最少的是防御型暴力犯，分值为 0.52，且该两种类型具有显著性差异（P＝0.044）。4 种暴力犯前科劣迹因素的对比情况如表 4 所示：

表 4　四种暴力犯前科劣迹因素对比

类　型	N	均值	标准差	标准误	均值的 95％置信区间		极小值	极大值
					下限	上限		
情绪型	73	0.60	1.024	0.120	0.36	0.84	0	5
防御型	42	0.52	0.833	0.129	0.26	0.78	0	3
掠夺型	31	1.03	1.494	0.268	0.48	1.58	0	7
称霸型	16	0.75	1.238	0.310	0.09	1.41	0	4
总　数	162	0.68	1.113	0.087	0.51	0.85	0	7

（四）称霸型暴力犯犯因性特征评估

称霸型暴力犯类似于霍妮所谓的“敌对型”。这类罪犯在人际交往中包含了对权力、对剥夺他人、对威信和对个人成就等需要的组合。[①]从称霸型暴力个案情况和犯罪特征来看，其表现方式主要有 3 种：一是团伙犯罪中的主犯；二是在人际交往中较为强势，当对方不屈从自己时便诉诸武力；三是单纯支配对方导致的家庭暴力，同时排除财、色因素的推动。称霸型暴力犯往往通过暴力寻求自我认同、巩固地位、解决争端，称霸心理和行为往往固化为一定形式的恶习，涉黑犯罪中的团伙头目是此类暴力犯的典型。

1. 不良嗜好

我们对暴力犯的不良嗜好进行调查，其中一些内容结合了狱政系统和罪犯档案，如对毒品的调查就调取了狱政系统中的“特管类别”。我们将不良嗜好分

---

① 傅安球：《心理咨询师培训教程》，华东师范大学出版社 2013 年版。

为“毒品”“赌博”“酗酒”“不正当男女关系”“无不良嗜好”5 个选项。结合犯罪事实来看，相当一部分暴力犯罪都与不良嗜好有关，另一部分暴力犯即便不是在毒品、酒精作用下实施暴力犯罪，日常生活中也浸染不良嗜好。调查显示，称霸型、情绪型暴力犯不良嗜好的比例最高，分别为 18%和 17.4%；掠夺型和防御型比例较低，分别为 15.8%和 10.1%。

2. 自我认同

我们对暴力犯进行犯因性特征调查后发现，称霸型暴力犯的自我认同水平最高。4 种类型暴力犯的自我认同水平从高分到低分排列为：称霸型 3.13、情绪型 3.02、掠夺型 2.95 和防御型 2.76。在前文中，称霸型暴力犯的前科劣迹水平仅次于掠夺型，位列第二。将积极的自我认同与较高的前科劣迹相结合能够发现，暴力犯基于不良环境、亚文化的支配，沾染一定不良嗜好，恶习较深，但能够从不良的生活方式中获得良好的人际交往，这又巩固了他们的优越心理，并形成了一种“入鲍鱼之肆，久闻而不知其臭”的道德扭曲现象。这是一种以恶习为基础的自我认同，并通过暴力巩固地位、解决争端，满足支配和剥夺他人的扭曲心理。

四、暴力犯分类矫正项目的选定

提取每一类暴力犯的犯因性特征，就是为了将监狱资源投入到最需要矫正的“靶目标”上去，并据此设计分类矫正项目。我们对每一类暴力犯设计的矫正项目包括两个层次：第一层次，解决认知方面的问题，使暴力犯对自身情绪问题有一个比较清晰、明了的认识，增加主动调控意识；第二层次，解决暴力行为问题，从行为方面进行调控训练，或以情景模拟的形式帮助暴力犯感受、强化矫正成果。我们之所以要将情景模拟作为最后的矫正项目，是因为情景模拟具有戏剧化的效果。根据“拟剧理论”大师戈夫曼的观点：当个体在表演同一常规程序而相互配合时，被戏剧化的仪式能在人们实践的基础上，升腾起社会世界“为真”的感觉来。①暴力犯犯因性特征往往在性格和行为中固化，要打破这种固化，就必须使他们感受到一种全新认知和行为模式的冲击。只有情景模拟的戏剧化效果能够达到新旧模式的冲击，激发暴力犯弃旧从新。

---

① ［美］欧文·戈夫曼：《日常生活中的自我呈现》，北京大学出版社 2008 年版。

（一）情绪型暴力犯矫正项目的选定

情绪型暴力犯就像它的类型名称所标定的那样，具有很高的情绪敏感性、不稳定性，并容易引发情感纠葛。在矫正项目设计上，首先，安排情绪型暴力犯学习相关心理学知识，解决他们对自身心理、情绪问题的认知；其次，民警针对该类暴力犯情绪易波动的特点，设计折纸、素描、书法、涂色艺术矫正，增强情绪型暴力犯的情绪感受力和心理耐受性。

（二）防御型暴力犯矫正项目的选定

防御型暴力犯的犯因性特征主要是认罪态度较差、人际交往技能不足。在矫正项目的设计上，首先，定期安排认罪悔罪法律知识讲座，同时配合进行认罪悔罪现身说法活动，解决法律认知问题；其次，民警针对该类暴力犯人际交往不良的特点，开展具有人际互动矫正意义的情景模拟，使防御型暴力犯在角色责任中加强积极体验，正确理解各种角色的关系，促进良性人际交往方式的形成。

（三）掠夺型暴力犯矫正项目的选定

掠夺型暴力犯的犯因性特征主要表现为学历教育不足、文化水平低，同时该类暴力犯前科劣迹最多，改造难度较大。在矫正项目的设计上，首先，重点安排初中及以下文化程度的掠夺型暴力犯参加监狱文化、道德课程的学习和考试。在奖惩方面给予表现，即掠夺型暴力犯学习和考试成绩优秀的，给予高于其他罪犯的奖励；相反，学习和考试成绩不合格的，给予高于其他罪犯的处罚。其次，掠夺型暴力犯往往掠夺他人财物不择手段，犯罪手段残忍，应当将掠夺型暴力犯罪案例的情景模拟再现，让掠夺型暴力犯扮演被害人角色，体验被害人遭受的财物和人身伤害，并讨论亲身体验到的被害感受。情景模拟的目的是通过同理心的换位思考，体验被害人的感受和处境，最终放弃暴力掠夺犯罪。

（四）称霸型暴力犯矫正项目的选定

称霸型暴力犯具有明显的不良嗜好和犯罪恶习，但他们却有着积极的自我认同，这就表明这类暴力犯的价值观扭曲；通过暴力寻求自我认同、满足支配欲，又表明这类暴力犯以自我为中心，冷酷无情。在矫正项目的设计上，首先，重点安排法律课程学习，教授法律知识，通过法律教育、监规监纪，打消他们建立在不良习性方面的、扭曲的积极认同。其次，将称霸型暴力犯支配他人的情景模拟再现，让称霸型暴力犯扮演被支配角色，体验并讨论亲身体验到的被支配、被胁迫感受，并从与他人平等相处中获得良好的自尊体验。暴力犯类型与矫正项目的匹配关系见表5。

表5　暴力犯类型与矫正项目的匹配关系

暴力犯类型	情绪型暴力犯	防御型暴力犯	掠夺型暴力犯	称霸型暴力犯
犯因性特征	情绪敏感、不稳定性，多发情感纠葛	认罪态度较差，人际交往技能不足	文化水平低，前科劣迹水平高，犯罪涉及财物	不良嗜好明显，价值观扭曲，惯于暴力支配他人
矫正项目	1. 心理学知识学习 2. 折纸、素描、书法、涂色艺术矫正	1. 认罪悔罪法律知识讲座 2. 人际交往情景模拟训练	1. 文化知识学习 2. 掠夺伤害同理心情景模拟训练	1. 法律知识学习 2. 支配伤害同理心情景模拟训练

五、暴力犯分类矫正项目实施

暴力犯分类校正项目的关键是将类型特征与矫正项目相衔接，提升矫正项目的针对性和有效性。情绪型和掠夺型暴力犯矫正项目由两部分组成：一是认知方面的课堂教学；二是针对不良行为的行为矫正或情景模拟训练。

（一）情绪型暴力犯矫正项目实施

1. 情绪型暴力犯课堂教学

针对情绪型暴力犯易激惹、多发情绪冲突的特点，在课堂教学中为其传授心理学知识，讲解气质、情绪、认知、行为等相互关系，使他们对自身情绪问题有一个比较清晰认识。同时，以案例的形式讲解自我情绪或认知的矫正方法，如结合案例讲解“理性情绪”（简称RET），使暴力犯认识到自身情绪并不是由诱发性事件本身直接引发，而是因为自己对该事件进行了不恰当的解释而导致了不良情绪，最终导致暴力犯罪。我们还进行了肌肉放松教学，传授身体各部分肌肉的放松技法，使情绪型暴力犯学会身心放松方法。课堂教学内容多样，凡是有利于情绪型暴力犯身心放松、加强自我情绪调节的方法都可以使用。

2. 情绪型暴力犯艺术矫正训练

我们针对该类暴力犯情绪易波动的特点，设计折纸、素描、书法、涂色艺术矫正项目，营造、熏陶良性思维模式和行为方式，提高艺术感受力和心理耐受性，增强耐心，陶冶情操，潜移默化地改变不良情绪。经过筛选，20 名情绪型暴力犯参与矫正项目，通过量表以及暴力犯自身感受检验项目成效。进度安排方面，共计安排 40 个学时，每周进行 2 次，1 月 8 次，共计进行 5 个月。艺术矫正训练过程中，先进行视频教学，并安排具有折纸、素描、书法、涂色技能的罪犯为情绪型暴力犯加强指导，民警则督导情绪型暴力犯进行练习，保证活动强度，达到矫正效果，同时保证现场安全。

（二）防御型暴力犯矫正项目实施

1. 防御型暴力犯课堂教学

防御型暴力犯因为被害人过错问题而认罪态度较差，为此，我们定期安排法律知识讲座，重点讲解正当防卫、防卫过当、犯罪构成要件等。防御型暴力犯认罪悔罪障碍中表现出一个特点：即便很多该类暴力犯知道相关法律规定，知道自己杀人致死、重伤的犯罪行为会受到法律严惩，但事关自己时，总是寻找被害人过错开脱罪责。针对这种情况，我们从《刑法案例分析》《中国法院 2015 年度案例(19)刑法分则案例》中寻找相似案例，以说明法院宣判的统一性和合理性，加强认罪悔罪教育说服力；我们还在防御型暴力犯中开展现身说法活动，通过树立典型，为其他防御型暴力犯认罪悔罪打开缺口。

2. 防御型暴力犯情景模拟训练

防御型情景模拟训练的矫正目标是，通过角色体验代替说教的矫正方式，让防御型暴力犯在角色承担中理解各种角色关系，提升新的认知和行为的形成，加强人际关系体验，促进良性人际交往。情景模拟训练分为前、中、后三个阶段：情景模拟训练前期，民警选取防御型暴力犯以情景模拟的方式重现一起真实的矛盾冲突事件，防御型暴力犯面对纠纷，不能采取友好、积极的方式交流沟通，而是被动退缩；但又心有不甘，出言不逊，导致双方冲突升级，场面失控。情景模拟训练过程中期，民警要求防御型暴力犯不卑不亢、有理有节地正面应对冲突，在与对方平等、克制、友善沟通过程中，民警介入冲突事件，最终使冲突事件有效解决。最后，防御型暴力犯交流他们在积极沟通中的体验，全部过程被承担观众角色的罪犯观察感受。情景模拟训练后期，我们让防御型暴力犯将新的体验进行交流，发现认知和体验变化。

总体而言，防御型情景模拟训练以有效沟通、良性人际关系为目标，避免因为过度回避而引发的场面失控。情景模拟训练中，组织防御型暴力犯扮演角色参与其中，并讨论亲身体验到的人际交往困扰、认知偏差和暴力冲突行为造成的恶劣后果，感受有效沟通和“有事找警官”的现实效果。

（三）掠夺型暴力犯矫正项目实施

1. 掠夺型暴力犯课堂教学

掠夺型暴力犯文化水平最低，学历教育不足。为此，我们对该类暴力犯安排了更具倾向性的文化知识学习，并在监区、监狱的学习和考试中予以奖惩兑现。针对前科劣迹水平高的问题，我们加强法律知识讲座，但与防御型具有区别：防御型重点在于防卫过当、犯罪构成要件等，突出引导作用，为认罪悔罪教育打好基础；而掠夺型重点在于“两抢”犯罪的社会危害，“两抢”犯罪的相关刑法规定、司法解释，以及限制减刑等相关规定，突出的是法律的震慑作用。掠夺型暴力犯的犯罪大多涉及财物。针对这种特点，我们重点从“君子爱财取之有道”的角度讲解财物、劳动、犯罪的关系，并将刑满释放人员用诚实劳动创业致富的鲜活案例引入课堂，用服刑人员身边故事激发诚实向善的改造信心。

2. 掠夺型暴力犯情景模拟训练

掠夺型暴力犯情景模拟训练的矫正目标是，让掠夺型暴力犯扮演被害人角色，通过角色转换，使他们感受到“两抢”犯罪对被害人造成的生命及身心伤害，促进良心发现，远离暴力犯罪。情景模拟训练中，1 名民警扮演抢劫犯，3 名掠夺型暴力犯分别扮演被害人一家三口中的父亲、母亲和孩子，并以情景模拟的方式重现一起抢劫致人重伤犯罪。为了减少对暴力行为的唤醒，情景模拟过程应当简略进行，但掠夺暴力的严重后果和被害心理感受必须重点渲染，以达到心灵震慑的作用。情景模拟的全部过程被承担观众角色的掠夺型暴力犯观察感受。实践证明，不论亲身参加情景模拟还是观看的掠夺型暴力犯都被暴力犯罪犯给被害人造成的伤害深深震撼。一名罪犯良心发现说：“仅仅为了 2 000 元就进行抢劫犯罪，使一个原本完整的家庭破碎：父亲重伤残疾，母亲独自承担照顾丈夫抚养孩子的重担，孩子从此失去快乐童年，犯罪者即便入狱服刑也洗刷不完罪恶……抢劫犯罪是害人害己。”

（四）称霸型暴力犯矫正项目实施

1. 称霸型暴力犯课堂教学

称霸型暴力犯的教育阻力较大。不仅因为该类暴力犯具有不良嗜好，是他们在长期社会生活中形成的，有些恶习甚至可以追溯到青少年时期的家庭生活；还因为称霸是一种支配心理，该类暴力犯通过称霸心理寻求积极的自我认同，甚至畸形的自尊体验。这些因素导致该类暴力犯犯罪恶因积重难返，在矫正项目中要正面引导与惩罚并用。为此，我们为该类暴力犯重点安排法律课程学习，教授法律知识，加强守法守规意识；针对该类暴力犯不良嗜好和社会恶习突出的问题，我们增强具有典型性的黄、赌、毒及涉黑犯罪案例剖析，促使其认识到犯罪恶习危害；我们还以案说法，对具有影响力的涉黑团伙犯罪进行重点剖析，以增强法律敬畏意识。同时，我们对牢头狱霸苗头加以严厉打击，对该类暴力犯人际冲突中的欺压他犯现象及违纪行为给予及时惩罚，打消其称霸心理。

2. 称霸型暴力犯情景模拟训练

称霸型与掠夺型暴力犯的情景模拟训练都注重双方的换位思考，体验被害人的感受和处境。但与掠夺型放弃掠夺财物不同的是，称霸型消除支配、侵犯他人的优越感，体验到被侵犯的痛苦，并从与他人平等相处中获得自尊。称霸型暴力犯情景模拟训练由两个阶段构成：第一阶段是被侵犯体验，即由称霸型暴力犯扮演被害人角色，通过角色转换，使他们感受到被侵犯的屈辱感以及暴力犯罪对被害人造成的伤害。第二阶段是修通，指导称霸型暴力犯以平等沟通的方式与他犯解决狱内冲突事件，感受到暴力不能解决的问题恰恰能够通过友好沟通的方式解决。情景模拟的过程被承担观众角色的称霸型暴力犯观察感受，使参加情景模拟训练和现场观看的称霸型暴力犯都获得教育。

六、情绪型暴力犯矫正项目个案列举

本文以情绪型暴力犯郁 FR 为例，说明暴力犯的基本信息、危险程度、暴力类型及矫正项目开展情况。由于暴力犯的分类矫正项目案例具有一定模式，其他类型暴力犯不再赘述。

（一）情绪型暴力犯郁 FR 个案基本信息

1. 基本信息

罪犯 13021 郁 FR，男，41 岁，初中文化，被捕时为某保险股份有限公司上海分公司经理。本次因犯故意杀人罪，被上海市第二中级人民法院判处死刑，缓期二年执行，限制减刑，剥夺政治权利终身。2013 年 5 月 20 日调入我监服刑。目前处遇为 C 级，计分考评为 C 级，劳动二级工。

不良嗜好：吸毒史 5 年，长期有不正当男女关系，犯罪时吸毒，犯罪因情感纠纷引发。

2. 成长史

1978 年 9 月—1984 年 7 月某小学，学生；

1984 年 7 月—1987 年 7 月某中学，学生；

1987 年 7 月—2005 年 3 月个体经营奶制品，个体经营；

2005 年 3 月—2006 年 9 月青浦戒毒所强制戒毒 1 年 6 个月；

2006 年 9 月—2007 年 3 月，无业；

2007 年 3 月到被捕前，某保险股份有限公司上海分公司，任经理。

郁犯有一个姐姐和哥哥，在家中排行老三。郁犯上学时经常小打小闹，可谓三天一小打，五天一大打。初中毕业后，郁犯因为成绩不佳，没有继续高中学习，开始跟随哥哥做牛奶生意。郁犯哥哥为散打队队员，家里有沙包和手靶等散打习练用具。郁犯自幼十分崇敬哥哥，受哥哥影响较大，自幼喜欢打沙包，经常和哥哥进行格斗练习。讲到哥哥时总是眉飞色舞，如哥哥的身体棒、拳脚好，能用 3 根手指做俯卧撑等。郁犯印象较为深刻的一件事是兄弟两人经营个体牛奶生意时，曾经为牛奶款与 8 个人打斗。回忆此事时，郁犯显得比较得意："我哥 1.8 米多的个子，他们人多势众，但我哥一拳一个，没两下就把他们全打趴下了。"

郁犯人生经历比较复杂，初中毕业后经营个体奶制品经销。因为牛奶进货是在夜间进行，自己养成了晚上空腹喝冰牛奶的习惯，就此患上胃病。做牛奶生意期间，郁犯认识了很多混迹社会的朋友，并为自己身边从不缺少异性朋友而骄傲。一次胃痛发作时，朋友告诉郁犯吸食海洛因能够缓解胃痛，郁犯就此沾染上毒瘾。郁犯 2005 年接受强制戒毒，此后一直吸食冰毒。2006 年，上海市对私营牛奶进行整顿，只允许指定经销店经营牛奶生意，郁犯 2006 年 9 月—

2007 年 3 月无业。郁犯妻子靳某为某保险公司某部经理，经营业务较好。2007 年，郁犯在妻子介绍下进入某保险公司某部工作，并独立带领一支团队，任职经理，自称在保险公司每月收入 12 万元。郁犯经过拆迁和购买拥有住房 5 套，家境宽裕。2008 年，郁犯在洗头房认识了卖淫女范某，并长期保持不正当关系，亲属和街坊邻居均知此事，郁犯妻子甚至在家中撞见过范某，郁犯与妻子关系因此紧张。郁犯妻要求范某离开郁犯，范某则要求郁妻进行补偿，三人间关系错综复杂，直至案件爆发。

由上可知，郁犯从小就养成了打斗的生活习惯，暴力甚至成为郁犯生活的一部分。在郁犯眼中，哥哥最突出的特点是身体好、拳脚好，某种意义上，郁犯对哥哥的崇拜就是对暴力的崇拜。同时，郁犯在生活中十分散漫，结交了很多不三不四的朋友，形成了较为固定的朋友圈，由于家庭条件好，加之郁犯常常仗义疏财，在生活中也得到部分人的认可，这又激发了郁犯的虚荣心，加强了郁犯对自己的认同。郁犯沾染毒品，这对郁犯矫正增加了难度。

3. 犯罪事实和暴力行为

犯罪事实：郁犯于 2008 年与被害人范某认识，保持不正当的男女关系。2010 年 1 月某日晚，该犯与范某就如何处置范某腹中的胎儿一事发生争执，该犯采用暴力方法致范某死亡。次日，该犯将范某尸体肢解，装入垃圾袋并用被套、衣物包裹捆扎后装入无纺布袋内，先后抛至黄浦江等处。2010 年 5 月 17 日，尸块的躯干部分在黄浦区某码头泊位附近水域被发现。

法院《判决书》记载：被害人范某为某发廊卖淫女，一方面范某以接客卖淫为主要收入来源，另一方面范某与郁犯保持不正当男女关系。2009 年 7 月，范某告诉郁犯怀孕 2 个月，两人为是否打胎一事多次争吵。范某要挟郁妻称："如果给钱，就离开郁。"郁妻与范某多次商讨未达成一致。2010 年 1 月 11 日 20 时许，郁打电话给范某让范至郁的住处，商量如何处理胎儿。范某到达郁家后，即发生争吵，郁将范掐死后再用电线勒紧，然后将范的尸体推入床下隐藏。次日，郁犯购买剔骨刀及无纺布袋、棉花毯等工具将范分尸后抛尸黄浦江。

郁犯与民警谈话表示，范某怀孕后多次以胎儿为由要挟郁及其妻，导致郁与妻子多次发生争吵，郁为此十分烦恼，"我有老婆孩子，不可能放弃家庭，和那个女的（范某）生活一辈子。她多次以胎儿为由要挟我，要钱要物，两个人谈不拢。她先动手打了我（一耳光），我一怒之下就把她掐死了。原本是想吓唬她的，但当时在气头上，没想到人那么好死，也是我用力太大了。”对于为何会分尸抛尸？郁的解释是：“我的本意并没有想掐死她，当发现她死亡后，我很害怕，整个晚上都没有睡，在客厅抽了一夜的烟，就在想怎么处置尸体。最后一不做二不休，分尸抛江。”郁犯认为自己处置现场十分恰当，因为案发后 5 个月公安机关才发现尸体，发现尸体后的 18 个月才将郁犯抓获。郁犯认为自己百密必有一疏：“四肢都被分割成小块和头部一同装到包裹砖块的纺织袋中，然后沉到江里，公安机关至今未找到这些部分。只是没有分割躯干，最后躯干漂浮了上来，否则公安机关是抓不到我的。”当问及分尸时是否感到害怕？郁犯回答说：“完全没有感觉。”

由上可知，郁犯与范某因为胎儿的事多次发生争吵。郁是在与范争吵的时候，怒火激起，将范某掐死。而郁分尸抛尸的过程显示出冷血和残酷，对销尸灭迹的评价表现出郁对逃避法律惩罚抱有侥幸心理，赎罪心理较弱。《判决书》显示，被害人范某所怀胎儿与郁没有关系，是从事卖淫活动所致。郁对胎儿为谁所生没有评价，未表示出对杀害范某的悔意。这表明郁犯生活方式糜烂，从对身边从不缺乏异性朋友的炫耀中，体现出郁犯道德水准低下，对自己和范某的道德要求都很低，对人生缺乏计划，表现出对人生的随意性。

4. 不良交往

初中毕业后，郁犯步入社会，在社会上逐渐形成不良交往人群，并因此染上毒瘾。郁犯交往的所谓朋友对郁犯评价较好，这在本质上体现的是郁犯较高的自我评价。郁犯能够从不良群体交往中寻找到积极的自我评价和相互间的认可。

5. 物质滥用

2003 年，22 岁的郁犯在朋友介绍下吸食毒品，开始是为解除胃痛，后来形成毒瘾。2005 年 3 月—2006 年 9 月青浦戒毒所强制戒毒 1 年 6 个月，此后改食冰毒。郁犯自述是在毒品发作的情况下失手杀害范某，但又表示：“冰毒没有瘾，纯粹是为了好玩。”可见郁犯在思想上仍然没有警觉，对毒品的危害性认识不清，表现出郁犯对自己的反思能力较弱。

6. 服刑状况

郁犯 2013 年 3 月 11 日调入我监服刑，参加教育和劳动情况正常，入监前期与他犯交往良好，无争吵或打架等违纪情况。郁犯与民警谈话时喜欢笑，给人一种玩世不恭的感觉。入监初期等级工为一级，计分考评等级为 C 级，改造信心较弱，表示死缓并限制减刑与死刑无异，现实改造积极性不高，希望有机会到外地服刑。郁犯入监后能够劳动积极，说："我脑子很乱，忙碌的劳动能够让我的脑子停下来，劳动能够让我不胡思乱想。"郁犯对限制减刑抵触情绪很强，多次表示限制减刑还不如枪毙的好，并较为得意地讲："法官宣布我死缓后到我的房间，告诉我最好不要上诉，因为分尸后能判死缓他还是第一次。听到这句话我当时就写上诉书，我就是要立即执行。"可见，郁犯对限制减刑压力很大，劳动是摆脱压力的主要方式；同时，结合郁犯的性格来看，郁犯凡事喜欢出风头，在劳动上也想引起注意，这些特点应当善加引导利用。

在入监后半年时间的服刑改造中，郁犯劳动始终超产 20%，这给监组其他同犯造成很大压力，个别后进分子教唆郁犯"刑期还很长，不要在劳动中拼命，没有必要"。郁犯头脑简单，听信他犯教唆，从 10 月份开始，劳动指标下降，与主管民警讨价还价，甚至与管理犯因为指标发生争吵。民警利用郁犯性格较为活跃的特点，多次教育郁犯通过劳动摆脱消极情绪，郁犯劳动指标逐渐上升，目前为全指标。

郁犯改造信心不足，多次提及希望到外省改造的想法，一方面郁犯服刑压力大，希望能够换个环境，调试心情；另一方面郁犯头脑简单，缺乏思考，听信同犯所谓外省改造环境宽松、狱内消费限制少、能够吸烟等说法。同时，郁犯表示目前能够平稳改造，等减为有期徒刑后会提出上诉，因为自己是在吸毒神志不清的情况下失手杀人，不应当被判死刑，更不应当被限制减刑。这表现出郁犯认罪悔罪意识较差，存在侥幸心理，也暴露出郁犯的矛盾心理，既对限制减刑感到不满，认为限制减刑还不如立即执行，又担心上诉后改判为立即执行。目前郁犯已经放弃上诉的想法，认为此路走不通。

郁犯对家人情感依恋较深，对儿子寄予较高期望，与家人接见正常，目前每月通信。郁犯有一个正在上高二的儿子，两人有过通信。郁犯希望现在不要打扰儿子的学习和生活，等高考结束后再让他到监狱来看自己。

郁犯劳动积极，总是超产 20%以上，用郁犯的话说是："埋头劳动能够让时间过得快些。"本质上讲，郁犯对改造是一种恐惧和躲避的心态，用劳动麻痹自己，目前为一级工。

7. 犯因性因素分析

根据风险评估表对建构犯罪原因的逻辑分析框架如表 6 所示：

表 6　情绪型暴力犯郁 FR 犯因性因素分析

犯因性因素	成长史	暴力态度和暴力行为	不良交往	物质滥用	服刑状况	心理特征
犯因性表现	初中毕业后进入社会，工作经历丰富，有吸毒史，主要从事保险业，家境殷实	学习散打 9 年，成长过程中始终伴有打斗现象。结识卖淫女范某并致范某怀孕，郁为此十分烦恼，最终在争吵过程中将范某杀害并分尸抛尸	有一定不良交往并沾染毒瘾	吸毒史 11 年	改造总体平稳，改造信心较弱，有一定思想压力。改造表现忽高忽低，劳动态度时好时坏。经教育，目前较稳定	性格外向，脾气急躁，有冷热病，容易出现攻击行为
综合评价	郁犯与卖淫女范某因处置胎儿一事多次争吵，最终在情绪激化的情况下将范某杀害并分尸抛尸。 犯罪过程冲动、冷血、残酷 类型：情绪型暴力犯罪					

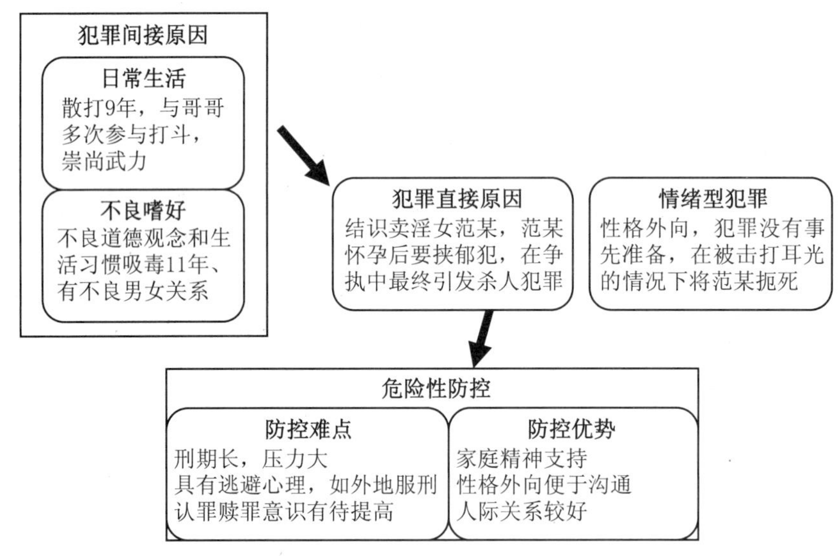

图 1　郁犯犯因性因素及防控

（二）情绪型暴力犯郁 FR 矫正项目实施

综合判断郁犯为情绪型暴力犯，风险等级评估 20 分，属于暴力风险高等级罪犯。针对情绪型暴力犯郁 FR 个案分析结果，解决犯因问题主要从行为方面进行调控训练。我们针对该类暴力犯情绪易波动的特点，设计折纸、素描、书法、涂色艺术矫正和情景模拟训练，以增强心理耐受性和情绪自我调节能力。

1. 情绪型暴力犯艺术矫正

(1) 项目目标：改变暴力犯原有不良情绪，营造、熏陶良性思维模式和行为方式。期望通过矫正项目增强耐心、陶冶情操，潜移默化改变性格脾气，并带动更多暴力犯在艺术活动中丰富、体验、感受改造生活。

(2) 适用对象：筛选 20 名情绪型暴力犯参与矫正项目，通过量表以及暴力犯自身感受检验项目成效。郁犯等 20 名情绪型暴力犯参加该矫正项目。

(3) 进度安排：20 名情绪型暴力犯，共计 24 个学时，每周进行 2 次，1 月 8 次，共计进行 3 个月。

(4) 关键要点：民警引导和督导情绪型暴力犯进行练习，保证活动强度，达到矫正效果，同时保证现场安全。

(5) 考核评估：通过前后测、民警及暴力犯体验检验项目成效。

2. 情绪型暴力犯情景模拟训练

(1) 矫正目标：通过角色体验代替说教的矫正方式，让情绪型暴力犯郁 FR 在角色承担中加强情绪体验，理解各种角色关系，促进新的认知和行为的形成，提升自我情绪控制。郁犯等 6 名情绪型暴力犯参加该矫正项目。

(2) 情景模拟训练前的认知。在一起罪犯因为洗衣用水而发生的真实冲突事件中，民警选取郁 FR 等 6 名情绪型暴力犯以情景模拟的方式重现这段冲突事件，并鼓励他们将自己的真实情绪用书面形式写入“角色承担表”中。总体来看，情绪型暴力犯对民警持不信任态度，情绪激动，行为极易失控。

(3) 情景模拟训练过程：民警根据矫正目标确定成员角色，使情绪型暴力犯承担全新的责任和行为。全部过程被承担观众角色的罪犯观察感受。最后，6 名情绪型暴力犯交流他们在新角色中的情绪体验。

(4) 情景模拟训练后的认知。模拟训练结束后，我们让郁 FR 等 6 名情绪型暴力犯将新的情绪体验写入“角色承担表”，并对前后两张“角色承担表”进行对比，发现认知和情绪变化。事实证明，情景模拟训练达到了增强认知、加强自我情绪调控的目标。

七、相关说明

暴力犯分类项目矫正的重点和难点在于如何将犯因性特征与矫正项目相

匹配，这也是提高矫正项目有效性的关键。在诊断犯因性特征过程中，如下情况应予以说明：

第一，暴力犯犯因性特征的筛选。吴宗宪指出，犯因性因素包括心理、生理、社会、自然等各种“主观因素”和“客观因素”，“是一切与犯罪心理的形成和犯罪行为的实施有关的因素”。[①]暴力犯犯因性因素复杂，覆盖面十分广大，但我们只选择那些能够表现某类型暴力犯特征的因素。这些特征大部分经过显著性差异检验，通过对比排查筛选。

第二，我们进行 4 种类型暴力犯的犯因性因素横向对比，由此寻找某种暴力犯的犯因性特征，但由于问卷设计和罪犯理解的偏差，对一些数据在理解时应对参考个案进行。如进行“职业稳定性”调查时，称霸型暴力犯的职业稳定性较好，但我们在谈话过程中发现，很多罪犯不理解“职业”的含义，他们将“能够获得稳定收入的行当”都当作了职业。称霸型暴力犯的职业稳定性有待进一步考察，但配合受教育程度数据进行分析，这并不影响我们确定掠夺型暴力犯职业稳定性最差这一结论。

第三，有一些犯因性特征能够在某种类型的暴力犯中得到解释，我们对这种犯因性特征进行了采纳。而有些数据反映的犯因性特征则必须深入到个案调查中才能得到合理解释。例如，情绪型暴力犯不良嗜好位列第二，是因为这类暴力犯不正当男女关系较多，因情所困的血案较多，但情绪型暴力犯在赌博、吸毒、酗酒等“常规”不良嗜好方面却不及掠夺型暴力犯。

第四，在矫正项目的实施环节中，笔者对情景模拟进行了着重论述，是因为该方法便于操作、便于观察。但矫正项目种类很多，很多矫正方法即便在监管环境中实施具有一定困难，仍然应提倡教授暴力犯个人理解并自学。例如，森田疗法对情绪型暴力犯具有良好的治疗意义，只是该疗法要求绝对卧床，在监狱环境中实施困难；但可以将森田疗法“顺其自然”的治疗精髓教授给暴力犯掌握，从而达到自我调节的目的。

---

① 吴宗宪：《罪犯改造论——罪犯改造的犯因性差异理论初探》，中国人民公安大学出版社 2007 年版。

狱内罪犯违纪行为风险性因素管理研究

上海市青浦监狱　吴劲松　李海荣

一、当前狱内罪犯违纪行为发生的概况

罪犯违纪行为，通常是指罪犯在日常改造中，违反《监狱法》《罪犯改造行为规范》及监狱各项纪律制度的行为。首先，罪犯违纪行为是罪犯已经实施或正在实施违反监规纪律的行为，罪犯违纪行为不是无缘无故地发生的，是罪犯思想、认识、态度、情绪在行为表现上的反映。其次，罪犯违纪行为直接影响和破坏了监狱正常的管理和教育活动，破坏了监狱的监管改造秩序，在罪犯中造成一定的负面影响，具有不同程度的危害性，影响到狱内监管安全和改造秩序的稳定。再次，每一个罪犯违纪行为都是通过不同的行为形式表现出来的，尽管表现形式各不相同，但其破坏监管秩序的内容实质是一致的。第四，罪犯违纪行为除了自身行为对监管执行造成直接影响或破坏作用外，在一定条件或环境下还会造成其他间接影响，罪犯违纪行为如果得不到及时制止或控制外，其影响在特定条件下会进一步扩大，并必然演变为监狱的安全危机。因此，我们可以这样认为，罪犯违纪行为是指罪犯违反了监狱对罪犯实行的各项规章制度和纪律要求，给狱内管理秩序造成了影响和危害，依照监狱有关规定，应对其给以相应的处罚。违纪行为的主体是狱内正在服刑改造的罪犯，违纪行为侵害的客体是狱内监管安全和狱内正常改造秩序。

根据罪犯违纪行为的性质，罪犯的违纪行为可分为轻微违纪、一般违纪、严重违纪和重大违纪。轻微违纪是指罪犯违纪行为较简单，情节轻微，适用处罚较轻的违纪行为，如讲粗话、不完成作业、卫生不整洁等；严重违纪是指罪犯严重违反监管制度，严重影响监管改造秩序，性质严重，危害较大，应按规定给以严重处罚的行为，如《监狱法》第 58 条规定：聚众哄闹监狱，扰乱正常秩序的；辱骂或者殴打人民警察的；欺压其他罪犯的；偷窃、赌博、打架斗殴、寻衅滋事的；有劳动能力却拒绝参加劳动或者消极怠工，经教育不改的；以自伤自残手段逃

避劳动的；在劳动生产中故意违反操作规程，或者有意损坏生产工具的；有违反监规纪律的其他行为的；重大违纪行为是指罪犯实施的行为直接危害监管安全，给狱内改造秩序造成重大影响，性质恶劣，应对该行为进行特别加重处罚，如罪犯自杀、制造动乱以及《刑法》第 315 条、第 316 条、第 317 条规定的破坏扰乱正常秩序、脱逃、越狱等违法违纪行为。除以上 3 种违纪行为外，都属于一般违纪行为，即罪犯实施了违反监规纪律的行为，给狱内改造秩序造成一定影响，按监狱有关考核制度应予处理，现在狱内罪犯的违纪行为大多是一般违纪行为。

监狱对罪犯的惩罚和改造需要良好的安全稳定环境和正常的监管秩序。近年来，上海监狱也在努力创造和达成这个基本工作要求，但也不可否认，狱内罪犯各种违纪行为仍时有发生，影响和破坏了监狱正常的管理教育工作顺利开展。

（一）近几年狱内罪犯违纪行为的发生呈上升态势

2011 年，尽管全局没有发生罪犯脱逃、重大狱内案件、重大疫情、重特大安全生产事故，实现了“四无”目标，但发生了 1 起罪犯非正常死亡事件，共预防处置罪犯自伤自残 22 起、自杀未遂 8 起，查获“地下航线”7 起。2012 年，全局发生 109 起打架斗殴、94 起对抗管教、24 起自杀自伤自残、6 起“地下航线”以及 61 起其他影响监管安全的违纪事件，涉及的 375 名罪犯均受到了相应处理。2013 年，全局共发生罪犯严重违纪 536 起，涉及罪犯 635 人，其中打架斗殴 254 起、不服民警管理 133 起、罪犯企图自杀 11 起、罪犯自伤自残 10 起、“地下航线”19 起，其他影响监管安全的违纪 109 起。[①]截至 2014 年 4 月，全局共发生罪犯自伤自残 9 起、打架斗殴 83 起、不服民警管教 41 起、查获“地下航线”6 起、严管 65 人、禁闭 12 人，对监管安全秩序造成不同程度的影响。纵观上述情况，当前罪犯违纪呈现出行为暴力性、预谋性的倾向，罪犯凶残性、盲动性、狡猾性、欺骗性、纠合性不断增强。[②]

1. 上海监狱 2012 年、2013 年两年罪犯违纪的基本特点

（1）违纪类型以罪犯打架斗殴、不服民警管理教育、罪犯自伤自残及其他

① 上海监狱局 2013 年度《罪犯违纪典型案例选编》。

② 戴卫东副局长在 2014 年第二季度狱情犯情分析视频会议上的讲话。

影响监管安全的违纪为主。其中，打架斗殴 363 起，不服民警管理、对抗管教的 227 起，罪犯自伤自残自杀的 45 起，搞地下航线的 25 起，其他影响监管安全的 170 起。两年中罪犯违纪涉及人数 1 030 人次。

（2）罪犯违纪因素基本以生物性因素、生活性事件、心理性因素为主。在罪犯打架斗殴违纪中，因日常琐事引发的有 303 起，罪犯之间矛盾引发报复的 35 起，因特岗罪犯协助民警引发矛盾冲突 31 起。在罪犯不服管教违纪中，因罪犯对民警处理不满引发的 33 起，因罪犯对民警管理存在不满情绪的 183 起，因罪犯个人思想认识问题引起的只有 11 起。在罪犯自伤自残自杀违纪中，因罪犯思想认识偏激引发的 5 起，罪犯对民警管理不满引发的 15 起，罪犯悲观失望、情绪消沉引起的 21 起。

（3）罪犯违纪发生的时间段没有特别的区分，但符合罪犯生活节律性的特点明显。打架斗殴违纪的时间段，在工作时间段的 115 起，早上 6 点到上班区间的 70 起，工作日午休时 38 起，工作日下班后 93 起，节假日 47 起。不服管教违纪的发生时间段，工作时间段的 114 起，下班后上班前及节假日等非工作时间段的 113 起。自伤自残违纪的，工作时间段 11 起，非工作时间段 22 起。

同时，从监狱局选出的典型罪犯违纪案例中，绝大多数罪犯违纪发生在 7—10 月，或发生在晚间民警收封后罪犯休息到次日凌晨的时间段，或节假日罪犯休息时间段。

（4）罪犯违纪发生的地点主要是生活现场、劳动现场为主。罪犯打架斗殴违纪，发生在劳动现场的 152 起，生活现场的 196 起，学习现场的 15 起。罪犯不服管教违纪，发生在劳动现场的 85 起，生活现场的 76 起，民警个别教育现场的 46 起，学习现场的 10 起，严管隔离场所的 9 起。

2. 罪犯违纪行为发生的具体情况的基本特点

（1）青壮年、低学历、原判刑期 5 年以下、原判刑期 15 年以上、入监 3 年以下、余刑 1 年以下以及有前科劣迹、未获司法奖励的罪犯是狱内违纪行为发生的重点群体。

（2）打架斗殴违纪是罪犯违纪的主要表现形式。

（3）罪犯不服民警管理违纪时有发生，个别违纪呈现预谋性、恶劣性特点，少数民警处理问题的能力和水平有待提高。

（4）罪犯自杀、自伤自残的安全隐患始终存在，是当前威胁监管安全的重要因素。

(5) 罪犯违纪出现一定的纠合性，罪犯当中存在一些松散性的非正式团体。

其他省市监狱罪犯违纪行为的发生特点与上海大致相同。①

(二) 罪犯违纪行为发生的原因呈现多样性

经分析，罪犯违纪事件的发生与其本人的服刑态度、认知能力、心理健康水平等有关，可能还存在一定的突发性和偶然因素，但客观上也与民警思想认识不到位、制度执行不严格、管理方式欠妥当、教育引导不到位等因素息息相关。当前，导致或诱发罪犯违纪行为发生的主要因素包括人的因素（包括民警因素和罪犯因素）、物的因素、环境（空间）因素和时间因素等。

1. 违纪行为发生的罪犯因素

从主观方面看：(1)部分罪犯存在一定的反社会、抗改造意识。他们在入监前后都抱有仇视社会和政府的心理，对判刑不满或改造中对干警管理不满，期待发泄；(2)部分罪犯对所处的改造现状存在不满和抵触，服刑改造、失去自由的现实使他们对监狱和干警抱敌视态度，一旦遇上“导火线”和受到挫折，就会主动捣乱或借机发泄；(3)部分罪犯恶习难改，由于长期以来养成了较深的恶习，尤其那些累惯犯，当其人身自由和言行受到严格约束和控制时，往往会产生冲动而导致违纪发生；(4)部分罪犯存在错误的价值观和自我表现欲，服刑后仍保留社会上的那种江湖义气和流氓习气，好表现、拉帮结伙、寻衅滋事，经常违纪，目的就是想满足其虚荣心；(5)部分罪犯心存侥幸，明知道违纪的违规性和当罚性，却抱着打擦边球的心理；(6)也有个别罪犯希望借违纪行为以引起干警对他的注意而故意违纪。

从客观方面看：(1)民警在执法、管理上存在工作不到位情况，尤其在重点时段管理、罪犯三大现场管理上存在较多问题和漏洞；(2)个别民警执法存在一定过错，对罪犯态度冷漠，缺乏应有的教育和关心，管理中方法简单，打骂体罚，奖惩不公，处理问题不当，甚至侮辱罪犯人格；(3)部分干警放松对罪犯的管理，甚至对个别罪犯迁就放纵，甚至使用“拐棍”，同时不认真执行各项规章制度，使罪犯有空子可钻；(4)少数罪犯受到不良现场情境和条件的刺激和诱惑，如现场控制松散、改造氛围差等都可能引发违纪；(5)一些罪犯的实际困难未得到解

① 《北京某监狱近五年内罪犯严重违纪问题的调查与分析》，《犯罪与改造研究》2009 年第 2 期。

决、受到同犯的欺负、生活条件差、生产指标不合理等也会引发罪犯违纪。

2. 违纪行为发生的民警管理因素

从监狱局对各监狱日常开展安全大排查工作开展的检查情况来看:(1)一些民警的安全防范意识还不强,一定程度上存在着盲目乐观、麻痹懈怠、得过且过、"碰运气"的思想,对罪犯的盲动性、凶残性、欺骗性、纠合性、腐蚀性认识不足,安全意识不够,如:个别民警对监组的清抄不认真,存在漏抄专控罪犯铺位的现象;在对罪犯活动现场的管理仍存在脱岗现象;个别监区盥洗室、仓库、监舍房门未及时上锁,罪犯可随意出入,存在安全隐患。(2)监管设施维护维修不及时,如:个别监狱下水道出水口防护栅已损坏,失去防护效果;个别监狱固定报警装置损坏、手持报警器不能正常使用。(3)现场管理不到位,如:有的监狱对罪犯"三大现场"管理不严格,如卫生所治疗室门不上锁,无民警在现场监管;罪犯劳动现场民警集中在值勤岗亭处,现场无巡查民警等现象仍然存在。(4)狱情犯情分析形式单一、不够深入,如:个别民警对犯群关注热点、倾向性问题掌握不到位,分析不透彻;个别民警对监区专控罪犯劳动位置、就寝铺位不知晓,设控理由不清楚;交接班时,个别民警对犯情交接不清楚。有的监狱、监区狱情犯情分析环节还不够严密,如:对立管、专控罪犯的分析不到位;对上次分析问题的跟踪落实不到位;民警对本部门专控罪犯情况掌握不够,劳动位置不知晓,设控理由不清楚等现象还仍然存在。(5)民警在处置、化解和管控罪犯间矛盾冲突上存在能力、薄弱及执行规章制度有偏差,容易导致二次违纪、报复行凶和矛盾升级。

3. 违纪行为发生的时间因素

根据青浦监狱课题组对 1990—2001 年发生的 70 例罪犯重大违纪案件、1994—2001 年发生的 67 例脱逃案件和 1990—2002 年发生的 67 例自杀案件,共 204 例进行的调查分析研究。[①](1)白天和下半夜至凌晨这两个时间是罪犯违纪的高发时间段。根据统计,罪犯违纪行为的多发时间虽然各有差异,但是突出的是白天和下半夜至凌晨,占罪犯违纪事件的 76.47%。(2)罪犯在特定时间里因为特殊环境、特殊身份产生的不同情绪表现也是引发罪犯违纪的重要原因。如罪犯入监初期时常产生恐惧、悲观失望、抵触不满的心理状态,渴望获得帮助和指引;出监前夕,往往因为担心出狱后找不到生活出路而悲观失望,担心出去后受到歧视而焦躁不安等;罪犯因各种原因受到处罚时,往往情绪低落、思

---

① 见青浦监狱课题组课题报告:《狱内三防安全纠错机制的研究》。

想斗争激烈;罪犯遇到自己生日,对自己而言非常重要的日子如亲人的生日或祭日、婚姻纪念日、接见日、打亲情电话日时,其心理往往受到强烈的刺激;逢年过节,中国的文化传统也使罪犯更加思念亲人,不容易控制自己的情绪和行为。(3)罪犯劳动生产期间也具有违纪多发的特点,如罪犯上厕所、晚上加班劳动的情况。(4)罪犯休息、假日过程中开展文体、娱乐活动的时间段也应该引起民警的重视。(5)民警上班之前、下班之后两个时间段也是罪犯违纪发生的多发节点,但往往会受值班民警个体因素的影响或限制。

4. 违纪行为发生的空间因素

除罪犯监舍、劳动车间两个单一空间外,罪犯往往会选择自认为是监狱管理中的空当、民警防范中的漏洞来实施其违纪行为。掌握了监狱管理上的漏洞,才得以顺利完成作案过程中的各个活动。罪犯违纪的主要空间为监房、劳动工位、厕所、活动室等,尤其需要对罪犯狱内零星劳动的空间场合,如洗衣房、储藏室等加以关注。

5. 罪犯违纪行为发生的其他因素

主要来自社会、家庭或监狱,如:罪犯入狱后来自社会和周围人们的各种社会刺激、罪犯对监狱惩罚的体验及其效应、社会帮教、其他罪犯的榜样引导等其他诱因及除遗传基因外的环境因素。(1)监狱内部矫正环境,主要有狱内矫正氛围、执法环境、罪犯之间及警囚之间的人际关系、罪犯生活卫生环境等。这些环境因素对罪犯矫正行为的发生产生很大影响,既可能引发或促进罪犯矫正行为的发生,又可能延缓甚至阻碍罪犯矫正行为的发生。(2)社会、家庭因素,如:社会的宽容、家庭的谅解和对亲人的企盼也是罪犯矫正行为发生的重要影响因素;家属提出离婚、子女失学、亲人亡故等情况往往对罪犯矫正行为的发生产生严重影响,甚至可能引发监管安全事故的苗子。(3)监狱的有关管理制度以及罪犯对监狱管理的适应度对罪犯矫正行为能否发生有一定的影响,比较突出的是对罪犯日常考核奖惩的规定是否合理、民警考核是否公正公开、奖惩是否及时兑现等。

二、狱内罪犯违纪行为是监狱管理影响性最大的风险因素

(一)罪犯违纪行为本身就是一种风险性因素

风险,是指一种发生不利后果的可能性。罪犯违纪行为是指罪犯违反了监

狱对罪犯实行的各项规章制度和纪律要求,给狱内管理秩序造成了影响和危害,依照监狱有关规定,应对其给以相应处罚的行为。罪犯违纪风险,就是指在罪犯服刑改造过程中由于作为或不作为而与监规纪律相对,从而侵害了监狱安定的不同程度的危害。

罪犯违纪风险的构成主要包括违纪主体、违纪环境(或条件)、违纪行为 3 个要素。违纪主体,是指因实施某种作为或不作为而导致违纪风险产生的服刑罪犯。违纪环境或违纪条件,是指违纪风险主体,即罪犯作为或不作为等违反监规纪律行为时将要涉及民警执法状况、监规制度制定情况、罪犯服刑心理状态、监区改造环境和氛围、罪犯改造认知等方面以及情景、条件。违纪环境或违纪条件对罪犯违纪风险的不确定性起着决定性的影响,同一罪犯处于不同的违纪环境或违纪条件之中会面临不同的违纪风险和行为结果。罪犯违纪行为,是指罪犯这一违纪主体在特定的违纪环境或违纪条件下所实施的违反监规纪律的某一具体的作为或不作为。总的来说,只有违纪主体、违纪环境或条件、违纪行为 3 个要素同时具备,监狱民警才有可能对罪犯违纪风险进行准确、全面的分析预测和防范控制。

罪犯违纪目前已成为监狱监管秩序中最大的风险,是监狱改造工作中前所未有的风险。罪犯违纪风险按损失的环境分为静态和动态的风险;按风险形成的原因,分为主观和客观的风险,主观风险是由人们心理意识确定的风险,客观风险是客观存在的、可观察到的、可测量的风险;按控制程度分为可控和不可控风险;按风险存在的方式分为潜在的、延缓和突发风险。潜在风险是一种已经存在风险事故发生的可能性,且人们已经估计到损失程度与发生范围的风险;延缓风险是一种由于有利条件增强而抑制或改变了风险事故发生的风险;突发风险是由偶然发生的事件引起的、人们事先没有预料到的风险。

罪犯违纪风险具有以下特征:

(1) 违纪风险的客观性。违纪风险是不以人的意志为转移,独立于人的意识之外的客观存在。监管改造场所,必然会出现各种罪犯违纪行为或现象,在一定条件下,这些罪犯违纪风险就会暴露出来,而不能根本杜绝罪犯违纪行为的发生。只有在监狱有限的空间和时间里改变罪犯违纪行为存在和发生的条件,降低其发生的频率和减少损失程度,而不能也不可能完全灭除罪犯违纪行为和现象。

(2) 违纪风险的偶然性。罪犯违纪风险虽然客观存在,但就某一具体违纪行为而言，它的发生是偶然的、随机的，或者说是不确定的。在发生之前，人们无法准确预测罪犯违纪何时会发生以及会发生何种后果。因为，导致任何一个具体罪犯违纪行为的发生，必然是诸多因素共同作用的结果，而且每一因素的作用时间、作用点、作用方向、顺序、作用强度等都必须是在满足一定条件下，由此导致罪犯违纪行为的发生。而每一因素的出现本身就是偶然的。

(3) 违纪风险的必然性。从微观角度来看，个别罪犯违纪的发生是偶然的、无序的，然而对大量风险事故的观察和综合统计来看，许多罪犯违纪行为看似偶然发生，其实有其内在、固有的规律。我们对狱内罪犯违纪行为的有意识防范和控制，其结果只是改变概率的应用条件，而改变不了罪犯违纪行为发生的随机性质。

(4) 违纪风险的可测性。因为罪犯违纪行为是客观存在的，所以我们可以通过认识和利用罪犯违纪行为发生的规律性，来有效地管理和控制罪犯的违纪风险。运用现代化的计量手段、技术测量方法，依据一定时期、一定范围内的大量统计资料，从宏观上把握某种罪犯违纪行为发生和发展的规律，预测在一定时间内、一定条件下罪犯违纪行为发生的可能性及其危害程度。

(二) 罪犯违纪行为风险的形成机理

司法部监狱管理局在《监狱安全警示录》中指出：狱内每起案例的发生，既有客观因素，也有主观因素，既有人的原因，也有物的原因，究其原因是监狱安全管理环节出了问题，而又没有引起足够重视并加以解决，最终酿成重大事故。①

通过对近两年来全局发生的典型罪犯违纪事件的分析研究，我们发现狱内罪犯违纪行为的发生就像其他风险一样，存在着内在的形成机理。

第一，罪犯违纪行为的过程是一个发生、发展、完成的渐进过程，是一系列罪犯违纪风险因素和风险事件依次作用的结果，其间经历罪犯起意、产生动机、实施行为、造成后果4个主要阶段或过程。实践中，我们经常发现罪犯违纪行为发生的根本原因是罪犯自身存在着应激源、压力源问题，主要包括：罪犯个人反社会意识、刑罚因素、家庭关系、狱内人际关系、疾病因素、民警执法因素等。

俗话讲“没有无缘无故的爱，也没有无缘无故的恨”。罪犯违纪这个过程也是一个从量变到质变、从内在变化到外在表现的发展过程，必然存在着一定的

---

① 邵雷主编：《监狱安全警示录》，法律出版社2015年版，第1页。

行为征兆，与罪犯的生理、心理、行为等存在着千丝万缕的联系。民警通过这个违纪行为的生成轨迹首先要寻找出罪犯违纪行为发生的风险因素，或者说是风险源，知道罪犯违纪行为发生的根源是什么。罪犯违纪的风险因素，指导致罪犯违纪行为发生的潜在原因，是造成罪犯违纪后果的直接或间接的原因。简单来说，就是罪犯的违纪原因和违纪行为的性质。每一名罪犯的个体情况不同，存在的违纪风险因素也会不同，但不同罪犯在一定时期或阶段，他的违纪风险因素则是相对固定、不容易出现变化的。

从对罪犯违纪行为或现象的研究分析来看，罪犯违纪的风险因素主要包括认识因素、刑罚因素、改造因素、生理心理因素。认识因素主要指罪犯对监狱观、改造观、罪犯观的认识，及其自身的世界观、人生观和价值观，主要包括对违法犯罪、服刑改造现状、自身改造角色、改造目的和意义等思想认识。刑罚因素包括罪犯认罪悔罪、是否有余罪或狱内重新犯罪、刑罚体验和感受、刑期长短、对服刑的目标期望等子因素。改造因素指罪犯对改造的认识和态度、改造信心和毅力，主要包括认罪悔罪程度、适应改造环境、确立改造目标、树立改造信心、遵守监规队纪、狱内人际关系调适、家庭等各种改支持系统的建立维持等子因素。生理心理因素指罪犯身心健康因素，主要包括罪犯身体健康状况、心理健康状况、罪犯日常改造行为与个人情绪的适应、罪犯各项社会功能的完善等。

管理学上有一个海因法则，认为一个重大事故的背后必然有 29 个轻度事故，还有 300 个潜在的安全隐患。全局近两年中发生的 45 起罪犯自伤自残自杀违纪行为中有 18 起民警都通过各种渠道预先得到了信息。罪犯违纪行为是一个发生、发展、完成的过程，即便是突发性的违纪行为或事件，无一例外具有这样一个过程：首先，由罪犯违纪行为的开始到违纪行为的完成，是一个渐进的过程，这种过程就给我们民警提供了获得罪犯违纪等各种危险信息的时间和空间；其次，从罪犯违纪心理产生到违纪行为实施有一个由心理认识到行为表现的外化过程，这为我们民警了解掌握罪犯违纪提供了方式路径。一般来说，罪犯并不希望他们的违纪行为在发生前或者发展过程中让民警或其他罪犯发觉，但无论他们如何掩饰，往往都会在其外部语言、情感、举止中自然或不自然地流露出来，如：违纪罪犯在与其他罪犯交往和活动中往往通过与老乡诉说、与关系密切罪犯倾诉、写遗书交代、周记发泄不满情绪、写信对家人朋友表达等形式来流露；或其情感、举止上往往出现喜、怒、哀、惧等异于平常的流露，如突然与一个平时没有交往的罪犯有了交谈、与有矛盾冲突对象进行和解等。

所以，我们在分析、判断某一个罪犯违纪行为时，不能就事论事，光看违纪本身，而是要从违纪行为发生、发展的全过程来分析和把握违纪行为的造成原因，也就是违纪风险因素。同时，要透过现象看本质，深入挖掘造成罪犯违纪的每一个风险因素，每一个罪犯违纪行为的背后，不仅存在着直接原因，而且可能存在着其他间接原因。

例如，2013 年 2 月 5 日下午 13 点 20 分左右，罪犯程某被安排做剪线头劳役，但该犯坐在罪犯聂某的缝纫工位上消极怠工，四处张望，不干活。聂犯提醒程犯干活，程犯说就是不干，聂犯让程犯把位置让出来，程犯不肯让。随即两人发生争吵，程犯抓住聂犯衣服说“我严管都不怕，还怕什么”，并欲殴打聂犯，被其他罪犯劝阻。现场民警及时赶到，将程犯带到谈话室教育谈话。在这过程中，程犯情绪激动，对民警大喊大叫道：“我没错，随便你们怎样，严管我都不怕，我还怕什么。”民警多次教育其冷静，但该犯反而情绪越发激动，不停大喊大叫。为防止其作出危险举动，民警对该犯进行防范性上铐。上铐过程中，程犯企图强行挣脱，对民警的多次警告不予理睬，并用脚踢坏工具柜，后被民警使用电警棍制服。

从事后民警对程犯违纪的整个过程来看，程犯入监时间并不长，其他罪犯认为其为人自私，不愿与其来往。程犯内心苦闷，缺乏开导和帮助，所以三番两次与他犯为琐事发生争吵。民警虽对程犯开展教育，但大多是讲些大道理，程犯对违纪缺乏深刻认识，内心还是认为别人针对自己。在 2 月 4 日程犯母亲和姐姐来队接见前，民警把其近期违纪之事告诉了家属，希望其家人能帮助教育。在会见过程中，其母亲、姐姐劈头指责程犯不听话，使得其对民警产生反感。这也是造成程犯第二天情绪冲动与聂犯发生争执的一个根本因素。

造成罪犯程某违纪的风险因素是其对服刑改造缺乏正确的认识，没有端正自己的改造态度，这才是造成程犯违纪的根本原因。至于程犯狱内人际关系不和、接见时受到家人指责都不过是违纪产生的条件和诱因。

第二，罪犯违纪行为的发生往往受到人、物、事件、时间、空间等因素的影响或限制。这个影响过程既可能因为某单一因素影响，也可能受到其中多个因素影响，更可能受到所有因素的综合影响。这种诱发或促使罪犯违纪风险因素向具体违纪行为变化、转化的条件，即罪犯违纪行为发生的条件。因此，民警应关注罪犯违纪的各种诱发因素，找出违纪风险因素向违纪行为转化的条件，想方设法把它消除或隔离，真正杜绝和消除各类安全隐患和违纪苗子。

罪犯违纪行为的发生往往受到生物性因素、心理性因素、社会性因素等的影响。生物性因素主要指人的身体机能变化而造成的违纪，如罪犯往往受到生物节律的影响。心理性因素指因为罪犯心理问题、心理障碍或疾病而引发的狱内违纪。社会性因素指因为社会性事件、生活事件造成罪犯压力而引发的违纪，如社会形势变化、刑事政策变化、罪犯家庭婚姻出现状况等。

罪犯违纪风险因素固然存在，关键还在于对各种诱发罪犯违纪风险因素发生变化、作用的违纪条件的有效控制。工作中，我们往往发现罪犯违纪防控中出现“灯下黑”的异常状况，即民警重点关注、重点防控的罪犯往往不会发生违纪，而一些民警容易忽视、认为不大可能违纪的罪犯却往往在不大可能发生的时间、地点、情境下发生各种意料之外的违纪事件。究其原因，不是罪犯身上存在的违纪风险因素发生了变化，而是罪犯违纪条件因为民警防控而出现了不同的影响和作用的结果。同样，许多民警在工作实践中有这样一个感受，即“该发生的没有发生，而不该发生的却发生了”，导致出现一种“防不胜防”的感觉。许多违纪行为的发生之所以感到突发、不可控，往往是因为它的发生经常在民警的防范范围之外、在民警的意料之外。这恰恰说明，罪犯违纪行为的发生受到人、物、事、时间、空间等主客观因素的制约，而违纪行为的发生恰恰是这些制约因素之外的原因而造成的。

例如，罪犯李某与罪犯杨某因琐事发生争吵，监区民警及时进行了处理，违纪双方当时也相互作出了认错和道歉。但罪犯李某对民警的处理不服，自认为吃了亏，事后产生了报复杨犯的想法。民警对此没有了解和掌握。2010 年 8 月 10 日 9 时 25 分，在车间劳动过程中，罪犯李某见杨犯正在劳动，于是手持自己劳动所使用的小剪刀悄悄走到杨犯身后，朝杨犯头部、颈部狠狠扎去，致使杨犯头左上部、左颈部表皮破裂出血。现场值班民警发现后及时上前制止，把杨犯送监狱医务所救治，杨犯左颈部被缝合 3 针，头左上部包扎处理。事后，监狱对李犯予以隔离审查，对杨犯伤情进行司法鉴定。

从这违纪案例中看，虽然民警对两名罪犯的争吵及时进行了处置，但罪犯李某对民警处置心存不满这个违纪风险因素已经产生并依然存在，而由于民警没有及时有效掌握这个情况，对于罪犯李某可以擅自走动、劳动工具缺乏有效管理控制这两个违纪条件没有得以控制和消除。民警对罪犯李某系多次犯罪的暴力型罪犯，其性格暴躁、行事冲动的行为特点的情况掌握不够深入，没有在教育处置后落实必要的防控措施；同时，民警对罪犯劳动现场的管理控制存在漏洞,“三联号四固定”制度没有落实到位,对罪犯劳动工具没有落实链条化管理,致使罪犯李某能够擅离劳动岗位窜至杨犯工位使用剪刀报复伤人。

第三,罪犯违纪行为的发生是罪犯原有认知、心理等内在平衡状态被打破所带来的结果,也是因为在罪犯改造过程中,各种违纪风险因素的产生或增加才造成的。正因为罪犯违纪风险存在着很大的不确定性,所以监狱民警必须对罪犯通过改造表现观察、犯情动态排摸、行为表现跟踪、改造行为预测等手段对罪犯进行风险调查排摸、风险识别、风险评估,做好对策。

罪犯入监服刑改造以后,经过对监狱服刑环境、改造要求的适应过程后,基本处于一个改造的平衡状态。但随着罪犯违纪因素的产生或增加、违纪条件的出现和满足,一旦这个平衡状态被罪犯内在因素或罪犯之外的因素所打破,极容易造成狱内违纪行为的发生。罪犯违纪行为的发生意味着罪犯内心情绪、压力的爆发,罪犯原有的一种平衡状态被打破、破坏,既可能由于单一应激因素发生,也有可能是因为多种应激因素而发生。

许多罪犯违纪行为并没有什么根本性矛盾或冲突,而是罪犯为了争一口气、争一个面子。例如,罪犯金某来监后改造表现一直比较平稳,近期反映自己身体不好,要求民警调整劳动工种。监区多次安排他去监狱医院进行检查、治疗,其症状没有根本转变,于是担心自己的病情加重,会危及生命。2009 年 6 月 18 日 15 时许,罪犯金某上完厕所回到劳动工位后,突然拿起自己劳动所坐的板凳,强行翻越警戒线和隔离栏,窜至车间民警会议室外,用手中板凳猛砸会议室玻璃窗。当金犯企图再次用板凳砸另一块玻璃窗时,被正在旁边劳动的两名罪犯和及时赶到的值班民警制止。

监区民警虽然已经掌握罪犯金某的基本情况和心理诉求,但对其在需求得不到满足状况下的冲动过激行为的预判性不足,谈话教育方式和针对性教育内容不强,导致金犯的心理冲动没有即时得到化解和有效缓解。当然,监区劳动现场管理存在着值班制度执行和罪犯联号联动制度落实上的明显疏漏。这提示民警在日常管理、教育罪犯过程中应关注罪犯思想、情绪变化,加强对罪犯的个别教育和心理疏导,及时帮助解决罪犯改造中存在的实际问题和困难,建立起一种恢复罪犯原有平衡的机制。

那么,罪犯改造过程中的哪些情形容易使民警疏忽,监管安全中“最不放心的人”“最不放心的事”包括哪些?根据青浦监狱“狱内三防安全纠错机制的研究”课题组的课题报告,大约有如下方面:

(1) 罪犯违纪的防范对象。一是经过民警开展罪犯人身危险性评估设定的专控、立管对象,这是民警公开防范的罪犯。二是心理素质差、应激适应能力弱,容易因为一些小矛盾、小挫折、小事件引发激烈反应的罪犯,尤其是那些平时民警不注意、人际交流不活跃的罪犯。三是对民警的管理教育产生不满心理,坚持认为“民警对其有成见”“民警执法不公允”等歧见的罪犯。四是民警在日常管理中,自认为比较放心、容易发生脱管或失控情形的罪犯。五是近期家中发生亲人去世、婚姻变故等重大变故,但其情绪、行为等却表现出人意料地平静的罪犯。

(2) 罪犯违纪的诱发事件。一是家庭变故。例如妻子要求离婚、亲人亡故、家乡遭灾等,往往使罪犯改造情绪受到极大影响。这时民警予以适当的关怀和帮助,可使罪犯从悲伤忧愁中振奋起来,产生积极改造的动机。二是自身变故。当罪犯患病、工伤时往往情绪低落,这时适当的关心和真诚的帮助将使他们感受到改造政策的温暖,达到稳定情绪、配合治疗、鼓舞改造信心的目的。三是对罪犯影响较大的事件。

(3) 罪犯违纪的工具器械。一是登记核查有可能作为作案工具的床单、衣服、鞋带等可搓成布绳之类的物品。二是收缴易燃、易爆、剧毒等各种违禁品以及其他可能作案的工具和物品,并对收缴的违禁品来源进行调查,在违禁品的源头上解决问题。三是非劳动场地有可能作为作案工具的非劳动工具的清理。

虽然罪犯的违纪行为不可能完全做到预防和杜绝,但民警可以通过相应的针对性防控措施来有效减少、降低违纪行为发生的可能性和危害程度。例如,开展定期狱情犯情分析,落实执行监管安全防范措施;对罪犯实行专管专控,阻断可能引发罪犯违纪的环境或物质条件;对问题罪犯进行教育疏导或必要管理控制;等等。所以,民警必须严格落实执行监管安全制度,做好重点对象、重点时段、重点物品、重点环节、重点部位的排查和控制。

第四,虽然罪犯违纪行为的发生存在着诸多的不确定性,给民警的防范和控制工作带来了很多困难。但我们一方面可以对罪犯违纪的风险因素、违纪转化条件加以识别,一方面通过各种罪犯违纪案例和相关数据资料的分析利用,寻找罪犯违纪行为的发生和运行规律,及时开展罪犯违纪风险及其危害后果的预测和评估,有针对性地采取各种罪犯违纪风险管理措施或手段,有选择、有重点地把那些我们认为需要关注的罪犯违纪因素、违纪条件等风险因素及时筛选出来,对罪犯改造过程中各种突发性因素加以发现和识别,进行重点干预或管理,采取最佳对策。换句话说,一旦出现罪犯违纪苗子或违纪行为,民警必须及时依法予以处置，做到除恶务尽、杜绝后患，或迅速隔离，防止事态扩大，以有效杜绝违纪行为对其他罪犯和改造环境的影响和破坏，避免二次违纪或更严重违纪行为的发生，造成“一粒老鼠屎坏了一锅汤”的破窗效应。

许多罪犯违纪行为的发生看上去是单一违纪行为，但从联系的角度来看，往往属于二次违纪或多次违纪，是前几次违纪行为的延续或发展。

在许多罪犯违纪行为的发展过程中，民警已经了解掌握，甚至已经开展过教育或处置，但因为没有及时跟上其他必要的措施，民警之间也缺乏必要的沟通交流，没有取得预期的教育效果，而导致罪犯违纪事态的进一步扩大和加深。

例如，王犯因抢劫、故意伤害、私藏枪支罪被判刑 19 年 6 个月，无前科，家庭生活条件良好，与家人关系相处良好。自 2000 年 3 月到监区改造以来，一直希望通过关系达到回原籍服刑改造的目的。因此，在劳动生产上经常欠产，不服民警批评教育，曾公然扬言要“搭节目”：“我用工具捅瞎自己的眼睛，队长就不敢管我了。”为此，受到严管处罚。后因对自己错误有所认识并有改正表现，被允许提前归队。但王犯一直疑心罪犯汪某在生产工序指标上“铆”着他，向民警打小报告“损”他。认为监区这次调整他的劳动工种，就是因为汪犯向民警汇报所造成的，所以对民警和汪犯一直怀恨在心。2003 年 3 月 10 日上午 9 时许，正在劳动的王犯听到民警叫他到办公室，突然间用手中的裁剪剪刀划向自己的额头，还向汪某狠狠的丢了一句话：“都是为了你。”

又如，罪犯董某虽然刑期只有 4 年 6 个月，但在入监 1 年半的时间里，先后发生对抗民警管教、殴打他犯、破坏劳动工具、企图自伤自残等严重违纪，多次被严管，受到 2 次监狱警告处分。针对董犯的现实改造表现，监区民警及时对其进行违纪风险评估，充分掌握可能导致董犯违纪的各种诱发条件和情景，制定了阅读《忏悔声声》、转变其对家庭认知、实施冲动性行为矫正训练等矫正方案对其实施个案矫治。2014 年 12 月 22 日 15 时左右，在车间民警进行集体点名时突然发生罪犯沈某殴打董某的事件。虽然从事情的发展过程来看，董某存在着跟沈犯开过玩笑的过错，按照董犯以往好面子的脾气对此肯定不肯罢休，但事实上在沈犯打他过程中并没有还手的迹象。甚至当民警了解整个事发经过、批评他“好了伤疤忘了疼”的时候，董犯还能主动接受了批评，表示要主动向沈犯赔礼道歉，保证今后不再和沈犯开玩笑。当监区其他罪犯对董犯的举动大感不解的时候，董犯公开表示自己因为牢记前两年因为对主管民警批评教育不服、认为伤害自尊而多次违纪受惩的教训，深刻体会“己所不欲，勿施于人”的道理，所以才不会一错再错地作出违反监规队纪的行为。

第五，罪犯是改造的主体，决定罪犯违纪行为的发生、解决的根本原因在于罪犯自身。罪犯自我认识、自我消化、自我解决是消除违纪风险、杜绝违纪行为的根本途径。

我们曾在监区罪犯中组织开展过“改造参与”和“三自三言”活动，即在罪犯中提倡“自尊、自省、自警”，要求罪犯在每天的改造中始终牢记“帮教进言、家属劝言、个人的改造诺言”，对自己每天的一言一行、一举一动对照监规队纪和行为规范自我反思、自我约束，对自己身上存在的不足或问题自我警示，自觉改进，不断提高。

活动开展后，潜移默化、睹物明志，对罪犯改造的要求延伸到每一个地方、每个时刻，促使罪犯每天从小事做起，从点滴做起，养成良好的行为习惯；一些可能发生的违纪，被自然消灭在萌芽中，罪犯中一些难点顽症也有效得到解决。个别改造中的“老大难”深有感慨地讲：“人要脸，树要皮”我们犯了罪，但我们也是人，“三自三言”以自尊为先导，民警始终将我们当人来管教我们，那么我们就要有人的自尊，否则是自己看不起自己，看不起家人。罪犯张某在个人总结中说道：“从表面看，民警在管理上对我们有所放松，但仔细想想，面对亲人的谆谆教诲，自己也许下诺言要真诚做人、踏实改造，这无形的压力更大。”罪犯李某讲：“‘三自三言’活动就像亲人的目光注视着我们改造的每一个行为，现在每天睡觉前天天看到、天天对照，我每做一件事就会想一想，看到自己每天改造中的点滴进步，知道了自己的缺点与不足。”①

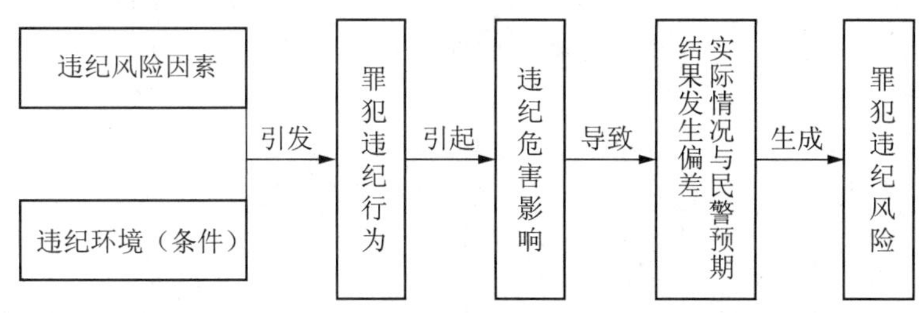

图 1　罪犯违纪行为风险的形成机理

三、狱内罪犯违纪行为风险性因素的管理策略

所谓风险管理，就是指通过对风险的识别、估测、评价和处理，以最小的成

---

① 李海荣：《“三自三言”，教育改造罪犯的新尝试》，《上海警苑》2001 年第 1 期。

本获取最大安全保障的一种管理活动。所以,对罪犯违纪行为的风险管控是在对罪犯违纪风险进行识别、衡量、评估的基础上,对各种管理和教育改造技术进行优化组合,对罪犯的违纪风险实施及时干预、有效控制和妥善处置,以达到杜绝发生、减少发生、延缓发生和减轻发生罪犯违纪行为的目的效果。

从风险管理的角度来看,监狱民警对罪犯违纪行为可以采用以下各种评估手段:

一是针对每名罪犯的个体情况和改造需求,开展包括人身风险性评估、再犯风险评估、改造需求评估、认罪悔罪评估等内容的罪犯改造风险评估,了解掌握不同罪犯存在的改造风险因素,有针对性地对每一名违纪风险程度高的罪犯制定违纪风险处置预案。内容包括:罪犯存在哪些违纪风险因素、民警需关注的罪犯违纪条件(刺激因素)、针对不同可能违纪情况确立相应对策、处置目标等以予控制。

二是在罪犯改造过程中,对违纪风险评估程度高的罪犯、出现罪犯违纪条件的罪犯及其他需要加以重点关注的罪犯及时开展违纪风险评估。罪犯违纪风险评估包括罪犯个体改造风险、狱内人际交往及警囚关系风险、执法风险、罪犯身心健康风险、环境适应风险、生活性事件风险、不良行为及恶习风险等内容。通过风险评估,民警应该了解掌握相关罪犯违纪行为发生可能性的大小、违纪行为发生的后果程度等。

三是对经评估需要及时开展违纪风险管理的罪犯必须制定个别化矫正方案,采取针对性矫正措施。

四是建立风险防控个案,总结工作经验,及时吸取教训,帮助民警更好地掌握罪犯违纪发生和运行规律,有效开展罪犯违纪风险防控工作。

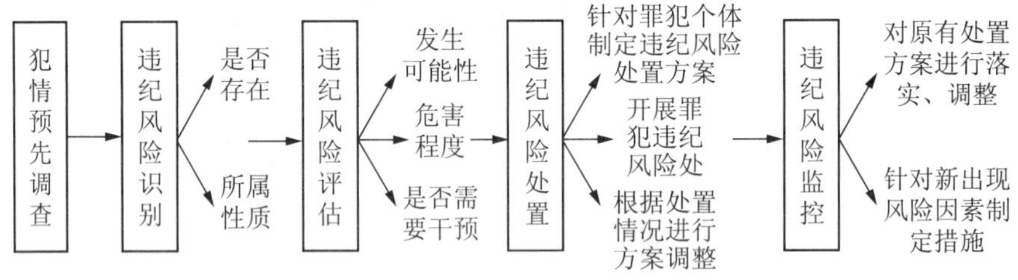

图 2　罪犯违纪行为风险因素的管理过程图

从防控体系上讲,我们对罪犯违纪的防控可分为硬预防和软预防。硬预防包括民警对罪犯落实抄身、清抄监及开展违纪处置等;软预防包括监区监禁文化建设、良好改造环境营造及罪犯遵规守纪意识的培养树立等。同时,对罪犯违纪行为基本采取远期、中期、近期三级防控。远期防控主要指面对全体罪犯，在违纪行为、违纪苗子尚未形成或暴露之前，民警所采取的一系列防范性管理和教育措施，如对罪犯开展遵规守纪教育、各种违纪信息的捕捉、对违纪苗子的预测预警等。中期防控是民警对部分存在违纪可能罪犯的违纪想法、违纪迹象采取的发现、识别和跟踪等措施，是在罪犯行为发生过程中的防控行为，目的是促使正在发生过程中的罪犯违纪行为不发生、减缓发生或减轻发生。近期防控则是民警在罪犯违纪行为即将发生或正在发生过程中对其采取强制性处置措施、使其得以终止或中止的行为，如隔离罪犯、惩罚违纪罪犯等。

从工作实践来看，许多罪犯违纪行为的发生在于民警往往忽视对违纪行为发生过程进行管理和控制，没有及时把导致违纪行为发生的苗子、隐患消除在摇篮之中。所以，对罪犯违纪行为发生的预防和控制应确立和把握罪犯是改造主体的意识，实施严密的防控措施，把罪犯的违纪风险降至临界点，让罪犯不敢违纪；从源头管理抓起，防患于未然，强化罪犯遵规守纪意识，建立罪犯冤屈申诉和矛盾化解机制，引入罪犯家属联系帮教机制，让罪犯不愿违纪；消除罪犯违纪行为发生的诱导因素，即把各种违纪行为的思想认识和行为表象上的苗子或隐患在初始阶段及时进行消除；加大对罪犯违纪的教育惩处力度，让罪犯从内心感悟到违规违纪不应该、不值得，从而不敢违纪。

以青浦监狱某监区为例：2013 年季度平均扣分 15.5 分，一季度扣分 15 分，二季度扣分 14 分，三季度扣分 19 分，四季度扣分 14 分。2013 年罪犯季度违纪平均次数 44.25 人次，一季度发生 43 人次，二季度发生 43 人次，三季度发生 50 人次，四季度发生 41 人次。

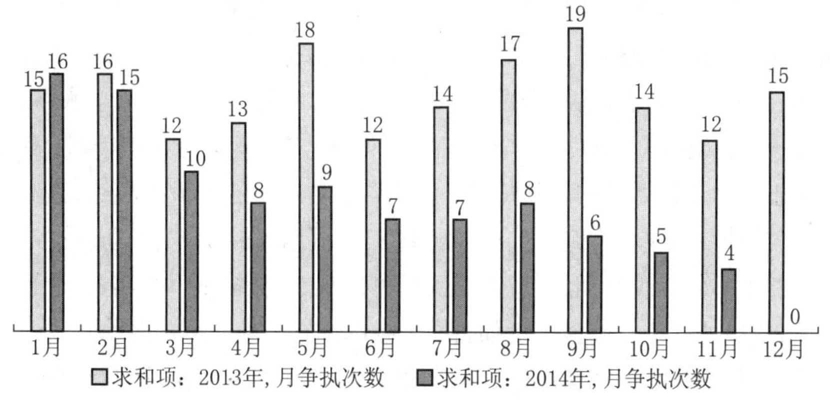

图 3　罪犯摩擦次数对比

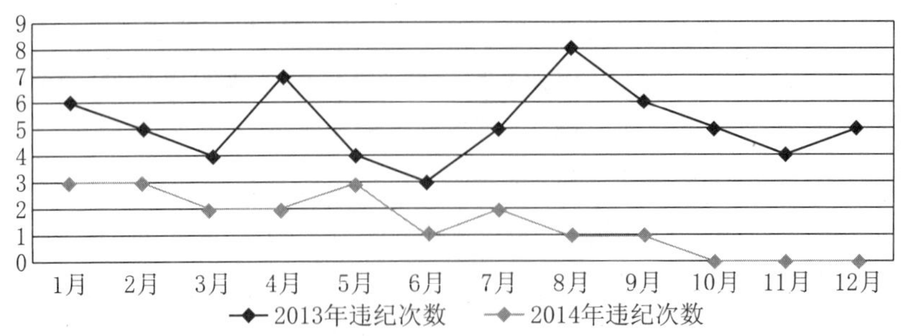

图4　扣分次数对比

监区的主要做法包括:防(预防为主)、堵(堵塞安全漏洞、消除安全隐患)、公(公正执法、树立司法权威)、导(宣传引导,强化遵规守纪意识)、疏(情绪疏导、情感关爱、困难解决)、解(矛盾化解、罪犯自我消化)、换(对特岗罪犯定期轮换)、替(寻找替代方案)、分(分类分层、个案管理)、劝(社会帮教力量、罪犯家属的规劝)、助(根据罪犯需求建立支持系统)、揭(其他罪犯的检举揭发)、控(过程控制)、异(对不同情况、不同罪犯采取不同处置)、估(建立评估预警机制)、诫(自我告诫、警示他人)、惩(依法惩治)、合(信息整合、建立信息化防范机制)等。

(一)风险调查识别,坚持预防为主,发现、捕捉各种违纪信息,杜绝并及时清除各类罪犯违纪隐患

1. 突出一个"防",牢固树立"人防第一"的观念,切实加强民警安全责任意识和安全防范意识

(1)长期工作实践中,我们总结出了人防、物防、技防三大基本防范手段。其中,人防是关键,而人防的根本在于心防,即民警必须树立安全意识、责任意识、防范意识,把罪犯违纪的防范时刻放在自己的心上。(2)牢固树立大安全观,增强民警的法治意识、红线意识和责任意识,不管罪犯违纪的事大事小、是否涉及自己,民警必须紧绷"安全"这根弦不放松,在蛛丝马迹中辨异常,保持高度责任心和对工作始终如一的热情。(3)要定期开展各项预案演练,提高民警应急处突能力,形成较为完善的应急处突工作机制,强化事发现场、分控平台、监狱指挥中心的三级联动,实现安全隐患早发现、工作措施早落实、安全预警信息畅通、快速处置针对性强。例如,民警在劳动车间巡查时发现罪犯贺某的劳役岗位出现了变化,而现场民警都不知道原因。巡查民警及时询问,虽然贺犯回答是因为自己身体不适向监区领导提出临时调换工种,但巡查民警因为贺犯

是专控罪犯而予以高度警惕，主动向监区领导核实有关情况。经沟通，巡查民警发现和掌握了贺犯虚构事实、欺骗值班民警，企图通过调换劳役工种拿到剪刀，并以此实施自伤自残的情况，从而避免了一起罪犯严重违纪行为的发生。

2. 确保一个“公”，坚持公正执法，维护司法权威，确保民警的执法管理做到公正、公平和公开

(1) 民警必须牢固树立“公正执法重于生命”的价值理念，不断强化依法治监工作理念，严格执法工作标准和程序，落实狱务公开，依法保障服刑人员合法权益。(2)从“树立正确的执法理念、科学的执法目标，建成公正的执法环境、严密的执法机制，培养良好的执法能力、规范的执法行为”入手，准确开展执法管理和教育改造活动，杜绝执法工作的随意性，提高执法工作的能力和效率。(3)坚持依法文明管理与依法严格管理相结合，做到“两手抓、两手硬”，既注重充分调动和激励服刑人员的改造积极性，又要对严重违纪违规行为坚决予以惩戒和打击，以更好地体现监狱的职能。例如，民警发现罪犯杜某对自己作出的违纪处理意见不服，存在报复性违纪的想法。监区经过调查分析，认为民警的处理意见确有有失公允的情况，便教育说服该民警主动向杜犯说明情况，认错道歉，更改了原来的处罚决定。杜犯为民警这种依法管教、主动认错的举动所感动，向民警坦白了自己预谋报复的违纪企图。

3. 做好一个“堵”，堵塞管理漏洞，严格落实执行各项监管制度，及时消除安全隐患

(1) 加强民警直接管理，落实联号固定、清监抄身等基本的管理制度，加强对“四重点”的控制管理，确保全天候、全覆盖，确保罪犯不脱管、不漏管。(2)严格各项工作制度的落实，积极运用各种狱内侦查手段，严格落实抄身、清抄监等监管安全制度，从源头上做好不安全物品的防控，加强对大门、围墙、电网、门、窗、锁、钥匙、梯子、绳索等重点部位、物品的管理，全面排摸，充分发挥技防设施的效能。(3)加强对罪犯“三大现场”的管控力度。民警要明确各项制度要求，熟悉和掌握本岗位规范，提高制度执行力，做到“岗位有人在、事情有人管、情况有人知”。(4)认真做好狱情犯情分析排查、监组日讲评、监区周讲评等管理制度，多渠道多角度多层次地收集犯情信息，重视罪犯违纪线索的及时发现、及时化解，对发现掌握或排查出的隐患要逐一查证，不放过每一个细小线索，力求做到犯情清、问题明、措施实，做到见微知著、防微杜渐，起到“敌动我知”的作用。例如，主管民警在车间检查劳动工具时，发现罪犯董某工位上固定着的一把小剪刀的头部不见了，董犯解释可能是使用不当致使刀尖断裂，其他罪犯也称可能掉在地上被打扫掉了。有的民警认为1公分长短的小铁片，掉了就掉了，不会出啥状况的，但监区还是抱着“安全隐患决不迁就、绝不放过”的原则，组织民警开展清抄监，最终在董犯的床板下找到了这片用黏纸粘着的刀片。董犯在事实面前，终于承认了企图私藏刀片自伤自残以报复民警管理的行为。

4. 深化一个“导”，加强宣传引导，强化罪犯自律改造意识和遵规守纪意识

(1)开展监区文化建设，坚持开展“改积身边无违纪”“监区是我家，维护稳定靠大家”“依法服刑，走向和谐”和“为自己减刑”等活动，对罪犯提出“思想稳、风气正、相处和、求上进、会自律”五项改造标准，倡导“三从、四自、四相互”，提出学会学习、学会做人、学会做事、学会处世“四会”要求，积极营造积极、健康、向上、和谐的改造氛围和环境。(2)开展罪犯改造权利义务教育，强化罪犯遵规守纪意识，增强违纪成本意识，引导罪犯遵规守纪的意识和行为，明确违纪行为的危害，并做到内化于心，外化于行。(3)激发和引导罪犯的改造主体意识，树立“对自己负责，为自己减刑”“自己努力一点，家人快乐一点”等改造观念，引导罪犯自律改造，积极参与民警的管理和教育活动。(4)开展罪犯自律改造活动，培养罪犯开展反思习惯，组织罪犯签订各种形式的改造承诺书，改积分子与其他服刑人员签订“一帮一”结对帮教协议，在罪犯中开展“改造光荣、违纪可耻”教育，启发培养罪犯的善恶观念，引导罪犯改恶从善，从小事做起，积小善为大善。例如，监区积极倡导罪犯自律改造，坚持开展“维护稳定靠大家活动”。罪犯王某因琐事与张某发生争执，认为吃了亏，心理产生不平衡，于是找与自己关系较好的罪犯丁某商量寻找机会进行报复。丁犯了解王犯想法后，对其耐心规劝：“现在民警教育我们有事找警官，你有什么想法可以找民警反映，如果你现在去报复，不仅害了自己，也影响了监区其他人，被其他人责骂，到时候你不仅没有找回面子，反而更加没有面子。”在丁犯的劝说下，王犯打消了违纪的想法，并主动向民警汇报了情况。

(二) 风险评估，跟踪、预测相关违纪信息，及时开展对违纪行为的干预，有效避免正在发生和将要发生的各类罪犯违纪行为

1. 做早一个“估”

及早评估预测，建立全方位的预警机制，有针对性开展防控工作：(1)每月开展监狱(监区)监管安全趋势评估，通过全面准确、深入及时地收集和分析押

犯情况、监管秩序、安全隐患、罪犯违纪发生情况等，对罪犯开展认罪悔罪、人身危险性等内容的评估工作，确定罪犯发生违纪行为或其他突发状态的可能性及其程度，设置和定期发布监狱（监区）罪犯违纪指数，指导或强化相关监管安全工作，发挥预警作用，并及时采取针对性措施。(2)开展犯情日评估、周分析、月排查，对罪犯中最不放心的人、最不放心的物、最不放心的事进行排摸分析，做好必要的预测、防控工作，掌握罪犯思想和行为变化及其发展趋势，落实布置针对性的工作或措施，以防患于未然，增强管教工作的目标指向性、安全防范性。(3)在管理过程中注重对罪犯违纪隐患、苗子的观察、发现和分析，做到及时发现、主动干预，做到露头就打，争取把罪犯违纪隐患和苗子消灭在萌芽当中。例如，针对往年八九月份罪犯违纪事件高发的特点，监区及时利用月度教育大会对罪犯进行“强化遵规守纪意识、杜绝违规违纪行为”专项教育，组织民警开展“谈心教育月”活动，要求民警对每名分管罪犯谈话不少于 1 次，在罪犯中开展“有事找警官”、罪犯违纪日公布、签订“遵规守纪承诺书”、对问题罪犯安排心理疏导等活动。由于预测及时、措施到位，监区罪犯的违纪现象明显下降，无重大违纪发生。

2. 用心一个“疏”

做好帮困解忧，对存在思想波动、行为异常的罪犯及时开展情绪疏导，解开罪犯的心结，解决罪犯改造中的后顾之忧：(1)民警要深入罪犯三大现场，加强直接管理，关注罪犯改造过程中思想、情绪、行为表现等方面出现的变化或问题，发现掌握罪犯改造中可能存在的应激源、压力源，做好罪犯思想、情绪、行为的观察和分析，对罪犯违纪思想认识、不良情绪波动等要及时开展教育疏导，坚持做好“十必谈”。(2)要求民警深入罪犯三大现场，通过谈心、观察等方法观察掌握情况变化，利用罪犯每日情绪脸谱、心情显示表、问题反馈单等形式让罪犯主动、及时向民警反映自己的思想动态和情绪变化。(3)鼓励罪犯“有事找警官”，引导罪犯在改造中遇到矛盾或问题时能主动向民警反映，积极寻找民警的帮助，走正常合法的解决途径。(4)组织开展罪犯违纪的警示性教育，让罪犯树立和强化违纪成本意识，学会作出正确的行为选择。例如，罪犯刘某改造表现一贯比较平稳，近期有些心事重重，民警几次找其了解情况，都回答是因为身体不舒服所致。监区并没有被刘犯所迷惑，最终了解到刘犯在上月会见时得知其独生子生了严重疾病，家里根本没钱给他治疗，家里人对刘犯充满怨恨。对此，刘犯忧心忡忡、满怀愧疚，几次想到自杀。当监区领导拿着民警们自发捐助的汇款单据告诉刘犯，监区已联系其户籍地街道做好帮困工作，要求他振作精神、积极改造，争取早日回家时，刘犯被感动了。此后，刘犯的改造恢复了正常。

3. 落实一个“换”，定期轮岗撤换，对特定劳役工种和岗位罪犯要按照有关使用规定经常轮换、及时撤换

(1)要加强对这部分罪犯的选择使用，认真做好筛选工作，不符合使用条件的罪犯做到坚决不用。(2)在罪犯使用管理过程中，要加强日常考核，开展经常性教育，对改造表现不好、不适应岗位要求的罪犯按规定做好定期轮换，避免出现个别罪犯“以权谋私”等现象。(3)对个别因为身体原因、情绪问题或出现违纪迹象或行为的，必须及时撤换，确保监管秩序的稳定。例如，罪犯黄某因有裁剪一技之长、改造表现尚可被民警安排做了裁剪组长。一个阶段后，有罪犯向民警反映，黄犯存在对民警阳奉阴违、拉小团伙、利用岗位便利向他人索要物品等行为，其他罪犯对此敢怒不敢言。监区经调查了解，认为罪犯所反映情况基本属实，且存在在罪犯间结伙争斗的可能。监区及时撤换了黄犯的裁剪组长劳役，将其进行隔离审查，受到众多罪犯的欢迎。

4. 提倡一个“解”

建立罪犯矛盾化解机制，解开心结，引导罪犯自我发现、自我评估、自我疏导和自我化解内部矛盾：(1)培养罪犯的自我调适意识，教育罪犯面对自己存在或遇到的问题能够自我调适、自我调节，如开展自我反思、进行换位思考、寻找替代解决方案、思考违纪成本危害等。(2)民警与罪犯针对罪犯存在的问题或矛盾进行共商，共同分析问题或矛盾，积极寻找解决问题的替代方案，制定解决问题的计划和步骤。(3)建立罪犯冤屈申诉制度，鼓励罪犯“有事找警官”“有难有人帮”，让罪犯学会正确认识问题和矛盾、正确分析问题和矛盾、正确面对问题和矛盾、正确处理问题和矛盾。例如，某监房罪犯雷某与赵某因为看电视选台问题产生矛盾，虽然没有发生正面冲突，但影响到监房其他罪犯的生活和改造。对此，监组长邱某便邀请雷犯与赵犯一起到活动室，由监区改积会几名罪犯对他们进行调解规劝。经过2个多小时的沟通，两人心里的疙瘩解开了，和好如初。

5. 提供一个“助”

关注罪犯需求，针对罪犯存在问题的原因和根源寻找相关支持系统，从思想认识、情感需求、行为引导等方面对罪犯提出支持：(1)针对罪犯存在问题为罪犯提供必要的支持系统，如开展心理矫治、家属规劝、社会帮教等，帮助罪犯恢复内心原有的平衡状态。(2)在罪犯认为自己无法或不能解决问题或矛盾的情况下,民警应帮助罪犯寻找帮助力量或资源,为罪犯提供民警、家属、社会专业人员或其他必要的支持和帮助,如建立多样化的罪犯情绪宣泄、安排罪犯接受心理咨询、邀请社会帮教人员、罪犯家属或罪犯户籍所在地社区人员来监帮教等。(3)针对罪犯违纪的实际情况,积极借助社会力量和罪犯家属力量做好对罪犯的规劝工作。(4)民警与罪犯一起就其存在的问题和矛盾分析和研究有关解决方案,引导罪犯积极寻找正确、合理的替代解决方案,要求罪犯在思想认识初步转变的情况下作出个人承诺。例如,罪犯屠某改造中经常为生活琐事与他人发生争吵,有时候连自己也觉得莫名其妙。民警经过观察分析,认为屠犯是因为缺乏情感关爱所致,每次争吵都是在其看到或听到他人谈论家人、亲情之后发生的,而其入监后基本没有家人来信或会见。为此,监区民警主动写信给屠犯姐姐,请她帮忙做通屠犯父母的思想工作,给屠犯一个悔改的机会。经过努力,屠犯父母终于答应来监探望了,屠犯之前无故与别人争吵的行为恶习也消失了。

(三)风险管理,准确、及时介入,制止正在发生的、杜绝还会发生的违纪行为,把罪犯违纪的影响和危害后果控制在最小范围、最小程度

罪犯违纪趋势一旦明朗、苗子一旦露头,民警就应该迅速介入,针对导致罪犯违纪发生或激化的主要矛盾和矛盾主要方面进行分析排摸,及时采取堵漏洞、疏情绪、解内忧、找对策等方法,对可能引发罪犯违纪的各种条件、因素采取必要措施和手段予以隔断,做到"制止正在发生的,杜绝还会发生的"。

1. 深化一个"分"

对罪犯分类分层,针对罪犯存在的不同违纪风险程度,开展个别化干预和矫正。民警的工作精力和矫正资源是相对有限的,因而应事先做好不同罪犯、个体罪犯违纪风险的调查和识别工作,了解罪犯过去和现在、思想认识和现实改造中的真实情况信息,掌握罪犯可能存在的违纪风险严重性程度,把有限的工作精力和矫正资源投放到最应该、最需要防控的罪犯群体、罪犯个体身上。

2. 用好一个"劝"

开展亲情规劝,引入社会帮教力量和罪犯家属力量进行亲情感化:(1)充分激发和运用服刑人员家属的力量,建立监狱与家属的联系机制,实行《服刑人员

家属告知书》制度，签订《服刑人员与家属、警官帮教协议书》，使每一次的接见、每一封家信、每一个亲情电话都成为对服刑人员的一次温情规劝和教育。(2)广泛推行《服刑人员家属联系手册》，充分利用每月的家属接见日，使民警、家属、服刑人员三方互通信息，开设“监狱—家属”互通邮箱，通过现代的网络渠道进行交流，以提高教育的针对性和有效性。例如，罪犯卫某性格暴躁，经常无缘无故与他人发生矛盾。民警多次说服教育，但成效不明显。监区了解到卫犯与其二姐关系特别好，也最在乎二姐对自己的感受，于是在每月家属会见前，主动与卫犯二姐就其改造表现进行沟通交流，共同制定教育方案。通过民警与卫犯二姐的共同努力，卫犯的脾气有了控制，与他人争吵的次数也明显减少。

3. 寻找一个“替”

选择替代性解决方案，规避各种可能发生的罪犯违纪风险。民警对即将发生或正在发生的罪犯违纪风险及时进行干预，帮助罪犯一起找出深层次的原因，控制和消除各种罪犯违纪的诱发因素，寻找避免或减少违纪行为发生的一切可能性解决方案或替代性方案，帮助罪犯从中作出更合理的选择，避免违纪的发生。例如，罪犯张某因为劳役问题与监组长发生冲突，趁民警不注意窜至二楼办公室，扬言准备采取跳楼或用事先准备好的刀片割脖子。当时，张犯情绪激动，根本听不进民警的说服教育。于是，监区改变策略，针对张犯采取极端手段的问题原因提出了5个可能性的解决方案，让张犯自己分析和判断哪一种方案更符合其内心想法。半小时后，张犯主动走下楼，交出私藏的刀片，要求与民警汇报思想。

4. 抓牢一个“控”

步步掌控，牢牢控制住罪犯违纪全过程，不让罪犯违纪出现失控状态：(1)对罪犯个体的思想动态、行为变化进行评估，真正落实过程控制，通过民警的及时介入、有效干预、果断处置，使罪犯的违纪心理、违纪行为、违纪后果始终处于可控状态。(2)对正在发生的违纪行为，值勤民警应即刻采取措施予以制止，必要时可以使用警戒具等各种手段控制局面，防止事态的恶化蔓延。对罪犯违纪行为依法处置、公正客观、规范有效，做好违纪过程中教育，疏导，注重教育实效，针对问题开展排查整改，做好各方面的控制。(3)对确需防范隔离的，现场民警对当事罪犯进行教育、处置后，即布置夹控采取防范措施。对可能发生再次违纪倾向的，即予以防范隔离或上铐处置，防止问题或矛盾进一步扩大和加深。例如，民警通过其他渠道了解到监区一罪犯企图通过厂方外协师傅搞地下航线，于是采取“外松内紧”的策略，有针对性地对罪犯大账、进出监物品的查抄、该罪犯在狱内的人际交往、厂方外协师傅的携带物品检查及活动范围控制等方面做好观察、检查、反馈工作，定期进行监房、劳动场所特定区域的清查抄，终于及时、有效地打掉了这条地下航线，并使其危害和影响控制在最小范围。

5. 鼓励一个“揭”

让罪犯相互揭发，在积极营造良好改造氛围的同时，树立罪犯勇于同各种违纪违规行为作斗争的信心和勇气：(1)要帮助罪犯树立“遵规守纪光荣、违规违纪可耻”的思想认识，强化集体荣誉意识，强化遵规守纪意识，使之杜绝违纪行为的发生。(2)积极营造监区风正气顺、积极改造的文化和氛围，鼓励罪犯主动向民警汇报其他罪犯的思想动态和违纪迹象，并敢于向一切有碍于罪犯改造的歪风邪气作坚决斗争，使违纪行为或现象在监区“老鼠过街，人人喊打”。例如，监区发生车间劳动工具遗失的情况，民警反复查找都没有结果。为了防止罪犯故意私藏工具造成违纪的事件发生，民警利用讲评教育讲明这件事的影响危害，要求监区罪犯积极提供有关线索。事后，有多名罪犯通过写思想汇报、找民警谈心等途径向民警反映和提供了有关线索，帮助民警制止和避免了罪犯徐某因改造信心不足而企图用私藏工具自杀的严重违纪事件。

(四) 依法惩戒，处置、打击违纪行为，做到赏罚分明，真正发挥对违纪风险的一般预防和特殊预防作用

惩前毖后，治病救人，惩罚与教育相结合，坚持公正公平公开、教育与处罚相结合、依法处置等原则，加大罪犯违纪的处罚力度，发挥处罚的最大效果。

1. 发挥一个“惩”

迅速及时惩罚违纪行为，通过奖惩手段让违纪罪犯得到教训、促使转变：(1)对已经发生的罪犯违纪，应尊重依法处置、客观公正、规范有效、惩罚与教育相结合和讲求艺术性5个原则建立罪犯违纪处置程序。(2)引导罪犯认真算好违纪行为的“自由”账、经济账、亲情账、健康账等，教育罪犯明确自己的违纪成本，发挥违纪处置的双向激励作用。(3)依据《监狱法》《罪犯改造行为规范》以及监狱有关规章制度制定罪犯违纪处置程序，根据罪犯不同的违纪行为及其性质、后果，民警应给予批评教育、日常计分考核扣分、收缴违禁物品、实施警告、记过、严管、禁闭等处罚，直至报请有关司法机关给予刑事处罚。例如，罪犯李某因为劳动指标问题对监组长梅犯心存怨恨，在劳动过程中趁梅犯不注意，悄

悄走到其身后拿起预先准备好的小铁锤朝其头部砸下去，造成一定后果及极坏影响。监区在查明事实的基础上，一方面依法对李犯处以禁闭处罚，一方面在罪犯中及时开展专题教育活动，组织罪犯进行学习讨论，强化遵规守纪意识。

2. 强化一个“畏”

让罪犯敬畏监规队纪，增强罪犯违纪的惩罚体验，促进罪犯自律改造和遵规守纪意识：(1)民警必须对违纪罪犯作出相应的处罚，与管理处遇相挂钩，增强罪犯对违纪的内心体验。(2)应及时组织罪犯针对违纪开展学习讨论，组织违纪罪犯开展现身说法，清算违纪成本、危害账，邀请有关罪犯家属进行控诉、规劝活动。根据罪犯违纪的影响和后果，组织罪犯开展相关的规劝活动。例如，新收入监罪犯仇某不服管教、公开顶撞民警，在监区中造成极坏影响。监区对此及时给予严管处罚，要求其在监区教育大会上作出公开检讨，并把他的违纪情况向其家人反馈。经过教育，仇犯对自己的行为后悔不已，表示：“想不到这次违纪会带来这么严重的后果，监区罪犯看不起我，家人怨恨我，民警严格要求我，我以后再也不敢违纪了。”

3. 体现一个“别”

差别对待，民警在处置违纪时要做到因人而异，发挥教育挽救罪犯的效果。民警在处置违纪过程中必须坚持原则，做到公正、公平和公开，但也应考虑到违纪发生的不同情况、不同对象、不同后果，对不同违纪罪犯的处置有所区别，务必通过运用奖惩手段起到教育、感化、挽救罪犯的目的。对罪犯因不了解内容、要求的过失违纪，对偶尔发生的轻微违纪，民警应以说服教育为主，当面警告；而对那些故意对抗民警管教、挑唆他人违纪、累错累犯屡教不改、严重违纪造成较大后果的，民警必须坚决查处，决不手软。例如，罪犯刘某因为琐事与罪犯贺某发生打架。民警在调查过程中发现，刘犯在评论电视剧剧情时因为不知道贺犯家里刚发生家人被入室盗窃杀害的情况，言语间触碰到了贺犯心里的痛处，贺犯才动手拿凳子砸刘犯，刘犯因此动手殴打贺犯。民警在依法处理其严重违纪行为的同时，考虑到事出有因，分别对两罪犯进行了调解，并视情作出从轻处理。事后，贺犯、刘犯感谢监区给自己改正的机会，表示以后保证不再违纪。

（五）信息运用，依据信息化平台构建集风险调查、识别、评估、管理于一体的罪犯违纪风险防控机制

当前，监狱对于信息化手段在罪犯违纪防控方面的运用越来越重视，但对

照监狱监管安全的要求还远远不够，其实际运用不能仅仅在视频监控、违纪证据收集固定上，还应该在罪犯违纪心理解读（对罪犯言行举止、神态、微表情等进行分析解读，找出其内心活动特征）、视频巡查（定时、定点，有重点进行犯情侦查、发现问题）、对违纪嫌疑罪犯进行重点防控（最不放心的人、最不放心的事）进行针对性的防范、控制，同时还应该在对罪犯进行违纪警示教育、违纪行为预警等方面发挥作用。

从管教工作实践来看，民警既要从隐患排查、日常巡查等日常管理中发现，通过各种途径，综合运用查阅档案、个别谈话、会见监听、信件检查、听取汇报等多种手段广泛搜集各类罪犯违纪信息，又要加强各种情报信息的收集与研判，及时发挥预警作用，对于有迹象表明可能出现的险情，要及时采取有针对性的整改防控措施，对安全状况作出动态评价，不断提高预知、预警能力，把安全隐患消灭在萌芽状态。

为此，我们应探索一个“合”字，充分运用现代信息技术、指挥中心管理应用平台，争取把民警对罪犯开展狱政管理和教育改造过程中一切可能与罪犯违纪相关的信息资料全面深入搜集、客观分析判断、迅速准确整合，快速完成从信息收集、梳理、分析到处置的一系列过程，全面掌控事态发展，力求做到预警预知，准确有效控制，真正发挥集“防、疏、侦、评、控、惩”等功能于一体的信息化罪犯违纪防范机制。例如，民警在实时监控巡查中发现罪犯张某行为异常，有疑似在便池边缘摩擦异物行为，当即告知监区领导。监区经过视频回访，确定张犯确实存在违纪迹象，当即安排值班民警查抄，在便池的内壁处找到直径约 3 厘米且已经磨出快口的金属垫片一枚。经审讯，张犯供述了其将拐杖上用以调节高度的螺帽下的金属垫片卸下，企图磨制成工具实施自伤自残的违纪行为。

高度戒备监区建设及运作型态构建

上海市青浦监狱　谢忠明　郑龙兵

2009年，司法部《关于加强监狱安全管理工作的若干规定》，提出了“监狱应当设立关押高度危险性罪犯的监区”并在全国开始试点。上海市青浦监狱作为全国首批试点单位之一，率先建成了高度戒备监区，并于2014年1月开始收押高度危险性罪犯（简称高危罪犯）。截至2016年11月，高度戒备监区累计收押高危罪犯89人，分流38人。通过跟踪回访，分流到常规监区的罪犯总体表现良好，无一人发生严重的暴力行为、自伤自残等，无较重以上违纪。

经过近两年的探索和尝试，青浦监狱高度戒备监区在管理和教育高危罪犯方面积累了一定经验，取得了一定成果，为高危罪犯的管理和教育等执法标准化研究打下了坚实的基础。司法部监狱管理局叶跃进副局长来青浦监狱调研高度戒备监区情况时充分肯定了对高危罪犯的管理和教育方面取得的成果和积累的经验，体现了高危监区的“封闭性、可控性和流动性”。本文以青浦监狱高度戒备监区为研究样本，参考国内外相关经验，对高度戒备监区的建设若干关键环节进行探讨，旨在为全国高度戒备监区的建设、管理和教育提供初步参考意见。

一、开展高度戒备监区建设的意义

（一）贯彻落实“宽严相济”的刑事政策

2004年中央政法工作会议进一步强调，实行“宽严相济的刑事政策”。这是惩办与宽大相结合的刑事政策的继承和发展，也是当前和今后相当长一个时期的基本刑事政策。对刑事立法以及刑事司法产生了深远的现实影响。就刑事立法而言，《刑法修正案（八）》把宽严相济的刑事政策体现得十分明确具体。其一方面作了一系列趋严的修正，如扩大特种累犯的范围，提高无期徒刑犯减刑、假释需要实际执行的年限等;“对被判处死刑缓期执行的累犯以及因故意杀人、强奸、抢劫、绑架、放火、爆炸、投放危险物质或者有组织的暴力性犯罪被判处死刑缓期执行的犯罪分子,人民法院根据犯罪情节等情况可以同时决定对其限制减刑”;“对累犯以及因故意杀人、强奸、抢劫、绑架、放火、爆炸、投放危险物质或者有组织的暴力性犯罪被判处 10 年以上有期徒刑、无期徒刑的犯罪分子,不得假释”。这些政策客观上增加了监狱的关押量和增加了监狱的关押风险和教育改造难度。《刑法修正案(九)》则进一步完善了贪污受贿犯罪的定罪量刑标准,由单纯的“数额”标准修改完善为“数额+情节”标准;对重特大贪污受贿犯罪被判处死刑缓期执行的犯罪分子,增加规定终身监禁的措施;加大对行贿犯罪处罚力度。①

(二)因应当前社会的犯罪态势

从各类资料和数据看,当前社会犯罪态势依然高发,暴力犯罪呈增长趋势。“概括而言,严重威胁民众人身安全、财产安全和社会正常秩序的恐怖主义犯罪有所抬头,编造、故意传播虚假恐怖信息的犯罪呈明显上升;‘犯罪狠化’现象加剧,灭门惨案、爆炸案件和放火案件多发”“针对未成年人的犯罪和未成年人犯罪的问题更加突出;在反贪污贿赂犯罪取得重大进展的同时,该类犯罪继续高发,涉及数额触目惊心;因渎职导致生态环境破坏的犯罪依然多发;毒品犯罪形势不仅没有良好改观,并且呈现出微量化、网络化、智能化趋势”;②从毒品犯罪情况看,毒品犯罪武装化、暴力化倾向更加明显,国际贩毒集团渗入力度加大,境外毒枭操纵大宗跨境贩毒活动的现象明显增多,青少年吸毒现象十分严重等犯罪趋势严峻。更为严重的是,由于涉毒犯罪的高发频发,由此引发的其他犯罪也呈不断增加态势。

上述刑事政策客观上增加了监狱高危罪犯的数量。高危罪犯作为罪犯中的特殊群体,对监管改造安全潜在和现实危害性都大于普通罪犯,对这群体的教育改造难度也远远高于普通罪犯。全国虽然都在开展试点,但是由于时间比较短,还没有形成比较好的管理和矫治模式。而这些罪犯却切切实实地关押在监狱,时不待我,对高危罪犯的研究迫在眉睫。

---

① 《检察日报》2015 年 8 月 31 日。

② 冀祥德:《犯罪形势现状与趋势分析》,《中国刑事杂志》2014 年第 3 期。

（三）应对社会对监狱事件的舆情

近几年，从发生的几件监狱公共事件的舆情来看，民众对监狱的执法，是高要求的。部分监狱在执法上，也存在着或多或少的问题。每次汹涌的舆情，都对监狱的形象带来了负面影响。从 2015 年，司法部下发文件，进一步推进狱务公开工作，是贯彻落实中央关于深化司法体制改革的要求部署，进一步增强监狱执法透明度，促进执法公平公正，提升执法公信力的必要措施。外部的监督，有效促进监狱执法水平的提高。而推行执法标准化，则是加强执法内部控制的必要举措。对罪犯进行分类关押，将具有高度危险性的罪犯，进行集中关押、管理和矫正，将警力、物力和教育资源向这些人群倾斜，显然是使监狱执法更加可控、更有效地预防监管事故，进一步提高矫正效果的必要举措。

二、高危罪犯的界定

何谓高危罪犯？司法部《关于加强监狱安全管理工作的若干规定》第 17 条明确规定了 5 种情形的罪犯可纳入高危罪犯的范畴，即“对抗拒改造，有脱逃、袭警、行凶、自杀等危险倾向的罪犯，实行封闭式管理，加强教育改造”。从全国情况来看，各省份也在开展高危监区甚至监狱的试点工作，也都根据司法部的规定拟定了高危罪犯的认定和排查标准。比如，江苏省将高危罪犯分为长期管控类、短期管控类和临时管控类三类，其中：长期管控类罪犯主要是根据案件性质、社会影响等来进行初步判断，主要包括危害国家安全类罪犯、黑社会性质组织犯罪主犯和首要分子、“法轮功”等邪教类罪犯、国内外有重大影响案件中的罪犯以及其他；短期管控类罪犯主要根据现实改造表现来进行衡量；临时管控类则是因为罪犯突然表现异常需加强管理。湖南省则将 10 类罪犯列为重点排查对象，包括：

（1）经心理测试和危险性评估，认定有重大潜在危险、需要进行严格管控的罪犯；

（2）原判死缓限制减刑，在改造中情绪波动较大，存在脱逃、行凶、自杀等现实危险的罪犯；

（3）曾有脱逃、行凶、自杀经历，对改造前途失去信心的罪犯；

（4）家庭发生重大变故，或者在改造中受到重大挫折，导致情绪极不稳定的罪犯；

(5) 有军警等特殊经历及其他特殊技能，存在脱逃、行凶、自杀及其他现实危险的罪犯；

(6) 多次因狱内严重违规违纪被调监改造、改造态度消极、严重对抗改造的罪犯；

(7) 极端仇视政府和监狱人民警察、存在重大袭警、行凶报复、挟持人质等现实危险的罪犯；

(8) 有明显的行凶、报复倾向，经多次教育仍然我行我素、拒不悔改的罪犯；

(9) 出现明显精神异常，且有严重暴力倾向，普通管控已不足以消除其现实危险性的罪犯；

(10) 其他具有高度危险性、需要严加看管的罪犯。

由上可以看出，高危罪犯的危险性各有不同的侧重点，有些倾向于攻击他人、有些倾向于自杀自残、有些倾向于脱逃，更有些可能兼而有之，所以在实行封闭式管理和加强管理教育上侧重点有所不同。对抗拒改造的罪犯重在监规监纪的遵守和服从，对有脱逃倾向的罪犯重在消除脱逃的条件，对各类外出押解时对有袭警倾向的罪犯重在和监区民警的物理隔离，对有行凶倾向的罪犯则除了加强和民警的物理隔离外还需加强和其他罪犯的物理隔离，对有自杀倾向的罪犯则要加强监控，密切监视一举一动，因为自杀方式防不胜防。

美国囚犯安全分类制度为了将罪犯分配至最合适的监狱，建立了定量和定性因素相结合的罪犯安全等级评定体系。定量因素将犯人主观恶性大小、罪情节严重程度、犯罪史以及药物、酒精滥用等 10 项内容作为罪犯安全等级评定的定量因素，得分是安全等级划分的基础分，但这只是一个分配的初步依据，罪犯最终的分配还会结合公共安全因素和管理变量，实现监管需求和监管等级的匹配。

综上，我们从中获得启发：既然我们不能穷列所有的潜在危险因素，但可以得出一个概括性的结论。何为高危罪犯？具有潜在或现实的高度危险性，对这一类罪犯，有更高的监管需求，需要更高的监管条件、更可控的监管活动，否则可能发生严重攻击性行为、自杀自残、脱逃等高危行为，给监管安全和可能对监狱产生重大危害的罪犯。

传统的新收罪犯和对在改造过程中有严重违纪或其他情况予以禁闭、隔离等的罪犯，虽然也有一定的危险性，需要更高的警戒级别管理。我们在此是围绕经过评估，并审批为高度危险罪犯来进行论述。

三、高度戒备监区建设的理论探索

（一）高危罪犯管理的难点问题

截至2016年10月，我们总共接收了95名高度危险罪犯。其中，心理健康中心出具心理警示，提示有严重心理健康问题的有58人，其存在的心理问题比较突出的是反社会人格、偏执和冲动等；有前科的51人，有多次服刑的，有以前被判处过死缓，现在又被判处死缓的；有以前被判处无期徒刑，现在又被判处死缓的；年龄超过50周岁的占比超过1/3，按照目前的法律，他们在70岁甚至80岁以后才能回归社会；还有部分罪犯有着严重的身体疾病。

这样的押犯结构，也与上海其他监狱的整体押犯结构的变化是一致的，老年犯、多次犯罪的累犯押犯比例逐年上升。

这样的押犯结构，对监狱的管理来说，存在很大的难度。

1. 犯群的对抗意识强、反社会情感突出

这些人的幼年往往学习成绩不良、逃学、被开除、漫游、反复饮酒、性放荡、说谎、破坏公物、偷窃、违纪、对抗长者、攻击他人等。成长后情感肤浅而冷酷，脾气暴躁，自我控制不良，对人不坦率，缺乏责任感，与人格格不入；法纪意识淡薄，行为受本能欲望、偶然动机和情感冲动所驱使，具有高度的冲动性和攻击性；自私自利，自我评价过高，狂热但不动人的行为；对挫折的耐受力差，遇到失利则推诿客观或者提出一些似是而非的理由为自己开脱，或引起反应状态；缺乏计划性和目的性，经常更换职务；缺乏良知，对自己的人格缺陷缺乏觉知；缺乏悔恨感与羞惭，不能吸取经验教训。从我们的实践来看，50岁以上的，具有反社会的人格，更是站在对抗的前列。他们是“文化大革命”的那代人，缺少系统的教育，一旦演变为反社会人格，成为对抗管理的“领头羊”。这在我们的实践中得到了印证。

2. 监狱激励手段低效

当前监狱的矫正激励机制主要由行政矫正激励和刑事矫正激励构成。行政矫正激励主要是表扬、记功、改造积极分子、物质奖励和离监探亲等；刑事矫正激励为减刑和假释等。矫正激励机制对罪犯的刑事奖励，减刑、假释，成为对服刑人员最有效的激励方式，但对目前在高度戒备区关押的对象是低效的。分级处遇，受限于高度危险罪犯的封闭关押和劳动项目的限制，很难有大的区分，不可能予以更多的自由度和物质奖励等；刑事政策的变化，尤其是限制减刑和终身监禁的规定，更让传统最有效的刑事奖励效果大打折扣。

3. 交叉感染可能性很大，不利于矫正

这样的人群集中关押，相同的利益诉求，导致了非正式组织的盛行，亚文化必然滋生，交叉感染的可能性非常大。而且其心理问题的纠正，需要一个良好的环境作保障才能取得效果。例如偏执，需要健康人群的慢慢影响和转化。这样的条件，对我们的矫治来说，明显是奢求。

4. 激励和强制手段疲软，面对罪犯的对抗显得苍白无力

前文所述的50—60岁带头与我们对抗的罪犯，由于长期吸食毒品等不健康的生活方式，而且身体普遍很差，患有心梗、高血压等多种疾病，监狱往往难以应对。

（二）高危罪犯管理应秉持的理念

1. 坚持法治的原则

（1）强调权利意识。什么是法治？英国思想家洛克说：个人可以做任何事情，除非法律禁止；政府不能做任何事情，除非法律许可。法治，是给公民以最充分的自由，是给政府以尽可能小的权力。法治社会的真谛在于：公民的权利必须保护，政府的权力必须限制。权利，这个词，成为现代社会的基础，甚至感觉使用过滥，但这是执法工作的必然原点。但这好像与前面提到的强制手段少，存在着冲突。其实不然，当然不是。从权利概念提出时起，它就与义务概念相联系。没有无义务的权利，也没有无权利的义务。权利与义务作为一对法律范畴，权利只是法律赋予的享有某种权益的自由，自由也只是做法律允许做的事情的权利，行使权利“以保证其他社会成员享有同等权利为限度”，享有自由“绝不是为所欲为，它只依服从法律而存在”。离开了法律就没有权利和自由，超越了法律就违背了义务。确定了权利范围就明确了义务，确定了权利主体就明确了义务主体。

（2）执法者的法治理念。“徒善不足以为政，徒法不足以自行”。执法者的行刑理念直接影响着行刑的效果。“就像好的法官执行一部不完善的法典比愚蠢的法官执行一部‘不朽’的法典要好一样，一种有独创性而且协调的监狱制度，如果没有相应的管理人员来执行也没有价值。”[①]因此必须确立依法治监、重在治警、治警必先治长的观念。要破除自立章处、自立章罚的观念。行刑实践中一旦出现法无明文规定但又必须由国家强行规制或保护的事由时，法律的明确性和稳定性引发的不足就只能靠执行它的人通过合乎立法精神和目的的适法行为来弥补。

2. 坚持权利不削减原则

当在高度戒备监区规划的阶段，曾经把“严格”作为高度戒备监区建设的基本原则。但这种严格如何理解？高度戒备监区的安防戒备肯定是严格的，但存在着的争议就是潜在的危险，能不能作为削减罪犯权利的依据？当然是不能的。对全部高危罪犯中大多数的三级高危罪犯，不削减其权利，不额外增加其义务。虽然封闭式管理、更加严格的物品管理等，限制了高度危险罪犯的部分自由，但涉及通信、会见、食品消费等高危罪犯的权利，与常规罪犯同等对待。

3. 坚持公平正义的原则

基于社会公平正义的刑罚的执行，必然需要以公平正义的方式来执行。监狱警察作为刑罚的执行者，必然是公平正义的实践者。如果缺乏正确理念的引领，寻求正义的行为同样可以导致非正义的后果。落实公平正义的行刑理念，要求监狱民警必须忠于法律，严格公正文明执法。落实公平正义的行刑理念，必须强化程序公正。受刑人作为弱势群体，更有可能遭到强大的监狱权力的侵袭，对公平正义有必然的诉求。公平正义，应该成为监狱民警和罪犯共同价值观、最大的公约数，并应得到充分的体现。

4. 坚持罪犯主体性的理念

承认行刑中罪犯主体性的原则，就是不仅承认其作为人类一员的资格，而且承认其社会公民的地位。罪犯不仅是义务主体，而且也是权利主体，其未被依法剥夺的权利仍受法律保护，即：要承认罪犯也有不同层次的需求，如生存、安全、情感和自我实现等需求，罪犯依然有。一些是监狱必须保障的，一些是可以在行刑中罪犯可以体验到的；就是要承认罪犯的能动性，发挥他们的参与性。有他们参与达成的共识，更容易得到认同，才会有更多的遵守。比如，我们在制定高危罪犯劳动报酬方法时，就确定不同年龄、不同身体状况的调整系数，让高危罪犯主动参与，所形成最终的方案得到了普遍遵守。

---

① 恩里科·菲利：《犯罪社会学》，郭建安译，中国人民公安大学出版社 1990 年版。

四、高度戒备监区的运作型态构建

（一）建设理念

高度戒备监区的理念，可以概括用“123”来表达。1：即一个核心目标：降低监管风险和罪犯危险性，提高安全能级。与传统的严管队相比较，高度戒备监区不再单纯以“惩罚”为主要职能，而是针对危险度高的罪犯，发挥预防、惩戒、矫正为一体的综合职能，从而有效消除狱内风险因素，达成提升监狱安全管理能级的目的。2：即两个主要任务：管控罪犯危险性；降低罪犯危险行为倾向。在对高危罪犯风险进行管控的基础上，通过对罪犯的科学认识，识别危险因子，并对罪犯控进行针对性教育，逐渐降低、消除罪犯的危险因子，降低罪犯的危险程度，最终分流到低戒备监区。3：即三个基本原则：严格执法原则、封闭关押原则、差异管理原则。严格执法，体现在：对执法能力的高要求、职业素养的高水平、执法过程的高规范、执法自由裁量权的限定。严格执法的目的，是确保执法的可控性。封闭关押，分为绝对封闭和相对封闭。绝对封闭是禁止状态，需要严格程序方可变更。既有空间隔绝，如高危罪犯非特殊情形，不得离开高度戒备监区；也有通过警戒或管理方式隔绝的，如高危罪犯不得与其他罪犯共同就诊、学习或会见。相对封闭是待许可状态，通过区域划分的方式，划定活动区、限制区及禁止区，将高危罪犯的行动区域予以相对固定。高危罪犯需要跨区域时，必须履行报告或请示程序。差异管理，即根据高危罪犯的危险程度、危险因素、现实表现等，对高危罪犯在管控、教育和处遇上区分对待。首先是差异管理，体现在安全差异。按高危罪犯的危险等级，采取不同级别的管控措施；其次是教育差异，根据矫正难度，合理划分教育资源；最后是处遇差异，区别于常规监区的处遇制度，形成了一套高危罪犯特有的处遇制度，如作息安排、物品使用和劳动待遇等。

（二）运行框架

我们把高度戒备监区的运作划分为“评估板块、管控板块、矫正板块和保障板块”。

1. 评估板块

评估工作是高度戒备监区工作的纽带，贯穿高危罪犯收押、关押、分流整个流程,为管控级别、措施、矫正等其他板块提供决策性依据。

在管理上,高危罪犯评估包括高危准入评估、高危等级调整评估、高危准出评估,是高危罪犯收押、关押、分流的基本依据。

在矫正上,高危罪犯评估提供危险因子识别评估,为矫正开展提供先决条件;对矫正效果进行评估,评估矫正效果,为修订、调整矫正方案提供依据和建议。

(1) 评估工作的相关流程。准入评估对象为新收入监罪犯、禁闭隔离罪犯以及其他监狱认为需要评估的罪犯。

新收入监的罪犯在新收集训第二周起进行评估。对新收入监的罪犯评估,难度在于初次筛选。考虑到数量大,逐个进行评估,不现实;勉强实施,难免存在工作敷衍,流于形式的问题;监狱对新收做的心理测试,是我们的初次筛选的重要依据,但依然不够。所以,对新收罪犯首先是筛选。我们设计了简易的初次筛选量表,包含反社会情感、犯罪特别严重、长期犯罪史、有自伤自残经历、情绪低落、不认罪、监管场所曾因违纪受到禁闭等处罚、严重身体疾病、是否三假以及是否有心理严重问题提示(心理测量的结论)10 项指标,一般民警不用经过专业训练即可操作。如发现有其中一项,即进入正式评估流程。随着新收犯监狱评估工作的推进,这项工作可逐渐向前端转移,在新收阶段完成。

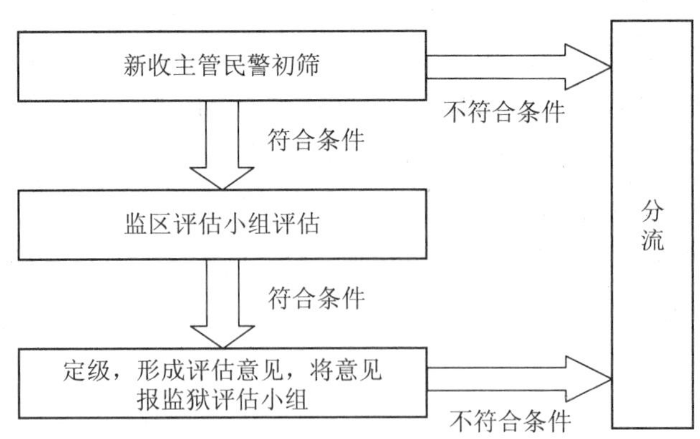

图 1　新收入监罪犯评估流程

禁闭、隔离的罪犯在解除禁闭、隔离当日进行评估。

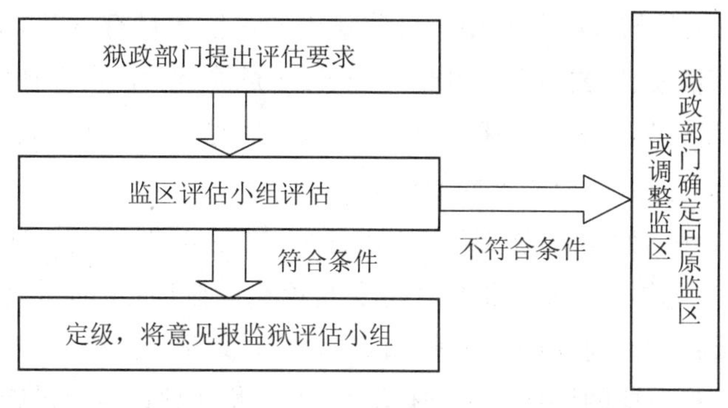

图 2　评估结果

评估结果分为高危和非高危两种，其中高危罪犯按照危险度等级由高到低分为高危一级、高危二级、高危三级。

高危等级调整评估对象为经过准入评估确认为高危的罪犯，其中高危三级罪犯每月评估一次；高危二级罪犯每 2 个月评估一次；高危一级罪犯每季度评估一次。危险等级的评估一般逐级升降，但高危三级的罪犯经评估可以直接升为高危一级。

准出评估对象为调入满 6 个月且最近一次等级调整评估结果为高危三级罪犯。准出评估每季度进行一次，对符合条件的高危罪犯采取答辩方式进行评估。高危三级罪犯经评估分流到常押监区服刑的，设立为期 3 个月的跟踪考察期。考察期内评估不达标的，经监狱审批后可以调回高度戒备监区服刑。

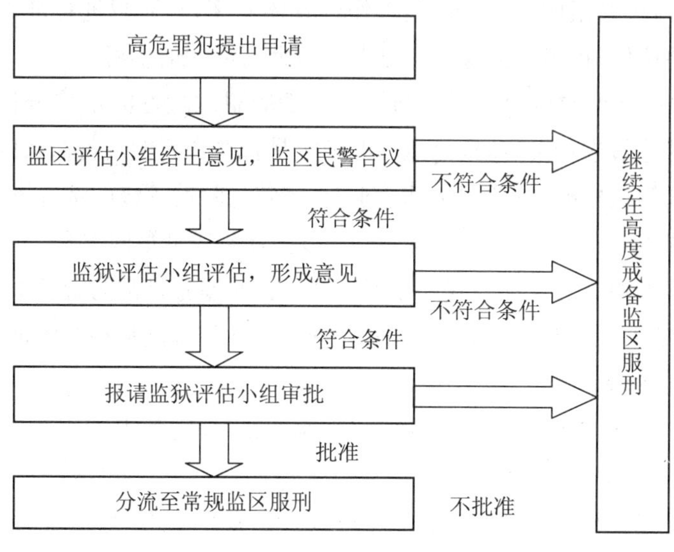

图 3　准出评估流程

（2）评估工具的选择和使用。目前采用的评估工具有：初筛量表、罪犯风险与需求评估量表、罪犯危险度评估量表、罪犯危险行为倾向性评估量表、罪犯改造适应性评估量表、罪犯自杀风险评估量表、罪犯暴力评估量表等，实行多种评估工具组合的方式以应对不同的评估需求。

高危准入评估使用罪犯风险与需求评估、罪犯危险度评估、罪犯危险行为倾向性评估；高危等级调整评估使用罪犯危险行为倾向性评估；高危准出评估使用罪犯危险行为倾向性评估和罪犯改造适应性评估。

评估人员将对应的评估结果进行汇总后，经集体评议得出最终结果。

（3）评估的组织架构和职责：

① 监狱高危评审小组。分管副监狱长任组长，狱政管理科科长任副组长。成员由教育改造科科长、心理健康指导室主任、狱政管理科副科长、矫治师组成。负责复核、审批、检查、监督监狱、监区高危评估小组的工作，对评估项目、评估程序进行修改完善等。

② 监狱高危评估小组。狱政管理科科长任组长，高度戒备监区监区长任副组长，成员由高度戒备监区副监区长、教育改造科科长、心理健康指导室主任组成。负责对高危罪犯准出进行复核评估，提出意见上报监狱审批。

③ 监区高危评估小组：高度戒备监区监区长任组长，高度戒备监区副监区长任副组长，成员由高度戒备监区警长、监狱心理健康指导室民警、狱政管理科民警、卫生所民警组成。负责评估工作的具体实施，对罪犯进行准入及高度危险等级调整评估，提出高危等级意见上报监狱高危评估小组。

（4）评估结果的运用。评估结果是判断罪犯危险性的定性分析。可按照量表涉及的分值进行设定，按分值高低确定是否符合高度戒备监狱的出入监标准和危险性等级标准（按照司法部要求，在确定危险性等级的情况下，应按照得分值再将罪犯分为高度危险 A 级、中等危险 B 级、较低危险 C 级三个等级），以便让罪犯纳入相应的管理模式和处遇标准。在对罪犯日常的管理中，加深对罪犯的认知，识别、确定危险因子，为矫正措施的开展，提供基本的依据。

2. 管控板块

自高度戒备监区试点以来，我们重视制度建设，逐渐建立了一套管控制度，将工作细化、标准化、固化。

高危罪犯实行收押、管理、分流三段式工作流程，见图 4。

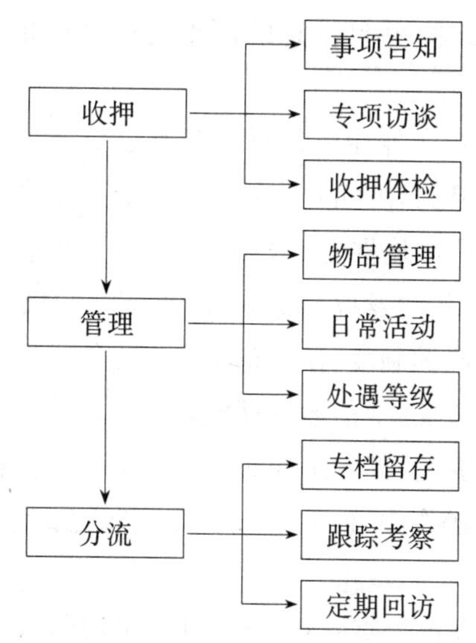

图 4　管控板块工作流程

高危罪犯调入时,除抄身物检、档案交接等常规流程外,当日还需完成三项特有流程:一是听取高戒备区民警宣读事项告知书;二是接受高危专管民警和心理健康指导中心民警访谈;三是由医务所指定民警对其进行体检。

高危罪犯保留其原有计分等级,也依然遵照监狱原有制度要求进行相应的计分等级调整。但在高戒备区期间实行高危专属管理方式,在物品管理、日常活动、处遇等级等方面执行相应管理细则。

高危罪犯分流时,高度戒备监区将高危罪犯专档留存,以供研究分析及接收监区查询。

高危罪犯分流后,设立为期 3 个月的跟踪考察期。考察期内评估不达标的,经监狱审批后可以调回高度戒备监区服刑。高度戒备监区分别在高危罪犯分流 1 个月、3 个月及 1 年后进行 3 次阶段性回访。

(1) 物品管理。建立完善《高度戒备监区物品管理细则》,对储藏室、洗漱间等明确管理要求,对学习用品、餐具、洗漱用品等物品实行每日清点。一方面执行严格的物品定置管理制度,另一方面尽可能定制,以降低风险,坚决落实监房零留置,实行物品编号定点、专人专用、用时监督、用后即收的管理制度。

(2) 日常活动。

① 作息安排。作息方面,高危罪犯实行区别化的作息制度,不同高危等级

罪犯实行不同的作息安排,并且作息的调整需同时报指挥中心和狱政管理科备案。

与常规监区相比,高危罪犯的每日作息有三个显著不同:一是点名与开收封错时,早晨先点名再开封,晚间先收封再点名。二是高危罪犯日常放风,以制度形式予以保障,不同危险度罪犯错开放风,民警现场监督执勤,降低放风过程中的危险系数。三是寝具的发放和回收,由于寝具归属于随用随发物品,执行收封前发放、开封前回收的制度,在作息安排中必须予以规范。

另外,在活动安排方面,受前述管理模式所限,高危罪犯活动安排也时常在相对固定与不固定间切换。即非工作时段作息活动安排相对固定,而工作时段实行每周安排,在实际操作中,也就出现了高危罪犯日作息安排表及周活动安排表。

② 日常考核。贯彻民警直接管理的原则,采用团队协作的管理方式,通过多对多、细分工的责任划分,对高危罪犯实行日检查、周考核、月评比制度。考核内容涵盖遵规守纪、内务卫生、教育效果、劳动表现等方面。考核结果直接与高危罪犯的相关处遇挂钩,不同考核等次的高危罪犯在日常娱乐、活动空间等方面区别对待,同时专管民警也会定期将罪犯考核成绩进行汇总,作为高危等级升降评估的重要依据参数之一。

③ 生活卫生。高危一级、二级罪犯应当身着特殊材质且有明显标识的囚服;高危三级的罪犯可以身着普通囚服。高危罪犯的每日饮水按需供应,并按规定安排洗浴。

④ 通讯会见。高危罪犯按规定享有一般罪犯通信的权利,但在使用通信工具上严格管控,并遵守下列规定:高危一级罪犯一般暂停亲情电话;高危二级、三级罪犯可按照其处遇安排亲情电话;高危一级、二级罪犯不得使用监狱短信平台。

高危罪犯可以每月会见 1 次。高危一级、二级罪犯一般采取视频会见的方式,每次不超过 30 分钟;高危三级罪犯可以视情形安排普通会见。

(3) 处遇安排。独立于监狱的处遇制度,设计出一套适合高危罪犯的处遇制度。高危罪犯的处遇设为一级、二级、三级、四级。一级为最高。各级处遇在家属会见、亲情电话、消费金额、作息时间上有所区别。

升级由罪犯本人提出书面申请,主管民警审核,监区计分考评小组集体评议,监区长审批,并报监狱狱政管理科备案。

降级由民警提出事实和依据，监区计分考评小组集体评议，监区长审批，并报监狱狱政管理科备案。

罪犯等级升降应及时公示，公示时间不少于 3 天。

(4) 劳动管理。高危罪犯的劳动分为三种类型：一是以悔罪为主要目的的公益型；二是以矫治为主要目的的习艺型；三是以效益为主要目的的生产型。不同类型劳动适用不同的劳动准入要求。

应当根据高危罪犯的危险等级及个体情况，按照保证监管安全、有利于罪犯改造的原则，科学确定合适的劳动类型，安排适当的劳动岗位。

高危罪犯的劳动项目严格筛选，应当经监狱严格审批，以手工劳动为主，工具类劳动严格控制，器械类劳动禁止引入。

高危罪犯的劳动一般不使用劳动工具，确需使用的，需经监狱严格审批。严禁使用金属类(或部分金属类)刀具、刃具、钝器等具有危险性的工具。

对高危罪犯参加劳动，实行劳动准入制度。劳动准入指具有劳动能力的高危罪犯参加劳动的许可。新收入监 1 个月以上且具有劳动能力的高危罪犯应当参加劳动。

劳动资格分为一、二、三级，一级最低，三级最高。其中一级只能参加公益型劳动；二级可参加公益型、习艺型劳动；三级可参加公益型、习艺型及生产型劳动。

符合要求的高危罪犯自动获得与其危险等级对应的劳动资格。表现合格的高危二级罪犯可申请三级劳动资格。高危一级罪犯最高只能获得一级劳动资格。

(5) 警戒。

① 现场警戒。高度戒备监区现场警戒模式主要表现为：罪犯在监舍外时，民警在管控点视频监控为主，罪犯在监舍内，民警加强现场巡视的方式，即“罪犯在外我在内，罪犯在内我在外”的管理方式，减少高危罪犯与民警直接面对的可能。

高危罪犯除参加集体活动外，一般不得离开监区。确需离开监区的，须向指挥中心报告。高危罪犯零星流动时必须有两名以上民警押解。

高危一级、二级罪犯离开监舍时，应当予以上铐，但高危二级罪犯参与集体活动时除外。高危三级罪犯离开监区时，除参加集体活动外，应当予以上铐。

② 应急处突。除了在监狱九大应急预案的基础上建立针对监区整体的九

大应急预案外，高度戒备监区还根据监区实际情况制定了各类专项应急预案，涵盖禁闭隔离区突发事件处置、新收罪犯应急处理及高危罪犯危机事件干预等。监区专门成立6人的应急处置小分队，加强预案演练，提高突发事件的处置能力。为保障突发事件处置需要，在常规单警装备之外，高度戒备监区设有专门的装备库，配备防毒面具、抓捕叉、抓捕枪、防暴盾等非常规性警用装备。另外，监狱防暴队为高度戒备监区的应急警力，值班备勤点设在高度戒备监区。

3. 矫正板块

高度戒备监区成立之初，我们最担心的就是矫正问题，担心许多心理存在问题、对未来生活丧失希望的罪犯，关押在封闭空间，在有利于矫正已经存在问题的同时，还可能引发交叉感染的问题，引起集体对抗管理甚至暴力袭警、劫持以及越狱等问题。

截至2016年10月，我们总共接收了80名高度危险罪犯。从狱内管理角度来讲，此类人群是非常难以管控的对象；从长远来看，这批人中总有人要回归社会。对这样集中关押的群体如何开展矫正，确实是一个难题，但我们依然要想办法做好矫正工作。高度戒备监区的核心目标是降低监管风险和罪犯危险性，提高安全能级，两个主要任务是管控罪犯危险性和降低罪犯危险行为倾向。犯罪是罪犯社会化的失败，而监狱是对罪犯进行再社会化的过程，高度戒备监区增强了罪犯的适应性。也就是说，高度戒备监区的目标和任务，与再社会化，并不冲突。

(1) 共性的矫正。这里我们必须提到社会学上的两个概念：冲突理论和角色理论。

冲突理论是20世纪50年代中、后期形成的西方社会学流派，以率先反对当时占主导地位的结构功能主义而著称，它强调社会生活中的冲突性并以此解释社会变迁。

达伦多夫认为，社会现实有两张面孔，一张是稳定、和谐与共识，另一张是变迁、冲突和强制。社会学不仅需要一种和谐的社会模型，同样需要一种冲突的社会模型。为此，社会学必须走出帕森斯所建构的均衡与和谐的“乌托邦”，建立起一般性冲突理论。达伦多夫主要吸取了韦伯关于权威和权力的理论，以此为基础建立其阶级和冲突理论。他认为，社会组织不是寻求均衡的社会系统，而是强制性协调联合体。社会组织内部的各种不同位置具有不同量的权威和权力。社会结构中固有的这种不平等权威的分布，使社会分化为统治和被统治两大彼此对立的准群体。在一定条件下，准群体组织表现为明显的利益群体，并作为集体行动者投入公开的群体冲突，从而导致社会组织内部权威和权力的再分配，社会暂时趋于稳定与和谐。但权威的再分配同时也是新的统治和被统治角色的制度化过程。和谐中潜伏着冲突的危机，一旦时机成熟，社会成员就会重新组织起来，进入另一轮争夺权力的冲突。社会现实是冲突与和谐的循环过程，而权力和抵制的辩证法乃是历史的推动力。

角色理论是阐释社会关系对人的行为具有重要影响的社会心理学理论。它强调人的行为的社会影响方面，而不是心理方面。认为人既是社会的产物，又能对社会作出贡献，是一种试图从人的社会角色属性解释社会心理和行为的产生、变化的社会心理学理论取向。[①]社会角色是指与人们的某种社会地位、身份相一致的一整套权利、义务的规范与行为模式。它是人们对具有特定身份的人的行为期望，它构成社会群体或组织的基础。具体来说，它包括以下四方面涵义：角色是社会地位的外在表现；角色是人们的一整套权利、义务的规范和行为模式；角色是人们对于处在特定地位上的人们行为的期待；角色是社会群体或社会组织的基础。

在这里，为什么我们要提到这两个社会学上的理论？因为这与我们高度戒备监区的实践高度相关。

冲突理论，解释了执法者与罪犯之间的冲突的起源、表现形式。监狱，在权力伦理学上，属于特殊关系单位，拥有权力者和权力的相对者，处于不平等的地位，强调服从，属于权力和权威至上，这必然造成冲突。陈兴良教授认为，自由刑本身的缺陷是导致再社会化进程困难的根本原因；还认为自由刑存在的缺点主要包括感染性、封闭性、盲从性、过剩性与不足性。[②]其中，感染性与盲从性是中国监狱制度现存较为突出的痼疾，而自由刑的封闭性与过剩性则是再社会化现存困难中的根源所在。自由刑将犯罪人与社会隔离，无法得知社会的发展趋势，这种封闭不仅会使其闭塞，更严重的是，长期的封闭有可能使犯罪人的心理出现疾病。正如陈兴良教授所说："尤其是在变化日新月异的现代社会，与监狱的封闭性形成强烈的反差。这就增加了犯罪人再社会化的难度，十分容易导致

---

① 尤尔根·哈贝马斯：《理论与实践》，郭官义译，社会科学文献出版社 2010 年版，新版导论第 18 页。

② 陈兴良：《本体刑法学》，商务印书馆 2001 年版。

再犯。”①

吴宗宪教授认为犯罪人改造体制的构件的问题主要包括：一是要求犯罪人与监狱管理人员或犯罪人改造人员一致起来；二是要求所有犯罪人之间一致起来；三是片面强调犯罪人的服从性。②要求犯罪人与监狱管理人员或犯罪人改造人员一致，是监狱管理人员将自己的价值观强加于犯罪人身上的表现，要求所有犯罪人一致起来与片面强调犯罪人的服从性也对应了自由刑中盲从性的缺点。监狱管理人员为了追求监狱管理的秩序而采取了迫使犯罪人服从这一极端化、暴力化的压迫方式。在这种改造条件下，“有可能迫使罪犯形成‘两面派’的作风，以言不由衷的、虚伪的表面服从来应对监狱工作人员的强硬要求，而将自己的真实想法隐藏起来，其结果是监狱管理人员很难了解到罪犯的真实情况。长此以往，可能会迫使罪犯形成‘双重人格’”。③高度戒备监区试点之初，关押的高危罪犯，就进行了集体的对抗。他们对于区别于其他罪犯的封闭关押模式的反对、相同的处境，促成了他们有共同的利益，形成了准群体。而几名多次服刑经历的罪犯，承担起了“领导者”的角色，形成了利益群体，采取小规模的有组织的对抗。虽然这种警囚之间的对抗，很平常，但对高度戒备监区来讲，高度危险的罪犯出于共同的利益，形成有一定组织的对抗，却不是小事情，一是安全隐患，二是矫正无法实施。

角色理论，首先，执法者的权力与罪犯权利之间有边界，执法者以符合期待的行为模式去执法，这正是法治的要求。其次，犯罪，正是社会角色扮演失败的极端情况，是违反自己的义务，对他人权利和社会权利侵害的表现。我们所管辖的高度危险罪犯中，更属于角色扮演失败的集中典型，其中有的童年被遗弃、有的长期遭受家暴，缺少对情感的感知，有的对社会规范具有典型的反社会人格。这种情况，在涉及暴力犯罪高度危险罪犯中，是相当普遍的现象。

我们选择在矫正模块谈这个问题，而不是在更宏观的制度设计上谈论这个问题，是基于高度戒备监区在满足基本的监管安全的基础上，整体上，就是一个矫正的中心，这是高度戒备监区运行的指导思想之一。试点之初，我们就外紧

---

① 陈兴良：《本体刑法学》，商务印书馆2001年版。

②③ 吴宗宪：《罪犯改造论——罪犯改造的犯因性差异理论初探》，中国人民公安大学出版社2007年版。

内松和外松内紧地进行。外紧内松，是指外围警戒的高戒备，内部管理的人性化；而外松内紧，是指执法者内心必须提高警惕，而外在表露并非冷冰冰的拒绝、排斥，以及执法者高高在上的位置。

针对化解冲突，我们更少采用权力和威权，畅通高度危险罪犯表达利益诉求的通道，一些内部资源的分配，更是积极鼓励高危罪犯主动地为自己的权益而主张，参与规则制定的过程中，取得的结果，就是他们对规则的认同度高，执行更加的自觉；我们恪守法治，审慎行使权力，尊重罪犯的合法权利。例如收押的罪犯，完全不认罪或对罪名刑期有较大异议的，有 8 人，并提出了申诉。我们尊重他们申诉的权利，对他们的申诉，提供必要的便利。结果，8 个人全部认罪悔罪，放弃申诉。

这为我们消除阻抗，开展后面的矫正工作，提供了一个基础性的条件，且其本身，就是对罪犯进行影响、训练的过程，就是矫正。

（2）个性化矫正。个性化矫正，是在对高危罪犯风险进行管控的基础上，通过对罪犯的科学认识，识别危险因子，并对罪犯进行针对性的教育，逐渐降低、消除罪犯的危险因子，降低罪犯的危险程度，最终分流到低戒备监区服刑。

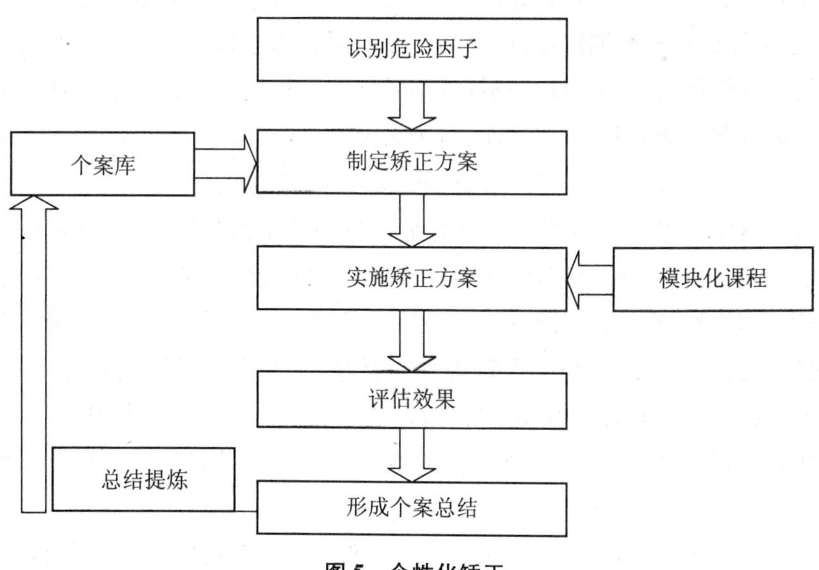

图 5　个性化矫正

在对高危罪犯的教育内容开发上，我们遵循循证矫治的原则，在识别问题的基础上，寻求最优的矫治方案。以高危罪犯的矫正需求为中心，构建教育组织形式，设计教育框架，开展教育活动，形成体系化的课程项目，并在高危罪犯个案管理的基础上，从课程库中进行针对性的课程项目选择，以最简便的组织方式，争取最佳的效果，达到提高矫正效率的目的。这即是项目型矫正。

① 以个案管理为前提。准确认识罪犯，为每名高危罪犯建立个案专档，通过对高危罪犯家属的走访，对其所成长环境、居住地进行调查，对其社会关系网络、个人成长经历和周围人群对其的评价等信息全面收集；同时，通过对判决书、心理测量结果、危险性评估报告等调查数据的基础分析，结合个人经验判断，集体会诊，对其犯罪因子、狱内不稳定因素、积极性因素和消极性因素进行确认。

在前期工作基础上，制定个别化矫正方案，根据矫正方案实施步骤，对矫正效果进行评估和结案，对个案实施的效果进行总体评估，纳入监区个案矫正库，最终形成高危罪犯专档，包含其判决书、心理测量结果、危险性评估报告、调查报告、问题分析、矫正方案，以及服刑期间接受帮教、心理咨询的记录，乃至社会支持系统的修复完善等，是罪犯在高度戒备监区服刑期间全部的教育记录。

② 以需求为导向的个案管理。高危罪犯的矫正需求有两个：一是人身危险因素，二是改造适应能力。我们以矫正需求为导向，在对高危罪犯个案的管理过程中，不断进行归纳提炼，形成高危罪犯矫正需求体系，如：人身危险因素又可再分为性格缺陷、情绪控制不良（不易控制和极度控制）等；改造适应能力再分为人际调试能力差、认知错误、行为偏差、认罪悔罪意识差等，继而将不同需求类别的个案进行二次分类，形成了标准化的管理程序。

③ 针对性开发课程项目。根据高危罪犯的矫正需求，开发项目化的教育课程。一是在科室的配合下，将社会、监狱和监区的教育资源集约，尽可能扩大选择面；二是对现有教育资源进行安全性和效用性评估，筛选出可适用于高度戒备监区的课程；三是对相关课程进行项目整合，综合运用课堂教育、分组讨论、现身说法、时事点评以及团训等手段，丰富教育形式。参与课程的罪犯，在课程中训练，可以更加思辨地看问题，掌握常识和逻辑，形成理性的看待、处理问题的能力。

目前已形成生命教育课程、认知教育课程、情绪管理课程、认罪悔罪课程、人际关系调整课程、角色的扮演以及高危罪犯的权利和义务课程 7 类课程项目。根据高危罪犯的不同需求，选择不同的课程项目。

4. 保障板块

(1) 物力保障。

① 硬件设施。高度戒备监区主体建筑分为南北两个区域，南区一楼为多功能大室，二楼关押新收罪犯，三楼关押监区特岗犯，四楼为民警办公区域；北区一楼为禁闭隔离区，二、三、四楼为高戒备区。高戒备区为环形设计，中间为天井，各楼层间安装有隔离网，楼顶为钢化玻璃覆盖，并安装有自动遮阳棚，既可充分采光又可防止高空索降进入。监区分控平台及各楼层管控点设于南北区之间，保证民警的监控面，又方便民警快速向两个区域驰援。

禁闭隔离区为12间单人监舍，南北侧各6间，中间为巡视通道。南北监舍之间设置有遮蔽墙，每个监舍配独立放风间，使禁闭隔离罪犯处于相对隔绝状态。高戒备区总押犯规模为80人，监舍分为8人间、4人间和单人间。其中二楼为4个8人间，三楼为8个4人间，四楼为4个单人间和3个4人间。另外，高戒备区每个楼面均设置有放风场、晾晒间和储藏室。

实行空间分割隔断管理，各区域间均安装电子门禁系统，并附带自动锁闭装置。通过单元化网格管理，压缩罪犯活动空间的同时，也最大限度地压缩了罪犯危险行为的实施空间。

技术手段是确保全区域控制实现的重要保证。183个可变焦高清摄像头，确保整个监区全方位可视无死角；罪犯监舍内均安装有监仓对讲系统，实时监听、对话可一键完成；通过建筑墙体上镶嵌的人员定位装置，以及罪犯随身佩带的定位标识，监区分控平台、监狱指挥中心能随时掌握罪犯的一举一动。

高戒备区域及禁闭隔离区域监舍采用极简设计，除必要的床铺、桌椅及盥洗设施外不安装其他设施，且均为全钢定制，并予以固定。特别在一些细节设计上，力求杜绝罪犯利用设施设备漏洞的可能，如：灯具均为无架内嵌式，安装位置保证罪犯徒手无法触及，并且线路全部使用36伏安全电压；窗户玻璃也都进行钢化处理，同时也遵循监狱传统，使用半开闭设计；高戒备区监舍内安装的盥洗台镜子，就是采用延展性较好的不锈钢镜面，并且用铆钉固定于墙面之上，使罪犯丧失敲碎或卸下镜子实施危险行为的可能。

② 综合后勤。首先，设施设备日检制。高度戒备监区对设施设备实行每日检查，监区分控平台将检查结果报监狱备案。所有故障问题，相关职能科室须当日回应。除门禁、监控、监听等重要设施必须实行即报即修外，如高度戒备监区认定涉及安全隐患的问题，也可报监狱即报即修。其次，高危罪犯就医。

在监狱医务所每周巡诊的基础上，医务所值班医生要对高度戒备监区上报的重点病患进行每日巡诊。高危罪犯突发疾病时，优先实行医生出诊制。最后，生卫物品直供。出于安全性的考虑，高度戒备监区罪犯日常生活用品中有相当部分是定制物品，如专用囚服、专用餐具、专用储物箱等。在物资发放方面，高度戒备监区实行计划单列，相关职能科室予以优先保障。

（2）警务保障。

① 警力配置。按照司法部《高度戒备监狱（监区）管理试行办法》（征求意见稿）中不低于25%的要求配置警力。并在组建队伍重点从以下几个方面考虑：一是35岁以下民警为主要组成人员不低于50%，确保高度戒备监区的机动性和应变性，以应付各类突发状况；二是民警应具备3年以上的基层管教工作经验。这是对民警基本能力要求，需要拥有一定的工作经验能对罪犯的行为、思想进行预判，自我保护意识也较强；三是配置民警中需有不同专业背景，涉及心理咨询、管理、防暴、法律、教育、艺术等方面，以确保高度戒备监区能运转正常。

② 警务运作。扁平化的组织结构。上海监狱系统推行两级管理已经有5年，从组织层次上，改变“监狱—监区—分监区”的组织层次为“监狱—监区”，取消分监区，成立专业化的警务组，辅助监区长开展工作，更加专业化。新的工作任务模式，逐渐产生。团队化的组织结构，成为决策的主体，以更快地适应新的情况。而网络化的组织结构，更有利于调动各个不同部门的资源。信息改变了纵向逐级传播的传统模式，变成了横向的传播，传达更加通畅；资源改变了隔离状态，整合更加有效。比如，对高度戒备监区罪犯进行心理矫正，我们可以调用的资源，就有监狱心理健康中心和社会机构。

以上我们就高度戒备监区的标准化建设探索进行了总结，我们不可能列尽所有的举措，我们依然对其他的探索抱着开放的态度，吸纳、融合和提高。但从我们的试点来总结，不是单纯说高度戒备监区标准化建设的现实举措，而是从如何推进、保障高度戒备监区标准化建设的探索，如何将现实取得的有益探索进一步的完善、坚持下去，也就是说，高度戒备监区标准化背后的运行支持、理论支持，而这才是推动高度戒备监区运行规范化、制度化的保证。

队伍建设与人力资源开发

论法治视域下监狱民警责任追究制度的完善

上海市新收犯监狱课题组

监狱民警责任是监狱学范畴体系的基本范畴之一；监狱民警责任追究制度是监狱法运行的一项保障机制，是维护监狱法治的关键环节。建立完善的监狱民警责任追究制度，离不开法治理念的指引，更离不开相关法律制度的保障，亦即必须在法治逻辑思维下寻求合理的制度构建。

一、监狱民警责任的概念

（一）责任的含义

法学家哈特在《责任》一文中对责任一词的含义做了详细的解读，认为责任一词有多种含义。他主要分析了其中 4 种：角色责任、因果责任、应负责任和能力责任。角色责任即指一个人在社会上占据某个职位，其作为这一特定的职业者所应担负的特殊责任；因果责任是指因人的某一行为（包括作为和不作为）所引起的责任；应负责任则通常是指法律上的应负责任，即当法律要求人们作出一定的行为或抑制一定的行为时，根据其他法律规则，违法者因其行为应受到惩罚，或被迫向被害人赔偿的责任；能力责任通常是指某个人是否具有承担某种法律责任的资质和能力。在现代汉语里，“责任”一词有三个相互联系的基本词义：(1)分内应做的事，如“岗位责任”“尽职尽责”等。与上面提到角色责任基本一致；(2)特定人对特定事的发生、发展、变化及其成果负有积极的助长义务，如“担保责任”“举证责任”等；(3)因没有做好分内的事情（没有履行角色义务）或没有履行助长义务而应承担的不利后果或强制性义务，如“违约责任”“侵权责任”“赔付责任”等。我们可以把前两种责任称为积极责任，而把后一种责任称为消极责任。在消极责任中，有违反政治义务的政治责任、违反道德准则的道德责任、不遵守或破坏纪律的违纪责任，也有违反法律要求的法律责任。

（二）监狱民警责任的含义

监狱民警责任主要是指监狱民警未能履行其作为监狱人民警察这一特定的角色责任而导致发生一定的损害后果，依照法律法规或其他相关规定要求监狱民警所应承担的赔偿、补偿或接受惩罚的特殊义务。监狱民警责任主要包括两类：监狱民警法律责任；监狱民警纪律责任。监狱民警法律责任是指由特定的法律事实所引起的应由监狱民警所承担的对损害给予赔偿、补偿或接受惩罚的特殊义务，亦即由违反第一性义务而引起的第二性义务。根据法律责任类型可以对监狱民警法律责任做如下分类，即把监狱民警法律责任分为行政法律责任、民事法律责任、刑事法律责任及违宪责任。监狱民警违纪责任是指监狱民警违反法律法规等规范性文件之外的其他相关规定，并造成一定的损害后果，应由监狱民警所承担的不利后果。实践中，由于相关决定、命令等非规范性文件的大量存在，导致监狱民警因违反相关规定而承担违纪责任的现象十分普遍。

二、监狱民警责任追究在现实中存在的问题及影响

（一）监狱民警责任追究在现实中存在的问题

1. 对“谁值班、谁负责”的错误解读

“谁值班、谁负责”是监狱有关领导经常提到的一种说法，也是经常挂在监狱民警嘴边上的一句口头禅，可以说是监狱内部被广泛认可的一种理念或原则。然而“谁值班、谁负责”到底是指什么含义，没有人给过详细的解读。错误地解读“谁值班、谁负责”这一理念，必然导致错误追责结果。“谁值班、谁负责”的具体含义大多数人是这样理解的：只要在值班期间出了事情，就由监狱值班民警承担一切责任。实践中，因值班期间发生监管安全事故，依据这一理念和原则对监狱值班民警追究相应责任的现象很多。这样的追责做法是否正确，是否符合法律思维逻辑？仔细推敲，我们会发现这其中存在很大的问题。

“谁值班、谁负责”至少应包含这样三层含义：第一层含义是指谁值班，谁就要担负起作为一名监狱民警在值班期间的角色职责，即值班期间法律法规和相关规定等要求监狱民警在值班时所完成的一切工作程序和内容。值班民警应

该尽职尽责地去完成好，尽到应尽的责任和义务。第二层含义是指当值班民警未能够依据法律法规和相关规定等要求履行好其应尽的责任和义务时，若发生了影响监管安全的法律后果，则由未尽职的值班民警承担相应的责任。第三层含义是指当值班民警依据法律法规和其他相关规定履行了其应尽的职责和义务时，若发生了影响监管安全的法律后果时，尽职尽责的监狱民警应该不被追究相应的责任。

可是问题的关键是，值班民警是否尽职尽责由谁来判断？以什么样的标准来判断？是以程序正义标准还是以实体正义标准来判断？这就涉及这样一个问题，对监狱民警日常工作是否有明确的工作目标和工作程序上的要求，如果没有，那么就不应该简单地将责任推到监狱值班民警身上，而应寻求完善相应的制度，以便尽早地完善工作程序，提出具体的可行的工作目标。如果监狱本身就制定了具体的工作目标和工作程序，那么还要看这种工作目标是否切合实际，工作程序是否具有实际可操作性。如果都是肯定的，值班民警未能做到，那自然要追责；如果其中一方面或者两方面都是否定的，那么也不应该简单地追究监狱民警责任了事，而应寻求构建合理的工作目标和工作程序，为今后避免类似现象发生做出应对之策。

2. 以结果为导向追究监狱民警责任

所谓以结果为导向追究监狱民警责任是指只要发生监管安全事故，必然要有人为此承担相应的责任。这个承担责任的人可能是当班的监狱民警，亦可能是某中层领导，甚至可能是监狱领导或者局级领导。这主要是由所发生事故后果影响大小而定，影响大，受责者的层次肯定要高，相应的责罚必定要重；影响小受责者的层次相应要低，相应的责罚必定要轻。这种不遵循法治逻辑，单纯以结果为导向的追究原则，根源在于权力上层对监狱提出的一系列非理性的工作目标和要求，如："安全稳定为天"的政治口号，以及由此所带来的"监管安全的一票否决制"；监狱民警耳熟能详的"四个不发生"，即不发生罪犯脱逃、不发生重特大狱内案件、不发生罪犯非正常死亡、不发生重大安全生产事故；等等。这种工作目标和要求我们之所以称为非理性，是因为它不符合事物发展的客观规律。以"不发生罪犯非正常死亡"的要求为例，如果一个服刑人员万念俱灰，就是不想活了，我们有什么办法和手段能够控制得了他的思维和行动呢？即便能控制得了一时，也绝不可能保证永远万无一失。对于这类事故应该具体问题具体分析。我们能做到的只能是尽量杜绝或减少此类事故的发生，但是没有一个人能保证其绝对不发生。正是类似这种非理性的工作目标和要求时刻充斥在监狱工作的方方面面,上上下下都围绕着这一目标运转,耗费了大量的人力、物力和财力。因为“监管安全的一票否决制”,只要发生了影响监管安全的事故,不问原因,只看结果,必定要有人受到责罚,轻则行政处分,重则刑事责任。这种以结果为导向追究监狱民警法律责任的现象在监狱工作实践中俯拾即是,这是典型的人治思维在追责问题上的具体表现。

3. 依内部规定为依据的追责现象较多

监狱内二元化的规则体系同时存在,共同指导着监狱执法行为的具体运作。所谓二元化的规则体系是指监狱的实际运作既要遵循以监狱法、刑法、刑诉法以及其他规范性文件在内的一整套法律规范的法条,同时也要服从上级的决定和命令、本监狱领导的决定和命令以及各监狱根据上级的各种要求制定的一系列内部的决定和办法,即我们一方面要遵循现有的法律要求(虽然不尽完善),另一方面我们更多地是要执行上级和有关领导的指示和命令。我们的执法实践是在一个法律的框架下,具体遵循着一系列上级的指示和命令去操作,遇到具体的问题,我们更多地是考虑到上级的或相关领导的要求和命令,而不是法律的规范。也就是说,我们法律的瓶子里实际上装着的是人治的酒。这种状态和格局在短期内不会有根本性的改变。我们提倡依法治监,按照依法治监的要求,监狱应遵循法律规范来执行刑罚,但由于法律规范本身的不完善,或者说缺乏相应的操作细则、缺乏实际执行力等原因,这就给上级或相关领导的决定和命令以及一系列内部规定预留了很大的操作空间。实践中,监狱的内部规定都作为实实在在的执法依据而存在。这类内部规定包含了监狱执法工作的方方面面,在法律规范不完善不健全的客观情况下,有其存在的必要性。但是这些大量的内部规定也存在着很大的问题,主要表现在缺乏规范性和系统性;出台的随意性较大,往往反映相关决策者的个人意志较多;禁止性规定多,对民警权利的保护性规定少;不同部门的内部规定之间缺乏协调,有时会出现自相矛盾的情况;等等。民警在日常执法行为过程中一旦出现执法事故,假如民警没有违反相关的法律法规等规定,上级领导或有关部门想要追究民警的个人责任,总归会在众多的内部规定中找出民警违反规定的依据,并以此对民警做出相应的责罚。

4. 监狱民警易成为制度漏洞或监管设施不完善的“替罪羊”

监狱内部的一系列规章制度都是在现有的法律框架下,对各自监管改造工作的实践经验进行总结的基础上形成的，有其合理性的一面，但未必是完全理性化的产物，其局限性在所难免。即便是随着立法水平的提高，制度的科学性和合理性明显提高，但作为人为的制度设计，尤其管理对象是处于动态的服刑人员，无论考虑得怎样周密详尽，也永远难以做到尽善尽美。监管设施也是如此，完善只是相对的，不完善是绝对的。我国监狱的监管设施条件，尚缺乏完善统一的标准和模式，监管设施的完善与否与各地经济发展水平高低、投入资金多少、建筑年代长短、设计理念先进与否等多方面因素都有密切关联。按照通常的认识，监管设施的优劣与监管安全水平的高低应该呈正比关系。实践中，由于监管设施的不完善或者监管制度上的漏洞所引发的监管安全事故很多。

在监狱内部，改造和反改造、脱逃和反脱逃、自杀和防止自杀等一系列矛盾是监狱内部永恒的矛盾，我们只能尽最大努力减少其发生的概率，但我们永远无法做到万无一失。这是我们应该认清的现实和必须正视的客观规律。无视这一现实和客观规律，盲目地提出一系列非理性化的工作目标和要求，将服刑人员利用制度漏洞或监管设施不完善所制造的监管安全事故的责任，完全转嫁给监狱民警承担是不公平的。但这种不公平的做法在政治高压下却以某种貌似合理的名义（如“安全稳定为天”的政治口号）时常出现。这会给监狱民警带来极大的困扰，使很多监狱民警感到缺乏安全感，尤其在值班时总是悬着一颗不安的心，害怕在自己值班期间发生监管安全事故，使自己一不小心成了那只谁也不愿意做的“替罪羊”。但监管改造工作就是这样，无论你怎样担心，无论你怎样防范，抑或你怎样地尽职，这种监管安全事故的发生总是不能绝对避免的，它存在着一定的偶然性，也存在着一定的必然性。这种不可避免性与上级的“四个不发生”的要求间亦构成一对不可调和的矛盾。这一矛盾与上级的“监管安全的一票否决制”以及由此逻辑衍生的追责机制的综合作用，就会成为某一名或多名监狱民警的灾难。

（二）不合理的追责制度对监狱工作产生的影响

监狱民警责任追究在现实中暴露出的诸多问题充分说明监狱民警追责制度呈现非科学化、非理性化、非规范化，流于表面化、简单化、粗暴化的特点。这种追责模式对监管改造工作产生了非常大的负面影响。具体体现在以下几方面。

1. 严重挫伤了监狱民警的工作积极性

不合理的追责制度导致监狱民警在工作中产生了“多做多错，少做少错，不做不错”的不良心态。反正不出事，万事与我无关。刚入职时，老民警的谆谆教导仍使我记忆犹新：“监狱工作就这么回事，只要不出事就万事大吉，一旦出现监管安全事故，其他工作做得再好也白搭。”正是基于这种心态，很多监狱民警对于其他不直接影响监管安全的工作能应付就应付，能敷衍就敷衍，反正做多做少，甚至做与不做，没有太大差别，只要在表面上应付好有关方面流于形式的所谓检查即可。工作实践中，绝大多数民警对值班都存在着厌烦的心理，能不值尽量不值，能少值就尽量少值。因为很多监管安全事故都发生在警力相对较少的值班期间，按照所谓“谁值班，谁负责”的理念，谁要是值班期间发生了监管安全事故，只能自认倒霉。所以对于值班或其他发生监管安全事故可能性较大的工作，很多民警都不愿主动承担，严重缺乏积极性和工作热情。诸如此类的不良心态及工作状态皆由不合理的监狱民警追责制度所致。

2. 造成监狱对监管安全目标的畸形追求[①]

凡事过犹不及。追求监管安全无可厚非，但一旦超过了一个合理的度，必然会产生诸多问题。监管安全虽然重要，但是否重要到了“天”的高度，值得我们深入思考。由于监狱民警追责制度的不合理，导致了监狱对监管安全工作的畸形追求。为了确保绝对的监管安全目标，监狱投入了太多的人力、物力和财力；为了避免被追责，监狱系统上上下下为了确保监管安全，不惜一切代价，并且由此产生了一系列不合常理的执法规范和执法行为。例如，为了确保监管安全，监狱在监房、车间、教室、谈话室，甚至监狱民警值班室[②]等各个角落都安装了大量视频监控设备，并且要求指挥中心、分控平台值班民警 24 小时值守，确保第一时间发现监管安全隐患。监狱安装视频监控设备作为管理犯人的工具具有合理性的一面，当发生监管安全事故时便于调查取证、了解事件真相等。但是为了追求绝对的监管安全目标，无视监狱民警的生理规律和生理极限，要求值班民警利用监控视频设备第一时间发现安全隐患便是过犹不及，因为实际

---

① “不合理的监狱民警责任追究制度”与“监狱对监管安全的畸形追求”两者之间互为因果，是辩证统一的。一方面不合理的追责制度造成了监狱对监管安全的畸形追求，另一方面监狱对监管安全的畸形追求也是不合理的追责制度产生的一个重要原因之一。

② 监狱以维护监管安全的名义在监狱民警值班室安装视频监控设备，这种行为让绝大多数民警都产生了反感情绪，值班期间 24 小时处于被监控状态，并且有些监狱还要定期利用视频截屏来证明值班民警在某一时间段出现的违纪行为，并以此作为追责的依据。这种行为让监狱民警感到十分压抑，给监狱民警造成了很大的精神压力。监狱民警的合法权利应该受到法律的保护，应该享有法律所赋予的包括隐私权在内的一切合法权利。

上很难做到，但是在安全稳定的高压线下，这种极其不合理的工作要求却堂而皇之地成为广大民警的工作内容。究其原因，就是由于不合理的追责机制导致监狱对监管安全目标的畸形追求所致；又如，为了确保绝对的监管安全目标，监狱按照上级的有关要求，在服刑人员有出监就诊或外出学习等离监行为时，必须确保1名服刑人员至少由两名监狱民警押送。这就出现了如果一个监区有15名以上的服刑人员需监狱外出时，就必须配备30名以上监狱民警押送的场面。一个监区总共才三十几名民警啊，剩下那么多犯人由谁来管理呢？类似的不合理现象还有很多。这种貌似合理实则极不合理的执法要求和执法行为，其实大家都心知肚明，但是在不合理的追责机制下，只要打着确保监管安全的名义，便没有人敢于提出异议，并试图去改变，因为谁敢提出异议，一旦出现意外，按照现有的追责模式，其必然难辞其咎。无奈在现实中只能机械地、无原则地执行上级的命令和要求，于是便出现了10名左右犯人离监就诊也要派两辆大巴士出警的场面。这种荒诞的情况是真真实实的存在。类似的，为了追求绝对安全的畸形目标，而产生的有违常理的执法要求和执法行为还有很多。要想使之改变，必须标本兼治，构建合理的追责机制，使监狱对监管安全目标的追求回归理性。

3. 严重影响监狱其他价值目标的实现

从应然层面来看，监管改造工作应呈现多元化的价值取向，比如安全稳定、教育改造、公平公正、人权保障、程序正义等。不同层次的价值取向之间既存在着一定的相容性，也存着一定的排斥性。在人力、物力和财力有限的前提下，当过多地强调某一方面的价值目标时，必然会影响到其他价值目标的实现。由于追责制度的不合理，导致人人害怕出现监管安全事故。因此，在实际工作中，监狱系统从上到下将绝大部分的人力、物力和财物都投入到确保监管安全的价值目标上去，如此必然影响监狱其他价值目标的实现，使监狱的工作目标始终处于“以确保监管安全”为核心的低水平徘徊。其他工作目标虽然已明确提出，如教育改造、公平正义、人权保障等，但是由于不合理的追责制度的存在，导致监狱工作在实践中出现目标与手段相背离的奇怪现象。也就是说，我们虽然提出了看似合理的目标定位，但是我们实际工作中并没有为之提供有效的工作手段。我们绝大多数的精力都投入到维护监管安全的目标上去了。因为每个人心里都很清楚，影响监狱及监狱民警切身利益的只有安全稳定这一条，其他所谓的工作目标仅仅是美好愿景罢了。

实践中，为了追求监管安全目标，不惜以牺牲其他价值目标为代价。例如，某监区为服刑人员上报减刑材料进行集体讨论时，某名服刑人员因平时表现较差而未获通过。当这名服刑人员得知此事后非常气愤，于是便写了一封遗书，声称“假如这次自己的减刑材料不能被上报就自杀”。该监区领导得知此事后高度重视，于是分别做监区民警的思想工作，确保该服刑人员的减刑材料顺利通过，以维护监区的安全稳定。监管安全稳定暂时维护了，可是公平正义就不要了？法律规定就不要了？笔者无意指责监区领导的无奈做法，甚至深表同情。该监区领导之所以这样做就是因为不合理的追责制度所致。如果该服刑人员真的因此自杀了，属于严重的监管安全事故，该监狱领导、监区领导及相关民警必然要被追究相关责任。可见，不合理的追责制度，并由此衍生的对监管安全的畸形追求，严重影响了监狱其他价值目标的实现。

三、如何完善监狱民警责任追究制度

既然监狱民警责任追究在现实中存在如此之多的问题，我们应该怎样着手解决这些问题呢？最好的办法就是遵循法治的逻辑思维去寻求合理的制度构建。具体说来应包含以下几方面：

（一）工作目标和要求的理性化

马克斯·韦伯认为，理性化的结果就是使社会生活不断被合理化、科层化以及科学化，反映在政治领域，理性化表现为从传统权威向法理权威转变，权威的行使应建立在正式制定的规则和法律的正当要求基础之上；反映在思想领域，理性化表现为从不受约束的情感、欲望逐渐走向理智化。在韦伯眼里，理性是上帝赐予的，是人所固有的属性，它是社会行动者对意义的理解和对其行动的计算，以找出目的与手段之间的“合理联系”。理性是世界的灵魂，理性居住在世界中，理性构成世界的内在的、固有的、深邃的本性。个人理性化是个人变迁过程中摆脱神灵的一种选择，人们把以往由情感、个人魅力、个人信义、仁慈心、道德等支配了的东西理性化了。或者说，理性化是“一种通过计算来支配事物的能力”。哈贝马斯认为：就个人而言，人的理性化是一个学习的过程。总的来说，作为一种态度，理性是客观的；作为一种方法，理性是逻辑的；作为一种视野，理性是可确证的；作为一种表达，理性是精确的。因此，人的理性化实际上是个体行动的理性化，是个体行动向客观性、逻辑性、可确证性和精确性转变的过程。

要想实现工作目标和要求的理性化，应该逐渐将二元化的规则体系向一元化的规则体系过渡，即逐渐减少上级或有关领导临时性的、短期性的、政治性的工作目标和要求，将一切工作目标和要求纳入法律调整的范畴。也就是说，即便上级或相关领导提出具体的工作目标和要求，必须在法律上找到明确的依据，否则即应视为非正当性的要求。在理想的法治化状态，监狱应该具备一套科学的、规范的、系统的、完备的法律规范体系。如果具有这样的法律操作体系，那么我们的工作就会变得相对简单和方便，我们只需循法而治，按照法律法规的具体要求和程序去贯彻落实即可。如果法律法规出现问题，及时修订、完善法律法规即可。法律法规本身就是理性化的产物，在法制健全的前提下，循法而治就会实现工作目标和要求的理性化。

但理想与现实之间总是有差距的，我们的法治没有完善到这种程度。现实的情况是指导监狱的规则体系呈现二元化的结构。在这种现实条件下，上级能否提出合理的、具有实际执行力的理性化的工作目标和要求至关重要。因为上级的工作目标和要求对下面的具体工作开展会产生非常大的影响。以监管安全为例，类似于“四个不发生”“安全稳定为天”的工作目标或者说口号，其是否科学合理，是否符合客观规律，我们很多人都心知肚明，但是在政治高压下却很少有人敢于对此提出质疑。尽管围绕监管安全工作，我们已经投入了大量的工作，但是无论哪一年，全国总会发生几起脱逃事件、自杀事件等。在任何一个国家的监狱发生这类事件都无法避免，无论他们的制度多么完善、设施多么先进。因为漏洞是永恒存在的。既然是无法实现的目标，为什么要作为我们的工作目标呢？我们每年都有安全事故发生，难道我们的天塌下来了么？我们为什么不能制定出符合客观规律的理性化的工作目标呢？例如，在充分调研和论证的基础上将脱逃率确定为几个百分点，将非正常死亡率确定为几个百分点等，或者在这些方面不做任何指标上的要求。如此客观理性的工作目标，势必大大减轻监管安全的高压，降低监狱民警的心理压力。如此一旦发生监管安全事件，具体问题具体分析，有责任则追责，无责任则免责。这样就会在很大程度上转变以结果为导向的追责现象，避免广大监狱民警无辜沦为“替罪羊”的命运。

（二）树立依法追责的理念

依法追责是指追究监狱民警法律责任必须依据法律的规定，按照法律程序的要求，遵循法律的逻辑思维去判断监狱民警是否应该承担相应的法律责任。按照依法追责的理念，追究监狱民警法律责任的前提是这一责任必须符合法律责任的构成要件，此外，在追责过程中必须坚持一些基本原则。

1. 监狱民警法律责任构成的要件

监狱民警法律责任的构成要件是指认定监狱民警法律责任时所必须考虑的条件。主要包括以下 5 个要件：(1)责任主体。责任主体是指因违反法律或法律规定的事由而承担法律责任的人。具体到监狱执法责任的法律责任的主体只能是依照《监狱法》规定的承担管理监狱、执行刑罚、对罪犯进行教育改造等活动的监狱人民警察。(2)违法行为。违法行为是指监狱民警实施了违反法律法规规定的行为，这种违法行为包括作为和不作为。作为是指监狱民警直接做了法律所禁止的事，如体罚、虐待服刑人员等行为；不作为是指监狱民警在应该能够履行自己应尽的法律义务的情况下而不去履行该项义务，如对生病的服刑人员不给予治疗、对打架的服刑人员不及时地予以制止等行为。违法行为在监狱民警法律责任构成要件中居于重要地位，是法律责任构成的核心要素。(3)损害结果。损害结果是指监狱民警的违法行为所造成的损失和伤害。监狱民警违法行为的损害结果主要是对服刑人员人身的损害或财产的损害，以及对监管安全工作造成的危害等。(4)因果关系。因果关系是指监狱民警的违法行为与所造成的损害结果之间的必然联系。只有损害结果直接由监狱民警的违法行为所产生，才能追究其法律责任。因果关系是监狱民警法律责任归结的前提和基础，是认定监狱民警法律责任的基本依据。(5)主观过错。主观过错指监狱民警实施违法行为时的主观心理态度，主要包括故意和过失两种主观心态。故意是指监狱民警明知自己的行为会发生危害监管安全或侵犯服刑人员合法权益的后果，而希望或放任这种结果发生的心理状态；过失是指监狱民警应该能够预见自己的行为所发生危害服刑人员和危害监管安全的后果，因疏忽大意而没有预见到或虽预见到了但轻信能够避免，而导致危害结果发生的心理状态。不同的主观心态所引起的责任大小会有较大差别。

2. 追究监狱民警法律责任必须坚持的原则

按照法治的逻辑思维要求，依据法理学关于追究法律责任的理论，追究监狱民警的法律责任必须坚持以下几个原则：(1)责任法定原则。责任法定原则要求作为一种否定性的法律后果，监狱民警的法律责任应当由法律规范预先确定；监狱民警违法行为发生后，应当按照确定的法律法规规定的性质、范围、程度、期限和方式追究责任人的责任。责任法定原则的特点是法定性、合理性和明确性。坚持责任法定原则就摒弃了非法责罚的现象，就会从根本上改变了监狱实践中存在的以结果为导向的追责现象，避免了监狱民警沦为"替罪羊"的命运。坚持责任法定的原则的前提是法律规定的明确性，这种明确性既包括实体法律规范的明确性，也包括程序法律规范的明确性。(2)因果联系原则。在认定监狱民警法律责任时必须考虑因果联系，即引起与被引起的关系。主要包括两个方面：一是监狱民警的行为与责任事故之间的因果联系；二是监狱民警的主观因素与其执法行为之间的因果联系，即导致损害结果发生的违法行为是否是由监狱民警的内心主观意志支配的外部客观行为结果。坚持因果联系的原则，不仅要确认行为引起了损害后果，且这种行为是违法行为，而且要确认违法行为与损害后果之间所具有内在的、直接的、逻辑的联系。坚持因果联系的原则就会自动澄清对"谁值班、谁负责"的错误解读。只有监狱民警值班时的违法执法行为与监管安全事故之间具有因果联系时才能追究监狱民警的法律责任。(3)责任相当原则。责任相当原则是指法律责任的大小，处罚的轻重应与违法行为的轻重相适应，与实施违法行为时的主观过错相适应。其通常包括：监狱民警法律责任的性质与违法行为的性质相适应；监狱民警法律责任的种类与违法行为的具体情节相适应；监狱民警法律责任的轻重及种类与违法行为人的主观习性相适应。(4)责任自负原则。责任自负原则是指实施了违法行为的监狱民警应该对自己的违法行为负责，必须独立承担法律责任。同时，没有法律规定不能让没有违法的行为人承担法律责任。坚持责任自负的原则有利于避免将本应由违法责任人承担的责任转嫁到其他相关人员的身上。

（三）加强对监狱民警权利保护的立法保障

指导监狱工作的法律规范很多，但是在众多的法律规范和大量的内部规定中，对监狱民警权利保障的相关规定甚少，这不利于对民警权利的有效保护。应逐步转变这种立法现状，加强对监狱民警权利保护的立法，并寻求制定对监狱民警有条件的免责制度。

1. 加强对监狱民警权利保护的立法

监狱民警作为《监狱法》明确规定的监狱的管理者和执法主体，其自身的合法权益不容忽视。如果监狱民警连自身的合法权益都得不到法律的充分保障，那么如何指望其去管理好监狱、执行好刑罚、教育改造好服刑人员呢？实践中，指导监狱工作的众多的法律规范和内部规定中，大多是对监狱民警限制性的规定，而且有专门针对监狱民警的《监狱和劳动教养机关人民警察违法违纪处分条例》，唯独对监狱民警权利保障的法律法规及内部规范少之又少。要改变这种局面必须加强对监狱民警权利保护的立法工作，使之权利与义务之间能够达到基本的平衡。张文显认为现代社会的法应以权利为本位或重心配置权利和义务，应赋予人们各种政治权利、经济权利、文化权利和社会权利，给人们以充分的、越来越扩大的选择机会和行动自由，同时为了保障权利的实现，规定了一系列相应的义务。对于监狱这种特殊的国家机关，尤其是对于作为监狱管理主体和执法主体的监狱民警，是否应坚持权利本位的立法理念，需进一步探讨。但无论如何，对监狱民警合法权利给予必要的立法保障和制度保障是毋庸置疑的。只有当其自身的合法权益得到充分保障的基础上，才能安心地履行好其应尽的基本职责，激发出应有的工作活力。

2. 建立对监狱民警有条件的免责制度

监狱民警作为监狱的管理主体，其所工作的对象是被依法判决、裁定的服刑人员，其在执法活动中面临着很大的执法风险。这种执法风险一方面来自管理对象的高度危险性、犯情动态的不确定性等因素；另一方面来自法律法规的不完善、不健全，对监狱民警权利的保障制度缺乏等方面。因此，通过建立对监狱民警的免责制度，有利于规避监狱民警的执法风险，加强对监狱民警合法权利的保障力度。这种免责制度应针对监狱民警工作的特殊性要求，并严格对免责条件做出限制性的规定。其应涵盖尽职免责、处理突发性事件使用警戒具造成必要合理的伤害免责，因监管设施不完善引起的监管安全责任事故免责以及因制度漏洞引起的监管安全责任事故免责等一系列内容。只有建立完善的有条件的免责机制，才能有效避免监狱民警因正常履行职务却遭遇执法风险的可能性，才能充分保障广大监狱民警的合法权益，从而极大地激发监狱民警的工作积极性。

（四）完善监狱执法程序

完善监狱执法程序，有助于提高监狱工作的规范化水平，减少监狱民警自由裁量的幅度。监狱在具备了完善的执法程序的前提下，按照法治的逻辑思维，监狱民警只需依程序规范尽职尽责，即可免除由此可能产生的法律责任。

1. 程序规范的重要性

监狱执法程序，即监狱执行法律法规中必须遵循和履行的法定时间和空间上的步骤和形式。简单地说，就是解决监狱民警在执行法律法规中应如何来做的问题。[①]美国学者罗尔斯在其著作《正义论》中说道："通过程序实现正义是现代法治的基本原则。公正的法治程序是正义的基本要求，而法治取决于一定形式的正当过程。正当过程要通过程序来实现。"可见，程序在法治中的地位。在监狱执法过程中往往存在着重结果、轻过程的状况，忽略程序的重要地位，这样既容易侵犯服刑人员的合法权益，也容易给监狱执法民警带来执法上的风险。在缺乏规范执法程序的情况下，一旦发生执法事故，反过来要倒查监狱民警的执法责任。对此，首先要确认监狱民警是否依程序规范执法。可是，如果监狱本身就没有规范的执法程序，监狱民警如何做到规范执法呢？如此，监狱民警是否需要承担法律责任的问题就需要依靠上级或有关部门领导的主观判断了。他们认为监狱民警违法了或违反相关规定了，就要承担责任，否则无需担责。

2. 完善监狱执法程序

一套规范的执法程序是保证执法公正的前提，执法程序严谨规范，能够促进监狱法治化水平的提高；同时，将民警执法过程中的所有环节进行规范、细化，减小民警自由裁量权以及执法弹性，从而提高其执法的精细化水平。从现有的法律法规来看，监狱具备相应的执法程序，但是存在诸多问题，指导监狱的执法程序多散见于法律法规以及一系列的内部规定之中，不具有统一性，亦缺乏科学性、系统性。很多监狱执法程序仅仅是建立在对本监狱执法事故的经验总结基础上而产生的，具有一定的局限性。此类执法程序仅以内部规定的形式出现，没有形成国家意志，是否需严格执行往往取决于相关领导的个人意志，因而导致某些执法程序缺乏权威性和稳定性。完善监狱执法程序，必须紧紧围绕监狱的工作目标，着手加强执法程序的立法工作，提高监狱程序法律规范的立法等级，统一监狱的执法程序标准，使指导监狱的执法程序规范能够成为科学化、系统化、规范化并具有可实际操作性的规范体系。如此，可促使监狱的执法工作化繁为简，提高监狱工作效率，同时有助于增强对监狱民警实施考核的针对性。考核监狱民警是否尽责的一个重要方面便是考察监狱民警是否依程序规范认真履职。只要依程序规范认真履职就应该免除责任，至少是减轻其可能

---

① 戴明：《浅议监狱执法程序建设》，《江苏法制报》2013 年 11 月 18 日。

产生的执法责任。

四、结语

总之,监狱民警责任追究制度事关依法治监的关键环节。监狱民警责任追究制度完善与否,事关监狱工作的方方面面,牵一发而动全身。我们只有不断构建理性化的工作目标,树立依法追责的法治理念,加强对民警权利的立法保障,完善相关执法程序,才能杜绝监狱民警责任追究在现实中存在的种种问题,消弭其对监狱工作造成的不良影响,使监狱工作回归其理性化的本来面目。

监狱人民警察职业倦怠研究

——以上海市H监狱为例

上海市南汇监狱课题组

一、研究背景

近年来,随着社会发展,在某些领域的社会矛盾日益凸显,犯罪率和犯罪恶性程度持续上升,同时随着国家法治建设不断向前推进,监狱的体制机制建设受到了巨大冲击。

2011年5月1日,我国《刑法修正案(八)》正式出台。其中,关于限制减刑、延长重刑犯刑期和增设"不得假释"范围的规定,使监狱押犯结构中重刑犯和老年犯比率显著升高;2013年1月1日,我国新修订的《刑事诉讼法》正式施行。其中,关于判处3个月以上有期徒刑的罪犯由监狱统一关押的规定,使大量短刑期罪犯进入监狱服刑;2015年8月29日,《刑法第九次修正案》正式通过。其中,加重了贪污受贿罪的判罚,出现了判处终身监禁的情形,从而导致无期徒刑、死缓罪犯数量一定程度的增加,并加大了教育改造贪污、受贿等职务类罪犯的难度。

而一直以来,监狱闭塞的环境、重复枯燥的工作任务、高频率的值班、休假时间难以保障、福利待遇不高等情况,都使监狱人民警察备受困扰。同时,监狱的体制改革也带来了巨大的挑战,如:上海监狱推行的现代化警务机制建设,实行扁平化管理,加大了民警直接管理教育罪犯的力度,提高了对民警个人能力素质的要求;个别化矫治、循证矫正等教育改造模式的创新,要求民警转变旧观念、旧思路,积极探索新的矫治方法;信息化、智能化系统的全面铺开和升级,要求民警掌握更高水平的信息技术,这不仅标志着监狱正逐步从传统型向集约化、专业化、信息化方向发展,同时也对民警提出了更高的要求。在这内外环境的双重压力之下,监狱人民警察承受着比正常人群更多的心理负担。有研究表明,监狱人民警察心理不健康比例高达34.56%①。其中,监狱人民警察职业倦

① 钟伟芳:《司法人民警察心理健康状况调查研究》,《中国健康心理学杂志》2008年第10期。

怠感,尤为突出。

从2005年开始,国内逐渐兴起了关于监狱人民警察职业倦怠感的研究热潮,许多研究者发现监狱人民警察的职业倦怠程度要远远高于一般人群。职业倦怠的出现,将极大影响监狱人民警察的工作状态和工作绩效。本研究将从探究监狱人民警察职业倦怠的表征入手,通过科学统计分析,研究其影响因素,并提出相应的对策建议。

二、职业倦怠的概念

职业倦怠(burnout)作为一个新词被提出,其源自1961年美国著名作家Grahan Greene的小说*A burnout case*,讲的是一个建筑师厌倦工作后退隐的故事。1974年,Freudenberger用职业倦怠(burnout)给予了心理学名词的定义。他认为:职业倦怠是一种因服务性行业工作造成的身心耗竭状态。①

在此之后,许多学者尝试通过分析其内部结构、影响因素和形成机制等方面进行研究,并根据各自的研究成果,对职业倦怠的概念进行界定。笔者经过整理各类研究发现主要有两种类型的定义方式:

一是从关注职业倦怠的动态过程出发的。其中,最具有代表性的是Cherniss于1999年提出的关于职业倦怠的概念,认为职业倦怠是指"个体的工作态度和行为朝着负面的方向发生改变的过程",这个过程包括三个阶段:第一,应激过程阶段,主要指个人能力与职业要求间的不平衡状态;第二,疲劳过程阶段,主要指由于第一阶段的不平衡,导致短期的心理紧张、疲劳状态;第三,应对过程阶段,主要指针对发生的情况,做出防御型的应对方式,如通过改进工作方法,来适应高强度的工作要求。②

二是从关注职业倦怠的静态特征出发的。其中,最为人们广泛认可的是Maslach于1982年提出的关于职业倦怠的概念,认为职业倦怠是因工作和人际交往方面的压力造成的一种较为消极的心理症状,并把职业倦怠分解为三个纬度,即情感耗竭(Emotional Exhaustion)、人格解体(Depersonalization)和个

① Freudenberger. Staff burn-out[J]. Journal of Social Issues, 1974, 30(1):159—165.

② Cherniss R M. Stress pressure and Burnout[J]. Handbook of Research on Teacher Education, 1999, 21(3):53—54.

人成就感低下(Diminished Personal Accomplishment)。①

笔者认为,职业倦怠是静态特征与动态过程相结合的心理症状表现。职业倦怠既是过程,也是结果。因此,对于职业倦怠的界定,应从过程和结果两方面加以界定:职业倦怠是由动态过程逐渐形成,并最终以静态特征的形式所表现出来的综合体,它的发展是缓慢的、初期反应弱,不易察觉的,而一旦这种发展累积到个体能够承受的临界点时,则会突然爆发强烈的负面情绪和破坏性行为,其最终的发展形态主要表现为生理疲劳、心理耗竭和个体成就感危机。

三、监狱人民警察职业倦怠的外显形态

(一) 生理上的外显形态

职业倦怠在监狱人民警察的生理上反应得尤为明显。在职业倦怠长期的影响下,民警身体不堪重负,表现出各类消极症状:一方面,民警会出现极易疲倦、上班嗜睡、夜晚失眠、食欲不振、盗汗等躯体化症状;另一方面,民警的身体健康状况也会受到极大影响,许多民警患有一种或者多种慢性疾病,如胃炎、高血压、鼻炎、结膜炎、颈椎病、关节炎、腰肌劳损等。

(二) 心理上的外显形态

职业倦怠不仅表现在监狱人民警察的生理反应上,也体现在心理症状上。职业倦怠程度较高的民警一方面容易表现为焦虑、抑郁,感知觉能力、记忆力和思辨能力呈不同程度下降,注意力不易集中等心理症状。表现为对工作的消极态度,包括责任感、成就感和荣誉感的下降,以及创新能力、主观能动性和服务意识的减弱。

(三) 行为上的外显形态

职业倦怠最具体的形态是体现在监狱人民警察的行为举止上。一是民警在管理教育罪犯时,发生"乱作为""少作为"甚至"不作为"的现象,所管辖区域罪犯的思想不稳定,改造积极性不强,秩序较差;二是民警在遇到困难时,易出现恐慌情绪,往往退缩、闪避、停滞不前等情形;三是民警在面对新形势、新要求

① Maslash, Schaufeli, Leiter. Jobburnout[J]. Annualreview, 2001, 52(4):397—422.

时，对新观点、新理念加以全盘否定，拒绝新的科学的工作方法，偏执地使用“老办法”，一味经验主义地开展工作。

四、研究过程

（一）研究工具（问卷构成）

（1）监狱人民警察基本信息，包括性别、年龄、警龄、学历、婚姻、岗位、职务。

（2）微调后的 MBI-HSS 职业倦怠量表。该量表的主要理论依据是 Maslach 的职业倦怠三维理论，认为职业倦怠包含情感耗竭、人格解体和个人成就感低下 3 个维度。

（3）职业倦怠相关信息。

（二）样本情况

由于上海市 H 监狱在职民警数量较少，为保证统计结果的有效性，本研究采用全样本问卷调查方法，共发出问卷 280 份，回收问卷 269 份，问卷回收率为 96.07%。剔除无效问卷后，获得有效问题卷 253 份，有效率为 94.05%。被试的具体情况见表 1。

表 1　被试具体情况表

序号	项目	子项	人数	百分比%
1	性别	男性	210	83
		女性	43	17
2	年龄	35 岁以下	164	64.8
		35—45 岁	58	22.9
		46—55 岁	28	11.1
		56 岁以上	3	1.2
3	从业年限	5 年以下	96	37.9
		5—10 年	85	33.6
		11—20 年	36	14.25
		21 年以上	36	14.25

（续表）

序号	项目	子项	人数	百分比%
4	学历	大专及以下	20	7.9
		本科	212	83.8
		研究生及以上	21	8.3
5	婚姻	未婚	43	17
		已婚	209	82.6
		离异	1	0.4
6	工作岗位	科室	60	23.7
		基层	193	76.3
7	工作职务	中层干部	43	17
		警长	27	10.7
		一般民警	183	72.3

总的来说，在上海市 H 监狱政治处的统一组织下，被试民警主动积极地配合完成本次问卷调查研究，绝大多数民警能够认真填写问卷，反映其最真实的情况，为研究的数据分析部分奠定了良好的基础。

（三）MBI-HSS 量表的适用性研究

(1) MBI-HSS 量表(微调后)的信度分析。笔者使用度量分析问卷各项目的可靠性，选取 Cronbach α 检验后，得到如下结果(见表 2)：

表 2　MBI-HSS 量表可信度分析

项目	刻度均值	刻度方差	校正项相关性	多相关性平方	Cronbach α
V1	58.733 1	216.260	0.523	0.596	0.736
V2	57.772 9	212.976	0.541	0.591	0.733
V3	58.326 7	209.629	0.607	0.693	0.728
V4	57.159 4	236.487	0.102	0.392	0.763
V5	60.179 3	222.796	0.388	0.393	0.745
V6	59.573 7	217.862	0.469	0.442	0.739
V7	57.382 5	241.301	0.022	0.362	0.767
V8	58.541 8	210.913	0.581	0.683	0.730
V9	58.541 8	239.633	0.023	0.364	0.771

（续表）

项目	刻度均值	刻度方差 ɤ	校正项相关性	多相关性平方	Cronbachα
V10	59.259 0	213.969	0.521	0.666	0.735
V11	59.278 9	213.506	0.497	0.628	0.736
V12	58.270 9	253.862	−0.213	0.455	0.785
V13	58.709 2	212.975	0.582	0.610	0.731
V14	58.382 5	209.661	0.631	0.633	0.727
V15	59.506 0	222.923	0.396	0.342	0.744
V16	59.266 9	218.628	0.442	0.477	0.741
V17	57.737 1	239.387	0.038	0.458	0.768
V18	56.992 0	245.200	−0.059	0.507	0.771
V19	58.055 8	249.285	−0.136	0.499	0.781
V20	59.362 5	212.424	0.533	0.603	0.733
V21	57.482 1	245.803	−0.072	0.416	0.773
V22	59.346 6	216.843	0.518	0.441	0.736

如表 2 所示，量表各项目的 Cronbach α 系数均超过了 0.7 的可接受水平，表明微调后的 MBI-HSS 量表具有较高的可靠性。

(2) MBI-HSS 量表(微调后)的效度分析。笔者首先对 MBI-HSS 量表的数据进行 Bartlett's 球形检验，如果球形检验显示达到 0.01 的显著性水平，则可认为量表各项目之间存在有公共因子(见表 3)。

表 3　Bartlett's 球形检验

	近似卡方	df		Sig
Bartlett's 球形检验	2 750.865	231		0.000

如表 3 所示，球形检验的显著性水平为 0.000，说明该量表中存在公共因子。KMO 检验如表 4 所示。

表 4　KMO 检验

Kaise-Meyer-Olkin 度量	0.910

如表 4 所示，KMO 值为 0.910，说明该问卷调查的数据非常适合进行因子

分析。

笔者基于特征值1.1,提取公共因子,发现除第13题出现严重的双负载情况外,其他项目均符合统计学提取公共因子的标准。但是根据问卷原理论设计,第6题和第16题,应属于表4所示的第一个纬度。所以,为了保证量表结果的科学性和可比照性,对该两题予以删除。

删除题目后,笔者重新基于特征值为1.1,利用主成分提取法,提取公共因子(见表5):

表5 旋转成分矩阵

项目	成分		
	1	2	3
V3	0.818	−0.085	0.269
V2	0.787	−0.039	0.210
V8	0.769	−0.162	0.340
V1	0.733	−0.154	0.286
V14	0.704	−0.051	0.412
V20	0.639	−0.189	0.403
V13	0.638	−0.149	0.421
V17	0.055	0.724	−0.226
V18	−0.109	0.701	−0.250
V4	0.024	0.680	−0.033
V21	−0.138	0.671	−0.207
V9	−0.281	0.631	0.150
V19	−0.334	0.628	−0.095
V7	−0.050	0.613	−0.102
V12	−0.311	0.530	−0.201
V11	0.200	−0.081	0.773
V10	0.321	−0.153	0.714
V22	0.344	−0.079	0.613
V5	0.215	−0.211	0.596
V15	0.243	−0.074	0.526

如表 5 所示，可以将项目按如下方式进行分配：

第一个公共因子共包含 7 题，分别为第 1、2、3、8、13、14、20 题，根据各题含义，主要反映监狱人民警察因工作要求导致的情感资源消耗水平，代表“情感耗竭”维度。

第二个公共因子共包含 5 题，分别为第 5、10、11、15、22 题，根据各题含义，主要反映了监狱人民警察处理人际关系（包括罪犯和同事）时的消极态度，代表“人格解体”维度。

第三个公共因子共包含 8 题，分别为第 4、7、9、12、17、18、19、21 题。根据各题含义，主要反映了监狱人民警察从事监狱工作能否体验到成就感和满足感，代表“个人成就感低下”维度

五、研究结果

（一）上海市 H 监狱人民警察职业倦怠的总体情况分析

如表 6 所示，上海市 H 监狱人民警察在情感耗竭维度上总体处于中度倦怠水平。值得关注的是，有 22.1%的被试处于高度倦怠水平；在人格解体维度上处于低度倦怠水平；在个人成就感低下维度，表现为较低水平的倦怠水平，仅 6.3%的样本结果为高度倦怠水平。总的来说，上海市 H 监狱人民警察已出现了一定程度的职业倦怠感，虽然目前情况并不十分严重，但仍有朝着负面发展的趋势。

表 6　上海市 H 监狱人民警察职业倦怠总体测试结果

维　度	均　值	低度倦怠		中度倦怠		高度倦怠	
		人数	比例%	人数	比例%	人数	比例%
情感耗竭	19.37±10.14	79	31.2	118	46.6	56	22.1
人格解体	9.04±6.28	137	54.2	106	41.9	10	4
个人成就感低下	28.87±9.48	95	37.5	142	56.1	16	6.3

（1）情感耗竭维度上表现出较高的职业倦怠水平。从本研究结果来看，虽然监狱人民警察整体上，在情感耗竭维度上仍处在中度倦怠水平，但是仍有较

大比例的民警处于高度倦怠水平。同时,占有最大比重的中度倦怠群体也极易向高度倦怠转变。从个别访谈中,我们了解到,大多数民警都患有慢性疾病,且有个别民警认为自己的身心都处于不健康状态,易疲累、情绪不稳,伴随失眠、食欲减退等焦虑性躯体化症状。这说明,监狱人民警察情感耗竭已经到了较为危险的程度,可能对民警个人发展和组织运行带来负面影响。

(2) 人格解体维度上表现出较低的职业倦怠水平。国内一例关于监狱人民警察的 MBI-HSS 调查认为(2003 年),民警在人格解体上表现出较高的职业倦怠水平。①但是在本研究显示,民警整体上在此维度上处于低度水平。需要关注的是,占比近一半的是中高度倦怠人群。监狱人民警察相较其他服务行业,其服务对象(工作对象)极为特殊。这说明,监狱人民警察在人格解体维度上虽然较之过去有极大改善,但是仍存在一大部分的中度倦态个体,该维度的异常会直接影响民警执法行为的合理性和公正性,易出现因过度执法导致的罪犯投诉、抗议、上访等负面事件。

(3) 个人成就感低下维度上表现出极低的职业倦怠水平。个人成就感低下是职业倦怠的最内在的表现形式。它代表的是因职业倦怠对个体自我效能感和工作积极性的影响。在国外类似的警察职业倦怠研究中,都发现警察的个人成就感处于较高水平。但是,国内一些研究却认为监狱人民警察的个人成就感处于中下水平。②本研究结果说明,监狱人民警察对自己的工作能力持肯定态度,工作游刃有余、效率较高,在该维度上表现为极低的职业倦怠水平。

(二) 监狱人民警察基本信息变量在职业倦怠各维度上的差异性分析

本研究对性别、年龄、警龄、学历、婚姻、岗位、职务 7 项监狱人民警察基本信息变量,在职业倦怠各维度上的差异性进行了统计分析,具体结果如下:

(1) 职业倦怠的性别差异性分析。使用单因素 ANOVA 检验,对不同性别的监狱人民警察的职业倦怠各维度情况进行差异性分析(见表 7)。

---

①② 陈丹丹、邢强、胡慧容、胡新霞:《监狱基层男性警察工作倦怠的调查分析及对策》,《社会心理科学》2009 年第 6 期。

表 7　不同性别民警间的职业倦怠各维度比较

维　　度	性别	人数	均值	均方	F	显著性
情感耗竭	男	210	18.71	10.00	5.485	0.020
	女	43	22.65	10.34		
人格解体	男	210	8.87	6.19	0.885	0.348
	女	43	9.86	6.70		
个人成就感低下	男	210	29.07	9.52	0.533	0.466
	女	43	27.91	9.37		

从表 7 可以看出，不同性别的监狱人民警察在情感耗竭维度上有非常显著的差异，女性民警在情感耗竭维度上表现出更高的职业倦怠水平。结果表明，34.89％的女性民警在情感耗竭维度上处于高度职业倦怠水平，显著高于22.1％的均值。在人格解体和个人成就感低下维度，男女民警之间则没有显著差异。

(2) 职业倦怠的年龄差异分析。笔者以年龄作为自变量，职业倦怠各维度作为因变量，利用曲线拟合，探索建立回归方程式，具体见表 8。

表 8　职业倦怠情感耗竭维度—年龄模型显著性分析

项目	方程	R^2	F	df1	df2	显著性
情感耗竭	线性	0.000	0.036	1	251	0.850
	对数	0.002	0.380	1	251	0.538
	倒数	0.004	1.089	1	251	0.298
	二次	0.046	6.008	2	250	0.003

从表 8 可以看出，二次曲线的显著性为 0.003，表明与情感耗竭—年龄模型有较好的拟合度，公式为：$y = -0.03x^2 + 2.304x - 22.584$（具体如图 1 所示）。

从图 1 可以看出，监狱人民警察在情感耗竭维度的职业倦怠，随着年龄的增长呈现先增长后衰退的现象。从上述理论模型可以发现，从 23 岁后开始，民警在情感耗竭维度上进入中度倦怠水平，直至到 38 岁附近达到顶峰，后至 54 岁左右消退至低度倦怠水平（见表 9）。

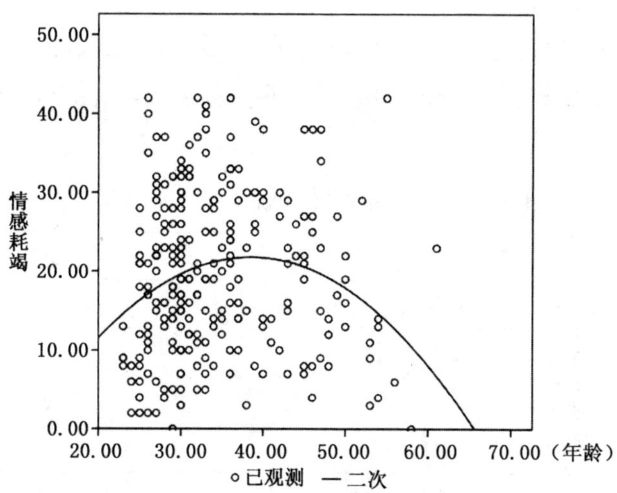

图 1　情感耗竭—年龄散点图和拟合曲线

表 9　职业倦怠人格解体维度—年龄模型显著性分析

项　　目	方程	R^2	F	df1	df2	显著性
情感耗竭	线性	0.035	9.039	1	251	0.003
	对数	0.025	6.539	1	251	0.011
	倒数	0.017	4.339	1	251	0.038
	二次	0.080	10.825	2	250	0.000

从表 9 可以看出，二次曲线的显著性最好为 0.000，表明与人格解体—年龄模型有较好的拟合度，模型公式为：$y=-0.018x^2+1.257x-11.356$(具体如图 2 所示)。

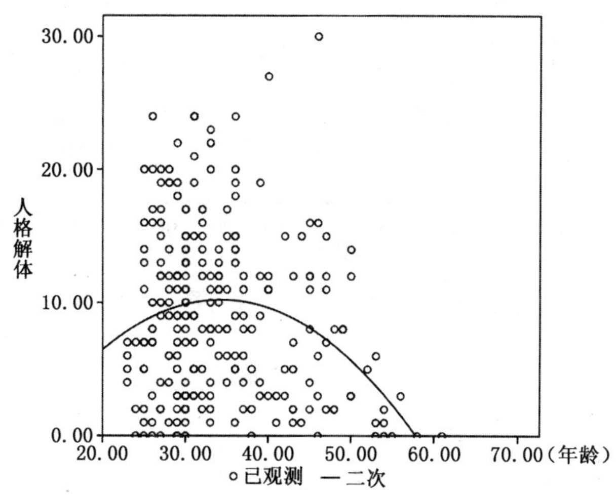

图 2　人格解体—年龄散点图和拟合曲线

从图 2 可以看出，监狱人民警察在人格解体维度的职业倦怠，随着年龄的增长呈现先增长后衰退的现象。根据上述理论模型表明，民警在人格解体维度总体上处于低度职业倦怠状态，至 35 岁达到顶峰（见表 10）。

表 10　职业倦怠个人成就感低下维度—年龄模型显著性分析

项目	方程	R^2	F	df1	df2	显著性
情感耗竭	线性	0.000	0.059	1	251	0.799
	对数	0.000	0.003	1	251	0.859
	倒数	0.000	0.016	1	251	0.891
	二次	0.012	1.476	2	250	0.031

从表 10 可以看出，二次曲线的显著性最好为 0.031，表明与个人成就感低下一年龄模型有较好的拟合度，模型公式为：$y = 0.014x^2 - 1.052x + 47.624$。具体绘图如下：

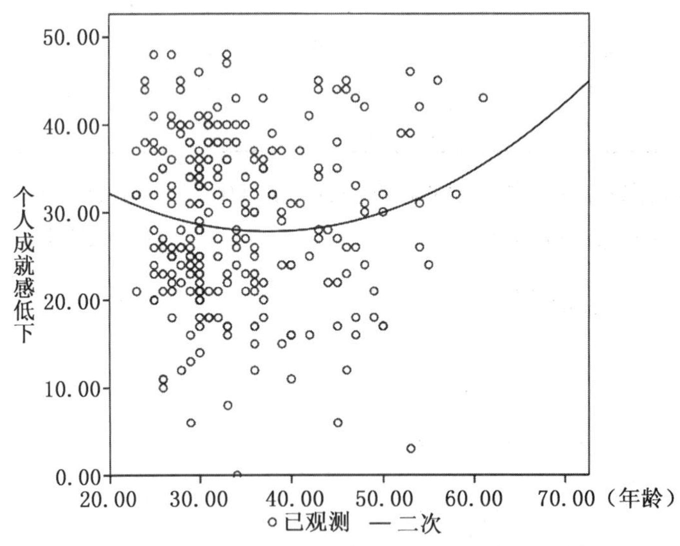

图 3　个人成就感低下—年龄散点图和拟合曲线

从图 3 可以看出，监狱人民警察在个人成就感维度的职业倦怠（个人成就感得分是职业倦怠的反向指标），随着年龄的增长呈现先增长后衰退的现象，从 20—60 岁区间段，增长、衰退均非常缓慢。根据上述理论模型表明，民警总体上具有较强的个人成就感，到 38 岁附近达到最低阶段谷。

(3) 职业倦怠的学历差异性分析。从表 11 可以看出，监狱人民警察在个人成就感低下维度上存在因学历不同导致的显著差异。通过 LSD 检验(表 12)更进一步发现，本科生在个人成就感低下维度显著高于研究生，而大专生与两者无显著差异。在其他维度上，未检出显著差异。

表 11　不同学历民警间的职业倦怠各维度比较

维　　度	性别	人数	均值	标准差	F	显著性
情感耗竭	大专	20	17.35	11.08	0.433	0.649
	本科	212	19.55	10.18		
	研究生	21	19.62	9.07		
人格解体	大专	20	6.75	8.63	1.563	0.212
	本科	212	9.30	6.16		
	研究生	21	8.62	4.48		
个人成就感低下	大专	20	31.45	13.28	3.238	0.041
	本科	212	28.22	9.02		
	研究生	21	32.95	8.83		

表 12　不同学历民警间的职业倦怠各维度交叉比较——LSD 检验

因变量	教育 I	教育 J	均值差(I-J)	标准误	显著性
情感耗竭	大专	本科	−2.20	2.38	0.356
		研究生	−2.27	3.18	0.476
	本科	大专	2.20	2.38	0.356
		研究生	−0.07	2.36	0.975
	研究生	大专	2.27	3.18	0.476
		本科	0.07	2.33	0.975
人格解体	大专	本科	−2.54	1.47	0.083
		研究生	−1.87	1.96	0.340
	本科	大专	2.55	1.47	0.083
		研究生	0.68	1.43	0.636
	研究生	大专	1.87	1.96	0.340
		本科	−0.68	1.43	0.636

（续表）

因变量	教育 I	教育 J	均值差(I-J)	标准误	显著性
个人成就感低下	大专	本科	3.23	2.20	0.143
		研究生	−1.50	2.94	0.609
	本科	大专	−3.23	2.20	0.143
		研究生	−4.73	2.15	0.029
	研究生	大专	1.50	2.94	0.609
		本科	4.73*	2.15	0.029

从结果中还可以看出，大专学历的民警在情感耗竭上的职业倦怠程度较低；本科学历的民警在人格解体上表现出低于其他两种学历的特征。

(4) 职业倦怠的婚姻差异性分析。使用单因素 ANOVA 检验，对不同性婚姻状况的监狱人民警察的职业倦怠各维度情况进行差异性分析。由于被试中离异人数仅为 1，因此在该项分析中将该条数据予以剔除（见表 13）。

表 13　不同婚姻状况民警间的职业倦怠各维度比较

维　　度	婚姻	人数	均值	标准差	F	显著性
情感耗竭	未婚	43	16.37	10.44	3.028	0.050
	已婚	209	19.94	9.99		
人格解体	未婚	43	7.88	6.06	1.299	0.275
	已婚	209	9.25	6.31		
个人成就感低下	未婚	43	29.97	9.85	0.841	0.432
	已婚	209	28.60	9.41		

从表 13 可以看出，不同婚姻状况的监狱人民警察在情感耗竭维度上存在非常显著的差异，已婚民警在情感耗竭维度上表现出更高的职业倦怠水平。从均值上看，已婚民警在人格解体维度上也略高于未婚民警。这说明，已婚民警的职业倦怠程度较高于未婚民警。

(5) 职业倦怠的工作职务差异性分析。使用单因素 ANOVA 检验，对不同工作职务的监狱人民警察的职业倦怠各维度情况进行差异性分析（见表 14）。

表 14　不同工作职务民警间的职业倦怠各维度比较

维　　度	性别	人数	均值	标准差	F	显著性
情感耗竭	中层干部	43	16.79	8.98	1.769	0.173
	警长	27	19.22	9.42		
	一般民警	183	20.01	10.45		
人格解体	中层干部	43	6.84	5.78	3.453	0.033
	警长	27	8.78	5.63		
	一般民警	183	9.60	6.39		
个人成就感低下	中层干部	43	33.05	7.16	9.267	0.000
	警长	27	32.63	9.66		
	一般民警	183	27.33	9.53		

从表 14 可以看出，监狱人民警察在人格解体和个人成就感低下维度上存在因职务不同导致的显著差异。因此通过 LSD 检验进行进一步的研究，结果如表 15 所示：

表 15　不同工作职务民警间的职业倦怠各维度交叉比较——LSD 检验

因变量	教育 I	教育 J	均值差(I-J)	标准误	显著性
情感耗竭	中层干部	警长	−2.43	2.48	0.328
		一般民警	−3.22	1.71	0.061
	警长	中层干部	2.43	2.48	0.328
		一般民警	−0.79	2.08	0.706
	一般民警	中层干部	3.22	1.71	0.061
		警长	0.79	2.08	0.706
人格解体	中层干部	警长	−1.94	1.53	0.205
		一般民警	−2.76*	1.05	0.009
	警长	中层干部	1.94	1.53	0.205
		一般民警	−0.82	1.28	0.524
	一般民警	中层干部	2.76*	1.05	0.009
		警长	0.82	1.28	0.524

（续表）

因变量	教育 I	教育 J	均值差(I-J)	标准误	显著性
个人成就感低下	中层干部	警长	0.42	2.26	0.854
		一般民警	5.71*	1.56	0.000
	警长	中层干部	−0.42	2.26	0.854
		一般民警	5.30*	1.89	0.006
	一般民警	中层干部	−5.71*	1.56	0.000
		警长	−5.30*	1.89	0.006

从表 15 可以看出，在人格解体维度上，中层干部的职业倦怠程度显著低于一般民警；在个人成就感低下维度，中层干部和警长的职业倦怠程度均显著低于一般民警。同时，还可以看出，随着职务的不断上升，民警的职业倦怠程度呈现下降趋势。

（三）上海市 H 监狱人民警察职业倦怠的影响因素交叉比较分析

(1) 性别—工作岗位交叉因素分析。在个别访谈中，一些基层的女性民警谈及所在部门人际关系较为紧张，人与人之间太过于斤斤计较，希望自己能够调至科室工作。但是，基层的男性民警则认为科室比基层工作更累，基层更舒服。笔者根据该信息，对性别和岗位进行交叉因素分析，采用 ANOVA 检验，结果如表 16、表 17 所示：

表 16 “性别—工作岗位”女民警间的职业倦怠各维度比较

维　度	岗位	人数	均值	标准差	F	显著性
情感耗竭	基层	29	23.86	11.18	1.228	0.274
	科室	14	20.14	8.13		
人格解体	基层	29	11.52	7.03	6.102	0.018
	科室	14	6.43	4.47		
个人成就感低下	基层	29	26.17	9.48	3.217	0.080
	科室	14	31.50	8.32		

表 17 “性别—工作岗位”男民警间的职业倦怠各维度比较

维　　度	岗位	人数	均值	标准差	F	显著性
情感耗竭	基层	164	17.97	10.03	4.165	0.051
	科室	46	21.34	9.53		
人格解体	基层	164	8.79	6.28	0.121	0.729
	科室	46	9.15	5.91		
个人成就感低下	基层	164	29.21	9.84	0.163	0.687
	科室	46	28.57	8.36		

从表 16、表 17 的对比中可以看出，于男性民警的职业倦怠程度而言，科室与基层不存在显著差异，但是从女性民警的检验结果可以看出，在人格解体和个人成就感低下维度上，基层女民警显著高于科室。同时，从均值比较上看，在情感耗竭维度上，基层女民警也显著高于科室。这说明，监区女民警的职业倦怠程度更高，可能与监区纯女性工作者和直接管理女犯的大环境有直接关系，极易引发民警间的矛盾和对罪犯的执法不作为，降低民警工作主观能动性。

(2) 学历—年龄—职务交叉因素分析。笔者对各学历层次民警的年龄分布进行了研究(见表 18)。

表 18 学历—年龄分布表

学历 / 年龄段	大专及以下(20 人)	本科(212 人)	研究生(21 人)
30 岁以下	2(10%)	78(36.79%)	0
30—40 岁	0	97(45.75%)	21(100%)
40—50 岁	12(60%)	29(13.68%)	0
50 岁以上	6(30%)	8(3.77%)	0

从表 18 中可以看出，大部分大专学历都是年龄大、资历老的中老年民警，20 名大专学历中仅 2 人小于 40 岁。从年龄—职业倦怠拟合曲线可以看出，年龄超过 40 岁后，职业倦怠便呈现出下降趋势。因此，除民警认知层面外，因年龄和工作年限的因素，使大专学历民警的职业倦怠程度略轻于其他两种学历，并且这一结果在人格解体维度上体现得更为明显。但是，从研究生的年龄分布

可以看出，所有该学历民警均处于30—40岁，而这个年龄段的民警其倦怠程度是所有年龄段中最高的。在民警个人访谈中，笔者发现研究生访谈对象几乎都是警长或者中层干部，而研究结果表明，中层干部在个人成就感低下维度的职业倦怠水平处于较低水平。基于此，对各学历层次民警的职务分布进行了研究（见表19）。

表19　学历—职务分布表

学历 / 职务	大专及以下(20人)	本科(212人)	研究生(21人)
中层干部	3(14.6%)	31(15%)	9(42.9%)
警长	1(10.8%)	23(5%)	3(14.3%)
一般民警	16(74.5%)	158(80%)	9(42.9%)

从表19可以看出，研究生学历任职务的民警比例(57.2%)显著高于其他两种学历。这表明除认知原因外，职务是导致研究生学历民警个人成就感较高的重要原因。

上述结果表明，本科生因为年龄普遍小于40岁、任职务率低，导致其在职业倦怠3个维度上，均比其他两种学历有不同程度的严重倾向，尤其是在个人成就感低下维度上，本科被试得分显著低于研究生。这些都说明，本科学历监狱人民警察正处于一个极为尴尬的境地，不仅承受监狱工作适应期的压力，还面临着个人能力"比上不足，比下有余"的中庸局面。

(3) 婚姻—年龄—职务交叉因素分析。为进一步探究"婚姻—职务"对于职业倦怠3维度的影响大小，笔者以婚姻、职务的分类为界，合并中层干部与警长数据，最终划分为已婚任职民警、未婚任职民警、已婚一般民警、未婚一般民警4个子变量，进行ANOVA检验，结果如表20所示：

表20　婚姻—职务交叉因素ANOVA检验

维　　度	性别	人数	均值	标准差	F	显著性
情感耗竭	已婚任职	66	17.79	9.27	2.991	0.032
	未婚任职	4	16.75	8.18		
	已婚一般	143	20.93	10.17		
	未婚一般	39	16.33	10.73		

（续表）

维　　度	性别	人数	均值	标准差	F	显著性
人格解体	已婚任职	66	7.53	5.85	3.058	0.029
	未婚任职	4	8.50	4.51		
	已婚一般	143	10.04	6.38		
	未婚一般	39	7.82	6.24		
个人成就感低下	已婚任职	66	32.64	8.27	7.416	0.000
	未婚任职	4	37.00	4.69		
	已婚一般	143	26.73	9.35		
	未婚一般	39	29.26	9.99		

从表 20 看出，监狱人民警察职业倦怠 3 个维度上都存在因婚姻—职务交叉导致的显著差异。因此通过 LSD 检验进行进一步的研究，结果如表 21 所示：

表 21　不同工作职务民警间的职业倦怠各维度交叉比较——LSD 检验

因变量	教育 I	教育 J	均值差(I-J)	标准误	显著性
情感耗竭	已婚任职	未婚任职	1.04	5.16	0.841
		已婚一般	−3.14*	1.49	0.036
		未婚一般	1.45	2.02	0.473
	未婚任职	已婚任职	−1.04	5.16	0.841
		已婚一般	−4.18	5.08	0.411
		未婚一般	0.42	5.26	0.937
	已婚一般	已婚任职	3.14*	1.49	0.036
		未婚任职	4.18	5.08	0.411
		未婚一般	4.60*	1.81	0.012
	未婚一般	已婚任职	−1.45	2.02	0.473
		未婚任职	−0.42	5.26	0.937
		已婚一般	−4.60*	1.81	0.012

（续表）

因变量	教育 I	教育 J	均值差(I-J)	标准误	显著性
人格解体	已婚任职	未婚任职	−0.97	3.19	0.762
		已婚一般	−2.51*	0.92	0.007
		未婚一般	−0.29	1.25	0.817
	未婚任职	已婚任职	0.97	3.19	0.762
		已婚一般	−1.54	3.14	0.624
		未婚一般	0.68	3.26	0.835
	已婚一般	已婚任职	2.51*	0.92	0.007
		未婚任职	1.54	3.14	0.624
		未婚一般	2.22*	1.12	0.049
	未婚一般	已婚任职	0.29	1.25	0.817
		未婚任职	−0.68	3.26	0.835
		已婚一般	−2.22*	1.12	0.049
个人成就感低下	已婚任职	未婚任职	−4.36	4.71	0.355
		已婚一般	5.90*	1.36	0.000
		未婚一般	3.38	1.85	0.068
	未婚任职	已婚任职	4.36	4.71	0.355
		已婚一般	10.26*	4.63	0.028
		未婚一般	7.74	4.80	0.108
	已婚一般	已婚任职	−5.90*	1.36	0.000
		未婚任职	−10.27*	4.63	0.028
		未婚一般	−2.52	1.65	0.128
	未婚一般	已婚任职	−3.38	1.85	0.068
		未婚任职	−7.74	4.80	0.108
		已婚一般	2.52	1.65	0.128

从表 21 看出，在情感耗竭维度，已婚任职民警的职业倦怠程度显著低于已婚一般民警；而未婚任职民警与未婚一般民警则无显著差异。这说明，任职对婚后民警的激励作用，远远超过对于未婚民警的作用。并且，还发现未

婚一般民警的职业倦怠也显著低于已婚一般民警；而未婚任职民警与已婚任职民警则无显著差异。这说明，任职对于民警的职业倦怠起到了一定的调节作用。

在个人成就感低下维度，已婚任职民警的职业倦怠程度显著低于已婚一般民警；而未婚任职民警与未婚一般民警则无显著差异。说明，在该维度上，任职对婚后民警起也到了更大的激励作用。

这说明，除了年龄因素以外，家庭因素仍旧是影响民警职业倦怠的重要因素，婚姻能更进一步激发任职对于民警的激励作用。同时，担任管理层职务对婚姻所带来的职业倦怠感则具有一定的缓解作用。

六、上海市H监狱人民警察职业倦怠的原因分析

（一）监狱人民警察职业倦怠个体层面的原因分析

(1) 职业发展受限。问卷中关于民警对培训机会的评价结果如表22所示：

表22　民警对培训机会的评价

选项	很多	较多	一般	较少	很少
频率	6(2.4%)	26(10.3%)	112(44.3%)	71(28.1%)	38(15%)

从表22看出，超过1/3(43.1%)的民警认为培训机会很少或者较少。

表23　培训机会与职业倦怠的相关性检验

维　　度	显著性水平	相关性系数
情感耗竭	0.001	0.203
人格解体	0.786	－0.017
个人成就感低下	0.778	0.018

从表23看出，情感耗竭维度的显著性系数＜0.05，说明培训机会与情感耗竭存在极其显著的负相关。培训机会越多，情感耗竭程度越轻。

通过调查上海市H监狱的民警培训体系发现，除新警2个月集训外，大多数民警每逢警衔晋升和非领导职务晋升都需要到上海司法警官学校参加为期2周或者1个月的培训。有个别民警认为，这些轮训活动不太能起到真正的作用，学

习还是靠平时。除此之外，监狱还会开展一些内部的岗位练兵活动，但也形式大于内容。最受民警欢迎的也是民警认可的是去外省市的专业培训活动，如心理咨询师专业培训、华东6省1市科、监区长培训等，但是一般民警很难获得专业培训的机会，这些培训往往集中在中层干部或者警长。所以，虽然民警实际的培训机会非常多，但是却认为自己的培训机会较少。研究还发现，民警对自我个人发展前景也并不乐观。问卷中民警对个人发展空间的评价结果如表24所示：

表24　民警对个人发展空间的评价

选项	很大	较大	一般	较小	很小
频率	5(2%)	17(6.7%)	94(37.2%)	64(25.3%)	73(28.9%)

从表24看出，超过半数(54.2%)的民警认为个人发展空间很小或者较小。

表25　培训机会与个人发展空间相关性检验

维　　度	显著性水平	相关性系数
个人发展空间	0.000	0.450

从表25看出，培训机会与个人发展空间呈现显著正相关，民警认为培训机会越多，个人发展空间越大(见表25)。

表26　个人发展空间与职业倦怠的相关性检验

维　　度	显著性水平	相关性系数
情感耗竭	0.000	0.445
人格解体	0.000	0.269
个人成就感低下	0.000	−0.297

从表26看出，显著性系数均<0.05，说明个人发展空间与职业倦怠3个维度均存在极其显著的负相关。个人发展空间越小，职业倦怠程度越高。

对于监狱民警而言，在职业上的个人发展极为有限，大多数民警认为个人发展是要获得职务的晋升。但是由于庞大的民警基数，导致了僧多粥少的局面，大多数民警一生都将处于非领导序列。即使幸运获得提拔，也很难逾越副处职的门槛。以上海市H监狱为例，300多的民警队伍中，仅有7名副处职以上监狱领导，仅2.2%的提拔比例让民警无法望其项背。

(2) 社交圈狭窄。民警对自身社交圈的评价统计结果如表27所示：

表 27　民警对工作环境的评价

选项	很大	较大	一般	较小	很小
频率	3(1.2%)	6(2.4%)	72(28.5%)	95(37.5%)	77(30.4%)

从表 27 看出，超过六成(67.9%)的民警认为自身社交圈很小或者较小。

表 28　社交圈与职业倦怠的相关性检验

维　　度	显著性水平	相关性系数
情感耗竭	0.000	0.323
人格解体	0.000	0.262
个人成就感低下	0.003	－0.189

从表 28 看出，显著性系数均<0.05，说明社交圈与职业倦怠 3 个维度均存在极其显著的正相关。社交圈越小，职业倦怠程度越高。

民警上班后，手机处于隔离状态，无法和外界联络。工作业务也仅限于罪犯和监狱同事，很少与外界社会发生关联，因此日常社交圈十分狭窄。同时，由于职业的缘故，与其他行业的群体很少有共同语言，平时业余活动也仅限于同行和家人。这极大影响了个体的社会阅历和见识增长，导致与社会的脱节。因此，狭小的人际关系网也是导致职业倦怠的原因之一。

(3) 职业荣誉感低。民警对职业荣誉感的评价统计结果如表 29 所示：

表 29　民警对职业荣誉感的评价

选项	很高	较高	一般	较低	很低
频率	13(5.1%)	37(14.6%)	102(40.3%)	61(24.1%)	40(15.8%)

从表 29 看出，超过 1/3(39.9%)的民警认为职业荣誉感很低或者较低。

表 30　职业荣誉感与职业倦怠的相关性检验

维　　度	显著性水平	相关性系数
情感耗竭	0.000	0.442
人格解体	0.000	0.393
个人成就感低下	0.003	－0.358

从表 30 看出，显著性系数均<0.05，说明职业荣誉感与职业倦怠 3 个维度均存在极其显著的负相关。职业荣誉感越强，职业倦怠程度越低。

职业荣誉感是指社会或者组织对个体履行社会义务和道德行为的褒奖和肯定。从职业荣誉感的定义来看，这种荣誉感主要是来自他人的评价。监狱人民警察的主要任务是改造罪犯，然而这个任务的完成程度难以像经济指标一样进行客观判定；同时，罪犯群体离一般社会大众仍有不小的距离，因此很难得到外界的认可。而长期的封闭环境、近乎单板的工作内容，使民警对职业价值和职业使命也缺乏认同感。职业荣誉感的缺乏是造成监狱民警职业倦怠的重要原因之一。

（二）监狱人民警察职业倦怠组织层面的原因分析

（1）工作环境差。87.2%的民警认为工作环境闭塞是产生职业倦怠的原因，同时在原因排序中有 25.7%的民警将其排在第一位。关于工作环境的评价统计结果如表 31 所示：

表 31　对工作环境的评价

选项	很好	较好	一般	较差	很差
频率	6(2.4%)	47(18.6%)	121(47.8%)	30(23.3%)	1(7.9%)

从表 31 看出，超过三成(31.2%)的民警认为工作环境很差或者较差。

表 32　工作环境与职业倦怠的相关性检验

维　　度	显著性水平	相关性系数
情感耗竭	0.000	0.432
人格解体	0.000	0.360
个人成就感低下	0.002	−0.240

从表 32 看出，显著性系数均<0.05，说明工作环境与职业倦怠 3 个维度均存在极其显著的正相关。工作环境越差，职业倦怠程度越高。

高墙、电网、与世隔绝原本就是监狱的典型特征，再加之体制内的准军事化管理，易使民警对工作环境产生排斥感，同时加重职业倦怠程度。

（2）工作责任重。65.2%的民警认为工作责任重大是产生职业倦怠的一个原因，同时在原因排序中有 14.2%的民警将其排在第一位。关于职业风险的评价统计结果如表 33 所示：

表 33　对职业风险的评价

选项	很大	较大	一般	较小	很小
频率	81(32%)	116(45.8%)	49(19.4%)	5(2%)	2(0.8%)

从表 33 看出，大多数(77.8%)民警认为职业风险很大或者较大。

表 34　职业风险与职业倦怠的相关性检验

维　　度	显著性水平	相关性系数
情感耗竭	0.019	−0.148
人格解体	0.018	−0.149
个人成就感低下	0.366	0.057

从表 34 看出，情感耗竭和人格解体维度的显著性系数均＜0.05，说明工作评价公平程度与职业倦怠这两个维度均存在极其显著的正相关。工作风险越高，职业倦怠程度越高。

监狱民警不仅要面对执法风险，如罪犯人身攻击、越狱、暴动等，还要直面廉政风险，如罪犯家属请吃、行贿等。面对未知风险，将极大挑战民警精神的耐受力，继而导致职业倦怠的产生。

(3) 工作对象特殊。54%的民警认为工作对象特殊是导致职业倦怠的原因，同时在原因排序中有 14.2%的民警将其排在第一位。

虽然大多数(88.1%)民警认为自己不会受到罪犯消极思想的影响，但是长期面对罪犯这一特殊的社会底层群体，势必会对民警造成巨大的精神压力，从而产生职业倦怠。

(4) 工作评价不公平。40%的民警认为工作评价不公平是导致职业倦怠的原因，同时在原因排序中有 8.7%的民警将其排在第一位。问卷中关于民警对工作评价主观感受的统计结果如表 35 所示：

表 35　对工作评价公平程度的主观感受

选项	非常公平	较公平	一般	较不公平	非常不公平
频率	5(2%)	28(11.1%)	120(47.4%)	73(28.9%)	27(10.7%)

从表 35 看出，仅有 12.3%的民警认为工作评价较为公平或者非常公平。

表 36　评价公平度与职业倦怠的相关性检验

维　　度	显著性水平	相关性系数
情感耗竭	0.000	0.389
人格解体	0.000	0.299
个人成就感低下	0.002	−0.175

从表 36 看出，显著性系数均<0.05，说明工作评价公平程度与职业倦怠 3 个维度均存在极其显著的负相关。工作评价不公平感越强，职业倦怠程度越高。

表 37　和回报的公平感统计结果

选项	付出多回报少	付出和回报对等	付出少回报多
频率	144(56.9%)	101(39.9%)	8(3.2%)

从表 37 看出，超过半数(56.9%)的民警认为自己的付出大于回报。这说明，现行监狱评价体制存在不公平现象。从个别访谈中，有民警认为，监狱里工作任务与工资不直接挂钩，干多干少，工资基本上是不受影响的；还有的民警认为，完成自己的工作就可以了，千万不要去管别人的事，管了只有坏处。监狱工作评价的不公平主要体现在考核激励制度的不完善和"大锅饭"式的薪酬体系。这严重影响了民警的工作积极性，从而产生职业倦怠。

(三) 监狱人民警察职业倦怠社会层面的原因分析

(1) 社会地位低。民警对社会地位的评价统计结果如表 38 所示：

表 38　对社会地位的评价

选项	很高	较高	一般	较低	很低
频率	1(0.4%)	9(2.4%)	109(43.1%)	87(34.4%)	47(18.6%)

从表 38 看出，超过半数(53%)的民警认为社会地位很低或者较低。

表 39　地位与职业倦怠的相关性检验

维　　度	显著性水平	相关性系数
情感耗竭	0.000	0.427
人格解体	0.000	0.354
个人成就感低下	0.003	−0.249

从表 39 看出，显著性系数均<0.05，说明社会地位与职业倦怠 3 个维度均存在极其显著的负相关。社会地位越低，职业倦怠程度越高。

监狱民警的身份决定了民警个人财富与社会大众相比没有特别明显的优势，在声望方面也往往被社会误解，在权力方面也仅限于监狱内部，无法在社会中造成太大的影响。因此，监狱民警的社会地位处于中下等水平，从而产生职业倦怠。

（2）社会信任感低。民警对社会对于监狱的信任感的评价统计结果如表 40 所示：

表 40　对社会信任感的评价

选项	很高	较高	一般	较低	很低
频率	1(0.4%)	15(5.9%)	78(30.8%)	105(41.5%)	54(21.3%)

从表 40 看出，大部分(62.8%)的民警认为社会对于监狱的信任感很低或者较低。

表 41　信任感与职业倦怠的相关性检验

维　度	显著性水平	相关性系数
情感耗竭	0.000	0.377
人格解体	0.000	0.288
个人成就感低下	0.003	−0.238

从表 41 看出，显著性系数均<0.05，说明社会地位与职业倦怠 3 个维度均存在极其显著的负相关。社会信任感越高，职业倦怠程度越低。

由于网络上流传的监狱新闻往往以负面为主，如黑龙江讷河事件、沈阳二监非正常死亡事件等，导致社会公众对监狱的认识大多停留在灰暗、腐败的层面。而除此之外，社会大众也无法深入了解监狱的实际情况，因此，关于监狱的社会舆论往往处于民警的对立面。由此，社会对于监狱的不信任感是加重民警职业倦怠感的原因。

七、消减监狱人民警察职业倦怠的对策分析

（一）加强绩效管理考核体系建设

（1）进一步梳理岗位职责工作目标。在规范岗位职责的基础上，紧紧围绕

监狱中心工作，把监狱人民警察的工作目标与提升罪犯教育改造质量紧密结合起来。通过签订履职承诺书，使民警明确工作内容、工作目标和工作要求。

(2) 进一步科学量化绩效考核指标。将民警的工作任务细化成量化指标，制定详细的奖扣分标准，同时根据民警所承担的工作内容和难度确定基础分值和分级标准。考核应采用定性与定量相结合的评估方法，客观评价民警工作绩效。定期以分值形式公示结果。

(3) 进一步拓展绩效考核结果运用。由于当前监狱经费实行国家财政全额保障的政策，因此，考核结果兑现在物质方面是十分有限的。目前，国内大多数监狱仍停留在考核结果与年终评先评优挂钩的局面，奖罚效果不明显。除此之外，绩效考核结果还应用于职务变动和岗位调整，作为职务晋升的硬性指标，同时还作为获得培训、学习深造机会的重要依据。

(二) 拓宽监狱人民警察职业生涯发展通道

(1) 完善人力资源信息库。构建全面动态的人力资源信息库，是做好监狱人民警察职业生涯发展规划的重要基础。该系统应包括人员的基本信息、专业特长信息、工作实绩等固定资料，同时还应根据个体的能力进步和发展变化，实时进行调整，确保信息的可考性和准确性。2010 年，上海监狱系统利用行政管理前沿技术，建立了监狱人民警察人力资源管理系统，并在全局使用，几乎涵盖了民警个体有关的全部信息。由于数据库较为庞大，该系统维护难度较高，因此导致错漏信息较多；同时，现在基层监狱主要是使用该系统的查询功能，对于其提供人力资源管理分析、对策的功能则使用较少。因此，在监狱内应设立专人专岗，主要负责人力资源管理系统的运行和监狱人事档案的维护；同时，应基于人力资源信息，每月形成人事动态分析报告，进行工作岗位分析、人岗匹配度监测等工作；每年发布人事年报，根据年度数据，分析民警现状、需求和困难，同时提出相应对策，为监狱管理层的正确决策提供科学依据。

(2) 建立个别化发展计划。目前，国内监狱的分类培养计划往往存在“简单分类”“一锅端”、形式主义的现象，使一些民警产生职业发展困惑感，从而出现职业倦怠。正确的做法是要根据民警的核心能力素质进行科学分类，帮助每类民警确定职业发展方向，设计一条个性化的职业发展道路，并根据职业目标，制定有针对性的培养使用计划。同时，对监狱岗位按照职责不同进行分类，制定岗位说明书和典型岗位的职业生涯路径图。在此基础上，帮助民警选择一个适合自己发展的工作岗位，使民警有明确的奋斗方向和目标，成为岗位专业人才。例如，上海监狱系统自 2013 年开始试行矫治师专业发展序列，在拓展监狱人民警察职业发展途径上起到了明显作用。

(3) 完善常态化交流机制。“实践出真知”。按照职业生涯发展理论，一般人都需要经历过 2—3 份不同的工作才能够了解最适合自己的职业。但是，监狱人民警察职业属于国家公务员序列，对于民警个体而言，职业变动的可能性较小。因此，在监狱内寻找一个合适的岗位则显得尤为重要。常态化的岗位交流机制为岗位实践提供了可能，民警通过不同岗位的锻炼，能够配合职业生涯发展规划，尽快找到适合自己发展的方向，同时能够最大限度地挖掘人力资源系统的开发利用价值，充分激发民警的主观能动性和工作热情。

（三）进一步落实“从优待警”政策

(1) 推行个人健康管理。个人健康管理是指对危及健康影响因素的全面管理过程，通过收集信息、评估、计划、干预等方法，改善健康状况。对于个体而言，一是要定期进行健康体检，日常不定期关注血压、心跳等易测量的指标，全面掌握自身健康状况信息。二是寻求专业医生或者保健师，对自己的身体状况进行科学评估，了解哪些因素会危及健康，增强预防保健意识。三是要制定个人健康计划。在前两项的基础上，制定改善健康状况的目标和方法，并对自己的饮食和运动进行合理规划。对于监狱而言，一是要大力宣传健康知识，增强民警的健康意识，如开展健康讲座、分发健康手册等。二是要加强社会资源的利用，与社会医院合作开辟民警就医绿色通道，解决就医难的问题。三是设立民警健康互助基金，帮助身患大病、重病的民警渡过难关。

(2) 推行民警 EAP 计划。EAP(Employy Assistance Programs)全称员工援助计划，其起源于美国，被证实可有效帮助企业员工改善生活品质。推行监狱人民警察 EAP 计划，将能够为民警提供最有效、最直接、最专业的心理援助，帮助民警解决心理问题，从而消减职业倦怠。一是成立监狱人民警察心理健康指导中心。该中心可依附于监狱工会组织，主要负责民警 EAP 计划的实施。二是组建专业的 EAP 咨询师队伍。EAP 咨询相比纯粹的心理咨询更为复杂，除外聘社会心理咨询师外，还应加强对本系统心理咨询师骨干的培训，考核合格后充实到专业 EAP 咨询师队伍中。三是构建 EAP 项目子系统，主要包括：心理健康评估、心理健康培训、心理健康监测、心理健康反馈等。采用专业的方法评估民警心理健康状况，建立干预体系，减轻民警心理压力，增强民警对组织的认同感和归属感，激发工作积极性。

（3）积极关注社会支持系统。一是要提升监狱的社会知晓度和美誉度。一方面要深化狱务公开工作，使公众能够更加直观地了解监狱，如举办开放日、开设狱务公开热点等；另一方面要注重借助电视、网络、报纸、杂志、微博、微信等各类媒体平台，对监狱工作进行正面宣传，提高公众对监狱工作的认可度。二是要积极关注民警的家庭关系。结婚后，民警的家庭关系日趋复杂，孩子教育、婆媳矛盾、生活负担等都给民警造成了巨大的心理压力，处理不妥便容易造成家庭关系的紧张，继而对工作产生不良影响。监狱应当关心民警家庭生活，经常开展民警家访工作，对家庭有困难的民警要及时给予帮助。同时，还可以组织开展民警家属实地参观监狱工作场所的活动，使家人能够更加直观、深入地了解民警的工作性质，从而在家庭生活中给予民警最大的支持。

女监民警情绪调节自我效能感与职业倦怠的相关研究

上海市女子监狱　柴晓东　孟　瑛

一、基本概念

（一）情绪调节自我效能感

从1999年开始，意大利心理学家Caprara就对情绪调节自我效能感进行了研究。他发现个体在管理日常生活情绪体验方面具有很大差异，而导致这种差异的原因不仅在于个体管理技巧上的差异，还在于不同个体对调节自身情绪的能力感上有很大差异。①班杜拉在对情绪调节自我效能感进行界定时与Caprara的观点保持一致，也强调个体管理情绪状态的能力感，认为情绪调节自我效能感是指个体对能否有效调节自身情绪状态的一种自信程度。②

综上，情绪调节自我效能感是个体对自我情绪调节能力的自信程度，是个体对自身能否有效调节情绪状态所具有的信念、判断与自我感受。西方学者在研究过程中经常将Perceived self-efficacy for affect regulation，Affective self regulatory efficacy，Self-Efficacy in managing negative/positive Affect等混合使用，用来指代情绪调节自我效能感。遵循情绪的传统分类法，早期的情绪调节效能一般分为两类：管理消极情绪的自我效能（perceived self-efficacy in managing negative affect，NEG）；表达积极情绪的自我效能（perceived self-efficacy in expressing positive affect，POS）。前者指当个体应对逆境或令人沮丧事件时不会被生气、愤怒、失望、气馁等负面情绪击倒，即个体在改善负面情绪状态时所具有的效能信念；后者指个体在面对成功或其他愉快性事件时，积极体验或允许自己表达快乐、兴奋、自豪等积极情绪的效能信念。Caprara等人（2008）又在此基础上将管理消极

①② 汤冬玲等：《情绪调节自我效能感："一个新的研究主题"》，《心理科学进展》2010年第4期。

情绪的自我效能信念细分成两个维度，即管理生气/愤怒情绪的自我效能感(perceived self-efficacy in managing anger/irritation，ANG)和管理沮丧/痛苦情绪的自我效能感(perceived self-efficacy in managing despondency/distress，DES)。情绪调节自我效能感的主要类型如图1所示：

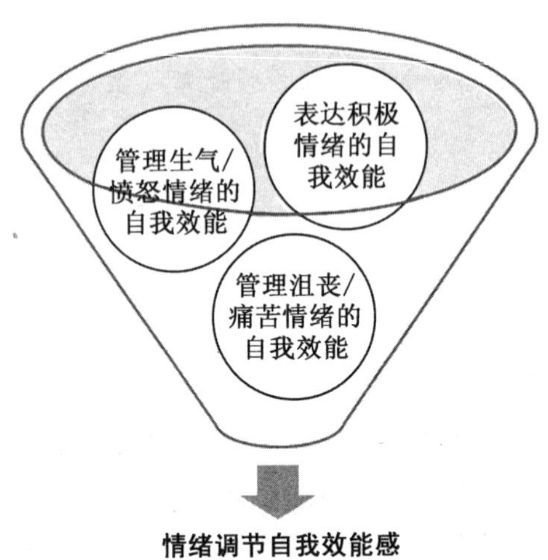

图1　情绪调节自我效能感结构图

(二)职业倦怠

职业倦怠，又称工作倦怠、工作耗竭，是20世纪70年代由美国临床心理学家Freuden berger在《职业心理学》杂志上首次提出心理学概念，常用于描述个体在工作中体验到的身心疲劳、对工作热情消退及对工作成就感降低的一组负性症状。在40多年的研究进程中，职业倦怠已经成为组织心理学和职业健康学的重要研究领域，研究者对职业倦怠的定义也层出不穷。总体来看，学界对职业倦怠主要从静态与动态两方面来定义。

静态定义以倦怠导致的结果为视角，在基于倦怠与工作相关、倦怠个体无精神病性症状的背景条件下，强调职业倦怠导致个体的身心疲劳症状、个体工作效率下降及工作态度改变等特点。如Pines和Aronson(1988)认为职业倦怠是“对感情要求的情境长期卷入而导致的身体、情感和心理的耗竭状态”。①

动态定义从过程的角度解释职业倦怠的发生发展。Chernis(1980)从压力

① 李永鑫:《工作倦怠及其测量》,《心理科学》2003年第3期。

应激的阶段理念出发，将职业倦怠定义为“个体的职业态度和行为以负性的形式发生改变的过程”①，是对工作疲劳的反应，包括应激、疲劳及防御性应对 3 个阶段；Etzion(1987)也认为职业倦怠是个体从毫无警觉到突感耗竭却找不到原因的缓慢发展的过程。

综观以往相关文献，目前研究者对职业倦怠最广泛接受的定义来自 Maslach 与 Jackson(1996)，即：职业倦怠是由情感耗竭(Emotional exhaustion)、去个性化(Depersonalization)及个人成就感降低(Inefficacy)等构成的一种生理上、心理上多维度的综合性症状，它通常发生在以人为服务对象的行业的人身上。②情感耗竭反映职业倦怠的压力维度，也是其核心维度，它是指个体感到自身情绪处于极度疲劳状态；去个性化反映职业倦怠的人际交往维度，是指对工作对象和环境采用消极、冷漠的态度应对，并刻意与工作对象保持距离；个人成就感降低反映职业倦怠自我评价维度，是指个体倾向于消极地评价自己，并且伴有工作能力体验和成就体验的下降。③

二、问题的提出

自 1961 年 Gree《一个倦怠的案例》发表以来，人们便开始关注社会中从事助人行业工作人员的心理倦怠问题。1974 年，美国临床心理学家 Freuden berger 首次提出“职业倦怠”(job burnout)，并最先将其引入到心理健康领域。近 40 多年的研究历程以来，学术界关于“职业倦怠”的研究涉及面广、涉及度深。从研究者们编制各种职业倦怠测量工具，到职业倦怠影响因素的研究，再扩展到各行各业群体的倦怠问题的探讨，职业倦怠已发展成为组织行为学及健康心理学领域的重要研究课题。

综观以往文献，可以发现目前对职业倦怠的研究多从人口学变量进行讨论，被试方面主要有教师、企业员工、医护人员与民警、刑警等，在相关影响因素的研究上主要从社会支持、应对方式及人格特质等方面进行探讨。

女监民警作为一个特殊的群体，她们的工作常常不被大众了解。在大众的印象里，女监民警每天的工作就是看守着监狱的服刑人员，又是国家公职

---

① 李永鑫：《工作倦怠及其测量》，《心理科学》2003 年第 3 期。

② 皮华英：《警察职业倦怠的现状、原因与对策》，《北京人民警察学院学报》2008 年第 4 期。

③ 郭思、钟建安：《职业倦怠的干预研究述评》，《心理科学》2004 年第 4 期。

人员，根本不存在职业倦怠的情况，却忽视了女监民警工作“高负荷、高强度、高风险”的职业特性。有关女监民警的心理学研究表明，女监民警在任职中的头3年里耳闻目睹的丑恶面较常人一生见闻多好几倍。表1是郭建安等针对中部某省5所监狱100名女警察进行调研的问卷题目与回答。从表中可以看出，在受访的100名女监民警中，67％的民警感到工作压力很大，87％的民警感觉自己的待遇低于其他公务员，超过半数的民警觉得自己的工作没有什么荣誉感，其中甚至有19％的民警感到自己的职业低人一等，然而匹配自己的权利时，95％的民警觉得自身的义务多于权利。[①]可见，虽然表面上女监民警的工作不如刑事警察危险，不如外勤警察工作繁琐与沉重，但是他们承受着更多的、持续的心理压力，加上工作环境封闭，工作内容保密等限制，有研究表明这一切的因素共同作用使得女监民警成为一个最易出现职业倦怠的群体。

表1　中部某省五所监狱100名警察问卷选题与回答

选题	答案一	答案二	答案三	弃权
针对工作上的压力您自己感觉	没什么压力：8％	感到适应：25％	感到压力较大或很大：67％	
您感觉与同地区其他公务员相比自己的待遇	偏低：87％	适中：13％	偏高：0％	
您对自己的职业	有很强的荣誉感或有一定的荣誉感：34％	没有什么荣誉感，只是一份工作：46％	感到低人一等：19％	1％
您认为监狱人民警察的权利与义务相比	权利与义务相适应或基本相适应：5％	权利过少，义务过多：95％	权利过多，义务过少：0％	

资料来源：郭建安、鲁兰主编：《中国监狱行刑实践研究》（上），北京大学出版社2007年版。

对女监民警的职业倦怠研究发现，女监民警整体职业倦怠水平中等，尤其是情绪耗竭维度的倦怠程度最高。以往研究几乎一致认为，情绪衰竭是职业倦怠的核心成分。情绪衰竭说明个体情感资源受到损耗，这时个体会认为

① 郭建安、鲁兰主编：《中国监狱行刑实践研究》（上），北京大学出版社2007年版。

自身的情感资源无法有效地应付环境压力，久而久之，情绪衰竭会影响到在工作中对工作对象的态度，使得其冷漠对待工作对象，同时个体对工作的积极参与度降低，从而也会影响个体对工作成就感的体验。因而，如何有效地改善女监民警在日常工作中的情绪体验是缓解其情绪衰竭程度的可尝试手段。

研究表明，情绪调节自我效能感作为个体对自身控制情绪能力的一种自我觉知和自信程度，其高情绪调节自我效能感与良好的心理健康状况密切联系，同时对于个体有效调节自身的情绪状态、缓解情绪压力起着直接的促进作用。情绪调节自我效能感的高低直接影响到个体对自身情绪的控制与调节。本研究试图探讨情绪调节自我效能感与职业倦怠之间的关系，并做出假设：女监民警的情绪调节自我效能感与职业倦怠呈负相关，即情绪调节自我效能感越高，职业倦怠程度越低；反之，情绪调节自我效能越低，职业倦怠程度越高。同样，职业倦怠感程度越高，情绪调节自我效能越低；职业倦怠感程度越低，情绪调节自我效能越高。可以说，这两者的负相关作用机制是互为因果的。

三、研究意义

本研究具有重大的理论意义与现实意义。

理论上看，情绪调节自我效能感是情绪研究一个重要的研究部分，目前国内鲜有以女监民警为研究对象进行的相关研究探讨，对情绪调节自我效能感与职业倦怠两者之间作用机制的研究少见。本研究在一定程度上可以作为社会的职业倦怠研究的补充，同时本研究女监民警情绪调节自我效能感与职业倦怠的交叉领域的研究填补空白。

实践方面来看，随着我国国情的发展，社会对维稳的要求越来越高，监狱在维护社会政治稳定，防止惯犯、累犯再犯罪，共同构建和谐社会中的责任越来越大，他们的心理健康问题备受关注。本研究从女监民警的工作实际出发，在对女监民警情绪调节自我效能感与职业倦怠的整体水平描述的基础上，探讨两者之间的作用机制，并针对研究结果提出改善女监民警职业倦怠状态、提升女监民警工作效能与效率的意见与建议，对女监民警的工作安排及工作执行有着一定的实践意义。

四、研究设计

（一）研究方法

在实证研究方面，主要通过问卷调查形式对上海市女子监狱的一线民警进行调查，使用 SPSS18.0 对所得数据进行分析：本研究采用的研究方法主要包括以下几种：

（1）文献法：图书馆阅览室查阅相关文献，并借助数字化图书馆（人大报刊复印资料、CNKI 学术期刊数据库、维普数据库、万方硕博论文全文数据库），以及“Google”和“百度”等网络搜索引擎获得资料，筛选有效和权威信息，从而使本研究具有前人的研究背景和基石。

（2）问卷调查法：向研究对象统一发放情绪调节自我效能感问卷及职业倦怠问卷，回收问卷获得原始数据。

（3）统计方法：对调查所得到的原始数据初步编码之后，主要采用以下数据统计方法对数据进行分析：描述统计分析：对样本群体分布及其在各变量上的整体水平进行初步了解。方差分析：用于检验情绪调节自我效能感、职业倦怠各维度在人口学变量上的显著性差异。相关分析：用于探索情绪调节自我效能感与职业倦怠之间的两两相关。

（二）研究对象

本研究选取某市某监狱共 200 名女监民警作为研究样本，以监狱为单位，统一实测问卷，回收 200 份问卷，得到有效问卷 200 份，有效回收率为 100%。在年龄维度上，样本年龄跨度较大，最小的 22 岁，最大的 56 岁，平均年龄 32.71±8.03 岁。根据埃里克森个人发展阶段理论。将年龄又分为青年期（18—25 岁）42 人、成年早期（26—45 岁）139 人、中年期（46—60 岁）19 人；从事女监民警工作的年限最短的不到 1 年，最久的长达 38 年，平均从警年限为10.04±9.44 年。参考以往文献将工作年限细分为不足 5 年、5—10 年、11—15 年、16—20 年、大于 20 年共 5 组；样本群体整体文化水平较高，大专及以下 22 名，本科 158 名，硕士 20 名；从职级来看，管理层女监民警（副科长以上职级）16 名、普通女监民警 173 名、实习女监民警 11 名；婚姻状况方面，未婚 68 人，已婚 128 人，离异 4 人。样本具体信息一览表见表 2。

表 2　样本分布情况一览表

	类　别	人数(人)	百分比(%)
年龄分组	青年期	42	21.0
	成年早期	139	69.5
	中年期	19	9.5
工作年限分组	<5 年	93	46.5
	6—10 年	30	15.0
	11—15 年	24	12.0
	16—20 年	22	11.0
	>20 年	31	15.5
职　级	管理层警官	11	5.5
	普通民警	173	86.5
	见习警员	16	8.0
文化程度	大专以下	22	11.0
	本科	158	79.0
	硕士	20	10.0
婚姻状况	未婚	68	34.0
	已婚	128	64.0
	离异	4	2.0
总计		200	

(三) 研究工具

(1) 情绪调节自我效能感问卷。采用 Caprara 于 2008 年最新修订的情绪调节自我效能感(Regulatory Emotional Self-Efficacy, RES)中文版问卷。总问卷共有 12 题,包含表达积极情绪效能感(perceived self-efficacy in expressing positive, POS)与调节生气/易怒情绪的自我效能感(perceived self-efficacy 或 managing anger/irritation, ANG)和调节沮丧/痛苦情绪的自我效能感 (perceived self-efficacy in managing despondency/distress, DES)3 个维度,共有 3 个分量表,各包含 4 道题目。总问卷采用李克特 5 级评分,1 代表"很不符合",5 代表"非常符合"。本研究中总问卷的 α 值为 0.858, POS 分量

表的α值为 0.828，ANG 分量表的α值为 0.797，DES 分量表的α值为 0.739。

(2) 职业倦怠量表。采用 MBI-GS (Maslach Burnout Inventory—General Survey) 中文修订版量表。总问卷共有 16 题，包含情绪耗竭(Emotional exhaustion)、去个性化(Depersonalization)及个人成就感降低(Reduced Personal Accomplishment)3 个维度，每个维度各成一个分量表。其中，情绪耗竭包括 5 道题，去个性化包括 5 道题，个人成就感降低包括 6 道题。问卷采用李克特 7 分等级量表，0 代表"从不"，6 代表"非常频繁"，其中情绪耗竭与去个性化为正向计分，分数越高，倦怠感越重；个人成就感降低分量表采用反向计分，分数越高，倦怠感越轻。本研究中，全问卷的α值为 0.851，情绪耗竭分量表的α值为 0.927，去个性化分量表的α值为 0.826，个人成就感降低分量表的α值为0.832，问卷具有良好的结构效度。

(四) 数据统计

所有数据均使用 SPSS18.0 进行统计分析。

五、女监民警情绪调节自我效能感总体状况分析

(一) 女监民警情绪调节自我效能感总体特点分析

表 3　女监民警情绪调节自我效能感总体状况

	人数	最小值	最大值	平均值	标准差
POS	200	2.25	5.00	3.832 5	0.679 52
DES	200	1.00	5.00	3.225 0	0.761 02
ANG	200	1.00	5.00	3.145 0	0.765 69
Valid N(listwise)	200				

从表 3 可以看出，女监民警情绪调节自我效能感各维度上的得分均值均超过了中值 3 分。这表明从整体上而言，女监民警具有较高的情绪调节自我效能感，即女监民警在面对情绪状态时能较好地预见自我情绪状态，从而进行有效的情绪调节，从而做出有效的情绪表达。

（二）女监民警情绪调节自我效能感各维度在人口学变量上的差异检验

1. 在年龄分组变量上的差异检验

对女监民警情绪调节自我效能感各维度得分均分在年龄变量上进行方差分析，发现在表达积极情绪效能、管理沮丧/抑郁情绪效能与管理愤怒效能等维度上均存在显著差异。

表 4　情绪调节自我效能感各维度在年龄变量上的方差分析

		Sum of Squares	df	Mean Square	F	Sig.
POS	Between Groups	11.113	2	5.557	13.552	0.000
	Within Groups	80.776	197	0.410		
	Total	91.889	199			
DES	Between Groups	7.658	2	3.829	7.010	0.001
	Within Groups	107.592	197	0.546		
	Total	115.250	199			
ANG	Between Groups	5.665	2	2.832	5.026	0.007
	Within Groups	111.005	197	0.563		
	Total	116.670	199			

从整体均分的折线趋势图（见图 2），可以看出随着年龄的增长，个体在情绪调节自我效能感的各维度上的均分呈下降趋势。

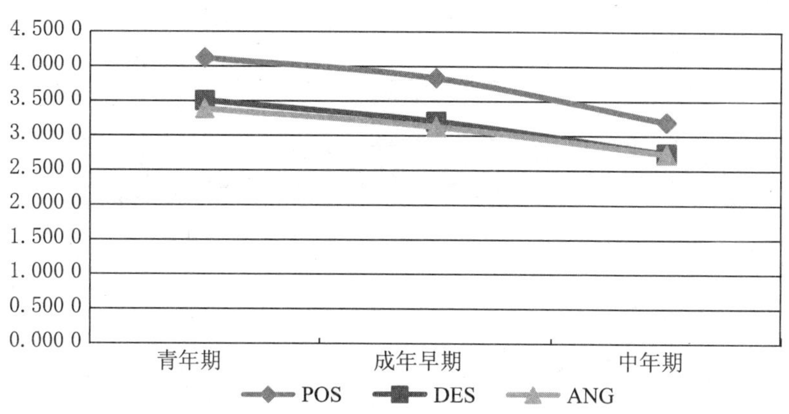

图 2　情绪调节自我效能感各维度均分在年龄变量上的趋势折线图

2. 在工作年限变量上的差异检验

通过对女监民警在情绪调节自我效能感各维度上的均分在工作年限分组上的差异性检验，发现在情绪调节自我效能感的 3 个维度上均存在显著的差异，但是趋势不一(见表 5)。

表 5　情绪调节自我效能感各维度在工作年限变量上的方差分析

		Sum of Squares	df	Mean Square	F	Sig.
POS	Between Groups	10.824	4	2.706	6.510	0.000
	Within Groups	81.064	195	0.416		
	Total	91.889	199			
DES	Between Groups	6.380	4	1.595	2.857	0.025
	Within Groups	108.870	195	0.558		
	Total	115.250	199			
ANG	Between Groups	6.759	4	1.690	2.998	0.020
	Within Groups	109.911	195	0.564		
	Total	116.670	199			

从图 3 可以看到，不同工作年限的民警在情绪调节自我效能感的各个维度上的均分并不相同，表达积极情绪的效能的均分折线随着工作年限的增高呈现缓慢的下降趋势；而在管理沮丧情绪的效能与管理愤怒情绪的效能两个维度上，随着工作年限的增高，女监民警的情绪调节自我效能感呈现先降后升再降的趋势。

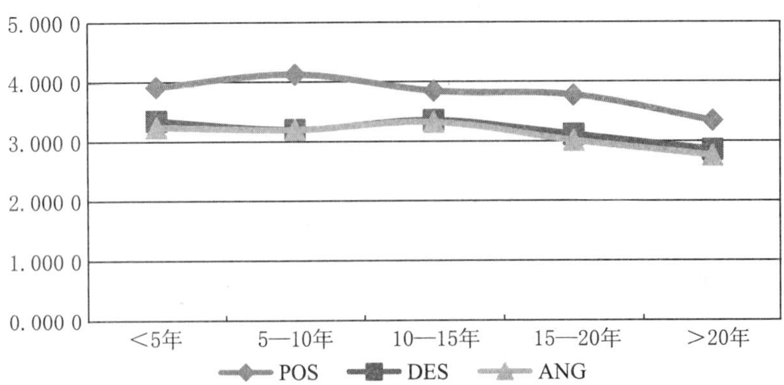

图 3　情绪调节自我效能感各维度均分在工作年限变量上的趋势折线图

3. 在文化程度变量上的差异检验

通过对女监民警在情绪调节自我效能感各维度上的均分在文化程度变量上进行差异性检验，发现在表达积极情绪的效能感维度上存在显著的差异。随着文化程度的升高，个体表现出更高的积极情绪的表达效能。

表 6　情绪调节自我效能感各维度在文化程度变量上的方差分析

		Sum of Squares	df	Mean Square	F	Sig.
POS	Between Groups	3.764	2	1.882	4.207	0.016
	Within Groups	88.125	197	0.447		
	Total	91.889	199			

情绪调节自我效能感在文化程度变量上均分的折线趋势如图 4 所示：

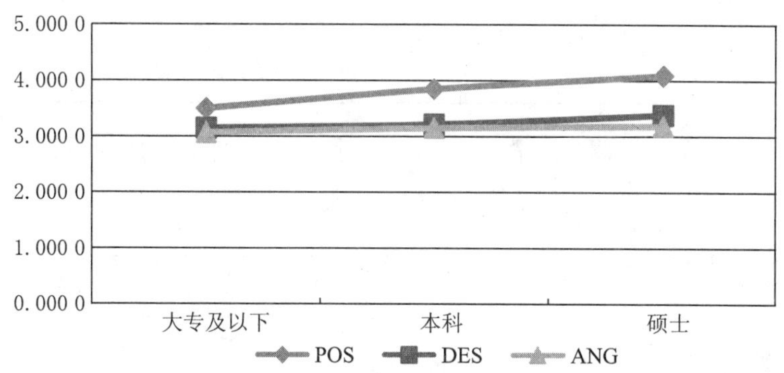

图 4　情绪调节自我效能感各维度均分在文化程度变量上的趋势折线图

4. 在职级分组变量上的差异检验

对女监民警情绪调节自我效能感各维度得分均分在职级变量上进行方差分析，发现在管理愤怒情绪的效能维度上，不同职级的民警存在显著的差异，表现为见习民警得分高于普通民警、高于管理层民警。这表明在女监民警群体中，管理愤怒情绪的效能表现出随着职级的升高而降低的趋势。

表 7　情绪调节自我效能感各维度在职级变量上的方差分析

		Sum of Squares	df	Mean Square	F	Sig.
ANG	Between Groups	4.976	2	2.488	4.388	0.014
	Within Groups	111.694	197	0.567		
	Total	116.670	199			

5. 在婚姻状况变量上的差异检验

对女监民警情绪调节自我效能感各维度得分均分在婚姻与否变量上进行方差分析，发现在管理沮丧、抑郁情绪的效能与管理愤怒情绪效能等两个维度上，未婚民警得分均显著高于已婚民警与离异民警，表明未婚民警在面对消极、愤怒情绪时较之已婚民警与离异民警表现出更高的调控能力。

表 8　情绪调节自我效能感各维度在婚姻与否变量上的方差分析

		Sum of Squares	df	Mean Square	F	Sig.
DES	Between Groups	6.384	2	3.192	5.776	0.004
	Within Groups	108.866	197	0.553		
	Total	115.250	199			
ANG	Between Groups	3.685	2	1.843	3.213	0.042
	Within Groups	112.985	197	0.574		
	Total	116.670	199			

女监民警在情绪调节自我效能感的 3 个维度上的得分均分总体上呈现出未婚者>已婚者>离异者，三者均分折线图见图 5：

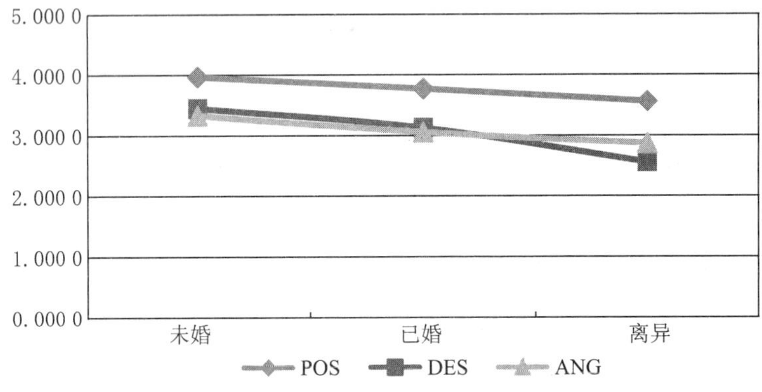

图 5　情绪调节自我效能感各维度均分在婚姻与否变量上的趋势折线图

六、女监民警职业倦怠总体状况分析

（一）女监民警职业倦怠总体特点分析

根据李永鑫(2005)提出的依据得分范围对职业倦怠进行评价的指标，在 7

级评分中，平均数在0—2为轻度倦怠，平均数在2—4为中度倦怠，平均数在4—6为重度倦怠。①从表9可以看出，女监民警在职业倦怠各维度上的得分均处于2—4分。整体来看，女监民警职业倦怠处于中度倦怠水平。由于职业效能维度为反向计分，分数越高则效能越高；从数据来看，女监民警的职业效能较好，但是在倦怠其他维度的均分来看，女监民警在情绪衰竭维度得分最高，为3.453分；从最大值一列来看，可以发现有些个体职业倦怠总分及各维度上都已达到高度倦怠的水平。

表9　女监民警职业倦怠总体状况

维　　度	人数	最小值	最大值	平均值	标准差
情绪衰竭	200	0.000	6.00	3.453	1.325
去个性化	200	0.000	6.00	2.304	1.471
职业效能	200	0.000	6.00	3.699	1.258

从图6可以看出，女监民警中84%的个体感到中度以上的情绪耗竭倦怠，其中更有34%的民警处于重度情绪耗竭的状态中。

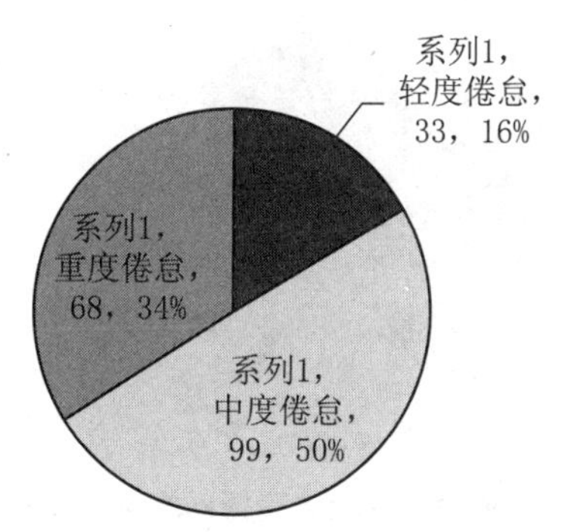

图6　情绪耗竭在女监民警样本中的分布比例

从图7可以看到，在去个性化维度上近50%的民警感到中度以上的倦怠，其中中度倦怠占37%、重度倦怠程度占12%。相较于情绪耗竭而言，说明大多数女监民警在对待在押罪犯时还是表现出一定的情感关怀。

① 段雅萍：《一线警察的职业倦怠与人格特征的相关性研究》，复旦大学硕士论文，2011年。

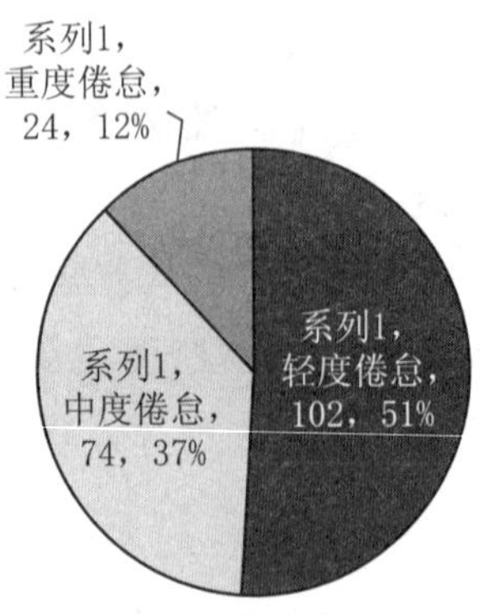

图 7　去个性化在女监民警样本中的分布比例

图 8 是女监民警得分在职业效能维度上的分布。从图可知，大多数民警还是具有较高的职业效能的，其中具有高职业效能的民警占了整个调查样本的 39％、中度职业效能的民警所占比例为 49％，只有少数民警表现出较低的职业效能。这说明大部分民警还是对自己的工作具有较高的认同度，对自己的工作感到较高的价值与意义。

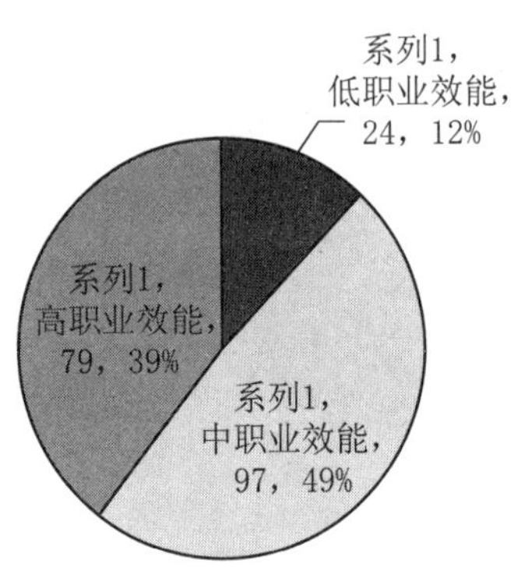

图 8　职业效能在女监民警样本中的分布比例

（二）女监民警职业倦怠各维度在人口学变量上的差异检验

1. 在年龄分组上的差异检验

对女监民警职业倦怠各维度得分均分在年龄变量上进行方差分析，发现在情绪耗竭、去个性化两个维度上，不同年龄分组的女监民警存在显著的倦怠差异。

表 10　职业倦怠各维度在年龄分组变量上的方差分析

		Sum of Squares	df	Mean Square	F	Sig.
情绪耗竭	Between Groups	14.979	2	7.490	4.410	0.013
	Within Groups	334.579	197	1.698		
	Total	349.558	199			
去个性化	Between Groups	23.912	2	11.956	5.796	0.004
	Within Groups	406.404	197	2.063		
	Total	430.317	199			

事后检验发现，在情绪耗竭维度上 2>3>1，即成年早期最倦怠，其次是中年期、青年期；去个性化维度上，成年早期的分仍然最高，且与青年期民警存在显著性差异。在职业效能上差异不显著。各维度上均分曲线如图 9 所示：

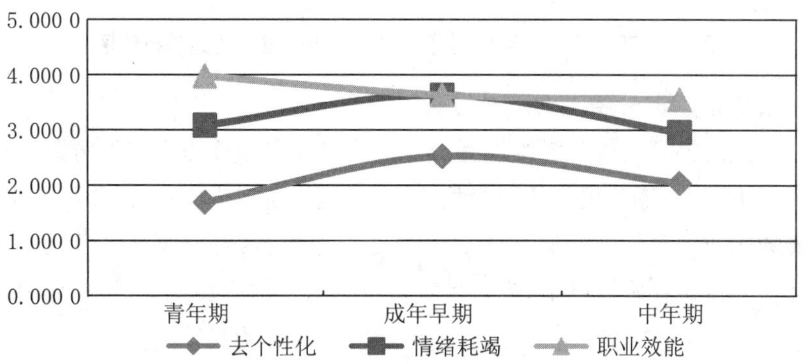

图 9　职业倦怠各维度均分在年龄分组上的趋势折线图

2. 在工作年限上的差异检验

表 11　职业倦怠各维度在工作年限变量上的方差分析

		Sum of Squares	df	Mean Square	F	Sig.
去个性化	Between Groups	21.128	4	5.282	2.517	0.043
	Within Groups	409.189	195	2.098		
	Total	430.317	199			

对女监民警职业倦怠各维度得分均分在工作年限变量上进行方差分析，发现在去个性化维度上，不同工作年限的民警表现出显著的倦怠差异。

事后检验发现 5—10 年工作的民警其去个性化程度最高，其次是 10—15

年工作的民警，这两者与工作低于5年的民警存在显著的差异性，整体上去个性化倦怠程度呈现先升后降的趋势。情绪耗竭维度上虽然也显示出先升后降的趋势，但并不存在工作年限上的显著差异。另外，职业效能均分曲线表明刚工作的民警职业效能要高于其他组民警，整体呈先降后升的趋势。

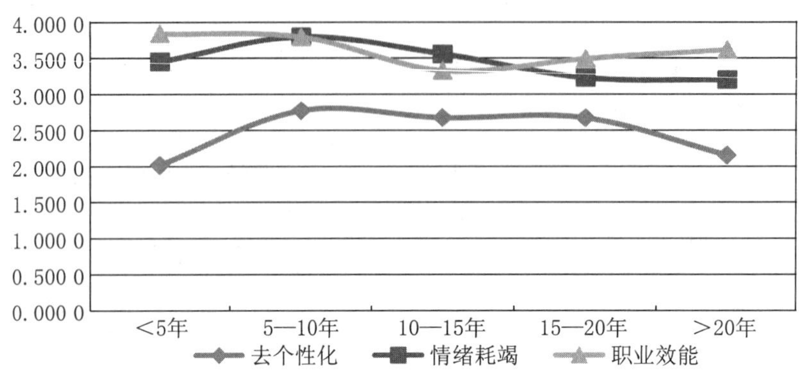

图10 职业倦怠各维度均分在工作年限变量上的趋势折线图

3. 在婚姻状况分组上的差异检验

对女监民警职业倦怠各维度得分均分在婚姻与否变量上进行方差分析，发现在3个维度上，倦怠程度的差异均不显著，也就是说婚姻与否并不会显著影响民警的职业倦怠程度。但是从3个维度均分的折线图(图11)可以看出，在去个性化与情绪耗竭维度上，未婚民警倦怠感低于已婚民警、低于离异民警；在职业效能维度上，未婚民警与已婚民警效能感相当，均高于离异民警。

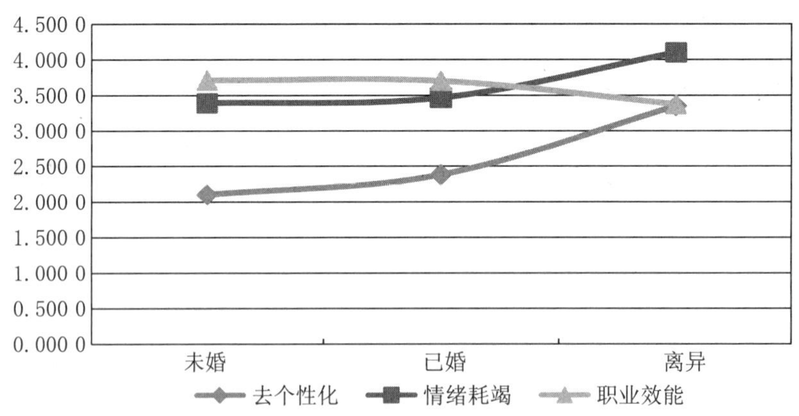

图11 职业倦怠各维度均分在婚姻与否变量上的趋势折线图

本研究还对女监民警职业倦怠各维度均分在文化程度、职级分组等变量上进行了差异性检验，均未发现显著差异。

七、女监民警情绪调节自我效能感与职业倦怠之间的相关分析

通过对女监民警在情绪调节自我效能感与职业倦怠各维度均分进行相关分析，结果如表 12 所示。从中可以看出，除了表达积极情绪效能与情绪耗竭、管理愤怒情绪效能与职业效能两组数据相关不显著外，情绪调节自我效能感各维度得分与职业倦怠各维度得分存在显著相关。其中，情绪耗竭得分与管理沮丧情绪、管理愤怒情绪两类效能得分在 0.000 水平上显著负相关，表明个体这两类情绪调节自我效能感越高，情绪耗竭感越低；去个性化得分与管理沮丧情绪、管理愤怒情绪两类效能得分在 0.000 水平上显著负相关，与表达积极情绪效能得分在 0.05 水平上显著负相关。这表明个体这三类情绪调节自我效能感越高，去个性化程度越低；职业效能得分与表达积极情绪效能、管理沮丧情绪效能得分在 0.000 水平上显著正相关，表明个体这两类情绪调节自我效能感越高，职业效能感越高。

表 12　情绪调节自我效能感与职业倦怠的相关矩阵

		POS	DES	ANG
情绪耗竭	Pearson Correlation	0.020	−0.271**	−0.318**
	Sig. (2-tailed)	0.779	0.000	0.000
	N	200	200	200
去个性化	Pearson Correlation	−0.159*	−0.377**	−0.379**
	Sig. (2-tailed)	0.025	0.000	0.000
	N	200	200	200
职业效能	Pearson Correlation	0.267**	0.221**	0.128
	Sig. (2-tailed)	0.000	0.002	0.071
	N	200	200	200

八、讨论

（一）女监民警情绪调节自我效能感基本情况分析

本调查研究显示本次样本中的女监民警在情绪调节自我效能感的整体水

平较高，各维度得分均值均超过中值3分。这表明女监民警在对自我的情绪表达与管理上表现出较高的自信心和控制感。这可能是因为传统的性别角色观念在女性情绪表达中所起的作用。在传统的中国文化中，女性对于情绪的表达具有较宽松的规范，社会能够接受女性随意表现出自身的喜怒哀乐，在长期的生活经验中，女性获得了较多情绪表达的技巧或能力，因而表现出对自身情绪表达后果的掌控感较高。

1. 年龄因素

本研究根据埃里克森个人发展阶段理论将研究被试群体划分为3个年龄段，分别为青年期、成年早期和中年期。对不同年龄段的女监民警在情绪调节自我效能感得分上的差异性检验发现，不同年龄段的个体在情绪调节自我效能感得分的总分及各维度上均表现出显著差异。整体趋势为青年期的民警在各项情绪调节效能上均高于成年早期和中年期民警。这可能是由于个体年龄阶段的情感特点决定的。青年期的个体（18—25岁）由于年轻，没有太多负担，尤其是现代社会独生子女多，青年期的个体虽然已经参加工作，但是在家中仍然备受家长的关怀，这使得她们在情绪表达的整体水平上表现为“爱憎分明、敢爱敢恨”的特征。她们的情绪有着外露的特点，因而在情绪表达方面没有太多顾忌，而且也更能接受自身情绪表达带来的负性后果，因而表现出更高的情绪调节效能感；成年早期（26—45岁）的个体大多数开始有了自己的家庭，在工作和家庭中难免会有摩擦，在表达自身情绪时会考虑更多的细节，导致其情绪表达受到约束过多，不能很好地预见情绪表达带给自己工作与生活的影响，因而表现出稍低的情绪调节效能感；中年期（46—60岁）的个体情绪体验深刻，但并不外露，一方面他们不愿表达自己内心的情感，另一方面他们也怕融入不了年轻人的世界，对自身情绪表达的后效不能很好地掌控，因而表现为较低的情绪调节自我效能感。

2. 工作年限因素

在对不同工作年限段的民警情绪调节自我效能感得分的差异性检验中可以发现各工作年限段民警得分均值随着工作年限的增长而逐渐下降，并且在各维度得分上均存在显著差异，情绪调节自我效能感整体水平以16年工作年限为分界点，工作年限低于16年的民警与工作年限高于16年的民警在各维度上的得分均表现出一定程度的显著差异。这表明工作年限低于16年的民警在自身情绪表达与调节的效能感要高于工作年限高于16年的民警。这可能是因为一方面，随着工作年限的增长，个体的年龄也在增加，诚如前文的年龄段讨论，民警在情绪调节自我效能感方面表现出一定的年龄阶段特点；另一方面，由于职业的缘故，刚刚进入监狱工作的年轻民警由于对任何事情都充满了好奇，女监民警的职业概念并不是很清晰，因而在情绪表达方面更倾向于随意、自由，对管理自身情绪表现出较高的自信与效能；随着工作年限的增长，女监民警的严肃执法者形象在民警的脑海中已经逐渐清晰，对于自身情绪表达有了更多的抑制；当个体在同一岗位上工作超过近 20 年，职业形象已经根深蒂固了，女监民警的执法者形象已经稳定，加上监狱体制的限制，她们在工作中变得极少表达自身真实的情感体验。另外，监狱工作的特性也降低了女监民警对自身情感的敏感度，造成女监民警对管理自身情绪的效能感越来越弱。

3. 婚姻因素

本研究还发现婚姻状况对女监民警情绪调节自我效能感的影响也是极其显著的。不同婚姻状态的民警在情绪调节效能的沮丧情绪与愤怒情绪等维度得分上均存在显著的差异。整体表现为未婚民警情绪调节自我效能感高于已婚与离异民警。这可能是因为，首先，未婚民警较已婚民警有更多的调节时间。已婚民警除了繁重的工作以外还有自身的家庭需要照顾，在放松自我方面的影响因素很多。而未婚民警除了规律的工作之外，有很多时间可以自行调配，更有利于其在工作与休息之间的平衡，从而对情绪情感的调控也更好；其次，未婚民警较离异民警而言对感情表现出更多积极性。由于未婚民警年龄均较轻，她们也更乐于与异性接触，追求美好的爱情，而离异民警由于在感情的路途上经历了一次波折，加上社会对离异的不支持，她们在闲暇的时间里虽然没有家庭杂事的打扰，但由于缺少良好的家庭支持，她们对情感的体验更敏感，却又缺乏合理的疏泄途径，因而更容易将自身情感压抑，导致其对正常的情感表达产生质疑，从而使得其表现出低的情绪调节自我效能感。

4. 文化教育因素

对不同教育程度的民警在情绪调节自我效能感的得分上进行差异性检验，发现不同教育程度的民警在表达积极情绪效能上存在显著差异。这可能是一方面因为随着教育程度的升高，个体对人、事、物的认识更加理性和客观，因而更能发现事物的积极点，从而更多地体验到积极情绪，在对积极情绪表达的后效上掌控感更高；另一方面在我国司法体系内，教育程度与个体的职业发展是息息相关的，教育程度更高的女警对未来的职业发展期望更高，因而更积极向上，也更容易体验到积极情绪，表达积极情绪。同时在被调查的女监民警群体中，教育程度较高的个体通常较为年轻，所以也受到年龄等各类因素的交叉影响，表现出更好的积极情感表达与控制的效能，这也与前文讨论的年龄因素影响是相吻合的。

5. 职级因素

本研究还对不同职级的民警在情绪调节自我效能感得分上进行了差异性检验，发现在管理愤怒的情绪效能上也存在显著的差异性，职级越高的民警表现出更低的管理愤怒情绪的自我效能，即见习民警得分高于普通民警、高于管理层民警。这可能是因为一方面随着职级的升高，职位对个体的情绪表达有束缚，职位越高，工作压力越大，民警在工作环境中的情绪表达对工作的影响越大，所以导致职级越高的民警在工作中对自己的消极情绪更加压抑，也不敢随意表达应有的愤怒情绪，久而久之，则削弱了其对自身愤怒情绪的良好控制能力；另一方面由于见习民警年龄较普通民警、管理层民警更轻，从而会更加注意改善自己的情绪表达，特别是现在 90 后民警，习惯追求自我、自由的生活工作状态，她们也更愿意面对自己消极情绪表达造成的后果，因而对自身情绪表达的后效有着更准确的预期和承担，这也在一定程度上造成见习民警较普通民警与管理层民警有更好的愤怒情绪调节自我效能；再一方面，职级越高的民警，大多已经踏入婚姻家庭的殿堂，自身情绪的来源较见习民警更加复杂、多样，这也容易造成她们在面对愤怒情绪时的疲惫心理，有时甚至不愿意去面对事情造成的消极、愤怒情绪，逐渐失去对愤怒情绪表达的自我掌控。

（二）女监民警职业倦怠总体状况分析

1. 女监民警职业倦怠的一般特点

从总体上来看，女监民警整体上处于中度职业倦怠水平，在各维度上存在差异，各有特点。首先，在情绪衰竭维度上，女监民警得分最高，表明女监民警在工作中情绪方面的倦怠体验最重；其次，是职业效能维度，由于职业效能维度为反向计分，即分数越高，效能越高，在本研究中女监民警职业效能维度得分高于 3 分中值，说明整体上女监民警具有较好的职业效能感，即女监民警在工作中对自我能力体验和成就体验的评价较好。再次，发现女监民警存在中度的去个性化现象，这与以往国内外的研究结果均是一致的。

(1) 情绪衰竭维度分析。结合女监民警工作实际及以往相关文献研究发现，导致女监民警具有中度情绪衰竭的原因可能有以下几方面：

第一，监管改造工作的复杂性。从在押罪犯的构成来看，随着社会进步、科技快速发展，犯罪方式也在不断变化，监狱押犯的结构日益复杂化，改造难度不断加大。工作中的女监民警需要扮演执法者、管理者、教育者、心理辅导者及陪伴者的多重角色，一方面要竭尽全力保障监管安全的稳定，提防随时可能发生的狱情；另一方面需要放下管理者的身份倾听押犯的倾诉，同时还要时时注意自身的安全防范，这要求她们不仅要有比较高的政治文化素养，还需具备较好的身体素质和宽广的知识面，必须不断地充实自己才能更好地应对工作中的突发事件。

第二，监狱环境特点。从监狱工作环境来看，监狱给人的印象就是冰冷的、负面的、阴暗的，监狱里诸如高墙、铁门、电网等各种监管设施不仅是对罪犯的告诫和威慑，同时也告诉女监民警监狱工作环境的封闭性，这使得女监民警极易产生孤独和厌烦心理。同时，在这种环境下，女监民警长期处于一种高度紧张、焦虑的心理状态而不能得到有效缓解。正如一句调侃的话所说"囚犯坐牢是有期徒刑，女监民警确是无期徒刑"，这无疑给女监民警极大的心理压力。

第三，社会认知。从女监民警的职业特性来看，与其他警种相比，女监民警不属于面向社会服务的"窗口"行业，权限仅限于"高墙"之内，工作的责任与义务大于权利让很多民警产生情绪上的压抑；另外，女监民警给人的印象也不如其他警种那么阳光亲切，由于对外宣传不够，人们对女监民警的社会认知较低，认为他们就是简单的看守狱卒，外加上文艺作品的负面描写，很多人甚至认为女监民警是较野蛮的，往往与"体罚""冷漠"等负性词语联系起来，这些均加剧了他们的自卑程度。在郭建安①等的调查中有19%的监狱基层民警认为自己的职业是低人一等的。自己的工作不能得到认可，情感上也未能得到满足，这些会给女监民警带来极大的情绪上的倦怠感。

(2) 去个性化维度分析。去个性化是指对工作对象和环境采用消极、冷漠的态度应对，并刻意与工作对象保持距离。本研究表明女监民警表现中度的去个性化现象。这首先是由工作特性决定的。监狱工作给人的感觉一开始很有吸引力，新进的民警对自己的工作有一个美好的规划，对任何事情都充满着热情，但是长期的工作压力及封闭、单一的工作环境与内容消耗着个体对工作的

---

① 郭建安、鲁兰主编：《中国监狱行刑实践研究(上)》，北京大学出版社2007年版。

热情，不知不觉中，他们对待工作开始产生厌烦、漠不关心。本研究发现，警察群体的冷漠是一个先升后降的过程，个体最终会慢慢调整自己以更好地适应工作与生活。其次，这种去个性化的衰竭也可能由女监民警在工作中的多重角色的矛盾引起，一方面女监民警需要保障监狱的稳定，严格执法并管理好监狱中的罪犯；另一方面在工作中的接触也让女监民警对一些罪犯有了情感上的联结，对罪犯有了某些认同，这使得他们在内心很矛盾，因而为了尽量避免这种情感上的苦恼，女监民警就必须表现出严肃执法者的形象，与罪犯保持情感距离。

（3）职业效能维度分析。除了中度的情绪衰竭和去个性化倦怠以外，在对职业效能的测量中，研究发现女监民警的工作成就感处于居中偏上的水平，整体良好。他们对自己的工作效率很有信心，也对自己工作的价值感到满意。首先，从女监民警角度来看，在招收女监民警时已经经过相当严格的个人基本素质和专业素质的筛选，进入女监民警行列的个体本身对工作价值的认同度较高，将服刑人员的进步和成功改造看作自己工作的使命，因而在日常工作中，充满了积极主动性，在个人的内心中充满了价值感。其次，这与女监民警的日常工作也是息息相关的，女监民警每次处理狱情或其他突发的、紧急的事件都需要敏锐的判断力和果断的决策力，长期的工作锻炼使得他们具备卓越的业务能力与技巧，对自己的工作效率持积极肯定的态度。他们具有居中偏上的职业效能水平，这对于更好地缓解自身工作中的倦怠状态是非常有利的。

（三）女监民警职业倦怠与人口学变量的关系分析

本研究针对女监民警职业倦怠水平在人口学变量上的分布水平也进行分析。

1. 年龄因素

研究发现，女监民警职业倦怠在年龄段上存在显著差异，成年早期个体情绪衰竭与去个性化的倦怠程度显著高于青年期和中年期，而中年期个体较其余两个年龄段有稍低的职业效能感。总体上看，女监民警职业倦怠整体水平呈先升后降的趋势，成年早期个体的职业倦怠水平最高，这与国内研究结果并不完全一致。这可能是因为青年期的个体刚参加工作，对任何事情的积极性和热情都很高；另外由于年轻，他们的体力、精力都比较旺盛，从个体自身资源来看，能够应付工作中的各种压力，虽然他们刚处于职业生涯的探索期，但是每学到一项技能、完成一项任务都让他们感到进步、感到很满足，所以他们的职业效能感较好。随着年纪的增长，个体过渡到成年早期，这一时期个体的体力、精力都在衰退，高压力的工作环境也让他们的工作热情与积极性锐减。同时，这一时期的个体往往处在组建自己小家庭的阶段，需要面对更多家庭与工作的重担，各种压力使得他们出现了生理与心理疲劳，由此感到明显的情绪衰竭感，这也使得他们在与人交往的过程中变得冷淡下来。到了 50 岁左右，女监民警的体力、精力在不断衰退，单一却又繁重的工作内容让曾经对工作抱有幻想的他们变得平淡甚至失望，更容易感到厌烦，因而这一时期女监民警的职业效能感较其余两个年龄段的女监民警更低。尽管如此，监狱的管理机制上会对年龄较大的民警工作安排上予以更多考虑，给他们更轻松、更简单些的工作，这让民警们身心的疲劳感得到有效缓解。同时，这时期的女监民警处于家庭美满、事业有成的阶段，外界压力源相对较少，对积极情绪的体验更多，也更善于在回忆中体验美好情感，因而整体倦怠水平并不是很高。

2. 工作年限因素

在对工作年限的讨论中，研究发现不同工作年限的女监民警仅在去个性化维度上表现出显著差异，工作年限低于 10 年的女监民警倦怠程度稍低于工作年限高于 16 年的民警倦怠度，工作年限在 10—16 年的民警倦怠度最高，整体上呈先升后降的趋势。这与个体年龄阶段的特点是息息相关的。一般而言工作年限越长的个体年龄越大，在工作年限 10 年内，个体生活中的压力源的数量呈上升趋势，工作与生活之间的平衡以及个体随着年龄增长而出现的各类自身因素的影响都让女监民警们感到更重的倦怠感。超过 15 年工作年限的民警虽然常常处于各种外部因素较为成熟的阶段，相对而言处理事务的能力与技巧更成熟了，但是步入中老年，需要面对机体功能的衰退、面对女性更年期的应激状态，同时几十年如一日的工作内容与环境，外加各种其他生活事件的共同作用，所以倦怠程度还是保持在中度水平。

3. 婚姻因素

本研究对不同婚姻状况的女监民警在职业倦怠上的得分进行差异检验，发现婚姻状况对女监民警的职业倦怠程度并没有显著影响。从各组得分均值来看，在情绪衰竭维度上未婚民警倦怠程度最低，其次是已婚民警与离异民警。这可能是因为未婚民警大多数较年轻，灵活性较高，并且情绪的分享途径较多，除了亲友，还可以通过各种在线网络宣泄自身的情绪，在情绪宣泄时也可以不用太顾忌他人的感受，因而情绪压力较低，职业倦怠感较低。已婚民警虽然在业务能力上得到锻炼，在遇到工作苦恼时也能够从配偶那里获得更多的情感支持，但是需要平衡家庭与工作之间的冲突，因而情绪压力较未婚者更大。但是离异民警由于自身情感上的挫折，更喜欢一个人处理自身的情绪，社会支持度更少，因而其情绪衰竭程度最高。在去个性化维度上未婚民警倦怠感低于已婚民警、低于离异民警。这可能是因为未婚民警处于探索婚姻情感的阶段，他们乐于与人沟通，因而在人际交往过程中更热情，也因此在工作中乐于与人合作，工作成就感体验较高；已婚民警因为家庭的缘故，与人交往时也容易表现出更多的细腻和关心，在处理工作的人际关系时懂得从他人的角度出发，因而在工作环境内的小群体间也能获得较好的人际支持，工作开展较为顺利，也容易体验到成就感；离异民警则倾向于离群索居，即使与人在一起，他们也很容易孤独，情感交流很少，长期的这种情绪处理的方式让其习惯于冷漠对待交际关系，在工作中表现出冷漠对待工作对象，喜欢独立处事，在一些需要团队合作的任务中得不到很好的支持，对工作的成就感体验较低。

九、建议与对策

上述我们对上海市女子监狱民警的情绪自我调节效能感和职业倦怠程度进行了调查和研究，在总体上，对女监民警的职业素质和心理道德素质持谨慎乐观态度。调查结果显示：从整体上看，女监民警具有较高的情绪调节自我效能，她们的职业倦怠处于中等水平。根据情绪自我调节效能感与职业倦怠程度的负相关的互相作用机制，我们可以得出以下结论：女监民警以自身良好的职业道德和心理素质，努力降低了职业倦怠的程度；然而，由于各种复杂的因素，包括社会因素、家庭因素、监狱的工作特点和环境因素以及个体的自身因素，女监民警的职业倦怠程度仍然不可避免地发展到了一定的程度，即中等程度。因此，如何采取有效的对策，使女监民警保持并不断提高情绪调节自我效能感的水平，降低职业倦怠程度，应该成为女子监狱民警队伍建设的一个重要课题。

本研究结果得出女监民警具有中度的职业倦怠，但是情绪调节自我效能感水平较好，结合以往研究成果，本研究认为可以从以下几方面改善女监民警的职业倦怠水平。

(一) 改革监狱的干部人事制度，开辟监狱民警的专业化成长道路

长期以来，监狱民警的个体发展道路非常狭窄，缺乏专业发展空间。监狱的工作包括多方面的内容，如教育、科研、狱政管理、生产劳动、生活卫生、侦察、后勤保障等，但民警却处于无专业状态，似乎样样都会干，民警自嘲为“万金油”。民警的上升空间局限于行政，而行政这条路，越走越狭窄，因为职级越高，数量越少。由此，难以在职级上上升的民警往往产生失落感，其中不少人容易“做一天和尚撞一天钟”，甚至采取“不作为”的工作态度，不求有功，但求无过，职业的倦怠感日益加深。如何在监狱系统建立具有覆盖范围广泛的激励机制，是降低民警职业倦怠感的根本途径。这条根本途径就是开辟民警发展的专业化道路。2013 年，上海市监狱管理局实行民警人事制度改革，推出《上海市监狱管理局矫治师评选与管理办法》。这一重要改革举措，将有效激励民警走专业化的道路，从而使民警在专业的发展过程中不断降低职业倦怠感。

(二) 大力开展和深化监狱文化建设，改变监狱工作单调、重复、枯燥的现状

毋庸讳言，监狱工作本身具有单调、重复和枯燥的特点。这种特点，往往使从事这项工作年限较长的民警容易产生职业倦怠，甚至监狱内曾流传“监狱工作就是关得下、看得住、跑不了”“犯人是有期的，民警是无期的”之类说法。开展监狱文化建设是改变这种单调枯燥工作环境的重要途径。监狱文化建设包括监狱的价值观、监狱形象、监狱的人际关系、监狱风气、监狱的文化网络等。监狱文化建设是监狱自身的丰富、完善和发展。在这一建设过程中，民警是主体，其成长过程是与监狱的发展同步的。由于监狱文化建设，监狱不再是单调、枯燥、重复，而是不断更新、丰富和发展。这无疑使民警降低了职业倦怠的程度，获得了对监狱工作的认同感和归宿感。例如，近年来上海市女子监狱所开展的“母亲文化建设”就是属于监狱文化建设的范畴。“母亲文化建设”是女子监狱的价值观体现、形象塑造；也是监狱人际关系的改善和监狱风气的提升。“母亲文化建设”不仅开拓了女监民警改造女犯的新途径，而且提升了民警自身的素质、能力和教育兴趣。

（三）明确女监民警岗位职责，基层岗位进行轮岗制

除了从监狱文化建设方面来改变工作的单调之外，还可以从女监民警岗位职责上进行多样化设计。针对每个岗位进行实际可行的岗位流程的梳理与制定，明确女监民警的岗位职责。增设基层轮岗的工作机制，既可锻炼女监民警的工作能力，培养其出色的业务水平，在轮岗的同时也给女监民警更多工作的新鲜刺激，有效避免了单一重复工作带给个体的身心倦怠感。

（四）探索和建立狱内安全事故的科学评估机制

随着社会公众对监狱保障社会安全的要求日益关注和增强，监狱安全事故，特别是罪犯脱逃、自杀等事故，都可能引发社会舆论的极大关注甚至猛烈抨击。对此，也使有关上级部门三令五申“绝对不允许”发生安全事故，由此造成监狱民警极大的心理压力。本项研究揭示了在监狱民警中，管理愤怒情绪的效能表现出随着民警职级的升高而降低的趋势。这种趋势，反映出监狱工作的巨大压力对民警心理的影响。因为，职级比较高的民警往往责任也比较大，所以压力也比一般民警大。为此，建立科学的狱内安全事故评估机制是当务之急。所谓科学的安全事故评估机制，是指对狱内所发生的安全事故，进行客观的认识和分析，其发生的原因，何者是由于客观因素造成的或者难以避免的，何者是由于民警的工作失误造成的，等等。而不是严令“绝对不允许”，出事唯拿民警是问。如果能建立科学的安全事故评估机制，将在提高民警的工作责任心的同时，减少他们的心理压力，并降低职业倦怠的程度。

（五）为监狱民警的个性发展构筑多方面的自我实现平台

情绪调节自我效能感的提升和职业倦怠感程度的降低，取决于民警良好的敬业精神、工作兴趣和热情的保持、个性的发展及工作成就感。因此，在监狱工作中，为民警构筑多方面的发展平台，使民警的个性得到充分发展，具有成就感，是极其重要的。以上海市女子监狱为例。近年来，上海市女子监狱所录取的民警，文化素质大幅度提高，在编民警中本科学历以上的比例已近90%。青年民警都具有自己的专业、兴趣和特长，个性化特征明显。如何使青年民警的专业、兴趣和特长在长期的、繁忙的、单调枯燥的监狱工作中得到保持，发展个性，是监狱工作所面临的重大课题。我们认为，构筑民警个性化发展的平台，是

基本途径。上海市女子监狱在多年的实践中构建了三大平台:一是心理矫治工作平台。目前女监“晓东心理矫治室”现有成员 58 名,其中:专职人员 3 名、兼职人员 55 名,研究生 5 名、本科生 53 名,二级心理咨询师 50 名、三级心理咨询师 8 名。“晓东心理工作室”深入探索女犯的心理矫治工作方式,加强理论研究。该室自成立以来,获上海市监狱学会心理矫治论文评选集体三等奖 4 次,有 26 名女警获心理个案个人一、二、三等奖,通过开展个案评比,涌现了一批优秀的心理矫治专业人才。同时,工作室在业务学习、理论探讨、个案交流、问题会诊、论文组织方面也发挥了积极的作用。二是个别教育能手工作平台。2009 年监狱成立了个别教育实训基地,作为监狱培养个别教育能手,探索罪犯教育个别化路径的重要平台。通过基础、特色、考核、回顾四个板块的活动,民警结合个别教育争创工作,或个案探讨、或问题会诊、或邀请局级个教能手指导解答,使民警在业务上获益匪浅。女监自成立以来共评选出首席个别教育能手 28 名、监狱个别教育能手 324 名,使得更多民警通过个别教育能手争创工作脱颖而出。三是理论研究工作平台。女监自成立以来,积极开展理论研究和群众性科研活动,每年组织理论骨干和青年民警参加课题活动、撰写科研论文。2003 年至今,女监已获得上海市监狱学会论文评比集体一等奖 1 次、二等奖 3 次、三等奖 7 次,有 41 名女警撰写的论文获得市监狱学会论文评比个人一、二、三等奖,有 7 名女警在“长三角监狱学高峰论坛”“中国监狱矫正论坛”等全国及区域性的论文评比中获奖。这三大平台的构筑,不仅提升和丰富了监狱工作,提高了罪犯改造质量,而且培育和发展了女监的民警队伍,使人才层出不穷。与此同时,女警的心理健康水平也得到了提升,个性得到了发展,增强了女警的成就动机和成就感。

(六) 帮助女监民警解决家庭婚姻矛盾

女监民警的一个特殊性,是家庭婚姻因素在她们的情绪调节自我效能感和职业倦怠感程度中占据特别重要的地位。本课题的调查显示了这一点,在情绪调节自我效能感方面,未婚民警的得分显著高于已婚民警和离异民警;在去个性化与情绪耗竭维度上,未婚民警低于已婚和离异民警。可见,随着婚姻和家庭的建立,女监民警的负担日益加重,她们既要承担监管改造任务,又要承担家庭责任,如抚养和教育孩子、照顾老人、各类家务等。因此,如何关心和帮助民警解决家庭矛盾,减轻由于繁重家务所带来的精神负担,应该成为女子监狱的一个特殊研究课题。例如，可以邀请女警的丈夫来监狱参观和座谈，理解妻子的工作，关心妻子的情绪，帮助妻子减轻家务的压力。从 2013 年开始，女监在女警中大力开展“优秀贤内助”评选活动，为女警家庭、婚姻生活的和谐，夫妻关系的融洽注入了正能量。

（七）适当提升福利待遇，增休假期

由于监狱工作的特殊性，监狱工作环境的封闭，女监民警与外界的接触较少，往往使得女监民警情感上的外部支持不够；繁重的工作压力与不匹配的福利待遇，这些都是造成女监民警易于倦怠的关键原因。为此，适当增加女监民警的假期，提升其待遇，不仅有利于女监民警建立完善的外部支持系统，同时也能提高女监民警对自身工作的认同感及弥补与其他行业或公务员岗位对比的落差，在一定程度上可以有效降低女监民警职业倦怠水平。上海市女子监狱自成立以来，坚持让女监民警享受每月一次例假、每年一次妇科检查、女监民警生育后最多可享受一年的有效假期，并在子女 2 岁以前不安排值班等规定，无不体现监狱对女监民警的关爱。

（八）加大女监民警积极职业形象的对外宣传

由于女监民警的职业特性，人们对这一职业的社会认知较低，这往往造成人们对女监民警的刻板印象。加大对女监民警职业形象的正面宣传与塑造，可以有效提升人们对女监民警工作的接纳与认可，同时也有助于女监民警对自身职业的积极认同感。2003 年开通的女监网站作为女监工作学习的重要平台，已成为展现女监形象的重要信息宣传窗口。为进一步做好信息宣传工作，2013 年对女监网站进行了全面改版，以更贴合女监工作、更彰显女监执法形象、凸显女警职业风范的形式展现，取得了较好的效果。此外，监狱还组织青年女警走向社会参加上海“关爱水资源，关爱我自己——3·22 世界水日宣传活动”义务宣传活动，担当志愿者与小学生结对子，组织向地震灾区募捐等活动，有效提升了女警的社会形象，取得了良好的社会效果。

（九）开展心理健康教育和心理咨询工作

以往文献及本研究结果均表明心理因素是职业倦怠产生的关键影响因素，心理的困惑及情绪情感的压抑造成女监民警整体心理健康水平的下降，从而引

发各类心理亚健康，导致出现职业倦怠与其他身心问题。研究表明愿意接受心理咨询的女监民警职业倦怠水平显著低于不愿意接受心理咨询的女监民警，因而监狱系统可以通过各种途径组织开展心理健康教育，帮助女监民警提高自身的心理弹性，如：(1)开展相关的压力应对、效能感训练、职业技巧讲座，普及心理健康知识；(2)建立女监民警的员工辅助计划(EAP)系统，将心理咨询作为福利发放给每位民警，甚至可以将其家庭成员纳入女监民警的 EAP 系统中，由专业的心理咨询师负责女监民警与其家庭成员之间的心理援助工作；(3)组织女监民警定期开展户外团体拓展训练，这不仅有助于女监民警群体心理素质的塑造和培养，也有助于监狱支持性人文环境的建设。

关于监狱民警需求分析及对策的思考

——以上海市R监狱442名民警为例

上海市五角场监狱　张建东　申　斌　张　胤

对于需求的定义，通常是指：因为对某事或某物的缺乏或不足而渴望得到的一种心理状态。美国心理学家亚伯拉罕·马斯洛于1943年在《人类激励理论》中提出了著名的需求层次理论，将人的需求从低到高按层次分为5种，即：生理需求、安全需求、社交需求、尊重需求和自我实现需求。同时，他还进一步揭示了人因满足不同层次需求的需要而不断追求卓越的心理机智。可见，分析和研究人的需求对于调动人们的心理动能和对生活、工作积极性具有重要作用。这一点在监狱人民警察的职业激励上同样如此。

2015年，上海市监狱管理局的工作报告中提出了"打造多元激励平台"的工作要求，为上海市监狱民警的队伍建设工作打下了基础，也指明了方向。习近平总书记指出："调查研究是谋事之基、成事之道。"为了积极配合监狱局的工作部署，笔者所在的研究团队以上海市R监狱442名在职民警为样本，开展了针对不同年龄段民警成长需求、发展平台路径和激励措施的课题调研。通过设计问卷进行调研和个别访谈相结合的方式，全面了解了R监狱民警的需求情况和心理状态，并提出一些可行的队伍激励方式，希望能"管中窥豹"，对全局的队伍建设工作起到一定的借鉴作用。

一、总体队伍结构分析

（一）民警队伍概况

R监狱是一座以关押短刑犯和上海籍临释犯为主的功能性监狱。截至2015年年底，监狱现有在册民警442人，其中：男性民警410人，占92.7%；女性民警 32 人，占 7.3%。

1. 年龄结构

监狱民警平均年龄 43 岁，其中 35 岁（含）以下青年民警 128 人，占 29%；36—50 岁（含）中年民警 168 人，占 38%；51 岁（含）以上民警 146 人，占 33%。具体年龄分布情况如图 1 所示：

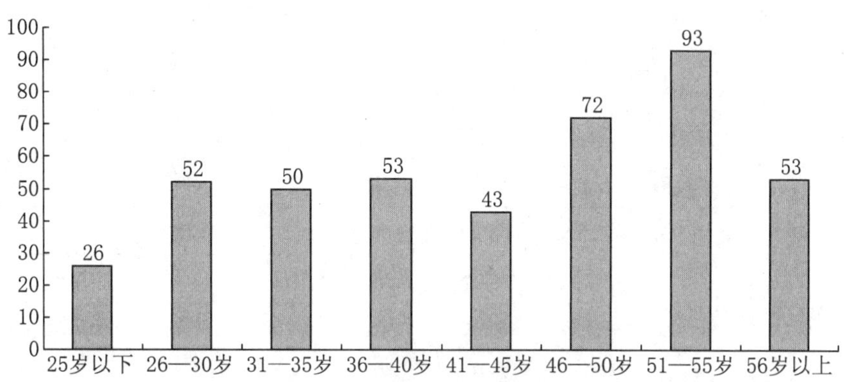

图 1　R 监狱民警年龄结构分布

图 1 中，监狱民警 25—45 岁的年龄段分布较为平均，人数波峰较高为 46—55 岁的年龄段，特别是 51—55 岁的民警，达到 93 人，占到监狱民警总数的 21%。因此，监狱目前民警老龄化的问题较为严重，特别是 35—45 岁的青壮年民警相对较少，一定程度将影响监狱事业的传承。

2. 文化层次

监狱民警中研究生以上学历 11 人，占 2%；大学本科学历 254 人，占 57%；大专学历 162 人，占 37%；中专及以下学历 15 人，占 3%。民警以大专及本科学历为主，队伍总体文化水平逐年提高。具体各年龄段民警的文化层次分布情况如表 1 所示：

如表 1 及图 2 所示，R 监狱民警的文化层次主要以本科及大专为主，占民警总数的 94%。从各年龄段民警的文化层次分布来看，民警的文化层次从老年至青年呈递增态势。

表 1　R 监狱民警各年龄段文化层次分布表

	文化层次	人数	百分比(%)
青年民警(35 岁以下)	研究生以上	10	8
	大学本科	115	90
	大专	3	2
	中专及以下	0	0
中年民警(36—50 岁)	研究生以上	1	1
	大学本科	111	66
	大专	54	32
	中专及以下	2	1
老年民警(51 岁以上)	研究生以上	0	0
	大学本科	28	19
	大专	105	72
	中专及以下	13	9

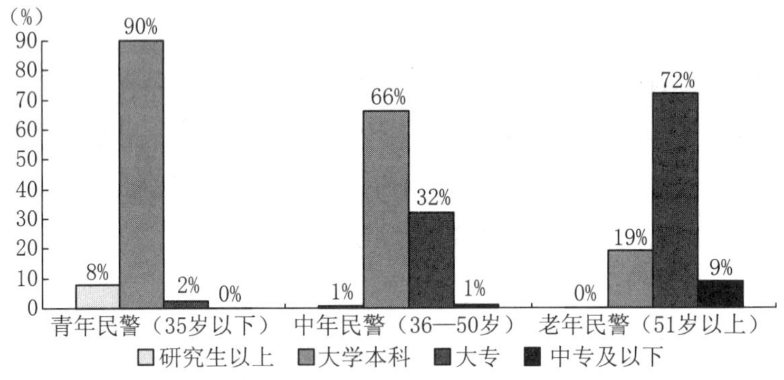

图 2　R 监狱民警各年龄段文化层次百分比分布图

监狱青年民警的文化层次普遍较高，以大学本科为主，其中研究生以上学历 10 人，青年民警占研究生学历的 91%。这与近年来监狱局大力引进人才以及监狱民警社会地位、执法形象不断提升是分不开的。

3. 专业技能

从易于量化考量，且与监狱工作相关的资格证书的持有情况来看，具体如表 2 所示：

表 2　R 监狱民警专业类证书持有情况分布表

	人数	占民警总数比(%)
心理咨询类资格证书	40	9.05
律师资格证	5	1.13
教师资格证	2	0.45

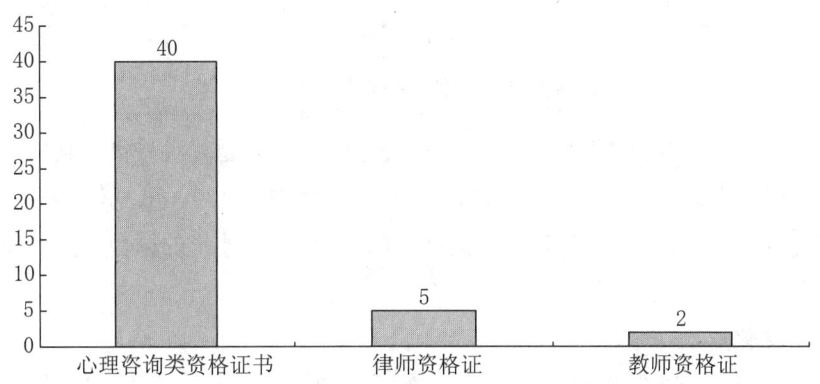

图 3　R 监狱民警专业类证书持有情况分布图

如表 2 及图 3 所示，R 监狱民警专业证书的持有情况并不理想，心理咨询类证书的持有量最多，达到了民警总数的 9.05%，可以说，有心理咨询类专业特长的民警在 R 监狱的民警队伍中呈相对饱和的状态，主要归功于监狱局近几年坚持民警心理咨询专业培训，大力推行矫治师评选等工作。与之相比，其他类证书的持有情况较差，如律师资格证持有比仅为 1.13%，教师资格证为 0.45%，可见 R 监狱民警的专业化发展有巨大的提升空间。

（二）中层领导干部结构分析

R 监狱现有中层领导干部 58 人(1 人为局委派任财务科科长)，其中群众 3 人，女性 3 人；中层正职 30 人，副职 28 人；监区中层干部 32 人，占 55%，科室 26 人，占 45%。

1. 年龄结构

监狱中层领导干部的平均年龄为 46 岁，其中：35 岁以下(含 35 岁)4 人，占 7%；36—50 岁(含 50 岁)37 人，占 64%；51 岁以上 18 人，占 31%。具体年龄分布情况如图 4 所示：

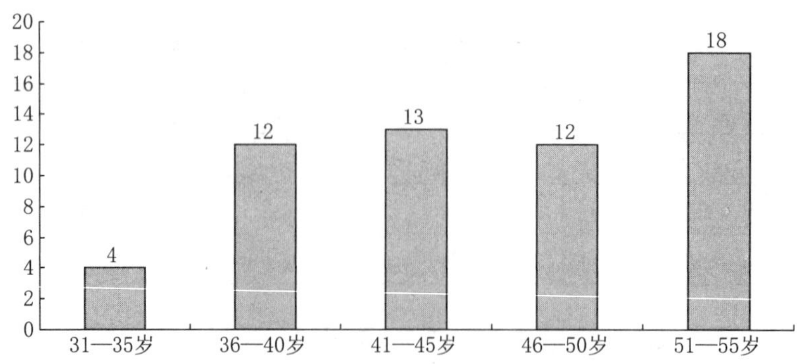

图 4　R 监狱中层领导干部年龄结构分布图

如图 4 所示，在监狱中层干部中，民警老龄化的问题较为严重。其中，青年民警只有 3 人；年龄段为 51—55 岁的民警，占总数的 31%。可见，如何进一步拓展青年民警的晋升通道，为他们提供锻炼能力、展现才华的舞台，这是监狱当前选人、用人当务之急。

2. 文化层次

监狱中层干部的文化程度均为大专以上学历，其中：大专 25 人，占 43%；大学本科 33 人，占 57%。具体如表 3 所示：

表 3　R 监狱正副职中层领导干部文化层次分布表

	文化层次	人数	百分比(%)
正　职	大本	16	53
	大专	12	40
副　职	大本	17	61
	大专	13	46

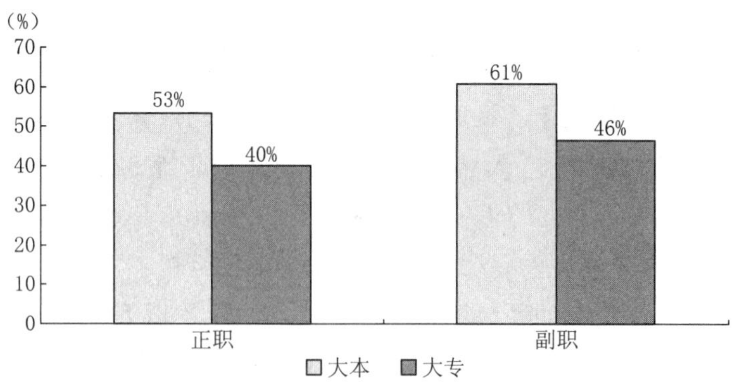

图 5　R 监狱中层干部文化层次分布图

如表 3 及图 5 所示，监狱中层干部的文化层次分布没有显著的区别，其中正职略低于副职，原因相对于副职年龄偏大(正职平均年龄 48 岁，副职平均年龄 43 岁)。可见，监狱中层干部队伍虽存在一定的老龄化，但队伍总体相对合理。

(三) 青年民警结构分析

孙中山说过，赢得青年就是赢得未来。R 监狱目前现有 35 岁以下(含 35 岁)青年民警 128 人，占全监民警人数的 29%，文化层次主要以大学本科为主，具体分析情况如下：

1. 担任职务情况

随着近年来 R 监狱青年民警的增多，越来越多的青年民警走上了业务骨干以及警务组警长的岗位，但担任监狱中层干部的青年民警人数仍然偏少，具体如表 4 所示：

表 4　R 监狱 35 岁以下青年民警担任职务情况分布表

	青年民警人数	监狱全体人数	总体占比(%)
普通民警	107	352	30
警　　长	17	32	53
中层干部	4	58	7

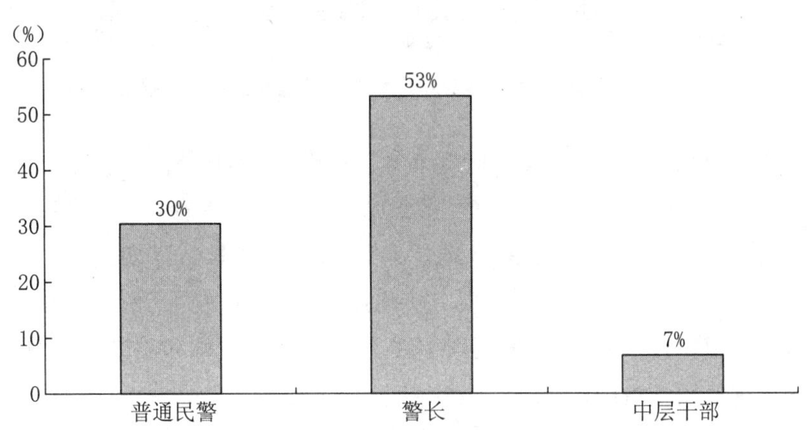

图 6　R 监狱 35 岁以下青年民警担任职务情况分布图

由表 4 及图 6 可见，R 监狱 35 岁以下的青年民警中担任警务组警长这一职务的较多，占全监担任警长民警的 53%。可见，在各基层监区的各业务条线上，青年民警发挥着不可或缺的骨干作用。但担任中层干部的数量却较少，仅有 4 人，占中层干部总数的 7%，且这 4 人中有 3 人在监狱业务科室，仅 1 人为监区长。可见，R 监狱青年民警的职务晋升通道还是相对狭窄。

2. 专业技能

在专业技能的掌握方面，青年民警的表现较为突出，具体如表 5 所示：

表 5　R 监狱 35 岁以下青年民警专业技能掌握情况分布表

	青年民警人数	执证民警总人数	青年民警占比(%)
心理咨询类资格证书	24	40	60
律师资格证	2	5	40
教师资格证	2	2	100

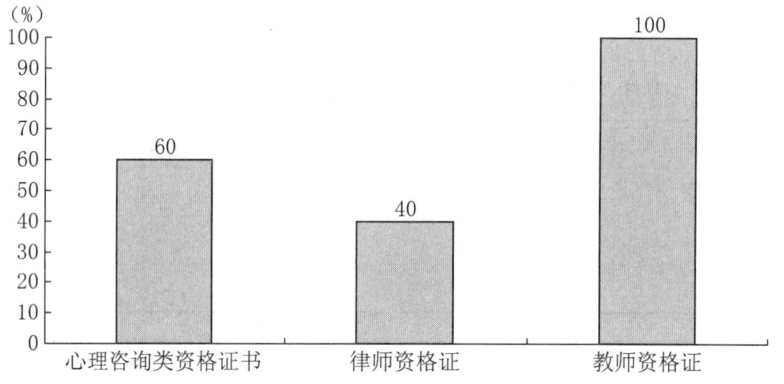

图 7　R 监狱 35 岁以下青年民警专业技能掌握情况分布图

由表 5 及图 7 所示，在 R 监狱持有专业资格证书的民警中，青年民警占了绝大多数，特别是在持有心理咨询类及教师资格证民警中青年民警的占比达到了 60%及 100%。可见，青年民警的专业化发展较为深入，许多民警都有自己较为明确的专业化发展方向或某项专业化技能。此时，如果能够开辟一定的专业化晋升通道，对这些青年民警无疑是一个非常大的鼓舞和激励，对监狱民警两级化管理机制的巩固也有着积极的促进作用。

二、民警整体需求分析

通过前期对 R 监狱民警队伍的深入调研和分析，发现监狱民警的需求往往是多元的，尤其是身处不同年龄段、不同职业期（即职业适应期、职业倦怠期、职业成熟期）的监狱民警成长需求差异较大。具体划分，就成长需求而言，大致可分为职业、家庭、心理成长三个方向。

（一）职业成长需求

民警的职业成长需求，顾名思义便是民警个人想要谋求职业上的进步和发展的愿望，此类的成长需求在青年民警及监狱中层干部民警身上体现较为明显。民警的职业成长需求，一般可分为职业技能成长和职务职级成长两个方面。

（1）职业技能成长的需求，目的是尽可能地提升自己的业务水平、提高职业技能，从而更好地适应监狱人民警察这一职业的要求。这一点在处于职业适应期刚入职的新民警身上表现得尤为突出，主要需求一些基本的实务技能。同时相对应地，部分处于职业成熟期的民警对个别新技术、新政策、新知识同样抱有需求欲望。由于青年民警参加监狱工作不久，处于职业适应期，对于许多业务尚不熟悉，对于他们来说，最主要的任务就是尽可能地提升自己的业务水平、提高职业技能，从而更好地适应监狱人民警察这一职业的要求，在立足岗位的基础上寻求进一步的发展。

（2）职务职级成长需求，主要目的是为了通过职务职级的晋升，实现完成自我价值的实现。处于职业成熟期的民警对这方面的需求较为迫切。目前普通民警职级提前晋升的主要途径：一是获得公务员嘉奖；二是评选副处级管教员（二级警长）在内的职务晋升，主要以民主推荐、公开选拔竞聘等方式进行，门槛相对较高，竞争较为激烈。对于监狱中层干部及一部分参加工作时间较长的中青年民警来说，他们已经掌握了一定的职业技能，对监狱工作也已习惯，部分民警进入了职业倦怠期。对于这类民警来说，最主要的职业成长需求便是职务职级的晋升和发展。进一步畅通监狱民警的职务晋升通道，使他们看到自我价值实现的可能性，对他们不断提升自身业务水平和政治素养、积极投身监狱事业有着重要的激励作用。

（二）家庭需求

当今社会价值观呈多元化。在调研中我们发现，职业的发展并不是民警唯一的追求，越来越多的民警，尤其是处于职业倦怠期的民警，把自己生活的重心放到了家庭和子女教育上。对他们而言，家庭与亲情的需求便显得尤为突出。其中可归纳为：包括工资、福利、待遇等的物质需求；家庭婚恋、育儿、敬老、社交等的情感需求；兴趣爱好、知识获取的文化需求。

需要注意的是，家庭需求各个年龄段、各职业期的民警都有，只是因为个体差异，需求程度上略有不同。但面对这类需求，监狱能采取的措施非常有限。

由于生活重心由工作向家庭的偏转，此类民警更多地关注工资待遇、福利休假等因素，在工作上求稳定，缺少向上的动能，因而对于他们的激励工作也较难实施。唯有一方面健全监狱的各类后勤保障制度，另一方面努力加强监狱文化和精神内核的打造，通过大环境的影响来促使他们更好地投入到自己的本职工作中来，为监狱的转型发展提供助力。

（三）心理成长需求

除了以上所说的两方面偏重物质层面的成长需求外，随着监狱民警队伍的不断壮大，心理层面的成长需求对于监狱民警队伍的建设也是十分重要的，特别是对于现在越来越多的新入职民警及非沪籍民警来说，认同感和归属感是他们对监狱人民警察这份职业首要的心理诉求。

（1）职业认同感的建立，也就是民警对监狱人民警察这份职业的认知以及认可的程度。只有在建立了一定的职业认同感的前提下，才能让民警觉得自己的工作是有价值的，从而进一步地为之努力奋斗。对于新入职的青年民警以及进入职业倦怠期的中老年民警，职业认同感的建立教育尤为重要。增强他们的职业认同感不但对监狱工作有着较大的促进作用，对于他们个人心理状态的调节、自我身心发展的完善也有着十分积极的意义。

（2）民警队伍的职业归属感的养成。近年来，随着非沪籍民警，特别是青年非沪籍青年民警的逐渐增多，民警个人对民警队伍及单位集体的归属感需求也越来越突出。

目前，监狱在加强思想政治教育的基础上，主要通过提升监狱的后勤保障水平、加强监狱文化建设力度的方法，增加民警队伍的向心力和凝聚力，打造民警精神家园，从而满足民警心理成长需求。对此，监狱积极发挥各基层党支部作用，通过打造各支部及监区的文化及精神内核增加民警队伍的向心力和凝聚力，从而促进民警个人对民警队伍归属感的提升，以适应广大民警的心理成长需求。

三、监狱各年龄段民警需求及思想状况分析

根据问卷调查及调研结果对R监狱民警队伍思想状况进行了分类分析。需要指出的是:这里给出的分类只是一个倾向性的分类,因为思想是不断发展和变化的,并不能单纯地将民警思想状况进行简单机械地割裂;另外,本文中所有的分析和观点都是基于对R监狱民警问卷调查及调研的结果所提出的,结果可能与整个监狱民警队伍的现实情况略有差别,仅供参考。

(一) 老年民警队伍思想状况

这里的老年民警指年龄在51岁以上的监狱在职民警。相较于上海市其他监狱,R监狱民警的老龄化问题较为严重,老年民警在监狱民警队伍中占有着一定比重(约占33%)。因此,抓好老年民警队伍的管理对监狱各项事业的稳步发展有着重要的积极作用。

我们将监狱老年民警队伍的工作状态进行了分类,大致可以分为以下4种类型:

第一种类型,老年民警的主要表现为:积极努力,谋求进一步的提升(占19%)。这一类老年民警的尽职尽责大都来自对自身的内在要求,无需外力的鼓励和督促。主要是为了谋求职业进一步发展,具体就是希望在退休前能评到副处级管教员等。故而,虽然在工作上能够以身作则、积极努力,但是要防止该类民警在达成诉求前后判若两人,起到不良的示范效应。

第二种类型,老年民警的主要表现为:兢兢业业,站好最后一班岗(占27%)。他们对监狱民警队伍有着较强的归属感和荣誉感,拥有丰富的管教经验,在岗位上充分发挥自身作用的同时还能传授经验,带动青年民警积极履职,提升青年民警对监狱民警职业的认同感,是监狱转型发展过程中一笔宝贵财富。

第三种类型,老年民警的主要表现为:得过且过,只求平稳退休(43%)。这类民警是监狱老年民警中的大多数,他们从事监狱工作的年限较长,对监狱警察身份有一定感情,但职业倦怠感较为明显,故而“船到码头车到站”“退居二线享清福”的思想相当有市场。在日常工作中,他们能完成自己分内的工作,但对本职以外的工作、活动、学习往往抱着漠不关心的态度,部分民警还存在“少做

少错、多做多错”的想法，除了平稳退休外，并没有其他过多的诉求。

第四种类型，老年民警的主要表现为：倚老卖老，传递负面情绪(11%)。他们在老年民警队伍中虽是少数，但影响较大，极易对监狱整体的工作氛围造成不良影响。这类民警在职业生涯中积累了较多的怨气，故而在工作中对待工作积极性较低，对新事物、新方法喜欢唱反调，执行时不单单是自己不到位，还喜欢挑刺，借机发表牢骚怪话、发泄不满情绪，影响其他民警，特别是对刚参加工作不久的青年民警的热情有较大冲击。

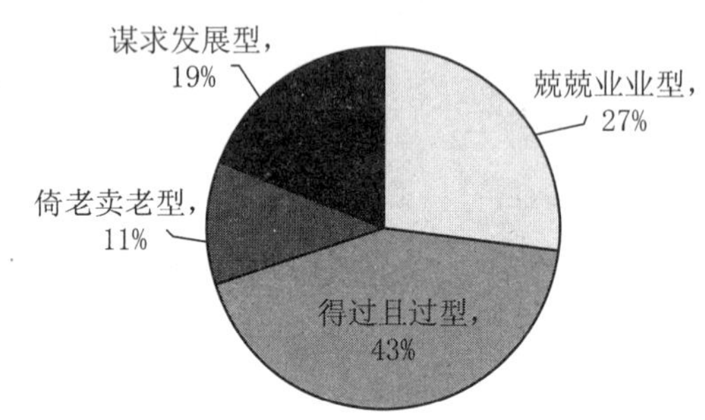

图 8　R 监狱各类型老年民警比较分布图

(二) 中年民警队伍思想状况

中年民警指 36—50 岁(含)的监狱民警，约占监狱民警总数的 38%，是监狱各项工作的中坚力量，同时也担负着衔接青年民警与老年民警的作用。由于中年民警从事监狱民警职业已有相当一段时间，完全适应了监狱民警的职业需要，部分中年民警已走上了监狱中层领导干部的岗位，技能提升进入瓶颈期、职业发展进入倦怠期，故而部分中年民警的生活重心发生偏转，民警队伍出现两极分化，一部分中年民警的重心仍是工作；另一部分则将重心从工作移向家庭。

1. 生活重心仍为工作的中年民警(占 41%)

这类民警也有家庭成长的诉求，但更多地还是想谋求个人职业的发展，故而将更多的精力投入到工作上。在问卷调查中我们发现，这类民警可以分为两类。

第一种类型，中年民警的主要表现为：刻苦钻研，发挥模范作用。这类民警约占监狱中年民警总数的 19%。他们虽然也有较强的职业发展诉求，但并不局限于职务、职级晋升这一条，在日常的工作中往往能刻苦钻研、开拓创新，寻求工作中的新手段和新方法，通过职业技能的提升和作出贡献来实现自我的满足感。这类民警是民警队伍中最难能可贵的，也是我们学习的模范和典型，在不久前不幸倒在工作岗位上的朱惠国同志便是R监狱这类民警的优秀代表。

第二种类型，中年民警的主要表现为：寻求突破，谋求职务晋升。与第一种类型的中年民警不同，该类民警对职业发展的主要诉求是职务职级的晋升，在中年民警队伍中约占22%。该类民警大多已经迈上监狱中层的领导岗位或是成为监狱各条线、各监区的业务骨干，然而在如今晋升路线相对狭窄的情况下，急需通过寻求突破来完成对自身职业发展的要求。同时，如果此类民警的职业发展诉求无法得到满足，也较易产生一些消极负面情绪。因此，需要监狱一方面进行积极的引导；一方面拓宽晋升通道，提供平等的竞争机会，以激励他们在事业上不断突破自我，取得职务和能力的双重提升。

2. 生活重心转向家庭的中年民警(占59%)

由于职业发挥晋升通道的受阻以及多元化文化价值观的影响，越来越多的民警，尤其是处于职业倦怠期的民警，更乐于把自己生活的重心放到了家庭和子女的教育上。对于他们而言，家庭成长的需求便显得更为突出。

与职业发展需求相比，家庭成长的需求更为多元，具体可归纳为：工资、福利、待遇等的物质需求；婚恋、育儿、敬老、社交等的情感需求；兴趣爱好、知识获取的文化需求。同样地，此类的中年民警也可以分为两类。

第一种类型，中年民警的主要表现为：到岗履职，完成本职工作。此类民警约占监狱中年民警的47%，是监狱中年民警中的大多数。虽然生活重心发生了偏转，但他们对待工作的态度还是积极认真的，在完成本职工作的同时也愿意帮助青年民警熟悉业务，发挥带教师傅“传、帮、带”的功能，在队伍建设上扮演着相对积极的角色。

第二种类型，中年民警的重要表现为：计较得失，对工作漠不关心。相较于前一种类型的中年民警，此类民警在民警队伍中扮演着较为消极的角色，约占中年民警队伍的12%。此类民警对待工作敷衍了事，工作中负面情绪较多，对自身利益的满足较为看重，如果自身利益没有得到满足则易产生消极言论。此类民警较多地被监狱及监区、各科室列为“不放心”的人。

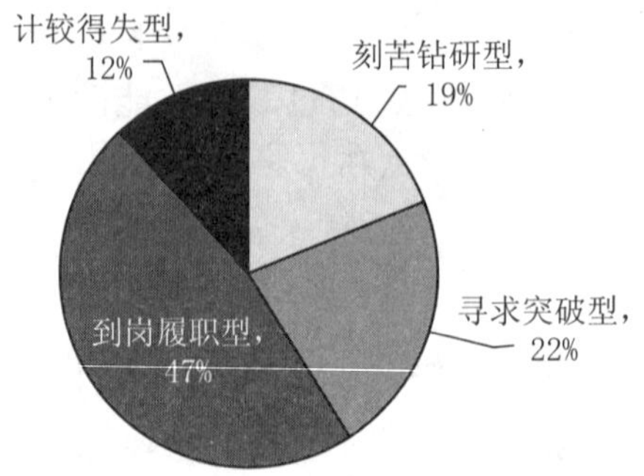

图 9　R 监狱各类型中年民警比较分布图

（三）青年民警队伍思想状况

青年民警指年龄在 35 岁（含）以下的监狱民警，占民警总数 29％。近年来，越来越多的青年民警进入 R 监狱工作，成为光荣的监狱人民警察中的一员。青年民警刚参加工作不久，职业发展处于适应期，对监狱的各项工作有新鲜感，是监狱民警队伍的新生力量。根据青年民警的需求不同，可以将他们分为三类。

第一种类型，青年民警的主要需求是职业技能的成长。此类民警占监狱青年民警总数的 42％，且多为参加工作 5 年以内的新民警。由于参加工作不久，对监狱各项工作的基本要求和操作规范尚不熟悉，需要通过不断提高自身的业务技能水平来适应监狱人民警察的工作要求，通过职业技能的成熟立足于监狱民警的岗位，从而进一步实现个人价值。

第二种类型，青年民警的主要需求为职务晋升。约占青年民警总数的 40％。他们对自己所从事的监狱工作已有了一定的适应和熟悉，于是便进一步寻求自身职务职级的发展，从而达成自身的职业目标。此类青年民警对待工作较为积极、热情，对监狱各项工作的推动作用也较大，但同时也较易受到挫折的困扰。因此，打造青年民警的锻炼平台，拓展青年民警的晋升通道，明确他们的晋升路径，对激励此类青年民警岗位成才、提升工作积极性有着至关重要的作用。

第三种类型，青年民警的主要需求为稳定和安逸，约占监狱青年民警总数的 18％。随着当前社会价值观的日益多元化，一部分青年民警职业发展的需求弱化了，在工作中更多追求安逸和稳定，对于工作的热情和主动性都有所欠缺，进而将个人价值的实现体现在自己的兴趣爱好以及一些非工作的因素上。对于这类青年民警的管理，需要监狱在各种制度刚性的约束以及工作生活氛围上下功夫，进一步凝聚人心，督促青年严守纪律、严格履职，成长为一名合格的监狱人民警察。

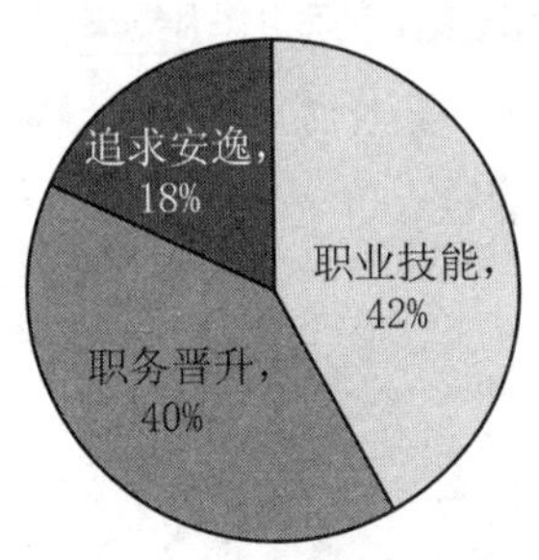

图10 R监狱各类型青年民警比较分布图

（四）中层干部队伍思想状况

R监狱现有中层领导干部58人，平均年龄为46岁，老龄化问题较为严重；学历均为大学本科或大学专科，文化层次较高。R监狱中层干部队伍总体素质较高，作风踏实、积极向上，在分类上与中年民警相似，根据生活重心的不同大致可以分为两类。

1. 生活重心为工作的中层干部

这类中层干部大都希望能够在职业发展上更进一步，根据具体需求的不同又可分为职务晋升及职级晋升两类。

第一类，希望得到职务晋升。此类中层干部约占监狱中层干部的32%，一般年纪较轻，仍有被提拔的可能，故而在工作上会更加强调创新，求新求变，主动寻找工作中的亮点和突破口，为自己职务的晋升创造条件，同时也为监狱的转型发展提供了助力。

第二类，希望得到职级晋升。这里的职级晋升主要是指评选副处级管教员。此类中层干部年龄一般在50岁以上，约占监狱中层干部的31%。由于临近退休，在工作中以求稳为主，较为注重对各类规则、流程的遵守，但普遍创新意识不足。同时，由于在监狱工作时间较长，多年担任中层干部，在监狱内的人际关系普遍较好，在对民警及各科室、监区考核评估的过程中也较易产生“老好人”思想。

2. 生活重心为家庭的中层干部

这类中层干部一般不再寻求职务上的晋升，评选副处级管教员又显然过于年轻，所以往往会将生活重心向家庭转移，约占总数的37%。由于中层干部处于监狱各项工作上传下达的重要位置，监狱提拔的中层干部大多素质较高，所以虽然生活重心向家庭转移，但绝大多数的中层干部仍能认真履职、主动而为，完成监狱交办的各项工作。当然，在总体较好的大环境下，也有个别中层干部在工作中不作为，不能发挥模范带头和团结民警的作用，与监狱中层的职位要求不相适应。

此外，根据问卷调查显示，在生活重心为家庭的中层干部中，约有 84%表示愿意继续担任监狱中层的职务，11%表示无所谓，5%表示不愿意继续担任监狱中层的职务。

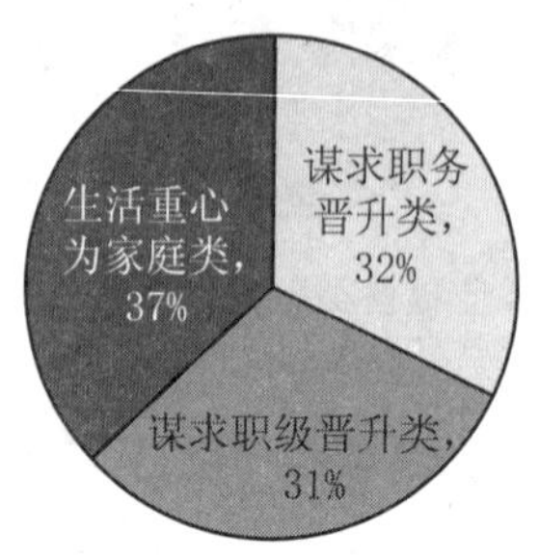

图 11　R 监狱各类型中层领导干部比较分布

四、思考与建议

以上是对 R 监狱民警队伍进行问卷调查和调研的结果，基于这些调研的结果，围绕实现监狱队伍建设一流的发展目标，下面，就如何打造监狱民警多元激励平台提出一些思考与建议。

当前民警队伍的需求是多种多样的，所以相应的激励平台也应该是丰富、多元的。我们认为，打造多元激励平台可以从警营文化、考核评估以及成长平台三方面入手，多方位、多角度地为监狱民警队伍提振士气，鼓励民警认真履职、攻坚克难，为监狱事业的发展贡献力量。

（一）警营文化方面：把握“两个层面”，打造“两种实力”，增强民警职业归属感与荣誉感

在监狱民警激励平台的创建上，过去我们往往较多地重视物质手段的激励，却忽视了文化与精神层面的激励手段。在调研中，我们发现监狱民警职业归属感与荣誉感的持续增强，对强化他们的身份意识与履职意识，并贯彻于整个职业生涯有着非常重要的推进作用。因此，可以从营造积极向上的警营文化入手，着力推动监狱硬件设施的“硬实力”与文化内核的“软实力”的同步发展，塑造具有监狱特色的文化激励体系。

1. 监狱层面：抓好“两个切入点”，营造警营文化

结合监狱已经在实行的一些措施，我们认为，营造积极向上的警营文化，监狱层面可以从提升提炼监狱精神和从优待警两方面为切入点，先让监狱民警感受到集体的温暖，再进一步指明努力的方向，使文化育警、文化强警达到事半功倍的效果。

一是提炼监狱精神方面。结合监狱发展历史、结合民警队伍特点、结合转型发展需求、结合功能性监狱特色“四个结合”，凝练新时期监狱全体民警共同推崇的监狱精神，并使之成为民警个人工作的目标、方向。同时，进一步加大对监狱民警中先进事迹和先进个人的挖掘、宣传力度，进一步发挥党员民警的模范带头作用，传递正能量；在每季度评选党员示范岗的基础上，创新“五星级党员”评选方法，通过彰显先进模范的引领作用，以点带面，增强监狱民警队伍的凝聚力和向心力，以文化促工作、以精神强队伍，逐步形成具有监狱特色的文化内核以及贴合民警队伍特点的核心价值观。

二是提升从优待警层面。坚持以人为本，从民警工作规范、有序、顺畅入手，不断创新从优待警的新举措。例如，通过推行如民警值班休息室宾馆化服务、安装纯净水净化装置等措施，有效完善监狱的警务保障工作，不断落实各项从优待警政策，提高服务质量，做到用环境暖心，用待遇贴心，达到工作安心、事业顺心的效果，从而增强民警对于监狱和监狱民警这份职业的归属感，鼓舞他们为之奋斗的激情和斗志。

2. 监区层面：注重“四个避免”，实现“一监一品”

充分发挥各党支部的核心作用，积极将“七室一廊一柜一点”建设工作与“一监一品”的实现有机结合，注重“联系实际，避免照搬照抄；精心规划，避免粗制滥造；取长补短，避免简单模仿；形成特色，避免千篇一律”（四个避免），通过“软实力”与“硬实力”的相互渗透，创造百花齐放、生动活泼的监区文化。例如，提炼各监区的监区精神和文化内核，设立监区文化长廊及民警荣誉墙等，增强队伍的向心力，用集体的力量影响人、用环境的力量感化人，督促个别后进民警严于律己、严于履职。

（二）评估考核方面：狠抓建章立制，严格考核规范，创建监狱民警良性竞争机制

在营造积极向上警营文化的基础上，监狱民警的队伍管理还需要一套刚性的约束机制，这需要我们建立完备的管理制度及常态化的考核体系，一方面有利于监狱赏优罚劣，进一步彰显激励作用；另一方面也为监狱民警的晋升提供

了重要的依据。通过狠抓建章立制与严格考核规范“双管齐下”，创建监狱民警良性竞争机制，是打造监狱民警多元激励平台的一条必由之路。

1. 建章立制，明确内务管理执行标准、考核细则

结合民警个人绩效考核的推行，对民警队伍管理考核的具体要求、内容等进一步细化，在每月进行月度考核的基础上，每半年对民警个人的“德、能、勤、绩、廉”等进行全面考量，做到执行有标准、检查有尺度。将对民警个人的考核与科室绩效考核、监区工作目标考核挂钩，确保形成长效机制。在考核方式上采用自评、互评、监狱、部门考核等多重主体的评分方式，保障考核结果的真实、有效，切实反映民警的工作状态和工作成绩。

着力深化民警评估考核内容的改革，改变目前民警考核主要看台账的现状，将科学化的罪犯评估结果等工作效果引入民警绩效考核内容中，从而实现考核手段与民警工作实际的结合，解决考核标准难以量化的难题，深化评估考核工作对监狱民警的激励作用。

2. 以竞争促提升，抓好制度落实

有了完善的管理制度，还必须严格执行。进一步明确民警考核的责任主体和考核职能部门，用制度督促履行考核职责。确定各监区教导员、科室科长作为民警管理与考核的第一责任人；监狱人事科及相关业务条线的职能部门为内务管理考核的职能部门，通过各部门之间的通力合作，确保民警考核工作的扎实推进和实施。民警考核的结果应在适当范围内公开，从而形成人人你追我赶、争优创先的氛围。

在考核执行公平、公正、公开的基础上，着力落实对民警队伍的奖优罚劣，将每月、每半年的考核结果与民警年底的评优、职务职级的晋升联系起来。在进一步畅通民警晋升通道的基础上，将考核结果纳入民警晋升条件的综合评价中，建立民警晋升梯队，以良性竞争机制的确立促进民警队伍的整体提升。

（三）成长平台方面：促进纵向流动，实现多元晋升，拓宽民警职业发展通道

在R监狱民警队伍，特别是中青年民警队伍中，大部分民警都希望获得进一步的职业发展，对于他们来说，对自己的职业发展有一个清晰的规划，看得到自己日后的晋升路径是最好也是最有效的激励手段。针对这类民警，需要我们着力破解监狱民警晋升难的问题，建立行政晋升、技术晋升等多方向的职业发

展道路，充分激发广大基层民警干事创业的活力。

1. 促进监狱民警队伍纵向流动

要加强对监狱中层干部的管理，做好干部选拔、任用工作，结合民警评估考核结果，建立中层干部后备梯队，实行中层干部轮岗，在不断完善选人、用人机制的基础上，不断提升监狱中层干部的整体素质。

将监狱部分中层干部职位，在监狱范围内实行公开竞聘，鼓励青年民警通过公平的竞争得到职位晋升。在监狱中层干部中实行末位淘汰制，建立中层干部自评、互评制度，每半年组织开展一次中层干部评估，将评估结果与民警个人月评估、条线评估结果相结合，连续两次考核垫底则需重新竞聘上岗。通过这些科学化、规范化的管理手段促进监狱民警队伍的纵向流动，使监狱人才的蓄水池水活起来，使更多的监狱民警看到晋升的希望，鼓励他们积极投身到监狱改革创新的事业中来。

2. 打造专业化晋升通路

据统计，目前 R 监狱担任警长的民警中 35 岁以下民警占 53%，中层干部中 35 岁以下民警仅占 5%，可见，青年民警的晋升通道还是相对狭窄。针对监狱中青年民警的职业发展需求，单一的行政晋升通道是不够的，还需要开拓如专业化晋升的其他晋升通道。

专业化晋升通道的前提是提升监狱民警的业务专业化水平，着力打造以民警技能比武为核心的业务能力锻炼平台以及以课题研究为核心的科研能力展示平台；结合监狱特色形成针对青年民警，特别是新入职民警的岗位实训基地，以罪犯夜间就诊、短刑犯违纪处理等具体性事务为主题开展实训练兵，提高青年民警的应急处突能力；启动基层民警轮岗机制，促使民警“博而专”业务知识储备的形成，通过以上多种措施的实行，切实提高监狱民警的履职能力，同时也为专业化晋升通道的开拓创造了必要条件。

在创造了有利条件的基础上，进一步着眼于解决多数基层民警的专业发展问题，做好拓宽各警务组民警的专业发展通道的调查研究落实工作。在调研中，我们发现，现行的民警专业化晋升通路（如矫正师）仍存在着一定的受众面窄、梯度不明确的问题，建议将评选的梯度进一步分化、细化，同时拓展专业化发展方向及种类，建立各警务组民警专业等级序列，并以此带动薪酬制度的完善，真正形成对监狱主业有着至关重要的推动作用的“多元化激励平台”。

监狱民警教育改造职业能力标准与培训模式的研究

上海市司法警官学校　邱　霖　顾建明　徐　迅

监狱是国家的刑罚执行机关，承担着惩罚与改造罪犯的重任。近年来，作为刑事司法最后一道防线的监狱面临的压力与日俱增，一方面，押犯的数量激增，押犯结构出现新的变化，狱内严重违纪或重新犯罪手段不断翻新；另一方面，罪犯的认知构成发生了新的变化，罪犯的恶性危险程度增大，罪犯的维权意识和自我保护意识不断"趋强"，甚至达到扭曲的程度，于是监狱民警的管理难度直线上升。为进一步提高教育改造质量，依据《监狱法》、司法部《教育改造罪犯纲要》和上海市监狱局党委《关于进一步加强监狱教育改造工作的意见》，建立一支高度敬业、素质过硬、战斗力强的"矫正官"队伍将是大势所趋；而核心要素，就是要提高广大监狱人民警察的教育改造能力，并以此为支点，通过相应的有效培训来全面提高民警的职业素质、履职能力和执法能力。民警教育改造能力标准的建立，将成为促进民警专业发展、改善教育改造实践、进一步提高教育改造能力的有效举措。

教育改造能力，从本质上说，就是针对罪犯具体情况开展创造性工作的能力，是监狱民警能力素质中具有核心地位的专业能力，它相对独立，又以刑罚执行为基础，与狱政管理、安全防范、劳动改造工作及其相应的能力要求紧密联系。

民警的专业能力的提高需要在职教育、职业发展和持续的职业实践相互有机配合。然而，目前还没有构建民警能力标准基础上的专业化的培训体系，这与对民警教育改造能力具体标准的研究相对缺乏有很大关系。

本课题聚焦于探讨民警教育改造能力标准，建立完善的教育培训体系，进而构建民警专业化发展、建立人才选拔与分类标准。

一、监狱民警教育改造职业能力标准的定义、理念与意义

（一）能力的定义

1. 能力

能力，是完成一项目标或者任务所体现出来的素质。能力总是和人完成一

定的实践活动相联系在一起的。离开了具体实践活动既不能表现人的能力，也不能发展人的能力。

2. 职业能力

职业能力是指人们从事某项职业所需要具备的综合性的特定的个人素质、应用知识和技能的本领。与能力的概念相比，其强调的是人的各项能力在某个特定职业中的全面发挥。

3. 监狱民警教育改造职业能力

教育改造是指监狱民警在对罪犯执行刑罚过程中，以改造人为宗旨，将罪犯改造成为守法公民所必须具备的特定的个人素质、应用知识和技能的本领。

本课题所指的监狱民警，特指作为需要同时承担管理与教育改造双重职能的、在监狱一线直接管辖一定数量罪犯的监狱人民警察。民警需要在有效开展安全管控的前提下，依据教育改造罪犯的规律，结合自身特点和罪犯特点，开展以减少罪犯重新犯罪可能为目的的教育活动。监狱民警教育改造职业能力即是指民警开展此类教育活动的能力（简称民警教育改造能力）。

4. 监狱民警教育改造职业能力标准

本研究立足于监狱民警教育改造职业，因此，将能力标准定义为："能够为监狱民警教育改造职业提供衡量是否具备从事该专业的可测量性的尺度，并结合培训使从事该岗位的民警得到发展的具体指标。"具体而言，本研究监狱民警教育改造职业能力定义包含以下内涵：

（1）监狱民警教育改造职业能力标准具有指向性：监狱民警教育改造职业能力标准是为教育改造职业提供的，针对该职业的从业特点制定的。

（2）监狱民警教育改造职业能力标准具有可测量性：能力与能力标准既相互联系又有区别。

（3）监狱民警教育改造职业能力标准具有激励性：能力标准是能力的具体化、细化，是具体的指标，具有可测量性，测量民警的能力标准能够起到提醒和警示作用。

（4）能力标准具有发展性：监狱民警教育改造职业能力标准的最终目的是使从事该职业的民警得到发展。根据能力标准的具体指标，民警能够及时了解自身能力的不足之处，有针对性地选择接受教育和培训或者自学来完善能力的不足，促进自身发展。

（二）监狱民警教育改造职业能力标准研究的实践基础

1. 建立以监狱本职职能为导向的能力标准

以监狱本职职能为导向，需要进一步明确“惩罚与改造相结合，以改造人为宗旨”这一监狱工作的方针，把教育人、改造人、挽救人作为监狱人民警察的神圣职责和民警教育改造能力标准构建的根本理念。只有解决了这个大前提和大基础，才能为构建教育改造能力标准提供正确的引导和方向。

2. 建立具备普适性与实用性的能力标准

（1）能力标准的普适性。适用于不同警务组、不同专业化分工的基层民警，即该标准适用于承担罪犯管理和教育法定职责的监狱人民警察。因此能力标准不适用于评估员、心理咨询师或教师等特定岗位，也不适用于科室民警及研究部门的民警。

（2）能力标准的实用性。本课题建立教育改造能力标准的用意，是以改善培训模式为目标，所以需要建立一种源于实际工作但又高于实际工作的模型结构。因此，这里所指的“能力”，既不是如同“技能”一样具体，也不是如同“素质”一样抽象，而是两者兼而有之的概念。

（三）研究监狱民警教育改造职业能力标准的意义

1. 促进监狱民警的专业化发展

民警的专业化发展是监狱工作的必然趋势，民警教育改造职业的专业化是对罪犯改造质量的保障，是民警提高自身专业能力的内在动力。监狱民警教育改造职业能力标准体系的构建有规范的标准，既保障了改造质量，又体现了监狱民警教育改造职业能力素质的不可替代性。

2. 为民警提供绩效管理衡量尺度

所谓绩效管理，是指各级管理者和员工为了达到组织目标共同参与的绩效计划制定、绩效辅导沟通、绩效考核评价、绩效结果应用、绩效目标提升的持续循环过程，绩效管理的目的是持续提升个人、部门和组织的绩效。监狱民警教育改造职业能力标准的制定为民警绩效管理提供依据与标准，为绩效管理提供监督的标准与尺度。其既能够通过该标准来衡量民警是否达标，还能够通过该标准监督民警的教育改造工作是否达标。因此，监狱民警教育改造职业能力标准的构建不仅起到管理的作用，还具有监督与调节作用。

二、监狱民警教育改造职业能力标准的分类

通过以能力标准相似性对民警教育改造工作进行任务分析，将监狱民警教育改造职业能力标准分为四部分：调查分析评估能力标准、个体教育能力标准、集体教育能力标准以及基本素质能力标准。图 1 展示的是监狱民警教育改造职业能力标准的框架。

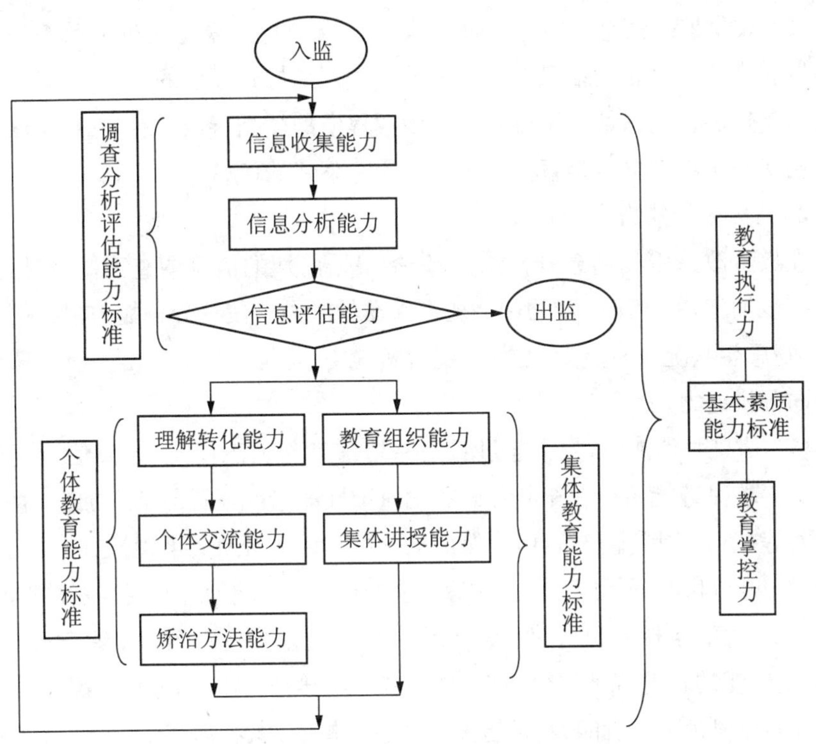

图 1　监狱民警教育改造职业能力标准的框架

（一）调查分析评估能力标准

具体是指民警通过多种渠道对罪犯的情况进行调查并加以分析，进行评估并得出结论，以供教育改造罪犯使用的工作能力的标准。调查分析评估是采取针对性教育的前提，只有全面掌握罪犯情况并且进行系统性分析以及客观评估，才能制定出有针对性的教育矫治措施。

1. 信息收集能力

信息收集能力是指通过各种方式获取所需要信息的能力，包括但不限于通常所说的“四知道”即基本情况、家属与社会交往情况、“三史”情况以及动态情况等。信息收集是信息得以利用的第一步。民警的教育改造工作中，收集的信息可以分为原始信息和加工信息两大类。

(1) 收集原始信息的能力是针对直接从罪犯的档案资料中获取的判决书、裁定书、入监登记表、老病残审批表等未经罪犯转述的信息。要求民警了解罪犯档案材料的构成、法律效力以及来源。

(2) 收集加工信息的能力是针对成长史、犯罪史、家庭成员关系等通过谈话由罪犯本人所汇报的信息。要求民警应掌握结构式面谈的相关内容和技巧，能通过营造轻松的谈话氛围以及在谈话过程中的循循善诱，使罪犯更全面地反映原始信息中不包含但是直接影响教育改造策略的信息。

2. 信息分析能力

在教育改造中的信息分析能力，是指根据前期的信息调查工作，对信息进行进一步加工，并为下一步的评估提供依据的能力。信息分析能力包括信息辨伪能力、思想状况分析能力、心理状况分析能力、行为倾向分析能力以及群体舆论导向分析能力。

(1) 信息辨伪能力，是指通过对比原始信息与加工信息，区分信息真伪的能力。要求民警能始终在充分考虑罪犯掩饰性的情况下进行信息加工，通过日常观察等技巧，去除虚构信息，确保信息分析与评估资料的准确性。

(2) 思想状况分析能力，是指能通过分析罪犯的年龄、刑期、身体状况、家庭关系等信息，掌握罪犯当前思想状况的能力。要求民警能够以真实信息为依据，根据罪犯的普遍客观规律的来分析特定罪犯当前阶段的思想状况。

(3) 心理状况分析能力，是指民警通过分析谈话、心理测试问卷、人格测试问卷等信息，掌握罪犯心理状况的能力。要求民警能熟练掌握各种狱内常见如EPQ、SCL-90、16PF、MMPI 等心理测试问卷，能理解测试报告的含义，并依据心理测试问卷设计、调整罪犯的教育改造计划。

(4) 行为倾向分析能力是指民警通过分析罪犯的成长史、家庭环境、犯罪史等信息，掌握罪犯的性格特点、价值观与行为倾向的能力。这要求民警能够以客观信息(主要是加工信息)为依据，根据人的普遍客观规律来分析特定罪犯的行为倾向。

（5）舆论导向分析能力，是指民警能通过与多名罪犯谈话及文字材料，分析罪犯群体舆论导向的能力。这要求民警具有一定的监管改造经验、一定的社会学和社会心理学知识，了解罪犯舆论导向的特征，能全方面掌握监区罪犯的舆论导向以及一定程度的事先预测。

3. 信息评估能力

信息评估能力，是指收集并分析数据，依据工作经验、评估工具进行比较，对罪犯改造状况进行评估的能力。信息评估能力是调查分析评估工作的核心能力。信息评估能力包括危险程度评估能力、改造趋势评估能力、改造稳定性评估能力以及专业性评估能力。

（1）危险程度评估能力，是指民警对罪犯的危险程度进行初步评估的能力。危险程度包含伤害他人的危险、自我伤害的危险以及脱逃的危险等。评估的依据主要是罪犯的“三史”等静态材料及通过罪犯自述或他犯反映的动态材料。民警应根据评估结果及时向上一级汇报并采取对应的安全管控措施。

（2）改造趋势评估能力，是指民警对罪犯的改造趋势进行初步评估的能力。评估的依据主要是罪犯违纪率、劳动生产情况、内务卫生情况、同犯关系等外显或内在指标的变化。改造趋势的评估结果为保持、良好和恶化等。对于改造趋势恶化的罪犯，民警应根据罪犯改造趋势变化及时调整教育策略，并对恶化的罪犯给予更多的关注。

（3）改造稳定性评估能力，是指民警对罪犯的改造稳定程度进行初步评估的能力。评估的依据主要是观察罪犯处置突发事件的反应。稳定性评估的结果为较稳定、一般、较不稳定等。稳定性与罪犯的性格、气质有较大的相关，不易通过教育改变。对于较不稳定的罪犯，民警应在其发生可能影响改造的事件后给予更多的关注。

（4）专业性评估能力，是指由经过专门培训的人员使用客观、严谨的评估工具，对罪犯的某个方面进行指标性评估，并以此对教育改造工作的内容及手段进行指导和调整的能力。评估内容包括管控级别、人生危险度评估、个别化矫治评估、认罪悔罪评估、守法守规评估等。现阶段，部分专业性评估仍由主管民警完成。但由专业人员进行此部分内容的评估是发展趋势。

（二）个体教育能力标准

具体是指民警开展以一对一为主要特征的结合罪犯谈话教育、矫治在内的一系列教育工作能力的标准。个体教育是目前民警教育的主要手段，采用个体教育的方法具有较强的针对性，并且能进行较为深入的教育。

1. 理解转化能力

理解转化能力是指民警理解对罪犯的教育内容后将自身理解的内容以合适的形式采用合适的方法对罪犯开展教育的能力，强调理解的全面性以及转化的正确性，是个体教育工作与集体教育工作的核心能力。理解转化能力依据教育的具体内容进行划分，主要包括：疏导激励教育能力、守法守规教育能力、个别化矫治教育能力、入监出监教育能力、舆论解释引导教育能力、特殊罪犯教育能力以及心理健康教育能力等。

（1）疏导激励教育能力，是指对罪犯进行情绪疏导或激励等性质教育的能力。要求民警掌握各类常用的情绪疏导和激励的技巧，能够在事先准备不充分的情况下，及时对罪犯的应激情况作出反应，并采取针对性教育。例如对负面情绪进行情绪疏导等。

（2）守法守规教育能力，是指对罪犯进行认罪悔罪、遵守规范、认真学习、积极劳动等守法守规主题教育的能力。要求民警能掌握以下内容：守法守规教育的教育目的与教育目标；守法守规教育的体系；认罪悔罪、遵守规范、认真学习、积极劳动的内容；各项内容的标准；各项内容的教学方法与特点；常见问题等。

（3）个别化矫治教育能力，是指对罪犯进行法律教育、道德教育、文化教育、心理健康教育、家庭关系知识教育、人际关系知识教育以及其他集约化矫治项目教育的能力。要求民警能掌握以下内容：个别化矫治的教育目的与教育目标；个别化矫治的体系；法律教育、道德教育、文化教育、心理健康教育、家庭关系知识教育、人际关系知识教育的内容；各项内容的标准；各项内容的教学方法与特点等。

（4）入监出监教育能力，是指对新入监的罪犯和即将出监的罪犯进行针对性教育的能力。新入监罪犯的教育重点是开展法律常识教育和认罪悔罪教育，使罪犯了解在服刑期间享有的权利和应当履行的义务，了解和掌握罪犯行为规范。对即将出监罪犯的教育重点是进行形势、政策、前途教育和遵纪守法教育。

（5）舆论解释引导教育能力，是指民警对罪犯间的热门话题进行合理解释，对罪犯舆论进行合理引导教育的能力。要求民警能根据信息分析所获得的舆论热点，从利于改造平稳的角度进行解释性或引导性教育。

（6）特殊对象教育能力，是指民警对老病残犯、危顽犯、累惯犯等罪犯进行针对性教育的能力。要求民警能掌握特殊罪犯的生理特点、思想特点和性格特征等内容，并开展针对性教育。

（7）心理健康教育能力，是指针对罪犯因心理原因产生的犯因性需求或因服刑产生的心理变化进行针对性教育能力。包括：犯因性心理问题的消除、服刑期间心理问题调适以及健康的社会心理的塑造等。

2. 个体交流能力

个体交流能力是指民警以一对一的形式对罪犯进行沟通、疏导或将教育内容进行表达以起到教育效果的中介性能力。此语境下的个体交流能力包括建立关系能力、非言语能力、言语能力、对峙能力和文字表达能力等。

（1）建立关系能力，是指民警能建立恰当的有利于教育改造罪犯的警囚关系的能力。要求民警能塑造自身可被信任的形象，建立一个宽严恰当的民警与罪犯间的联系。

（2）非言语能力，是指民警对面部表情、肢体语言等非言语信息的掌握能力。要求民警能了解不同面部表情、肢体语言所蕴含的信息。

（3）言语能力，是指民警根据罪犯出生成长环境、文化背景及教育情境，采用恰当语言表达以保证信息顺利传递的能力。

（4）对峙能力，是指民警合理运用对峙技术，通过举例、反问等方法纠正罪犯错误观念的能力。

（5）文字表达能力，是指民警通过批阅周记、思想汇报等手段，对罪犯所反映的情况即时予以书面反馈并进行教育的能力。

3. 矫治能力

是指针对高危险度、高改造难度等情况的罪犯，对生理情况、心理情况、成长史、成长环境、犯罪原因、犯罪史及改造史进行综合分析，剖析矫治的重点与难点，运用更多的矫治资源，在保持罪犯狱内平稳与降低重新犯罪率的同时提高民警教育能力为主要目标的系列教育活动。包括制定方案能力、警囚互动能力和矫治方法能力等。

（1）制定方案能力，是指民警根据罪犯实际情况合理设定分层次的矫治目标并根据设定的矫治目标制定有针对性、操作性的矫治措施的能力。要求民警能合理分析罪犯的客观改造现实，设定难度适中的近期、中期、远期矫治目标。

（2）警囚互动能力，是指民警能通过警囚互动，使矫治目标转化为罪犯自我改造目标的能力。要求民警能采用有效的交流手段和技巧，使罪犯认识到自身缺陷，产生改造的内部动力，提升教育效果。

(3) 矫治方法能力，是指民警根据情境，使用多种方法技巧，开展对罪犯矫治的能力。有效掌握罪犯心理变化，并根据矫治过程及时采用最有效的矫治方法。

(三) 集体教育能力标准

具体是指民警开展以一对多或多对多为主要特征的利用日讲评、周讲评、生检会等形式针对特定犯群问题开展的一系列教育工作能力的标准。采用集体教育的方法能够在警力资源有限的前提下以集约化的方式解决罪犯中普遍存在的问题。

1. 教育组织能力

指根据既定方案，组织、协调、配合各类教育改造活动，来对罪犯进行教育的能力。教育组织能力包括教育活动配合能力、教育活动实施能力与团队建设能力。

(1) 教育活动配合能力，是指民警在监组层面配合、协助做好监狱、监区组织的教育活动的能力。要求民警理解上级教育活动主题，并在责任监组内进行辅助性、针对性教育活动；同时，有效掌控教育现场秩序，及时发现并劝阻影响教育效果的行为。

(2) 教育活动实施能力，是指民警能组织、实施监区专题教育改造活动的能力。要求民警能掌握专题教育活动组织与实施的相关方法与要求，在监区开展专题教育活动；并要求民警能根据安排，组织座谈会、读书会、兴趣小组等跨监组罪犯的团体性教育活动。

(3) 团队建设能力，是指民警能根据教育需要，对诸如监组或者兴趣小组等某一类相对固定的学习团队进行团队建设，营造积极的团队文化，树立正确的团队价值观，形成良好团队风气的能力。

2. 集体讲授能力

集体讲授能力，是指民警利用大课教育、周讲评、生检会等活动，将教育内容进行表达以起到教育效果的能力。集体讲授能力包括内容准备能力、激发维持动机能力、表达能力、强化效果能力以及现场管控能力。

(1) 内容准备能力，是指民警根据教育主题准备对应的教育内容的能力。

要求民警能根据选定的教育主题，在理清教育思路后搜集辅助的教育素材，能结合社会上或者监狱内的时事热点，注意对突发事件和典型事件的整理、归纳与引导。

（2）激发维持动机能力，是指民警能激发并维持罪犯在集体教育过程中的学习动机的能力。要求民警能在讲授过程中能始终抓住罪犯的注意力，激发学习热情，使教育过程高度聚焦，提高学习效果。

（3）表达能力，是指民警能采用有效的、适合于情境的表达方式的能力。要求民警能掌握一对多或者多对多授课的特点，根据当下教学活动参与罪犯的人数、时间长短采用合适的言语与非言语线索和恰当的表达方式。

（4）强化效果能力，是指民警能使用提问、反馈等技巧，强化学习效果的能力。要求民警能掌握各种强化学习效果的技巧，使罪犯积极参与，提问清晰、反馈及时，以达到强化罪犯学习效果的目的。

（四）基本素质能力标准

与前文实践工作不同，这里所涉及的是与民警教育改造工作整体完成情况息息相关的基本素质性能力的标准。

1. 教育执行力

是指民警能理解教育改造罪犯工作的重要性，按照制度要求或上级安排，积极、主动开展各种形式的罪犯教育改造工作。不体现在具体工作中，而是通过态度与价值观等形式体现在完成具体工作的过程之中。

2. 教育掌控力

是指当民警对罪犯开展教育时，对教育过程的掌控能力。这其中既包括民警对教育现场环境及教育氛围的掌控，也包括民警对罪犯个体教育各阶段开展不同教育内容的掌控。

3. 教育工作基础常识

教育工作基础常识是指为了完成罪犯教育工作，所需要的基础性的知识。教育工作基础常识主要包括法律类基础常识、教育类基础常识及兴趣类基础常识。

（1）法律类基础常识。法律类基础常识是指与罪犯改造生活、家庭与社会关系、再社会化及防止重新犯罪相关的法律法规的主要内容和基本规范。

（2）教育类基础常识。教育类基础常识是指有助于民警更好了解罪犯心理特征或更好开展教育工作的教育学、教育心理学等学科的常识性内容。

(3) 兴趣类基础常识。兴趣类基础常识是指各种适合在狱内开展的有助于罪犯提高身体健康或心理健康活动的常识。兴趣类基础常识要求对各种常见的基本兴趣爱好相关知识有基本的了解。

三、教育改造职业能力培训概述

(一) 培训的意义

帮助个人能力的提升的因素有很多种，包括个人实践、工作氛围、在职教育培训、个人的自我认知以及科学的奖惩机制等。除了职业实践和职业发展具有根本决定性作用以外，教育培训的推动作用也至关重要，监狱民警的教育改造职业能力要靠在职教育培训、职业发展和持续的职业实践才能逐渐形成与提高，这也是培训的最主要目的所在。

教育培训作为提升民警队伍素质的重要渠道，能为民警业务能力和职业素养的提高不断地“充电”和“加油”，有效破解民警的能力“短板”问题。

本课题进一步力求以民警教育改造能力标准的形成推进培训模式的转变。能力标准是教育培训的基本依据，一个适应监狱工作需求的能力架构的形成，必然对培训模式的转变提出要求并使之成为可能。培训模式的构建必然要以教育改造能力职业标准为客观依据，形成具有层次性、实践性、综合性的培训模式。

同时，培训模式的转变又能进一步推进民警教育改造能力的提升；而培训模式的应用和推广，能够进一步保障民警队伍在监狱转型发展中的主体地位，培养一支专业化的教育改造民警队伍。

(二) 教育改造职业能力培训模式的建设

教育改造职业能力培训体系的构建包括培训原则的确立、教学方法的导入、培训模式的构建、课程体系的设置以及考核评估机制的设置等一系列的过程，而在上海监狱系统中的培训主体有警校、业务部门、13 个分中心的实务培训、民警自学等不同层次、不同类别的主体，本课题主要以监狱管理局培训中心(即司法警官学校)为主要视角，立足警校在民警教育改造职业能力提升所起的重要作用，构建一整套监狱民警教育改造职业能力的培训体系。

（三）培训模式概述

1. 培训模式概念

培训模式是指培训组织者为达到提高员工的能力与素质的目的而组织实施的、将培训内容以载体形式呈现而实现的有效途径和方式。出于对培训的理念与目标的不同，现实中对于培训的模式的种类有很多。

2. 监狱人民警察教育培训模式概述

目前我国监狱警察教育培训的种类主要有招募（新警）培训、在职培训、晋升（晋职、晋衔）培训、专业培训以及专题教育培训等几种教育培训形式。在全国的监狱系统中一般由省份一级的监狱管理局主管所辖系统的教育培训工作，具体负责教育培训的实施，包括教育培训课程的设置、师资人员的安排、培训地点的选择以及培训考核的实施等工作。个别省份的监狱管理局针对教育培训事宜的具体需要成立教育培训中心，具体负责教育培训的实施，并在各个基层监狱成立警官培训分中心。

3. 教育改造职业能力培训模式解析

教育改造能力作为监狱民警能力素质中具有核心地位的专业能力，具有相对独立的层级体系。在围绕其开展的教育培训工作中，至今还没有一个完全定型的模式，缺乏相应的综合性、实践性和层次性的培训模式。在当前的民警教育改造职业能力培训的实践中，主要存在以下问题：

（1）尚未构建监狱民警能力架构基础上形成专业化的培训体系，对于教育改造职业能力的培训仍然是以零星的、游击式的、点断式的培训模式为主，散落在一般的岗前培训、在职培训或晋升培训中。

（2）与监狱民警职业发展和实践活动的联系还不紧密，对民警教育改造职业能力发展的内在规律把握不够，还没有在创建学习型组织的平台上发挥教育培训的积极作用。

（3）培训的教学方式过于简单，重在灌输而不问效果。传统的教育培训方式依旧是以面对面的讲课为主，教学过程中互动性不强、案例分析少、调查研究少。这种灌输式的教育培训，单调枯燥，缺乏应用性、科学性、灵活性，时间一长，参训者学习兴趣大减，无法提高全体监狱民警的分析能力和实际解决问题的能力，致使教育培训质量较低，教育培训效果不够理想。

(四)教育改造职业能力培训模式的构建:认知与操作一体化;侧重能力导向培训模式

参照前文所述的教育改造职业能力的标准,笔者试图在以警校为视角的背景下建立一套系统的培训模式——认知与操作一体化、侧重能力导向培训模式。该培训模式是指以监狱民警的教育改造职业能力标准为依据,以教育改造能力的提升为导向,以层级性、实践性、综合性的课程模块为核心,形成包含职前与职后全过程、研究与实践相结合的系统的培训模式。其内涵包括"一个目标导向,三个一体化"。

1. 一个目标导向

即能力导向,其内涵是指教育教育改造能力培训模式的依据是监狱民警的教育改造职业能力的标准体系,其归属和出发点都是为了提升监狱民警的核心专业能力,致力于培养教育改造领域的"行家里手"。由于民警教育改造能力的提高的根本在于长期的职业实践和职业发展,不可能一蹴而就,教育培训工作起到的是一种辅助、促进的作用。因此,培训模式的设计必须以"一切来源于实践,一切回到实践"为根本宗旨,设置以能力为导向的专业化的培训模式,帮助民警找到能力上的"短板",解决工作中存在的各类"疑难杂症"。

2. 三个一体化

首先,致力于形成职前、职后的一体化覆盖。其覆盖面不仅要以职后培训为重点,更要未雨绸缪,将民警的入职前培训纳入整体的培训模式中,形成纵向与横向的一体化模式,促使教育改造能力的延续发展。在职前培训中,要侧重于建立民警的职业准入机制,形成新警—初阶—进阶—高阶的有机联系链条。其次,致力于创新研究、培训与民警实践工作一体化发展。如前所述,教育培训要构建在民警能力架构的基础上形成专业化的培训体系,而培训模式更是要与民警的职业发展与实践活动紧密联系,因此,要致力于一体化模式的创新,全面发挥监狱本体与民警主体的作用,在实践中开展研究,边研究、边运用。教育改造能力作为民警的核心专业能力,其可以分为初阶、进阶和高阶三个阶段,与此相应,培训模式也要不断地深化、升级,不断开拓创新,为能力的提升创造必要途径。再次,致力于形成认知与操作的一体化培训机制。完整的职业能力是专业能力、方法能力、社会能力整合后形成的。而教育改造能力作为核心的专业能力、作为培训的重点,以期待完成基层民警的能力层级的晋级,而相应地在开展教育改造能力培训的同时，也要对民警的方法能力和社会能力加以引导和整合。进行一体化的培养和锻炼，既能更好地突出核心的专业能力，又能将专业能力、社会能力和方法能力整合为一体化的职业能力。

认知与操作的一体化培训模式，是在吸取现代教育教学理念并结合监狱民警教育改造罪犯的职业特性的基础上形成的，其对广大基层民警的专业能力的提升和职业素培养的强化将具有相当重要的催化和促进作用。

（五）教育改造职业能力培训模式的构建过程

认知与操作的一体化培训模式，其全方位的构建是一个动态的过程，由培训组织提供培训的机会，并结合一定的职业实践，受训学员在此过程中取得个人的自我突破，其构建的流程示意图如下图所示：

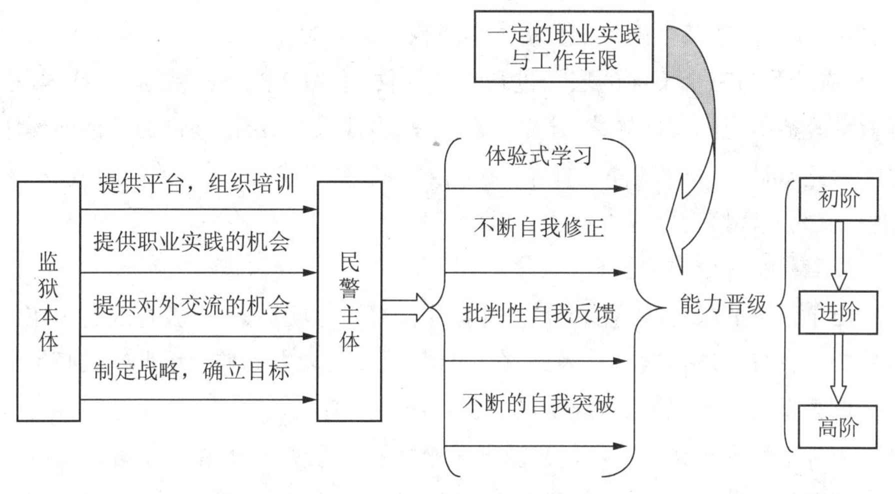

图 2　培训模式构建示意图

1. 以监狱民警为主体

追本溯源，培训模式的应用，首先还是要立足监狱民警的主体地位，特别是随着上海监狱系统两级管理和现代警务机制的建设，监狱的转型发展向“专业型、集约型、矫治型”的方向迈进。其中“专业”与“矫治”就体现于回归教育改造主业，破除旧有经验和思维惯性，牢固确立和强化以“矫治”为核心要旨的监狱警务改革的价值追求，遵循分类管理、分类教育、因人施教的改造规律，广泛运用多元化的“专业”矫治手段和方法；而教育改造能力标准培训模式的应用，正是在“大教育”格局下，促进监狱工作长远发展的助推器，更是破解民警能力问题的有效手段。

2. 分层分级，按需培训

按需培训是教育培训的基本规律，民警的教育改造能力培训必须将组织需求、岗位需求和民警自身需求有机结合起来，充分激发民警参加教育培训的内在动力，增强培训的针对性。针对教育改造能力的三个阶段（初阶、进阶和高阶），基层民警教育改造能力的提升与晋级必须由本人提出申请，根据本人的需求和实际情况进行强化式的培训，再根据培训结果予以考核评估；同时，对于申请能力晋级的不同培训群体应实施分层分类的教育培训：对于初阶（基础级）群体，重点进行“应知应会知识”的培训，在培训考核上侧重于理论考试；对进阶（中级）群体进行“提高型知识”的培训，在培训考核上侧重于实战技能的演练；而对高阶（高级）群体则重点进行“应用型知识”的培训，在知识的深度、广度上做文章，在培训考核上侧重于分析总结教育改造的规律。对于不同模块的知识点，相应地分为三个不同的层级进行考核评估（掌握—熟练—精通）。这样，根据教育改造能力的发展规律，建立由表及里、由浅入深、层层递进的培训循环体系。由此，可以使教育培训的目的性更强、要求更明确，改变目前的重复、交叉培训，节约教育培训资源。

3. 育人为本，全员培训

由于民警的教育改造能力是全体基层民警履行职责、胜任教育改造工作任务所应当具备的能力素质。因此，在设计教育改造能力标准的培训模式必须立足于广大基层一线民警，实现全员培训。而所谓育人为本，则是在民警教育改造能力标准培训工作中牢固树立培训民警的主体地位意识，全面把握民警的成长规律和教育培训需求，一切培训工作都从有利于推动民警尽快成长、深层发展出发，把素质提高、能力培养贯穿于民警教育培训的全过程，全面提高民警的调查分析评估能力、个体教育能力、集体教育能力和教育管理能力。同时，不论民警的文化程度高低、职务大小、工龄长短，都应安排教育培训，实行人人参与，全员考核，使每名民警都有在教育培训中提高的机会。

4. 注重质量，追求效益

开展民警教育改造能力的培训，同样要树立“质量和效益”的观念。研究培训与收益时发现，培训可以给企业带来较大的收益，最直接影响的就是产品的质量改进与服务质量的提高。当前非传统安全领域的威胁和挑战使国家对监狱警察“量”的急需逐渐提高到“质”的需求，而对于提升民警教育改造能力这一收益性的成果，教育培训是最好的投资。这是经过实践检验得出的结论。从投入产出的角度看，民警教育培训也是监狱民警队伍建设的一种生产性投入。这不仅能确保监狱民警能力素质跟上形势发展要求，是推进新一轮监狱体制改革的大势所趋，更是应对日趋复杂的狱内安全形势的根本保证。我们要树立民警教育培训投入是高效益投入的观念，增强投入产出意识，避免以片面追求培训人数为目标和以资源、设备和资金为基础的粗放型投入，要发挥培训优势，实现民警教育培训效益的最大化。

四、课程体系设置——以能力标准为依据

（一）以提高监狱民警的教育改造能力为逻辑起点

教育改造能力培训的课程设置和课程开发，必须以教育改造职业能力的职业标准为现实依据，其出发点和归属旨在提高监狱民警的教育改造职业能力；而教育改造职业能力是监狱民警在教育改造活动中所应达到的专业化能力，包括与监狱民警工作职责相适应的专业知识、专业技能和专业态度的有机结合。因此，相关的课程设置应该围绕教育改造的专业知识、专业技能和专业态度展开，训练学员适应基层民警所需的操作能力、应变能力和开拓能力。

（二）问题导向，以解决现实存在的问题为关键

课程的开发和建设要以“如何解决问题”为实践方案，特别是要关注罪犯改造的需求，以问题为导向。改变以往重理论而轻实践的状况，在课程的设计中要从教育改造罪犯实战出发，不断地创设问题情景，引导学员主动参与、亲身体验现实情境，促使民警及时发现问题、思考问题和解决问题。学员围绕问题解决有目的、有针对性获取知识，并在此过程中驱动探究与获得体验，进行自我的反思和矫正，最终澄清疑惑、更新教育改造专业知识，并提高素质、增强实战应变能力。

（三）进行需求调研，实现跟踪问效

在课程的开发和建设中，要注重对课程设置的过程控制。首先，进行培训

需求调研，将教育改造能力分解成不同的能力要素，通过问卷调查、个别访谈、集体座谈的方式，让民警对照自查，对比分析，找到自我的能力短板，并及时反馈自己的培训意愿。其次，分析需求，将民警反馈的寻找共性问题予以筛选，提炼出民警普遍欠缺的能力板块，作为课程设置的重要依据。再次，跟踪问效，检验培训效果。在培训结束前，采取发放问卷调查表等形式，分别就课程计划、内容设计及课堂效果进行征询、评估，并相应地进行跟踪调查，了解民警培训后回到监区工作的"实战"状况，是否能将教育培训的内容与实际工作相结合，最终反馈实践，改进课程，形成学用结合的良性循环。

五、培训的考核评估体系建立

在构建了能力导向的一体化的培训模式以及配套的课程体系后，在实践中还应进一步研究如何将其推广应用，更好地推动民警的教育改造能力层级体系的建立，为民警的专业化发展提供方向性引领，真正激发民警专业发展的愿望和动力。

（一）建立理性评估机制

综合而言，培训的作用并不是万能的，基层民警教育改造能力的提高需要靠长期的实践经验积累和教育培训训练。因此，对于培训的作用和效果，如何建立一个理性的评估机制将相当重要。首先，整合资源，完善应用。根据培训计划制定、培训方案实施、课程体系设置以及培训效果的检验和师资力量的建设等因素，运用数据分析等方法，建立培训的模式应用的因果关系分析。其次，健全运行机制和保障机制。为理顺培训效果的评估环节，健全培训模式的运行机制和保障机制也将非常重要，其中包括教学评估考核机制、学员内部管理机制和教学保障工作机制。再次，建立激励机制。加强教育培训的实效性，需要对教育培训的效果进行跟踪和评估，并形成良好的激励机制。在开展民警教育改造能力培训过程中，同样需要建立健全相应的激励机制，如对培训优秀学员和优秀讲师的奖励，提高培训组织者和参与者的积极性，以便促进教育培训的良性循环。

（二）建立考核标准

在建立了相应的培训效果评估体系后，结合能力标准和课程设置，可以对民警的教育改造能力层级进行考核。考核方式应采取考试和实务操作相结合的方式,其对应的标准为:初阶能力考核标准——掌握,进阶能力考核标准——熟练,高阶能力考核标准——精通(见表1)。只有通过了培训的考核,方能获得相应的能力等级的合格证书。

表1　教育改造能力培训考核标准

能力晋级	基础理论模块	专业技术模块	职业技能拓展模块	新技术模块	监狱工作年限
新警—初阶	掌握(合格)	掌握(合格)	了解	了解	满3年
初阶—进阶	熟练(良好)	熟练(良好)	掌握(合格)	掌握(合格)	满5年
进阶—高阶	精通(优秀)	精通(优秀)	熟练(良好)	熟练(良好)	满10年

(三)建立民警教育改造能力等级制度

在完成培训考核的基础上,为了解决民警提高能力素质的动力源泉,可以采取在民警队伍中建立教育改造能力等级证制度(基础级—中级—高级),将监狱民警的教育改造职业能力评估标准分为稳定性能力因素、助推性能力因素、情境性能力因素和激励性能力因素四大块,并分别将其细化为相应的分值,并结合基层民警教育改造能力标准,对民警的教育改造能力层级进行评估,评估小组将民警的教育改造职业能力得分进行汇总和统计。总体思路是分层分级,建立教育改造职业能力等级制度。根据评估的结果,将能力等级分为基础级(含四级、五级)、中级(含二级、三级)、高级(一级)三个大类,如表2所示:

表2　监狱民警教育改造职业能力评估表

稳定性能力因素		助推性能力因素		情景性能力因素		激励性能力因素	
从事教育改造工作年限	赋值	培训考核情况	赋值	综合情况分类	赋值	获得奖励	赋值
5年以下	8	通过初阶课程培训	10	工作环境	2	个别教育能手(次)	3
5—10年	15	通过进阶课程培训	20	科学奖惩机制	2	首席个别教育能手(次)	6
10—20年	25	通过高阶课程培训	30	个体动机	2	助理矫治师(次)	5

（续表）

稳定性能力因素		助推性能力因素		情景性能力因素		激励性能力因素	
20年以上	30			自我概念	2	中级矫治师（次）	10
				特质	1	高级矫治师（次）	15
				技巧	1	首席矫治师（次）	20
合计		合计		合计		合计	
总分							

表3　教育改造职业能力等级制度

基础级	70分以下	三级
中　级	70—89分	二级
高　级	90分以上	一级

六、培训资源的开发利用

在构建教育改造职业能力培训模式的同时，还应配套地对内外部的培训资源进行开发利用，致力于培训的深化、体制的改革、警务效能的深化服务，全面提升民警的业务能力水平。

（一）建立培训组织三级架构

对于民警教育改造能力的培训，应该在监狱系统内部建立警校—监狱—监区的三级架构。首先，充分利用警校资源。民警的初任培训、任职培训、晋升培训、轮值轮训等各种教育培训均在警校进行，可以说警校是民警教育培训的主阵地，在民警教育培训中起到举足轻重的作用。所以，监狱应充分利用警校的资源，适时了解警校的培训动态，借力完成相应的教育培训。其次，在警校的积极指导下充分开发监狱培训分中心资源。监狱培训分中心应在警校的帮助下主动而为，结合监狱的特点，加强特色教育，实现功能互补。再次，继续开展监区“小教员”选拔、锻炼、培养工作。在完成培训组织三级架构的基础上，监狱应该从长远的角度看，花大力气建立内部讲师制度，重点是推进兼职教官队伍选拔,优化结构要着重实行兼职教官"一对一带教"工作,实现带好一个、带动一片的目的;同时还要开好兼职教官例会,促进教研组的成立。

(二)构建内外结合的师资体系

民警教育培训要取得成效,必须有一支素质过硬的师资队伍,结合监狱实际,构建内外结合的师资体系。在内部,要建立民警培训教师师资网络。对所有可以授课的人员给予一定的教育方法培训并进行教师资格认定,认定合格者持证上岗,并给予相应的报酬。在此过程中特别要注重发挥监狱系统内"老法师"的传、帮、带作用。他们在长年的工作中积累了丰富的教育改造经验,是上海监狱的宝贵财富,一定要加以吸收、整理和传承。同时,也要建立对教师资格的动态考核,一经确认其教育质量不适应者,应该进行淘汰或再培训。在外部,要建立起多方位、多角度、多专业的师资队伍。可以借助上级机关、社会院校的师资力量,构建起有一定知识内容和层次的外聘师资队伍,如像心理学一类的专业理论要求较强的师资,我们可以尝试与相关单位签订协议等方式,形成固定的师资来源。在教师队伍建设上,可以吸收国外经验,尽快建立监狱机关与院校之间的双向交流制度,选拔既有丰富实践经验,又有较高理论水平的高级警官和警务专家到院校任教,同时聘请专业院校的优质师资力量到监狱开展教育培训工作。此外,在对民警教育改造能力评估的过程中,也可以本着"请进来、走出去"的原则,定期聘请社会上相关的专家来开展第三方评估,使评估考核过程变得更为公开、公正、公平,达到"双赢"结果。

(三)借助网络和社会教育资源

在警校积极探索学分制教育培训体系的背景下,可以赋予民警在社会上所接受的教育培训成果以一定的学分,以激励民警充分运用这些广阔的资源,自我充电。所谓网络教育,是指在以计算机网络、通信网络或广播电视网络为介质,以网络教育资源为核心,构建的网络教育环境中展开的教学与学习活动的教育组织形式。它比传统教育具有更多的灵活性、交互性、参与性、主动性等特点,任何人可在需要的时候、在任何地点学习需要的知识。因此,我们应该利用网络这个教育平台,结合监狱民警的自身特点,开发适合监狱民警培训的特色网络教学资源,能够提供较多的、全方位的学习资源,弥补传统的培训教育方式的不足,真正实现"科技强警"的战略,从而提高监狱人民警察队伍的整体素质。作为民警教育培训的辅助,监狱应鼓励民警自觉参加社会、学校、监狱组织的各种教育培训的机会,如:有的民警参加高等自学考试;民警讲师团自觉学习教学方法等。

(四)建立教育改造实践案例库

形象生动的案例是培训课堂提高质量的有效保障。因此,在培训资源的开发中,应着重考虑建立一整套教育改造实践的案例库。首先,在警校层面上而言,民警的初任培训、任职培训、晋升培训、轮值轮训等各种教育培训均在警校进行,其有着得天独厚的条件来收集各个监狱中的典型的教育改造工作案例,可以经过警校教官的梳理后加以分类并汇编成册,形成教育改造工作案例库。在民警教育改造能力的培训中,这些案例是极其生动的教育素材,其中不论是成功的案例还是失败的案例,都可以加以充分利用。另外,警校还可以每年定期组织各个监狱的培训分中心进行教育改造个案评比,既可以调动培训分中心对于教育改造能力方面的积极性,也可以定期更新并充实其教育改造工作案例库,使此案例库始终保持鲜活的生命力。其次,在基层监狱培训分中心的层面上,监狱培训分中心应主动而为,定期通过个案评比等方式收集一些具有其监狱特色的教育改造工作案例,并定期上报警校。

(五)重视非实践因素的开发

在民警教育改造职业能力形成和发展的过程中,除了职业实践的决定作用和教育培训的助推作用外,一些非实践因素也具有相当重要的促进作用,如:教育改造的奖惩机制影响:在监狱教育改造的主战场中,科学合理的奖惩机制对于民警能力的提高同样具有相当重要的促进作用,其中包括正激励机制和负激励机制;工作环境因素影响:在监管改造这个相对封闭的环境中,完成对罪犯的再教育工程,打破罪犯原有的犯罪动力定型,重新塑造人格,其艰苦性可想而知。教育改造能力的形成、发展和定型,与监管改造的环境、工作氛围和团队协作的各种因素息息相关;此外,民警个体的认识与自我发展(动机、特质、自我概念等),在影响能力发展的因素中,遗传因素是物质性前提条件;实践是基本方法,环境和教育、人的主观能动性是重要构成因素。相比环境与主观能动性,遗传中存在不确定因素,人为预测和干预的难度较大,在培养能力时,应重点改造个体所生活的环境,影响其他心理品质的发展,推动实践深度与广度的拓展,使其在能力发展过程中发挥积极作用。在进行培训资源开发利用的同时,还应该有意识地注重对此类非实践因素的开发和建设,丰富民警教育改造能力建设的多种途径。

附表　监狱民警教育改造职业能力培训课程设置总表

模块	培训内容	培训要素分解	课程设置	课程等级	备　注
基础模块	教育学基本原理	现代教育的基本特征、基本方法、基本目的，行为养成的一般规律等	现代教育学、传统教育学、人格改造论等	初阶	新警—司升司
	法学基础知识	学习掌握现有的与监管改造相关的法律、法学原理、刑罚与监狱功能	宪法学、刑法学、民法学、刑事诉讼法学、民事诉讼法学、行政法学、行政诉讼法学、刑罚原理等	初阶	新警—司升司
	心理学基本原理	掌握人的心理的形成发展过程、心理障碍的特征与破解、人格与心理的关系	心理学导论、心理咨询技巧、罪犯心理矫治导论等	初阶	新警—司升司
	演讲与口才	具备良好的口语表达能力，语言组织富于逻辑性、严谨性、感染性等	演讲比赛、对抗辩论、小组讨论	初阶	新警—司升司
	伦理学基本原理	了解掌握中华名族伦理道德常识、基本原理、基本规范	伦理学导论、中外哲学导论、道德经、论语等	初阶	新警—司升司
	教育改造课基本常识	掌握“三课”教学的要点、技巧	教学方法论、课堂互动技巧等	初阶	新警—司升司
专业技能模块	调查分析评估能力	信息收集能力	狱政系统使用、档案管理工作规范、耳目情况犯信息收集途径、周记批阅要点	初阶	新警
		信息分析能力	心理测量表使用、罪犯风险评估表使用、原始信息与加工信息辨伪对比、行为倾向与舆论导向分析	初阶	新警
		信息评估能力	人身危险性预测、罪犯自杀及自伤自残倾向预测	初阶—进阶	新警—司升司
			改造趋势与改造稳定性评估、罪犯管控级别评估（立管、专控）	初阶—进阶	新警—司升司
			再犯风险评估	进阶—高阶	司升司——司升督

（续表）

模块	培训内容	培训要素分解	课程设置	课程等级	备　注
专业技能模块	理解转化能力	疏导激励教育	掌握各类常用的情绪疏导和激励的技巧	初阶—进阶	新警—司升司
		守法守规教育	法律基础与守法教育	初阶—进阶	新警—司升司
		入监出监教育	入监出监教育要点	初阶—进阶	新警—司升司
		舆论解释引导教育	如何对罪犯舆论进行合理引导	初阶—进阶	新警—司升司
		特殊对象教育	老病残犯、危顽犯、累惯犯教育改造要点	进阶—高阶	司升司——司升督
		心理健康教育	心理问题调适以及健康的社会心理的培养	进阶—高阶	司升司——司升督
	个体教育能力	个体交流能力	个别谈话技巧（如何建立有利于教育改造罪犯的警囚关系）	初阶—进阶	新警—司升司
			个别谈话技巧（如何掌握面部表情、肢体语言等非言语信息的观察方法）	进阶—高阶	司升司——司升督
			个别谈话技巧（如何学会语言表达审时度势，逻辑思维严谨）	进阶—高阶	司升司——司升督
			个别谈话技巧（如何善于倾听、并在交流中化解罪犯思想问题）	初阶—进阶	新警—司升司
			谈判技巧运用、心理危机干预	初阶—进阶	新警—司升司
		矫治能力	个别化矫治、认罪悔罪评估	进阶—高阶	司升司——司升督
			警囚互动技巧	初阶—进阶	新警—司升司
			人际关系调适、家庭关系调适、社会关系调适	进阶—高阶	司升司——司升督

（续表）

模块	培训内容	培训要素分解	课程设置	课程等级	备　注
专业技能模块	个体教育能力	集体讲授能力	犯群舆论掌控、罪犯非正式群体管理	初阶—进阶	新警—司升司
			集体教育的掌控技巧（内容准备、激发维持动机、强化效果）	初阶—进阶	新警—司升司
	素质能力	学习归纳能力	专题报告撰写、个案分析管理	进阶—高阶	司升司——司升督
			办公自动化软件应用	初阶—进阶	司升司——司升督
		教育组织能力	教育活动组织与策划	初阶—进阶	司升司——司升督
		沟通合作能力	团队拓展训练、团体游戏	初阶—进阶	新警—司升司
职业能力拓展模块	自我改进能力	自我归类能力	监狱警察的职业、历史与伦理；当代西方监狱学，监狱学总论	进阶—高阶	司升司——司升督
	循证矫正能力	自我剖析、自我反思、自我调节能力	监狱警察心理调节、职业风险与职业保护	进阶—高阶	司升司——司升督
		自我提高能力	监狱警察职业规划、情绪管理、心理危机的克服	进阶—高阶	司升司——司升督
		循证矫正能力	犯罪学、犯罪心理学、中外矫正制度对比、循证矫正的理论、实施途径，以及本土化路径	进阶—高阶	司升督—督升督
新技术模块	社会管理创新结合能力	结合社会管理创新的理念和方法化解罪各类问题和矛盾的能力	综合治理、社区矫正、安置帮教	进阶—高阶	司升督—督升督
	对外宣传能力	对外宣传能力	新闻学原理、传播学原理	进阶—高阶	司升督—督升督

监狱基层民警人力资源管理问题研究
——基于能力素质的视角

上海市提篮桥监狱 胡 鹏

非兼有法律道德及军人之资格者，不能胜任。

——近代法学监狱学家沈家本

中国近代法学监狱学鼻祖沈家本先生很早就意识到监狱官吏在监狱和国家法治建设中的重要作用，在清朝末期提出了监狱官吏须“兼有法律道德及军人之资格”的职位要求才能胜任的基本标准。虽然时代演进至今，对监狱警察的能力素质要求已经发生了巨大的变化，特别是国家与现代监狱的职能和任务目标相匹配的队伍建设正规化、专业化、职业化还相去甚远。究其原因，一方面上级组织在人力资源管理的高度重视，但着力下手上还未到位，另一方面干警的职业意识、职业能力还存在诸多的缺陷。为此，本文试图通过借鉴人力资源管理中较为成熟的胜任素质理论，在监狱基层民警的人力资源开发和应用上进行探索，倡导构建以人为本、以能为着力点，建立人力资源管理发展的良性机制，构建胜任能力模式，使监狱基层基础工作得到长远有序、安全高效地发展。

一、监狱基层民警人力资源管理问题分析

监狱这一个特殊的管理环境下，要实现对罪犯这一对象的有效管理，要靠担负罪犯教育改造责任的监狱民警来实现。具体来看，监狱是国家的刑罚执行机关，民警是对罪犯实施管理教育、把罪犯改造成为守法公民的承担者，因此加强民警队伍的现代化建设，在人力资源的管理、开发上下功夫是十分重要的。

（一）人力资源管理的对象即监狱基层民警个体存在的问题

1. 职业认同感不高

监狱基层民警职业认同感较低。不少监狱警察在外一般都不愿意表露自己的监狱警察身份，特别是在监狱警察内部也一直存在着对知识能力的不尊重情

况。在影视剧和各类文艺作品中，包括传统的文化观念下，监狱警察四肢发达、头脑简单、凶残暴戾的形象已经令人憎恨。近年来监狱、看守所发生的各类恶性事件又给监狱警察贴上了违法乱纪、见利忘义的标签，而监狱基层民警对大环境也无能为力，只有选择回避、退出，部分基层民警的职业认同感不高，将监狱工作"当工作做而不是作为事业做"，由此带来敬业精神和责任心缺失。虽然从顶层设计出发，上级机关出台了不少民警队伍建设方面的制度文件，但在监狱基层却出现上有政策下有对策的情况，对监狱整体工作进步和基层民警的个人成长都产生了较差的影响。

2. 监狱基层民警岗位人员流失严重

在基层公务员收入相对较低、养老金并轨、社会地位不高等多种因素的影响下，发生了公务员的"下海潮""离职潮"，对监狱基层公务员来说，情况更为严重，出现了基础监狱民警离职的高峰。而监狱基层民警向其他机关岗位流动也是人员流失的一个重要方面。由于基层民警处于监狱管理工作的底层，是具体管理教育任务的最终执行者，相应的事务繁杂琐碎，利益有限而责任较大，所以，一些基层监狱民警开始试图摆脱这种压力，想尽办法调往其他岗位（经统计，2015 年因辞职、选调、调动等各种原因流出的基层民警岗位的比例约为 12.5%）。

3. 能力素质不足对工作有着不良影响

考察 X 监狱近 3 年的罪犯违纪事件发生情况的数据，在对干警处理罪犯违纪事件的具体办法上进行调查发现，在打架和争吵两类事件的发生上，与不同类型干警的处理能力有着很大的关系。如罪犯违纪事件正发生，在场的青年民警却不知所措，缺乏相应的经验和素质，致使罪犯违纪事件进一步恶化。可见干警的能力素质与监狱的稳定是直接相关的（见表 1）。

表 1　不同能力素质的民警处理罪犯违纪事件情况分析

事件类型	争吵及时处理化解		争吵造成违纪扣分		争吵后打架违纪		打架后又发生二次违纪	
项目	发生数	青年民警比例	发生数	青年民警比例	发生数	青年民警比例	发生数	青年民警比例
2011 年	29	0.103	48	0.604	35	0.771	6	0.833
2012 年	21	0.095	79	0.569	47	0.744	7	1
2013 年	13	0	61	0.606	59	0.813	14	0.785

资料来源：根据 X 监狱相关案例分析整理。综合统计事件发生时当事干警为工作两年以下的青年民警的比例。

（二）人力资源管理制度及运行系统方面的问题

1. 缺乏对监狱基层民警的能力素质评判的量化体系

长期以来，对于监狱基层民警工作能力的判断以上级领导的主观判断为标准，缺乏可见的、可量化的具体指标，形成了“说你行你就行，不行也行；说你不行你就不行，行也不行”的错位判断，部分肯干能干的监狱基层民警长期得不到肯定后最终随波逐流、消极应对，拖累着监狱基层管理的效能发挥，影响着监狱基层民警的职业积极性，也是监狱基层民警流失问题严重的一方面原因。网上有人调侃员工离职的原因无非两种：一是“钱给少了”，二是“心被凉了”。后一项其实是和付出与收获、付出与评价不相适应有着相当大的关系。深层的原因还是对个体能力素质的判断缺乏量化的可信服的标准。

2. 监狱民警聘、用分离造成招录民警与工作要求不相适应

在X监狱干警的招聘上，受体制所限，只能接受由监狱管理局统一招录，具体方式上一般采取笔试、面试和体能测试三项。考试的重点是针对考生个人的知识能力、智能水平等进行测试；没有对于监狱基层工作需要的素质能力展开测试；而面试主要是对考生的临场反应、基本特点进行考察；体能测试是唯一的针对警察职业特点的测试，但仅仅针对身体情况、职业基本技能的层面，没有深入到监狱警察职业特点开展相应的评估。而对所招录人员二次分配没有进行细致的分析和规划，导致直接从事罪犯管理教育工作的基层民警往往会有诸多不相关的专业、能力素质与岗位不匹配，甚至出现博士看大门、会计专业“看犯人”的人才浪费和人才使用错位，也出现部分新民警在心理上、技能上难以适应工作要求的情况。

3. 监狱基层民警的培训与实际工作脱节

现行监狱民警的培训主要分为基本业务培训和专业业务培训，另外还加上政策及日常制度文件的学习培训，涉及的人员众多，耗费的财力、物力、人力巨大，占用被培训对象时间也不短，但最终的培训效果不尽理想。究其原因，培训工作与被培训者的实际工作需求和自身需要存在着很大的差距。同时培训的内容、形式也不容乐观。首先，培训者讲授的内容、授课技巧影响被培训者的接受情况；其次，大课的统一授课不能满足被培训者的个别需求；最后，监狱工作的复杂性也造成培训标准难以把握，个人能力提高的最终目的难以在短时间内完成，特别是监狱基层民警的培训，对能力素质缺少标准，对个体民警的能力素质缺少评估。

4. 监狱民警绩效管理方面存在问题

绩效考核和绩效管理模式引入监狱警察管理的时间并不很长，虽然发挥了一定的作用，但始终难以和监狱工作的实际情况相结合，主要在于监狱工作性质特殊，监狱基层民警管理罪犯上目前还没有科学量化的指标体系，致使绩效考核最终落空，最终形成以上级领导主观认定为主，辅以“无重大否定性指标”相结合的考核评定现状。虽然对基层监狱民警有承包责任区的划分，但罪犯作为人的不同情况和特点造成工作量的衡量基础就不同，工作的绩效就难以用具体的量化考核来评判，这就出现对绩效评价体系的两种方向上的异化：一种是干多干少一个样，最终依靠领导评定；一种是以负性评价取代正向激励，采取扣分制，出现否定性指标后予以扣减分数，这就造成在工作责任的分配上大家趋利避害、缺乏主动，出现多做多错、不做不错的集体性判断。

二、研究设计及相关理论综述

（一）研究总体设计

1. 研究对象

研究中以监狱基层民警为对象。基层民警是指从事罪犯直接管理的监狱人民警察，是监狱警察职业特点要求的集中体现，在监狱日常管理中全面负责对承包范围内罪犯的教育矫正、狱政管理、生产组织、安全警戒等全部工作，是相关法律制度及监狱要求的具体执行者，是监狱管理中最重要的活动主体，是实施罪犯管理的前提和基础。他们在履行监狱职能中处于主体地位，基层民警的素质能力直接决定了 X 监狱的管理能力、水平和总体管理的效率。笔者主要以监狱的基层管理者为研究对象，这类岗位一般为担任主任科员以下非领导职务的监狱民警为主，在 X 监狱一般是指主管民警或者承包监组民警。笔者所要研究的监狱基层民警胜任素质模型是以此为基础的，是对这部分监狱基层民警能够胜任本职岗位、履行工作责任、有效行使相关职权所应具备的各项胜任素质要素展开归纳、探讨、整合。

2. 研究方法

主要采用理论研究与实证研究相结合的方法，通过论文、书籍、考察等多种途径和渠道收集国内外胜任素质相关研究成果和具体实践经验，为研究提供总体思路和方法参考，参考最新、较为完善的理论和实际操作办法，避免胜任素质理论研究中的误区；对监狱管理者、基层民警、被管理对象开展访谈，利用社会学、心理学等方法了解归纳当前监狱民警胜任力现状以及他们眼中优秀监狱基层民警应具备的胜任特征；开展专家讨论，由来自监狱、警校、专家等成员组成专家小组，参考常用胜任素质模型研究，筛选出监狱基层民警应该具备的胜任素质特征；选择一定数量的监狱基层民警进行访谈，收集研究所需数据资料，在数据分析的基础上构建监狱基层民警胜任素质模型；在监狱基层民警人力资源管理的各领域进行探索，最终形成胜任素质理论的应用体系。

（二）相关理论和文献综述

胜任素质(Competency)及相关理论是现代人力资源管理中较为前沿的系统化的理念和方法，是针对特定职位的要求所组合起来的个体的能力特征，是对个人适应相应工作所具有的技能、知识、价值观、自我定位、驱动力、人格特征等各项显性、隐性能力素质的结构化表达。借此，为人力资源管理所提供了新的基点，在一定程度上化解了以岗位和绩效为核心的机械化的管理所造成的矛盾，自提出以来就获得了国内外各类企业、单位的青睐，取得了很好的效果，从本质上解决了人力资源管理中的瓶颈问题。近年来，我国政府各级部门也在大力引入有关理论和方法，监狱管理层面也有不少有识之士做了许多有益的探索。

1. 胜任素质研究的背景及理论形成过程

胜任素质概念、理论的出现到成熟，到在实际中应用是一个漫长的过程。1958 年，哈佛大学教授麦克里兰等人在《才能与社会——人才识别的新角度》中介绍了研究中发现的具有某些个性特征的人和表现的工作取向之间的因果关系。1959 年，Robert White 发表论文《再谈激励——胜任力的概念》，提出对人才识别和个人特性有相关的“胜任素质”(Competence)一词，从激励角度阐释了有关问题。到 1963 年，他又在发表了《人际关系胜任力》，对胜任素质做了更加深入分析，所有这些都为最终胜任素质概念的正式提出打下了基础。

直到 1973 年，麦克里兰在《美国心理学家》杂志上发表《测量胜任力而不是智力》论文，标志着胜任素质概念的正式提出，麦克里兰也成为国际上公认的胜任素质方法的创始人。他提出一些奠定胜任素质方法基础的关键性的理论和技术，从人才绩效的基本材料出发，来识别区分工作业绩的个人特质。此后麦克里兰成立了专业进行胜任素质体系研究与应用的咨询公司——Mcberand Company。1976年，经过深入研究，麦克里兰教授又出版了专著《职位胜任素质测评指导》，真正使胜任素质理论及方法论走向实践。

2. 胜任素质理论研究、应用情况

胜任素质理论及其以胜任素质模型为代表的应用在国内外政府和企业中都受到越来越多的关注。世界前500强公司企业中已有超半数的公司在管理中对胜任素质模型进行了研究和应用，并在政府部门、教育和其他公共部门也得到了大力推广。随着研究的深入，胜任素质理论及模型已经在组织的招聘、选拔、评估等方面起到重要作用。国内很多企业也接受了这一新兴理念。例如，在华为技术有限公司，早在2000年初就在大量访谈的基础上完成了胜任素质辞典和相关岗位人员的素质模型，其后许多其他国内企业也逐步建立起了自己的胜任素质模型，如平安保险、宝钢、TCL等。与此同时，理论上也有很多著述。

在国内对公务员、学校、医院等公共部门的胜任素质理论及模型研究上，有很多学者做出了深入的探索，如：王慧在公务员胜任素质结构的探索和提升机制上有独到的见解；黄艳在《中国"80后"大学教师胜任力评价研究》一书中对80后大学教师的胜任力进行了深入而样本丰富的研究；孙宝志等主编的《中国临床医生岗位胜任力模型构建与应用》，在广泛调查的基础上结合临床医生的岗位和工作要求建构了针对性的胜任素质模型。在监狱警察的胜任素质模型构建和应用中，李灵、杨洁、高阳、邓帅、汤利利、侯迎芳等学者都进行了相关的研究。邓帅建立了包括6个维度的监狱警察胜任特征模型；杨洁也完成了对监狱基层民警的胜任特征建模，汤利利论文中以优秀监狱民警为研究对象开展调查，建立了浙江监狱民警素质模型。但总体来看，研究中针对的对象大多都是监狱民警这一包含不同岗位职责的过于宽泛的主体，没有对直接、专业从事罪犯管理的监狱基层民警胜任力素质方面作深入研究，特别缺少可以应用于实践的胜任素质模型和结构。所以，本文希望在此方面加以探索。

3. 胜任素质模型及建模方法

胜任素质模型（Competency Model）是对某一职位的具体要求所组合起来的系统化的胜任特征，主要指特定岗位及角色所需要具备的胜任特征的总和。监狱基层民警胜任素质模型是监狱基层民警这一特定主体和岗位上所体现出的能够区分绩效高下的心理、行为及对应的知识、技能、特质、动机、自我概念等方面的特征，由这些特征构成的胜任素质应用与评定的结构体系。Spencer等人后来在经验的基础上提出了胜任素质的冰山模型(The Iceberg Model)和洋葱模型(The Onion Model),提出胜任素质的构成,分别为:知识(Knowledge)、技能(Skills)、自我概念(Self-Image)、特质(Traits)和动机(Motives)。知识和技能是冰山中外显的部分,容易评估和改变。洋葱模型则认为胜任素质的构成是表层向里层的层次结构,自我概念特征、特质、动机部分不容易被发展、难以评估。

胜任素质模型的建模的主要方法有:专家小组法、问卷调查法、行为事件访谈法等。专家小组法和问卷调查法是社会科学研究中较为常用的方法;而行为事件访谈法是胜任素质研究领域提出的一项独创方法,是麦克里兰教授最早提出的一种研究考察员工个体能力素质水平的方法,其主要做法是采用访谈技术对被访谈对象进行开放性访谈,要求被访谈者自述他们在工作过程中处理的成功与不成功事件,详细地叙述事件发生时的具体情况和自己当时的想法。访谈者在访谈中根据需要进行必要的追问、明确,访谈过程进行录音,其后再转化为文本材料,再经过编码人员对访谈内容的文本进行分析汇总,通过对绩优者和一般者的所表现出的胜任素质要素的情况进行比较而构建模型。

三、胜任素质模型建构

(一)监狱基层民警胜任素质要素提取

笔者在建立监狱基层民警胜任素质模型中,通过演绎法、职位岗位分析并借鉴已有的胜任素质模型形成监狱警察胜任素质辞典,通过在X监狱抽取监狱基层民警、被管理罪犯、基层民警上级领导各30人进行问卷调查,对经360度提名和3年考核优秀的基础民警中选择的绩优组民警6名和一般组对照民警5名,开展双盲的行为事件访谈,获得的数据以SPSS17.0进行分析,得到监狱基层民警胜任素质要素及模型,最后以专家讨论方式对具体胜任素质要素加以归类、优化,形成层次较为清晰的胜任素质模型和指标体系。

1. 监狱基层民警岗位分析

监狱基层民警是监狱中处于一线的直接从事罪犯管理的警察,有很大数量的基层民警还担负着对承包小组或者工段内若干数量罪犯的集体教育和管理工作,同时所有基层民警还都负有在监狱罪犯现场的值班执勤任务,其岗位职责内容庞杂、繁多。对人的管理本身也是一项事无巨细、处处都有责任的工作,与一般意义上公务员分类中的综合管理、执法管理、行政管理岗位有所区别，和公安民警的岗位也有所不同，通过对已有的监狱基层民警（以承包民警为主要分析对象）岗位要求、工作职责和现实情况来归纳、引申出相应的胜任素质要素。

2. 监狱管理的组织文化及法律政治要求分析

监狱警察在职业过程中不光要遵守公务员管理有关法律规定，还要受警察管理的相关法律政策约束。同时，因为监狱警察职业所在环境的特殊性，还必须符合所在监狱部门具体的组织文化的要求。从公务员角度分析，国家人事部于 2003 年就出台了《国家公务员通用素质能力标准框架》，文件中包括政治鉴别能力、创新能力等 9 项通用能力；上海市于 2004 年构建了上海市公务员能力素质指标体系，分级分类地建立了 100 多个项目的三级指标体系。

《公务员法》《人民警察法》也分别对监狱警察的素质能力的底线进行了强制性的规范。对于 X 监狱这样一所百年监狱来说，由于长期关押上海市境内犯罪服刑的重刑罪犯和担负着数量众多的顽危罪犯的教育矫治任务，号称“远东第一监狱”，是上海市监狱系统中的标兵单位，在全国乃至国际也享有盛誉，其组织文化也有着不同于一般的监狱单位的特点，表现在安全要求高、攻坚克难能力强、公开文明管理实施早等方面，因此，对从事管理的基层民警来说也产生了相应的素质能力要求，将所有这些内容进行归纳、提炼纳入胜任素质辞典初稿中。

3. 通用素质模型的分析与转化

麦克里兰博士对全球 200 多项工作所涉及的胜任素质进行了研究，最后归纳形成了包括 21 项通用胜任素质要素的胜任素质辞典。其基本内容包括由 6 个族类共 21 项胜任素质项目的通用的胜任素质模型，其概括了人们在工作中所表现出来外显和内隐的特点。在笔者的研究中，对麦克里兰博士提出的 21 项胜任素质模型要素进行归纳和整理，吸纳符合我国人力资源管理实际的条目加以利用，并结合监狱警察工作岗位要求进行合理的语词上的改造，选取其中的部分通用性的条目，再按照监狱基层民警工作实际配以适合监狱情况的各级指标体系。

4. 相关文献中胜任素质要素的抽取整合

通过对相关文献的检索和收集，将已有的经过验证的胜任素质模型中综合归纳提取有用的胜任素质要素与前文中形成的条目加以综合。在具体实施过程中，笔者将监狱警察胜任素质能力研究中获得的素质要素优先考虑进行分析归纳，对公务员胜任素质研究方面文献中的要素也进行抽取，考虑到监狱警察与教师工作任务有一定的类似性，所以也对此类胜任素质模型进行了借鉴。最终，将监狱警察、公务员、教师相关研究模型中的胜任素质要素进行了整合。监狱警察胜任素质研究方面：汤利利所构建的浙江监狱警察胜任素质模型中有成就导向、重视次序品质与精确等要素；在邓帅一文中则包括了38个胜任素质项目，包括变通能力、分析能力等；在杨杰一文中有危机处理能力、廉洁自律等13项能力。公务员胜任素质模型研究中，逯宏杰在文章中提炼了政治理论素养、正直诚实等能力；张文君提出政治鉴别意识、廉洁奉公等数项能力素质要求。在教师的胜任素质能力研究方面，吕建华的文章中包含热爱职业、宽容理解等10个因子，在丁越兰管理类教师胜任素质模型中包括了教学组织设计能力、案例教学能力等多项胜任素质的因素。具体情况综合如表2所示：

表2　监狱基层民警相关文献中胜任素质要素汇总

参考职业	模型研究者	模型中胜任素质要素
监狱警察	汤利利	成就导向、重视次序品质与精确、主动性、信息搜集、培养他人、团队合作、人际理解力（沟通）、自我控制、自信、弹性、组织承诺、冲击与影响、关系的建立、组织认知、分析式思考（演绎）、概念式思考（归纳）
	邓　帅	变通能力、分析能力、创新能力、学习能力、观察能力、更新能力、组织能力、统筹能力、尊重个人、做事雷厉风行、忍耐力、业务能力、目标性、主动性、适应性、沟通力、应急性、协调力、持久性、稳定性、执行力、针对性、计划性、奉献、用心、耐心、乐观、吃苦、原则性、依法守法执法能力、法律法规、专业知识的掌握
	杨　杰	危机处理能力、时间管理能力、廉洁自律、思想政治素质、语言表达能力、开拓创新能力、主动学习能力、组织设计能力、压力承受能力、有效沟通能力、团队建设能力、运用批判性思维分析信息能力、了解他人能力
公务员	逯宏杰	政治理论素养、忠于职守、正直诚实、责任心、原则性、创新能力、逻辑推理能力、调查研究能力、灵活性、沟通协调能力、口头表达能力、团队合作能力、亲和力、移情能力、自我约束能力、面对压力能力、自制能力、心理调适能力、情绪稳定、依法行政能力、服务意识、综合管理能力、公文写作能力、应对突发事件能力、政策理解能力、组织执行能力、自我发展能力、学习能力、相关领域业务知识、计算机应用能力、科技常识
	张文君	政治理论、政治鉴别意识、廉洁奉公、党性修养、自律、勤奋、责任心、团队合作精神、尊重他人、服务意识、敬业、积极主动、政治鉴别能力、公共服务能力、业务能力、信息能力、执行能力、群众工作能力、公关协调能力、学习创新能力、自控能力

（续表）

参考职业	模型研究者	模型中胜任素质要素
教师	吕建华	热爱职业、以身作则、宽容理解、耐心细心、关爱学生、沟通能力、全面了解学生、批评学生、专业知识和课堂掌控能力
	丁越兰	教学组织设计能力、课堂控制能力、案例教学能力、探索钻研精神、信息收集能力、分析性思维、反思总结教学经验、创新能力、理论联系实践、注重理论应用、学习动机、专业学习能力、学习分享与总结、洞察力和思维开阔性、校外咨询经验、社会交往能力、说服能力、人际理解力、关系网建立和个人影响力

（二）监狱基层民警胜任素质模型构建

本研究综合考虑采用胜任素质模型构建实践中常用的方法，通过问卷调查和行为事件访谈两个方面建立胜任素质模型，最后两者加以对比和分析，得到理论性与实用性相结合的胜任素质模型。

1. 360 度评价法对监狱基层民警胜任素质要素进行调查

选取监狱基层民警、上级领导、被管理罪犯各 30 名进行调查问卷，对前期形成的基层民警胜任素质要素进行筛选并在调查中对绩优者和一般者进行预调查（因为监狱基层民警绩效的评定现在尚无比较科学的公认的标准，为便于下一步行为访谈工作的开展，在问卷调查中，也要求被调查者在候选的民警名字中选取高绩效民警 6 名，最后依据这样的评定办法与 3 年中公务员考核结果对照确定绩优组和一般组）。

表 3　对基层民警胜任素质要进行问卷调查结果分析表

受访者	基层民警			上级领导			被管理罪犯		
序号	胜任素质名称	被选中比例	重要性评价	胜任素质名称	被选中比例	重要性评价	胜任素质名称	被选中比例	重要性评价
1	责任心	0.93	4.90	责任心	0.93	4.70	沟通能力	0.90	4.50
2	学习能力	0.93	4.70	执行力	0.93	4.30	责任心	0.90	4.50
3	沟通能力	0.87	4.70	学习能力	0.93	4.30	理解能力	0.90	4.50
4	执行力	0.87	4.60	沟通能力	0.93	4.00	信服能力	0.87	4.40

（续表）

受访者	基层民警			上级领导			被管理罪犯		
5	理解能力	0.83	4.40	应对能力	0.90	3.80	业务能力	0.87	4.30
6	团队合作	0.83	4.40	理解能力	0.87	3.80	敬业心	0.83	3.90
7	应对能力	0.80	3.70	团队合作	0.83	3.50	管控力	0.77	3.80
8	业务能力	0.80	3.60	业务能力	0.83	3.40	组织能力	0.73	3.50
9	管控力	0.80	3.60	管控力	0.80	3.30	文明管理	0.73	3.30
10	组织能力	0.77	3.40	成就导向	0.77	3.00	廉洁自律	0.67	3.00
11	成就导向	0.77	3.30	调查研究力	0.77	2.90	学习能力	0.67	2.70
12	调查研究力	0.73	3.20	组织能力	0.70	2.80	尊重他人	0.63	2.70
13	承受压力	0.67	3.10	敬业心	0.63	2.60	创新能力	0.60	2.50
14	自我控制	0.63	2.80	廉洁自律	0.60	2.50	诚实正直	0.60	2.40
15	敬业心	0.63	2.50	奉献精神	0.60	2.00	社会交往	0.57	2.30
16	廉洁自律	0.63	2.50	忠诚	0.60	1.80	奉献精神	0.57	2.20
17	尊重他人	0.60	2.50	信服能力	0.60	1.70	团队合作	0.57	2.10
18	创新能力	0.60	2.50	主动性	0.57	1.60	尊重他人	0.53	1.90
19	诚实正直	0.53	2.40	社会交往	0.50	1.50	主动性	0.53	1.90
20	主动性	0.53	2.40	原则性	0.50	1.50	原则性	0.53	1.80
21	奉献精神	0.50	2.40	创新能力	0.50	1.40	成就导向	0.53	1.60
22	原则性	0.47	2.10	攻坚克难	0.47	1.30	严明	0.50	1.50
23	谈判能力	0.43	2.00	承受压力	0.43	1.30	以身作则	0.43	1.10
24	社会交往	0.40	1.50	诚实正直	0.43	1.20	调查研究力	0.43	1.00

注：表格数据中，被选中比例＝各受访群体选中人数/30，重要性评价＝受访群体内评价分数总和/选中人数。

从表3可以看出，在给出的胜任素质要素中，责任心、沟通能力、团队合作能力等要素都被半数以上的受访者选出，且重要性程度评价多在3分以上，三类受访者都选择的排序靠前的胜任素质要素为19项(数据表格列出的前24项为三类受访者选中比例0.4以上，重要性评分1.0以上的项目)，占总选出要素数的19/30＝63.33%，说明对于基层民警胜任素质的要素；三类受访者存在一定的共识，对选出的30项胜任素质要素全部作为胜任素质模型的待选因子，作为最终形成的胜任素质模型的参考要素，并在行为事件访谈中进一步进行验证。

2. 以行为事件访谈法确定胜任素质要素

行为事件访谈法是目前胜任素质研究中最经典和有效的一种方法。其主要通过对研究岗位中的部分人员进行深入交流和半结构化的访谈，收集受访者曾经亲身经历工作中的事件，依据受访者对行为事件的描述，分析整理出能够反映高绩效相关素质能力的因素，将数据在绩优者和一般者之间进行比较，得到研究岗位所需的核心胜任素质。

访谈过程采用双盲设计，访谈者与受访对象都不知道所处的组别(绩优者和一般绩效者前期通过问卷调查和参考 3 年中的绩效考核、公务员年终考核数据获得)，访谈过程中要求被访民警详细叙述从警近 3 年内处理比较成功的事件和不太成功的事情两类各 3 件，并说明成功或不满意的原因，然后对做好监狱基层民警工作所需要的个人特质进行详述。对访谈资料的整理采用主题分析法和内容分析法识别主题和编码，并按访谈中出现的胜任特征的行为指标进行代码和强度的标示。以此为基础，统计各胜任素质特征发生的总频次、各等级分数、最高等级分数和平均等级分数，对绩优组和一般组的胜任素质差异作比较，使用 SPSS17.0 进行数据分析。

为避免分析的文本长度因素影响，对绩优组和一般组的访谈文本字数进行了差异检验。

表 4　行为事件访谈所得数据的文本长度差异分析表

	组别	N	均值	标准差	均值的标准误
文本字数	绩优组	6	6 476.872 1	334.931 10	136.735 05
	一般组	5	6 115.955 6	299.082 92	133.753 95

表 5　独立样本检验

		方差方程的 Levene 检验		均值方程的 t 检验						
									差分的 95%置信区间	
		F	Sig.	t	df	Sig.(双侧)	均值差值	标准误差值	下限	上限
文本字数	假设方差相等	0.018	0.897	1.866	9	0.095	360.916 53	193.464 16	−76.729 80	798.562 85
	假设方差不相等			1.887	8.928	0.092	360.916 53	191.276 22	−72.310 76	794.143 82

从结果可以看出，绩优组相比一般组访谈字数的均值稍有差异，但在显著

性检验结果上并没有统计意义上的显著性差异。根据行为访谈的录音文本进行编码，为防止编码人员的主观因素对结果有影响。笔者在编码最终结论前对4位备选的编码人员开展试编码，以对编码人员进行编码一致性程度检验。通过对最终结果较为接近的两名编码者的结果进行归类一致性(CA)分析，得出具体分析结果，两人归类一致性的值从0.481—0.893，均值为0.717，按照有关文献的结论，其归类一致性是可以接受的，选择这两人对录音文本进行最终编码，对得到的数据作出分析。

表6　编码人员行为事件访谈文本编码归类一致性分析表

编码人员归类一致性分析表				
被试代码	编码员1	编码员2	相同项	CA值
1	55	42	38	0.784
2	33	42	25	0.667
3	27	29	25	0.893
4	31	39	27	0.771
5	54	47	43	0.851
6	43	37	27	0.675
7	29	42	25	0.704
8	27	27	24	0.889
9	23	23	23	0.535
10	50	41	29	0.637
11	29	50	19	0.481

根据Spencer等的建议和惯常的做法，在最终数据分析时，我们对绩优组和一般组的胜任素质要素的平均等级分数进行了差异检验。在所有出现的胜任特征中，发现有责任心、学习能力、沟通能力、执行力、理解能力、团队合作、应对能力、业务能力、管控力、组织能力、成就导向、信服能力、调查研究力13项胜任特征具有统计学意义的显著性差异，绩优组比一般组在这13项胜任素质特征上有更高平均等级分数。因此，这13项素质能力是基层民警产生高绩效所必须的胜任素质，而廉洁自律等项目不具有显著性意义。

表 7　行为访谈结果绩优组一般组胜任素质要素差异分析

胜任特征	绩优组(n=6)		一般组(n=5)		df	t	Sig.(双侧)	显著性
	平均值	标准差	平均值	标准差				
调查研究	3.825	0.905	2.525	0.725	9	2.591	0.029	*
责任心	4.217	0.751	1.864	0.945	9	4.608	0.001	**
诚实正直	4.076	0.588	2.831	1.018	9	2.544	0.192	
信服能力	3.863	0.654	3.079	0.824	9	1.762	0.112	
应对能力	4.172	0.583	2.396	0.922	9	3.893	0.004	**
谈判能力	2.821	0.579	2.735	0.159	9	0.319	0.756	
主动性	3.414	0.458	2.985	0.936	9	0.996	0.345	
业务能力	4.295	0.536	2.848	0.720	9	3.824	0.004	**
理解能力	3.881	0.752	2.223	0.570	9	4.041	0.003	**
学习能力	3.777	0.696	2.056	0.501	9	4.602	0.001	**
沟通能力	4.258	0.165	2.398	0.937	9	4.820	0.001	**
创新能力	4.024	0.769	2.914	0.866	9	2.251	0.051	
执行力	3.708	0.599	1.882	0.618	9	4.956	0.001	**
信服能力	4.031	0.693	2.540	1.238	9	2.527	0.032	*
敬业心	4.107	0.715	3.103	0.772	9	2.238	0.052	
团队合作	4.085	0.558	2.843	0.445	9	4.013	0.003	**
组织能力	4.174	0.473	3.293	0.645	9	2.615	0.028	*
管控力	4.012	0.511	2.917	0.453	9	3.719	0.005	**
承受压力	3.594	0.512	2.997	0.715	9	1.611	1.142	
成就导向	3.943	0.620	3.074	0.442	9	2.616	0.028	*
廉洁自律	3.498	0.607	2.849	0.379	9	2.065	0.069	
原则性	2.156	0.964	1.985	0.265	9	0.381	0.711	
奉献精神	4.125	0.289	3.958	0.931	9	0.419	0.684	

3. 胜任素质模型指标优化及结构化

胜任素质模型要素探索出来并不代表胜任素质模型的完成，在此基础上还需要对所有要素加以优化和结构化，形成层次清晰的模型结构。具体的做法上，冰山模型和洋葱模型的重点在于对胜任素质要素中内隐和外显的、核心的和外围的、容易观测和不易观测的胜任素质进行划分。根据所属的层次进行分类，在经典结构之后，各类企业在实践中也对胜任素质结构进行了可应用的改造，如华为的三级领导力结构、宝洁公司的5E领导力模型结构、ASTD的2004版和2013版结构，虽然结构不一定严谨，但在人力资源管理者和员工看来更易理解和操作，也能够反映胜任素质模型的结构特点和各层次间的关系，而且结构图方式的呈现也具有可视化的便利和优势。

按照监狱基层民警胜任素质各要素的特点，参考对胜任素质要素的不同的结构、分类理论，在进行专家讨论后对素质要素进行了名称上和项目上的优化，将胜任素质分析中的名称综合归纳以“XX力”的固定模式进行表达，加以定义并形成指标体系。综合考虑专家意见，从实践和长远的发展需求出发，增补不具有显著差异的“攻坚力”和“创新力”两个项目，形成监狱基层民警胜任素质模型的15种能力，分别是：基层民警胜任素质核心素质能力的执行力、责任力、合作力、应对力、学习力；工作素质能力的沟通力、组织力、管控力、理解力、业务力；发展性胜任素质能力的信服力、攻坚力、创新力、成就力、研究力。其中，核心素质能力是基层民警职业胜任素质中基础的、不可或缺的、内隐的部分；工作素质能力是外化的比较容易在各种绩效考评和行为事件中体现的胜任素质；发展性素质能力是综合性的胜任素质，也是鉴别性的胜任素质，是绩优者常有而一般者常常没有的胜任素质能力。

表8　监狱基层民警胜任素质能力定义(指标部分略去)

核心素质能力	
名　称	定　　　义
执行力	理解上级指令及法律制度、政治要求并努力达成
合作力	在事实团队或约定的团队中明确自身定位，为共同目标与他人合作完成任务的能力
应对力	独立处理工作中的问题和突发状况，及时合理解决
学习力	积极获取工作相关信息并加以加工理解更新知识和技能
责任力	认可工作职责要求，采取行动完成既定目标并承担后果

（续表）

工作素质能力	
名　称	定　　义
组织力	对个人、工作事务的组织安排、规划实施
沟通力	准确顺畅地表达想法和信息，使其他人理解接受自己观点
管控力	为实现工作目标而确立行动计划并组织实施进行管理、控制
理解力	对环境、他人的认识观察和分析推理，发现掌握关键问题所在
业务力	掌握操作专门职业技术，顺利完成岗位工作所需的知识、技能
发展素质能力	
名　称	定　　义
信服力	运用事实、数据等手段，通过人际关系、个人魅力等影响和领导他人产生预期行为或接受观点
攻坚力	对困难问题和任务的自信精神以及综合运用各种资源、办法解决
创新力	不受陈规旧俗和以往经验束缚，不断改进工作方法适应新变化
成就力	希望更好地完成工作或达到优秀标准
研究力	对工作中出现问题的发现、分析、解决、归纳

4. 胜任素质模型的实际应用操作模式

为保证素质模型的机动灵活，在每一层次的胜任素质模型中预留一个X胜任素质因素，作为备选可变的项目，以开放性特点适应内外部环境要求的变化，对此结果模型简称为“监狱基层民警15X胜任素质模型”（结构如附图所示）。15X胜任素质模型中，核心素质能力，是监狱基层民警胜任素质中最为核心和关键的要素，在日常的应用中以基础分数出现。当基础分低于一定标准后，则直接归为完全不能胜任岗位的部分，在日常考核衡量中以基本分奖分扣分模式计算，即在一定的基础分数上，单项出现绩效相关不良事件增加扣减相应分数；而工作素质能力是基于核心素质能力基础上的业务工作外化的能力部分，也是监狱基层民警能够完成工作的具体能力和素质，可通过行为事件访谈和业务测评等项目完成考察，在具体能力素质的培训培养方面，可根据组织力、沟通力、管控力、理解力、业务力的层级指标设计不同的培训和活动内容，并由5个方面的能力要求衍生出固化的培训项目，补齐工作能力的短板，发挥个人长项的引领示范作用。也可根据评估结果汇总5项能力的分值，形成类似游戏中角色攻击力属性的数值及图表，进行可视化的展示，对青年民警形成激励作用。发展素质能力是个人内在素质能力的集中外在体现，是工作中的可发展要素，虽然不是监狱基层民警任职的必需要素，但是其中的素质能力多是优秀基层民警与一般的区别所在，是优秀民警完成突出任务和自我提高发展的主要原因。在日常考核和测评中，可以任务模式赋予较为困难的任务或情境，利用类似游戏任务模式，完成一个任务或项目后，根据行为测评结果在相应的攻击力属性上增加相应分数。

四、监狱基层民警胜任素质模型的应用

2015 年 12 月，监狱管理局党委副书记胡军在上海监狱工作研讨会上明确提出："配套探索完善干警岗位能级体系建设，明确能力素质标准，逐步建立以专业能力为核心的准入、晋升、交流、培训等机制，探索构建队伍胜任素质模型。"这也为开展基层民警胜任素质模型的研究和应用指明了方向。

（一）监狱基层民警胜任素质模型的试行

1. 胜任素质模型的试行

为检验胜任素质模型及理论的适用性，本研究在 2016 年年初筹划了对监狱基层民警胜任素质模型在小范围的试行应用，主要在试点的 Y 监区开展结合胜任素质模型的民警培训上的初步适用。根据试行监区青年民警数量多的特点和监狱日常考核评价的实际，于 2016 年 2 月底建立了基于 15X 胜任素质模型的考评、培训、竞赛规则。在 20 名青年基层民警中以胜任素质能力模型为基础，按照胜任素质理论和理念开展相关活动，引入游戏模式进行学习和培训的开展，以基层民警胜任素质模型中工作胜任素质 5 要素为基础，给每位青年基层民警建立胜任素质的 5 向雷达图（见附录部分），使民警对当前个人的素质能力水平有一定认识。在日常的评定中从个人行为事件出发加以评定。考虑青年民警的个性特点，引入游戏升级模式进行外化的表现，结合个人需求开展学习培训，以任务项目组的形式，形成 4 个工作实战团队，在实际工作中增长个人能力素质，培养合作力、责任力、学习力等核心胜任素质能力和研究力、创新力等发展胜任素质。

在初步试行过程中，获得了青年民警的积极响应，对参与活动的青年民警体现出一定的激励、引导作用，具体的胜任素质的评比升级的游戏形式也受到青年民警的关注。在试行前进行的对以往监狱培训工作的调查问卷中，20 名

被试中有80%认为对以前的培训内容不满意，20%为基本满意，无人表示非常满意和满意。但在新办法的试行过程中，相关满意度、好评度获得了明显提升，大多数基层青年民警认为根据个人能力素质短板开展的培训比较有针对性，从组织力、管控力、沟通力等工作胜任素质方面开展的培训贴合工作实际，学之能用，而不是从理论到理论。

2. 监狱基层民警中以培训为主导的系统运用

通过在X监狱进行试行，以培训为主导，逐步建立基于胜任素质模型的人力资源管理系统，将胜任素质理论中以能力为本理念的进行发展运用，以基层民警的能力提升为先导，借此追求组织的长远进步，实现个人与组织的共同发展。基于胜任素质的培训是以基层民警为中心的培训模式，是对传统培训的改革，其将培训的组织需求与个人的需要相结合，形成个性化、针对性的培训机制，以个人的职业发展规划为方向，达到个人发展和事业进步的统一；在试点监区开展的基于胜任素质的培训工作改变了以往单向交流、填鸭式的教学模式，形成需求主导、双向沟通、自主自助的学习环境，使受训者从“要我学”到“抢着学”，构建起以能力为本位的培训模式、以胜任素质模型为基础，按监狱民警需求为中心，利用合适的培训方式，吸收民警中行为实践的经验，发挥民警的主动性、能动性，使组织的人力资源质量水平得到提高。

另一个值得欣喜的结果是，在集体组织的以能力素质培训提高为主体的培训体系，不光使青年民警在专门的培训时间环境下更加投入，而且民警在依靠自主的学习和提高上也表现出了很强的积极性，特别是在相关工作推进中，引入游戏升级模式和团队合作模式，使这部分民警学习培训的积极性上有了很大的提高。在以胜任素质理论为基础构建的初步的人力资源管理体系下，青年民警对自身的胜任素质也有较为清醒的认识，通过对标杆民警胜任素质水平的展示，也能使其他民警产生具体努力的方向，民警的个人学习和进步有了更为个性化的设计，选择适合自己的、缺乏的、不足的部分进行补充，选择自己擅长的胜任素质进一步作深入的钻研、发展，专注自己的强项，形成个人的“长板”优势。

在基层民警胜任素质模型很好地嵌入培训工作，获得认可后，在选拔、绩效管理、薪酬管理、职业生涯规划等方面可做进一步应用。

3. 试行中的一些问题

在初步试点过程中虽然取得了预想的效果，但也存在着一些问题：首先，由于传统文化影响，标杆民警的选取和建立比较困难，尤其在90后青年民警中，大多数虽然争强好胜但也不愿做“出头鸟”,高绩效民警的标杆作用有时发挥不明显。在传统文化观念上和公务员系统的组织文化中,相对于企业比较容易追求稳定、不喜欢变化和竞争,也不太喜欢突出个人能力,在具体应用中受此影响也遇到了一些不同的声音,对部分青年民警的作用效果不明显。其次,对监狱来说,其人力资源管理各方面的运行受总的制度和规则的限制,特别在现有情况下,薪酬体系、绩效管理模式难于突破,虽然通过加入游戏和团队竞争的形式增加了对青年基层民警的吸引力和内驱力,但在外部政策引导和激励作用上难以形成,总体模型应用的效果有限。最后,在试行过程中,因需要对相关行为事件进行分析评估,对个人数据进行更新维护,其他很多方面都需要花费较大的人力,科学性虽高但易用性不足,缺乏相关的技术手段和量表,仅仅采用一般性的问卷调查也有客观性不足的担忧。虽然有学者提出以大数据和众筹的模式获取模型和进行评估,但还没有具体针对监狱基层民警的应用方法出现。

(二) 监狱基层民警胜任素质模型在人力资源开发其他方面的应用

1. 在监狱民警招录选拔上的运用

胜任素质模型最初的用途就是在于对人才的识别,其理论的闪光点也在于使选人用人有了比较科学的标准。麦克里兰受美国政府委托,以胜任特征选拔外交官的事例至今仍然被传为佳话。运用胜任素质模型进行招聘选拔改变了以往唯知识、唯学历、唯选拔者喜好的片面视角,而是建立以结果为导向的、经过验证会取得高绩效的各项素质能力上,在候选者中有预见性地选择所需的知识、技能、个人特质等显性、隐性的因素进行综合考察、量化计算,以统一的人才识别的语言和同一的标准体系作出衡量。在监狱民警具体招录工作上,可以从候选人的胜任素质要素方面进行分析测评,在招录之初就筛选出符合职业需要的人才,对不适合工作的候选者进行筛除。从人力资源管理的基础和始发点来解决,肯定能够起到釜底抽薪的良好效果。具体来说,将胜任素质理论及模型应用在招聘选拔上,可以从以下几个角度来操作:(1)运用已有的测评手段,对部分隐性特质进行测评,特别做好招聘选拔中的心理测试的运用;(2)根据招聘选拔岗位的要求在一般通用测评的基础上开展专项胜任素质的重点考察;(3)使用行为事件访谈法开展面试。

2. 基于胜任素质模型的绩效管理

绩效管理,其关键往往集中在具体结果上。针对这样理念的管理,组织将员工的关键绩效指标(Key Performance Indicator，KPI)作为衡量组织中个人最为关键的指标和考察点。近年来，受这种思维影响，监狱在队伍管理中有了很大的改变，对监狱内进行民警工作考核上，已经由以前的没有标准到现在的标准逐步建立，但正如传统绩效管理体系过分注重对结果的考核造成的弊端一样，最终往往造成手段将目的掩盖、达到结果不论行为如何的不良文化的形成，在监狱中表现为考核部门为考核而考核、被考核人为逃避不利结果的出现而弄虚作假，同时由于受制度环境的制约，绩效考核的结果和绩效管理手段在监狱中也比较难于运用。同时，由于监狱工作比较复杂，特别是对从事罪犯直接管理的基层监狱民警来说更是千头万绪，所以进行考核的标准从结果出发难以进行科学的定量认定，反而挫伤民警工作积极性，形成"多干多错、少干少错、不干不错"的监狱组织亚文化。

基于胜任素质的绩效管理关注员工的胜任素质和未来发展，特别关注员工的个人特质、知识技能等因素与个人高绩效或者组织高绩效之间的关系。具体的应用主要有以下几个方面：(1)以胜任素质模型的标杆样本或可达到的最高标准建立个人绩效的层级指标，形成民警绩效目标的努力方向。在监狱应用的过程中，可以结合已有的各类先进、标兵人物评选和公示建立胜任素质的标杆样本，集合各类胜任素质项目的最优表现行为以对应具体个人事件进行宣传，形成民警努力方向的现实目标。(2)KPI 评估与 KCI 评估相结合重新建立绩效管理体系，结合关键业绩指标和关键能力指标两种评价体系开展绩效管理，在对基层民警的绩效考核上，综合考虑个体工作业绩和素质能力进行。(3)采用 360 度评估方法定期展开全面的考评。360 度评估方法又称全方位绩效考核法，由英特尔公司提出并实施。通过这种绩效评估模式，被评估者可以从自己、上下级等处获得多种角度的反馈，了解自身的优点、短处与今后发展的方向需求，为做好职业生涯规划打好基础。

3. 基于胜任素质模型的薪酬管理

在现有的公务员薪酬体系基础上，基于胜任素质的评估开展奖金激励措施，能够对现有的论资排辈的公务员薪酬制度进行一定的修正和补充，以此作为激励基层监狱民警的重要手段，提高监狱工作的整体绩效。根据基于胜任素质建立的薪酬管理体系是以员工所具备的知识、技能和与高绩效相关的个人特质来确定其薪酬水平的，通过这种相对公平公正的方式确立的薪酬能很好地激励员工积极性、主动性。奖金的分配以胜任素质模型为基础进行，相对于其他分配方式来说更加合理，能够与干警的胜任素质形成关联，引导干警向重视自身履职能力、知识水平、个人发展等方面进行提高做出努力，这也更加有利于个人目标与组织的绩效提升方向相结合，实现双赢。具体实施的方式上，可以对监狱基层民警按照胜任素质能力的测评结果建立分级化的薪酬管理机制，对高胜任素质级别的基层民警进行比较高的奖金的激励或荣誉授予，实行分级管理，并结合绩效考核情况对等级予以升降，通过绩效考核对工作能力水平下降、绩效倒退的民警降到与实际情况相适应的级别，同时配合奖金的浮动。

4. 基于胜任素质模型的民警职业生涯规划

在职业生涯规划中，对个人的方向定位、自身能力职业能力评定的过程中，胜任素质模型都有很好的应用。胜任素质模型为民警职业生涯规划提供了依据，从某种方面指明了基础民警的职业发展方向，在人力资源管理的外部体系制度暂时无法改变的情况下，仍然对民警的个人改变有指导借鉴意义。从监狱管理的整体角度出发，将胜任素质模型结论用于监狱警察职业生涯发展与规划，可以为监狱工作培养一批具有优秀胜任素质的基层力量，让更多的监狱基层警察相信、关心、期待自己的职业前景，让监狱基层民警能够清楚地了解到如何在监狱中获得个人人生事业发展的成功。监狱相关部门也可以根据基层民警的年龄、性格、个人情况，在民警职业发展的不同阶段，对监狱警察的职业规划设计以指导，用以匹配职业生涯所经历的不同阶段。

五、尾声

虽然经过长时间的理论研究和模型构建，取得一定的成果，但总体的研究还存在一些不足：

(1) 研究考察的范围比较小，调查访谈的样本量不大，模型在不同的环境和人员状况背景下是否能够良好适用，还需要作进一步的探索，胜任素质理论在实践中运用的有效性也有待时间检验。

(2) 研究中对第一手的外文资料把握不够充分。胜任素质理论及模型都是舶来品，其研究的源头在英美，成熟的应用也是欧美国家居多。在文献搜集过程中虽然查阅了一定的外文文献，但收集到的最新的详解介绍相关理论和实际运用的文献不多，尤其在监狱管理方面的胜任素质研究的文章更是一无所获，难以进行有效的对比和借鉴。

（3）监狱基层民警胜任素质模型的构建上，虽然初步筛查出影响绩效的胜任能力素质要素，也形成了初步的结构框架，但限于总体研究时间的不足，在具体应用中还未设计出标准化的数据采集问卷，对胜任素质要素内部项目间的相互关系也还需要在今后开展更加深入的研究。

如何以现代管理理念和方法解决现在监狱民警管理上出现的问题，需要进一步开展深入而贴近监狱工作实际的研究，而从人力资源管理理论发展的历程来看，经过了"物本管理"—"人本管理"—"能本管理"的不同阶段，目前来看，只有从提高监狱基层警察的工作能力和绩效水平出发，改革现有人力资源管理体系，对监狱基层民警应当具备怎样的能力素质上开展探索，才能达到提高监狱总体工作效能的目标。

附录一：监狱基层民警胜任素质15X模型结构图

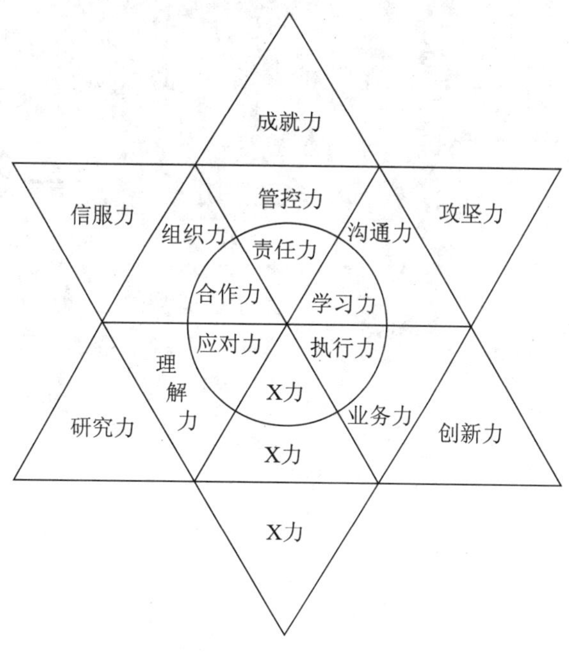

说明：

结构图中，核心素质能力：执行力、责任力、合作力、应对力、学习力5项是基层民警职业胜任素质中基础的、不可或缺的、内隐的部分；工作素质能力：沟通力、组织力、管控力、理解力、业务力是外化的比较容易在各种绩效考评和行为事件中体现的胜任素质；发展性素质能力：信服力、攻坚力、创新力、成就力、研究力是综合性的胜任素质，也是鉴别性的胜任素质，是绩优者常有而一般者常常没有的胜任素质能力，即优秀基层民警大多具备的能力素质。同时，鉴于能力素质的可变因素和不同基层单位的特别需求，X 力部分可根据具体情况添加变更。

附录二：青年民警单兵作战能力数据分析

青年监狱干警职业压力、成就动机与职业倦怠的关系研究

上海市司法警官学校　姚栋元

监狱干警，理应是一个能让人感受到幸福和希望的职业，是因为他们在教育和改造罪犯过程中，体验到助人的美德。同样的，只有把"治病救人"的职业精神融入自己的精神世界里，才能够在繁重的工作中获得源源不断的成就感和荣誉感。这正是一名监狱干警的动力源泉的所在。已经有很多优秀监狱干警的经验启示我们，做监狱警察这份职业的人，若要保持自己活力，克服可能的职业倦怠感，就更加需要在教育改造中投入感情，在罪犯的洗心革面中体会到幸福和快乐。

然而，大部分干警在几年以后，开始感觉不再"新"的时候，就非常容易出现干警群体的职业倦怠。干警在监狱工作和转化罪犯中失去了新鲜感，"值班、备勤、谈话、台账"的机械工作不断重复，干警感受到枯竭感很难避免。此刻，继续工作的唯一动力就是生活所迫，从而慢慢地成为目前很多干警的工作现状。其实，职业倦怠这种现象是由很多不同因素导致的，而且不同类型的因素的影响力也很不同。所以，要解释职业倦怠，缓解职业倦怠是一个非常复杂的系统，值得我们做深入细致的研究。

研究表明，监狱干警是职业倦怠高发特定人群。当前，我国司法体制改革正在进行，干警的职位职级、工资待遇往往和所辖监组的安全稳定有着直接关系。这种工作评价的制度以及监狱改革对监狱干警带来的紧张感与日俱增，职业倦怠也会因此产生。与此同时，不同部门、不同年龄的干警感受到的职业倦怠也不尽相同。已有研究证明，职业压力与职业倦怠存在显著相关。同时，研究表明，成就动机对职业倦怠同样有着不同程度的影响。但高的成就动机会加剧倦怠的产生，还是成就动机本身和职业倦怠有着更为复杂的关系，还没有得到明确的解释。

本研究拟以上海监狱青年干警为研究对象，以干警的职业倦怠为主要研究内容，研究职业紧张、成就动机、职业倦怠之间的相互关系、相互作用，比较干警

个人不同成就动机水平，不同的动机类型与职业紧张和职业倦怠中存在的某种联系，以及青年干警的职业压力、职业倦怠以及成就动机方面的特点，以期能够对监狱管理局干警的心理健康，队伍建设提供一些有意义的参考。

一、研究综述

（一）职业倦怠

1. 职业倦怠的概念

职业倦怠一般包括两个方面，一是情感衰竭，指没有活力，没有工作热情，感到自己的感情处于极度疲劳的状态。它被发现为职业倦怠的核心纬度，并具有最明显的症状表现即去人性化。去人性化是指刻意在自身和工作对象间保持距离，对工作对象和环境采取冷漠、忽视的态度，对工作敷衍了事，个人发展停滞，行为怪僻，提出调动申请等。二是无力感或低个人成就感，指倾向于消极地评价自己，并伴有工作能力体验和成就体验的下降，认为工作不但不能发挥自身才能，而且所遇到的是枯燥无味的繁琐事物。

在 Freudenberger 首次提出了职业倦怠的概念以后，有很多不同背景的研究者，以不同的视角，试图对职业倦怠现象进行研究并解释，主要有以下几种理论。

(1) 工作匹配理论。工作匹配理论是由 Maslach 等人首先提出，认为，职业倦怠形成的原因主要是一种不匹配，即个体自身与所从事工作的不匹配。在重点考察了工作量、自主感、汇报、沟通、公平、价值观等工作环境中的变量之后，研究者发现当工作者在这几个变量中自身和环境不匹配时，倦怠感就会产生，而且不匹配的程度越高、持续时间越长、方面越多，就越有可能产生职业倦怠，倦怠感也会更严重。

(2) 资源保存理论。Hobfoil 提出了资源保存理论，本质上，这个理论是解释职业倦怠产生的过程的研究。该理论是从职业的要求以及职业中工作者的资源来解释职业倦怠的产生。他认为，工作的要求与工作中的资源作为职业倦怠的两个重要的心理因素，经过对比研究，发现无论是工作要求或者工作资源，都与职业倦怠存在着不同维度显著的相关，工作要求越高，越容易产生职业倦怠；工作资源越少，越容易产生职业倦怠。其中，工作要求主要包含以下要素，即任务过重、角色模糊、角色冲突、压力事件和紧张的工作氛围，而相对应的工作资源也有几个要素，包括能力要素、时间要素、精力要素、机会要素、回报要素等。工作要求的相关要素苛求过高是导致个体产生情绪衰竭或是去人性化的重要因素，而工作资源的要素可以去支持个体，来缓解或减少职业倦怠症状的泛化或严重。

(3) 社会胜任模型(Social Competence Model)。心理学家 Harrison 首次提出的社会胜任模型也是重要职业倦怠理论，这个理论的核心在于工作的胜任感。该理论认为，如果个体在工作中能感觉到能够胜任这份工作，那么往往就会提高自己的工作动机；反之，工作若未能达到自我的预期，并感觉到不能胜任工作，个体就很有可能感受到职业倦怠感，并会伴有去人性化的症状，对助人工作失去活力和动机。这个理论用个体能否胜任工作来解释职业倦怠产生，从而丰富了职业倦怠产生的研究广度。

(4) 努力—回报模型。努力—回报模型的提出是建立在社会交换理论基础上的，首先由 Siegrist 提出。他认为，个体对职业的付出超过了职业给予个体的回报时，个体很容易感受到职业倦怠感。同样，也有研究指出，个体在工作中感受到的回报越多，职业倦怠的评价也会越低。

(二) 成就动机

1. 成就动机的概念

成就动机本质上是一种社会性的动机，它会推动个体进行工作或者学习，是一种非常重要的动机。如果我们单单从个体的角度出发，成就动机对于个体来说就一种素养，是个体在社会化过程中逐渐形成的、帮助个体适应社会的一种特质，是现代社会人类的最主要动机之一。这种心理机制能够激励个体不断获取成就感，是决定一个人事业、学业成功与否的关键因素。从社会意义的视角而言，该地区人群的成就动机的水平与经济的增长、科学技术的进步被人视作为社会进步的几个重要的指标。从 20 世纪 50 年代开始，成就动机的理论探索和应用实践在心理学界大量涌现。自 70 年代以后心理学在这个领域的研究更为踊跃，进一步扩展了研究范围。

成就动机(achievement motivation)是指个体在达到某一种目标的过程中，为了获取成功而付出努力的内部动机和内部动力。个体认为目标具有一定的价值，对个体本身很重要，所以愿意去做，从而为了获取成功而行动的一股内部推动力量。从成就动机的构成视角审视，其具有多重成分、多种维度的属性。最初研究成就动机的理论是 Atkinson(1953)的理论。他首次提出了成就动机是由两种相对较稳定的心理倾向构成，即追求成功与恐惧失败。如果个体处在某个特定的任务情景中，两种心理倾向会被同时唤起，此刻个体导向目标的内趋力一成就动机，是两种心理倾向的代数和。Atkinson(1958)在 Atkinson 的基础上提出了冒险偏好模型(risk preference model)。这个模型的特点是，他将个体对成功达成任务的那种渴求感以及因为害怕失败对失败的规避倾向，运用这两种相对稳定的心理倾向之间的内心冲突来解释个体对任务的动机和态度。他还指出，不管个体追求成功与规避失败两种心理倾向的组合强度如何，当个体处于某一个强制性任务的情景时，追求成功大于规避失败倾向，或者是规避失败超过追求成功的心理倾向。中等难度的任务给予个体的动机水平最强，这是因为任务结果的不确定性最大。不过，如果情境允许个体拥有选择任务的机会时，两类拥有不同心理倾向的群体在选择任务难度时，会出现巨大的差异。倾向于追求成功的个体会更多地去选择中等难度的任务；反之，规避失败动机较强的个体倾向去选择难度极端大或小的任务。Atkinson 还发现，如果被试追求成功动机相对于规避失败动机更强，他们对成功概率将会有更高的主观评估；相反，若个体在规避失败的动机超过苛求成功的动机时，规避失败动机较强的个体倾向去选择难度极端大或小的任务。Atkinson 还发现，如果被试追求成功动机相对于规避失败动机更强，他们对成功概率将会有更高的主观评估；反之，被试对失败的概率会有更高的主观评估。

个体如果有比较强的追求成功的动机，在行为表现上，为出现更多趋近目标的行为表现，在工作业绩上会有更好的成绩，在进取心上也更有上进心；反之，具有回避失败心理倾向的个体，在行为表现上就会逃避目标，减少失败的可能性，避免失败的结果，对任务行为形成消极和退缩的倾向。成就动机本身是人在社会生活中逐步形成的，它具有很强的社会学价值。在不同的时代背景、社会环境和文化氛围之中，群体的成就动机会有明显的个体化差异，而且表现出来的成就动机具体特征也会有很多不同。在有关于成就动机的影响因素的理论研究中，心理学家得出的结论是至少有 4 个因素会影响个体成就动机的水平，即：达成目标所需承担的风险、目标本身具有的魅力、达成目标过程中个体能够发挥自己能力及提出自己意见的机会，对成功和失败概率所持的主观评估。

2. 关于成就动机与职业倦怠关系的相关研究

在关于成就动机和职业倦怠的关系研究方面，不同的研究者存在着两种矛盾的观点。费鲁顿伯格认为个体如果拥有过高的成就动机，并关注和参与超过自己能力的任务就会引发职业倦怠。而黄正鹄、郑英耀对中国人的研究结果却截然相反，成就动机越高，感受到的职业倦怠就越少。究竟是中西方地域文化差异形成了这种反差，还是成就动机本身和职业倦怠有着更为复杂的关系，还没有得到明确的解释。

通过上述的综述，我们不难发现，成就动机和职业倦怠的研究主要起步于国外。相比国外，国内的研究已经相对滞后了，而且符合本土化的特点的研究其实不多，并且在相关研究方面仍存在较大的争议。同时，以往的研究往往是针对企业与学生而进行的，对监狱警察的调查研究也只能针对某些现象的描述。但不可否认的是，这是一个值得引起重视的群体，所以我们有必要针对监狱干警的具体情况进行相关研究。此外，国内目前仍然较少对成就目标和职业倦怠的关系研究，以往研究的结果只能说明两者是存在相关，而未作进一步的探讨。

（三）问题的提出

近年来，由于职业压力和职业紧张而引起的各种问题屡见不鲜，从而有更多的人开始关注职业心理健康。研究认为，长期处于高压力和高风险的职业环境下会产生职业倦怠感，对监狱干警的身心健康有较大的影响。有研究显示，职业压力在很多维度上与职业倦怠有密切相关，职业倦怠是个体在职业压力达到相当的程度后，产生的一种衰竭的状态。个体由于无法良好地应对长时间的高压力带来的紧张情绪，是职业倦怠的重要原因之一。职业压力和职业倦怠对监狱干警人群的影响，已经成为目前监狱学界研究的热点问题。成就动机往往能够决定个体看待工作任务的认知，根据自我效能感的理论和成就目标的理论，可以假设成就动机能够影响个体对高压力的工作任务所体验到紧张感的知觉，从而同样也影响着监狱干警个体的倦怠水平。近年来，上海监狱新招录的干警人数不断增多，监狱干警队伍的年龄结构也有了较大的变化，队伍的年轻化趋势非常明显。现阶段监狱学者们关注的多是罪犯改造中的一些操作性内容，甚少关注在这些模式下干警的心理状态，更鲜有对干警人职匹配的相关研究。因此，本文的研究重点是，比较监狱干警个人不同成就动机水平，不同的动机类型与监狱干警职业压力和职业倦怠中存在的某种联系，以及监狱干警的职业紧张、职业倦怠以及成就动机方面的特点。

二、研究方法

（一）研究对象

本研究选取上海市监狱管理局青年干警为研究对象，总共选取3期轮值轮训班和1期监狱教师班的学员作为问卷调查对象。在征得学校及被试干警的同意的情况下，采用集体问卷测试，主试负责解释和指导语，并具体说明填写要求。当问卷完成以后，通过网络回收问卷。本次共准备了150份问卷，实际收到作答的143份，完成率为94.0%。删除那些问题填写不全、作答明显敷衍或者只选同一列等明显不符合要求的，确认有效的样本共有131份，有效率为91.6%。

（二）研究工具

1. 职业紧张量表(OSI-R)

为测量个体所承担的职业压力，我们选用职业紧张的量表。我国在职业紧张方面的研究较少，目前还没有研制出成熟的测量问卷。然而，Osipow从1981年开始研制职业紧张量表，他编制的OSI量表经过了7次修订，从多维度，全面地、系统地反映了职业压力水平以及职业压力的应对能力。1998年，该量表的作者正式发行并出版了职业紧张量表（修订版）OSI-R（1998）。该量表经过澳大利亚研究者Piettrs等首次使用于干警的职业紧张的研究，证明其具有较好的实践应用价值。国内学者李健曾经对该量表进行了多次翻译及修订，使其更为适合中国文化与语言习惯。经过李健等人的研究，已经证明其具有较好的信效度。所以本次研究引用OSI-R作为测试工具。OSI-R是一种全面测试职业紧张的综合量表。原量表包含3个维度，分别是职业任务、紧张反应和个体应对能力。本文根据上述理论制作干警职业压力量表，即对职业任务问卷的结果作为研究对象，具体内容如表1所示：

表 1　职业任务问卷(ORQ)项目说明

问卷/项目	条目	说　　明
任务过重(RO)	10	评价一个人工作要求与个体所承受的超过能力符合与个体超过体力完成的劳动负荷的强度
任务不适(RI)	10	评价一个人所受的培训、教育、技术和经验是否适应工作的要求
任务模糊(RA)	10	评价一个人对任务、预期结果和评价标准的明确程度
角色界限不清(RB)	10	评价一个人工作中所担任的角色冲突和对角色忠诚程度
责任(R)	10	评价一个人在工作中对其他人评价及福利承担责任的大小
工作环境(PE)	10	评价一个人所处的环境是否存在高浓度的毒素或高强度物理因素,及个体的承受能力

2. MBI-GS 工作倦怠量表

美国的社会心理学家 Maslach 和 Jaskson 联合开发的 Maslach 工作倦怠问卷(Maslach Burnout Inventory, MBI)是使用最广泛、影响力最大的职业倦怠量表。MBI 问卷在学界得到非常广泛的应用和多方面的信效度检验,已经被证实具有很好的内部一致信度、重复测量信度、结构效度。该问卷包含了 3 个维度,即情绪衰竭(Emotional Exhaustion)、去人性化(Depersonalization)个人成就感(Personal Accomplishment)。这 3 个维度分量表的内部一致性信度系数的分别是:0.88、0.83及 0.82。在 MBI 的常模中各个纬度的标准差分别为情绪衰竭标准差为 3.80、去人性化标准差为 3.16、个人成就感的标准差为 3.73。在国内,MBI-GS 也有较好的发展。2002 年,国内研究者李超平获得 MBI-GS 问卷开发者的授权,根据中国文化进行了修订,修订后的 MBI-GS 量表依然拥有较好的信度和效度。

3. 成就动机量表

挪威的心理学家 Gjesme, T.和 Nygard, R.于 1970 年编制了成就动机量表(Achievement Motivation Scale, AMS),在经过多次修订之后,目前已趋近完善。该量表的中文版本是我国的学者叶仁敏和挪威的心理学家 Hegtvet, K.A.在 1988 年联合译制的,并且在 1992 年通过大学生及中学学生样本的研究中完成了修订。有研究证明,该量表在中学学生样本中的应用中,追求成功的分量表内部一致系数为 0.83、回避失败的分量表则为 0.84,可见该量表具有较好的信度和效度。其中,成就动机的总体值等于追求成功分量表的值减去回避失败分量表的值。

（三）研究过程

由研究者于问卷网站上设置问卷,由班主任教官将问卷链接发放给各个班级学员，以分队的形式统一安排在宿舍内进行填写，由施测人员讲解填写要求，每名网上填写，填写完成后学员自行退出，由施测人员通过物联网整理和统计相关数据。问卷结束后，研究者随机在10名被试中抽取1名进行关于职业倦怠的访谈。

（四）统计方法

干警问卷填写完毕以后，施测人员通过网络下载问卷数据，然后按班级汇总数据，共得到有效问卷131份。将数据录入SPSS9.0软件，对数据进行数据分析，通过信度分析、描述性分析、相关性分析、差异分析、回归分析等探讨青年监狱干警职业压力、成就动机和职业倦怠之间的具体关系。

三、研究结果

（一）调查样本特征描述性分析

结果显示，本次调查中男女干警比例为71.8%及28.2%，由于行业原因，女性比例较少。其中约六成干警已婚。从学历上分析，结果表明超过九成干警学历为大学，9.2%干警为硕士及以上学历。工作年限在6—9年的干警占总人数比例最高为29.0%，其次28.2%干警工作年限在1—3年，4—5工作年限干警占22.9%，10年以上工作年限的干警占19.8%。

表2　调查样本特征描述性分析

人口变量学	分类	频数	百分比(%)
性　别	男	94	71.8
	女	37	28.2
婚姻状况	未婚	55	42.0
	已婚	76	58.0
学　历	大学	119	90.8
	硕士及以上	12	9.2
工作年限	1—3年	37	28.2
	4—5年	30	22.9
	6—9年	38	29.0
	10年以上	26	19.8

(二) 信度分析

本研究采用较为完善的 Cronbach's Alpha 系数方法来检验问卷的信度,具体意义是在同一个问卷中调查对象对所有题项回答的一致性程度。根据概率统计学观点,任何问卷工具的一致性信度系数在 0.70 以上,就表明改测量工具的内部一致性较好,即问卷具有较高的信度。

结果显示,职业紧张问卷中,任务过重、角色界限不清及责任感维度的内部一致性高于 0.7,剩余维度的内部一致性系数高于 0.8,而且量表总体的内部一致性系数高于 0.9,表明本次研究进行的职业紧张调查具有良好的信度。

成就动机问卷追求成功问卷的内部一致性为 0.909,避免失败的内部一致性为 0.894,总量表的内部一致性为 0.771,表明成就动机数据具有良好的可信性。

职业倦怠各维度及总量表的内部一致性均高于 0.9,表明本次职业倦怠问卷调查的信度比较好。

表 3 问卷的信度分析结果

问卷	维度	Cronbach's Alpha 系数值	项目数
职业压力	任务过重	0.712	10
	任务不适	0.926	10
	任务模糊	0.887	10
	角色界限不清	0.761	10
	责任感	0.792	10
	自然环境	0.878	10
	总量表	0.941	60
成就动机	追求成功	0.909	15
	避免失败	0.894	15
	总量表	0.773	30
职业倦怠	情绪衰竭	0.949	5
	去人性化	0.943	4
	成就感	0.960	6
	总量表	0.972	15

（三）人口变量学在各个变量的差异分析

1. 性别在职业倦怠上的差异分析

采用独立样本T检验分析性别在职业倦怠上的差异。结果显示，性别在职业倦怠各维度及总体水平上的差异均不显著。对比均值可知，女性干警在职业倦怠各维度及总体水平上的评价低于男性干警在职业倦怠上的评价。

表4　性别在职业倦怠上的差异分析

	性别	样本量	均值	标准差	T	P
情绪衰竭	男 女	94 37	3.61 3.82	1.37 1.55	−0.771	0.442
去人性化	男 女	94 37	3.56 3.77	1.39 1.55	−0.740	0.461
成就感	男 女	94 37	3.79 3.97	1.21 1.37	−0.733	0.465
职业倦怠整体水平	男 女	94 37	3.67 3.87	1.20 1.40	−0.808	0.420

2. 婚姻状况在职业倦怠上的差异分析

采用独立样本T检验分析婚姻状况在职业倦怠上的差异。结果显示，婚姻状况在职业倦怠各维度及总体水平上的差异均不显著。对比均值可知，未婚干警在职业倦怠各维度及总体水平上的评价高于已婚干警在职业倦怠上的评价。

表5　婚姻状况在职业倦怠上的差异分析

	婚姻状况	样本量	均值	标准差	T	P
情绪衰竭	未婚 已婚	94 37	3.70 3.64	1.27 1.53	0.226	0.822
去人性化	未婚 已婚	94 37	3.85 3.46	1.50 1.38	1.554	0.123
成就感	未婚 已婚	94 37	4.01 3.72	1.18 1.31	1.320	0.189
职业倦怠整体水平	未婚 已婚	94 37	3.87 3.63	1.18 1.31	1.082	0.281

3. 学历在职业倦怠上的差异分析

采用独立样本 T 检验分析学历在职业倦怠上的差异。结果显示，学历在职业倦怠各维度及总体水平上的差异均不显著。对比均值可知，大学学历干警在情绪衰竭、成就感及职业倦怠整体水平的评价低于硕士及以上学历干警在这些方面的评价，在去人性化上的评价高于硕士及以上学历干警的评价。

表 6　学历在职业倦怠上的差异分析

	学历	样本量	均值	标准差	T	P
情绪衰竭	大学	119	3.65	1.41	−0.504	0.615
	硕士及以上	12	3.87	1.62		
去人性化	大学	119	3.63	1.47	0.256	0.799
	硕士及以上	12	3.52	1.11		
成就感	大学	119	3.82	1.24	−0.559	0.577
	硕士及以上	12	4.04	1.47		
职业倦怠整体水平	大学	119	3.71	1.25	−0.335	0.738
	硕士及以上	12	3.84	1.36		

4. 工作年限在职业倦怠上的差异分析

采用单因素方差分析检验工作年限在职业倦怠上的差异。结果显示，工作年限在职业倦怠各维度及总体水平上的差异均显著。事后检验可知，在情绪衰竭上，工作年限在 1—3 年的干警评价显著高于工作年限在 6—9 年的干警评价。事后检验可知，在去人性化上，工作年限在 1—3 年的干警评价显著高于工作年限在 6 年以上的干警评价。事后检验可知，在成就感上，工作年限在 1—3 年的干警评价显著高于其他工作年限段的干警评价。事后检验可知，在职业倦怠整体水平上，工作年限在 1—3 年的干警评价显著高于工作年限在 6 年以上的干警评价。可见，工作年限少的倦怠感，显著高于有一定工作经验的干警。

5. 工作年限在职业压力上的差异分析

采用单因素方差分析检验工作年限在职业紧张上的差异。结果显示，工作年限在任务模糊上的差异显著，在职业紧张各维度和整体水平上的差异均不显著。事后检验可知，工作年限在 10 年以上的干警，其对任务模糊的评价显著低于其他工作年限段干警的评价。

表 7　工作年限在职业倦怠上的差异分析

		样本量	均值	标准差	F	P	事后检验
情绪衰竭	1—3 年	37	4.24	1.48	3.659	0.014	1>3*
	4—5 年	30	3.74	1.32			
	6—9 年	38	3.29	1.07			
	10 年以上	26	3.32	1.68			
去人性化	1—3 年	37	4.22	1.55	5.242	0.002	1>3，4*
	4—5 年	30	3.86	1.46			
	6—9 年	38	3.27	1.07			
	10 年以上	26	3.01	1.38			
成就感	1—3 年	37	4.46	1.13	4.731	0.004	1>2，3，4*
	4—5 年	30	3.74	1.16			
	6—9 年	38	3.58	1.14			
	10 年以上	26	3.47	1.44			
职业倦怠整体水平	1—3 年	37	4.33	1.25	5.088	0.002	1>3，4*
	4—5 年	30	3.77	1.19			
	6—9 年	38	3.40	0.97			
	10 年以上	26	3.30	1.43			

注:1=1—3 年,2=4—5 年,3=6—9 年,4=10 年以上。

表 8　工作年限在职业紧张上的差异分析

		样本量	均值	标准差	F	P	事后检验
任务过重	1—3 年	37	3.07	0.49	1.019	0.386	
	4—5 年	30	2.92	0.43			
	6—9 年	38	2.91	0.36			
	10 年以上	26	2.94	0.58			
任务不适	1—3 年	37	2.88	0.66	1.596	0.194	
	4—5 年	30	2.77	0.69			
	6—9 年	38	2.74	0.47			
	10 年以上	26	2.55	0.57			
任务模糊	1—3 年	37	2.80	0.64	4.621	0.004	1，2，3>4*
	4—5 年	30	2.63	0.66			
	6—9 年	38	2.68	0.44			
	10 年以上	26	2.25	0.61			

（续表）

		样本量	均值	标准差	F	P	事后检验
角色界限不清	1—3 年	37	2.84	0.41	0.747	0.526	
	4—5 年	30	2.69	0.45			
	6—9 年	38	2.74	0.38			
	10 年以上	26	2.69	0.59			
责任感	1—3 年	37	2.67	0.59	0.494	0.687	
	4—5 年	30	2.75	0.47			
	6—9 年	38	2.58	0.47			
	10 年以上	26	2.68	0.80			
自然环境	1—3 年	37	2.82	0.46	1.143	0.334	
	4—5 年	30	2.69	0.44			
	6—9 年	38	2.72	0.30			
	10 年以上	26	2.61	0.62			
职业紧张整体水平	1—3 年	37	2.85	0.43	1.682	0.174	
	4—5 年	30	2.74	0.35			
	6—9 年	38	2.73	0.29			
	10 年以上	26	2.62	0.51			

注:1=1—3 年,2=4—5 年,3=6—9 年,4=10 年以上。

6. 学历在成就动机上的差异分析

采用独立样本 T 检验分析学历在成就动机上的差异。结果显示,学历在追求成功、避免失败及成就动机上的差异均不显著。对比均值可知,大学学历干警在追求成功及成就动机上的评价低于硕士及以上学历在这些方面的评价,

表 9 学历在成就动机上的差异分析

	学历	样本量	均值	标准差	T	P
追求成功	大学	119	1.32	0.60	−0.194	0.847
	硕士及以上	12	1.36	0.75		
避免失败	大学	119	1.90	0.50	1.384	0.169
	硕士及以上	12	1.68	0.52		
成就动机	大学	119	−0.58	0.92	−0.874	0.384
	硕士及以上	12	−0.33	1.12		

在避免失败上的评价显著高于硕士及以上学历干警在这方面上的评价。可见，在成就动机维度，研究生学历的被试在均值上更高，更渴望获取成功。

（四）职业压力与职业倦怠的关系分析

为检验职业紧张与职业倦怠的关系，以职业紧张6个维度为自变量，以职业倦怠整体水平为因变量，进行多元强迫回归分析。结果显示，任务过重、任务模糊和角色界限不清能显著预测职业倦怠总体水平。任务过重、任务模糊和角色界限不清共同解释职业倦怠整体水平总变异的29.7%。任务过重对职业倦怠整体水平具有正向的影响作用（$\beta=0.322$，$p<0.01$）。任务模糊对职业倦怠整体水平具有正向的影响作用（$\beta=0.437$，$p<0.01$），角色界限不清对职业倦怠整体水平具有正向的影响作用（$\beta=0.260$，$p<0.1$）。

对模型进行共线性检验，回归方程DW值为1.587，处于1.5—2.5，因此认为模型不存在自相关现象，自变量间未存在多元共线性的问题，多元线性回归模型良好。

表10　职业紧张与职业倦怠的多元回归分析

预测变量	非标准化系数B	标准差	标准化系数β	t	R^2	F
常数项	−1.319	0.741		−1.780		
任务过重	0.879	0.246	0.322	3.573**		
任务不适	−0.130	0.296	−0.063	−0.441		
任务模糊	0.898	0.390	0.437	2.302*		
角色界限不清	0.722	0.404	0.260	1.785+	0.297	8.726***
责任感	0.097	0.205	0.044	0.472		
自然环境	−0.658	0.654	−0.236	−1.005		

注：+ $p<0.1$。下同。

（五）成就动机在职业紧张与职业倦怠关系间的调节作用

为深入分析成就动机职业紧张与职业倦怠整体水平关系间的调节作用，研究对职业紧张6维度及成就动机调节变量为自变量，以职业倦怠整体水平为因变量进行层次回归分析。研究采用温忠麟等（调节效应与中介效应的比较和应用）提出的调节检验方法，对研究变量进行了分层回归分析。将自变量和调节变量中心化。第一步，将自变量及调节变量纳入方程进行回归，考察自变量及调节变量的主效应；第二步，将自变量×调节变量的交互作用项纳入回归方程中，考察两者的交互作用，若效应显著则表明存在调节效应。

表 11　成就动机在职业紧张与职业倦怠整体水平关系调节作用的层级回归分析

变　　量	模型 1	模型 2
自变量和调节变量		
任务过重	0.307**	0.248**
任务不适	−0.064	−0.114
任务模糊	0.398*	0.368*
角色界限不清	0.279+	0.193
责任感	0.037	0.101
自然环境	−0.250	−0.161
成就动机	0.193*	0.248**
交互项		
任务过重×成就动机		−0.232**
任务不适×成就动机		0.183*
任务模糊×成就动机		−0.082
角色界限不清×成就动机		−0.153
责任感×成就动机		−0.064
自然环境×成就动机		0.190
R^2	0.331	0.407
F	8.699***	6.172***

模型 1：以职业紧张 6 个纬度及成就动机为自变量，以职业倦怠整体水平为因变量进行回归分析。结果表明，任务过重能显著预测职业倦怠整体水平（β=0.307，p<0.01），任务模糊能显著预测职业倦怠整体水平（β=0.398，p<0.05），角色界限不清，能显著预测职业倦怠整体水平（β=0.279，p<0.1），成就动机能显著预测职业倦怠整体水平（β=0.193，p<0.05）。任务过重、任务模糊、角色界限不清及成就动机对职业倦怠整体水平方程解释率为 33.1%，F 值达到 0.001 水平显著。从标准化系数看，任务过重、任务模糊、角色界限不清及成就动机对职业倦怠整体水平有显著正向影响。

模型 2：在模型 1 基础上增加了任务过重与成就动机的交互项、任务不适与成就动机的交互项、任务模糊与成就动机的交互项、角色界限不清与成就动机的交互项、责任感与成就动机的交互项、自然环境与成就动机的交互项。结果表明，模型 2 对职业倦怠整体水平方程解释率提高了 7.6%。其中任务过重与成就动机的交互项达到 0.01 水平上的显著、任务不适与成就动机的交互项达到 0.05 水平上的显著，表明成就动机能显著调节职业紧张与职业倦怠整体水平之间的关系。这一调节作用体现在成就动机能调节任务过重与职业倦怠整体水平之间的关系及任务不适与职业倦怠整体水平之间的关系上。从标准化系数上看，成就动机越高、任务过重对职业倦怠整体水平的积极影响就越小（$\beta=-0.232$，$p<0.01$）；成就动机越高、任务不适对职业倦怠整体水平的积极影响就越大（$\beta=0.183$，$p<0.05$）。

（六）数据分析结论

笔者对样本群体职业压力、成就动机及职业倦怠等变量进行相关性分析、差异分析、回归分析后，归纳较为重要的结论如下：

（1）女性干警在职业倦怠各维度及总体水平上的评价低于男性干警在职业倦怠上的评价。

（2）未婚干警在职业倦怠各维度及总体水平上的评价高于已婚干警在职业倦怠上的评价。

（3）大学学历干警在情绪衰竭、成就感及职业倦怠整体水平的评价低于硕士及以上学历干警在这些方面的评价，在去人性化上的评价高于硕士及以上学历干警的评价。

（4）在职业倦怠整体水平上，工作年限在 1—3 年的干警评价显著高于工作年限在 6 年以上的干警。

（5）任务过重对职业倦怠整体水平具有显著正向的影响作用（$\beta=0.322$，$p<0.01$），任务模糊对职业倦怠整体水平具有显著正向的影响作用（$\beta=0.437$，$p<0.01$），角色界限不清对职业倦怠整体水平具有显著正向的影响作用（$\beta=0.260$，$p<0.1$）。

（6）成就动机越高、任务过重对职业倦怠整体水平的积极影响就越小（$\beta=-0.232$，$p<0.01$）；成就动机越高、任务不适对职业倦怠整体水平的积极影响就越大（$\beta=0.183$，$p<0.05$）。

四、讨论与分析

（一）监狱干警的职业压力、职业倦怠现状分析

1. 监狱干警职业压力产生的原因分析

观察整个分析结果会发现，样本的职业压力水平都比较高。样本均值数据显示，干警在任务过重、角色不清、任务不适、责任 4 个维度分指最高。结合笔者对部分施测干警的访谈，总结以下原因：

(1) 样本监狱干警普遍感受到，监狱工作的负荷过高。根据调查，就样本中的干警，每个干警要承担平均 20 名罪犯承包任务，平均每 6 天值班一次。特别是一些功能性监区的干警，在任务过重上，得分显著高于其他干警。这样的现象，其原因可能：第一，基层监狱的警力不足，主要体现在值班频率较高，部分监狱的主管干警承包人数过多；第二，经过访谈，干警对任务过重的认识主要来自其他岗位和其他行业的对比，绝大多数干警实际工作时间每周远远超过 40 小时的正常范围，这使得他们从认识上认为自己已经超负荷的工作，感受到压力。

(2) 样本群体的干警感受到角色冲突明显。现代监狱工作的理念使得监狱干警既要扮演严厉的执法者，还需要怀有包容之心来矫治罪犯。这样截然不同的角色定位使得部分干警内心冲突明显，从而产生压力。同样地，部分干警在监狱特殊的人际关系网络（领导、同事、罪犯）之下感受到心理压力，甚至有的干警认为自己整天戴着面具生活，这样的心理冲突，导致压力的产生。

(3) 责任过大也是监狱干警职业压力原因之一。这其中不仅包括监狱干警肩上承担的监管安全的重大责任，还包括干警个人事业和家庭的责任。不少干警表示，在看到许多受处理干警的案例之后，感觉到因为工作过失而产生的影响过大且较为长远，所以对个人的前途和家庭有所担忧，增加了心理压力。

(4) 任务模糊在干警产生职业压力问卷中的得分较高，说明干警所受的培训、教育、技术和经验等资源难以适应工作的要求。能力恐慌是监狱干警产生压力的重要来源。监狱改革以来，工作的复杂性与日俱增，对干警的要求也越来越高，这种能力乃至资源的匮乏感，使得干警产生不安和焦虑的情绪，压力也随之产生。

2. 监狱干警产生职业倦怠的原因分析

当我们观察施测样本的数据后，施测干警的倦怠水平较高，在个人成就感的维度上得分最高。经过部分样本干警的访谈，归纳有以下原因：

（1）监狱干警的工作繁琐枯燥。不少监狱干警提到工作过于枯燥，长时间的值班备勤，以及监狱罪犯管理的琐碎事务耗尽了干警大量精力，感到身心疲惫。根据 Hobfoil 提出了资源保存理论，监狱工作的高要求和监狱干警自身拥有的能力、精力资源缺乏是导致干警产生职业倦怠的原因。

（2）部分干警对监狱考核评价、晋升通道等资源分配制度存在不认同感。部分干警认为监狱的考核并不能完全反映干警的工作能力，部分干警对自己的付出得不到肯定而有抱怨的情绪，而这种不满情绪必定会引起干警的职业倦怠。

（3）部分干警的能力无法胜任工作要求。随着监狱工作的不断发展，监狱工作的要求不断提高，但是部分青年干警的能力并不能胜任工作的要求。这种不匹配，导致倦怠的产生。干警因为自己能力的不足，导致回避工作，厌倦工作。

（4）部分受测干警感受到获得与付出不匹配，感觉社会地位较低。近年来，物价涨幅较快，但是上海近年干警的工资待遇一直没有做过较大的调整。有干警认为这份职业除了较为稳定外，没有优势，并且感觉到社会地位较低，职业认同感不高，体会不到作为人民警察的成就感。其实，除了薪酬上的待遇，干警更需要尊重和归属感。许多来自皖南农场的同志认为，自己在工作和生活中，并没有得到周边的人的尊重和关心。这种付出和获取的不平衡感，会造成职业倦怠。

（二）干警职业倦怠在人口统计学上的差异分析

当我们考察受测干警的性别因素时发现，结果显示，受测干警性别在职业紧张和倦怠各维度及总体水平上的差异均不显著。男干警的得分略微低于女干警。同样，结果显示，婚姻状况在职业倦怠各维度及总体的得分上的差异都不明显。

值得我们关注的是数据显示，职业倦怠感在工作年限上分布差异明显。在职业倦怠整体水平上，工作年限在 1—3 年的干警评价显著高于工作年限在 3 年以上的干警评价。工作年限的上升反而削弱了职业倦怠感。这个结果并没有在研究者的意料之中。一般研究中,职业倦怠感往往在刚入职时并不明显,随着工作时间的增长,会逐渐产生倦怠感,但是数据结果显示却截然相反。笔者通过访谈调查,其原因可能有:

(1) 由于被测监狱干警来自皖南农场,人员流动较多,青年干警 3 年以后会有机会重新安排工作,回上海市区工作。绝大多数干警对职业缺乏归属感,导致青年干警反而在去人性化、价值感方面的评价较低。反观工作年限较长的干警往往是已经在附近地区安身立命,长期在该监狱工作,所以归属感较强,得分反而越低。

(2) 工作 1—3 年的青年干警,一般都属于独生子女,这一代人有鲜明的时代特征,自我意识明显。而过去的监狱人民警察职业的价值感难以对这代青年产生较大的触动,所以工作 1—3 年的青年干警在去人性化维度得分较高。

(3) 随着工作年限的增长,干警工作经验不断丰富,能力的提升可以降低职业倦怠的影响。工作 1—3 年的青年干警往往在监狱中承担最多的工作任务,而其工作能力还未能达到工作的要求,所以工作 3 年以下干警职业倦怠的水平最高。

(三) 干警职业压力、成就动机和职业倦怠的相关分析

1. 职业紧张和职业倦怠的相关分析

笔者以职业紧张 6 个维度为自变量,以职业倦怠整体水平为因变量,进行了回归分析,得出一个结论:任务过重维度对职业倦怠整体水平具有正向影响作用($\beta=0.322$, $p<0.01$),任务模糊维度对职业倦怠整体水平具有正向的影响作用($\beta=0.437$, $p<0.01$),角色界限不清维度对职业倦怠整体水平具有正向的影响作用($\beta=0.260$, $p<0.1$)。可见,职业压力中部分维度的变量能够部分预测样本个体的职业倦怠水平(核心结论 1)。

可见,职业紧张和职业倦怠呈正相关,且职业紧张的维度中,任务过重维度与职业倦怠相关度最高;其次是任务不适、任务模糊和角色界限不清。可以得出结论,干警的职业紧张水平是导致职业倦怠的重要因素之一。数据告诉我们,在干警中,任务压力越大,干警感受到的倦怠就越大,这符合研究者的假设。显然,目前干警处于一个高压的工作环境下,承担了超过负荷的工作量,由此导致干警职业倦怠情况在干警中并不少见。同样,角色的模糊不清也是导致干

警职业倦怠重要因素之一。

2. 成就动机对职业倦怠的调节作用

根据上述分析，可见成就动机在职业紧张和职业倦怠起调节作用。成就动机越高、任务过重对职业倦怠整体水平的积极影响就越小（$\beta = -0.232$，$p < 0.01$）；成就动机越高、任务不适对职业倦怠整体水平的积极影响就越大（$\beta = 0.183$，$p < 0.05$）。可以看出，成就动机可以削弱干警工作任务过重的压力感，从而影响职业倦怠的评价。这个结果符合研究者的预期，成就动机高的干警，更有追求成功欲望，就会克服压力带来的倦怠感；反之，在任务不适（个体有没有足够的资源来应对任务）维度，成就动机反而能加剧倦怠感的产生。这就意味着，成就动机高的干警内心对成就的渴望和自身或者环境的资源不足所带来的矛盾，会加重干警感受到倦怠感的程度。

通过以上分析，我们可以看到成就动机在职业倦怠中的作用。成就动机与倦怠并非是单一的相关关系，而是取决于个体所承担的任务强度以及个体有没有足够的应对资源。一个成就动机较高的干警，相比成就动机较低的个体，更能承担较重的任务压力，且不易产生情绪衰竭、去人性化等倦怠表现。这个现象可以解释为，一个拥有强烈动机（渴望成功）的干警，可以克服过重任务的压力，不易产生倦怠。同样地，一个成就动机较高的干警，相比动机较低的个体，在缺乏应对资源的情境下，更容易产生职业倦怠。这表明，如果个体拥有较高的动机（渴望成功），但在缺乏足够的资源去获取成就时，会使个体产生强烈的消沉和倦怠（核心结论 2）。

五、建议与对策

上述我们对青年干警的职业压力、成就动机、职业倦怠进行了调查和研究，在总体上，受测干警群体的职业压力中任务过重的均值最高，角色界限不清的均值次之，任务不适的均值再次之，说明青年干警工作负荷处于较高水平。而且，干警职业压力可以显著正向预测干警的职业倦怠水平。

在职业倦怠水平上，受测干警的个人成就感的维度上得分最高，其次是情绪衰竭和去人性化，但都高于社会职业常模，青年干警职业心理健康水平不高。

根据笔者的分析，依据工作匹配理论和资源保存理论，青年监狱干警职业倦怠形成的原因主要是一种不匹配，即个体自身与其所从事工作的不匹配。据此，笔者从人职匹配角度，提出以下建议：

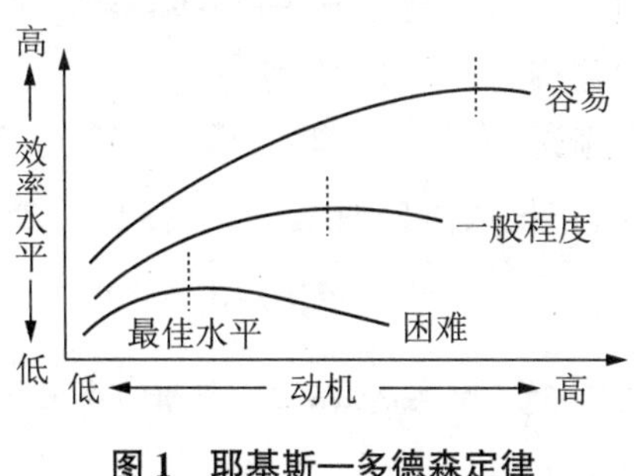

图 1　耶基斯—多德森定律

（一）尊重干警人格特点，合理安排工作任务

根据数据研究，发现个体的成就动机影响着干警职业压力与职业倦怠的关系。成就动机越高、任务过重对职业倦怠的影响越小，意味着一个渴望成功的干警，可以克服任务过重的不利因素，从而保持较好的工作状态不产生倦怠。这时候成就动机在防止职业倦怠的产生中，起正面作用。这就要求我们在任务分配、岗位安排时，充分考虑干警的人格特征，特别是干警的成就动机的特点。

任务强度及任务压力比较高，且拥有较多工作资源的情况下（例如危险犯、顽固犯的管理和转化、重大科研课题的研究等），应该考虑成就动机高的干警承担。这类干警对工作有冲劲，渴望获取成就感，能够承担任务难度所带来的挑战，适合这类任务；对于一些任务周期较长、强度较大（例如人事档案的管理、减刑假释卷宗的整理），适合中等动机的干警；对于任务压力较小，而精力、机会、回报等资源也比较少的工作岗位，适合成就动机低的干警去完成。这类干警的动机类型主要是回避失败，可以较好地完成任务，且不易产生职业倦怠（各监狱出现近退休干警主动要求到较为枯燥的岗位，就是这个原因）。

表 12　任务强度及应对资源适合何种类型干警

任务强度	应对资源	适合类型的干警
高强度任务	较多的资源	高动机干警
高强度任务	较少的资源	中等动机的干警
低强度任务	较少的资源	低动机干警
低强度任务	较多的资源	适合所有类型的干警

要做到干警人职匹配的要求，首先需要进行合理的队伍分析，在岗位分配时，考虑其人格特点，帮助他更好地适应岗位，防止因为职业压力而导致职业倦怠。笔者建议引入社会资源，每年对全体干警体检的同时，对干警进行基础的心理测试和标准化的个别访谈，使用一些人格问卷和心理健康问卷，个体分析和群体分析相结合，做精细化队伍分析，进一步提高干警个体与工作任务的匹配程度。

（二）完善干警职业资源生态系统，降低职业压力

研究数据显示，干警的职业压力中部分维度的变量能够部分预测样本个体的职业倦怠水平，特别是任务过重、任务不适、任务模糊、任务角色不清等维度，显著预测了职业倦怠的水平。所以，我们可以推断出，降低职业压力，就能改善职业倦怠。

根据职业倦怠的资源保存理论，工作要求或者工作资源，都与职业倦怠存在着不同维度显著的相关，工作要求越高，越容易产生职业倦怠；工作资源越少，越容易产生职业倦怠。在当今时代，社会对监狱工作要求不断提高，不论是监管安全的挑战，还是教育转化罪犯的现实需求，导致监狱干警的工作要求不断在提高，由此，使得监狱干警职业倦怠的情况比过去严重。要缓解这样的现状，我们需要给干警提供更完备的职业资源，帮助干警去从容应对日益提高的工作要求。传统的资源保存理论提出，工作资源主要有能力要素、时间要素、精力要素、机会要素、回报要素等。其中，能力资源和精力资源是影响干警职业压力和职业倦怠的主要资源。除此之外，由于监狱工作的特殊性，工作制度的保障，同样是影响干警倦怠的主要要素。

首先，能力要素。从理论上讲，一个干警的能力越强，就越能适应工作，就越不会产生职业倦怠。近年来，高学历的干警招录比例越来越多，干警能力整体上比过去有较大的提升，干警培训的力度也逐渐增大，但是却有越来越多的干警在访谈中提出自己有“能力恐慌”。笔者认为，这不仅仅是工作要求日益提高，其中重要的原因是监狱干警的能力标准始终不明确。作为一名青年干警到底要提高哪方面的能力，在笔者的访谈中，并没有找到一致的答案。监狱干警能力缺乏标准，导致干警出现群体性的迷茫，从而有能力恐慌，随之而来的就是职业倦怠。我们当下迫切的需要解决的问题之一，就是推出监狱干警能力标准的体系，整合每个干警个体内部的能力资源。有了标准，我们才能有的放矢地

确立我们职后培训的目标及体系。

其次，精力要素。每个个体的精力付出的阈值是不同的，但是一旦付出的精力超过了某个阈值，激励的效果就会变得很差，倦怠也会随之产生。这就要求我们评估好干警工作量和工作重心，合理安排警力，避免出现精力枯竭的情况。目前一些监狱出现干警情愿放弃值班费，甚至情愿付出更多金钱来换取休息的情况发生，部分监区甚至出现愿出几倍金钱放弃值班的情况。可见，青年干警不愿值班的主要原因并不是回报不够，而是精力要素的资源不足。这就需要我们合理安排干警工作时间，尽可能杜绝超负荷工作，给予监狱值班干警及时补休，或者给予选择的权利。笔者认为，我们应该发扬上海市监狱的“红烛精神”，提倡奉献，同时又从制度上保障干警合理休息，避免干警超时工作，形成良性循环，这样才能保护好干警的精力资源。

最后，具有监狱工作特点的制度保障要素。监狱工作责任重大，监管压力不可避免地会提高干警的心理压力，这就需要我们的制度对干警的工作有足够的支撑和指导意见。干警的工作是否有章可循，很大程度上决定了干警任务模糊和角色不清两个维度的评价。在制度比较完备且执行到位的情况下，干警的自主感会明显提升，感受到明显的组织保障，减轻后顾之忧，从而减少压力和倦怠；反之，如果一个监狱的制度设立和执行出现问题，在此情景下，若要把工作做好，干警的能力资源和精力资源的付出会明显提高，根据资源保存理论，这时候干警就会产生能力和精力的枯竭感，产生职业倦怠。

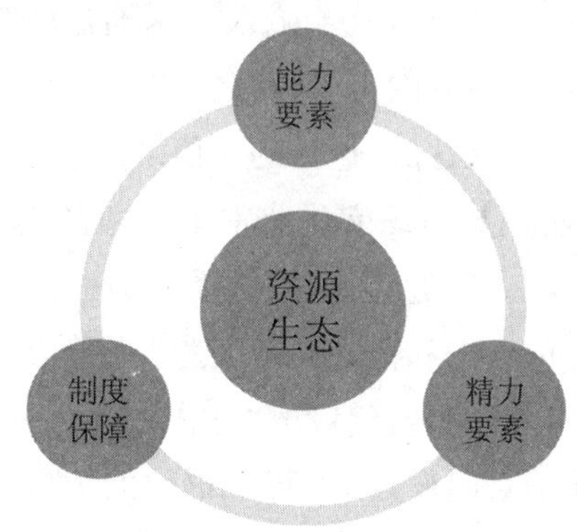

图 2　制度保障与能力、精力要素关系

数据结果显示，个体成就动机越高、任务不适对职业倦怠整体水平的积极影响就越大。这意味着，一个非常渴望做好工作的干警，却缺乏足够的资源帮助他完成工作,倦怠情况会更加严重。这时候成就动机在压力和倦怠的关系中,起负面作用。为了使干警的动机不受打击,激励干警的措施能够切实有效地提高干警活力。为此必须在干警的职业资源上做足文章,确保干警在一个资源充沛的环境下工作,形成良好的资源生态系统。

(三)凸显价值引领,实现组织价值和个人价值的统一

从职业倦怠的3个维度出发,除了情绪衰竭和去人性化以外,笔者认为最重要的还是成就感的降低。从长期预防职业压力导致的职业倦怠来看,只有使绝大多数干警在工作中寻找到成就感,才能彻底杜绝职业倦怠的产生。要实现这一点,就必须实现监狱的价值引领和干警个人希望实现的价值相互统一。为此,笔者认为:监狱组织的核心价值应该是贴近干警的思想实际,而略高于的个人需求。

类比教育学中的"最近发展区"理论,教育学家维果斯基认为学生的发展有两种水平:一种是学生的现有水平,指独立活动时所能达到的解决问题的水平;另一种是学生可能的发展水平,也就是通过教学所获得的潜力。两者之间的差异就是最近发展区。教学应该着眼学生的最近发展区,给学生提供最合适的教学内容,帮助其发展。在监狱价值引领的角度上,我们同样可以找到干警的个人需求的"最近发展区",监狱组织价值应走在干警个人价值的前面,但不能超过干警可能认可或达到的价值高度。

具体而言,每个监狱都有不同的价值文化,如果一个监狱的领导提出的价值文化过于倾向干警的个人需求,就会陷入柴米油盐的陷阱中,无法起到应该有的引领作用,也无法满足所有的需求;反之,如果一个监狱提倡的价值文化过于高尚,绝大多数干警都不能达成,这样的价值观念也不会得到群体的认可。

要改善干警的职业倦怠,组织文化非常重要,监狱文化在很大程度上决定了监狱干警队伍的思想状态。近年来,局党委大力弘扬新时期"红烛精神",已经给我们提出一个很好的方向和范式,提出激励干警成为监管改造事业的"主人翁"、改革践行的"燃灯者"、平安建设的"守夜人"、人格矫治的"引航员"。我们在具体践行这样的价值观时候,摸清每个单位的干警人格特点和需求,及时评估分析目前的干警思想动态,聆听干警的真实想法,多开展一对一的谈心和谈话,拉近相互间距离,形成较好的工作氛围。

同时,坚持价值引领的关键在于选择合适的榜样。好的组织价值观应该是着眼干警思想的"最近发展区"内,让监狱的榜样同样也要是来自普通干警,即

普通干警的佼佼者。一个好的榜样，应该是亲民的、丰富的、完整的，这样才能激起普通干警的学习榜样的动力。如果某个单位选择的榜样是一位天天加班，从不回家的干部，他的精神固然可敬，但是对普通干警的激励作用却很有限。因为家庭幸福同样是大多数干警的价值需求之一，这样的价值引领高过了干警的"最近发展区"。如果榜样就是一位天天在你身边、工作认真负责且有所成就，家庭和睦幸福，幸福感和成就感都充沛的同志，那广大干警就乐于朝他的方向去努力。同时，还要有不同类型、不同年龄段的榜样，有能言善辩的个教能手，也有默默无闻的无名英雄，这些都需要我们去挖掘，激励不同的干警，这样才能营造积极向上的团队氛围。近年来，上海监狱管理局的岗位实务培训比武能够引起干警的广泛关注，除了宣传、奖励等因素外，很重要的是两次总决赛的冠军，都是来自基层的年轻干警。昨日还默默无闻，今日就走上了全局的舞台，这好比给普通年轻干警内心种下一颗梦想的种子，把踏实工作、精进业务修成了一条通往人人向往的荣耀之路。

笔者认为，一个单位构筑起比较阳光的思想阵地，可以有效降低干警在任务模糊、缺乏成就感维度上的评价，无论针对那种动机类型的干警，都能起到良好的激励作用，防止职业倦怠。

六、后记

在本次研究过程中，我们发现了一些不足之处：

第一，研究对象不够广泛。本研究所选取的仅仅是几个培训班的学员，问卷数量不多，这主要是由于研究者本身的资源有限。下一步的研究会尽可能扩大研究对象的范围，除了轮训班以外，还可以对比其他年龄段干警的特点，尝试进行对比研究。

第二，问卷设计存在一定缺陷。在本次研究中，笔者选用3套问卷皆为比较成熟问卷，虽然已经有很多研究证明其均有较好信效度，但项目过于繁琐，容易引起被测干警学员的反感，影响数据质量。同时，OSI-R量表中绝大多数的项目得分意义不大，完全可以在研究前进行删减。

第三，研究方法的不足。本次研究仅仅使用了问卷收集、数据分析等方法，对具体变量的控制还是空白。在下一步研究中，会加入一些调控变量，增加研究的应用性。

附录一:职业紧张量表

请在下列提问中勾出一个最能反映您的情况的答案。每个提问只能选择一项。

1. 在工作中,要求我在短时间内完成多项工作任务

① 没有 ② 较少有 ③ 有时有 ④ 较多有 ⑤ 经常有

2. 我感到工作职责在不断增加

① 没感到 ② 较少感到 ③ 有时感到 ④ 较多感到 ⑤ 经常感到

3. 安排我去完成从未受过培训的任务

① 没有 ② 较少有 ③ 有时有 ④ 较多有 ⑤ 经常有

4. 任务太多,我不得不把工作带回家做

① 没有 ② 较少有 ③ 有时有 ④ 较常有 ⑤ 经常有

5. 我有完成工作任务的能力

① 没有 ② 较少有 ③ 有时有 ④ 较常有 ⑤ 经常有

6. 我擅长我的工作

① 不擅长 ② 稍擅长 ③ 一般 ④ 较擅长 ⑤ 擅长

7. 我的工作时间非常紧

① 不紧 ② 不太紧 ③ 有时紧 ④ 较紧 ⑤ 非常紧

8. 我希望能获得更多的帮助以更好地完成工作

① 不能获得 ② 较少获得 ③ 有时获得 ④ 较多获得 ⑤ 经常获得

9. 要求我能同时在几个同等重要的领域开展工作

① 没有 ② 较少有 ③ 有时有 ④ 较常有 ⑤ 经常有

10. 要求我完成超负荷工作

① 没有 ② 较少有 ③ 有时有 ④ 较常有 ⑤ 经常有

11. 我的事业进展明显

① 不明显 ② 不太明显 ③ 一般 ④ 较明显 ⑤ 很明显

12. 我的工作适合我的技能和兴趣

① 不适合 ② 不太适合 ③ 一般 ④ 较适合 ⑤ 很适合

13. 我厌倦我的职业

① 不厌倦 ② 不太厌倦 ③ 有时厌倦 ④ 较厌倦 ⑤ 很厌倦

14. 我感到对工作有很大的责任

① 没感到 ② 较少感到 ③ 有时感到 ④ 较多感到 ⑤ 经常感到

15. 我的天赋在工作中得到发挥

① 不能　② 不太能　③ 有时能　④ 较能　⑤ 经常能

16. 我的工作前景良好

① 不好　② 不太好　③ 一般　④ 较好　⑤ 很好

17. 我对我的工作成绩感到满意

① 不满意　② 不太满意　③ 有时满意　④ 较满意　⑤ 很满意

18. 我认为自己完全能胜任工作

① 不能　② 不太能　③ 有时能　④ 比较能　⑤ 完全能

19. 在工作中我能学到新技术

① 不能　② 不太能　③ 有时能　④ 较能　⑤ 完全能

20. 我能完成力所能及的工作

① 不能　② 不太能　③ 有时能　④ 较能　⑤ 完全能

21. 我的领导给我的工作提供一些有用的信息

① 没有提供　② 较少提供　③ 有时提供　④ 较常提供　⑤ 经常提供

22. 我很清楚自己必须做什么才能进步

① 不清楚　② 不太清楚　③ 有时清楚　④ 较清楚　⑤ 完全清楚

23. 我能肯定在工作中我应该做什么

① 不能　② 不太能　③ 有时能　④ 较能　⑤ 完全能

24. 面对多项工作任务，我清楚应该先做哪一项

① 不清楚　② 不太清楚　③ 有时清楚　④ 较清楚　⑤ 很清楚

25. 当新的工作安排给我时，我知道从何做起

① 不知道　② 不太知道　③ 有时知道　④ 较知道　⑤ 完全知道

26. 上级要求我做这件事，但真正意图是要我干另一件事

① 不是　② 较少是　③ 有时是　④ 较常是　⑤ 经常是

27. 在工作中，我清楚哪些是可以接受的个人行为（如：穿着、人际关系等）

① 不清楚　② 不太清楚　③ 有时清楚　④ 较清楚　⑤ 很清楚

28. 我清楚工作的重点

① 不清楚　② 不太清楚　③ 有时清楚　④ 较清楚　⑤ 很清楚

29. 我清楚领导让我如何使用时间

① 不清楚　② 不太清楚　③ 有时清楚　④ 较清楚　⑤ 很清楚

30. 我知道别人如何评价我

① 不知道 ② 不太知道 ③ 有时知道 ④ 较知道 ⑤ 很知道

31. 领导期望我做的与我认为应该做的之间有冲突

① 没有 ② 较少有 ③ 有时有 ④ 较常有 ⑤ 经常有

32. 在工作中，我感到陷入派别间的矛盾中

① 没感到 ② 较少感到 ③ 有时感到 ④ 较多感到 ⑤ 经常感到

33. 工作中，有多个人吩咐我该干什么

① 没有 ② 较少有 ③ 有时有 ④ 较常有 ⑤ 经常有

34. 我清楚我在单位中的位置(地位)

① 不清楚 ② 不太清楚 ③ 有时清楚 ④ 较清楚 ⑤ 很清楚

35. 我对自己做的工作感到满意

① 没有感到 ② 较少感到 ③ 有时感到 ④ 较多感到 ⑤ 经常感到

36. 领导们对我该干什么看法不一

① 不是 ② 较少是 ③ 有时是 ④ 较常是 ⑤ 经常是

37. 我的工作需要多个部门合作完成

① 不是 ② 较少是 ③ 有时是 ④ 较常是 ⑤ 经常是

38. 我清楚在工作中谁在主持大局

① 不清楚 ② 不太清楚 ③ 有时清楚 ④ 较清楚 ⑤ 很清楚

39. 我对于工作不那么负责了

① 不是 ② 不太是 ③ 有时是 ④ 较常是 ⑤ 经常是

40. 工作中我常常与其他部门的人意见分歧

① 不是 ② 较少 ③ 有时是 ④ 较常是 ⑤ 经常是

41. 工作中，每天需要应付的人太多

① 不是 ② 较少 ③ 有时是 ④ 较多 ⑤ 经常是

42. 工作中我要花些时间来考虑别人提出的问题

① 不是 ② 较少 ③ 有时是 ④ 较多 ⑤ 经常是

43. 我负责职工的福利

① 不是 ② 较少 ③ 有时是 ④ 较多 ⑤ 经常是

44. 同事将我视为领导人

① 不是 ② 较少 ③ 有时是 ④ 较多 ⑤ 经常是

45. 工作中我对其他人所做的事负有责任

① 不是　② 较少　③ 有时是　④ 较多　⑤ 经常是

46. 我担心同事们能否很好地完成工作任务

① 不担心　② 不太担心　③ 有时担心　④ 较常担心　⑤ 经常担心

47. 我的工作需要我做出重大决策

① 不需要　② 不太需要　③ 有时需要　④ 较多需要　⑤ 经常需要

48. 如果我在工作中出了差错,会对他人造成严重后果

① 不会　② 不太会　③ 有时会　④ 较多会　⑤ 肯定会

49. 我担忧我所承担的工作责任

① 不担忧　② 较少担忧　③ 有时担忧　④ 较常担忧　⑤ 经常担忧

50. 我喜欢我的同事

① 不喜欢　② 不太喜欢　③ 一般　④ 较喜欢　⑤ 很喜欢

51. 工作环境中噪声大

① 无　② 较少　③ 有时有　④ 较常有　⑤ 经常有

52. 工作环境中很干燥

① 不干燥　② 不太干燥　③ 有时干燥　④ 较干燥　⑤ 很干燥

53. 工作环境中辐射很高

① 不高　② 不太高　③ 有时高　④ 较高　⑤ 很高

54. 工作环境中气温很高

① 不高　② 不太高　③ 有时高　④ 较高　⑤ 很高

55. 工作环境中光线过强

① 不强　② 不太强　③ 有时强　④ 较强　⑤ 很强

56. 我的工作有危险性

① 没有　② 较少有　③ 有时有　④ 较常有　⑤ 经常有

57. 我的工作时间变化大

① 不是　② 较少是　③ 有时是　④ 较常是　⑤ 经常是

58. 我独立工作

① 不是　② 较少是　③ 有时是　④ 较常是　⑤ 经常是

59. 工作环境中有难闻的气味

① 没有　② 较少有　③ 有时有　④ 较常有　⑤ 经常有

60. 工作环境中存在有毒的物质

① 没有　② 较少有　③ 有时有　④ 较常有　⑤ 经常有

附录二:工作倦怠量表 MBI-GS

请您根据自己的感受和体会,判断它们在您所在的单位或者您身上发生的频率,并在合适的数字上画"√"。

项目		从不	极少一年几次或更少	偶尔一个月一次或者更少	经常一个月几次	频繁每星期一次	非常频繁一星期几次	每天
情绪衰竭		(该维度的得分=所有题目的得分相加/5)						
1	工作让我感觉身心俱惫	0	1	2	3	4	5	6
2	下班的时候我感觉精疲力竭	0	1	2	3	4	5	6
3	早晨起床不得不去面对一天的工作时,我感觉非常累	0	1	2	3	4	5	6
4	整天工作对我来说确实压力很大	0	1	2	3	4	5	6
5	工作让我有快要崩溃的感觉	0	1	2	3	4	5	6
工作态度		(该维度的得分=所有题目的得分相加/4)						
1	自从开始干这份工作,我对工作越来越不感兴趣	0	1	2	3	4	5	6
2	我对工作不像以前那样热心了	0	1	2	3	4	5	6
3	我怀疑自己所做工作的意义	0	1	2	3	4	5	6
4	我对自己所做工作是否有贡献越来越不关心	0	1	2	3	4	5	6
成就感		(该维度的得分=反向计分后,所有题目的得分相加/6)						
1	我能有效地解决工作中出现的问题(反向计分)	0	1	2	3	4	5	6
2	我觉得我在为公司作有用的贡献(反向计分)	0	1	2	3	4	5	6
3	在我看来,我擅长于自己的工作(反向计分)	0	1	2	3	4	5	6
4	当完成工作上的一些事情时,我感到非常高兴(反向计分)	0	1	2	3	4	5	6
5	我完成了很多有价值的工作(反向计分)	0	1	2	3	4	5	6
6	我自信自己能有效地完成各项工作(反向计分)	0	1	2	3	4	5	6

附录三:成就动机量表

指导语:请你仔细阅读每一个题目,根据自己的实际情况做出判断。

如果某个句子所描述的情况和你的情况非常符合,请在答题纸表格中相应题号的下方写 4;

如果句子描述的情况和你的情况比较符合,请在答题纸表格中相应题号的下方写 3;

如果比较不符合,请写 2;

如果非常不符合,请写 1。

每一个问题都请做答。请注意:例如:"我喜欢独自工作"。如果很喜欢独自工作,但又害怕一个人做事,换句话说你对独自工作有矛盾心理,这不奇怪。但你要记住,这里仅仅要你回答是否喜欢独自工作,而不是问你是否害怕,因此,选择"非常符合"。

1. 我喜欢在我没有把握解决的问题上坚持不懈地努力　　4　3　2　1
2. 我喜欢新奇的、有困难的任务,甚至不惜冒风险　　4　3　2　1
3. 给我的任务即使有充裕的时间,我也喜欢立即开始工作　　4　3　2　1
4. 面临我没有把握克服的难题时,我会非常兴奋、快乐　　4　3　2　1
5. 我会被那些能了解自己有多大才智的工作所吸引　　4　3　2　1
6. 我会被有困难的任务所吸引　　4　3　2　1
7. 面对能测量我能力的机会,我感到一种鞭策和挑战　　4　3　2　1
8. 我在完成有困难的任务时,感到快乐　　4　3　2　1
9. 对于困难的活动,即使没有什么意义,我也很容易卷进去　　4　3　2　1
10. 能够测量我能力的机会,对我是有吸引力的　　4　3　2　1
11. 我希望把有困难的工作分配给我　　4　3　2　1
12. 我喜欢尽了最大努力才能完成的工作　　4　3　2　1
13. 如果有些事不能立刻理解,我会很快对它产生兴趣　　4　3　2　1
14. 对于那些我不能确定是否能成功的工作,我会被吸引　　4　3　2　1
15. 对我来说,重要的是有困难的事情,即使无人知道也无关紧要　　4　3　2　1
16. 我讨厌在完全不能确定会不会失败的情境中工作　　4　3　2　1

17. 在结果不明的情况下,我担心失败 4 3 2 1

18. 在完成我认为是困难的任务时,我担心失败,即使别人不知道也一样 4 3 2 1

19. 一想到要去做那些新奇的、有困难的工作,我就感到不安 4 3 2 1

20. 我不喜欢那种测量我能力的场面 4 3 2 1

21. 我对那些没有把握胜任的工作感到忧虑 4 3 2 1

22. 我不喜欢做我不知道能否完成的事,即使别人不知道也一样 4 3 2 1

23. 在那些测量我能力的情境中,我感到不安 4 3 2 1

24. 当接到需要有特定的机会才能解决的问题时,我会害怕失败 4 3 2 1

25. 那些看起来相当困难的事,我做的时候很担心 4 3 2 1

26. 我不喜欢在不熟悉的环境中工作,即使无人知道也一样 4 3 2 1

27. 如果有困难的工作要做,我希望不要分配给我 4 3 2 1

28. 我不喜欢做那些要发挥我能力的工作 4 3 2 1

29. 我不喜欢做那些我不知道能否胜任的事 4 3 2 1

30. 当我碰到我不能立即弄懂的问题时,我会焦虑不安 4 3 2 1

附录

上海市监狱学会 2014—2016 年度优秀论文获奖名单

2014 年度优秀论文获奖名单

一等奖

1. 论新媒体时代下监狱“规范执法”与“罪犯矫正”的失衡

上海市提篮桥监狱　王东晟　叶春弟

2. 论法治视域下监狱民警责任追究制度的完善

上海市新收犯监狱课题组

3. 罪犯自杀风险评估量表的编制

上海市南汇监狱课题组

二等奖

4. 精神病罪犯教育矫治研究

——*以某监狱精神病罪犯专管监区为例*

上海市提篮桥监狱课题组

5. 暴力犯分类矫正实证研究

——*以某监狱暴力犯实验监区为例*

上海市提篮桥监狱课题组

6. QP 监狱信息共享的需求分析与对策研究

上海市青浦监狱　谢忠明　许太阳　曹敏欣

7. 罪犯刑政申诉权探究

上海市新收犯监狱　汪卫东　刘同江

8. 新疆籍女犯非正式群体管理探究

——*以伊斯兰文化对新疆籍女犯非正式群体干预为视角*

上海市女子监狱　黄　薇　成甜甜

9. 女监民警情绪调节自我效能感与职业倦怠的相关研究

上海市女子监狱　柴晓东　孟　瑛

10. 试论狱务公开的层次性

上海市南汇监狱　王　毅　余　飞

三等奖

11. 艺术矫治对不同性格特征罪犯心理健康状况的干预研究

上海市宝山监狱课题组

12. 罪犯改造与评估分类问题探索及思考

上海市青浦监狱课题组

13. 外籍犯改造价值取向研究

上海市青浦监狱　陈礼松　单金波　陈可慰

14. 难题与破解:艾滋病罪犯专管监区建设研究

上海市新收犯监狱课题组

15. 低龄暴力型未成年犯沙盘治疗的实证研究

上海市未成年犯管教所　徐春艳　李江朋

16. 论家庭因素在涉毒女犯矫正中的核心作用

——循证矫正视野下的女犯犯因性需求分析

上海市女子监狱　张永梅　陈　珏

17. 监狱网络舆情研究

上海市女子监狱　纪　红　朱青青

18. 二次违纪及其预防与处置研究

——以 28 起二次违纪案为例

上海市白茅岭监狱　周乃俊

19. 围绕《监狱法》的思考:一所老病残罪犯监狱的调查分析

上海市南汇监狱　范　伟　王　晋

20. 个别化矫治中罪犯家庭关系调适方案设计与效果实证

上海市南汇监狱　吴学军　顾建民　杨晓俊

21. 监区民警岗位胜任力模型的构建

上海市南汇监狱课题组

22. 监狱监管安全日评估机制探索与实践

上海市监狱总医院　黄兴红

23. 对 302 名上海籍刑释人员教育改造改造工作的调查报告

上海市监狱管理局教改处　蒋　毅　蔡晓领

24. 构建上海监狱监管安全隐患排查体系的探讨

——从构建排查体系的理论和实践角度探究

上海市监狱管理局狱政处　周　敏　姜瑶华　黄传华

优秀奖

25. 暴力犯的再分类与改造问题研究

上海市提篮桥监狱　殷光辉　屈　程

26. 上海地区典型性犯罪实证研究

上海市提篮桥监狱　程　颖　陈铎文

27. 服刑人员地址性气质特征与矫治对策

上海市提篮桥监狱课题组

28. 反思执法陋习

——以法律传统文化为分析视角

上海市提篮桥监狱　吴佳玭　刘　磊

29. 出监教育罪犯的需求分析与出监教育工作探索

上海市五角场监狱　章际新　孙　明　张　弛

30. 加强社会化回归指导教育　探索规范化出监监狱建设

上海市五角场监狱　胡国忠　肖力民

31. 浅议大数据时代监狱数据智能决策系统的构建

上海市五角场监狱　朱旭东　周　飞　方小琦

32. 短刑犯的心理特点与矫治方法

上海市五角场监狱　胡国忠　沈小东　方　涛

33. 14 例老年性犯罪的个案调查研究

上海市周浦监狱　张云峰

34. 减刑制度司法程序问题及对策调研报告

上海市周浦监狱　季永倩

35. 加强青年民警队伍思想建设

上海市周浦监狱　潘　颉

36. 两级管理警务运行模式的探索与实践

上海市北新泾监狱　刘大泰

37. 新型处遇办法“改造账户”的设计与探索

上海市北新泾监狱　李望晨

38. 初探如何进一步完善监狱民警激励机制

上海市宝山监狱　杜金鑫　鲁佳欢

39. 对监狱警务组运作模式的思考

上海市宝山监狱　何　放

40. 矫治力:监狱工作应有的目标和追求

上海市青浦监狱　李海荣

41. 优化劳动改造载体　提升劳动改造水平

——申江服装厂 ERP 生产管理系统构建

上海市青浦监狱课题组

42. 监狱提请再审权探析

上海市新收犯监狱　葛礼斌　孙　伟

43. 监狱民警的执法困境与路径

上海市新收犯监狱　蒋成铁

44. “工—学—业”一体化矫正模式初探

上海市未成年犯管教所　鞠　光　吴丽花　倪伶静

45. 浅析未成年犯释后观护制度的构建

——出狱人再社会化的研究与探索

上海市未成年犯管教所　韦振中　陈重远

46. 现行女犯劳动报酬结算模式与女犯劳动激励机制建立初探

上海市女子监狱　姚　迪　徐佳薇

47. 上海市白茅岭监狱民警科研及职业素养调查研究

上海市白茅岭监狱　殷芳泽　闻　佶

48. 对狱内地下航线现象的思考

上海市军天湖监狱　曹雪山

49. 探究式/研讨式教学方式的组织与实践

上海市司法警官学校　程跃渊

50. 特色发展助推上海监狱教育培训工作提质增效升级

上海市司法警官学校　刘召礼

51. 干部教育培训工作基本规律研究

——以几个基本范畴为研究视角

上海市司法警官学校　陈　庆

52. 监狱两级管理需要厘清的几个问题

上海市司法警官学校　陈　庆　秦卫国

53. 论改造是目的还是手段

——兼议科学改造罪犯

上海市司法警官学校　孙丽娟

54. 罪犯医疗保障难点与策略探讨

上海市监狱总医院　谢旭峰

55. 视频监控责任区划分的探索

上海市监狱总医院　张爱平

56. 罪犯人身危险性的测评研究

上海市监狱管理局教改处　蔡晓领

57. 狱政管理工作研究与创新

上海市监狱管理局狱政处　周　敏　孙晓光　陈晶俊

58. 上海监狱自报名罪犯身份核查探究

上海市监狱管理局狱政处　唐传贵　郑智强　王　炼

2015年度优秀论文获奖名单

一等奖

1. 期待与挑战:对监狱劳动功能的多维解析

——以西方若干劳动理论为视角

上海市提篮桥监狱　王东晟　叶春弟

2. 高度戒备监区制度体系建设初探

上海市青浦监狱课题组

3. 论监狱的惩罚功能与罪犯自由

上海市新收犯监狱　汪卫东　刘同江

4. 新收罪犯狱内危险评估量表的研制

上海市新收犯监狱课题组

5. 监狱人民警察职业倦怠研究

——以上海市H监狱为例

上海市南汇监狱课题组

二等奖

6. 兵役经历罪犯研究

——应对方式在人格特质与社会适应间的中介效应

上海市提篮桥监狱课题组

7. 音乐疗法在情绪型暴力犯中的实践运用

上海市提篮桥监狱　齐定安　陈伟民　屈　程

8. 减刑假释路径依赖下的监狱应对

上海市提篮桥监狱　胡　鹏

9. 罪与恶

——狱内服刑人员价值观教育的反思性研究及社会学追问

上海市提篮桥监狱　张　鑫

10. 暴力犯分类项目矫正研究

——以T监狱暴力犯分类改造实验监区为例

上海市提篮桥监狱课题组

11. 关于监狱民警需求分析及对策的思考

——以上海市R监狱442名民警为例

上海市五角场监狱　张建东　申　斌　张　胤

12. 短期犯监管改造模式的探索与实践

上海市北新泾监狱　杨军民　李玉华　章　聪

13. 狱内罪犯违纪行为风险性因素管理研究

上海市青浦监狱　吴劲松　李海荣

14. 服刑人员自尊与人际关系改善研究

——萨提亚治疗模式介入与干预实验报告

上海市青浦监狱　徐纪兵　谢尹安

15. 唤起罪犯自我救赎的正能量

——罪犯价值观改造工作初探

上海市青浦监狱　李海荣

16. 管与教冲突:当代监狱工作之省思

上海市青浦监狱　盛祁军　郑龙兵

17. 忏悔教育的功能探析

上海市新收犯监狱　王通亮　孙　伟

18. 老病残罪犯教育评价、需求及自知力的实证研究

——兼狱务公开理念下对监狱工作评价机制转型的探索

上海市南汇监狱课题组

19. 监狱民警教育改造职业能力标准与培训模式的研究

上海市司法警官学校　邱　霖　顾建明　徐　迅

三等奖

20. 对于罪犯评估工作的几点思考

上海市五角场监狱　胡国忠　张　胤　杨　侃

21. 视频智能分析预警系统在监狱中的应用及实现路径

上海市五角场监狱　欧利刚　徐　军　陆一鸣

22. 论短刑犯和出监监狱分级处遇制度存在的问题和解决对策

上海市五角场监狱　刘　华　王　锐　蔡求欣

23. 加强青年民警队伍思想建设的思考

上海市周浦监狱　潘　颉

24. 监狱民警的执法风险及其防范策略研究

上海市周浦监狱　钱　磊　肖杉杉

25. 大数据时代

——监狱思维创新与管理变革

上海市北新泾监狱　沈骏福

26. 港澳台、大陆罪犯角色信任差异

——基于议价博弈论的研究

上海市宝山监狱　冯谡养　佘建华

27. 高度危险罪犯危机干预浅析

上海市青浦监狱　谢忠明

28. 新收罪犯心理健康状况研究

上海市新收犯监狱　陈礼松　张家斌

29. “女民警个性化发展工作机制建设”调研报告

上海市女子监狱　李海莲　纪军红

30. 信用卡诈骗罪犯及其矫治对策研究

——基于“电子支付时代”背景下

上海市女子监狱　张殿凤　贺丽瑾

31. 基于 EBP 循证教学法之下的监狱民警职业化培训路径探索

上海市女子监狱　张永梅　艾　佳

32. 团体心理辅导对改善新收女犯心理健康状况的应用研究

上海市女子监狱　柴晓东　姚颖蕾

33. 当前社会舆论场域结构下狱务公开的社会学分析

上海市南汇监狱　苗　荣　袁　昕

34. 老病残罪犯教育改造人力资源开发的实践与探索

上海市南汇监狱课题组

35. 罪犯对抗管教的成因分析与对策思考

上海市白茅岭监狱　周乃俊

36. 论《中政委 5 号文》对于短刑犯监狱刑罚执行工作的影响及对策

上海市司法警官学校　刘立强

37. 对当前教育改造工作的思考

上海市监狱管理局教改处　蔡晓领

优秀奖

38. 出监罪犯心理健康干预策略的研究

上海市五角场监狱　周先水　沈小东　李高庆

39. 罪犯分类问题的相关研究

上海市周浦监狱　谢晓逸

40. 监区文化建设的实践与思考

上海市周浦监狱课题组

41. 监狱安全管理短板与信息化

上海市北新泾监狱　刘大泰　徐　伟　陈少勇

42. 关于上海市监狱监组管理的现状及对策研究

上海市北新泾监狱　李玉华

43. 基层监区民警考核的现状分析及建议

上海市北新泾监狱　李望晨　何洲林

44. 对上海监狱青年民警压力调查与对策分析

上海市宝山监狱　何　放

45. 以监狱为例论安全隐患排查治理标准化建设

上海市宝山监狱　袁　东　沈　炯

46. 新收未成年犯心理健康调查与对策研究

上海市未成年犯管教所　韦振中　徐春艳　李江朋

47. 论家庭多人涉毒女犯的协同教育改造

上海市女子监狱　乔　静　陈　珏

48. 新形势下监狱民警的心理健康状况调查及对策研究

上海市南汇监狱课题组

49. 执法标准化体系视角下监组承包工作的制度设计与实践探索

上海市白茅岭监狱　黄育文　周向辉

50. 法治监狱视野下的生活卫生工作

——农场型监狱生活卫生工作的实践探索

上海市白茅岭监狱　杨志国

51. 构建“督察评估”体系

——执法标准化体系下督察工作运行模式的探索与研究

上海市白茅岭监狱　白　晨　高文涛　潘华春

52. 适应监狱工作新常态，走内涵式发展道路

上海市军天湖监狱　祝文斌　朱　俊

53. 监狱涉犯信访事件的成因分析和对策研究

上海市四岔河监狱　孙玉华　段德勤　赵双骏

54. 古代监狱制度演化史对现代监狱治理的启示

上海市四岔河监狱　潘　敏　刘　剑

55. 劳模工作室对队伍建设的辐射效应分析

上海市四岔河监狱　南国杰　仓军玲

56. 新媒体背景下监狱舆情危机应对和风险防控

上海市吴家洼监狱　王二伟

57. 监狱医院流动资金现状分析及对策

上海市监狱总医院　沈军杰　斯　维

58. 论监禁文化建设

上海市监狱总医院　洪　忆

59. 合法的边缘性参与理论在导师制实践中的运用设想

上海市司法警官学校　程跃渊

2016 年度优秀论文获奖名单

一等奖

1. 死缓限制减刑罪犯服刑改造问题研究

上海市提篮桥监狱课题组

2. 情境体验式罪犯矫治工作初探

上海市青浦监狱　李海荣

3. 罪犯行政申诉权探究

上海市新收犯监狱　汪卫东　刘同江

4. 女犯风险评估量表(RASW)的编制

上海市女子监狱　陈建华　姜甜甜

二等奖

5. 监狱基层民警人力资源管理问题研究

——基于能力素质的视角

上海市提篮桥监狱　胡　鹏

6. 上海监狱精神病罪犯管理问题研究

上海市提篮桥监狱课题组

7. 高度戒备监区建设及运作型态构建

上海市青浦监狱　谢忠明　郑龙兵

8. 教育生态学视角下的罪犯教育生态体系初探

上海市青浦监狱　王梦南　吴　帆

9. 罪犯理性化认知矫治项目探索研究

——归因风格项目实施报告

上海市青浦监狱　徐纪兵　徐胜健

10. 良法视域下监狱法治的不足与完善

上海市新收犯监狱　王通亮　孙　伟

11. 认知行为治疗在女犯群体中的应用

上海市女子监狱　李翠萍　柴晓东

12. 超越功利性

——论罪犯信仰教育

上海市军天湖监狱　黄　龙

13. 老病残罪犯监管改造模式的构建

上海市南汇监狱　王　毅　余　飞

14. 青年监狱干警职业压力、成就动机与职业倦怠的关系研究

上海市司法警官学校　姚栋元

三等奖

15. 刑罚执行视域下狱警执法权益的研究

上海市提篮桥监狱　汪德超

16. 电信诈骗罪犯研究

——基于默顿社会失范理论

上海市提篮桥监狱　程　颖　王维铭　胡　鹏

17. 临释罪犯社会适应能力与心理资本、社会支持、应对方式的相关性及矫正方法研究

上海市五角场监狱　胡国忠　王晓军　方　涛

18. 老病残监区民警执法责任风险及免责制度构想

上海市周浦监狱课题组

19. 分类劳动对不同性格罪犯矫治干预的实证研究

上海市宝山监狱　贾明进

20. 上海监狱青年民警心理咨询与危机干预机制探索与实践

上海市宝山监狱课题组

21. 构建监狱公信力第三方评估机制的探讨

上海市新收犯监狱课题组

22. 大数据与监狱工作变革

上海市新收犯监狱　杜学佳　程国荣

23. 团体表达性艺术治疗对提高未成年犯的情绪管理能力的研究

上海市未成年犯管教所　韦振中　朱晓寅　胡静雅

24. 女犯风险评估研究

上海市女子监狱课题组

25. 认知行为治疗(CBT)在心理异常女犯矫治中的实证研究

上海市女子监狱　孟　瑛　艾　佳

26. 安思定在改善女犯情绪及睡眠质量上的应用研究

上海市女子监狱　姚颖蕾

27. 从神经信息学角度浅析基层民警工作技能的优化

上海市军天湖监狱课题组

28. 监狱人民警察职业风险防范研究

上海市吴家洼监狱　王二伟

29. 老病残罪犯“三维度”分类体系的探索

上海市南汇监狱课题组

30. 危重病犯狱内管理模式探索

上海市南汇监狱课题组

31. 罪犯基本医疗保险可行性研究

上海市监狱总医院　谢旭峰

优秀奖

32. 简述心理咨询师的基本能力及其应用

上海市五角场监狱　周先水　许　冬　沈小东

33. 监狱警察职业伦理的构成及实现路径探析

上海市周浦监狱　肖杉杉

34. 试述肺结核康复罪犯“14—14”矫治体系的构建

上海市周浦监狱“徐徐”工作室课题组

35. 静而后能安

——*老病残罪犯彩豆画艺术矫治项目的调查分析*

上海市周浦监狱课题组

36. 一号课题下监组管理探索

上海市北新泾监狱　姜旻恩

37. 以功能性监区为载体深化罪犯“三分”工作的路径探析

上海市北新泾监狱　章聪等

38. 刑满释放人员的再社会化研究

上海市宝山监狱　汤其伟

39. 上海监狱个别化矫治工作调查及创新思考

上海市青浦监狱课题组

40. 论罪犯改造中的应激阈值

上海市新收犯监狱　张　庆　陈石飞

41. 暴力型、财产型未成年犯犯罪因素比较研究报告

上海市未成年犯管教所　鞠　光　徐春艳　李江朋

42. 监狱教育改造形态的多元化透视

上海市军天湖监狱　朱　丹

43. 关于“建立具有域外特色的干警队伍管理体系”的思考

上海市军天湖监狱课题组

44. 新刑事政策法规实施后罪犯管理手段创新研究

——以智能安全监管及分析平台应用为视角

上海市四岔河监狱　赵海华　刘　炜　王冬冬

45. 罪犯减刑考验期设置问题研究

上海市四岔河监狱　鲍家松　南国杰　赵双骏

46. 价值观教育语境下的罪犯心理矫治工作研究

上海市吴家洼监狱　吴　彬　顾爱军　黄腾达

47. 行刑一体化视角下的刑罚执行体制改革研究

上海市吴家洼监狱　吴　彬　周文林　黄腾达

48. 法治背景下的司法行政队伍管理机制研究

上海市吴家洼监狱　王　林

49. 构建主管民警教育矫正效能(1＋X)开放式评价模型的思考

上海市南汇监狱　杨晓俊

50. 罪犯价值观教育如何成为可能

上海市南汇监狱　袁　昕　楼晓东

51. 全媒体背景下监狱应对舆情危机的方法与对策

上海市司法警官学校　黄　栋

52. 完善狱内侦查工作的思考和建议

上海市司法警官学校　刘立强　刘建明

53. 罪犯风险需求评估工具的开发探索与研究

上海市司法警官学校　陆建皓

54. 上海监狱医疗卫生联合体路径探析

上海市监狱总医院　张建文

图书在版编目(CIP)数据

论上海监狱工作.第七辑/吴琦主编.—上海:上海社会科学院出版社,2019
ISBN 978-7-5520-2702-0

Ⅰ.①论… Ⅱ.①吴… Ⅲ.①监狱-工作-上海-文集 Ⅳ.①D927.510.67-53

中国版本图书馆 CIP 数据核字(2019)第 033735 号

论上海监狱工作(第七辑)

主　　编:吴　琦
特约编辑:周　河
责任编辑:陈如江
封面设计:黄婧昉
出版发行:上海社会科学院出版社
上海顺昌路 622 号　邮编 200025
电话总机 021-63315900　销售热线 021-53063735
http://www.sassp.org.cn　E-mail:sassp@sass.org.cn
照　　排:南京理工出版信息技术有限公司
印　　刷:上海天地海设计印刷有限公司
开　　本:710×1010 毫米　1/16 开
印　　张:64.5
插　　页:4
字　　数:1060 千字
版　　次:2019 年 5 月第 1 版　2019 年 5 月第 1 次印刷

ISBN 978-7-5520-2702-0/D·534　　定价:198.00 元(上下册)